〈소크라테스의 죽음〉 조제프 드 생캉탱. 1762.

〈창녀 집에서 그의 제자 알키비아데스를 찾고 있는 소크라테스〉 헨리크 시에미라즈키

▲〈스파르타의 전설적인 입법자 리쿠르고스〉 자크 루이 다비드

◀소크라테스의 변명
소크라테스는 자신을 고발한 자들이 두 종류, 즉 오래된 고발자와 아니토스 일파에게 교사받은 멜레토스임을 밝히고, 그들의 중상에 대해서 강하게 논박한다. 이러한 변명에도 불구하고 유죄로 결정되고 사형 선고까지 내려지자 그는 "여러분은 나의 죽음을 결정했지만 내가 죽은 뒤 징벌이 내릴 것"이라고 예언한다.

〈파이드루스의 파피루스 두루마리 조각〉 2세기. 파이드루스는 고대 우화시인

피레우스(페이라이에우스) 《국가》 제1권 시작 부분에서, 소크라테스는 글라우콘과 함께 달의 신에게 제례를 올리기 위해 이곳을 방문했다. 피레우스는 아테네에서 남서쪽 12km 떨어진 항구 마을이다.

▲〈플라톤의 향연〉(부분) 안젤름 포이에르바흐

◀〈광란의 바쿠스 여신도들에게 살해당하는 오르페우스〉 그레고리오 라차리니

▼〈에로스〉 얼레의 붉은 그림. 기원전 470~450. 아티카 출토

세계사상전집001
Platon
APOLOGIA SOCRATOUS/POLITEIA/SYMPOSION
# 소크라테스의 변명/국가/향연
플라톤/왕학수 옮김

동서문화사

## 소크라테스의 변명/국가/향연
차례

## 소크라테스의 변명
소크라테스의 변명…11

## 국가
제1권…55
제2권…106
제3권…152
제4권…202
제5권…246
제6권…299
제7권…346
제8권…389
제9권…433
제10권…474

## 향연
향연…523

## 소크라테스 평전

### 소크라테스의 생애…605
영원한 철인/소크라테스의 시대/소크라테스의 활동
소크라테스와 소피스트/소크라테스의 제자들

### 소크라테스의 사상…701
아폴론의 사도/무지의 지(知)
산파술과 이데아/소크라테스의 유산

## 플라톤의 생애와 사상

### 플라톤의 생애…721
소크라테스와의 만남/플라톤이 태어난 시대
소크라테스의 사형/플라톤의 전반기 생애
플라톤의 활동/만년의 플라톤/플라톤의 저서

### 플라톤의 사상…802
진리의 나그네/이상국가에서의 인간의 조건
학문의 형성과 그 연구 방법의 성립/순수존재와 현상의 세계

### 소크라테스 연보…845
### 플라톤 연보…847

Apologia Socratous
# 소크라테스의 변명

# 소크라테스의 변명

아테네 시민들이여,[1] 나를 고발한 사람들의 말을 듣고 여러분이 어떤 기분을 느꼈는지 나는 모르오. 하기야 그 사람들의 말을 듣는 나 자신도 하마터면 내가 누구인지 잊어버릴 만큼, 그것은 그럴듯했소.

그러나 그 사람들은 진실에 대해서는 거의 한마디도 하지 않고 있소. 그리고 그 사람들이 한 많은 거짓말 가운데서, 특히 내가 놀란 일이 하나 있소. 그것은 마치 내가 말을 잘하는 웅변가나 되는 듯이, 나한테 속지 않도록 여러분에게 조심해야 한다고 말한 일이오. 그러나 여러분이 보다시피 어떻게 보아도 내가 대단한 웅변가로 보이지 않는다는 사실로 말미암아 그 사람들은 나의 반박을 받을 것이 틀림없으니, 이거야말로 그 사람들의 가장 파렴치한 점이라고 생각할 수 있지 않겠소?

하기야 그 사람들이 진실을 말하는 자를 말 잘하는 웅변가라고 부른다면 이야기는 다르오. 만일 그 사람들의 말뜻이 그렇다면, 그들과 부류는 다르지만 나 또한 한 사람의 웅변가라는 것을 인정하겠소.

어쨌거나 그 사람들은 내가 말했듯이 거의 아무것도 진실을 말하지 않았소. 그러나 여러분은 나한테서 모든 진실을 듣게 될 것이오.

어쨌든 제우스 신에게 맹세코, 아테네 시민 여러분! 여러분이 듣는 것은 그 사람들의 변론처럼 온갖 화려한 말로 장식하거나 꾸민 말은 아닐 것이오. 흔히 쓰는 말로 평범하게 이야기할 것이오. 왜냐하면 나는 내가 하고자 하는 말이 옳다고 믿기 때문이오. 그리고 여러분 가운데 누구도 나한테서 그 이상의 변론을 기대해서는 안 될 것이오. 여러분! 이만큼 나이가 든 사람이 여러분 앞

---

[1] 그때 아테네 재판관들은 30세 이상의 남자 중에서 추첨으로 선임되었으며, 임기는 1년이었다. 소크라테스의 재판 때는 500명으로 이루어졌다. 소크라테스가 말을 건네고 있는 것은 그들 중의 당번들이다.

에 불려 나와 개구쟁이처럼 발뺌할 구실을 만든다는 것은 아무래도 나이에 걸맞지 않은 일이기 때문이오.

그리고 또 하나, 아테네 시민 여러분! 여러분에게 꼭 양해를 구해 두어야 할 일이 있소. 그것은 시장의 환전소 앞에서나 그 밖의 장소에서 내 이야기를 들었던 것처럼, 내가 여느 때 쓰는 말로 변명을 하더라도 놀라거나 떠들지 말아 달라는 것이오. 왜냐하면 이런 사정이 있기 때문이오. 나는 이미 일흔이지만 법정에 나와 보기는 이번이 처음이오. 그래서 여기서 쓰는 말투란 내게는 외국어나 다름없소. 내가 정말로 외국에서 온 사람이라면, 내가 그 속에서 자라 온 그 나라의 말을 쓰고 그 말투로 이야기하더라도 아마 여러분은 사정을 이해하고 너그러이 봐줄 것이오. 그러니 오늘 이렇게 변론의 방법을 너그럽게 봐달라는 부탁이 그리 부당한 일은 아니라고 생각하는 바이오.

말투는 어쩌면 무척 서툴지도, 또는 잘할지도 모르오. 그러나 내가 하는 말이 옳은가 그렇지 않은가, 오직 이것에만 주의를 기울이고 생각해 주기 바라오. 왜냐하면 그렇게 하는 것이 재판하는 사람의 훌륭한 태도이고, 또 진실을 말하는 것은 변론하는 사람의 훌륭한 태도이기 때문이오.

그러면 먼저 아테네 시민 여러분! 나는 나를 고발한 첫 거짓말과 첫 고발자들에 대해서 해명을 하고, 그런 다음 그 뒤에 나온 거짓말과 그 뒤의 고발자들에 대해서 해명할 권리가 있소.

왜냐하면 나를 고발한 사람들이 많은데, 그들은 벌써 오래전부터 여러 해에 걸쳐 무엇 하나 진실을 말함이 없이 나를 고발하고 있기 때문이오.

나는 그 사람들을 아니토스[2] 일파보다도 더 무서워하고 있소. 물론 이 일파도 무서운 사람들이지만, 그들은 더 무서운 사람들이오. 여러분! 그 사람들은 여러분들 가운데 많은 사람들을 어릴 때부터 제자로 끌어들여서 "소크라테스라는 자는 하늘 위의 일을 사색하고, 땅 밑의 모든 일을 규명하고, 틀린 이론

---

[2] 원고 멜레토스 측의 변호인. 갖바치 출신의 정치가로 민주파의 유력자였으나, 도량이 좁고 자아가 강했으며 소피즘(궤변)과 철학의 구별을 모른 데서 소크라테스에 대한 반감이 심했다는 것이 플라톤의 《메논》에서 밝혀지고 있으며, 그가 멜레토스를 부추겨서 고발하게 한 것으로 되어 있다.

을 강변하는 괴상한 지혜를 가진 자다." 따위의 터무니없는 말을 마구 퍼뜨려서 나를 중상해 왔기 때문이오.

아테네 시민 여러분! 이런 소문을 퍼뜨린 인간들이 바로 나의 무서운 고발자들이오. 누구든지 이런 소문을 들으면 '그런 것을 탐구하는 사람은 틀림없이 신을 믿지 않을 것이다' 하고 생각하기 때문이오. 게다가 이런 고발자들은 수도 많고 또 오랜 시간에 걸쳐서 고발을 계속해 왔소. 더욱이 그 사람들이 여러분에게 이야기한 때가 여러분이 가장 남의 말을 믿기 쉬운, 말하자면 소년 시절이었으니—하기야 여러분 가운데는 청년들도 있었겠지만—똑바로 말해서 나는 궐석 재판을 받고 있었던 거나 마찬가지며, 그 사람들의 고발에 대해서 누구 하나 변호해 주는 사람도 없었던 것이오.

무엇보다도 가장 곤란한 것은 고발자들 가운데 마침 희극 작가가 한 사람 끼었다는 것밖에는 그 사람들의 이름을 알 수도 없고 그래서 입 밖에 낼 수도 없다는 것이오. 그리고 그 희극 작가를 제외한 다른 인간들은 질투에 눈이 어두워 중상을 하기 위해서 여러분을 기만하는 말을 해온 사람들인데—그중에는 자기도 그렇게 믿고 남도 그렇게 믿게 하려고 한 사람도 있었지만—이 모든 인간들은 도무지 성가시기 짝이 없소. 왜냐하면 그 사람들 가운데 누구를 이 자리에 끌고 와서 반박할 수도 없기 때문이며, 그것에 해명하는 것은 마치 자기 그림자와 싸우는 것과 마찬가지로 아무도 대답해 주는 사람 없이 반박을 해야 했기 때문이오.

그러니 여러분도 내가 말하는 바와 같이, 나를 고발한 사람들에게 두 종류가 있다는 것을 인정해 주기 바라오. 즉 그것은 최근에 고발한 사람들과 내가 오늘 말하고 있는 그런 오래된 고발자들이오. 그리고 먼저 내가 밝혀야 할 것은 후자의 인간들에 대해서라는 것을 알아주시오. 여러분도 그들의 고발을 여기 있는 최근의 고발자들보다 먼저, 그리고 훨씬 더 많이 들었을 것이기 때문이오.

그러면 이제 변론을 해야 하겠소. 그리고 아테네 시민 여러분! 여러분이 오랫동안 가졌던 편견을 없애도록 노력해 보겠소. 그것도 단시간에 그렇게 해야겠소. 그리고 만일 그렇게 되는 편이 여러분과 나에게 모두 좋은 일이라면, 또 그렇게 되기 위해서 내 변론이 성공하기를 바라는 바이오. 그러나 그것은 어려울 듯싶소. 나는 내 변론이 어떤 성질이 될 것인지 전혀 모르는 바는 아니오. 아무튼 그 경과는 신의 뜻에 맡기고 다만 법률의 규정에 따라 변설을 해야만 하오.

그러면 맨 처음 나에 대한 고발은 무엇이었으며, 그러한 모함이 생기게 된 이유는 무엇이었는지 살펴보겠소. 확실히 멜레토스[3]는 그 중상을 믿고 나에 대한 고발장을 쓴 것 같소. 그러면 중상자들이 무슨 말로 비방을 하고 있었는지 밝혀야 하겠소. 먼저 그 사람들을 고발자로 보고 그 사람들이 선서한 구술서를 읽어 보겠소.

"소크라테스는 범죄인이다. 그는 하늘 위와 땅 밑의 일을 탐구하고 비리를 강변하는 등 부질없는 행동을 하며 아울러 그 같은 것을 남에게도 가르치고 있다." 이런 것인 듯하오. 이것은 또한 여러분이 직접 아리스토파네스의 희극[4] 속에서 보고 있는 것이오.

그들은 소크라테스라는 인물이 속임수를 써서 움직이며 공중을 걸어 다닌다고 하기도 하고, 그 밖에 여러 가지 뜻도 알 수 없는 수다를 떨고 있는데, 그런 것은 크고 작고를 떠나서 나 자신도 전혀 알지 못하는 일이오.

내가 그렇다고 그런 일에 특별한 지혜를 가진 사람이나 그와 같은 지식을 경멸하는 뜻으로 이런 말을 하는 것은 아니오. 어떤 형태로든 자연학[5]을 경멸한다는 대죄로 멜레토스에게 고발당하고 싶지 않기 때문이오. 그러나 만일 그런다 해도 상관없소. 나는 여러분을 내 증인으로 내세우겠소. 그리고 전에 내가 문답하는 것을 들은 적이 있는 여러분 중 누구든지―그런 사람이 여러분

---

[3] 잘 알려지지 않은 젊은 시인으로서 시인을 대표하는 표면상의 고발자이다. 플라톤의 《에우티프론》 속에 피토스구(區) 사람으로 나와 있다. 그는 머리칼이 곤두서고 수염이 적고 매부리코였으며, 여윈 용모의 인물이었던 모양으로 소크라테스가 코가 넓고 뚱뚱한 평민적인 용모인데 대해 그는 귀족적인 용모를 나타내고 있다.
[4] 아리스토파네스의 《구름》을 가리킨다. 그 속에서 소크라테스는 위와 같은 사람으로 희화화되어 있다. 이에 따르면, 소크라테스는 공중에 매달린 바구니에 들어앉아 공중을 이리저리 운반되어 돌면서, 공기의 상층에 있는 에테르를 호흡하면서 깊은 사색에 잠겨 있는 것으로 되어 있다.
[5] 그리스 철학의 첫 그룹이 피시스(physis), 곧 자연의 본성과 원질(原質)에 대한 고찰을 목적으로 한 데서 그 학문을 자연학, 그들을 자연학자라고 부른다. 이것이 아테네의 새로운 지식으로서 알려지게 되는 것은 뒤에 나오는 아낙사고라스 때부터로 여겨진다.

가운데는 많이 있는데—서로 가르쳐 주고, 털어놓고 말하는 것이 마땅하다고 나는 생각하오. 그러면 여러분 가운데 누구든지 내가 이와 같은 일에 관해서 크건 작건 문답하는 것을 들은 적이 있는지, 제발 마음을 열고 이야기를 나누어 주면 좋겠소. 그렇게 하면 많은 사람들이 말하고 있는 나와 관련된 일들도 이와 마찬가지임을 깨닫게 될 것이오.

아무튼 그러한 것들은 모두 사실이 아니므로 상관이 없소. 또 내가 가르치는 일로 돈을 받고 있다는 말을 만일 여러분이 들었더라도 그것 또한 사실이 아니오.

하기야 만일 누군가가 레온티노이의 고르기아스나, 케오스의 프로디코스나, 엘리스의 히피아스[6]처럼 가르칠 수 있다면, 그 또한 좋은 일이라고 생각하오. 왜냐하면 여러분! 이런 사람들은 모두 어느 나라에 가서든지—그들은 자기 나라에서 누구하고든 마음대로 돈 들이지 않고 사귈 수 있는데도—그곳 청년들을 설득하여 자기들과 사귀게 하고 돈을 내게 하는 데다가 고마운 마음까지 들게 할 수 있기 때문이오.

그리고 보니 또 한 사람 파로스 출신으로 지혜 있는 사람이 지금 이곳에 머물고 있는 것을 알고 있소. 소피스트들에게 다른 사람들이 지불한 것을 다 합친 것보다 더 많은 돈을 쓴 히포니코스의 아들 칼리아스[7]를 우연히 만나서 알게 된 것이오. 그때 나는 이 사람에게 물어보았소. 그 사람에게는 아들들이 있었기 때문이오.

"칼리아스! 예를 들어 당신의 두 아들이 망아지나 송아지라면, 당신은 그들을 위해서 감독자가 되어 줄 만한 사람을 채용해서 보수를 치르고 그들을 적

---

6) 고르기아스, 프로디코스, 히피아스 등은 그 무렵의 대표적인 소피스트들이다. 모두 외교 사절로서 활약한 것으로 전해진다. 레온티노이는 시칠리아섬 동쪽 해안에 있는 도시. 플라톤은 그를 모델로 하여 《고르기아스》를 썼다. 프로디코스는 아티케(아티카) 남동 해상에 있는 케오스섬의 사람으로 생애에 대해서는 그다지 알려지지 않고 있다. 히피아스는 펠로폰네소스의 북서쪽 엘리스 사람으로, 그도 잘 알려져 있지 않지만, 플라톤은 소피스트로서 명성이 있었다는 것을 《대히피아스》《소히피아스》에서 쓰고 있다.
7) 그즈음 그리스 제일의 부호였다고 하며, 플라톤의 《프로타고라스》에는 그의 저택에서의 회합이 묘사되어 있다. 만년에는 빈곤 속에 죽었다고 한다.

당한 덕을 갖춘 훌륭한 짐승으로 만들어 달라고 할 수가 있을 것이오. 그리고 그런 감독자는 말의 훈련이나 농사일에 밝은 사람 중에서 찾을 수 있을 것이오. 그러나 현실적으로 당신의 아들들은 인간이니까 어떤 사람을 감독자로 채용할 작정이오? 그와 같이 인간으로서 그리고 한 나라의 시민으로서 갖추어야 할 덕을 아는 식자가 누구일까? 말하자면 당신은 아들이 있으니 그런 것을 살펴보고 있을 줄 알고 묻는 것이오." 그리고 덧붙였소. "누가 있을까? 아니면 없을까?"

그러자 그 사람은 "있고말고요." 하고 대답했소. 그래서 나는 물었소. "그것이 누구요, 그리고 어디 사람이오? 얼마면 가르쳐 줄 것 같으오?"

그 사람은 대답했소. "에우에노스[8]입니다. 소크라테스! 그는 파로스 사람인데, 보수는 5므나[9]랍니다." 그래서 나는 에우에노스가 정말로 그와 같은 기술을 가졌고, 그와 같이 저렴한 값으로 가르쳐 준다면 훌륭한 사람이라고 말해 주었소. 내가 만일 그런 지식을 실제로 갖고 있었다면 나 자신도 자랑스럽게 여기고 우쭐해했을 것이오. 그러나 실은, 나는 그런 지식을 갖고 있지 않단 말이오. 아테네 시민 여러분!

그러면 여러분 가운데는 이렇게 물을 사람이 있을 것이오. "아무튼 소크라테스! 그대가 하는 일은 무엇인가? 그대에 대한 이와 같은 비방이 왜 생겼는가? 물론 그대가 다른 사람들이 하지 않는 쓸데없는 짓을 하지 않았는데도 이러한 소문이나 평판이 날 까닭은 아마 없을 것이네. 만일 그대가 보통 사람들과 조금도 다른 일을 하지 않았다면 말일세. 그러니, 그대가 하고 있는 일이 무엇인지 말해 주기 바라네. 그러면 우리도 그대에 대해서 경솔한 판단을 내리지 않게 될 터이니." 하고 말이오.

이런 말을 하는 사람이 옳다고 나는 생각하오. 그래서 나는 대체 무엇이 나에게 지혜 있는 자라는 이름을 가져다주고 또 이런 모함을 받게 했는지, 여러분에게 분명히 밝혀 볼까 하오.

---

8) 파로스 출신의 지혜자라고 일컬어지는 사람. 《파이돈》에선 시인과 철학자로서, 《파이드로스》에서는 웅변가로 나와 있다.
9) 1므나는 100드라크마, 영국 돈 4파운드 1실링 3펜스에 해당한다고 한다.

그럼, 들어 보시오. 여러분 가운데는 내가 농담을 한다고 생각할 사람이 있을지도 모르지만 이제부터 내가 말하려고 하는 것은 모두가 사실이니 그리 알고 들어 주기 바라오. 왜냐하면 아테네 시민 여러분! 내가 이 이름을 얻는 것이 어쨌거나 한 가지 지혜를 갖고 있기 때문만은 틀림없소. 그러면 그것은 어떤 지혜일까요? 어쩌면 그것은 보통 사람의 지혜일 것이오. 왜냐하면 실제로 내가 가진 지혜는 그런 지혜인 것 같기 때문이오.

이와는 달리 내가 방금 말한 사람들은 아마 보통 사람 이상의 지혜를 가진 사람들인지도 모르겠소. 아니면 나는 그것을 뭐라고 말해야 좋을지 모르겠소. 아무튼 나는 그런 지혜를 갖고 있지 않기 때문이오. 내가 그런 지혜를 가졌다고 주장하는 사람이 있다면 그것은 거짓말을 하는 것이오. 그런 말을 하는 것은 나를 중상하기 위해서라오.

그러니, 아테네 시민 여러분! 내가 무언가 여러분에게 큰소리를 치는 것처럼 생각되더라도 조용히 들어 주기 바라오. 왜냐하면 이제부터 여기서 하는 말은 비록 내가 하더라도 그것은 내 말 이상으로 어떤 확고한 권위에 입각해 있다는 것을 여러분에게 똑똑히 보여 줄 수 있기 때문이오. 내게 만일 어떤 지혜가 있다면 그 지혜에 대해서, 그리고 그것이 어떤 성질의 것인가에 대해서 나는 델포이의 신[10]을 증인으로서 여러분 앞에 세우겠소.

아마 여러분은 카이레폰[11]을 알고 있을 것이오. 이 사람은 젊을 때부터 내 벗이지만, 아울러 여러분 대다수와도 친구이며, 몇 해 전에는 여러분과 함께 국외로 망명했다가 함께 귀국했었소. 그리고 카이레폰이 어떤 성격의 인물이었으며, 그가 무엇을 시작하면 얼마나 열중하는지도 알고 있을 것이오. 그래서 그 사람은 델포이에 찾아가서 이 일에 대해 용감하게 신탁을 받아 온 것이오—내가 말했듯이, 여러분! 조용히 들어 주기 바라오—즉 소크라테스보다 더 지혜 있는 자가 있는지의 여부를 물은 것이오. 그러자 그곳 무녀(巫女)는 소

---

10) 아폴론을 말한다. 젊음과 아름다움과 밝음에 있어서 가장 그리스적인 신으로서, 특히 그리스 청년의 이상의 상징이었다. 따라서 그 직능도 독점적으로 광대하고 가짓수가 많았다.
11) 젊을 때부터 소크라테스의 벗이었으며, 아리스토파네스의 《구름》《새》 등에서 소크라테스와 함께 웃음거리가 되고 있다. 본문에도 있듯이 민주파의 한 사람으로 독재 제도가 세워졌을 때 망명했다가 민주 제도의 부활과 더불어 귀국했다.

크라테스보다 지혜 있는 자가 아무도 없다는 신탁을 주었소. 카이레폰은 이미 이 세상을 떠나고 없으니, 여기에 나와 있는 그 사람의 형제[12]가 이 일에 대해 여러분에게 증언해 줄 것이오.

─증인이 증언을 한다.

자, 그러면 내가 무엇 때문에 이러한 말을 하는가 생각해 주기 바라오. 요컨대 그것은 나에 대한 중상이 어디서 생겼는지를 이제부터 여러분에게 가르쳐 드리고자 하기 때문이오.

나는 방금 그 신탁 이야기를 듣고 속으로 생각했었소. "신은 대체 무슨 말을 하려는 것일까? 신은 대체 무슨 수수께끼를 내고 있는 것일까? 나는 크건 작건 간에 나 자신이 결코 지혜 있는 자가 아니라는 것을 알고 있으니 말이다. 그렇다면 나를 가장 지혜 있는 자라고 선언함으로써 대체 신은 무슨 말을 하고자 하는 것일까? 신은 적어도 거짓말을 할 까닭이 없다. 왜냐하면 그것은 신으로서 있을 수 없는 일이기 때문이다." 이렇게 말이오.

그리고 나는 오랜 시간 동안, 대체 신은 무슨 말을 하려는 것일까를 곰곰이 생각했었소. 그리하여 다음과 같은 방법으로 그 뜻을 알아보기로 한 것이오. 그것은 누군가 지혜 있는 사람으로 여겨지는 사람을 찾아보는 것이었소. 다른 곳은 몰라도 델포이에 가면 그 신탁에 반박하여, "이 사람이 나보다 지혜가 더 있습니다. 그런데 당신은 나를 지혜 있는 자라고 말씀하셨습니다." 하고 신탁에 대해서 똑똑히 말할 수 있을 것이기 때문이오.

그런데 그 사람을 자세히 살펴보고─굳이 그의 이름을 말할 필요는 없지만 정치인 중 한 명이었소─그 사람과 문답을 하면서 관찰하는 동안에, 아테네 시민 여러분! 나는 이렇게 느낀 것이오. 이 사람은 많은 사람들에 의해서 지혜 있는 자로 간주되고 있으며, 아울러 자기 자신이 가장 그렇게 생각하고 있지만, 실은 그렇지 않구나 하고 말이오. 그래서 그 뒤부터 나는 그가 자신은 지혜 있는 사람인 줄로 알고 있지만, 그렇지 않다는 것을 알리려고 애를 썼소. 그 결과,

---

12) 크세노폰의 《소크라테스의 추억》 II, 3에 나오는 카이레크라테스를 말하는 것으로 여겨지고 있다.

나는 그 사람과 그 자리에 있던 많은 사람들에게 미움을 사게 되었소.

그래서 집으로 돌아가는 길에 나는 생각했소. 나는 이 사람보다 지혜가 있다. 왜냐하면 우리 두 사람은 모두 착하고 아름다운 것을 도무지 모르고 있는데도 이 사람은 알고 있다고 생각하지만, 나는 모르니까 모른다고 생각하기 때문이다. 즉 나는 모르는 것은 모른다고 생각하는, 오직 그것만으로 내가 더 지혜가 있는 것 같다고 말이오.

그리고 나는 그 사람보다 더 지혜가 있을 듯한 사람을 찾아갔지만, 역시 같은 생각을 한 것이오. 마찬가지로 그곳에서도 그 사람과 다른 많은 사람들의 미움을 사게 된 것이오.

그래서 그 뒤 오늘날까지 줄곧 돌아다녀 보았소. 내가 미움받는 것을 알고 있으면서도—그것은 괴롭기도 하고 두렵기도 했지만—신을 가장 소중히 여겨야 한다고 생각했던 것이오. 그래서 신탁의 뜻이 무엇인지를 알려고, 적어도 무언가를 알 것 같은 사람만 있으면, 누가 되었건 모두 찾아가 봐야 한다고 생각한 것이오.

그래서 개에 맹세코,[13] 아테네 시민 여러분—여러분에게는 사실을 말해야 하니까 맹세코 말하지만—나는 이런 경험들을 한 것이오. 즉 신의 명령에 따라 이름이 가장 잘 알려진 사람들을 조사해 보니, 오히려 사려(思慮)의 점에서는 대부분이 가장 많이 결핍되어 있다는 생각이 들었소. 반대로 어리석다고 여겨지는 사람들이 오히려 훌륭하게 보였던 것이오.

아무튼 내가 한 그 작업을 여러분에게 보여 드려야 하겠소. 그것은 마치 헤라클레이토스의 힘든 과제 같은 것이지만, 결국은 나로서는 신탁을 부정할 수 없더라는 것이오.

정치가 다음으로 내가 찾아간 사람은 비극 작가와 디티람보스[14] 시인과 그 밖의 작가였소. 이번에야말로 내가 그 사람들보다 무지하다는 사실이 현장에

---

13) 맹세할 때 개나 거위나 플라타너스나무 같은 이름을 사용하는 것은 신의 이름을 함부로 쓰지 않기 위해서였다고 한다. 이와 같은 맹세는 라다만티스의 맹세라고 한다. 라다만티스는 제우스와 에우로페의 사이에 난 아들로, 하데스의 재판관이었다.
14) 본래는 디오니소스의 제사 때 부르던 디오니소스의 승리의 생애를 예찬한 찬가로 합창되었다. 나중에 서정시로 발달했다. 그리고 또 이것이 세련되어 비극이 생겼다.

서 확인이 되리라 여기고 말이오. 그래서 그 사람들의 작품 중에서 내가 생각하기에 가장 정성 들여서 완성한 것으로 보이는 것을 가지고, 그것으로 무엇을 말하려 한 것인지를 상세하게 물어보았던 것이오. 그것은 동시에 그 사람들에게서 무언가 더 배울 수 있다는 생각에서였소.

그런데 여러분! 나는 여러분에게 사실을 말하기가 부끄럽소. 그러나 또한 나는 말하지 않으면 안 되오. 말하자면 마침 그곳에 있던 거의 모든 사람들이 작가들 자신보다 그 뜻을 훨씬 잘 이야기할 수 있었다는 것이오. 더욱이 시인들에 대해서는 더 짧은 시간에 이런 것을 알았소.

즉 그들이 작품을 만드는 것은 그 사람들의 지혜에 따라서가 아니라 무언가 타고난 것에 따른 것이며, 예언자나 신탁을 전하는 사람들처럼 신의 계시로서 만들었다는 것을 안 것이오. 왜냐하면 그 사람들은 훌륭한 말을 많이 늘어놓지만 자기들이 하는 말의 뜻을 전혀 모르고 있기 때문이오. 내가 보건대 시인들도 정치가와 비슷한 결함을 가지고 있는 것이 뚜렷한 것 같소. 그리고 동시에 나는 그 사람들이 자신의 시를 가지고 사실은 그렇지도 않은데, 다른 일에서도 자기가 세상에서 매우 지혜 있는 인간인 줄 알고 있다는 것을 깨달았소. 그래서 나는 처음 정치가들에게서 느낀 것처럼 이번에도 내가 그 사람들보다 낫다고 생각하면서 그 사람들을 떠나온 것이오.

그리고 마지막으로 기술을 가진 수공인들을 찾아갔소. 나 자신은 아무것도 모른다는 사실을 알고 있었지만, 적어도 그 사람들은 온갖 아름다운 것을 알고 있다는 것을 발견하리라고 확신했기 때문이오. 이 점에 있어서 나는 틀리지 않았소. 그 사람들은 내가 모르는 것을 알고 있었고 그 점에서는 나보다 뛰어난 지혜를 갖고 있었소.

그러나 아테네 시민 여러분! 그 훌륭한 수공인들도 작가들과 마찬가지의 잘못을 저지르고 있는 것 같았소. 저마다 그 기술을 잘 다룰 수 있다고 해서 그 밖의 중요한 일에 대해서도 마땅히 자기가 최고의 지혜를 가진 사람인 줄 알고 있더란 말이오. 그와 같은 착각이 그들의 귀한 지혜를 망치고 있었소.

그래서 나는 신탁을 대신하여 스스로에게 물어보았소. 어느 쪽을 택해야 할 것인가, 지금 나는 그들이 가진 지혜를 조금도 갖고 있지 않고, 그들의 무지가 곧 나 자신의 무지는 아닌데, 지금 상태로의 내가 좋을 것인가, 아니면 그 사람들이 가진 지혜와 무지를 양쪽 다 갖는 편이 좋을 것인가? 이에 대해서 나는 나 자신과 신탁에 대해서, 그대로 있는 편이 나를 위해서 좋다고 대답했소.

말하자면 이런 규명을 한 데서, 나에 대한 많은 미움이 생기게 된 것이오. 아테네 시민 여러분! 그것은 참으로 성가시고 몹시 참기 어려운 것이었으며, 많은 중상이 생기는 결과가 되었소. 왜냐하면 내가 어떤 일로 사람을 궁지에 몰아넣으면, 그 자리에 있는 사람들은 그 일에 대해서 내가 지혜를 가진 사람이라고 생각하기 때문이오.

그러나 여러분! 사실은 오로지 신만이 참으로 지혜 있는 자이며, 인간의 지혜란 너무나 보잘것없으며, 아니, 거의 값어치가 없음을 신은 그 신탁으로 말하고자 하는지도 모르겠소. 그리고 그것은 이 자리에 있는 이 소크라테스를 두고 말하는 것처럼 보이지만, 내 이름은 그저 곁들이로 이용하고 있을 뿐인 듯하오. 말하자면 나를 예로 들어서, "인간들아, 그대들 가운데 소크라테스처럼 자기의 지혜가 아무런 값어치도 없다는 사실을 아는 자가 가장 지혜가 있는 자이니라." 이렇게 말하는 듯이 여겨지는 것이오.

그런 까닭으로 나는 지금도 여기저기 돌아다니면서 이 나라 사람이건 외국 사람이건 적어도 지혜가 있다고 생각되는 사람을 신의 지시에 따라 찾아가서 조사하고 있는 것이오. 그리하여 지혜가 있다고 여겨지지 않을 때는 신을 도와 그 사람이 지혜 있는 자가 아니라는 것을 밝혀 주고 있는 것이오. 그리고 이 일이 바쁘기 때문에 나라의 일이건 가정의 일이건 이렇다 할 값어치가 있는 일을 할 틈이 없고 무척 가난하게 살고는 있지만, 이것도 오로지 신을 섬기기 위한 것이오.

게다가 또 젊은이들이—매우 한가하면서 돈 많은 집의 아들들이—자발적으로 나를 따라다니면서 세상 사람들이 규명을 받고 있는 것을 흥미 있게 지켜보고는 자기들도 곧잘 내 흉내를 내어 남을 규명해 보게 되었소. 그 결과, 무언가 알고 있는 줄 알지만, 실은 조금밖에 모르거나 혹은 아무것도 모르는 사람을 무척 많이 발견하게 된 모양이오.

그러자 젊은 사람들의 조사를 받은 자들은 자기 자신에 대해서 화를 내지 않고, 나한테 화를 내면서 소크라테스는 참으로 고얀 놈이다, 젊은이들에게 좋지 않은 영향을 주고 있다고 말하게 되었소. 그 사람들에게 소크라테스가 무엇을 하고 무엇을 가르치기에 그러냐고 물으면, 그 사람들은 알지도 못하거니와 대답도 하지 못하오. 그러나 자신들이 당황한 사실을 눈치채이지 않으려고 학문하는 사람에 대해서 흔히 말하듯이, '하늘 위나 땅 밑의 일'이라든가 '신을 인정하지 않는다'든가, '비리를 강변한다'든가 하는 말을 지껄여대는 것이오. 생각건대 그 사람들은 사실을 말하고 싶지 않아서 그러는가 보오. 왜냐하면 그렇게 하다가는 무엇을 하는 체하고 있지만, 아무것도 모른다는 것이 드러나기 때문이오. 그래서 그 사람들은 명예심만은 강하니까 강한 기세의 다수로써 조직적이고 설득적으로 나에 대한 말을 하고, 오래전부터 오늘에 이르기까지 맹렬한 중상으로 여러분의 귀를 가득 채워 버리고 만 것이라 생각하오.

멜레토스가 나에게 공격을 가해 온 것도, 아니토스나, 리콘[15]이 나를 공격한 것도 다 이러한 원인이었으며, 멜레토스는 작가들을 대신해서, 아니토스는 수공인들과 정치가를 대신해서, 리콘은 변론가의 처지에서 나를 미워했던 것이오. 따라서 내가 처음에 말한 바와 같이, 이토록 커져 버린 중상을 이런 짧은 시간 동안 내가 여러분한테서 없앨 수 있다면, 오히려 나는 그것을 이상하게 생각할 것이오.

아테네 시민 여러분! 이상과 같은 것이 진실이오. 나는 여러분에게 크건 작건 간에 조금도 숨김없이 얼버무리지도 않고 이야기하는 것이오. 물론 내가 이런 일을 하기 때문에 미움을 받는 것도 알고 있소. 그러나 그것이 곧 내가 사실을 말하고 있다는 증거이고 나에 대한 모함과 그 원인도 그와 같다는 증거가 되는 것이오. 그리고 지금 또는 다른 기회에라도 여러분이 조사해 본다면 또한 같은 결론을 발견하게 될 것이오.

이상으로 나의 첫 고발자들에 대한 해명은 일단 충분하리라고 생각하오. 그

---

15) 원고 멜레토스를 지지한 웅변가. 아테네의 토리코스구(區) 사람. 소크라테스 고발의 모든 준비를 했다고 한다.

러면 자칭 선량한 애국자라고 하는 멜레토스나 최근의 고발자에 대한 변론을 이제부터 하리다. 이들을 별도의 고발자로 여기고 그들의 선서 구술서를 읽어 보겠소. 대강 다음과 같은 것이오. 즉 "소크라테스는 범죄인이다. 청년들에게 유해하고 파멸적인 영향을 주고 국가가 인정하는 신을 믿지 않으며 다른 새 귀신을 제사 지내고 있다." 이것이 고발장의 내용인데, 소장의 항목을 하나하나 살펴보기로 하겠소.

다시 말해서 그 주장하는 바는 내가 청년들에게 해를 끼침으로써 죄를 저지르고 있다는 것이오. 그러나 이에 대해서 나는, 아테네 시민 여러분! 멜레토스야말로 범죄인이라고 주장하고 싶소. 왜냐하면 그 사람은 여태까지 조금도 관심을 가진 적이 없는 일을 진지하게 걱정하는 체하면서 함부로 사람을 재판에 끌어넣고 있는데, 이는 장난을 치면서 진지한 체하고 있는 것이오. 어째서 그런지를 지금부터 여러분에게 똑똑히 보여 드리도록 하겠소.

그러면 자, 멜레토스! 이리 나와서 대답해 다오. 당신은 젊은이들이 올바른 길을 가도록 이끄는 것을 중요한 일이라고 생각하는가?

"적어도 나는 그렇게 생각한다."

그렇다면 이분들에게 말해 다오. 누가 그 젊은이들을 보다 나은 사람으로 만들 수 있겠는가? 왜냐하면 당신은 관심을 갖고 있는 만큼 물론 알고 있을 테니까. 말하자면 당신은 청년들에게 해를 끼치고 나쁘게 만들고 있는 자를 발견했다면서 나를 고발하여 재판관들 앞에 끌어냈다. 그렇다면 반대로 그들을 이끄는 자가 누구인가? 자, 이분들에게 똑똑히 말해 다오.

그것 보라, 멜레토스! 당신은 대답을 못 하지 않는가! 부끄러운 일이라고 생각지 않는가? 그리고 이것은 바로 내가 말한, 즉 당신은 이에 대해서 아무런 관심도 없었다는 충분한 증거가 된다고 생각지 않는가?

아무튼 자네! 누가 젊은이들을 올바른 길로 이끌고 있는가?

"그것은 법률이다."

아니, 내가 묻는 것은 그런 게 아니라 사람을 묻는 것이라네. 그 법률을 직접 또 처음으로 알게 하는 것이 누구냐는 것이다.

"그것은, 소크라테스, 여기 있는 재판관들이다."

그것은 무슨 뜻인가, 멜레토스! 이분들이 청년들을 교육할 수 있고, 그 사람들을 이끌고 있단 말인가?

"바로 그렇다."

이분들이 다 그렇단 말인가, 아니면 이분들 중에서 어떤 사람은 그렇고, 어떤 사람들은 그렇지 않단 말인가?

"모두가 다 그렇다."

헤라에게 맹세코 진정으로 훌륭한 이야기다. 좋은 일을 해주는 사람이 굉장히 많다고 말하고 있으니까. 그렇다면 여기 있는 방청인들은 청년들을 선도하는가, 하지 않는가?

"이 사람들도 선도한다."

그러면, 평의원[16]들은 어떤가?

"평의원들도 그렇다."

그렇다면 멜레토스! 국민의회[17]에 나오는 의원들이 설마 젊은이들에게 해를 끼치지야 않겠지. 그 사람들도 젊은이들을 이끄는가?

"그 사람들도 한다."

그렇다면 나를 제외한 아테네 시민 모두가 훌륭하고 착한 인간을 만들고 있는데 나만 나쁘게 만들고 있는 모양이군. 당신이 하고 싶은 말이 이것인가?

"그렇다, 그것이 바로 내가 말하려는 것이다."

나는 당신에게서 대단한 불행을 인정받은 셈이다. 그렇다면 이야기해 다오. 당신은 말(馬)에 대해서도 그렇게 생각하는가? 모든 사람들이 말을 좋게 만들고 있는데, 누구 한 사람만이 그것을 나쁘게 만들고 있는가? 아니면, 오히려 그 반대로 말을 좋게 만들 수 있는 사람은 어느 한 사람뿐이거나 또는 아주 소수가 있을 뿐이고, 대부분의 인간들은 말과 함께 있거나 말을 다루거나 하면 오히려 나쁘게 만드는 것이 아닐까?

---

16) 아테네 시는 기원전 508~507년의 클레이스테네스의 개혁 이래 부족에 따라 10구역으로 나뉘어져서 구역마다 50명씩 추첨으로 선출된 500명으로 평의원회를 구성했으며, 국정은 주로 이 기구에 의해서 운영되었다.

17) 20세 이상의 아테네 시민 남자로 구성되었으며, 선전포고나 강화 같은 나라의 중대사를 토론하고 의결했다.

어떤가, 멜레토스! 말 외에 다른 모든 동물에 대해서도 마찬가지가 아닐까? 당신이나 아니토스가 반대하건 찬성하건 이것은 아주 뚜렷한 일이네. 그런데 만일 단 한 사람이 청년들에게 해를 끼치고, 그 밖의 사람들은 모두 이익을 준다면, 매우 다행스러운 일일 것이네. 그것은 그렇고, 멜레토스! 당신은 여태까지 청년들에 대한 걱정을 한 번도 한 적이 없다는 사실을 분명히 해주었다. 말하자면 나를 이 자리에 끌어내게 된 그 문제에 대해서 당신 자신이 아무런 관심도 갖고 있지 않았음을 지금 당신은 똑똑히 보여 주고 있는 것이다.

그러나 한 가지 더, 제우스 신에게 맹세코 우리를 위해서 이야기해 주어야 할 일이 있다. 멜레토스! 사람이 사는 데 좋은 시민들 속에서 사는 것과 나쁜 시민들 속에서 사는 것과 어느 쪽이 좋은가?

부디 대답해 주게. 결코 어려운 것을 묻지는 않았으니까. 나쁜 사람은 가까이에 있는 사람들에게 언제나 나쁜 짓을 하지만 좋은 사람은 좋은 일을 하지 않는가?

"그렇다."

그렇다면 자기와 함께 있는 사람들에게서 이익을 얻기보다 오히려 해를 입고 싶어 하는 사람이 있겠는가? 대답해 다오, 친구여! 법도 대답할 것을 명령하고 있으니까. 해를 입고 싶어 하는 사람이 있는가?

"물론 없다."

자 그렇다면, 당신이 나를 이 자리에 끌어낸 것은 내가 젊은 사람들에게 나쁜 영향을 끼쳐서 더 나쁘게 만들고 있기 때문이라고 되어 있는데, 그것은 내가 일부러 그렇게 하고 있다는 뜻인가, 아니면 고의가 아닌가?

"나는 고의라고 단언한다."

그렇다면 대체 어떻게 되는 것인가? 멜레토스! 나는 벌써 이 나이가 되었고, 당신은 아직 그 나이라서 그렇게도 큰 지혜의 거리가 생겼단 말인가? 나쁜 사람은 언제나 자기의 가장 가까이에 있는 사람에게 나쁜 짓을 하고, 좋은 사람은 좋은 일을 한다는 것을 당신은 말하지 않았는가? 내가 함께 있는 사람을 나쁘게 만들면 반대로 그 사람한테서 나쁜 일을 당할 위험이 있는데도 알고 일부러 그런다면 그것은 이만저만한 무지가 아닌 셈이다. 그리고 그 결과, 그와 같이 엄청난 악을 내가 스스로 만들어 내려 하고 있다는 것이 당신의 주장인데 그런 일이 있을까?

 나는 당신의 말을 믿을 수가 없다. 멜레토스! 또 이 세상의 누구도 믿지 않을 것이다. 아무튼 나는 실제로 남에게 나쁜 영향을 미치지 않았고, 또는 나쁜 영향을 미치고 있더라도 그것이 내가 고의로 하는 것이 아니다. 그러므로 당신은 적어도 이 두 가지 점에서 거짓말을 하는 셈이다. 그리고 만약 나쁜 영향을 미치는 것이 내 고의가 아니라면, 이와 같은 본의 아닌 잘못에 대해서는 재판에 끌어낼 게 아니라 개인적으로 만나서 가르치고 타이르는 법이다. 왜냐하면 일부러 그러는 것이 아니니까 그 사실을 가르쳐 준다면 그만둘 것은 뻔하기 때문이다. 그런데 당신은 나를 만나서 가르쳐 주기를 피했다. 말하자면 그럴 의사가 없었기 때문이다. 그리고 이런 자리에 나를 끌어내 놓았다. 이곳은 징벌이 필요한 사람이 불려 나올 곳이지 가르침이 필요한 사람이 올 곳은 아니다.

 그러나 아무튼, 아테네 시민 여러분! 내가 말한 대로 멜레토스가 크건 작건 간에 아직 이런 일에 한 번도 관심을 갖지 않았다는 사실은 이미 뚜렷해졌소. 그러니 더는 언급하지 않도록 하겠소.
 그렇지만 당신은 우리에게 말해 주어야 한다. 당신은 내가 어떤 방법으로 청년들에게 해악을 끼치고 있다고 주장하는가, 멜레토스! 물론 당신이 제출한 소장에 따르면 국가가 믿는 신을 믿지 말라면서 다른 새로운 귀신 따위를 믿으라고 가르치는 것으로 되어 있다. 내가 그런 것을 가르침으로써 해악을 끼치고 있다는 것이 당신의 주장인가?
 "그렇다, 내가 주장하는 것은 분명히 그것이다."
 그렇다면 멜레토스! 지금 언급되는 당신의 신에게 맹세코 나와 그리고 여기에 있는 분들에게 더 똑똑히 말해 다오.
 왜냐하면 나는 당신이 어느 쪽을 말하는지 이해할 수 없기 때문이다. 말하자면 나는 어떤 종류의 신이 존재함을 믿으라고 가르치는데—그러니 나 자신 신이 존재한다는 사실만은 믿고 있으므로, 즉 나는 완전히 무신론자가 아니라는 점에서는 죄를 저지르고 있지 않다—국가가 믿는 신이 아니라 다른 신의 존재를 가르치고 있다고 당신은 말하는 모양이다. 그래서 이것이, 즉 다른 신을 믿는다는 것이 당신이 나를 고발하는 이유인가? 아니면, 내가 전혀 신을 믿지 않고 또 다른 사람에게도 절대 믿지 말라고 가르치고 있다는 말인가?

"그렇다, 당신은 전혀 신을 믿지 않는다고 나는 말한다."

이것 참 놀랍군, 멜레토스! 어째서 당신은 그런 말을 하는가. 나는 다른 사람들이 믿듯이 태양이나 달을 신으로서 믿지 않는단 말인가?

"제우스에게 맹세코 그렇다. 재판관 여러분! 이 사람은 태양을 돌, 달을 흙이라고 주장하고 있소."

당신은 아낙사고라스를 고발할 생각인가, 친애하는 멜레토스! 당신은 여기 있는 분들을 멸시하여, 클라조메나이의 아낙사고라스의 책이 그런 주장으로 가득 차 있다는 사실을 모를 만큼 이분들이 문자를 해독하지 못한다고 생각하는가? 게다가 청년들이 그런 것을 나한테서 배우고 있는 줄 아는 모양이군. 그 책은 기껏 비싸 봐야 1드라크마만 주면 시장에서 살 수 있는 것이며, 소크라테스가 그것을 자기 주장인 양 내세우면 금방 비웃을 것이다. 무척 기묘한 주장이니까.

아무튼 제우스 신을 두고 묻겠는데 당신은 나를 그렇게 생각하는가, 내가 신의 존재를 조금도 인정하지 않고 있다고?

"그렇다, 제우스 신에게 맹세코, 당신은 도무지 신을 인정하지 않는다."

아니, 멜레토스! 당신의 말은 믿을 수가 없어. 게다가 내가 보건대 당신도 신을 믿고 있지 않다.

내가 보건대, 아테네 시민 여러분! 이 사람은 아주 무도하고 무례한 사람인 것 같소. 이와 같은 고발을 한 것도 다름이 아니라 그 무도와 무례와 젊은 혈기 탓인 것 같소. 왜냐하면 이 사람은 수수께끼를 만들어서 시험해 보는 것처럼 보이기 때문이오. 다시 말해서 "소크라테스는 지혜 있는 자라고 하는데 내가 장난으로 스스로에 대해서 모순되는 말을 한다면 그것을 알까, 아니면 나는 이 사람과 다른 청중들을 모조리 끝까지 속일 수 있을까?" 하고 말이오. 왜냐하면 이 사람은 소장에서 스스로 모순되는 말을 하는 것처럼 여겨지기 때문이오. 마치 "소크라테스는 신을 믿지 않고 신을 믿는다. 그래서 죄를 저지르고 있다." 이런 말이라도 하는 것 같소. 그러나 이런 것은 장난치는 자가 아니면 할 수 없는 말이오.

소크라테스의 변명 27

그러면 여러분! 함께 잘 살펴봐 주시오. 이 사람의 말은 방금 내가 말한 그런 뜻이 된다고 생각하니, 부디 어째서 그렇게 되는지 살펴봐 주시오.

그러니 우리에게 대답해 주기 바라네, 멜레토스! 그리고 여러분도 처음에 내가 간곡히 당부해 둔 것을 잊지 말고, 내가 평소의 방식으로 이야기를 진행해 나가더라도 제발 조용히 들어 주기 바라오.

어떤가, 멜레토스! 이 세상에 인간이 하는 일은 인정하지만, 인간의 존재를 인정하지 않는 자가 있겠는가?

이 사람이 대답하게 해주시오.

여러분! 이러쿵저러쿵 자꾸만 떠들지 말아 주기 바라오.

어떤가, 말의 존재는 인정하지 않지만, 말이 하는 일은 인정하는 자가 있겠는가? 또 피리 부는 사람의 존재는 인정하지 않지만 피리 부는 일은 인정하는 자가 있겠는가? 세상에서 가장 뛰어난 사람아! 그런 자는 없다. 만일 당신이 대답하고 싶지 않다면, 내가 당신을 위해서 그리고 여기 있는 다른 여러분을 위해서 이렇게 말하기로 하겠다.

그러나 적어도 이것만은 대답해 주기 바란다. 귀신이 하는 일은 인정하지만, 귀신의 존재를 인정하지 않는 사람이 있겠는가?

"없다."

여기 있는 사람들의 체면을 보아 부득이한 대답이기는 하겠지만 그나마 대답해 주어서 매우 고맙다. 자, 그런데 당신의 주장에 따르면, 나는 귀신 따위를 믿고 그것을 가르치는 것으로 되어 있다. 그것이 새삼스러운 것인지, 오래된 것인지는 제쳐 두고, 아무튼 당신의 말을 들으니 내가 귀신 따위를 믿는 것만은 틀림없으며, 당신의 소장에도 그것을 선서하고 있다. 그래서 내가 귀신 따위나 귀신이 하는 일을 믿는다면, 귀신의 존재를 인정하고 있다는 것도 분명히 필연적이다. 그렇지 않은가?

확실히 그렇다. 당신이 대답하지 않으니까, 동의한 것으로 인정하겠다. 그런데 우리는 그 귀신을 신 또는 신의 아들로 생각하고 있지 않은가? 어떤가, 당신은 이 주장에 찬성하는가, 아니면 반대하는가?

"분명히 나는 찬성한다."

그렇다면 당신이 주장하다시피 내가 귀신을 믿고 있다면 그리고 그 귀신이 무슨 신이라고 한다면, 그것은 당신이 수수께끼를 내고 장난을 치고 있는 셈이 된다. 다시 말해서 신을 믿지 않는 내가 귀신을 믿고 있으니, 거꾸로 신을 믿고 있다는 당신의 주장이 되는 셈이다. 그리고 또 만일 귀신이 신의 방계 자식들로서 님프들이나 그 밖의 전설에 나오는 어떤 여성들에게서 태어난 사생아들이라면, 신의 자식은 인정하지만 신은 그 존재를 인정하지 않는다는 사람이 이 세상에 어디 있겠는가? 그것은 마치 노새가 말과 나귀의 새끼라는 것은 인정하면서도 말과 나귀의 존재는 인정하지 않는 것과 마찬가지로 불합리할 것이다.

아무튼 멜레토스! 이런 점으로 판단하건데, 당신이 이런 고발을 한 것은 우리를 시험해 보고 있거나 아니면 나를 고발하기 위한 진짜 죄상이 발견되지 않은 둘 가운데 하나로서 그 밖의 것은 있을 수 없다. 그리고 당신이 조금이라도 지성을 가진 사람을 붙잡고, 귀신이 하는 일은 믿고, 신이 하는 일은 믿지 않거나, 다시 또 이러한 일들을 믿는 사람이 귀신도 신도 반신(半神)[18]도 믿지 않을 수 있다는 것을 납득시키려고 해봤자 그럴 방도는 없는 것이다.

아무튼 이제 충분할 것이오. 아테네 시민 여러분! 내가 멜레토스의 소장에 쓰여 있는 일에 대해서 죄를 지은 사람이 아니라는 것은 많은 변명을 필요로 하지 않으며 이제까지 한 말로 충분하다고 나는 생각하는 바이오.

그러나 앞에서도 말했듯이, 나는 많은 사람들로부터 온갖 미움을 받고 있소. 그리고 여러분, 그것은 사실이오. 만일 내가 죄를 덮어쓴다면 그때 나를 유죄로 만드는 것은 멜레토스나 아니토스가 아니라 방금 말한 많은 사람들의 중상과 질투가 원인이 될 것이오. 바로 그것이 많은 훌륭한 사람들을 유죄로 만든 것이고 앞으로도 유죄로 만들게 되리라고 생각하오. 그것이 나한테서 끝나는 일은 아마 결코 없을 것이오.

그러면 이렇게 말할 사람이 나올지도 모르겠소. "그렇다면, 소크라테스! 그대는 부끄럽지 않은가. 평소에 당신이 하는 그런 일 때문에 지금 죽을지도 모른다는 것은." 하고 말이오.

---

[18] 헤로스, 영웅이라고도 번역된다. 이를테면 인간을 아버지로 하고 여신을 어머니로 하는 아들. 뒤에 나오는 아킬레우스가 그 예이다.

그러면 나는 그 사람에게 마땅히 이렇게 대답할 것이오. "당신의 말은 옳지 않소. 조금이라도 남의 도움이 될 사람이 생각해야 할 것은 무슨 일을 할 때 그것이 올바른 행위가 되겠느냐, 옳지 않은 행위가 되겠느냐, 훌륭한 사람이 할 일이냐, 나쁜 사람이 할 일이냐 하는 것만 생각할 것이 아니라, 사느냐 죽느냐의 위험까지도 고려에 넣어야 한다고 만일 당신이 생각한다면 말이오. 왜냐하면 당신의 그와 같은 주장을 따른다면, 저 트로이아(트로이)에서 생애를 마친 반신들은 하찮은 것들이 되는 셈이니까. 그중에서도 테티스의 아들 같은 이는 수치를 참는 데 비하면 그런 위험은 아무것도 아니라고 생각했소. 그래서 헥토르를 죽이려고 서두르는 그에게 여신인 어머니가 말했소. '내 아들아! 만일 네가 친구 파트로클로스의 원수를 갚으려고 헥토르를 죽인다면, 네 자신도 죽게 된다―헥토르 바로 뒤에서 사신(死神)이 너를 붙들려고 기다리고 있단다.' 아킬레우스는 이 말을 듣고도 죽음이나 위험은 아랑곳도 없이, 오히려 친구를 위해 원수를 갚지 않고 비겁한 자로서 살아남게 되는 것을 훨씬 두려워하여 말하기를, '그 나쁜 자에게 벌만 준다면, 저는 당장 죽어도 상관없습니다. 저는 이 세상에 남아 이 땅 위의 귀찮은 존재가 되면서까지 머리 굽은 배(船)들 곁에서 웃음거리가 되고 싶지는 않습니다' 대답한 것이오. 설마 당신은 그가 죽음을 두려워하고, 위험을 걱정했다고는 생각지 않겠지요." 하고 말이오.

　다시 말해서, 아테네 시민 여러분! 진실은 다음과 같소. 사람이 어느 자리를 최선으로 그것을 차지하거나 혹은 윗사람에 의해서 그 자리에 배치될 때는 그 자리를 지키고 위험을 무릅쓰지 않으면 안 된다고 나는 생각하오. 죽음도 그 밖의 그 무엇도 결코 수치보다 먼저 고려에 넣어서는 안 되는 것이오.

　그러니까 나는 무서운 잘못을 저지른 것이 될 것이오. 아테네 시민 여러분! 만일 내가 여러분이 선출한 장관의 명령으로, 포티다이아(포테이다이아)에서나, 암피폴리스에서나, 델리온[19]에서 내가 배치된 장소에 다른 사람과 마찬가지로

---

19) 포티다이아, 암피폴리스, 델리온 등은 모두 소크라테스가 싸운 땅이다. 포티다이아는 마케도니아 남동부 칼키디케의 도시. 여기서의 소크라테스의 행동은 《향연》에 묘사되어 있다. 암피폴리스는 트라케 서부에 있는 도시. 델리온은 보이오티아 동쪽 끝, 에우보이아섬의 대안(對岸)쯤에 있는 지점. 거기서 한 일에 대해서도 《향연》에 묘사되어 있다. 이러한 곳에 소크라테

버티고 서서 죽음의 위험을 무릅썼는데, 지금 신의 명령에 따라서—나는 그렇게 믿고 또 풀이했소만—나 자신이나 다른 사람이나 누구나 잘 살펴서 지혜를 사랑하며 살아가야 하는데도 죽음을 무서워하거나 무언가를 두려워하거나 명령받은 자리를 포기한다면, 그야말로 무서운 잘못을 저지르는 일이 될 것이오. 그때야 말로 신의 존재를 인정하지 않는 자로서 나를 법정에 끌어내야 마땅할 것이오. 그것은 신탁의 뜻에 따르지 않고, 죽음을 무서워하며, 지혜도 없는데 있는 것처럼 착각하는 것이니 말이오.

왜냐하면 죽음을 무서워한다는 것은, 여러분! 바로 지혜도 없는데 있다고 생각하는 것이기 때문이고, 또 그것은 모르는 것을 안다고 생각하는 일이기 때문이오. 죽음을 아는 자는 아무도 없소. 어쩌면 그것은 또 인간에게 있어서 가장 좋은 것인지도 모르면서, 마치 가장 나쁜 것이라고 잘 아는 듯이 무서워하기 때문이오. 이거야말로 아무리 보아도 모르면서 알고 있는 줄로 착각한다고 지금 마냥 비난을 받은 무지, 바로 그것이 아니겠소?

그러나 여러분! 나는 그 점에서도 이 경우에는 아마 많은 사람들과 다를 것이오. 그래서 내가 다른 사람보다 그 어떤 점에서 지혜가 있다고 주장할 수 있다면 그것은 내가 저세상에 대해서는 잘 모르기 때문에 모른다고 생각하고 있다는 점일 것이오. 그러나 옳지 않은 짓을 한다는 것, 신이든 사람이든 나보다 뛰어난 자가 있는데 이에 복종하지 않는 것은 악이요, 수치스러운 일임을 나는 알고 있소. 그래서 나는 악인 줄 알고 있는 이들 나쁜 것들보다 어쩌면 좋은 것인지도 모르는 쪽을 결코 무서워하거나 피하지는 않을 것이오.

아니토스는 여러분들에게 만일 내가 이 재판에서 무죄가 된다면 그때는 여러분의 자식들이 소크라테스의 가르침을 일과로 삼게 되어 모두가 완전히 나빠지게 될 것이라면서, 일단 나를 이 자리에 불러낸 이상 사형에 처하지 않고 내버려 둘 수는 없으며 만일 그렇게 하지 않는다면 처음부터 이런 자리에 불러내지 말았어야 한다고 주장했소. 그런데 만일 지금 여러분이 아니토스의 말을 듣지 않고 나를 석방한다면, 다시 말해서 아니토스의 말을 인용하여 나한테 "소크라테스! 오늘 우리는 아니토스의 말을 따르지 않고 그대를 석방한다.

---

스가 종군한 것은 37세부터 10년 동안의 일이다.

그러나 여기에는 조건이 있다. 즉 이제까지 해온 탐구 생활은 앞으로 하지 말 것. 지혜를 사랑하고 구하는 일도 하지 말 것. 만일 그대가 여전히 그런 짓을 하다가 붙잡히면 그때는 죽을 것이다." 말한다면, 즉 나를 이와 같은 조건으로 놓아주더라도 나는 여러분에게 말할 것이오.

"아테네 시민 여러분! 나는 여러분을 경애하오. 그러나 여러분에게 복종하느니 차라리 신에게 복종하겠소. 그리고 나는 내 숨이 붙어 있는 한 내가 할 수 있을 때까지는 결코 지혜를 사랑하고 구하는 일을 그만두지는 않을 것이오. 나는 여러분 가운데 언제 누구를 만나더라도 충고하고 내 소신을 밝히기를 그만두지 않을 것이오.

그리고 그때의 내 말은 평소의 내 말과 변함이 없을 것이오. 세상에 밝은 사람이여! 당신은 지혜와 무력에 있어서 가장 명성이 높고 위대한 나라 아테네 사람이면서 오로지 많은 돈을 손에 넣는 데만 혈안이 되어 있으니 부끄럽지 않소? 명성과 지위에 대해서는 신경을 쓰면서 사려나 진리는 마음에도 두지 않고, 정신을 훌륭하게 만드는 데는 신경도 쓰지 않을뿐더러 걱정도 하지 않는다는 것이 부끄럽지도 않소?" 이렇게 말할 것이오.

그리고 여러분 가운데 누군가가 이에 대해 이의를 제기하고 자기는 중요한 일에 신경을 쓰고 있다고 주장한다면, 나는 그 사람을 붙들고 질문하여 살펴보고 음미해 볼 것이오. 그리하여 그 사람이 훌륭한 정신을 가진 것처럼 주장하지만, 실은 그렇지 않다고 생각될 때는 가장 소중한 것을 무엇보다 하찮게 다루고, 하찮은 것을 그에 걸맞지 않게 소중히 생각한다고 그 사람을 나무랄 것이오. 이것은 늙은이나 젊은이 할 것 없이 누구를 만나든 하려고 할 것이며, 외국에서 온 사람에게나 이 나라 사람에게나 다 그렇게 할 것이오. 이 나라 사람에게는 오히려 종족적으로 나와 가까우니까 더 그렇게 할 것이오.

내가 이런 일을 하는 것은 그것이 신의 명령이기 때문이오. 이 점은 잘 알아두기 바라오. 그리고 내가 믿기로는 이 나라에서 신을 위한 내 봉사 이상으로 큰 선(善)을 아직 여러분이 받아 본 적은 없소.

즉 내가 돌아다니면서 하는 일이란 오직 다음과 같은 것뿐이오. 여러분은 젊은 사람이든 나이 든 분이든 되도록 정신이 훌륭해지도록 마음을 쓰지 않으면 안 되며, 그보다 먼저 또는 비슷하게라도 신체나 금전에 마음을 써서는 안 된다고 설득하고 있소. 그리고 금전을 아무리 쌓아도 거기서 뛰어난 정신은 생기지 않으나, 금전이나 그 밖의 것이 인간을 위해서 좋은 것이 되기 위해서는 공사를 떠나서 모두 정신이 뛰어나야만 생기는 것이라고 말하고 있소. 만일 내가 이런 말을 함으로써 청년들에게 나쁜 영향을 끼치고 있다면 내 말은 해로울지도 모르겠소. 그러나 내가 이것 이외의 말을 하고 있다고 주장하는 사람이 있다면 그것은 거짓말이오. "자, 아테네 시민 여러분! 지금까지의 것을 잘 생각해 보고, 아니토스의 말을 따르든지 말든지 하시오. 그리고 나를 석방하든지 말든지 하시오. 나는 설령 몇 번을 죽는 한이 있더라도 그 밖의 것은 할 수 없소." 이렇게 나는 주장할 것이오.

떠들지 말아 주기 바라오. 아테네 시민 여러분! 제발 내가 여러분에게 부탁한 대로 무슨 말을 듣더라도 이내 떠들어대지 말고 내 말을 들어 주시오. 들으면 여러분에게 도움이 될 일도 있을 것이오. 왜냐하면 이제부터 여러분에게 할 말이 따로 있기 때문이오. 이 말을 들으면 아마 여러분은 아우성을 칠 것이오. 그러나 제발 절대 그렇게 하지 말아 주시오.

그것은 다름 아니라 이런 것이오. 여러분, 만일 여러분이 나를 사형에 처한다면—나는 지금부터 말하는 이런 인간이기에, 그것은 나의 손해라기보다 오히려 여러분의 손해가 더 클 것이오. 그것은 멜레토스나 아니토스가 결코 나에게 손해를 입힐 수 없기 때문이오. 그 사람들은 그렇게 할 수가 없는 사람들이오. 그 까닭은 훌륭한 인간이 훌륭하지 못한 인간에게 해를 입힌다는 것은 있을 수 없는 일이라고 생각되기 때문이오.

물론 사형에 처하거나, 추방하거나, 공민권을 박탈할 수는 있을 것이오. 그리고 이런 일들을 어쩌면 다른 사람들뿐 아니라 이 사람도 아주 크게 나쁜 일이라고 생각하겠지만, 나는 그렇게 생각하지 않소. 오히려 이 사람이 지금 하고 있는 일, 말하자면 사람을 올바르지 못한 방법으로 죽이려 하는 것이 훨씬 큰 악이라고 생각하는 바이오. 그러니, 아테네 시민 여러분! 지금의 이 변명도 내가 나 자신을 위해서 하는 것은 결코 아니며 오히려 여러분을 위한 것이오. 여러분이 나를 유죄로 판결함으로써 신이 주신 귀한 선물에 대해 잘못을 저지르는 일이 없도록 하기 위해서인 것이오. 왜냐하면 만일 여러분이 나를 사형에 처해 버린다면, 달리 또 나와 같은 인간을 발견하기는 쉽지 않을 테니까 말이오.

정말이지—좀 우스꽝스러운 말이 되겠지만—나는 신이 이 나라에 오게 한 사람이오. 그것은 마치 여기에 한 마리 말이 있다고 치면, 혈통도 좋고 큰 말인데 크기 때문에 오히려 보통보다 둔한 데가 있어서 늘 눈을 뜨고 있으려면 등에 같은 것이 필요하다는 경우와 비슷할 것이오. 말하자면 신은 나를 그 등에 같은 것으로서 이 나라에 있게 하지나 않았을까 하는 생각이 드는 것이오. 즉 나는 여러분들의 눈을 뜨게 하기 위해서 한 사람 한 사람 어디든지 따라가서 무릎을 맞대고 온종일 설득하거나 비난하는 일을 잠시도 그만두지 않는 자인 것이오.

그러니, 이런 사람을 달리 또 구한다 하더라도, 여러분! 그리 쉽게는 얻지 못할 것이오. 만일 여러분이 내 말뜻을 알아듣는다면 나를 소중히 여길 것이오. 그러나 아마도 여러분은 선잠 깬 사람처럼 화가 나서 아니토스의 말대로 나를 때려 경솔하게 죽여 버릴 것이오. 그리고 여생을 줄곧 졸면서 보내게 될 것이오. 만일 신이 여러분을 걱정해서 또 다른 누군가를 다시 보내 주지 않는다면 말이오.

그런데 내가 바로 신에 의해서 이 나라에 주어진 자라는 것은 다음과 같은 일로써 여러분의 이해를 얻을 수 있을지도 모르겠구려. 즉 나는 이미 여러 해에 걸쳐서 나 자신은 전혀 돌보지 않고 집안일도 팽개친 채 언제나 여러분의 일을 해왔고, 그것도 개인적으로 사귀면서 마치 아버지나 형처럼 한 사람 한 사람과 만나 정신을 훌륭하게 만드는 데 유의하라고 설득해 왔는데, 이런 것은 단순한 인간적인 행위와는 다르오.

만일 내가 그런 일을 하면서 무슨 이득을 보았거나 보수를 받고 그런 설교를 했다면 그것은 반드시 설명을 해야 할 것이오. 그러나 실제로는 여러분도 직접 보아서 알다시피 나를 고발한 사람들이 온갖 파렴치한 방법으로 다른 것은 모조리 지적했지만, 짐짓 이것만은 아무리 파렴치한 짓을 한다 해도 증인을 내세워 고발할 수가 없었던 것이오. 말하자면 내가 언제 누구에게 보수를 받았다든가, 요구했다든가 하는 것 말이오. 그럴 수밖에 없는 것이, 내가 오늘 말하는 것이 사실이라는 충분한 증거를 내놓을 수 있기 때문이오. 그것은 바로 나의 가난이오.

　그렇더라도 어쩌면 우스운 일이라고 생각할지 모르겠소. 내가 개인적으로 사귀면서 방금 말한 그런 일을 권고하며 돌아다니고 쓸데없는 참견을 하면서도 공적으로는 여러분의 국민의회에 나타나서 국가를 위해 충고하는 일을 하지 않는다는 것은 이상하다고 생각할지도 모르오. 그러나 거기에는 까닭이 있소.
　이미 나한테서 자주 그 이야기를 들었겠지만, 나에게는 무언가 신으로부터의 소식이나 귀신으로부터의 신호 같은 것이 흔히 들리곤 하오. 그것은 멜레토스도 소장에서 희극화하여 써놓았소. 어릴 때부터 시작된 것으로 하나의 소리가 되어 나타나는데, 그것이 나타날 때는 언제나 내가 무엇을 하려고 할 때 하지 말라고 말렸지 무엇을 하라고 권하는 일은 결코 없었소. 바로 이것이 내가 국정에 관계하는 것을 반대하고 있소. 그리고 그것이 반대하는 것을 나는 충분히 수긍할 만하다고 생각하오.
　왜냐하면 여러분도 잘 알다시피 아테네 시민 여러분! 만일 내가 전부터 국정에 관여했더라면, 나는 아마 벌써 신세를 망치고 여러분을 위해서나 나 자신을 위해서도 아무런 득이 되는 일이 없었을 것이오. 그리고 내가 사실을 말한다고 화내지 말아 주기 바라오. 즉 그것은 여러분이나 또는 다른 많은 사람들에 대해 그저 정직하게 반대하고, 사회 안에서 많은 부정이나 위법이 일어나지 않도록 끝내 맞서는 사람치고 온전히 목숨을 부지할 사람은 없을 것이오.
　오히려 정말로 정의를 위해서 싸우고자 하는 사람은 잠시 동안이라도 몸을 보전하려면 공인(公人)으로서 행동해서는 안 되는 것이오.

　그러면 이에 대한 유력한 증거를 여러분에게 제공하겠소. 이것은 단순한 말이 아니라 여러분이 존중하는 사실 바로 그것이오.
　그러면 들어 주시오. 내가 이야기하는 것은 실제로 겪은 일이오. 여러분이 이 이야기를 들으면 내가 죽음을 두려워하여 정의에 어긋나는 양보를 한다는 것은 결코 있을 수 없다는 것과, 그러나 만일 양보하지 않으면 동시에 신세를 망치게 된다는 것을 알게 될 것이오. 내가 이제부터 이야기하고자 하는 것은 법정에서 흔히 듣는 속된 이야기이기는 하지만 사실은 사실이오.

말하자면 아테네 시민 여러분! 나는 여태까지 이 나라에서 달리 공직에 있었던 적은 없지만 평의원이 된 적은 있소. 그리고 마침 우리 부족이 평의원의 집행부[20]를 맡았을 때 여러분은 그 해전[21]에서 표류자를 구출하지 않았다는 이유로 10인 군사 위원회를 일괄해서 재판에 회부하기로 의결했었소. 그런데 그것은 나중에 여러분 모두가 인정했듯이 위법적인 조치였소. 그러나 집행부 위원 중에서 나 홀로 반대하여 그 어떤 위법도 하지 않게 하기 위해 반대투표를 했었소. 그래서 의원들이 나를 고발하여 체포시키려 했고, 여러분도 그렇게 하라고 아우성을 쳤지만 그 가운데서도 나는 구속이나 사형이 무서워서 옳지 않은 의결을 하는 여러분과 한패가 되느니 차라리 법과 정의의 편을 들어 모든 위협을 무릅써야겠다고 생각했던 것이오.

그리고 이것은 아직 국가가 민주 제도 아래 있을 때의 일이오. 과두정치를 하게 되더니 이번에는 또 30인 혁명 위원회[22]가 나를 다른 네 사람과 함께 자기들의 본부가 있는 톨로스[23]로 불러내어 살라미스 사람 레온[24]을 사형에 처해야 하므로 살라미스로 가서 그를 데리고 오라고 명령했소. 위원회는 이와 비슷한 명령을 많은 사람들에게 내리고 있었는데, 그것은 되도록 많은 사람들을 자기들의 범죄에 연루시키려는 꿍꿍이속에서 나온 것이었소.

그러나 그때 나는 말로써가 아니라 행동으로 다시 한번 보여 주었소. 즉 나는 죽음은 조금도—너무 함부로 하는 말투가 아니라면—마음에 걸리지 않

---

20) 500인회를 구성하는 각 부족 50명의 평의원은 1년의 10분의 1 기간 동안 이 공직을 맡아 평의회의 소집, 의사 진행의 준비, 토의와 결재 등을 한다. 또 국민의회를 위해서도 같은 일을 한다.
21) 기원전 406년 펠로폰네소스 전쟁 말기의 아르기누사이섬 앞바다에서 있었던 해전. 아테네 측이 이겼으나 그때 침몰한 배의 승무원들이 폭풍으로 말미암아 구조되지 못했다. 그 때문에 10명의 장군이 군사 위원으로서 문책을 받았다. 10명 중 두 사람은 다른 곳에 있어서 제외되고, 두 사람은 소환에 응하지 않았으므로 실제론 여섯 사람이 재판을 받고 사형되었다.
22) 기원전 404년 아테네가 패배한 후 스파르타의 원조 아래 생긴 크리티아스의 독재제를 말한다. 처음에는 전시 중의 비행자를 적발 처벌하는 일을 했으나, 나중에는 무도한 공포정치를 하게 되어 약 8개월 남짓 만에 쓰러졌다.
23) 지붕이 둥그렇게 된 건물로, 집행부 사람들이 여기서 회식했다. 전후에는 30인 혁명 위원회가 이것을 점령하고 있었던 것 같다.
24) 독재정치로 말미암아 죄도 없이 부당하게 살해된 사람의 하나로 보인다.

만 부정과 불의는 결코 저지르지 않는다는 것, 그러기 위해서 몹시 조심하고 있다는 것을 보여 준 것이었소. 말하자면 그때의 지배자들은 그토록 강했지만 나를 위협해서 부정에 끌어들이지는 못했던 것이오. 그러나 톨로스에서 명령을 받은 다른 네 사람은 살라미스에 가서 레온을 데리고 왔고 나는 집으로 돌아가 버렸소. 그래서 정권이 곧 무너지지 않았더라면, 아마 나는 그 일로 해서 살해되었을 것이오. 이 일에 대해서도 여러분에게 증언할 사람은 많소.

―증인의 증언이 이루어진다.

여러분은 만일 내가 공적인 일에 종사하여 훌륭한 사람다운 행동을 하면서 정의를 편들고, 아울러 마땅한 일이지만 이것을 가장 소중히 여겼다고 한다면, 내가 이 나이까지 살아남을 수 있었으리라고 생각하시오? 그것은 도저히 있을 수 없는 일이오. 아테네 시민 여러분! 그것은 전 세계의 어느 누구도 있을 수 없는 일일 것이오. 그러나 나는 평생을 통해서 공적으로 만일 무엇을 했다면 그런 사람이라는 것이 뚜렷해졌을 것이고 사생활에 있어서도 같은 인간으로 나타났을 것이오. 다시 말해서 나는 정의에 어긋나는 일은 여태껏 무슨 일이고 그 누구에게도 동조한 적이 없으며, 나를 중상하는 사람들이 내 제자인 척 말하고 있는 자들 중의 누구에게도 동조한 적이 없소.

게다가 또 나는 일찍이 그 누구의 스승이 된 적도 없소. 그러나 누가 내 본업으로서의 내 말을 듣고 싶어 할 때는 젊은이건 늙은이건 그 누구건 간에 듣지 말라고 거부한 적이 없소. 또 돈을 내면 문답에 응하고, 내지 않으면 응하지 않는 그런 짓은 하지 않고, 부자한테서나 가난한 사람한테서나 똑같이 질문을 받고 있으며, 또 희망한다면 무엇이든지 내가 하는 말에 대답을 하면서 듣게 하기도 하고 있소. 그리고 그런 사람들 가운데 누가 잘되건 또는 못 되건 나는 아직 누구에게도 무슨 지식을 주겠다고 약속한 적이 없고 또 실제로 가르친 적이 없으니, 내가 책임을 질 까닭이 조금도 없는 셈이오. 또 만일 누군가, 나한테서 모두가 다 듣고 아는 것 이외에 다른 것을 개인적으로 배웠거나 들었다고 말하더라도 그 사람이 하는 말은 사실이 아니라는 것을 잘 알아 두기 바라오.

그런데도 기꺼이 나와 함께 오랜 시간을 보내는 사람이 있는 것은 대체 어찌 된 까닭일까요? 그것은 이미 여러분이 들은 대로요, 아테네 시민 여러분! 나는 그 진실을 모두 여러분에게 이야기했소. 말하자면 그 사람들은, 지혜가 있는 줄 알고 있었던 자를 규명하여 그렇지 않다고 밝히는 것을 듣기가 재미있기 때문이오. 확실히 그것은 재미없는 것은 아니니 말이오.

그러나 나는 그것을 신에게서 명령받은 일이라고 주장하는 바이오. 그것은 신탁으로써 전해졌고 꿈을 통해서도 전해졌소. 또 그 밖에 신의 결정으로 그것이 무엇이건 인간에게 명령을 내릴 경우의 모든 전달 방법으로 전해진 것이오.

이제까지 내가 이야기한 것은 아테네 시민 여러분! 진실이오. 또 그 진위를 쉽게 음미할 수도 있소. 왜냐하면 만일 내가 정말로 청년들에게 해를 끼치고 있거나 끼쳤다면 그러한 사람들 가운데는 나이를 먹은 뒤 자기가 젊었을 때 나한테서 무언가 나쁜 권유를 받은 일이 있다는 것을 깨닫는 사람도 있을 터이고, 만일 그런 사람이 있다면 바로 이 기회에 직접 이 자리에 나타나서 나를 고발해 원수를 갚아야 할 것이오. 또 본인은 그렇게 하고 싶지 않더라도 그 사람의 가족 중에 누군가가, 말하자면 아버지나 형제나 다른 친척들이, 자기 집안의 누군가가 나 때문에 해를 입었다면 그것을 지금 들고나와서 원수를 갚아야 할 것이라고 나는 생각하오.

어쨌거나 내가 보건대 여기에는 그런 사람들이 많이 와 있소. 먼저 저쪽에는 크리톤[25]이 있소. 나와는 동갑이고 같은 구(區)에 살며 여기 있는 크리토불로스[26]의 아버지 되는 사람이오. 그다음에 스페토스구의 리사니아스는 여기 아이스키네스[27]의 아버지 되는 사람이오. 또 저기에는 케피소스구의 안티폰이 있는데 에피게네스의 부친이오. 그리고 그 밖에는 형제로서 아까 말한 것처럼 내 문답 상대였던 사람이 와 있소. 테오도토스의 형제로는 테오조티데스의 아들 니코스트라토스가 와 있는데―테오도토스는 벌써 죽었으니 형제인 그에게 부탁해서 증언을 하지 말라고 할 수는 없었을 것이오. 또 데모도코스

---

25) 소크라테스의 충실하고 부유한 친구.
26) 소크라테스의 숭배자. 《파이돈》에서는 소크라테스의 임종 때도 그 자리에 있었다.
27) 아이스키네스, 에피게네스는 《파이돈》에 따르면 두 사람 다 소크라테스의 임종을 지켜본다.

의 아들 파랄로스가 여기 있지만, 테아게스[28]는 이 사람의 형제였소. 또 여기에는 아리스톤의 아들 아데이만토스[29]가 있는데, 이 사람의 형제가 저기 있는 플라톤[30]이오. 그리고 아이안토도로스도 와 있는데, 여기 있는 아폴로도로스[31]는 이 사람의 형제인 것이오.

그리고 이 밖에도 나는 여러분의 많은 이름을 들 수가 있소. 멜레토스는 이 중의 누군가를 자기가 한창 변론할 때 증인으로 내세우는 것이 상책이었던 것이오. 만일 그때 잊었었다면 오늘 내세우면 될 것이오—나는 발언의 권리를 양보할 테니까[32]—만일 그 사람이 무언가 내세울 것이 있다면 듣고 싶소.

그러나 여러분! 실제로는 그 정반대의 것을 보게 될 것이오. 여기 있는 사람들은 모두 나를 구하려고 와 있소. 멜레토스나 아니토스의 주장을 들어 보면, 나는 이 사람들에게 해를 끼치고 이 사람들의 가족에게 나쁜 짓을 한 사람이오. 다시 말해서 해를 입은 사람이 구해 주러 온다면, 그 본인에게는 아마 그만한 이유가 있을지도 모르겠소. 그러나 해를 입지 않은 사람들, 이미 나이를 먹은 사람들 또 이런 사람들의 친척들은 달리 무슨 까닭이 있어서 나를 구하려 하고 있는 것일까요? 그것은 다만 멜레토스는 거짓말을 하고 나는 진실을 말한다는 것을 이 사람들이 잘 알고 있기 때문이라는 정당하고 정의로운 이유에 따른 것이 아니겠소?

──증인의 증언이 이루어진다.

자, 그러면 여러분! 이것은 이 정도로 해두어야겠소. 이상으로 내가 변론할

---

[28] 같은 이름의 대화편이 플라톤에게도 있는데, 그의 진짜 작품이 아니라고 한다. 《국가》에서는 병 때문에 정치 활동을 단념하고 철학에 머문 것으로 되어 있다.
[29] 플라톤의 맏형.
[30] 플라톤이 작품 속에서 자기 이름을 들고 있는 것은 이 작품에서 두 번과 《파이돈》에서 한 번, 모두 세 번이다.
[31] 이 사람이 소크라테스의 임종 때 있었다는 것은 《파이돈》에 나와 있다. 흥분하기 쉬운 성질로 소크라테스에 대해서는 정열적인 숭배의 정을 갖고 있었다.
[32] 아테네 법정에서는 원고와 피고에게 각각 일정 시간의 발언이 주어졌다. 시간은 물시계로 재며, 다른 사람이 발언할 때는 물의 흐름을 한때 막도록 되어 있었다고 한다.

수 있는 것은 거의 다했으며 더 이상 해봤자 아마 이와 비슷한 이야기가 될 것이오. 그러나 끝내 여러분 가운데는 자기 자신의 경우를 생각하고 이에 불만을 느끼고 있는 사람도 있을지 모르겠구려. 자기는 이보다 더 작은 소송 사건의 당사자였을 때도 많은 눈물을 흘리고 되도록 많은 동정을 얻기 위해 자기 아이들을 등장시켰으며 그 밖에 가족과 친구들까지 많이 나오게 하여 재판관에게 애걸복걸했는데 나를 보니 그런 것을 하나도 하려 하지 않는다고, 더욱이 매우 위험한 처지에 있는 것 같은데 어찌 그럴 수 있느냐고 오히려 불쾌해할 사람도 있을지 모르겠소. 그래서 그런 점 때문에 아마 나에 대한 감정이 나빠지고, 바로 그 일로 화가 나서 홧김에 투표할 사람도 있을지 모르겠소.

만일 여러분 가운데 이런 불쾌한 감정을 느끼는 사람이 정말 있다면, 하기야 만일 그렇다고 하더라도 나는 그것을 마땅하다고는 생각하지 않지만, 아무튼 그런 사람이 있다면 이렇게 말하리라 생각하는 바이오.

즉 "여보! 나한테는 가족이 몇 있소. 그것은 바로 호메로스의 말 그대로 나도 '참나무나 바위에서'[33] 태어난 자가 아니라 사람에게서 태어난 자요. 그러기에 나한테는 가족도 있고 아들도, 아테네 시민 여러분! 셋[34]이나 있소. 하나는 이미 청년이지만, 둘은 아직도 어린아이오. 그래도 나는 그 애들을 이 자리에 나오게 해서 여러분에게 무죄의 투표를 해달라고 부탁하게 하지는 않을 것이오." 하고 말이오.

그러면 대체 나는 왜 그런 것을 하나도 하려고 하지 않을까요? 그 까닭은 아테네 시민 여러분! 내 고집 때문도 아니고, 또 여러분을 경멸하기 때문도 아니오. 내가 죽음에 맞닥뜨려서 꿈적도 않는 기분으로 있느냐 없느냐는 또 다른 문제로 치고, 아무튼 나를 위해서나 여러분을 위해서나 또 국가 전체를 위해서, 또 체면을 생각하면, 나라는 인간이 이 나이에 더욱이 거짓말이건 참말이건 그런 이름을 갖고 있는 주제에 그런 짓을 한다는 것은 모양새가 좋지는 않다고 생각하오. 어쨌거나 소크라테스라는 인간이 많은 사람들보다 그 어떤 점에서 다르다는 것은 이미 틀림없다고 여겨지니 말이오. 그래서 만일 여러분 가운데 지혜라든가 용기라든가 또는 다른 덕(德)에 있어서 뛰어나다고 여겨지는 사람

---

33) 호메로스의 《오디세이아》의 한 구절.
34) 장남은 람프로클레스, 차남은 소프로니코스, 3남은 메넥세노스. 《파이돈》에도 나와 있다.

이 방금 말한 그런 꼬락서니를 보인다면 그것이야말로 추태가 아니겠소?

하긴 그런 꼬락서니의 인간을 나는 자주 보아 왔소. 막상 재판을 받게 되면, 그때까지는 상당한 인물로 알려진 자가 기막히는 짓을 하더란 말이오. 마치 여러분이 그 사람을 사형에 처하지만 않으면 언제까지나 죽지 않을 것처럼, 사형을 받는 것을 아주 대단한 일인 줄 아는 모양이오. 이런 인간들은 나라에 창피를 주는 부류라고 생각하오. 외국에서 온 사람들 중에도 나처럼 생각하는 사람이 나올 것이오. 아테네 사람들은 뛰어난 덕을 가졌다거나 걸출한 인물이 그들 사이에서 직접 선출되어 국가의 요직과 그 밖의 명예로운 지위에 앉아 있는데, 그 사람들은 아무래도 아녀자와 조금도 다를 바가 없지 않은가 하고 말이오.

그러므로 아테네 시민 여러분! 이런 것은 무언가 조금이라도 바깥에 이름이 나 있는 자라면 해서는 안 되는 일이오. 또 여러분도 그들이 그렇게 했을 때는 그대로 내버려 두어서는 안 되오. 오히려 여러분은 그런 경우에 똑똑히 보여주어야 할 것이 있소. 다름 아니라 애처로운 연극으로 나라를 웃음거리로 만드는 자에겐 그러지 않고 가만히 있는 자보다 한결 무겁게 유죄 처분을 내린다는 것이오.

또 체면은 제쳐 두더라도, 여러분! 재판관에게 부탁한다든가, 부탁해서 무죄 처분을 받는다든가 하는 것은 옳은 일이 아니라고 생각하며, 오히려 가르쳐서 설득해야 할 일이라고 보오. 왜냐하면 재판관이 그 자리에 앉아 있는 까닭은 단지 옳고 그름을 판별하기 위해서이지 그것을 편파적으로 정하기 위해서가 아니기 때문이오. 또 그 사람은 자기 마음에 드는 사람을 편애하는 일 없이 법에 따라 재판하겠다고 맹세했소. 그러니 우리도 그가 맹세를 깨는 습관을 갖게 해서는 안 되며, 여러분 또한 스스로 그런 습관이 몸에 배서는 안 되는 것이오. 왜냐하면 그렇게 하는 것은 어느 쪽이건 모두 신을 공경하지 않는 일이 되기 때문이오.

그러므로 아테네 시민 여러분! 나는 여러분에게 보기 좋은 일도 아니고 올바른 일도 아니고 신의 뜻에도 맞지 않는다고 생각하는 일을 하라고 요구해서는 안 되는 것이오. 멜레토스에 의해서 불경죄로 고발을 당하고 있는 만큼 제우스에게 맹세코 그런 일이 없도록 해주기 바라오. 왜냐하면 만일 내가 여러분을 설득하여 어렵사리 맹세한 것을 헛되게 만든다면 나는 분명히 여러분에게 신의 존재를 믿지 않도록 가르치는 것이 되고, 다시 말해서 나는 변론을 하려고 서 있으면서 마치 나 스스로 신을 믿지 않는 자로서 고발하는 꼴이 될 것이기 때문이오.

그러나 그런 일은 도저히 있을 수 없소. 왜냐하면 나는 신을 믿기 때문이오. 아테네 시민 여러분! 나를 고발한 그 어떤 사람과도 비교가 안 될 만큼 믿기 때문이오. 그리고 어떻게 하면 나를 위해서나 여러분을 위해서나 가장 좋게 될 것인가 하는 판결을 여러분에게 맡기는 동시에 신에게 맡기고 있기 때문이오.

―유죄냐 무죄냐가 표결된다.

아테네 시민 여러분! 여러분이 나에게 유죄로 표결한 이 결과에 대해서 내가 분개하지 않는 것은 내 나름의 다른 여러 이유가 있지만, 무엇보다도 이 결과가 나에게는 뜻밖이 아니기 때문이오. 그보다는 오히려 투표 결과로 나온 쌍방의 숫자에 크게 놀라고 있는 참이오. 왜냐하면 나는 이런 근소한 차가 아니라 더 큰 차가 될 것으로 생각하고 있었기 때문이오. 그런데 지금 같아서는 고작 30표 만이라도 반대쪽으로 갔더라면, 나는 무죄가 되었을 것이오.

이것으로 나는 멜레토스에 대해서는 완전 무죄라고 믿고 있소. 아니, 단지 무죄일 뿐 아니라 만일 아니토스나 리콘이 나를 고발하기 위해서 등장하지 않았더라면, 멜레토스는 투표의 법정 표수 5분의 1[35]을 얻지 못하고, 1000드라크마의 벌금까지 물게 되었을 것이오. 이것은 누가 보든 자명한 일이오.

―유죄 표결에 이어 형량을 정하기 위해서 다시 피고의 진술이 있다.

---

35) 법정 표수 5분의 1이라는 것은 500표의 5분의 1이므로 100표이다. 소크라테스의 논법에 의하면, 자기를 유죄라고 본 표가 280표인데, 이것을 멜레토스·아니토스·리콘의 세 사람으로 나누면 멜레토스의 몫은 93표가 되어 5분의 1인 100표에 차지 않는다는 것이다.

그런데 이 사람은 나에게 사형을 구형하고 있소. 좋소. 그렇다면 이에 대해서 나는 여러분에게 어떤 형을 제의할 수 있겠소? 아테네 시민 여러분! 물론 그것은 아주 합당한 것이어야 하오.

그러면 그것은 무엇일까요? 내가 평생을 얌전히 살지 않았다고 해서 무슨 형을 받고, 어떻게 보상을 해야 합당하겠소?

나는 많은 사람들과 달리 돈을 번다든가, 집안일을 보살핀다든가, 군대의 지휘나 민중의 지도나 그 밖의 관직에 앉는다든가 또는 도당을 짜서 소동을 일으킨다든가 하는, 지금의 사회에서 일어나는 일에 전혀 관심을 갖지 않았는데, 그것은 그런 일에 들어가서 몸을 보전하기에는 사실상 내가 너무나 선량하다고 생각했기 때문이오. 그래서 여러분을 위해서나 나 자신을 위해서나 아무런 이득도 되지 않는 그런 곳에는 가지 않고, 내가 최대의 선행이라고 믿는 것을 개인적으로 해줄 수 있는 곳으로 찾아간 것이오. 다시 말해서 여러분 한 사람 한 사람을 붙잡고, 자기 자신이 되도록 훌륭한 사람이 되고 사려 깊은 사람이 되도록 마음을 쓰고, 자기에게 부속물밖에 되지 않는 것을 결코 먼저 생각해서는 안 되며, 국가도 부속물을 그 자체보다 먼저 생각하는 일이 없어야 하고 그 밖의 일도 이와 같은 태도로 마음을 쓰도록 설득하고자 애를 쓴 것이오.

그러면 이와 같은 일을 해온 내가 무엇을 받는 것이 가장 합당하겠소? 분명 좋은 것이어야 할 것이오, 아테네 시민 여러분! 진실로 합당한 평가를 받아야 한다면 말이오. 더욱이 그것은 나에게 적당한 그런 좋은 것이어야 할 것이오. 그렇다면 무엇이 알맞겠소?

여러분에게 좋은 일을 한 그 사람은 가난한 사람이고, 더욱이 오늘 여러분을 설득하는 데 시간의 여유를 필요로 하고 있소. 아테네의 시민 여러분! 그 사람이 이와 같은 사정에 있다면, 영빈관[36]에서 대접을 받는 것만큼 마땅한 일은 없을 것이오. 그것은 여러분 중의 누가 올림피아의 경마에서 한 필, 두 필 또는 네 필의 말로 승리했을 때 대접을 받는 것보다도 훨씬 적절한 일이오.

왜냐하면 그 사람은 여러분을 다만 행복하다고 여겨지게 할 뿐이지만 나는

---

36) 영빈관(프리타네이온)에서 외국의 사절, 자기 나라의 공로자, 전사자의 유족, 올림피아의 승리자 등이 공식 향응을 받았다.

행복하도록 하고 있기 때문이오. 더욱이 말을 출전시킬 만한 사람은 굳이 음식 대접을 받을 필요가 없지만 나는 필요하오.

그러므로 내가 정의에 합당한 평가로서 내가 받아야 할 형벌을 제의해야 한다면 내가 받아야 할 형량은, 즉 영빈관에서 대접을 받는 일이오.

그러면, 아마 여러분은 내가 이런 말을 하는 것도 아까 애걸복걸하는 일에 대해서 말했을 때와 같이 고집을 피우고 있다고 생각할지도 모르겠소. 그러나 아테네 시민 여러분! 그렇지 않고 오히려 이렇소.

나는 이 세상의 그 누구에 대해서나 고의로 부정한 짓을 하거나 죄를 짓는 일은 하고 있지 않다고 믿고 있소. 다만 그 점을 여러분에게 좀처럼 납득시키지 못하고 있는 것이오. 그것은 서로 이야기를 나눌 수 있는 시간이 얼마 없었기 때문이오. 그래서 내 생각으로는 만일 여러분의 법률이 다른 나라에서처럼 사형의 재판을 단 하루에 내리지 않고 며칠 걸려서 하게 되어 있다면, 여러분을 이해시킬 수도 있을 것이오. 그러나 오늘은 짧은 시간에 무거운 중상을 풀자는 것이니 쉬운 일이 아니오. 확실히 나는 그 누구에게도 부정한 짓을 하지 않았으니, 나 스스로 내가 어떤 벌을 받는 것이 마땅하다고 말함으로써 그 형벌을 제의하여 스스로에게 부정한 짓을 하는 것은 생각지도 못할 일이오. 대체 무엇이 두려워서 그런 짓을 해야 한단 말이오? 멜레토스가 내게 구형하고 있는 것을 면하기 위해서인가요?

나는 그게 좋은 것인지 나쁜 것인지 모른다고 주장해 왔소. 그런데 그런 것 대신 나쁘다는 것을 잘 알고 있는 그 무엇을 내가 받아야 한단 말이오? 그런 것을 내 형벌로서 제의해야 한단 말이오?

구류의 제의는 어떻겠소? 그러면 나는 감옥 안에서 그때그때 임명되는 11인 위원회[37]의 노예가 되어 살아가야 하는데, 무엇 때문에 그런 짓을 해야 하겠소?

오히려 벌금형을 제의해서 그것을 다 치를 때까지 구류되는 것은 어떻겠소? 그러나 이것도 나로서는 방금 말한 것과 같은 일이오. 지불할 돈이 없기 때문이오.

---

37) 각 부족 중에서 한 명씩 추첨으로 선출된 위원이 10개 구 전부에서 10명, 여기에 서기를 합쳐서 11명으로 구성되던 위원회이며, 감옥의 감독, 사형의 집행 같은 일을 맡았다.

아니, 그렇다면 국외 추방의 형벌을 제의할까? 아마 여러분이 내게 판결할 형벌은 이것인지도 모르겠소. 그러나 나는 결코 어지간히 목숨이 아깝지 않은 한 그런 이치에 닿지 않는 생각은 하지 않을 것이오. 그렇다면 나는 이런 것을 생각할 능력이 없는 셈이오. 아테네 시민 여러분! 여러분은 나와 같은 시민이지만, 내가 평소에 하고 있는 일, 특히 내 말을 참을 수가 없게 되었고, 그것은 여러분에게는 점점 더 견디기 어려운 혐오할 만한 일이 되어 버려서 이제는 거기서 해방되고 싶어 하고 있는데, 외국 사람이라면 쉽게 받아들여 주겠소? 도저히 있을 수 없는 일이오. 아테네 시민 여러분!

그렇게 된다면 생활은 멋있는 것이 될 것이오. 이 나이로 외국에 추방되어 이 나라에서 저 나라로 쫓겨 다니며 살아가는 생활이 말이오. 왜냐하면 나는 잘 알고 있소. 어디를 가나 내 말을 진지하게 들어 줄 사람은 여기와 마찬가지로 청년들이라는 사실을 말이오. 그리고 만일 내가 그 사람들을 듣지 못하게 쫓아 버린다면, 그 사람들이 이번에는 나이 많은 사람들을 설득해서 나를 쫓아내고 말 것이오. 그렇다고 내가 청년들을 쫓아 버리지 않으면, 그 아버지들이나 가족들이 청년들을 위해서 나를 쫓아낼 것이오.

그러면 아마 이렇게 말할 사람이 있을지도 모르오. "그래, 소크라테스! 그대는 우리들 앞에서 물러나 침묵을 지키고, 얌전히 살아가 줄 수는 없을까?" 하고 말이오. 그런데 이것이 바로 여러분을 납득시키는 데 가장 힘든 점이오. 왜냐하면, 그렇게 하는 것은 신에게 불복종하는 일이기 때문에 얌전히 있을 수는 없다고 말하면, 여러분은 내가 딴전을 피운다고 생각하면서 내 말을 믿지 않을 것이니 말이오. 또다시 덕이나 그 밖의 일에 대해 내가 문답을 하면서 자타를 음미하고 있다는 것을 여러분은 듣고 있는데, 그런 일을 날마다 담론하는 것이 인간 최대의 선이며, 음미되지 않는 생활이란 살아갈 값어치가 없는 생활이라고 내가 여러 번 말해 봐야 여러분은 더욱더 내 말을 믿지 않을 것이오. 그러나 여러분! 내 말은 옳은 것이오. 다만 그것을 믿게 하기가 쉽지 않을 뿐이오.

그리고 나는 내가 어떤 벌이라도 받는 것이 마땅하다고 생각하는 데는 조금도 익숙하지 않소. 왜냐하면 만일 내게 돈이 있었다면, 내가 지불할 수 있는 금액을 형량으로서 제의했을 테고, 사실상 벌을 받을 까닭이 전혀 없으니까. 그러나 지금은 다르오. 그런 돈이 없으니 말이오. 하기야 여러분이 내가 치를 수 있을 만한 금액을 내 형량으로 평결해 준다면야 이야기는 다르지만, 아마 은화 1므나라면 낼 수 있을 것이오. 그렇다면 이 금액의 과료를 제의하기로 하겠소.

그러나 아테네 시민 여러분! 여기 플라톤과 크리토불로스와 아폴로도로스가 30므나의 과료를 제의하라고 권하고 있소. 자기들이 그 보증을 하겠다는 것이오. 그러면 그 금액을 제의하기로 하리다. 그 돈의 보증은 이 사람들이 여러분에게 서줄 것이오. 얼마든지 믿을 수 있는 사람들이오.

―형량의 표결이 있다.

아테네 시민 여러분! 사실 많지 않은 재판 시간 때문에 여러분은 욕을 듣고 비난받을 것이오. 이 나라를 나쁘게 말하려고 하는 인간들로부터 여러분은 지혜 있는 자 소크라테스를 죽였다고 해서 비난받을 것이오. 물론 내가 지혜 있는 사람이 아니더라도 여러분을 비난하려는 마음에서 그들은 그렇게 주장할 것이니 말이오. 아무튼 조금만 더 기다렸더라면 여러분이 바라는 결과를 저절로 얻을 수 있었을 텐데 말이오. 왜냐하면 여러분이 보다시피 내 나이는 이미 살 만큼 살아서 죽음에 가까이 와 있기 때문이오.

그러나 내가 이런 말을 하는 것은 여러분 모두에 대해서가 아니오. 다만 나의 죽음을 표결한 사람들에게 말하는 것이오. 그리고 한 가지 더 이런 말을 그 사람들에게 하고 싶구려. 아테네 시민 여러분! 여러분은 아마 내가 패소한 것은 할 말이 없었기 때문이라고 생각할 것이오. 다시 말해서 내가 무슨 말이든 하고, 무슨 짓이라도 해서 무죄가 되어야 한다고 생각했다면, 여러분을 설득했을 그런 말이 부족해서 내가 진 줄 알 것이오.

천만의 말씀이오. 내가 패소한 것은 같은 부족이기는 하지만 말이 부족해서가 아니라 후안(厚顔)과 무치(無恥)가 부족했기 때문이오. 말하자면 여러분이 가장 듣고 싶어 하는 말을 나는 이야기할 기분이 나지 않았기 때문이오. 여러분이 바란 것은 내가 울고불고하는 일이었으며 그 밖에 여러 가지 나 자신이 생각하기에는 내게 알맞지 않은 일들을 행동하고 말하는 것이었는데, 그거야말로 여러분이 다른 사람들에게서 늘 들어 온 일이었을 것이오.

아까도 나는 위험이 있다고 해서 자유인답지 않은 일은 조금도 해서는 안 된다고 생각했지만, 지금도 이와 같은 방법으로 변론한 것을 후회하지 않소. 오히려 남들이 하는 방법으로 해서 살아 있느니 지금의 방법으로 변론하고 죽는 한이 있어도 오히려 그편이 훨씬 낫다고 생각하오.

왜냐하면 재판이나 전쟁의 경우, 나뿐 아니라 누구든지 죽음을 면하기 위해서는 무슨 짓이라도 할 그런 궁리를 해서는 안 되기 때문이오. 그것은 싸움터에서도 죽음을 면하려고만 한다면 무기를 버리고 추격해 오는 사람에게 자비를 빌면 된다는 것이 흔히 밝혀지고 있기 때문이오. 그리고 그 밖에도 위험에 따라서 무슨 짓이라도 하고 무슨 말이라도 한다면, 죽음을 면하는 방법은 얼마든지 있소.

아니, 어려운 일은 그런 것이 아닐 것이오. 여러분! 죽음을 면하는 일이 아닐 것이오. 오히려 천함을 면하는 일이 한결 어렵소. 왜냐하면 그편이 죽음보다도 걸음이 빠르기 때문이오.

그래서 나는 지금 나이를 먹고 걸음이 느려서 느린 편의 죽음에 붙잡혔지만, 나를 고발한 사람들은 예리하고 민첩한 인물들이니 걸음이 빠른 악에 붙잡히고 만 것이오. 그래서 오늘 나는 여러분이 지워 주는 죽음의 형벌을 지고 이 자리를 떠나려 하고 있지만 이 사람들은 진실이 지워 주는 흉악과 부정의 형을 짊어지고 여기서 나가는 것이오. 나도 이 판정에 복종하지만 이 사람들도 그렇게 해야 할 것이오. 이런 일들은 아마도 이렇게 될 수밖에 없었던 모양이오. 나도 이것이 온당하다고 생각하오.

이어서 내게 유죄 투표를 한 여러분! 여러분을 위해서 미리 말해 두고 싶소. 왜냐하면 나는 인간이 가장 예언을 잘하는 때에 와 있기 때문이오. 말하자면, 나는 죽을 때가 가까웠다는 말이오.

내가 하고자 하는 말은 이렇소, 여러분! 여러분은 나의 죽음을 결정했지만, 내가 죽은 뒤 머지않아 여러분에게 징벌이 내릴 것이오. 그것은 여러분이 나를 사형에 처한 것보다, 제우스에게 맹세코 훨씬 쓰라린 형벌이 될 것이오. 왜냐하면 오늘 여러분이 한 짓은 생활의 음미를 하는 데서 해방되고 싶어서였으나, 실제의 결과는 거의 그 반대가 될 것이오. 여러분을 심판하는 사람은 더 많아질 것이오. 지금까지는 내가 그 사람들을 말리고 있어서 여러분은 깨닫지 못하고 있었던 것이오. 그리고 그 사람들은 젊으니까 그만큼 드셀 것이며 여러분은 또 그만큼 쓰라림을 겪게 될 것이오.

왜냐하면 만일 여러분이 사람을 죽임으로써 "여러분의 삶이 옳지 않다!"고 남이 비난하는 것을 막으려 한다면, 그것은 훌륭한 생각이 아니기 때문이오. 그런 방법으로 처리한다는 것은 훌륭한 일도 아니고 절대 있을 수도 없는 일이오. 남을 억누르기보다는 오히려 자기 자신이 착한 사람이 되도록 힘쓰는 편이 훨씬 훌륭하고 쉬운 방법이오. 그러면 이상이 내게 사형의 투표를 한 여러분에 대한 내 예언이며 이로써 이제 작별하기로 하겠소.

그러나 내게 무죄의 투표를 해준 여러분과는 오늘 여기서 일어난 일을 가지고 잠시 이야기를 나누고 싶구려. 잠시 동안은 관리들도 업무로 바쁘니 나는 아직 죽음의 장소에는 가지 못할 것이오.

아무튼 여러분! 그동안만이라도 이 자리에 머물러 주시오. 왜냐하면 허용된 시간 안에는 서로 흉금을 털어놓고 이야기하는 데 아무런 지장이 없기 때문이오. 지금 내 신상에 일어난 일이 대체 무엇을 뜻하는지를 나의 참된 친구로서 여러분께 알리고 싶어서 그러는 것이오.

재판관 여러분!—여러분이야말로 내가 올바른 호칭으로서 재판관이라고 부를 수 있는 분들이오—내게 이상한 일이 일어났소. 왜냐하면 내게 언제나 나타나는 그 신의 예언은 여태까지 평생 동안 무척 자주 나타나서 아주 사소한 일이라도 내가 하려고 하는 일이 부당할 때는 반대를 했었소. 그런데 이번에 내게 일어난 일은 여러분도 직접 보아서 알다시피 이거야말로 재앙 중에서도 최대의 것이라고 사람들은 생각할지 모르는 일이고, 일반적으로도 그렇게들 생각하는 일이지만, 그런 나에 대해서 아침에 집을 나올 때 그 신의 예언은 반대하지 않았던 것이오. 또 이 법정에 와서 발언대에 서려고 했을 때도 반대하지 않았고, 변론 도중에 내가 무슨 말을 하려고 하는 어떤 경우에도 반대하지 않았소.

이제까지 다른 경우에는 이야기를 하고 있으면 그야말로 시도 때도 없이 내 말을 도중에서 가로막곤 했던 것이오. 그런데 이번에는 이 사건에 관한 한, 행동에서나 말에서나 끝내 반대를 하지 않더란 말이오.

그렇다면 무엇이 원인일까요? 내 생각을 여러분에게 이야기하리다. 말하자면 이번 사건은 아무래도 내게는 좋은 일이었던 것 같소. 만일 우리가 죽는 것을 나쁜 일이라고 생각한다면, 그 생각은 옳지 않은 것이오. 무엇보다도 내 몸에 일어난 것이 확실한 증거요.

왜냐하면 내가 하려 한 일이 무언가 내게 좋지 않은 것이었다면, 신의 예언이 그렇게 반대하지 않고 있을 수는 절대로 없었을 것이기 때문이오.

그러나 생각해 봅시다. 그것이 좋은 것임은 또 이렇게 생각해 봐도 크게 기대할 수 있는 일이오. 즉 죽는다는 것은 다음 둘 중 하나라오. 말하자면, 죽음은 완전히 무(無)와 같은 것으로 죽은 자는 아무것도 느끼지 않거나, 아니면 전해 내려오는 바와 같이, 그것은 영혼의 전생(轉生)으로 이 자리에서 다른 자리로 주거를 옮기는 것과 같은 일일 것이오.

그래서 그것이 만일 아무런 감각도 느끼지 못하는 일이고, 꿈 하나 꾸지 않는 잠과 같은 것이라면, 죽음이란 아주 놀랄 만큼 덕을 보는 일일 것이오. 왜냐하면 내 생각에, 만일 사람이 평생에 꿈도 안 꿀 만큼 단잠을 잔 밤을 골라내어 그 밖의 낮과 밤을 나란히 놓고 비교 대조하는 형식으로 관찰해서, 그런 밤보다 더 좋고 더 즐겁게 산 낮과 밤이 자기 생애에 과연 얼마나 있었는지 말해야 한다면, 보통 사람은 말할 것도 없고 페르시아 대왕일지라도 그런 밤이 그렇지 않은 낮과 밤에 비해 매우 적다는 사실을 발견하게 될 것이오. 그러니 죽음이 만일 그와 같은 것이라면, 그것은 크게 덕을 보는 일이라고 나는 말하는 것이오. 왜냐하면 그 모든 시간이 만일 이와 같은 것이라면, 단 하룻밤보다도 길지 않은 것처럼 여겨지기 때문이오.

다른 한편으로 죽음이란 여기서 다른 곳으로 여행을 떠나는 일과 같은 것이며, 전해지는 말처럼 사람은 누구나 죽으면 그곳에 간다는 것이 사실이라면, 이보다 더 좋은 일이 어디 있겠소, 재판관 여러분! 왜냐하면 사람이 하데스의 땅에 도착하면, 이 세상의 자칭 재판관들한테서 해방되어 참된 재판관을 볼 수 있다고 한다니, 다시 말해서 미노스라든가 라다만티스라든가 아이아코스[38]라든가 트리프톨레모스[39]라든가 그 밖에 정의의 인물로 살다가 간 반신(半神)들이 마침 저세상에서 재판을 하고 있다니, 만일 그렇다면 이 나들이를 과연 시시하다고 할 수 있겠소?

또는 오르페우스나 무사이오스나 헤시오도스[40]나 호메로스 등과 같이 살게 된다면 여러분 가운데는 억만금을 치르더라도 그렇게 하겠다는 사람이 있지 않겠소? 나는 방금 말한 것이 사실이라면, 몇 번 죽어도 좋다고 생각하기 때문이오. 나 자신에게도 그곳의 생활은 아주 훌륭한 것이 될 테니까.

팔라메데스라든가, 텔라몬의 아들 아이아스라든가, 그 밖에 부정한 재판을 받고 죽은 옛 선인을 만났을 때 나 자신의 경험과 그들의 경험을 비교해 보는 것은 그리 유쾌하지 않은 일은 아닐 것이오. 하지만 또 저세상 사람들의 가장 큰 즐거움으로서, 이 세상 사람들과 마찬가지로 어느 누가 지혜 있는 자인 줄 알고 있다지만 사실은 그렇지 않다는 것을 조사하고 규명하며 살 수도 있을 것이오. 또 재판관 여러분! 저 트로이아에 대군을 끌어넣은 사람이라든가 오디세우스라든가, 시시포스라든가 그 밖에도 무수한 남녀의 이름을 들 수 있겠지만, 만일 그런 사람들을 만날 수 있다면, 그러기 위해서 아무리 많은 대가를 치르더라도 좋다는 사람이 나오지 않겠소? 그런 사람들과 저세상에서 문답하고 친히 사귀고 음미한다는 것은 이루 말할 수 없는 행복일 것이오.

어쨌거나 그 때문에 사형에 처하는 일은 아마 저 세상 사람들은 하지 않을 것이오. 왜냐하면 다른 일에서도 저세상 사람들은 이 세상 사람들보다 행복하게 살고 있으며, 전해지는 말이 사실이라면 그 사람들은 이미 죽지 않는 몸이니 말이오.

---

[38] 크레타섬의 왕. 라다만티스는 그 아우. 아이아코스는 제우스와 아이기나 사이에 난 아들로 아이기나의 왕이다. 모두 공정하고 경건한 사람들이었으며, 죽은 뒤에 죽은 자의 재판관에 임명되었다고 한다.
[39] 트리프톨레모스는 엘레우시스의 주민에게 농사를 가르치기 위해서 데메테르가 보낸 반신이며, 마찬가지로 죽은 뒤에 사자의 재판관이 되었다고 한다.
[40] 호메로스와 나란히 그리스 서정시의 개척자로 간주된다. 《노동과 나날》《신통기(神統記)》 등의 작품이 있다. 호메로스보다 조금 뒤에 나왔다.

그러나 재판관 여러분! 여러분도 죽음에 대해서 좋은 희망을 갖고 있어야 하오. 그리고 좋은 사람에게는 살아 있을 때나 죽은 뒤에도 나쁜 일은 하나도 없으며, 그 사람은 무엇을 하더라도 신의 배려를 받지 않는 일이 없다는, 이 한 가지 진실을 마음에 새겨 두어야 하오.

나의 일도 뜬금없이 지금 생겨난 것이 아니오. 벌써 죽어서 여러 가지 힘든 일로부터 해방되는 편이 나를 위해서는 차라리 좋았다는 것을 나는 분명히 알 수 있소. 그래서 신의 예언도 나를 결코 가로막지 않았던 것이오.

그리고 나는 내게 유죄 투표를 한 사람들이나 나를 고발한 사람들에 대해서 그다지 화를 낼 생각은 없소. 하기야 그 사람들은 이런 것을 생각하고 나를 고발하거나 유죄로 판결한 것이 아니라 오히려 해칠 작정이었으니, 그 점에서 그 사람들은 마땅히 비난을 받아야 할 것이오.

그러나 내가 그 사람들에게 바라는 것은 다만 이것뿐이오. 여러분! 내 아들들이 성인이 되거든, 내가 여러분을 괴롭힌 것과 똑같이 그 애들을 괴롭혀서 분풀이를 해주시오. 만일 그 애들이 자기 자신을 훌륭하게 만드는 것보다도 금전이나 그 밖의 일에 먼저 뜻을 두거나 또는 너무나 보잘것없는데 벌써 무엇이나 된 줄로 착각하거든, 너희가 유의할 일엔 유의하지 않고 하찮은 인간들인 주제에 제법 무언가 상당한 인물이나 된 것처럼 생각하고 있다고, 내가 여러분에게 했듯이 그 애들을 나무라 주시오. 만일 여러분이 그렇게 해준다면, 나 자신도 아들도 여러분에게서 올바른 대우를 받은 것이 될 것이오.

그러나 이제 끝을 맺어야겠소. 시간이 되었구려. 이제 가야 하오. 나는 죽기 위해서, 여러분은 살기 위해서. 그러나 우리 앞길에 기다리고 있는 것은 어느 쪽이 더 좋은지 아무도 모르오. 신이 아니고서는.

Politeia
국가

# 제1권

### 1

어제 나는 아리스톤의 아들 글라우콘과 함께 페이라이에우스[1]로 나갔다. 여신[2]에게 제례를 올리기 위해서였다. 그러나 한편으로는 그 제례가 이번에 처음 열리는 일인지라 어떻게 베풀어지는지 보고 싶은 마음도 있었다. 우리 고장의 제례 행렬도 아주 훌륭하지만, 트라키아(트라케) 사람들은 이에 못지않게 한결 더 훌륭한 행렬을 보여 주었다.

참배를 마치고 구경도 끝낸 우리는 아테네를 향해 귀경길에 올랐다. 그때 케팔로스의 아들 폴레마르코스가 멀리서 우리를 발견하고 하인 아이를 시켜 우리로 하여금 그를 기다리라는 전갈을 보내왔다.

하인 아이는 뛰어와서 내 웃옷을 잡고 말했다.

"폴레마르코스 님이 좀 기다려 주십사고 합니다."

"주인께선 어디 계시냐?" 나는 물었다.

"저기 계십니다." 하인 아이는 말했다. "곧 뒤따라 이리 오실 겁니다. 여기서 꼭 좀 기다려 주십시오."

"그렇게 하지." 글라우콘이 대답했다.

얼마 뒤에 폴레마르코스가 왔다. 글라우콘의 형 아데이만토스를 비롯해서 니키아스의 아들 니케라토스 외에 여러 사람이 함께 왔는데, 다들 제례 행렬을 구경하고 돌아가는 길인 듯했다.

폴레마르코스가 말했다.

"소크라테스 님, 선생님도 이곳 볼일이 끝나 아테네 쪽으로 돌아가시는 모양

---

1) 아테네에서 남서쪽으로 12킬로미터쯤 떨어진 외항 마을.
2) 트라키아 사람들의 달의 신 벤디스를 말함. 페이라이에우스에는 매우 많은 트라키아 사람들이 통상을 하기 위해 거류민으로서 살고 있었다.

이군요."

"그렇다네." 나는 대답했다.

"우리가 지금 여기 모두 몇 사람이나 있는지 아시겠지요?"

"아무렴."

"그렇다면 선생님들이 힘으로 우리를 이기시든가 그렇지 못하면 여기 머무르시든가 둘 중에 하나를 택하셔야겠습니다."

"또 하나의 길이 남아 있다고 생각하는데? 말하자면 우리를 놓아주도록 자네들을 설득하는 방법 말일세."

"그런 설득에 우리들이 전혀 귀를 기울이지 않는다면 어떻게 하시겠습니까?"

"그렇다면 할 수 없지." 글라우콘이 말했다.

"그렇다면 우리들로서는 전혀 귀담아듣고 싶은 생각이 없으니, 그렇게 아시고 각오해 주십시오."

옆에서 아데이만토스가 한마디 했다.

"도대체 선생님은 아무것도 모르시는 모양입니다. 이따 저녁에 여신을 위한 횃불 경마가 벌어진단 말입니다."

"경마라고?" 내가 말했다. "그것참 진기하군. 횃불을 들고 말을 달려 릴레이를 하는 건지, 아니면……."

"바로 말씀하신 대로 거행됩니다." 폴레마르코스가 대답했다.

"그 밖에 밤샘하는 제례도 있는 모양인데, 그것도 볼만합니다. 우린 저녁 식사를 하고 그것을 구경하러 갈 참입니다. 아마 거기 가시면 여러 젊은 친구들과 만나게 되어 대화를 나누게 되실 겁니다. 그러니 가지 마시고 여기 머물러 주십시오."

"이렇게 되면 결국 머무를 수밖에 없겠는데." 글라우콘이 말했다.

"뭐 자네가 그렇게 생각한다면 그러는 수밖에." 내가 대답했다.

2

이렇게 되어 우리는 폴레마르코스의 집으로 갔다. 거기에는 폴레마르코스의 형제 리시아스와 에우티데모스가 있었고, 또 칼케톤의 트라시마코스, 파이아니아구(區)의 카르만티데스, 아리스토니모스의 아들 클레이토폰 등의 얼굴도 보였다.

　폴레마르코스의 아버지 케팔로스도 집에 있었는데, 그는 매우 늙어 보였다. 그러고 보니 나는 오랫동안 이 사람을 만나지 못했던 것이다. 그는 머리에 관(冠)을 쓴 채로 이불이 달린 의자 같은 것에 앉아 있었다. 때마침 앞마당에 모신 신(神)께 제물 공양식(供養式)을 끝낸 참이었다. 우리는 그의 옆으로 가서 앉았다. 거기엔 의자 여러 개가 원형으로 놓여 있었다.

　케팔로스는 나를 보자 "잘 와주었소." 반갑게 인사를 하고는 말했다. "그런데 소크라테스, 당신은 나를 만나러 페이라이에우스에 오는 일이 좀처럼 없소그려. 그래서야 어디 되겠소이까. 하긴 내가 건강해서 아테네까지 걸어갈 기력만 있더라도 당신이 오시기를 기다릴 것까지도 없이 내 쪽에서 찾아가겠지만 말이오. 그러나 지금 내 꼴이 이 모양이고 보니 아무래도 당신 쪽에서 좀 자주 찾아 줘야겠소. 왜 그런가 하니, 근래 육체적인 즐거움이 줄어듦에 따라 그 대신 이야기를 나누고 싶은 욕망과 즐거움이 더해 간단 말이오. 그러니 젊은 사람들하고만 어울리지 말고 내 소원도 좀 들어주는 셈치고 이따금 여기 와서 나를 찾아 주시오. 다정한 친척 집에라도 들르듯이 말이오."

　"네, 그렇게 하겠습니다. 케팔로스 님." 나는 대답했다. "저는 나이 드신 분들과 이야기하는 게 가장 즐겁습니다. 왜냐하면 그런 분들은 앞으로 저희들이 걸어가야 할 길을 먼저 다 지나오신 분들이기 때문이지요. 그래서 그 길이 어떤 것인지, 즉 평탄치 못한 험한 길인지, 아니면 쉽게 갈 수 있는 길인지를 잘 알고 계시니까, 그것을 꼭 좀 듣고자 마음먹고 있었습니다. 특히 선생님이 그 길을 어떻게 느끼셨는지 선생님한테 꼭 듣고 싶습니다. 선생님, 시인들의 말을 빌리면, 이미 노령의 문턱에 들어섰다고 하는 그런 나이에 이르신 셈이기도 하니까요. 인생에서 지금이 괴로운 시기에 해당하는지, 또는 선생님은 그것을 어떻게 생각하시는지 들려주셨으면 고맙겠습니다."

### 3

　"제우스 신에게 맹세코." 케팔로스는 말했다. "좋아요, 소크라테스, 그것이 내게 어떻게 여겨지고 있는지 이야기하겠소. 우리들은 옛 속담대로 비슷한 또래의 노인들이 잘 어울리는데, 그런 모임의 경우 우리는 으레 거의 모두 슬퍼하는 게 보통이지요. 젊은 날의 쾌락이 이제는 사라진 것을 슬퍼하며, 여자와 즐기고 술을 마시고 유쾌하게 떠들며 놀던 온갖 일들을 회상하면서 말이오. 그리고 그들은 꼭 무슨 소중한 물건이라도 빼앗긴 것처럼, 예전에는 행복하게 살았었는데 오늘은 죽은 것처럼 비탄에 잠긴다오. 그 가운데에는 식구들이 노인을 푸대접한다고 투덜거리는 사람도 있는데, 그런 일로 해서 나이 많은 게 자기들에게 얼마나 큰 불행의 원인이 되고 있는지 모른다고 하소연들을 하지요.

그러나 소크라테스, 내가 생각하기엔, 아무래도 그들이 불행의 참다운 원인을 잘못 알고 있는 것 같소. 왜냐하면 나이 많은 게 진짜 원인이라면, 나도 똑같은 경험을 맛보아 왔을 테고, 또한 나 말고도 이런 나이에 이른 사람이라면 누구나 다 똑같을 테니까요. 그러나 나는 이 나이까지 그렇지 않은 사람도 몇 사람 보았더랬소. 작가인 소포클레스[3])도 그런 사람 가운데 하나지요. 언젠가 그 사람이 누구한테서 질문을 받고 있는 것을 내가 마침 옆에서 들은 적이 있는데, '어떤가, 소포클레스' 하고 그 사람이 묻더군요. '요즘 여자 재미는? 지금도 여전히 여자 재미를 즐길 수 있나?' 이 물음에 소포클레스의 대답은 이러했소. '이 사람아, 그런 소린 집어치우게. 나는 거기에서 벗어난 것을 다시없는 기쁨으로 알고 있네. 이를테면 아주 사납고 무서운 폭군에게서 가까스로 도망쳐 나온 기분이란 말이야.' 난 그때 이 소포클레스의 대답을 명언이라고 생각했소. 오늘도 그런 생각에 변함은 없지만, 사실 나이를 먹으면 그런 종류의 정념에서 해방되는 대신 평화와 자유가 듬뿍 안겨지게 되니까요. 모든 욕망이 사라지고 마음의 여유가 생기면, 바로 소포클레스가 말한 대로 미친 듯이 날뛰는 아주 많은 폭군의 손에서 완전히 풀려나온 것과 마찬가지 기분이 드니까요. 뭐 이런 일이든, 가족들 관계의 일이든 간에 결국 그 원인은 딱 하나밖에 없다고 생각하오. 그것은 소크라테스, 나이 많은 게 원인이 아니고 그 사람의 성격 탓이오. 단정하고 스스로 만족할 줄 아는 사람이기만 하면, 나이 많은 게 그리 대단한 괴로움이 되는 건 아니지요. 그러나 만일 그 반대의 경우라면, 소크라테스, 그런 사람에게는 나이가 많든 젊든 간에 늘 괴로움이 따르는 것이

---

3) 아테네 3대 비극 작가의 한 사람(기원전 496년경~406년).

라오."

4

　나는 그의 이 말에 감동한 나머지 좀 더 이야기가 듣고 싶어서 이렇게 그를 유도했다.
　"케팔로스 님, 저는 이렇게 생각합니다. 선생께서 그렇게 말씀하시더라도, 많은 사람들은 그 말씀을 그대로 받아들이지 않지 않을까요. 아니, 그들은 틀림없이 선생께서 늘그막을 편안하게 지내실 수 있는 것은 성격 때문이 아니라 많은 재산을 갖고 계신 덕택이라고 생각할 것입니다. 돈 많은 사람에게는 위안이 되는 일도 많다고들 하니까요."
　"바로 그렇소." 케팔로스가 대답했다. "사실 그들은 내 말을 곧이곧대로 받아들여 주지를 않지요. 그리고 그 사람들의 생각에도 타당성이 없는 것은 아니죠. 물론 그들이 생각하는 만큼은 아닙니다만. 오히려 진실은 테미스토클레스[4]의 이야기 그대로지요. 세리포스[5]에서 온 친구가 테미스토클레스한테 트집을 잡으려고 '당신이 명성을 떨치고 있는 건 당신 자신이 잘나서가 아니라, 바로 당신 나라의 덕택입니다' 말했더니, 테미스토클레스는 이렇게 대답하였지요. '분명 내가 세리포스 사람이었더라면 도저히 유명해질 수가 없었겠지요. 당신이 아테네 사람이었더라면 유명해질 수 없었던 것처럼 말입니다.'
　돈 없이 나이 많은 것을 괴로워하는 사람들에게도 이와 똑같은 말을 할 수가 있소. 사람 됨됨이가 훌륭해도 가난하다면 노년이 그다지 편할 수 없을 게고, 또 사람 됨됨이가 훌륭하지 않고선 돈이 있어도 결코 마음 편히 자족하기란 불가능할 테니까요."
　"그런데 케팔로스 님." 나는 말했다. "선생께서 지금 가지고 계신 재산 중 상속받은 것과 스스로 마련하신 것 중 어느 쪽이 많습니까?"
　"내가 장만한 재산이 얼마나 되느냐, 이 말이시로군, 소크라테스? 돈 버는 솜씨로서는 내가 할아버님과 아버님의 중간쯤이라고나 할까요. 즉 이 말은 나와 이름이 같은 할아버님은 내가 현재 가지고 있는 정도의 재산을 상속받아

---

4) 아테네의 유명한 장군이며 정치가 (기원전 524년경~460년경).
5) 에게해에 있는 작은 섬.

그것을 몇 배로 늘렸지만, 아버님 리사니아스는 그 재산을 상속받아 현재의 재산보다도 적게 만들어 버렸으니까요. 나로서는 글쎄요, 여기 있는 자식들을 위해 내가 상속받은 것을 조금이나마 늘려서 넘겨주기만 하면 족하다고 생각하고 있소."

"그런데 제가 이런 질문을 드린 이유는, 사실 말씀대로라면 선생께선 돈에 대해 그다지 애착이 없으시다는 판단이 갔기 때문입니다. 이건 일반적으로 순수하게 자기가 번 돈이 아닌 경우에 나타나는 태도지요. 자기가 손수 번 사람은 그렇지 않은 사람의 두 배 이상 가는 애착을 갖게 마련이니까요. 마치 시인이 자기 작품에 애착을 갖거나 아버지가 그 자식에게 애착을 갖듯이, 돈을 번 사람들 또한 돈이라는 것을 자기가 이룩한 사업이라고 생각하는 데서 소중히 여기는 것이지, 다른 사람들처럼 실리적인 관점에서는 아닌 것 같아요. 때문에 그런 사람들하고는 사귀기가 어렵습니다. 아무튼 부(富) 이외의 것은 아무것도 칭찬하려 하지 않으니 말씀입니다."

"바로 그렇소이다." 그는 말했다.

5

"정말 그래요." 나는 말했다. "한데 조금 더 여쭈어 보아도 될까요? 선생께서 재산을 많이 가지고 있기를 잘했다고 생각한 것 가운데 가장 큰 비중은 무엇입니까?"

"글쎄, 그걸 말해 봐야 대부분의 사람들은 믿어 주지 않겠지요." 그는 대답했다. "알겠소, 소크라테스? 그건 이런 것이오. 나이가 들면 사람은 멀게만 여겨지던 일에 대해서도 신경을 쓰고 두려워하게 되지요. 이를테면 저승에 대한 이야기, 이 세상에서 옳지 않은 죄를 저지른 자가 사후의 세계에서 벌을 받아야 한다는 그런 이야기도 여태까지는 웃어넘길 수 있었지만, 이제 와선 그것이 어쩌면 사실이 아닐까 하는 생각에서 스스로를 괴롭히게 되는 거죠. 그리고 그 자신이 노약해진 데 원인이 있건, 아니면 이미 저세상에 가까워진 탓으로 저승이 전보다 더 잘 보이게 되어서 그렇건 간에, 하여간 의혹과 두려움으로 가득 차게 되어, 여태까지 누구한테라도 옳지 못한 일을 하지는 않았는지에 대해 이것저것 헤아려 보기도 하고 살펴보게도 되죠.

그리하여 자기 생애 가운데서 많은 잘못을 발견한 사람은 어린애처럼 잠에서 깰 때마다 겁에 질려 어두운 불안 속에서 지내게 됩니다. 그러나 스스로를 돌이켜 봐서 어떠한 잘못도 저지른 기억이 없는 이에게는 언제나 즐겁고 좋은 희망이 있기에 이것이 늙은 몸을 살찌게 해주죠, 핀다로스[6]의 말대로요. 올바르고 경건한 삶을 산 사람들에 대해 그가 말한 다음 시구(詩句)를 나는 사랑하고 있죠.

> 감미로운 희망
> 그것은 방황하는 마음을 바르게 이끌어 주고
> 그를 따라다녀, 그의 마음을 기쁘게 하고
> 그의 노년을 안락하게 하는구나.

음…… 참으로 좋은 말이지요. 한데 내게 돈의 소유가 최대의 가치를 갖는 것은 다음과 같이 옳은 일을 하는 경우라고 생각되오. 물론 모든 사람에게 적용된다는 것은 아니고, 훌륭하고 착실한 사람에게만 해당되오만. 즉 돈이 있으면 본의 아니게 남에게 거짓말을 한다든가 속이는 일이 없게 되지요. 또는 신께 공양도 하지 않고, 혹은 남에게 돈을 꾼 채 불안한 마음으로 죽는 일에서 벗어날 수 있지요. 물론 이런 일 말고도 여러 효용은 있을 거요. 그러나 비중으로 봐서 먼저 놓칠 수 없는 것이 바로 이런 점입니다. 나로서는 소크라테스, 이런 일들을 위해 부(富)는 사리를 분별할 줄 아는 사람에게 가장 큰 효용을 갖는다고 말하고 싶소."

"좋은 말씀 많이 들었습니다, 케팔로스 님." 나는 말했다. "그런데 말씀하신 가운데 나온 '옳은 일(정의)'이란 과연 거짓말하지 않는 정직한 태도, 또는 누군가에게서 빌린 물건을 꼭 돌려주는 일이라고 무조건 단정해도 괜찮겠는지요? 아니면, 그런 태도에서도 때와 경우에 따라서는 옳게도 되고 그렇지 않게도 된다고 말해야 되겠는지요?

예를 들어 이럴 경우는 어떻게 될까요? 친구가 무기를 맡겼다고 합시다. 무

---
[6] 고대 그리스의 대표적 서정 시인(기원전 518~438년).

기를 맡길 때는 멀쩡했던 그 친구가 나중에 미쳤는데, 그 상태로 무기를 돌려달라고 할 때, 이럴 경우 누구든 다음 판단을 인정하겠지요. 즉 그런 위험한 것은 돌려줘선 안 된다. 그리고 그것을 돌려주는 사람과 그런 상태에 있는 사람에게 무엇이고 곧이곧대로 말해 주는 사람은 옳지 않다고요."

"옳은 말이오."

"그렇다면 '진실을 이야기하고 맡은 물건을 돌려준다'는 것은 '정의'의 규정으론 통용되지 않는 결과가 됩니다."

이때 폴레마르코스가 내 말을 가로챘다. "그런데 실제로 많이 통용되고 있습니다, 소크라테스 님. 적어도 시모니데스[7]가 말하는 것을 조금이라도 믿어야 한다면 말입니다."

"자, 그렇다면 이 토론은 두 사람한테 넘겨주기로 할까." 케팔로스가 말했다. "나는 신께 제사를 올려야 하니까."

"그리고 보니 결국 제가 아버님의 일을 상속받은 셈이 되는군요." 폴레마르코스의 말이었다.

"그렇지." 케팔로스는 웃으며 말하고는 신에게 제사하기 위해 물러갔다.

## 6

"자, 그럼." 내가 말했다. "토론을 이어받은 자네한테 가르침을 받아야겠네그려. 자네가 말하는 정의설에 있어서 옳다고 생각하는 것이 시모니데스의 어떤 말을 가리키는지?"

"'남에게 빌린 기술은 돌려주는 것이 옳다'는 대목입니다." 폴레마르코스는 대답했다. "저로서는 이건 아주 타당성 있는 훌륭한 말이라고 생각합니다."

"하긴 상대가 시모니데스쯤 되고 보면, 의심을 품을 수도 없겠지. 아주 현명해서 신 같은 사람이니까. 한데 그 말뜻이 과연 무엇일까? 폴레마르코스, 자넨 알고 있을 테지만, 난 도무지 모르겠는걸. 왜냐하면 그의 말이 아까 우리가 한 말, 즉 누군가에게서 무엇인가를 맡았다가 반환해 달라고 요구를 받으면 상대가 정상이 아닌데도 그것을 돌려줘야 한다는 것이 아니라는 것만은 분

---

7) 케오스섬 출신으로 고대 그리스의 대표적 서정 시인(기원전 556년경~468년). 철학이 확립되기 전까지는 시인들의 말이 사람이 사는 방법이나 도덕에 대해 권위를 갖고 있었다.

명하니 말일세. 그러나 '맡아 가지고 있는 것'이란 바로 '빌린 것'이란 뜻과 같지 않겠는가. 이건 틀림없겠지?"

"그렇습니다."

"그렇다면 반환을 요구하는 상대가 정상이 아닐 때는, 절대로 그 물건을 돌려줘서는 안 된다고 하지 않았는가?"

"그렇습니다."

"그렇다면 시모니데스가 빌린 기술은 돌려주는 게 옳다고 하는 것은 이것과는 다른 의미의 것인 모양이군?"

"물론 그렇습니다. 그가 생각하기로는, 사람이란 본래 자기 친구에 대해 선을 베풀어야 하고 악한 일은 절대로 해서는 안 된다는 그 자체를 빚으로서 짊어지고 있으니까요."

"알겠네. 누군가로부터 돈을 맡았더라도, 그 반환과 돌려받는 것이 해가 되는 경우에는, 특히 그것이 친구일 경우에는, 그것을 돌려주는 게 '빌린 것을 반환하는······' 뜻이 되지 않는다는 말이겠군. 자네가 말하는 시모니데스의 말뜻은 그런 게 아니겠는가?"

"바로 그렇습니다."

"그렇다면 이럴 경우에는 어떻게 될까. 즉 상대가 원수일 경우라면, 빌린 것이 어떤 물건이든 다 반환해야 할까?"

"물론입니다, 적어도 빚이 있는 한은. 그런데 원수에게 빚으로서 짊어지고 있는 게 무언가 하면, 생각건대 정말 원수라는 의미에 어울리는 빚일 겁니다. 다시 말해 원수에게 무언가 해가 되는 빚을 갚아 주는 일이지요."

폴레마르코스는 이렇게 대답했다.

7

그래서 나는 말했다.

"그러고 보니 시모니데스는 '정의란 무엇이냐'라는 것에 대해 시인 특유의 수수께끼 같은 표현으로 한 거로군. 보건대 그의 참뜻은 '저마다 상대에게 본래의 어울리는 것을 돌려주는 게 옳다'는 이야기인 모양인데, 다만 이 '어울리는 것'의 표현을 '빚'이라는 말로 바꾸어 나타낸 거로군."

"네, 그것이 틀림이 없습니다."

"그럼 제우스 신에게 맹세코 자네에게 질문하겠네. 누군가가 시모니데스에게 '시모니데스, 의술(醫術)에서의 '빚'이란, 즉 무엇에 대해 무엇으로 갚아 주는 기술을 말합니까?' 물었다면 할 때 그는 뭐라고 대답할 것 같은가?"

"분명히 '몸에 대해 약이나 음식물을 주는 기술이다'라고 대답하겠지요."

"그럼 '요리술(料理術)에서는 '빚'이란, 즉 무엇에 대해 무엇을 갚는 기술을 말합니까?' 하고 묻는다면?"

"그건 요리에 대해 좋은 맛을 주는 기술이라고 말하겠지요."

"좋아. 그럼, 정의(正義)란 도대체 무엇에 대해 무엇을 반환하는 기술을 말하는가?"

"이제까지 한 말을 기준으로 대답해야 한다면, 그것은 친구에게는 이익을, 원수에게는 해악을 주는 기술이라고 해야겠지요."

"그렇다면 시모니데스는 친구에겐 착한 일을 베풀고 원수에겐 나쁜 일을 하는 게 정의임에 틀림이 없다는[8] 이야기겠군그래?"

"그렇다고 생각합니다."

"그럼 다시 묻겠는데, 친구나 원수가 앓고 있을 경우, 병이나 건강에 대해 친구에겐 좋은 일을 하고, 원수에겐 해 되는 일을 하기에 최고의 능력을 가지고 있는 게 누굴까?"

"의사입니다."

"항해할 때 바다의 위험에 대해서는?"

"항해장이죠."

"그렇다면 '정의로운 사람'은 어떻게 되겠는가? 어떤 경우, 어떤 일을 할 때 친구를 이롭게 하고 원수를 해치는 가장 큰 능력을 갖게 될까?"

"전쟁에서죠. 상대를 공격하는 경우와 자기편을 위해 협력하는 경우라고 생각합니다."

"좋아. 그러나 폴레마르코스, 병을 앓고 있지 않을 때는 의사는 필요 없겠지?"

---

[8] 이 사고방식은 그리스에서 소크라테스가 반론하기 전까지는 누구도 의심한 적이 없었던 가장 전통적이고 일반적인 사고방식이었다.

"그렇죠."
"또 육지에 머무르고 있을 때는 항해장이 필요 없겠지?"
"네."
"그렇다면 전쟁을 하지 않는 사람들에겐 '정의로운 사람'이 필요 없다는 것이 되잖은가?"
"절대로 그렇지는 않습니다."
"그렇다면 정의는 평화로울 때에도 필요하다는 말이겠군?"
"네, 필요한 거죠."
"농업의 기술도 그렇다고 말할 수 있겠구먼?"
"네."
"농작물 공급을 위해서겠지?"
"네."
"마찬가지로 제화(製靴) 기술도 들 수 있겠군?"
"네."
"이번의 경우 자네는 신발을 확보해 주기 때문에 필요하다고 말하겠지?"
"네, 그렇습니다."
"자, 그렇다면 정의가 평화로울 때에도 필요하다는 자네의 지론은 도대체 어떤 일에 대해서지?"
"계약에 대해서입니다, 소크라테스 님."
"자네가 말하는 계약이란, 즉 누군가와 함께 무엇인가를 한다는 것이겠지. 안 그런가?"
"함께 무엇인가를 한다는 것에 틀림없습니다."
"그럼 우리들이 함께 하는 일이 만약에 체스 시합이라면, 정의의 사람이 훌륭하고 이로운 상대이겠는가, 아니면 체스 전문가이겠는가?"
"체스 전문가지요."
"그렇다면 벽돌이나 돌을 쌓는 일이라면, '정의의 사람'이 건축가보다도 더 훌륭하고 더 쓸모 있는 상대일 수 있겠나?"
"아닙니다. 절대로."
"그럼 도대체 어떤 일을 할 때, 정의의 사람이 건축가나 악기 연주의 전문가

보다 더 훌륭한 상대자일 수 있겠나? 악기를 연주할 경우에 연주 전문가가 정의의 사람보다 뛰어나듯이, 어디에서 정의의 사람이 연주가보다 뛰어날 수 있겠나?"

"그것은 돈이 얽히는 경우라고 생각합니다."

"그러나 폴레마르코스, 매매의 문제일 때는 아마 다르겠지. 이를테면 말을 산다든가 판다든가 해야 할 경우 말일세. 생각건대 그런 경우에는 말 전문가 쪽이 뛰어날 것 같은데, 안 그런가?"

"그럴 테지요."

"또 배를 매매할 경우라면, 조선 기술자나 항해장이 낫지 않겠는가?"

"그럴 겁니다."

"그렇다면 대체 어떤 재정적인 문제에서 정의의 사람이 다른 사람들보다 유용하다는 걸까?"

"돈을 맡기거나 보관해야 할 경우입니다, 소크라테스 님."

"그것은 결국 돈을 아무 데도 쓰고 싶어 하지 않고, 그대로 간직하고 싶어 할 경우이겠군?"

"그렇습니다."

"그러고 보니 정의란 돈을 쓰지 않는 경우에 비로소 유용해진다는 이치겠군?"

"아마 그렇게 되는 것 같습니다."

"그리고 또 낫을 간수해서 치워 둬야 할 그런 경우에도 정의는 자기를 위해서도 남을 위해서도 유용하지만, 일단 그것을 사용하게 되면 유용한 건포도를 거둬들이는 기술이란 이야기가 되겠지?"

"그런 것 같습니다."

"더 나아가서 방패나 악기를 안전하게 간수하고자 한다면 정의의 사람이 필요할 테고, 그것을 쓰고자 한다면 병사나 음악가가 필요하겠군?"

"그렇게 말해야 하겠지요?"

"그 밖의 모든 것에 대해서도 그것을 사용하고 있을 때는 정의란 필요 없고, 사용하고 있지 않을 때만 유용하다는 이치가 되겠군?"

"아마 그렇게 되는 것 같습니다."

8

"그러고 보니 친구여, 정의란 그다지 대단한 것이 못 된다는 이야기가 되네그려. 필요 없는 것에 대해서만 쓸모 있으니까 말일세.

그러면 이런 걸 한번 생각해 보세. 권투든 그 밖의 격투기든 간에, 싸울 때 상대를 치기에 가장 유능한 자가 방어하는 데도 가장 유능하지 않을까?"

"네, 분명히 그렇습니다."

"그리고 또 사람을 병으로부터 지키는 데 유능한 자는 남몰래 그 병을 퍼뜨리는 데도 유능하지 않을는지?"

"그렇다고 생각합니다."

"그런데 또 적의 계략이나 행동을 훔치는 데에 유능한 자는 곧 군대를 지키는 데 있어서도 뛰어나지 않을는지?"

"예, 확실히."

"그리고 보면 어떤 일에 있어서 수비를 잘하는 사람은 그 일의 유능한 도둑이기도 한 셈이군."

"그런 것 같습니다."

"그러니까 정의로운 사람이 돈을 지키는 데에 유능하다면, 돈을 훔치는 일에도 유능하다는 이야기가 아닌가?"

"글쎄요. 이야기의 진행대로 따라가면 그렇게 되는군요."

"그러고 보니 결국 '정의인'의 정체가 하나의 도둑으로 판명된 것 같군. 자넨 이걸 십중팔구는 호메로스에게서 배웠겠지. 왜냐하면 호메로스는 그가 '도둑질과 거짓 맹세하는 데는 누구도 따를 수 없는 사람'이라고 말한 오디세우스의 외조부 아우톨리코스에게 동조했으니 말일세.

결국 정의란, 자네와 호메로스와 시모니데스의 말을 빌리자면 도둑술의 하나가 되었네그려. 단 친구를 이롭게 하고 적을 해치기 위한 방법으로서 말이지. 자네가 말하려고 하는 건 이런 내용이겠지?"

"천만의 말씀입니다." 폴레마르코스가 대답했다. "그러나 사실 전 이제까지 제가 무슨 말을 했는지 전혀 모르게 되어 버렸습니다. 하지만 꼭 한 가지 지금도 분명하게 떠오르는 것은 정의란 친구를 이롭게 하고 적을 해치는 일이라는 것입니다."

"이런 경우 자네가 '친구'라고 한 것은 모든 사람이 다 착하다고 생각하는 사람인지, 아니면 비록 그렇게 여겨지고 있진 않더라도 실제로 착한 사람을 말하는지? '적'에 대해서도 매한가지인데, 대체 어느 쪽을 말하는 것이지?"

"사람은 상대를 좋은 사람이라고 생각할 때 그 사람을 친구로서 사랑하며, 악한 사람이라고 여길 때 적으로서 마땅히 미워한다고 생각합니다."

"그러나 사람들은 그 점에 대해 곧잘 판단을 그르쳐서, 사실은 좋은 사람이 아닌데 좋은 사람으로 알거나 또는 그 반대로 아는 경우가 이따금 있지 않을까?"

"물론 그런 경우가 있지요."

"그러니까 그처럼 그릇 판단한 사람들에겐 좋은 사람이 적이 되고, 악한 사람이 친구가 된다는 것이 되겠네."

"네, 그렇겠군요."

"그렇다면 그런 경우, 그들이 악한 사람을 돕고 착한 사람을 해치는 것이 옳다는 이야기일까?"

"그렇게 되는 것 같군요."

"그런데, '착한 사람'이란 올바른 사람을 말하며, 따라서 부정을 행하는 일이 없겠지!"

"네, 그렇습니다."

"그렇다면, 자네 말대로라면 결코 부정한 일을 하지 않는 사람에게 해를 끼치는 게 옳은 일이라는 말이 되겠는데?"

"당치도 않은 말씀입니다. 소크라테스 님! 아무래도 제 의견이 잘못된 것 같습니다." 그가 말했다.

그래서 나는 말했다.

"그렇다면 나쁜 사람을 해하고 옳은 사람을 이롭게 하는 것이 정의겠군?"

"그쪽이 아무리 생각해도 훌륭한 이론입니다."

"그러면 폴레마르코스, 사람들의 판단에 잘못이 있는 한, 친구에게는 해를 주고—그 상대가 사실은 '악한 사람'이니까—적에게 도움을 주는—그 상대가 사실은 '선한 사람'이니까—것이 정의가 되어 버리겠군. 말하자면 우린 시모니데스가 말했다는 설에 정반대되는 말을 한 결과가 돼버렸네그려."

"과연 그렇군요. 아니, 그렇다면 우리들의 관점을 고치면 어떻겠습니까? 아무래도 친구와 적을 잘못 규정한 것 같으니까요."

"어떻게 규정한 게 잘못이었단 말인가, 폴레마르코스?"

"선하고 정직한 사람이라고 '여겨지는' 자가 친구라고 규정한 대목입니다."

"그럼, 이번에는 그걸 어떻게 수정하면 좋을까?"

"선한 사람이라고 여겨지며, 또 '실제로 그런' 사람을 친구라고 하면 되겠습니다. 이에 반해 선한 사람처럼 보였더라도 실제로 그렇지 않은 사람은 친구란 이름뿐이지 참된 친구가 아니라고 규정하는 것입니다. 적에 대한 규정 방법 또한 마찬가지입니다."

"그 정의에 따르면, 친구가 될 수 있는 자는 반드시 선한 사람이고, 적이 되는 자는 반드시 악한 사람이라는 것이 되겠군그래."

"네."

"따라서 자네는 무엇이 옳으냐는 것을 말할 때도 말의 보충이 필요하다고 주장하는 거로군? 즉 처음에 우리는 친구에겐 잘해 주고 적에겐 해를 주는 게 옳다고 했는데, 이제는 그 말에다 다음과 같이 보충해야 한다는 것이군? 즉 선한 친구에게는 잘해 주고, 악한 적에게는 해를 준다, 이것이 옳다고 말이지."

"그렇습니다." 그는 말했다. "그것이면 훌륭한 설이 된다고 생각합니다."

9

나는 말했다.

"그렇다면 만일 올바른 사람이라도 상대가 어떤 사람이든 남을 해할 경우가 있다는 것이겠군?"

"암요, 있고말고요." 그는 대답했다. "적어도 상대가 나쁜 사람, 적일 경우에는 해가 되게 해야지요."

"그런데 말(馬)은 해를 당하면 선하게 되나 악하게 되나?"

"악하게 됩니다."

"그 '악하게 된다'는 것은 개(犬)로서의 선함이 적어진다는 말인가, 말로서의 선함이 적어진다는 말인가?"

"말로서의 선함이지요."

"그럼 개 또한 해를 당해 악해졌을 때, 말로서의 선함이 아니라 개로서의 선함이 적어진다는 것이겠군."

"틀림없지요."

"그렇다면 친구여, 사람의 경우에도 이것은 같지 않을까. 사람도 해를 당하면 악해져서 사람으로서의 선함이 적어진다고 말일세."

"확실히 그렇습니다."

"그런데 정의라고 하는 것은 인간으로서의 선량함의 하나가 아닌가?"

"그것 또한 움직일 수 없는 사실입니다."

"그렇다면 친구여, 해를 당한 인간은 반드시 더욱 '부정(不正)한 사람'이 될 수밖에 없겠지?"

"그러리라 생각합니다."

"한데 음악가가 자기의 음악적 재능으로 다른 사람을 음악적 재능이 없는 사람으로 만들 수가 있을까?"

"그것은 불가능합니다."

"그럼 마술사는 마술로써 남의 마술을 무능하게 만들 수가 있을까?"

"없습니다."

"그럼 과연 옳은 사람은 자기의 정의로써 남을 부정한 사람으로 만들 수 있겠는지. 다시 말해서, 선한 사람이 그 선량함을 가지고 남을 악한 사람으로 만들 수가 있겠는지?"

"아뇨, 못합니다."

"사실 생각해 볼 때 차게 한다는 것은 열(熱)의 작용이 아니라, 그 반대 것의 작용이거든."

"네."

"그리고 축축하게 한다는 것은 마르게 하는 작용이 아니라 그 반대 것의 작용이지."

"그렇습니다."

"그리고 또 해한다는 것은 선한 사람의 소행이 아니라 그 반대 성격을 가진 자의 소행이겠지?"

"그렇게 생각합니다."

"그러니까 옳은 사람은 선한 사람이겠지?"

"그렇습니다."

"따라서 폴레마르코스여, 상대가 친구건 누구건, 무릇 사람을 해친다는 것은 옳은 사람의 소행이 아니라, 그 반대되는 성격의 사람, 즉 부정한 사람의 짓이란 말이야."

"참으로 옳은 말씀입니다, 소크라테스 님."

"그러고 보니 '저마다 상대에게 빌린 것을 돌려주는 것이 옳다'고 주장하는 사람이, 옳은 사람은 적을 해하고 친구에게 이롭게 하게끔 의무적인 빚을 지고 있다고 했다면, 그 사람은 지혜로운 사람이 아닌 셈이지. 그 말은 진실이 아니니까 말일세. 사실 우리들에게 밝혀진 바로는, 모름지기 사람을 해친다는 것은 절대로 옳은 일이 못 되는 거니까."

"그 말씀에 동의합니다."

"그러니까 시모니데스건 비아스[9]건 피타코스[10]건 그 밖에 적어도 지혜로운 자로서 축복받은 그 누군가가 이렇게 주장했다고 말하는 사람이 만약 있다면, 그 사람이 누구든 간에 나와 자네는 힘을 모아 그런 자와 싸워야 할 걸세."

"저로서는 언제라도 그 싸움에 참가할 용의가 있습니다."

"그런데 그 '친구를 이롭게 하고 적을 해치는 게 옳다'고 한 말이 어떤 사람의 주장이라고 내가 생각하는지 자넨 알겠나?"

"누구의 주장입니까?"

"생각건대 이건 틀림없이 페르안드로스[11]나, 페르디카스[12]나, 크세르크세스,[13] 아니면 테베(테바이)의 이스메니아스[14]나, 여하튼 돈을 가지고 있고 자기에게 꽤 큰 힘이 있다고 믿는 사람들이 한 말일 걸세."

"정말 그럴 것 같습니다."

---

[9] 기원전 6세기 전반의 프리에네 사람. 그리스의 일곱 현인의 한 사람.
[10] 레스보스섬 미틸레네의 사람(기원전 650~570년경). 마찬가지로 일곱 현인의 한 사람.
[11] 코린토스의 참주(기원전 625~585년경).
[12] 마케도니아의 왕(기원전 625~585년경).
[13] 페르시아의 왕(재위 기원전 486~465년).
[14] 테베의 반스파르타 민주파의 정치가로 페르시아로부터 돈을 얻어 책동했다(기원전 395년).

"좋네." 나는 말했다.

"한데 이것 또한 정의, 옳은 일의 규정으로서는 실격이라는 게 분명해졌으니, 그렇다면 정의란 도대체 무엇인가? 이 밖에 또 어떤 주장을 생각할 수 있을 것인지?"

## 10

이렇게 우리가 대화를 나누는 동안 트라시마코스는 여러 차례 대화에 끼어들려고 했으나, 옆에 앉아 있던 사람들이 토론을 끝까지 듣고 싶은 나머지 그때마다 그를 말렸던 것이다. 그러나 내가 이렇게 말을 맺고 잠시 이야기가 중단되자 그는 더 이상 참고 있을 수가 없어서 짐승처럼 몸을 움츠려 잔뜩 노리더니, 마치 찢어발길 듯한 기세로 우리에게 뛰어들었다.

나와 폴레마르코스는 겁을 집어먹은 나머지 당황했다. 트라시마코스는 여러 사람에게 들리는 큰 소리로 외쳤다.

"이따위 시시한 이야기에 당신들은 아까부터 정신을 팔고 있는 거요, 소크라테스? 그렇군 그렇군 하면서 서로 양보의 미덕을 발휘하는 그 꼴이 대관절 뭡니까! 정의가 무엇인지 정말로 알고 싶으면, 질문하는 입장에 서서 남이 대답한 것을 뒤집어엎고는 우쭐해하는 짓은 하지 말아야죠. 대답보다 묻는 일이 쉽다는 것은 잘 알지 않습니까! 아니죠, 자기 쪽에서도 대답을 해야죠. 당신 주장으론 정의가 무엇인지 어디 또렷하게 말씀해 보시구려! 단 아까처럼 옳은 일은 '해야 할 일'이라든가, '이로운 일', '도움이 되는 일', '보탬이 되는 일' 어쩌고저쩌고하는 그런 식은 딱 질색이니까 그런 줄 아시고, 말씀하시려거든 분명하고 정확하게 말씀해 주시오. 그런 시시한 말은 아무리 해도 난 듣지 않을 테니까요!"

이 말을 듣고 나는 깜짝 놀랐다. 그저 겁이 나서 그를 빤히 바라보기만 했다. 나는 믿는다. 만약 그가 나를 보기 전에 내가 그를 먼저 보지 않았던들, 난 말 한마디 하지 못했을 것이라고.[15] 다행히도 우리의 대화에 흥분하기 시작한 그를 내가 알아채고 미리 봐두었기 때문에 겨우 대답할 힘을 되찾았던 것이다.

---

15) 자신이 먼저 늑대를 보기 전에 늑대가 이쪽을 보고 있으면, 말이 나오지 않는다는 옛말을 딴 것.

나는 벌벌 떨면서 말했다.
"트라시마코스! 제발 그렇게 화를 내지 말아 주게. 만약 내가 폴레마르코스와의 대화에서 무엇인가 잘못을 저질렀다면, 그것은 마음에도 없이 저지른 과오라는 것을 이해하여 주게나. 이렇지 않겠는가, 이를테면 우리가 금을 찾고 있었다고 치세. 그럴 때, 일부러 서로 양보해 가며 찾는다든가 하여 금을 발견할 기회를 잃고 마는 결과는 생각할 수 없지 않겠나? 더구나 우린 지금 많은 금보다 더 소중한 정의를 찾고 있는데, 서로 양보만 하고 그 발견에 힘을 다하지 않는 어리석은 짓을 하고 있다고는 생각지 말아 주게. 아닐세, 이래 봬도 우린 정말 열심이란 말일세. 생각건대 단지 우리에게 능력이 모자랄 뿐이네. 그러니까 자네 같은 능력 있는 사람으로선 우리에게 화를 내기보다는 동정하는 게 훨씬 더 어울리는 태도가 아닐까?"

## 11

트라시마코스는 나의 이 말에 가시 돋친 너털웃음을 터뜨리며 말했다.
"생각했던 대로 그렇게 나오시는군요! 이게 바로 소크라테스 님의 연막술이란 것이죠. 그렇게 나올 줄 알고 난 여기 있는 사람들에게 미리 말해 두었습니다. 반드시 당신은 대답하기를 꺼릴 것이라고. 질문을 당하면 이러쿵저러쿵 얼렁뚱땅 얼버무려서 대답을 회피할 거라고 말이죠."
"과연." 나는 말했다. "역시 자넨 슬기로워, 트라시마코스. 그러니까 모든 걸 그렇게 잘 알고 있는 게지. 예를 들어 다음과 같은 경우 말일세.
자네가 누군가에게 12란 얼마나 되는 수냐고 질문한다고 칠 때, 그땐 상대에게 미리 이렇게 말해 두는 거지.
'이봐, 12라는 수는 6의 2배라든가, 4의 3배라든가, 또는 2의 6배, 혹은 3의 4배니 하는 따위로 대답해서는 안 돼. 난 그따위 소리엔 귀 기울일 생각 없으니까!'
이런 질문을 당하면 대답할 자가 아무도 없으리란 것쯤은 아마 자네도 잘 알고 있었을 테니까.
그런데 이를테면 자네가 상대로부터
'아니, 트라시마코스, 그게 무슨 뜻이죠? 지금 당신이 든 것 중의 하나도 내가 대답해서는 안 된다는 겁니까? 이거 놀랐는걸! 예를 들어 그중의 어느 한 가지가 옳은 대답이더라도 그걸 말해서는 안 된다, 진실과는 틀리는 대답을 해야 한다, 이런 말씀입니까? 아니면 무슨 뜻이지요?'

"이런 말을 들었을 때 자넨 이에 대해 뭐라고 답할 건가?"

"허허, 마치 그 예가 내가 한 말과 똑같다는 말투군요."

"같지 않다고는 말 못 하지. 좌우간 같지 않다고 해두고, 아까 든 말들을 질문받은 당사자가 옳은 대답이라고 판단했다고 친다면, 그 사람은 우리가 그런 대답을 못 하게 하든 말든 자기가 옳다고 생각한 걸 대답해야 한다고는 생각하지 않는가?"

"그러니까…… 결국 당신 자신이 그렇게 할 심산이시군요? 아까 내가 이런 식의 대답을 해서는 안 된다고 말한 것 중의 어느 하나를 골라 대답하겠다는 뜻이군요?"

"그렇게 되는지도 모르지. 내가 잘 생각해 봐서 그것이 옳다고 판단이 된다면 말일세."

"그렇다면 만약 내가 정의에 대해서 아까 당신이 한 말들과는 전혀 다른 더 훌륭한 대답을 해 보인다면, 어떻게 하시겠습니까? 어떤 벌을 받겠다고 하시겠습니까?"

"결국 무지한 사람이 받기에 알맞은 벌을 받겠다고 할 수밖에 없겠지. 어떤 벌이 적합하냐 하면, 그건 지혜로운 사람으로부터 가르침을 받는 일이겠지. 그러니까 나도 그걸 내세울 수밖에 없을 것 같네."

"정말 태평스런 양반이시군요! 하지만 가르침을 받는 일로 그쳐선 안 돼요. 벌금도 내셔야지요."

"그만한 돈이 생기면 내지."

이렇게 내가 말하자 글라우콘이 옆에서 말했다.

"돈이라면 지금 여기 가지고 있네. 자, 트라시마코스, 돈 걱정일랑 말고 이야기하게나. 우리 모두 소크라테스 님을 위해 기부할 테니."

"그렇다면 좋아요." 트라시마코스가 말했다. "결국 그러고 보니 소크라테스 님은 언제나 자기 방법대로 밀고 나갈 수가 있겠군요. 자기는 하나도 대답하지 않고, 남이 대답하면 그 말꼬리를 잡아 궁지에 몰아넣는 특유의 술법 말입니다."

"탁월한 친구여." 나는 말했다. "비록 어떤 사람이라 할지라도, 만약 그 사람이 도대체 문제를 알지도 못할뿐더러 알고 있다고 주장하지 않는데, 더구나 조금쯤 생각하는 바가 있다고 치더라도 자기가 생각한 그 대답을 해서는 안 된다고 윗사람이 금했다면, 대체 어떻게 대답할 수가 있겠는가? 그러니까 이런 경우는 자네가 해답을 내놓아야지. 왜냐하면 자넨 그 해답을 알고 있고 말할 수 있다고 주장을 하고 있으니 말일세. 그러니까 기대에 어긋나지 않게 해답을 내려서 나를 즐겁게 해주게나. 그리고 또 여기 글라우콘이나 그 밖의 사람들에게 가르침을 내려 주는 데 인색하지 말아 주게."

12

내가 이렇게 말하자 글라우콘을 비롯한 다른 사람들도 모두 입을 모아 제발 그렇게 좀 해달라고 그에게 부탁했다.

트라시마코스는 자기가 훌륭한 답변을 마련하고 있다고 확신했기 때문에, 그것을 모두에게 들려주어 갈채를 받고자 들먹거리는 품이 여실히 드러나 보였다. 그러면서도 한편으로는 해답은 반드시 소크라테스가 내려야 한다고 버티는 척하더니 결국은 수락하고 말았다.

"보세요, 이게 바로 '소크라테스의 지혜'라는 거지요. 자신은 가르쳐 주려 하지 않으면서 이 사람 저 사람 찾아다니며 배우고선 그에 대한 사례도 하지 않으려고 하니 말입니다."

"내가 사람들한테 가르침을 받는 건 과연 자네 말대로일세, 트라시마코스. 그렇지만 배운 것에 대해 사례를 하지 않는다는 것은 거짓말이야. 나는 지금도 마찬가지만, 내가 할 수 있는 한의 사례를 하려고 마음먹고 있다네. 다만 나는 돈이 없으니까 가장 큰 사례라는 것이 칭찬으로 그칠 따름이지. 상대가 한 말이 훌륭하다고 생각되었을 때 내가 그 사례를 얼마나 열심히 치르는지는, 자네가 답변만 해주고 나면 지금 당장 알 수가 있을 걸세. 자네가 말하려 하는 해답이 훌륭한 것임은 물론 틀림이 없을 테니 말일세."

그러자 트라시마코스는 말을 하기 시작했다.

"그럼 들어 보십시오. 난 주장합니다. 정의란 강한 자의 이익임에 틀림이 없다고. 아니, 그런데 왜 칭찬을 해주지 않지요? 그럴 생각이 없으신 모양이죠?"

"그러기 전에 먼저 자네의 말뜻을 이해해야겠네. 아무래도 지금 당장은 잘 몰라서 말이야. 자네 주장에 따르면, 강한 자의 이익이 정의라고 했는데, 트라시마코스, 대관절 그게 무슨 뜻일까? 설마 자네가 주장하는 게 다음과 같은 것은 아닐 테지. 즉 씨름꾼인 풀리다마스[16]는 우리들보다 강하다, 그리고 그는 자신에게 이익이 되게 쇠고기를 먹는다, 그런데 그 쇠고기는 그보다 약한 우리들에게도 도움이 되는 것이고, 나아가서는 또한 옳은 일이기도 하다는 등등의……."

"정말 기분 잡치는 분이로군요. 소크라테스 님은 될 수 있는 대로 남의 주장을 부수는 식으로만 해석하려 드니 말입니다."

"아냐, 절대로 그래서 그런 게 아닐세, 뛰어난 친구여. 다만 바라건대 자네의 이야기를 좀 더 뚜렷하게 설명해 주게나."

"좋습니다. 그렇다면 묻겠는데요. 우리들의 도시 국가 가운데는 참주정치를 하는 나라도 있고, 민주정치를 하는 나라도 있으며, 귀족정치를 하는 나라도 있다는 걸 당신은 모르십니까?"

"그야 물론 알고 있지."

"그 여러 나라에서 권력을 쥐고 있는 건 다른 사람 아닌 그 지배자가 아닙니까?"

"그렇지."

"그런데 그 지배 계급이라는 것이 각기 자신들의 이익에 맞게 법률을 제정합니다. 예를 들어 민주제의 경우라면 민중 중심의 법률을 만들고, 참주제의 경우라면 참주 중심의 법률을 제정하며, 그 밖의 정치 형태의 경우도 마찬가지죠. 그들은 그러한 법률을 만든 뒤에 곧바로 자기들의 이익이 되는 일이야말로 피지배자들에게도 옳은 일이라 선언하고, 이를 어긴 자를 법률 위반자, 부정한 범죄인으로서 처벌을 합니다. 이만하면 아시겠습니까? 내가 말하는 것은 이처럼 옳은 일이란 모든 나라에 있어서 동일하다는 걸 뜻합니다. 즉 현존 지배 계

---

16) 옛 주(註)에 의하면 테살리아 출신으로 체구가 거대하며 판크라티온(권투와 씨름을 합친 기술)의 가장 유명한 선수였다고 한다. 제93회 올림피아 대회(기원전 408년)에서 우수 조각상이 만들어졌다.

급의 이익으로 귀착된다 그런 말이죠. 그러니까 지배 계급이란 권력 있는 강한 자를 말하는 거죠. 따라서 올바르게 추론하자면, 강한 자의 이익이 되는 일이야말로 어느 곳에서든지 옳은 일로 통한다는 결론이 되는 겁니다."

"이제 자네의 말뜻을 알겠네그려." 나는 말했다. "다음에 규명해야 할 것은 그 말이 진실인가 아닌가 하는 문제야. 한데 트라시마코스, 자네도 이익이 되는 게 옳은 일이라고 대답했군. 나더러는 그런 대답을 해서는 안 된다고 금지해 놓고는 말일세. 하기야 그 말에다 강한 자란 말을 덧붙이기는 했지만."

"뭐 조금 보탠 그런 정도겠죠."

"아직까지는 중대한 것을 첨가했는지 어떤지는 잘 모르네. 지금 분명한 건 자네가 한 말이 진실인지 아닌지를 따져 보아야 한다는 사실이야. 물론 '옳은 일'은 이익이 되는 일이란 점에서는 나도 찬성하네만. 자넨 거기다 덧붙여 그 이익이란 강한 자의 이익이라고 주장하고 있어. 이 점을 나는 모르겠네. 그러니까 따져 봐야 한다는 거지."

"따져 보십시오." 그는 말했다.

### 13

"지금 따져 보려 하고 있네." 나는 말했다. "그러면 내 질문에 답변해 주게. 자네는 물론 지배자들에게 복종하는 것도 옳은 일이라고 주장하겠지?"

"그렇습니다."

"그런데 여러 나라에서의 지배자들은 절대로 잘못이 없는 인간일까, 아니면 때로는 과오를 저지르기도 하는 인간들일까?"

"그야 물론 때론 잘못하기도 하겠지요."

"그럼 법률을 제정할 때도 그 제정 방법이 잘못될 경우와 그렇지 않을 경우가 있겠구먼?"

"그렇지요."

"법 제정 방법을 '잘못하지 않는다'는 것은 자기들의 이익이 되는 일을 제정하는 것이고, '잘못한다'는 것은 이익이 되지 않는 일을 제정해 버린다는 뜻이 아니겠나?"

"그렇지요."

"그러나 지배당하는 쪽으로서는 지배자가 제정한 것은 무엇이든 행해야만 하겠지? 그리고 그것은 옳은 일임에 틀림이 없고?"

"물론이지요."

"그럼 자네 주장에 따른다면, 강한 자의 이익이 되는 것을 행하는 것만이 옳은 일이 아니라, 반대로 이익이 되지 않는 일을 행하는 것도 옳은 일이 된다는 말인데……"

"무슨 소릴 하시는 겁니까?"

"자네가 한 말을 하고 있다고 생각하는데…… 아무튼 좀 더 연구해 보도록 하세. 그런데 여태까지 자네가 내 말에 동의한 것은 이런 점이 아니었을까? 즉 지배자들이 피지배자들에게 뭔가를 명령할 경우 그것이 자기에게 최선인가의 판단을 그르칠 수 있다는 게 그 한 가지이고, 다음은 그러나 피지배자들은 지배자가 명하는 일이라면 무엇이든지 행하는 게 옳다는 점이지. 어떤가, 이런 점을 동의한 게 아니었던가?"

"그렇습니다."

"그렇다면, 이렇게도 한번 생각해 봐주게. 지배자들, 강한 자들에게 이익이 되지 않는 일을 행하는 것도 옳은 일이라고 자네가 분명히 동의했다고 말이야. 그러니까 지배자들이 자기 딴에는 그럴 생각이 아니었는데, 판단을 그르쳐 자기에게 불리한 것을 명령하게 되었을 경우를 말하는 거지. 그리고 자넨, 명령받은 대로 행하는 것이 피지배자들로서는 옳은 일이라고 주장했어. 그렇게 되면, 둘도 없이 현명한 트라시마코스여, 그럴 경우에는 자네가 하는 말과는 반대 일을 행하는 것도 옳다는 결론이 나오게 되잖는가. 왜냐하면 약한 자들에게 명령된 것이 강한 자의 해가 될 수도 있으니 말일세."

"그렇습니다, 소크라테스 님. 그것은 매우 명백합니다." 폴레마르코스가 옆에서 맞장구를 쳤다.

그러자 클레이토폰이 끼어들었다.

"자네가 그렇게 소크라테스 님의 증인이 된다면 말이지."

"뭣 땜에 또 증인까지 필요하단 말인가? 트라시마코스 자신이 분명히 동의하고 있잖은가? 지배자들도 때로는 자기에게 해가 되는 일을 명령할 수도 있으며, 그것을 그대로 행하는 것이 피지배자들에게는 옳은 일이라고."

"맞았어, 폴레마르코스. 지배자들에게 명령받은 걸 행하는 것이 옳다는 게 처음 트라시마코스가 취한 입장이었으니까."

"그래, 클레이토폰. 그리고 또 한 가지, 강한 자의 이익이 되는 게 옳다는 게 있었지. 그 두 가지를 전제하고 나서 트라시마코스는 다시 강한 자는 약한 자, 즉 피지배자에게 명령하는 수가 있다는 것에 동의했어. 이 말을 종합하면, 결국 강한 자에게 불리하게 되는 일도 이익이 되는 일과 마찬가지로 옳은 일이라는 것이 되잖는가?"

"그러나……." 클레이토폰이 말했다. "그가 '강한 자의 이익이 되는 일'이라고 한 것은 강한 자가 자기의 이익이 된다고 생각한다는 의미겠지. 즉 그런 것을 약한 자가 행하게 된다는 것이겠군. 그가 정의에 대해 정의(定義)한 것도 그런 의미일 거야."

"아냐, 아냐. 그는 그런 식으로는 말하지 않았어." 폴레마르코스가 말대꾸를 했다.

그래서 나는 말했다.

"괜찮아, 폴레마르코스. 만약 트라시마코스가 지금 그렇게 말했다면, 그렇게 받아들이도록 하지."

## 14

"자, 트라시마코스, 가르쳐 주게. 자네가 옳은 일의 정의로서 말하고 싶었던 것이 그런 의미의 것이었나? 즉 그런 강한 자가 자기의 이익이 된다고 생각만 했을 뿐, 정말로 이익이 되는지 안 되는지는 문제시하지 않는다고? 자네가 그런 뜻으로 말했다고 받아들여도 괜찮겠는가?"

내가 이렇게 묻자 트라시마코스는 대답했다.

"천만의 말씀입니다. 도대체 당신은 잘못을 저지르는 그런 자가 과오를 범할 때, 강자라고 내가 부를 것 같습니까?"

"아까는 그렇게 생각했지. 지배자란 절대로 잘못을 저지르지 않는 자가 아니라, 과오를 범하는 일도 있다고 자네가 동의했을 때 말이네."

"그야 소크라테스 님, 당신이 너무 말로 농간을 부리시니까 그렇죠. 아시겠습니까, 쉬운 예로 환자의 진단을 그르친 의사를 보고 잘못 진단한 그때에 '의사'

라고 부를 수 있겠어요? 또는 계산을 틀리게 하는 사람을 보고 계산이 틀린 그 순간에 그를 '계리사'라고 부를 수 있겠습니까?

　물론 일반적으로 우리는 의사가 실수를 했다든가, 계산이나 읽고 쓰고 하는 전문가가 실수를 했다는 식의 표현을 하겠지요. 하지만 사실 그러한 각 분야의 전문가는 정말로 이름 그대로 전문가라면 절대로 실수를 저지르지 않아요. 따라서 당신이 엄밀론을 내세우는 이상 나도 그 이론을 채택한다면, 적어도 전문가는 절대 잘못을 저지르지 않는다는 결론이 되지요. 왜냐하면 잘못을 저지른다는 것은 그 사람의 지식이 부족할 때 잘못을 범하는 것이므로 잘못하는 순간에 그 사람을 전문가라고는 말할 수 없거든요.

　그러니까 그런 전문가나 지식인의 경우와 마찬가지로, 한 나라의 지배자 되는 자도 지배자인 한은 절대로 잘못을 범하는 일이 없거든요. 그러나 사람들은 의사가 실수를 했다고 말하는 것처럼 지배자가 실수를 했다는 식의 표현을 하겠지요. 아까 당신 질문에 대답했을 때는 나도 그런 일반적인 뜻으로 대답한 거라고 해석해 주십시오. 그러나 가장 엄밀한 의미로 다시 말한다면 이렇게 되지요. 즉 지배자가 지배자인 한에는 실수하는 일이 없고, 실수하는 일이 없는 이상 지배자가 법으로서 부과하는 것은 자기에게 최선의 일이므로 이것을 행하는 것이 피지배자의 임무라고.

　따라서 '옳은 일'을 규정짓는 나의 이 말은 처음과 조금도 다를 게 없어요. 즉 강한 자의 이익이 되는 일을 행하는 일이라고 말입니다."

15

　"허, 그래? 트라시마코스." 나는 말했다. "자네한테 내가 말 농간꾼으로 보이는가?"

　"암요, 그렇게 보이고말고요."

　"즉 내가 의론(議論) 가운데서 자네를 공박하려고 일부러 그런 질문을 한 줄 아는 모양이지?"

　"난 다 알고 있어요. 하지만 그래 봐야 헛수고입니다. 나를 은근히 함정에 빠뜨리려고 해도 간파당할 뿐만 아니라, 공공연한 의론으로 나를 당해 낼 힘도 없을 테니 말입니다."

"나 또한 그러고 싶은 생각은 없다네. 그건 그렇고, 다시는 우리들 사이에 이런 엇갈린 견해가 일어나지 않도록, 자네가 말하는 '지배자'니 '강한 자'니 하는 것이 어느 쪽의 뜻인지 여기서 분명하게 정해 주게나. 그건 보통 뜻에서의 지배자·강자를 말하는가? 아니면 엄밀론에 따른 지배자·강자를 말하는가? 어느 쪽 뜻으로 강자의 이익이 되는 일을 행하는 것이 약한 자에게 옳은 일이 되는 건가?"

"가장 엄밀한 뜻에서의 지배자를 말합니다. 자, 얼마든지 궤변으로 농간을 부려 보십시오. 난 농간을 말아 달라고 부탁하진 않을 테니까요. 아마 절대로 가능하지도 않겠지만요."

"허허, 트라시마코스를 농락하다니, 내가 그런 '사자의 수염을 깎는 것' 같은 짓을 할 만큼 정신이 돈 줄 아는가?"

"실제로 지금 그러려고 하지 않았습니까? 결국 그래 봐야 별것 아니었지만요."

"자, 그런 이야긴 이제 그만하고." 나는 말했다. "어디 한번 내 질문에 답해 주지 않겠나. 자네가 지금 말한 그런 엄밀한 뜻에서라면, 의사란 돈벌이를 업으로 삼는 사람을 말하는지, 아니면 환자를 돌보는 것을 업으로 삼는 사람인지? 알겠는가, 어디까지나 엄격한 뜻에서의 의사를 말하는 걸세."

"환자를 보살피는 걸 업으로 삼는 사람이지요."

"그렇다면 배를 조종하는 선장은 어떻게 되지? 참된 의미에서의 선장이란 선원들의 지배자인가, 아니면 단순한 선원인가?"

"선원들의 지배자지요."

"생각건대 그럴 경우, 그가 배를 타고 항해한다는 것은 그다지 고려할 만한 중요한 점이 아니므로 그를 단순한 선원이라고는 부를 수 없지. 왜냐하면 선장이 선장이라고 불리는 까닭은 그가 배를 탄다는 것에 따른 것이 아니고 기술을 가지고 선원들을 지배하는 데에 따른 것이니까."

"물론이지요."

"그런데 지금 열거한 그런 사람들은 저마다 자기 일 때문에 얻어져야 할 이익이라는 것을 뭔가 갖고 있는 것이 아닐까?"

"확실히 그렇습니다."

"그리고 기술 그 자체도 또한 본래는 그것 자체를 위해 있는 것이 아닐까? 다시 말해 저마다의 이익이 되는 일을 좇고 이루기 위해 있는 것이 아니겠어?"
"그렇지요."
"그렇다면 대체로 갖가지 기술에는 기술로서 되도록 완전한 것 말고 무엇인가 이익이 되는 게 있는 것인지?"
"그건 어떤 뜻의 질문이지요?"
"설명하지. 만약 자네가 나에게, 몸이란 몸으로서 완전한 것인지, 아니면 뭔가 다른 것의 도움을 필요로 하는지 질문한다면, 나는 이렇게 대답할 거야.
'그건 분명히 다른 것의 도움이 필요하다네. 그렇기 때문에 요즈음 의술이라는 하나의 기술이 발견되지 않았는가. 다시 말해 이것은 몸이 결함을 일으키기 쉬우므로 스스로는 완전할 수가 없기 때문이거든. 그래서 그러한 몸을 위해 온갖 이익이 되는 것을 가져오게 할 목적으로 의술이 고안된 거지.'
어떤가, 내가 한 말이 옳다고 생각되지 않나?"
"그렇게 생각합니다."
"자, 그렇다면 생각해 보게. 그런 의술 자체에도 결함이 더 있는 것이겠는가 아니면 일반적으로 기술이 뭔가 다른 능력을 필요로 한다고 생각될 수 있겠는가? 이를테면 눈은 시력이 필요하고, 귀는 듣는 힘을 필요로 한다. 그래서 그 보는 힘, 듣는 힘을 위해 이익이 되는 것을 생각함으로써 그것을 줄 수 있는 어떤 기술이 눈과 귀를 돌봐 줘야 하는데, 과연 기술 그 자체에도 이와 같은 의미에서의 불완전성을 생각할 수 있는지. 즉 각각의 기술은 그 기술의 이익이 되는 것을 생각해 줄 수 있는 또 다른 기술을 새로이 필요로 하는지. 그리고 이 후자의 기술은 다시 또 다른 기술을 필요로 한다는 식으로, 이런 것이 한없이 앞으로 계속되는 건지?
아니면 기술이란 스스로 자신을 위해서 이익이 되는 것을 생각하는지.
또는 기술이란 그 불완전성을 보충하기 위해 이익을 생각한다기보다 오히려 스스로 다른 기술을 필요로 하지 않는다고 생각해야 옳은지. 왜냐하면 도대체가 불완전성이니 잘못이니 하는 것은 어떤 기술에도 처음부터 있을 수가 없는 것이고, 또 기술이 탐구하는 이익이란 그 기술이 미치는 대상에게 이익이 되는 일 말고는 없을 테니 말일세. 그리고 기술 그 자체도 옳은 의미에서의 기술인 한은, 즉 그것이 엄밀한 의미에서의 기술로서 완벽하게 자기 자신의 본질을 지키는 한은 절대로 흠이 없는 것이니까.

자, 어디까지나 아까 그 엄밀론으로 생각해 주게. 방금 이야기한 후자가 옳은지, 아니면 달리 생각해야 하는지."

"후자 쪽이 옳다고 생각되는데요." 트라시마코스는 대답했다. 그래서 나는 말했다.

"그렇다면 의술이란 의술의 이익이 될 것을 생각하는 게 아니라, 몸의 이익이 되는 것을 생각한다, 이런 이야기가 되겠는데."

"그렇지요."

"또 마술(馬術)이라는 것도 마술의 이익이 되는 기술이 아니라, 말에 보탬이 되는 걸 생각하는 것이며, 그리고 그 밖의 어떤 기술도 그 기술 자체를 위하는 것이 아니라 그 기술이 미치는 대상의 이익이 될 것을 고려하는 것이지. 왜냐하면 기술 그 자체는 처음부터 아무런 결함도 없는 것이었으니 말일세."

"그렇겠지요."

"그렇다면 트라시마코스, 그런 모든 기술이란 그것이 미치는 대상을 지배하므로 우월한 힘을 가지고 있겠군?"

이 말에 그는 언짢은 듯이 마지못해 끄덕였다.

"그러고 보면 무릇 지식이란 어떤 지식이든 결코 강한 자의 이익이 되는 사항을 고찰하는 것이 아니라 약한 자의, 자기가 지배하는 상대자의 이익이 되는 것을 고찰하는 것이겠지."

이 점에 대해서도 그는 결국 수긍은 했으나, 열심히 저항을 시도했다. 어쨌든 그의 동의를 받았기에 나는 말을 계속했다.

"그러니까 또, 어떤 의사든 의사인 한은 의사의 이익이 되는 것을 생각하고 이를 명령하는 것이 아니라, 병자의 이익이 되는 것을 살피고 명령하는 것이 아닐까? 왜냐하면 이미 동의한 바에 따르면, 엄밀한 의미에서의 의사란 몸을 지배하는 사람을 가리키지 돈을 버는 사람을 말하는 것이 아니니까. 어떤가, 이런 걸 동의한 게 아니었던가?"

그는 고개를 끄덕였다.

"또 엄밀한 의미에서의 선장이란 뱃사람들을 지배하는 사람을 가리키지, 단순한 뱃사람이 아니라는 것도?"

"동의했습니다."

"그렇다면 그런 의미에서의 선장으로서 지배자인 사람은, 선장 자신의 이익이 되는 일을 생각하고 명령하는 일은 없겠지. 그가 살펴보고 명령하는 것은 선원으로서 지배당하는 자의 이익이 되는 일이란 말일세."

그는 마지못해 이것을 인정했다.

"그리고 또 트라시마코스, 일반적으로 어떤 종류라도 지배적 지위에 있는 자는, 적어도 지배자인 한은 결코 자기를 위한 이익을 생각하지도 않거니와 명령하는 일도 없으며 지배당하는 측, 자기 일이 미치는 대상자들의 이익을 생각하고 명령하는 것일세. 그리고 그 언행의 전반에서 그의 눈은 자기 일의 대상인 피지배자와, 또 그들에게 이익이 되는 일, 알맞은 것 쪽으로 돌려지는 걸세."

## 16

토론이 여기까지 이르러 바야흐로 옳은 것에 대한 정의가 정반대로 뒤집힌 게 누가 보아도 뚜렷해졌을 때, 트라시마코스는 내 말에 답하는 대신 이렇게 말했다.

"소크라테스 님, 당신에겐 대관절 유모(乳母)가 있습니까?"

"뭐라고?" 내가 말했다. "대답하는 게 자네 역할이었는데, 왜 또 그런 걸 묻지?"

"그건 말입니다." 그는 말했다. "당신에게 유모가 있다면, 그렇게 콧물을 흘리는 것을 내버려 두지 말고 씻어 줬으면 해서 말입니다. 당신은 마치 양과 양치기의 구별조차 못 하는 정도지 뭡니까."

"도대체 뭐가 어떻게 됐다는 건가?"

이렇게 내가 말하자 트라시마코스는 다음과 같이 말했다.

"다른 게 아니죠. 당신은 양치기나 목동이 단지 양이나 소를 위해서만 존재한다고 생각할 뿐, 그들이 양이나 소를 살찌게 하고 돌보는 목적이 주인의 이익이나 자신의 이익과는 관계없는 또 다른 문제로 생각하고 있기 때문입니다. 그리고 특히 국가에서의 지배자들, 진정한 의미에서 지배하고 있는 자들을 말합니다만, 그런 자들이 피지배자에 대해 갖는 감정이란 마치 양치기가 양에 대해 취하는 태도와 같다는 것, 그리고 지배자들이 밤낮으로 머리를 쓰는 것은 어떻게 하면 자기 자신이 이익을 얻을 수 있을 것인가를 궁리하는 것임을 당신은 모르고 있기 때문이지요.

정말이지 옳은 것·정의(正義), 잘못된 것·부정(不正)에 대한 당신의 생각이야말로 문제에서 멀리 떨어져 있습니다. 즉 당신은 정의라든가 옳은 것이 자기보다 강한 자나 지배하는 자의 이익을 위하여 좋은 것이며 그에게 복종하는 피지배자의 손해를 초래하는 것임을 모르고 있습니다. 부정이라든가 부정한 것은 그야말로 그 반대의 것이므로 정말로 마음씨 좋은 옳은 사람들을 지배하는 것이죠. 그리고 지배당하는 자들은 지배자가 그들보다 힘이 세기 때문에 지배자의 이익이 되는 일을 행하고 봉사함으로써 강한 자를 행복하게 할 뿐이지, 자기 자신을 행복하게 만드는 일은 전혀 없단 말입니다.

그리고 더구나 사람 좋은 스승이신 소크라테스 님, 옳은 사람은 어떠한 경우에는 부정한 사람한테 뒤진다는 것을 알아야지요. 그것은 다음과 같은 걸로 쉽게 알 수 있습니다. 먼저 첫째는 '옳은 사람'과 '부정한 사람'이 서로 계약을 해서 공동으로 어떤 사업을 했다고 치고, 그 공동 사업을 해체할 때 옳은 사람 쪽이 부정한 사람보다 덕을 보는 경우는 결코 찾을 수 없을 겁니다. 옳은 사람 쪽이 열이면 열 손해를 보기 마련이거든요. 국가와의 관계에서도 마찬가지죠. 국가에 헌금을 해야 할 때 재산 정도가 같더라도 옳은 사람 쪽은 많이 내고 부정한 사람은 적게 냅니다. 또 돈을 나눠 가질 때도 부정한 사람은 어떻게 해서든지 듬뿍 받아 내기 때문에 옳은 사람의 몫은 한 푼도 남지 않게 되고 맙니다.

어떤 공직 같은 것을 맡고 있을 때도 마찬가지죠. 올바른 사람은 비록 그 직무로 해서 그다지 손해 보는 일은 없겠지만, 자기 집안의 일을 돌보지 않아 그 전보다 더 나쁜 상태에 놓이는 것만은 틀림없습니다. 한편 올바른 사람이기 때문에 공사(公事)로 말미암아 자기 배를 채우는 일도 절대로 없습니다. 게다가 정의를 어겨 가면서까지 친척이나 친지들을 도와줄 의향이 전혀 없고 보니, 그들로부터 미움을 사는 건 당연합니다.

이에 비해서 부정한 사람은 모든 일에 있어서 이와 반대의 일을 할 수가 있지요. 내가 염두에 두는 것은 처음부터 마찬가지지만, 남을 제압하여 커다란 이익을 낼 것으로 할 수 있는 실력자를 말합니다. 올바른 사람보다 부정한 사람 편이 개인적으로 얼마나 덕이 되는가를 판정하시려거든 그런 실력자를 생각해 보시는 게 좋을 겁니다.

내가 말하는 것을 가장 완전한 형태의 부정이라고 생각하신다면 제일 이해하시기 쉬울 겁니다. 가장 완전한 부정이야말로 그것을 범하는 자를 가장 행복하게 하며, 반대로 부정을 당하는 자들, 즉 그런 부정을 행하려 하지 않는 자들을 가장 비참하게 하는 거니까요. 참주가 하는 방법이 바로 그런 거지요. 그것은 남의 것을 속여 뺏든, 힘으로 뺏든, 자기가 노리는 것이 신의 것이건 개인의 것이건 공공의 것이건 간에 조금씩 훔쳐 내지 않고 한꺼번에 대규모로 뺏어 버리지요.

이러한 소행은 만약 그 하나하나를 단독으로 범한다면, 그것이 드러났을 때 최대의 벌과 비난을 받게 됩니다. 사실, 신전에서 도둑질을 한다든가 사람을 유괴한다든가, 또는 창고의 물건을 훔친다든가, 사기꾼, 일반적인 좀도둑 같은 것들은 바로 이런 부정을 소규모적 방법으로 나쁜 짓을 저지르는 무리들이죠.

그런데 일단 국민 전체의 재산을 송두리째 삼켜 버리고, 한술 더 떠 그 사람들마저 노예로 부려먹는 자가 나타나면, 그자는 지금 말한 불명예스런 이름으로 불리지를 않고 '행복한 사람', '축복받은 사람'으로 불리게 됩니다. 그 나라 국민들만이 그렇게 부르는 게 아니라 외국 사람들도 그가 그런 완전한 부정을 성취했다고 들으면, 입을 모아 그렇게 칭송하지요. 그 이유는 별게 아닙니다. 사람들이 부정을 비난하는 건 그것을 남에게 가하는 게 아니고 자기가 그걸 받기가 두렵기 때문이에요.

소크라테스 님, 이처럼 부정이란 일단 충분한 방법으로 실현되면, 정의보다 더 자유롭고 강력한 권세를 쥐게 됩니다. 그리고 내가 처음부터 말했듯이 옳은 일이란 강한 자의 이익이 되는 일임에 틀림없으며, 이와 반대로 부정한 짓이야말로 자기 자신의 이익이 되고, 덕이 되는 것이란 말입니다."

17

이렇게 트라시마코스는 마치 목욕탕의 때밀이가 더운물을 쫙쫙 끼얹듯 우리들의 귀에 많은 말을 한바탕 쏟아 놓고선 그 자리를 떠나려고 했다.

그러나 거기 있던 사람들이 그를 놓아주지 않았다. 제발 여기 머물러 그가 한 말을 설명해 주어야 한다고 입을 모아 말했다. 나 또한 특히 그 점을 부탁하며 이렇게 말했다.

"트라시마코스, 자넨 정말 놀라운 사람이군. 아니 그래, 그런 말을 던져 놓고 그냥 가버릴 작정인가? 자기가 한 말을 우리들에게 충분히 이해가 가도록 가르쳐 주지도 않고, 또 그것이 옳으냐의 여부에 대해 우리가 하는 말을 들어 보지도 않고 말일세. 그래도 된단 말인가? 아니면 자넨 어떠한 방법으로 살아야 인생을 가장 이롭게 지낼 수 있는가 하는 우리들의 문제를 아주 대수롭지 않은 하찮은 일로 생각하는가?"

"내가 그것을 중대한 문제로 생각하지 않는다고요?" 트라시마코스가 말했다.

"아무래도 그런 것 같은데." 나는 말했다. "그렇지 않다면 적어도 우리들의 일에 대해선 조금도 걱정해 주지 않는 것 같네. 자네가 알고 있다고 주장하는 진리를 우리가 모르고 있고, 그 때문에 우리의 앞날이 불행해지건 행복해지건 자네에겐 전혀 관심이 없는 것 같으니 말일세.

자, 그러니 제발 우리들에게도 설명해 줄 마음을 좀 가져 보게나. 아무튼 여기 이렇게 사람들이 모여 있으니, 어떤 식으로든 우리에게 친절을 베풀어 준다면 자네에게 손해될 일은 결코 없을 걸세. 난 내 생각을 분명히 밝혀 두겠네. 즉 난 자네가 한 말을 믿지 않는단 말일세. 부정 쪽이 정의보다 덕이 된다고는 절대로 생각지 않네. 이를테면 부정이 방임 상태에서 무엇을 저지르든 제멋대로인 경우라도 말일세.

착한 친구여, 자네 말처럼 여기 부정한 한 사람이 있다고 치세. 그리고 그 친구는 속임수를 쓰든 떳떳이 싸워서든 부정한 일을 해낼 만한 능력을 가진 사람이라고 치세. 그러나 아무리 그런 자라 하더라도 나를 설득해서 부정이 정의보다 덕이 되는 일이라고 믿게 할 수는 없을 걸세.

이런 생각을 가진 사람이 여기 나 하나뿐이라곤 할 수 없을 걸세. 나 말고도 틀림없이 누군가 있을 테지. 그러니 훌륭한 친구여, 우리들을 설득해서 정의를 부정보다 높이 평가하는 사고방식이 잘못임을 충분히 납득이 가도록 가르쳐 주게."

"도대체 어떤 식으로 당신을 설득하면 된단 말입니까. 아까 내가 한 말이 아직도 이해가 안 간다면, 달리 또 무슨 방법이 있겠어요. 당신 마음속에 내 생각을 그대로 송두리째 집어넣어 드려야만 되겠군요."

"천만에, 그 방법만은 원치 않네! 그보다도 자네한테 부탁하고 싶은 것은 일단 한 말에 대해서는 일관성을 지켜 달라는 것일세. 아니면 의견을 바꿀 때는 그 이유를 뚜렷하게 밝혀 주어야 하네. 지금처럼 우리를 속이려는 수법은 삼가 주게.

한데 트라시마코스, 여태까지 우리가 해온 토론을 다시 한번 죽 생각해 보기로 하세. 자넨 처음에 의사란 진정한 의미에서의 의사를 말한다고 스스로 규정해 놓고, 뒤에 가서 양치기를 논할 때는 이미 그 진정한 의미에서의 양치기라는 뜻을 엄밀하게 지킬 생각은 없었단 말이야. 그 결과, 양치기가 양치기인 한은, 양들을 살찌게 하는 것은 결코 양을 위해 최선을 다한다는 걸 염두에 두고 하는 일이 아니라고 했지. 말하자면 연회에 초대되어 대접을 받는 사람들처럼 즐겁게 먹는 게 목적이라 생각하고 있어. 또는 팔아서 돈 버는 걸 목적으로 하는 장사꾼이지 양치기가 아닌 것처럼 생각하고 있네. 그런데 양치기로서는 자기가 돌봐 주어야 할 상대를 위해서 최선을 다하는 게 유일한 관심사라야 하네. 왜냐하면 적어도 그것이 '양치기의 기술인 점'에 있어서 무엇 하나 결함이 없는 한, 그러한 기술 자체의 최선의 것은 처음부터 완전하게 갖추고 있을 테니 말이네.

그리고 만약 그것이 사실이라면, 마땅히 모든 지배자는 한 정치적 지배건 개인적 생활의 지배건 간에 지배를 받는 사람들을 위해서 최선을 다해야 한다는 것에 동의해야 한다고 아까부터 나는 생각하고 있네.

그런데 자네 의견은 어떤가. 국가의 지배자들은, 물론 참된 의미에서의 지배자들 말일세, 스스로 원해서 그런 지위에 오르려 한다고 자넨 생각하는가?"

"그렇게 생각할 리야 없지요. 그런 건 잘 알고 있는 일이니까."

18

"그런데 어떻는지, 트라시마코스." 나는 말했다.

"일반적으로 다른 지배적 지위를 생각해 보면, 자발적으로 그러한 지배자의 지위에 앉는 것을 승인하는 사람이란 아무도 없으며, 모두 그것에 대한 보수를 요구하기 마련인데, 자넨 이에 대해 느끼지 않았는지? 다시 말하자면 이것은 지배함으로써 이익을 보는 건 결코 자기 자신이 아니라, 지배받는 쪽 사람들이라고 사람들이 생각하고 있다는 걸 뜻하는 게 아닐까?

자, 이 점을 분명히 하기 위해 내 질문에 대답해 주게. 우리가 하나하나의 기술을 구별하는 건 늘 그 기술 하나하나가 갖는 능력이 따로따로이기 때문이 아닐까. 바라건대 자네가 정말로 생각하고 있는 걸 그대로 대답해 주게. 그렇지 않으면 이야기의 결말이 나지 않을 테니까."

"네. 확실히 기술은 저마다 기능에 따라 다릅니다." 그는 대답했다.

"그렇다면 하나하나의 기술이 우리에게 제공하는 이익 또한 각자 하나하나 고유한 것이어서 결코 공통되는 것은 아니겠지? 이를테면 의술이 제공하는 건 건강이고, 선장의 조타술이 제공하는 건 항해에서의 안정이라는 식으로."

"그렇지요."

"그와 같이 생각한다면, 보수를 가져오는 건 보수 획득의 기술이 되지 않겠나? 바로 그게 보수 획득의 기술이 지니고 있는 기능일 테니까.

자네는 의술과 조타술을 같은 것이라고 부를 것인가? 적어도 자네가 제안해서 정했듯이 엄밀한 의미에서 규정한다 해도, 예를 들어 선장으로서 배를 조종하고 있는 사람이 항해의 유익함으로 말미암아 건강해졌다 하더라도 그렇다고 설마 그의 조타술을 의술이라고 부르진 않겠지?"

"물론 그럴 순 없지요."

"마찬가지로 보수를 받고 있는 자가 건강해졌다고 해도 그러한 보수 획득의 기술을 의술이라고 부르지는 않는다고 생각하는데……."

"물론이지요."

"그럼 어떻게 될까, 의사가 환자를 치료해서 돈을 벌었을 경우, 자넨 의술을 보수 획득의 기술이라고 부를 것인가?"

"아니요."

"하나하나의 기술이 가져다주는 이익은 저마다 다 고유한 것이라고 우리는 동의했었지?"

"그렇다고 해둡시다."

"그럼 여러 기술 전문가들 모두가 공통으로 받을 수 있는 이익이 무엇인가 있다면, 그건 분명히 그들이 각자의 전문적 기술 외에 뭔가 동일한 것을 공통적으로 합쳐 사용함으로써 얻어지는 결과라고 생각되는데."

"그렇겠지요."

"우리의 주장이란 바로, 그러한 전문가들이 보수 획득이라는 이익을 보게 되는 것은 그들이 각자의 전문적 기술에다가 보수 획득의 기술을 덧붙여 병용한 데에 있다는 것이 되겠지."

트라시마코스는 마지못해 이것을 인정해 주었다.

"그러고 보니 여러 전문가가 이 '보수 획득'이라는 이익을 보게 되는 것은 스스로가 전문으로 하는 자기 기술에 따르는 게 아니라는 것이 되는데. 아니, 엄밀히 생각한다면, 의술이 만들어 내는 건 어디까지나 건강뿐이며, 보수를 가져오는 것은 보수 획득술 쪽이며, 건축술이 만들어 내는 것은 집이며, 보수 획득술이 따로 그것에 수반함으로써 보수를 가져오는 것이다, 라는 것이 되지. 그 밖에도 마찬가지로 모든 기술은 저마다 이룩해 나갈 자기만의 일을 가지고 있으므로 자기가 배치된 해당 대상에 이익을 주는 것이지.

그러나 만약 보수가 각각의 기술에 수반되지 않는다면, 전문가가 자신의 기술에서 이익을 얻는다는 일이 있을 수 있겠는가?"

"없겠지요."

"그렇다면 그가 그처럼 무상으로 일을 할 경우, 이익을 딴 데로 주는 경우는 없을 것인지?"

"그건 있다고 생각하는데요."

"그렇다면 트라시마코스, 이것은 이미 분명해졌어. 즉 어떠한 기술이나 지배도 자신을 위해 이익을 가져오는 게 아니고, 아까 우리가 이야기한 것처럼 지배받는 측에 이익을 가져다주고, 또 그런 것을 명령한다는 말이야. 이때 고려해야 할 점은 약자인 피지배자 쪽 이익이 결코 강자의 이익은 아니라는 것일세.

난 말이지, 친애하는 트라시마코스, 바로 이런 이유로 말미암아 조금 아까, 스스로 원해서 지배적인 지위에 앉아 다른 사람들의 재액(災厄)에 관여하여 그걸 바로잡아 주려고 하는 사람은 하나도 없으며, 그 때문에 모두 대가를 바란다고 말했던 거네. 다른 게 아니라, 자신의 기술에 따라 훌륭히 일을 하려고 하는 자라면 결코 자기 자신을 위해서 최선을 다하려 하지 않는단 말일세. 또 남에게 명령할 때도 지배의 기술 본래의 임무에 충실하는 한 똑같지. 결국 피지배자를 위해 최선을 다한다든가 명령을 하는 것이란 말이야. 생각건대 지배자의 지위를 받아들이는 자에게 보수가 주어져야 한다는 건 이런 사정 때문이겠지. 그 보수가 돈이건 명예건, 또는 거부하는 사람에 대해선 벌이건 간에 말일세."

## 19

여기서 글라우콘이 참견을 했다.

"그게 무슨 뜻입니까, 소크라테스 님? 보수로서 당신이 든 것 중 두 가지는 알겠습니다만, 벌이라고 하신 것은 무엇을 뜻하는지요. 또 왜 그것을 보수의 하나로 꼽으시는지 도무지 이해가 안 갑니다."

"그렇다면, 자네는 가장 우수한 사람들에게 주어지는 보수라는 걸 모르는 셈이로군." 나는 말했다. "훌륭한 인물이 지배자의 지위에 앉기를 승낙한다면 그건 바로 그 보수, 즉 벌 때문이라네. 아니면 자네는 돈이나 명예를 사랑하고 갈구하는 것이 수치스러운 일이라고 모두들 말하고 있고, 또 그게 사실이라는 걸 모르는가?"

"알고 있어요." 글라우콘은 대답했다.

그래서 나는 말했다.

"그렇기 때문에 뛰어난 사람들이 지배자의 지위에 앉기를 승낙하는 것은 돈 때문도, 명예 때문도 아니란 말이네. 왜냐하면 지배로 인한 보수를 노골적으로 요구함으로써 돈으로 고용된 자라고 불리는 것도, 직권을 이용하여 몰래 자기 손을 더럽힘으로써 도둑놈이 되는 일도 다 같이 그들이 바라는 바가 아니니까 말이네. 그렇다고 명예를 위해서도 아니지. 그들은 명예를 사랑하고 밝히는 사람들이 아니니까.

그러니 그들을 지배자가 되게 하려면 벌을 줌으로써 그들을 강요하는 수밖에 없지. 강요도 받기 전에 자진해서 지배자의 자리에 앉는 자들은 일반적으로 꼴불견이라고 생각하는 것도 아마 이런 데서 유래될 걸세.

그런데 최고의 벌이 무엇인고 하면, 만약 자기가 지배할 것을 거부했을 때 자기보다 열등한 사람에게 지배를 받아야 하는 일이지. 훌륭한 사람이 지배자가 될 때는 이런 벌이 무섭기 때문에 자기가 지배자가 되는 거라고 나는 생각하네. 그들이 지배하는 것을 무슨 좋은 일이라고 생각한다거나, 그 지위에서 뭔가 좋은 일이 있을 것을 기대하여 지배자가 되는 것은 아니란 말일세. 지배자의 자리를 맡겨도 좋을 만한 자기보다 뛰어난 사람, 또는 자기와 동등한 사람을 발견할 수 없기 때문에 어쩔 수 없이 그렇게 하는 거지.

지금 만약 뛰어난 사람들로만 이루어진 국가가 형성되었다고 한다면, 아마도 요즘 지배권을 둘러싸고 치열한 경쟁이 벌어지고 있는 것과 똑같은 방법으로 지배의 임무에서 벗어나는 일이 경쟁의 초점이 될 걸세. 그리하여 그때야말로 참다운 지배자란 정녕 자신의 이익이 아닌 피지배자의 이익을 꾀하는 것임을 분명하게 알 수 있을 걸세. 그렇기 때문에 식자(識者)라면 누구나가 남을 이롭게 하기 위해 귀찮은 일을 짊어지기보다는 남에게서 이익을 받는 쪽을 택하고자 하는 것이네.

그런 까닭으로 나로서는 이 점에 대해서만은 아무래도 트라시마코스에게 찬성할 수가 없네. 정의란 강자의 이익이라고 하는 것 말일세. 하지만 다시 또 생각해 볼 기회가 있겠지. 그보다도 더 중대하다고 여겨지는 것은, 지금 트라시마코스가 말하는 부정한 사람의 삶이 올바른 사람의 삶보다 월등하다는 발언 쪽일세.

자, 글라우콘, 자네 같으면 어느 쪽 생각을 취하겠나? 어느 쪽 주장이 진실하다고 생각하나?"

"옳은 사람의 인생이 유리하다는 쪽을 취하겠습니다." 그는 대답했다.

"조금 전에 트라시마코스가 부정한 사람의 생애엔 어떤 이점이 있는지 열거한 것을 들었겠지?"

"들었지요. 하지만 이해하지는 못했습니다."

"그렇다면 어떻게 해서든 그를 설득할 수 있는 방법을 찾을 수만 있다면, 그가 한 말이 진실이 아니라고 설득하고 싶다는 말이겠지?"

"물론이지요."

"한데 그 방법이 문제야. 우리 쪽에서도 그에 맞서 변론에 변론을 대립시켜 이번에는 정의가 어떤 이점을 갖고 있는가를 늘어놓음으로써 일단 그가 응수하도록 한 다음, 다시 우리가 다른 방법의 변론으로 그에 대답하는 방식도 가능하겠지. 그런데 이런 경우 양쪽이 내세운 변론의 이점을 헤아리고 비교 검토할 필요가 생기는데, 그렇게 되면 또 중간에 서서 판정을 내리는 재판장이 필요하게 된다 이 말이야. 하지만 조금 전처럼 서로 상대가 한 말에 대해서 동의해 가면서 살펴 나가면, 우린 우리들만으로도 재판장과 변론인을 동시에 겸할 수가 있을 걸세."

"확실히 그렇군요."

"어떤 요령이 좋다고 생각하나?"

"나중 방법이 좋겠습니다." 그는 말했다.

그래서 나는 말을 시작했다.

"그럼 트라시마코스, 다시 한번 처음부터 우리한테 대답해 주게. 정의와 부정을 각각 완전한 것끼리 비교해 본다면, 부정 쪽이 유리하다고 자넨 주장하는 거로군?"

"그렇습니다. 그게 내 주장이고 그 근거에 대해서도 이미 말했습니다." 트라시마코스가 대답했다.

"자, 그럼 그 정의와 부정의 다음 사안에 대한 자네 의견을 말해 주게. 자네는 둘 중의 한쪽을 덕(우수성)이라 부르고 나머지 한쪽을 악덕(열악성)이라 부르겠지?"[17]

"물론이지요. 마음씨 좋은 소크라테스 님, 어쨌든 '부정'은 덕이 되지만 정의는 덕이 되지 못한다고 말했으니까요!"

"아니, 그럼 어떻게 되는 건가?"

"정반대지요."

"정의를 악덕이라고 부르는?"

"아니지요. 다시없이 고귀한 사람의 선(善)함이라고 부르지요."

---

17) '덕(德)'으로 번역되는 '아테네'는 형용사 '아가도스(좋은, 善)'에 대응하며 글자의 뜻대로 하면, '착함, 우수성, 탁월성'을 뜻한다. 조금 뒤에 나오는 이야기처럼 눈·귀 등의 기관, 낫과 그 밖의 도구에도 각기 아테네란 의미가 생각될 수 있다. 이 말은 본래 반드시 '도덕적'인 의미로만 한정된 게 아니며, 소크라테스는 넓은 관련성에서 이 말을 사용해 왔다.

"그렇다면 부정 쪽은 사람의 악함이라고 부르는가?"

"아니죠, 술수가 능하다고 해야죠."

"그렇다면 트라시마코스, 자넨 부정한 사람을 지혜도 있고 뛰어난 사람이라고 생각하는가?"

"그렇습니다. 적어도 완전한 부정을 해낼 수 있는 사람, 국가와 민족을 자기 아래 종속시킬 수 있는 힘을 가진 사람이라면 말이죠. 당신은 내가 날치기에 대해서라도 말하고 있는 줄 아시는 모양이지요. 하기야 날치기도 들키지만 않으면 돈을 벌기는 하죠. 하나 그런 건 이야깃거리가 못 됩니다. 이야깃거리가 되는 건 내가 방금 말한 그런 거지요."

"그 점에 대해서라면 자네가 말하고자 하는 뜻을 모르는 바도 아니. 내가 놀란 건 오히려 자네가 부정을 덕과 지혜의 부류에다 넣고, 정의를 그 반대 부류에다 넣는다는 점일세."

"맞습니다. 그게 내 생각이니까요."

그래서 나는 말했다.

"이렇게 되면 갈수록 곤란해지는데. 반박할 실마리를 찾기 어렵게 되어 버렸네그려. 왜냐하면 이를테면 자네가 다른 어떤 사람들과 마찬가지로 부정이 덕이 된다고 주장하면서도 한편 그건 악덕이고 추한 것이라고 인정한다면, 나도 세상 사람들이 하는 생각에 따라 뭣인가 말을 할 수 있겠는데 말일세. 하지만 그렇지가 않고 이제 다시 자네가 부정은 아름답고 강하다고 주장하리라는 것은, 그리고 그 밖에 우리가 보통 정의 쪽에 포함시켰던 성격을 모두 부정에 속하는 거라고 주장하리라는 건 틀림없네. 적어도 일단 그것을 굳이 덕과 지혜 속에 포함한 이상에는."

"틀림없이 짐작하신 대로입니다."

"그러나 물러서지는 않겠네. 자네가 자기 생각을 솔직하게 말하고 있다고 인정되는 한 토론과 고찰을 철저하게 진행시켜야겠어. 내가 이렇게 말하는 건 지금 자네가 사람을 놀리고 있는 게 아니라 진실에 대해 생각하고 있는 대로를 이야기하고 있다고 무조건 믿기 때문이네."

"내가 정말로 그렇게 생각하고 안 하고가 왜 그렇게 문제가 되나요? 내가 한 말에 논박만 하면 되지 않습니까."

"글쎄……." 나는 말했다. "그보다도 아까 것에 덧붙여서 다음 질문에나 대답해 주게. '올바른 사람'은 다른 올바른 사람에 대해 분에 넘치게 상대를 능가하려고 할까?"[18]

"절대로 그렇지 않습니다. 그런 짓을 하면 올바른 사람이란 신사도, 마음씨 좋은 사람도 아니게 되어 본래의 성격을 잃어버립니다."

"그럼 올바른 사람이란 올바른 행위에 대해 분에 넘치도록 옳은 행위 이상의 행동을 할 것인지?"

"그것도 아닐 것입니다."

"그럼 부정한 사람을 상대했을 경우는 상대를 능가하는 걸 마땅하게 생각하고 옳다고 생각할까?"

"그렇게 생각은 하겠지만, 넘어설 수는 없겠죠."

"능가할 수 있느냐 없느냐를 묻는 게 아니네. 내가 묻고 있는 건 옳은 사람이란 옳은 사람에 대해선 상대를 넘어서야겠다고도 여기지 않을뿐더러 바라지도 않지만, 부정한 사람이 상대일 경우에도 그렇다 이 말일세."

"그렇다고 대답해 두지요."

"그럼, 이번에는 부정한 사람의 경우는 어떨까? 그는 옳은 사람 및 옳은 행위에 대해 어떻게든지 상대를 앞지르는 게 옳다고 생각할까?"

"물론이지요. 어떤 수단을 써서라도 상대를 능가하는 게 마땅하다고 생각하는 게 부정한 사람이니까요."

"그렇다면 부정한 사람은 또 그것을 범하려 할 것이고, 누구보다도 더 많은 것을 자기 손에 넣으려고 노력하겠지?"

"그렇습니다."

## 20

나는 말을 계속했다.

---

18) 이하 플레온 메케인, 플레오네크테인이라는 말의 관념을 중심으로 해서 토론이 진행된다. 이 말은 본래 '(자기 몫보다) 많은 것을 갖고, 뺏으며, 욕심낸다'는 의미인데, 여기선 매우 넓은 관련성과 적용 범위를 가지고 사용되고 있어 '지나치다, 초과하다'라든가 '앞지르다, 능가하다'는 등의 의미도 되므로 번역을 고정적으로 일관시키는 것은 불가능하다.

"그럼 이제까지의 이야기를 종합해서 이렇게 말해 보면 어떨까. 올바른 사람은 자기와 비슷한 사람에 대해서는 분에 넘치게 상대를 앞지르려 하지 않고 비슷하지 않은 사람만 넘어서려 하는데, 부정한 사람은 자기와 비슷한 사람에 대해서도 분에 넘치게 그를 능가하려 한다고."

"아주 재미있는 표현이군요." 트라시마코스의 대답이었다.

"그러면 부정한 사람은 지혜가 있고 뛰어나지만, 올바른 사람은 그 어느 쪽도 아니겠지?"

"그것도 재미있는 표현인데요."

"그렇다면 부정한 사람은 지혜로운 사람, 뛰어난 사람과 비슷한데, 올바른 사람은 그렇지 않다는 이야기도 되겠군?"

"당연하지요. 어떤 성격의 사람이 같은 성격의 사람과는 비슷할 테지만, 그렇지 않은 자는 마땅히 비슷하지 않을 테니까요."

"좋아. 그럼 옳은 사람도 부정한 사람도 저마다 자기와 비슷한 사람과는 같은 성격의 인간이라는 말이겠지?"

"그렇지는 않지요." 그는 대꾸했다.

"좋아, 트라시마코스. 한데 자네는 음악에는 조예가 있는 사람도 있고 없는 사람도 있다고 하겠지?"

"그렇지요."

"어느 쪽을 지혜가 있다고 하고 어느 쪽을 없다고 하겠는가?"

"물론 음악에 조예가 있는 쪽을 지혜가 있고, 없는 쪽을 지혜가 없다고 해야지요."

"그렇다면 한쪽은 그가 지혜를 가졌다는 점에서 뛰어난 자이고, 다른 한쪽은 지혜를 갖지 않았다는 점에서 열등한 자라 이 말인가?"

"그렇지요."

"의술의 조예에 대해선 어떻게 되겠는지. 똑같은 말을 할 수 없을까?"

"같은 말을 할 수 있지요."

"그렇다면 탁월한 친구여, 음악에 조예 있는 사람이 현악기의 음을 조절할 때 조율에 있어서 똑같이 음악에 조예가 있는 사람 이상으로 분에 넘치게 앞서려 하거나 또 그렇게 하는 것이 마땅하다고 생각하겠는지?"

"그렇게는 생각지 않습니다."
"그러나 음악에 조예가 없는 사람에 대해서는 어떨까?"
"반드시 앞서려 하겠지요."
"의사의 경우라면? 그가 음식물을 처방할 때 똑같이 의술에 조예가 있는 자에게 의술에 알맞은 처리 이상의 것을 분에 넘치게 해보려고 시도할 것인지?"
"하지 않겠지요."
"그러나 의술에 조예가 없는 사람에 대해서는 그렇게 할 생각이 들겠지?"
"그렇지요."
"그럼 모든 유식과 무식에 대해 비교해 보게. 누구라도 좋은데, 뭔가 지식을 지니고 있는 사람이 다른 지식 있는 사람이 행한 것이나 말한 것보다 더 많은 것을 선택하려 한다고 생각하는지. 오히려 똑같은 행위에 대해서는 자기와 비슷한 사람이 행한 것과 같은 것을 선택하는 게 아닌가?"
"그건 그래야 하겠지요." 그가 대답했다.
"그럼 지식이 없는 사람은 어떻게 될까? 유식한 사람에게나 무식한 사람에게나 똑같이 분에 넘치는 부질없는 짓을 하려 하지 않을까?"
"아마 그럴 테지요."
"그런데 유식한 사람이란 지혜로운 자를 말하는 것이겠지?"
"그렇지요."
"지혜로운 자는 뛰어난 사람일 테고?"
"그렇지요."
"그렇다면 지혜가 있는 뛰어난 사람은 자기와 비슷한 사람에 대해선 분에 넘치게 상대 이상의 것을 하려 하지 않지만, 자기와 비슷하지 않은 반대 성격의 사람에겐 그렇게 하려 한다는 것이 되는데?"
"그런 것 같아요."
"그런데 뒤떨어지고 무지한 자는 자기와 비슷한 사람에 대해서도, 반대 성격의 소유자에 대해서도 그렇게 하려 들겠지?"
"그렇겠지요."
"한데 트라시마코스, 문제의 부정한 사람이란 자기와 비슷한 사람에게나 그렇지 않은 사람에게나 분에 넘치게 상대를 능가하려는 사람이라고 자네가 말하지 않았던가?"

"말했습니다."

"한편 올바른 사람은 자기와 비슷한 사람에 대해서는 분에 넘치게 그를 앞서려 하지 않지만, 비슷하지 않은 사람에 대해선 능가하려 한다……."

"그렇지요."

"그러고 보면 올바른 사람은 지혜롭고 뛰어난 사람을 닮고, 부정한 사람은 열악하고 무지한 사람을 닮았다는 것이 되는데?"

"그렇게 되겠지요."

"그런데 우리가 동의한 것에 따르면, 양자는 서로서로가 저마다 자기와 비슷한 사람과 똑같은 성격의 소유자라는 점이었는데?"

"네, 서로 동의했지요."

"그렇다면 올바른 사람은 지혜가 있는 우수한 사람이고, 부정한 사람은 무지하고 열악한 사람이라는 게 이제야 밝혀진 셈이군."

## 21

트라시마코스가 이상의 모든 것에 동의는 해주었지만, 내가 지금 말한 것처럼 순조롭게 이루어지지는 않았다. 그는 마냥 시간을 끌기도 하고, 짜증스런 표정도 지었으며, 놀랄 만큼 땀도 흘렸다. 하긴 여름철이기도 했지만. 그러나 그때 나는 여태까지 보지 못했던 것을 보았다. 트라시마코스가 얼굴을 붉히고 있었던 것이다.

그야 어쨌든 간에 정의는 덕이고 지혜로운 것, 부정은 악덕이고 무지한 것이라는 데에 우리의 의견이 일치되었으므로 나는 토론을 진행해 나가기로 했다.

"좋아." 나는 말했다. "그 문제는 일단 그렇게 결론을 본 것으로 하지. 한데 우리는 또 부정은 강한 것이기도 하다고 주장했었네. 기억하는가, 트라시마코스?"

"기억하고 있습니다." 트라시마코스는 대답했다.

"하지만 난 지금 당신이 한 말엔 찬성하지 않으며, 그것들에 대해 할 말도 있습니다. 그런데 그걸 이야기하면 일대 연설을 한다고 틀림없이 꾸지람을 듣겠죠. 그러니 내가 하고 싶은 말을 하게 해주시든가 아니면 꼭 질문을 하시고 싶으면 질문을 하세요. 그럼 나는 옛날이야기를 들려주는 할머니한테 하는 식으로 '네, 네' 맞장구를 쳐가며 고개를 끄덕거리든가 흔들어 드리지요."

"그건 안 되지. 자네 생각과 반대되는 대답을 해주어서는……."

"글쎄, 당신 마음에 들도록 대답해 드리겠어요. 아무튼 나는 언론의 자유를 인정받지 못하고 있으니까요. 뭐 그 밖에 또 바라시는 게 있습니까?"

"아무것도 없네. 어쨌든 사실대로 대답해 줄 생각만 있다면 질문하겠네."

"어서 하십시오."

"그럼, 순서를 밟아 살펴 나가기 위해서도 지금 말한 것을 다시 한번 묻기로 하고, 정의란 부정과 비교해서 어떤 성격을 갖는 것인지를 문제로 삼아보세. 이렇게 말하는 것은 부정이 정의보다 큰 힘을 가지며, 보다 더 강한 것이라고 자네가 말했기 때문이네. 그런데 이제 와서 보니, 정의가 지혜이고 덕이라면, 그것이 또 부정보다 강한 것임을 나타낸다는 것은 쉽게 수긍이 갈 일이 아니겠는가. 여하튼 부정은 무지한 것이니 말이네. 이 마당에서 이 점을 놓칠 사람은 아무도 없을 걸세.

그러나 트라시마코스, 내가 지금 바라는 건 그런 간단한 방법이 아니라, 이제부터 내가 말하는 방법으로 문제를 고찰해 보는 일일세. 어떤 국가가 부정한 나라였는데, 부정한 방법으로 다른 나라들을 예속시켜 많은 나라들을 자기 지배 아래 두는 이런 경우가 있다는 건 자네도 인정하겠지?"

"물론이지요." 그는 대답했다. "가장 뛰어난 국가, 즉 가장 완전하게 부정한 나라라면 특히 그런 짓을 하겠지요."

"알았네, 그게 자네의 지론이었지." 나는 말했다. "자네의 그 설에 대해 나는 다음과 같은 점을 검토하는 거야. 대체 그처럼 다른 나라보다 강력하게 되는 나라가 정의의 도움 없이 그런 힘을 가질 수 있을 것인지, 아니면 반드시 정의의 도움을 필요로 하는 것인지?"

"만약 당신이 아까 말씀하신 게 사실이어서 정의가 지혜라고 한다면, 정의의 도움을 필요로 할 것이고, 반대로 내가 말한 대로라면 부정의 도움을 필요로 하겠지요."

"깊이 감사하네, 트라시마코스. 그저 고개를 끄덕이거나 젓지만 않고 훌륭히 대답해 주니 말일세."

"당신을 기쁘게 해드리려고 그러는 거죠." 트라시마코스가 한마디 했다.

22

"고맙네. 그렇다면 한 가지만 더 나를 기쁘게 해주기 위해 이 문제에 대해서도 대답해 주게. 국가든 군대든, 도둑이나 강도들의 한패든, 혹은 그 밖에 어떤 무리들이라도 좋네만, 적어도 그들이 공동으로 어떤 나쁜 일을 꾸밀 경우 만약 같은 패끼리 서로 부정을 행한다면 그들의 목적이 이루어질 수 있을 것인가?"

"달성될 수 없겠지요."

"서로가 부정한 일을 하지 않는다면? 좀 더 잘되지 않을까?"

"그렇게 되겠지요."

"그 말은 결국 부정은 서로 간에 불화와 증오와 싸움을 만들어 내고, 정의는 협조와 우애를 만들어 내는 것이라는 그런 말이라고 할 수 있겠지?"

"그렇다고 해둡시다. 당신한테 거역하지 않기 위해서 말입니다."

"고맙네, 좋은 친구여. 그럼 이 점에 대해서도 대답해 주게. 만약 부정이란 그처럼 자기가 깃드는 곳엔 반드시 미움을 조성하는 작용을 갖는 것이라면, 부정이란 자유인들 사이에 생길 경우나 노예들 사이에 생길 경우나 아무튼 사람들을 서로 미워하게 하고 싸우게 만들어, 나아가선 공동으로 무엇인가를 하려 했던 일을 불가능하게 만드는 건 아닐는지?"

"그렇습니다."

"사람이 둘일 경우는? 부정이 깃든다면 아무래도 그 두 사람은 사이가 갈라지고 서로 미워하게 되어, 옳은 사람들을 대할 때와 마찬가지로 서로가 적이 되는 게 아닐는지?"

"그렇게 되겠지요."

"그럼 부정이 한 인간 속에 깃들었을 경우, 부정은 그 본래의 힘을 잃어버리게 되겠는지, 아니면 그대로 지속해 나가겠는지를[19] 말 좀 해주게."

---

[19] 이처럼 '정의'와 '부정'의 문제를 먼저 사회 전체의 관점에서 살펴본 다음, 개인의 주체 내부의 문제로 다루었다. 그리고 '정의'와 '부정'의 규정 내용도 제4권에서는 이른바 '영혼의 3구분설'로 전개된다. 그리고 다시 제8권 및 제9권에서는 '국가와 개인의 부정'의 고찰로 연결된다.

"그대로 지속해 나간다고 해두지요."

"그렇다면 부정이란 다음과 같은 힘을 갖는 것이라는 게 판명되었군. 즉 그것은 국가든 씨족이든 군대든, 그 밖에 무엇이든, 그 어떤 것 속에 깃들건 간에 불화와 배반으로 말미암아 공동 행위를 불가능하게 만들고, 또 자기 자신에 대해, 그리고 자기와 반대되는 모든 사람, 옳은 사람에 대해서도 적이 되게 한단 말이지. 안 그런가?"

"그렇습니다."

"한데 생각해 보면, 한 개인 속에 있을 경우에도 부정은 똑같이 자기 본래의 작용을 드러내는 데 변함이 없단 말이네. 즉 먼저 그 인간으로 하여금 자기 자신과의 내적인 불화와 불일치 때문에 일을 불가능하게 만들고, 또 자기 자신에 대해서나 옳은 사람에 대해서도 적이 되게 한단 말일세. 그렇지?"

"그렇지요."

"그런데 친구여, 옳은 사람들이라 하면 그 속에는 신들도 포함되겠지?"

"포함된다고 해두지요."

"그렇다면 부정한 사람이란 신들에 대해서도 적이 되는 그러한 자가 된단 말이겠지, 트라시마코스. 한편 옳은 사람이란 신들에게 사랑받는 사람이라는 것이 되겠지."

"아무튼 마음 편안하게 토론을 즐기도록 하세요. 난 절대로 반론은 하지 않을 테니까요. 여기 있는 사람들한테 미움을 사지 않기 위해 말입니다."

트라시마코스는 이렇게 대답했다. 그래서 나는 계속했다.

"자 그럼, 토론의 마지막 남은 것까지 다 털어 내어 나를 실컷 즐겁게 해주게나. 이제까지와 마찬가지로 내 질문에 대답해 줌으로써 말일세.

즉 여태까지 제시된 결론에 따르면, 옳은 사람 쪽이 지혜에 있어서나 덕성에 있어서나 실행력에 있어서나 뛰어나며, 이에 반해 부정한 사람 쪽은 공동으로 행동조차 할 수 없다는 것이 밝혀졌네. 만약 우리가 일찍이 부정한 사람이 무엇인가를 공동으로 힘차게 해냈다는 것을 주장했다면, 그건 결코 전면적으로 진실을 말한 게 못 되지. 왜냐하면 만약 그런 사람들이 순전하게 부정한 사람들뿐이었다면, 서로가 손을 쓰지 않을 리가 없거든. 하기야 그들에게도 얼마만큼의 정의가 존재하기는 했을 테니, 바로 그 정의가 자기들 속에서 솟구치는 부정의 작용을 억눌러 겨우 당면한 일을 행하게 했다고 볼 수 있지. 다만 그들은 부분적으로만 악인이기 때문에 부정의 촉구를 받아 나쁜 일을 하게 된 것이거든. 만약 전면적으로 악인이요, 완전하게 부정한 사람이었더라면, 일을 하는 것 자체도 불가능했을 것이니 말일세.

이 점에 대해서는 이렇게 진상이 밝혀졌으니, 자네가 처음에 주장한 건 잘못이었다는 게 밝혀졌네. 그런데 한편 옳은 사람은 부정한 사람보다 더 나은 인생을 보낼 수 있고, 행복하기도 한가라는, 우리가 나중에 제기한 문제에 대해서는 좀 더 고찰해 봐야 하겠네. 내가 보기엔 옳은 사람 쪽이 행복하다는 건 여태까지 우리가 이야기해 온 내용으로 이미 분명하게 밝혀졌다고 생각은 하네만. 그렇지만 좀 더 잘 살펴봐야겠지. 이 문제가 결코 시시한 것이 아니고, 적어도 인생을 어떻게 사는가 하는 것과 직결되는 일이니 말일세."

"좋도록 하십시오." 그는 대답했다.

"그럼." 나는 말을 시작했다. "질문에 대답해 주게. 자넨 말(馬)의 '작용(기능)'이란 것이 있다고 생각하는가?"

"있다고 생각하는데요."

"그 기능이라는 것을 말이건 그 밖의 어떤 것이건 일반적으로 '그것을 씀으로써 할 수 있는, 혹은 그것을 씀으로써 가장 잘 해낼 수 있는 일'이라고 규정하는 데에 찬성해 주겠나?"

"잘 모르겠는데요."

"설명하지. 눈 말고 다른 것으로 사물을 볼 수 있을까?"

"없지요."

"그럼 귀가 아닌 다른 것으로 들을 수가 있을까?"

"아니요."

"이런 경우 우리는 보는 것, 듣는 것은 눈이나 귀의 기능이라 해야 하겠지?"

"그렇지요."

"그렇다면 어떨까. 포도덩굴을 자르는 건 단검을 써도 되고, 조각칼을 써도 되고, 그 밖의 여러 도구를 써도 되겠지?"

"물론이지요."

"그렇지만 잘 생각해 보면 그 목적을 위해 특별히 만들어진 낫보다는 못하겠지?"

"그렇지요."

"그렇다면 우리는 그것을 낫의 기능이라고 생각해야 하지 않을까?"

"확실히 그렇게 생각해야겠지요."

23

"이로써 아까의 내 질문의 의미가 좀 더 이해될 것으로 아네. 아까 내가 질문한 건 각각의 기능이란 '그것만이 할 수 있는, 혹은 다른 무엇보다도 그것이 가장 잘 해낼 수 있는 일'이 아닐까 하는 것이었는데."

"알겠습니다. 그것이 그 사물들의 기능이라고 생각합니다." 트라시마코스는 대답했다.

"좋아." 나는 말했다. "그럼 나아가서 각기 물건에는 그것이 본래 완수해야 할 정해진 기능과 대응하는 덕이 있다고는 생각하지 않는지? 다시 한번 같은 예를 가지고 생각해 보기로 하지. 우리의 주장에 따르면 눈에는 눈 고유의 기능이 있겠지?"

"있지요."

"그럼 그것에 따라 눈의 덕이라는 것도 있을까?"

"덕도 있지요."

"한데 귀에도 특정의 기능이 있지?"

"그렇지요."

"덕도?"

"덕도 있지요."

"다른 것들은 어떻게 될까? 같은 이야기를 할 수 있지 않을까?"

"할 수 있지요."

"그럼 생각해 보게. 눈이 자기 고유의 덕을 갖지 않고 대신 악덕을 가지고 있다고 한다면, 과연 자기 본래의 '기능'을 훌륭하게 완수해 낼 수 있을까?"

"물론 할 수 없지요. 시력 대신 맹목성을 가질 경우의 일을 당신은 말씀하시는 모양이니까요."

"눈의 덕이 무엇을 의미하든 상관없네. 지금은 아직 그 점에 대해 묻고 있는 건 아니니까. 질문의 요점은, 저마다의 기능을 갖고 있는 것은 자기 고유의 덕으로써만 그 기능을 훌륭히 수행해 낼 수 있는 반면, 악덕을 가지고는 졸렬하게 수행하지 않겠느냐는 걸세."
"그 점은 분명히 그렇습니다."
"그럼 귀도 또 자기 고유의 덕이 모자란다면, 자기 고유의 기능을 졸렬하게밖에 수행하지 못하겠지?"
"그렇지요."
"다른 모든 것도 이와 같은 원리로써 일괄하여 다루어도 괜찮을까?"
"괜찮겠지요."
"그렇다면 또 하나 생각해 주어야 할 일이 있네. 정신에도 다른 무엇으로도 이루어질 수 없는 기능이 있지 않을까. 예를 들면 배려하는 것, 지배하는 것, 궁리하는 것 및 여기에 속하는 모든 것들이 말이야. 과연 정신 말고 이런 기능을 가지고 있다고 생각되는 것이 따로 있을까?"
"없습니다."
"그럼, 산다는 것은 어떨까? 그것을 우리는 정신의 기능이라고 하지 않는지?"
"무엇보다도 그렇다고 해야 되겠지요."
"우리는 또 정신의 덕 같은 게 있다고 주장하겠지?"
"주장하지요."
"그렇다면 트라시마코스, 정신에 그 고유의 덕이 없다면, 과연 자기 본래의 기능을 잘 수행해 낼 수 있을까, 아니면 불가능할까?"
"불가능하지요."
"그렇다면 열악한 정신은 반드시 열악한 방법으로 지배하거나 배려하며, 훌륭한 정신은 모두 그런 기능을 잘 수행한다는 것이 되는데······."
"그렇게 되어야겠지요."
"그런데 우리는 정의는 정신의 덕이고, 부정은 악덕이라는 데에 의견이 일치했었지?"
"일치했습니다."
"그렇다면 옳은 정신이나 옳은 사람은 잘 살고, 부정한 사람은 열악하게 산다는 것이 되겠는데."

"그렇게 되는 것 같군요. 당신의 이야기에 따른다면."

"그러니까 잘 사는 사람은 축복받은 행복한 사람이고 그렇지 않은 사람은 그 반대겠지?"

"그야 아무래도 그렇게 되겠지요."

"따라서 옳은 사람은 행복하며, 부정한 사람은 비참할 테고."

"그렇다고 해두지요."

"그러니까 비참하다는 것은 덕이 되는 일이 못 되며, 행복하다는 것은 덕이 되는 것이겠지?"

"그건 그렇지요."

"따라서 행복한 트라시마코스여, 부정이 정의보다 덕이 된다는 일은 절대로 없는 것일세."

# 제2권

## 1

 이상과 같이 말함으로써 나는 토론에서 이제 해방되었다고 생각했다. 그러나 실은 이제까지의 것이 아무래도 전주곡에 지나지 않은 것 같았다.
 왜냐하면 이번에도 언제나 아무것도 두려워하지 않는 저 글라우콘이 트라시마코스가 물러난 것에 만족하지 않고 다음과 같이 말했기 때문이다.
 "소크라테스 님, 대관절 선생님은 우리들을 설득시키겠다는 마음만 먹으면 그만이십니까? 그렇지 않으면, 진실로 설득해서 '옳은 것'은 '옳지 않은 것'보다 모든 점에 있어서 앞선다는 것을 우리들로 하여금 진심으로 믿게 해보고 싶으십니까?"
 "진실로 설득해 보고 싶은 것이 내 마음이지. 힘이 닿는다면 말일세."
 그러자 글라우콘이 이렇게 말했다.
 "그러시다면 오늘 같은 토론을 해봤자 선생님이 바라는 결과를 얻을 수는 없을 것입니다. 왜냐고요? 자, 제 질문에 대답해 주십시오. 선생님은 먼저 '선한 것'의 하나로서 다음과 같은 것이 있다고 생각하지 않으십니까? 즉 우리가 그로부터 생겨나는 여러 결과를 바라서가 아니라, 오직 그 자체로서 사랑하기 때문에 갖기를 원하는 것 말입니다. 이를테면 기뻐하는 것이라든가, 해(害)를 수반하지 않는 쾌락, 즉 그 순간의 즐거움밖에는 앞으로 그 때문에 아무것도 생겨나지 않는 그러한 쾌락이 이에 해당합니다만."
 "확실히 그런 것이 있다는 것은 인정하네."
 "선한 것에는 또한 이런 것도 있습니다. 즉 그 자체로서도 사랑하며 그로부터 생겨나는 결과 때문에도 사랑하는 그런 것입니다. 예컨대 지혜를 갖는 것, 사물을 보는 것, 건강하다는 것 등등, 우리가 이러한 것을 사랑하는 까닭은 방금 말한 두 가지 이유 때문입니다."

"그렇지."

"그럼, 세 번째 종류의 선한 것으로서 몸의 단련이라든가, 병이 났을 때 치료받는 일이라든가, 의사나 그 밖의 직업으로 돈을 번다든가 하는 일들이 포함된다는 점을 인정하시는지요? 지금 예로 든 것들은 괴로운 일이긴 하지만, 이익이 되는 일이라고 하겠지요. 또한 그런 것들을 그 자체로서가 아니라 보수라든가 그 밖의 생겨나는 결과 때문에 자기 것으로 하고 싶다고 바랄 테지요."

"확실히 세 번째 종류로서 그러한 것도 있겠군. 그래서?"

"문제의 '정의'라는 것은 이런 종류 가운데 어느 것에 속한다고 생각하십니까?"

"나야 그중 가장 선한 종류, 즉 행복해지고 싶어 하는 자가 그 자체로서도, 그로부터 생겨나는 결과 때문에도 사랑하지 않으면 안 된다는 두 번째 종류에 속한다고 생각하네."

"그렇지만 많은 사람들은 정의라는 것은 그런 것이 아니라 괴로운 것의 하나라고 생각하고 있습니다. 즉 보수나 명성이나 평판 때문에 행하지 않으면 안 되는 것이긴 하지만, 그 자체로서는 괴로운 것이기 때문에 피하지 않을 수 없는 세 번째 종류의 일에 속한다고 말입니다."

## 2

"알고는 있네." 나는 말했다.

"그것이 많은 사람들의 견해이며, 트라시마코스가 정의를 헐뜯고, 부정을 찬양한 것도 정의를 그렇게 보았기 때문이라는 것을 말이네. 결국 나는 아무래도 이해력이 나쁜 사람이라는 말이겠지."

"자, 그럼." 글라우콘이 말했다.

"이번에는 저의 말을 들어 보시고 선생님도 저와 같은 생각이신지 어떤지 살펴봐 주십시오. 왜 그런지 트라시마코스는 선생님한테 꼭 눈독을 받은 뱀처럼 너무나 싱겁게 항복해 버렸거든요. 그러나 저로서는 정(正)·부정(不正)에 대해서 이제껏 해온 논증으로는 결코 만족할 수 없습니다. 왜냐하면 제가 듣고 싶은 바는 정·부정이라는 것이 무엇인가 또는 그것들이 영혼 속에서 순수하게 그 자체로서 어떠한 힘을 갖는가 하는 것이기에, 보수라든가 그 밖에 결과로서 생겨나는 여러 사항들은 모두 빼놓고 싶기 때문입니다.

그러니 이론(異論)이 없으시다면 이렇게 하시죠. 제가 트라시마코스의 주장을 다시 입에 올려 다음 몇 가지 점을 말씀드리겠습니다.

첫째, 정의는 어떤 것이며 어떤 기원(起源)을 갖는다고 일반 사람들은 말하는가.

둘째, 옳은 일을 하는 사람들은 모두 그것을 선한 일로서가 아니라 어쩔 수 없는 일로 보고 마지못해 한다.

셋째, 사람들의 그런 태도는 올바르지 않은 사람의 삶이 올바른 사람의 삶보다도 훨씬 낫다고 일반적으로 말하는 것은 마땅하다 등입니다.

그렇다고 해서 소크라테스 님, 제 자신이 이런 견해에 찬동하는 것은 결코 아닙니다. 트라시마코스를 비롯한 수많은 사람들로부터 그런 말을 귀가 따갑도록 들어온 저인 만큼 처치 곤란할 수밖에요. 그러나 정의의 편에 서서 정의가 부정보다 우월하다고 논하는 것을 제가 바라는 방식으로는 아직 그 누구로부터도 들어본 적이 없습니다. 제가 바라는 바는 정의가 오직 그 자체로서 찬양받는 것을 듣고 싶습니다. 그런데 선생님이라면 반드시 그것을 들려주시리라고 간절히 기대하고 있습니다.

그렇기 때문에 저는 있는 힘을 다하여 부정한 삶을 찬양하면서 말해 보고자 합니다. 그렇게 함으로써 선생님이 어떻게 부정을 책망하고 정의를 찬양하는가를 듣고 싶어 하는 제 자신이 드러날 것이기 때문입니다. 그럼, 저의 제안에 찬성해 주시겠습니까?"

"아무렴, 대찬성이지. 지각 있는 사람이라면 누구나 몇 번이라도 즐겨 주고받고 싶은 이런 화제가 달리 또 어디 있겠는가."

"잘 말씀해 주셨습니다." 글라우콘이 말했다.

"그럼, 제가 아까 약속한 첫째 논제에 대해서 들어 주십시오. 즉 정의란 어떠한 것이며, 어떤 기원을 갖는 것인가 하는 점에 대해서 말입니다.

사람들은 이렇게 주장합니다.[1] 자연 본래의 상태에서 말하자면, 다른 사람에게 부정을 가하는 것은 선(이익)이요, 자기가 부정을 당하는 것은 악(해로움)

---

[1] 여기서 글라우콘이 대변하고 있는 사고방식의 특색은 '정의'의 기원에 대한 '사회계약설'적인 설명에 있다.

이지만, 보통은 자기가 부정을 당하여 받는 악 쪽이 다른 사람에게 부정을 가하여 얻는 선보다도 큽니다. 따라서 사람들은 서로 부정을 가하거나 당하며 양쪽 다 경험해 보지만, 한쪽을 피하고 다른 쪽을 얻을 만한 힘이 없는 무리들은 부정을 가하는 일도 당하는 일도 없게끔 서로 계약을 맺어 놓는 것이 상책이라고 생각하게 되죠. 이런 점에서 사람들은 법률을 만들고 서로 계약을 맺기 시작했죠. 그리하여 법이 명하는 바를 '합법적'이고 '옳은 일'이라고 부르게 되었죠.

 이것이 바로 정의의 기원이며 본성입니다. 결국 정의란, 타인에게 부정을 가하면서도 벌을 받지 않는다는 최선과, 자신이 부정을 당하면서도 보복할 능력이 없다는 최악과의 중간적인 타협책이죠. 올바른 것이 이 둘의 중간에 있으면서 환영받는 것은 그것이 결코 적극적인 선으로서가 아니라 부정을 가할 만한 힘이 없기 때문에 존중된다는 것일 뿐입니다. 마침내 능력이 있는 자, 즉 참으로 남자라면, 부정을 가하지도 당하지도 않는다는 계약 따위를 결코 누구와도 맺지 않지요. 그런 짓을 하는 것은 당치도 않기 때문에…… 소크라테스 님, 이 이야기에 따르면 대강 이러한 것이 정의의 본성이오, 기원입니다."

3

 "다음으로 정의를 지키고 있는 사람들은 자신이 부정을 가할 만한 능력이 없기 때문에 마지못해 그렇게 하고 있다는 점인데, 이것은 다음과 같은 사고(思考) 실험을 해보면 가장 잘 알 수 있습니다. 즉 올바른 사람과 올바르지 않은 사람에게 저마다 무엇이건 바라는 대로 할 수 있는 자유를 준다. 그런 다음 두 사람의 뒤를 밟아 그들이 각각 욕망에 따라서 어디로 이끌려 가는지를 지켜본다. 그러면 올바른 사람이 욕심(자기 분수를 어기는 것)에 쫓겨서 부정한 사람이 다다른 곳과 똑같은 곳에 도달해 가는 현장을 확실히 볼 수 있을 것입니다. 무릇 자연 상태에 있는 자라면 욕심을 선한 것으로서 추구하는 것이 본래의 존재 양식이지만, 그것은 단지 법의 힘에 의해 억지로 '평등'을 존중하는 쪽으로 향하게 하는 데 불과합니다.[2]

---

 2) 이처럼 '자연(피시스)'과 '법률 습관(노모스)'을 대립시키는 사고방식은 기원전 5세기 후반부터 매우 많아졌다.

제 말 가운데 무엇이든지 하고 싶은 대로 방치하는 자유가 무엇인가는 옛날 리디아 사람 기게스의 선조3)(같은 이름인 기게스)가 물려주었다고 하는 그러한 힘이 올바른 사람과 올바르지 않은 사람에게 주어졌다고 상상해 보면 가장 잘 알 수 있을 것입니다.

기게스는 양치기로서 그즈음 리디아 왕에게 종사하고 있었죠. 어느 날 큰 비가 내리고 지진이 일어나더니 땅이 갈라지고, 양들에게 풀을 먹이고 있던 언저리에 구멍이 펑 뚫렸습니다. 이것을 본 그는 놀라 그 구멍 속에 들어갔습니다. 그리고 거기서 여러 불가사의한 것을 보았다는 이야기인데, 그중 특히 눈에 띈 것이 청동으로 만든 말(馬)이었습니다. 그 말은 속이 비어 있고 겉에 작은 창문이 붙어 있었기에 그는 몸을 굽혀 창으로 들여다보았습니다. 그랬더니 그 속에 등신대(等身大) 이상 가는 시체 같은 것이 있었는데, 몸에는 아무것도 걸치지 않았고 단지 손가락에만 황금 반지를 끼고 있어서 그는 그걸 뽑아 가지고 구멍 밖으로 나왔습니다.

그런데 매달 양들의 상태를 왕에게 보고하는 양치기들의 정기적인 모임 때, 기게스도 그 반지를 끼고 참석했습니다. 다른 양치기들과 함께 앉아 있던 그는 무심코 반지의 구슬을 자기 쪽(손의 안쪽)으로 돌려 보았습니다. 그러자 갑자기 자기 모습이 곁에 앉은 사람들의 눈에 보이지 않게 되어, 그들은 기게스가 어디로 가버렸다는 둥 하면서 자기 이야기를 하고 있지 않겠습니까? 깜짝 놀란 그는 다시 한번 반지를 더듬어 구슬을 바깥쪽으로 돌렸더니 그의 모습이 다시 보이게 되었습니다.

이 사실을 안 그는 반지에 과연 그런 힘이 있는지를 확인하려고 다시 시험해 보았는데 결과는 마찬가지였습니다. 구슬을 돌려 안쪽으로 향하게 하면 모습이 보이지 않게 되고, 바깥쪽으로 향하게 하면 보이게 된 거죠. 그래서 기게스는 곧 왕에게 보고하러 가는 사자(使者)의 한 사람으로 자기도 참가하게끔 일을 꾸몄는데, 사자로 도착한 그는 먼저 왕비와 내통한 다음, 그녀와 공모하여 왕을 습격, 살해해 버렸습니다. 그리하여 왕권을 자기 것으로 한 거죠……

---

3) 헤로도토스의 《역사》(1권 8~13장)에 '리디아 사람 기게스' 이야기가 나오는데, 반지 이야기는 없다. 그 이하 글라우콘(플라톤)이 말하는 이야기의 주인공은 헤로도토스가 말한 기게스의 선조에 해당하는 같은 인물의 이름이다.

그런데 예를 들어 그런 반지가 두 개 있어서 하나는 올바른 사람이, 또 하나는 올바르지 않은 사람이 가졌다고 해봅시다. 그래도 정의의 편에 서서 끝까지 남의 물건에는 손을 대지 않을 만큼 지조가 굳은 이는 한 사람도 없을 것입니다. 시장에서라면 무엇이건 좋아하는 것을 아무 두려움 없이 슬쩍 훔칠 수도 있고, 집집마다 들어가 누구건 좋은 사람과 교접할 수 있으며, 죽이고 싶은 자는 죽일 수도 있고, 또 묶여 있는 자를 풀어 줄 수도 있으며, 그 밖에도 무엇이든 인간들 속에서 신처럼 행세할 수도 있을 테니 말입니다. 이런 행동이라면 올바른 사람이 하는 일도 올바르지 않은 사람이 하는 일과 아무런 다를 바가 없으며, 어느 쪽이건 다 똑같은 결과에 이르게 될 것은 너무나 뻔한 일입니다.

이에 대해 사람들은 이렇게 말할 것입니다. 어떤 사람들도 자발적으로 올바른 사람은 없으며, 강요를 받아 어쩔 수 없이 그렇게 되었다고 하는, 즉 정의가 본인에게는 개인적으로 선한 것이 아니라고 생각되는 확실한 증거가 아닌가 하고 말입니다. 사실 누구건 자기에게 부정을 행할 만한 힘이 있다면 반드시 부정을 저지르기 때문이라고 말입니다. 이것은 결국 누구나 개인적으로는 부정 쪽이 정의 쪽보다도 훨씬 이득이 된다고 생각하기 때문일 뿐이며, 따라서 이러한 생각은 옳은 것이라고 이 설(說)의 제창자는 주장합니다. 사실 앞에서 말한 대로 무엇이건 하고 싶은 대로 방치하는 자유를 손안에 넣고서도 무엇 하나 나쁜 짓도 않고, 남의 물건에 손을 대는 일도 없는 그런 자가 있다면, 그를 가리켜 다른 사람들은, 원, 세상에 바보 천치 같은 불쌍한 놈도 다 있다고 생각할 것입니다. 다만 서로의 면전에서는 그를 칭찬하겠지만, 그런 사람일수록 자기의 부정이 드러날지도 모른다는 두려움으로 서로를 기만하고 있기 때문입니다.

그럼 이 점에 대해서는 이쯤으로 해두겠습니다."

4

"남은 것은 문제의 두 사람의 삶에 대한 판정인데, 이것을 올바르게 하기 위해서는 한쪽에 가장 올바른 사람을, 또 한쪽에는 가장 올바르지 못한 사람을 놓고 보아야만 합니다. 그렇게 하지 않으면 올바른 판정은 불가능하니까요.

그러면 비교 대조를 이렇게 하는 게 어떨까요? 우리는 올바르지 못한 사람의 올바르지 않음으로부터나 또 올바른 사람의 올바름으로부터 어느 한 가지도 제외하지 말고, 양자가 각각 자신의 생활 방식을 완전무결하다고 생각한다고 가정합시다.

먼저 올바르지 못한 사람의 경우인데, 이 사람은 능숙한 기능인으로 행세하는 자가 아니면 안 됩니다. 이를테면 일류 선장이라든가 의사는 자기 기술로 가능한 것이 무엇이고, 불가능한 것이 무엇인가를 잘 알고 있으므로 가능한 것에는 손대지만 불가능한 것은 뒤돌아보지도 않습니다. 나아가 만일 어떤 실수가 있더라도 수습해 낼 수 있는 자입니다. 이렇듯 올바르지 못한 사람이라도 매우 올바르지 못한 사람이 되자면 여러 부정을 꾀함에 있어 실패가 없고 남의 눈을 잘 속이는 자가 아니면 안 됩니다. 꼬리를 잡히는 자는 바보 같은 친구지요. 왜냐하면 부정의 극치란 실은 올바른 사람이 아니면서 남에게는 올바른 사람으로 보이게 행동하는 것이니까요.

이렇게 완전히 부정한 사람에게는 완전한 부정을 부여하여 그에게서 아무것도 제외해선 안 됩니다. 그는 최대로 나쁜 짓을 하면서도 올바르다는 점에서는 자기를 위하여 최대의 평판을 굳히는 그런 자여야만 합니다. 그리하여 만일 어떤 실수가 있더라도 그것을 수습할 만한 힘이 있어야 합니다. 즉 자기가 저지른 부정이 드러나더라도 사람들을 설득할 만한 변론 능력이 있으며, 힘으로 눌러 버려야 할 때는 자신의 용기와 기력(氣力)으로 또는 같은 패거리나 자금력을 동원하여 상대를 누를 만한 실력이 있는 자여야만 합니다.

이처럼 부정한 사람을 상정한 다음, 그 곁에 올바른 사람, 단순하고 품위가 있으며, 아이스킬로스[4]의 말을 빌리면 선한 사람이라고 생각되는 사람이 아니라, 진실로 선한 사람이기를 바라는 사람을 나란히 놓아 봅시다. 올바른 사람으로부터는 무엇보다도 그 '……라고 생각된다'는 점을 배제하지 않으면 안 됩니다. 왜냐하면 만약 올바른 사람이라고 '생각되는' 자라면 그런 평판 때문에 온갖 명예와 찬미가 주어지겠지만, 그렇게 되면 그가 올바른 사람이라는 것이 정의 때문인지, 아니면 그러한 찬미나 명예 때문인지 명확해지지 않기 때문이지요.

---

4) 고대 그리스 3대 비극 시인 가운데 한 사람(기원전 525~456년).

그런 까닭으로 올바른 사람에게서 모든 것을 떼어 버리고 완전히 발가벗겨 오직 정의만을 남겨 두어, 앞에서 상정한 인간과는 정반대되는 상태에 두지 않으면 안 됩니다. 즉 조금도 부정을 범하지 않으면서도 부정하다는 최대의 평판을 받게 합니다. 그러면 그는 악평이나 악평이 부르는 결과에도 굴하지 않음으로써 그 정의의 정도를 음미할 수 있을 것입니다. 그리하여 그로 하여금 죽음의 순간까지도 평생 동안 부정한 사람이라는 오해를 받으면서도 실은 올바른 사람으로서 흔들림 없이 자신의 길을 가게 할 뿐입니다. 이리하여 올바른 사람과 부정한 사람이 함께 각자의 극단, 한쪽은 정의, 다른 쪽은 부정의 극단에까지 이르면 그때야말로 우리는 드디어 두 사람 가운데 어느 쪽이 더 행복했는가를 판정할 수 있을 것입니다."

## 5

"이건 과연, 친애하는 글라우콘이여." 나는 말했다.

"자네는 두 인간을 재판정에 끌어내기 위해 마치 조각상을 다듬어 내듯 굉장한 힘을 들여 한 사람 한 사람마다 그 불필요한 점을 씻어 내었군그래."

"네, 있는 힘을 다했지요." 글라우콘이 대답했다.

"이러한 두 사람이라면 그들 각자에게 기다리고 있는 생애가 어떤 것인가를 말하는 것이 조금도 곤란하지 않으리라고 생각합니다. 그럼 그걸 말씀드리기 전에 표현이 좀 난폭한 데가 있더라도 소크라테스 님, 그건 제가 그러는 것이 아니고 정의보다도 부정을 찬양하는 자들이 그러는 것이라고 생각해 주시기를 부탁드립니다.

그런 자들의 표현은 이렇습니다. 올바른 자들이라는 것이 앞에서 말한 대로인 이상 그들은 매 맞고, 고문당하고, 묶이고, 두 눈을 불로 지져 뽑히는 갖은 고통을 받은 끝에 책형(磔刑)을 당하죠. 그렇게 하여 그는 옳은 것이 아니라 옳아 보이는 것을 바라야 한다는 사실을 깨닫게 된다고 말입니다.

그러고 보면, 앞에서 든 아이스킬로스의 말은 오히려 부정한 사람 쪽에 훨씬 더 알맞을 것 같습니다. 그들은 이렇게 주장할 것이기 때문이죠. 즉 부정한 사람이야말로 진실에 응하여 행동하지, 사람들의 평판 때문에 사는 것이 아닌 이상 그야말로 부정하다고 생각되는 것이 아니라, 부정한 것 바로 그것을 바

라는 자이니,

> 마음속 깊은 밭이랑에서 열매를 거둬
> 거기 싹터 있는 빈틈없는 계략

그것만으로도 먼저 올바른 사람으로 여겨지기 때문에 국가 지배 권력을 쥐고, 다음에는 자기가 좋아하는 어떤 집안에서든지 아내를 얻으며, 또한 자기만 좋으면 누구에게든지 자식들을 시집·장가보내며, 누구든 자기가 바라는 상대와 짜고 일을 꾀하든가 교제하든가 합니다. 따라서 부정을 저지른다는 것쯤은 조금도 거리낄 게 없으므로 모든 것을 돈벌이를 위해 이용하여 이익을 거둡니다. 또한 공과 사를 떠나서 분쟁이 생겨 법정에 서면 적을 이겨 더욱 많은 것을 얻으며, 더욱 많은 것을 획득함으로써 부자가 됩니다. 그럼으로써 친구에게는 은혜를, 적에게는 해를 가하며[5] 신들에게는 아낌없이 호화로운 제물을 바치거나 공물(供物)을 헌납합니다. 이리하여 그는 신들에 대해서나 자기가 마음먹은 사람들에게 올바른 사람보다도 훨씬 더 잘해 주기 때문에 마땅히 올바른 사람보다도 더 신의 사랑을 받는 자가 됩니다. 이런 까닭에 소크라테스 님, 부정한 사람에게는 신들로부터도 인간들로부터도 올바른 사람에 비해 더 나은 생활이 약속되어 있다고, 그들은 주장하는 것입니다."

6

글라우콘이 이렇게 말했을 때, 이번에는 내가 그 문제에 대해서 말을 조금 할 작정이었다. 그런데 그때 그의 형 아데이만토스가 끼어들었다.

"소크라테스 님, 설마 선생님은 지금의 이야기로 토론이 끝났다고는 생각지 않으시겠지요?"

"그럼 또 뭐가 어떻다는 건가?" 나는 그에게 물었다.

"가장 먼저 말해야 할 중요한 것을 아직 말하지 않았잖습니까?"

---

[5] '벗을 이롭게 하고 적에게 해를 가한다'는 것은 제1권에서는 폴레마르코스가 '정의'의 규정으로서 제출했던 것이다. 같은 말이 여기서는 부정한 사람만이 할 수 있는 행위로서 주장되고 있다.

"그렇다면……." 내가 말했다. "형제끼리는 서로 도우라는 속담도 있으니, 혹시 글라우콘이 다 말하지 못한 것이 있다면 도와주게. 나로서는 그가 말한 것만으로도 정의를 변호할 수 없도록 나를 내동댕이쳐 버릴 만큼 효과는 충분하다고 생각하네만."

"그건 천만의 말씀이니 제가 이제부터 드리는 이야기도 한번 들어봐 주십시오." 아데이만토스는 계속했다. "글라우콘이 말하고자 한 바를 더 분명히 하기 위해서는 그가 말한 것과는 반대의 입장, 즉 정의의 편을 찬양하고 부정을 꾸짖는 주장에 대해서도 말하지 않으면 안 되겠습니다.

생각건대 부모가 자식에게 그러는 것은 물론이려니와 일반적으로 사람 됨됨이를 걱정하는 사람이라면 누구나 올바른 사람이 되어야 한다고 타이를 것입니다. 그러나 이것은 정의를 그 자체로서 찬양하는 것이 아니라 정의가 불러올 좋은 평판을 칭송하는 것입니다. 결국 그들이 그렇게 권고하는 참뜻은 올바른 사람이라고 간주된 평판으로 직장, 결혼, 기타 글라우콘이 지금껏 늘어놓은 좋은 것은 모조리 얻을 수 있습니다. 그런 것들이 올바른 사람의 손에 들어가는 것은 요컨대 좋은 평판 덕택이죠.

그러나 평판에 대한 그들의 이야기는 이에 그치지 않고 더욱 확대됩니다. 그들은 신으로부터 좋은 평판을 받는 것까지도 계산에 넣어, 경건한 사람들에게 신들이 은총을 베푼 좋은 예를 얼마든지 열거하기 때문입니다. 이것은 저 품위 있는 헤시오도스나 호메로스가 주장하는 바이기도 합니다.[6]

헤시오도스는 신들이 올바른 사람을 위하여

  떡갈나무 가지 끝마다 열매가 주렁주렁
  줄기 한가운데 꿀벌집이 매달리고
  털북숭이 양들은 복슬복슬한 털로 감싸여 있게

해준다고 하면서, 그 밖에도 이런 좋은 예를 수없이 말하고 있습니다. 한편

---

6) 호메로스와 헤시오도스는 신들에 대해서 일반 사람들의 가르침을 받는 시인들의 대표였다. 여기에 인용되는 헤시오도스의 시구는 《노동과 나날》, 호메로스의 인용은 《오디세이아》 제19권에 의한다.

호메로스 또한 이와 비슷한 말을 하고 있습니다.

> 신을 경외하고 정의를 지키는 좋은 왕의 유명한 이름과 같이……
>
> 검은 대지는 왕을 위하여 밀·보리를 영글게 하며
> 나무마다 가지가 늘어지도록 열매가 달리고
> 양들은 새끼를 치고 바다엔 물고기가 풍성하다.

또 무사이오스와 그의 아들[7]은 신들이 올바른 사람에게 내리는 포상으로서 이보다 더욱 호화로운 것을 말합니다. 즉 그들의 이야기에 따르면, 올바른 사람들은 하데스의 나라(죽은 후의 세계)에 가서 그곳 침대에 누워 머리에는 화관을 쓰고, 경건한 사람들에게만 허용된 향연을 대접받은 다음, 모든 시간을 거나한 취기 속에 보낸다고 되어 있습니다. 그러므로 마치 덕에 대한 최고의 대가는 영원한 취기인 듯이 간주되고 있습니다.

또 어떤 사람들은 신들의 응보를 이보다도 더 먼 데까지 미치게 하려고 합니다. 즉 약속을 지키는 경건한 의인은 그가 죽은 뒤에도 자기 자손에게 이어 내리게 하여 씨족이 끊어지는 일이 없다고 합니다.

그 밖에도 여러 가지가 있지만 주로 이상에 든 정도가 정의를 찬양하여 하는 말들입니다.

한편 이와 반대로 경건하지 못한 자, 올바르지 못한 사람은 어떤가 하면, 하데스 나라에 가서 진흙탕 같은 곳에 묻힌다든가,[8] 대바구니로 물을 길어 나르라는 강요를 당하거나 한답니다. 그뿐만 아니라 이 세상에 살아 있는 동안에도 수없는 악평을 받아야 하고, 앞서 글라우콘이 말한, 실은 올바른 사람이기 때문에 올바르지 못한 사람으로 여겨지는 사람들에 대해서 말한 바의 온갖 벌을 바로 이 올바르지 못한 사람들이 받게 될 것이라고 말합니다. 그러나 올

---

7) 무사이오스와 그의 아들 에우몰포스는 오르페우스교라는 종교의 전통과 결부된 신화 속 인물. 이하에서 플라톤은 죽은 뒤의 세계에 대하여 통속화된 이 오르페우스교의 생각에 대해서 비판적 태도를 보이고 있다.
8) 이것도 오르페우스교적인 생각이다.

바르지 못한 사람들이 받아야 할 벌로서 사람들이 말하는 것은 결국 이런 정도 이상은 아닙니다.

이제까지 말한 것이 올바른 사람과 올바르지 못한 사람에 대한 상찬(賞讚)과 비난의 모습 그대로입니다."

7

"그러나 정의와 부정에 대해서는 이 밖에도 세간에 회자되기도 하고 시인들이 발표하기도 한 것들이 있지만, 그것은 소크라테스 님이 한번 생각해 봐주셨으면 합니다.

즉 누구나 이구동성으로 되풀이하는 것을 보면, 절제나 정의는 과연 아름다운 것이기는 하지만 어렵고 힘들며 올바르지 못한 것입니다. 이에 반해서 방종이나 부정은 기분 좋은 것이라 손쉽게 자기 것이 되며, 이것을 추하다고 하는 것은 세간의 생각이나 법률, 습관상의 것에 불과하다고 합니다. 그들은 또한 많은 경우 부정 쪽이 정의보다는 득이 된다고 합니다. 옳지 못한 인간일지라도 돈이나 기타의 능력만 가지고 있으면 그런 자를 공적이건 사적이건 거리낌 없이 축복하고 존경하려는 반면, 올바를지라도 무력하고 가난한 인간에 대해서는, 전자에 비해서는 훨씬 좋은 사람이라고 인정은 하면서도 그를 얕보고 경멸하려 든다는 것입니다.

그런 이야기 중에서 가장 놀라운 것은 신들과 덕에 대해서 말한 다음과 같은 것입니다. 즉 신들마저도 좋은 사람에게는 불운과 불행한 삶을, 나쁜 사람에게는 그 반대의 운명을 내려 주는 일이 이따금 있다는 것입니다. 그 예로 거지 승려나 예언자라는 자들[9]은 부잣집 문을 두드리면서, 자기들에게는 제물이나 주문(呪文)에 의해서 신들로부터 받은 힘이 있다는 것을 사람들에게 믿게 하려고 합니다.

'만일 당신에게 죄가 있다면, 그 죄를 저지른 사람이 당신 자신이건 당신의 선조건 간에 연회를 즐기는 동안이면 그 죄를 보상해 줄 수 있다. 또 만약 적에게 위해(危害)를 가하고 싶다면, 그 적이 올바르지 못한 사람이건 올바른 사람

---

[9] 오르페우스교도의 타락한 형태. 오르페오텔레스타이로 불리는 사람들을 가리킨다.

이건 간에 조금만 돈을 주기만 한다면 주술(呪術)이나 마력(魔力)으로 그 자를 혼내 주겠다. 자기에게는 신들에게 부탁해서 자기 맘대로 하게 할 힘이 있다.'

그들은 이렇게 자신을 떠벌리는 것입니다. 모든 이런 이야기의 증인으로 인용되는 것이 시인들입니다. 사람에 따라서는 악덕이 용이하다는 것을 뒷받침하기 위해서 인용합니다.

악덕은 손쉬워서 산더미처럼 득이 된다.
거기 이르는 길은 평탄하고 그 집은 가깝도다.
하지만 덕 앞에는 신들이 땀만 마련했구나.[10]

덕에 이르는 길은 멀고 험하며 가파릅니다. 사람에 따라서는 신들이 인간의 말대로 된다는 증인으로 호메로스를 내세우기도 합니다. 호메로스도 이렇게 말했기 때문입니다.

신들도 소원을 들으면 마음이 움직인다.
따라서 인간들은 공물을 바치고 기도드리며
신주(神酒)와 제물을 태우는 향으로 용서를 빌어
신들의 노여움을 달래나니
죄를 범하여 잘못을 저질렀을 때.

나아가 그들은 헬레네나 무사의 아들이라고 하는 무사이오스나 오르페우스의 책[11]을 잔뜩 들고나와 그 책에 따라 제물을 바치는 의식을 치릅니다. 그럼으로써 그들은 개인뿐만 아니라 국가까지도 설득하는 것입니다. 즉 공물과 희생을 바치거나 즐거운 유희를 베풂으로써 생전에도 사후에도 부정을 범한 죄를 용서받아 깨끗해질 수 있다고 말입니다. 그들은 그런 즐거운 의식을 '비

---

10) 헤시오도스 《노동과 나날》 287~290행.
11) 오르페우스교의 기도전서를 가리킨다. 무사이오스의 어머니는 달(月)의 여신 헬레네, 오르페우스의 어머니는 무사 여신들(예술과 학문의 아홉 여신. 복수형은 무사이, 영어로 뮤즈) 중의 하나인 칼리오페라는 전설이 있다.

의(秘儀)'라고 부르는데, 그 비의로써 우리는 저승에서의 괴로운 벌로부터 해방되지만, 그것을 등한시하는 자에게는 갖은 무서운 형벌이 기다리고 있다고 위협하는 것입니다."

8

"친애하는 소크라테스 님." 아데이만토스는 말을 계속했다. "덕과 악덕이 인간이나 신들 사이에서 어떤 평가를 받는가에 대해서 이 정도로 여러 가지 이야기가 거론되었습니다. 이런 모든 이야기를 듣는 젊은이들의 영혼에 대관절 어떤 영향을 끼친다고 생각하시는지요? 풍부한 소질을 갖추고 있어, 마치 꿀벌이 꽃에서 꽃으로 날아다니며 달콤한 꿀을 모아 오는 것처럼, 세상에 퍼진 모든 이야기 가운데서 재빨리 교훈을 골라 모아서는, 어떤 인간으로서 어떤 생활 방식을 취하면 인생을 가장 잘 보낼 것인가를 생각해서 결론을 끌어낼 능력이 있는 젊은이들을 상상해 보십시오. 이런 젊은이들은 반드시 핀다로스를 흉내 내어 자신에게 묻겠지요.

> 정의의 길과 좋지 못한 기만의 길 가운데
> 어느 길을 가야만 더 높은 성벽을 올라가

그 견고한 방벽으로 몸을 지켜 이 세상을 무사히 살아갈 것인가 하고.
세간에서 하는 말을 들어 보면, 자신이 올바른 사람일지라도 다른 사람들이 그렇게 생각해 주지 않는다면 한 푼어치도 이득이 되지 않으며, 고생과 뻔한 손해만이 있을 뿐이다. 이와 반대로 옳지 못한 사람일지라도 정의라는 평판만 확보하면 지극히 복된 삶을 얻을 수 있다. 그렇다면 현자들의 가르침처럼 '겉모습(간주되는 것)이 진실을 이긴다,'[12] 즉 이 겉모습이 바로 행복을 결정하는 관건인 이상 그 겉모습에 온 힘을 쏟지 않으면 안 된다. 겉으로는 덕처럼 보이는 그림자를 몸에 두르고 배후에는 천하 현자인 아이스킬로스가 말한 저 교활하고 빈틈없는 여우를 남몰래 데리고 다녀야만 한다고 합니다.

---

12) 시모니데스의 단편.

그렇지만 악인이라는 것이 언제까지나 발각되지 않는다는 것은 쉬운 일이 아니잖느냐고 누군가 반론하면 그들은 말합니다.

그건 다른 일에 있어서도 마찬가지다. 무릇 큰일치고 쉽게 되는 일은 하나도 없다. 그렇더라도 우리가 행복해지자면 그 길을 가지 않을 수 없다. 사람들의 이야기에서 더듬어 갈 수 있는 그 길을 사람들의 눈에 발각되지 않기 위하여 동지를 모아 결사를 조직한다. 의회나 법정을 움직이는 지혜를 가르쳐 주는 설득술(說得術) 선생도 있다. 이리하여 우리는 때로는 설득하고 때로는 힘으로 억눌러 마침내 다른 사람보다 많은 이득을 얻지만 벌을 받는 일은 없다고 말입니다.

그러나 신들에 대해서는 눈을 속일 수도, 힘으로 밀고 나갈 수도 없다고 누군가 반문하면, 그들은 또 대답합니다. 신 따위는 존재하지도 않는다. 또는 신들이 존재하더라도 인간의 일 따위에는 전혀 관심이 없으니, 처음부터 우리가 무엇 때문에 그 눈을 속이려고 신경 쓸 필요가 있겠느냐. 또 만일 신들이 존재할뿐더러 인간의 일에 관심을 갖는다고 하더라도 신들에 대해서 우리가 알고 있는 것은 관습법에 따른 것이거나 신들의 계보를 말해 온 시인들에게서 들은 것에 지나지 않는다고. 그런데 그들의 말을 들어 보면, 신들은 공물을 바치고 공손히 기도드림으로써, 또는 제물을 바침으로써 그 마음을 움직여 우리 뜻대로 할 수 있는 것이죠. 우리들로서는 그들이 말하는 것을 양쪽 다 믿든지, 둘 다 믿지 않든지 할 수밖에 없습니다. 만약 그대로 믿는다고 하면 부정을 범해서 얻은 이익으로 신들에게 공물만 바치면 그만입니다. 왜냐하면 우리가 올바른 사람일 경우에는 신들로부터 벌을 받지 않게끔 부정에서 얻게 될 이익을 물리쳐야 하지만, 올바르지 못한 사람일 경우에는 이익을 확보해서 저지른 죄나 실수를 기도로써 용서받게끔 신들을 설득하면 무죄로 방면될 수 있기 때문입니다. 그러나 우리가 이 세상에서 부정을 저지르면 우리 자신이나 우리 자손이 하데스 나라에서 벌을 받게 될 것이라고 반박하면,

천만에, 친구여, 하고 약삭빠른 젊은이는 대답할 것입니다.

그런 경우에도 비의(秘儀)의 영험(靈驗)이나 면죄하는 신의 영험은 대단한 것이다. 그건 가장 강대한 나라들도, 신의 뜻을 전하는 시인이 된 신의 아들들도 과연 그렇다고 보증해 주고 있다고 말입니다."

9

 "그럼 대체 우리가 최대의 부정보다 정의를 택해야 할 어떤 근거가 또 남아 있겠습니까? 우리는 그저 최대의 부정을 교묘한 위선 속에 감추기만 하면 그만입니다. 그럼으로써 우리가 신들의 아래서나 인간들 사이에서나, 살아서나 죽은 뒤에도 마음 내키는 대로 살 수 있다는 것을 세상 사람들이나 권위 있는 대가들이 입을 모아 보증하는 바가 아닙니까. 이상 말한 것으로 미루어 볼 때 소크라테스 님, 정신적이건 금전적이건 신체적이건 또는 출신이나, 집안 때문이건 간에 무언가 능력이 있는 자라면 정의를 존중할 마음이 과연 일어나겠습니까. 아니, 정의를 찬양하는 것을 들으면 웃지 않고는 못 배기지 않을는지요?
 실제로 비록 누군가가 이상의 주장이 잘못임을 밝혀 정의야말로 최선이라는 것을 인식하고 있는 자가 있다 하더라도, 아마 그는 올바르지 못한 사람에 대해서는 매우 너그러운 태도로 결코 노하거나 하진 않을 것입니다. 그는 알고 있는 것입니다. 선천적으로 부정을 미워하는 성질을 신에게서 받았다든가, 지식을 쌓아 부정을 멀리한다든가 하는 사람의 경우를 제외하고는, 일반적으로 자진해서 올바른 사람이 되려는 자는 한 사람도 없다는 것을 말입니다. 단지 부정 행위를 비난하는 것은 용기가 없다든지 나이를 먹었다든지, 그 밖에 무언가 약점이 있다든가 할 때만, 요컨대 부정을 할 만한 힘이 자기에게 없기 때문이라는 것을 말입니다. 그것이 사실인 것은 명백합니다. 어쨌든 그런 투로 부정을 비난하는 무리들은 일단 힘을 얻기만 하면 곧 누구보다도 먼저 가능한 한 부정을 행하기 때문입니다.
 대체 이렇게 되는 근본 원인이 무엇인가 하면 별다른 것이 아닙니다. 소크라테스 님, 글라우콘이나 저 자신이 이런 모든 논의를 선생님께 하게 된 동기가 바로 그것입니다.
 그것은 결국 다음과 같은 것입니다.
 오늘날까지도 이야기로 전해 오는 신격화된 옛 영웅들을 비롯하여 오늘날의 사람들에 이르기까지 선생님과 마찬가지로 정의의 찬미자임을 자칭하는 자는 많았지만, 그네들 가운데 누구 한 사람도 부정을 비난하고 정의를 찬양함에 이어서, 평판이나 명예, 그리고 그로부터 생기는 결과를 말하지 않고는 달리 설파할 수 없었다는 것은 놀라운 일입니다. 정의나 부정이 그것을 저마다 소유하는 사람의 영혼 속에 있어서 신에게도 남들에게도 알려지지 않을 때, 그 자체로서는 자신의 힘으로 도대체 무슨 작용을 하는가 하는 것은 일찍이 시에서도 산문에서도 한 번도 언급된 적이 없었는데, 바로 그런 견해에서 부정이야말로 영혼이 그 자체 속에 갖는 가장 큰 악이며, 정의야말로 최대의 선이라는 것을 충분히 증명한 자는 한 사람도 없었습니다. 만약 그네들이 모두 처음부터 그런 식으로 이야기해 왔다면, 그리하여 우리들을 어렸을 적부터 그렇게 이해시켜 왔다면, 우리는 지금처럼 서로 부정을 범하는 것을 경계하지 않아도 되었겠지요. 각자가 부정을 저질러 최대의 악을 지니고 살게 될 것을 두려워하여, 자신이 자신에 대한 가장 좋은 파수꾼이 될 것이기 때문입니다.

소크라테스 님, 정의와 부정에 대해서는 트라시마코스든 누구든 지금까지 우리가 말한 정도에 그치지 않고 더욱 많은 것을 말할 수 있을 것입니다. 제 생각에는 통속적으로 보입니다만, 정의와 부정의 힘을 역전(逆轉)시키는 방법에 대해서 말입니다. 그러나 저로서는 선생님께 아무것도 숨길 것이 없으니, 그들의 주장과 반대되는 말씀을 듣고자 이렇듯 있는 힘을 다하여 그들과 같은 주장을 하는 것입니다.

따라서 선생님은 정의가 부정보다 우월하다는 것을 말로만 논증하실 것이 아니라, 한쪽이 선, 한쪽이 악인 것은 정의와 부정이 각각 그 자체의 힘으로써 그 소유자에게 어떤 작용을 끼치기 때문인가 하는 점까지도 명확히 보여 주셔야겠습니다. 따라서 앞서 글라우콘이 말한 것처럼 평판에 대한 것은 모조리 물리쳐 주시지 않으면 안 됩니다. 선생님이 올바른 사람과 올바르지 못한 사람 양자로부터 각기 실체와 일치되는 평판을 빼놓고, 실제와 다른 평판을 부여하지 않는 한 우리들로서는 이렇게 말하게 될 테니까요. 즉 당신이 찬양하는 것은 정의 그 자체가 아니라 그 평판이며, 당신이 비난하고 있는 것은 부정이 아니라 부정이라고 '생각되는' 것이다. 그렇다면 실은 올바르지 못한 사람일망정 정체가 드러나지 않게끔 하라고 권장하는 데 지나지 않는다. 나아가 정의라는 것은 타인의 선, 강자의 이익이 되며, 부정은 자기에게 도움이 되고 이득이 되는 것이지만, 약자에겐 불이익이 된다는 트라시마코스의 주장에 동의하게 된다고 말입니다.

앞서 선생님은 정의가 최고로 선한 것에 속한다는 것을 인정하셨습니다. 즉 정의 그것으로부터 생겨나는 결과로도 그렇지만, 오히려 그 이상으로 그 자체를 위해 가질 만한 값어치가 있는 최고의 선에 속한다는 것을 인정하셨습니다. 예컨대 보는 것, 듣는 것, 지혜를 갖는 것, 그리고 건강한 것 등이 그렇겠지만, 하여튼 무엇이건 간에 결코 평판 때문이 아니라, 처음부터 그 자체의 본성으로 말미암아 가치가 있는 진짜 선한 것에 속한다고 하신 것입니다. 그러시다면 정의를 찬양함에 있어서도 바로 그 중요한 점을 칭송해 주십시오. 즉 정의는 그 자체의 힘으로써 그 소유자에게 어떤 이익을 가져다주며, 반대로 부정은 어떤 해(害)를 가져오는지를 말입니다. 보수라든가 평판을 찬양하는 일은 다른 사람에게 맡겨 두시면 됩니다. 다른 사람들이라면 그런 식으로, 즉 평판이나 보수를 찬미한다든가 나쁘게 말함으로써 정의를 칭송하고 부정을 비난한다 하더라도 우리로서는 참고 듣겠습니다. 그러나 선생님이 그런 식으로 말씀하신다면, 명령을 받지 않는 한 그런 말은 듣지 않겠습니다. 그건 달리 그러는 것이 아니라, 선생님은 이제까지 평생을 다른 아무것도 생각하지 않고 단지 이 문제만을 고찰하면서 살아오신 분이기 때문입니다.

그런 연유이니만큼 아무쪼록 우리들을 위하여 정의는 부정보다도 우월하다는 것을 논증하는 데 그치지 마시고, 정의와 부정이 제각기 신들이나 사람들에게 드러나거나 그렇지 않거나에 상관없이, 그 자체의 힘으로써 그 소유자에게 어떠어떠한 작용을 끼치기 때문에 한편은 선이고, 다른 한편은 악인가 하는 점을 가르쳐 주십시오.”

10

나는 이 이야기를 듣고 나서, 전부터도 글라우콘이나 아데이만토스의 소질에 대해서는 매우 탄복한 바 있었지만, 이번에도 몹시 기뻐 다음과 같이 말했다.

“과연 그 사람[13]의 아들들이로군. 그 글은 그대들을 더할 나위 없이 노래해 주고 있구나. 그대들이 메가라와의 전투에서 그 사람 있노라고 용명을 들려주었을 때, 글라우콘을 사랑한 사람[14]이 그대들을 주제로 시를 쓴 엘레게이온

---

13) 트라시마코스를 가리킨다는 설과, 글라우콘과 아데이만토스의 아버지 아리스톤을 가리킨다는 설로 갈라져 있다. 여기서는 전자를 택함.
14) 크리티아스를 가리킬 것이라고 일반적으로 추정하고 있다. 크리티아스는 펠로폰네소스 전쟁

가락의 '시편' 첫 줄은 이러한 것이었지.

> 아리스톤[15]의 아들들이여,
> 명예롭기 그지없는 아버지를 섬겨
> 신의 후예다운 집안의…….

사랑하는 벗들이여, 이건 과연 훌륭한 노래이나 사실은 이런 것이 아닌가? 자네들은 부정을 변호하여 그것이 정의보다 우월하다는 것을 그처럼 웅변으로 표현할 수 있었지만, 스스로는 그렇게 믿지 않을 테니 그 재주가 아주 귀신같구먼. 아니야, 확실히 자네들은 부정을 진실로는 믿지 않을 걸세. 한데 무슨 증거로 그렇게 말하느냐 하면, 다름이 아닌 자네들의 평소 태도일세. 자네들이 지금 한 말뿐이라면 나는 자네들을 믿지는 않았을 것이네.

그러나 자네들을 신용하면 할수록 오히려 어떻게 대답하면 좋을지 차츰 더 혼미해질 뿐이로군. 도대체 어떻게 하여 정의 편에 가세해야 좋을지 알 수가 없군. 나에겐 그럴 능력이 없는 것 같단 말이야. 나는 트라시마코스에게 말한 것으로써 정의가 부정보다 우월함을 증명했다고 생각하고 있었는데, 자네들은 내가 말한 바를 용인해 주지 않았거든. 그렇다고 어찌 정의 편에 서지 않고 그냥 있겠는가? 난 어찌할 바를 모르겠군. 정의가 어이없게 매도당하는 실제 현장에 있으면서. 더구나 숨도 쉬고 소리도 낼 수 있으면서 비틀거리기만 할 뿐 정의 편에 서지 않는다면, 신을 공경하지 않는다고까지 할지 모르니 두렵다네. 이런 판국이니 나로서는 있는 힘을 다해 정의를 돕는 것이 최선책이라네."

그러자 당사자인 글라우콘도 다른 사람들도, 아무쪼록 수단껏 정의의 편을 도와, 이 논의를 팽개치지 말고 정(正)·부정(不正)은 과연 무엇이며, 또 그것들이 가져오는 이익이란 진실로 어떠한 것인가에 대해서도 딱 부러지게 밝혀 달라고 부탁하는 것이었다. 그래서 먼저 나는 생각나는 대로 이렇게 말했다.

"우리가 다루고 있는 이 탐구는 쉬운 일이 아니며, 내가 보기엔 통찰력이 날카로운 사람이 아니고는 감당할 수 없는 일이네. 그래서 우리로서는, 탁월한

---

뒤에 출현한 30인 독재 정권의 우두머리로 유명하다.
15) 이들 형제의 아버지 이름. 아리스톤은 동시에 그리스어로 '가장 선량한 사람'이라는 뜻이다.

감식력을 가진 자가 아닌 한, 이 탐구는 다음 같은 방법으로 하는 것이 좋다고 생각하네. 예컨대 조금 근시인 자에게 작은 글씨를 멀리서 읽으라고 했다 하세. 그런데 누군가가 다른 어느 곳에도 똑같은 글씨가 훨씬 크게, 훨씬 큰 곳에 쓰여 있는 걸 알아냈다고 해. 이런 경우 우리가 취할 방법은 먼저 큰 쪽을 읽고, 다음으로 그것과 같은지 어떤지 작은 쪽을 조사해 볼 수 있다는 것, 이것이야말로 뜻밖의 다행한 일이라고 하지 않겠나?"

"과연 그건 그렇습니다. 그렇지만 소크라테스 님, 올바름에 대한 탐구의 경우와 그것이 어떤 점에서 비슷하다고 보십니까?" 아데이만토스가 말했다.

"설명하지. 우리는 물론 개인의 정의가 존재한다고 주장하지만, 국가 전체의 정의도 존재하네. 그렇지?"

"물론입니다."

"그런데 국가의 정의가 개인의 정의보다 크지 않은가?"

"큽니다."

"그렇다면 아마 더 큰 곳에 존재하는 정의 편이 더 크고 또한 배우기 쉬울 것이니, 자네들만 좋다면 먼저 국가들에 있어서의 정의는 어떠한 것인지를 탐구해 보기로 하세. 그런 다음 개인에게 있어서도 똑같이 조사해 보기로 하고. 큰 쪽과 닮은 모습을 작은 쪽의 생김새에서 찾아가면서 말이야."

"네, 선생님이 말씀하신 대로 하는 것이 좋겠습니다."

"그래서 만일 우리가 대화를 통해 국가가 발생한 기원을 관찰할 수 있다면 국가의 정·부정이 어떻게 실현되어 가는가도 알아볼 수 있겠지?"

"아마 그렇게 되겠지요."

"그럼, 그게 달성된다면 우리가 탐구하는 것은 훨씬 알기 쉬워지리라고 기대할 수 있겠지?"

"네, 훨씬 쉬워집니다."

"그럼, 진실로 그렇게 해보아야만 하고, 또 끝까지 완수하지 않으면 안 된다고 생각하는데…… 왜냐하면 이것은 어물쩍 넘어갈 일은 아닐 테니 말일세. 잘 생각해 보도록 하세."

"이미 생각한 바이니 해보시지요. 멈추시면 안 됩니다." 아데이만토스는 재촉했다.

## 11

나는 말을 계속했다.

"내가 생각건대 '국가(사회)'라는 것이 발생한 것은 누구라도 멋대로 뿔뿔이 흩어져 있어서는 자급자족할 수 없고 많은 사람의 손이 필요했기 때문인 것으로 아는데 자네는 무슨 다른 원리에 따라서 국가가 건설되었다고 생각하나?"

"이의가 없습니다."

"그런데 우리의 요구는 갖가지라서 저마다가 필요에 따라 알맞은 사람을 한 패로 맞아들이기 때문에 그런 사람들을 공동자 또는 조력자로서 하나의 거주지에 집결시키게 되는 것이지. 따라서 이런 공동생활체를 우리는 '폴리스(국가·사회)'라고 이름 붙인 것인데, 어떤가?"

"물론 그렇습니다."

"어떤 사람이 다른 사람과 그때그때의 사정에 따라 주거니 받거니 물물교환을 하는 것은 그러는 것이 자기에게 더 좋다고 생각하기 때문이 아니겠나?"

"물론이지요."

"그럼 어디 말로써 국가를 처음부터 만들어 보지 않겠나? 아무래도 그렇게 해볼 필요가 있을 것 같으니 말이야."

"분명 그렇습니다."

"그런데 국가에 가장 필요한 것은 우리가 생존하고 살아가기 위한 식량의 마련이 아니겠나?"

"물론입니다."

"두 번째로는 주거, 세 번째로는 의복 따위……."

"그렇습니다."

"그럼 국가가 어느 정도의 규모이면 이런 것들을 충분히 마련할 수 있을 것 같나? 농부가 한 사람, 목수 한 사람에다 또 직물공도 한 사람 필요할 테지. 구두 만드는 사람, 기타 일용품을 주선하는 자도 추가할까?"

"그것은 물론입니다."

"그러면 가장 필요한 자들로만 이루어진 국가의 구성원은 너덧 사람이 되겠군."

"그렇습니다."

"그렇다면 어떤가. 이 사람들은 저마다 자기 일을, 전체 구성원을 위한 공용물로서 제공해야 할 것인지? 예를 들어 농부는 한 사람이지만 네 사람 몫의 식량을 마련하기 위해 그 식량을 생산하는 데 네 배의 시간과 노력을 들여 다른 구성원과 분배해야만 되는지, 아니면 다른 사람을 상관 않고 자기 자신만을 위해 4분의 1의 식량을 4분의 1의 시간으로 만들고, 나머지 4분의 3의 시간은 주거를 마련한다든가 의복 또는 신발을 만드는 데 보냄으로써 다른 사람들 것까지 공동으로 하느라고 고생할 필요 없이 오직 자기 자신만의 일을 하면 그만이겠는지?"

그러자 아데이만토스가 이렇게 대답했다.

"그건 아마, 소크라테스 님, 처음 방식이 나중 것보다 편하겠지요."

"그렇지." 나는 말했다.

"제우스 신에게 맹세코 그건 틀림없는 사실이야. 실제로 지금 자네의 대답을 들으면서 나에게도 생각난 게 있네. 즉 먼저 우리는 저마다 타고난 성질이 서로 똑같지 않은 것처럼 소질 또한 제각기 달라서 일에 대한 적부(適否)가 있으니까 말일세. 이에 대한 자네 생각은 어떤지?"

"선생님 생각과 같습니다."

"그렇다면 어떤가? 한 사람이 많은 직업에 손을 대는 경우와 한 사람이 한 가지 직업에 열중하는 경우 어느 쪽이 일에 익숙해지기가 쉽겠는가?"

"한 사람이 한 가지 직업에 열중하는 쪽입니다."

"나아가 또 다음 사실도 분명할 걸세. 일을 해내는 시기를 놓치게 되면 그 일은 아주 망치게 된다는 것……."

"분명히 그렇습니다."

"생각건대 되어 가는 일 쪽에서는 그 일을 하는 사람의 형편을 기다려 주지 않기 때문에 일이란 오히려 그 일을 하는 사람 쪽에서 틈을 보아 가며 하는 것이 아니라, 언제나 한눈팔지 말고 열심히 하지 않으면 안 되겠지?"

"그렇게 해야만 하겠지요."

"이상으로 미뤄 보건대, 한 사람이 시기를 놓치지 않고 자기 소질에 알맞은 한 가지 일에, 다른 일로부터 해방되어 열중하는 경우라야 비로소 그 제품을 더 많이, 더 아름답게, 더 용이하게 만들 수 있다는 말이 되는데."

"그렇습니다."

"그렇다면 아데이만토스, 우리가 앞서 열거한 것들을 갖추기 위해서는 네 사람보다 더 많은 국민이 필요하겠네. 그것은 농부는 자기가 쓸 삽이 훌륭한 것이라야 한다면, 자신이 만들려고는 하지 않을뿐더러, 그 밖의 괭이라든가 농기구 일체도 마찬가지일 테니까. 다음 목수의 경우도 이와 마찬가지지. 그들에게도 여러 가지 것들이 필요할 테니까. 따라서 직물공이나 제화공의 경우도 그렇지 않겠나?"

"물론이죠."

"그렇게 되면 목수, 공구 만드는 많은 직공, 또는 금속공 등 수공업자가 이 '작은 나라'의 구성원이 되니 자연스레 인구 밀도가 높아질 테지?"

"그렇지요."

"그러나 비단 그들뿐 아니라, 그 밖의 소 먹이는 사람이나 양치기 등 목축인들을 추가해도, 즉 농부가 경작용으로 소를 갖거나 목수가 농부들과 마찬가지로 자재 운반용으로 동물을 부리고, 직물공이나 제화공에게 가죽이나 양모를 쓸 수 있게 해주는 그런 목축인을 추가해도 국가는 그다지 커지지는 않겠지."

"그런 자들까지 모두 수용한다면 그리 작은 나라는 아닐 것입니다." 아데이만토스가 말했다.

"더 나아가 국가를 수입품 따위는 조금도 필요로 하지 않는 그런 곳에 세운다는 것은 거의 불가능할 테고."

"그렇군요."

"그렇다면 필요한 물자를 다른 나라로부터 그 나라로 들여오는 사람들도 필요하게 되겠군."

"그렇겠지요."

"한데 그런 일을 주선하는 자가 자기들에게 필요한 물건을 가져올 상대 나라의 사람에게 그들이 필요로 하는 물건 없이 맨손으로 간다면, 돌아올 때도 맨손으로 오겠지?"

"그렇겠죠."

"그러므로 국내 산물은 자기 자신들에게 충분할 만큼만 생산해 내어도 안 되고 자기들에게 필요한 것을 가져올 상대 나라 사람들의 수요에도 질적으로 나 양적으로 부응하지 않으면 안 되겠군."

"부응해야죠."

"따라서 훨씬 많은 농부와 기타 수공업자가 국가에는 필요하다 이 말이지."

"그렇지요. 아주 많이 말입니다."

"그뿐만 아니라 그 이외에도 여러 가지 물자를 수입하거나 수출하는 무역업자도 필요한데, 그건 어떤가?"

"확실히 필요합니다."

"또 무역이 바닷길로 이루어질 경우에는 해운에 능통한 전문가가 별도로 많이 필요하겠지?"

"네, 많이 필요하지요."

12

"그럼 국가 영토 안에서 각자는 그 생산물을 서로 어떻게 분배하는가? 바로 그 때문에 우리는 공동생활 조직을 만들어 국가(사회)를 세운 것인데……."

"그건 분명히 사고팔고 해서지요." 그가 말했다.

"그럼 그 결과 우리는 시장을 갖게 되고, 교환하기 위한 수단으로 통화를 갖게 되겠군."

"그렇습니다."

"그런데 농부나 수공업자 등이 무엇이든 자기가 만든 물품을 가지고 일부러 시장에 나가더라도 이쪽 물품과 교환하고자 하는 상대와 같은 시각에 만나지 못할 경우, 그들은 시장에 주저앉은 채 언제까지고 자기 일을 쉬고 있어야만 할까?"

"결코 그래서는 안 되죠. 오히려 그런 사정에 눈뜨고 그 일을 맡아볼 것을 자청하고 나서는 자들이 있습니다. 이런 자들은 올바른 정치가 행해지고 있는 나라에서는 주로 체력이 매우 약해 다른 일에 종사할 수 없는 자들이지만요. 결국 그들은 시장 한곳에 죽 머물러 있으면서 무얼 팔고자 하는 자들로부터 그 물건을 돈으로 사두었다가, 사고자 하는 사람에게 돈을 받고 팔아넘겨야 합니다."

"그럴 필요에 의해서 국가에 상인이라는 것이 나타나고, 그래서 우리는 시장에 앉아서 매매를 주선하는 사람들을 가리켜 소매상인이라 부르며, 여러 나라를 두루 돌아다니는 사람들을 무역상인이라고 부르는 게 아닌가?"

"물론이죠."

"내 생각으로는 그 밖에도 아직 주선해 주는 사람들이 더 있을 것 같군. 머리를 쓰는 일에는 사실 구성원으로서 조금도 쓸모가 없지만 힘드는 일을 하는 데 필요한 체력만은 충분히 갖고 있는 무리들을 보고 그 체력의 사용(노동)으로 임금을 받기에 이들을 '임금 노동자'라고 부르는 것으로 알고 있는데, 사실인지?"

"그렇습니다."

"그럼 임금 노동자 또한 국가의 구성원일 것 같은데……."

"그렇다고 생각합니다."

"그러고 보니 아데이만토스, 이제 우리들의 국가도 꽤 성장해서 완성되었군 그래."

"그렇군요."

"그렇다면 대관절 그곳 어디에 정(正)·부정이 존재하는 것일까? 그리고 우리가 살펴 온 것들 가운데 어느 것과 일체가 되어 나타날까?"

"저로서는 생각이 미치지 않습니다, 소크라테스 님." 그는 말을 받았다. "정과 부정은 바로 그런 사람들 사이에서 서로가 교섭하는 방법 속에 존재하지 않고서는……."

"아마 그렇겠지. 자넨 좋은 걸 말해 주었군. 아무튼 조사해 보지 않으면 안 되겠어. 망설일 것 없이 먼저 이렇게 해서 갖추어진 사람들의 생활이 어느 정도인지 살펴보세. 사람들은 식료품이나 포도주, 의복이나 신발을 만들어 가면서 사는 것이 아닌가. 또한 자신이 집을 짓고 여름에는 주로 맨몸, 맨발로 일하지만, 겨울만은 어김없이 옷도 입고 신발도 신을 걸세. 식사로는 보리를 타거나 밀을 빻아 가루를 만들고 밀가루는 구워 빵을, 보릿가루는 반죽하여 맛있는 과자를 만들어 갈댓잎이나 깨끗한 나뭇잎을 깔고 그 위에 수북이 차려 내겠지. 그러곤 댕댕이덩굴이나 도금양 줄기로 엮은 보료에 누워 아이들과 함께 맛있는 음식을 먹은 다음 포도주를 마시며, 화관을 머리에 쓰고 신들을 찬미해

가면서 즐겁게들 살겠지. 가난이나 전쟁에 신경을 쓰면서 자기 재산에 알맞게 자식을 낳아 가면서 말이야."

13

이때 글라우콘이 끼어들며 말했다.
"선생님은 아무래도 그들에게 반찬 없는 식사를 대접하고 있는 것 같습니다."
"그렇군." 나는 대답했다. "자네 말대로네. 정신이 좀 빠져 있었지. 그들에겐 뭔가 조미료 같은 게 있었지. 소금이라든가 올리브기름 또는 치즈 등을 써서 무나 채소를 익혀 반찬으로 하겠지. 밥을 먹고 난 다음에는 무화과라든가 완두콩 등을 먹겠지. 그 밖에도 도금양의 열매라든가 떡갈나무 열매를 구워서 생선에 곁들인 안주로 술을 마시겠지. 이렇듯 그들은 건강 속에 평화로운 나날을 보내다가 장수를 누린 끝에 죽겠지. 그리하여 자식들에게도 그런 생활 방식을 전해 줄 게 아닌가."

그러자 글라우콘이 이렇게 말했다.
"그러나 소크라테스 님! 그런 건 마치 선생님이 '돼지의 나라'를 세워서 돼지들에게 먹이를 주는 거나 다름없다고 생각되는데, 틀렸을까요?"
"아니 그럼, 나보고 대체 어쩌라는 건가, 글라우콘?"
"일반적으로 인정받고 있는 것이 주어져야지요. 그들이 비참한 꼴을 당하지 않았다고 하면, 침대에 누워 잠을 자고 식탁에서 식사를 하며 요즘 사람들과 마찬가지의 반찬을 먹어야 한다고 생각합니다."
"무슨 이야긴지 알겠군. 우리가 규명할 것은 국가가 어떤 절차를 밟아 발생했느냐 하는 것만이 아니고, 어떻게 사치스럽게 발전해 갔느냐 하는 점도 함께 하라는 거군. 하긴 그것도 나쁘진 않지. 국가들의 사치성까지도 함께 관찰해 나간다면, 정과 부정이 어떠어떠한 나라에 일어나서 번성해 나가는지 쉽게 알 수 있을 것 같군. 어쨌든 우리들이 여태까지 이야기한 국가가 진실한 국가요, 바꿔 말하면 대체로 건전한 국가라고 생각되는데…… 그러나 자네들이 바란다면 열병에 걸려 고민하는 국가도 관찰해 보는 게 좋을 것 같군. 그래도 지장은 없으니까. 사실상 아까 말한 정도의 식사나 생활로는 만족할 수 없지. 그래서 침대라든가 식탁 및 기타의 식기류, 그 밖에도 여러 맛있는 음식, 향유,

향료, 과자 또는 유녀(遊女) 같은 종류마저도 요구하는 사람이 실제로 있을 테니까. 그리고 우리가 처음에 열거한 주거(住居)나 의복, 신발 등 단순한 필수품에서 한 걸음 더 나아가 그림, 자수 등 장식용까지 바라지 않을 수 없게 되겠지. 또 그 밖에 금이나 상아를 비롯한 여러 가지 세공품도 장만하지 않을 수가 없게 된다 이 말이지, 어때?"

"그렇게 될 것입니다."

"그렇게 되면 국가의 규모를 한결 더 크게 잡아야 하겠군. 그리고 앞서 말한 그 건전한 국가로서는 이제 충분하지 않지. 이렇게 된 이상 국가의 규모를 더 넓혀 국가에 꼭 필요한 자들을 위해 그렇지 않은 훨씬 더 많은 사람들을 끌어들여 국가를 가득 채워야 하니까. 가령 모든 종류의 사냥꾼이나, 모방자(예술가)들까지도 말일세. 이들 중에는 얼굴 모습이나 색채를 다루는 사람도 많이 있겠고, 음악에 관계하는 사람들, 즉 작가(시인)나 그 밑에서 일하는 글을 읽는 사람, 배우, 합창 무용단, 흥행사 등도 많이 있겠지. 그뿐만이겠어? 온갖 가구류를 만들어 낼 수공업자들, 특히 여자들의 옷가지를 만들어 내는 수공업자들도 있어야겠고. 그리고 또 있지, 보살펴 주는 일을 맡아 할 사람들 말일세. 자네는 그렇게 생각하지 않나? 아이들의 공부를 가르쳐 줄 사람, 유모, 옷 지어 주는 사람, 또 이발사, 조리사 등 모두 필요할 거야. 그러나 그뿐인가, 돼지를 기를 사람도. 처음 우리가 만들어 낸 국가에선 전혀 필요치 않았던 것도 오늘에 와서는 모두 필요하게 되었으니 하는 말일세. 물론 그런 고기를 먹는 사람이 있을 경우에 한해서지만. 안 그런가?"

"물론입니다."

"생활 정도가 이쯤 높아졌으니, 앞서보다 더 많은 의사 또한 필요할 테고."

"마땅한 말씀입니다."

14

"거기에다 또 국토 문제가 있지. 처음엔 그 정도의 사람을 위해서 충분했던 땅이 이제는 부족하게 되었으니 말일세. 이건 내 생각이고, 별다른 의견이라도 있는지?"

"아니에요. 그대로입니다." 글라우콘이 말했다.

"그렇다면 우리는 목축을 한다든가 농사를 짓는 데 충분한 땅덩어리를 가져야겠고, 모두가 그렇게 바랄 테지. 결국 충분한 토지를 소유하기 위해선 이웃 사람들의 토지를 빼앗아 이쪽 것으로 할 수밖에 없는데, 그러나 이건 이웃 나라 경우에도 마찬가지겠지. 그들 또한 필요한 한도를 넘어서까지 재산에 무제한의 욕심을 부린다면, 우리의 땅을 뺏는 방법밖에 없지 않은가?"

"그렇게 될 수밖에 달리 방법이 없을 것 같군요, 소크라테스 님."

"이렇게 되면 결국 전쟁이 일어난다는 이야기지. 글라우콘, 자네 생각은 어떤가?"

"물론, 그대로입니다."

"단, 현재로서는 전쟁을 유발하는 게 무엇인가 하는 것과, 그게 좋은 것인가, 나쁜 것인가 하는 점은 접어 두고 다음과 같이 말하는 것으로 그쳐 두지. 어쨌든 우리는 이제 전쟁에 직면했네. 즉 나라마다 해악이 생길 때, 그게 공과 사 어느 쪽에 해악이 생기든 간에 그것을 발생시키는 최대의 요인으로 바로 물욕(物慾)이란 것이 전쟁을 일으킨다는 이야기지."

"네, 그건 진실입니다."

"그럼, 친애하는 친구여! 국가를 더욱더 크게 만들어야겠네그려. 적당히 형식상으로 한다는 말이 아니라 온 군대를 수용할 수 있을 정도로 크게 말이야. 그런데 군대란 국가의 전 재산을 위해서, 그리고 방금 예를 든 사람들을 지켜 주기 위해서 싸움터에 나가 공격해 오는 적들과 맞서 싸우는 것인데."

"아니, 어째서죠? 자기들끼리 싸우는 것으로 족하지 않을까요?"

"그걸로 충분하지 않지. 우리가 처음 국가를 만들고 있었을 때 자네도 우리들 중의 한 사람으로서 모두가 인정한 바가 옳았다고 여겼다면 충분할 수 없지. 자네도 확실히 기억하겠지만, 우리가 인정했던 건 혼자서 많은 기술을 잘 익혀 나갈 수 없다는 점이었지."

"네, 틀림없이……."

"그렇다면 어떻게 되겠나? 전쟁이라는 이름으로 하는 승부에 기술이 필요하다고 생각 않나?"

"물론 크게 필요합니다."

"그럼 어떻게 생각해야 할까? 즉 전쟁의 기술보다 구두 만드는 기술에 더 신경을 써야 하겠는가, 이 말이야."

"결코 그럴 수는 없겠지요."

"그런데 우리는 앞서 제화공이 동시에 농부도 되고 직물공이 되는 것을 허용해 주지 않았거든. 구두 짓는 기술자가 우리들에게 훌륭한 구두를 만들어 주기 위해서는 그 일에만 열중해야 한다는 게 이유였지. 그 밖의 사람들에 대해서도 마찬가지였고. 저마다 자기에게 알맞은 소질의 일을 하나씩 할당했었지. 다른 일에서 해방된 그들은 오직 자기 일에만 전념, 시기를 놓치지 않고 훌륭히 맡은 바를 해내야 한다고 말이지. 더구나 전쟁의 경우, 이를 훌륭히 해낸다는 것이 얼마나 어렵고 중요한 일이겠나? 아니면 대단찮은 일이라서 농부든 제화공이든, 또 기타 어느 직종의 사람이건, 누구나 동시에 군인이 될 수 있는 것인지? 장기를 둔다든지 주사위 놀이에서도 어릴 적부터 오직 그것에만 전념하고 노력해야 명인이 될 수 있는 것인데, 잠시 장난삼아 몇 번 해보고서 그것을 바란다는 건 불가능한 일이지. 즉 방패라든가 기타 무기나 전쟁 도구를 손에 들기만 하면 금방 각종 전투에 참가해서 충분히 군인으로서 임무를 다할 수 있겠는지. 이건 어떤 도구든 그것을 손에 쥐기만 하면 전문적인 기술자 또는 운동선수가 되지는 못하는 경우와 같으며, 또 어떤 도구든 도구에 대한 지식이 필요한 이상 그만큼 오랜 기간의 연습이 수반되어야만 제 구실을 할 테니, 손에 들기만 한다고 뭣이든 되는 건 아니겠지?"

"그렇고말고요. 누구든 손에 들기만 해 가지고 써먹을 수 있는 도구라면 그건 아무런 가치도 없는 시원찮은 물건일 것입니다."

글라우콘이 말했다.

15

"그렇다면 수호자의 임무야말로 가장 중요하다고 할 수 있으므로, 다른 어떤 일보다도 많은 시간과 최대의 기술, 꾸준한 근면이 필요할 걸세." 내가 말했다.

"물론입니다." 글라우콘이 대답했다.

"그러면 수호자라 하더라도 그들 또한 그 직업 전체에 대한 선천적인 소질이 필요하지 않겠는가?"

"필요할 것입니다."

"그런데 만약 가능하다면, 우리는 국가 방위산업에 알맞은 성질을 지닌 사람을 골라내야 하겠지? 그건 우리의 의무라고 생각하는데……."

"그렇습니다." 글라우콘이 대답했다.

"그러한 선택은 쉬운 일이 아니네. 하지만 우리는 용기를 가지고 온 힘을 다해서 노력하지 않으면 안 되네……."

"그렇습니다."

"그런데 품격을 갖춘 젊은이란." 나는 말을 이었다. "그런 젊은이는 국가를 방위하고 지키는 점에 있어서 잘 훈련된 개와 같다고 생각하지 않는가?"

"어떤 의미로 말씀하시는지 잘 모르겠습니다."

"그건 이런 이야길세. 양쪽이 다 같이 적을 잘 발견하고 동시에 먼저 발견하고 나면 잡는 데도 민첩해야 하며, 또 일단 적을 잡다가 싸우지 않을 수 없을 경우엔 그만큼 용기를 드러낼 수 있어야 하지."

"그러한 성질은 확실히 그들에게 필요한 것이겠습니다."

"그렇다면 우리의 수호자도 잘 싸우기 위해서는 용감해야 하겠지?"

"그렇습니다."

"수호자가 되기 위해서는 말이건 개건 그 밖의 동물이건 기개가 있어야 용감할 수 있네. 자네가 언젠가 이렇게 말한 적이 있었지. 기개와 의욕 앞엔 적도 두려움도 없다고. 또 기개가 존재함으로써 동물의 정신에서 공포심이 사라져 무적의 강자가 된다고 말하지 않았는가?"

"그렇게 말한 일이 있습니다."

"그렇다면 국가를 지키는 방위자에게 필요한 육체적 조건이 뚜렷해진 셈이로군. 이해가 되는가?"

"네, 이해할 수 있습니다."

"그 밖의 정신적인 성질에 대해서는, 알겠나? 그들의 정신적인 조건 또한 기개로 가득 차 있어야 할 걸세."

"그렇습니다." 글라우콘이 말했다.

"그런데 기개가 가득 찬 사람이란, 대인 관계에 있어선 배타적이고 난폭해지기 쉬울 것으로 여겨지네만……."

"참으로 까다로운 문제에 다다른 것 같습니다."

"그들은 이렇게 되어야만 하는데……." 나의 이야기였다. "즉 적에 대해서는 난폭해야 마땅하지만, 자기편 자기 친구에 대해서는 성질이 온순해야 할 걸세. 그렇지 않으면 적에게 멸망하기 전에 스스로 자기들이 자기 자신을 멸망시키는 결과가 된단 말이야."

"물론입니다."

"그러면 어떻게 해야 좋을까? 훌륭한 기개에다 온화한 성질을 겸하여 지닌 사람을 어떻게 찾아야 할지. 이 두 성질이란 서로 상반되는 것이니 말일세……."

"정말 그렇군요."

"두 가지 성질 가운데 어느 것 하나가 빠져도 훌륭한 수호자가 될 수 없네……." 나는 말을 계속했다. "그렇다고 두 가지가 서로 합칠 수 없는 일이니, 결국 훌륭한 수호자를 구한다는 것은 불가능하다는 이야기가 아니겠나?"

"섭섭한 이야기지만, 그런 것 같습니다."

여기서 한동안 여러 가지 생각이 엇갈렸던 이전의 일을 나는 상기해 내었다. 그래서 이렇게 말했다.

"글라우콘, 우리는 오늘 미로에 빠져 있네. 왜냐하면 우리들 눈앞에 두었던 영상을 잃어버렸기 때문일세."

"그건 무슨 뜻입니까?" 글라우콘이 물었다.

"내 이야기는 이런 걸세. 즉 상반되는 성질을 동시에 갖춘 천성이 존재할 수 있다는 거지."

"어디서 그런 성질을 발견할 수 있겠습니까?"

"많은 동물들을 그 예로 들 수 있네. 가장 좋은 예는 개라고 생각하는데, 잘 훈련된 개는 그 가족과 친지들에 대해선 부드럽지만, 모르는 사람에게는 그 반대인 걸 자네도 알고 있겠지?"

"네, 정말 그렇습니다." 글라우콘이 대답했다.

"결국 그 말은 위에서 말한 바와 같은 두 성질을 동시에 지닌 수호자를 발견하는 게 불가능하지 않다는 이야기지. 한편 또한 자연에 어긋나는 일도 아니고……."

"그럴 것도 같군요."

16

"그런데 수호자로서 알맞은 사람이란, 기개가 뛰어난 성질 말고도 철학자가 지니는 성질상의 여러 요소도 갖출 필요가 있지 않겠는가?"

"말씀하시는 내용에 대해서 잘 이해가 되지 않습니다."

"내가 말하는 의미의 성질이란 개에게서도 찾아볼 수 있고, 그 밖의 다른 동물들에게도 뚜렷이 나타나는데……."

"어떤 성질에 대해서 말씀하시는 것인지요?" 글라우콘이 물었다.

"개는 낯선 사람을 보면 그 사람이 자기에게 아무런 해를 끼치지 않는데도 언제나 화를 내고 있으며, 아는 사람에게는 비록 자기에게 이롭지 않아도 꼬리를 친단 말일세. 그 까닭은 무엇 때문이겠나?"

"아직 그런 걸 느껴 보지 못했는데요. 하지만 말씀하신 내용이 옳다는 생각은 듭니다."

우리의 이야기는 계속되었다. 나는 다시 이렇게 말했다.

"개의 본능은 매우 귀엽지…… 따라서 개는 참된 철학자라고 생각하네."

"왜 그렇습니까?" 글라우콘이 물었다.

"그 까닭은 뻔한 일일세. 개는 도둑의 얼굴과 친지의 얼굴을 단순히 안다, 모른다는 기준으로 구분해 내기 때문이네. 따라서 이 말은 다음과 같지. 자기가 좋아하는 것과 좋아하지 않는 것의 구분을 안다, 모른다는 시험(절차)을 통해서 판정해 내는 애지자(愛知者)라고 하지 않을 수 없지 않나?"

"그런 것 같습니다."

"그러면 바꾸어 표현해서 지식의 애인, 즉 학문의 애인이란 바로 철학을 뜻하는 것이 아닐는지?"

"그렇다고 생각합니다."

"그렇다면……." 나는 말을 이었다. "사람에게 있어서도 마찬가지겠지. 자기 벗이나 친지에 대하여 온화한 사람은 선천적으로 지식과 예지를 사랑하는 사람이라고 단정해도 무방할 걸세."

"그렇게 긍정해도 틀리지 않을 것 같습니다."

"따라서 국가를 위한 훌륭한 수호자가 되기 위해서는 철학과 기개, 그리고 민첩성과 힘을 아울러 가진 사람이어야 하지 않겠나."

"반드시 그래야 할 것입니다."

"이제 우리는 우리가 필요로 하는 성질을 발견한 셈이네. 그런데 문제는 그것들을 어떻게 지도하고 교육하느냐 하는 점이 남아 있군. 이것에 대한 해답은 결국 우리의 최종 목적을 설명하는 결과가 되리라고 생각하네. 즉 '정의'와 '불의'가 어떠한 과정으로 발생하게 되느냐 하는 문제를 설명하는 결과가 된다고 생각하네. 우리는 이 문제에 대해서 필요한 것을 생략하는 일이 없도록, 아울러 불필요한 것까지 포함시켜 토론을 질질 끄는 일도 없도록 해야 하네."

"이 문제를 고찰해 보는 것은 우리에게 매우 이로우리라고 생각됩니다." 아데이만토스가 이에 끼어들었다.

"그렇다면 나의 벗들이여!" 나는 말했다. "비록 시간이 좀 걸리더라도 이 문제를 탐구하는 일을 결코 멈추어서는 안 될 줄 아네."

"그렇습니다. 중단할 순 없습니다."

"그럼, 좀 지루하더라도 이야기를 계속해 볼까. 이제 우리가 시작하려는 이야기는 우리들의 영웅들에 대한 교육 문제가 될 걸세."

"물론입니다." 아데이만토스가 대답했다.

### 17

"그럼 그들의 교육을 어떤 방법으로 하는 것이 좋을까? 우리들의 전통적인 교육에는 두 가지가 있었는데, 즉 육체를 위한 체력 교육과 정신을 위한 음악 교육이 그것이었지."

"그렇습니다."

"그렇다면 교육은 음악으로 시작해서 체육 쪽으로 진행해 나가야겠지?"

"그렇게 하는 것이 순서일 겁니다."

"자네가 생각하는 음악에는 문학까지도 포함하고 있는가?"

"네, 포함합니다." 아데이만토스가 대답했다.

"그러나 문학이란 진리일 수도 있는 반면 허위일지도 모르지."

"옳은 말씀입니다."

"내 생각은 이러한데, 어떨는지? 젊은이들은 진리와 허위 양쪽으로 수업을 시켜야 된다고 생각하는데, 우린 그 두 가지 가운데 허위 쪽부터 먼저 시작해야 하네."

"그건 또 어째서죠?" 아데이만토스가 물었다.

"우리는 우선 처음에는 어린이들에게 신화를 이야기해 주어야 하네. 이런 이야기는 그들 어린이가 체육을 배울 만한 나이가 되기 전에 들려주는 거지. 이건 이해가 되리라고 생각하는데……."

"그건 그렇습니다."

"내가 체육에 앞서 음악을 가르쳐야 한다고 한 까닭이 바로 여기에 있네."

"옳은 말씀입니다."

"또 어떠한 일이건 처음이 중요하다는 건 이해할 수 있겠지? 특히 젊은이들과 어린이들에 대해서 그렇단 말일세. 왜냐하면 그러한 시기에 인격이 형성되기 때문이며, 그때 받은 인상이 한결 더 선명하게 남는 시기이기도 하기 때문이네. 어떤가, 자네 생각은?"

"그렇습니다, 말씀하신 대로입니다." 아데이만토스가 대답했다.

"그런데 우리는……." 나는 다시 하던 말을 이었다. "하찮은 사람들이 꾸며낸 보잘것없는 이야기를 멋대로 어린이들한테 들려주어도 괜찮다고 생각하는지? 또 어린이가 한창 성장하는 그런 시기에 그들에게 갖게 하려던 것과는 거의 정반대되는 사상을 그들 마음속에 퍼부어 넣어도 좋다고 생각하는가?"

"그래서는 안 되겠지요."

"그러니까 이 일을 먼저 해야 할 것 같으이. 즉 어린이들한테 이야기를 들려주는 이야기꾼에 대한 검열관을 두는 거지. 그리하여 검열관으로 하여금 좋은 이야기는 장려하고 나쁜 이야기는 못 하게 한단 말일세. 그런 다음 어린이들의 어머니나 유모로 하여금 검열관이 장려하는 이야기만을 들려주도록 요청하는 거지. 결국 좋은 이야기만을 들려줌으로써 그것으로 어린이의 정신이 만들어지게끔 하는 거야. 이것이 어린이들의 육체를 형성하는 것 이상으로 중요하다는 걸 인식시킨단 말일세. 그런데 요즈음 어린이들한테 들려주고 있는 이야기는 거의 모두가 피해야 될 성질의 것이 많다고 나는 생각하네."

"어떤 종류의 이야기를 말씀하시는 것인지요?" 아데이만토스가 이렇게 물었다.

"자네는 규모가 큰 이야기 속에서 규모가 작은 이야기의 형식을 발견한 적이 있겠지. 난 그걸 말하는 걸세. 왜냐하면 이야기가 긴 것이건 짧은 것이건 형식에 있어서는 모두가 마찬가지일 뿐만 아니라, 또 어느 것에든 같은 정신이 들어 있기 때문이네."

"그런 것 같기는 합니다만, 말씀하신 가운데서 규모가 크다고 하신 것은 어떤 것을 가리키는 건지 잘 이해가 가지 않습니다……" 아데이만토스가 말했다.

"그건 호메로스나 헤시오도스, 또는 그 밖의 위대한 작가나 시인들에 의해 만들어진 이야기를 가리키는 것일세."

"그러면 어떠한 종류의 이야기를 말씀하시는 건가요? 그리고 거기서 어떠한 결점을 지적하시는 것인지 모르겠습니다."

"거기엔 가장 중요한 결점이 포함되어 있네. 다름 아닌 거짓말을 한 바로 그것이란 말일세. 더욱이 그 거짓말이 나쁜 의미의 거짓말이라는 게 더욱 큰 결점이 되네."

"그럼, 그런 결점은 어떤 경우에 이루어지고 있습니까?" 아데이만토스가 물었다.

"그것은……" 나는 말을 이었다.

"신이나 영웅들의 성격에 대하여 표현된 모든 것이 다 그렇다네. 그것은 마치 화가가 어떤 초상을 그리려고 하는데, 그 모델과 전혀 닮지 않게 그린 것과 마찬가지라네."

"그건 그렇습니다. 나무랄 만합니다. 하지만 선생님이 말씀하시는 이야기가 어떤 것인지, 좀 더 구체적으로 말씀해 주셨으면 좋겠습니다."

"가장 먼저 들 수 있는 것으로 이런 게 있지. 이건 가장 중요한 것을 그릇되게 표현한 것 중의 대표적인 것인데…… 시인에 의해서 알려지고 있는 우라노스에 대한 이야기가 그것일세. 이건 가장 나쁜 허위에 속하는 이야기지. 즉 우라노스가 한 소행과 그에 대한 크로노스의 복수[16] 등에 대해 헤시오도스가

---

16) 우라노스는 하늘의 신. 땅의 신과의 사이에 태어난 자식들이 나중에 포악해질 것을 두려워하여 낳자마자 모두 땅속 깊숙이 묻어 버렸다. 크로노스는 그 막내아들로서, 어머니 가이아의 꾐을 받아 아버지를 거세하고 왕위를 빼앗았다.

한 말을 가리키고 있네. 크로노스가 한 일이라든가 그의 아들이 아버지인 그에게 준 고통[17] 등이 바로 그것이지. 그것은 비록 진실이었다 해도 젊은 사람들이나 생각 없는 사람들에게 마구 들려줄 성질의 이야기가 못 된단 말일세. 가능한 한 숨겨 두어야 마땅한 성질의 이야기지. 만약 꼭 이야기할 필요가 있다면 매우 소수의 사람들한테만 비밀로 들려주어야 옳으며, 그것도 듣고자 하는 사람들에게 그 대가로서 큰 돼지라든가 또는 손에 넣기 어려운 공물을 받고 난 뒤에 들려주어야 마땅하네. 그렇게 되면 듣기를 희망하는 사람의 수가 적어질 테니까……."

"그렇습니다. 그런 이야기는 참으로 꺼림칙한 것입니다." 아데이만토스가 대답했다.

"이해할 수 있겠나, 아데이만토스. 그런 이야기는 우리가 세운 국가 안에서는 적어도 들려주지 않도록 했으면 좋겠네. 죄악 가운데서도 가장 지독한 것을 저지르고서도 오히려 마땅한 일을 한 것처럼 그따위 이야기를 젊은 사람들한테 들려주어서는 안 된다고 생각하네. 이를테면 어떤 이의 아버지가 악한 일을 행하여서 이것을 여러 가지 방법으로 징계할 경우, 그는 단순히 신들 가운데 으뜸가는 최초의 신을 모방한 것일 뿐이라는 식의 이야기를 해선 안 된다는 것일세."

"선생님의 말씀에 모두 찬동합니다. 그런 식의 이야기는 더 되풀이할 필요가 없다고 생각합니다."

"따라서 이런 것도 조심해야 하네." 나는 말을 계속했다. "적어도 우리가 우리 나라의 장래 수호자들에게 서로 싸워서는 안 되고, 그것이 가장 못된 소행이라는 것을 가르치고 싶다면, 천상(天上)에서의 싸움에 대해서 이야기하지 말아야 하네. 여러 신들 사이의 전쟁이라든가, 음모 따위를 입에 올려서는 안 된다는 이야기지. 그 까닭은 간단하네. 그것은 모두 다 거짓이기 때문이야. 그 밖에도 거인들의 전쟁[18] 이야기도 들려주어서는 안 되며, 거기다 윤색을 한 것도

---

[17] 크로노스 또한 왕위를 빼앗길 것이 두려워 자식들을 모두 죽였다. 왕비 레아는 우라노스의 지혜로 막내 제우스를 임신하자 곧 도망쳐 난을 면했으며, 그리하여 태어난 제우스가 어른이 된 뒤 크로노스를 죽였다.

[18] 우라노스가 거세될 때 대지에 흘린 피에서 태어났다고 하는 거인족은 나중에는 뱀의 발을 한

안 되네. 또 신들이나 영웅들의 친구 사이에서의 싸움, 친족 사이의 무수한 싸움에 대해서도 감추어 두어야 하네. 만약 젊은이들이 우리를 믿는다면, 싸움이란 추악한 것이고, 오래도록 시민들 사이에 싸움 같은 건 일어난 일이 없다고 이야기해 줄 수 있을 터인데…… 이런 건 부모들이 자식에게 들려줄 최초의 이야기 내용이 될 수 있네. 그래서 그들이 마침내 성장했을 때는 시인들도 그와 동일한 정신으로 시를 짓도록 강요해야 하네.

또한 헤파이스토스가 자기 어머니를 결박했다는 이야기[19]나 그 밖에 헤파이스토스가 매 맞고 있는 어머니를 막아 주려다가 그의 아버지(제우스)에 의해 하계(下界)로 내던져진 이야기나, 또는 호메로스의 창작 가운데 있는 신들의 전쟁 등은 비록 그것이 비유적인 의미의 표현일지라도 우리 나라 안에 들여놓아서는 안 되네. 왜냐하면 젊은이들은 비유적인 것과 사실인 것의 구분을 잘하지 못하기 때문일세. 그 나이 때는 일단 마음속에 들어온 것은 좀처럼 잊어버리기도 수정하기도 어렵단 말이네. 그러므로 그들에게 처음으로 들려줄 이야기는 그들을 덕으로 이끄는 내용이어야 한다는 것을 강조하고 싶네."

### 18

"선생님의 말씀에 동의합니다. 그러나 만약 어떤 사람이 우리에게, 그러면 그것은 대체 어떤 이야기여야만 하느냐고 물어 오면, 뭐라고 대답해야 좋을는지요?" 아데이만토스가 물었다.

"아데이만토스여!" 내가 대답했다. "우리는 오늘 시인이 아니라 국가의 창설자라는 것을 잊어서는 안 돼. 국가의 창설자이기 때문에 시인들이 만들어 내는 이야기의 일반적인 형식도 알고 있어야 하는 동시에, 그들이 지켜야 할 규칙에 대해서도 알고 있어야 하지 않겠나. 우리가 알고 있어야 할 건 그런 정도에 그치는 것이지. 그들처럼 이야기를 만들어 내는 건 창설자가 할 일이 아니란 말일세."

---

괴물 따위로 묘사되었고, 제우스와 여러 신들에게 반역했지만 결국 타도되었다고 전해진다.
19) 헤파이스토스는 제우스와 헤라의 자식으로 대장간과 불의 신. 절름발이로 태어나서 어머니 헤라에게 버림받았고, 이를 원망하여 눈으로는 보이지 않는 사슬이 달린 황금 의자를 어머니에게 보내어 앉게 한 다음 포박했다고 한다.

"물론 그렇습니다. 그렇지만 말씀하시는 그 신화의 형식이란 어떤 것입니까?"
"그건 이런 것이라고 생각하네. 즉 서사시건 서정시건 또는 극시건 간에 신을 묘사하는 데 있어서는 실제 있는 그대로 표현되어야 하네."
"옳은 말씀입니다."
"그러나 신이란 실제로 선량한 것이며, 또한 선량하다고 표현하는 게 마땅하지 않겠나?" 내가 이렇게 물었다.
"그렇게 표현하는 게 옳을 것 같습니다."
"그런데 선량한 것 가운데는 해로운 것이 있을 수 없다고 생각하네."
"물론입니다. 해로운 것이 있을 수 없지요."
"따라서 해롭지 않은 것은 해를 끼치지 않는다는 이야기겠지?"
"물론입니다."
"그러면 이번에는 이렇게도 말할 수 있을 것 같군. 즉 남에게 해를 끼치지 않는 건 악도 행하지 않는다고."
"물론입니다. 악도 행하지 않지요."
"그럼, 이런 건 어떤가? 악을 행하지 않는 자가 악의 원인이 될 수 있다고 생각하는가?"
"될 수 없습니다."
"그러면 선이란 이로운 것임에 틀림없겠지?"
"그렇습니다."
"따라서 선한 것은 행복의 원인이 될 수 있겠군?"
"그렇습니다."
"그러므로 선한 것은 모든 것의 원인이 아니라, 좋은 일만의 원인이 된다고 생각하네."
"분명히 그렇습니다."
"따라서 이런 이야기도 될 것 같은데……." 내가 말했다. "즉 신이 선량하다면, 신에 대해서 일반적으로 이야기하는 것처럼 신은 모든 것의 창조자가 아니라, 적은 일의 원인에 불과하지 않겠나. 다시 말해서 사람에게 일어나는 많은 여러 일의 원인이 아니라는 이야기일세. 왜냐하면 인간의 삶이란 좋은 일은 적고 나쁜 일은 많기 때문이지. 그런데 좋은 일만이 신한테 돌아간단 말이네. 따라서 나쁜 일에 대한 원인은 그 밖의 다른 데에서 찾아야 마땅하지, 결코 신한테서 구할 것이 아니라는 이야길세."

"그것은 저에게 매우 감명 깊은 진리가 되겠습니다." 아데이만토스가 대답했다.

"따라서 우리는 호메로스나 그 밖의 시인들 이야기에 귀를 기울여서는 안 된단 말일세. 그들은

두 개의 술통을 운명으로 가득 채워, 제우스의 문전에 놓아두었네.
하나엔 행운을, 하나엔 악운을 담아서……

그리하여 이에 제우스가 이 양쪽을 섞어서 준 사람은

때로는 악운을, 때로는 행운을 만나게 되리라

했고, 한편 악운만이 담긴 술잔을 준 사람에 대해서는

몹시 곤궁하여 이 아름다운 지상(地上)을 방황하게 만들도다

했으며, 또는

우리들 행복과 불행의 분배자인 제우스

라는 등등의 어리석은 이야기를 빚어내는 죄를 범했단 말일세."

### 19

"그래서 만약 누군가가, 핀다로스[20]가 서약을 깨뜨린 것은 아테나와 제우스

---

20) 트로이아군(軍)의 용맹한 장수로서 활을 잘 쏘았는데, 휴전 협정을 위반하고 그리스군의 장수 메넬라오스에게 부상을 입혔다. 그것이 제우스와 아테나에 의해서 일어난 일이라는 것은 《일리아드》 제4권 69~147에 나온다.

에 의해서 생긴 일이라든가, 또는 신들의 싸움이나 격돌이 테미스나 제우스의 선동으로 말미암아 일어난 것이라고 주장해도 우리는 그것에 찬동하지 말아야 하네. 그리고 또 우리의 젊은이들을 향해

> 신은 지상의 모든 집을 멸망시키고자 바랄 때
> 사람들 사이에 죄를 만든다

라고 한 아이스킬로스의 말을 들려주어서도 안 되네. 한편 또 만약 어떤 시인이 풍자시에서 나오는 비극의 주제인 니오베의 고난,[21] 펠롭스 일족[22] 또는 트로이아 전쟁의 고통이나 그 밖의 이와 비슷한 제재에 대해서 이야기를 서술할 때, 이게 모두 신이 시킨 일이었다고 말하지 못하게 해야 한단 말일세. 만약 그것이 정말로 신에 의해 비롯되었다 하더라도 그걸 이야기할 때 우리가 오늘 탐구하는 바와 같은 충분한 설명을 해주어야 하네. 즉 신은 옳고 의로운 일을 했으며 그들이 벌을 받은 건 마땅한 일이라고 말해야만 하네. 그러나 벌을 받는 사람은 매우 비참하며 그 비참한 불행을 겪는 사람을 만들어 낸 게 다름 아닌 신이라는 표현은 시인들로 하여금 쓰지 못하게 해야 하네. 바꾸어 말하면 이런 식으로 표현하게 해야 한단 말일세. 악한 사람은 벌받을 일을 했기 때문에 비참하며, 신에게 벌을 받음으로써 축복받는다고 말이네. 신은 선하지만, 특정한 사람에 대해서는 화(禍)를 주는 창조주라는 이야기를 절대 못 하도록 하는 것이지. 그리하여 노인이건 젊은이건 모두 이런 걸 이야기하고 노래하고 듣지 못하게 한단 말일세. 그것이 산문이건 운문이건 우리들이 세운 질서 있는 국가 안에서는 금지해야 할 줄 아네. 그러한 이야기는 자멸적이요, 파괴적이요, 신을 모독하는 것이기 때문일세."

"모두 찬성합니다. 만약 그러한 법률을 만든다면 그것에 대해서도 찬성하겠

---

[21] 니오베는 탄탈로스의 딸. 테베 왕 암피온의 아내가 되어 여섯 아들과 여섯 딸을 낳았다. 이것을 과시하며 자식이 둘밖에 없는 레토를 비웃다가 레토의 자식 아폴론과 아르테미스의 화살을 맞아 자식들이 모두 죽었고, 이를 슬퍼하며 흐느끼는 그녀를 제우스가 돌로 변하게 했다고 한다.
[22] 펠롭스도 탄탈로스의 아들. 아트레우스의 아버지. 그 일족으로서 아가멤논과 오레스테스, 엘렉트라 등이 있는데, 저주받은 일족으로서 비극의 글에 자주 인용된다.

습니다." 아데이만토스가 말했다.

"그럼, 이상의 것을 신에 대한 우리의 규칙이며 법칙의 하나로 정하세. 즉 시인이나 음유시인들로 하여금 이에 따르게 하는 걸세. 신은 선과 악 모든 일의 원인이 아니라, 오직 선의 원인이라는 것을 말이네."

"좋습니다."

"이것으로 법률 제정은 정한 셈인데, 그럼 제1의 규칙에 대해서는 어떻게 생각하는지, 신은 마술사처럼 그때그때에 알맞은 형태로 바꾸어 나타나는 그런 것이라고 생각하는가? 즉 어떤 때는 모양을 바꾸어 이렇게도 되고, 또는 저렇게도 되어 그러한 변화의 유사성을 가지고 우리를 속인다고 생각하지 않는지, 그렇지 않으면 신은 본래의 모습 속에 언제나 고정불변한 똑같은 모습이라고 생각하는지 자네의 의견을 알고 싶네."

이러한 나의 물음에 대해서 아데이만토스는 그다지 생각하지도 않고 이렇게 대답했다.

"거기에 대해서는 대답하기가 어렵습니다."

"그런가. 그럼 다음과 같은 것은 어떻게 생각하는가? 만약 우리가 어떤 물건의 변화를 상상해 본다면 변화란 그 물건 자체에 의해서가 아니면 그 밖의 어떤 다른 것의 영향을 받아서 변화하는 것이겠지?"

"물론 그렇겠지요."

"사물이 가장 훌륭한 상태로 있을 때에 변화 또는 변형하기가 가장 어렵다네. 예를 들어 사람 몸이 가장 건강하고 튼튼할 때는 음식물에 의해서 영향을 받는 일이 거의 없네. 마찬가지로 식물의 경우에 있어서도 그것이 가장 왕성할 땐 바람이나 태양열 같은 것, 또는 그와 비슷한 원인에 의해서 고통당하는 일이 거의 없을 것이 아니겠나?"

"그건 물론 그렇습니다." 아데이만토스가 대답했다.

"결국 가장 용감하고 가장 지혜로운 사람은 어떠한 외부적인 영향에 의해서 갈팡질팡한다든가 혼란을 받는 일이 가장 적을 게 아니겠나?"

"그렇습니다."

"생각건대 이와 같은 법칙은 모든 사물, 예컨대 가구나 가옥 등에도 적용된다고 믿네. 즉 견고하게 잘 만들어진 것이면 시간이나 환경에 의해 쉽게 변화하지 않기 마련이지."

"분명히 그런 것 같습니다."

"결국 그것은……." 나는 말을 이었다.

"즉 모든 종류의 좋은 물건은 그것이 기술에 의해 만들어졌건, 자연적으로 만들어졌건, 또는 양쪽 모두에 따라서 만들어졌건 간에 외부로부터 영향을 받아서 변화되기란 힘들다는 것이네."

"그렇습니다."

"그런데 신이나 신성한 물건은 모든 점에 있어서 완벽하다는 것이 확실하지 않겠나?"

"물론입니다."

"따라서 신은 외부적인 영향에 의해서 여러 모양으로 변형되도록 강제당하는 일이 없으리라고 생각되네."

"없을 것입니다."

## 20

"그러므로 신은 자기 자신을 변형하거나 변화시켜서는 안 되겠지?"

"그건 적어도 자기가 변형되는 입장에서라고 믿어지는데요." 아데이만토스가 대답했다.

"그러면 신은 스스로 변모할 경우보다 더 훌륭하게 변화하겠나, 아니면 보다 악하고 보다 추하게 변화하겠나?"

"만약에 변한다면, 악한 방향으로만 변하지 않겠습니까? 왜냐하면 신이란 덕에 있어서나 미에 있어서나 결점이 있다고는 상상할 수 없으니까요." 아데이만토스가 대답했다.

"옳은 말일세. 그러나 신이건 사람이건 모두 자기가 악하게 되기를 바라지는 않겠지?"

"물론입니다."

"그렇다면 결국 신이란 단 한 번일지라도 변화되기를 원하지 않겠지. 그 까닭은 지금 조금 언급되기도 했지만, 우리의 상상대로 가장 아름답고 선한 것이 신일 테니까. 따라서 모든 신이란 신 본래의 모습 그대로를 유지해 나가는 것이 절대적이라고 할 수 있겠지?"

"제 생각에도 꼭 그러리라고 판단됩니다."

"그러니까 나의 벗 아데이만토스! 시인들로 하여금 이렇게 노래하지 않도록 해야겠네.

> 외국 사람 차림으로 여러 가지 모습을 하고,
> 여기저기 마을을 거니는 신들

이라고 말일세. 또 시인들로 하여금 프로테우스와 테티스[23]를 비방하지 않게 해야 하네. 그 밖에도 우리의 어머니들로 하여금 시인들의 이야기에 감화를 받아 신을 잘못 인식하지 않도록 해야지.[24] 앞에서도 말했듯이 외국 사람처럼 여러 모습으로 변장해서 밤에 돌아다닌다는 식으로 인식하지 않게 해야 한다는 이야길세. 그리하여 어린이들에게 곧이곧대로 전하여 어린이들에게 두려움을 안겨 주어서는 안 되네. 동시에 또 그처럼 신들을 모독하는 언사도 쓰지 않도록 해야 하네."

"옳은 말씀입니다." 아데이만토스가 동의했다.

"그런데 신들은 스스로는 불변의 것이지만, 마법이나 속임수로 온갖 모습으로 나타난다고 생각할 수는 있지 않겠나?"

"그건 아마 가능하겠지요."

"그렇다면 신이 스스로 말이나 행동에 있어 거짓말을 한다든가, 변형된 모습으로 나타난다고 생각할 수는 없을까?"

"그건 잘 모르겠습니다."

"참다운 거짓말, 만약 이런 표현이 가능하다면 그것이야말로 신과 사람들이 한결같이 싫어한다는 걸 자네는 알 수 있겠는가?"

"그건 무슨 말씀인지요?"

"그건 이런 뜻일세. 즉 사람은 누구나 가장 진실되고 중요한 일에 대해서 기

---

23) 프로테우스는 바다의 신 포세이돈의 종. 예언과 변신술에 능했다. 테티스는 펠레우스의 아내이며 아킬레우스의 어머니. 바다의 여신으로 자기 모습을 변하게 하는 힘을 지녔다.

24) 아이스킬로스의 흩어진 비극들 중 《크산트리아이》의 일부.

만당하는 것을 좋아하지 않으며, 오히려 이러한 허위를 두려워한다는 말일세."

"아직도 저는 무슨 말씀인지 이해할 수가 없습니다."

아데이만토스가 말했다.

"자네는 내 말을 너무 심각하게 생각하는군." 나는 다시 설명했다.

"그러니까 이해할 수가 없는 걸세. 난 사람의 최고 부분, 즉 정신의 최고 실재에 대해서 기만당한다거나, 또는 기만을 당하고도 모르는 것을 사람들이 가장 싫어한다고 말했을 뿐이네."

"그렇습니다. 그것만큼 기분 나쁜 일은 없을 것입니다."

"결국 이 말은, 방금 내가 말한 것처럼 기만당하는 사람의 정신에 대한 무지야말로 참다운 허위라고 불러도 좋다는 이야기지. 왜냐하면 말만의 허위란 단지 정신 이전의 감정의 모방이나 그림자와 같은 환영에 지나지 않고 순수한 거짓이 아니기 때문이네. 자네는 그렇게 생각하지 않는가?"

"옳은 말씀입니다."

아데이만토스는 수긍했다.

## 21

"참다운 허위란 신들이 싫어할 뿐만 아니라 사람도 또한 싫어하는 것일세."

"그렇습니다."

"말만의 거짓이란 어떤 경우에 있어서는 유익하면 유익했지 결코 나쁘지 않을 때도 있네. 적을 상대로 할 경우가 그런 예의 하나이지. 그 밖에도 친구가 조금 정신이 돌았다든가, 또는 환상에 의해 무언가 해로운 일을 하려 할 경우의 거짓말은 유익할 뿐만 아니라 하나의 약이요, 예방제가 될 수 있는 거네. 한편 우리가 여태까지 이야기해 온 신들에 관해서도 그렇지. 즉 우리는 옛일을 모르기 때문에 가능한 한 진실처럼 거짓말을 만들어 이것을 이용한단 말이네."

"과연 그렇기도 합니다." 아데이만토스는 대답했다.

"그런데······." 나는 계속 이야기를 진행시켜 나갔다. "그러한 까닭 가운데 어느 쪽이 신에게 적용될 수 있겠는지. 신이 옛날을 모르기 때문에 창조물을 이용한다는 등의 일을 상상할 수가 있겠는가?"

"그런 일은 있을 수 없습니다."

"그렇다면 우리들의 신에 대한 관념 속에는 거짓말 잘하는 신이 들어설 자리가 없겠군."

"그러리라고 생각합니다."

"그렇다면, 신은 적을 겁내기 때문에 거짓말을 할지도 모르는 경우가 있을는지?"

"그런 건 생각할 수 없습니다."

"그러나 신이 미치광이나 바보를 친구로 가질 경우가 있을지도 모르잖나?"

"미치광이나 바보가 신의 친구가 될 수는 없다고 생각합니다."

"결국 신이 거짓말을 할 까닭이나 동기를 도무지 상상할 수 없다는 이야기가 되겠군?"

"그렇습니다."

"그럴 만한 까닭이나 동기를 전혀 상상할 수 없다는 이야기가 되겠군?"

"그렇습니다. 그럴 만한 까닭을 전혀 상상할 수가 없습니다."

"따라서 신은 말에서나 행위에서나 완전히 단순하고 진실하단 뜻이겠지. 그는 스스로 변화하지 않으며, 깨어 있을 때나 꿈을 꾸고 있을 때나 언제든지 남을 속이지 않을 걸세."

"말씀하시는 것에 무조건 동의합니다."

"결국 바꾸어 말해서……." 나는 계속했다. "신들이란 자기 자신을 바꾸어 놓는 마술사가 아닌 동시에 또 어떠한 방법으로도 사람을 속이는 일이 없다는 것이겠지? 이 점이야말로 우리들이 신성자(神聖者)에 대해서 글을 쓰고 이야기를 하고 따르지 않으면 안 되는 첫 번째 규칙이라고 할 수 있으며, 이에 대해 우리는 서로 같은 견해를 갖고 있는 셈이네."

"그 말씀에는 아무런 이의가 없습니다." 아데이만토스가 대답했다.

"따라서 우리는 호메로스의 숭배자이기는 하지만 제우스가 아가멤논에게 보낸 거짓 꿈에 감탄하지는 않을 걸세. 그뿐만 아니라 아이스킬로스의 다음과 같은 시 또한 우리는 찬양할 수 없을 걸세.

장수하고 병을 모르는
그녀의 아름다운 자식들을 노래하며 칭송하였도다.

그가, 내 운명의 모든 것이 신의 축복이라 말했을 때,
　　내 영혼은 기꺼이 노래하였네.
　　포이보스[25]의 말은 성스럽고 예언에 가득 차 있어,
　　참다운 것이라고 나는 생각하니.
　　그러나 내 결혼 잔치에서 노래 부른 그가 설마
　　내 자식들을 찌를 줄이야.

그리하여 아폴론이 테티스의 결혼식에서 그녀의 자손의 번성을 노래로써 축원한 데 대해 칭찬하지는 않을 걸세. 이것들은 우리를 화나게 하는, 신에 대한 감정의 한 종류이네. 이런 말을 하는 사람에게는 합창하는 것을 허용하지 말아야 하네. 또 우리는 교사들로 하여금 이런 것들을 젊은이들에게 가르치지 못하도록 해야 하네. 왜냐하면 우리들의 수호자는 신의 참다운 숭배자로, 마치 신과 같이 되어야 하니까."

"이와 같은 법칙에 저도 모두 찬성합니다. 그리고 이것들을 저의 법률로 할 것을 약속합니다."

아데이만토스의 대답이었다.

---

25) 아폴론의 별명으로, 태양이 찬란하게 비친다는 뜻이다.

# 제3권

## 1

"우리 신학의 법칙은 그와 같은 것이지. 즉 우리의 제자들로 하여금 부모를 존경하고 친구들 간에 서로 깊은 우정을 맺게 하려면, 어릴 적부터 어떤 이야기는 들려주고 어떤 이야기는 들려주어서는 안 된다는 결론이지."

"그렇습니다. 그리고 우리의 이 법칙은 옳은 것입니다." 아데이만토스가 대답했다.

"그런데 그들에게 용기를 주려면, 오늘 이야기한 것 말고도 무언가 가르쳐 줄 것이 없겠는가? 죽음의 공포를 없애 버리는 그런 종류의 것을 말일세. 왜냐하면 죽음에 대하여 두려움을 지닌 인간이 용감해질 수는 없는 일이니까."

"물론입니다."

"그리고 또한 지옥이 실제로 있으며 몹시 무서운 것이라고 믿고 있는 인간이 죽음을 겁내지 않을 수 있겠는가? 그리하여 전쟁터에 임하여 패배나 예속보다는 죽음을 택하겠다는 마음을 가질 수 있다고 생각하는가?"

"그건 불가능합니다."

"따라서 우리는 이런 종류의 이야기를 하는 사람에 대해서도 다른 종류의 이야기를 하는 사람의 경우와 마찬가지로 간섭을 해야 할 것이네. 그리하여 그들에게 단순히 지옥을 욕하지만 말라고 일러 줘야 하고, 또 그들의 이야기엔 거짓이 있으며, 우리 나라 미래의 전사들을 위해 매우 해롭다는 것을 그들에게 알려 주어야겠네."

"그것이야말로 우리들의 의무라고 생각합니다." 아데이만토스가 말했다.

"따라서 우리는 먼저 시를 시작으로 우리가 꺼리는 많은 구절들을 말살해 버려야겠네. 예를 들어 이런 것들이지.

무(無)가 되어 버릴 많은 시체를 통솔하기보다
나는 오히려 가난한 자의 노예가 되리.

또 하데스가 무서워했던 구절도 빼야지.

신들도 꺼리는 그 무섭고 더러운 집이,
인간에게도 신들에게도 보이지 않도록.

그 밖에 또

아아, 안타까울진저! 하데스의 집에는
영혼이 있고 사물의 변화하는 모습도 있으나,
마음은 없도다.

그리고 또 테이레시아스에 대한

비록 죽은 뒤일지라도,
페르세포네는 그에게 마음을 주었노라.

이에 이어

영혼은 육체를 떠나 인간과 청춘을 버린 그녀의 운명을 슬퍼하며
하데스 곁으로 갔노라.
그리하여 영혼은 소리치며, 연기처럼 땅 밑을 지나갔노라.

그 밖에도

신비스런 동굴의 박쥐들은 그들 가운데 어느 것이 바위에서 떨어질 때엔,
언제나 소리치며 날개를 퍼덕여 서로 부둥켜 안듯이,

그들 또한 그렇게 줄지어 소리쳤다.

우리는 또 호메로스나 그 밖의 시인들에게 우리들이 이러한 구절을 지우더라도 화내지 않도록 부탁해야 하네. 그 까닭은 아주 분명하지. 그런 구절들이 시적(詩的)이 아니라서가 아니며, 또한 민중들에게 흥미가 없어서도 아니거든. 오히려 시적이고 흥미가 크면 클수록, 죽음보다 예속을 겁내야 마땅한 자유 시민들이나 소년들의 귀에 들어가서는 안 되기 때문이야."
"옳은 말씀입니다."

2

"한편 또 우리는 지옥을 묘사한 무섭고도 놀라운 명사(名詞)도 피해야 하네. 다시 말하면 코키토스나 스틱스,[1] 땅 밑의 도깨비며 바짝 메마른 저승 등이 그런 예가 되네. 그 밖에 이름만 들어도 소름이 끼치는 그런 종류의 말들을 피해야 하지. 하지만 이런 무서운 이야기들이 전혀 쓸모가 없다고는 말하지 않겠네. 다만 우리 수호자들의 정신이 이런 이야기로 흥분하여 마치 여자처럼 되어 버리지나 않을까 걱정되어서이네."
"아닌 게 아니라 그럴 위험성이 충분히 있다고 생각합니다." 아데이만토스가 말했다.
"우린 이제 이런 종류의 이야기는 그만해야겠네."
"그렇습니다."
"우리는 그들보다도 더 기품 있는 노래를 만들어 부르도록 해야 하네."
"옳은 말씀입니다."
"한 걸음 더 나아가서 이름난 사람들의 슬픈 노래나 가락도 없애 버리면 어떨는지?"
"그게 좋을 것 같습니다. 그것도 다른 것과 함께 없애 버리도록 하지요." 아데이만토스가 대답했다.
"그러나 그렇게 없애 버려도 좋겠는가? 잘 생각해 봐주게. 우리들의 법칙은

---

[1] 저승을 둘러싸고 흐르는 다섯 강 가운데 시름(탄식)의 강인 코키토스, 증오(혐오)의 강인 스틱스.

선인(善人)이란 자기 친구인 다른 선인의 죽음을 두려워하지 않는다는 것이었는데.”

"그렇습니다. 그것이 우리들의 법칙이었습니다."

"따라서 그의 죽은 친구를 위하여, 마치 그 친구가 무언가 무서운 고통이라도 받는 것처럼 비통해하지는 않는다고 생각하는데.”

"그렇습니다."

"그렇다면 이런 사람은 삶에서 자기 자신만으로 충분하며, 일반 사람들처럼 다른 것을 필요로 하지 않는다고 말할 수 있을까?"

"그럴 것 같습니다." 아데이만토스의 대답이었다.

"결국 자식이나 형제 또는 재산을 잃어도 여러 사람 가운데 오직 그 사람만은 가장 두려움을 적게 느끼는 인간이겠지?"

"분명 그렇겠습니다."

"따라서 자기한테 닥쳐오는 어떠한 불행에 대해서도 거의 슬퍼함이 없이 이것에 견디어 내는 강함과 태연함을 갖추고 있으리라고 생각되는데, 자넨 어떻게 판단하나?"

"그럴 것입니다. 그런 종류의 불행에 대해서는 다른 사람들보다 느끼는 감도가 적을 것입니다."

"그렇다면 우리는 이름난 사람들의 슬픈 노래를 지워 버려서, 그것을 여자—여자일지라도 무언가 쓸모 있는 사람은 빼고—나, 또는 가장 비굴한 남자들한테 넘겨주는 걸세. 그래서 우리 나라의 수호자가 되고자 교육을 받고 있는 자들에게 이런 일은 매우 비겁한 행위라는 것을 가르쳐 주어야 하네."

"매우 옳은 일이라고 생각합니다."

"그리고 나서 이번에는 다시 한번 호메로스나 그 밖의 시인들에게 부탁하는 거야. 즉 한 여신의 자식인 아킬레우스를 다음과 같이 묘사하지 않도록.

    모로 쓰러졌다가는 뒤로 벌렁 드러눕고,
    엎드렸다가는 또 벌떡 일어나,
    거친 해안을 미친 사람처럼 배를 젓다가
    두 손에 검은 재를 잡고 머리에 뿌린다.

또 그 밖에 호메로스가 묘사한 것처럼, 여러 형태의 기분에 따라 탄식하고 울부짖고 하는 것들을 쓰지 말아 달라고 부탁하는 거야. 한편, 다른 신들의 친족인 프리아모스가

> 진흙에 넘어져 사람들이 이름을
> 소리 높여 부르며 기도하며 애원하며

했다고 쓰지 못하게 해야지. 그 이상으로 더 강경하게 부탁할 것은 모든 사건에 있어서 신들이

> 아아, 슬프도다! 애타도다!
> 내 슬픔에 내 가장 용한 자를 가졌노라.

이렇게 탄식하는 것들을 소개하지 않게 하는 거지. 만약 그가 신들을 꼭 소개해야 할 경우에는 신들 가운데서도 최대의 신을 다음처럼 그릇되게 전하지 않도록 해야 하네.

> 아, 하늘이여! 나는 내 눈으로 내 친구가 도시를 빙빙 돌며
> 쫓겨 다니는 걸 보았노라.
> 내 마음의 슬픔이여![2]

라든가, 또는

> 아, 슬프도다. 내 사랑하는 사르페돈을,
> 메노이티오스의 아들 파트로클로스의 손에
> 넘겨준 내 운명이여!

---

2) 《일리아드》 제22권의 아킬레우스가 헥토르를 쫓아서 성벽을 돌고 있음을 보고 제우스가 한 말.

라는 식으로 신을 잘못 전하게 해서는 안 되네."

3

"나의 사랑하는 아데이만토스여, 우리 젊은이들이 마땅히 웃어넘겨 버려야 할 이런 식의 신에 대한 묘사를, 반대로 열심히 귀 기울여 듣는다면 거기엔 온갖 부작용이 따를 것이네. 즉 그들 가운데 누군가는, 자기는 인간에 불과하니만큼 신들이 한 그런 등등의 일을 똑같이 이야기하고 행동하는 것이 아무런 불명예가 되지 않는다고 여길 수도 있으니까. 마음속에 일어나는 그런 경향을 그대로 받아들여 하잘것없는 일에 늘 울고 탄식하며 스스로 억제할 줄도 모르고 그것을 수치스럽게 느끼지도 않게 된단 말일세."
"매우 옳은 말씀이라고 생각합니다." 아데이만토스가 대답했다.
"여태까지의 토론에서 증명된 것처럼 이런 것이 있어서는 안 되네. 우리가 이야기한 것보다 더 차원이 높은 증명으로 반증되기 전까지는 이것을 인정해야 하네."
"물론입니다."
"그러는 한편 우리들의 수호자는 웃음에 져서는 안 된다고 생각하네. 왜냐하면 정도가 지나친 웃음의 충동이란 언제나 꼭 심한 반작용을 일으키기 때문이지."
"저도 그렇게 생각합니다." 아데이만토스가 대답했다.
"가치 있는 인간이, 또는 죽어야 할 인간도 웃음에 압도당했다고 해서는 말이 안 되네. 그러니 더더욱 신들은 도저히 그렇게 말할 수는 없다고 생각하네."
"말씀대로 당치도 않은 이야기입니다."
"그렇다면 우린, 호메로스의

  집 주위를 빙빙 돌며 떠들어대는
  헤파이토스를 본 신들 사이에서는
  그치지 않는 웃음이 일었노라.

이러한 표현 방식은 자네의 견해에 따른다면 용서해 줄 수 없는 것들이지."

"선생님은 그걸 저의 견해라고 말씀하시지만, 아무튼 저도 그런 표현을 하게 허락해서는 안 된다고 생각합니다."

"그리고 진리에는 높은 가치를 주어야 한다고 생각하네. 우리가 이야기해 온 것처럼 거짓말이 신들한테는 전혀 쓸모없는 반면, 인간들에게만 약으로 쓰인다면, 그러한 약의 사용은 의사한테만 허용할 일이지 사적(私的)인 개개인에게는 아무 상관도 없는 것일세."

"그렇습니다." 아데이만토스가 이렇게 동의했다.

"만약 거짓말을 해도 좋다는 특권을 가진 사람이 있다면, 그 사람이야말로 바로 국가를 다스리는 사람이어야 하네. 그들 지배자는 적을 대할 때, 또는 자신의 국민에 대해서 공공의 이익을 위하여 거짓말하는 것이 용서될는지도 모르네. 그러나 그 밖의 사람은 어떠한 사람이든, 이런 것에 손을 대어서는 안 되지. 또 지배자가 그런 특권을 가지고 있다고 해서, 국민도 지배자를 향해 거짓말을 할 수는 없네. 왜냐하면 이것은 다음과 같은 예가 되기 때문이네. 즉 병자나 체육관 학생이 자기 건강상의 나쁜 점에 대해서 의사나 교사에게 진실을 말하지 않는 것과 같고, 또는 선원이 선장에게 자기 자신 및 다른 선원들의 행동을 제대로 말하지 않는 것과 똑같단 말일세. 아니 그보다 더 무거운 죄가 되리라고 생각하네."

그는 대답했다.

"옳은 말씀입니다."

"만약 지배자가 자기 아닌 다른 사람이 거짓말하는 것을 보았다면, 그 사람이 기술자건 승려건 또는 의사건 목수건 간에 국가를 파괴하고 뒤엎으려는 행위로 여겨 이에 해당하는 벌을 주어야 하네."

"우리가 세운 나라의 이상이 언제나 그대로 실행된다면, 마땅히 그런 벌을 내려야 할 것입니다."

"둘째로 우리의 젊은이들은 절제할 줄 알아야 하네."

"물론입니다."

"일반적인 의미로 절제의 주요 요소는 윗사람에 대한 공경과 복종, 그리고 육체적 쾌락에서의 자제심일 것이라고 생각하는데, 자네 의견은 어떤가?"

"저도 그렇게 생각합니다."

"예를 들어 호메로스 가운데 디오메데스의 말인

    벗이여, 조용히 내 말을 들어 주오

라든가 또는 다음과 같은 시

    무용을 자랑하는 그리스 장병들은 진격했다.
    지휘관을 두려워하여 침묵하면서

등과 같은 마음가짐에 대해서 동감하는 바이네." 이렇게 나는 말했다.
"저도 동감입니다."
"그런데 이런 말에 대해서는 자넨 어떻게 생각하겠는가. 즉,

    개의 눈과 사슴의 마음씨를 지닌 그대,
    이 술독에나 빠져 마땅한 놈.

그뿐 아니라 그 뒤의 말이 더하네. 한낱 개인이 지배자에게 했을 것으로 짐작되는 듯한 건방진 이야기란 말일세. 이것은 그게 시든 산문이든 건방진 표현이지. 자네는 그와 같은 표현을 옳다고 생각하는가, 나쁘다고 생각하는가?"
"나쁘다고 생각합니다."
"그런 건 뭔가 흥밋거리는 될지 모르지만, 결코 절제심에 도움이 된다고는 여겨지지 않네. 결국 젊은이들에게 짐짓 해로울 뿐이겠지. 이 말에 자네도 찬성하나?"
"물론입니다."

4

"그리고 또 인간 가운데 가장 현명한 사람에게

    식탁엔 빵과 고기가 그득하고

하인이 술통에서 넘쳐흐르는 술을 잔에 따르느라고 바쁠 때

이러한 광경만큼 흐뭇한 게 없는 것으로 생각된다고 하면서 젊은이들에게 이런 이야기를 들려주어도, 그들에게 절제심을 키워 주는 데 도움이 된다고 자네 생각하나? 또는

특히 슬픈 운명은 배고파 죽는 것일지어다

라고 한 시에 대해서는 어찌 생각하는가? 아니 제우스에 관해서는 이렇게 이야기한 것도 있네. 다른 신이 잠든 동안에 자기 홀로 깨어 계획을 꾸미고 있던 제우스가 갑자기 일어난 욕망 때문에, 순간 모든 것을 잊어버리고 헤라를 보자마자 그녀의 포로가 되어 집 안으로 들어갈 사이도 없이 그녀와 어울려 땅 위에 드러누우려 했다. 그리하여 얻어진 환희, 그것은 처음 그들이 부모의 눈을 피해 만났을 때 느꼈던 희열보다 더했다고 노래한 이런 제우스의 이야기에 대해서는 어떻게 생각하는가? 또 이와 비슷한 이야기로, 헤파이스토스가 아레스와 아프로디테 주위에 사슬을 던졌다는 말에 대해서는 어떻게 생각하는가?"
"젊은이들에게 그런 종류의 이야기를 들려주어서는 안 된다고 힘주어 말하겠습니다."
"그러나 그와는 반대로 이름 높은 사람들이 행하였고 또한 주장하는 인내와 절제의 행위에 대해서는 그들에게 들려주는 것이 이롭네. 예를 들어 시 가운데 이런 구절이 있지.

그는 자기 가슴을 치며 스스로를 나무랐네.
참아 다오, 내 가슴, 내 마음이여, 너의 그 참을성 없는
마음이 딱할지고.

거의 이런 것들인데, 자네 의견을 듣고 싶네." 나는 말했다.
"그런 건 많이 들려주는 게 좋다고 생각합니다."

"둘째로 중요한 건 그들로 하여금 뇌물과 선물을 즐기는 사람이나, 또는 수전노가 되지 않게 해야 하네."

"물론입니다." 아데이만토스가 대답했다.

"우리는 또 그들에게, 신들이며 왕들까지도 감동하는 선물[3]이라는 구절 같은 것에 대해서도 노래해서는 안 된다고 말해야 하네. 그 밖에도 아킬레우스의 스승인 포이닉스가 그의 제자들에게 말했다는 다음과 같은 이야기에 대해서도 찬성해서는 안 되며, 그것을 좋은 조언으로 여겨서도 안 되네. 즉 그리스 사람들로부터 선물을 받으면 도와주고, 만약 그렇지 않으면 노여움을 주라고 한 말 말이네. 아킬레우스 자신이 아가멤논에게 선물을 받았다든가, 또는 그가 헥토르의 시체에 대한 보상금을 받고서야 시체를 넘겨줄 만큼 수전노였다는 사실은 누구나 인정하며 또한 믿어 주겠지."

"말할 것까지도 없이 그런 마음가짐에 대해서는 뜻을 함께할 수가 없습니다."

"나는 호메로스를 위해, 그런 감정이 아킬레우스의 것이었고, 또 누구나 그렇게 믿고 있다는 것이 신을 모독한 죄를 저지르고 있기 때문에 달갑지 않군. 또 그가 아폴론에 대해 한 건방진 말

그대 나를 해쳤도다. 아!
멀리 활을 쏘는 심술궂은 신이여!
나에게 힘이 있다면 기어코 보복하리라.

또는 강[4]의 신에 대해 도전한 불손함, 혹은 그 이전에 다른 강의 스페르케이오스에게 바친 자기 머리털을 죽은 파트로클로스에게 건네주며 실제로 그와 같은 맹세를 했던 일이나, 헥토르를 파트로클로스의 무덤 주위로 질질 끌고 다닌 일, 또는 죄수들을 화장할 나무로 죽인 일 등 모두가 그의 죄라고는 믿을 수가 없네. 그와 동시에 약삭빠른 케이론의 제자, 즉 여신과 제우스로부터 3대째이며 가장 온순한 인간 펠레우스의 자식인 그가, 동시에 완전히 상반

---

3) 출전 불명, 헤시오도스의 말이라고 하는 사람도 있다. 이와 비슷한 말은 에우리피데스 《메데이아》 참조.
4) 스카만드로스강. 또 크산토스강이라고도 불린다. 《일리아드》 제21권 참조.

되는 두 개의 감정이라든가 비굴함의 노예가 되어 욕심에 물들고, 신과 인간의 오만한 모멸감을 함께 지니고 있다고 시민들로 하여금 믿게 할 수는 없단 말이네."

"마땅한 말씀입니다."

## 5

"그 밖에도 포세이돈의 아들 테세우스, 또는 제우스의 아들 페이리토스가 무서운 강탈죄를 범하는 이야기[5]와, 그 밖의 영웅들 또는 신의 자식들이 오늘날 그들이 행하였다고 잘못 전해지고 있는, 믿음을 거스른 무서운 행위의 이야기는 믿지도 말하지도 못하게 해야 하네. 한편으로는 시인들을 통해서 그러한 행위가 결코 신의 자식들이 한 행동이 아니라고 말하도록 해야지…… 그러나 영웅과 신이 똑같은 것이라고도 말하게 해서는 안 되네. 바꾸어 말하면 젊은이들을 향해 신은 악의 창조자요, 영웅은 인간 이상의 아무것도 아니라는 식의 표현을 못 하게 해야 한다는 이야기지. 그런 감정이란 우리가 오늘 이야기해 온 것처럼 신을 공경하는 것도 아니요, 진실도 아니기 때문이네. 왜냐하면 악이 선으로 말미암아 일어나는 게 아니라는 건 이미 밝혀졌으니까……." 나의 이야기였다.

"과연 그렇습니다."

"더구나 그런 이야기는 듣는 사람들에게 나쁜 영향을 끼치기 쉽다네. 왜냐하면 다른 사람들도 자기와 똑같은 나쁜 짓을 행하고 있다는 것을 알게 되면, 사람들은 누구나 자기가 저지른 잘못을 변명하기 마련이라네. 즉,

    이다산 꼭대기
    하늘 높이 솟은 제단을 가진
    제우스의 근친(近親), 신의 아들

    또는

---

[5] 테세우스는 페이리토스의 도움으로 헬레네를 빼앗고, 또 페이리토스를 도와 명부에서 페르세포네를 유괴하려고 했다. 테세우스는 뒷날 아테네 왕이 되었다.

신들의 피를 아직도 그 혈맥(血脈)속에 지닌[6]

　"제우스의 측근자들도 그런 짓을 했다고 믿는다면, 우리 젊은이들의 마음에 정신적인 이완이 일어나는 것을 막을 수 없을 테니, 그런 이야기는 없애 버렸으면 좋겠네."

　"그게 좋을 것 같습니다." 아데이만토스는 동의했다.

　"우리는 이제까지 이야기해야 할 항목과 이야기해서는 안 될 항목에 대해서 결정했는데, 예외로는 어떤 것이 있는지 한번 생각해 보기로 하세. 신들, 반신(半神)들, 영웅들, 또는 지옥 등에 대해서는 이미 이야기한 바 있네."

　"그렇습니다."

　"그렇다면 인간에 대해서는 어떻게 말해야 옳을까? 우리들에게 남은 토론의 부분이 바로 이것인데……."

　"정말 그것이 중요한 문제로 남아 있군요."

　"그러나 지금 단계로선 이 문제에 대하여 대답할 처지가 못 된다고 생각하네."

　"왜 그렇습니까?" 아데이만토스가 되물었다.

　"그 까닭은 이렇다네. 인간에 대해서 시인이나 이야기꾼들이 말하는 내용처럼, 악한 사람이 때로는 행복하고 반대로 선한 사람이 불행하며 또는 옳지 못한 일은 드러나지만 않으면 이익이자 행복이요, 정의는 자신의 손실인 동시에 남에게는 이익이 된다는 등으로 말함으로써 매우 중대한 잘못의 죄를 저지르기 쉽기 때문이네. 물론 우리는 그런 식의 표현을 못 하게 하고 오히려 반대 방향으로 말하고 노래하도록 명령하겠지만 말일세."

　"정말 그렇습니다."

　"그럼, 나의 이 논점에 잘못이 없다는 걸 자네가 인정한다면, 우리가 여태까지 찾고 있었던 법칙을 자네가 인정한 것으로 여기겠네."

　"선생님의 추론에 대해서 그것을 진리라고 생각합니다."

　"인간에 대한 그러한 이야기가 가능한가 아니한가는, 정의가 무엇이냐, 또는

---

[6] 아이스킬로스의 《니오베》에서 인용. 니오베가 자기 가계에 대해 한 말로, 니오베의 아버지 탄탈로스는 제우스의 자식이었다.

겉으로 옳게 보이건 말건 정의를 행하는 자에 대해 정의가 자연적으로 이롭다는 것을 발견하기 전에는 결정할 수 없는 문제란 말이네."
"그렇습니다."

6

"시의 내용에 대한 문제는 많이 했으니, 이번에는 형식에 대해 이야기해 보기로 하세. 이것이 끝나면 시에 대한 내용과 형식(방법)을 모두 다 말한 게 되네." 나는 말했다.
"무슨 말씀인지 잘 이해가 가지 않습니다."
"그럼, 이해가 가도록 해야지. 이런 식으로 나누어서 생각하면 좀 더 이해하기 쉬울지도 모르겠군. 다시 말해서 자네는 모든 신화나 시가 과거·현재·미래에 대한 사건의 서술이라는 것을 알고 있겠지?"
"알고 있습니다." 아데이만토스가 대답했다.
"그런데 그건 단순한 서술인 동시에 모방이기도 하고 또는 이 둘을 합친 것이기도 하겠지?"
"그것 또한 잘 모르겠는데요."
"스스로를 이해시키기가 이렇게 어려워서야 자네가 교사라면 꼴불견이 되겠군. 그러면 서툰 연설가처럼 논제를 한꺼번에 말하지 말고 조금씩 구분해서 이야기하기로 하지. 자네는 《일리아드》의 처음에 나오는 부분, 즉 크리세스가 아가멤논에게 자기 딸을 해방시켜 달라고 부탁했을 때, 아가멤논이 매우 화를 내는 바람에 실패하고, 그래서 그 노여움을 아카이아 사람들에게 내리려 했다는, 그 시인의 이야기를 알고 있겠지.

　　나는 모든 그리스 사람에게,
　　특히 아트레우스의 두 아들에게 기도하였네.

이렇게 표현된 구절에서 시인은 일인칭으로 이야기하며, 그것이 다른 사람이라고는 상상할 여지를 주지 않네. 그러나 그 뒤에 가서는 자기 자신이 크리세스가 되어, 이야기하는 사람은 호메로스가 아니라 나이 많은 제관이라는 것을 믿게 하려고 있는 힘을 다하고 있지. 이와 같은 이중의 방식으로 그는 트로이아 및 이타케에서 일어난 일과 오디세우스를 통한 모든 사건을 서술했단 말일세."

"그렇습니다."

"서술의 형태는 시인이 죽 연달아서 말해 나가는 부분과 사이사이에 나타나는 이야기의 두 갈래로 진행되고 있네."

"그렇습니다."

"그러나 시인이 다른 사람의 인격에 대하여 이야기할 때 그 화법을 지금부터 말하려고 하는 사람을 본받아서 한다는 것을 이해하겠는가?"

"그건 이해할 수 있습니다." 아데이만토스가 대답했다.

"목소리나 몸짓으로 자기를 다른 사람과 비슷하게 한다는 것은 결국 상대에 대한 본받음이 아닐 수 없네."

"물론입니다."

"만약 시인이 자기를 숨기지 않고 모방도 하지 않는다면, 그의 시는 단순한 서술에 지나지 않을 걸세. 그러나 자네가 또다시 잘 이해가 가지 않는다고 말하기 전에, 내 말의 뜻을 충분히 이해시키기 위해 그것이 어떻게 성립되는지를 가르쳐 주도록 하지. 즉 호메로스가, 제관은 자기 딸을 데려가기 위해 몸값을 가지고 아카이아 사람, 특히 왕한테 부탁했다는 것을 예로 들어 보기로 하세. 그때 크리세스가 아닌 그 자신의 인칭으로 계속했다면, 그 말은 모방이 아니라 단순한 서술이 되는 걸세. 그 부분을 다음과 같이 표현했다면 이 또한 단순한 서술이 되는 거지. 나는 시인이 아니므로 음률은 사용하지 않겠네. 즉 '제관이 와서 그리스 사람들을 위해, 그들이 트로이아를 점령하고 무사히 집에 돌아갈 수 있도록 신에게 기도했다. 그리고 그 대신 딸을 돌려주어 그가 가지고 온 몸값을 받고 신을 받들 것을 부탁했다. 그가 이와 같이 말하자 다른 그리스 사람들은 그 제관을 존경하며 동의했다. 그러나 아가멤논은 크게 화를 내며 당장 물러가지 않으면 신의 구슬도 그를 위해 아무런 소용이 없게 만들어 버릴 테니 여길 떠나 다시는 돌아오지 말라고 명령했다—크리세스의 딸을 풀어 주지 않았으며 그와 함께 아르고스에서 늙게 하겠다고 말했다. 이 말을 들은 노인은 두려운 나머지 아무 말 없이 밖으로 나갔지만 일단 그곳에서 물러 나와 아폴론의 이름을 부르며 기도했다. 그는 신을 애절하게 찬미하면서 만일 자기가 일찍이 신전을 세우거나 공물을 바쳐 신을 기쁘게 해드린 일이 있다면, 그에 대한 보답을 해달라고 기원했다. 다시 말해 그 보답으로서 아카이아족(族)에게 신의 화살로써 보복해 줄 것을 기원했다.' 이런 식의 표현이 단순한 서술이라는 이야기네."

"알겠습니다."

7

"이해되지 않는다면 그 반대 경우를 상상해도 되네. 즉 사이사이의 항목이 생략되어 대화만 남는 경우를 생각하면 되네."

"네, 잘 알았습니다. 비극의 경우가 그렇겠지요."

"이제야 내 말을 완전히 알아들어 주었군그래. 자네가 먼저는 이해할 수 없었던 것이 이제는 분명히 납득이 가는 모양일세. 즉 시와 신화는 경우에 따라 완전히 모방적인 것으로, 비극이나 희극에서 이와 같은 것을 찾아볼 수 있네. 마찬가지로 시인 자신만이 이야기꾼이 되는 문체와 정반대되는 표현 방식도 있는데, 그것은 신들의 송가[7]에 가장 많은 예로 되어 있네. 그리고 양쪽이 혼합된 것으로는 서사시나 그 밖의 형태로 된 시에서 찾아볼 수 있네. 내가 여기까지 말한 것을 이해할 수 있겠는가?" 나는 말했다.

"네, 이제야 겨우 이해가 됩니다."

"그러면 앞서 내용에 대한 것이 끝났으니 문체를 이야기해 보자고 했던 일을 떠올려 주게나."

"떠올렸습니다."

"내가 이렇게 말하는 까닭은, 우리가 모방적 서술에 대한 이해라는 점에 도달해야 한다는 것을 말하고 싶어서네. 즉 시인들이 이야기를 적어 나감에 있어 모방하는 것을 허용해야 하느냐는 점일세. 또는 그것을 허용한다면 전체에 대해서인가 아니면 부분적으로인가 하는 것이지. 또한 그것이 만약 부분적으로라면 어떠한 부분에 대해서인지? 아니면 모방은 전혀 못 하도록 해야 하는

---

7) 하나의 합창 서정시. 원래 디오니소스의 제사 때 주연의 노래가 있었는데, 뒤에는 다른 여러 신들의 제전에서도 부르게 되었다.

것인지?"

"그것은 다시 말해서, 비극이나 희극을 우리 국가에서 허용해야 하느냐고 묻는 말씀이지요?"

아데이만토스의 이야기였다.

"맞았네. 그러나 문제는 그것만이 아니야. 아직 나도 확실히는 모르고 있네. 하여간 토론을 진행해 보도록 하지."

"그게 좋을 것 같습니다."

"그럼, 아데이만토스 군. 우리의 수호자는 모방자여야 하는가? 아니면 이 문제는 한 사람은 한 가지 일은 잘 해낼 수 있지만 여러 일을 하기는 어려우니, 만약 이런저런 일을 억지로 줄곧 해나간다면 손댄 그 모든 일에 있어서 실패하고 만다는 것은 이미 규정에 따라 결정되어 있는 것은 아닌지?"

"이미 결정되어 있는 문제가 아니겠습니까?"

"그건 모방에서도 마찬가지네. 한 가지는 잘 모방할 수 있지만, 그 이상에 대해서는 교묘하게 본뜨기가 어려운 거라네."

"그럴 겁니다."

"결국 인간이란 자기 혼자서 맡은 일에 충실하면서 동시에 모방자가 되는데, 그러나 여러 일을 동시에 본뜨기란 불가능하단 말일세. 왜냐하면 모방한 두 가지가 비슷한 종류일 때에도 한 사람이 그 두 가지 일을 했을 땐 성공할 수가 없기 때문이네. 예를 들어 비극과 희극의 작가 같은 것이지. 자네가 조금 전에 그들이 모방자라고 동의했던 것 말일세."

"네, 그렇게 말했습니다. 그리고 한 사람이 한꺼번에 두 가지 일에 성공할 수 없다는 것은 옳은 판단입니다."

"즉흥시인인 동시에 배우가 될 수는 없겠지?"

"그렇습니다."

"비극 배우가 희극 배우 역을 동시에 할 수는 없네. 그런데 이것들 모두가 모방에 지나지 않는 것일세."

"그렇습니다."

"여보게 아데이만토스, 인간의 천성이란 보다 더 작은 범위로 만들어진 것 같군. 그래서 많은 일을 재치 있게 모방할 수 없는 동시에 모방의 근원이 되는 행위 또한 잘 해낼 수 없는 거지."

"옳은 말씀입니다." 아데이만토스가 이렇게 대답했다.

## 8

"결국 우리의 원래 의견대로라면, 우리의 수호자들은 철두철미 국가의 자유를 확보하는 일에만 몰두하고 그 밖의 일들은 거들떠보지도 말아야 한다는 말이네. 즉 자기 임무와 관계없는 것들에 대해서 관계해서는 안 되며, 모방 또한 하지 않는 게 마땅하지. 그러나 혹시 모방을 한다면 자기 직분에 걸맞은, 용감하며 절도 있고 존경할 만한 자유의 인물이 그 대상이 되어야 하네. 젊은 시절부터 그런 인물에 대해서만 모방해야 마땅하지. 반대로 편협하고 천한 것을 본받아서는 안 되네. 그 까닭은 매우 간단하고 분명하네. 본받는다는 건 모방하는 대상자처럼 되어 보겠다는 것이니, 유년 시절부터 이런 모방을 계속한다면 마침내는 이것이 습관이 되어 몸과 정신까지도 바꾸어 놓는 제2의 천성이 되기 때문이네. 자네도 인정하겠지?"

"분명히 인정합니다."

"그런데 우리가 특히 주의를 쏟고 있는 선인(善人)이 여자를 본받는 일에 대해서는 어떻게 생각하는가? 모방해도 좋으냐, 아니면 본받아서는 안 되느냐고 묻고 있는 걸세."

"모방해서는 안 된다고 생각합니다."

"그렇지……." 나는 대답하고 이어서 말했다. "젊은 여자든 늙은 여자든, 여자를 닮아서는 안 되네. 특히 여자가 행복하거나 슬퍼하고 있을 때, 또는 괴로워할 때나 울고 있을 때, 남편과 싸움을 할 때나 신 앞에서 자기 자랑을 할 때, 누군가와 경쟁을 하고 있을 때는 본받아선 안 되네. 그 밖에도 병든 여자, 노역(勞役) 중의 여자를 닮는 것도[8] 용서될 수 없다고 생각하네."

"그래야 될 줄로 압니다."

"수호자들은 또한 남자건 여자건 노예를 닮아서도 안 되네."

"그럴 것입니다."

---

[8] 에우리피데스 또는 그 유파를 가리킨다. 아리스토파네스의 《개구리》 참조.

"한편 또 겁쟁이나 그 밖에 우리가 앞서 지적했던 것에 정반대되는 행위를 하는 사람도 닮아서는 안 된다고 생각하네. 즉 술을 마셨든 안 마셨든, 남과 욕지거리를 하며 싸우는 사람이나 또는 이와 비슷한 언행을 일삼아 자기 자신이나 이웃에 대해 죄를 범하는, 이른바 악한 사람도 닮아서는 안 되지. 그 밖에도 남녀를 불문하고 악인 또는 광인의 언동에 대해서도 닮아서는 안 되지."

"과연 그런 것 같습니다."

"그들은 또 대장장이나 그 밖의 직공 또는 뱃사공이나 선원들까지도 닮아서는 안 되는 것일까?" 내가 이렇게 물었다.

"그들은 자기 일 아닌 것에 대해서는 어떠한 것에도 한눈을 팔아서는 안 됩니다. 허용될 수 없는 일입니다." 아데이만토스가 이렇게 대답했다.

"그러면 이런 모방은 어떻게 생각하는가? 즉 말의 울음소리라든가 황소의 울부짖음, 또는 강물 흐르는 소리, 바다나 천둥의 울림 등, 그런 종류의 것을[9] 흉내 내어서도 안 된다고 생각하는가?"

"물론입니다. 더욱이 미친 짓은 분명 금지되고 있으며, 그런 짓은 광인의 행위와 다를 바가 없기 때문입니다."

"자네의 말뜻을 내가 제대로 이해한다면 이런 것이 아닐는지? 즉 무언가 말하고 싶을 때 선인(善人)에 의해서 표현될 만한 어떤 서술 방법이 하나 있고, 한편 이와 반대의 성격과 교육을 받은 사람이 사용할 만한 또 하나의 방법이 있다는 것이 아닌가?"

"말씀하시는 두 가지가 어떤 것인지 이해가 안 됩니다."

"그럼, 설명할 테니 들어 보게. 이를테면 여기 옳고 착한 친구가 무엇을 서술하는 도중 다른 착한 사람의 언행을 이야기할 경우가 생겼다고 상상해 보게. 나 혼자만의 생각이지만, 그때 그 친구는 상대의 착한 언행을 좋아할 뿐만 아니라, 그것을 본받음에 있어 결코 수치스럽게 생각지 않을 줄 믿네. 그는 상대인 착한 친구의 현명함을 흉내 내기 좋아할 테고, 한편 그 친구가 병에 걸렸거나 사랑이나 술에 지는 등 그런 경우에 맞닥뜨린다면 닮아 가는 기쁨이 훨씬 줄어들리라고 생각하네. 그러나 이번에는 반대로 자기보다 훨씬 시원치 않은

---

9) 아마 무대의 기계 장치나 음향 효과 따위를, 일반적으로 극이나 뒷날 타락된 모양의 디티람보스에 그대로 사용한 것을 말한 듯하다.

사람과 만났을 땐, 그 사람을 결코 본받으려고 하지 않을 걸세. 그보다는 오히려 상대를 경멸할 것이며, 혹시 닮아 간다 해도 그가 좋은 일을 하는 극히 순간적인 경우에만 한할 것일세. 그리고 그 밖의 언행에 대해서는 자기가 여태까지 경험한 바 없는 그런 모습이라고 창피하게 여길 테지. 즉 나쁜 교본을 가지고 배워 자기를 형성하려고는 하지 않을 걸세. 농담이라면 몰라도 그 밖에는 그러한 행동을 자기보다 못한 것으로 천하게 여길 테고, 마음이 늘 반발하리라는 이야기네."

9

"이런 경우에 그는 호메로스에서 설명한 것과 같은 서술 방법을 택하겠지. 즉 그의 문체는 모방과 서술의 양쪽을 서로 섞게 되지. 그러나 이상과 같은 경우라면 모방 쪽이 매우 적은 데 비해, 서술 쪽이 훨씬 많게 되리라고 믿네. 어떤가, 자네는 그렇게 생각하지 않나?"

"저도 그렇게 생각합니다. 그게 바로 연설자가 필연적으로 취하게 되는 방법이겠지요." 아데이만토스가 대답했다.

"그런데 아직 무언가를 서술하는 데 필요한 또 한 종류의 인격이 있네. 그 사람은 나빠지면 나빠질수록 한결 더한 무법자가 되지. 그런 인간보다 더 쓸모없는 인간이란 존재할 수 없네. 그는 스스로 앞장서 모든 것을 모방하려고 하네. 그것도 농담으로가 아니라 진실로 그렇게 하는 것이지. 더욱이 대중 앞에서 공공연하게 말일세. 앞서 말한 것처럼 천둥, 바람, 차축이나 도르래 등의 시끄러운 소리, 피리나 북소리 등 모든 악기의 소리까지 흉내 내려 하네. 그는 개처럼 짖기도 하고 양처럼 울기도 하며 새처럼 지저귀기도 하지. 그의 기술이라고는 온통 몸짓이나 흉내만으로 이루어져 서술 부분은 매우 적다네."

"그게 바로 그의 서술 방법이 아니겠습니까?"

"따라서 이것들이 내가 말한 두 종류의 언어 양식이라는 말일세."

"그렇습니다."

"그 가운데 하나는 매우 단순하여 변화가 적다는 것에는 이의가 없겠지? 그래서 그 단순성에 알맞은 가락과 장단이 정해져 이야기하는 사람이 이것을 실수 없이 지킨다면,[10] 언제나 양식이 같은 하나의 가락을 지켜(변화가 크지 않기 때문인데) 나갈 테고 마찬가지로 같은 장단을 사용하게 될 것이라고 믿네."
"그럴 것입니다."
"그러나 한편 음악과 양식이 서로 상응하는 것이라면, 온갖 종류의 가락과 장단이 필요하게 되네. 그 까닭은 이 양식이란 모든 종류의 변화를 내포하고 있기 때문이지."
"그건 분명히 진리입니다."
"그 두 종류의 양식과, 두 종류를 혼합한 또 하나의 형식이야말로 시와 그 밖의 모든 언어적인 표현이 여기에 다 포함되네. 바꾸어 말해서 그 두 가지 형식과 두 가지를 혼합한 또 하나의 형식이 아니고서는 아무도 표현할 수 없다는 이야길세."
"그럴 것 같습니다. 다른 아무 형식도 없는 줄 압니다." 아데이만토스가 대답했다.
"그렇다면 우리는 우리가 세워 놓은 국가 안에서 그 세 가지 양식을 모두 인정하기로 할까, 아니면 혼합되지 않은 두 양식만을 인정할까, 또는 혼합된 것 한 양식만을 인정하여 취하기로 할까? 자네의 의견은 어떤지 들어 보고 싶네."
"저로서는 순수한 덕의 모방자만을 인정하고 싶습니다."
"알았네, 아데이만토스. 그러나 혼합된 물체도 매우 재미있다네. 물론 자네가 고른 것과 정반대되는 몸짓이나 연극도 아이들이나 그 밖의 대부분 사람들에게 매우 인기 있는 양식이지."
"그렇겠습니다."
"그러나 자네는 그러한 형식이, 이중 삼중의 인격을 인정하지 않고 한 사람이 한 가지 역할에만 충실해야 하는 우리 나라 안에서는 알맞지 않다는 의견 같은데……."
"그렇습니다. 어울리지 않습니다."
"구두장이는 구두 만드는 일만 할 뿐 조타수 일은 겸할 수 없으며, 농부는 농부일 뿐 재판하는 일을 겸할 수는 없고, 병사는 병사일 뿐 상인의 일을 겸

---

10) '가락과 장단을 지킨다'는 말은 음을 맞춘다는 뜻이며, 이후 말의 주제로 생각한 용어이다.

할 수 없는 식으로, 모든 게 다 그런 식이기 때문에 오직 우리 나라에서는 어울리지 않는 이유가 되는 것이네."

"과연 그렇습니다."

"따라서 무엇이든지 모방해 낼 수 있는 어떤 영리한 사람이 우리를 찾아와 자기를 소개하고 자기가 쓴 시를 보이려 했다고 가정한다면, 우리는 그 앞에 무릎을 꿇어 아름답고 성스러운 존재로서 상대를 존경할지도 모르네. 그러나 그러한 사람은 우리 나라 안에서는 거주가 금지되어 있다는 사실을 알려 주어야 하네. 법률로써 그러한 사람의 존립을 허용할 수 없네. 따라서 그의 머리에 약을 바르고 기름을 칠한 뒤 양털로 된 관을 씌운 다음, 그를 다른 도시로 쫓아낼 수밖에 없다고 생각하네. 왜냐하면 모든 우리들 정신상의 건강을 위해서는 덕망 높은 사람의 형식만을 본보기로 해서 모방하여, 맨 처음 병사의 교육에 대해서 이야기한 것과 같은 틀을 거울삼아 더욱 소박하고 더욱 엄격한 시인이나 이야기꾼 또는 작가만을 모방의 대상으로 해야 된다고 여기기 때문이네."

"물론 우리에게 힘이 있다면 그렇게 하는 것이 좋겠습니다." 아데이만토스의 대답이었다.

"이제 우리는 이야기나 신화에 관련된 부분의 음악 및 문필에 대한 교육 문제를 끝낸 셈이네. 내용과 양식에 대해서 모두 언급했으니까 말일세."

"저도 그렇다고 생각합니다."

## 10

"다음은 선율과 노래에 관계되는 문제가 남아 있는 것 같군." 나는 말했다.

"물론입니다."

"여태까지의 우리 신념이 변하지 않는 한, 이 문제에 대해서 우리가 무엇을 이야기할 것인가는 누구나 짐작할 것으로 여겨지네."

"선생님은 누구나 짐작할 거라고 하셨지만, 아무래도 저만은 예외일 것 같습니다. 그 까닭은 별것 아닙니다. 지금 이 순간 그것이 무엇인지 확실히 말할 수가 없기 때문입니다. 어느 정도 짐작이 안 되는 건 아닙니다만." 글라우콘이 웃으며 이렇게 말했다.

"아무래도 좋아. 그건 그렇다 치고, 음악이나 노래에는 가사와 하모니와 리듬의 세 가지 부분이 있다는 건 자네도 알 것으로 믿네. 그런 정도의 지식은 누구나 알고 있는 것이니까……."

"네, 그렇습니다. 그런 정도는 알고 있습니다." 글라우콘이 대답했다.

"말이란 음악에 사용될 수 있는 말과 그렇지 않은[11] 말 사이에 아무런 차이가 없다고 생각하네. 양쪽이 모두 같은 법칙을 따르고 있다는 건 이미 우리들에 의해서 결정이 된 문제야."

"그렇습니다."

"그러므로 하모니와 리듬은 모두 언어에 근거를 두고 있다고 생각하네."

"그렇습니다."

"우리가 내용과 소재에 대해서 이야기했을 때, 감상(感傷)이나 비관은 불필요하다고 말했었지?"

"그랬습니다."

"그렇다면 슬픔을 나타내기에 쉬운 하모니는 어떤 것일까? 음악가인 자네가 설명해 주게." 내가 글라우콘에게 요구했다.

"그런 하모니는 혼성 리디아조(調), 또는 차중음(次中音) 리디아조 및 전조(全調)나 낮은 음의 리디아조 같은 것들입니다."

"그게 사실이라면 그런 하모니는 버려야 한다고 생각하네. 이런 것들은 남자들에게만이 아니라 여자들에게도 무익한 것이니 말일세."

"그렇습니다."

"두 번째로는 주정뱅이, 나약한 사람, 게으른 사람 등 모든 것이 우리 수호자들의 인격과는 너무나 동떨어진 것들이네."

"옳은 말씀입니다."

"그러면 주정뱅이 또는 나약한 것의 하모니란 어떤 걸 가리키는가?" 이번에는 내가 물었다.

"이오니아조가 그렇습니다. 거기에 다시 느린 곡조로 되어 있는 리디아조를 들 수 있습니다. 둘 다 이완이라고 불립니다." 글라우콘의 대답이었다.

---

11) '모방'과 '순전한 서술'의 두 가지 형의 화술.

"그래, 그렇다면 그것이 병사들에게 무슨 도움이라도 되는 게 있는가?"

"전혀 도움이 되지 않습니다. 오히려 해가 될 뿐이지요. 그렇다면 이제 남은 건 도리아조와 프리기아조뿐입니다."[12]

"하모니에 대해서는 난 아는 게 아무것도 없네. 단지 내가 요구하는 음악이란 용감한 병사가 위험에 맞닥뜨려서, 또는 결단을 내릴 순간에 그를 위해서 힘이 되는 그런 음악이라네. 또는 목적했던 일에 실패했다거나 부상을 입고 죽음에 맞닥뜨렸을 때, 그 밖에도 괴로움에 직면했을 때 또는 온갖 위기에 처했을 때, 이것을 견디어 낼 수 있고 감연히 일어서서 운명의 강한 타격에 용감히 맞서 나갈 수 있는 힘이 되고 도움이 되는 전투적인 음악을 의미하는 거지. 그리고 또 하나 다음과 같은 경우에도 사용될 수 있는 음악을 구하고 있네. 즉 평화 시대에도 쓸모 있는 음악 말일세. 구체적으로 설명하면, 제약을 받는 일 없이 자유롭게 행동할 수 있는 경우, 예를 들어 기도를 올려 신을 설득한다든가 또는 사람을 설득할 때, 아니면 반대로 남의 간청을 받았을 때라든가, 충고 또는 가르침을 받을 때, 이지(理智)에 따라 행동하고 거만해지지 않으며 절도와 진실함을 유지하고 기꺼이 임하게 하는 데 도움이 되는 음악을 말하네. 이들 두 가지 가락은 남겨 놓았으면 싶군. 이처럼 불우한 사람이나 행운에 처한 사람이, 사려 깊은 사람과 용감한 사람들의 목소리를 곧 모방할 수 있는 강제적인 것과 자유 의지적인 것이 될 수 있는 하모니를 자네가 남겨 주게나."

"그건 방금 말씀드린 바와 같이, 도리아조와 프리기아조 그것입니다." 글라우콘이 대답했다.

"따라서 그런 하모니만이 우리들의 노래와 선율에 적용된다면, 가락이 복잡한 변조(變調)는 필요 없지 않겠나."

"아마도 그렇게 될 것입니다."

"그렇다면 그 말은 이런 이야기도 되겠군. 즉 하프와 지데르(하프의 하나)처럼 복잡한 음계를 가진 악기를 만드는 사람이라든가 현이 여러 가닥 있는 묘한

---

12) 여기서 소크라테스는 여섯 종류의 음계를 셋으로 분류했다. 즉 비애조와 유약조는 국방에 알맞지 않다 하여 제3의 도리아조와 프리기아조만 남겼다. 거기에선 라케스가 무장답게, 용감하고 의연한 사람의 모방에 알맞은 도리아조만을 들었고 한쪽의 평화에 사려 깊게 절도를 갖는 사람의 모방에 어울리는 프리기아조를 물리쳤다.

격조(格調)의 여러 가지 다른 악기를 만드는 사람은 필요 없게 되겠네그려?"
"그렇습니다."
"그러면 이번에는, 피리 만드는 사람이나 그 피리를 부는 사람에 대해서는 어떻게 생각하는가? 이 하모니를 복합적으로 사용했을 때 모든 현악기를 합친 것보다 못하다고 생각한다면, 자네는 그들을 우리 국가 안에 인정해 둘 수 있겠는가? 전음계적(全音階的)인 음악이라 할지라도 피리의 모방에 지나지 않을 테니 말일세."
"물론 인정할 수 없습니다."
"결국 우리 국가에서는 리라와 키타라(리라와 비슷한 악기)만이 남는데 이건 도시에서 쓸모 있는 것이네. 양치기가 들판에서 불어야 할 피리도 또한 남겠군."
"우리들 토론에서 마땅히 나올 수 있는 결론이라고 생각합니다." 글라우콘이 동의했다.
"그렇다면 마르시아스[13]와 그의 악기 대신, 아폴론과 그의 악기를 선택한 것이 아무 이상할 게 없겠군."
"그렇습니다."
"결국 우리는[14] 조금 전에 사치스럽다고 했던 국가를 이집트의 개에 의해서 자기도 모르는 사이에 정화하고 있었군."
"그런 셈이지요." 글라우콘이 말했다.

## 11

"그렇다면 나머지 것도 정화하기로 하세." 나는 말을 계속했다. "하모니에 이은 다음의 문제는 리듬이라고 생각하네. 이것 또한 같은 법칙 아래 따라야 하겠지. 그 까닭은 복잡한 리듬의 체계를 구하고 있지 않기 때문이네. 오히려 착실하고 용감한 사람의 생활을 표현할 수 있는 리듬을 찾아내야겠네. 그런 리

---

13) 마르시아스는 프리기아의 사티로스(숲과 언덕의 정령으로서 디오니소스의 시중을 드는 반인반수). 그 악기라 함은 '아울로스'로 두 개의 관으로 이루어졌다. 아폴론의 리라와 겨루었다가 져서 가죽을 빼앗겼다고 한다.
14) 소크라테스가 때때로 쓰는 맹세의 방식. 일종의 익살이라고도 풀이된다.

듬을 찾아낸 다음 그것에 비길 만한 정신을 지닌 말에다 음표와 마디를 얹어 놓아야 하네. 그러나 절대로 음표와 마디에다 말을 덧붙여서는 안 되네. 그럼, 그런 리듬은 어떤 것이겠나? 그것을 제시하는 건 자네의 의무라고 생각하네. 자네가 아까 하모니에 대하여 가르쳐 준 것처럼, 이번에도 우리들에게 가르쳐 주어야겠네."

"하지만 저로선 사실상 불가능합니다. 음에 있어서 전체 음정을 이루는 요소로 4성 음계가 있듯이, 시의 형식을 이루는 운율에도 세 원칙이 있다는 것을[15] 아는 정도니까요. 이것이 제가 본 견해입니다. 그러나 그 하나하나가 우리 생활의 어떤 종류의 모방인지는 저도 알 길이 없습니다." 글라우콘이 말했다.

"그렇다면 이건 다몬[16]에게 물어봐야겠군. 그러면 어떤 리듬이 천하고 거만하며 또한 노여움을 나타내고, 또는 무가치한 표현인지를 알 수 있겠지. 그와 동시에 어떤 리듬이 반대의 감정을 표현하는지도 가르쳐 줄 것이라고 생각하네. 그가 복잡한 크레타조에 대해서 이야기했던 일이 희미하게나마 기억이 나는 것 같으이. 그 밖에도 닥틸로스 음표와 이암보스 음표에 대하여 서술했고, 리듬을 음표의 높고 낮음에 일치시켜 길고 짧음을 번갈아 놓는 등, 나로서는 도무지 이해가 되지 않는 방법으로 배열하는 걸 보았네. 내가 잘못 본 것이 아니라면 그는 이암보스에 대해서도 트로카이오스와 마찬가지로 이야기할 수 있으며, 여기에다 장단(長短)의 성질을 부여하고[17] 있네. 또 어떤 경우에는 리듬과 같은 정도로 음표의 움직임을 칭찬하기도 하고 비난하기도 하고 있었지만, 짐작건대 이건 양쪽을 다 이야기하는 것인 듯싶더군. 그가 말하는 것이 무엇인지 나도 잘 파악하지 못했으니까 별수 없었네. 아무튼 이 문제는 아까 이야기한 대로 다몬에게 맡겨 버리는 편이 좋을 것 같네. 이런 문제의 해결이란 매우 어려우니까."

"그럴 것 같습니다."

---

15) '음성의 네 종류'가 무엇을 가리키는 말인지 확실치 않아, 3종류 있었던 4성 음계의 4기본음을 말하는지, 또는 기본음과 그 옥타브 온음 및 반음을 말하는지 자세히는 알 수 없으나, 기본음과 그 3개의 완전화음의 경우를 생각할 수 있다.
16) 다몬은 아테네의 이름 높은 음악 교사. 소피스트라고도 일컬어진다.
17) 이암보스는 단장격, 트로카이오스는 장단격으로 둘 다 리듬의 이름.

"그러나 우아하고 아름답거나 또는 그렇지 못한 것은 바로 리듬의 좋고 나쁨을 결정하는 요소가 되리라고 생각하는데, 자네 의견은 어떤가?"

"저도 마찬가지입니다. 이런 정도의 문제라면 그다지 어려운 것이 없습니다."

"따라서 리듬의 좋고 나쁨은 아무래도 문체의 좋고 나쁨에 따라 결정되리라고 생각하네. 즉 직접적인 원인이 되는 동시에 곧바로 영향을 미치게 한다는 이야기지. 그와 마찬가지로 하모니의 좋고 나쁨도 문체의 좋고 나쁨에 따라서 결정된다는 건 쉽게 이해할 수 있을 걸세. 리듬과 하모니가 말에 좌우되는 것이지, 말이 리듬과 하모니에 좌우되지 않는다는 게 우리들의 법칙이었으니까."

"말씀하신 대로입니다. 말 쪽을 따라야 한다고 생각합니다."

"그리고 말과 문체의 성질은 정신의 기질에 따라 결정되는 게 아닐까? 자네 의견을 듣고 싶네."

내가 물었다.

"그렇다고 생각합니다." 글라우콘이 대답했다.

"그 밖의 것도 모두 문체에 따라 좌우되겠지?"

"그렇습니다."

"이런 건 또 어떤가. 즉 문체의 아름다움과 하모니 및 우아하고 좋은 리듬은 그 단순함 때문이라고 생각지 않는가? 그러나 내가 여기서 말하는 단순함이란 우둔함을 좋게 표현한 그런 단순함이 아니라, 옳고 격조 높게 정리된 정신과 성격을 말하는 참다운 단순함을 뜻하는 것일세."

"말씀대로입니다." 글라우콘이 대답했다.

"만약 우리의 젊은이들이 생활상의 어떤 일을 하려고 할 땐 아름다움과 하모니를 끊임없는 목적으로 삼아야 한다고 생각하는데. 그렇지 않은가?"

"마땅히 그래야 될 것입니다."

"그리고 그림을 그리는 기술이며 그 밖의 모든 창작적 구성적 기술, 이를테면 직물이며 자수며 건축 등 여러 가지 종류의 손 세공, 그 밖의 자연이며 동물이며 사물 등 이러한 모든 것들에 우아함과 그 반대의 현상이 존재해 있다고 생각하네. 그리고 추악한 것, 불협화, 또는 부조화적 동작이란 나쁜 일과 나쁜 성질과 거의 직결되어 있네. 마치 아름다움과 조화가 선량과 덕의 쌍둥이 같이 서로 닮은 것처럼 말이네……"

"옳은 말씀입니다."

12

"그러면 우리가 관여할 문제는 이것으로 다 끝난 셈인가? 우리는 작품 속에 선의 모습만을 그리라고 요구했으며, 만약 그 밖의 일을 하면 우리 나라에서 추방한다고 했는데, 이것은 시인들한테만 적용되는 문제일까? 아니면 다른 기술자에게도 똑같이 적용해 그들의 악이나 무절제, 비천함, 아름답지 못한 형태를 조각이나 건축 및 그 밖의 창작적 기술에 있어서 표현하지 못하게 금지하고 간섭해야 마땅한가? 그리하여 만약 우리의 국가에서 만들어 놓은 이 규칙을 지키지 않는 자가 있다면, 우리 시민들의 취미가 그들에 의해 더럽혀지지 않도록 국가 안에서는 그런 기술을 행사하지 못하도록 금지하는 게 옳은가? 우리는 우리의 수호자들을 도덕적 기형의 세상 속에서 키우고 싶지 않네. 그것은 마치 무언가 해로운 것이 많은 목장에서 해로운 풀이며 꽃을 날마다 먹여, 마침내는 그들의 정신 속에서 타락의 덩어리로 굳어질 때까지 계속하게 하는 것이나 다름없네. 따라서 우리는 우리의 기술자로 하여금 아름다움과 양순함의 참다운 성질을 아는 재능 있는 기술자가 되게 해야 하네. 우리의 목적이 이루어졌을 때 우리의 젊은이들은 건강한 땅 위에서 아름다운 광경과 음향 속에서 살아갈 것이며, 만물 속에서 선을 인정할 줄 알게 되겠지. 결국 훌륭한 작품이 주는 아름다움의 영향은 맑고 신선한 공기를 휘몰고 와 건강을 가져다주는 바람처럼, 그들의 귀와 눈에 흘러들어 저도 모르는 사이에 젊은이들로 하여금 이성(理性)의 아름다움에 호감과 동경을 어릴 때부터 갖게 할 줄로 믿네."

"그보다 더 좋은 수련은 없다고 생각합니다." 글라우콘이 대답했다.

"따라서 음악적 수련이야말로 다른 어떤 수련보다도 가치 있는 걸세. 리듬과 하모니가 정신의 내부로 파고들어 우아함을 심어 주기 때문이지. 그것은 올바른 교육을 받은 사람의 정신을 더욱 우아하게 만들고, 교육을 잘못 받은 사람의 정신까지 우아하게 할 수 있네. 그리하여 내부적 존재의 참다운 교육을 받은 인간은 자연이나 기술 가운데의 잘못을 쉽사리 발견할 수 있으며, 참다운 취미로서 선을 칭송하며 즐길 수 있고, 이것을 정신 속에 포함해서 기품이 높아질 뿐 아니라 선량하게 된다네. 그리하여 아직 어려서 판단력이 없는 그런 무렵에도 악을 미워하고 꾸짖는 데 정확할 것일세. 더욱이 여기에 이성이 깃드는 시기가 되면, 그와 같은 교육을 받게 된 것을 매우 기뻐하고 자기와 오랫동안 사귀어 온 친구로서 인정하며 감사하게 여길 것으로 아네."

"말씀하시는 바와 같이 우리 젊은이들을 음악적으로 수련시켜야 한다는 선생님의 의견에는 무조건 동의합니다."

"이것은 문자에 있어서의 알파벳 글자와 비유된다고 생각하네. 비록 그 수는 얼마 되지 않지만, 되풀이 익히고 결합해 나가야 하네. 그 하나가 비록 작은 것일지라도 가볍게 보아서는 안 되며, 어떠한 경우에든지 중요하다고 인정하고 노력할 때, 또는 그것을 익히지 않으면 독서에 지장이 많다고 생각할 때 비로소 잘 이해하게 되는, 그와 같은 것이지."

"옳은 말씀입니다."

"그리고 그것은 또 글자의 본체를 모르면 물이나 거울 위에 반사된 그림자로는 알 수 없는 것과 마찬가지로, 기술이나 공부도 우리에게 본체와 그림자의 양쪽 지식을 가져다주는 게 아니겠나?"

"그렇습니다."

"그건 우리들이나 우리가 교육해 나갈 우리의 수호자들도 처지가 같네. 즉 음악가가 되기 위해서는 먼저 절제와 용기와 관용과 웅장함 등 여러 본질적인 형태를 알아야 하고, 동시에 정반대되는 형태의 온갖 결합에 대해서도 알아야 하네. 이처럼 일의 크고 작음에 관계없이 이것을 중요시하여 기술이 되고 공부가 되는 것으로 믿어 어디에 있든지 간에 본체와 그 그림자를 인정할 줄 알게 될 때, 비로소 음악가가 될 수 있다고 생각하네." 나는 말했다.

"과연 그렇습니다." 글라우콘이 이에 동의했다.

"아름다운 정신이 아름다운 형태로 조화되어 두 가지가 하나의 틀 속에 들어갈 수 있을 때, 이것이야말로 그것을 볼 수 있는 사람에게 있어 가장 아름다운 풍경이 아니겠나?"

"가장 아름다운 모습일 것이라고 생각됩니다."

"그런데 가장 아름다운 것은 또한 가장 사랑스러운 것이 아니겠는가?"

"그럴지도 모르겠습니다."

"그러니까 조화된 영혼을 지닌 사람은 가장 사랑스러운 것을 사모하겠지만, 영혼의 조화를 이루지 못한 사람은 그렇지 못할 걸세."

"아마도 그 사람의 정신에 결함이 있다면 그렇겠지요. 그러나 육체적인 결함뿐이라면 참고 견디면서 계속 사랑해 나갈 것으로 여겨집니다." 글라우콘의 의견이었다.

"자넨 어떤가. 그런 경험을 한 적이 있는가? 아무래도 있을 것으로 짐작되는군. 나도 그 말에 동의하네. 그러나 또 하나 경험한 바를 통하여 내게 들려주어야 할 것이 하나 있네. 다름 아니라, 지나친 쾌락이 절제될 수 있겠는가 하는 것일세."

"그렇게 될 수는 없습니다. 그것은 고통 못지않게 인간을 분별없게 만듭니다." 글라우콘의 의견이었다.

"그렇다면 일반적인 덕과의 관계는 어떻게 생각하나?"

"관계가 있을 수 없지요."

"그러면 무절제나 방종과는 관계가 있다고 생각하는가?"

"그렇습니다. 가장 관계가 깊다고 생각합니다."

"그런데 자네는 감각적인 사랑 이상으로 더 크고 강한 쾌락이 있을 수 있다고 생각하나?"

"없습니다. 그보다 더 열광적인 것은 없습니다."

"그런데 원래 사랑이란 아름다움과 질서 속의 사랑, 즉 절도 있고 건전한 것이 아니겠나?"

"물론 그렇습니다."

"그렇다면 참된 사랑은 무절제한 것이나 열광적인 것과는 거리가 멀겠군?"

"물론입니다."

"그러면 광적이거나 또는 무절제한 쾌락은 사랑에 빠진 사람과 그 연인에게 접근하지 못하도록 해야 하네. 즉 그들 애인들의 사랑이 올바른 것이라면 두 사람으로 하여금 그런 쾌락을 맛보게 해서는 안 되기 때문이네."

"물론입니다. 절대로 그들에게 가까이하게 해서는 안 됩니다."

"그러면 자네는 우리가 건설하는 국가 안에 그런 것을 법률로 만들겠는가? 아버지와 아들 사이의 친숙함 정도 이상으로 애인을 대하여서는 안 되고, 그것 이상일 경우에는 오직 숭고한 목적에 한하는 동시에 상대의 동의를 얻어야 한다고. 이런 식의 규제로서 모든 교제 관계를 통제하고 절대로 규칙을 어기는 일이 없도록 말일세. 만약 그것을 어기는 경우에는 교양이 없고 무지한 인간이라는 비난으로써 다스려야 하네."

"그렇습니다. 그게 좋을 것 같습니다."

"그러면 자네는 음악에 대한 우리의 담론은 이것으로 끝났다고 생각지 않는가? 음악 이야기는 아름다운 사랑의 이야기로 매듭을 짓기로 하세."

"저도 동의합니다."

## 13

"음악 다음의 문제는 체육이네. 젊은이들은 두 번째로 이것으로써 훈련되어야 하네."

"그렇습니다."

"체육 또한 음악과 마찬가지로 어릴 때부터 시작해야 하네. 그리고 세심한 주의를 기울여 평생을 통해 계속해야 하네. 여기에 대한 나의 견해는 다음과 같네. 아마도 자네도 동의해 주리라고 믿네. 내 생각에는 뛰어난 육체는 정신을 개조할 수 없지만, 뛰어난 정신은 육체를 바꿀 수 있다고 생각하네. 이것은 여러 가지로 가능하며 따라서 실제로 이루어질 수 있다고 생각하는데, 자네 의견은 어떤가?"

"저도 그렇게 생각합니다."

"그러므로 충분한 정신 훈련을 한 다음에 육체에 대하여 한결 더 세밀한 주의를 기울이는 게 옳지 않겠나? 이야기가 길어지지 않도록 이 문제는 일반적인 면에서 요약해 말하는 정도로 그치려 하네."

"그게 좋겠습니다."

"그런데 우리의 수호자들이 술에 취하지 않도록 조심해야 한다는 건 이미 말한 바 있네. 수호자가 술에 취하여 자기가 어디에 있는지도 모를 지경에 이른다는 건 안 될 말이네. 만일 주위의 모든 사람이 그렇게 되어도 자기 혼자만은 그렇지 않아야 하네."

"그렇습니다. 수호자가 자신을 돌보게 하기 위하여 또 다른 수호자를 필요로 한다는 건 웃음거리입니다."

"이번에는 그들의 식사에 대한 문제를 다루어야겠네. 왜냐하면 이들은 가장 훌륭한 승부에 알맞도록 훈련되고 있기 때문이지. 어떤가, 자네 의견은?"

"저도 그렇게 생각합니다."

"그럼, 이런 이야기에 대한 의견을 듣고 싶네. 이들은 일반적인 운동선수들의 신체적 체질에 적합할까?"

"알맞지 않을 까닭이 없을 것으로 생각됩니다."

"그러나 그러한 체질은 수면(睡眠)을 불러올 만큼 건강에 해롭다고 생각하네. 운동선수들은 생애를 졸면서 보내는 그러한 생활 방식에서 조금만 벗어나도, 매우 위험한 병에 걸리기 쉽다고 생각하는데, 자네도 인정하겠는가?"

"저도 인정합니다."

"눈치 빠른 개와 같이 날카롭게 보고 들을 수 있어야 하는 우리 전사로서의 운동선수들에게는 그보다 더 심한 훈련이 필요하네. 그들이 싸움터에서 견뎌내야 할 여름철의 무더위와 겨울철 추위의 변화 속에서 물이나 식사가 달라져도 전혀 건강을 해치는 일이 없어야 할 줄 아네."

"저도 그렇게 생각합니다."

"그렇다면 훌륭한 체육이란 오늘 말한 것 같은 단순한 음악가와 쌍둥이 사이라고 말할 수 있네."

"어째서 그렇습니까?" 글라우콘이 물었다.

"체육도 음악처럼 단순하고 좋은 게 있다고 생각하기 때문이네. 특히 군대식 체조가 그것일세."

"어떤 의미에서 그렇습니까?"

"그 점에 대해서는 호메로스로부터 배울 수 있지. 이미 아는 바와 같이 그는 영웅들로 하여금 싸움터에 나가는 병사들과 함께 식사를 하게 하고 있네. 그리하여 예를 들면, 헬레스폰토스의 바닷가[18]에 있을 때에도 생선을 안 먹었지. 병사들은 냄비나 솥 같은 것을 가지고 다니지 않았으며, 그 때문에 삶은 고기는 먹지 못하고 간단히 구워서 먹을 수 있는 것만 먹었다는 건 자네도 알 걸

---

18) 헬레스폰토스는 오늘날의 다르다넬스 해협. 그러나 여기서 말하는 것은 그 무렵의 통용대로 보스포로스, 프론폰티스를 합쳐서 폰토스(흑해)에서 에게해에 이르는 해안이다.

세."

"그렇습니다."

"맛있는 간장 같은 것을 먹었다는 이야기는 호메로스의 아무 곳에도 쓰여 있지 않다 해도 틀림이 없네. 그가 이런 양념을 금한 것은 직접적인 운동선수들의 경우에도 마찬가지였네. 그래서 좋은 건강 상태를 유지하려는 사람들은 절대로 그런 것을 섭취해서는 안 된다는 것쯤 잘 알고 있지."

"그걸 알고 간장을 먹지 않는다는 건 옳은 일이겠지요." 글라우콘이 대답했다.

"그렇다면 이건 어떻겠나? 시라쿠사 요리나 시칠리아 조리법[19]의 세련됨에 대해서는 찬성하는가?" 나의 물음이었다.

"찬성하지 않습니다."

"좋은 건강 상태를 유지하는 사람에게 코린토스의 딸[20]을 연인으로 삼으란다면, 자네는 그래도 좋다고 생각하는가?"

"그건 말도 안 됩니다."

"그 밖에도 일반적으로 맛있다고 하는 아티케 과자의 훌륭한 맛에 대해서도 찬성하지 않겠지?"

"물론입니다."

"그러한 식사나 생활 태도는 음악과도 잘 비교가 되네. 즉 온갖 하모니와 리듬으로써 작곡된 노래나 가요와 비슷하단 말일세."

"그렇습니다."

"그러한 복잡성이 방종과 질병을 가져왔지만, 음악의 단순성은 정신상의 절제를, 그리고 체육의 단순성은 신체의 건강을 주는 것이라네."

"옳은 말씀입니다."

"그런데 무절제와 질병이 나라 안에 넘쳐나면, 자연히 재판소와 약국이 성업하겠지. 따라서 필연적으로 의사와 법률가가 판을 칠 것이고, 그 기술에 대해서 노예뿐만이 아니라 자유 시민들한테까지 뽐내게 될 것이라고 생각하네."

"그럴 것입니다."

---

[19] 시라쿠사 요리나 시칠리아 조리법은 사치성의 증거로서 당시 하나의 속담처럼 되어 있었다.
[20] 코린토스의 딸은 그즈음의 고급 기녀로 통했다.

14

"그리하여 의사나 법률가의 필요성을 직공이나 신분이 낮은 사람들뿐만 아니라 고등 교육을 받은 사람들까지도 공인하게 된다면 이것은 큰일이네. 이러한 현상은 교육이 제대로 안 되어 있다는 것을 증명하는 것이니, 이보다 더 수치스러운 일은 없을 걸세. 국민들이 스스로 법률 지식과 의술을 가지고 있지 않다고 해서, 이것을 구하고자 전문가들을 찾아가 그들에게 의뢰하고, 그들을 자기의 심판자나 또는 군주처럼 모신다는 것은 얼마나 불명예스러운 일인가. 그리고 이것은 또한 교육을 올바로 받지 못했다는 커다란 증거가 아니겠나?"

"아마도 그보다 더 불명예스러운 일은 없을 것 같습니다." 글라우콘이 이렇게 동의했다.

"그런데 무엇보다도 불명예스러운 것은 다음과 같은 사실이라는 것을 알아야 하네. 즉 인간이 원고로든 피고로든 법정에서 한평생을 보내는 평생의 소송자가 되고, 더욱이 그러한 사람의 나쁜 취미에 따라 자기의 소송을 자랑으로 여기는 등 한결 더 높은 단계의 악이 있다는 것을 생각하면 한심한 일이 아닐 수 없네. 그런 사람은 마치 자기를 정직하지 않은 일의 스승처럼 생각하겠지. 그리하여 못된 짓은 모조리 도맡아 하고, 버들가지처럼 구부러져 올바른 길에서 벗어나 모든 구멍으로 뚫고 나갈 수 있다고 생각하는 걸세. 하잘것없는 것에게 이기기 위해 바둥거리는 그 꼴이 얼마나 더 불명예스럽겠나. 재판관 같은 것이 필요하지 않도록 자기 생활을 정리하는 게 얼마나 품격 있는 일인지를 모르고 있단 말이야."

"정말 그런 게 더 불명예스럽겠습니다."

"방금 이야기한 것처럼 인간의 게으른 생활 습관 때문에, 자기 몸을 늪처럼 바람과 물로 가득 채워 아스클레피오스[21]의 현명한 자손들로 하여금 내성적이라든가 소화 불량 등의 병 이름을 새로이 생각해 내게 하기 위해서 약을 구한다는 건, 이 또한 불명예스러운 일이네. 물론 상처를 치료하기 위해서나 또는 전염병 때문에 약을 구하는 것과는 다른 문제이지만."

"그렇겠군요. 그들은 확실히 새로운 이름의 병명을 붙이기 일쑤입니다."

---

21) 아스클레피오스는 전설상의 인물로, 여러 가지 신화가 만들어져 의료의 조상신이 되었다. 그리하여 의사를 아스클레피오스의 후예라고 일컫는다.

"그렇지, 아스클레피오스 시대에는 그런 병이 없었던 게 확실하다네. 호메로스에서 영웅 에우리필로스가 부상을 입은 뒤, 보리와 잘 섞은 프람네의 술을 치즈 같은 것과 함께 먹는 장면이 있지. 그런데 그 뒤 트로이아 전쟁에 참가한 그의 아들들은 그러한 약을 주는 노비에 대해 야단을 치지 않았으며 그의 의사인 파트로클로스까지도 아무 소리 하지 않았다는 것으로 짐작할 수 있네."[22]

"그런 상처를 입은 사람에게 주는 음료로서는 몹시 이상한 것이로군요."

"그다지 이상할 것 없네. 자네가 만약 헤로디코스 시대[23] 이전의 아스클레피오스의 동업 조합에 병을 교육한다고 할 수 있는 오늘날과 같은 의약 제도 같은 게 없었다는 걸 안다면 말이네. 그런데 그 뒤 교육자로서 병으로 드러누워 있던 헤로디코스가 훈련과 의료를 결합시켜, 첫째로는 자기 자신을, 둘째로는 세상 사람들을 괴롭히는 방법을 발견해 내었단 말일세."

"그건 무슨 뜻입니까?" 글라우콘이 물었다.

"죽음을 질질 끌며 연장하는 방법을 발견해 내었기 때문이지. 그는 죽을 수밖에 없는 고질병을 가지고 있었는데, 회복되기란 전혀 불가능했었지. 그리하여 일정한 생활 방식으로부터 조금이라도 벗어나면 곧 몸에 이상이 왔기 때문에 평생을 두고 자기의 병 치료에만 골몰하며 다른 일에는 전혀 관여하지 않았다네. 끝내 그는 의약의 도움으로 죽을 수가 없었으며, 늘그막에 이르기까지 계속 고통을 당해야만 했지."

"참으로 딱한 응보였군요."

"그렇지, 다음과 같은 사실을 모르는 사람들에게 있어서는 마땅히 오는 응보라고 할 수 있네. 즉 아스클레피오스가 그것을 자손들에게 전하지 않은 것은 훌륭한 법률을 가진 국민들에게는 저마다 해야 할 직무가 하나씩 있어 그 어느 누구도 평생을 드러누워 병을 앓아 가면서 그 치료를 할 여가가 없다는 것을 알고 있었기 때문이지. 그러나 이것은 저마다의 기술자에게는 해당되지만, 돈 많고 행복한 사람들에게는 그렇지 않네." 내가 말했다.

"무슨 뜻인지 잘 모르겠습니다." 글라우콘의 대답이었다.

---

[22] 《일리아드》 제11권 참조. 프람네는 이카리아섬의 산지로서 포도주로 이름 높다.
[23] 헤로디코스는 기원전 420년 무렵의 메가라 사람. 체육 교사이며 의사, 또한 이름 높은 소피스트. 식이 요법과 체조를 합쳐 건강법을 연구한 최초의 사람으로 전해진다.

15

"이런 이야기일세. 목수가 병에 걸리면 그는 의사에게 부탁하여서 거친 방법으로라도 좋으니 빨리 치료해 달라고 부탁하네. 이를테면 토하는 약을 먹는다든가, 설사약 또는 뜸을 뜬다든가 절개 수술 등으로 치료해 주기를 바라지…… 만약 어떤 의사가 그에게 식이 요법으로 처방해 주거나 머리에 붕대를 감는 등 그와 비슷한 방법으로 치료를 해야 한다고 하면, 그는 곧 이렇게 항변할 걸세. '나는 그런 식으로 병을 앓을 틈이 없습니다'라고 말이지. 그는 자기가 맡은 일을 내버려 둔 채 병을 치료하기 위하여 보내는 시간을 행복하다고 생각하지 않네. 따라서 그런 처방을 외면하고 본래의 자기 습관을 계속하겠지. 그러다가 회복되면 그대로 자기 일을 계속하든가, 아니면 죽게 되어 그 이상 괴로워하지 않아도 되는 거지."

"그렇군요. 그런 정도의 생활 상태에서는 그 정도의 의료 방법을 사용하는 게 마땅하겠습니다."

"그 까닭은 그 사람이 직업을 가지고 있기 때문일세. 만약 그가 직업을 잃는다면 생활에 아무런 이익이 있을 수 없거든."

"그렇겠습니다."

"그러나 돈 있는 사람은 다르지. 그에게는 해야 할 일이나 맡겨진 일이 하나도 없네."

"일반적으로 그들에게는 할 일이 아무것도 없다고 생각됩니다."

"그것은 자네가 먹고 입는 것이 충족된 뒤에는 덕의 수업을 쌓지 않으면 안 된다고 한 포킬리데스[24]의 말을 듣지 못했기 때문이네."

"저는 그렇게 생각지 않습니다. 의식이 충족되기 전부터 덕을 쌓아야 한다고 생각합니다."

"이런 일로 포킬리데스와 논쟁하는 건 그만두기로 하세. 그보다도 우리 스스로 자문해 보는 게 좋겠네. 덕을 추구하는 일은 돈 있는 사람들로서 꼭 해야 하는 일인지, 아니면 그런 게 없어도 삶의 보람이 있는 것인지. 만약 이것이 그들에게 있어 꼭 필요한 것이라면, 한 발 더 나아가 이런 의문이 생기게 되네.

---

24) 기원전 6세기 무렵 밀레투스 출신의 시인.

병에 대한 식이 요법은 목수나 그 밖의 기술에는 방해가 되지만, 동시에 포킬리데스의 충고를 이행하는 데에는 어떠한 방해도 되지 않는 것인지?"

"거기에 대해서는 의문의 여지가 없습니다. 체육의 규칙을 벗어난 신체에 대한 지나친 염려는 덕을 행하는 데 큰 방해가 된다고 생각합니다. 마찬가지로 가정이나 군대 또는 나라의 일을 다스리기에도 알맞지 않을 것입니다."

"게다가 더욱 나쁜 건 그것이 학문 탐구와 사고(思考) 등 어떤 학습에 있어서도 번거로운 것이라는 사실이네. 두통이나 어지러움이 철학 때문이 아닌가 늘 의심하여, 그것이 고상한 의미에서의 덕행이나 덕의 시도를 중단하게 만드네. 왜냐하면 인간이란 자기가 병에 걸려 있다고 상상한 나머지, 언제나 자기 몸의 건강 상태에 대하여 신경을 쓰고 있기 때문이야."

"과연 그럴 것 같습니다."

"따라서 생각이 깊었던 아스클레피오스는 자기 기술을 대체적으로 건강한 몸과 생활 습관을 지니고 있는 사람에게만 제시했다고 생각해도 무방하네. 그는 그러한 사람들을 설사약이나 절개 수술로 고쳐 국가의 이익에 대해 의논해 가며, 일상대로 생활하도록 명령했던 거지. 그러나 병이 심한 육신에 대해서는 설사약이나 달여 먹는 약 등을 쓰거나 점차적인 과정으로도 병을 고치려 하지 않았다네. 그는 무익한 생명에 대해서는 그것을 연장해 보려고 하지 않았고, 또 몸이 약한 체질의 아버지로부터 더 허약한 자식을 낳게 하려고도 하지 않았네. 여느 방식대로 살아갈 수 없는 인간에 대해서는 고쳐 볼 의무도 인정하지 않았던 것이지. 그 까닭은 아무리 치료를 해봐야 그러한 사람 자신에 대해서는 물론 국가를 위해서도 아무런 이익이 되지 않는다고 생각했기 때문이네."

"그렇다면 선생님은 아스클레피오스를 정치가로 보고 계신 게 아니신지요?" 글라우콘이 이렇게 물었다.

"물론 그의 성격은 그 자식들에게 있어 더 강하게 나타나 있네. 그들은 옛날의 영웅들이며, 트로이아 전쟁에서 오늘 내가 말한 바와 같은 의술을 사용했었지. 자네는 판다로스가 메넬라오스에게 부상을 입혔을 때, 그들이 어떻게 했는지를 기억하고 있겠지?

상처에서 피를 빨아내고, 진정되는 약을 뿌려 주었다.

그러나 부상자가 나중에 먹고 마셔야 할 것에 대해서는, 메넬라오스도 에우리필로스도 결코 지시한 일이 없었다네. 그 약은 그들이 생각했던 대로, 부상하기 전에 건강하고 생활 습관이 올바른 사람에 대해서만, 치료 효과를 충분히 가지고 있었지. 따라서 예를 들어 그 사람이 프람네 술을 마시는 경우가 있었다 해도 그 효력에는 아무런 변화가 없는 것일세. 그러나 그들은 남을 위해 아무런 도움이 되지 않는 생활을 위하여 불건강하고 절제하지 못하는 사람에 대해서는 전혀 상관하지 않았네. 의술은 그와 같은 사람들의 행복을 위해 있는 것이 아니라고 생각했기 때문이지. 그리하여 상대가 이를테면 미다스[25]보다 더 재물이 많다 할지라도 아스클레피오스의 아들들은 그들에 대한 치료를 거부했을 것임에 틀림없네."

"아스클레피오스의 아들들은 매우 현명한 사람들이었군요."

### 16

"그야 마땅한 일이지 않나. 그러나 우리를 배반한 비극 작가와 핀다로스는 아스클레피오스가 아폴론의 아들이었다고 공언하면서, 한편 죽음에 임박한 돈 많은 사람들의 병을 고쳐 주고 뇌물을 받아 그 때문에 벼락을 맞았다고 말하지 않는가. 하지만 우리는 이미 굳게 세워 놓은 법칙에 따라 그들에 대한 그와 같은 이야기를 믿을 수가 없네. 즉 그가 만약 신의 자손이었다면 그처럼 욕심쟁이가 아니었을 테고, 반대로 그렇게 욕심쟁이였다면 신의 아들이 아니었다고 주장할 것일세." 내가 말했다.

"소크라테스 님, 모두 옳은 말씀입니다. 그러나 여쭈어 볼 것이 있습니다. 즉 국가 안에는 좋은 의사가 있어서는 안 되는 것인지요? 또 하나, 신체적 조건이 좋은 사람을 고쳤건 나쁜 사람을 고쳤건, 무엇보다도 가장 많은 사람을 고친 자가 훌륭한 의사가 아닐는지요? 그리고 이와 같은 까닭으로 미루어 보아 여러 가지 도덕적 성질을 잘 알고 있는 사람이 가장 훌륭한 재판관이 아닐는지

---

25) 미다스는 프리기아의 전설상의 임금. 대부호로서 이름 높았다.

요?" 글라우콘이 물었다.

"그렇지. 나로서도 좋은 의사, 훌륭한 재판관은 있어야 된다고 생각하네. 그런데 여기서 내가 말하고 있는 좋다든가 훌륭하다는 뜻을 이해하고 있는가?"

"말씀해 주십시오."

"그렇다면 이야기하지. 그런데 자네는 하나의 질문 속에 본질이 같지 않은 두 가지 내용을 포함해 놓았음을 먼저 가르쳐 주고 싶네."

"어째서 그렇습니까?"

"자네는 재판관과 의사를 함께 말하지 않았는가. 가장 재주가 좋은 의사란 어릴 적부터 그 기술을 배우고 그에 병행해서 가장 많이 경험한 사람을 가리킨다고 보는데…… 그런 사람은 자기 자신이 온갖 병에 걸린 경험이 있거나 선천적으로 체질이 약한 사람이 적당하다고 생각하네. 왜 그러냐 하면 내 생각으로는 몸이란 몸을 가지고 치료하는 것이 아니기 때문이지. 즉 그는 건강한 몸으로 남의 약한 몸을 치료하는 것이 아니라, 남의 몸을 영혼으로써 치료해야 하기 때문일세. 따라서 그는 무엇보다도 건전한 영혼의 소유자라야 하며 병적인 영혼이라면 아무것도 치료할 수 없네."

"옳은 말씀입니다."

"그렇지만 재판관의 경우는 정신을 가지고 정신을 지배하기 때문에 그것과 다르지. 따라서 그는 자기 자신의 의식으로 남의 병을 진단하듯 남의 죄를 판단해야 하므로 그의 영혼이 옳지 않은 영혼들 속에서 수련을 받는다든가 어릴 적부터 그들과 접촉한다든가 또는 모든 죄를 직접 저질러 본다든가 해서는 안 되네. 건전한 판단을 이루는 숭고한 정신은 어릴 때부터 악에 물들어서도 안 되고, 또한 악을 경험해서도 안 되네. 그렇기 때문에 착한 사람이 젊었을 때엔 이따금 바보처럼 보이고, 옳지 못한 사람들의 말에 쉽게 빠지기도 하지. 그것은 모두가 그 자신의 정신이 악이 어떤 것인지를 모르고 있기 때문일세."

"그렇습니다. 그들은 선량하므로 그럴 수밖에 없을 것입니다."

"그러므로 재판관은 나이가 젊어서는 안 되네. 자기 자신의 영혼으로써가 아니라, 남의 악성(惡性)에 대한 오랜 관찰로 악을 알 만한 지식을 갖추고 있어야 하기 때문일세. 따라서 재판관에게는 경험보다도 지식이 훨씬 중요한 위치를 차지하는 것이라네."

"그런 사람이야말로 가장 훌륭한 재판관이 될 수 있을 것 같습니다."

"그렇지. 그리고 또한 가장 선량한 재판관이라고도 할 수 있지. 이것이 자네의 질문에 대한 나의 대답일세. 그 까닭이야 간단하지. 선량한 영혼을 지닌 사람은 선량한 사람임에 틀림없으니까. 그러나 우리가 이미 이야기한 바 있듯이 지나치게 약아빠지고 의심이 많으며 부정을 저지르고도 요령껏 행세하여 악의 명인이라고 자처하는 사람은 자기와 같은 부류의 사람들을 대할 때에는 그것이 통하지만, 오랜 세월의 경험을 지닌 덕망 있는 사람들 속에 들어가게 되면 오히려 거기 맞지 않는 의심 때문에 바보처럼 보이는 것이라네. 그는 자신 속에 정직한 모습을 가지고 있지 않은 까닭에 정직한 사람을 찾아낼 수 없네. 그와 동시에 또한 악한 사람은 선한 사람보다 그 수가 많아 그만큼 악한 사람을 더 자주 만나게 되므로 스스로 자기를 영리하게 생각하고, 남들 또한 똑같이 생각해 주는 거지."

"과연 그렇겠습니다."

## 17

"그러나 우리가 구하는 재판관은 그런 사람이 아니라, 선량하고 나이 많은 사람이네. 왜냐하면 악과 덕은 서로 공존할 수 없지만, 경우에 따라서는 교육을 받은 덕의 높은 성정은 덕과 똑같이 악에 대한 지식마저도 얻게 되거든. 내 의견대로라면 지(智)를 지닌 사람은 덕 있는 사람임에 틀림없네."

"제 의견 또한 그렇습니다." 글라우콘이 동의했다.

"자네가 자네의 국가 안에서 인정하는 건 그러한 의술과 그러한 법률일 것일세. 이들은 육체와 정신 양쪽의 건강을 안겨 주네. 그리하여 보다 좋은 성품을 지닌 사람에게 봉사하는 한편, 육체에 병을 지닌 사람은 죽도록 내버려 두며, 타락하여 고치기 어려운 정신에 대해서도 스스로 죽도록 내버려 둘 줄로 아네."

"그렇게 하는 것이 국가나 그 개인을 위해서 가장 좋은 방법인 줄로 압니다."

"그리하여 우리의 젊은이들은 절제를 고취하는 단순한 음악에 의해 교육되었기 때문에, 자연히 법에 호소하는 걸 꺼릴 줄 아네."

"그렇겠지요."

"그렇지만 단순히 음악적으로 양육된 사람이 똑같은 방향으로 체력을 단련해 나간다면, 부득이한 경우가 아니고는 그다지 의술이 필요하지 않을 게 아닌가."

"그건 쉽사리 이해되는 일입니다."

"그들이 체조를 하는 것은 그의 성질의 원기 왕성한 요소를 자극하기 위함이지 그의 힘을 키우기 위해서가 아니네. 따라서 그는 여느 운동선수처럼 근육을 발달시키기 위하여 체조를 하는 것이 아니고, 또한 절제를 위해서 하는 것도 아니네."

"옳은 말씀입니다." 글라우콘의 대답이었다.

"그리고 또 음악과 체조 두 기술은 보통 생각하는 것처럼, 한쪽은 정신의 훈련을 위한 것이요, 다른 한쪽은 육체의 훈련을 위해 연구된 것이 아니란 말일세."

"그러면 음악과 체조의 참된 목적은 무엇입니까?"

"둘 다 정신의 개선을 목적으로 삼는다고 생각하네."

"그것은 무슨 까닭입니까?" 글라우콘이 물었다.

"자네는 평생을 통하여 체조에만 온 힘을 기울이는 전심적 신앙(專心的 信仰)이 마음에 끼치는 영향과, 음악에만 기울이는 전심적 신앙이 끼치는 영향의 서로 반대되는 효과를 인정하지 않는가?"

"그것은 어떤 형태로 나타납니까?"

"한쪽은 완강하고 흉포한 성질을, 또 한쪽은 유약하고 가냘픈 성질을 만들어 낸다네."

"그건 그렇습니다. 운동 전문가가 지나치게 난폭하고, 음악 전문가가 덕을 형성하는 도를 넘어, 무척 유약해진 경우를 잘 알고 있습니다."

"그러나 그 흉포한 성질은 단순히 원기의 왕성에서 오는 것이므로, 이것을 올바르게 교육하면 용기를 낳게 되지만, 너무 강하게 쬘 때에는 고집스러운 사나움이 되네."

"저도 그렇게 생각합니다." 글라우콘이 대답했다.

"그러나 이와 반대로 철학자는 온화한 성질을 가지고 있겠지. 이 또한 너무 지나치면 유약해지기 쉽지만, 올바르게 교육되면 온화와 중용이 되는 걸세."

"그럴 것입니다."
"내 생각엔 수호자란 이 두 가지 성질을 함께 지녀야 하네."
"그렇겠지요."
"그래서 양쪽이 잘 조화되어야 한다고 생각하네."
"옳은 말씀입니다."
"그렇다면 조화된 정신이란 절제와 용감성을 동시에 지녔다는 이야기겠지." 내가 말했다.
"그렇습니다." 글라우콘은 대답했다.
"따라서 조화되지 않은 정신이란 비겁하고 야만스러운 것이 아닐까. 자네는 어떻게 생각하나?"
"그렇다고 생각합니다."

### 18

"사람이 음악에 귀를 기울여 그 깔때기 같은 귀를 통해 앞서 말한 바와 같은 감미롭고 부드러우며 슬픈 곡을 듣게 될 때, 그리하여 그의 온 생명이 노래의 아름다운 소리와 환희 속에 잠길 때, 이러한 과정의 초기 단계에서는 마치 쇠붙이와 같이 딱딱하던 기질이 부드럽게 녹아들어 매우 쓸모 있는 것으로 될 걸세. 그러나 그러한 첫 과정을 지나 제2단계에까지 계속되면, 부드러움이 지나치고 원기도 잃어, 그는 아주 연약한 무사가 되어 버리고 말 것이네."
"그럴 것입니다."
"그런데 만일 그 사람이 선천적으로 기개가 약한 영혼을 물려받았다면 그만큼 짧은 시일 안에 그렇게 되어 버릴 것이며, 기개가 강한 영혼을 물려받은 사람이라면 그 기개가 약화되어 작은 일에도 곧잘 화를 내는 사람이 되어 버릴 걸세."
"그럴 수밖에 없을 것입니다."
"그러면 이번에는 체육으로 많은 수련을 쌓은, 음악과 철학과는 전혀 인연이 없는 사람의 경우는 어떻겠나? 처음에는 몸이 건강하고 기개가 가득해 한결 더 용감한 자가 될 게 아닌가?"
"물론 그렇습니다."

"그러나 그다음에는 어떠한 일이 일어나겠는가? 만약 그가 체육 말고는 아무 일도 하지 않으며 무사[26]와도 아무런 관계를 갖지 않는다면, 또는 그가 지니고 있을지 모르는 지능마저도, 학문이며 연구며 애정이며 교양 등에는 아무런 경험이 없어 약하고 둔하고 맹목적이 되어, 그의 정신은 눈뜨지 못하고 자라지 못하여 영원히 그 감각이 마비되고 말걸세."

"그렇겠습니다."

"그리하여 마침내 철학을 혐오하게 되고, 문화를 모르며, 신앙에서도 멀리 떠나게 되네. 즉 야수와 같이 난폭하고 거친 사나움밖에는 아무런 행동 방법도 모르게 되지. 완전히 무지한 상태에서 살게 되기 때문에, 중용이라든가 예절 같은 관념을 가져 볼 수 없게 되네."

"옳은 말씀입니다."

"인간의 성정에는 첫째로 원기가 있고, 둘째로 철학적이라는 두 가지 길이 주어졌는데, 내 생각으로는 어떤 신이 이 두 가지 성정에 알맞도록(육체와 정신에 대해서는 매우 간접적으로) 인류에게 음악과 철학 두 가지 예술을 준 것 같네. 그리하여 이 두 가지가 마치 악기의 현처럼 잘 조화될 때까지 늦추었다가 죄었다가 하는 것으로 생각되는군."

"정말 그런 것 같습니다."

"음악과 체조를 가장 알맞게 섞어 그것을 정신에 잘 조화시키는 자야말로 참다운 사람일 것이며, 현의 조율사보다도 훨씬 높은 의미에서의 조화자라고 할 수 있을 거네."

"옳은 말씀입니다."

"결국 이러한 사람은 정부가 계속되는 한 언제나 국가가 요구하는 인물이 될 걸세."

"옳습니다. 그러한 사람이야말로 절대적으로 필요한 인물입니다." 글라우콘은 대답했다.

---

[26] 시·연극·음악·미술 등 모든 예술을 지배하는 아홉 여신을 일컫는 말. 제우스와 기억의 여신 므네모시네 사이에 태어난 딸들이다.

19

"내가 말하는 교육과 양육의 원리는 이와 같은 것이지. 그런데 우리 시민들 사이에 행해지는 무용이며 수렵이며 경주 또는 체조나 경마 등에 이르기까지 상세하게 설명해야 할 필요가 있을까? 이러한 모든 것도 근본적인 원리를 따라야 하는 점에서는 아무 다를 바 없으며, 또한 그 근본 원리를 이미 앞서 발견했으니 이해하기 그리 힘들지 않으리라고 생각하네."

"그렇습니다."

"좋아, 그러면 다음 문제는 무엇이 될까? 누가 통치자가 되고, 누가 일반 국민이 될 것인지 따져 가는 것이 좋겠지?"

"좋습니다."

"연장자가 연소자를 통치해야 한다는 데는 의문이 없지?"

"물론 없습니다."

"그러면 연장자 가운데 누구보다 훌륭한 사람이 통치해야 한다는 것에 대해서는 어떻게 생각하나?"

"그것도 분명한 일입니다."

"그렇다면 이건 어떨는지. 땅을 경작하는 데 있어 가장 부지런하고 열심인 사람이 가장 훌륭한 농부일 것으로 생각되는데……."

"그건 그렇지요."

"그러면 우리도 우리 국가를 위한 가장 훌륭한 수호자를 구함에 있어, 수호자로서의 성격을 가장 많이 갖춘 사람을 구해야겠지."

"마땅한 말씀입니다."

"그러한 사람이란 현명하고 유능하며 국가에 특별한 충성심을 지닌 사람이어야 할 걸세. 뭐, 다른 의견이라도 있나?"

"아니 없습니다."

"그런데 인간이란 자기가 사랑하는 것에 가장 관심을 쏟고 무엇보다도 염려를 할 게 아닌가?"

"그 또한 틀림없는 이야기입니다."

"그리고 또 인간이란 자기와 이해관계가 가장 많은 대상에 애착을 느끼게 마련이네. 말하자면 자기의 운명을 좌우하고 가장 큰 영향을 주는 그런 것에 말일세."

"그렇습니다."

"그렇다면 우리의 수호자는 이러한 사람들 가운데서 뽑아야 하네. 즉 국가에 이롭다고 생각되는 일에는 열성을 기울이지만, 그 반대의 일에는 절대로 관심 없이 외면하는 사람 말이네."

"옳은 말씀입니다."

"우리는 그 사람들이 자기의 그러한 신조를 계속 잘 이행해 나가는지 줄곧 감시해야 하네. 어떠한 완력이나 강제에 의해 국가의 이익을 저버리지 않는지, 또는 자기의 본분을 잊지나 않는지 감시하는 것이지."

"어찌하여 그런 말씀을 하십니까? 잘 이해되지 않습니다."

"잘 모르겠다면 설명해 주지. 결심이란 자기 의사에 따라서건 또는 이것과 반대되는 것에 따라서건, 인간의 마음에서 언제 떠날지 모르는 성질의 것이지. 그가 거짓을 버리고 선한 것을 따를 때엔 의지를 가지고 행하는 때요, 그가 진리에서 떠날 때는 언제나 그 의지에 반대해서 행하는 때란 말일세."

"자기 의지에 따라 행하는 경우는 이해가 됩니다만, 그 반대의 경우에 대해서 좀 더 설명해 주십시오." 글라우콘이 이렇게 더 설명해 주기를 원했다.

"인간의 마음이 선한 것에서 떠날 때는 자기 의지에 벗어난 것이요, 악한 것에서 떠날 때는 자기 의지에 따르는 경우이네. 그리고 진리에서 벗어나는 것은 악이며, 진리를 간직하는 것은 선이 아닌가? 또한 사물을 있는 그대로 보는 것은 진리를 갖는 일이라고 생각지 않는가?"

"옳은 말씀입니다. 인간이 그 의지에 반하여 진리에서 벗어난다는 생각에는 동의합니다."

"사람이 그러한 처지에 놓이게 되는 것은 도둑을 맞거나 강요당했거나, 또는 유혹받았기 때문이 아니겠는가?"

"무슨 말씀인지 아직도 잘 모르겠습니다."

"아무래도 내가 비극 배우와도 같이 분명치 않은 이야기를 한 것 같군. 나는 다만 어떤 사람은 설복당하여 자기의 견해를 바꾸고, 어떤 사람은 잊어버려서 바꾼다는 말을 하려는 것일세. 앞의 경우에 있어서는 의논이 마음을 훔쳐 가는 것이고, 뒤의 경우는 시간이 훔쳐 가는 것이지. 이것을 가리켜 나는 도둑을 맞는다고 했던 것인데, 이제는 이해가 되는가?"

"네, 알겠습니다."

"그렇게 하도록 강요당하는 사람은 자기의 견해를 바꾸도록 외부의 것으로부터 고통이나 폭력을 받은 사람이지."

"알겠습니다. 옳은 말씀이라고 생각합니다."

"다음은 유혹을 당하는 사람의 경우인데, 즉 이런 의미로 이야기한 거지. 이를테면 쾌락에 빠지거나, 또는 공포보다도 더한 영향을 받아서 마음이 변하는 그런 사람들을 가리키네."

"그러고 보니, 기만이란 모든 것을 유혹케 한 결과가 되는 셈이로군요."

## 20

"그러므로 우리는 자기의 신조, 즉 국가를 사랑하는 확고한 신조를 지닌 수호자를 찾아내야 하네. 그리하여 그들을 어릴 때부터 잘 감시하여 그들이 그 신조를 잊어버리거나 속아 넘어가기 쉬운 행동을 하지 않도록 해야 하네. 그리하여 여기에 모순되는 자를 제외해야 하지. 어떤가, 이런 방법으로 선출하면 되지 않겠나?"

"매우 좋은 방법이라고 생각합니다."

"그리고 또한 그들에게 노고나 고통이나 경기를 부과하고, 앞에서와 같은 방법으로 잘 관찰해야 하네."

"옳은 말씀입니다."

"그러곤 세 번째의 유혹당하는 시험을 그들에게 해봐야 하네. 그래서 그들이 어떻게 행동하는가를 살펴보는 걸세. 마치 망아지가 용감한지 겁이 많은지 살펴보기 위해 시끄러운 소리가 나는 속으로 끌고 들어가는 것처럼 말일세. 그리하여 우리의 젊은이들을 어떤 곤혹을 느끼기 쉬운 두려운 곳에 끌고 들어가거나, 또는 방향을 바꾸어 쾌락 속에 내던져 보는 거지. 그래서 불 속에서 황금을 시험해 보는 것보다 더 완벽하게 그들을 시험하여 그들이 어떠한 시련 속에서도 잘 견디어 내는가를 확인하는 걸세. 그리하여 늘 몸에 익힌 음악적인 수양을 굳게 지키고, 하모니와 리듬을 잃지 않는 자인지를 감시해야 하네. 그래서 제 나름의 나이에 따라, 즉 소년으로서 청년으로서, 또는 성년자로서 그러한 시련에 이겨 순수하게 통과해 온 자로 하여금 국가의 수호자 또는 통치자로 선출하는 거지. 그런 사람은 살아 있을 때는 물론 죽은 뒤에도 존경받을 사람이어야 하며, 우리는 그들에게 분묘 등은 물론 우리가 줄 수 있는 최상의 영광된 기념품을 주어야 하네. 물론 여기서 낙오된 자는 멀리해야지. 이런 방법이야말로 수호자와 통치자를 뽑는 가장 좋은 방법이라고 생각하네. 물론 객관적인 것에 그쳐서 정확을 기했다고는 할 수 없지만……." 나는 말했다.

"거의 찬성합니다."

"그리고 가장 넓은 의미의 수호자란 말은 우리를 나라 밖의 적으로부터 지켜 보호하고, 나라 안에서는 국민 사이에 평화를 유지시키는 한결 높은 계급에게만 부여되어야 하는 걸세. 우리가 앞서 수호자라고 부른 젊은이들은 통치자들의 주의와 사상을 뒷받침하는 지지자 또는 보조자라고 부르는 게 더 적합할 줄 아네."

## 21

"그것에 저도 동의합니다."

"그리고 아까 말한 바 있는 필요한 거짓말을 어떻게 꾸며 내야 좋겠는지. 만약 그런 게 있을 수 있다면, 통치자와 국가 안의 모든 사람을 속일 수 있는 커다란 거짓말을 꼭 하나만 연구했으면 좋겠네."

"어떤 종류의 거짓말 말입니까?" 글라우콘이 물었다.

"그다지 새로운 것이 아니지. 오늘날에는 그런 것을 찾아볼 수 없게 되었지만, 옛날에는 자주 일어났다는 일(시인들이 이야기한 것처럼, 그리하여 세상 사람들을 믿게 한 것처럼)에 대하여 옛 페니키아 사람들[27]이 한 이야기 같은 것에 지나지 않네. 그런 일이 또 일어날지, 또는 만약 일어난다고 해도 실제처럼 여겨질지는 의문이지만."

"무언가 말씀하려 하시면서 망설이고 계시는군요."

"내 말을 다 듣고 나면, 망설이는 게 마땅하게 생각될 걸세."

"말씀해 보십시오, 걱정 마시고."

---

27) 페니키아 왕 카드모스의 전설. 용을 퇴치해서 아테네의 권고에 따라 그 이를 뽑아 심었더니 그곳에서 무장한 군인이 생겨났다고 하며, 이것이 스파르타인의 기원이다.

"그럼, 이야기하겠네. 그러나 이런 억지 같은 이야기를 말하고서 자네의 얼굴을 대담하게 볼 수 있을지 의심스럽군. 나는 이 이야기를 최초엔 통치자에게, 다음은 병사들에게, 그 뒤엔 일반 사람들에게 차례로 전할 생각이네. 그들은 이런 이야기를 나에게서 들을 것일세. 즉 우리가 그들에게 베푼 교육과 훈련은 단지 꿈이요, 그들이 겪고 그들의 신변에 일어난 것으로 여겨지는 일에 지나지 않는다고. 실제로 그들은 대지의 내부에서 이루어져 양육되었으며, 그들 자신의 무기와 부속품도 여기서 만들어졌고, 그것이 완성되었을 때 그들의 어머니인 대지가 그들을 세상 밖으로 내보냈다고. 따라서 그들은 자기가 살고 있는 고장이나 국가를 마치 자기의 아버지처럼 섬기며, 국가의 이익을 위해서 노력해야 할 의무가 있고, 적의 침공으로부터 국가를 방어할 의무가 있으며, 그들은 다 함께 대지의 자녀로서 한 형제라는 생각을 지녀야 한다고 말일세."

"선생님이 말씀하시려던 거짓말을 수치스럽게 생각하신 것은 당연한 일이었습니다."

"그렇지만 아직도 남아 있네. 겨우 반밖에 이야기하지 않았으니까. 나는 계속해서 이렇게 말하고 싶네. 국민들이여, 자네들은 형제요, 다만 신이 자네들을 서로 다르게 만들었을 뿐이고, 자네들 가운데 누군가는 명령하는 힘을 지니고 있으며, 신들은 이러한 사람을 만들 때 금을 섞어서 만들었다고. 그래서 그들은 최상의 영예를 가지고 있고, 다른 사람들은 그들의 보조자가 되게 하기 위하여 은으로 만들었다고. 또 그 밖의 사람들은 놋쇠나 철로 만들어져 농부나 직공이 된 것이라고. 이와 같은 것은 거의 어릴 때 마련되지만, 모든 사람은 한 줄기에서 태어났으며, 금의 부모도 때로는 은의 아들을, 또 은의 부모가 금의 아들을 가질 수도 있다고. 신은 제1의 법칙으로 통치자에게 포고하는데, 첫째로 순수한 혈통을 보존하도록 유의해야 하며, 또 그들 자신이 그것을 지키는 감시병이라고. 또 그들은 어떠한 분자가 자손들 속에 섞여 들어가는지를 관찰해야 하는데, 그건 만약 금과 은의 부모에게서 태어난 자식이 놋쇠나 철을 혼합해 가지고 있다면 자연은 자리바꿈을 명할 것이며, 따라서 통치자는 그 아이들한테 동정을 해서는 안 된다고. 왜냐하면 그들이 그 계급에서 내려가 농부나 직공이 되어야 하는 건, 금이나 은이 섞인 직공의 아들이 명예를 얻어 수호자나 보조자가 되는 것과 마찬가지니까. 놋쇠나 철로 된 인간이 국가를 지킬 때에는 국가가 멸망할지도 모른다는 신화가 있으므로 반드시 위에서 말한 바와 같이 실시하도록 하라고 말일세. 나의 이야기란 이런 것들이네. 우리 시민들로 하여금 믿게 할 만한 가능성이 있겠는가?"

"현 세대의 사람에게는 어렵겠습니다. 이것을 완성하는 방법이 없으니까요. 그러나 그들의 아들들이라면 믿을지도 모릅니다. 그리고 손자들이나 또는 그 다음 세대의 자손들이라면……."

"몹시 어려운 일이라는 건 알고 있네. 그러나 이런 걸 믿게 하려는 까닭은 국가와 개인을 모두 이롭게 하기 위해서이네. 그러나 조작된 이야기는 이것으로 충분하네. 그리고 이것을 믿느냐에 대한 문제는 여론이 그 거짓말을 어떻게 받아들이느냐에 따라서 결정될 걸세."

## 22

"우리는 이제 우리의 영웅들을 무장시켜 그들 통치자의 명령에 따라 앞으로 나아가게 하면 되네. 그들로 하여금 주위를 돌아보게 하고, 내부에 불순한 자가 있으면 반란을 가장 잘 진압하기 쉬운 장소를 고르게 하고, 또 외부로부터 우리 속을 향해 덤벼드는 늑대 같은 외적에 대해서 가장 잘 방어할 수 있는 장소를 선택케 하는 것일세. 그리하여 거기에 야영을 하게 하고, 그것이 끝나면 각자의 수호신에게 재물을 바쳐 그들의 살 곳을 마련하는 거지."

"과연 옳은 말씀입니다."

"그들의 숙소는 겨울 추위와 여름 더위를 막을 수 있는 곳이라야만 하네."

"그건 집을 말씀하시는 것인지요?"

"그렇다네. 그러나 부자에게 어울리는 것이 아니라, 국민들에게 어울리는 것이어야 하네."

"그것은 어떻게 다릅니까?"

"그럼 설명해 보겠네. 집 지키는 개를 키우는데, 그 개가 훈련 부족이거나 배가 고프거나 또는 어떤 나쁜 습관으로 인해 양을 습격하여 괴롭힌다면, 그것은 개가 아니라 늑대 같은 행동일 수밖에 없고, 그런 개를 키우는 양치기에 대해서는 옳지 못하고 이상한 행위가 되겠지."

"매우 수상쩍은 일입니다." 글라우콘이 대답했다.

"따라서 우리의 수호자들은 국민들보다 강하기 때문에, 지나치게 자기만을 위하다가 친구인 동시에 동맹자인 처지를 벗어나 야만스러운 폭군이 되지 않도록 주의를 게을리하지 말아야 하네."

"그렇습니다. 조심해서 살펴볼 일입니다."

"실제로 훌륭한 교육만 하면, 그런 주의는 가능하겠지?"

"그러나 그들은 이미 교육을 받은 뒤가 아닙니까?"

"글라우콘! 나는 그렇다고 잘라 말할 확신이 아직 서 있지 않네. 그보다는 그들이 교육받아야 한다는 것을 한결 더 강조할 따름일세. 참다운 교육이란 그것이 어떤 것이건, 그들 서로 간의 관계 및 그들에게 보호되는 사람들과 그들의 관계에서 더욱 교화하고 조화시키는 최대의 힘을 가지고 있다고 확신하는 거네."

"옳은 말씀입니다."

"또한 교육뿐만 아니라 집도, 그리고 그들에게 소속된 모든 물건도 수호자로서의 덕에 손상을 입히거나 또는 국민들을 괴롭히는 도구가 되어서는 안 되네. 이해력 있는 사람이라면 누구나가 다 인정할 걸세."

"그렇습니다."

"자, 그렇게 해서 우리의 이상을 실현해 나간다면, 그 생활 방식이 어떠해야 하는지 생각해 보기로 하세. 먼저 첫째로 그들은 절대적으로 필요한 물건 이상을 가져서는 안 되네. 들어오고 싶어 하는 사람을 내쫓아 버리고 마는, 사유 가옥이나 점포를 가져서는 안 되네. 그들의 식량은 용기 있고 절제 있는 숙련 병들이 얻을 수 있는 것이어야 하네. 그리고 또 그들은 국민들로부터 일정액의, 그것은 그해의 지출에 해당하는 만큼의, 결코 더 많아서는 안 되는 보수를 받아야 하지. 그들은 야영 중의 병사들처럼 한데 모여서 함께 생활해야 하네. 금과 은은 신으로부터 받은 것이라고 우리는 그들한테 이야기해야 하네. 그들에게 주어진 신성한 금속이 그들 정신의 내부에 깃들어 있어야 하며, 그래서 그들은 인간들 사이에 쓰이는 쇠 부스러기 같은 것에 상관하지 말아야 하며, 또 인간이 섞어 만든 그러한 것을 가지고 신성한 것을 모독해서도 안 된다고 말이네. 왜냐하면 평범한 금속이란 많은 의미에서 신성하지 못한 행위의 근원이기 때문일세. 그렇지만 그들의 영혼 속에 지닌 금속은 더러워지지 않으며, 또 모든 국민들 중 그들만은 금과 은에 손을 대어 다루어서는 안 되네. 또 금은과 한 지붕 아래 살아서도 안 되며, 이런 걸 몸에 걸쳐도 안 되고, 이런 그릇으로 술을 마셔도 안 되네. 그래서 이렇게 하는 것들이 그들을 위해 도움이 되고 또 나라를 구해 내는 주인공을 만드는 것이지. 만약 그들이 자기 소유의 땅과 집과 돈을 가졌다면, 그들은 수호자의 위치에서 집을 지키는 사람으로 바뀌는 것이며, 또는 국민의 동맹자인 위치에서 벗어나 적이 되고 폭군으로 변모하겠지. 미워하고 미움받고, 음모를 꾸미고 음모에 걸리고 해서, 그들은 외적보다 국내의 적에게 더욱 공포를 느끼면서 한평생을 보내게 되겠지. 그리하여 그 자신과 국가의 멸망을 스스로 가져오고 말 것일세. 그러한 모든 까닭 때문에 우리 나라는 질서가 세워져야 하며, 우리들의 수호자는 그들의 집이라든가 그 밖의 여러 일들에 대해서 우리가 명령한 대로 다스려야 한다는 게 잘못된 말인가?"

"아닙니다. 옳습니다." 글라우콘이 동의했다.

# 제4권

## 1

그때 아데이만토스가 중간에 끼어들었다.

"그렇다면 소크라테스 님, 만일 어떤 사람이 선생님께 이렇게 항의한다면 어떻게 하시겠습니까? '당신은 수호자들을 전혀 행복하게 해주지 못하고 있습니다. 그리고 그 원인을 개인 탓으로만 돌리고 있습니다. 이를테면 행복하지 않은 건 자기 탓이라는 것이지요. 국가란 사실상 국민의 것인데도 국가로부터 받는 혜택은 아무것도 없습니다. 다른 통치자들처럼 땅을 소유할 수도 없고 아름답고 큰 집을 지을 수도 없으며, 신들에게 개인적으로 제물을 바칠 수도 없고, 귀한 손님이 와도 제대로 대접할 수도 없습니다'라고 말입니다. 또 있습니다. 그들은 이렇게 계속 항의할 것입니다. 행복한 사람들의 소유물로 여겨지는 금이나 은 등은 가질 수도 없고, 오직 용병처럼 국가를 지키는 일 말고는 아무것도 하지 못하는 바보 같은 신세가 되었다고. 이럴 경우 어떻게 하시겠습니까?"

"자네 말에도 일리가 있네. 그렇게 항의할 수도 있겠지." 나는 이렇게 대답했다.

"그뿐이 아니겠지. 그 사람은 자기가 밥만 얻어먹는 일꾼 같다고도 하겠지. 그러니까 먹고사는 일 말고는 보수를 받지 못하기 때문에 자기 돈으로 여행을 할 수도 없고, 유곽에 가서 술을 마시며 그녀들과 어울릴 수도 없고, 그 밖에도 행복한 사람들처럼 돈도 마음대로 쓸 수 없다고 말일세. 자네가 항의하는 내용 속엔 이러한 것도 포함되어 있겠지?"

"그렇습니다. 그런 모든 것들이 포함되어 있습니다." 그는 대답했다.

"그렇다면 그러한 경우에 자네는 어떻게 변명하겠나?"

"어떤 경우 말입니까?"

"계속 검토해 나가면 어떤 말로 답변해야 옳을지 해답이 나오리라고 생각하네. 그들의 주장이 틀렸다고 생각하지 않으니까. 우리가 세운 국가에서는 어느 한 계급만이 행복하게 살 수는 없고, 모든 국민이 다 행복하게 살기를 바라고 있네. 그리고 이러한 나라에서만이 비로소 정의를 분명하게 할 수 있을 테니, 우리들이 계속 관찰해 나가는 동안 처음에 우리들이 탐구해 오던 것을 찾아 낼 수 있다고 생각하네. 우리는 이렇게 해서 찾아낸 이 행복한 나라를 어느 특수층의 행복을 위해서가 아니라 온 국민의 행복을 위해 이끌어 나가야 하네. 이와 반대의 나라에 대해서는 나중에 검토해 보기로 하세.

　아까의 항의에 대하여 다시 예를 들어 설명해 나가겠네. 우리가 조각에 색칠을 하고 있다고 가정해 보세. 그때 어떤 사람이 가까이 와서 그 동물(조각이 동물인 경우)의 가장 아름다운 부분을 가장 아름답게 칠하지 못했다고 비난한다면 우리는 어떻게 답변해야 할까? 나는 이렇게 답변하는 것이 가장 정당한 답변이라고 생각하네. 즉 여보시오, 그런 말은 마시오. 눈도 그렇고 나머지 부분도 마찬가지지만, 눈이 이미 눈이 아니라고 생각될 만큼 아름답게 그려서는 안 됩니다. 오히려 우리는 각자가 제 나름의 분수에 맞는 화구(畵具)를 갖추어 전체를 아름답게 만들려고 칠하고 있으니 그것이 잘 조화가 되었는지나 보아 주시구려, 라고 말일세. 수호자들에 대해서도 마찬가지가 아니겠나? 수호자가 아닌 다른 사람의 손으로 이룩될 수 있는 행복을 그들에게 달라고 강요하는 것은 옳지 못하다고 말하겠네. 또 나는 이렇게 말하고 싶네. 국가 전체가 행복하기 위해서는 농민들에게 왕의 옷을 입히고 금으로 된 장식품을 달게 하고 마음대로 땅을 갈아 농사를 짓게 하며, 도공(陶工)들에게는 녹로[1] 옆에서 모닥불을 피우고 술타령을 할 수도 있고 마음 내키는 대로 도기를 만들 수 있게 하는 것도 가능하오. 그 밖의 모든 사람들에게도 이와 마찬가지로 행복을 누릴 수 있게 해야 한다는 것을 잘 알고 있지만 꼭 그렇게 해야 한다고 강요하지는 말아 주오, 라고…… 왜냐하면 만약 자네 말을 그대로 따른다면 결국 농부는 농부가 아닌 다른 사람이 되고, 도공은 도공이 아닌 사람으로 변모해 버릴 테니까 말이야. 국가를 이루는 다른 구성원도 모두 마찬가지 결과가 되어 마침내는 제각기의 고유한 형태를 가지지 못하게 되고 말 걸세. 그러나 국가의 수

---

[1] 도기를 만들 때 모형과 균형을 잡는 데 쓰는 기구(회전반). 물레라고도 한다.

호자들에 비하면 이와 같은 사람들의 변모는 그리 큰 문제가 아닐세. 예를 들어 구두장이의 경우, 자기의 기술이 저하되었는데도 여전히 제화공임을 자부하며 그 직업을 그대로 버티어 나간다고 해도 국가로 봐서는 큰 문제가 되는 게 아니란 말일세. 그러나 법률을 만들고 국가를 수호하는 사람일 경우, 이미 수호자로서의 자격을 상실했는데도 그 자리에 그대로 버티고 있다면, 결국 국가를 멸망시키고 마는 중대한 결과를 가져온다고 말하겠네.

결국 이렇게 종합해서 말할 수 있지. 국가의 수호자를 임명함에 있어서는 그들에게 될 수 있는 대로 많은 행복이 주어지도록 주의를 기울이거나 또는 그 국가 전체에 주의를 기울여 마침내는 그 국가 전체에 행복이 생겨나도록 할 것인가를 잘 검토해서, 그들 수호자나 협조자들에게 강요해서라도 우리들이 명하는 일을 실행해 나가도록 해야 하네. 한편 기타 국민들에게는 한 가지 두드러진 재주를 갖도록 권장해서 저마다가 자기 위치를 지켜야만이 나라 전체가 번영하고 올바른 정치가 베풀어질 수 있고, 각자 나름대로의 행복을 차지할 수 있다고 생각하네."

## 2

"정말로 옳고 훌륭한 말씀을 해주셨습니다." 그가 말했다.

"그런데 지금 내가 한 말과 거의 형제 사이와도 같은 것이라고 할 수 있는 문제에 대해서도 자네는 옳다고 동의할 수 있겠나?"

"그게 무엇인데요?"

"그 밖의 기술자들 말이네. 그들이 나쁜 사람이 되는 것은 다음과 같은 것 때문이라고 생각하는데 자네가 이야기를 듣고 잘 판단해 주게나."

"어떤 것을 가지고 그러십니까?"

"부(富)와 빈(貧)이 바로 그것일세." 나는 말했다.

"왜 그렇습니까?"

"이런 경우를 생각해 보게나. 예를 들어 도공이 부자가 된 뒤에도 자기 기술에 대하여 여전히 관심을 가지리라고 생각하나? 어때, 자네 판단은?"

"관심을 갖지 않을 것입니다."

"아주 게으른 사람이 되거나 방탕한 사람이 되겠지?"

"그럴 겁니다." 그는 대답했다.

"이번엔 반대로, 가난해서 자기에게 필요한 도구나 기타 기술에 필요한 모든 물건을 마련할 수 없을 때, 그는 자기 기술을 제대로 드러내지 못하여 그가 만들어 낸 작품의 질이 떨어지지 않겠나? 뿐만 아니라 그에게 배운 제자들도 마찬가지로 변변치 못한 기술자가 되고 말 거고."

"지당한 말씀입니다."

"그러므로 우리의 수호자들이 명심해야 할 임무가 하나 더 늘어난 셈이군. 즉 그들 자신도 모르는 사이에 나라 안으로 침투해 들어올지도 모를 위험에 대하여 경계해야 할 것 같네."

"그것이 어떤 것인데요?"

"바로 부와 가난이지." 나는 말했다. "한쪽은 사치와 게으름과 공명심을, 다른 한쪽은 노예근성과 고약한 성품을 가져오기 때문일세. 어떤가, 자네 생각은?"

"그건 사실입니다." 그는 대답했다. "그런데 소크라테스 님, 이런 점은 어떻게 생각하십니까? 만일 우리 국가가 빈곤하다면 전쟁을 치를 수 있을까요? 특히 부유하고 강대한 나라와 싸워야 할 경우에 말입니다." 그는 물었다.

"그런 강대국과 싸우는 것은 어려운 문제지. 그러나 그와 비슷한 두 나라끼리 싸운다면 어렵지 않지."

"무슨 말씀인지요?"

"그건 이런 이야기지. 상대와 반드시 전쟁을 해야 할 경우, 그들은 자기 자신들의 경쟁자인 돈 많은 국가와 먼저 싸워야 되겠지?"

"그야 그렇겠지요."

"자, 아데이만토스 군." 나는 말했다. "여기 어떤 권투 선수가 있다고 하세. 그는 자기 나름대로 모든 준비를 갖추고 있을 걸세. 이런 경우 그는 혼자서도 권투 선수가 아닌 돈 많은 뚱뚱보 두 사람쯤은 충분히 때려눕힐 수 있다고 생각하지 않겠나?"

"두 사람이 함께라면 그리 쉬울 것 같지 않은데요?"

"그러나 조금 물러섰다가 먼저 다가오는 사람부터 하나씩 때려눕히면 그다지 어렵지 않겠지. 더구나 햇볕이 쨍쨍 내리쬐는 곳에서 숨을 헐떡거리는 뚱뚱보를 한 사람씩 때려눕히는 일은 더욱 쉬운 일이 아니겠나? 그럴 경우엔 두 사람이 아니라 더 많은 상대라도 당해 낼 수 있을 걸세."

"그럴 수 있을 겁니다. 비교적 타당한 이야기라고 생각합니다."

"그렇다면 강한 국가는 지식이나 경험으로 미루어 보아 권투 선수의 기술을 잘 파악하고 있다고 생각되지 않나?"

"그럴 겁니다."

"결국 권투 선수의 기술을 터득한 그 부강한 나라는 두 배나 세 배 되는 적과도 쉽게 싸워 이길 수 있겠지."

"매우 옳은 말씀입니다."

"이와 같은 경우, 그들 두 나라 중 한 나라에 사신을 보내어 이렇게 말하게 하는 거지. 우리 나라는 금이나 은 같은 귀금속은 쓰지도 않으며 그런 것이 허용되고 있지도 않다는 사실을 알아 달라. 그러니 이겨서 아무런 도움도 되지 않는 우리 나라와 전쟁하는 대신 우리와 손을 잡아 금도 많고 은도 많은 나라를 쳐부수어 손에 넣는 게 현명한 일이 아니냐고 말이야. 그랬을 때 그들은 어떤 판단을 내릴까? 예를 들어 바짝 마른 개를 상대로 싸우는 것과 토실토실 살찐 양을 상대로 싸우는 것 가운데 어느 것이 자기들에게 이익이 된다고 판단하겠나? 자네라면 바짝 마른 개를 상대로 싸우려 하지는 않겠지, 어떤가?"

"그 점은 동감입니다." 그가 대답했다. "하지만 그렇다고는 해도 결과적으로 어느 한 나라에 재물이 쏠린다면 부유하지 못한 그 밖의 나라에 불안을 주게 되지 않을까요?"

"반가운 말을 다 하는군……." 나는 말했다.

"우리가 건설한 국가 말고 다른 국가를 함부로 '국가'라고 부를 수 있을까? 그렇게 부를 가치가 있냐 말이야……."

"그럼 무엇이라고 부르면 되겠습니까?" 그가 물었다.

"조금 더 거창하게 부를 수 있겠지. 체육 경기[2]에서의 경우와 마찬가지로 이러한 국가는 실상은 여러 개의 국가들이지 하나의 국가는 아닐세. 그 국가들은 모두 두 개의 그룹으로 나누어져 서로 적대시하지. 한쪽은 가난한 사람들

---

2) 체육 경기가 어떤 것인지는 확실치 않지만 판이 있고 그 판은 여러 부분으로 나누어져 있어 그 하나하나를 국가라고 부른 것 같다.

이 사는 국가요, 다른 한쪽은 부자들이 사는 국가야. 그리고 그 구성원은 여러 부류로 나뉘어 있다네. 그 많은 부류를 하나로 총괄해서 취급한다면 오류를 범하게 되네. 숫자적으로 많은 것으로 나누어 본다면 빈과 부, 두 가지로만 분류할 수 있지. 그러나 양자를 그 세력이나 재산, 또는 인력까지 포함해 계산한다 해도 우리 편이 될 수 있는 사람들이 적으로 돌려 싸워야 할 사람들의 수효보다 훨씬 많지. 더구나 자네가 세워 나가는 국가에선 이미 결정된 질서에 따라서 조심성 있게 성장하는 이상 가장 강력한 나라로 발전할 걸세. 그것도 단순히 말뿐이 아닌 명실공히 가장 큰 것이지. 만일 그 국가를 위해 목숨을 내걸고 싸울 사람이 1000명도 되지 않는다 하더라도 말일세. 사실 이러한 의미의 강대국은 그리스에서나 그 밖의 다른 나라에서도 발견할 수 없을 것으로 아네. 전체 인원수에서는 몇 배나 되는 국가도 흔하겠지만 말이야. 자네 생각은 어떤가?"

"옳은 말씀입니다." 그는 대답했다.

### 3

"이번에는 국가의 규모에 대해 생각해 보기로 하세. 우리가 세운 국가의 지배자들이 그 구성원을 어느 정도로 생각하고 있고, 국토의 넓이는 얼마쯤으로 생각하고 있는지 말이네. 국토의 크기에 따라서 그 구성원의 한계를 지어야 할 테니 말일세."

"그렇다면 그 한계를 어떻게 설정하시겠습니까?" 그가 물었다.

"나는 이렇게 생각하네." 나는 말을 이었다. "즉 아무리 국가가 성장하더라도 하나로 통일되기를 바라는 선까지지, 두세 국가로 분할해야겠다고 생각할 만큼 비대해지면 안 되지. 그러니까 하나 이상으로 발전시켜서는 안 된다는 이야기가 되네."

"옳은 말씀입니다. 저도 찬성합니다." 그가 대답했다.

"그러므로 우리가 수호자들에게 국토가 더 이상 커지거나 작아지지 않도록 살펴야 한다고 일러야겠네. 하나로써 충분하며 그 이상으로 나누어지지 않도록 최선을 다해 수호해야 된다고 말일세."

"그게 좋겠습니다. 수호자들로서도 어렵지 않은 일이라고 생각합니다."

"더 손쉬운 일도 있네. 우리가 이미 언급한 바 있었던 내용이네. 즉 수호자들 가운데 똑똑지 못한 아이가 태어났을 경우, 그 아이를 다른 일반 국민들 속에서 살게 하고, 반대로 일반 국민들 중에서 훌륭한 아이가 태어나면 그 아이를 수호자들에게 보내어 보살피게 한다는 걸세. 왜 이런 주장을 하게 되었느냐 하면 모든 국민이 다 같이 한 가지씩 자기 소양에 맞는 직분에 몸담아 그것을 훌륭히 수행해 나감으로써 국가 전체가 하나로 잘 성장할 수 있기 때문이야."

"사실 그렇습니다. 더 자세히 설명해 주십시오." 그는 말했다.

"자네도 이해할 수 있겠지만, 아데이만토스여! 수호자들에 대한 우리의 명령이 결코 과중한 것이 아니라고 생각하네. 그들이 가장 중요한 한 가지 일에만 신경을 쓴다면 조금도 어려운 일이 아니라고 생각하네."

"그 한 가지 일이란 대체 무엇입니까?" 그가 물었다.

"그건 교육과 양육이지." 나는 말했다. "훌륭한 교육을 받아 절도 있는 성인으로 성장하면, 지금 앞에서 말한 것을 비롯하여 모든 일에 있어서 그것들을 공동으로 소유해야 한다는 걸 알 수 있게 되네. 결혼이나 어린애를 기르는 일에서도 그 점은 잘 분별할 수 있게 된단 말일세."

"그게 가장 옳은 방법일 것 같습니다." 그가 말했다.

"그렇기 때문에……." 나는 계속했다. "국가 제도란 이것을 한번 올바르게 정해 놓으면 마치 수레바퀴처럼 잘 돌아가게 마련이라네. 말하자면 훌륭한 양육과 교육이 지속되면 그 결과 선한 본성이 심어지고, 선한 본성이 다시금 교육을 받게 되면 그전보다 더욱 선한 소질을 탄생시키게 되지. 특히 다른 동물들이 새끼를 낳는 일에 있어서 그러하듯이 아이들에 대해서 그럴 걸세."

"저도 동감입니다."

"쉽게 말해서 국가를 관리하는 사람들이란 자기들도 모르는 사이에 교육받은 것이 헛일이 되지 않도록 조심해야 하고, 그러기 위해서는 어떠한 경우에도 지킬 수 있는 교육 조직을 확고하게 만들어 놓아야 하며, 관리하는 면에서도 확고하게 장악해야 하네. 그리고 체육이나 음악에서 지나친 개혁은 하지 않도록 유의하여 모르는 사이에 퇴폐한 것으로 전락되는 일이 없도록 해야 하네.

가인(歌人)들의 새로운 노래에 청중들은

더욱 마음이 쏠리는 것이다.[3]

이렇게 말했을 때 시인은 이것이 잘못 이해되지 않도록 세심한 주의를 해야 하네. 즉 새로운 노래가 아니라 새로운 창법을 말하는 것으로 잘못 이해되지 않도록 해야 하네. 새로운 창법은 확실히 칭찬할 것이 못 되며, 그런 해석 자체도 물론 잘못이란 말일세. 음악을 새로운 종류로 바꾸는 것은 전체를 위해서 위험한 것이므로 세심한 주의를 기울여야 하네. 음악의 양식(樣式)은 법률과는 아무 관계가 없다 하더라도 마구 뜯어고쳐서는 안 되네. 이것은 다몬의 주장이기도 하고, 또한 내가 믿고 있는 점이기도 하네."

"저도 그 신봉자의 한 사람으로 간주해 주십시오." 아데이만토스가 말했다.

4

"결국 우리가 세운 국가의 수호자들은 음악에 대한 감시대를 세워야 할 것 같군." 나는 말했다.

"아닌 게 아니라 그래야 될 것 같습니다. 확실히 그런 잘못은 아무도 모르게 살며시 새어 들게 마련이니까요." 그가 말했다.

"옳은 말이네. 음악이란 유희의 부류에 속해 있기 때문에 해를 끼치는 것이 아니라고 생각하고 모두들 허술하게 다루는 폐단이 있거든." 나는 말했다.

"음악은 원래 조용한 것이기 때문에 우리의 일상생활에 살며시 침투해 들어옵니다. 그러나 이것이 주위에 퍼져 나가 점점 확대되면 심한 부작용이 따르고 마침내 법률이나 국가 제도를 짓밟고 공사(公私)를 가릴 것 없이 모든 것을 뒤집어엎고 말 것이 아닙니까?"

"자네 생각이 옳아."

"저는 반드시 그렇게 되리라고 생각합니다." 그가 말했다.

"결국 우리가 처음 말한 문제로 되돌아왔군. 그러니까 모든 어린이들은 법에 따라 유희에 참여시키도록 해야 할 것 같네. 그 유희가 법을 어긴 것이라면 유희를 한 어린이도 법을 어긴 것이 될 테고, 따라서 법을 잘 지키는 훌륭한 어

---

[3] 《오디세이아》 제1권 351 참조.

른으로 성장할 수 없을 걸세."

"옳은 말씀입니다."

"결국 어린이들이 법에 따라 옳은 유희를 하게 하고, 유희를 통해 법을 지키는 정신을 기르게 하면 훌륭한 어른으로 성장할 수 있을 게 아닌가? 그리하여 한 걸음 더 나아가 나랏일에 잘못된 곳이 있으면 이것을 쉽게 발견할 수 있고, 발견하면 곧 개선해 나갈 수 있겠군."

"물론입니다."

"그렇다면 전에는 쉽게 발견할 수 없었던 우리 풍습 등의 조그마한 잘못 같은 것도 발견할 수 있게 되겠지?"

"구체적으로 어떠어떠한 것을 말씀하시는지요?" 그가 물었다.

"그건 다음과 같은 것들이지. 나이 많은 사람 앞에서 나이 적은 사람이 말을 함부로 하지 않는다거나 나이 많은 사람한테 자리를 양보한다거나 또는 일어날 때 부축해 주는 일 등이지. 그 밖에도 부모를 모시고 받드는 일, 또는 머리를 손질하고 옷을 단정히 입는 일, 또는 구두를 신는 일 등 일반적인 예절을 가리키네. 자네는 어떻게 생각하나?"

"저도 그렇게 생각합니다."

"그런데 이런 모든 일을 법률로 정한다는 건 어리석은 일이지. 그러한 것은 그렇게 할 성질의 것도 아니며 유지될 수도 없는 일이란 말이야."

"그렇습니다."

"그런데 아데이만토스!" 나는 말했다.

"내 생각에 교육이란 이런 것이라고 여겨지네. 즉 어떤 방향으로 출발했건 결국 다다르는 점은 교육이라는 본래의 출발점이라고. 비슷한 것들은 서로 비슷한 것들끼리 모인다는 말과 같이 교육이란 교육이 아닌 다른 것이 될 수 없지 않겠나?"

"물론입니다."

"그리고 이와 같은 교육이란 도달하는 결과가 선하든 악하든 간에 의욕적인 것이라고 주장하고 싶은데, 어떤가?"

"마땅한 말씀입니다."

"교육이 의욕적인 것이라면 우리가 성급하게 서둘러서 그런 것들을 입법화할 필요는 없겠지?"

"그렇습니다."

"그렇다면 이런 것에 대해서는 어떨는지. 이건 자네가 신에게 맹세하고 대답해야 하네. 즉 사람들이 서로 체결하는 계약이라든가, 기술자들 사이에 맺는 계약, 그 밖에도 얼마든지 있지. 위선, 폭행, 소송의 제기, 재판관의 임명에 대한 일, 세금의 부과 등등은 과연 법으로 정해야 하지 않겠나? 시장이나 항만의 모든 사항, 또는 이와 비슷한 종류들에 대해서 입법화해야 한다고 생각하지 않는가?"

"그래서는 안 되지요. 특히 선량한 사람들에게 그런 조치를 취한다는 것은 무의미한 일이 아닐까요? 그들은 그런 조치가 없어도 스스로 알아서 지켜 나갈 것입니다."

"옳은 말이야. 신께서 우리가 이야기한 사항을 유지시켜 주신다면 말일세."

"그렇지만 신께서 보장해 주시지 않는다면 어떻게 될까요? 결국 그들은 이와 같은 법률을 끊임없이 만들고 한평생을 두고 개정해 나가겠지요. 그리하여 언젠가는 최선의 것에 이를 수 있으리라고 믿으며······."

"결국 자네의 말은······." 나는 말했다. "그런 사람들은 마치 질병에 걸려 있으면서도 절제하지 않고 자기 생활 방식을 고치려 하지 않는 사람과 같다는 것이겠지. 즉 생활 방식을 고쳐야 병이 낫는데 그것을 고칠 생각은 하지 않고 언젠가 병이 저절로 낫기를 기다리며 살아가는 사람과 같다는 이야기 같은데."

"바로 그런 이야깁니다."

"그러나 그들에겐 믿고 존경하는 마음이 있는 거지. 왜냐하면 그들의 병은 치료를 받아 봐야 더욱 악화될 것이 뻔한데도 어떤 사람이 새로운 약을 권하기라도 하면 그것으로 병이 회복될 것으로 기대하며 살아가고 있으니 말일세."

"그렇습니다. 그들은 꼭 그런 환자와 같은 상태입니다."

"그렇다면 다음과 같은 경우, 거기에는 귀여운 점이 있다고 생각하지 않는지?" 나는 이렇게 물었다.

"술에 취하거나 너무 많이 먹거나, 색욕에 빠지거나, 혹은 무위도식하는 일을 그만두지 않는 한, 약이나 뜸이나, 절개 수술이나, 굿, 부적 등을 아무리 붙여도 아무런 소용도 없다고 진실한 충고를 해주는 사람을 가장 미워하는 사람의 경우 말일세."

"그런 짓을 어떻게 귀엽다고 생각하겠습니까. 자기에게 참된 말을 해주는 사람을 미워하는 사람에게 그런 점이 있다는 것은 어리석은 일입니다." 그는 반박했다.

"자네는 아무래도 그런 친구들을 칭찬할 수 없나 보군그래."

"네, 절대로 안 됩니다."

5

"그렇다면 이런 경우는 어떨는지? 국가 전체가 오늘 우리가 말한 것 같은 짓을 한다면, 자네는 또한 찬성할 수 없겠군. 또 국가들 가운데는 옳지 못한 방법으로 이익을 취하고 있으면서도 국민들에게는 국가 조직을 개혁해서는 안 된다고 공언하며 개혁을 꾀하는 자는 극형에 처하겠다는 국가, 그러나 자기들에게 잘 복종하고 자기들이 원하는 것이 무엇인지 잘 알아차려서 재물을 갖다 바치고 비위를 맞추어 주는 그런 무리들이 선한 사람으로 대접을 받아 그대로 통용되는 국가, 동시에 이런 무리들이 선하다고 인정받을 뿐만 아니라, 지혜로운 자로 존경받는 국가, 이런 나라는 아까 말한 사람들과 공통된 점이 있다고 생각되지 않는가?"

"분명히 같은 부류로 여길 수밖에 없습니다. 따라서 찬성할 수가 없습니다."

"그러나 그런 국가 안에서라도 자기 일을 열심히 하는 사람들은 어찌 생각하나? 그런 사람들의 용기와 착실성에 대해 자네는 칭찬하지 않겠나?"

"그런 사람이 있다면 물론 칭찬해야 할 겁니다." 그는 대답했다. "그러나 이런 경우에는 문제가 조금 다릅니다. 즉 많은 사람들이 아부하는 마음으로 칭찬했는데 그것도 모르고 자기가 참된 정치가라도 된 것처럼 자부하는 사람을 위해서 열심히 일하는 것은 결국 기만당한 것이므로 이야기가 다르지요."

"그건 어떤 이유에서인가? 자넨 그런 사람에게 너그러울 수 없단 말이지?" 이번에는 내가 물었다. "이런 경우는 어떤가? 자를 쓸 줄 모르는 사람을 앞에 놓고 많은 사람들이 자네 키는 4큐빗[4] 정도라네, 하고 일러 준들 그 말을 알

---

[4] 1큐빗은 팔꿈치로부터 가운뎃손가락까지의 길이로 약 18인치, 곧 45.72센티미터.

아들을 수 있겠나?"

"못 알아듣지요."

"그렇다면 그들에게 화내지 말게. 이런 사람들이란 누구보다도 경애심을 가지고 있는 무리일 테니까. 그들은 우리가 말한 것을 입법하고 개정해 나가는 동안 계약상의 악을 발견할 수 있고, 또한 어떤 궁극적으로 완전한 것을 발견할 수 있다고 믿고 있다네. 이른바 히드라의 머리를 자르고 있다는 것을 깨닫지 못한다네."

"하긴 그렇군요."

"그러므로 참된 국가 제도를 가진 나라에서나, 옳지 못한 국가 제도를 가진 나라에서나 참된 입법자가 이와 같은 입법에 대해 고심할 필요는 없을 걸세. 무질서한 나라에서는 전혀 무용지물이 될 것이고, 질서가 잘 잡힌 나라에서는 그것은 누구나 다 아는 사실일 테니까 말이야. 그 이전에 제정한 제도만 가지고도 자연히 그 결과가 나타날 테니까."

"그렇다면 우리들이 입법해야 할 것 가운데 무엇이 아직 남아 있습니까?"

"우리에게 남은 것은 아무것도 없네. 그러나 델포이의 신[5] 아폴론에게는 가장 중요하고도 훌륭하며 새로운 것이 남아 있네."

"그게 무엇입니까?"

"신전의 건립이나 제물의 선정, 또는 여러 신들, 다이몬(반신), 영웅 등을 숭배하는 일, 그리고 죽은 사람을 장사 지내는 일과 인간을 위해 해야 할 봉사 등이 그것이지. 우리는 실제로 그런 것들을 모르고 있으며 국가를 세우는 데 있어서 우리는 이성이 있는 한, 조상 대대의 신 말고는 믿지 말아야 하네. 이 신이야말로 지구의 중심에 군림하는 모든 종교의 통괄자(統括者)가 아니겠나?"

"지당한 말씀입니다."

6

"자, 아리스톤의 아들이여, 이것으로 자네의 국가는 완전히 성립됐다고 할 수 있네." 나는 말했다. "그러니 이제부터는 어디선가 환히 비치는 등불을 얻어

---

5) 아폴론을 넓은 그리스 전체 또는 온 인류의 조상신이라고 생각했다.

다가 나라 안을 조사해 보게. 자네 자신이 조사해 볼 뿐만 아니라, 자네의 형제나 폴레마르코스나 다른 사람들도 부르는 게 좋을 걸세. 과연 어디에 '정의'가 있고 어디에 '부정'이 있는지, 그리고 이 두 가지는 어떤 점에서 서로가 다른지, 또 행복해지고자 하는 사람이 신이나 사람들이 알든 모르든 반드시 가져야 하는 것은 어느 쪽인지 따위의 문제를 우리들이 볼 수 있을까 어떨까?"

"그만두세요." 글라우콘이 나섰다. "선생님은 찾아 주신다고 약속하셨지 않았습니까. 어떻게든 힘껏 '정의' 쪽을 돕지 않고서는 선생님은 경건함에 어긋난다고 하셨지요?"

"참, 잘도 기억하고 있었군그래. 그렇다면 그렇게 해야겠지…… 자네들도 그런가?"

"물론이지요."

"이렇게 되면 문제점은 잘 찾아낼 수 있으리라고 생각하네. 생각건대 우리들의 국가는 적어도 올바르게 세워지기만 하면 완전한 뜻에서 좋은 거지."

"네, 당연하지요."

"따라서 그 나라에는 틀림없이 '지혜'가 있고, '용기'가 있고, '절제'를 가릴 줄 아는 데가 있고, '정의'가 있겠지?"

"네, 틀림없이 그렇습니다."

"그리고 만약에 그 나라 안에서 그러한 덕 중의 하나가 발견된다면, 나머지는 아직 찾고 있는 것이 되겠지?"

"네, 물론이지요."

"그렇다면 이런 경우와도 비유할 수 있겠구먼. 즉 어떤 네 가지 사실이 있는데, 그 가운데 어느 것 하나를 찾아내려고 한다. 이때 처음부터 바로 그것을 찾아낼 수만 있다면 문제없지만 그것보다도 다른 세 가지를 먼저 찾아냈다면 확실히 이 사실에 따라서 찾고 있는 것을 알아낸 셈이 되겠지. 찾고 있는 그것이, 바로 나머지 것이라는 사실이 명백해질 테니 말이야."

"네, 옳은 말씀입니다."

"그렇다면 우리들이 찾는 덕도 지금 비유한 네 경우와 마찬가지일지도 모르니까, 그런 식으로 탐구해 나가야 하지 않을까?"

"네, 반드시 그렇게 해야겠지요."

"자, 그렇다면 지금 당장에는 가장 먼저 눈에 띄는 것이 '지혜'라고 나는 생각해. 하긴 그 '지혜'라는 것이 어딘지 좀 묘한 데가 있는 것 같기는 하지만."
"어떤 데가 묘하다는 겁니까?"
"우리들이 이야기해 온 국가에서는 정말 지혜가 있겠지. 거기서는 좋은 방안을 짜낼 수가 있을 테니 말이야. 어때, 그렇다고 느끼지 않나?"
"그렇게 느낍니다."
"그리고 바로 그 좋은 방안을 짜냈다는 것 자체가 하나의 지식임에 틀림없거든. 왜냐하면 좋은 방안을 짜내려면 무지해서는 안 되고 지식이 있어야만 하기 때문이지."
"틀림없이 그렇습니다."
"그런데 그 나라에는 온갖 지혜가 가득 차 있네."
"그야 물론 그렇겠지요."
"그럼 목수의 지식이 있다면 그 나라에는 지혜가 있고 좋은 방안을 짜낼 수 있다고 할까?"
"절대로 그런 지식 때문은 아니죠. 그렇다면 오히려 그런 나라는 목수 일에 뛰어나다고 해야 마땅합니다."
"따라서 목제 기구에 대한 지식이 풍부하기 때문에 가장 좋은 제품을 만들어 내는 방안을 짜냈다고 해서 그 나라를 지혜가 있다고 할 수는 없겠지?"
"그럴 수 없지요."
"그럼, 청동으로 만든 기구라든가 그와 비슷한 종류에 대한 지식이 있다고 한다면?"
"아닙니다. 그런 종류의 어느 것이건 그렇다고 할 수는 없습니다."
"또는 땅에서 생산되는 청과류에 대한 지식이 있다고 해서 그렇다고 할 수도 없지. 그건 농사일에 능숙하다고 해주어야겠지?"
"네, 맞습니다."
그래서 나는 말했다.
"그럼, 이건 어떨까. 아까 우리들이 건설한 국가에는 국민 중 일부의 사람만이 가지고 있는 지식이긴 하지만, 자신들만을 위해서가 아니고, 그 나라 전체를 위해서 국내 정치와 외교를 모두 포함해서 최선의 결과를 올릴 수 있는 방안을 짜내는, 그런 지식이 있을까?"

"틀림없이 있습니다."

"그럼, 그건 뭘까? 그리고 또 누구에게 있지?"

"그것은 아까 말씀하신 나라를 지키는 사람, 즉 수호자에게 어울리는 지식인바, 오늘 우리들이 '완전한 수호자'라고 부른 바로 그 사람들한테서 볼 수 있습니다."

"그럼, 그런 지식을 바탕으로 한다면, 자네는 그 나라를 뭐라고 부르겠나?"

"좋은 방안을 짜낼 수 있는 진정한 지혜가 있는 나라라고 부르죠."

"그럼, 우리들의 국가에는, 자네 생각으로는 어느 쪽이 수적으로 더 많다고 여겨지나? 대장장이일까, 아니면 이러한 수호자들일까?"

"대장장이 쪽이 훨씬 더 많죠."

"그리고 그 밖에 여러 지식에 따라 저마다의 직함을 소유하고 있는 사람 전체 속에서도 가장 숫자가 적은 것이 그들 수호자들이 아닐까?"

"네, 가장 적지요."

"따라서 국가가 소질(능력)에 따라 세워졌을 경우, 가장 적은 숫자가 차지하는 계급 또는 부분이 가지고 있는 지식 때문에 전체적으로 지혜가 있다고 할 수 있게 되지. 그리고 이 부분이라는 것은 생각건대 종족으로는 원래 극소수밖에 태어나지 않는 것 같아. 다른 지식과는 달리 오로지 그것만이 마땅히 지혜라고 불릴 그런 지식을 나누어 가져야 할 자는 바로 이 부분에 속하는 사람이지."

"옳은 말씀입니다."

"그럼, 그 네 가지 덕 가운데에서 그것 한 가지를 겨우 우리들이 발견한 셈이군. 그것 자체를, 그리고 국가의 어느 부분에 자리하고 있는지까지도 말이야."

"네, 제 생각으로는 이것으로 충분히 찾아낸 것 같습니다." 글라우콘이 말했다.

7

"다음은 '용기'인데, 용기 그 자체가 무엇이냐 하는 것도, 또 국가 전체가 '용감하다'고 불릴 때 그 용감성이 어느 부분에 있기 때문인가 하는 것도 알아내기는 그리 힘든 일이 아니야."

"어째서일까요?"

"나라를 지키고, 나라를 위해 출정하는 사람들 이외의 다른 어떤 것에 주의를 기울여 그 나라가 '겁쟁이'라느니 '용감하다'느니 하고 평하는 자가 있을까?"

"그 이외의 다른 어떤 것에 눈을 돌릴 자는 한 사람도 없지요." 그는 대답했다.

"그렇다면, 생각건대 그런 사람들을 제외하고 다른 사람들이 아무리 겁쟁이건 또는 용기가 있건 간에 이들이 그것 때문에 나라의 성격을 좌우하는 일은 없을 테지?"

"있을 리가 없지요."

"나라가 용감하다는 것도 이렇게 되고 보면, 역시 국가 속의 어느 부분이 용감하기 때문이군. 왜냐하면 국가는 그 부분 속에 바로 두려워해야 할 것은 무엇이고, 어떠한 것인지에 대하여 입법자가 열심히 교육한 대로 믿어 주는 '판정력'을 계속 유지하는 힘이 있으니까 말이야. 어때, 자네는 그것을 용기라고 부르지 않겠나?"

"선생님이 하신 말씀을 잘 파악하지 못했습니다. 다시 한번 설명해 주십시오."

"내가 말하려는 것은 용기란 하나의 유지를 말한다. 이런 것인데……"

"대체 무엇을 유지한다는 말씀입니까?"

"두려워해야 할 것은 무엇이고 어떤 것인지에 대하여 법률에 의한 교육을 통해 얻어낸 판정력의 유지야. 그리고 그것을 '계속 유지해 나간다'고 한 뜻은 말이야, 고통 속에서도, 쾌락 속에서도, 욕망에 사로잡혀 있을 때에도, 공포에 시달리고 있을 때에도 그것을 유지해 나가야지 절대로 포기하지 않는다는 뜻이야. 원한다면 이것과 비슷한 예를 들어서 비교해 볼까 하는데, 어떤가?"

"예, 그렇게 해주십시오."

"그렇다면 자네도 알다시피, 염색소에서는 양털을 감색으로 물들이고자 할 때, 처음에 먼저 새하얀 빛깔의 양털을 골라내어 여러 색깔 중에서 한 가지를, 될 수 있는 대로 선명하게 염색하기 위해 온갖 준비에 정성을 다한 다음에야 겨우 물을 들이기 시작하지. 이런 식으로 염색한 것은 물이 절대로 빠지지 않

아. 세제를 써서 세탁하건 그냥 세탁하건 그 선명한 빛깔은 변함이 없지. 그러나 이런 식으로 하지 않고, 즉 흰색 이외의 것을 염색하거나 흰색의 것이라 해도 사전 준비도 없이 염색하거나 하면 어떻게 되는지 자네도 잘 알고 있겠지?"

"알고말고요. 색이 바래서 보기 흉한 것이 되지요."

그래서 나는 말했다.

"그럼, 앞의 예를 참고하여 군인이 될 사람을 선발하여 음악과 체육을 교육시키는 데 적용해 보기로 하세. 우리들의 목표는 다름이 아니라 오로지 어떻게 하면 그들이 우리의 말을 믿고 그 법률에, 말하자면 물감에 물들 듯이 가장 멋있게 물들어 줄 수 있을까 하는 것을 연구하는 데 있는 거라네. 그 일이 성공하기만 하면 그들은 적절한 소질과 양육을 거쳐 두려워해야 할 것에 대해서건, 그 밖의 것에 대해서건 그들의 판정력은 색이 바래지 않는 것이 될 테고, 또한 굉장한 탈색 효과가 있는 그 세제, 즉 어떤 소다나 잿물보다도 효과가 무섭다는 쾌락이라 할지라도, 다른 어떠한 세제보다도 더욱 심한 고통, 공포, 욕망이라 할지라도 그들에게서 그 염색을 탈색할 수는 없을 것이네.

그래서 그러한 힘을, 두려워해야 할 것과 그렇지 않은 것에 대한 올바른 준법정신을 계속 유지시키는 힘을 나는 '용기'라고 부르기로 결정했네. 자네에게 다른 의견이 있다면 별문제지만 말이야."

"아니요, 아무런 이견도 없습니다. 그 이유는 그것과 마찬가지의 올바른 판정력이긴 하지만, 교육받지 않고 이루어진 판정력, 말하자면 짐승이나 노예가 가지고 있는 판정력을 선생님은 결코 준법적이라고 생각하시지 않을 것이고, 뿐만 아니라 '용기'란 그런 것이 아니기 때문입니다."

"참으로 자네가 말한 대로일세."

"그럼, 그것을 용기라고 승인하겠습니다."

"그래그래, 그것을 국민으로서의 용기라고 승인해 주게. 그렇게 하면 자네는 올바르게 승인한 셈이 될 테니까. 하지만 여기에 대해서는 바란다면 다음 기회에 좀 더 깊이 토론해 보도록 하세. 지금 우리가 찾고 있는 것은 그것이 아니고 '정의'니까. 즉 지향하는 목적이 정의니만큼 용기에 대해서는 먼저 이 정도면 충분하겠지."

"네, 선생님의 말씀이 옳습니다."

글라우콘이 이렇게 말했다.

8

나는 이어서 말했다.
"아직 두 가지 더 그 나라에서 찾아내야 할 것이 남아 있군그래. 즉 '절제'와 우리들 탐구의 전체적인 목적인 '정의' 말일세."
"네, 그렇군요."
"그럼, 어떻게 그 정의를 찾아낼 수 있을까? 그것을 찾아내기만 하면 그것으로 이미 절제를 찾는 일 같은 것은 하지 않아도 되겠는데……"
그러자 글라우콘은 다음과 같이 말했다.
"그런 일을 저는 알 수 없을 뿐만 아니라, 또 그 정의가 먼저 나타나 주기를 바라지도 않습니다. 굳이 절제는 찾아보지도 않으시겠다면 말입니다. 저를 기쁘게 해주시려거든 오히려 정의보다도 먼저 이 절제를 찾아봐 주십시오."
"그야 물론 기쁘게 해주고 싶네. 마땅히 그렇게 해야 하니까 말일세."
"그럼, 찾아봐 주십시오."
"그러지. 얼핏 보아 눈에 띄는 것은 아까 말한 지혜, 용기보다도 이 절제가 더욱 협화(協和)라든가 조화 같은 것과 닮아 있다는 점이야."
"어째서 그럴까요?"
"절제란 어쩌면 하나의 질서이자 어떤 종류의 쾌락이나 욕망을 극복하는 일이겠지. 이것은 일반적으로 '자기를 이겨 낸다'고 표현되고 있으며, 그 밖에도 비슷한 표현 방법이 사람들의 입에 오르내리고 있는데, 그렇지?"
"분명히 그렇습니다."
"그런데 말이야, '자기를 이겨 내다'니 좀 우스운 표현이야. 왜냐하면 자기 자신을 이겨 낸 자란 결국 자기 자신에게 진 자를 말하는 것이거든. 따라서 진 자가 이긴 자라는 셈이 되지. 아무튼 이런 표현은 모두 같은 인물에 대해서 한 말이니 말이야."
"그렇군요."
"그러나 생각해 보면 그 짧은 말 속에는 바로 이런 뜻이 있는 것 같아. 즉 인간의 자아나 일에는 뛰어난 부분과 못난 부분이 있어서 뛰어난 소질 쪽이 못난 쪽을 이겨 냈을 경우에 적어도 이것은 칭찬하는 말이므로 '자기를 이겨 내다'라는 말로 표현하는 한편, 좋지 못한 양육 방법이나 어떤 종류의 교우 관계가 화근이 되어 뛰어난 쪽이 못난 쪽에게 그 많은 숫자에 대적하지 못해 졌을 경우, 수치스러운 걸로 인정하고 비난하는 동시에 그런 꼴로 있는 사람을 자제심이 없다든가 '교양이 없다'고 평하는 거야."

"네, 그런 것 같군요."

"그럼……" 나는 말했다. "우리들의 새로운 국가 쪽으로 눈을 돌려 보게나. 그렇게 하면 자네는 그 국가 속에 오늘 말한 두 가지 경우 가운데 하나를 찾아낼 수 있을 걸세. 왜냐하면 적어도 뛰어난 요소가 못난 요소를 지배하고 있는 자라면, 이것을 '절제를 가릴 줄 안다'라든가 '자기를 이겨 낸다'라고 해야 하므로 그 나라에서는 마땅히 '자기를 이겨 낸다'라고 하는 것이 좋겠다고 자네도 주장할 테니 말이야."

"그럼요, 주의를 기울여 잘 보고 있고말고요. 그리고 그것은 말씀대로입니다."

"그리고 아마도 온갖 욕망, 쾌락, 고통은 주로 어린아이나, 여자, 하인에게 또는 '자유민'이란 이름뿐인 그 많은 천박한 사람들에게 많다는 것을 알 수 있을 걸세."

"네, 정말 그렇습니다."

"그와는 반대로 단순하고 알맞은 욕망은, 즉 지성과 올바른 판정력의 도움을 받아 가며 깊은 사려 끝에 일어나는 욕망은, 소수의 그것도 매우 뛰어난 소질과 매우 우수한 교육을 받은 사람들 속에서 발견할 수 있다는 것을 자네는 알아낼 걸세."

"네, 정말 그렇습니다."

"그렇게 되면 그런 사정이 자네의 국가 안에도 틀림없이 있을 테고, 거기에서는 수많은 미천한 사람들이 품는 욕망은 소수의 선량한 사람들이 품는 욕망이나 사려에 지고 만다는 것을 알게 될 거야."

"압니다." 그는 말했다.

9

"따라서 '쾌락이나 욕망을 이겨 내고, 자기 자신을 이긴다'라고 불러 줄 국가가 있다면 바로 이런 나라를 두고 그렇게 불러야 마땅할 걸세."

"네, 정말 그렇습니다."

"그렇다면 어떨까, 이제까지의 모든 것으로 미루어 보아 '절제할 줄 안다'고 불러도 좋지 않을까?"

"그럼요, 좋고말고요."

"그리고 또, 누가 지배할 것이냐에 대해서인데, 지배하는 자와 지배당하는 자 사이에 의견이 일치하는 나라가 있을 수 있다면, 우리들이 만들어 낸 이 나라야말로 바로 그런 나라가 될 수 있겠지. 안 그럴까?"

"절대적으로 그렇습니다."

"국민의 마음이 이렇게 일치할 경우 자네의 대답은 어떤가? 절제의 실적을 올리고 있는 것은 그들 중 어느 쪽인가? 지배자 쪽인가, 피지배자 쪽인가?"

"양쪽 모두겠지요."

"그럼, 알겠군. 우리들이 아까 절제는 조화와 비슷한 것이라고 예언했는데, 선견지명이 있었다는 아데이만토스가 되지 않는가?"

"어째서요?"

"그건 이렇지. 용기와 지혜는 둘 다 국가의 어떤 특정 부분에 존재하는 것으로서 하나는 그 나라를 지혜스러운 것으로 만들고, 또 다른 하나는 용감한 것으로 만든다고 했는데 절제는 그렇지가 않거든. 오히려 그 나라 전체에 마치 악기의 현(絃)의 전 음역처럼 널리 퍼져 있어서, 저음부에 해당되는 사람도, 고음부에 해당되는 사람도, 또는 중음부에 해당되는 사람도 같은 노래를 모두 합창하는 거지. 여기서 말하는 높낮이의 구별은 사려의 차이에 따른 것이건, 체력의 강약에 따른 것이건, 아니면 사람의 수나 재산이라든가 그 밖에 그와 비슷한 종류 가운데의 하나에 따른 것이건 간에 자네 마음대로 구별해도 좋아. 그러니, 이 한 마음이야말로 바로 절제이다, 라고 하는 것이 가장 옳겠지. 그것은 국가의 경우건, 개개인의 경우건, 소질이 뛰어난 자와 뒤떨어진 자 중에서 어느 쪽이 지배해야 하느냐에 따라 일어나는 협화거든."

"네, 제 의견도 똑같습니다."

나는 이어서 말했다.

"좋아. 이것으로 네 가지 덕 가운데 세 가지는 우리들의 국가에서 찾아냈다는 이야기가 되는군. 이제까지의 결론으로 보아 그렇다는 생각이 드네. 그럼 이제 남은 것은 하나, 이것을 얻음으로써 국가는 비로소 완전한 덕을 향해 이바지하는 셈이 되는데, 그것은 대체 무엇일까? 두말할 것 없이 그것은 정의이지."

"물론이지요."

"그럼, 글라우콘, 이제야말로 우리들은 사냥꾼처럼 정의가 숨어 있는 수풀을 에워싸고, 정의가 '아차' 하는 사이에 도망쳐서 행방불명이 되지 않도록 주의를 기울여야겠네. 어쨌든 틀림없이 이 부근에 있으니까. 따라서 눈을 크게 뜨고 정말로 조심해서 보아야 하네. 어떻게 해서든 자네가 나보다 먼저 찾아내어 나에게 알려 줬으면 좋겠구먼……"

"아아, 정말 그랬으면 얼마나 좋겠습니까!" 그는 말했다. "하지만 그보다도 선생님 뒤를 따라가다가 선생님이 먼저 찾아내어 저에게 보여 주시는 것이 훨씬 더 알맞겠지요."

"따라오게. 잘되기를 나와 함께 빌고 나서 출발하세."

"그러지요. 아무튼 앞장서서 인도해 주십시오."

"어이쿠, 이 부근은 어두워서 앞으로 나아가기가 힘들겠는걸. 이렇게 캄캄하니 어디 몰아낼 수 있겠나? 그래도 어떻게 해서든 전진해 가야지."

"그럼요, 전진해 가야 하고말고요." 그는 말했다.

나는 잘 살펴본 다음 말했다.

"야아, 됐다 됐어, 글라우콘. 이제 겨우 단서가 될 만한 발자취를 찾아낸 것 같아. 이것은 결코 우리들 앞에서 도망치지 못할 거야."

"참으로 희소식이군요?"

"어지간하구먼, 우리들은 정말 말도 할 수 없는 바보였어!"

"무엇이 어지간하다는 겁니까?"

"그것을 모르다니, 자네도 참으로 행복한 사람이군그래! 그것은 처음부터 여태까지 우리들 발밑에 굴러 있었던 것 같아…… 그런데도 우리는 모르고 있었으니 참으로 우리는 웃음거리가 되고 있었지 뭔가. 자기 손에 쥔 채 자꾸만 찾는 사람이 곧잘 있는데, 우리가 바로 그런 사람처럼 가까운 데는 보지도 않고 저 멀리 다른 데만 바라보고 있었던 거지. 그래서 아마 그것을 알아보지 못했을 거야."

"무슨 뜻인지요?"

"이야기할 테니 들어 보게. 즉 생각건대 우리들이 서로 말을 주고받고, 듣고 하면서, 저도 모르게 그것을 이야기하고 있었다 그 말이지."

"서론이 너무 길군요." 글라우콘이 말했다. "열심히 듣고자 하는 사람에게는 말입니다."

## 10

그래서 나는 말했다.

"자, 들어 보게. 내 말에 일리가 있는지 없는지 말이야. 즉 우리가 이 나라를 맨 처음 세울 때부터 일반적으로 지켜야 할 원칙으로 정한 것이 있는데, 아무래도 그것이 또는 그와 비슷한 종류 중의 하나가 바로 정의인 것 같아. 우리는 분명히 정했고, 가끔 이야기도 주고받았는데, 자넨 기억하고 있나? 개개인은 국가를 위한 일 중에서 선천적으로 자기 소질에 가장 잘 맞는 일 한 가지를 골라 평소 자기의 임무로 삼아야 한다는 것 말이야."

"네, 그런 말을 주고받았지요."

"그리고 또 자기가 하는 일 이외에 다른 일에는 손대지 않는 것이 정의라는 말 또한 다른 많은 사람들에게서 듣기도 하고, 우리들 자신도 틀림없이 가끔 이야기했어."

"네, 그랬지요."

"그렇다면 사랑하는 친구여, 그것이 무슨 방법으로든 실현된다면 바로 그게 정의라는 것일 테지. '자기 일을 한다'는 것 말이야. 무슨 증거로 이렇게 말하는지 자넨 알겠나?"

"모르겠습니다. 말씀해 주십시오."

"내 생각으론 말이야, 우리는 절제와 용기와 지혜를 알아보았지만, 그 밖에 또 그 나라 안에 있는 것이 있어. 그것은 이제까지 말한 모든 덕에 힘을 주고, 그것들이 그 나라 안에 생기도록 하는 동시에 그것들이 생긴 이상 끝까지 버티어 나가도록 그들의 안전을 보장해 주는 것인데 말이야…… 자, 우리는 그 세 가지 덕을 찾아내기만 하면 그 뒤에 남는 것은 정의라고 말했을 거야."

"네, 필연적으로 그런 결론이 나오게 됩니다."

"그런데 이들 덕 가운데 특히 어느 덕이 우리의 국가를 훌륭하게 만드는 데 가장 공헌한 것인가를 판정해야 한다면 이건 좀 힘들겠지. 문제는 어디 있느냐 하면 바로 이것이야. 지배하는 자와 지배당하는 자 사이에 생각이 일치하느냐, 아니면 두려워해야 할 것은 무엇이고 그렇지 않은 것은 무엇인지 준법정신의 올바른 판단력이 병사들 사이에 계속 유지되고 있느냐, 또는 통치자가 깊은 사려와 주의력을 갖추고 있느냐…… 아니, 그렇지 않으면 개개인이 '자기 일만 하고 쓸데없는 일에는 손대지 않는다'는 법칙이 어린이·여자·노예·자유민·기술자·통치자·피통치자 등 각계각층에까지 침투되어 있을 때야말로 아까 말한 어느 경우보다도 더욱 훌륭하게 이 나라를 잘 이끌어 갈 것인가 하는 것일세."

"판정하기 힘들군요."

"그렇다면 국민 각자가 '자기 일을 한다'는 것은 국가의 덕에 공헌하는 거나 마찬가지여서 국가의 지혜나 절제나 용기와 맞먹는 힘을 가진다는 결과가 되지."

"과연 그렇군요."

"그렇게 되면 국가 전체의 덕에 공헌하는 것 중에서 이들 덕과 맞먹는 것이야말로 정의라고 할 수 있지 않을까?"

"네, 물론 그런 결과가 되겠지요."

"그럼, 어디 이런 견지로 보아도 그렇게 볼 수 있는지 알아보세. 자네는 그 나라에서 통치자들이 소송 문제를 재판하도록 명령하겠나?"

"그럼요, 명령하지요."

"통치자들은 재판하는 마당에 있어서 각자가 남의 것에 손을 대지 않고, 또한 자기의 것도 빼앗기지 않도록 해야 한다는 것 말고 다른 무슨 원칙이 있을까?"

"아니요, 다른 것은 없지요."

"그것이 옳기 때문이겠지?"

"그렇습니다."

"따라서 이 예로 미루어 보더라도 마땅히 자기 자신의 것을 유지하고 행하는 일이 바로 정의라고 인정받을 수 있을 걸세."

"과연 그렇군요."

"그렇다면 자네도 같은 의견을 가질 수 있는지 어디 한번 생각해 보게. 목수가 제화공의 일을 하려고 한다든지, 제화공이 목수 일을 하려고 한다든지, 또는 서로의 도구나 역할을 맞바꾼다든지, 또는 한 사람이 두 가지 일을 도맡아서 한다든지 하여 모든 직업이 몽땅 뒤바뀐 경우, 자네는 국가가 뭔가 굉장히 큰 손해를 입는다고 생각하나?"

"그리 큰 손해를 입지는 않을 겁니다."

"그러나 내가 생각하기에는 소질이 있어 기술자가 된 사람이나 뭔가 다른 돈벌이를 주로 하는 사람이 부귀라든가, 세력이 강하다는 것 등으로 의기양양하여 전투원의 무리에 끼려고 한다든지, 또는 전투원 중의 누군가가 자격도 없으면서 정무를 심의하는 지도층에 가담하려고 한다든지 하여 서로의 도구와 역할을 맞바꾸거나 양쪽 일을 겸하여 본다면, 이것이 그 나라를 파멸시키는 원인이라고 자네도 생각할 것 같은데?"

"네, 옳은 말씀입니다."

"그렇다면 이들 세 종족들이 서로 쓸데없이 손을 대거나 위치를 바꾼다거나 하는 것은 그 나라에 있어서 가장 큰 손해일뿐더러 그야말로 옳지 못한 행위의 극치라고 할 수 있겠지?"

"네, 그렇습니다."

"그렇다면 자기 나라에 대하여 가장 옳지 못한 행위를 하는 것을 부정이라고 자네는 주장하지 않겠나?"

"그렇게 주장하지요."

"그러니까 바로 그것, 쓸데없이 손을 대거나 위치를 바꾸는 것이 부정이지."

11

"반대로 우리는 이렇게 말할 수도 있지. 한 나라에서 주로 돈벌이를 하는 종족, 보조 역할을 하는 종족, 나라를 통치하는 종족 등이 저마다 자기의 일을 잘하고 있을 경우, 이 '본업에 충실함'이야말로 아까와는 정반대로 그 나라를 올바르게 만드는 정의라고 말이야."

"네, 저로서는 그렇다고 생각할 수밖에 없습니다." 글라우콘이 말했다.

"우리는 아직 그것에 대하여 너무 단정적인 말은 하지 말아야겠어." 나는 이어서 말했다. "이 '본업에 충실하다'고 하는 일이 한 사람 한 사람의 마음에 견주어 보고난 뒤에 그래도 그것이 정의라고 동의를 얻는다면 그때야말로 우리는 승인할 수 있어. 사실 말이지 그 밖에 또 다른 결론이 있을 수 있겠나? 그러나 만약에 각 개인의 경우에는 사정이 다르다는 쪽으로 이야기가 흐른다면 좀 더 다른 정의를 생각해 내야 해.

그러나 지금으로서는 우리들의 고찰을 이것으로 결말지어야겠네. 우리들은 정의를 가지고 있는 것 중에서 개인의 경우보다도 대규모의 것부터 먼저 알아보면 한 개인에게 있어서의 정의가 어떤 것인지를 더욱 잘 알 수 있으리라고 생각하고 이 고찰을 시작했지. 게다가 '그 대규모의 것'이 바로 국가라고 우리는 생각했기 때문에 온갖 힘을 기울여 최선의 국가를 건설하고 있었던 것일세. 좋은 국가에는 반드시 정의가 있을 것으로 확신했으니까 말이야. 그러니 이 국가에서 명백하게 나타난 것을 개인의 경우에 적용해 보잔 말이야. 그리고 그것이 개인의 경우에도 정의라고 확인되면 그것으로 그만이지. 그러나 뭔가 틀린 점이 개인의 경우에 나타나면 우리는 또다시 국가의 경우로 돌아가서 개인의 경우에 새로 나타났던 그 부당성을 시험해 보는 거야. 그런 식으로 양쪽을 대조해 가며 알아보고 있노라면, 마치 부싯돌을 쳐서 불을 일으키듯이 정의의 불길이 반짝반짝 빛나기 시작할 걸세. 그리하여 이것이 뚜렷하게 되면 이번에는 우리들 자신의 것으로 시험해 보아야겠지."

"네, 선생님의 말씀에는 조리가 서 있으며, 우리들은 그렇게 해야 합니다."

나는 말을 이었다.

"그런데 말이야. 같은 이름으로 불리는 것은 큰 것이건 작은 것이건 같은 이름으로 불린다는 그 점에 있어서 닮았나, 안 닮았나?"

"닮았습니다."

"따라서 '올바른 사람'은 정의라는 것 자체에 관한 한 '올바른 나라'와 하등 다를 바 없이 닮았다고 할 수 있겠지?"

"그렇습니다."

"그런데 국가 안에는 소질이 각기 다른 세 개의 종족이 있어 저마다가 자신의 일을 할 때 올바르다고 여겨지며, 또한 그들 종족의 뭔가 독특한 마음가짐 여하에 따라서 절제를 가릴 줄 안다느니, 용기 있다느니, 지혜가 있다느니 등으로 여겨 왔지?"

"네, 분명히 그랬습니다."

"따라서 개인의 경우에서도 사랑하는 나의 친구여, 그런 식으로 자기 자신의 마음속에 그것과 똑같은 종족이 있어서 국가 안에서의 세 종족과 마찬가지 상태로 있는 것이 같은 이름으로 불릴 자격이 있다는 것은 마땅하겠지?"

"지극히 당연하다고 생각합니다."

"아니, 여보게." 나는 말했다. "또다시 우리는 우리들 마음속에 그러한 세 가지 종족이 있느니 없느니 하는 쓸데없는 문제에 걸려 버렸군그래."

"저는 조금도 쓸데없는 문제라고 생각지 않습니다. 왜냐하면 소크라테스 님, '아름다운 것은 어렵다'라는 속담이 정말일 테니 말입니다."

"그래, 맞았어. 그리고 알겠나, 글라우콘? 내 생각으로는 오늘 우리가 이 토론 속에서 더듬어 가고 있는 탐구의 길을 걸어가는 한에 있어서는 절대로 그것을 정확하게 찾아내지는 못할 걸세. 사실 그것에 이르는 길은 좀 더 길고도 좀 더 많은 것을 포함하고 있거든. 하긴 지금 우리가 더듬어 가는 길에서도 이제까지의 우리의 주장이나 고찰 나름대로 아마 최대한으로 찾아내겠지만 말이야."

"그것으로 만족해야 하지 않을까요? 어쨌든 저로서는 지금, 그것으로 충분하니까요."

"그야, 물론 나도 그것으로 충분하지만 말일세."

"그렇다면, 망설이지 마시고 계속 검토해 주십시오."

나는 계속했다.

"그런데 우리는 절대적으로 승인해야겠지. 그 나라에 있는 것과 똑같은 종족의 성격이 우리들 개개인 속에 존재한다는 것을 말이야. 왜냐하면 그것들이 다른 어떤 곳에서 그곳(국가)으로 오지는 않았을 테니까. 사실 예를 들어 트라케 지방이니, 스키티아 지방이니 하는 주로 북방 지역에 사는 사람들은 패기가 있다고 하는데, 이를테면 그런 나라에 패기가 생긴 것은 그들 개개 구성원의 성격에 말미암은 것이 아니라고 생각한다든지, 또는 우리가 살고 있는 이

지역에는 특히 향학열이 높다는 평을 받고 있는데, 그 향학열이라든가 또는 특히 포이니케 사람이나 아이깁토스 지방 사람들이 가지고 있다는 금전욕이라든가 하는 것도 개개 구성원의 성격에서 비롯한 것이 아니라고 누가 주장한다면, 우스워질 게 아닌가?"

"네, 정말 그렇습니다."

"그러니, 그것은 바로 그대로이고, 또한 조금도 알기 힘들 것이 없어."

"네, 물론이지요."

## 12

"그러나 이번 것은 어렵다네. 즉 같은 한 개의 것을 가지고 지금 이야기한 그런 다른 태도를 취하느냐, 아니면 세 개의 것을 가지고 제각기 다른 태도를 취하느냐 하는 문제인데, 우리는 우리에게 있는 것 가운데 한쪽에 의해 배우고, 다른 한쪽에 의해 분발하고 또한 제3의 것에 의해 음식이니 생식의 쾌락이니, 그것과 엇비슷한 것을 바란다든지, 아니면 우리들은 충동이 일어나지 않으면 언제나 마음 전체로 그러한 일들을 하나하나 해나가든가…… 토론하는 것만으로 결론짓기가 힘든 것이 바로 이런 문제일 걸세."

"저도 그렇게 생각합니다."

"그럼, 그것이 서로 같은 것인지 아니면 별개의 것인지를 이런 식으로 해서 정하기로 하지."

"어떤 식으로요?"

"말할 것도 없이 동일한 것이 그 같은 부분에서, 하물며 동일한 것과의 관계로 동시에 상반된 일을 하거나 당하거나 하지는 못하겠지. 그러나 우리들이 그것들(마음속의 모든 요소) 사이에서 그런 일(상반되는 작용이나 상태)이 일어나고 있는 것을 발견한다면, 그것은 같은 것이 아니었고 여러 개의 것이었음을 알 수 있겠지."

"과연 그렇겠습니다."

"그렇다면 내가 말하고자 하는 것을 알아보게나."

"말씀해 주십시오."

"동일한 것이 그 같은 부분 안에서 정지해 있으면서 동시에 움직이고 있다고 한 말은 과연 가능할까?"

"아니요, 절대로."

"그렇다면 한결 더 엄밀하게 동의를 구해 두어야겠군. 앞으로 더 나아간 다음에 이의가 생기거나 하면 곤란하니까. 예를 들어 멈추어 있으면서도 가슴이나 머리를 움직이는 자가 있을 때, 그 동일인이 정지해 있는 동시에 움직이고 있다고 말하는 사람이 있다면, 우리는 그 사람에게 그렇게 말하면 안 되고, 그의 일부는 멈추어 있지만 일부는 움직이고 있다고 말해야 옳다고 정정시키겠지. 안 그럴까?"

"그럴 겁니다."

"또한 그런 말을 한 사람이 좀 더 꾀를 부려서 좀 더 새롱거리는 말투로, 팽이도 동일점에다 그 굴대를 고정시키고 돌아갈 때는 전체적으로 멈춰 있는 동시에 움직이고 있다느니, 또는 어떤 다른 것이 동일 지점에서 빙빙 돌고 있을 때도 같은 것이라는 둥 말해도 우리는 그 말을 인정해 줄 수는 없겠지. 왜냐하면 그러한 방법으로 멈추어 있으면서 움직이고 있다고 말했지만, 그것은 그 자체의 동일 부분에 있어서가 아니기 때문이야. 우리는 오히려 이렇게 주장할 걸세. 즉 그것은 그 자체 속에 축선부(軸線部)와 주변부(周邊部)가 있는데 축선부는 절대로 기울어지지 않으니까 멈춰 있지만, 그 주변부는 빙빙 돌고 있다고. 그리고 또 회전하면서 수직 방향에서 빗나가 전후 좌우로 기울어지게 되면 그때는 결코 멈춰 있는 것이 아니라고 말이야."

"네, 그 주장이 옳습니다."

"따라서 사람들이 아무리 그런 종류의 이야기를 해도 우리는 조금도 당황하지는 않을 것이고, 또 어떤 물체가 동일한 것이면서도 그 동일 부분에 있어서 동일한 것과 동시에 상반되는 일을 당하거나 또는 상반된 것이 되거나, 또는 상반되는 일을 하거나 하는 경우가 있을 수 있다는 말을 우리는 조금도 수긍하지 않을 걸세."

"네, 적어도 저는 수긍하지 않겠습니다."

"그러나 그렇다고 해서 그런 반대론을 샅샅이 조사하여 그것이 정말이 아니라고 우리들의 입장을 밝히고 따져 나가려면, 아무래도 이야기가 길어지기 때문에 이것을 피하기 위해서는, 모든 사실은 우리들의 주장대로라는 것을 전제해 놓고 앞으로 나가기로 하지. 어쩌다가 그것이 옳지 않고 틀렸다는 것이 분명해질 경우에는 우리들이 전제한 것에 따라서 내려진 결론을 깨끗이 취소하겠다는 약속 아래서 말이야."

"네, 그야 그렇게 하는 것이 마땅하지요."

글라우콘이 이렇게 대답했다.

### 13

"그런데 말이야, 자네는……." 나는 말했다. "고개를 끄덕거려 긍정하는 것과 머리를 가로저어 부정하는 것과, 뭔가를 손에 넣고 싶어 하는 것과 거부하는 것, 끌어당기는 것과 밀어젖히는 것 등은 모두가 '서로 상반되는 것'이라고 생각하지 않나? 그것이 행동인지 마음의 상태인지는 지금은 묻지 말기로 하고 말이야. 어느 쪽이건 상관없을 테니까."

"네, 상반되는 일입니다."

"그렇다면 어떤가, 갈증이나 굶주림 같은 '욕망' 전반에 대해서는? 그리고 또 소망이나 욕구에 대해서는? 이런 것은 모두 오늘 이야기한 그(긍정적인) 종류 속에 자네는 넣지 않을까? 예를 들어 욕망을 가지고 있는 사람의 마음은 하나하나 그 욕망의 대상이 되고 있는 것을 바라기도 하고, 자기 것으로 만들고 싶은 것을 끌어당기기도 하지. 또 뭔가가 이루어지기를 바라는 한에 있어서는 그것이 성취되기를 오로지 열망하기를, 마치 누가 묻기라도 한 것같이, 자기 자신에게 고개를 끄덕인다고 자네는 주장하지 않겠나?"

"그렇게 주장하겠지요."

"그러나 원하지 않을 때 또는 욕구나 욕망이 없을 때는 어떨까? 이럴 때 마음은 거부하거나 밀어젖히거나 하겠지. 즉 일반적으로 아까와는 반대편으로 기울어지는 것이 아닐까?"

"물론이지요."

"그렇다면 욕망이라는 하나의 종류가 있는데 바로 그 속에서 사람의 눈에 가장 잘 띄는 것이 이른바 갈증, 굶주림이라고 우리는 주장할 수 있겠지?"

"그렇게 되겠지요."

"그렇다면 한쪽은 마실 것, 또 한쪽은 먹을 것에 대한 욕망이 일겠지?"

"그렇습니다."

"그럼 갈증이란, 목이 마르다는 한에 있어서 오늘 말한 것(마실 것) 이상의 그 무엇에 대한 마음의 욕망이 아닐까? 즉 갈증이란 '뜨거운' 음료라든가, '차가운' 음료, '많은' 양의 음료 등, 요컨대 '이러이러한 성질의' 음료를 바란다는 목마름일까, 아니면 목마르다는 것 말고 뜨겁다는 느낌이 들어서 비로소 '찬 것'에 대한 욕망이 생기고, 차다는 느낌이 들어서 비로소 뜨거운 것에 대한 욕망이 생기는 것이 사실일까? 또는 '다량'이라는 느낌이 더해져서 심한 갈증을 일으킨다면 그것은 다량의 음료에 대한 갈증이고, '소량'의 갈증을 느꼈을 때는 소량의 음료에 대한 갈증이 되는 것이 아닐까? 그러나 갈증 그 자체만을 가지고 따져 보면, 그 욕망의 대상은 그것과 대응하는 '마시는 일' 그 밖에 다른 것은 결코 없을 것이고, 굶주림 또한 먹는 일 이외의 것이 대상이 될 수는 없겠지?"

"그렇습니다." 그는 대답했다. "욕망이란 모두가 그 자체로서는 원래 그것이 원하고 있는 각각의 대상만을 욕구하니까요. 대상이 이러이러한 성질의 것이란 욕망 외의 다른 무엇인가가 덧붙여진 경우겠지요."

"정신 차려야 하네." 나는 말했다. "우리 정도쯤 되어 가지고 기습을 당했다고 해서 허둥지둥해서는 안 되니까 말이야! 그 누구도 단순한 음료를 원하는 게 아니다, 원하는 것은 '유익한' 음료다, 또 먹을 것도 '유익한' 것을 원하는 것이다, 라고 말하는 사람이 있다 해도 말일세. 즉 그런 사람들의 이야기는 사람들이 욕망하는 것은 좋은 것이므로 목마른 욕망이 일어났을 경우, 그것이 음료든 다른 어떤 대상이든 이로운 것에 대한 욕망이겠지. 다른 욕망 또한 마찬가지라고 할 수 있는 셈이지."

"그렇고말고요. 그런 말을 하는 사람은 자기의 말에 일리가 있다고 생각할 테니까요."

"그러나 내 생각으로는 B와 관계를 가져 성립되는 A의 경우, A에게 특정의 성질을 더하면 그 상관자(相關者)인 B도 그것과 어울리는 성질이 될 것이고, A에게 아무것도 더하지 않고 그 자체만으로 있다면, 상관자인 B 또한 부가되는 성질 없이 그 자체만으로 있는 거야."

"무슨 말씀인지 잘 모르겠습니다."

"모른다고? '보다 더 큰 것'이란 어떤 하나의 것과 비교해 볼 때 그것보다 더 크다는 뜻이겠지."

"네, 그렇습니다."

"보다 더 작은 것에 대해서 말이야."

"그렇습니다."

"그럼 훨씬 큰 것이란 훨씬 작은 것에 대해서이겠지. 안 그런가?"

"그렇습니다."

"그렇다면 '어느 때 컸던 것'이란 '어느 때 작았던 것'에 대해서이고, '언젠가는 커질 것'이란 '언젠가는 작아질 것'에 대해서이다라고 할 수 있겠지?"

"그건 틀림없습니다."

"또한 마찬가지로 보다 많은 것이란 보다 적은 것에 대해서이고, 두 배의 것이란 절반의 것에 대해서이고, 보다 무거운 것이란 보다 가벼운 것에 대해서이고, 보다 빠른 것이란 보다 느린 것에 대해서이며, 또한 뜨거운 것이 차가운 것에 대해서인 것처럼 모두가 마찬가지가 아니냔 말이야?"

"과연 그렇습니다."

"그렇다면 여러 지식에 대해서는 어떻다고 생각하나? 이것도 같은 게 아닐까? 지식 그 자체는 배움 그 자체를, 또는 지식의 대상이 무엇이건 간에 그 자체를 대상으로 하지. 그러나 어떤 특정의 지식, 즉 이러저러한 성질을 가진 지식은 또한 어떤 특정의 이러저러한 성질의 지식을 대상으로 한단 말이야. 예를 들어 설명하자면, 지식이 가옥의 건축을 대상으로 했을 때, 그 지식은 다른 지식과 구별되어 건축에 대한 지식, 즉 건축학이라고 불린다는 이야기야."

"바로 그렇습니다."

"무슨 뜻이냐 하면, 그 지식은 다른 어떤 것이 될 수 없는, 특정의 성질을 지니고 있기 때문이라 그 말이지."

"네, 그렇습니다."

"그리고 그 지식은 어떤 특정의 것을 대상으로 삼기 때문에 지식 자체도 또한 어떤 특정의 성질을 지닌 지식이 된다는 이야기가 되지 않겠나? 같은 방식으로 다른 기술이나 지식에 대해서도 적용할 수 있겠지?"

"네, 그렇습니다."

14

　나는 이야기를 계속했다. "자네가 이미 이해했다면 말인데, 그때 내가 하고 싶었던 말이 바로 이제까지 말한 것과 같은 의미였다는 것을 인정해 주게나. 그때 내가 뭐라고 말했냐 하면, 어떤 것이든 뭔가를 대상으로 하는 한 그 자체만을 가지고 따질 때는 그 자체만을 대상으로 하지만, 다른 한편으로 이러저러한 성질의 것은 이러저러한 성질의 것을 대상으로 한다고 했지.
　그렇다고 해서 나는 그 여차여차한 성질의 것을 대상으로 하는 것이 그 대상과 마찬가지로 여차여차한 것이라고, 즉 건강체에 대한 지식은 건강하고, 병약체에 대한 지식은 병약하다든가, 악에 대한 지식은 악하고, 선에 대한 지식은 선하다는 걸 말하려는 것은 결코 아닐세. 오히려 지식이 그 대상만을 주로 한 지식이 아니고 어떤 특정한 성질의 것을 대상으로 하는 지식일 때, 즉 오늘 예를 든 것으로 설명한다면, 건강체나 병약체를 대상으로 하는 지식은 결국 그 지식 자체도 이러저러한 성질의 것이 되어 있어서 결과적으로 단순히 지식이라고 불리지 않고 이러저러한 성질의 것이 덧붙여진 지식, '의술의 지식(의학)'이라고 불린다 그 말이지."
　"알겠습니다. 저도 그렇게 생각합니다." 글라우콘이 말했다.
　"다시 갈증에 대한 이야기로 돌아가겠는데, 이 갈증은, 그 본질로 보아 자네는 그것을 지금까지 말한 것 같은, 어떤 특정한 것을 대상으로 하는 것 중의 하나라고 생각하지 않겠나? 말할 것도 없이 갈증은……."
　"네, 음료가 대상이지요."
　"그렇다면 음료가 이러저러한 성질의 것이라면 갈증도 이러저러한 성질의 것일 테지만, 어쨌든 갈증, 그 자체만으로는 '많은 것'을 대상으로 하지도 않고 '적은 것'을 대상으로 하지도 않아. 또한 '좋은 것'을 대상으로 하지도 않고 '나쁜 것'을 대상으로 하는 갈증도 아니야. 한마디로 말해서 여차여차한 성질의 것을 대상으로 하는 갈증이 아니고, 갈증이란 그 자체만으로서는 본래가 단순히 마실 것만을 대상으로 한다는 이야기가 아닐까?"
　"정말 그렇습니다."
　"따라서 목마른 사람의 마음은 목이 마른 한, 오직 마시는 일만을 원하고, 그것을 바라고, 그것을 향해 돌진할 뿐이야."

"틀림없이 그렇겠지요."

"그럼, 만약에 목이 몹시 마를 때 마실 것을 향해 마치 짐승처럼 달려가지 못하게 하는 그 무엇이 있다면, 우리 마음속에 뭔가 다른 것이 있어서가 아닐까? 왜냐하면 우리들이 주장하는 바에 따르면 동일한 것이 같은 부분에서 동일한 것과의 관계로 동시에 서로 상반되는 동작을 일으킬 수는 없으니까 말이야."

"분명히 그런 것은 없습니다."

"그것은 마치 활을 쏠 때 한 손이 활을 미는 동시에 다른 손이 시위를 잡아당긴다는 표현은 옳지 못하고 미는 손과 당기는 손은 서로 별개의 것이라고 해야 한다는 것과 마찬가지지."

"옳은 말씀입니다."

"그런데 때로는 목이 마르면서도 마시기를 망설이는 사람도 있다고 말해도 상관없을까?"

"말할 수 있지요. 많은 사람들이 흔히 그렇게 말합니다."

"그렇다면 그런 사람에 대해서 뭐라고 말할 수 있을까? 그들의 마음속에는 마시기를 갈망하는 뭔가가 있는 반면에 그것을 가로막는 뭔가가 있어 이쪽이 갈망하는 쪽보다 우세하다는 뜻이 아닐까?"

"그런 것 같습니다."

"그리고 그런 일을 방해하는 것이 마음속에 생겼을 때는 깊은 생각이 고개를 들었기 때문이고, 짐승처럼 달려가게 할 때는 몸의 병적인 상태 때문에 생기는 것이 아닐까?"

"그런 것 같습니다."

"그렇다면 이 두 가지가 서로 별개의 것이어야 한다고 주장해도 전혀 이유가 없다고 할 수는 없겠지. 우리들은 마음속에 깊은 생각을 일으키게 하는 쪽을 마음의 '사유적(思惟的) 부분'이라 이름 붙이고, 다른 한편, 즉 마음에 애욕을 일으키게 한다든지, 배고픔이나 갈증을 느끼게 한다든지, 그 밖에 일반적으로 욕망에 사로잡혀 이성을 잃게 하는 것은 욕망의 충족 및 쾌락과 연결되는 부분으로서 이것을 '비사유적(非思惟的)·욕망적 부분'이라고 이름 지을 수 있지."

"충분한 이유가 되겠습니다. 오히려 마땅하다고 할 수 있겠지요."

"그럼, 우리들 마음속에는 그런 두 가지 종류가 존재한다고 결정지을 수 있겠네. 그런데 '의욕적인 부분', 즉 우리들을 분발시키는 부분은 제3의 부분일까, 아니면 아까의 그 두 개 부분 중 어느 한쪽과 같은 성질의 것일까?"

"아마 그중의 하나, 즉 '욕망적 부분'과 같은 성격의 것이겠지요."

"그런데 언젠가 내가 들은 이야기인데 그것을 믿고 있단 말이야. 그 이야기에 따르면 아글라이온의 아들 레온티오스가 페이라이에우스에서 북방의 성벽 바깥쪽을 따라 도심으로 올라오던 중, 사형 집행관 곁에 시체가 놓여 있는 것을 발견하고, 보고 싶은 욕망도 일어나는 동시에 언짢은 생각도 들어서 얼굴을 돌리려고 했다네. 그래서 얼굴을 가리고 안 보려고 애썼지만, 끝내 보고 싶은 욕망을 누를 길이 없어 눈을 딱 부릅뜨고 시체 있는 곳으로 달려가자 이렇게 외쳤다네."

"'어서 보아라! 이놈의 나쁜 마음아, 이 아름다운 광경을 실컷 보란 말이야' 하고."

"저도 그 이야기를 들은 적이 있습니다."

"그런데 이 이야기로 미루어 보아……." 나는 말했다.

"노여움이라는 것은 때로 욕망과 서로 맞지 않아서 싸우는 일이 있다고 할 수 있지."

"네, 그런 것을 나타내는군요."

### 15

"그렇다면 또……." 나는 계속했다. "다른 여러 경우에서 우리는 곧잘 경험하는 바이지만, 욕망이 사람으로 하여금 깊은 생각에 대하여 억지로 반항하게 할 때에, 그 사람은 자기 스스로에게 마구 욕하고 화를 내고 분노하여 마치 두 개의 당파가 파벌 다툼을 할 때처럼, 그 사람의 의욕이 이성의 편을 들어 싸우지 않는단 말이야. 그러나 반대파 쪽으로 돌아가면 안 된다고 이성이 타이르는데도 의욕이 욕망과 손을 잡는 일이 자네의 경우건, 다른 사람의 경우건 인정한 적이 있다고 자네는 주장하지는 않겠지?"

"네, 제우스 신에게 맹세코 그런 주장은 하지 않습니다."

"그러나 사람들은 자기가 부정한 짓을 하고 있다고 생각할 때 어떨까? 인품이 고매한 사람일수록 자기가 부정을 저지른 상대자에게 굶주림, 추위, 그 밖에 어떤 혹독한 꼴을 당해도 상대의 소행을 마땅하다고 생각하고 화를 낼 수 없게 되지. 즉 내가 말하고 싶은 것이 바로 이 점인데, 그 사람의 의욕(노여움)은 그런 상대에 대해서는 불러일으켜지기를 거부한다는 거지. 그렇지 않겠나?"

"정말 그렇습니다."

"그러나 자기가 부정한 일을 당하고 있다고 생각할 때 사람들은 어떨까? 이럴 경우 그는 노여움 때문에 피가 들끓어 옳다고 생각되는 쪽의 편을 들어 싸울 것이며, 굶주림, 추위, 그 밖에 어떠한 혹독한 짓을 당해도 줄곧 참고 견디어 이김으로써 목적을 이루든지 아니면 싸우다 죽든지 혹은 개가 양치기의 부름을 받고 되돌아가듯 이 자기 안에 있는 이성의 부름을 받고 다시 돌아가 진정할 때까지 그 숭고한 행동을 멈추지 않을 것 같은데……."

"그렇습니다. 그 비유는 참으로 꼭 들어맞습니다. 실제로 우리가 세운 국가에서도 보조자란 '국가의 양치기'라고도 할 수 있는 통치자를 따라다니는, 말하자면 파수 보는 개나 마찬가지라고 우리는 정했으니까요."

"내가 말하고 싶은 것을 아주 잘 이해해 주었군그래." 나는 말했다. "그렇다면 이런 것 또한 알아차리지 않았을까?"

"어떤 것인데요?"

"'의욕적인 부분'에 관한 우리들의 견해가 아까와는 정반대로 되어 있다는 점에 대해서 말이야. 아까는 그것을 하나의 욕망적인 것이라고 생각하고 있었는데, 이제는 도저히 그렇게 생각할 수는 없고, 마음의 파벌 다툼에 있어서 오히려 '사유적 부분' 편에 서서 무기를 들고 싸워야겠다고 주장하는 형편이란 말이야."

"그렇군요."

"그렇다면 그런 '사유적 부분'과는 별개의 것일까, 아니면 사유적인 것 가운데 한 종류여서 사실은 마음속에는 세 개가 아니고 두 개의 품종, 즉 사유적인 것과 욕망적인 것이 있다는 이야기가 될까? 또는 마치 국가 안에서 돈벌이를 주로 하는 사람, 보조하는 사람, 정무를 심의하는 사람의 세 종족이 국가를 이루고 있듯이, 마음속에서도 이 의욕적인 것이 제3의 것으로 끼어들어 나쁜 방식으로 양육을 받아 엉망이 되어 있지 않는 한, 그 소질로 보아 '사유적

부분'을 보조하는 것이 되지 않을까?"

"물론 제3의 것으로 해야겠지요."

"그렇겠네. 그러나 그것이 욕망적인 것과는 별개의 것으로 밝혀지듯이 사유적인 것과도 또한 다르다고 판명이 된다면 말일세."

"그것을 밝혀내기는 힘들지 않습니다. 말뿐이 아니라 증거가 있어요. 어린아이들을 보고 있으면 말입니다. 태어나자 곧 기운(의욕)이 왕성해지는 데 비해 사유 쪽은 어떤가 하면 좀체로 터득하지 못하는 아이들이 있습니다. 대개의 아이들은 한참 뒤에 가서야 터득하게 되더군요."

"그렇고말고. 제우스 신에게 맹세코 자네는 썩 잘 말했네. 짐승의 경우를 봐도 역시 자네 말이 옳다는 것을 알 수 있어. 그리고 또 아까 어디선가도 인용했지만 호메로스의 구절도 그것을 증명할 걸세.

    가슴을 치며 말도 거칠게 마음속
    깊은 곳을 꾸짖었다.

여기서 호메로스는 마음의 두 가지 움직임을 뚜렷하게 구분했고, 좋은 점과 나쁜 점을 똑똑히 가려내는 부분이 부당하게 날뛰는 부분을 꾸짖고 있는 상대를 노래하는 셈이야."

"정말 말씀하시는 대로입니다."

### 16

"그럼, 이제 비로소……." 나는 말을 계속했다.

"우리는 이상과 같은 모진 파도를 헤치고 무사히 헤엄쳐 나아가 국가 안에도, 개개인의 마음속에도 같은 종류의 것이 같은 수만큼 있다는 것을 발견했고, 그 점에서 상당한 정도까지 의견의 일치를 본 셈이 되지 않겠나?"

"그렇군요."

"그렇다면 뒤에 남은 것은 모두 필연적인 귀결로서 나타나고 말 것이 아닌가? 국가도, 개인도 같은 방법으로 또는 같은 부분 덕분에 지혜가 있게 된다는 그 이야기 말이야."

"틀림없이 그럴 겁니다."

"그렇다면 개인도, 국가도 같은 부분에 의해 또는 같은 방법으로써 용기가 있는 것이고, 그리고 기타 모든 덕에 관계되는 점에서도 둘은 똑같다는 이야기도?"

"그럼요."

"그렇다면 글라우콘, 국가가 옳다는 것을 증명한 마찬가지 방법으로 해서, 인간 또한 옳다는 것을 우리는 주장할 수 있겠지?"

"그것도 매우 마땅한 이야기입니다."

"그런데 말이야, 이것은 우리가 결코 잊어서는 안 될 일인데, 국가라는 것은 그 속에 있는 세 가지 종족이 저마다 자기 일을 충실히 함으로써 옳다고 했었지?"

"결코 잊지 않고 있습니다."

"그렇다면 우리는 이런 것을 꼭 기억해 두어야 하네. 우리는 누구건 간에 자기 안에 있는 각 부분이 자기 일을 충실히 할 때 '올바른 사람'이 될 수 있고, 자기 일을 제대로 하는 사람이 된다는 점을 말이야."

"네, 꼭 기억해 두어야 합니다."

"따라서 사유적 부분에는 지혜가 있고 마음 전체를 위한 선견지명이 있으므로 이 부분은 통치하는 일을 맡는 것이 적당하고 또 다른 쪽인 의욕적인 부분은 사유적인 부분을 뒤따라 다니며 그편이 되어 싸워 주는 게 알맞지 않을까?"

"그렇고말고요."

"그렇다면 아까 말한 대로 그런 것들을 협화시키는 역할을 음악과 체육이 혼합체가 되어 하면 잘되리라고 생각해. 한쪽(사유적 부분)을 아름다운 말(언론)이나 학문으로 양육하여 긴장시키고, 다른 한쪽(의욕적인 부분)을 조화와 율동으로 길들이고 가라앉히고 늦추어 주면서 말이야."

"옳은 말씀입니다."

"그리고 그 두 가지 부분이 그런 식으로 키워져 진정한 뜻에서 자기 일을 배운다면 욕망적 부분을—이것이야말로 각자의 마음 중 가장 큰 부분을 차지하고 있으며, 그 소질로 미루어 보아 끊임없이 덮어놓고 돈을 탐내는 것인데—이런 부분을 잘 다스려 나가겠지. 양자는 그 부분을 잘 감시하여 어쩌다가, 이른바 육체적인 쾌락을 담뿍 맛본 나머지 그 세력이 커져서 아까의 경우와는 반대로, 자기의 본업을 지키지 않을 뿐만 아니라 오히려 분수에 맞지 않게 감히 다른 부분까지도 자기의 노예로 만들어, 온 생명체를 전도(轉倒)시키는 일이 없도록 할 거란 말이야."

"네, 꼭 그대로입니다."

"이렇게만 하면 이 두 부분은 또한 적이 외부로부터 공격해 온다 해도 마음 전체와 육체를 위해 더할 나위 없이 훌륭하게 수호해 나가겠지? 즉 한쪽 '사유적 부분'이 깊이 생각하고 심의하면, 다른 한쪽 '의욕적인 부분'은 그 통치자의 명령에 따라 방어해 주는 동시에 깊이 생각하고 심의된 그 구상을 용기를 갖고 잘 수행함으로써 말이야."

"네, 그렇습니다."

"그래서 우리가 한 사람 한 사람에 대하여 용기가 있다고 말하는 것은 바로 이 부분 때문이라고 생각해. 그것은 그 당사자의 의욕적인 부분이 두려워해야 할 것과 그렇지 않은 것에 대하여 이성이 가르쳐 준 것을 고락을 통하여 끝까지 유지해 나가는 경우를 말하는 거야."

"옳은 말씀입니다."

"그런데 '지혜가 있다'고 부르는 것은 그 작은 부분 덕분이지. 그것은 그 사람 속에서 지배하며 아까처럼 알려 주는 부분이란 말이야. 이 부분 또한 그 자체 안에 있는 세 가지 부분을 위해 '이익'이 될 수 있는 일, 그리고 이 세 가지 모두에게 공통적으로 이익이 될 수 있는 일을 가려내는 지식을 가지고 있다는 이야기야."

"정말 그렇군요."

"그렇다면 이건 어떨까, '절제를 가릴 줄 안다'고 하는 것은 바로 그런 부분이 서로 사랑하고 돕고 있기 때문이 아닐까? 즉 통치하는 부분과 통치당하는 부분의 두 의견이, 사유적 부분이야말로 통치할 수 있다는 점에서 의견이 일치하여 서로 파벌 다툼을 벌이지 않는 경우겠지?"

"네, 절제란 바로 그런 것임에 틀림이 없습니다. 국가의 경우건 개인의 경우건 간에 말입니다."

"그리고 또 인간이 올바른 사람이 되는 길이란 우리가 입에 침이 마르도록 말한 바 있지만, 자기의 입을 충실히 하는 데 있는 것이고, 또 그 방법밖에 없는 것이네."

"네, 참으로 그래야만 합니다."

"그렇다면 어떻게 되지? 설마 '정의'라는 것이 어딘지 모르게 희미해져서 국가의 경우에는 분명하던 바로 그것이 뭔가 다른 것이 아닌가 하고 생각하지는 않겠지?"

"저는 그렇게 생각하지 않습니다만."

"실제로 다음과 같이 해보면, 우리의 마음속에 아직도 꿈틀거리며 이의를 부르짖는 그 무엇이 있다 해도, 우리의 생각이 어떤 것인가를 완전히 확인해 볼 수가 있단 말이야. 가까운 예를 들어 보기로 하지."

"어떤 예인데요?"

"예를 들어 우리들이 세운 그 국가와 똑같은 소질을 가지고 똑같은 양육을 받은 인간이 남이 맡긴 금은(金銀)을 횡령하는 경우를 생각할 수 있는지, 어떤지에 대하여 의견이 일치되어야 한다고 가정해 보세. 자네는 그렇지 않은 사람보다 오히려 그런 사람이 더욱 그런 짓을 할 수 있다고 생각하는 자가 있다고 생각하나?"

"아무도 그런 사람은 없을 겁니다."

"그렇다면 또한 신성한 것을 모독한다든가, 도둑질을 한다든가, 또는 사생활에서 친구를 배반한다든가, 나아가서는 국가에 반역한다는 등의 일과도 이 사람은 인연이 멀겠지?"

"인연이 멀지요."

"그리고 또 서약하는 경우나 일반적인 계약에 있어서도 절대로 배신행위는 하지 않겠지?"

"어떻게 그런 짓을……."

"또는 간통을 한다거나 부모를 유기한다거나 제사를 게을리하는 등의 일을 다른 모든 사람은 할지 몰라도 이 사람에게는 적합하지 않지?"

"그렇고말고요. 다른 사람이라면 몰라도 말입니다."

"이상의 모든 것의 원인은 그 사람 안에 있는 각 부분이 통치하는 일과 통치당하는 일에 대하여 각자의 분수를 지키는 데 '자기의 일을 한다'이겠지?"

"바로 그거예요, 틀림없습니다."

"그렇다면 자네는 아직도 정의에 그런 사람이나 그런 나라를 만드는 데 있어서 뭔가 다른 것이어야 한다고 요구하겠나?"

"제우스 신에게 맹세코 그런 요구는 하지 않겠습니다."

### 17

"그러고 보니 우리의 꿈은 순조롭게 이루어졌다고 할 수 있겠군. 나라를 건설하기 시작할 때 우리는 우연히도 신의 은총으로 간신히 정의의 초보적인 형태 비슷한 것을 찾아냈다고 말했는데 그것은 틀린 말이 아니었군."

"네, 말씀하시는 대로입니다."

"그런데 말이네, 글라우콘, 지금 알고 보니 그것은 정의의 그림자 같은 것이었어. 그러기 때문에 더욱 유익했지만…… 다시 말해서 구두 짓는 일에 소질이 있는 사람은 구두를 만들 뿐 다른 일은 손대지 않는 게 옳고, 목공에 어울리는 사람은 목수 일만을 하고…… 기타의 직업도 모두 마찬가지라는 이야기지."

"네, 그랬었지요."

"그런데 사실은 정의란 아마도 그런 것이었겠지만 자기 일이라곤 해도 그것은 외면적인 행위로서가 아닌, 오히려 내면적인 행위, 참된 의미에서의 자기 자신 또는 자기 자신의 일에 관계되는 것이란 말이야. 올바른 사람이란 자기 안에 있는 각 부분이 다른 부분의 일을 하지 못하도록 하고 마음속의 종족들이 서로 쓸데없이 남의 일에 손대는 것을 허용하지 않지. 진정한 의미에서의 본업을 착실히 처리하고, 자기 스스로를 다스리고, 질서를 확립하여 자신의 친구가 되어, 마치 음계에 있어서의 세 개의 가락인 고음, 저음, 중음이 조화되듯이 세 개의 부분을 조화해서, 다시 말하면 그것 이외에 뭔가 중음 같은 것이 있으면 그것도 모두 결합시켜서, 여러 가닥으로 분열되어 있는 것을 절제와 조화로써 완전한 하나로 만들어 놓은 다음에 비로소 뭔가 해야 한다면 돈벌이든, 육체를 돌보는 일이든, 혹은 국가를 위한 일이든, 개인적인 거래든 간에 그 어느 영역에서도 앞서 말한 바와 같은 조화된 마음가짐을 만들어 내는 데 협력하고 계속 유지해 주는 행위가 올바르고 아름다운 행위일 것이며, 그 행위를 감독하는 지식을 지혜라고 생각하고 그렇게 이름을 붙였지. 한편 그와 같은 마음가짐을 늘 분열시키는 행위가 부정한 행위이며 그러한 행위를 감독하는 지식을 무지몽매하다고 생각하고 그렇게 이름을 붙인 다음, 행동하기 시작하겠지?"

"과연 소크라테스 님의 말씀대로입니다."

"좋아. 이것으로 우리는 '올바른 사람'도, '올바른 국가'도 발견했고 나아가서는 그 안에 반드시 존재할 정의도 이미 발견했다고 주장해도 거짓말이라고 생각되지 않겠지?" 나는 말했다.

"제우스 신에게 맹세코 절대로 그럴 리 없습니다." 그는 말했다.

"그럼 우리는 그것을 주장할까?"

"그럼요."

### 18

"그럼, 그건 그렇다고 해두지. 다음은 부정을 알아봐야 할 테니까." 나는 말했다.

"물론이지요."

"그런데, 부정이란 어쩌면 세 개 있는 그 부분에서 일어나는 파벌 다툼 같은 것이나, 쓸데없이 남의 일에 손을 대는 것이나, 남의 내정 간섭을 하거나, 또는 마음의 어느 부분이 그 전체에 대해서 일으키는 반란 같은 것이라야 하지 않을까? 그 반란이란 소질상으로 보아, 통치자의 노예가 되어야 마땅하고, 상대는 통치하는 종족에 속해 있으므로 노예가 되는 것은 어울리지 않는데도 오히려 그 부분이 무엄하게도 마음속에서 패권을 잡으려고 일으킨 것이지. 생각건대 이상의 모든 것과 그 부분의 혼란이나 도착(倒錯)을 '부정' '방탕' '비겁' '무지몽매' 등, 바꾸어 말해서 모든 악덕이라고 우리는 주장할 수 있지."

"그렇고말고요."

"그렇다면 '부정한 일을 한다'느니, '부정하다'느니 또는 '올바른 일을 한다'느니 하는 것 모두가 이젠 뚜렷하게 된 셈이지. 부정도 정의도 뚜렷해진 이상 말이야."

"어째서 그렇게 됩니까?"

"즉 그것들은 건강상 좋은 것, 나쁜 것하고 조금도 다를 바가 없기 때문이야."
이어서 나는 말했다.

"저쪽은 육체적인 경우이고 이쪽은 정신적인 경우……."

"어떤 점에서입니까?"

"건강에 좋은 것은 건강을, 나쁜 것은 병을 육체 속에 일으키게 할 테니 말이야."

"네, 그렇지요."

"마찬가지로 '올바른 일을 한다'는 것은 정의를 마음속에 불러일으키고, '부정한 일을 한다'는 것은 부정을 그 속에 불러일으키는 것이 아닐까?"

"네, 반드시 그렇게 됩니다."

"그러나 '건강을 낳는다'는 것은 육체 속에 있는 모든 부분이 서로 소질에 맞게 이기고 지고 하도록 만들어 주는 일이고, '병을 낳는다'는 것은 반대로 소질에 맞지 않게 서로 남을 통치하고 통치당하도록 만들어 주는 일이지."

"그야 그렇겠지요."

"그럼, 이번에는 정의를 일으키게 한다는 것도 마음속에 있는 여러 부분이 서로 소질에 맞게 이기고 지고 하도록 구성해 주는 일이고, 한편 부정을 일으키게 한다는 것은 각 부분이 소질을 위반하여 서로 남을 지배하고 지배당하도록 구성하는 것이 아닐까?"

"정말 그대로입니다."

"그렇다면 덕이란 바로 마음의 건강과도 같은 것 또는 아름다움, 건장함일 테고, 악덕이란 질병 또는 추악함, 허약함 등이라고 할 수 있지."

"네, 그렇습니다."

"그러나 일상생활에서 아름다운 일을 하려고 노력하면 덕을 소유하게 될 것이고, 추악한 일을 하게 되면 악덕을 소유하는 쪽으로 기울어지겠지?"

"네, 틀림없이 그렇게 됩니다."

19

"자, 바야흐로 우리에게 남은 문제는 일상생활에서 올바른 일을 하고 아름다운 일을 하려고 노력하는 올바른 사람이 되는 쪽이 남이 알건 모르건 간에 이득이 되느냐, 아니면 부정한 사람이 되는 쪽이 벌을 받거나 혼이 난다거나 더 좋은 사람이 되라고 훈계를 받는 일만 없다면 이득이 아닐까 하는 점을 알아보는 일이야."

"아닙니다. 소크라테스 님, 그 점을 알아본다는 것은 제가 보건대 이젠 웃음거리밖에 되지 않습니다. 육체의 소질(체질)이 엉망진창이 되어 버리면 먹을 것이 아무리 많고, 돈도 많고, 온갖 지배적 위치에 올라 있다 하더라도 살 보람이 없다고 일반적으로 생각되는데도, 우리들의 생존 원리의 근본인 마음의 소질이 혼란을 일으켜 엉망이 되어 있어도 자기가 하고 싶은 대로 무엇이든지 할 수 있는 한, 살 보람이 있다고 여긴다면 또 모르겠지만 말입니다. 단, 멋대로 한다는 것이 '악덕' '부정'을 행하는 것이 아니고 '정의' '덕'을 소유하는 일을 행하는 경우라면 또 다른 문제지요. 어쨌든 어느 쪽(정의나 부정)이건 우리가 토론해 온 것임에는 틀림이 없을 테니까요."

"응, 정말 웃음거리에 지나지 않겠구먼. 하지만 여기까지 온 이상 이제껏 알아본 것이 정말 그대로인가를 될 수 있는 대로 똑똑히 볼 수 있도록 애를 써야지, 결코 마음을 놓아서는 안 되겠네."

"제우스 신에게 맹세코 방심하지 않겠습니다."

"이리로 오게나. 악덕의 품종이 얼마나 되는지, 자네에게 보여 주고 싶으니까. 그것은 그것대로 볼만한 값어치가 있다네."

"따라가겠습니다. 어서 말씀하십시오."

"좋아. 마치 언덕 위의 감시대에서 바라보는 것 같다네. 토론의 정상에 올라와 보니 내 눈에는 덕의 품종은 하나인 데 비해 악덕의 품종은 수없이 많으며, 그중에서도 특기할 만한 가치가 있는 것이 네 개 있다고 보네."

"어떤 것들입니까?"

"국가의 정체(政體)는 저마다 한 가지 품종으로 되어 있겠지만, 그 정체의 형태가 존재하는 수만큼 마음도 존재하는 것 같아."

"대체 얼마만큼입니까?"

"국가의 정체가 다섯 개, 마음도 다섯 개."

"무엇무엇인지 말씀해 주십시오."

"말해 주지. 하나는 우리가 이야기해 온 그런 국가의 정체를 말할 수 있지.

그런데 그것은 두 가지 명칭으로 부를 수가 있어. 즉 통치자 가운데 한 사람만이 뛰어난 인물이 나타나면 '군주 정체'라고 부르고, 그런 뛰어난 인물이 한 사람 이상일 경우에는 '최선자(最善者) 정체'라고 부를 수 있지."

"과연 그렇군요."

"그렇다면 이것을 나는 한 품종으로 치겠네. 왜냐하면 그 안에서 나타나는 인물이 한 사람 이상이건 한 사람이건, 그 인물이 우리가 이야기한 대로의 양육과 교육을 받는 한, 이 나라의 법률 제도의 뼈대를 이룰 만한 중요한 사항을 변동시키거나 변혁시키지는 않을 테니까."

"네, 그런 일은 절대로 하지 않을 겁니다." 글라우콘은 이렇게 말했다.

# 제5권

1

"따라서 나는 이와 같은 국가 체제가 훌륭하고 참된 것이라고 생각하네. 그리고 훌륭하고 참된 인간형(人間型)도 이와 마찬가지지. 따라서 이게 사실이라면 그 밖의 다른 모든 사회 조직의 형태나, 개인의 인격 상태는 나쁘거나 결함이 있다고 할 수 있네. 우리들은 그것들의 결점을 네 개의 목록[1]으로 나눌 수 있네." 나는 이야기했다.

"그건 무엇무엇입니까?" 글라우콘이 물었다.

"나는 그 네 가지 악의 형상에 대하여 이런 순서로 이야기해 나가고 싶네. 즉 서로 연관되어 있다고 생각되는 순서에 따라 진행해 나가려는 걸세."

그때 아데이만토스 옆 조금 떨어진 곳에 앉아 있던 폴레마르코스가 그에게 무어라고 소곤거렸다. 그는 아데이만토스의 어깨 위로 손을 내밀어 그의 옷깃을 잡아당기며, 자기도 앞쪽으로 기댄 자세가 되어 귀에다 대고 말했다.

나는 다른 이야기는 듣지 못했지만 그 가운데 "그를 봐줄까? 그렇지 않으면 어떻게 하는 것이 좋을까?" 하는 말을 들을 수 있었다. 그러자 아데이만토스가 "그건 절대로 안돼." 큰 소리로 말했다.

"자네들은 지금 누구를 두고 하는 말인가?" 내가 물었다.

"선생님 말입니다." 아데이만토스의 대답이었다.

"무엇을 어쩌겠다는 말인가?"

"우리들 생각에는 선생님이 잔꾀를 부리고 계신 것 같습니다. 이 이야기의 가장 핵심이 되는 부분을 빼놓고 우리를 기만하려 하고 계시는 것으로 여겨지는 군요. 선생님은 우리가 그 유창한 화술에 속아 넘어가는 줄 알고 계십니까? 구

---

[1] 제8권에서 그것이 토론된다.

체적으로 지적을 하면, 친구는 모든 것을 공유한다고 하신 원칙이 마치 아내와 자녀들에게도 들어맞는 것처럼 그것을 그대로 적용하려고 하시니 말입니다."

"그렇다면 내 말에 무슨 잘못이라도 있다는 이야기인가?"

"그런 게 아닙니다. 그러나 특별한 경우에만 적용된다 할지라도, 다른 모든 경우에서와 마찬가지로 설명해 주셔야 합니다. 왜냐하면 공유에도 여러 종류가 있으니까요. 따라서 어떠한 종류의 공유를 의미하는지 밝혀 주십시오. 우리는 오랫동안, 선생님이 시민의 가정 생활에 대하여 말씀해 주실 것을 기대하고 있었습니다. 즉 그들은 어떻게 하여 자식들을 낳고, 태어난 자식은 어떻게 보살펴 주어야 하며, 또한 부모와 자식들 사이에 끼여 있는 일반적인 성질이란 무엇인가를 알고 싶은 것입니다. 왜냐하면 그러한 일의 올바른 처리, 또는 잘못된 단속으로 말미암아, 선이나 악에 대해 국가에 중대하고도 영구적인 영향을 끼친다고 생각하기 때문입니다. 그런데도 이 문제를 해결하기도 전에 또 하나의 문제인 국가에 대하여 말씀하시려 하므로 분명히 밝혀 두지만, 이 모든 일에 대하여 설명을 듣기 전에는 앞으로 더 나아가지 말자고 합의한 것입니다." 아데이만토스의 말이었다.

그러자 글라우콘이 한마디 했다. "그럼, 나도 찬성하는 쪽에 넣어 주게."

"걱정 말게." 트라시마코스가 대답했다. 이어서 그는 말했다.

"소크라테스 님, 이것은 우리 모두가 결의한 것으로 생각해 주셔야 하겠습니다."

2

"자네들 모두가 나를 이렇게 몰아세우니 무슨 일이 일어날지 모르겠군. 국가 체제에 대해서 우리가 얼마나 오랫동안 토의해 왔는지 알고 있는가? 이제야 겨우 끝났다고 생각하며, 그 문제를 제쳐 놓게 되어 다행이라고 기뻐하는 순간이 되었는데…… 그리고 한편 또 나는 그때 내가 한 말을 자네들이 이의 없이 받아들여서 만족하고 있었지. 그런데 이제 와서 그 문제를 다시 거론하면 얼마나 시끄러워질 것인지, 자네들은 알지도 못하고 아예 기초부터 되풀이하라고 요구하고 있다니…… 나는 연달아 일어날 번거로운 말썽을 예상했기 때문에 이것을 회피하려고 했던 걸세."

"그렇다면 소크라테스 님!" 트라시마코스가 말했다. "우리가 무엇 때문에 여기 와 있는지 아십니까? 우리가 돈을 벌기 위해서입니까? 아니면 강론(講論)을 듣기 위해서입니까?"

"하긴 그렇군. 그러나 이야기에도 한도가 있는 게 아닌가?"

"그렇습니다. 한도가 있습니다. 그러나 우리에게 한도란 한평생입니다. 그러니 우리들에게 거리낌 없이 말씀해 주십시오. 우리 수호자들 사이에 있어야 한다는 아내와 자식들의 공유란 어떠한 종류의 것인가를 말입니다. 그리고 또 가장 주의가 필요하다고 생각되는 출생에서 교육을 시킬 때까지의 기간을 통해 어떻게 대처하면 좋은지를 설명해 주셨으면 좋겠습니다." 글라우콘의 말이었다.

"거기에 대한 대답은 그리 쉬운 것이 아니네. 그것은 전에 우리가 결론에 이른 것보다 한결 더 많은 의문이 뒤따르기 때문이야. 왜냐하면 그 실행 가능성 자체부터가 미덥지 못하기 때문이지. 한편 또 다른 관점에서 볼 때, 이를테면 그 계획을 실행할 수 있다 하더라도, 그것이 최선의 방법이 될 수 있느냐 아니냐가 의심스럽단 말이야. 그래서 나는 이 문제에 대해서는 손대기가 싫었던 걸세. 말하자면 우리의 꿈이 한낱 꿈으로 나타나지 않기를 바랐던 거지."

"그 점은 마음을 놓으십시오. 선생님의 청중들은 선생님에게 그렇게 혹독하지도, 회의적이지도 않으며, 또한 적개심도 갖고 있지 않습니다." 글라우콘이 말했다.

"고맙네. 자네는 그 말로 나를 격려하려는 것인가?"

"그렇습니다."

"그렇다면 자네는 정반대의 일을 한 셈이네." 나는 말을 계속했다.

"물론 자네가 한 격려의 말은 매우 좋은 것이기는 하네. 나 스스로 내가 이야기할 말을 잊고 있다는 전제 아래서는 말일세. 그리하여 가장 흥미로운 문제를 가지고, 내가 사랑하고 존경하는 현명한 사람들과 함께 진리를 밝혀낸다는 데 대해서는 아무런 두려움도, 망설임도 없네. 하지만 자네 자신이 질문하기를 망설이는 일이고 보면, 토론을 계속해 나간다는 것이 매우 위험스럽네. 물론 이것은 내 입장에서이지만. 그러나 그것이 단지 내가 비웃음을 받는 것으로 그친다면 문제는 다르네. 그런 걸 두려워하는 건 점잖은 일이 못 되지. 하지만 그 결과로 마침내는 내가 확립하지 않으면 안 되는 진리를 상실하고 내 친구들까지 자신의 함정에 빠지게 하는 결과가 된단 말일세. 그래서 이제부터 이야기하고자 하는 내용이 그런 결과로 나타나지 않도록 아드라스테이아[2]에게 기도하려고 하네. 왜냐하면 본의 아닌 살인은 법률에 있어서의 미(美)·선(善) 그리고 정의에 대한 거짓말보다는 가볍다고 믿기 때문이네. 그리고 그것은 적에게보다 친구에 대하여 저지르기 쉬운 모험이기 때문이지. 그러므로 자네의 격려도 한편으로는 지당하긴 하네."

그러자 글라우콘이 웃으면서 이렇게 말했다. "소크라테스 님, 그런 걱정은 마십시오. 선생님의 이야기가 우리에게 무슨 큰 해독을 끼칠 경우에는 선생님이 살인죄를 범해도 방면할 것이고, 기만을 하셔도 용서할 것이고, 선생님의 인격을 더럽히는 일도 없이 놓아드리겠습니다. 그러니 용기를 내어 말씀해 주십시오."

"그건 법률에 있어서도 그렇지. 사람이 법정으로부터 석방되면 그의 인격은 깨끗하게 되네. 그러니까 토론에서도 물론 마찬가지로 통용되겠지."

"그럼, 그 가정(假定)에 따라서 행동하십시오."

"자, 그러면……." 나는 말을 이었다. "우리들은 처음으로 돌아가서 그 주제(主題)를 다시 끄집어내야겠네. 그리하여 이미 마땅히 언급했어야 할 말을 이제 와서나마 이야기하기로 하세. 남자들의 역할에 대해서는 계속 언급되어 왔으니 이번엔 여자들 차례가 된 셈이지. 즉 여자의 임무에 대해 이야기할 참인데, 더욱이 자네의 독촉도 있고 하니 곧 이야기를 진행하기로 하세."

3

"내 생각에 따르면 우리가 말한 바와 같은 천성을 지니고 태어나 교육을 받은 남자로서, 아내와 자녀의 소유 및 그 유용(有用)에 대해 올바른 결론에 이르기 위해서는 다음과 같은 오직 하나의 방법만이 있다고 생각하네. 즉 처음 우리가 이야기한 방식대로 남자는 수호자이어야 하며 양 떼를 지키는 개여야

---

[2] 절도(節度)와 복수(復讐)를 관장하는 율법의 여신 네메시스의 별칭. '피할 수 없는'이란 뜻.

한다고 했던 그런 논조로 더듬어 올라가면 된다고 생각하네."

"과연 그럴 것 같습니다."

"한 걸음 더 나아가서, 부인들의 출생과 교육을 동일하게 또는 동일한 규칙에 따르게 한다고 생각해 보게. 그러면 그 결과가 우리의 계획에 일치하는지 아닌지를 알 수 있을 것이네."

그러자 글라우콘이 이렇게 되물었다.

"그건 무엇을 뜻합니까?"

"의문의 형식으로 이야기를 진행해 나간다는 말일세. 이를테면 개를 암놈과 수놈으로 구분하느냐 아니면 일, 즉 임무로 구분하느냐 하는 이야기지. 즉 사냥을 하거나 집과 양 떼를 지키는 그 맡은 바 직무로서 구분하느냐 하는 이야기일세. 바꾸어 말하면, 결국 개는 암놈이든 수놈이든 모두 사냥과 집 지키는 노릇을 하도록 하느냐, 아니면 수놈에게는 양 떼를 지키는 임무를 맡기고, 암놈에게는 새끼를 낳아 젖을 먹여 기르는 일만을 맡겨야 하느냐고 묻는 것일세."

"그들은 모든 일을 똑같이 맡아 해야 한다고 생각합니다. 암놈과 수놈의 차이는 수놈은 강하고, 암놈은 약하다는 것뿐입니다." 글라우콘이 이렇게 대답했다.

"그러나 서로 다른 동물을 똑같은 방법으로 키우지 않고는 동일한 목적으로 사용할 수가 없겠지?"

"물론입니다. 불가능한 일이지요."

"그렇다면, 만약 여자가 남자와 같은 의무를 지닌다고 가정하면 그들은 똑같은 영양과 교육을 받아야 하겠지?"

"그렇습니다."

"그런데, 남자에게 부과하는 교육에는 음악과 체육이 있었지?"

"그렇습니다."

"그렇다면 부인들에게도 음악과 체육을 가르치고 거기다 전쟁술까지도 가르쳐야 하겠지? 남자들과 같은 역할을 하게 하려면 말일세."

"그런 것 같군요."

"그러나 우리의 이러한 제안은 억지요, 전례 없는 일일세. 따라서 이를 실천에 옮기는 경우, 오히려 우스운 일로 보일 걸세……."

"정말 그렇겠군요."

"운동장에 나체의 부인, 더욱이 젊은 여자가 벌거벗고 남자와 함께 체조를 하고 있다면 그것은 아주 해괴한 모습이 될 걸세. 그건 확실히 아름다움의 환상이 되지 못하네. 마치 주름살투성이의 추한 몰골의 노인이 체육관에 드나드는 것이나 마찬가지란 말이야."

"정말 그렇겠군요. 지금의 이야기로 미루어 생각하면 정말 꼴불견일 것 같습니다." 글라우콘이 말했다.

"그러나 우리가 이미 이야기를 시작한 이상, 이런 것에 반대 견해를 갖는 해학가들의 비웃음을 두려워해서는 안 되네. 그들이 아무리 부인들의 음악이며, 체육이며 또는 무술이나, 승마 등에 대해서 떠들어댄다 할지라도 말일세."

"저도 그와 같은 생각입니다."

"일단 이야기를 시작한 이상, 법률의 미개척지를 헤치고 나가지 않으면 안 되네. 아울러 그들 신사님들에게 잠깐 동안이나마 희롱의 빛을 띠지 말고 진지한 태도를 취해 주기를 부탁하는 걸세. 돌이켜 보면 그리 오래지 않은 옛날, 요즈음도 야만인들 사이에서는 그렇지만 나체의 남자를 보면 우스꽝스럽고 실례가 되는 일이라고 그리스 사람들은 생각했었지. 그리하여 크레타 사람들을 시초로 하여 스파르타 사람들이 나체 체조를 했을 때, 그 무렵의 말재주꾼들은 그 새로운 풍조를 비웃었네. 자네는 그것이 있을 수 없는 일이라고 생각하나?"

"그렇지 않습니다."

"모든 것은 덮어 두기보다 벗겨 놓는 게 더 좋다는 사실이 우리의 경험으로 입증되었을 때, 그는 우매하지도 약하지도 않은 것을 비웃고, 선(善)에서 벗어난 아름다움을 위해 힘쓰는 어리석은 자가 되어 버렸네."

"그렇게 상상할 수 있습니다."

4

"그럼, 먼저 여자들의 성질에 대해 살펴보기로 하세. 그녀들은 전체적으로든 부분적으로든 남자들이 하는 일을 같이 해나갈 수 있을까? 아니면 전혀 불가능할까? 그리고 전쟁에 대한 기술도 마찬가지일세. 이 또한 여자들이 수행해 나갈 수 있는 일인지 아닌지 살펴보는 거야. 이렇게 추론해 나가는 것이 그 해답을 찾는 데 가장 좋은 방법이며 한편 가장 훌륭한 결론에 이를 수 있다고 믿네."

"가장 좋은 방법인 것 같습니다." 글라우콘이 이렇게 대답했다.

"그러면 먼저 반대론자의 입장에 서서 우리에 대한 항변으로 시작해 보는 것이 어떻겠나. 이렇게 하면 반대론자를 옹호하는 것도 될 터이니 말일세."

"그게 좋을 것 같습니다."

"그럼, 반대론자들에게 이야기를 시켜 보도록 하지. 그들은 이렇게 말할 것일세. '소크라테스와 글라우콘이여, 우리가 당신들에게 반론을 제기할 필요조차 없지 않은가? 왜냐하면 이미 당신들은 국가를 세움에 있어 저마다 자기 소질에 맞는 일을 해야 한다고 인정했으니까'라고 말일세. 사실 우리는 분명히 그랬었지. 그것이 비롯 잘못된 일일지는 몰라도…… 반대론자와 우리의 대화는 계속되네. '그러나 남자와 여자의 본성은 전혀 다르지 않으냐'고 그들은 묻겠지. 그건 물론 서로 다르다고 우리는 대답할 걸세. 그러면 그들은 또 이렇게 물어 올 것이네. '남자와 여자가 서로 다르다면 그들에게 맡겨야 할 일도 서로 달라야 하지 않겠느냐'고. 그들 저마다의 성격에 알맞은 일인가 아닌가를 검토해야 마땅하다고 이야기하겠지. 그때 우리는 다시 이렇게 대답할 수밖에 없네. 물론 맡아 하는 일은 다르다고 말일세. 그러면 그들의 항변은 더욱더 날카로워지겠지. '남자와 여자가 같은 행동을 해야 한다는 말은 모순투성이다'라고 그들은 공박할 걸세. 어떤가 글라우콘, 반대론자의 이러한 역습에 대해 자네들은 어떻게 방어할 텐가?"

글라우콘이 대답했다.

"그렇게 갑자기 물으시면 대답드릴 수가 없습니다. 그리 쉬운 문제가 아니니까요. 끝내 이렇게 부탁드릴 수밖에 없습니다. 이 문제는 선생님이 다시 우리 편에 서서 이야기해 주셔야 한다고요."

"글라우콘, 그들의 항변은 내가 예상하듯 지금 말한 그런 정도만이 아닐세. 얼마든지 더 많이 있단 말이네. 그러나 여자와 어린이들의 양육이나 소유에 대한 법률문제에 대하여 항변해 온다 해도 두려워하거나 망설일 필요는 없다고 생각하네."

"문제가 매우 복잡하고 까다로워 해결되기가 어려울 것 같습니다."

"정말 그렇군." 나의 대답이었다. 이어서 나는 말했다. "그러나 우리가 얕은 연못에 빠졌든 넓은 바다에 빠졌든 어쨌거나 거기서 헤엄쳐 나와야 하지 않겠나?"

"하긴 그렇습니다."

"그렇다면 우리는 헤엄을 쳐서 기슭에 오르도록 노력해야 할 것일세. 아리온의 돌고래[3]나 그 밖의 어떤 기적이 일어나 구출되기를 기대하면서 말이네……."

"물론 그렇겠지요."

"그렇다면 우리가 여기서 벗어날 길을 발견할 수 있는지 없는지 살펴보기로 하세. 우리는 성격이 다르면 서로 다른 직업을 가져야 하며, 여자와 남자의 본성은 저마다 다르다고 말해 왔네. 그런데 이것이 바로 지금 우리를 곤경에 몰아넣은 셈이지."

"그렇습니다."

"글라우콘, 반박하는 기술의 힘도 놀라운 것이로군."

"별안간 왜 그런 말씀을 하십니까?"

"왜냐하면 인간이란 곧잘 자기 의사에 반대되는 행위에 빠지기 쉽다고 생각되기 때문이네. 스스로 추리하고 있다고 생각하는 것이, 실제로는 입씨름에 지나지 않는 경우가 많단 말이야. 그리하여 그들은 진정한 해석도, 이해도 할 줄 모르게 되며, 또 그것은 자기가 너무 지껄인 때문이라는 것도 모르지. 결국 그들은 서로 토론을 하고 있었던 것이 아니라, 단순한 경쟁심으로 말씨름을 하는 것에 지나지 않네."

"그런 건 흔히 있는 일입니다. 그런데 그것이 우리가 하는 이 토론과 무슨 관계가 있습니까?" 글라우콘이 반박했다.

"매우 밀접한 관계가 있네. 왜냐하면 우리들 또한 토론을 하다 보면 저도 모르게 입씨름에 그치고 마는 어리석음에 빠지기 쉬운 위험성이 크기 때문이지."

"어째서 그렇습니까?"

---

[3] 기원전 700년 무렵 레스보스의 시인 아리온은 그즈음 뛰어난 음악가였는데, 시칠리아의 경기에서 우승하고 코린토스로 돌아가는 도중, 뱃사람들에게 붙잡혀 소지품을 뺏기고 바다에 던져졌다. 이승에 이별을 고하는 뜻으로 노래를 부르자, 그 소리를 듣고 돌고래가 나타나 그를 등에 태워 바닷가로 데려다주었다고 한다. 헤로도토스 《역사》 제1권 24장 참조.

"실제로 우리는 여태까지 입씨름 같은 토론을 해왔거든. 성격이 다른 사람은 서로 다른 직업을 가져야 한다고 핏대를 올려 가며 말뿐인 진리로 주장해 왔지 않는가? 그러면서도 성질의 어떤 점이 같고, 어떤 점에 차이가 있는지에 대한 참뜻은 전혀 생각지도 않고 말일세. 그리고 또 서로 다른 성격에는 다른 직업을 주고, 같은 성격에는 같은 직업을 주면서 무엇 때문에 그들을 그렇게 구분해야 되는지 그 까닭에 대해서는 전혀 생각해 본 일이 없었지."

"사실 그에 대해 생각해 보지 않았습니다만……."

"먼저 이런 예를 가지고 상상해 보는 게 좋겠군. 대머리인 사람과 반대로 털이 많은 사람의 경우인데, 그 사람들은 성질상 서로 다를 것이며, 또 우리도 그렇게 인정하지 않을 수 없네. 따라서 대머리인 사람이 구두장이라면, 털이 많은 사람은 구두장이가 될 수 없을 걸세. 서로 상반되는 성격의 소유자니까 말일세. 이런 이치는, 털 많은 사람이 구두장이일 때 대머리인 사람은 구두장이가 될 수 없다는 이야기도 되네."

"농담으로 하는 말씀은 아니겠지요?"

"글쎄, 농담이라고도 할 수 있겠지. 그러나 진담이기도 하네. 우리가 처음에 국가를 건설하면서 성질의 차이에 대하여 규정할 때, 모든 성질의 차이가 모든 종류에 해당된다고는 하지 않았기 때문이네. 그때에는 단순히 개인의 직종(職種)에 영향이 있을 것 같은 차이에 대해서만 언급했으니 말일세. 예를 들어 의술을 지닌 사람과 영혼을 다스리는 능력을 지닌 사람은 같은 성질의 소유자로 간주할 수밖에 없었네."

"그렇습니다." 글라우콘의 대답이었다.

"그러나 의사와 목수는 서로 다른 성질을 지니고 있는 게 아니겠나?" 내가 다시 물었다.

"물론입니다."

5

"그렇다면 남자와 여자가 기술이나 직업에 대한 적임성에서 차이가 있다고 할 것 같으면 우리는 그러한 기술이나 직업 중 각자에게 알맞은 것을 주어야 옳겠지. 그러나 그 차이가, 여자는 아이를 배는 데 있고, 남자는 아이를 낳게 하는 데 있다면, 그런 차이가 바로 여자들이 받아야 할 교육의 종류상 남자와 다르다는 증거가 될 수 없다고 생각하네. 따라서 나는 우리들의 수호자들이 그 아내와 같은 직업을 가져야 한다는 견해를 계속 내세우고자 하네."

"옳은 말씀입니다."

"다음에 우리는 시민의 직업이나 기술에 있어서 여자들의 소질이 남자의 그것과 어떻게 다른가를 항변자들에게 물어보고 싶네."

"그것은 마땅한 질문이지요."

"그들은 이렇게 이야기하겠지. 아까 자네가 대답했듯이, 그렇게 갑자기 물어 보면 그 자리에서 말하기는 곤란하고 충분히 생각한 뒤라면 잘 대답할 수 있다고 말이야."

"아마 그럴 겁니다."

"이번에는 그들을 우리의 토론에 참가시켰다고 생각해 보세. 그리하여 우리는 그들에게 여자들의 소질 중에는 국가의 행정상 그녀들에게 맞는 직업을 줄 만한 특별한 조치가 없다고 주장하고 싶겠지."

"그런 것 같습니다."

"그리고, 이런 질문을 해보세. 어떤 사람에 대하여 재능이 있다고 말하고 어떤 사람에 대해서는 재능이 없다고 말할 때, 전자는 뭐든지 잘 배우고 잘 기억하며 후자는 잘 배우지도 못하고, 잘 기억하지도 못한다는 뜻이 아니냐고. 또는 전자는 조금만 배워도 많은 것을 알아내는 데 비해 후자는 많은 연구와 공부를 해도 무엇 하나 제대로 알아내지 못한다는 뜻이 아니냐고. 그 밖에도 어떤 사람은 그의 정신 활동에 충실할 수 있는 육체를 지니고 있기 때문이고 어떤 사람은 정신 활동에 지장을 받는 육체를 지니고 있기 때문이 아니냐고. 결국 이상과 같은 사실이, 태어날 때부터 선천적으로 재능이 있는 사람과 없는 사람을 구분하는 척도가 되지 않느냐고 말일세."

"그것은 아무도 부정하지 못할 것입니다." 글라우콘이 대답했다.

"그럼, 이런 것은 어떤지 한번 생각해 보게. 남자들이 여자들보다 재능이나 특질에서 열등한 것이 있는가 하는 점 말이네. 내가 새삼스럽게 옷감을 짜는 기술, 과자 만드는 일, 요리를 마련하는 일 등에 이야기를 길게 할 필요가 있겠는가. 물론 그러한 일은 여자들 솜씨가 낫겠지만, 반대로 그런 일을 남자들이 잘한다면 오히려 웃음거리가 된다고 생각하네."

"일반적으로 여성이 남성들보다 모든 일에서 열등하다는 선생님의 의견에 찬성합니다. 그러나 여성이 남성보다 월등한 분야도 많이 있습니다." 글라우콘이 말했다.

"따라서 그건 이런 뜻이 되겠네. 국가 안에 있어서 여자가 여성이라는 이유로 해서 혹은 남자가 남성이라는 이유로 해야 할 특수한 일이란 없는 법이라고 말이야. 즉 자연의 재능은 양성에 똑같이 고루 주어져 있는 셈이지. 남성의 직업을 여성도 가질 수 있다는 이야기지. 단지 모든 점에 있어서 여성은 남성보다 약하다는 차이가 있을 뿐⋯⋯."

"옳은 말씀입니다."

"그렇다면 우리는 남성에게만 모든 과업을 부과시키고 여성에게는 맡기지 말아야 할까?"

"그건 안 될 말씀입니다."

"이번에는, 이런 것은 어떨까?" 나는 말했다. "즉 어떤 여자는 치료하는 데에 재능이 있는데 어떤 여자는 그렇지 못하고, 또 어떤 여자는 음악에 소질이 있는데 어떤 여자는 그런 소질이 없는 경우가 있지 않을까?"

"물론입니다."

"그리고 어떤 여자는 체조나 군사적 훈련에 알맞은 성질을 가지고 있는데 어떤 여자는 그것과는 반대로 체육이나 전쟁을 싫어하는 경우도 있지 않을까?"

"그런 경우가 얼마든지 있다고 생각합니다."

"또 어떤 여자는 학문을 사랑하는데 다른 여자는 학문을 증오한다거나, 어떤 여자는 원기 왕성한데 어떤 여자는 그렇지 못한 경우도 있겠지?" 나는 거듭 반문했다.

"물론입니다."

"그리고 한 여자는 수호자의 기질을 갖고 있지만 다른 여자는 그런 기질을 갖고 있지 못하는 수도 있네. 남자도 이와 마찬가지여서 그 본성의 차이가 수호자로 뽑히느냐 안 뽑히느냐 하는 기준이 되지 않겠나?"

"옳은 말씀입니다."

"다시 말해서 남자나 여자나 똑같이 수호자로서의 특질을 가질 수 있지만 다만 어느 쪽이 강하고 어느 쪽이 약하냐 하는 차이가 있을 뿐이란 이야기가 아니겠나?"
"분명히 그렇습니다."

6

"따라서 그와 같은 특성을 가진 여자는 그 능력이나 성격에서 자기와 비슷한 남자의 동반자나 동료가 되어야 할 걸세."
"그런 것 같습니다."
"그러므로 같은 성질의 사람은 같은 일에 종사해야 하지 않겠나?"
"그래야 마땅할 것입니다."
"그렇다면 앞에서도 말했지만, 수호자의 아내에게 음악이나 체육을 부과하는 것은 그 본성에 조금도 부자연스러울 것이 없지 않겠나? 우리의 토론은 결국 다시 원점으로 돌아왔군그래."
"분명히 그렇습니다."
"그럼 우리가 앞에서 제정한 법률은 어디까지나 자연히 순응한 것일세. 따라서 그것은 불가능한 일도 아니고 단순한 공상도 아니네. 이와 반대되는 현재의 습관이야말로 실제상 자연히 서로 어긋나는 것이지."
"그것이 사실인 것 같습니다."
"우리는 먼저 우리의 제안이 가능한가를 밝힌 뒤에 그것이 가장 유약한 것인지의 여부를 검토해 보아야 하겠네."
"그렇습니다."
"그런데 그 가능성은 이미 인정되지 않았나?"
"그렇습니다."
"이번에는 그 유익성이 인정되어야 하지 않을까?"
"그렇습니다."
"남성으로 하여금 훌륭한 수호자가 되게 하는 교육은, 여성에게도 훌륭한 수호자가 되게 하는 데 도움이 되겠지. 그들의 본성이 같을 경우에 말이네."
"그렇습니다."
"자네에게 한 가지 물어보고 싶은 게 있네."

"무엇인데요?"

"자네는 모든 남성이 똑같이 뛰어나다고 보나, 아니면 거기에는 우열이 있다고 보나?"

"우열이 있다고 생각합니다."

"그렇다면, 우리가 세운 국가 안에서 가장 훌륭한 제도에 의해 교육된 수호자와 구두 만드는 교육을 받은 제화공 중 어느 쪽이 더 완전한 인간이 될 수 있다고 보나?"

"그것은 물을 필요도 없는 것이 아니겠습니까?"

"결국 자네는 내 질문에 대답한 셈이군. 그렇다면 한 걸음 나아가서 우리의 수호자에게는 국민 중에서 가장 훌륭한 사람이라고 말할 수 있겠나?"

"물론입니다. 가장 훌륭한 사람인걸요."

"그럼, 그들의 부인은 어떤가? 마찬가지로 가장 우수한 여자들이 아닐까?"

"자못 그렇습니다. 가장 우수한 여자들임에 틀림이 없습니다."

"국가의 국민 가운데서 남녀 할 것 없이 가장 훌륭한 사람이 되는 것보다 더 유익한 일이 어디 있겠나?"

"그 이상 이로운 일은 없다고 생각합니다." 글라우콘이 대답했다.

"그런데, 그렇게 하려면 음악이나 체육으로 교육되어야 하지 않을까?"

"그렇습니다."

"결국 그렇다면, 우리는 단지 가장 훌륭한 법률을 제정했을 뿐만 아니라 국가에 대해서 가장 이익이 될 수 있는 일을 한 셈이 되겠군그래."

"그렇습니다."

"그럼 이번에는, 우리는 수호자들의 아내를 발가벗겨야 하겠네. 왜냐하면 그녀들은 덕이라는 옷을 몸에 걸쳐야 하니까. 그리고 그녀들을 국가를 방위하는 일이나 전쟁에 가담시켜야겠네. 물론 여자들은 약하니까 가벼운 일을 배정해 주어야 하겠지만, 그 밖의 점에서는 남자와 똑같은 의무가 지워져야 하네. 그리하여 가장 신성한 동기에서 자기 몸을 단련하고 있는 나부(裸婦)를 감상하고 있는 남자는 히죽거리며 설익은 지혜 나무의 열매를 따 먹게 될 걸세. 사실 그들은 자기들이 무엇을 보고 있으며 왜 웃는지도 모른다네. 왜냐하면 모든 유익한 것은 거룩하고, 해로운 것은 비천하다는 말은 과거나 미래를 통틀어 최고의 표현이요, 훌륭한 잠언이기 때문이지."

"지당한 말씀입니다." 글라우콘이 대답했다.

7

"여성에 대한 법률을 제정하는 데 있어서, 하나의 커다란 파도를 우리는 무사히 넘어온 셈이 되는군. 수호자에게는 여성이건 남성이건 똑같은 과업을 맡겨야 한다는 법령을 세웠는데, 이것은 모순이 없을 걸세. 이 법령의 가능성이나 유익성에 대해서는 타당하다는 이유가 드러났으니까 말이야."

"네, 참으로 어려운 고비를 넘기셨습니다. 굉장히 큰 파도였으니까요."

"그러나 그보다 더 큰 놈이 닥쳐오고 있다네. 자네가 만일 이것을 보게 된다면 지금의 것쯤 아무것도 아니라고 생각할 걸세."

"그럼, 말씀해 주십시오. 그것이 어떤 것인지 보고 싶습니다."

"우리들이 말해 온 것으로부터, 그리고 우리들의 모든 명백한 논증으로부터 다음과 같은 것이 따를 것이네."

"그게 어떤 것인지 궁금하군요."

"그들의 아내를 공동 소유로 해야 한다는 것이지. 그래서 개인적으로는 어떠한 남자와도 함께 살아서는 안 된다는 이야기지. 아내뿐만 아니라 아이들도 마찬가지로 공유물이어서 부모는 자기 자식을 알 수 없고 자식들은 부모를 알아서는 안 된다는 법률이지."

"과연 큰 파도가 아닐 수 없군요." 글라우콘이 말했다.

"그러한 법률이 과연 가능한지, 동시에 이로운 것인지 의문스럽군요."

"아내나 자식을 공유함으로써 누릴 수 있는 그 위대한 유익성은 아무도 이의가 없으리라고 생각하네. 그러나 가능성은 매우 논쟁이 벌어질 것 같구먼."

"아니지요. 양쪽이 모두 크게 논쟁의 대상이 될 것 같습니다."

"결국 자네는 이것들이 서로 별개의 문제가 아니라 하나로 결합되는 문제란 말이지? 나는 자네에게 유익성은 쉽게 인정시키고, 가능성의 문제만을 가지고 이야기를 나누려고 했는데."

"그건 안 됩니다. 양쪽 모두 철저하게 들려주십시오."

"결국 나더러 벌을 받으라는 이야기인 모양인데 조금은 너그럽게 대해 주게

나. 몽상가들이 산책을 즐기며 자기 마음을 즐겁게 하고 있는 경우라고 생각하고, 내게도 제일(祭日)의 휴식을 취하는 것을 용서해 주었으면 싶네. 즉 몽상가들이란 자기들의 희망을 이루는 방법은 연구하지 않고 그게 가능한가 어떤가만 골몰하다가 그만 피로를 느끼고 만다네. 그러니까 그렇게 피로해지는 문제는 먼저 제쳐 놓고, 나머지 문제에 대책을 세워 그것이 실현되었을 경우에 할 일들을 상상하며 즐거워하는 격이지. 사실상 나도 지금 피곤하네. 그러므로 자네가 용납해 준다면 가능성의 문제는 일단 뒤로 미뤄 두었다가 나중에 다시 검토했으면 좋겠네. 우리의 계획이 이루어지면 수호자들이 그것을 어떻게 처리하는가를 살펴보는 게 어떨까? 그리고 그것이 실현되었을 경우, 국가나 수호자들에게 가장 큰 이익을 가져온다는 점을 이야기해 보고 싶네. 즉 이 문제를 자네와 철저히 고찰해 본 다음에, 가능성 문제를 살펴보았으면 좋겠네. 물론 자네가 찬성한다면 말일세."

"좋습니다. 그렇게까지 강조하지 않으셔도 됩니다." 글라우콘이 말했다. "그러니까 어서 이야기해 주십시오."

"그렇다면……." 나는 말했다. "통치자란 명칭 그대로 다스리는 사람이어야 하며 보조자란 또한 잘 보조하는 자라고 보네. 즉 보조자는 명령받은 것을 잘 수행하여야 하며 통치자는 우리가 맡긴 권한의 테두리 안에서 법에 어긋나지 않는 명령을 내려야 한다고 생각하네."

"옳은 말씀입니다."

"따라서, 입법자인 자네는 그들을 수호자로 선출해 낸 것과 마찬가지로 여자들도 가능한 한 비슷한 소질의 소유자를 선출하여 그들과 함께 기거하며 모든 일을 같이 하게 만들게. 개인적으로 어느 누구의 소유가 아니므로 마땅히 그들 남녀는 같은 곳에 살고 또 운동도 같이 할 뿐만 아니라, 기타 양육을 받을 때에도 서로 똑같이 어울리게 된단 말이네. 결국 인간들의 필연성에 따라 남녀는 서로 결합된다고 생각하는데 자네는 내 말에 이견이라도 있나?"

"그것은……." 글라우콘이 말했다.

"기하학상의 필연성은 아니겠지요. 그러나 연애하는 경우의 필연성에 따라 그렇게 되리라고 믿습니다. 그것은 적어도 대중을 설득하여 이끌어 나가는 데 있어서 기하학적인 경우보다 훨씬 힘이 세다고 봅니다."

8

"자네 말이 옳아." 나는 말했다. "그러나 글라우콘, 이 일도 다른 일과 마찬가지로 질서 정연하게 이루어져야 하네. 복받은 사람들이 사는 나라에서는 방종이란 있을 수 없고 신성하지 못한 일인 동시에 통치자들도 이것을 용납하지 않을 걸세."

"물론입니다. 그건 옳은 일이 아니기 때문에 마땅히 용서될 수 없다고 생각합니다." 이렇게 글라우콘이 말했다.

"그렇다면 다음에 우리가 할 일이란 이런 것이겠지. 즉 어떻게 하면 결혼이 가장 신성하고 경건하게 이루어질 수 있나 하는 문제이겠지. 결혼이란 가장 보람 있고 신성한 것이어야 할 테니까 말이야."

"옳은 말씀입니다."

"그러면 다음이 문제로군그래. 어떠한 방법으로 결혼을 해야 가장 보람 있는 결혼이 되겠는지? 글라우콘, 여기에 대한 답변을 좀 해주게. 자네 집에는 사냥개와 품종이 좋은 날짐승들이 많이 있다지? 그런데 자네는 개나 새들의 교미나 생식에 대해 관찰해 본 일이 있나?"

"어떤 점에서 말입니까?" 글라우콘이 물었다.

"그들은 대체로 품종이 좋겠지만 그중에서도 특히 뛰어난 것이 있다고 여겨지는데……."

"그렇습니다."

"그렇다면 자네는 그들을 동일하게 생식을 시키겠는가, 아니면 특히 뛰어난 놈만 골라서 생식을 시키겠는가?"

"물론 뛰어난 놈만 골라서 번식을 시켜야겠지요."

"그러면 그들 중에는 아주 나이가 많은 놈도 있고 또는 아주 어린 놈도 있고, 그리고 아주 능숙한 놈도 있을 텐데 그중 어느 것에다 더욱더 신경을 쓰겠나?"

"그야 가장 성숙한 놈에게 더욱 신경을 써야겠지요?"

"만약 지금 말한 것처럼 그 짐승의 생식에 대하여 유의하지 않았을 경우, 자네 집의 새나 개의 질이 훨씬 나빠질 것이라고 생각되는데. 안 그런가?"

"그렇게 생각합니다."

"이러한 이치는 말이나 다른 동물의 경우에도 마찬가지겠지? 이 점을 자네는 어찌 생각하나? 다르다고 생각하는 점이 있으면 말해 보게나." 나는 말했다.

"다른 게 있으면 오히려 이상하지요." 글라우콘이 대답했다.

"결국 이러한 원리는 인간에게도 적용되겠지. 그렇다면 우리의 통치자들은 완전한 수완이 필요하게 되겠는데……."

"물론 인간에게도 같은 원리가 적용되겠지요. 그런데 어째서 우리의 통치자들에게 완전한 수완이 필요한지 이해가 가지 않는군요."

"그건 이런 말이라네." 나는 말했다. "그들은 아무래도 많은 약을 사용해야 할 것 같아서 하는 말인데, 의사의 경우를 예로 들자면 환자가 약을 쓰지 않고 식이 요법만으로도 치유가 가능한 경우에는 유능하지 않은 의사라도 무방하지만, 약이 필요한 경우에는 유능한 의사라야 하지 않겠나?"

"그건 그렇습니다. 그런데 그것은 무엇을 비유한 말씀입니까?"

"이런 말을 하고 싶어서 그랬네. 즉 우리의 통치자들은 국민의 이익을 위해서 허위와 기만의 약을 사용하지 않으면 안 된다는 말일세. 그리고 우리는 언젠가 그런 식의 기만이나 허위는 약과 같은 것이어서 몸에 유용하다고 한 일이 있지?"

"그렇게 이야기한 적이 있었지요. 그리고 그것은 옳은 말이었습니다."

"따라서 그것은 결혼과 출산 문제에도 적용해야 한다고 보네."

"어떤 식으로 말입니까?"

"즉 우수한 남자는 우수한 여자와 결합시키고 열등한 남자는 열등한 여자와 결합시키는 것이지. 그리고 국민들을 가장 이상적인 수준에 이르게 하려면 뛰어난 자들의 자손만을 양육하고 열등한 자들의 자손은 양육하지 말아야 하네. 이것은 앞서 자네가 동의한 바의 내용으로 봐서도 그렇게 하지 않을 수 없네. 그리하여 가장 우수한 양 떼가 되기를 바라는 것처럼 가장 우수한 국가의 수호자를 키우기 위해서는 도리가 없다네. 그러나 이런 사실은 통치자들만이 아는 비밀이어야 하네. 왜냐하면 국가의 수호자들이 이것을 알게 되면 국가를 반역할 위험성이 많기 때문이지."

"옳은 말씀입니다." 글라우콘이 말했다.

"그렇다면 우리는 어떤 의례를 만들어, 그것을 입법화하고 그래서 신랑과 신부를 결합시키는 동시에 제물을 바치게 하고, 우리의 시인들로 하여금 이 의식에 맞는 찬가를 짓도록 해야 하네. 그리고 결혼을 시키는 수는 통치자들의 판단에 맡겨야 할 걸세. 그들은 여러 정상을 참작해서 정해야 하며 전쟁이나 질병, 기타의 모든 손실을 고려하여 우리가 세운 국가가 너무 커지지도, 작아지지도 않도록 신경을 써서 늘 같은 숫자를 유지해야 한다네."

"옳은 말씀입니다."

"우린 여기서 교묘한 추첨 방법을 생각해 내야 하네. 그리고 그들이 모였을 때마다 제비를 뽑게 하여 그 결과를 자기의 불운으로 돌리고, 통치자를 원망하는 일이 없도록 해야 하지 않겠나?"

"옳은 방법이라고 생각합니다." 글라우콘이 말했다.

## 9

"그리고 또 전쟁이나 그 밖의 의무를 잘 감당해 낸 뛰어난 젊은이에게는 반드시 어떤 포상과 특권을 주어야 한다고 생각하네. 특권 중에서도 특히 여자와 동침할 수 있는 자격과 기회를 자주 주어야 하네. 그것은 뛰어난 젊은이의 특권을 구실로 우수한 자손을 더 많이 얻는다는 결과를 가져올 테니까 말일세. 더욱이 이러한 특권은 젊은이들의 용기와도 직결되지."

"옳은 말씀입니다."

"그렇게 해서 태어난 아이는 그런 일을 담당하는 관리의 손을 거치게 되는 걸세. 그 일을 담당하는 관리는 남자라도 좋고 여자라도 좋은, 또는 양쪽 모두라도 상관없네. 어떠한 직종이건 남자나 여자가 똑같이 일할 수 있으니까."

"그렇습니다."

"여기서, 우수한 아이들은 담당하는 관리의 손을 거쳐 육아원으로 보내져서 유모에게 맡겨지고 열등하게 태어난 아이들—불구자인 경우에는 말할 것도 없고—은 비밀히 남모르게 처치해 버려야 한다고 생각하네."

"국가 수호자들의 순수한 혈통을 유지하기 위해서는 그럴 수밖에 없겠군요." 글라우콘이 말했다.

"그리고 관리들은 어린이의 양육에도 마음을 써야 하네. 그 방법은, 어머니의 젖이 불었을 때 육아원으로 데리고 와서 아이들에게 젖을 먹이게 하는 거지. 그러나 그녀들이 자기의 아이가 누구인지 모르도록 해야 하네. 어머니들의 젖이 부족할 때는 젖이 많은 다른 여인들을 데리고 와서 먹이도록 하면 되겠지. 젖을 주는 시간도 알맞게 조절해야 하며 어머니들 자신도 아이들을 돌보게 하되, 결코 밤을 새며 치다꺼리를 하게 해서는 안 되고 그런 일은 유모나 보모에게 맡겨야 하네."

"그러한 조건이라면 수호자들의 아내에겐 아이를 기르는 일이 쉬운 것이겠군요." 글라우콘이 말했다.

"옳은 말이네." 나는 말했다. "당연히 그렇게 되어야 할 줄 아네. 이야기를 앞으로 더 진행시켜 보세. 아까 우리는 아이들은 원기 왕성한 부모에게서 태어나야 한다고 말했었는데 그 문제를 이야기해야겠군."

"그게 좋겠습니다."

"인간이 원기 왕성한 기간은 여자는 20년간, 남자는 30년간이라고 말할 수 있지 않겠나?"

"좀 더 구체적으로 따져서 어느 시기에 해당되는 겁니까?" 글라우콘이 물었다.

"즉 여자는 20세부터 40세까지 나라를 위해 아이를 낳는 것이 알맞을 테고, 남자는 생명의 맥박이 가장 빠르게 고동치는 25세부터 55세까지 아이를 낳게 하는 것이 가장 적당하다고 생각하네."

"과연 그런 나이가 육체적으로나 정신적으로 가장 왕성한 시기에 해당되겠지요."

"그렇다면 우리가 규정한 나이보다 적거나 또는 많은 사람이 아이를 낳게 되면 그것은 실수요, 경건한 일도 아닌 동시에 옳지 못한 일이 되겠지. 아이를 낳는다는 것은 국가를 위해서인데, 그들은 그렇지 못했고, 만일 사람들의 눈을 피해서 아이들이 태어났다고 해도 그것은 우리가 가장 꺼리는 어둠 속의 방종으로 뿌려진 씨임에 틀림없네. 바꾸어 말해서 제관이나 온 나라의 뛰어난 사람들에게서 더욱 뛰어난 자녀가, 유용한 사람들에게서 더욱 유용한 자녀가 태어나게 해달라고 제물을 바치고 기도드린 데서 태어난 아이가 아니라는 이야기네."

"옳은 말씀입니다." 글라우콘이 말했다.

"그것은 또한 다음과 같을 때도 마찬가지라고 생각하네." 나는 말을 이었다.

"아이를 낳을 수 있는 나이라 해도 관리의 허가 절차도 없이 관계를 가졌다면 역시 같은 법령이 적용되겠네. 왜냐하면 그들의 행위는 불법이요, 국가의 승인도 받지 않은, 신성하지 못한 아이를 국가에 가져다주기 때문이지."

"옳은 말씀입니다." 글라우콘이 말했다.

"물론 이것은 특정 나이의 사람들에게만 적용되어야 하네. 그리고 남자건 여자건 출산할 나이가 지났을 때에는 자기가 원하는 사람과 자유롭게 함께 지낼 수 있도록 허락해야겠지. 단지 그 상대가 자기의 딸이나 모친, 또는 손녀, 조모가 되어서는 안 되지. 여자도 마찬가지지. 상대가 아들이나 부친, 또는 손자, 또는 조부가 아니면 누구든 원하는 사람과 함께 지낼 수 있게 허락되어야 하네. 그러나 허락해 주기에 앞서 만약에 아이가 생겼을 경우에도 될 수 있는 한 햇빛을 보지 않게 해야 한다고 말해 두는 거지. 혹 또 태어나게 되더라도 그런 아이는 양육하지 못하므로 그걸 각오해서 미리 조처해야 한다고 충고한 연후에 허락해 주는 걸세."

"그게 좋겠군요. 하지만 한 가지……." 글라우콘이 말했다. "한 가지 문제는 그들이 어떻게 상대가 아들인지 딸인지 혹은 어머니인지 아닌지를 판별할 수 있느냐 말입니다."

"그거야 서로 알 수 없는 일이지." 나는 말했다. "그러나 그들 중의 어떤 남자가 남편이 된 날로부터 계산하여 12개월 또는 10개월 만에 태어난 아이를 남자라면 아들이라고 부르고 여자라면 딸이라고 부르지. 마찬가지로 아이들 쪽에서는 그들을 아버지나 어머니로 부르는 걸세. 같은 이치로 해서 이들의 아이들을 손자라고 부르고, 아이들은 그들을 할아버지 또는 할머니라고 부르는 걸세. 동시에 일정한 기간 사이에 태어난 아이들은 서로 형제가 되고 자매가 되는 거지. 언니, 동생, 누이, 오빠의 관계를 유지하며 서로 교접하는 일이 없도록 해야 하네. 그러나 형제나 자매 사이라 할지라도 제비를 뽑은 결과 그렇게 되고 퓌티아[4]의 신탁에서도 그것이 괜찮다고 허락할 경우에는 법률도 그들의 결합을 허용한단 말이네."

---

[4] 델포이(아폴론 신전)의 신탁을 받아 전하는 무녀(巫女).

"그럴 수밖에 없겠군요." 글라우콘은 대답했다.

10

"그러니 글라우콘, 자네가 세운 국가의 수호자들에게는 아내와 아이들의 공동 소유란 바로 이상과 같은 것이 되어야 할 줄 아네. 그런데 이것이 과연 우리가 세운 국가의 기타 정책과 일치하는 것인지, 그리고 그것이 최선의 것인지를 이야기해 나가며 확증을 잡아야 할 것 같은데 자네는 여기에 이의는 없겠지?"

"그렇게 하는 게 좋겠습니다." 글라우콘이 대답했다.

"그렇다면 우리의 의견을 일치시킬 수 있는 실마리는 다음과 같은 것이 아닐까? 즉 입법자들이 나라를 세우고 법률을 제정하는 목적이 어디에 있는가를 살펴보는 것이라네. 그리하여 무엇이 최대의 선이고 무엇이 최대의 악인가를 알아보고 우리가 이제까지 이야기해 온 내용이 선과 일치하는지, 아니면 악과 일치하는지를 따져서 공통된 일치점을 발견하도록 노력해야 할 걸세."

"마땅한 말씀이라고 생각합니다." 글라우콘이 말했다.

"그런데 국가를 분열시켜서 이것을 여러 개로 만드는 일만큼 나쁜 일이 있을까? 반대로 국가를 굳건하게 단결시켜서 그것을 하나로 유지하는 것만큼 좋은 일이 또 어디 있을까? 있다면 어디 말 좀 해보게나."

"있을 수 없지요."

"그렇다면 이런 점은 어떻게 생각하는지? 모든 국민이 즐거움이나 괴로움에 똑같이 기뻐하고 똑같이 슬퍼한다면 그것은 단결이 되어 있다는 증거요, 국가를 통일하는 길이 아닐까?"

"물론입니다." 글라우콘이 대답했다.

"반대로 그런 일에 대해 개개인의 의견이 다르다면 그것은 바로 국가가 분열되는 원인이 아닐까? 알기 쉽게 말해서 어떤 국가에서 국민이 똑같이 어떤 일을 당하고 있는데, 그중의 어떤 사람은 슬퍼하고 어떤 사람은 기뻐한다면 그 국가는 분열되어 있다고 보아야 할 걸세."

"물론 그렇지요."

"그렇다면 왜 그런 일이 생기는지, 그 원인을 생각해 봐야겠네. 나는 그 이유를 이렇게 보네. 즉 '내 것'과 '내 것이 아닌 것', 그리고 '그의 것'과 '그의 것이 아닌 것'의 의미가 일치되지 않기 때문이라고 생각하네."

"과연 그럴 것 같습니다."

"결국 이 말은 어떤 나라가 절대다수의 국민들이 한 가지 일에 똑같이 '내 것' 또는 '내 것이 아닌 것'이라고 사용할 때 그 국가는 가장 잘 통치된다고 생각하네."

"분명히 그렇습니다."

"그건 또 개인의 경우에도 적용이 되겠지. 개개인과 국가가 가장 잘 밀착했다는 것을 뜻하는 것이지. 예를 들어 우리의 누군가가 손가락 하나를 다쳤을 경우에 몸 전체, 마음 전체가 하나의 공동체가 되어 아픔을 느낀단 말이야. 그리고 이것은 그러한 괴로움에만 국한하지 않고 쾌락에서도 마찬가지여서, 예를 들면 상처 난 다리가 완쾌되었을 때의 기쁨은 또한 몸 전체의 기쁨이라는 이야기지."

"그렇습니다. 모두가 다 똑같은 경우라고 생각합니다." 글라우콘은 말했다. "선생님의 말씀처럼 가장 잘 통치된 나라에서는 국민 개개인의 감정이 국가 전체의 감정과 가장 가깝다고 생각합니다."

"결국 이런 현상일 거라고 생각하네. 국민 한 사람이 좋은 일이든 나쁜 일이든 어떤 일을 당하고 있을 때, 그것을 국가 자신이 당하고 있는 것으로 하여 함께 기뻐하고 혹은 슬퍼하는 현상이지."

"훌륭한 법률이 시행되고 있는 국가에서는 반드시 그렇게 되리라고 생각합니다." 글라우콘이 말했다.

## 11

"그렇다면 이제는······." 나는 말을 계속했다. "우리의 국가로 다시 돌아가, 앞에서 동의한 내용에 대하여 검토해 보기로 하세. 그리하여 우리가 이야기한 내용이 어느 정도의 비중을 차지하고 있는지 살펴보고 다른 나라와도 비교해 보잔 말일세."

"그렇게 하는 것이 좋겠습니다." 글라우콘도 이렇게 대답했다.

"우리의 국가도 다른 국가와 마찬가지로 통치자와 국민이 있을 게 아닌가?"

"물론 그렇습니다."

"그러면 이 모든 사람들은 서로 국민이라고 부르겠지?"

"물론입니다."

"그러나 다른 나라에서는 일반 국민이 통치자를 부를 때 다른 호칭이 있을 텐데 뭐라고 부르고 있나?"

"대부분의 국가에서는 '군주'라고 부르며 민주 체계의 국가에서는 우리와 마찬가지로 그냥, 통치자라고 부릅니다."

"우리가 세운 국가에서는, 통치자들은 같은 국민이라고 부르는 것 외에 다른 호칭도 있을 텐데……."

"'보호자' 또는 '방어자'라고 부르고 있습니다." 글라우콘이 대답했다.

"그럼, 통치자는 그 국민을 뭐라고 부르나?"

"'고용자'라든가 또는 '부양자'라고 부릅니다."

"다른 국가의 통치자들은 일반 국민을 뭐라고 부르나?"

"노예라고 부르고 있습니다." 글라우콘이 대답했다.

"통치자들은 자기들을 서로 무어라고 부르는가?"

"통치자 동지라고 부릅니다."

"그럼, 우리 국가에서는 통치자들 상호 간에 어떤 호칭이 통용되고 있나?"

"'수호자'라는 호칭이 통용됩니다." 글라우콘이 대답했다.

"이번엔 이런 것이 알고 싶군. 어떤 나라에서 통치자들이 자기 동지인 다른 자를 향해 어떤 사람은 '친구'라고 부르고 어떤 사람 '타인'이라고 부르는 예가 있나?"

"그런 경우는 얼마든지 있습니다."

"그렇다면 '친구'는 자기편이지만 '타인'은 자기편이 아니라는 생각에서 그렇게 부르는 게 아닐까? 즉 전자에서는 존경과 친근감을 느끼기 때문이고, 후자에게는 그런 것이 없는 타인으로 느껴지기 때문이 아닐까?"

"그렇습니다."

"우리가 세운 국가의 수호자들의 경우는 어떤가? 그들 가운데 자기 동지인 어떤 사람을 '타인'으로 생각한다거나 또는 그렇게 부르는 자가 있다고 생각하나?"

"그런 사람은 절대로 없을 겁니다." 글라우콘이 대답했다. "이유는 간단하지요. 모두가 서로 형제나 자매처럼, 또는 아버지 어머니, 혹은 아들과 딸들처럼 생각하기 때문이겠지요."

"잘 말해 주었네." 나는 말했다.

"그럼 한 가지 더 묻겠네. 그들은 명목상으로만 가족(친근하다는 의미로 친구인 친척도 포함해서)인지 또는 모든 실제 행동에 있어서도 그러한지 알고 싶네. 예를 들어 부모의 경우, 공경하고 보살피고 복종해야 하는데, 만약에 그런 의무를 다하지 않는다면 불경한 사람, 버릇없는 사람으로 여겨져 신에 의해, 또는 인간에 의해 은혜를 받지 못한 사람으로 법을 정해야 하네. 이와 같은 이야기는 모든 국민의 입을 통해 이것이 아버지나 또는 친족들이 한 말이라고 하며 어린이들에게 일찍부터 들려주어야 하네."

"그것은 매우 옳은 일이라고 생각합니다." 글라우콘이 말했다. "왜냐하면 가깝다든가 혹은 친지라는 것이 말로만 그치고 행동에 옮겨지지 않으면 웃음거리가 될 수밖에 없을 테니까요."

"따라서, 다른 모든 국가는 몰라도, 우리의 국가에서만은 어떤 한 개인의 불행이나 행복이 국가 전체의 행복, 또는 불행으로 간주되어야 하네. 그리하여 아까 말한 바와 같이 '우리의 행복' '우리의 불행'이라고 표현되어야겠지?"

"옳은 말씀입니다."

"이런 식의 사고방식이나 표현에는 다음과 같은 문제가 따를 것 같네. 즉 쾌락이나 고통도 함께 나누어야 한다는…… 이것은 금방 우리가 서로 동의했던 내용인데……."

"맞습니다. 분명히 이야기했고, 또 그것은 옳은 일이었습니다."

"바꾸어 말해서 한 사람의 고통이나 기쁨을 국민 전체가 공유한다는 말이며, 따라서 어떤 개인의 기쁨이나 슬픔이 그 개인에게 그치지 않고, '우리들의 기쁨' '우리들의 슬픔'으로 나타나야 하는 걸세. 그것은 개인의 한 가지 일이 전체적인 이익이나 손실이 되기 때문이네."

"그렇습니다. 우리의 국가에서는 다른 국가에서보다 여러 점에서 훨씬 공유하는 폭이 넓은 것 같습니다."

"그런데 그 원인은, 공유하는 여러 제도 중에서도 수호자들이 부인과 아이들을 공유한다는 문제 때문에 그런 감정을 갖게 된다고 생각하지 않나?"

"그런 것 같습니다. 그것이 가장 큰 원인이 라고 생각합니다." 글라우콘이 대답했다.

### 12

"한 가지 더 알아볼 게 있군그래. 일찍이 우리는 쾌락과 고통을 함께하는 것이 국가에 대한 가장 큰 선이라는 데에 합의를 보았지. 이것은 물론 정치가 잘 된 나라의 경우이지만, 어쨌든 그 국가를 인간의 육신 전체와 팔다리에 비유하고 한 말이었지?"

"그렇습니다." 글라우콘이 말했다. "그리고 우리의 일치된 견해는 옳은 것이었습니다."

"따라서 국가에서 가장 큰 선이 되는 원인은 수호자들이 아내와 아이를 공유한다는 데 있다는 것이 분명히 밝혀진 셈이군그래."

"그렇습니다."

"이 점은 우리가 앞서 말한 내용과도 일치되네. 즉 그들이 참된 수호자가 되려면 집이나 토지, 기타 어떤 물건이든 사사로운 소유를 가져서는 안 된다는 것 말일세. 그리하여 오직 국가를 수호하는 대가로서 보수를 받아 그것을 피부양자와 함께 써야 한다고 했었지."

"맞습니다. 그렇게 말했었지요." 글라우콘이 수긍했다.

"결국 내가 하고 싶은 이야기가 바로 이건데, 참다운 수호자란 앞서 말한 조건에다 지금 말한 조건을 구비해야 한다고 생각하네. 즉 재산의 공유와 가족의 공유가 동시에 이루어져야 한다는 이야기지. 더 구체적으로 설명한다면 이 양쪽에 있어서 똑같이 '내 것'과 '내 것이 아닌 것'으로 구별하는 것을 방지하여 국가가 분열되지 않게 해야 하지. 만약 내 것과 내 것이 아닌 것을 구별하도록 내버려 둔다면 각자는 자기의 것을 자기 멋대로 자기 집으로 끌어들일 걸세. 여자나 아이들도 서로 제 마음대로 불러들인다면 국가 안에는 개인적인 쾌락과 괴로움이 생기겠지. 결국 그것은 국가를 분열시키는 결과가 된단 말이야. 따라서 그런 결과가 오지 않게 하기 위해서는 내 것에 대한 모든 사람의 견해가 같아야 하네. 이리하여 내 것에 대한 견해가 일치된다면 자연히 기쁨이나 괴로움도 공동으로 느끼게 될 걸세. 자네 생각은 어떤가?"

"사실 그렇게 되리라고 믿습니다." 글라우콘이 말했다.

"그렇게 되면 아마 이런 현상이 나타날 걸세. 자기 몸을 빼놓고는 모든 것이 공유이므로, 따라서 서로 간에 소송 사건이 일어나거나 재판하는 일 등은 없을 걸세. 사유물이란 없으니까 말이야. 그러므로 그들 사이에는 금전 관계나 아이들 또는 친족 문제로 해서 일어나는 여러 알력은 없을 거라는 이야기가 되지."

"물론 그럴 겁니다."

"동시에 그들 사이에는 폭력이나 학대 사건 등의 재판 사태는 일어나지 않는다는 이야기가 되네. 왜냐하면 동지들 사이에서는 남의 몸을 지키는 일이 자기 몸을 지키는 것과 똑같은 일이며, 그것을 훌륭하고 올바른 행위로 여기고 서로를 존중할 테니까 말이야."

"그렇습니다. 그리고 그것은 올바른 행위이기도 합니다." 글라우콘이 말했다.

"더구나 이 법률은 또 하나의 이점이 있다고 생각하네." 나는 말했다. "예를 들어 누군가가 어떤 사람으로 인해 화가 났을 경우에도 그 법률을 생각하고 마음을 진정시키면 더 큰 싸움으로 번지는 일이 드물 거라고 말일세."

"옳은 말씀입니다."

"그러나 연장자들에게는 그들보다 나이가 어린 사람들에게 권위를 가지고 그들의 잘못을 벌하는 임무가 맡겨져야 하네."

"마땅히 그래야 될 것 같습니다."

"반대로, 나이 어린 사람들은 통치자가 특별한 명령을 내리지 않는 한, 연장자를 때리거나 그 밖의 난폭한 짓을 하는 일이 없을 것이고, 또한 모욕하는 일도 없을 걸세. 왜냐하면 거기에는 두 가지 강력한 힘, 즉 두려움과 공경이라는 힘이 작용하기 때문이네. 이 두 가지 힘은 문지기 같은 구실을 하여 부모 같은 연장자에게 무례하게 덤벼드는 일은 공경으로 방지하고, 해를 입힌 자에 대해서는 본인이나 아들 또는 부모 형제들이 돕기 위해 달려올지도 모른다는 두려움 때문에 행동으로 옮길 수 없다네."

"그렇게 되겠군요." 글라우콘이 대답했다.

"바꾸어 말해서 그런 법률이 있다면 어떤 경우에 있어서나 평화를 유지하며 살아갈 수 있지 않겠나?"

"그렇겠지요."

"수호자들이 서로 싸우지 않는다면 일반 국민들도 수호자들에게 싸움을 걸어올 리도 없을 터이고 자기들끼리도 싸우지 않을 것이라고 생각하네."

"그렇습니다."

"뿐만 아니라 그 밖의 사소한 말썽도 일어나지 않을 걸세. 이건 입 밖에 내기도 싫은 말이지만, 가난한 사람이 부자에게 아부하거나, 또는 어린이와 가족을 부양하기 위해 돈을 벌려고 허덕이는 고통이나 곤란도 사라질 것이고, 그 밖에 돈을 꾼다거나 빚을 갚지 못하는 일, 팔방으로 손을 써서 겨우 돈을 마련하는 이런 모든 노고에서 벗어나게 될 걸세. 이런 것들은 비천한 일들이며 입에 담을 값어치조차 없지 않은가?"

"그것은 맹인도 알 수 있을 만큼 분명한 일입니다." 글라우콘이 대답했다.

### 13

"결국 그렇게 되면 온갖 악에서 해방되는 동시에 마치 올림피아 경기에서 우승한 사람처럼 가장 행복한 생활을 해나갈 수 있을 걸세."

"어떻게 해서 말입니까?"

"올림피아 경기에서 우승한 사람의 행복이란 우리 국민들에게 보장된 행복에 비하면 아주 사소한 것에 불과하네. 그만큼 우리 국민들은 영광스러운 승리를 거두어 존경을 받고 있기 때문일세. 그 이유는 그들이 차지한 승리는 국가 전체를 구제하는 결과를 가져왔고, 그런 명예로운 일을 해낸 대가로서 생활에 필요한 모든 것이 만족스러울 만큼 주어졌기 때문이지. 그리고 그러한 대가는 본인 한 사람에게만 그치는 것이 아니고 자식의 대에까지 미치며 생존 시에는 특권을 누리는 동시에 죽은 뒤에도 융숭한 대접을 받는다네."

"확실히 그것은 훌륭한 대가입니다." 글라우콘이 말했다.

"그런데, 자네는 이것을 기억하고 있나?" 나는 말했다. "누가 한 말인지 기억이 나지 않지만, 이렇게 말하면서 우리를 비난했었지. 즉 수호자는 무엇이든지 가질 수 있는 신분인데도 갖지 못하게 하여 그들을 불행하게 만들었다고. 그때 우리는 이렇게 대답했었지. 때가 오면 이 문제에 대하여 다시 생각해 보게 될 것이라고 하면서 다음과 같이 덧붙였지. 지금 형편으로는 먼저 수호자를 참된 수호자로 만들어 힘닿는 데까지 국가를 행복한 것으로 만들어 보자고…… 또한 국가의 어떤 특수한 계급만 행복하게 하려는 것은 잘못이라고 대답했었지."

"네, 기억하고 있습니다."

"그런데 지금 결과는 어떤 모양으로 나타났지? 수호자들의 생활이 올림피아에서 우승한 사람의 생활보다도 훨씬 월등하다는 것이 밝혀지지 않았나? 따라서 어느 모로 보아도, 제화공이나 농부나 그 밖의 어느 직업에 종사하는 사람의 행복도 이것과는 도저히 비교할 수 없지 않겠나?"

"그렇습니다."

"그러나 한 가지 강조할 게 있네. 이건 전에도 이야기했지만 여기서 한 번 더 말해야겠네. 수호자가 수호자답지 않은 방법으로 행복해지려는 태도에 대해서네. 이처럼 절도가 있고 안정된 생활, 즉 가장 행복한 생활에 만족하지 않고, 어린애와 같은 유치하고도 어리석은 생각에서 국가의 모든 것을 송두리째 수중에 넣으려 하면, 헤시오도스가 말한 '절반은 어느 의미에선 전체보다 많다'는 내용이 과연 현자의 이야기였구나 하는 것을 그는 깨닫게 되리라는 말이네."

"만약 그 친구가 저에게 의논했다면 저는 다음과 같이 대답했을 것입니다. 즉 그들은 우리가 이야기해 온 방식을 충실히 지키면서 생활해 나갈 것이라고요."

"그렇다면 자네는……." 나는 말했다. "남자와 여자가, 우리가 이야기한 바와 같이 생활 방식에 있어서 똑같아야 한다는 데 동의한다는 이야기겠지? 바꾸어 말해서 공통의 교육을 받고, 아이들을 공유하고, 또 국내에 머물러 있건 싸움터에 나가건 서로 똑같은 일을 해야 한다는 것이겠지? 개의 경우처럼 남자와 함께 사냥도 같이 가야 하며, 언제나 모든 일에 있어서 가능한 한 남자와 함께 일을 나누어 가짐으로써 그것이 최선의 행위가 될 것이고, 또한 남성과 비교해 본 여성의 본성도 어긋남이 하나도 없을 것이라는 거지? 즉 여성이 본래 남성과 서로 공동으로 일을 하도록 태어나 있다는 것에 동의하는 것이겠지?"

"네, 그렇습니다. 동의합니다." 글라우콘이 대답했다.

14

"그럼, 이제 남은 문제는 그러한 공유가 가능한가 하는 것이겠군. 인류도 다른 동물들과 마찬가지로 공유가 가능한지의 여부를 알아보고 나서, 가능하다면 어떤 식으로 가능한지를 알아보아야겠네."

"제가 지금 말하려 했는데 선생님이 먼저 말씀하시는군요." 글라우콘이 말했다.

"그들이······." 나는 말을 계속했다. "전쟁에 있어서 어떤 방식으로 싸워야 하느냐에 대해서인데, 이것은 분명히 가려낼 수 있다고 보네."

"어떤 방식으로 말입니까?" 글라우콘이 물었다.

"즉 전쟁터에 나갈 때 그들의 자식 중에서 발육 상태가 좋은 아이를 데리고 가서 마치 다른 기술자들이 자기 자식에게 앞으로 자라서 해야 할 일을 견학시키며, 아버지나 어머니가 하는 일을 돕게 하는 걸세. 자네는 도공의 아들이 도공이 되기 위해 얼마나 오랜 세월 동안 도기 만드는 일을 견학하고 그의 아버지의 조수가 되어 일을 하는지 알고 있나?"

"자주 본 일이 있습니다. 아닌 게 아니라 말씀대로더군요."

"그렇다면 도공이 우리 수호자들보다 더 세밀하게 자기 직업에 대한 수습을 자식들에게 실시한다고 생각하나?"

"그렇기야 하겠습니까? 그건 좀 우스운 이야기가 되겠지요." 글라우콘이 대답했다.

"그렇지만 동물은 거의 자기가 낳은 새끼들이 옆에 있을 때 가장 용감해진다고 하는데, 마찬가지로 사람들도 그 옆에 자식들이 있다는 게 큰 자극이 되겠지?"

"그렇습니다. 그러나, 소크라테스 님, 싸움터에 있어선 지기도 할 텐데, 그렇게 되면 수호자 자신만 죽는 게 아니라 아이들까지도 죽게 하는 결과를 가져오는 게 아닐까요? 끝내는 제2의 국민까지도 희생시켜 버리는 결과가 될 것 같군요."

"옳은 말이네." 나는 말을 계속했다. "그러면, 자네는 결코 그런 모험을 하지 않도록 하자는 게 아닌가?"

"네 그렇습니다. 그런 위험한 일은 절대로 해선 안 될 줄 압니다."

"그러나 여보게, 만일 모험을 이기고 성공을 거두면 거기에는 대단한 발전이 따르지 않겠나?"

"물론 그거야 그렇지요."

"그렇다면 앞으로 군인이 되려는 어린이들에게는 그런 견학을 시킬 필요도 없고 그런 위험한 일을 시킬 값어치도 없단 말인가?"

"아닙니다. 오히려 정반대입니다. 전쟁 경험을 갖도록 하는 것이 도움이 되는 것은 사실이지만 제가 망설이는 것은 그 위험성 때문입니다."

"알겠네. 그러니까 아이들에게 전쟁 견학을 시키되 그들을 안전하게 해주면 된다는 거겠지. 안 그런가?"

"그렇습니다. 그렇게만 한다면 좋습니다."

"그렇다면 해결 방법은 어렵지 않군그래. 그들의 아버지는 전쟁이 얼마나 살벌하고 위험한 것인지 알고 있을 게 아닌가? 우리의 수호자는 그리 무지하지는 않을 테니, 충분히 판단이 내려질 줄 아네."

"그야 물론 그렇겠지요." 글라우콘이 곧 대답했다.

"결국, 그런 걸 잘 알고 있을 터이니 위험하지 않을 땐 데리고 가겠지만 위험하다고 생각될 때엔 데리고 가지 않을 줄 믿는데……."

"아마 그렇겠지요."

"한편 지휘관도……." 나는 말을 계속했다. "지휘관도 무지하지는 않을 테지. 경험이나 나이로 보아 아이들을 잘 지도하고 보살펴 줄 만한 사람을 임명할 테니까 말이야."

"마땅히 그런 사람이라야 하지요."

"그러나 전쟁터에서는 전혀 예상하지 않았던 사건이 일어날 수 있겠지. 즉 누구의 신상에 어떤 사고가 어떻게 발생할지 모른다고 자네는 말하고 싶은 게지?"

"그렇지요. 여러 사건이 발생할 줄로 믿습니다."

"그렇다면 미리 대비하면 되지 않겠나? 간박한 상황에 처했을 때 도망칠 수 있는 방법을 찾아서 날개라도 달아 주어야 하겠군그래."

"그건 무슨 말씀인지 잘 모르겠습니다." 글라우콘이 말했다.

"어린이들에게 아주 어릴 때부터 말 타는 법을 가르쳐서……." 나는 말했다.

"전쟁터에서는 말을 타고 견학하도록 하면 된다는 이야기지. 전쟁에 알맞은 거친 말이 아니라, 될 수 있는 대로 발이 빠르고 다스리기 쉬운 말을 골라 타게 하면 되겠네. 그러면 앞으로 자기가 할 일을 충분히 견학도 할 수 있을 뿐만 아니라, 위기에 처했을 때 말을 몰아 지휘자를 좇아서 안전한 곳으로 몸을 피할 수 있다고 생각하네."

"과연 좋은 방법인 것 같습니다." 글라우콘이 대답했다.

"그렇다면 전쟁은 어떤가?" 나는 반문했다. "싸움터에서 우리 병사들은 서로 적에 대하여 어떻게 행동해야 옳다고 생각하나? 내 나름의 생각은 분명하지만 그게 과연 옳은 것인지 또는 그른 것인지 판단할 수가 없군그래."

"말씀해 보세요. 이번에는 또 어떤 견해를 가지고 계신지 듣고 싶습니다."

"그들 가운데……." 나는 말을 시작했다. "겁이 많아서 자기가 지켜야 할 대열에서 이탈한다거나 무기를 버리고 도망가는 등의 행동을 하는 자가 있다면 그는 병사로서 적합하지 못하지. 그런 자는 결국 농부나 기타의 다른 직종으로 신분을 바꾸어야 한다고 생각하지 않나?"

"그래야 마땅하겠지요."

"또 적에게 잡혀 포로가 되는 자는 그를 잡은 적에게 선물로 주고 그의 소지품을 마음 내키는 대로 처리하도록 내버려 두는 게 어떨까?"

"그게 좋겠습니다."

"반대로 전쟁터에서 용감했다든가 공을 세운 자, 또는 이름을 떨친 자에 대해서는 먼저 진중에서 그를 따라 출정한 아이들로 하여금 그에게 차례로 관(冠)을 씌우게 해야 한다고 생각하는데, 자네 생각은 어떤가?"

"저도 그게 좋을 것이라고 생각합니다."

"그리고, 거수(擧手)의 예(禮)도 받아 마땅하겠지?"

"물론이지요."

"그럼, 이런 것은 어떨까? 한 사람 한 사람에게 키스를 해주고 또 받는 일은?"

"그건 더욱 좋은 일이라고 생각합니다." 글라우콘이 대답했다. "제 생각으로는 거기에다 더 추가해서, 그런 용사가 누군가와 키스하고 싶다고 바라면 상대는 어떠한 사람이든 이유 여하를 막론하고 거절할 수 없게 한다는 겁니다. 그러면 남자건 여자건 그가 누군가를 사랑하고 있을 경우엔 더욱더 용감해지고 무훈을 세우기 위해 힘껏 노력할 것이기 때문입니다."

"좋은 이야기군그래." 나는 말했다. "앞에서도 말했지만 우수하고 훌륭한 사람에게서 더욱더 많은 아이들이 태어나는 게 바람직한 일이니까. 그래서 결혼할 기회가 다른 사람들보다 더 많이 주어져야 하고, 실제로도 자주 뽑혀서 결혼하게 되겠지. 이것은 우리가 앞에서 동의한 일이 있는 줄로 아는데……."

"네, 분명히 우리들은 그런 이야기를 했습니다." 글라우콘이 대답했다.

## 15

"그리고 또한 호메로스도 용감하고 훌륭한 젊은이에게 그런 명예를 주는 것은 마땅하다고 했네. 즉 호메로스는 싸움터에서 명성을 떨친 '아이아스에게 등심살을 송두리째 상으로 주었다'고 했지. 이를테면 공을 세운 장년기의 영웅에게는 명예로운 찬사뿐만 아니라 실질적으로 체력을 보강할 수 있는 고기를 상으로 주었단 말일세."

"과연 좋은 상이 되겠습니다."

"그렇다면 이 점에 있어서는 우리도 호메로스의 말을 따르는 게 좋을 듯싶군. 즉 공을 세운 자에게는 그 세운 공에 알맞은 상을 내리도록 하는 걸세. 찬가를 불러 주기도 하고, 또한 '영예로운 자리와 고기 및 넘쳐흐르는 술잔'을 주어 칭송해야겠네. 이것은 그들 남녀 수호자의 공을 치하하는 것이 되는 동시에, 그들을 단련하는 결과도 되지."

"옳은 말씀입니다."

"그 문제는 이쯤 해두고, 이런 경우에는 어떻게 해야 좋을까? 싸움터에서 공을 세우고 죽은 자가 있다면 우리는 그들을 황금과 같은 존재라고 해도 좋겠지?"

"물론이지요."

"그렇다면 수호자 중 이런 용사가 전사했을 때, 헤시오도스의 다음과 같은 말을 믿으면 어떨까?

성스러운 지상(地上)의 천사는, 인간의

재앙을 쫓아 버린 거룩한 수호자여라

라고 말이네."
　"우리도 그걸 믿는 게 좋겠습니다." 글라우콘이 대답했다.
　나는 말을 계속했다.
　"우리는 마땅히 그들 천사와 같은 용사의 장례식을 일반 사람들의 경우와는 다르게 해야 하지 않겠느냐고 신에게[5] 물어봐야 하네. 그리고 그 지시에 따르는 게 옳지 않겠나?"
　"마땅히 구분해야 할 것으로 생각합니다."
　"그리고 그들을 장사 지낸 뒤에도 신적인 존재로 취급하여, 그 묘를 보살피고, 그 앞에 무릎을 꿇어야 하지 않겠는가? 그 밖에 남달리 훌륭한 생애를 보낸 사람이 늙어서, 또는 다른 원인으로 죽었을 경우에도 앞에서의 영웅들과 같은 대우를 해주어야 하는지, 자네의 의견을 묻고 싶네."
　"또한 당연하지 않겠습니까?" 글라우콘이 말했다.
　"그럼, 이번에는 적에 대한 우리 병사들의 태도에 대해 이야기해 보기로 하세. 그들은 어떻게 해야 하겠나……."
　나는 다시 말을 이었다.
　"어떤 점을 말씀하십니까?"
　"첫째로 노예 문제인데, 같은 그리스 사람들끼리나 적국 사람을 노예로 삼는 일이 옳은 일이라고 생각하는가, 아니면 이를 금해야 한다고 생각하는가? 또는 다른 나라에서도 될 수 있는 대로 그렇게 하지 못하도록 해야 하겠는가? 그리하여 야만인들에게 잡혀 노예가 되지 않도록 경고하고, 그리스 민족끼리는 서로 노예로 삼는 일이 없도록 하는 것이 옳지 않겠나?"
　"그리스인들끼리 노예로 하는 건 피하는 게 좋겠습니다." 글라우콘의 대답이었다.
　"그러니까 그리스인이 그리스인을 노예로 삼는 것은 우리 병사들 자신뿐만 아니라 다른 그리스인들에게도 그런 짓은 하지 않도록 해야 할 걸세."

---

[5] 델포이의 아폴론의 신탁을 말한다. 아폴론은 조상 전래의 상담자로 여겨졌다.

"그렇습니다. 그래야 옳습니다." 그가 말했다. "실제로 그렇게만 될 수 있다면, 야만인들을 향해서는 더욱더 용감히 대항할 것이며, 같은 그리스 사람들끼리는 서로 다투지 않게 될 것입니다."

"여기 이런 문제가 또 남아 있네. 그 점에 대해서 의견을 말해 주겠나?" 내가 말했다. "즉 싸움터에서 승리했을 경우, 전사한 사람으로부터 무기 이외의 다른 것들을 빼앗는 행위를 과연 내버려 두어도 좋다고 생각하는지. 이런 행위를 용납한다면 비겁한 사람들에게 적을 맞아 싸우지 않아도 된다는 구실을 주게 되지 않을까? 전사자들의 주변에서 허리를 굽히고 마치 긴요한 일이라도 있는 듯이 맴돌고 있을 테니 말이네. 그와 같은 약탈 행위로 말미암아 수많은 군대가 멸망했다는 사실을 우리는 얼마든지 보아 오지 않았나?"

"옳은 말씀입니다. 그런 예를 많이 보아 왔지요."

"시체에서 물건을 약탈하는 것은 자유인답지 않은 탐욕스러운 소행이네. 적은 이미 후퇴해서 없고 거기엔 싸움에서 써버린 것들[6]만이 남아 있을 뿐이네. 전사한 시체를 적으로 여긴다는 것은 안 될 말이네. 그것은 마치 돌에 맞은 개가 돌을 던진 주인공은 상관하지 않고 돌에게만 화를 내는 것과 다를 바가 무엇인가?"

"조금도 다를 것이 없습니다." 글라우콘이 대답했다.

"따라서 우리는 시체에서 물건을 약탈하는 행위를 금해야 하네."

"그렇습니다. 반드시 금해야 될 일이라고 생각합니다." 글라우콘이 강조했다.

16

"또한 나는 전쟁터에서 적이 버리고 간 무기를 신전에 바치기 위해 주워 가는 것도 좋지 않다고 생각하네. 특히 조금이라도 그들에게 호의를 나타내고 싶다면 그런 일을 할 수 없을 걸세. 동족으로부터 빼앗은 무기를 신전에 바치는 건 오히려 신을 더럽히는 소행으로, 두려운 일이라고 생각되네."

---

6) 인간의 참다운 면모는 육체에 정신이 깃들어 있기 때문이며, 육체란 한낱 정신의 임시적인 숙소에 지나지 않는다는 말을 인용한 것. 《파이돈》 155E, 《알키비아데스》 129E~130 등 참조. 여기에 나오는 '싸움에 써버린 것'이란 말은 물론 투구나 무기 따위를 말하고 있지만 동시에 비유의 뜻으로서 육체를 가리킨다.

"옳은 말씀입니다."

"그럼, 이런 일은 어떻게 생각하나? 그리스 사람의 땅을 빼앗거나 그들의 집을 불태워 버리는 소행에 대해서 말일세. 자네는 우리 병사들이 이런 짓을 해도 괜찮다고 생각하는가?"

"제가 말씀드리기 전에······." 글라우콘이 말했다. "선생님의 견해를 뚜렷이 밝혀 주십시오. 꼭 듣고 싶습니다."

"나는 땅을 뺏는 일도 집을 불사르는 일도 찬성하지 않네. 차라리 해마다 공물을 바치게 하는 게 좋을 듯싶군. 그 까닭도 마저 들어 보려나?"

"네, 말씀해 주십시오."

"전쟁과 내란은 그 말이 의미하듯 서로 다르다고 생각하네······ 하나는 내부적인 국내의 것이요, 하나는 외부적인 국외의 것을 가리키고 있네. 즉 같은 민족과 다른 민족 사이의 것으로 구분될 수 있지. 다시 말해 같은 민족 사이의 적대 행위는 내란이요, 다른 민족과의 적대 행위는 전쟁이라는 이름이 붙는 걸세."

"그렇습니다. 그것은 마땅한 표현일 줄로 압니다." 글라우콘이 대답했다.

"그럼 이제부터 이야기하는 것에 대해서도 그것이 마땅한 행위인지 알아봐 주게. 그리스 민족이란 우리와 가까운 민족이며 야만족은 우리와 전혀 다른 민족인 동시에 완전한 의미에서의 남이겠지?"

"네, 물론입니다."

"따라서 그리스인과 다른 민족이 싸우는 것은 전쟁이라고 부르는 진짜 적과의 싸움인 반면에, 그리스인끼리의 싸움은 본래는 친구 사이였지만 사이가 나빠져서 생긴 적대 행위, 즉 내란이라고 불러야 옳겠지?"

"그렇습니다."

"그렇다면 생각해 보게······." 나는 말을 이었다. "내란이 일어나 국가가 분열될 경우, 한쪽에서 상대의 논밭을 짓밟고 집들을 불살라 버린다면, 그것은 매우 유감스러운 일이요, 아무도 그들의 행위를 애국적인 행위라고 부르지 않을 걸세. 만약에 그들이 애국자라면 키워 준 아버지나 낳아 준 어머니의 것을 파괴해 버리는 그런 소행은 결코 저지르지 않을 걸세. 그보다는 이긴 쪽이 진 쪽으로부터 수확한 곡식 같은 것을 받는 것이 옳으며, 또 언젠가는 다시 화해가 성립되어 싸우지 않게 되리라고 생각하는 것이 옳지 않겠나?"

"그런 생각이 반대 견해보다는 훨씬 온당하게 여겨집니다." 글라우콘의 말이었다.

"그렇다면, 자네가 세운 국가는 그리스 사람들의 국가가 아니라고 생각하는지?"

"분명히 그리스 사람들의 국가입니다." 글라우콘이 대답했다.

"그리고 또한 그리스를 사랑하는 사람들이겠지? 그리스 사람들 모두를 친지처럼 여기고, 그들과 어울려 함께 제사를 지내는 사이라고 생각하는데…… 어떤가, 자네는 이걸 부정하겠는가?"

"거기에 대해선 하나도 부정할 근거가 없다고 생각합니다."

"결국 그리스 사람들끼리의 적대 행위는 친지 사이의 것이므로 내란일 수는 있어도, 전쟁이라고는 할 수 없겠지?"

"네, 그렇습니다."

"따라서 언젠가는 서로 화해하여 다시 친구가 될 것을 예상하며 싸우는 것이겠지?"

"그렇습니다."

"그러므로 어느 한쪽은, 적대 행위를 해오는 상대의 잘못을 바로잡아 주는 의미에서 싸우는 것이라고 할 수도 있지 않은가? 결코 그들을 망쳐 버리겠다든가 또는 노예로 삼기 위해 싸우는 것이 아니란 말일세. 어디까지나 잘못을 고쳐 주는 사람이지 적이 아니라는 이야기네."

"옳은 말씀입니다."

"그렇다면 같은 그리스 사람들이니 그리스의 국가를 파괴할 필요도 없을 테고, 그들의 집을 불살라 버릴 까닭도 없을 것이네. 또 어떤 국가든 상대 국가의 남녀노소 모두가 자기의 적이라고 인정하지는 않겠지. 다만 적대 행위를 해온 몇몇 책임자만은 적으로 인정할지언정, 그 밖의 다른 시민들은 모두 친구로서 대해 주어야 하네. 따라서 그들의 땅을 짓밟거나 집을 불살라서는 안 되네. 바꾸어 말하면 적대 행위를 해온 소수의 책임자들에게만 책임을 물어야지. 아무런 책임도 없으면서 고통을 짊어진 사람에게 그 죄를 묻는다는 건 지나치다고 생각하네……"

"저도 그 의견에 동의합니다. 우리 국민은 적대 행위를 해온 상대 국민에 대해 결코 그처럼 혹독한 대우는 하지 않을 것입니다. 반면 다른 민족에 대해서는 요즘 그리스인들 사이에 행해지는 그런 대접이 마땅하다고 생각합니다." 글라우콘의 의견이었다.

"결국 수호자들에게 이런 법률을 제정해 주면 되겠지. 즉 그리스 내에서는 땅을 빼앗거나 집을 불사르는 일을 금한다고 말일세."

"네, 그렇게 정하기로 하지요. 그리고 제 생각으로도 이 법률 또한 앞서 제정한 법률과 마찬가지로 매우 훌륭하다고 생각합니다." 이렇게 글라우콘이 대답했다.

17

"그러나……." 글라우콘은 말을 계속했다. "이러한 문제에 대하여 이런 식으로 계속 말씀하시다가 아까 남겨 두었던 그 중요한 문제는 언제 이야기하시겠습니까? 과연 우리들이 말한 것 같은 국가 조직(국가 제도)은 실현이 가능한지, 그리고 대체 어떤 방법으로 이룩할 수 있을까 하는 문제 말입니다.

만약에 그러한 국가 체제가 이루어진다면, 모든 것이 그 국가를 위해 틀림없이 좋다는 것을 인정하는 데 인색하지 않겠습니까? 선생님이 말씀하시지 않은 몇 가지 점을 제가 더 보충해 드리고 싶을 정도니까요. 예를 들어 그러한 나라의 국민들은 먼저 서로 저버리는 일이 없을 테고, 그 때문에 적을 향해 가장 용감하게 싸울 것임에 틀림없다고 생각합니다. 그들은 서로가 형제이고 부모이고 자식이라고 생각하며, 실제로 그렇게 부를 테니까요. 그리고 여자들도 남자와 마찬가지로 전쟁에 참가하게 된다면, 남자들과 같은 대열에 끼여 있건, 또는 적에게 공포심을 불러일으키기 위해서건, 일단 유사시에 원군으로 출동하기 위해서건, 후방에 배치되어 있건, 어쨌든 그들의 군대를 강력 무쌍한 것으로 만드는 데 도움이 되는 것은 틀림없습니다. 더욱이, 선생님은 말씀하시지 않았지만 후방에서도 헤아릴 수 없을 만큼 좋은 일을 많이 한다는 것도 알 수 있습니다.

아무튼 이런 체제의 국가가 만일 이루어진다면 이런 좋은 점이 있을 뿐만 아니라 그 밖에도 수없이 많은 장점이 얼마든지 있다는 것을 절대적으로 인정하므로 그 제도 자체에 대해서는 더는 말씀하시지 않아도 좋습니다. 바야흐로 우리는 가장 중요한 점, 즉 실현 가능성 그 자체에 대하여, 또는 어떻게 하면 실현이 가능한지에 대하여 우리들 자신이 납득이 가도록 노력해 보자는 것입니다. 그 밖의 일에 대해서는 이것으로서 이야기를 끝맺기로 하십시다."

나는 천천히 입을 열었다.

"자네는 나를 기습해 온 셈이로군. 내가 질질 끌고 있으니 용서 못 하겠다 그 말이지? 자네는 아마 모를 걸세. 아까 내가 두 개의 큰 파도를 간신히 넘어왔는데 지금 다시 자네가 보내 주는 세 번째 파도야말로 셋 중 가장 크고 가장 까다로운 것이라는 점을 말이야. 그것이 어떤 것인가를 실제로 보고 듣는다면 자네는 아마 대단히 너그러워질 걸세…… 과연 이렇게나 상식에서 벗어난 제도이니까 소크라테스가 그것을 입 밖으로 내어 검토하기를 꺼리고 망설였구나 하고 말이야."

"그런 변명을 자꾸 하시면 하실수록 선생님은 우리에게서 빠져나가시기 힘들게 됩니다. 이 국가 제도를 어떻게 실현시키느냐 하는 것은 무슨 일이 있어도 이야기하셔야 합니다. 자, 어물어물하지 마시고 시작해 주세요."

"알겠네." 나는 말했다. "그럼, 먼저 기억해 두어야 할 것은, 우리들이 '정의'와 '부정' 중 어떤 것을 찾아 헤매며 여기까지 왔느냐 하는 점이야."

"그렇겠지요. 그런데, 그것이 어떻다는 말씀입니까?"

"뭐, 어떻다는 건 아닐세. 다만 자네에게 묻겠는데, 만약에 우리가 정의가 어떤 것인지 발견하고, 올바른 사람은 정의 그 자체와 조금이라도 다른 점이 있어서는 안 되고 모든 점에서 정의가 지닌 이상 그대로라야 한다고 요구할 것인가, 아니면 가능한 한 그것과 가까운 사람이면 되고, 다른 어떤 사람보다도 정의를 많이 지니고 있으면 그것으로 족하다고 할는지?"

"물론, 그것으로 족하지요."

"그렇다면 우리가 이제까지 정의란 그 자체로서는 어떤 것이며, 또한 철두철미 올바른 사람이 있다면 그것은 어떤 사람일까에 대하여 탐구해 온 이유는 모범이 될 만한 것을 구하는 뜻에서였지. 부정이나, 가장 부정한 사람에 대하여도 마찬가지이네. 즉 그것은 그러한 본보기의 인간을 찾아내어 그들이 행복 또는 불행과 마주쳤을 때, 어떻게 대처하는가를 알아보고 그것을 그대로 우리 자신에게 적용해, 그들과 가장 닮은 사람은 틀림없이 그들과 가장 닮은 운명을 가질 것이라는 데 동의하지 않을 수 없게 하기 위해서였지. 우리들의 목적은 결코 그러한 본보기가 현실에 존재할 수 있음을 증명하는 데 있었던 것은 아니네."

"그 점은 말씀하시는 대로입니다."

"예를 들어 어떤 우수한 화가 한 사람이 있었는데, 그는 가장 아름다운 사람이란 어떤 사람인가를 나타내기 위해 본보기가 될 만한 인물을 그려 놓고, 모든 점에 있어서 결점이 없는 것으로 완성시켰다고 하세. 이런 경우에, 그런 인간이 실제로 존재할 수 있다는 것을 증명하지 못한다고 해서 화가로서의 그의 능력을 그만큼 낮게 평가받아야 한다고 생각하나?"

"아닙니다. 제우스 신에게 맹세코 그렇다고 생각하지 않습니다."

"그럼, 우리도 우수한 국가의 본보기가 될 만한 것을 말로 그려 내고 있었던 게 아닌가?"

"그렇지요."

"그렇다면, 우리가 이야기한 대로 국가를 통치하는 것이 실제로 가능하다고 증명하지 못한다고 해서 우리가 이야기해 온 사항이 그만큼 값어치를 잃는 것은 아니겠지?"

"결코 그렇게 생각하지는 않습니다."

"그럼, 그것이 진실이라고 인정해 주게. 그러나 자네를 더욱더 만족시켜 주기 위해서 이 '이상국가'를 어떻게 하면 가장 훌륭하게 실현하고 어떠한 조건 아래에서라야 가장 실현 가능한지를 증명해야 한다면 다시 한번 같은 것을 인정해 주어야겠네."

"어떤 것을 인정해야 합니까?"

"이론으로써 표현할 수 있는 상황을 그대로 행위로 옮기는 것이 가능한지, 그리고 실천은 오히려 이론보다도 진리에 밀착되는 일이 적다는 것이 사실인지. 사람들은 그렇게 생각하지 않을지 몰라도 자네는 동의할 수 있지 않을까 하는 것 말일세."

"동의합니다."

"그렇다면 우리가 이론으로 펼쳐 놓은 상황들이 그대로 하나에서 열까지 완전히 실현이 가능하다는 것을 증명해야 한다고 나에게 강요하지 말게나. 이 국가가 우리들의 이론과 될 수 있는 대로 가깝게 다스려지는 방법이 무엇인가를 발견하면, 자네의 요구대로 실현의 가능성을 찾은 것으로 인정해 주게나. 그런 정도의 성과로는 아직 만족하지 못하겠나? 나는 만족할 수 있는데……."

"저도 마찬가지입니다."

18

"다음으로 우리가 탐구해야 할 것은 오늘날 모든 나라에 있어서 우리가 진술한 바와 같은 통치 방법을 방해하는 결함이란 대체 무엇인가, 그러한 국가제도를 어느 한 나라에서 실현할 수 있게 만드는 최소한도의 개혁이란 어떤 것인가, 하는 점이야. 이 개혁은 될 수만 있다면 단 하나의 개혁으로 그치는 것이 가장 바람직하고, 그것이 안 된다면 두 개로, 그래도 안 된다면 숫자에서는 가능한 한 적게, 힘의 규모에서는 될 수 있는 대로 작은 범위 내에 머무르는 게 좋겠어."

"네, 옳은 말씀입니다."

"그런데 내 생각으로는 어느 한 가지만 개혁된다면 이것으로써 우리가 바라는 개혁이 가능하다고 증명하는 셈이 되는 것 같네. 그 한 가지는 결코 작은 것이 아니고, 쉬운 것도 아니지만 분명 가능한 일이지."

"그 한 가지란 어떤 것입니까?"

나는 대답했다.

"자, 드디어 가장 큰 파도라고도 할 수 있는 어려운 문제에 우리는 부딪쳤네. 그러나 어쨌든 이 파도를 넘어야 해. 만일 그 때문에 그야말로 조소와 경멸의 파도에 밀려나는 한이 있어도…… 그럼, 이제부터의 이야기를 주의해서 들어 주게."

"말씀하십시오."

"철학자들이 각국의 왕이 되지 않는 한, 또는 오늘날 왕이라고 불리고, 통치자라고 불리는 사람들이 진실로, 또는 충실히 철학을 갈고닦지 않는 한, 즉 정치적 권력과 철학적 정신이 한 몸이 되도록 많은 사람들의 소질이 현재와 같이 이 두 가지 방향으로 따로따로 나아가는 것을 강제적으로라도 금지하지 않는 한, 친애하는 글라우콘이여, 그 나라에는 불행이 그칠 날이 없을 것이고 또 인류에게도 마찬가지라고 나는 생각하네. 우리들이 지지해 온 국가 제도에서도 이러한 것들이 성취되지 않는 한, 최대한도로 그것이 이루어져 밝은 햇빛을 볼 수 있을 날은 결코 없을 걸세.

자, 이것이 바로 내가 오래전부터 말하기를 꺼리지 않을 수 없었던 생각이네. 상식에서 이렇게나 벗어난 이야기는 세상에서 보기 드물다는 것을 나는 잘 알고 있으니까 말이야. 여하튼 국가는 이런 방법으로 성취시키지 않고서는 개인의 생활에 있어서나, 공공의 생활에 있어서나 행복을 가져다주는 길이 있을 수 없다는 것을 통찰하기가 매우 어려운 일이니까 말이야."

그러자 글라우콘이 말했다.

"어마어마한 말씀, 어마어마한 소신을 공표하시는군요! 그런 말씀을 하신 이상 각오하셔야 합니다. 이제 곧 선생님을 향해 지독한 사람들이, 더구나 아주 벅차고도 무시 못 할 친구들이, 그야말로 웃통을 벗어젖히고 알몸으로, 닥치는 대로 무기를 들고 혼찌검을 내줘야겠다는 무서운 기세로 몰려올 것입니다. 그 친구들에게 선생님의 사상이 옳다는 것을 언변으로 증명하여 공격을 면하지 않으면 선생님은 그야말로 놀림감이 되어 그들로부터 큰 봉변을 당하고 말 것입니다."

"그렇게 된다는 것도 따지고 보면 자네 때문이 아닐까?" 나는 반문했다.

"네, 그럴 테지요. 그러나 저는 선생님을 배신하는 짓 따위는 결코 하지 않습니다. 최선을 다해서 선생님을 옆에서 지켜 드리지요. 단, 제가 할 수 있는 수단이란 선생님을 편들고 격려해 드리는 일뿐입니다. 그리고 아마, 다른 사람보다는 질문에 대하여 좀 더 알맞은 대답을 해드릴 수도 있겠지요. 어쨌든 그러한 아군이 옆에 대기하고 있으니 든든히 여기시고 선생님의 말씀을 믿지 않는 사람들에게 선생님의 소신이 정말 옳다는 것을 힘껏 주장하십시오."

"그렇게 해야겠지. 자네가 그토록 강력하게 지원을 해주겠다고 약속하니 말이야." 나는 말을 이었다. "자, 그러니 우리가 자네 말대로 상대하기에 벅찬 친구들의 공격을 면하려면 통치자는 반드시 철학자들이라야 한다고 우리들이 주장하는 경우, 우리들이 말하는 이른바 철학자란 어떤 인간인가를 그들에게 정확하게 규정지어 주어야만 하네. 왜냐하면 이것을 분명하게 제시하면 선천적으로 철학에 종사하면서 동시에 국가의 지도자가 되기에 알맞은 사람이 있는가 하면, 철학에 몸담지 않고 지도자의 뒤를 따르기에 적합한 자도 있다는 사실을 지적함으로써 우리의 입장을 방어할 수도 있을 테니까 말이야."

"그렇습니다. 이제는 그것을 규정지어야만 할 때입니다."

"자, 그럼 이제부터 내가 하는 말에 따라오게. 문제가 되는 점을 어떻게 해서든 충분히 설명할 수 있을지도 모르니까."

"어서 그렇게 하십시오." 그는 재촉했다.

### 19

나는 다시 입을 열었다.

"그럼, 자네더러 새삼 생각해 내라고 해야 할까. 아니, 어쩌면 자네는 정확하게 기억하여 마음속에 간직하고 있을지도 몰라. 즉 우리가 어떤 사람을 가리켜 그 사람이 어떤 것을 사랑하고 있다고 말할 때, 이 말이 올바르게 표현된 것이 되려면, 그 사람은 그 어떤 것의 일부는 사랑하고 일부는 사랑하지 않는 사람으로 보여서는 안 되고, 그 전체를 뚜렷이 사랑하는 사람으로 보여야 된다는 말일세."

"아무래도 다시 설명해 주셔야 할 것 같습니다. 그 말씀을 들어도 퍼뜩 떠오르지 않으니까요."

"글라우콘, 다른 사람이 그렇게 대답한다면 그런대로 이해하겠네만, 사랑에 민감한 자네가 그러다니 좀 이상하군. 한창나이의 소년은 모두 무슨 일로 해서든 사랑에 여린 소년 애호가의 마음을 사로잡아 각별한 사랑이 쏠리게끔 하는 법인데, 그런 것을 자네가 잊고 있다니 말이야. 아니면 아름다운 소년들을 대했을 때의 자네들의 태도는 그렇지가 않단 말인가? 상대 소년의 코가 낮으면 낮은 대로 자네들은 애교가 있다고 좋아할 것이고, 매부리코인 경우에는 왕자다운 품격을 갖추었다고 할 것이고, 그 중간이라면 알맞다고 주장하겠지. 살색이 검으면 검은 대로 풍채가 남자답다고 말할 테고, 희면 흰 대로 신의 은총을 받은 아이라고 하겠지. '밀랍처럼 창백하다'는 등의 표현만 해도 그렇지 않은가. 한창나이이기만 하면 얼굴빛이 창백해도 너그럽게 보아주고 싶어서 듣기에 좋은 형용사로 표현해야겠다는, 그 소년을 사랑하는 사람의 창작이 아니고서는 이런 표현을 도저히 만들어 내지 못할 걸세. 요컨대 자네들은 갖은 구실을 찾아내고 무슨 말을 써서라도 젊음이 한창 꽃피는 소년들을 놓치지 않으려고 한단 말이야."

"사랑하는 마음을 가진 자들이 그런 식으로 한다는 것을 말씀하시기 위해, 저를 핑계 삼으신다면 그런대로 찬성해 드리지요."

"그럼, 어떨까. 술을 사랑하는 자들도 이와 마찬가지 짓을 하는 것을 자네는 목격하지 않았나? 온갖 술을 갖가지 구실로 환영하는 것을?"

"그렇더군요."

"이와 같은 일은 명예를 사랑하는 자들에게서도 일어난다는 사실을 자네는 보았겠지. 그런 사람들은 장군이 되지 못하면 트리티스 대장[7]이라도 되기를 바라지. 거물급의 훌륭한 사람들에게서 존경을 받지 못하면 송사리 같은 시시한 친구들에게서라도 존경을 받아 만족하려고 한단 말이야. 어쨌든 그들은 무슨 방법으로든지 명예를 갖고 싶어 하거든."

"그 말씀대로입니다."

"그럼, 이 일을 긍정하든지 부정하든지 해주게. 어떤 사람이 어떤 것을 욕구하는 자라고 말할 경우 그 사람은 그 욕구의 대상의 종류 전체를 욕구하고 있다고 할 것인가, 아니면 어느 종류는 욕구하고 어느 종류는 욕구하지 않는다고 할 것인가."

"그 종류 전체를 욕구한다고 해야 합니다."

"그럼 철학자(지식을 사랑하는 자)도 또한 지혜를 욕구하는 자로서 어떤 종류의 지혜는 욕구하지만 어떤 종류의 지혜는 욕구하지 않는 것이 아니라, 어떠한 지혜건 모두 욕구하는 자라고 말해야겠지?"

"네, 그렇습니다."

"따라서 우리로서는 어느 학문은 좋아하고 어느 학문은 싫어한다고 말하는 자, 특히 나이가 젊어 무엇이 이롭고 무엇이 유익하지 않는지도 아직 모르면서, 그런 태도를 나타내는 자를 '학문을 좋아하는 인물'이니 '지식을 사랑하는 사람(철학자)' 따위로 부를 수는 없겠지? 그것은 마치 먹을 것에 대하여 좋고 싫

---

7) 트리티스('3분의 1'이라는 뜻)의 대장. 세 개의 트리티스가 하나의 부족을 이루었다.

은 것을 가리는 자는 배가 고프지 않는 한 먹을 것을 욕구하는 않는, 말하자면 미식가가 아니라 편식가라고 표현하는 경우나 마찬가지야."

"분명히 그것은 올바른 표현입니다."

"이것과는 반대로 무슨 학문이건 가리지 않고 맛보려 하는 자, 자진해서 학문을 탐구하여 지칠 줄 모르는 자야말로 우리들이 '철학자'라고 주장하여 마땅한 자이지. 안 그런가?"

글라우콘이 대답했다.

"선생님처럼 규정하면 많은 묘한 패들이 '철학자'가 되겠군요. 왜냐하면 구경하기를 좋아하는 패들일지라도 어쨌든 배우는 일에 즐거움을 느끼기 마련이니 구경을 좋아할 것이고, 그런 식으로 듣기를 좋아하는 패들까지도 철학자 속에 끼우자니 뭔가 너무나도 기묘한 사람들이 되고 마니까요. 여하튼 그들은 철학적 토론이나 그와 비슷한 토론에는 결코 자진해서 가담하려 하지 않지만, 합창대의 노래를 듣는 일이라면 마치 자신의 귀를 쪼개어 온갖 합창대의 노래를 듣기로 계약한 듯이 디오니소스 축제 같은 때는 여기저기 뛰어다니며 거리에서 하는 공연이건, 마을에서 하는 공연이건 하나도 빼놓지 않고 모조리 들으려고 하니까요. 그래서 우리로서는 이런 패나 이런 종류에 속하는 노력가들, 나아가서는 자질구레한 재주의 애호가들을 모두 철학자로 치는 결과가 되겠지요."

"아니지, 결코 그렇게 되지는 않아. 철학자와 비슷한 자라고 할 수는 있겠지만 말이야." 나는 대답했다.

20

"그렇다면 진정한 '철학자'란 대체 어떤 사람이라고 할 수 있습니까?"

"진실을 관찰하기를 좋아하는 사람이지."

"그야 틀림없이 그렇겠지요. 하지만 그렇게 말씀하시는 뜻이 무엇인지요?"

나는 대답했다.

"다른 사람에게 설명하자면 보통 일이 아니지만, 자네라면 이제부터 내가 하는 말을 인정해 주리라고 생각하네."[8]

"어떤 일인데요?"

"'미(美)'와 '추(醜)'는 서로 상반된 것인 이상 두 개의 것이네."

"물론이지요."

"두 개의 것인 이상 각각은 하나의 것이라고도 할 수 있지."

"그 점 또한 맞습니다."

"'정(正)'과 '부정', '선'과 '악', 그리고 모든 실상에 대해서도 같은 말을 할 수 있지. 즉 그들 각각은 그 자체로서는 '하나의 것'이지만 여러 행위와 연결하고, 물체와 연결하고 상호 간에 연결하여 각처에 그 모습을 드러내기 때문에 많이 나타나게 되는 거야."

"말씀하시는 대로입니다."

"그래서 나는 바로 이것을 가지고 자네가 아까 말한 구경까지 좋아하는 패나 재주를 좋아하는 자나 실천가들과, 우리의 토론의 중심인 동시에 오직 그들만이 정당한 '철학자'라고 부를 수 있는 자들을 구별하는 거야."

"좀 더 자세히 설명해 주시겠습니까?"

"한쪽 사람들, 즉 여러 가지를 듣고 보고하는 것을 좋아하는 사람들은 아름다운 목소리나, 아름다운 빛깔이나 아름다운 형태나, 무릇 이런 종류의 것으로 이루어진 온갖 작품에 대하여 애착을 집중하지만 '아름다움 그 자체'의 본성을 추구하고 여기에 애착을 집중시킨다는 것은 그들의 정신으로서는 먼저 할 수 없다는 이야기가 되지."

"네, 틀림없는 말씀입니다."

"한편, '아름다움 그 자체'에까지 이르러 이것을 그대로 관찰할 수 있는 자는 매우 드물다고 생각하네."

"그럼요."

"그렇다면 가지각색의 아름다운 사물은 인정하지만 '미' 그 자체는 인정하지 않는다든가 또는 그것을 인식하는 데까지 이끌어 주는 사람이 있는데도 따라갈 수 없는 인간은 꿈을 꾸며 살아간다고 보는가, 눈을 뜨고 살아간다고 보는

---

8) 여기서부터 '이데아론'이라고 하는, 플라톤 철학의 중심 사상이 본편에서는 처음으로 정식으로 진술된다.

가? 생각 좀 해보게. 꿈을 꾼다는 것은 이런 것이 아닐까? 즉 잠을 자건 깨어 있건 관계없이 그 무엇과 비슷한 것을 닮은 꼴로 생각하지 않고 그대로 진짜라고 잘못 생각하는 것이 아닐는지?"

"제 생각으로는 지금 말씀하신 그런 사람은 꿈을 꾸고 있다고 할 수 있겠지요."

"그럼 어떨까, 지금 말한 것과는 반대로 '아름다움 그 자체'가 분명히 있다고 확신하고 그것 자체와 그것을 나누어 가진 것을 동시에 구별할 수 있는 능력이 있기 때문에 나누어 가진 것을 본래의 그 자체라고 생각한다거나, 반대로 후자를 전자로 생각한다거나 하지 않는 인간은 눈을 뜨고 살아간다고 생각하나, 아니면 꿈을 꾸며 살아간다고 생각하나?"

"틀림없이 눈을 똑바로 뜨고 살아간다고 생각합니다."

"그렇다면 이런 사람은 진정으로 알고 있는 사람이므로 우리들은 그 정신의 본연의 상태를 '지식'이라고 말하는 것이 옳지 않을까? 또 다른 한쪽의 사람은 추측을 하고 있는 데 지나지 않으므로 그 정신의 본연의 상태를 '추측(생각)'이라고 부르는 것이 옳지 않을는지?"

"분명히 그렇습니다."

"그런데 추측하고 있을 뿐, 알고 있는 게 아니라고 우리들이 주장하는 그 당사자가, 만약에 우리에게 화를 내며 우리가 하는 말이 사실이 아니라고 반박해 온다면 어떡하지? 우리는 어떻게 해서든 그를 달래며 그의 정신 상태가 건전하지 못하다는 것을 드러내 놓고 말하지 않으면서 부드럽게 설득할 수가 있을까?"

"어떻게 해서든 그렇게 해야겠지요."

"자, 그렇다면 그에게 뭐라고 해야 할지 생각 좀 해주게. 아니면 이런 식으로 그에게 물어보는 것은 또 어떨는지. 당신이, 즉 뭔가를 알고 있었다고 해서 아무도 샘을 내지는 않소. 그게 사실이라면 이렇게 기쁜 일은 또 없을 테니까요, 하고 말하는 동시에 '자, 대답해 주시오. 사물을 알고 있는 사람은 무엇인가를 알고 있는지 아니면 아무것도 아닌 것을 알고 있는지, 어느 쪽인가?' 하고 물어보아야 해. 글라우콘, 자네가 이 사람을 대신해서 대답해 주게."

"무엇인가를 알고 있다고 대답하겠습니다."

제5권 291

"그 '무엇인가'라는 것은 '있는 것(존재)'인가? '없는 것(비존재)'인가?"

"있는 것'입니다. 있지도 않은 것을 어떻게 알 수 있겠습니까?"

"그렇다면 여기서 우리는 하나의 논점을 확립한 셈이 되지 않을까. 이 논점은 다른 여러 가지 방법으로 고찰해 보아도 흔들리지는 않을 걸세. 즉 완전히 '있는 것'은 완전히 알려질 수 있는 것이고, 한편 전혀 '없는 것'은 전혀 알려질 수 없는 것이라는 점을 말이야."

"네, 충분히 확립한 셈이지요."

"좋아, 그런데 만약에 있으면서 또한 없는 성질의 것이 뭐가 있다면, 그것은 순수하게 '있는 것'과 전혀 '없는 것'의 중간에 위치할 수 있지 않을까?"

"틀림없이 그렇겠군요."

"그렇다면 '있는 것'에는 '지식'이 대처하고 있고, 한편 '무지'는 필연적으로 '없는 것'이 대처할 텐데, 지금 말한 중간적인 것에 대처하는 것으로서는 '지식'과 '무지'와의, 역시 중간에 위치하는 것으로 구해야 하지 않을까? 만약에 그런 것이 있다면 말이야."

"분명히 그렇습니다."

"그런데 우리는 '추측'이라는 것이 있다고 인정하지?"

"물론이지요."

"그렇다면 그것은 '지식'과 다른 능력일까, 같은 능력일까?"

"다른 것입니다."

"그럼, '추측'과 '지식'은 저마다 고유의 능력에 따라 각각 다른 대상과 짝지어져 있다고 할 수 있지."

"그렇지요."

"'지식' 쪽은 그 본질상 '있는 것'을 대상으로 하고 있거든. 즉 '있는 것'이 어떻게 있는지를 알아내는 것이 '지식'의 본성이란 말이야. 그러나 앞으로 나아가기 전에 다음과 같은 구별을 해야 할 필요가 반드시 있다고 생각하네."

"어떤 구별인데요?"

21

"우리는 우리가 할 수 있는 여러 가지의 모든 기능을 우리가 수행할 수 있게 하는, 우리들 속에나 아니면 다른 것들 속에 있는 힘을 모두 '능력'이라고 부르도록 하세. 그래서 나는 시력이라든지 청력이라는 말을 쓰네. 내 말의 뜻을 자네는 이해할 수 있겠나?"

"네, 이해할 수 있습니다."

"그러면 내가 생각하는 바를 자네에게 이야기하겠네. '능력'이라는 것은 서로의 다른 점을 구별하는 관찰에 따라서, 어떠한 색깔도, 어떠한 모양도, 또 어떠한 유사한 성질도 가지지 않네. 나는 오직 그것의 효과나 그것의 분야를 관찰함으로써 능력을 감정할 수 있을 뿐이지. 여러 다른 많은 사물의 경우에는 그런 성질을 구비하고 있으므로, 나는 그러한 성질은 직접 눈을 돌리기만 하면 어떤 사물과 다른 사물을 나 자신의 마음속에서 구별할 수가 있어. 그러나 '능력'은 다만 그것이 어떤 대상이냐 하는 것과 무엇을 이룩하느냐 하는 데 착안할 수밖에 없지. 이것을 표지(標識)로 하여 나는 그것에다 하나의 능력의 이름을 붙이고 같은 대상과 짝을 이뤄 동일한 일을 이룩할 수 있는 능력을 '같은 능력'이라고 부르고, 다른 대상과 짝을 이뤄 다른 일을 이룩하는 능력을 '다른 능력'이라고 부르는 거야. 자네는 어떤 식으로 하겠나?"

"선생님의 말씀대로 하겠습니다." 글라우콘이 대답했다.

"그럼, 또다시 당면 문제로 돌아가세, 나의 친구여." 나는 계속했다. "자네는 '지식'을 능력의 하나라고 하겠나, 아니면 다른 종류 속에 끼워 넣겠나?"

"능력의 하나입니다. 그러나 모든 능력 중에서도 가장 강력한 것으로서."

"그럼, '추측'은 어떤가? 능력 중의 한 가지로 보아야 할까, 아니면 다른 종류 속에 포함시켜야 할까?"

"절대로 다른 종류에 포함할 게 못 됩니다. 바로 '추측'의 능력이 있음으로 해서 우리는 추측을 할 수 있으니까요."

"그런데 자네는 조금 아까 '지식'과 '추측'은 같은 것이 아니라고 인정했는데……."

"절대로 잘못하는 일이 없는 것과 잘못하는 일이 있는 것을 같은 것이라고 하다니, 적어도 이치를 분별할 줄 아는 사람이라면 어떻게 그런 생각을 하겠습니까?"

"잘 말했어!" 나는 말했다. "그럼 '추측'은 '지식'과는 별개의 것이라는 데 우리의 의견이 일치한 것만은 분명해."

"그렇습니다."

"그렇다면 양자는 각각 별개의 능력으로서 움직이므로 본질상 제각기 다른 것과 관계하게 된다는 이야기지?"

"필연적으로 그렇게 됩니다."

"'지식'은 '있는 것'을 대상으로 하고 그것과 관련을 맺는다. 즉 '있는 것'이 어떤 상태로 있는가를 알아내는 것이 '지식'의 본성이겠지?"

"네."

"한편, '추측'의 작용을 우리는 추측하여 판정하는 것이라고 주장했지?"

"네."

"그렇다면 그 대상은 '지식'이 '알아내는 것'과 같은 것일까? 즉 '알려지는 것'과 '추측되어지는 것'은 같은 것일까, 아니면 그런 것은 불가능할까?"

"이제까지 이야기해 온 것으로 미루어 보아 불가능하다는 결론이 나옵니다. 즉 서로 다른 능력은 서로 다른 대상과 관계되는 것이라야 하고, '추측'과 '지식'은 양쪽 모두 능력이며, 또한 이것들은 제각기 별개의 능력이라고 말입니다. 이와 같은 것이 승인된 이상 '알려지는 것'과 '추측되어지는 것'이 동일하다고는 절대로 할 수 없습니다."

"그럼, '있는 것'이 '알려지는 것'이라고 한다면 '추측되어지는 것'은 '있는 것'이 아닌 또 다른 별개의 것이란 말이지?"

"별개의 것이지요."

"그렇다고 해서 '없는 것'을 추측할 수 있을까, 아니면 있지도 않은 것은 추측하는 것조차도 불가능할까? 이런 점에 대하여 생각 좀 해보게. 추측하는 사람은 어떤 대상을 향해 추측하는 것이 아닐지? 혹은 추측은 하고 있어도 '아무것도' 추측하지 못한다는 것이 가능한지?"

"불가능합니다."

"그러니까 추측을 하는 사람은 적어도 뭔가 한 가지는 추측을 하고 있다는 이야기가 되겠군."

"그렇습니다."

"그런데 '없는 것'은 '어떤 한 가지의 것'이라고 할 수 있을까? '아무것도 없는 것'이라고 부르는 게 가장 옳겠지?"

"그렇습니다."

"그런데 우리는 '없는 것'에는 필연적으로 무지를 대처시키고, '있는 것'에는 지(知)를 대처시켰지?"

"그것은 올바른 방법이었습니다."

"그렇다면 '추측'과 마주 선 대상은 '있는 것'이 아닌데 그렇다고 '없는 것'도 아니라는 이야기가 되지 않겠나?"

"그렇습니다."

"따라서 '추측'은 지(知)도 아니고 무지도 아니라는 이야기가 되겠군?"

"그렇겠군요."

"그렇다면 '추측'은 이 양자가 아니고 다른 데 있겠구먼. 즉 명확성에 있어서는 '지'를 넘어선 것이라든가, 혹은 불명확성에 있어서는 무지를 넘어선 것이겠구먼."

"그 어느 쪽도 아닙니다."

"그렇지는 않고 '추측'이란 '지'보다 어둡고 무지보다 밝은 것이라고 자네는 생각하지 않나?"

"말씀대로입니다."

"양쪽 끝의 안쪽에 위치하겠군?"

"그렇지요."

"그러니까 '추측'은 양자의 중간적인 것이라는 이야기가 되겠군그래."

"틀림없이 그렇습니다."

"그런데 우리는 앞서 이런 말을 하지 않았던가? 만일 '동시에 있고 또한 없다'고 표현해도 좋은 것이 뭔가 있다면 그것은 순수하게 '있는 것'과 전혀 '없는 것'의 중간에 위치한다. 그리고 그것과 대처하는 것은 '지식'도 '무지'도 아니며, '지식'과 '무지'와의 중간에 나타나는 것이라고 말이야."

"네, 그리고 그것은 올바른 주장이었습니다."

"그러니까 그 양자의 중간에 있는 것으로 판명된 것이 바로 우리가 '추측'이라고 불러야 하는 것이었지."

"그렇습니다."

## 22

"그렇다면 우리에게 남은 일은 '있고 없는 양쪽을 나누어 가진 것', 어느 쪽이라고 뚜렷하게 부를 수 없는 것을 발견하는 일이군. 만일 그런 것이 있기만 하면 우리는 그것을 마땅히 추측의 대상이라고 부를 수 있을 테니까 말이야. 양극(兩極)의 것은 양극의 것으로 대응시키고 중간의 것은 중간적인 것으로 대응시킨다는 뜻에서 말이야. 그렇지 않을까?"

"그렇습니다."

"그럼, 이만한 것을 전제하고 난 다음에, 그 유능한 남자에게 말을 시키고 또 대답을 하게 하면 어떻겠나? 그 남자란, 즉 '아름다움 그 자체'를 인정하지 않는─언제까지나 변함없이 같은 자세를 유지하는 '미의 실상(이데아)'이 있다는 것을 전혀 믿지 않고, 많은 아름다움밖에는 인정하지 않는 그 남자, 아까 말한 그 구경하기 좋아하는 남자, '아름다움'과 '올바름'은 하나라고 사람들이 말해도 절대로 받아들이려 하지 않는 그런 사람 말이야. 그 남자에게 우리는 이렇게 질문하세.

'여보게, 자네가 말하는 그런 많은 아름다운 것 속에 보기 흉하게 나타나는 일이 절대적으로 없는 것이 과연 하나라도 있을까? 온갖 올바른 것 속에서 절대적으로 부정하게 보이는 일이 없는 것이 하나라도 있을까? 온갖 경건한 것 속에서 절대적으로 불경건하게 보이는 일이 없는 것이 하나라도 있을까?' 하고."

"아닙니다." 글라우콘이 대답했다. "그러한 것들은 반드시 뭔가의 형태로 아름답게도 추하게도 나타나는 법입니다. 질문하신 다른 모든 것에 마찬가지로 그것은 불가피합니다."

"그럼, '다른' 많은 두 배의 분량의 것은 어떨까? 그것들은 두 배의 것인 동시에 절반의 것으로 여겨지는 일은 절대로 없을까?"

"아니요."

"또한 '크다'거나 '작다'거나 '가볍다'거나 '무겁다'고 불리는 사물에 있어서도 그와 반대의 호칭으로 불리는 일은 절대로 없다고는 설마 못 하겠지?"

"못 하지요. 그것들은 모두 양쪽으로 불릴 것을 늘 허용하겠지요."

"그렇다면 대체, 그런 '많은 것'의 하나하나는 그것이 무엇이라고 불리건 '그것이 아니다'라고 하는 이상으로, '그것이다'라고 분명하게 말할 수 있을까?"

"그것들은 연회석상에서 사람들이 흔히 입에 담듯이 어느 쪽 의미로 해석해도 좋은 그런 말과 비슷하기도 하고, 아이들이 하는 거세당한 남자에 대한 수수께끼…… 박쥐가 무엇에 앉아 있는데 남자(거세당한 남자)가 무엇을 던졌는가를 묻는 수수께끼[9]가 있지요. 그 수수께끼의 문구와 똑같아요. 왜냐하면 오늘 우리가 문제 삼고 있는 여러 사물 또한 어느 쪽으로 취급해도 좋을 그런 성격의 것이기 때문에 그중의 무엇 하나도 있다고도 없다고도, 어느 쪽이라고도 어느 쪽이 아니라고도, 뚜렷하게 고정적으로 생각할 수는 없으니까 말입니다."

"그렇다면 자네는 그러한 것들을 어떻게 다루면 좋은지 알고 있나? '있다'와 '없다'의 중간 지점 말고 좀 더 좋은 위치를 잡아 줄 수 있겠나? 왜냐하면 그런 것들은 '한층 더 없다'는 방향에서 '없는 것' 이상으로 어두운 것으로 나타나는 일은 없을 테고, '한층 더 있다'는 방향에 있어서는 '있는 것' 이상으로 밝은 것으로 나타나는 일은 없을 테니까 말이야."

"네, 옳은 말씀입니다."

"그렇다면 우리는 이것으로 그럭저럭 '아름다움'과 그 밖에 많은 사람들이 품고 있는 가지가지의 잡다한 생각이 순수하게 '있는 것'과 순수하게 '없는 것'의 중간 부근을 떠돌고 있다는 것을 발견했지?"

"그렇습니다."

"그런데 우리는 만일 그런 성격을 지닌 어떤 것이 있다는 것을 알았을 때, 그것은 '추측되어지는 것'이지 '알려지는 것'은 아니라고 말해야 한다고 미리 동의했었지. 그것은 중간 지점을 방황하는 것으로서 역시 중간적인 능력에 의해 받아들여지는 것이기 때문이야."

"분명히 그 점은 동의했었습니다."

"따라서 많은 아름다운 것을 보기는 하지만 '아름다움 그 자체'를 파악하지

---

9) 옛날 주에 따르면 이 수수께끼는 다음과 같은 것이다. 남자이면서 남자가 아닌 자(고자, 거세당한 남자)가, 나무이면서 나무가 아닌 것(갈대) 위에 앉아 있는, 새이면서 새가 아닌 것(박쥐)을, 보면서 보지 않고(자세히 보지 않고), 돌이면서 돌이 아닌 것(수포석)을, 던지면서 던지지 않았다(던졌지만 맞지 않았다).

못하는 사람들, 기타 모든 것에 대하여도 마찬가지인 사람들은 모든 일을 추측하고 있을 뿐 자신들이 추측하는 것을 무엇 하나 진정으로 알고 있지 못하다고 우리는 주장해야겠지.”

“필연적으로 그렇게 됩니다.”

“그럼, 다른 한편, 모든 사물 자체를 늘 변함없이 같은 자세로 유지하는 것을 파악하는 사람들에 대해서는 뭐라고 말해야 할 것인가? 그러한 사람들이야말로 알고 있는 것이지 추측하고 있는 게 아니라고 말해야 하지 않을까?”

“그것 또한 마땅합니다.”

“그런 사람들은 지(知)와 관련되는 대상을 애호하고 애착을 기울이고 있는 한편, 아까 말한 사람들은 ‘추측’의 대상이 되는 것을 그렇게 한다고 말해야 하지 않을까? 아까 우리는, 그들은 아름다운 목소리와 색깔과 기타 그것과 비슷한 것을 애호하고 보고 있지만 ‘아름다움 그 자체’는 하나의 실존적인 존재로 인정하는 일조차도 견디어 내지 못한다고 말했는데, 기억하고 있나?”

“기억하고 있습니다.”

“그럼, 그런 사람들은 ‘지식을 사랑하는 사람(철학자)’이라기보다도 ‘추측하기를 좋아하는 사람’이라고 부른다고 해서 그다지 기묘한 표현을 썼다고 할 수는 없겠지? 이런 표현을 했다고 해서 그들이 몹시 화를 낼까?”

“아니요.” 글라우콘이 말했다. “그들이 선생님이 하는 말에 따르기만 한다면 그렇지 않을 겁니다. 진실은 아무도 화를 낼 수는 없는 법이니까요.”

“그렇다면 각 사물에 대하여 ‘순수하게 그 자체로서 있는 것’에 애착을 기울이는 사람들이야말로 ‘추측하기를 좋아하는 사람’이 아니고 바로 ‘지식을 사랑하는 사람’이라고 일컬을 사람들이라고 할 수 있겠지?”

“확실히 그렇습니다.”

# 제6권

1

 "자, 글라우콘." 나는 계속 말했다. "어떤 사람이 철학자이고 어떤 사람이 아닌지를 이제까지의 장황한 토론 끝에 겨우 알아냈군그래."
 "네, 짧은 토론으로 끝내기는 도저히 무리였을 겁니다." 글라우콘은 대답했다.
 "그런 것 같군." 나는 말했다. "토론할 문제가 이것만이었다면 좀 더 명백하게 밝힐 수 있었겠지. 올바른 삶이 올바르지 못한 삶보다도 얼마나 더 나은지를 추궁한다거나 그 밖에 토론할 문제가 많이 남아 있지 않았더라면 말이야."
 "그럼, 이제부터 우리는 무엇을 해야 합니까?"
 "순서를 밟아 나가는 수밖에 없겠지. '철학자'란 늘 변하지 않는 자세를 유지하는 사물과 접촉할 수 있는 사람들이고, 다른 한편 시시각각으로 변하는 잡다한 사물 속으로 헤매어 들어가는 사람들은 그렇지 못한 사람들인데, 그렇다면 대체 어떤 사람들이 국가의 지도자가 되어야 할까?"
 "어떻게 하면 그 문제를 적절하게 토론할 수가 있을까요?"
 "양자 중 어느 쪽이건 나라의 법률이나 정해진 일을 수호해 나갈 능력이 있다고 인정되는 사람이야말로 수호자로 임명해야 한다는 그런 식으로 토론해야겠지."
 "지당한 말씀입니다."
 "그런데, 나라를 지켜야 할 사람이 맹인이어야 하느냐, 날카로운 시력을 갖추고 있어야 하느냐는 새삼스럽게 물을 필요도 없겠지?"
 "네, 물론이지요."
 "그럼, 지금부터 내가 말하는 사람들이 맹인과 조금이라도 다를 바가 있는지 생각 좀 해보겠나? 즉 각 물체의 진실한 존재성을 인식하지 못하여 마음속에 아무런 뚜렷한 모범이 될 만한 본보기를 지니지 못하기 때문에, 화가와 마찬가지로 가장 진실한 것을 향해 눈을 돌려 언제나 그것과 관련시키고, 또 될 수 있는 대로 정확하게 보면서 필요한 경우엔 '아름다움' '올바름' '착함'에 대한 이 세상의 법을 만들고, 또 이미 제정되어 있으면 그 법을 지키고 보전해야 마땅하나 그것을 하지 못하는 그런 사람 말이야."

"제우스 신에게 맹세코, 그런 사람은 맹인과 크게 다를 바가 없습니다."

"그러니, 이런 사람들을 우선적으로 나라의 수호자로 내세워야 할는지? 아니면 각 물체의 진실한 존재성을 인식하며 경험상으로 미루어 보아 사람들보다 먼저 생각하며 나아가서는 기타의 여하한 덕성을 견주어 보아도 뒤지지 않는 그런 사람을 내세워야 할까?"

"나중에 말씀하신 그런 사람들을 뽑지 않는다면 우스운 이야기가 되겠지요. 그들이 절대적으로 우수하다고 할 수 있는 점, 즉 진실한 존재성을 인식하는 것, 이것이야말로 가장 중대한 점이라고 할 수 있으니까요. 게다가 다른 점에서도 뒤지지 않는다면 말입니다."

"그렇다면 어떻게 해서 동일 인물이 그 두 가지 조건을 겸비할 수 있느냐 하는 것을 우리는 설명해야겠지?"

"네, 그렇습니다."

"이 토론을 처음 시작할 때 우리들이 말했듯이 먼저 그들의 선천적인 소질을 확인해야 하네. 생각건대 만일 그 소질에 대하여 우리들의 의견이 충분히 일치되기만 하면 동일 인물이 그런 조건을 겸비할 수 있다는 것도, 나아가서 국가의 지도자가 될 사람은 바로 이런 사람 이외에는 없다는 것에 대해서도 우리의 의견은 일치하겠지?"

"어떤 방식으로요?"

2

"먼저 철학자들의 소질에 대해 다음의 몇 가지 점은 우리들이 이미 동의한 것으로 쳐야겠네. 즉 그들 철학자들은 생성·소멸에 좌우되는 일이 없이 늘 확고하게 있는, 그 진실한 존재성을 뚜렷이 제시해 주는 학문에 대해 끊임없이 적극적인 열정을 가진다는 점 말이야."

"그렇게 하기로 하지요."

"그들의 열정은 또한 존재의 모두에게 미치고 있다는 점도, 그리고 그러한 존재의 일부분을 이루고 있는 것이라면 그것의 크고 작음이나 귀천을 떠나 자진해서 소홀히 하는 일은 절대로 없다는 점도 말일세. 이 점은 앞서 명예를 탐내는 사람들이나 여색을 좋아하는 사람들의 예를 들어 이미 설명했을 텐데."

"말씀대로입니다."

"그럼, 다음을 생각해 주게. 앞으로 우리가 이야기한 것 같은 사람이 되어야 할 사람들은 지금 말한 점 이외에도 그 소질 속에 다음과 같은 점도 있어야 하는지 어떤지 말이야."

"무엇인데요?"

"거짓이 없는 것, 즉 무슨 일이 있어도 절대로 자진해서 허위를 받아들여서는 안 되고, 그것을 미워하고 진실을 사랑한다는 점이지."

"마땅히 그래야 좋겠지요."

"그래야 좋을 정도가 아니야. 이 사람아, 뭔가에 대해서 선천적으로 동경하는 자라면 그 상대와 동족, 친족 모두에게까지도 애정을 쏟지 않고는 견디지 못할 걸세."

"틀림없이 그렇습니다."

"그럼, '지혜'에 대해서 '진실'보다 더욱 가까운 관계를 가진 것이 달리 또 있을까?"

"어떻게 있을 수 있겠습니까?"

"그럼, 동일의 소질이 지혜와 허위를 모두 사랑할 수 있을까?"

"절대로 그럴 수 없습니다."

"그렇다면 진정으로 학문을 사랑하는 자는 일찍이 어렸을 때부터 모든 진실을 가능한 한 사랑하는 자라야 하지?"

"정말 그렇습니다."

"그런데 사람이 가지고 있는 온갖 욕망이 어느 한쪽 방향으로 몹시 쏠리고 있을 때, 그 밖의 방향에 대한 욕망은 약해진다는 것을 우리는 잘 알고 있지? 마치 물줄기가 도랑의 방향에 따라 흘러가듯이 말이야."

"틀림없지요."

"그러니까 어떤 사람의 욕망이 학문을 하는 일이나 그것과 비슷한 종류의 것을 향해 한결같이 흘러갈 경우, 생각건대 그 사람의 욕망은 순전히 정신적인 쾌락을 즐기는 결과가 되고 육체적인 쾌락에 대한 욕망은 메말라 버리고 말겠지. 만일 '지'를 추구하는 마음이 겉보기뿐만이 아니라 가슴속 깊은 곳에서 우러나오는 것이라면 말이야."

"틀림없이 그럴 겁니다."

"나아가서는 그러한 사람은 절도가 있어서 금전욕에 이끌리는 일도 없을 걸세. 왜냐하면 다른 사람이라면 모를까, 그런 사람들만은 다른 사람들이 열심히 돈을 원하고 또 돈을 뿌려서 얻으려는 온갖 것에 대하여 전혀 관심이 없을 테니 말이야."

"옳은 말씀입니다."

"그리고 또 한 가지 자네가 철학적 소질과 그렇지 않은 것을 구별하기에 있어서 검토해야 할 점이 있어."

"그것이 무엇입니까?"

"인색한 근성이 조금이라도 있다면 그것을 못 보고 놓쳐 버려서는 안 된다는 점이야. 왜냐하면 도량이 좁은 마음처럼 만물 전체를, 신적인 것이건 인간적인 것이건, 언제나 그리며 원하는 마음과 상반되는 성질의 것은 또 없으니까 말이야."

"지당한 말씀입니다."

"광대한 기개와 도량을 갖춘 정신이 모든 시간과 존재를 관조하는 마당에 이 미미한 삶을 그렇게도 중대한 것으로 여긴다고 생각할 수 있겠나?"

"아뇨, 생각할 수 없지요."

"그리고 그런 사람은 결코 죽음을 두려워하지는 않겠지?"

"네, 조금도 두려워하지 않지요."

"그러니 비겁하고 인색한 근성은 아무래도 철학에 참여할 소질이 아니라고 보아야겠지?"

"그렇게 생각합니다."

"그렇다면 어떤가, 단정하고 물욕이 없고, 인색한 노예근성도 없고, 허풍을 떨지도 않고, 겁도 없는 사람이, 까다롭거나 정직하지 못한 사람일 수가 있을까?"

"그렇지 않습니다."

"그러니, 철학자다운 소질이 있는지 없는지를 알아볼 때는 그 사람의 어린 시절부터 잘 조사해 보아야 할 걸세. 즉 공정하고도 온화한 정신인지, 아니면 까다롭고 사나운 정신인지를 말이야."

"그렇군요."

"그리고 또 이런 점도 그대로 보아 넘겨서는 안 될 걸세."

"그게 무엇인데요?"

"사물을 이해하는 능력이 좋으냐 나쁘냐 하는 점이야. 갖은 고생 끝에 얼마 안 되는 성과를 거두어서야 어디 사람들이 그 일을 사랑할 수 있겠느냐 말이야."

"도저히 안 되겠지요."

"자기가 배운 것을 무엇 하나 간직하지 못하고, 머릿속에는 '망각'뿐이라면 어떻겠는가? '지식'의 창고는 텅 비어 있는 결과가 되지 않을까?"

"네, 당연하지요."

"이렇게 치른 고생이 물거품으로 돌아간다면 마침내는 자기 자신이 싫어지는 동시에 그런 일이 미워지게 마련이 아닐까?"

"아무래도 그렇게 되고 말겠지요."

"그렇다면, 머리가 나쁜 사람은 철학을 할 자격이 충분히 있는 사람들 축에 끼워 주지 말아야겠군. 기억력이 좋은 사람이라야 철학자로서의 자격이 있다고 요구해야겠어."

"정말 그렇게 해야겠습니다."

"그리고 또, 소질이 거칠고 야비하면 '지나친' 결과밖에 초래할 것이 없다고 주장해야겠어."

"네, 틀림없습니다."

"그런데 진리는 '절도에 맞는 것'과 '절도를 잃는 것' 중 어느 쪽과 더욱 가까운 관계를 맺고 있다고 생각하나?"

"'절도에 맞는 것'이 더욱 가깝습니다."

"그렇다면 우리는 다른 여러 가지 조건에다 선천적으로 절도를 지키고 우아함을 갖춘 정신이라야 한다고 덧붙여야겠군그래. 그런 정신은 선천적인 소질 덕분에 온갖 진실한 존재를 향해 열정을 쏟을 테니 말이야."

"네, 틀림없습니다."

"자, 그럼, 우리의 토론이 어딘가 잘못된 점이 있다고 생각하지는 않겠지? 우리가 열거한 하나하나의 자질은 앞으로 진실한 존재를 충분하고도 완전하게 추구하는 일에 참여할 정신으로서 꼭 필요하고 또 갖추어야 할 점이고 동시에 서로 어울리는 것이겠지?"

"네, 가장 필요하고 또 갖추어야 하는 것들뿐입니다."

"그럼, 철학이 하는 일이 다음과 같은 것이라면 자네는 그 일에 대해서 조금이라도 비난의 여지를 찾아낼 수 있겠나? 선천적으로 기억력이 좋고, 이해력이 빠르고, 도량이 넓고, 우아하고, 진리와 정의와 용기와 절제를 사랑하는, 이러한 것들과 동족이 아닌 이상 절대로 충분하게 터득할 수 없는 그런 일 말일세."

"모모스[1]라 할지라도 그런 일에 대해서는 트집을 잡지 못할 겁니다."

"좋아 그럼, 그런 사람이 교육을 받고 자라서 완전한 인격을 갖추게 되면 자네는 그런 사람들에게만 국가를 맡기겠지?"

3

그런데 여기서 아데이만토스가 다음과 같이 말참견을 했다.

"소크라테스 님, 분명히 그런 점에 대하여 반대할 사람은 아무도 없습니다. 그러나 선생님이 지금 하신 말씀을 들은 사람은 아마 늘 이렇게 느낄 것입니다.

'우리는 토론하는 데 익숙하지 못하기 때문에 하나하나 질문을 받을 때마다 그 논리의 힘에 못 이겨 조금씩 옆으로 밀려 나가다가 토론의 끝에 가서는 그 조금씩 밀려 나간 것이 모여서 커다란 실패가 되어 마침내는 처음의 입장과는 정반대의 말을 하고 있는 자신을 발견한다. 그것은 마치 장기를 그다지 잘 두지 못하는 사람이 장기의 명수와 두게 되면 마침내 궁지에 몰려 꼼짝 못 하게 되는 것처럼, 우리도 마찬가지로, 장기는 장기지만 조금 색다른, 돌 대신에 말

---

[1] 신들이 하는 일을 비롯하여 모든 일에 트집을 잡고 비웃는 신, 비난의 화신. 헤시오도스 《신통기》 214행에서는 '밤'의 아들 가운데 하나로 치고 있다.

을 사용하는 장기를 두어 마침내 궁지에 몰리고 입을 봉하게 되고 만다. 그러나 그렇다 하더라도 진실 그 자체는 결코 그런 것이 아니다……'

제가 이런 말씀을 드리는 이유는 현실적인 상황을 잘 보고 난 결과이기 때문입니다. 사람들은 어쩌면 지금 하신 선생님의 말씀을 듣고 이렇게 말할지도 모르니까요……

'확실히 당신의 질문 하나하나에 대해 말로는 반대할 수가 없습니다. 그러나 사실상 눈에 띄는 것은 그렇지가 않습니다. 실상을 본다면 젊었을 때, 교양을 마무리 짓는 뜻에서 철학을 지망하고 그것에 심취되었다가 알맞은 시기에 손을 떼지 않고 필요 이상으로 오랫동안 철학을 위해 시간을 소비한 사람들은, 그 대부분이 전적으로 변변치 못한 사람이라고 할 수는 없지만 정상적인 인간과는 꽤 거리가 먼 사람이 되고 맙니다. 가장 뛰어나다고 여겨지는 사람조차도 당신이 칭찬하는 이 일 때문에 국가에서 쓸모없는 사람이 되고 맙니다' 하고 말이에요."

"그래서 자네는……." 나는 물었다. "그런 말을 하는 사람들은 옳지 못하다고 생각하나?"

"모르겠습니다. 그보다도 선생님의 생각을 꼭 좀 들려주십시오."

"들려주지. 내 생각으로는 그들이 하는 말이 사실이라고 여기네."

"그렇다면 어떻게 철학자들이 나라를 지배하는 날이 오지 않고서는 국가가 재앙에서 해방될 수 없다고 말할 수 있습니까? 바로 그 철학자들이 국가를 위해 쓸모 있는 사람이 못 된다는 말에 우리가 동의한다면 말입니다."

"그 질문에 대답하기 위해 한 가지 이유를 들어 설명해야겠군그래."

"비유에는 익숙지 못하실 텐데요!"

4

"좋아." 나는 말했다. "나를 놀리나? 이렇게도 증명하기 어려운 문제를 증명해야만 하게끔 사람을 몰아넣고서도! 그러나 어쨌든 내가 말하는 비유를 잘 들어 보게나. 내가 얼마나 끈질기게 비유에 집착하는지를 자네가 좀 더 잘 알아주었으면 싶네."

"다름이 아니라 바로 이런 것일세. 제1급으로 뛰어난 인물들이 국가와의 관계에 있어서 현재 어떤 상태에 놓여 있느냐 하면 그것은 너무나 지독한 것이어서 같은 상태에 놓여 있는 다른 하나의 것과 비교하기가 불가능하다네. 비유로써 그들을 위해 변명하려면 아무래도 여기저기서 많은 것을 끌어모아 와야만 하네. 마치 화가들이 여러 형상을 맞추어서 '염소와 사슴' 같은 종류의 것을 그리는 경우와 마찬가지로 말이야.

그럼 들어 보게. 여기에 한 척의 배가 있다고 하세. 아니 여러 척이 있다고 생각해도 좋아. 어쨌든 그 배에 대해서 다음과 같은 상태를 상상해 주기 바라네.

먼저 선주인데, 이 사람은 몸집의 크기에서나 힘에서 그 배를 타고 있는 그 누구보다도 뛰어나다네. 그러나 귀가 조금 멀고 눈 또한 조금 나쁘다네. 그리고 배에 대한 지식도 그 눈이나 귀와 마찬가지로 조금 좋지 않은 상태지.

그리고 선원들 각자는 모두 자기야말로 이 배의 키를 잡아야겠다고 생각하고 있어서 조타석을 에워싸고 서로 싸우고 있어. 한 번도 조타술을 배운 적이 없는 그들은 자기에게 그것을 가르쳐 준 스승이 누구인지, 언제 배웠는지도 말할 수 없다네. 뿐만 아니라 조타술이란 처음부터 누가 가르칠 수 없는 것이라고 주장하여 그것이 가르칠 수 있는 것이라고 주장하는 자가 있기라도 하면 그 사람을 갈기갈기 찢어 놓고야 말 거라네.

이리하여 그들은 끊임없이 선주의 주위로 몰려와서 어떻게 해서든 자기에게 키를 잡게 해달라고 탄원하고, 그 목적을 위해서 갖은 수단을 다 한단 말이야. 때로 자기들의 설득이 효과를 거두지 못하여 선주가 다른 사람들이 하는 말을 잘 듣는 일이 있으면, 그 사람들을 죽이거나 배에서 던져 버리거나 하지. 또는 잠자는 약을 먹이기도 하고 술에 취하게 만들기도 하고, 그 밖의 수단을 써서 사람 좋은 선주를 꼼짝 못 하게 해놓고는 배의 지배권을 차지하고 배 안의 물자를 제 마음대로 쓰는 거야…… 그 뒤는 부어라 마셔라 법석을 떨지. 이윽고 그런 패들이 할 법한 방법으로 배를 움직여 항해를 하지.

그리고 그들은 선주를 설득하든지 강요하든지 해서 지배권을 장악하는 데 큰 도움을 주는 자가 있으면 그런 자야말로 진정한 선원이고, 조타수로서 뛰어난 자며, 배에 대한 지식이 있는 자라고 칭찬해 주고, 그렇지 않은 사람은 쓸모없는 자라고 비난하거든. 참된 조타수라면 적어도 진정한 뜻에서 하나의 배를 지배할 만한 자격을 지니기 위하여 한 해의 주기(週期)나 계절, 하늘이나 천체나 바람, 기타 원칙적으로 이 기술에 관련된 모든 일을 주의 깊게 연구해야 한다는 것을 그들은 전혀 모른단 말이야. 또는 남의 마음에 들든 안 들든 관계없이 어떻게 하면 합당한 방법으로 키를 잡느냐 하는 데만 골몰할 뿐, 기술이나 수련의 형태로 몸에 익힘으로써 진정한 조타술을 완전히 터득한다는 것을 그들은 염두에 두지 않는단 말일세……

자, 이런 상태에 놓여 있는 배를 타고 있는 선원들은 오히려 진정한 조타수를 가리켜 틀림없이 '별을 바라보는 사나이'니, '쓸데없는 이론에 제정신을 잃은 사나이'라고 해가면서 자기들에게 도움이 되지 않는 인간으로 취급할 것이라고 생각하지 않나?"

"네, 틀림없이 그럴 겁니다." 아데이만토스가 대답했다.

"그렇다면 자네는, 지금의 비유를 하나하나 잘 음미한다면 내가 이야기한 상태가 진정한 철학자들에 대한 국가의 태도와 비슷하다는 것을 제시해 달라고 요구하지는 않겠구먼. 내가 하고자 하는 말을 이해한 셈이지?"

"네, 이해하고말고요."

"그럼 먼저, 철학자들이 나라 안에서 존경받지 못하는 것을 이상하게 여기는 사람에게 지금의 비유를 가르쳐 주게. 그리고 만일 존경받는다면 그것이 오히려 이상하다는 것도 납득시키도록 노력해 주게나."

"네, 가르쳐 주겠습니다."

"그리고 또 자네의 말이 옳아. 확실히 철학을 하는 사람들 속에서 가장 뛰어난 사람이라 할지라도 일반 대중에게는 쓸모없는 인간이라는 말 말일세. 단 쓸모없다는 점을 나무라는 데 있어서는 쓸모 있게 쓰지 않으려는 사람들에게 말해야지, 뛰어난 당사자에게 말해서는 안 된다는 점을 덧붙여 주게. 왜냐하면 조타수가 선원들에게 부디 나의 지배를 받아 주십시오, 하고 애원하는 법이란 원래 있을 수 없는 일이니까 말이야. 현자가 부자의 문을 두드린다는 이야기도 마찬가지여서, 그런 재치 있는 말을 한 사람[2]이 틀린 거야.

---

[2] 시인 시모니데스를 가리켜 하는 말이다(아리스토텔레스 《수사학》 제2권 16장). 시모니데스는 왕비로부터 '부자가 되는 것과 현자가 되는 것 중에 어느 쪽이 더 좋은가'라는 물음을 받자 '현자들이 부자들 문을 두드리는 것을 보면 부자가 되는 쪽이 더 낫다'고 대답했다고 한다.

원칙적으로 보아, 부자건 가난한 사람이건 병에 걸리면 의사를 찾아가야 할 것이고, 일반적으로 지배를 받을 필요가 있는 사람은 모두 지배할 능력이 있는 자의 문을 두드려야 하는 것이 원칙이지. 적어도 진정으로 능력이 있는 통치자라면 통치자 쪽에서 피통치자에게 자기의 지배를 받아 달라고 부탁하지는 않을 걸세.

그러나 현재, 실제로 나라의 정치를 도맡고 있는 통치자란 오늘 우리가 이야기한 선원들과 비유하면 틀림이 없을 테고, 또 그들이 쓸모없는 인간이라고 부르고, '별을 바라보는 사나이'라고 부른 사람들은 진정한 조타수에 비유하면 되겠지?"

"확실히 그렇습니다."

"때문에, 이런 상황의 결과, 또 이런 상황의 한복판에서 '철학'이라는 가장 훌륭한 일이 그것과는 정반대의 일에 종사하고 있는 사람들로부터 좋은 말을 듣는다는 것은 기대하기 어려운 일이야. 그러나 철학에 대해서, 사실은 이런 종류의 악평보다도 더욱 크고 더욱 강력한 비난과 중상이 가해지는데, 그 원인은 자칭 철학적인 일에 종사한다고 하는 사람들에게 있네. 자네가 아까 인용한 것처럼 '철학 비방자'들이 '철학을 지향하는 자의 대다수는 먼저 완전히 변변치 못한 사람이고, 고작 그 가운데서 가장 우수한 자라 할지라도 쓸모없는 인간이다'라고 하는 것은 다름 아닌 그런 자칭 철학자들을 염두에 두고 한 말이야. 나도 자네의 그 비방의 말이 옳다고 인정했지만 그것은 이들 자칭 철학자들을 생각하고 그런 것이네. 자네는 그렇게 생각하지 않나?"

"네, 같은 생각입니다."

5

"그럼 그 비방 중에서 뛰어난 사람들이 쓸모없다는 말은 그 원인이 어디 있는지 우리는 이미 이야기한 셈이 되지?"

"네, 그렇습니다."

"그럼, 이번에는 많은 사람들이 어째서 변변치 못할 수밖에 없는가에 대하여 이야기해 볼까? 그리고 가능하다면 이 원인 또한 철학 그 자체에 있는 게 아니라는 것을 규명해 보기로 하세."

"네, 그렇게 합시다."

"그럼 토론으로 들어가기 전에 먼저 월등히 훌륭한 인물이 되려면 어떤 소질을 선천적으로 가지고 있어야 하느냐에 대하여 앞서 토론한 점을 떠올려 보기로 하세.

먼저 첫째로, 자네가 기억한다면 그것이 '진실'이라는 것을 알고 있겠지? 그는 무엇이건 간에 수단 방법을 가리지 않고 진실만을 추구해야 하며, 만일 그렇지 않고 허풍을 떠는 사람이라면 진정한 철학을 탐구하는 일에 참여할 수가 없다고 했었지?"

"분명히 그렇게 말씀하셨습니다."

"그런데 먼저 이 점이, 철학자라는 것에 대한 현재의 일반적인 인식과 서로 어긋난다고 생각하지 않나?"

"네, 그렇습니다."

"그럼, 다음과 같이 말하면 우리는 철학자를 적절히 변호해 주는 결과가 되지 않을까? 즉 마음속으로부터 학문을 좋아하는 자는 진실한 존재를 향해 열심히 노력하게끔 타고난 자여서 일반적으로 있다고 여겨지는 잡다한 낱낱의 사물 속에 머물러 꾸물거리는 일은 없지. 그런 사람은 진실한 존재와 접촉하는 일이 그 본래 가능한 마음의 부분, 즉 진실한 존재와 동족 관계를 맺고 있는 부분에 의해 '틀림없이 무엇무엇이다'라고 불릴 제각기의 본성과 틀림없이 접촉할 때까지는 오로지 돌진하여 그 기세를 늦추지 않고 정열이 식는 법이 없지. 그는 마음의 그 부분에 의해 진정한 존재와 접하고 교류하여 지성과 진실을 낳고, 나아가 지식까지 얻어 진정한 '삶'을 살아가며 키워 나간단 말이야. 그때에 비로소 그의 산고(産苦)는 끝나는 거야."

"그보다 더 적절한 변호는 있을 수 없겠지요."

"그럼, 어떨까, 그런 사람이 거짓을 사랑하는 마음을 조금이라도 가질 수 있을까? 아니면 정반대로 거짓을 미워하지 않고는 배기지 못할까?"

"미워하지 않고는 배기지 못할 겁니다."

"생각건대 진실이 인도자라면, 그 뒤에는 온갖 나쁜 것들이 대열을 지어서 따르지는 못할 것이라고 주장할 수 있겠지?"

"물론 그렇겠지요."

"뒤따르는 것은 건전하고도 올바른 품성일 것이며, 그 뒤엔 또 절도가 수반될 것이네."

"물론 그럴 테지요."

"그러나 철학자의 소질을 이루는 다른 성격에 대하여 다시 한번 처음부터 하나하나 그 필연성을 주장하며 대열을 재편성할 필요가 있을까? 굳센 용기, 넓은 도량, 빠른 이해력, 뛰어난 기억력이 구비되어야 한다는 결론에 다다른 것을 자네는 기억할 테니까 말이야. 그때 자네는 이의를 내세워 이렇게 말했지.

'모든 사람이 우리가 하는 말에 동의하지 않을 수 없을 거다. 그러나 이론상의 토론을 떠나서 문제가 되어 있는 사람들의 실정, 그 자체에 눈을 돌려보자. 그중의 어떤 자는 쓸모없는 사람일 테고, 나머지 대다수의 사람은 온갖 결함을 갖춘, 정말로 변변치 못한 사람이라는 것을 엄연히 목격하고 있지 않은가. 이렇게 사람들은 주장할 것이다'라고.

그래서 우리는 그런 비난이 도대체 어떤 원인 때문에 일어났는가 하는 것을 조사해 보다가, 지금 밝혀내고 있는 이 문제, 즉 어째서 많은 사람들이 그런 결함이 있는 인간이 되었느냐 하는 문제에까지 파고들게 되었던 거야. 그리고 이 문제를 생각하기 위해 진정한 철학자들이 소질에 대하여 다시 한번 규정짓지 않을 수 없었던 거지."

"분명히 말씀대로였습니다."

6

"이제부터 이 '철학적 소질'이, 일반적으로 어떤 방식으로 손상되어 가는지, 그 타락의 원인을 생각해 보아야겠네. 극히 소수의 사람만이 이 타락에서 모면하게 되는데, 이 나머지 소수의 사람들이 바로 세상에서 '나쁜 사람이라고는 할 수 없지만 쓸모없는 족속'이라고 불리는 사람들이야.

그리고 다음에는 이 철학적 소질을 흉내 내어 가장하고 그 일 속에 도사리고 앉아 있는 자들을 관찰하지 않으면 안 되겠어. 어떤 종류의 마음을 가진 자들이 자기에게 어울리지도 않고 자기의 능력에 부치는 일 속으로 뛰어들어 온갖 실수를 저질러서, 철학에 대해 자네가 말한 것 같은, 일반 세상에 퍼진 그런 평판을 모조리 뒤집어쓰게 되었는지를 밝혀야겠네."

"그럼, 철학적 소질의 타락이란 도대체 어떤 것입니까?"

"가능한 한 설명해 보기로 하지. 먼저 우리가 지금 막 이야기한 것처럼, 완전한 철학자가 되기 위해 필요한 자격으로서 갖추어야 할 여러 조건을 빠짐없이 갖춘 사람은 많은 사람들 속에서 매우 드물게밖에 태어나지 않는다는 점에 모든 사람들이 우리에게 동의하리라고 생각하네. 안 그런가?"

"그렇다고 생각합니다."

"그럼, 그 드물게 타고나는 소질을 타락시키는 원인이 얼마나 많고 얼마나 큰 것인가를 생각해 보도록 하세."

"어떤 원인이 있을까요?"

"먼저, 이보다 이상하게 들리는 말도 없겠지만, 그런 소질이 지닌 천성으로써 우리가 찬양한 한 가지 한 가지가, 바로 그것을 소유한 자의 마음을 타락시키고 철학으로부터 일탈시킨다는 사실이야. 내가 말하는 것은 용기라든가 절제라든가 기타 우리가 늘어놓은 모든 것들이지."

"분명히 그것은 좀 기묘한 이야기입니다."

"그 위에 덧붙여서 좋은 조건이라고 일반적으로 말하는 모든 것이 타락과 일탈의 원인이 되는 거야. 즉 미모·부·신체의 건강·정치에 세력이 있는 친족과의 관계 및 그와 비슷한 종류의 모든 것이 바로 그것일세. 내 말의 뜻이 대강 어떻다는 것을 자네도 알 수 있겠지?"

"네, 압니다. 단지 좀 더 자세한 이야기를 들려주셨으면 좋겠습니다."

"그럼, 이것들을 전체적으로 올바르게 파악하게. 그렇게 하면 사태는 명백해질 것이고 아까 기묘하다고 말한 것도 절대로 기묘하게 느껴지지 않을 테니까."

"그러기 위해서는 어떻게 생각하면 좋을까요?"

나는 이야기를 계속했다.

"식물이건 동물이건 그 모든 씨앗, 또는 거기에서 탄생하는 것을 우리는 알고 있지. 즉 만일 씨앗이 저마다에게 알맞은 양분·계절·장소 등의 혜택을 받지 못했을 경우, 그 종자가 힘이 세고 우수하면 할수록 그만큼 더욱 많이 원래 필요로 하는 것이 모자라게 되지. 왜냐하면 나쁜 것은 좋지 않은 것보다 오히려 좋은 것에 대해서 더 강한 반대 관계에 있으니까 말이야."

"틀림없이 그렇습니다."

"그러므로 최선의 소질 쪽이 평범한 소질보다 한결 더 자기의 품성에 맞지 않는 양육의 조건 속에 놓임으로써 그만큼 나쁜 영향을 더욱 받는다는 것은 당연하겠지?"

"그렇습니다."

"그럼 아데이만토스, 마음도 이와 마찬가지여서 최선의 소질을 풍성하게 타고난 마음은 나쁜 교육을 받으면 특별히 나빠진다고 할 수 있지 않을까? 아니면 자네는 엄청난 나쁜 짓이나, 완전히 극악무도한 짓이 평범한 소질에서 생겨난다고 생각하나? 오히려 그것은 그야말로 양육이 좋지 않아서 강력한 소질이 손상된 데서 생겨나는 것이지. 허약한 소질은 선과 악, 어느 쪽이건 그리 대단한 원인은 아니라고 생각하네."

"틀림없이, 평범한 소질이 아니고 강력한 소질에서 비롯된다고 생각합니다."

"이렇게 우리가 규정지은 철학자의 소질은, 생각건대 만일 알맞은 교육을 받기만 하면 자라서 반드시 모든 덕성을 터득할 수 있지만, 반대로 만일 적합하지 않은 곳에 뿌려져서 자리를 잡아 성장하면, 신의 도움이 있기 전에는 아마 정반대의 결과를 가져오고 말 걸세.

어떤가, 자네도 많은 사람들의 생각과 마찬가지로 일부의 젊은이들이 소피스트들로부터 해독을 입고 있느니, 소피스트들이 개인적인 교육을 통해, 언급하지 않을 수 없을 만큼 매우 큰 해독을 끼치고 있다고 생각하나? 하지만 오히려 실제로는 그런 말을 하는 사람들 자신이 더욱 심한 궤변가여서 상대가 젊은이건 늙은이건, 남자건, 여자건 가장 효과적인 교육을 베풀어 자기들이 마음먹은 대로의 인간을 만들어 내고 있는 게 아닐까?"

"그것은 어떤 경우에 그렇다고 할 수 있습니까?"

"다음과 같은 경우지. 그들 대중은 의회나, 법정이나, 극장이나, 군영(軍營)이나, 또는 기타 사람들이 많이 모이는 공적인 모임에서 여럿이 함께 앉아 법석을 떨며 거기에서 하고 있는 연설이나 행사에 대하여 찬양하기도 하고 혹은 비난하기도 하지. 어느 쪽이건 간에 소리를 지르고, 손뼉을 치고 하며 극단적인 방법으로 한단 말이야. 게다가 그 소리가 벽에 부딪혀 그들이 있는 장소까지 울려서 비난과 찬양의 법석은 배로 커지게 되거든.

이런 상황에서 젊은이의 마음은, 그들이 말하는 대로 그 안에서 뛰지 않겠는가? 개인적으로 받은 어떤 교육이 그를 위해 발휘된다고 생각하나? 그런 교육은 이와 같은 비난, 찬양의 홍수로 인해 잠시도 지탱하지 못하고 삼켜져서 물살이 흐르는 곳으로 휩쓸려 간다고 생각하지 않나? 그리고 그는 군중이 아름답다고 주장하는 것을 그대로 따라하고, 추하다고 주장하는 것을 고스란히 따라하게 되어, 그들이 하는 일을 그대로 자기 일로 삼아 똑같은 인간이 되는 것이 아닐까?"
　"그렇습니다." 그는 대답했다. "그것은 정말 불가피할 겁니다."

## 7

　"불가피한 것은 그것뿐이 아니야." 나는 계속했다. "우리는 아직 '가장 큰 강제력'에 대해서는 이야기하지 않았네."
　"가장 큰 강제력이라니, 어떤 것입니까?"
　"이런 종류의 교육가들, 사실상의 소피스트들이 말로써 설득하지 못할 때 실제로 가하는 강제력을 말하는 거야. 자네는 모르고 있나, 그들이 자기들의 말을 듣지 않는 자에 대해서는 시민권을 빼앗거나, 벌금을 물게 하거나, 사형에 처하거나 징계하거나 한다는 것을?"
　"그런 일이 참으로 많습니다."
　"그러니, 다른 어떤 소피스트도, 또는 어떤 개인적인 가르침의 말도 그들의 교육에 맞서서 반대하고 이길 수가 없지. 안 그런가?"
　"이길 수 있는 자는 한 사람도 없겠지요."
　"정말 그래. 그런 일은 계획하는 것조차도 매우 어리석은 짓이라고 할 수 있어. 왜냐하면 그들 대중이 하는 교육에 반대되는 교육을 베풀어서 다른 덕을 지닌 품성이 형성된다는 것은 지금도 없고, 이제까지도 없었고, 지금부터도 또 결코 없을 것이네. 적어도 그 품성이 보통 인간의 품성인 한에 있어서는 말이야. 보통 인간 이상의 신적인 인물의 품성이라면, 속담에 따라 토론의 대상에서 제외하기로 하지. 잘 알아 두어야 할 일이지만 오늘과 같은 국가 제도 아래서 손상되지 않고 구제되어 올바르게 형성된 품성이 있다면, 그것은 사실 신의 섭리에 따라서 구제되었다고 말해야 옳겠지?"

"저도 그렇게밖에 생각이 들지 않습니다."

"그렇다면 지금 말한 것에다 또 한 가지 자네의 찬성을 얻어야 할 것이 있는데……."

"무엇인데요?"

"돈을 받고 개인적으로 가르치는 그 패들 말인데, 대중들은 이 패들을 소피스트라 부르며 자기들의 경쟁 상대로 생각하지만, 그들 한 사람 한 사람이 실제로 가르치는 내용을 보면 바로 아까 말한 그런 대중들의 모임에서 형성되는 통념 이외에 아무것도 아닌 것이며, 그들이 지혜라고 부르는 것 또한 대중의 의견과 다를 것이 없다는 이야기에 대해서 말이지.

그들의 경우에는 이를테면, 어떤 거대하고도 힘센 동물을 사육하는 사람의 경우와 비교할 수 있지. 그 동물의 갖가지 기질과 욕망에 대하여 잘 파악하여 이 동물에게 접근하고 만져 보려면 어떻게 해야 하는가, 어떤 경우에 가장 거칠고 또는 얌전하며, 무엇이 원인이 되어 그렇게 되는가, 어떤 경우에 울부짖는 소리를 지르는 습성이 있는가, 반대로 이쪽에서 어떤 말을 붙이면 얌전해지기도 하고 사나워지기도 하는가 등등을 알아내는 일을 하지.

이러한 모든 것을 오랫동안 경험을 쌓은 연후에 잘 파악하게 되면, 그는 거기에서 얻은 것을 지혜라고 부르고, 하나의 기술의 형태로 간추려 가지고는 이것을 가르치는 길로 나서는 거야. 동물이 생각하고 바라는 온갖 것 중에서 무엇이 '미'고 무엇이 '추'인지, 무엇이 '선'이고, 무엇이 '악'인지, 무엇이 '정(正)'이고 무엇이 '부정'인지에 대하여 무엇 하나 진실로 알지도 못하면서 말이야. 이러한 모든 호칭을 그는 단지 동물의 욕망에 맞추어서 사용하지. 즉 그 동물이 기뻐하는 것을 선이라고 부르고, 그 동물이 싫어하는 것을 악이라고 부를 뿐, 그 밖에는 그것들에 대한 아무런 근거도 갖지 못한단 말이야. 요컨대 필수 불가결한 것을 정이라고 부르고 미라고 부르는 것뿐이지, 그 필요한 것이 본질상 좋은 것과 얼마나 다른지에 대하여는 자기 스스로도 규명한 일도 없고, 남에게 가르칠 수도 없는데 말이야.

자, 교육자가 이런 꼴이라면 제우스 신에게 맹세코 참으로 기묘한 교육자라는 생각이 들지 않나?"

"네, 분명히 그렇습니다."

"갖가지 잡다한 사람들이 모여서 이루어지는 군중의 기질이나 경향을 잘 파악했다고 해서 그것을 지혜라고 생각하는 자, 그것은 그림의 경우나 음악의 경우에도, 물론 정치의 경우에도 마찬가지이지만, 그런 자를 지금 말한 동물 사육자와 비교해 볼 때 조금이라도 다른 점이 있다고 생각하나? 사실 만약에 누군가가 그런 군중에게 자기가 쓴 시나, 그 밖의 작품이나, 국가를 위한 정책 같은 것을 드러낼 때, 필요 이상으로 다수의 권위에 맡겨 버린다면 그러한 사람은 무엇이든지 다수가 찬양하는 대로의 일을 하지 않으면 안 될 것이며, 이것은 속담에도 있듯이 '디오메데스적인 필연'[3]일 테니까 말이야. 그러나 다수자가 찬양하는 일이 진정으로 좋은 일이고, 아름다운 일인지 그 이유를 규명하는 토론이 벌어졌을 경우, 자네는 이제까지 그런 패 중의 어느 누구에게서든 우습지 않은 토론을 들은 일이 있나?"

"아뇨, 앞으로도 들을 수 없을 겁니다."

### 8

"그럼, 이러한 모든 점을 염두에 두고, 아까 우리가 아름다움 그 자체와 많은 아름다운 사물을 구별했다는 점을 떠올려 주게. 도대체 대중이 아름다움 그 자체의 존재, 또는 일반적으로 많은 사물 전체가 아닌 각각의 것의 존재를 인정하거나 믿거나 할 수 있을까?"

"도저히 그것은 무리겠지요."

"그렇다면 대중은 철학자가 될 수 없다는 이야기가 되겠는데?"

"그렇죠?"

"그리고 철학을 하는 사람들이 그들 대중으로부터 비난받는 것도 어쩔 수 없는 일이겠군."

"불가피합니다."

"그러니 또한 대중을 상대로 그들의 마음에 들려고 애쓰는, 앞서 말한 개인

---

[3] 디오메데스는 아르고스의 왕으로 트로이아를 공격하는 군대에서 으뜸가는 용감한 장군. 오디세우스와 함께 트로이아의 아테나 신전에서 신상을 훔쳐 내어 가지고 돌아오던 도중 자기를 죽이려 하던 오디세우스를 결박하고 칼로 때리며 진영으로 끌고 왔다. 그때 찍소리도 못 하게 하는 강제가 즉 '디오메데스적 필연'이다.

적인 교육가들로부터도 모름지기 같은 대우를 받겠구먼?"

"그렇지요."

"사정이 이렇다면, 타고난 철학자를 위한 구원을, 즉 그가 최후의 목표에 다다를 때까지 자기 본래의 일에 머물도록 할 수 있는 것을 자네는 도대체 어디서 찾아내겠나? 먼저, 아까 말한 것을 떠올리며 생각해 보게나. 우리는 그런 철학적 소질에는 이해력이 빠르고, 기억력이 좋고, 용기와 도량이 넓은 데가 있어야 한다고 말했었지?"

"그랬죠."

"그만한 소질을 풍부하게 지닌 자라면 일찍이 어릴 때부터 모든 일에서 제일인자가 되지 않았을까? 육체적으로도 그 정신과 마찬가지로 우수하다면 더욱 그랬을 테지만 말이야."

"그렇지 않다면 오히려 이상하지요."

"그래서 생각건대, 가족이나 가까운 사람들이라면 이 젊은이가 크면 반드시 자기들의 일을 위해 써야겠다고 눈여겨보겠지?"

"네, 그렇겠지요."

"그래서 그들은 이 젊은이의 장래의 힘을 자기 것으로 해두려고 미리 아첨하여 간청하기도 하고 떠받들기도 하며, 그의 발밑에 꿇어 엎드리겠지?"

"어쨌든 그렇게 되기 쉽겠지요."

"주위에서 그런 식으로 대한다면 이 젊은이는 어떻게 되겠나? 특히 그가 큰 나라에, 그리고 그 큰 나라에서도 재산과 유서가 있는 집안에서 태어났고 게다가 풍모가 당당하기라도 하다면. 아마도 그는 그리스 사람들 일도, 먼 이방인의 일도 처리할 능력이 자기에게는 있다고 굳게 믿어 헤아릴 수 없는 야망으로 가득 차게 될 것이고, 그것으로 말미암아 또한 지성이 결여된 공허한 자존심을 갖게 될 것이고, 거드름을 피우며 한껏 거만한 인간이 되고 말겠지?"

"네, 틀림없이 그렇게 될 겁니다."

"이런 상태에 있는 사람에게 누군가가 다가가서 진실을 말했다고 하세…… '자네에게는 지성을 바탕으로 한 통찰력이 없는데 그것이야말로 자네에게 꼭 필요한 것이란 말이야. 그러나 그것을 획득하려면 하인처럼 모든 것을 바쳐서 오로지 그것만을 위해서 노력해야 한다네'라고. 그가 이와 같은 악조건 아래 있으면서 이 말을 쉽게 받아들일 것이라고 생각하나?"

"아니요, 도저히 그럴 수는 없을 겁니다."

"그러나 원래 타고난 소질이 좋아서 그런 충고의 말을 받아들일 만한 감각이 풍부하여 혹시 그 젊은이가 철학 쪽으로 방향을 바꾸어 이끌려 간다면 아까 말한 그런 패들이 어떤 태도로 나올 것 같은가? 그들은 더 이상 그 젊은이를 자기들의 당파에 넣어 이용할 수 없게 된다고 생각할 테고, 그래서 마땅히 무슨 짓이든, 무슨 말이든지 해서, 젊은이가 설득당하지 않도록 막을 것이네. 또한 충고자에 대해서는 설득하지 못하도록 개인적으로 음모를 꾸며 해를 끼치거나, 공개적으로 법정에 고발하거나 하는 등 갖은 수단을 다하겠지?"

"분명 그렇게 할 겁니다."

"그런 일을 당하면서까지 그가 철학을 하리라고 생각하나?"

"아니요, 절대로 그렇지는 않을 겁니다."

### 9

"자, 이것으로 아까 우리가 한 말이 틀리지 않았다는 것을 알겠지? 철학적 소질의 조건이 될 갖가지 덕성 그 자체는, 양육의 환경이 나쁠 때는 어떤 뜻에 있어서 그 사명으로부터 일탈하는 원인이 되고, 좋은 것이라고 일반적으로 말하는 부귀나 그것과 같은 종류에 속하는 모든 외적인 조건도 마찬가지라고 했던 것 말이야."

"네, 우리의 말이 옳았습니다."

"친구여, 아깝게도 최선의 소질은 이렇게 손상당하고 타락해 버릴 것이며, 최선의 일을 위해 지향하려는 것을 방해하는 힘은 이렇게도 크단 말일세. 그렇지 않아도 뛰어난 소질이란 우리의 주장처럼 드물게 태어나는 법인데 말이네. 그리고 이와 같은 소질을 가진 사람들 속에서야말로 국가와 개인에게 가장 큰 해독을 끼치는 사람도 나올 것이고, 또한 운 좋게도 바람직한 방향으로 흘렀을 경우, 최대의 선을 행하는 사람도 나올 테지. 이와는 반대로 보잘것없는 소질은 국가에 대해서도 개인에 대해서나 신통한 일은 아무것도 못할 거야."

"옳은 말씀입니다."

"이리하여 철학(그녀)⁴⁾과 맺어질 상대로서 가장 알맞은 사람들이 탈락해 버리면 그녀는 고독해지고 미혼인 채 남겨질 것이며 자신에게 어울리지 않는 삶, 진실하지 못한 삶을 이어 나갈 거란 말이야. 한편, 가족이 없는 고아가 된 그녀에게는 어울리지도 않는 패들이 몰려와서 그녀를 욕보이고, 자네가 말한 것 같은 오명을 뒤집어씌우는 결과가 되고 말겠지. 철학을 욕하는 자들이 입에 담는 말, 즉 그녀와 함께 있는 패들이란, 몇 명은 아무런 값어치도 없는 인간들이고, 대부분은 호되게 혼이나 내주었으면 좋을 만한 인간들이라는 그런 오명 말이야."

"틀림없이 그런 말을 듣고 있는 실정입니다."

"그런 말을 들어도 사실은 마땅해. 천한 사람들이 볼 때, 아무도 사는 사람이 없고 더구나 갖가지 아름다운 말과 호화로운 장식이 가득 차 있으니, 마치 감옥에서 빠져나와 신전으로 찾아들 듯이 자신들 본연의 직업에서 기꺼이 도망쳐 나와 철학 속으로 좋아라 마구 뛰어든단 말이야. 그런 패들은 원래 본업인 손끝으로 하는 기술에는 능란한 자들이지. 무슨 말이냐 하면, 비록 철학이 이처럼 추락했을망정 다른 갖가지 직업적 기술과 비교해 보면 아직도 당당한 위엄이 남아 있기에 이것이 여러 사람의 동경의 대상이 되기 때문이야. 그들은 본래 타고난 소질이 불완전한 데다가 마치 그 신체가 직업적 기술로 말미암아 상처받은 것처럼 그의 마음도 또한 미천한 일 때문에 완전히 주눅이 들어 불구자가 되고 말았지. 어떤가, 이건 불가피한 일이겠지?"

"네, 그렇습니다."

"그들을 보고 있으면 왠지 이런 광경이 머리에 떠오르는데, 자네는 조금이라도 다르다는 생각이 드는지 들어 보게. 조금의 돈을 모은 키 작은 대머리 대장장이가 있어. 그는 바로 얼마 전에 감옥에서 나왔는데 목욕을 깨끗이 하고 새로 지은 옷을 입어 신랑처럼 멋을 부리고는 주인집 딸이 가난하고 고아가 된 것을 노리고 결혼하려고 하네……."

"조금도 다를 바가 없군요."

"그런 사나이가 아버지가 되었을 때 대체 어떤 아이들이 태어나리라고 생각

---

4) '철학'이라고 번역되는 필로소피아(φιλοσοφια)라는 단어는 문법상 여성 명사이므로 여기에 의거해서 앞으로 그녀라고 비유적으로 불린다.

하나? 혈통이 천하고 변변치 못한 아이가 아닐까?

그럼, 교양도 없는 사람들이 격에도 맞지 않는 철학에 접근하여 사귄다면 어떨까? 그들이 어떤 사상과 생각을 낳는다고 우리는 주장하겠나? 이것이야말로 정실 자식도 아니고 가짜 지식(궤변)이라고 불러야 마땅한 것, 참된 지혜 쪽으로 참여할 수도 없는 그런 것을 낳겠지."

"참으로 말씀하시는 대로입니다."

10

"그래서 아데이만토스여." 나는 계속했다.

"진정으로 철학을 반려자로 삼을 만한 자격이 있는 사람들 가운데 실제로 철학을 하는 사람은 극히 몇 명밖에 되지 않는다는 이야기가 되네. 그러나 출생도, 성장 과정도, 훌륭한 품성이 나라 밖으로 추방당한 덕분에 철학에서 일탈해 나가지 않을 수 있었고, 갖가지 나쁜 영향력을 미치게 하는 것들이 주위에 없었기 때문에 타고난 소질대로 철학 밑에 머무르는 경우도 있을 수는 있겠지. 혹은 작은 나라에 위대한 정신이 태어났기 때문에 나라의 일을 자기의 값어치 이하의 것으로 치고 무시하는 경우도 있겠지. 또는 적은 숫자이긴 해도 소질이 뛰어난 사람들이 그 소질을 정당하게 살려 다른 기술을 경멸하고 철학으로 전향해 오는 수도 있겠지.

그리고 우리의 친구인 테아게스[5]의 재갈 같은 것도 철학에 머무르게 하는 역할을 할 수도 있을 거야. 사실 테아게스에겐 철학으로부터 일탈해 나갈 만한 모든 조건이 갖추어져 있었는데 다만 그의 병을 치료하는 문제 때문에 그는 정치 생활을 멀리하고 철학 아래 머무르게 되었지.

나 자신의 경우에 대해서는 말하지 않아도 되겠지…… 다이몬의 귀띔[6]에 대해서 말이야. 왜냐하면 이것은 나 말고 다른 사람에게는 이전에 결코 일어나지 않은 일일 테니까 말일세.

자, 이런 소수에 속한 사람은 자기가 소유한 것이 얼마나 기분 좋은 축복을

---

5) 《소크라테스의 변명》에서 소크라테스와 친숙하게 지낸 사람들 중 하나로 꼽히고 있다. '테아게스의 재갈'은 여기서 설명하는 것과 같은 의미의 격언적 표현이다.

6) 《소크라테스의 변명》에서 소크라테스에게 정치적 참가를 만류하는 말로 기록되어 있다.

받은 것인지를 맛보는 한편, 다수자의 광기가 어떤 것인가를 남김없이 보아 왔을 것이네. 그들은 또한 다음과 같은 현실을 뼈저리게 느꼈을 것이네. 즉 나라의 정치는 아마 누구도 무엇 하나 건전한 일을 하지 않았다고 해도 지나친 말이 아닐 것이고, 정의를 지키기 위해 서로 함께 싸우는 일에 전심전력을 다할 만한 동지도 없다는 현실을. 야생의 짐승들 속으로 혈혈단신 헤매어 들어간 사람처럼 부정과 맞설 만한 마음도 없고, 혼자서 만인의 광포와 맞서 싸울 만한 힘도 없으니, 국가나 친구를 위해 뭔가 유익한 일을 하기 전에 몸을 망쳐 버리게 될 것이고, 자기 자신에 대해서나 다른 사람에 대해서도 무익한 사람으로 끝을 맺을 수밖에 없을 것도 알고 있네.

이런 모든 점을 심사숙고한 끝에 그는 조용하게 자기의 일만을 하며 살아가는 길을 택하지. 마치 몰아치는 폭풍우 속에서 흙모래와 억센 비가 자기에게 뿌려지는 것을 피하기 위해 바람벽 뒤에 숨어 버리는 사람처럼, 그는 다른 사람들이 차마 볼 수 없을 만큼 심한 부정을 저지르는 것을 보면서도, 어떻게 해서든 자기 자신이 부정과 불경의 행위에 더럽혀지지 않고 살아갈 수만 있다면, 그리고 이 세상을 떠날 때에는 아름다운 희망을 품고 홀가분하게 마음 편히 사라질 수만 있다면 그것으로 족하다고 생각하는 거지."

"그렇게 된다면 그 사람은 결코 적지 않은 일을 이루고 이 세상에서 떠나가는 결과가 되겠지요." 그는 대답했다.

"그러나……." 나는 말했다. "그것만으로는 최대의 일을 성취했다고 할 수는 없지. 그가 살고 있는 나라의 본연의 자세가 철학적 소질에 꼭 맞지 않는다면 말이야. 왜냐하면 그와 같이 꼭 맞는 나라에서만 그 자신이 가장 훌륭하게 성장할 것이고, 개인적인 일도, 공공의 일도 모두 안전하게 구원할 수 있을 테니까."

11

나는 말을 계속했다.

"자, 이것으로 '철학'이 어째서 비방을 받게 되었느냐 하는 이유와 그 비방이 정당하지 못하다는 데 대하여 이야기할 만한 것은 모두 했다고 생각하네. 자네 쪽에 아직 달리 덧붙여야 할 말이 있다면 모를까."

"아닙니다. 그 점에서는 아무것도 덧붙일 것이 없습니다." 그는 대답했다. "그러나 철학적 소질에 꼭 맞는 국가의 본연의 자세라고 하셨는데 현존하는 여러 국가 제도 가운데 어느 것을 말씀하시는 겁니까?"

"어느 것도 아니야." 나는 말했다.

"바로 그것이 내가 불만을 품는 점이지. 오늘날 시행되는 국가 제도 중 어느 것에도 철학적 소질에 합당할 만한 것이 없다는 점 말이야. 그래서 또한 그와 같은 소질은 꺾이고 변질되고 마는 것일세. 마치 외국에서 들어온 씨앗이 땅에 뿌려지면 환경의 힘에 굴복당하고 말아 자신의 특성을 잃어버리고 그 토지에서 나는 씨앗과 마찬가지로 변질되어 버리는 일이 흔히 있듯이, 이 철학적 소질 또한 현재의 상태로서는 자기 본래의 힘을 계속 보유하지 못하고 다른 성격으로 타락해 버리기 쉽단 말이야. 그러나 그것이 일단 자기 자신의 최선의 소질에 알맞은 최선의 국가 제도 아래 있기만 한다면 그때야말로 이 종족만이 참으로 신적인 존재이며, 다른 모든 소질이나 일도 단지 인간의 것에 불과하다는 점이 저절로 뚜렷해지겠지. 여기서 자네는, 그렇다면 최선의 국가 제도란 무엇이냐고 묻겠지?"

"아닙니다. 제가 물으려고 한 것은 그런 형태의 것이 아니라, 최선의 국가 제도란 우리가 이제까지 국가를 세우면서 이야기해 온 국가 제도와 같은 것인지 다른 것인지였어요."

"다른 여러 가지 점에 우리가 이야기해 온 것이 바로 그것이었다고 할 수 있지. 다만 중요한 점은, 국가 안에는 국가 제도를 입법자인 자네가 법을 제정하는 마당에 가지고 있는 것과 똑같은 생각을 확고하게 가지고 있는 다른 구성원이 늘 존재해야 한다는 점이야. 이 점은 앞에서도 한번 이야기한 일이 있긴 있었어."

"네, 틀림없이 그랬습니다."

"그러나 충분하게 설명하지는 못했었지. 자네들이 여러 문제를 물고 늘어져서 이 점을 논증하기가 대단히 길고 어렵다는 것이 뚜렷했으므로 내가 두려워했기 때문이야. 그리고 이제까지 설명하지 않고 남아 있는 문제도 이야기하기란 결코 쉬운 일이 아니거든."

"아직 남아 있는 문제라니요?"

"철학이라는 일을 국가가 어떤 방식으로 다루면 멸망하지 않을 수 있느냐 하는 문제지. 다시 말해서 모든 거대한 기획은 위험이 가득 차 있기 마련이어서 격언에도 적절하게 표현되어 있듯이 훌륭한 일은 어렵기 때문이야."

"그렇다 해도 논증을 완성시키기 위해서는 그 문제를 분명하게 해결해야 합니다."

"그 일을 방해하는 뭔가가 있다면 그것은 의지의 결여가 아니고 내 힘의 부족이겠지. 내 열의는 있는 힘을 다해 신중히 알아볼 것이란 말이야. 사실이지 나는 열의가 지나친 나머지 대담하게도 이렇게 말하고 싶거든. 국가가 이 철학이라는 일을 제대로 취급하려면 현재와는 정반대의 방법을 써야 한다고 말이야."

"어떤 뜻에서 그럴까요?"

"현재 상태는 어떤가 하면, 철학에 손을 대는 사람들은 막 소년에서 청년으로 접어들 무렵[7]부터 가족을 거느리고 생계를 유지하게 될 때까지의 기간 동안에만 철학의 가장 곤란한 부분에 접근했다가 곧 떨어져 나가고 만단 말이야. 그런 패들이 가장 철학을 잘 배운 사람들이라고 여겨지는 실정이거든. 가장 곤란한 부분이란 이론적인 토론에 관계되는 부분을 말하는 거지. 그리고 그다음부터는 어쩌다 초대받아 다른 사람들의 철학적 토론을 들어 주는 것을 승낙이라도 하면 그것으로 대단한 일을 한 줄 안단 말일세. 철학적인 토론 같은 것은 여가의 심심풀이 정도로 해야 한다고 생각하거든. 마지막으로 노년으로 접어들면 매우 소수의 예외를 제외하고는, 그들의 내부에서 불타고 있던 정열은 완전히 꺼지고 말지. 이젠 두 번 다시 점화될 수 없을 만큼, 마치 '헤라클레이토스의 태양'[8]보다도 더욱 완전히 말이야."

"그럼, 원래는 어떻게 해야 합니까?"

"완전히 정반대의 방법이라야만 하지. 젊었을 때나 어릴 때는 그 나이에 적합한 교양과 철학에 손을 대야 마땅하고, 몸이 성장하여 어른으로 되어 가고 있는 동안은 신체에 대하여 충분히 배려함으로써 '철학'에 봉사할 수 있을 만한 기초를 만들어야 하지. 나이가 들어 정신 발육의 완성기에 접어들면 이번에

---

7) 스물한 살까지를 말한다.
8) 여기서는 '태양은 날로 새롭다'라는 헤라클레이토스의 말《단편》을 염두에 두고 한 말이다.

는 그 방면의 지적 훈련을 강화해야 해. 그리고 마침내 체력이 떨어져, 정치나 병역의 의무에서 해방되면 그때야말로 비로소 성역(聖域)에서 풀을 뜯는 양 떼처럼 자유의 몸이 되어 여가의 심심풀이를 빼놓고는 다른 모든 것을 집어던지고 오로지 철학에만 전념해야 하지. 그렇게 함으로써 비로소 사람은 행복하게 살 수 있게 되는 것이고, 죽은 뒤에는 저세상에서 자기가 살아온 삶 위에 그것과 어울리는 운명을 덧붙이는 결과가 될 거야.

### 12

"과연 그렇군요." 아데이만토스는 말했다.

"말씀하시는 투가 참으로 열의에 가득 차 있으십니다. 소크라테스 님, 그러나 제 생각으로는, 말씀을 듣고 있는 여러 사람들이 선생님보다 훨씬 더 뜨거운 열의를 가지고 반대할 것이며 과연 그 말씀이 맞다고는 결코 생각하지 않을 것입니다. 트라시마코스 같은 사람은 아마 가장 앞에 나설 겁니다."

"나와 트라시마코스의 사이를 갈라놓으려 해서는 안 되지. 겨우 아까 사이가 좋아졌는데. 그렇다고 전에 원수였던 것은 아니지만 말이야. 우리로서는 이 트라시마코스도, 또 다른 사람들도 설득할 때까지는, 또는 적어도 이 사람들이 다음 세상에 다시 태어나서 오늘과 같은 토론을 하게 되었을 때, 어느 정도 쓸모가 있게 될 때까지는 절대로 노력을 게을리하지 않을 걸세."

"다음 세상이라니 이건 좀 너무 앞일을 말씀하시는군요!"

"아니지, 그때까지의 시간 같은 것은 거의 한순간이나 마찬가지야. 영겁의 시간 앞에서는 말일세. 그건 그렇다 치고 많은 사람들이 우리가 하는 말을 납득하지 않는다고 해서 조금도 놀랄 것은 없어. 아무튼 그들은 지금 토론하는 일이 실제로 시행되는 것을 한 번도 본 일이 없으니까 말이야. 그들에게 훨씬 더 친숙한 것은 오히려 오늘 말한 것같이, 서로 닮은 말을 늘어놓는 화법이네. 그것도 지금처럼 자연스럽게 된 것이 아니고 일부러 말을 서로 비슷하게 들리도록 연구해서 이야기하는 방법 말이야.9) '똑같이 한다'느니 '비슷하게 한다'느니

---

9) 소크라테스 말 속의 '토론되고 있다(레고메논)'와 '시행되었다(게노메논)'는 자연적인 언어유희로 간주된다. 그 무렵, 고르기아스의 변론술의 흐름을 받아들인 이소크라테스(플라톤의 아카데메이아와 견주는 학교의 설립자) 등의 수사가들은 이와 같이 말끝에다 유사음을 붙여서 같은 길

하지만, 그 언행에 있어서 덕의 이상(理想)과 가능한 한 똑같이 나라를 지배하고 있는 것을 그들은 여태껏 한 번도 본 일이 없단 말이야. 있다고 생각하나?"

"아니요, 절대로 없습니다."

"그렇다고 해서 여보게, 언어만 해도 그렇지. 고상하고 자유로운 토론, 즉 지식을 목표 삼아 온갖 노력을 다하여 오로지 진실만을 추구하는 그런 토론, 그리고 법정에서나 개인적인 모임에서나 그저 추측이나 말씨름을 하기 위한 교묘한 논쟁 기술 같은 것은 모두 멀리하는 그런 토론을 그들은 그다지 들어 본 일이 없단 말이야."

"그 점도 말씀대로입니다."

"이런 사정이 있어서, 그리고 그 점을 예측했기 때문에 우리는 그때, 감히 진실의 힘에 이끌리어 다음과 같이 말하지 않을 수 없었던 거야.

아까 말한 것 같은 철학자들이 오늘날 쓸모없다는 말을 듣고 있긴 하지만, 결코 변변치 못한 사람들이 아닌 소수의 철학자들이 어떤 운명에 이끌리어 바라건 바라지 않건 간에 국가의 일을 배려하도록 강요당하고, 한편 국가 쪽에서도 그들이 하는 말에 순종하지 않는다면, 그리고 현재 권력을 차지한 사람들이건, 왕위에 있는 사람들의 아들 또는 그 장본인이건 간에 어떤 신의 영감을 받아 진실한 철학에 대한 진실한 연정에 사로잡혀 있는 것이 아니라면, 그때까지는 국가도 국가 제도도 나아가서는 개개인도 모두 마찬가지로 절대로 완전한 상태에 다다를 수는 없다고 말이야.

지금 말한 두 가지 조건 중 어느 한쪽 또는 양쪽 모두가 실제적으로 실현이 불가능하다고 생각할 근거는 전혀 없다고 나는 주장하고 싶네. 만약에 그렇다면 우리는 단지 공염불에 지나지 않는 이야기를 펴는 자로서 비웃음을 당해 마땅할 테니까 말이야. 그렇지 않을까?"

"그렇습니다."

"그래서 만일 최고의 철학자가 국가의 일을 배려하도록 어떠한 형태로 강요하는 일이 지나간 시간 동안에 일찍이 있었거나, 또는 그리스 이외의 우리의 눈이 미치지 못하는 어느 먼 나라에서 지금 행하여지거나, 또는 앞으로 있을

---

이의 어구를 모아 늘어놓는 등의 기교를 부려 그것을 자랑삼았고 또한 가르쳤다. 그다음에 나오는 '똑같이 한다' '비슷하게 한다'도 이런 수사학상의 술어와 관련성이 있다.

수 있다면 우리는 자진해서 강력하게 이렇게 주장하고 싶은 것이네.

이제까지 이야기해 온 국가 제도는 그와 같이 철학의 여신이 한 나라를 지배할 때 비로소 이루어졌고, 실현하고 있고, 실현되리라고. 왜냐하면 그와 같은 국가 제도는 그 자체로서 절대로 불가능한 일이 아니고 우리도 불가능한 일을 이야기하고 있는 게 아니니까 말이야.

다만 그 실현이 어렵다는 것을 우리 자신도 잘 알고 있을 뿐이지."

"저도 동감입니다."

"그러나 많은 사람들은 그렇게 생각하지 않는다고 말하고 싶은가?"

"네, 아마 그런 것 같습니다."

"여보게, 대중을 그렇게 함부로 나쁘게 말하는 게 아니야. 자네가 그들과 싸울 생각이 있는 것도 아니고, 차근차근히 타이르는 기분으로 학문 애호에 대한 편견을 바로잡아 주고, 자네가 말하는 철학자란 어떤 사람들인가를 가르쳐 주면, 그리고 그들이 생각하는 패들에 대해서 자네가 이야기하고 있다고 생각하지 않도록, 철학자들의 소질이나 그 일에 대해 아까 하던 방식대로 잘 규정지어 준다면 아마 그들도 틀림없이 의견을 바꿀 걸세. 아니면 자네는 비록 그들이 자네의 설명대로 보면서도 다른 대답을 하게 되지는 않을 거라고 말할 작정인가? 자기 자신이 악의 없는 온화한 사람일 경우, 대체 어떤 사람이 화도 내지 않는 사람에게 화를 내거나 악의 없는 사람에게 악의를 가지거나 하겠나? 나는 자네가 대답하기 전에 먼저 말해 두지만, 그렇게 험상궂은 성격은 일부 소수의 사람에게만 있는 법이지 일반 대중 속에는 없다고 생각하네."

"물론 저도 같은 생각입니다."

"그럼 이 점에서도 자네는 같은 생각일까? 다름이 아니라, 많은 사람들이 철학에 대하여 엄격하게 나오는 근본 책임이 누구에게 있느냐 하면, 격에 어울리지도 않으면서 다른 데서 침입해 온 바로 그 소란스러운 패들에게 있다는 점 말이야. 그들은 서로 욕하고 시비조이며, 늘 속세에 대한 일만 토론하여 철학과는 조금도 어울리지 않는 일을 하고 있거든."

"옳은 말씀입니다."

13

"실제로 말이야, 아데이만토스, 적어도 진정으로 스스로의 정신을 진실한 존재에 쏟는 자라면 저속한 세상일에 눈을 돌려 사람들과 싸우고 질투하고 악의로 마음을 가득 채울 그럴 틈은 절대로 없을 걸세. 아니, 그는 언제나 변함없이 본연의 자세로 진정한 존재에만 눈을 돌려, 그것이 부정을 저지른다거나, 침범당하는 일 없이, 모든 질서와 이치를 뒤따르는 것을 관조하며, 스스로도 그러한 존재와 닮으려고 또한 될 수 있는 대로 동화하려고 온갖 노력을 기울일 걸세. 사람이 숭고한 마음을 가지고 그 무엇과 함께 살 때, 그 사람을 따르지 않을 수 있다고 생각하나?"

"따르지 않을 수 없겠지요."

"따라서 철학자는 신적이며 질서가 있는 것과 함께 살아감으로써 인간의 능력의 한도 내에서 신적이며 질서 있는 사람이 되는 거지. 다만 중상이라는 것이 어떤 형태로든 반드시 뒤따르게 마련이지만 말이야."

"옳은 말씀입니다."

"그래서 만일 철학자가 그와 같이 자기 자신을 형성하는 데만 머무르지 않고 진실한 존재의 세계에서 목격할 수 있는 것을 인간의 품성 안에 사적으로나 공적으로도 만들어 주는 일을 하나의 강제적인 의무로 부과한다면, 과연 그는 '절도'나 '정의'나, 기타 민중이 지닐 수 있는 모든 덕을 만들어 주는 일에 있어서 솜씨가 나쁠 것이라고 생각하나?"

"천만의 말씀입니다."

"일반 대중들도 우리가 이렇게 철학자에 대해 이야기하고 있는 사항이 사실임을 깨달았을 때, 그런데도 여전히 철학자들에게 심하게 대하고 우리의 말을 믿지 않은 채 있을 수 있을까? 신을 닮은 본보기를 바라보며 화가가 그림을 그리듯이, 한 나라의 윤곽을 형성하지 않으면 국가는 결코 행복하게 되지 못할 거라는 우리들의 의견을 말이네."

"깨닫기만 한다면 심하게 대하지는 않을 겁니다. 그러나 그런 화가는 어떤 방법으로 그 일을 할까요?"

"그 일에 임하는 철학자들은 말하자면 화폭에 해당하는 국가와 사람들의 품성을 받아들인 뒤, 가장 먼저 그 화폭의 더러움부터 깨끗이 닦아 낼 것이네.

이것이야말로 쉬운 일이 아니지. 그러나, 어쨌든 자네도 잘 알고 있겠지만 그들은 벌써 이 점에서부터 다른 사람들과는 다르다고 할 수 있어. 즉 상대가 개인이건 국가 전체건, 이것이 깨끗한 상태일 때 인수하든지, 아니면 손수 깨끗이 하든지 하지 않는 한, 그때까지는 절대로 손을 대려고 하지 않을 것이고 법을 초안하려고도 하지 않을 거란 말이야."

"그리고 그것이 올바른 태도이기도 합니다."

"그들은 그다음에 국가 제도의 형태에 대한 초안을 잡을 것이라고 생각하지 않나?"

"네, 그럴 겁니다."

"그리고 그 일을 완성해 가며 그들은 진실한 존재인 '올바름'이니, '아름다움'이니 '절도'니 이런 모든 종류의 것을 향해 눈을 돌리는 동시에 다른 한편으로는 인간들 속에 심어 넣어 주려는 본보기 쪽으로 눈을 돌려, 양쪽을 번갈아 가며 몇 번이고 주시하겠지. 화가가 갖가지 색을 섞어서 살색을 만들어 내듯이 인간의 삶과 그것을 엮어 나가는 데 있어서의 모든 요소를 섞어서 참된 인간의 모형을 만들어 내려고 할 거야. 호메로스가 그러한 것을 인간에게서 발견했을 때 '신의 모형' '신의 유형'이라고 부른 바로 그것을 본보기로 삼고 그것에 따라 판단해 가면서 말이야."

"올바른 방법입니다."

"그리고 어떤 부분은 지우고 어떤 부분은 또다시 덧칠을 하여 마침내는 인간의 품성을 인간의 품성으로서 가능한 한 신의 사랑을 많이 받는 성격으로 만들어 내는 데 온 힘을 다할 걸세."

"더할 나위 없이 아름다운 화폭이 되겠군요."

"자, 이것으로써 우리는 우리를 향해 무서운 기세로 몰려온다고 자네가 말한 친구들을 어떻게든 설득할 수가 있을까? 그들은 그런 놈에게 국가를 맡기느냐고 정색을 하며 화를 내겠지만 그때 우리가 추천한 사람은 바로 이와 같은 방법으로 국가 제도를 그리는 화가라고 말해 주면서 말이야. 어떨까, 그들은 지금 이 말을 듣고 조금 잠잠해질까?"

"조금이 아니라, 훨씬 더 잠잠해지겠지요. 분별력이 있기만 하다면 말입니다."

"사실, 그들로서 어느 점에 다른 견해를 내세울 수 있겠나? '철학자'란 실재

(實在)와 진리를 사랑하는 자가 아니라고 할까?"

"그런 우스운 이야기는 있을 수 없지요."

"그렇다면 우리가 진술한 것 같은 철학자의 소질이 최선이라는 것과 친근성을 가진 소질이라는 점을 부정할 것 같은가?"

"그것도 불가능합니다."

"그럼 어떤가, 바로 그와 같은 소질이 자기에게 딱 맞는 일과 만난다면, 적어도 다른 어떤 소질보다도 뛰어난 성격, 철학적 성격으로서 완성되리라는 것을 부정할 것인가? 우리들이 비철학적인 자라고 물리친 사람들 쪽이 오히려 그렇게 된다고 주장할 것인가?"

"물론 그럴 리는 없지요."

"그렇다면 철학자들이 국가의 통치자가 되기까지는, 국가나 국민도 화가 끊일 날이 없을 것이고 우리가 말하고 있는 국가 제도가 사실상 완성되는 일도 없을 것이라는 데 그들 일반 대다수의 사람들은 계속 화를 낼 것인가?"

"아마 그들은 화를 덜 낼 것입니다."

"덜 낸다고 말하지 말고 완전히 이해하고 전적으로 얌전해졌다고 해야 옳지 않을까? 그런 말을 들으면 그들도 다른 이유야 어쨌든 적어도 부끄러워서라도 우리에게 동의할 테니까."

"그렇군요!"

### 14

"자, 그럼." 나는 계속했다. "그들 대중 쪽은 이런 점을 완전히 이해해 주었다고 치세. 그런데 왕위나 권력을 잡고 있는 사람들의 자제들 가운데는 철학적 소질을 가진 자가 태어날 가능성이 없다는 이유를 들어, 그 점에 대하여 이의를 제기할 사람이 있을까?"

"한 사람도 없을 겁니다."

"그럼, 그런 소질을 타고난 자가 탄생했지만, 언젠가는 타락하고 말 것이라고 어느 누가 단언할 수 있을까? 일단 타락하고 나면 구제되기 힘들다는 것은 우리도 인정하는 바이지만 말이야. 그러나 그런 소질을 가진 모든 사람 속에서 어느 누구도 온 영겁의 시간 속의 언제 어느 때라도 절대로 구제받을 수 없다고 말할 수 있는 사람이 있을까?"

"어떻게 그런 말을 할 수 있겠습니까?"

"그러나 그런 타락을 모면하는 자가 한 사람이라도 나타나서 자기에게 복종하는 국가를 가진다면 현재 불가능하다고 여겨지는 모든 일을 충분히 실현시킬 수가 있단 말이야."

"틀림없이 충분히 할 수 있을 겁니다."

"왜냐하면 우리가 이야기해 온 그런 법률이나 제도를 통치자가 제정한다면, 국민이 자진해서 그것을 지키는 일이 불가능하지는 않을 테니까 말이야."

"물론 불가능할 리가 없지요."

"그리고 또, 우리가 좋다고 생각하고 정한 국가 제도를 다른 사람도 좋다고 생각하고 제정한다면 이상하고 불가능한 일일까?"

"아니요, 그렇지 않습니다."

"그런데 우리가 생각한 제도는 실현이 가능하기만 하다면 최선의 것이라는 점은 이제까지 충분히 이야기해 왔다고 생각하네."

"네, 그렇습니다."

"그렇다면 이 입법 문제에 대해 지금 우리가 결론지을 수 있는 것은 다음과 같네. 우리의 생각이 이루어질 수만 있다면 최선의 것이다. 그런데 그 실현은 힘이 들긴 하지만 불가능한 일이 아니다."

"틀림없이 그렇게 됩니다." 아데이만토스는 이렇게 대답했다.

## 15

"그럼, 이 점에 대해서는 이것으로 겨우 해결된 셈이니까 다음은 나머지 문제로 넘어가야겠군. 그것은 이런 문제였지. 즉 우리가 제정한 국가 제도를 안전하게 지켜 줄 사람들을 어떤 방식으로 찾아내야 하고, 또 그들은 무엇을 배우고 무엇을 업으로 삼도록 육성되어야 하는가, 또는 저마다 몇 살 정도부터 제각기의 학문을 수업해야 하는가……."

"네, 정말이지 이젠 그 문제를 토론해야겠어요." 그는 말했다.

"젠장, 나의 못된 꾀도 아무 소용이 없게 되었지 않은가." 나는 말했다. "아까, 결혼이라는 귀찮은 문제, 아이를 만드는 일, 통치자들을 임명하는 문제에 대해서는, 완전한 진실은 사람의 감정을 해칠 뿐만 아니라 실현하기도 곤란하다는 점을 알고 있기 때문에 일부러 이야기하지 않고 내버려 두었는데 말이야. 그런데도 지금 그런 문제를 이야기하지 않으면 안 될 형편이 되고 말았구먼. 여자와 아이들 문제는 이미 해결을 보았지만 통치자는 처음부터 다시 시작하는 자세로 이것을 추구해 나가야겠군그래.

그런데, 자네는 기억하고 있을는지 모르겠지만, 통치자들에 대해서 우리는 이런 말을 했었지. 즉 통치자가 될 사람들은 여러 가지 쾌락과 고통의 시험을 이겨 냄으로써 애국자임이 증명되어야 한다고. 그리고 그 신조는 또 다른 고통을 당하거나 공포를 만나든, 그 밖에 운명의 변화가 일어나든 절대로 포기되지 않아야 하네. 그렇지 못한 사람은 후보자 명단에서 빼버려야 하며, 마치 불속에서 단련된 순금처럼 언제 어떤 경우에도 순수하고 티가 없다는 것이 증명되는 자라야만 통치자로서 버틸 수 있으며, 살아 있는 동안은 물론 후세까지, 나라의 특전과 보상을 받을 것이라고 말이야.

아까의 논쟁은 거의 이런 점을 다루었었지. 그 뒤로 우리의 토론은 지금 우리의 눈앞에 있는 '철인왕(哲人王)의 문제'를 취급해야 했었는데 그것이 두려워서 줄곧 얼굴을 가리고 외면했어······."

"말씀대로입니다. 기억하고 있어요."

"그것도 그럴 것이 지금은 겨우 선언했지만 그때는 입 밖으로 내놓기가 무척 망설여졌거든. 그러나 지금 감히 입 밖으로 내놓은 이 점만큼은 인정받은 것으로 쳐야겠어. 즉 우리가 임명하는 가장 엄밀한 뜻에서의 수호자들은 철학자라야만 한다는 것 말이야."

"네, 그렇게 하기로 하지요."

"그럼, 그런 사람들이 얼마나 소수밖에 탄생하지 않는가를 생각해 보게나. 무슨 말이냐 하면 그들이 갖춰야 할 소질로서 우리가 늘어놓은 것을 모두 지니고 태어나는 사람은 매우 드물고 대부분의 경우, 그 한 가지를 따로따로 나누어 가지고 태어나니까 말이야."

"그건 무슨 뜻입니까?"

"이해력이 빠르고, 기억력이 좋고, 두뇌의 회전이 잘되고, 예민하고 기타 이것과 비슷한 종류의 것을 가지고 있으면서 또한 혈기가 왕성하고 기개가 광대한 사람들은 자네도 알다시피 조용하고 견실한 생활을 꼬박꼬박 지키는 성질이 결여되어 있단 말이야. 그런 사람들은 예민하기 때문에 때와 장소에 따라 아무데나 돌진해 가버리거든. 이렇게 되면 아마 견실한 점이라곤 하나도 없어지고 말 테지."

"옳은 말씀입니다."

"그리고 또 착실하면서 쉽사리 변하지 않는 사람은 어떤가 하면, 믿고 교제할 수 있고 또 전쟁터에서 공포와 마주쳤을 때도 쉽사리 흔들리지 않지만, 이것이 이번에는 학업 면에서도 같은 반응을 나타내는 결과가 되거든. 즉 하나의 마비 상태에 빠진 것처럼 쉽사리 움직이지도 않고 쉽사리 배우지도 못하기 때문에 이런 종류의 고통을 뚫고 나가야 할 경우에는 졸거나 하품을 하거나 할 뿐이거든."

"네, 듣고 보니 그렇군요."

"그러나 우리의 입장에서 말을 하자면 그들은 그 양쪽을 훌륭하게 공유해야만 하고, 만약에 그렇지 않다면 그들은 교육에서 최고로 정밀한 것은 공유할 수 없고, 명예 있는 지위도, 통치자의 직책도 부여받을 수 없다는 이야기가 되고 말지."

"마땅한 말씀입니다."

"그러니, 자네는 이렇게 생각하지 않나? 그런 사람은 좀처럼 찾아내기 힘들다고 말이야."

"네, 그렇게 생각하지 않을 수 없습니다."

"그래서 검사라는 것이 필요하게 되는 거야. 아까 말한 노고·공포·쾌락 등에 따른 검사뿐만 아니라, 그 위에 덧붙여서 아까는 언급하지 않았지만 갖가지 학과를 통해 훈련시켜야 해. 그 과정에서 우리는 그가 최대의 학업에 견딜 수 있는 자인지 아닌지, 혹은 학업 이외의 경우에도 그런 예가 있었던 것처럼 겁을 집어먹고 그만두는 일이 있는지 어떤지를 지켜봐야 한단 말이야."

"네, 아무튼 관찰은 필요하겠지요." 그는 말했다. "그런데 최대의 학업이란 대체 어떤 것입니까?"

16

"자네도 기억하겠지만……." 나는 말했다. "정신(삶의 기본이 되는 것)의 형상을 우리는 셋으로 나누어 가지고 거기에서 '정의' '절제' '용기' '지혜'가 저마다 어떤 것인가 결말을 지었었지."

"네, 기억하지 못한다면 그 뒤를 들을 자격이 없는 거지요."

"분명 그것보다 먼저 이야기한 것도 기억하겠지?"

"무엇이었던가요?"

"우리는 이렇게 말했다고 생각하는데. 즉 이러한 것들을 어떻게 하면 가장 아름다운 방법으로 볼 수 있느냐 하면 좀 더 다른, 좀 더 긴 행로가 필요하기 때문에 그러한 긴 행로를 도로 돌아서 간 자만이 모든 점이 뚜렷해진다고 말이야. 그러나 그렇게까지 하지 않아도 지금까지 이야기해 온 것이 있으니, 그것과 같은 계열의 설명을 덧붙일 수 없는 것은 아니라고도 말했지. 그랬더니, 자네들은 그것으로 충분하다고 말했지. 그래서 그것으로서 그때의 일은 이야기한 셈이 되고 말았어. 다만, 나는 정밀도에 있어서 모자라는 점이 있다고 보고 있는데 말이야. 하지만 자네들이 만족하게 생각한다면 그만이야."

"그러나 저는……." 아데이만토스는 말했다. "적당하게 치수가 맞는다고 생각했습니다. 아니, 저뿐만 아니라 다른 사람들도 모두 그렇게 느끼고 있었습니다."

"하지만 여보게, 적당하다느니, 치수니, 그렇게 말하지만 이런 큰 문제에 있어서 '있다는 것(내용)' 속에 어떤 것이 결여되어 있어도 절대로 적당하게 치수가 맞는 것으로 되지는 않아. 왜냐하면 완전성이 없는 것은 어떠한 경우에도 아무런 척도가 될 수는 없으니까. 하긴 때와 사람에 따라 이젠 충분하다, 이 이상 아무것도 탐구할 필요가 없다고 생각되는 일도 있지만 말이야."

"네, 대부분의 사람들이 그런 기분을 가지게 되지요. 어떻든 게으른 마음이라는 것은 있기 마련이니까요."

"그런데 그런 마음이야말로 나라를 지키고 국법을 준수하는 사람에게 있어서는 안 되는 것이지."

"네, 그럴는지도 모르지요."

"그렇다면 여보게, 그런 임무를 짊어질 사람은 남보다 더욱 기나긴 길을 걸어가야만 해. 몸을 기르는 것에 뒤지지 않게 학업에서도 고생을 해줘야만 하거든. 그렇게 하지 않으면 지금도 말을 조금 비쳤지만, 그 본분에 가장 알맞은 최대의 학업을 끝까지 성취할 수는 도저히 없을 걸세."

"즉 지금까지의 것은 아직 배워야 할 것 중의 최대의 것은 아니라는 뜻이군요. 정의나 그 밖에 우리가 토론해 온 것보다도 더욱 중대한 그 무엇이 있단 말입니까?"

"그렇지, 더욱 중대한 것이 있어. 뿐만 아니라 바로 정의와 그 밖의 것에 대해서도 이제까지처럼 단지 밑그림을 보는 것만으로는 안 돼. 이것을 끝까지 완성시키지 않고 내버려 두는 것은 용납할 수가 없어. 다른 일이라면 그다지 값어치도 없는 일인데도 될 수 있는 대로 정밀하고도 순수한 것을 손에 넣으려고 백방으로 손을 쓰고 열심히 노력하면서, 이런 최대의 일에 대해서는 정밀도에 있어서도 최대한이어야 한다는 요구를 하지 않는다면 좀 우스운 일이 아닐까?"

"절대적으로 그렇습니다. 그러나 배워야 할 최대의 것, 선생님이 사용하신 이 용어에 관해 대체 그것이 무엇인지를 선생님께 묻지 않고 그냥 넘어갈 사람이 있으리라 생각하십니까?"

"물론 없지. 그보다 자네도 바로 그 한 사람으로 물어보면 될 게 아닌가? 어떻든 자네는 이미 한 번도 아니고 여러 번 물어보았을 텐데 말이야. 그런데도 지금은 그것을 잊었거나 아니면 다시 한번 나에게 맞서 나를 곤란하게 만들려고 그러는 겐가? 아마 후자일 테지. 어떻든 '선'의 실상(實相)이야말로 배워서 알아야 할 최대의 것이라는 점을 자네도 가끔 들었을 테지. 이 선의 실상이 덧붙여짐으로써 비로소 올바른 것이건 그 밖의 것이건 쓸모 있고도 이로운 것이 된다는 점 말이야. 지금만 해도 자네는 내가 이런 말을 할 것이라고 대강 알고 있었겠지. 그리고 또 선의 실상을 알지 못한다면 다른 어떤 것을 아무리 안다 해도 우리에게는 아무런 쓸모도 없다는 것은 마치 우리가 무엇을 소유하건 간에 거기에 선이 빠져 있는 한, 아무 소용이 없는 거나 마찬가지라는 점을 자네 잘 알고 있을 걸세.

아니면 어떤가? 온갖 것을 소유하기만 하면 그 소유가 올바른 소유가 아니더라도 뭔가 이득이 있다고 생각하나? 또는 선만을 제외한 다른 모든 것은 깊이 생각하지만 아름다운 것, 착한 것은 조금도 생각하지 않는 것으로 뭔가 이득이 있다고 생각하나?"

"아닙니다. 그렇다면 이득 있는 것은 아무것도 없을 겁니다."

17

"그렇다면 자네는 또 이런 것도 알고 있겠구먼. 그 선이라는 것을 대다수의 사람들은 쾌락이라고 생각하지만 재치 있는 생각을 하는 사람들[10]은 '사려(思慮)의 작용(의식 활동)'으로 친다는 것도 말이야."

"물론 알고 있지요."

"그리고, 그런 생각을 하는 사람들은 사려의 작용이 어떤 것인지는 밝혀내지 못하고, 나중에 가서는 선의 사려가 그렇다고 말할 수밖에 없다는 것도 말이야."

"참으로 사태가 우습게 되어 갑니다만……."

"확실히 우습지 뭔가." 나는 말했다. "선을 모른다며 우리를 욕해 놓고는 이번에는 반대로 우리가 선을 알고 있는 사람으로 치고 토론하자니 말이야. 어떻든 선이란 선의 사려라고 주장하는 데야 어떡하겠나. 이것을 바꾸어 말하면 선이란 단어가 발음되기만 하면 자기들이 무엇을 말하려는지 우리가 알고 있는 것으로 생각한다는 결과가 되겠군."

"그것은 정말 사실입니다."

"그럼, 쾌락이 선이라고 하는 사람들 쪽은 어떤가? 그들의 주장도 잘 통하지 않는다는 것은 아까 말한 다른 한쪽 사람들과 조금도 다를 바가 없지 않은가? 즉 이 사람들도 쾌락에는 나쁜(유해한) 점이 있다는 것을 인정하지 않을 수가 없으니 말이야."

"네, 아무래도 그렇게 해야겠지요."

"그렇다면 쾌락은 쾌락이지만 좋은 것과 나쁜 것으로 갈라진다고 그들도 인정해야겠구먼."

"틀림없이 그렇습니다."

"따라서 선에 대한 의견에 커다란 차질이 틀림없이 많이 생기겠군?"

---

10) 학자나 사상가 등 고도의 생각을 가진 사람들. 어떤 특정인을 지적한 것인지는 알 수 없다.

"네, 그렇게 볼 수밖에 없습니다."

"그럼 어떤가, 이런 점은 분명하지 않은가? 올바름의 여러 가지, 아름다움의 여러 가지는 그렇게 생각되어지는 것만을 취하는 사람이 많지. 사실은 그렇지 않다 해도 그렇게 생각되는 행위나 소유를 선택하는 거지. 그런데 선한 것은 단지 그렇게 생각되어지는 정도로 만족하는 자가 아무도 없어. 그들은 실제로 선한 것을 구해야 만족하지. 단순한 추측(평판)은 이 경우에 아무도 고마워하지 않는단 말이야."[11]

"옳은 말씀입니다."

"그렇게 되면 모든 영혼이 추구하고 그것을 위해서는 온갖 일을 다 하는 것, 뭔가 그런 것이 있다고 예감하면서도 그것이 대체 무엇인지 똑똑히 파악하지 못하고 다른 경우와는 달리 확고한 증거를 얻을 수 없어 당황하고, 그 때문에 그 밖의 다른 것으로 뭔가 이익이 될 만한 것이 있어도 놓치면서까지 추구하고 있는 그런 성질의 것, 이와 같이 중대한 의미를, 우리들의 만사를 맡기는 한 나라의 가장 뛰어난 자가 눈앞이 캄캄한 채로 있어도 좋다고 우리는 말해 버릴 수 있을까?"

"천만의 말씀입니다."

"아무튼 나는 이렇게 생각하기 때문이야. 올바른 것, 아름다운 것의 여러 가지가 어째서 선인지 모른다면 이 선을 모르는 자를 자기들의 수호자로 취한들 대단한 가치가 없을 거라고 말이야. 내 예감으로는 선을 모르는 동안은 그 누구도 올바름이나 아름다움의 여러 가지도 충분히 알 수 없으리라고 생각해."

"맞습니다. 선생님의 예감이 틀림없이 맞을 겁니다."

"그렇다면 우리들의 국가는 이런 것에 대한 전문적인 지식을 가진 자가 수호자가 되어, 이것을 감독할 때 비로소 그 질서 있는 구성을 완성할 수 있는 게 아닐까?"

### 18

"그래야만 합니다." 아데이만토스는 말했다. "그러나 선생님은 어떻습니까?

---

[11] '올바름'에 대해서는 자기가 실제로 옳지 않아도 그런 평판만 들으면 만족한다. 그러나 '행복'에 대해서는 아무리 사람들이 '행복하다'고 생각해도 사실이 그렇지 않으면 만족하지 못한다.

선은 지식이라고 주장하십니까, 아니면 쾌락이라고 하시겠습니까? 또는 그 밖의 무엇입니까?"

"나는 벌써 아까부터 기가 막히게 탄로가 나고 말았다는 것을 알았지. 여기에 대한 다른 사람들의 생각 같은 것은 도저히 자네의 만족을 살 수 없을 테니까 말이야."

"그것은 말입니다, 소크라테스 님. 다른 사람의 생각은 이야기하실 수 있으면서 자신의 소신은 말씀하시지 못한다는 것이 저로서는 부당하다고 느꼈기 때문이기도 합니다. 선생님은 오랜 세월 동안 이런 문제를 가지고 고민해 온 분이니까요."

"그러나 자네는 자기가 모르는 일에 대하여 아는 척하고 이야기하는 것은 부당하지 않다고 생각하나?"

"아니요, 결코 그렇게 생각하지는 않습니다. 아는 척하는 것은 좋지 않습니다. 그러나 자신의 생각을 생각 그 자체로 이야기한다면 달리 문제가 안 될 거라고 봅니다."

"그럼, 지식이 빠진 '추측'이란 아무튼 볼썽사나운 것이라고 느끼진 않았나? 그 최상의 것이라 한들 앞 못 보는 자가 풍경을 설명하는 꼴이지 뭔가. 아니면 지식의 작용에 따른 것이 아니고 추측만으로 뭔가 올바르게 되는 사람이 있다면 그것은 맹인이 혼자서 어떤 길을 틀리지 않고 간신히 걸어간 것과 다르다고 생각하나?"

"아니요, 조금도 다르지 않습니다."

"그럼, 자네는 다른 사람에게서라면 명백하고 아름다운 것을 들을 수 있는데 어째서 굳이 나의, 눈은 안 보이고 허리는 꾸부정한 추태를 보고 싶어 하느냐 말이야!"

여기서 글라우콘이 말참견을 했다.

"제우스 신에게 맹세코 소크라테스 님, 이젠 이것으로 끝난 것처럼 시치미를 떼시면 곤란합니다. 우리로서는 선생님이 정의나 절제나 그 밖의 것에 관해 설명하신 것과 마찬가지로 선에 대해서도 어쨌거나 설명해 주셔야 만족할 테니까요."

"그야 여보게, 나로서는 그렇게 할 수만 있다면 만족하겠지. 그러나 할 수 있을 것 같지도 않은데 열의만으로 앞질러 가며 꼴불견을 연출해 사람들의 웃음을 사지 않을까 걱정이야. 어떻든 사랑하는 여러분, 선이 그 자체로서 무엇인지 오늘은 문제 삼지 말기로 하세. 왜냐하면 먼저 내가 생각하는 것만을 이야기하려고 해도 지금 상태로는 힘에 겨운 일이기 때문이야. 그 대신 선이 낳은 것으로 선과 지극히 닮은 것을 이야기하면 어떨까? 만일 제군이 그래도 좋다면 말이야. 그러나 싫다면 그만두지."

"일단 말씀해 보십시오. 그것을 만들어 낸 아버지에 관한 명세서는 다른 기회에 제출해 주시도록 하시고요."

"그렇게 해주면 고맙겠군. 나는 명세서를 제출하고 자네들은 그것을 회수하게 됐으면 좋겠네. 지금처럼 원금이 낳은 이자만 갚는 것보다는 말이야.

자, 그럼 이것이 선 그 자체가 낳은 이자니 받아 가게. 단 조심해야 하네. 나의 본의는 아니지만 이자 계산을 할 때 악화(惡貨)를 섞거나 해서 조금이라도 자네들을 속이는 일이 있어서는 곤란하니까 말이야."

"네, 될 수 있는 대로 조심하고말고요. 어찌 됐든 이야기해 주시면 됩니다."

"그러기 위해서 먼저……." 나는 시작했다. "자네들의 기억을 상기시켜 동의 사항을 단단히 약속해 두어야겠어. 그것은 아까도 이미 말했고 다른 기회에도 몇 번이나 이야기한 일이야."

"어떤 것인데요?"

"많은 '아름다움'이 있고 많은 선함이 있으며 또한 그와 같이 하여 각각 여러 가지의 것이 있다고 우리는 주장하는데, 그와 같은 '많음'을 우리는 토론하는 데 있어서 구분할 필요가 있는 것으로 다루지?"

"네, 그것이 우리의 주장이니까요."

"그리고 또 알겠나, 아름다움 그 자체와 선함 그 자체가 존재하며, 그리고 아까 많음이라고 설정했던 모든 것이 이 점에선 마찬가지이지. 이번에는 그와 반대로 그 저마다의 사물에는 단 하나의 이데아밖에 없다고 생각하면서, 각 사물마다 단 하나의 이데아를 설정하여 그것을 각 사물이 진정으로 있는 것이라고 부른단 말이야."

"말씀대로입니다."

"그리고 또 알겠나, 우리의 주장으로는 아까의 것은 볼 수는 있으나 알 수 있는 것은 없고, 한편 실상 쪽은 알 수는 있으나 볼 수 있다고는 할 수 없네"
"과연 그렇습니다."
"그런데 볼 수 있는 것은 우리 자신의 무엇에 의해서인가?"
"시각에 의해서입니다."
"그렇다면 또한 청각으로써 들을 수 있는 것을 듣고, 기타의 감각을 사용하여 모든 감각할 수 있는 것을 감각하는 게 아닌가?"
"틀림없이 그렇습니다."
"그럼, 과연 자네는 알았을까? 감각을 만드신 하느님이 보고 보이게 하는 기능을 얼마나 공을 들인 귀중한 것으로 만들었는가를 말이야."
"아니요, 전혀 모르고 있었습니다."
"어떻든 이런 식으로 보게나. 청각과 음성의 경우, 듣고 들리게 하기 위해 다른 종류의 것이 또한 필요할까? 그것이 제삼자로서 입회해 주지 않으면 음성은 들리지 않고 청각도 듣는 작용을 하지 못하는 그런 것이……."
"아무것도 필요 없지요."
"그리고 생각건대, 이와 같은 제3의 것을 필요로 하는 것은 하나도 없다고 아주 단언하지는 않지만, 다른 많은 기능의 경우, 그럴 필요는 없다고 할 수 있지. 아니면 자네는 뭔가 그런 것을 댈 수 있겠나?"
"없습니다."
"그런데, 시각과 그것으로써 볼 수 있는 것은 달리 그런 것이 필요하다는 것을 자네는 알았나?"
"어떻게 알겠습니까?"
"생각건대 눈에는 시각이 깃들어 있어 이것을 가진 자가 그 시각을 사용하려고 하는데, 볼 수 있는 것에 배색이 되어 있다 해도 제3의 것, 특히 그것을 위해 본래부터 만들어진 것이 입회하지 않는 한 시각은 아무것도 볼 수 없고 배색도 볼 수 없다는 것을 자네는 알게 될 걸세."
"대체 무엇입니까, 선생님이 필요하다고 하는 그것이란?"
"그것은 바로 자네가 '빛'이라고 부르는 것이지."
"정말 그렇군요."
"그러니, 보는 감각과 보이는 기능이 함께 연결되는 유대라는 것은 다른 명에에 비해 한결 더 귀중한 것이어서, 그와 같은 차이를 낳게 하는 근본적인 것은 절대로 사소한 것이 아니야. 하긴 빛이 귀중하지 않다고 한다면 문제가 다르지만 말이야."

"아닙니다, 아무래도 귀중하지 않다고 할 수는 없습니다."

### 19

"그렇다면 자네는 하늘의 신들[12] 가운데 어느 신이 이것의 원인이고 이것을 담당하는 신이라고 할 수 있겠나? 즉 그 빛이 우리의 시각을 위해 가장 좋은 조건을 제시해 주어서 볼 수 있고, 또 보이는 것은 무엇이냐 말이야?"

"그것은……." 글라우콘이 말했다. "선생님도, 다른 사람들도 모두 대답은 뻔하지요. 선생님이 물으시는 것은 물론 태양이지요."

"그렇다면 시각과 이 신(태양)의 관계는 다음과 같은 것일까?"

"어떤 관계 말입니까?"

"시각이란 그것이 곧 태양도 아니고, 또한 시각이 생겨나는 것, 바로 우리가 눈이라고 부르는 것도 바로 태양은 아니다……."

"물론 그렇지요."

"그러나 감각 기관 가운데 눈은 가장 태양에 가까운 양상을 가진 것이라고 생각하는데?"

"정말 그렇습니다."

"그리고 또, 눈의 기능은 태양으로부터 공급받은 것이어서 그것은 태양의 분출물이라고도 할 수 있거든."

"네, 참으로 그렇습니다."

"또한 태양도 그것이, 즉 시각은 아니지만 시각의 원인이 되어, 시각 그 자체로써 보여진다고 할 수 있지 않은가?"

"그렇습니다."

"그렇다면 이 태양은 선이 낳은 것이라고 내가 말하려 했다고 선언해 주게. 선은 이것을 자기와 엇비슷한 것으로써 낳은 거야. 그렇기 때문에 태양이 가시

---

12) 천체(天體)를 말한다.

계(可視界)에서 시각과 가시적(可視的)인 것에 대하여 갖는 관계는, 선이 가지계(可知界)에서 지성(知性)과 가지적(可知的)인 것에 대하여 갖는 관계와 같지."

"그러니까 그것은 어떤 관계를 말하는 것입니까? 제발 좀 더 자세하게 설명해 주십시오."

"눈이란 자네도 알다시피, 낮의 빛이 표면으로 보이는 채색 가득히 퍼져 있을 때가 아니라 밤의 어슴푸레한 빛 속에서 사물을 보는 경우, 희미하게 보일 뿐이어서 마치 맹인처럼 맑고 밝음을 알아내는 시각이 없는 것처럼 되어 버리지."

"그렇지요."

"그러나 태양이 잘 비치는 사물이라면 똑똑히 보여서 눈은 아까와 똑같은 눈인데 이번에는 맑은 시각이 깃들어 있다는 것이 뚜렷해지거든."

"틀림없습니다."

"그렇다면 이번에는 정신 면에서도 그렇다는 점을 알아주어야겠네. 즉 '참(진리)'과 '유(존재)'가 잘 보이는 사물을 향해 정신이 쏠릴 때는 그것을 알게 되고 인식하게 되므로 지성을 가지고 있는 것으로 보이지만, 암흑이 섞인 것, 즉 생성했다가 사라지는 것에 대하여 쏠릴 때는 추측을 할 수 있을 뿐, 그 추측도 상하 여러 가지로 변하는 수가 있어서 인식이 희미하게 흐려지기 때문에 지성을 가지고 있지 않은 것처럼 되고 말지."

"네, 그런 것 같습니다."

"그렇다면 이것, 즉 인식을 받는 것에게는 '참'을 부여하고, 인식하는 것에게는 그 기능을 부여하는 것이 선의 실상이라고 선언하게. 게다가 이것은 지식과 진실성의 원인이 되는 것인 동시에 그 자체도 또한 '인식을 받는 것'으로 생각해야 한단 말이야.

그런데 그럴 경우, 인식과 진실성은 본래 양쪽 모두 매우 아름다운 것이지만, 선은 이것과는 다른 것으로, 이것보다 더욱 아름다운 것이라고 자네가 생각한다면, 그 생각이야말로 옳다고 할 수 있지. 그리고 지식과 진실성에 대해서는 아까의 경우 빛과 시각을 태양과 닮은 양상을 가진 것으로 인정한다면 옳지만 이것을 그대로 태양이라고 생각한다면 옳지 않듯이, 이 경우에는 지식과 진실성이 모두 선의 실상과 닮았다고 인정한다면 옳지만, 이것이 곧 선이라고 생각한다면 옳지 않으며, 선의 본연의 자세는 좀 더 귀중한 것이라고 인식해야 해.”

"헤아릴 수 없는 '미'에 대해 선생님은 말씀하시는군요. 만일 그것이 지식과 진실성을 공급하면서 그 자신은 '미'에서 그들을 넘어서는 것이라고 한다면 말입니다. 왜냐하면 선생님의 입장에서 '선'을 쾌락이라고 할 수는 물론 없을 테니까요.”

"당치도 않은 말은 하지도 말게. 그보다도 다음과 같은 방법으로 '선'의 닮은 꼴인 태양을 좀 더 잘 관찰해 주게.”

"어떻게 말입니까?”

"태양이란 보이는 사물에 대하여 바로 그 '보인다'는 기능을 드러낼 뿐만 아니라 그 사물의 발생과 성장을 재촉하고 여기에 영양을 공급하는 것이라고 자네는 주장하게 되겠지? 단, 태양이, 즉 생성(生成)은 아니지만 말이야.”

"그렇지요, 어떻게 생성일 수 있겠어요?”

"그렇다면 인식당하는 사물에 대해서도 바로 그 인식당한다는 것이 선에 의해 현실화될 뿐만 아니라 그것이 있다는 사실, 그것이 유라는 것 또한 선에 의해 부여받았고 또한 그것에 귀속하게 되어 있다고 해야겠지? 단지 선은 곧 유가 아니고 지위로 보나 힘으로 보나 유보다 월등히 뛰어난 거야.”

20

그러자 글라우콘은 매우 우스꽝스러운 모습으로 말했다.

"오오, 아폴론 신이여, 이 무슨 절묘한 비약입니까!”

"자네 탓이야.” 나는 말했다. “무리하게 말을 시키니까 그렇지. 선에 대해 내가 어떻게 생각하는가를 말이야.”

"그렇다고 해서 설명을 그만두어서는 절대로 안 됩니다. 다른 건 다 제쳐 놓고라도 태양과 유사한 점에 대해서만이라도 좀 더 설명해 주십시오. 뭔가 부족한 점이 있다면 말입니다.”

"부족한 점이야 많지.”

"그렇다면 조금이라도 언급하지 않고 남겨 두어서는 안 되겠지요.”

"내가 보기에는 그것이 조금인 정도가 아니야. 그러나 어쨌든 현재 가능한 것을 일부러 피하거나 하지는 않아."

"네, 그래서야 되겠습니까?"

"그렇다면……." 나는 계속했다. "알아주게, 우리가 말하려는 것은 아까 두 개의 것이 있다고 했는데, 하나는 알려지는 종족과 알려지는 곳에 군림하고, 또 하나는 보이는 종족과 보이는 곳을 지배한다는 사실을 말이야."

"여기서 '보인다'고 말하고 '하늘의'라고 말하지 않는 것은 말장난을 해서 재치 있어 보이려 한다고 자네가 생각할까 봐 그러네. 아니, 이건 여담이야.

어쨌든 이 두 개의 종족은 알겠지? '보이는 것(가시계)'과 '알려지는 것(가지계)' 말이야."

"네, 알겠습니다."

"그럼 여기 하나의 선분(AB)이 있는데 이것을 서로 같지 않은 두 개의 선분(AC·CB)으로 나누었다고 하세.

그리고 이 두 개의 선분 중 하나(AC)는 '보이는' 종족을 나타내고, 또 하나(CB)는 '알려지는' 종족을 나타내는 것으로 치고 저마다를 같은 비율로 다시 한번 나누어 주게. 그렇게 하면 자네는 서로 명확하고 불명확한 차이를 가진 것이 거기에 나타나는 것을 볼 걸세.

즉 '보이는 것'의 선분(AC)에서 두 개로 나누어진 것 중의 하나(AD)가 닮은 꼴을 나타내는 것으로서 말이네.

그런데 내가 닮은꼴이라고 하는 것은 첫째로 그림자, 그리고 수면에 비치는 것, 또는 표면이 빽빽하고 매끄럽고 맑은 구성을 이루고 있는 것 위에 비치는 것들, 모든 이런 종류의 것을 말하는데 알 수 있겠나?"

"네, 잘 압니다."

"그리고 또 하나의 선분(DC)은 닮은꼴 자체가 본받은 것을 나타낸다고 가정해 주게. 우리들 주위에 있는 동물이나 식물 또는 인공적인 것 전체를 말이야."

"네, 그렇게 가정하겠습니다."

"과연 어떨까, 자네는 또, 그 가시계(보이는 것)에 진실성이 있느냐 없느냐의 문제에 있어서 완전히 두 개로 갈라져 버린다는 주장에도 동의할 용의가 있나? 즉 추측당하는 것과 인식당하는 것의 관계는 닮은 것과 그 본래 물체의 관계나 마찬가지인데……."

"네, 저는 동의하겠습니다."

"그럼 이번에는 가지계를 나타내는 선분도 어떻게 나뉘는가를 잘 보게나."

"그건 어떻게 나뉘는 겁니까?"

"즉 그 한쪽(CE)은 이런 것이지. 정신에 대해서 아까의 경우에는 모조당하는 본래의 물체로 되어 있었는데, 이 경우에는 닮은꼴로 사용되면서 이른바 '가설(원위치에 놓이는 것, 기본의 가정)'을 전제로 하고 탐구해 나가야 하는 것이지.

단, 이 탐구에서 정신은 전제에 따라 기원으로 거슬러 올라가는 것이 아니고 결말 쪽으로 나아가게 되지.

그러나 또 하나의 선분(EB)은 이것과는 달리 가설에서 출발하여 무가설(무전제)의 기원으로 거슬러 올라가는 방식을 취하게 되지.

그리고 전자(CE)에서 사용된 닮은꼴(도형 종류)은 쓰지 않고 실상 그 자체를 통해서 탐구하는 걸세."

"선생님이 무슨 말씀을 하시려는 건지 통 모르겠습니다."

"어쨌든 다시 한번 해보세. 지금 말한 것을 다시 한번 들으면 이번에는 좀 더 알기 쉽겠지. 즉 자네도 알고 있겠지만 기하나 대수 같은 종류의 학문을 하고 있는 자들은 홀수 짝수나 도형의 이것저것이나 삼각 같은 종류를 연구하는데 있어서, 이런 것들과 같은 종류의 것에다 기본을 둔다네.

그리고 이것들은 이미 알려진 사실로서 기본 사항(본래 자리에 있는 것)이라고 치고 그 이유를 설명할 필요는 자기에게도 다른 사람에게도 없다고 여기지. 누구나가 다 뚜렷이 알기 때문이라는 거야. 그리고 이것들을 출발점으로 하고 난 다음에 나머지 일들을 처음부터 끝까지 같은 방법을 써서 처음에 연구하려던 사항[13]을 끝까지 해나가게 되는 거지."

"옳은 말씀입니다. 그 점은 저도 알고 있습니다."

"그렇다면 다음 사항도 알고 있겠네그려. 그들은 눈으로 볼 수 있는 형상을 보조적으로 사용하고 이 형상을 논증하게 되는데, 그들이 머리를 써서 알고자 하는 것은 눈에 보이는 형상이 아니라 이것과 닮은 본래 물체라는 것도? 즉 그들은 거기에 그려져 있는 사각형이나 대각선 때문에 논증을 하는 것이 아니

---

13) 증명이 필요했던 것(demonstrandum)을 말한다.

라 사각형 그 자체, 대각선 그 자체를 논증하며 그 밖의 경우에도 또한 마찬가지야.

그들이 그리는 이런 것들은 그것만을 취급해 보면 거기에는 그림자도 있고 물속에 닮은꼴도 비치는 그런 것이겠지만, 그들은 이 실물을 또 다른 입장에서 닮은꼴로서 취급하고, 깊이 생각하지 않으면 볼 수 없는 그런 것을 그것 자체로서 보려고 애쓰는 거지."

"선생님 말씀대로입니다." 그는 말했다.

## 21

"그래서 이런 종류의 것(CE)을 나는 말하려고 했던 거야. 그것은 '알려지는 것'이긴 하지만, 그것을 탐구하기 위해서는, 정신은 가설(기본의 가정)을 설정하지 않으면 안 되지. 그 가설보다도 위로 나갈 수는 없기에, 정신은 기원으로 거슬러 올라가지 않고 아래쪽에 있는 것으로써 닮은꼴을 본뜰 수 있는 그런 것을 또한 닮은꼴로 사용하는 셈이지.

이 또한 이것과 비슷한 닮은꼴과 비교해 보면 뚜렷함을 지닌 것으로서 충분히 존중되고 명예를 지닐 수 있지."

"알겠습니다." 그는 말했다. "기하나, 이것과 형제 관계를 맺고 있는 학술에서 취급하는 사항을 말씀하시려는 거지요?"

"그럼, 가지계의 또 하나의 몫(EB)으로서, 내가 말하려는 것도 알아주기 바라네. 그것은 논증이 스스로가 문답 형식을 취해서 접촉하는 것인데 '본래 가설로 취급되던 것(기본의 가정)'을 기원으로 하지 않고 다만 '본래 자리에 놓이는 것'만으로써 가정하고 발판이나 용수철 같은 역할을 함으로써 상승하여 이미 가정이 아닌 것이 됐기 때문에 거기에서 전체의 기원으로 다다르고 그것과 접촉한단 말이야.

그리고 이번에는 반대로 이 기원과 연결되는 것과 연락을 취하며 밑으로 내려가 결말에 이르지. 즉 감각당하는 것을 보조적으로 쓰는 일은 전혀 없고, 실상 그 자체를 사용하여 실상을 통해 실상에 이르고, 끝나는 곳 또한 실상이라고 할 수 있지."

"알겠습니다. 충분히 알았다고 할 수는 없지만요. 왜냐하면 선생님이 말씀하시려는 일은 굉장히 대단한 것 같으니까 말입니다. 그러나 선생님이 한계를 뚜렷이 하려고 생각하시는 점이 무엇인지는 알겠습니다.

알려지고 존재하는 것 가운데, 문답 형식을 취해 얻어지는 지식으로써 관찰되는 것은 이른바 과학 기술에 의해 취급되는 것보다 더욱 명확하다는 말씀이지요?

이른바 과학 기술에서는 기본이 가정하는 것이 기원이고, 고찰하는 자는 감각에 따르지 않고 사고(思考) 즉 간접지(間接知)를 통해 사물을 고찰해야만 하게끔 되어 있지만, 그들은 기원으로 거슬러 올라가서 고찰하는 것이 아니고 기본 가정을 전제로 하여, 거기서부터 고찰할 뿐이므로 그러한 사물은 직접적인 지식을 가질 수가 없으나 그 대상도 기원을 통해 관찰한다면 알 수 있을 것이란 게 선생님의 생각인 것 같습니다.

제가 보건대 간접지란 이름으로 선생님이 부르시려는 것은 기하학자 같은 사람들의 지적(知的) 상태를 말하는 것 같은데요. 그러니까 간접지는 생각과 직지(直知)와의 중간에 있는 것으로 생각하시는 거죠?"

"마땅한 말이야." 나는 말했다. "자네는 아주 잘 받아들이는군. 그럼 또 들어 보게나. 오늘 내가 말한 네 개의 선분 위에는 다음과 같은 네 가지 정태(情態)가 영혼 속에 생겨나 대응하는 걸세. 즉 가장 위에는 직지하는 작용, 두 번째는 간접지, 그리고 세 번째는 소신(所信), 끝으로 환각(참과 거짓의 구별이 되지 않는 상태)이지. 그리고 감각의 영적(靈的) 상태는 그에 대응하는 부분이 진리에 참여하는 그만큼 명확성에 참여하는 것으로 보고 그 비율에 따라 정돈해 보게."

"알겠습니다." 글라우콘은 대답했다. "저도 같은 생각입니다. 말씀하신 대로 다듬어 보겠습니다."

# 제7권

1

"그럼 다음으로 넘어가서······." 나는 말을 이었다. "우리가 본래 뜻으로 그 교육을 받느냐, 받지 않느냐의 차이를 다음과 같은 상태와 비슷하다고 봐주게나. 즉 인간이 땅속 동굴에 갇혀 산다고 가정하세. 깊숙한 동굴은 빛이 들어오는 쪽을 향해 그 입구가 동굴 너비만큼 열려 있다고 하세. 인간은 그 속에서 어렸을 때부터 다리와 목을 묶인 채 꼼짝 못 하고 있어 앞을 볼 수 있을 뿐, 고개를 돌릴 수도 없네. 그들을 위해선 저만큼 뒤쪽 위에서 불이 타오르고 있으며, 그 불과 이 죄수들 사이에는 높다랗게 길이 나 있다고 치세. 그리고 그 길을 따라 나지막한 담이 나 있다고 하세. 그 담은 인형을 조종하는 사람들이 그것을 자기네들 앞에 놓아두고 그 위로 인형들을 내보이는 무대와 같은 것일세."

"네, 그렇게 보고 있습니다." 그는 말했다.

"그리고 또 그 담 같은 데를 따라 사람들이 그 담보다 더 높은 각종 기구나 인형, 돌이나 나무로 만든 그 밖의 동물 등 온갖 종류의 공작물을 들어 올리듯이 움켜잡고 옮기고 있다 봐주게. 그렇게 옮겨 나르는 사람들 중에는 으레 소리를 내는 자도 있고, 잠자코 있는 자도 있을 걸세."

"기묘한 광경에, 기묘한 죄수의 얘기군요."

"우리 자신과 닮았지. 먼저 그 같은 상태에 있는 인간이 자기 자신이건 상대방이건 그들 맞은편에 있는 동굴 벽에 불빛으로 비치는 그림자 말고 무언가 다른 것을 보았으리라고 자네는 생각하나?"

"아뇨. 어떻게 그럴 수가 있겠습니까? 만일 일생 동안 머리를 움직일 수 없는 상태라면 말이죠."

"그럼 어떻겠나, 운반되는 물품에 대해서는? 이 경우도 같지 않겠나?"

"물론입니다."

"만일 그들이 서로 말을 나눌 수 있다면, 그들은 실재하는 것이 바로 그들이 보고 있는 눈앞의 것들이라고 인정하리라 생각지 않나?"

"반드시 그렇게 되겠죠."

"그렇다면 어떻겠나. 만일 갇혀 있는 이 장소가 그들의 앞쪽에서 메아리치는 소리를 들을 수 있게 되어 있다면, 지나다니는 사람들 가운데 누군가가 소리를 낼 때마다 그 죄수들은 동굴 벽을 지나가고 있는 바로 그 그림자가 내는 것이라고만 믿을 것 같은가?"

"결코 그렇지 않다고 봅니다."

"그렇다면 무슨 짓을 하든 그들이 진실이라고 인정하는 것은 인공적인 제작물들의 그림자 외에는 없다는 셈이 되겠지?"

"그야 물론이죠."

"그러면 잘 보게나. 그들을 속박과 어리석음에서 풀어 주고 치료하려면 어떻게 해야 하는지를. 그것은 자연의 힘으로 그들의 신상에 다음과 같은 일이 일어난다면 볼 수 있을 텐데 말이야.

언젠가 구속이 풀리는 자가 있어서 갑자기 일어나 목을 돌리고 걷고 그리고 빛이 있는 쪽을 올려다보도록 강요당했다고 하세. 한데 그들은 무슨 일을 해도 고통스럽고 눈이 아파서 그때까지는 그 그림자만을 보아 왔던 실제의 사물을 자세히 보려 애써도 볼 수 없을 걸세. 그러나 사람들이 그에게, 지금까지 자네가 보고 있던 것은 허깨비나 다름없었지만 앞으로는 좀 더 실재와 가까운 곳에 있으며 가장 실재성이 많은 사물을 대하고 있으니 전보다도 정상적으로 보일 것이라는 설명을 해주고, 아울러 스쳐 가는 사물 하나하나를 그에게 가리키며 저게 무엇이냐고 물어 반드시 대답을 하게끔 했다고 치세.

그랬다면 그자는 뭐라고 할까? 그는 당황해서 앞서 보았던 것이 지금 보고 있는 것보다 진실성이 있다고 대답하지 않을까?"

"당연히 그렇습니다." 글라우콘은 말했다.

## 2

"또 직접 불빛을 보게 한다면 어떻게 될까? 아마 눈이 아픈 나머지 오히려 되돌아서 자기가 잘 볼 수 있었던 과거의 사물이 있는 쪽으로 도망치려 하고,

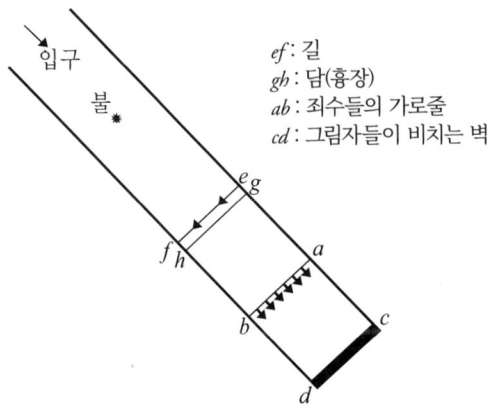

제임스 애덤(케임브리지 대학출판부 편집자)이 그린 지하 동굴

그편이 실제로 지금 지시된 사물보다도 훨씬 명확하게 보인다고 인정할 것 같지 않나?"

"말씀대로입니다." 그는 말했다.

"또 만일 누군가가 그 땅굴 속에서 입구 쪽의 험한 통로로 힘껏 끌어내어 꼼짝 못 하게 하며 햇빛이 비치는 곳까지 끌고 간다면, 물론 그는 괴로워할 테고 끌려가면서 불평할 것이며, 막상 햇빛이 보이는 곳에 왔다 하더라도 눈은 빛으로 꽉 차서 진실이라는 것은 하나도 볼 수 없을 게 아닌가?"

"그렇게 갑작스럽게 볼 수는 없을 테니까요."

"그러니까 위의 것을 보려면 그곳 조건에 익숙해져야겠군. 따라서 처음에는 그림자가 가장 보기 쉽겠지. 다음으로는 물속에 비치는 인간이나 그 밖의 영상을 보게 될 것이고, 그다음에야 실물을 보게 될 테지. 이런 과정을 거쳐 하늘에 있는 것이나, 하늘 그 자체를 보게 되는데, 그것도 밤에 별빛이나 달빛을 보는 편이, 낮에 태양이나 그 빛을 보는 것보다 쉬울 걸세."

"틀림없이 그렇겠죠."

"그리고 마지막으로는 태양을, 그것이 본래 있어야 할 곳이 아닌, 물 같은 곳에 비친 그림자로 보는 게 아니라, 그것이 제자리에 있는 것을 직접 보고 그것이 어떤 것인가를 관찰할 수 있게 될 걸세."

"그야 그렇게 되어야죠."

"그러고 나면 이번에는 사계절이 생기고 해가 바뀌게 된다는 것을 알게 되고, 또 햇빛이, 그것이 미치는 범위 내의 모든 것을 관리하며, 어떤 의미에서는 자기들이 보아 왔던 지하 동굴 속의 온갖 일이라는 게 모든 것의 원인임을 깊이 헤아리게 되겠지."

"물론 앞선 과정이 끝나면 자연히 그렇게 생각하게 되겠죠."

"그럼, 그다음은 어떻게 될까? 그는 애초에 살던 곳, 그때 함께 지내던 친구 죄수들, 또는 그곳에서 지혜롭다고 여겼던 모든 일을 생각하면서 이 신상의 변화를 자신을 위해 다행스럽게 여기는 한편, 동굴 속에 남은 사람들을 불쌍하게 여기지 않겠나?"

"물론 그러리라 생각합니다."

"명예나 칭찬 같은 것도 그 무렵 그들 사이에서 이루어졌다고 본다면, 다시 말해 지나쳐 가는 사물을 가능한 한 예리하게 관찰해 앞서가는 것, 뒤처져 오는 것, 또는 같이 가는 것 따위를 되도록 많이 기억해 두었다가 장차 나타날 것을 가장 훌륭하게 예언할 수 있는 유능한 자에게 특별한 명예가 주어졌다고 하면, 그는 아직도 그런 것들을 탐내고, 그들 사이에서 명예를 얻고 있는 사람들이나 권좌에 오른 사람들을 두고 경쟁심을 불태우는 일이 있을 거라 자네는 생각하나? 아니면 호메로스의 말에도 있는 그런 심정으로 그들의 친구가 되느니 차라리 이 땅 위에 있게만 해준다면, 비록 종의 신세가 되건, 아무리 가난한 신세가 되건 그건 오히려 그가 원하는 바인 만큼, 어떤 일을 당하든 그 사람들과 같은 생각을 하며 그들처럼 사는 것보다는 낫다고 생각하지 않을까?"

"그러리라고 믿습니다. 그런 사람들과 같은 생각을 하며 그들처럼 생활하기보다는 아무리 심한 일을 당하더라도 지상에서 살기를 바랄 테니까요."

"그렇다면 또 다음과 같은 점도 유의해 주게나. 만일 그와 같은 사람이 다시 한번 동굴 속으로 내려가 전과 같은 자리를 차지한다면 과연 어떻게 될까? 햇빛이 비치는 곳에서 갑자기 내려갔다면 그의 눈은 암흑으로 꽉 찰 게 아닌가?"

"그렇게 될 가능성이 있겠죠."

"그러나 그 그림자가 문제인데, 그가 다시 한번 그것을 식별하여 줄곧 죄수의 몸으로 동굴 속에 있던 사람들과 경쟁이라도 벌인다면, 더구나 눈은 보통 상태로 돌아가기 이전의 침침한 상태이며, 특히 그곳 조건에 익숙해지려면 아직도 많은 시간이 걸려야 하는 그런 상황 속에서라면 과연 그는 죄수 친구들의 웃음을 사게 되지 않을까? 결국 그가 지상에 올라갔다 왔기 때문에 눈을 버렸다는 소문이 퍼질 테고, 지상에 올라간다는 일은 생각만 해도 좋지 않은 일로 여겨지지 않을까? 그리고 그들은 그들을 해방시켜 땅 위로 데리고 가려는 자가 있다면 어떻게든 완력을 써서라도 붙잡으려 할 것이고 죽여도 좋다면 아마 누구든 죽여 버릴 테지…… 안 그럴까?"

"틀림없이 그렇게 하고 말 것입니다." 그는 말했다.

3

"그렇다면 사랑하는 글라우콘이여, 이제 이 비유 전체를 앞서 말한 것과 결부시켜 보게. 시각을 통해 나타나는 '자리(장소)'는 죄수들의 집(주거)에, 그 속의 불빛은 태양의 힘에 견주어야겠지. 또 위로 올라가는 일과 그 위의 것을 관찰하는 일은 영혼이 지성에 의해 알 수 있는 세계로 올라가는 것이라고 봐준다면, 어찌 됐든 내가 세웠던 계획만은 자네에게 제대로 전달된 셈일세. 그게 바로 자네가 간절히 듣고자 바라던 일이라면 말일세. 다만 그것이 정말로 진실된 일인가 아닌가 하는 문제는 하느님만이 알고 계시리라 믿네.

아무튼 내가 보는 한에서는 그렇게 보인단 말일세. '인식되는 것'의 입장에서는 궁극적인 곳에 '선'의 실상이 존재하는데 이것은 겨우 보일 뿐이지. 그러나 이것을 본 이상은 역시 그 실상이 모든 일에 있어서 온갖 올바른 것과 아름다운 것의 원인이 되며—이것이 눈에 보이는 세계에서는 빛과 빛이 주인을 낳으며, 알 수 있는 세계에서는 스스로가 주인이 되어, 진리와 지성을 공급하는 것이라고 생각해야 되겠지—또 공과 사를 불문하고 뜻있는 일을 하려는 사람이라면 선의 실상을 보아야 된다고 생각하네."

"저도 같은 생각입니다." 그는 말했다. "제 나름대로 할 수 있는 한에서는 말입니다."

"그럼, 다음 일도 그렇게 생각해 줬으면 하네. 즉 저 위의 세상에 갔다 온 경험이 있는 자는 세상 사람들이 하는 것과 같은 일을 하고 싶어 하지 않게 되어, 그들의 영혼은 언제나 저 위의 세상에서 살았으면 하는 생각으로 꽉 차 있다는 것을 별로 이상하게 보지는 말았으면 하네. 왜냐하면 앞서 말한 비유를 다시 한번 이 점에 적용해 보면, 그건 당연히 그렇게 생각될 테니까 말일세."
"옳은 말씀입니다."
"그럼 이해할 수 있겠나, 다음과 같은 것을? 지금까지 신의 세계 일만을 바라보던 사람이 그곳을 떠나 인간계의 일을 다루다가 거기서 체면이 깎기는 실수를 저질러 매우 우스운 꼴이 되었다면? 아직 그곳 어둠에 충분히 익숙지 않아 희미하게 보이는데, 법정이나 그 밖의 다른 장소에서 정의의 그림자와 본래 사물이 되는 정의의 모상을 두고 재판상의 말다툼을 벌여야 할 때, 또는 그 일로 정의 그 자체를 아직 한 번도 본 일이 없는 사람들이 자기 멋대로 가지고 있는 견해와 싸우지 않으면 안 될 때 말일세."
"아뇨. 어찌 됐든 이해하지 못하는 일은 절대로 없습니다."
"아니 오히려……." 나는 말했다. "생각 있는 사람이면, 느낄 수 있을 걸세. 눈을 혼란시키는 때는 두 가지이며 그 원인도 빛에서 어둠으로, 어둠에서 빛으로 옮겨지는 때가 있다는 걸 말일세. 그래서 이와 똑같은 현상이 영혼에도 일어난다는 걸 인정한다면, 남이 잘 볼 수 없어서 더듬거리는 모습을 보고 사정도 모르는 주제에 비웃는 일은 없을 테지. 오히려 그것은 밝은 데서 생활하다 어두운 데로 들어와 익숙지 못한 나머지 볼 수 없다든가, 아니면 배운 게 조금도 없는 상태에서 보다 밝은 데로 나와 눈에 불빛이 가득 차버렸다든가 그 어느 쪽인가를 잘 생각해 볼 테지. 그래서 그럴 때, 한쪽 영혼에 대해서는 그런 생활이야말로 행복하다 할 테고 또 다른 영혼에 대해서는 가엾게 느낄 테지. 따라서 설령 그것을 웃어 주고 싶어도 그 웃음은 위의 빛의 세계에서 온 영혼을 비웃는 때에 비한다면 훨씬 낫지 않을까?"
"과연 옳은 말씀입니다." 글라우콘이 대답했다.

4

"그렇다면 우리는……." 나는 말했다. "만일 지금까지 말한 게 진실이라면, 그들에게서 다음과 같은 점도 인정해야만 되네. 즉 교육이란 일부 사람들이 선전하고 주장하는 바와 같은 그런 것은 아니라는 점일세. 그들의 주장에 따르면 영혼 속에 지식이 없으므로 자기들이 안에다 집어넣어 주겠다고 하는 모양인데, 그렇다면 마치 시력을 잃은 눈 속에다 시력을 되살려 주겠다는 것과 조금도 다름이 없다는 말일세."

"그렇죠. 분명히 그렇게 주장하는 셈이 됩니다."

"그러나 지금 우리의 토론이 암시한바 저마다의 영혼 속에 지니고 있는 기능이며 각자가 그걸로 배워 알 수 있는 기관이란, 예컨대 어둠 속에서 밝은 곳으로 방향을 바꾸게 하려면 몸 전체를 돌릴 수밖에 없듯이, 이것을 모든 영혼과 함께 생성의 세계로부터 실재의 세계로 전향함으로써, 그 실재하는 것 가운데 가장 빛이 가득한 부분을 바라보는 것에 견뎌 내는 상태가 될 때까지 이끌어 나가야만 하네. 그런데 그 빛이 가득하다는 것은 이른바 우리가 주장하는 '선' 바로 그것이 되는 셈이지. 어떤가, 그렇잖나?"

"네, 그렇군요."

"따라서 과연 그것을 어떻게 하면 가장 쉽고 가장 유효하게 전향하느냐의 기술이 바로 교육일세. 그것은 그 기관으로 시력을 생각할 게 아니라, 시력은 이미 지니고 있지만 방향이 올바르지 못한 탓에 봐야 할 곳을 보지 못하고 있으므로 그 점을 연구해서 고치는 기술이지."

"아아, 그건 있을 수 있는 일이겠습니다."

"그렇다면 영혼의 덕이라 불리는 것은 다른 때라면, 아마 신체의 덕에 어느 정도 가까운 점이 있을 성싶네. 왜냐하면 전에는 없었던 것이 습관이며 연습으로 말미암아 후천적으로 생길 수도 있기 때문이지. 그러나 지력이 뛰어나다는 덕만은 무언가 신에 가까운 것(기관)이 있어서 그런 게 아닐까 생각하는 때가 가장 많네.

이것이 자기 기능을 없애 버리지야 않겠지만, 쓰는 방법이 어떠한가에 따라 쓸모 있고 유익한 것이 되는가 하면, 반대로 쓸모없고 해롭기만 한 것이 되기도 한다네. 자네는 성질이 악하면서도 머리가 뛰어난 사람에게서 이런 점을 느낀 적이 없는가? 그들의 영혼은 사물을 섬세하게 분간할 수 있는 아주 날카로운 시력을 지니고 있으므로 비록 그 시력이 열악하지 않다고 생각됨에도 악에 봉사하도록 되어 있기에, 그 시력이 날카로우면 날카로울수록 점점 더 많은 악을 행하게 된다는 점을 말일세."

"정말 말씀대로입니다."

"하지만 이러한 천성을 지닌 자를 만일 어렸을 때부터 단련시켜 생성계의 전혀 무가치한 것에서 벗어나게 한다면, 다시 말해 반복감에서 느끼는 쾌락이나 욕망에 빠진 나머지 영혼의 시력을 아래쪽으로만 작용시키는 일에서 벗어나게 하여 진실성이 있는 것으로 전향시킬 수 있다면, 역시 같은 인간의 같은 능력이 더는 볼 수 없을 만큼 그것을 예리하게 보리라는 것은 마치 지금 눈앞의 사물을 보는 일처럼 명확한 것이 아니겠나?"

"그것은 당연히 그렇게 될 게 아닙니까?"

"그렇다면 다음 문제는, 될지도 모른다가 아니라 반드시 이렇게 돼야 한다는 대답이 나와야 하지 않을까? 지금까지 말한 바로 미뤄 보건대, 즉 교육을 받은 일이 없고 진실이란 걸 경험한 적이 없는 사람은 국가를 충분히 통치할 자격이 없을뿐더러, 교양을 쌓는 일에만 평생을 바치도록 되어 있는 자 또한 그것은 할 수 없다는 얘기가 되네. 전자는 인생의 유일한 목적을 모르기 때문이지. 사람이란 공과 사를 막론하고 무슨 일을 하든 결국은 이 목적을 이루고자 해야 함에도 말이야. 또 후자는 살아 있을 때부터 '행복자의 섬'[1]에 이주해 버린 듯한 착각을 일으켜 스스로 실천하는 일은 없을 테니 말일세."

"정말 그렇겠군요."

"그럼 우리처럼 새 국가를 건설하려는 자들의 일인데." 나는 말했다. "그것은 가장 좋은 천성을 타고난 자를 두말없이 우리가 아까 말했던 최대의 학문이란 것에 이르게 하는 일이겠지. 앞서 말한 바와 같은 올라가는 길을 걷게 하여 선을 볼 수 있도록 하는 일인데, 일단 올라가서 충분히 보고 나면 그들에게는 현재 허용되어 있는 것과 같은 일은 허용할 수 없게 되겠지."

"도대체 어떤 일을 말씀입니까?"

"그곳에 계속 머무는 일은 허용하지 말아야 하네. 또다시 아래로 내려가 이전의 죄수 친구들 속에 끼어들어 그들과 함께 고통과 멍에를, 비록 그것이 좋든 나쁘든 간에 나누어 가질 생각 같은 건 갖지 말아야 한다는 뜻이야."

"그것을 허용하지 않게 되면요." 그는 말했다. "우리가 그들을 대하는 태도는

---

[1] 헤시오도스 《노동과 나날》 171행. 영웅들 가운데 어떤 자들은 바다 저편 섬으로 보내져 행복하게 살고 있다는 전설이 있다.

정의에 어긋나게 되겠죠. 그들은 좋은 삶을 누릴 수 있는데도 그보다 나쁜 삶을 강요당하는 결과가 될 테니까요. 안 그럴까요?"

5

"잊어버렸나?" 나는 말했다. "여보게 국법의 주안점은 국가의 일부 종족만이 행복해지는 데 있는 건 아닐세. 국법의 연구란 행복을 국가 전체 속에 깃들게 하는 데 있는 걸세. 설득과 강제로 국민을 화합시켜 각자가 공공을 위해 기여할 수 있고 이익은 서로 고루 나눠 갖도록 하는 것이 국법이며, 국법이 국가 안에 그들과 같은 사람들을 만들어 내는 것도 그들을 저마다 하고 싶은 대로 내버려 두기 위해서가 아니고, 국법 자체가 국가의 단결을 꾀하기 위해서 그러는 것일세."

"정말 그렇군요." 그는 말했다. "깜박 잊고 있었습니다."

"그럼, 잘 봐주게, 글라우콘. 우리는 우리 국가가 철학자로 길러 낸 사람들을 정의에 어긋나게 다루지는 않네. 우리가 그들에게 다른 사람들까지 돌보고 지켜 줘야 한다고 강요해도 말일세. 이는 올바른 요구이기 때문이야. 결국 우리는 이렇게 말하겠지. 이것이 다른 나라에서라면 그 나라에서 길러진 철학자는 그 나라 안의 일을 보살피지 않더라도 상관없는 일이라고. 그들은 제가끔 그들 국가에서 스스로의 힘으로 철학자가 된 데다가, 국가 또한 국정에 반드시 그들을 기꺼이 참여시킨 건 아니니까. 또 아무한테서도 은혜를 입지 않고 저절로 태어나 자랐다면 구태여 자진해서 양육비를 지불하려 들지 않더라도 그건 그 나름대로 잘못은 없다고 볼 수 있지.

그러나 그들은 스스로를 위해서뿐 아니라 나머지 국민을 위해, 이른바 꿀벌들 가운데에서도 지도자나 왕자로 태어나 다른 어떤 곳의 철학자들보다 더 훌륭하고 완벽한 교육을 받은 이상, 철학과 실무 양쪽 다 참여할 수 있는 능력을 보다 많이 갖추고 있는 걸세. 그러므로 각자는 차례차례 아래로 내려가 다른 자들과 함께 살며, 어두운 곳에 있는 사물도 익숙하게 잘 볼 수 있도록 해야만 하네. 익숙해지기만 하면 그들은 그곳에만 있던 사람들보다 천 배 만 배 잘 볼 수 있게 될뿐더러, 그곳에 있는 사물 하나하나가 무엇이며 어떻게 생겼나를 식별할 수 있을 테니 말이야. 어쨌든 아름다움에 대해서도 올바름에 대해서도, 또 선에 대해서도 이미 진실한 것을 죄다 보아 버렸기 때문이지.

　이리하여 그들과 우리의 국가는 현재의 다른 국가들처럼 환상 세계에서의 정치가 아니라 잠을 깬 맑은 정신 속에서의 정치가 이루어지고 있는 셈일세. 다른 국가는 통치권을 둘러싸고 서로 그림자와 싸우며 당파를 만들어 다투는 정치를 하고 있으므로, 그들은 통치하는 일(정치권력을 잡는 일)을 무슨 커다란 이득이나 되는 듯이 알고 있지만 말일세. 그러나 사실 알고 보면 국가란 다음과 같은 것이 아닐까? 즉 통치할 수 있는 지위에 오른 사람들이 통치권을 절대적으로 원하는 일이 가장 적은 국가야말로 내란이나 항쟁이 적은 가장 잘 다스려진 나라임에 틀림없을 테고, 이와 정반대의 인간을 통치자로 가진 국가는 틀림없이 그 반대 현상이 일어날 것이라고."

"정말 그렇습니다."

"그렇다면 우리가 길러 낸 사람들은 지금 우리가 한 말에 따르지 않을 수 있을까? 그리고 지상의 국가에서 노고를 함께함은 저마다의 차례에 따를 뿐, 대부분의 시간은 서로가 순수한 국가에 살고 있는데도 그것조차 마다할 수 있겠는가?"

"그런 일은 있을 수 없습니다. 우리가 그들에게 시키고자 하는 것은 올바른 일이고, 따라서 이러한 명령을 받는 그들은 올바른 사람들이니 말입니다. 다만 특별한 상황, 그들이 통치자의 지위에 앉는 일은 어쩔 수 없이 그렇게 하는 것이니까, 현존하는 다른 국가들의 통치자와는 정반대이긴 합니다만."

"결국 이렇게 되기 때문이지. 만일 자네가 앞으로 통치자의 지위에 오르게 될 사람들을 위해 통치자 노릇을 하는 것보다 더 좋은 삶을 찾아 줄 수 있다면, 자네는 좋은 정치가 이루어지는 국가를 만들 수 있네. 왜냐하면 그런 국가에서만 참다운 부자가 통치하게 되기 때문일세. 그런데 참다운 부자란 황금을 많이 가진 자를 말하는 게 아니라, 적어도 행복한 자라면 풍부히 지녀야 할 정신, 즉 뛰어나게 착한 마음가짐으로 삶을 누리고 있는 자를 말하는 걸세. 이에 반해 자기 혼자만의 선에 굶주린 가난한 자가 공공의 일에 종사하게 되면 좋은 것은 하나도 빠짐없이 빼앗으려 할 테니, 좋은 정치가 이루어지는 국가란 불가능하지. 왜냐하면 투쟁의 목표가 통치자의 지위에만 있는 고질적인 싸움이 내부에서 생겨나 굳어지게 되면 이는 그들뿐 아니라 다른 국민들까지도 멸망시켜 버리는 결과가 되기 때문이네."

"과연 옳은 말씀입니다."

"그렇다면 참다운 철학의 삶 말고 지상 국가의 통치, 곧 정치적 통치를 내려다볼 수 있는 삶이 있다면 예로 들 수 있겠나?"

"제우스 신에게 맹세코 그런 것은 없습니다."

"그런데 말일세, 통치자의 지위에 앉는 자는 그것조차도 애착을 갖는 자여서는 안 될 줄 아네. 그렇지 않으면 똑같은 애착을 갖는 연적끼리의 싸움이 될테니까."

"아무래도 그렇게 되겠죠."

"그러니까 자네는 앞으로 반드시 국가를 수호하는 지위에 앉아야 할 사람으로, 다스려질 국가가 가장 잘 다스려질 것 같은 사항에 대하여 가장 식견이 넓고, 더구나 국정에 종사하는 것 이상으로 좋은 삶과 그 밖의 명예를 지니고 있는 사람들을 제쳐 놓고 달리 또 어떤 사람이 있다고 생각하겠는가?"

"그 밖에는 아무도 없습니다." 글라우콘이 대답했다.

## 6

"그럼, 자네 의향은 어떤가? 이제부터는 다음과 같은 일을 생각하고 싶은데. 그와 같은 사람들은 어떤 방법으로 길러져 나오는가, 또 어떤 식으로 그들을 빛의 세계로 이끌어 가야 하는가 말일세. 하데스가 다스리는 저세상에서 하늘에 있는 신들의 세계로 올라간 자도 있다는 말도 있으니까."

"저의 의향이래야 그것 말고는 있을 수 없습니다."

"한데 바로 그 말이네만, 겉으로 보기에 그것은 아이들이 놀이를 할 때에 조개껍데기를 던지면 겉(낮)이 나온다든가 안(밤)이 나온다[2]거나 하는 일과는 성질이 다른, 영혼을 밤이 섞인 낮으로부터 참다운 낮으로 방향을 바꾸는 일로서, 그것은 결국 참된 실재로 상승시키는 일이며, 그것이야말로 우리가 참다운 철학이라 부르는 바로 그것일세."

---

[2] 가운데에 선을 긋고 두 패로 나뉜 아이들이 조개껍데기를 던져서 안쪽이 나오나 겉쪽이 나오나로 도망가거나 쫓아가거나 하는 놀이에서 나온 말이다. 금방 변하는 것, 또는 즉시 나타나는 것 등에 비유해서 쓰인다.

"네, 정말 그렇습니다."

"그렇다면 학과(學科) 가운데 어느 것이 그런 효력을 가지고 있는가를 잘 살펴봐야 하지 않겠나?"

"네, 그렇게 해봐야겠군요."

"그럼, 어떻게 될까, 글라우콘? 영혼을 변화하는 생성의 세계에서 영원불변의 실재 세계로 끌고 갈 수 있는 학과란? 아니, 이렇게 말하고 있는 동안에 생각나는 것이 있군그래. 즉 이런 거지. 우리가 이런 말을 한 일이 없었던가? 그들은 젊었을 때에는 전쟁에서 투사가 되어야만 한다고."

"아, 그런 이야기를 한 적이 있었습니다."

"따라서 우리가 찾는 학과란 지금 말한 조건에 덧붙여 이와 같은 조건마저도 만족시킬 수 있는 것이라야 한다네."

"그럼, 그 조건이란 어떤 거죠?"

"전사(戰士)에게 무용지물이 되어서는 안 된다는 걸세."

"그야 물론 그런 조건을 만족시켜야겠죠. 만일 그게 가능하다면요."

"그런데 지금까지의 얘기로 본다면 우리는 그들을 체육과 음악으로 교육한 셈일세."

"네, 그렇군요."

"그리고 체육은 생겨났다가 사라지는 걸 다룬다고 생각하네. 그것이 관리하는 것은 신체가 성장하거나 쇠약해지거나 하는 일이기 때문일세."

"그런 것 같군요."

"그러므로 이것은 우리가 찾는 학과가 아니라는 결과가 되겠지."

"그렇습니다."

"그렇다면 음악 쪽은 어떨까? 우리가 앞서 자세하게 말한 것을 기준으로 삼는다면······."

"그러나 그 음악 또한 체육과 대등한 것이 아니겠습니까? 만일 기억하고 계시다면 말입니다. 그것은 즉 습관을 붙임으로 해서 국가 수호를 가르치고, 음의 조합에 의해 좋은 조화를 주고 리듬을 이용하여 리듬의 좋은 점을 주겠지만, 학문적 지식을 주는 것은 아니잖습니까? 그리고 가사 내용 또한 이야기를 주로 한, 비교적 사실에 가까운 것 등이 있겠습니다만, 그런 면에 있어서도 그것(음의 조화나 리듬)과 동등한 관계에 있는 걸 포함하고 있는 셈이죠. 하지만 지금 선생님이 찾으시는 것 같은, 무언가 그런 방향으로 이끌어 나가는 학식이 그 속에는 전혀 들어 있지 않았습니다."

"자네 덕분에 상당히 정확하게 기억을 더듬어 낼 수 있게 되었네. 결국 우리가 찾고 있는 건 실제로 하나도 끼여 있지 않았으니 말일세. 그러나 친애하는 글라우콘이여, 그와 같은 요구에 알맞은 것은 무엇일까? 이른바 기술은 무엇이나 다 기계적이라고 판단하게끔 된 것 같고……."

"네, 그렇게 판단할 수밖에 없군요. 하지만 그렇게 생각한다면 그 밖에 어떤 학과가 남게 되겠습니까? 음악, 체육, 그리고 기술도 전혀 별개의 학과라고 한다면 말입니다."

"그러니 말일세. 만일 그러한 기술 말고는 더 이상 아무것도 들 것이 없다면 어떻게 될까? 오히려 모든 면에 관련성이 있는 그 무엇을 찾아봐야 하지 않겠나?"

"그렇다면 어떤 것이 있을까요?"

"예컨대 모든 기술, 학문, 지식, 또는 그것들에 공통으로 쓰이는 것이지. 이건 누구나가 처음에 배워 둬야 하는 걸세."

"그게 어떤 것이죠?"

"아무것도 아닌 것 같은 그런 거지. 즉 1, 2, 3을 식별할 수 있는 일 따위 말일세. 이걸 총칭하면 '헤아린다' 또는 '셈한다'는 식으로 불리겠지. 그보다도 어떤가, 그 일은 이렇지 않을까? 모든 기술이며 지식은 그러한 것을 공유하고 있어야만 한다고."

"물론 그래야 되겠죠."

"그렇다면 전쟁 기술도 그럴까?"

"네, 어쩔 수 없이 그래야만 되겠군요."

"어쨌든……." 나는 말했다. "비극 작품에 나오는 팔라메데스[3]의 말을 빌리면 아가멤논은 아주 우스꽝스러운 군사령관이었다는 게 드러나니 말일세. 자넨

---

3) 트로이아 정벌에 참가한 영웅의 한 사람. 오디세우스와의 사이에서 일어난 여러 일들이 전설로 남아 있다. 수의 발명이란 것은 아이스킬로스, 소포클레스, 에우리피데스의 작품 속에 나와 있다.

그 일에 대해 미처 몰랐었나? 팔라메데스는 자기가 수(數)의 발견자라 주장하고 트로이아에서는 군단 편제를 확립, 함선 등 모든 것을 계산해 냈다고 하는 것을. 만일 그렇다면 그 이전에는 그런 것들이 계산된 일이 없으며, 아가멤논은 자기 다리가 몇 개였는지조차 몰랐다는 얘기가 되는군. 헤아리는 방법을 몰랐다면 말일세. 그러나 그 말을 그대로 믿는다면, 아가멤논은 어떤 군사령관이었다고 자네는 생각하나?"

"참 이상한 장군이군요." 글라우콘은 말했다. "만일 그 말이 사실이라면요."

7

"그렇다면 어떨까?" 나는 말했다. "계산과 산수 능력은 군인에게는 꼭 필요한 학과가 아닐까?"

"무엇보다도 많이 필요한 학과겠죠." 글라우콘이 말했다. "군대의 편제가 무엇인지 모두 알아야 한다면 말입니다. 그러나 그보다는 오히려 인간이기 위해서도 꼭 필요한 것이라 하겠습니다."

"그렇다면 자네는 이 학과에서 나와 똑같은 점을 느끼고 있는 게 아닐까?"

"어떤 점을 말씀하시는 거죠?"

"그것은 틀림없이 우리가 추구하고 있는 본질적인 지력으로 이끌어 가는 학문이 될지도 모른다는 걸세. 단지 아무도 그것을 올바르게 다루고 있는 것 같지는 않네만. 이것이야말로 완전히 실재로 이끌어 갈 수 있는 그런 것인데도 말일세."

"그건 어떤 의미인가요?"

"나로서는 다만 내가 생각하고 있는 점을 명백하게 밝혀 보고 싶을 뿐일세. 나는 내 나름대로 우리가 말하려는 방향으로 이끄는 효력이 있는 것과 없는 것으로 나눠 생각하고 있는데, 자네도 함께 관찰해서 '그렇다'든가 '아니다'라는 식으로 말해 주게. 이렇게 바라는 건 내가 예감하고 있는 것이 사실인지 아닌지를 우리 둘이서 좀 더 확인해 두고 싶기 때문일세."

"그럼, 그 예감을 말씀해 주십시오."

"물론 말하지. 잘 주의해 보면, 감각으로 주어지는 영향에는 두 가지가 있는 것 같네. 잘 보려고 지성의 활동에 도움을 청하지 않는 것과, 잘 보기 위해 전면적으로 지성의 활동을 격려하는 것이 있네. 전자는 감각의 판별로 충분하지만 후자는 감각의 활동만으로는 정상적인 효과를 전혀 얻을 수 없는 셈이지."

"멀리서 본 것, 또는 음영을 넣어 그린 그림에 대해 말씀하시는 거죠?"

"아냐, 완전한 예상 착오일세. 내가 말하려는 것은 그런 게 아니야."

"그럼 어떤 겁니까? 선생님이 말씀하시려는 것은?"

"지성의 활동에 대해 도움을 청하지 않는다는 것은 그 감각이 동시에 정반대로 나타나는 일이 없는 때를 말하는데, 만일 그게 정반대로 나타난다면 지성의 도움을 청하는 결과가 되지. 즉 감각만 가지고서는 이것인지 그 반대의 것인지 확실하지 않은 때를 말함인데, 그것을 가까이서 또는 멀리서 감각한다든가 하는 것은, 이때 어느 쪽이든 상관이 없다는 얘기가 되지.

내가 말하고자 하는 뜻을 좀 더 명확하게 하기 위해 이런 상황을 생각해 보세. 여기 손가락이 셋 있다고 하세. 새끼손가락과 그다음 손가락과 가운뎃손가락……."

"네, 그렇죠."

"그런데 그 손가락을 가까이서 보면서 말하고 있다 생각해도 좋네…… 그러나 그보다는 이 손가락에서 다음과 같은 점을 잘 관찰해 주게나."

"어떤 점을요?"

"손가락이란 점에서는 어느 것이나 똑같아 보일 테지. 그래서 이 점에 관한 한 우리는 그게 가운데 있건 끝에 있건 간에 위치만 다를 뿐 손가락임에는 틀림없으며, 희고 검고 굵고 가느다란 차이는 있지만 다 같은 손가락이겠지. 즉 이와 마찬가지로 많은 사람들의 영혼은 도대체 손가락이란 무엇이냐 하는 따위의 질문을 지성에 묻는 일이란 없기 때문일세. 왜냐하면 우리의 시각은 어디서 보나 영혼에게 손가락은 동시에 손가락과 반대되는 것이라고 신호를 보내는 일은 없을 테니 말이야."

"네, 그런 일이란 사실 있을 수 없으니까요."

"따라서 당연히 이런 일들은 지성의 활동을 불러들여 깨닫게 하지는 않겠지?"

"물론입니다."

"그럼 도대체 어떻다는 건가? 손가락의 크고 작은 것은 과연 시각을 통해 충분히 볼 수 있는 걸까? 그중 어느 것이 가운데로 오게 되거나, 끝으로 가게 되건 시각적으로 아무런 차이도 생기지 않는 걸까? 또 마찬가지로 굵고, 가늘고, 딱딱하고, 부드러운 것에 대한 촉각은 과연 충분할까? 그 밖의 감각에 대해서도 과연 아무런 차질 없이 그 종류를 명백히 밝혀 줄까? 첫째로 딱딱한 것 위에 놓였던 감각이 또한 필연적으로 부드러운 것 위에도 놓이게 되어, 감각상으로는 똑같은 것이 딱딱하게도 부드럽게도 느껴진다는 사실을 영혼에 전달하게 되는 것은 아닐까?"[4]

"네, 그렇게 됩니다."

"그렇다면 어쨌든 이럴 때의 영혼은 새삼스럽게 감각이 딱딱하다고 지시한 것이 동시에 부드럽다고도 전달되었다면, 과연 그게 어떤 것일까 싶어서 당황하지 않겠나? 그리고 가볍다는 감각이나 무겁다는 감각 또한 마찬가지로 만일 그게 무거운 것인데도 가볍다 하고, 반대로 가벼운데도 무겁다고 한다면, 과연 그 가볍고 무겁고 한 것이 무엇인지 얼떨떨해질 걸세."

"맞습니다. 아무튼 그런 식으로 전달된다면 영혼은 갈피를 못 잡을 테니 좀 더 잘 생각해 볼 필요가 있겠죠."

"따라서 으레 이럴 때에는 무엇보다도 먼저 영혼이 계산 능력이나 지성 활동의 도움을 받아 그곳에 전달된 게 과연 하나인지 둘인지를 잘 살펴보려고 하지 않겠나?"

"그럴 수밖에 없겠죠."

"그래서 만일 둘로 밝혀진다면 그것은 분리된 개체로서 서로 다르다는 게 뚜렷해지겠지?"

"그렇죠."

"그러면 만일 이 둘이 별개의 것으로서 서로 합해져도 여전히 둘이 된다고 하면, 영혼은 그 둘을 별개의 것으로 알게 되겠지. 왜냐하면 그게 별개의 것이 아니었다면 둘로 알 수가 없었을 테고, 오히려 하나로 알고 있었을 테니까."

"네, 옳은 말씀입니다."

"그런데 시각 또한 큰 것을 보고 작은 것을 보았다는 것이 우리의 주장인데,

---

[4] 《파이돈》 102c, 《테아이테토스》 155b 등의 예를 들어 말한다면, 같은 것도 비교되는 상대가 달라짐에 따라 크게도 작게도, 딱딱하게도 부드럽게도 느껴진다는 것이다.

더구나 이것을 별개의 것으로서가 아니라, 무언가 뒤섞인 것으로서 말일세. 안 그런가?"

"그렇죠."

"그래서 그런 것을 명확히 식별하기 위해 새삼스레 지성이 큰 것과 작은 것을 직시하지 않을 수 없게 될 걸세. 그게 한데 섞인 것으로서가 아니라 별개인 것으로서 말일세. 이런 방법으로 나가면 지성과 시각은 서로 반대가 되지."

"네, 그렇군요."

"그렇다면 비로소 이런 문제가 생겨나지 않겠나? 즉 이 크거나 작다는 것은 과연 무엇을 가리키느냐 하는 문제가?"

"정말 그렇습니다."

"따라서 하나는 지성으로 알 수 있는 것이고, 또 하나는 시각으로 볼 수 있는 것이란 두 가지 뜻의 이름으로 구별될 걸세."

"과연 옳은 말씀입니다." 글라우콘은 말했다.

8

"그건 조금 전에 내가 말하려던 거라네. 즉 지능의 도움이 필요한 것과 필요치 않은 것이 있지만, 감각에 들어오면서부터 자기 자신과 정반대되는 걸 동반하는 것은 지성 활동의 도움을 청하는 쪽이며, 그렇지 않은 건 그러한 지적 작용이 필요치 않은 것이라고 그때 결정했었지."

"그거라면 벌써 알고 있습니다." 그는 말했다. "그리고 그 말이 옳다고도 생각합니다."

"그렇다면 어떨까? 수(2 이상)와 '1'은 그(지성 활동의 도움을 청하는 쪽인지, 청하지 않는 쪽인지) 어느 편에 속한다고 생각하나?"

"잘 모르겠습니다."

"지금까지 우리가 말해 온 것으로 미루어 생각해 보면 알 수 있을 텐데? '1'이란 것이 오직 그 자체로도 충분히 볼 수 있다든가 아니면 다른 감각으로 지각되는 것이라고 한다면, 그것이 마치 손가락을 예로 들어 말했듯이 무엇인가 존재의 물음으로 우리를 끌어가는 것이 아니라는 얘기가 되겠지. 하지만 만일 그와 반대되는 것이 늘 함께 보여 그것이 '1'인지 아니면 그와 반대되는 많은 것인지 구분할 수 없게끔 나타난다면, 이것을 판별해 내기 위해 어떤 도움이 필요하므로 영혼은 그게 어떤 건지 몰라 당황한 나머지, 자기 자신의 지성 활동을 일깨워 '1'이란 그 자체가 무엇인가를 묻게 되고, 이 물음에 대답하기 위해 탐구해 나가야만 되겠지. 이리하여 '1'을 공부한다는 것은, 있음(존재)이 무엇인지를 고찰하는 일로 전환시켜 그곳으로 이끌어 나가는 것이라 할 수 있겠지."

"그러나 분명히 그러한 조건이라면 '1'을 보는 것(시각)이란 그것으로 충분하겠군요. 왜냐하면 같은 것을 '하나'로 보는 동시에 또 '무한히 많다'고도 볼 수 있기 때문이죠."

"결국 '1'이 이미 그렇다면 '1'의 집합체인 모든 것 또한 같은 조건을 채울 수 있다는 얘기가 아닐까?"

"틀림없이 그렇게 될 겁니다."

"그러니 계산이나 수를 다루는 기술은 모두가 수와 관련을 갖는 것일세."

"물론 그렇습니다."

"그런데 이들 수에 관계되는 것은 진실 쪽으로 이끌어 가는 것이라고 명백히 밝혀졌네."

"네, 사실 그건 그렇습니다."

"따라서 그게 우리가 찾고 있던 학과의 하나인 것 같군. 왜냐하면 전사는 군의 편제를 위해 배울 필요가 있으며 철학자는 생성계로부터 탈피, 실재계(존재)와 접촉해야 하기에 필요한 것이지만, 만일 그렇지 않다면 계산 기술을 익힐 필요성은 조금도 없기 때문이네."

"그렇습니다."

"그러므로 우리의 국가 수호자는 전사인 동시에 철학자이기도 하지."

"확실히 그렇습니다."

"그럼 글라우콘, 이 학과의 학습을 법으로 정하는 일은 참으로 좋은 일이겠군. 또 앞으로 한 나라의 국가적 큰일에 참여하게 될 사람들을 설득하여 계산의 기술을 습득케 하는 것도 매우 좋은 일이겠고. 다만, 수를 공부하려면 수의 본래 모습을 지성만으로 관찰하는 영역에까지 이르러야지 평범한 사람들이 공부하는 식으로 그쳐서는 안 돼. 즉 무역상인이나 소매상인들처럼 사고팔기 위한 공부가 아닌, 전쟁에 대비하기 위한 공부여야 하며, 그리고 가장 쉬운 방법으로 영혼 그 자체를 생성하는 것에서 진실한 것과 실재하는 것으로 전환시킬 수 있는 그런 것이라야 하네."

"더없이 훌륭한 말씀입니다."

"또 생각나는 게 있는데, 이런 건 어떨까? 계산에 관한 학과를 배운다는 말을 하다 보니 생각나는군. 이 학문은 매우 흥미로운 것 같네. 그리고 그것은 우리가 하고자 하는 목적을 위해서도 그렇지만, 만일 이것을 장사를 위해서가 아니라 단순히 알기 위해 연구한다면 얼마나 많은 일에 도움이 될까 하는 그런 생각 말일세."

"도대체 어떤 점이 그렇다는 말씀입니까?"

"그것은 결국 방금 우리가 말했던 바이지. 즉 그것은 어딘가 위쪽으로 강력하게 영혼을 이끌어 순수한 수 자체가 무엇인지 문답을 하게 하는 것인 만큼, 사람이 영혼 앞에 보이거나 접촉하는 물체가 뒤따르는 수를 가지고 문답을 시도하려 해도 결코 이를 받아 주지 않는 그런 거지. 왜냐하면 자네도 알고 있듯이 그 방면의 전문가가 되고 보면 순수한 1을 가지고 토론한 다음, 분해하려는 사람이 나타나도 그것을 무시해 버리고 상대하지 않는 법이니까. 오히려 만일 자네가 1을 부분적으로 분해하면 그들은 그것을 몇 배로 만들어 보이겠지. 더구나 그동안에 1이 1이 아니고 많은 부분으로 나타나는 그런 일은 결코 없도록 조심하면서 말일세."

"전적으로 옳은 말씀입니다."

"그럼, 자넨 이럴 때에는 어떻게 생각하나, 글라우콘? 만일 어떤 사람이 그들을 향해서 다음과 같이 묻는다면. '기묘한 분들이여, 당신들이 문답하고 있는 것은 어떤 수를 말하는 것인지요? 그것들 가운데 1이 당신들이 요구하고 있는 수라면, 어떤 것을 취해도 모든 게 서로 같아 조금도 차이가 없게 되며 그 자신 속에는 부분이라는 게 조금도 포함되지[5] 않았다는 결과가 되는데…….' 그러면 그들은 무엇이라고 대답할 것 같은가?"

"이렇게 대답할 것 같습니다. '우리가 말하고자 하는 것은 단지 지성을 통해서만 생각할 수 있을 뿐, 그 밖의 어떤 방법으로도 손댈 수 없는 그런 수를 말

---

5) '다섯 명의 사람'이라든가 '다섯 개의 돌'이라든가 하는 헤아린 사물에서 구별된, 단순한 '수'만을 말한다. 《테아이테토스》 195e 참조.

한다'고 말이에요."

"그럼 자네는 환히 내다볼 수 있겠군. 이 학문이야말로 진실한 의미에서 우리에게 필요하고도 필연적인 것인지도 모른다고 말일세. 어쨌든 자네도 보다시피 이 학과는 진리 자체에 다다르기 위해 영혼을 강제함으로써 필연적으로 지성만을 사용, 직접 진실로 향하게 한다는 건 분명하니 말일세."

"네, 분명히 그러한 작용은 강력하죠."

"그러고 보니 다음의 점도 이미 관찰이 끝난 게 아닐까? 즉 천성적으로 계산에 밝은 사람은 무슨 학문을 하든 이른바 예리한 소질을 가지고 있겠지만, 더딘 사람이라도 이 학과로 교육되고 단련된다면 그 밖의 어떤 이익이 없다 하더라도 그 이전의 자기보다는 현재의 자신이 예민해지므로 누구나 진보를 하는 셈이 된다는 점을 말이야."

"네, 그렇습니다."

"아마 자네는 학습자에게 이보다 더 괴로움을 끼치는 학문을 그리 쉽게 찾아낼 순 없을 테고, 또 찾아냈다 하더라도 그다지 많지는 않을 걸세."

"네, 찾아낼 수 없다는 건 뻔한 사실이니까요."

"결국 이와 같은 이치로 이 학과는 허술히 다루어져서는 안 되겠지. 오히려 태어나면서부터 뛰어난 자는 이 학과로 교육되어야 하네."

"동감입니다." 글라우콘은 말했다.

9

"그렇다면 이것은……." 나는 말했다. "우리에게는 한 가지 확정된 것으로 해두세. 그리고 이와 관련 있는 두 번째 것을 내세우는 일이 과연 우리 목적에 알맞은 것인지 아닌지를 살펴보기로 하세."

"그러니까 무엇을 말씀하시는 거죠? 아니 그보다 선생님이 말씀하시고자 하는 것은……." 그는 말했다. "기하학이죠?"

"바로 봤네."

"그것이 전쟁 기술에 관계되는 한, 목적에 들어맞는 것만은 사실입니다. 왜냐하면 진지의 구축, 장소의 점령, 군대의 집합과 정렬, 그 밖의 전투나 행군하는 도중 진형(陣形)을 정해야 할 그런 때는 기하학을 알고 모름에 따라 같은 사람일지라도 차이가 날 테니 말입니다."

"사실이지. 그런 일은 기하나 산수를 조금만 알아도 충분해. 그보다는 오히려 기하학의 보다 중대하고 보다 진보된 부분을, 그것이 선의 실상을 조금이라도 쉽게 직시할 수 있게끔 해주는 데 대해 무언가 관련성이 있나 없나를 잘 살펴봐야 하네. 그리고 모든 것은 거기에 관련된다고 우리는 주장하네. 모름지기 영혼을 강제해서 그 장소로 방향을 돌리는 것이라면 말일세. 그 장소에는 실재의 가장 행복한 부분이 있는 만큼 영혼은 어떻게 해서든 그것을 보아야만 하네."

"옳은 말씀입니다."

"그래서 만일 기하학이 실재를 관찰하는 일을 강요하는 것이라면 우리 목적에 적합할지 모르지만, 생성을 관찰하게끔 강요한다면 합당치 않은 게 아닐까?"

"어쨌든 그게 우리의 주장이지요."

"기하학을 조금이라도 배운 사람이라면, 다음과 같은 점에서는 우리와 의견을 달리하는 일은 없을 걸세. 그 학문적 지식의 상태란 그들 연구자가 쓰는 말이 그들 학문 속에서 용어로 쓰일 때는 전혀 반대라는 점 말일세."

"아니, 어떻게 말입니까?"

"그들이 쓰는 용어에는 어딘가 우습고 무리한 점이 있는 것 같네. 예컨대 '네모지게 한다(제곱을 말함)'든가 '평행하게 긋는다'든가 '첨가한다'는 등 모든 일을 이런 식으로 말하면 그들이 실제로 그런 행위를 하고 있기에 모든 말은 그 행위를 중심으로 한 말을 주고받는 것처럼 생각되지만, 실제에 있어서의 그 학문은 인식을 위해(단지 아는 일을 중심으로 해서) 영유되고 있는 걸세."

"정말 옳은 말씀입니다."

"그럼 다음 사항도 인식을 해줘야겠는데, 어떤가?"

"어떤 점인데요?"

"알려고 하는 것은 언제나 존재하는 그것이며, 특정 시기에 특정한 형태로 생성하거나 망해 없어지거나 하는 것을 인식하기 위해서가 아니라는 점일세."

"그것은 누구라도 곧 인정하겠죠. 기하학이 인식하는 것은 언제나 존재하는 그것이니까요."

"따라서 그것은 영혼을 진리로 이끌어 가는 것이 되겠지. 그리고 지금은 부당하게 아래쪽을 향하고 있는 것을 철학적인 지능으로 위쪽을 향하게 하도록 하겠지?"

"그렇죠, 최대한으로."

"그렇다면 또 자네가 살고 있는 이 아름다운 나라에 사는 자가 어떤 일이 있어도 기하학을 멀리할 수 없게끔 최대한으로 규제해야 되네. 그것에 뒤따르는 활동도 결코 사소하진 않으니 말일세."

"그건 어떤 것입니까?"

"그건 이미 자네가 말한 거라네. 전쟁에 관계하는 일도 그렇고, 더 나아가서는 모든 학습도 그것을 좀 더 잘 받아들일 수 있는 점에서는, 기하를 배운 자와 배우지 못한 자와는 아주 차이가 크다는 사실을 우리는 알고 있잖은가?"

"그야 물론이죠."

"그럼 이를 젊은이들을 가르치는 두 번째 학과로 정하도록 하세."

"그렇게 하지요." 글라우콘은 대답했다.

## 10

"이러면 어떻겠나? 세 번째로 천문학을 두는 것이. 그게 마땅찮은가?"

"아닙니다. 저는 어쨌든 좋다고 생각합니다. 왜냐하면 달이나 해마다 변하는 계절에 따라 뛰어나고 좋은 감지력을 갖는다는 것은 농학이나 항해를 위해서뿐만 아니라 군대를 통솔함에 있어서도 매우 좋을 테니까요."

"참 재미있는 친구로군." 나는 말했다. "자넨 무언가 대중의 눈치를 보아 가며 말하는 것 같으니. 쓸데없는 학문을 억지로 떠맡긴다고 비난받지나 않을까 하고 말일세. 그러나 중요한 일은, 아니 그보다도 선뜻 믿기 어려운 일은 오히려 이것을 배움으로써 각자의 영혼 가운데 한 기관(器官)이 정화되고 생명의 불꽃이 붙어 타오를지도 모른다는 점일세. 그 기관은 사람이 다른 일에 정신을 빼앗기고 있는 동안에 파괴되고 맹인처럼 되어 가는 것이므로, 이 건전성을 회복시키는 일은 몇만 개의 눈을 건전하게 하는 것보다도 중요한 일이지. 왜냐하면 그것으로써만 진실을 볼 수 있으니 말일세.

따라서 이런 점에서 자네와 같은 생각을 가진 사람이라면 자네가 하는 말을 더없이 훌륭하다고 생각해 주겠지만, 아무것도 느낀 바가 없는 사람들은 물론 자네의 말에서도 아무런 뜻을 인정하지 않을 걸세. 어쨌든 거기서 이렇다 할 이익을 얻을 것 같지 않기 때문이지. 그러므로 이 가운데 어느 쪽을 상대해서 문답하면 좋겠는지 자네는 이 자리에서 잘 생각해 봐야 하네. 아니라면, 자네가 주장하는 것은 어느 쪽도 상대하는 게 아니고 주로 자기 자신을 위해선가? 그 주장에서 누군가가 자기 자신에게 이익이 되는 일을 발견했다 하더라도 그걸 그들에게 나누어 주는 걸 아까워하지 않는다는 전제 아래서 말일세."

"그렇게 하기로 하겠습니다." 글라우콘은 말했다. "말을 하든 문답을 하든 다 저 자신을 위해서 하는 걸로 해두겠습니다."

"그럼, 얘기를 다시 해보기로 하세. 조금 전에 기하학 다음으로 필요한 학문을 꼽아 보았는데, 아무래도 잘못 잡은 것 같아서 말이야."

"어떻게 잘못되었다는 겁니까?"

"평면(기하) 다음에 너무 서둘러서, 돌고 있는 입체를 잡아 버렸단 말일세. 그보다 먼저 입체 자체를, 돌고 있는 운동은 잠시 놔두고 잡아야 하는 건데. 순서대로 한다면 2차원 다음에는 3차원을 잡는 게 옳은데도 말이지. 그러고 나서 정육면체의 차원이라든가, 일반적으로 깊이를 공유하는 것이 무엇인지를 생각해야 한다고 보는데."

"그건 그렇죠. 그러나 그런 것은 아직 연구가 끝나지 않았습니다."[6]

"거기에는 결국 두 가지 원인이 있지. 하나는 이런 종류의 연구가 어느 국가에서나 존중되고 있지 않으므로 어려운 문제임에도 강력한 연구가 이루어지지 않기 때문이며, 또 하나는 그 연구에 앞장설 지도자가 필요함에도 그러한 지도자가 없기 때문일세. 따라서 지도자 없이 진행되는 연구는 성공을 거둘 수가 없는 법이지. 더구나 그런 지도자를 얻기가 무엇보다 어려우며, 그 같은 지도자가 있다손 치더라도 요즘 같아선 이와 관련된 전문 연구자 쪽이 교만한

---

[6] 입체기하학의 연구는 플라톤 시대에는 테아이테토스 등을 거치면서 많이 발달했지만, 이 대화가 이루어진 5세기 말에는 아직 충분하지 않았던 모양이다. 단 플라톤 시대의 다른 수학자들의 연구를 플라톤이 만족스럽게 생각하지 않았던 점이 이에 계속되는 소크라테스의 이야기에서 느껴진다.

나머지 지도자에게 복종하려 들지 않을 걸세. 하지만 국가가 일치단결하여 이런 연구를 존중하는 한편, 지도 감독에도 힘을 기울인다면 그들도 결국은 복종하게 될 테고, 연구가 지속적으로 강력히 추진된다면 문제가 어떻게 되어 가는지는 명백해질 걸세. 이렇게 말하는 까닭은, 현재까지도 세상에서는 이 가치를 인정하려 들지 않을 뿐 아니라, 연구자들도 그게 무엇에 도움이 되는지를 전혀 생각하지 않기 때문이네. 따라서 그 방면의 발전이 방해받고 있지만, 이런 불리한 점에도 그 자체가 지니는 매력 덕분에 방해를 물리치고 성장 발달해 가는 부분도 있는 셈이지. 그러므로 마침내 연구의 성과가 뚜렷해진다 해도 놀랄 것은 없네."

"아무럼요, 연구 그 자체에는 각별한 매력이 있는 거죠. 그렇지만 좀 더 명확하게 설명해 주십시오. 평면의 연구를 '지면 측정(기하)'이라고 정하신 것 같았는데 말입니다."

"자네 생각대로일세."

"그리고 처음에는 기하학, 다음에는 천문학을 꼽으셨다가 또 나중에 그것을 취소하신 이유는요?"

"결국 모든 것을 서둘러 통과하려다가 도리어 늦어진 셈이지. 즉 다음에는 깊이의 차원을 연구할 부분이 있음에도 그 연구 상황이 이상한 것인지라 그걸 뛰어넘고 기하학 다음에 천문학이라는, 깊이를 가진 운동을 이야기하려고 했던 게 아닌가."

"말씀하신 대로입니다."

"그러면 네 번째 학과로 천문학을 두기로 하세. 아직은 개척되지 않은 채로 남아 있는 학과(입체기하학)는 국가가 그 연구를 추진하기만 하면 존재하게 되는 걸세."

"그야 물론 그럴 테죠. 그리고 방금 저는 선생님에게 한 방 먹었습니다. 천문학을 속되게 칭찬한다고요. 그와 관련해 이번에는 선생님이 추구하시는 방법에 따라 칭찬하려고 합니다. 이 천문학이란 영혼을 강제해서 위를 보지 않을 수 없게 만들어 땅 위의 사물을 떠나 하늘 위로 이끈다는 사실은 모든 사람이 명백히 아는 일이라고 말입니다."

"하긴 모든 사람이 명백히 알고 있을지도 모르지. 그러나 나는 그 모든 사람

속에는 포함되지 않네. 왜냐고? 나는 그렇게 생각지 않으니까."

"그럼 어떻게 생각하신다는 겁니까?"

"현재 철학으로 향상시키려는 사람들이 이 천문학의 방법을 이용한다면, 사람들의 눈을 그저 아래로만 돌리게 할 뿐인 줄 아네."

"그건 무엇을 뜻하는 것인지요?"

"지금의 자네는 위에 있는 것을 배우는 일이 무엇인지 그 폭을 넓게 잡아 자네 나름의 견해를 세우려 하고 있네. 누군가가 지붕 위에 올라가 하늘을 올려다보며 그 다채로운 모양에서 뭔가를 배울 수 있다면, 자네는 그것은 눈을 써서가 아닌, 지성으로 보고 있는 것이라고 생각하는 듯하니 말일세. 어쩌면 자네 생각은 훌륭하나, 내가 보기엔 우직하다고 할 수밖에 없다네. 왜냐하면 나는 내 나름대로, 보이지는 않지만 실재하는 것에 관계되는 학과를 제외하곤, 그 밖에 영혼을 위쪽으로 바라볼 수 있게 하는 것을 인정할 수 없는 처지이기 때문이네. 그리고 감각되는 무엇을 배우고자 위를 향해 입을 딱 벌리고 있건, 또는 입을 굳게 다물고 아래쪽을 보고 있건 간에, 그런 식으로는 도무지 아무것도 배울 수 없다고 생각하네. 왜냐하면 이 같은 감각적 사물의 어떠한 것에서도 학문적 지식을 가질 수는 없기 때문일세. 또 그러한 사람의 영혼은 예컨대 그 사람이 벌렁 누운 채로 땅 위나 바다 위를 떠가면서 배운다 해도 그건 아래쪽을 보고 있는 것이지, 위를 보고 있는 것은 결코 아니라고 나는 주장하네."

11

"제가 한 방 또 얻어맞았습니다." 글라우콘은 말했다. "얻어맞아도 당연합니다. 그러나 선생님은 천문학을 배우려면 적어도 우리가 말하고 있는 목적에 유리하도록 배워야 하며, 현재 배우고 있는 것은 피해야 한다고 말씀하셨는데, 그것은 무슨 뜻에서죠?"

"이런 뜻일세." 나는 말했다. "지금 말한 하늘 위의 다채로운 모양은 그것이 보이는 곳에 다채로운 무늬로 나타나 있는 것이라면 아닌 게 아니라 아름답고, 또 이런 종류 중에서는 그 정확성도 뛰어나지만 진실 그 자체에 비한다면 오히려 부족한 게 많다고 생각된다는 뜻이지. 즉 실재하는 속도의 빠름이나 늦음, 진실의 수 또는 진실한 형태에 있어, 또는 상호 관계를 유지하면서 움직이거나, 자기 속에 내재하는 것을 옮기거나 하는 그 운동[7]에 비하면 말일세. 이런 것들은 논리와 수학적 지성(간접지)에 의해서만 포착할 수 있을 뿐 시각을 통해서는 불가능한데, 자넨 포착할 수 있다고 생각하나?"

"아뇨, 절대로 안 된다고 생각합니다."

"따라서 하늘 부근에 보이는 다채로운 모양은 지성으로 알 수 있는 세계의 사물을 목표 삼아 배우기 위한 모형으로 다루어져야 되는 걸세. 마치 다이달로스[8] 같은 기술자나 화가가 때때로 각별히 정성 들여 그린 그림이나 도형을 앞에 놓고 있을 때처럼 말일세. 왜냐하면 기하학을 배운 적이 있는 자라면 그런 작품을 보고 이것은 더할 나위 없이 훌륭한 솜씨라고 생각하겠지만, 그것과 똑같은 것, 두 배 크기의 진실한 존재 양식이라든가, 그 밖에 알맞게 비례하는 진실한 존재 양식을 포착하기 위해서 이 작품을 진심으로 (기하학의) 연구 대상으로 삼거나 하면 꼴불견이라고 웃을 테니 말일세."

"아닌 게 아니라 꼴불견일 것입니다."

"그럼 정말로 천문학을 공부한 자라면, 별의 운행을 바라보면서 느끼는 점이 지금의 기하학자들과 같을 거라고 생각되지는 않나? 즉 이런 종류의 작품으로서는, 천체의 창조자가 가장 아름다운 그림을 완성하기 위해 하늘과 하늘 속에 있는 온갖 것을 구성했다고 인정하긴 하겠지. 그러나 낮에 대한 밤의, 달에 대한 낮과 밤의, 해에 대한 달의, 더 나아가 이들 해와 달에 대한 다른 별의, 그리고 상호 간에 갖는 꼭 맞는 비율이란 점에 이르고 보면, 그것들이 형체를 갖춘 눈에 보이는 것임에도 언제나 동일성을 지니고 생성하되 조금도 일탈하는 바가 없다고 인정하게 되면, 이들 눈에 보이는 것들이 실은 어떤 상태에 있는지를 갖은 방법으로 포착하고자 하는 것은 모두 당치도 않은 일이라고, 진짜 천문학자라면 그렇게 생각하리라 여기지 않나?"

"지금 그 얘기를 듣고 보니, 정말 그렇게 생각됩니다."

"그러니까 이것은 예제로서만 사용하고 천문학도 기하학과 똑같은 방법으로 추구해야겠네. (눈에 보이는) 하늘 안의 것은 그대로 놔두기로 하고, 만일 우

---

[7] 순(純) 이론적으로 구성된 모델 사례 같은 것.
[8] 미노스 왕의 미궁(迷宮)을 만든 전설적 장인. 솜씨가 뛰어나 작품이 움직였다고도 전해진다.

리가 정말로 천문학에 참여함으로써 우리 영혼 속에 간직하고 있는 생각 활동의 부분(이성적 부분)을 쓸모없었던 것으로부터 쓸모 있는 것으로 하자면 말이네."

"사실 선생님이 지시하려 하시는 그 일이란 현재 천문학에서 다루고 있는 일보다 몇 배 더 큰 일이 되겠군요."

"그러나 우리가 생각하는 바로는 다른 일에 있어서도 어느 정도 입법자로서 유능하기만 하다면 같은 형식의 과제를 만들어 낼 수 있을 걸세."

12

"그건 그렇다 치고, 우리 목적에 어울리는 학과로 자네는 그 밖에 무엇을 들 수 있겠나?"

"들 수 없습니다." 그는 대답했다. "지금 갑자기는 말입니다."

"그러나 운동에는 한 가지가 아니라 더 많은 종류가 있다고 나는 생각하네. 지혜로운 사람이라면 아마 그 종류를 다 말할 수 있을 걸세. 하지만 우리가 금방 알 수 있는 것은 두 가지뿐이네."

"도대체 그게 무엇이죠?"

"지금의 천체 운동을 포함해서 그것과 한 쌍이 되는 것인데."

"그렇다면?"

"자칫하면 천문학에 눈이 고정되는 것처럼 음률의 운동에는 귀가 고정되어 있는지도 모르지. 그리고 그것들을 다루는 학문은 서로 형제와 같은 관계인지도 모르고. 이것은 피타고라스학파 사람들의 주장이지만, 우리 또한 여기에 찬성해야겠네. 글라우콘, 자네는 어떻게 하겠나?"

"저도 그렇게 하겠습니다."

"그럼 이 일은 엄청난 일이니 피타고라스학파 사람들에게 그들이 이를 어떻게 말하려 하고 있는지 물어보고, 그 밖에 또 무엇이 있다면 그것도 가르쳐 달라고 하세. 특히 우리로서는 모든 것에 대해 우리 나름대로 지켜 나가야 할 것이 있지만."

"어떤 것 말씀인가요?"

"우리가 키우려는 사람들이 그러한 학문을 배우려고 할 때, 그것을 (목적에 이르지 않고) 불완전한 상태대로 내버려 두는 일이 없도록 하는 일이지. 그것은 즉 모든 것이 다다라야만 할 곳에 귀착하지 않는다는 걸세. 그러한 예를 우리는 조금 전에 천문학에서 들었지만 결국 그런 일이 없도록 해야 한다는 것일세. 그런데 자네는 음률에서도 그와 같은 일이 이루어지고 있는 것을 모르나? 이렇게 말하는 이유는 여기서도 귀로 듣는 음악과 그 조화를 서로 계산하여 비교하는 등 쓸데없는 고생을 하고 있는데, 이것은 천문학을 연구하는 자들과 똑같기 때문이지."

"사실 말씀이지, 그게 또 우스꽝스럽습니다. 마치 옆방의 소리라도 들으려고 하는 것처럼 귀를 기울이고 '조밀음(稠密音)'이니 뭐니 하는 이름을 붙이는가 하면, 어떤 사람은 중간에서 무슨 소리가 잘 들리니 그게 최소음정이고, 다른 음을 재려면 그것을 단위로 해야 한다고 주장하죠. 또 다른 사람은 이에 이의를 제기하여 그 같은 음은 전부터 나와 있었다고 반론하는 형편이니, 양쪽이 다 지성보다 귀를 앞세웁니다."

"자네가 이야기하는 것은 그 선량한 사람들이군? 악기의 현을 바짝 죄어 음미하는 따위의 고문 같은 괴로움을 주고 있는…… 그러나 이 비유를 더 확대하면 현을 튕기는 나무로 두드린다든가, 현이 말을 듣지 않게 되었다든가, 쓸데없는 수다를 떨어댄다든가 하여 벌을 주는 일 등과도 관계가 있는데, 이런 이야기는 길게 하고 싶지는 않으니 그만두기로 하지. 내가 말하려고 하는 것은 그러한 사람들의 얘기가 아닌 방금 음률이 무엇인지 묻고자 했던 그 사람들(피타고라스학파 사람들)에 대한 이야기라는 것만 말해 두고 싶네. 왜냐하면 그들은 천문학을 연구하는 사람들과 똑같은 일을 하고 있기 때문이네. 즉 그들은 귀로 들을 수 있는 음의 조화 속에서 수를 탐구하긴 하나, 그 이상의 문제로 거슬러 올라감으로써 음의 조화를 이루는 수는 무엇이며, 그렇지 않은 것은 무슨 수인가, 그리고 그 두 가지 수는 무엇으로 말미암아 그렇게 되는가를 고찰하려 들지 않기 때문이지."

"아아, 그럴 수밖에요. 선생님이 말씀하시는 일은 모두가 보통 사람으로는 할 수 없는 일들일 테니까요."

"아니 오히려……." 나는 말했다. "유용한 일이지. 아름다운 동시에 선한 것을 찾으려 한다면 말일세. 특히 그러한 목적이 없으면 아무리 탐구해 봤자 쓸모없는 일이 되겠지만."

"네, 확실히 그럴지도 모르겠습니다." 글라우콘은 말했다.

### 13

"또 생각건대……." 나는 말했다. "지금까지 말한 모든 것을 연구하여 그것들이 서로 같은 종류 같은 종족 관계에 있으며 공통점이 있다 보고, 그것들이 서로 어떤 점에서 같은 종족일 수 있는가를 종합적으로 헤아린다면, 그런 학과를 과업으로 해서 전념하는 일이 우리 목적에 무언가 공헌하는 바가 되며 그동안의 노력도 헛수고가 되지는 않겠지만, 만일 그렇지 않다면 헛일이 되고 말 걸세."

"저도 그럴 것 같은 생각이 듭니다. 그러나 소크라테스 님, 말씀하시는 일은 모두가 굉장한 일들입니다."

"처음 하는 일로서는 그렇다는 것인지, 아니면 다른 것을 말하는지? 아니, 그보다도 우리는 알고 있지 않은가? 이들 학과 모두는 우리가 배워야 할 본곡(本曲)에 대한 서곡에 지나지 않는다는 점을. 왜냐하면 이들 학과에 뛰어난 재질을 가지고 태어난 사람일지라도 문답법의 상식이 없는 경우가 있으리라 생각되기 때문이네."

"확실히 그렇습니다." 그는 말했다. "제가 만난 사람들 중에서도 몇몇 사람만이 예외였습니다."

"아니, 그보다도 의사를 주고받는 능력 없이도 우리가 반드시 알아야만 한다고 주장하는 것 가운데 무엇인가를 언젠가는 알게 되리라고 자네는 생각하나?"

"아뇨, 그 경우에도 그런 일은 있을 수 없습니다."

"그렇다면 글라우콘이여, 이제야 겨우 본곡을 얻게 되는 것 같군. 그것은 문답으로 연주되는 본곡이지. 그것은 또 인식될 수 있는 것이겠지만, 우리가 앞서 말한 시각 능력이 이를 모방하고 재현할 수 있네. 즉 우리가 얘기한 바로는 시력은 이미 동물과 별들 그 자체로 돌려져 마침내는 태양 자체를 바라보게끔 되었지만, 또 이처럼 사람들이—문답을 통해 감각에는 전혀 의지하지 않고—논증만을 통해 제 나름대로 존재하는 자체를 향해 나아가려 할 때, 그리고 진실로 선한 것을 지적인 활동 그 자체로 직접 파악하게 되기까지 물러서지 않는다면, 사람은 그야말로 지성으로 알 수 있는 세계의 궁극에 이를 수 있게 되며, 그것은 앞서 시각을 사용하는 사람이 볼 수 있는 세계의 궁극에 다다르는 것과 같은 일이 되네."

"네, 과연 그렇습니다."

"그럼, 자네도 이와 같은 과정을 문답법이라고 부르겠군그래."

"그렇게 부르는 수밖에는 없을 것 같습니다."

"그런데 이것은 목이나 발에 묶였던 게 풀려, 그림자만 보던 것이 갑자기 방향을 바꿔 그 그림자의 원인이 되었던 모조품을 향하고, 다시 불빛을 보게 되고, 또 그 지하 동굴 속에서 태양이 빛나는 쪽으로 나와 위로 올라가는 길인지라, 지상에 있어서는 동물이나 식물 또한 태양으로 시선을 돌릴 수 없기에 물속의 신이 나타내 보이는 환상을 보게 되는데, 이것은 실물의 그림이기 때문에 모조품의 그림자와는 다를 수밖에. 왜냐하면 모조품의 그림자를 만들어 내는 빛은 태양과 비교하면, 모조품 나름의 빛과 다를 바 없지만…… 우리가 이야기해 온 학술 공부는 전체적으로 이 같은 작용과 힘을 지니고 있는 셈이며, 그것은 우리 영혼 속에 있는 가장 좋은 부분에 실재하는 것 가운데 가장 뛰어난 것을 보도록 올라가는 길을 밝히는 것이니 이것은 마치 앞서의 상황처럼 우리 신체 중에서 최고도의 명확함을 갖는 것이, 물체의 형태를 띠고 눈으로 볼 수 있는 장소에서 가장 드러나 있는 것을 보게끔 유도되는 것과 같은 일이지."

"저로서는 말씀하신 대로라고 생각합니다. 그런데 사실상 이들을 그대로 인정하기는 어려운 일입니다만, 그렇다고 해서 또 이것을 인정하지 않는다는 것도 어렵게 생각됩니다. 어쨌든 이 문제에 대해 들을 기회는 지금 한 번만 있는 것도 아니고, 앞으로도 얼마든지 다른 기회에 그곳으로 되돌아가 생각지 않을 수 없는 문제이니만큼 이상의 것은 지금 말한 대로라는 가정 아래 이제부터 본곡만을 향해 직접 행하기로 하죠. 그리고 서곡을 해치운 것처럼 본곡도 해치우기로 하고요.

그럼 말씀해 주십시오. 문답하는 활동과 힘은 어떤 방향의 것이며, 도대체 어떤 종류로 나누어져 있는지, 또 그곳에는 어떤 길이 있을까요? 왜냐하면 그곳에는 이미 그곳으로 이르는 길이 있다고 생각되기 때문입니다. 그곳에 도착하면 과정의 종점에 도착한 셈이니 이른바 진행의 휴식과 같은 것이 있을 테니 말이에요."

"사랑하는 글라우콘이여, 자네로서는 더 이상 따라올 수 없을지도 모르겠네. 그렇다고 해서 내게 그런 의욕이 없다는 건 아니네만. 이미 자네가 보는 것은 우리가 말하고자 하는 비슷한 모습(비유)이 아니라, 진실 그대로의 모습을 직접 보게 되는 셈일세. 적어도 내게 확실히 보이는 그런 것들 말일세. 내게 보이는 그런 것들이 정말인지 아닌지는 확실히 말할 수 없지만, 무언가 그런 것들을 보지 않을 수 없다는 건 누가 뭐래도 당연한 일일세. 어때, 안 그런가?"

"틀림없이 그럴 것 같습니다."

"그렇다면 또 오직 문답의 작용과 힘만이, 지금껏 우리가 언급해 온 것과 같은 학문적 경험을 가진 자가 누구인지 노골적으로 나타낼 수 있다는 것, 그 밖의 어떠한 방법으로도 불가능하다는 것도 말인가?"

"네, 그 또한 마땅히 어디까지나 주장해야 할 일입니다."

"어쨌든 다음과 같은 것을 우리가 말하는 데 있어 아무도 이의를 제기하지 않을 테니까. 즉 저마다의 사물 자체가 정말 저마다의 사물이라는 점을 파악하려면 무언가 따로 탐구하는 길이 있을 것이며, 그 길은 무언가를 파악하는 데 있어 필요해진다는 것을. 이에 대해 모든 기술은 인간의 생각이나 욕망을 향해 있거나 또는 생성되고 조립되는 그 자체의 것, 또는 그렇게 해서 발생하고 구성되는 것을 보살피는 데로 향해 있다는 거지. 또 그 밖에 우리가 얼마쯤은 실재와 접촉이 있다고 했던 기하학과 이에 이어지는 것이 남아 있기는 하나, 이들은 실재에 대해 꿈은 꾸고 있을망정 기본 가정(假定)에 있어 이를 부동인 채로 방치해서 그것을 설명해 줄 수 없는 한, 깨어 있는 눈으로 실재를 볼 수 없는 것을 우리는 보는 거지. 자기가 모르는 것을 맨 앞에 놓고, 끝머리와 그곳에 이르는 중간 부분은 모르는 것을 기점으로 한 곳부터 구성되어 있다면, 사람들은 어떤 식의 연구를 함으로써 그와 같은 수미일관성을 그나마 학문적 지식으로 이룰 수 있겠는가?"

"아무런 방법도 없을 것입니다." 글라우콘은 대답했다.

14

"그럼……." 나는 말했다. "문답법적인 탐구의 길만이 애초에 놓인 가정을 제쳐 놓고, 직접 맨 처음으로 거슬러 올라가 그로써 확실성을 목표로 삼고 나아간다는 것이며, 실제로 또 영혼의 눈이 자기 본성에 맞지 않는 다른 곳에 있는, 야만인의 진흙 속에 묻혀 있는 것을 조용히 끌어올려 위쪽으로 이끌어 가는 것도 문답법이며, 우리가 얘기해 온 학술은 이 전향을 지도하는 보조 수단으로서 사용되는 거지. 단지 이것들은 습관에 따라 지금까지 이따금 학문적 지식이라 불려 왔지만 좀 더 나은 다른 이름이 필요하다네. 생각보다는 명료하지만, 지식이라고 하기에는 분명하지 않은 게 너무나 많은 그런 이름이 말일세. 아무튼 이것을 앞서의 토론에서는 간접지(間接知)라고 규정한 것으로 생각되는군. 특히 우리가 고찰해 나가야 할 문제의 중대성으로 본다면 이름 같은 것 때문에 이러쿵저러쿵할 것까지는 없다고 보네만."

"그거야 그다지 문제가 안 되겠죠." 그는 말했다.

"그럼 앞의 예와 마찬가지로 첫 번째 부분을 단적으로 '지식'이라 부르고, 두 번째 부분을 '간접지', 세 번째 부분을 '소신', 그리고 '가상의 상태(환각)'를 네 번째 부분으로 부르는 데 만족하도록 하세. 그리고 뒤의 둘을 합쳐 '생각', 앞의 둘을 합쳐 '지성'이라고 부르기로 하세. 생각은 생성에 관계되며, 지성은 실재와 관련을 갖지. 그리고 실재의 생성에 대한 관계는 지성의 생각에 대한 관계이며, 지성의 생각에 대한 관계는 지식의 소신에 대한 관계와 간접지의 환각에 대한 관계가 되네. 그러나 이것들이 서로 대응하는 것, 즉 생각되어지는 것과 알려지는 것의 각자를 둘로 나누어 그 사이의 관계를 이야기하는 일이 없도록 하세. 지금까지의 토론보다도 몇 배나 더 되는 토론이 될 것 같으니 말일세, 글라우콘."

"그 점은 잠시 놔두고, 제가 알 수 있는 범위 내에서의 다른 일은 그러리라 생각됩니다."

"또 자네가 문답법에 상식이 있다고 하는 사람이란 저마다 어떤 하나의 논증을 추구하여 자기 것으로 할 수 있는 사람을 가리키는 것이겠지? 그리고 자기 나름의 논증을 가지고 있지 않은 사람은 자기 자신은 물론, 다른 사람에게도 논증(설명)을 부여할 수 없으므로, 결국 그런 점에서 그는 사물에 식견을 가졌다고는 할 수 없겠지?"

"물론이죠. 그렇게는 말할 수 없을 테니까요."

"그러면 선에 있어서도 같은 말을 할 수 있겠지. 논증으로 선의 실상을 다른 모든 것과 구분해서 규정할 수 없는 사람, 즉 마치 전쟁터에 있을 때처럼 모든 시험과 반론을 뚫고 나감에 있어서 생각에 의한 시험을 바라지 않고, 실제로 어떤 것에 의하여 시험하려고 하며, 이들 모든 것에 꺾이지 않는 논증으로 끝까지 버티어 나갈 수 없을 것 같은 사람을 자네는 선 그 자체는커녕 그 밖의 선도 전혀 모른다고 하겠지? 그런 식으로 하면 자네는 무언가 닮은 모습에 닿을 수는 있겠지만 그것은 생각에 의한 접촉이지, 지식에 의한 것은 아니라네. 인생을 꿈과 잠으로 보내며 한 번 깨어 보기도 전에 저세상으로 가는, 이번이야말로 완전히 잠에 떨어진 격이 되었다고 말하진 않겠는가?"

"제우스 신에게 맹세코, 그것들은 다 그렇게 된다고 말하겠습니다."

"그런데 자네가 논증으로 기르고 가르치는 아이들 말인데, 만일 언젠가 실제로 키우게 된다면 그들이 무리수를 나타내는 직선[9]처럼 논증이 부족한 무리론으로, 그들을 한 국가의 지배자 자리에 앉혀 그대로 국가의 큰일을 관리하는 것을 인정하지 않으리라 생각되는데?"

"물론 인정할 리 없습니다."

"그러므로 자네는 그들이 최고도의 지식적인 문답을 주고받을 수 있도록, 최대한의 교육을 받게끔 법률로 정하게 되겠지……."

"네, 법률로 정하겠죠. 선생님의 협력을 얻어서 말입니다."

"그럼, 자네는 과연 이렇게 생각하게 될까?" 나는 말했다. "문답법이란 마치 갓돌처럼 모든 학문에서 우리 위에 놓이는 것인지라, 그 위에다 다른 학문을 올려놓는 것은 허용될 수 없으며 모든 학문은 이미 여기서 완결되는 것이라고."

"어쨌든 제겐 그렇게 생각됩니다." 글라우콘은 말했다.

15

"자네가 앞으로 할 일은 배분하는 걸세. 누구에게 어떤 방법으로 이들 학과

---

9) 무리수나 무리론은 다 같은 '아로테토스'라는 형용사로 표시된다. 무리수를 선분으로 나타내는 것은 《테아이테토스》 147d 참조.

를 가르쳐 주느냐 하는."

"그건 분명합니다."

"그렇다면 자네도 기억하고 있을 테지? 앞에서 우리가 어떤 자를 통치자로 뽑았는가를."

"물론이죠. 잊을 리가 있겠습니까?"

"그럼 다른 일은 그때 말한 바와 같이 소질을 타고난 자가 선발되어야 한다고 생각해 주게. 무엇보다 착실한, 남자다운 남자를 골라야겠지. 그리고 가능하다면 용모 또한 가장 단정한 자를 말일세. 게다가 사람 됨됨이가 고상하고 활기에 넘쳐 있을 뿐 아니라, 천성적으로 이 교육을 받기에 적합한 자들이라야겠지?"

"특히 어떤 성질을 말씀하신 건지요?"

"그건 자네도 알고 있지 않나. 그들은 학문에 재주가 뛰어나야만 하네. 학문에 재주가 없어서는 곤란하지. 체육보다 어려운 학과가 되면 비겁하게도 영혼이 뒷걸음질 치는 때가 대단히 많거든. 그 괴로움은 육체와 함께하는 것이 아니라, 오히려 영혼만이 시달려야 하는 것이기에 영혼과 내부적인 연관성을 갖게 되는 일이 많아지지."

"정말 그렇겠습니다."

"거기에다 기억력도 좋고, 근성도 착실한, 다시 말해 괴로운 일을 좋아하기까지 하는 자를 찾아내야 하네. 만일 그렇지 않다면 여보게, 어떻게 육체적인 고통 위에 그렇게 많은 학문이며 수련을 쌓아 갈 수 있겠는가?"

"아무도 그럴 수는 없겠죠. 특히 모든 방면에 뛰어난 재질을 타고났다면 몰라도."

"아무튼 철학이 오늘날처럼 무시당하고 푸대접을 받게 된 것도 지금 말한 바로 그런 사정 때문일세. 그 이유는 앞서도 말했듯이 철학이 그 참된 가치에 합당한 방법으로 다루어지지 않았다는 이야기가 되네. 왜냐하면 태생이 좋지 않은 패들이 이에 손을 대어서는 안 되며, 오직 올바르게 태어난 자들만이 손을 대야 했기 때문일세."

"그건 어째서 그렇습니까?"

"첫째로 철학에 손을 댈 사람은 괴로움을 좋아한다는 점에서 절름발이여서는 안 돼. 괴로움을 반 정도만 좋아하고, 나머지 반은 편하게 지내려는 자여서는 안 된다는 말일세. 이것은 체육이나 사냥 같은 육체적 고통은 좋아하지만, 남의 이야기를 듣는다든가 스스로 탐구하는 일 등의 고통은 꺼리는, 학문을 좋아하지 않는 그런 모든 경우를 말하지. 그리고 절름발이라는 것은 지금 든 예와 정반대인 사람도 그 개념에 해당되네."

"선생님이 말씀하시는 것은 더없이 옳습니다."

"이번에는 진실성에 있어서도 절름발이와 마찬가지의 영혼이 있다는 것을 알아야 하네. 그것은 고의적인 허위는 미워하고, 자기 스스로도 견디기 어려워하며, 다른 사람이 거짓말을 하면 몹시 분개하지만, 고의가 아닌 것은 어떤 허위라도 너그럽게 받아들이고, 무언가 자기의 무지가 폭로되는 경우가 있어도 조금도 언짢게 생각하지 않는, 마치 돼지처럼 지저분하게 무지한 것으로 더럽혀져도 별로 신경을 쓰지 않는 그런 영혼을 말하고 있네."

"그건 정말 그렇습니다."

"또 절제라는 점에서나 용기, 또는 고매성 등 덕의 모든 부분도 태생이 바르지 않은 자와 바른 자를 최대한으로 철저히 구분해야 하네. 왜냐하면 이런 종류의 모든 점을 관찰하는 힘이 없으면 개인이고 국가고 간에 서로 모르는 사이에 절름발이 또는 태생이 바르지 않은 자를 친구로서, 혹은 통치자로 받아들여 이들 가운데 어느 것을 가끔 써먹게 되기 때문일세."

"그럴 가능성이 큽니다."

"따라서 우리는 이런 일들에 어디까지나 주의를 기울여야 되네. 왜냐하면 우리가 만일 육체와 정신이 건전한 자로 하여금 이 엄청난 학습과 수련을 받도록 한다면, 법관이 직접 다스린다 해도 아무런 실수를 찾아낼 수 없을뿐더러 아울러 국가와 정치체제를 안전하게 지키는 결과가 되기 때문일세. 반면 이런 일에 맞지 않는 사람을 썼다면 이와 정반대가 되며, 철학에서도 많은 사람들의 비웃음을 사게 되는 결과를 불러오는 셈이 되니까."

"참으로 부끄러운 얘기입니다."

"사실은, 그러나 웃음거리가 되는 것은 바로 나인지도 몰라. 아무래도 지금의 내 처지가 그런 것만 같네."

"어떤 처지를 말씀하시는지요?"

"나는 우리 이야기가 위로거리였다는 것을 잊고 있었네. 그리고 내가 한 얘기도 너무 심각해진 듯하네. 즉 얘기하는 도중 철학에다 눈을 돌린 결과, 그것이 부당하게 모욕을 당하고 있음을 발견하고 불쾌해진 나머지 나는 분을 참지 못해 책임을 져야 할 자에게 지금 말한 것 같은 일을 너무 심각하게 말해 버린 게 아닌가 하는 반성도 드는군."

"제우스 신에게 맹세코 그렇지 않습니다."

"하지만 이야기하는 사람으로서 내가 꼭 그렇게 한 것 같군." 나는 말했다. "그리고 우리가 잊어서는 안 될 일에 다음과 같은 것이 있네. 앞서의 선발 대상에서는 노인을 포함시켰지만, 이번에는 그걸 받아들일 수 없다는 거지. 왜냐하면 솔론은 나이가 많아도 더 많은 것을 배울 수 있다고 했지만 그것은 믿을 수 없기 때문이야. 배운다는 것은 달리기보다 잘 안 되고, 오히려 크고 많은 괴로움을 젊은 사람에게 주어야 하는 걸세."

"그것은 그래야 할 것 같습니다." 글라우콘은 말했다.

### 16

"그러기 위해서는 산수라든가 기하 등의, 문답법보다 먼저 공부하게 해야 할 예비 교육 전체에 속하는 사항은 그들의 소년 시절에 마치도록 해야 하네. 단지 학습을 가르치는 방법에 있어서 강제성을 띠어서는 안 되겠지만."

"그건 어째서 그렇습니까?"

"그 이유는……." 나는 말했다. "어떠한 학과든 자유인이 노예 상태에서 배워서는 안 되기 때문일세. 왜냐하면 육체적인 고통은 강요되는 고통일지라도 육체의 단련에 나쁜 영향을 끼치지 않겠지만, 영혼은 무리하게 배우게 하면 조금도 남는 것이 없기 때문일세."

"정말입니다."

"그러므로 학습은 아이들에게 억지를 쓰면 안 돼. 그럴 바에는 놀리며 키우는 게 낫다네. 또 그렇게 함으로써 자네는 어린이들이 저마다 태어날 때부터 가지고 나온 소질이 어떤 것인지 잘 파악할 수 있을 걸세."

"선생님의 말씀에는 일리가 있습니다."

"그럼 자넨 이런 걸 기억하고 있는가? 전쟁에 어린이를 데리고 가서 말을 태워 보여 줘야 한다. 그리고 위험하지 않다면 마치 강아지의 경우처럼, 더 가까이 데리고 가서 피의 맛을 보게 해야 한다. 이렇게 내가 주장했던 것을."

"기억하고 있습니다."

"그래서 온갖 노력과 학문, 또는 무서운 일로써 시험을 보고, 언제나 거기에서 뽑힌 가장 훌륭한 적성을 나타내는 자를 등록해 두어야 하네."

"그것은 어느 시기부터 실시해야 합니까?"

"체육이 필수가 안 될 때부터가 좋겠지. 그 필수 기간이 2년 내지 3년이 걸린다고 보면, 그동안에는 다른 일은 할 수 없기 때문일세. 왜냐하면 피로와 졸음은 학문의 적이니까. 또 동시에 체육에서 각자가 어떠한 인품을 나타내는가 하는 것도 인물 심사의 한 수단으로서 결코 가볍게 볼 수 없는 중요성을 지니고 있기 때문이네."

"물론 그렇겠죠."

"그래서 그 기간이 지난 다음, 스무 살이 되는 자들 가운데 특별히 뽑힌 사람들은, 다른 이들보다 더 명예를 얻음과 동시에 교육에서는 소년 시절에 이것저것 뒤범벅으로 배운 것을 종합하여, 이들 학과 상호 간의 내부적인 연관성에다 실재의 본래 상태에 대한 친근성을 전체적으로 바라보도록 해야 하네. 이것이 바로 그 사람들이 해야 할 일이 되는 거지."

"그런 식으로 배우는 것만이 확실성을 갖게 되기 때문이겠지요. 누구든 이런 학습을 실제로 할 수 있을 때에 말입니다."

"또 이것이 문답법에 맞는 적성인가 아닌가를 시험하는 데 가장 중요한 결정 수단이 되는 셈이지. 왜냐하면 종합적으로 볼 수 있는 자는 문답법도 알겠지만, 그렇지 못한 자는 자질을 갖추지 못한 자이기 때문이네."

"저도 그렇게 생각합니다."

"그러므로 자네는 이런 점에서 잘 비춰 보고 그들 중 가장 알맞은 성질을 풍부히 갖고 있을뿐더러 학업에 있어서도 후퇴를 하지 않음은 물론 싸움터에 있어서나 법규가 정해 놓은 일에 있어서도 굳게 지켜 물러서는 일이 없는 자가 있다면, 다시 한번 이들이 서른 살이 넘는 것을 기다려 예선에서 뽑힌 자들 가운데서 다시 선발해 높은 명예를 주고 문답의 작용과 힘으로 그들을 검사하며, 누군가의 눈이나 그 밖의 감각에 사로잡힘 없이 진실로 있는 것(실재)에로,

진실성과 함께 앞으로 나아갈 수 있는 자인가를 잘 관찰해야 할 걸세."

"과연 그렇습니다."

"하지만 또 크게 경계해야 할 일이 남아 있군."

"그게 뭡니까?"

"자네는 그걸 모르겠나? 현재 그 문답이라는 것에는 얼마나 무서운 해악이 달라붙어 있는가를."

"어떤 해악입니까?"

"세상에 무법이 흘러넘치게 하는 일이지."

"정말 그렇군요."

"그러고 보니 그들은 무언가 기묘한 일에 맞닥뜨려 있다고 생각되지 않나? 그리고 그 나름대로 용서할 만한 점이 있다고도 생각되지 않는가?"

"어떤 점이 그렇다는 말씀입니까?"

"이를테면 갓난아이 적에 누군가가 살짝 바꾸어 놓았다고 가정하세. 그래서 바꿔치기를 당한 그 아이는 가족도 많고 아첨하는 식객이며 드나드는 사람도 많은, 아주 큰 부잣집에서 자랐다고 하세. 그래서 어른이 된 뒤에는 자기의 지금 부모가 친부모가 아니라는 사실을 알게 되었지만, 친부모는 찾을 수 없었다고 해두지. 이때 바꿔치기를 당한 일을 몰랐던 시기와 마침내 그것을 알게 된 시기에, 그를 따르던 사람들과 양부모에 대한 기분이 어떠했겠나를 예측할 수 있겠지? 아니면 내 예측을 듣기를 바라는가?"

"듣고 싶습니다." 글라우콘이 말했다.

## 17

"내 예측으로는, 그가 부모나 그 밖에 가족 관계에 있다고 생각되는 사람들을 추종자들보다는 훨씬 소중히 생각하여 그들에게 무언가 부족한 게 있으면 그것을 그대로 지나쳐 버리는 일도 별로 없고, 그들에게 불법적인 말이나 행동을 하는 일도 드물며, 또 큰일에 있어서는 그들의 말을 따르지 않고 추종자의 말에 귀를 기울이는 일도 드물다는 것은 그가 아직 일의 진실을 모르는 시기의 일이라 생각되네."

"아마 그렇겠죠."

"그리고 이번에는 일의 진실을 안 뒤의 일인데, 나의 예측으로는 부모나 나머지 사람들을 소중히 여기고 정성을 다하는 마음이 열린 반면에, 추종자들에 있어서는 그것이 강해지겠지. 그리고 그들 추종자들의 말에 따르는 일이 전에 비해 훨씬 많아져 마침내 그들의 생활 방법을 따르고, 아무도 꺼리지 않고 그들과 어울리며, 아버지나 친척들에게는 전혀 관심을 갖지 않는 상태에 이르겠지. 만일 그렇지 않다면 그것은 그자의 천성적인 성격이 상당히 착하기 때문일 걸세."

"선생님의 말씀은 모두 옳다고 생각됩니다. 그러나 이런 비유는 사람이 논증할 때와 어떤 관계가 있을까요?"

"그건 이렇다고 보네. 우리는 어릴 적부터 어떤 게 옳고 어떤 게 훌륭한가에 정해진 생각을 가졌다고 여겨지네. 우리는 마치 부모에게 양육된 거나 마찬가지로 그런 생각 속에서 자란 셈이 되네. 그런 권위에 복종하고 그런 것을 존중하면서 말일세."

"네, 사실이 그렇게 되어 있으니까요."

"그리고 한 가지 이와는 반대되는 생활이 있지. 이에는 쾌락이 뒤따르고 우리 영혼을 추종으로 달래며 자기 쪽으로 유인하지만, 무언가의 방법으로 절도가 있으면 사람들은 그러한 달콤한 말에는 편승함이 없이 오히려 조상의 가르침을 존중하고 그 권위에 복종하는 게 아닐까?"

"옳은 말씀입니다."

"그렇다면 어떤가? 이 같은 상태에 있는 사람에게, 훌륭한 일이란 무엇이냐고 한 가지 질문을 던진다고 하세. 그래서 법을 정한 사람으로부터 들은 대로의 대답을 했더니, 논증(논리)으로 따지는 공격을 당했다고 하세. 그래서 이 같은 일이 여러 번 되풀이된 결과, 지금까지 배운 것은 하나도 훌륭한 게 아닌, 형편없는 것인지도 모른다고 생각하게끔 되었다고 하세. 그리고 올바름에서도, 또는 선에서도, 또 일반적으로 지금까지 가장 존중해 왔던 일들에서도 같은 경험을 했다고 한다면, 그 뒤로 그는 그것들을 존중한다든가, 권위에 복종한다든가 하는 점에서 어떻게 할 것 같은가?"

"그야 아무래도 존중도 복종도 종전과 같을 수는 없겠죠."

"그래서 만일 그런 것들은 전처럼 존중해야 하는 것이라고 생각지 않으며,

자기 자신에게 가까운 것이라고도 믿지 않게 되고, 더구나 진실성도 발견할 수 없게 된다면, 그가 당연히 하고자 하는 것은 추종자들이 지시하는 달콤한 생활 말고 어떤 것이 있겠는가?"

"그것 말고는 없습니다."

"그 결과 그는 지금까지는 법을 따르고 있었는데 마침내 무법자가 되었다고 생각하겠지."

"그건 필연적인 결과입니다."

"그렇게 되면 이런 식으로 논증을 마주했을 때, 사람이 빠져들어 가는 정황이란 당연히 예측할 수 있는 성질의 것이며, 앞서도 내가 말한 바 있듯이 크게 동정해 줘야 할 점이 있는 걸세."

"네, 게다가 또 가엾다고 볼 수밖에 없습니다."

"따라서 그와 같은 가엾은 일이 서른 살의 선발자 가운데서 일어나지 않도록 논증할 차례가 되었을 때 각별히 조심할 필요가 있네."

"네, 물론 그렇게 해야겠죠."

"그러기 위해서는 먼저 젊은이들에게 논증의 맛을 보이지 않도록 조심하는 것이 중요한 의미를 지니고 있네. 그 점은 자네도 느끼고 있으리라 믿네만, 아직 젊은 사람이 처음으로 논리의 맛을 알게 된다든지 하면, 이것을 장난삼아 즐기는 기분으로 사용하여, 언제나 반대론을 위해서 써먹게 된다네. 그리고 사람들이 상대방을 공격할 때 따지는 것을 흉내 내어 자기도 다른 사람을 공박하게 되지. 그때마다 가까이 있는 사람들을 말재주의 힘을 빌려 질질 끌고 다닌다든가 또는 찢어발기는 일에 흥미를 느껴 마치 강아지 꼴이 되는 셈일세."

"정말로 어처구니없는 일입니다."

"그리하여 많은 사람을 공박하는 대가로 자기 또한 많은 사람으로부터 공박을 받으므로, 아주 급속도로 지금까지 믿고 있던 것을 하나도 믿지 않게 되는 막다른 길로 빠져들고 말지. 그리고 정말 이런 일로 자기들뿐 아니라, 철학에 관련되는 모든 사람들과의 관계로부터 단절되어 악평을 받게 마련이지."

"지극히 당연한 말씀입니다."

"좀 더 나이가 지긋한 사람이라면 무엇보다 이런 미치광이 같은 일에는 참여하지 않을 테고, 흉내를 내더라도 장난삼아 반대를 위한 반대론을 내세우는 그런 자의 흉내를 내지 않고, 진실을 배우려고 문답에 뜻을 두는 자에게 배울 테지. 그리고 자기 자신이 절도 있는 사람이 됨과 동시에 그 과업에 있어서도 불명예스런 짓을 멈추고 명예로운 태도로 나갈 걸세."

"그것이 올바른 방법입니다."

"그러니까 앞에서 말한 것도 모두가 다 이런 일을 걱정한 나머지 한 말일세. 우리가 언론에 참여시킬 수 있는 인간은 태어날 때부터 질서와 안정성에 뛰어난 자라야 하며, 오늘날처럼 누구든 관계치 않고 전혀 당치도 않은 사람이 이런 일에 접근해서는 안 되겠네."

"정말 그렇습니다." 글라우콘은 말했다.

18

"따라서 언론에 참여하기 위해 지속적이고 집중적으로 다른 일은 하지 않고 이 일에만 전념하게 되면—이것은 앞서 육체의 단련 과목으로 단련했을 때와 대등하게 되는 셈이지만—두 배 정도의 기간으로 잡으면 되겠지?"

"그렇다면 6년입니까, 4년입니까?"

"상관없으니 5년이라고 해두게나. 그것이 끝난 뒤에 자네는 그들을 다시 한 번 동굴 속으로 내려가게 해야 하기 때문일세. 그리고 군사 관계의 지휘나 관리는 가능한 젊은 사람에게 맡겨야 하는 건데, 이로써 그들은 경험에 있어서도 남에게 뒤지지 않게 되는 거지. 더욱이 이런 일로 그들은 모든 방향으로 이끌리는 셈이지만, 더욱 확고하게 자기 몫을 지키게 될지, 아니면 약간 벗어나게 될지 시험해 봐야만 하네."

"그러면 그 기간은 어느 정도가 되겠습니까?"

"15년이라네. 그래서 쉰 살이 되어, 무사히 임무를 마친 일에 있어서나 학문적인 지식에 있어서나, 모든 점에서 가장 우수하게 된 자는 이번에야말로 최후의 완성을 해나가야겠지. 즉 영혼의 눈빛이 직접 그 만물에 빛을 공급하는 방향을 보게 하는 거지. 그렇게 해서 선 그 자체를 보았다면, 그것을 본보기로 하여 국가든 개인이든 또 자기 자신이든 훌륭히 질서를 지키면서 나머지 생애를 보내게 되는 걸세. 각자가 순서에 따라 대부분의 시간은 직접 철학을 위해 보내고 자기 차례가 왔을 때는 특히 나랏일을 위해 힘쓰는 것인데, 저마다가 이 통치자의 자리에 앉는 것은 단지 국가를 위해서이지, 그것이 좋은 일이라고 생각하는 건 아닐세. 어쩔 수 없는 일이기 때문에 하는 것이지. 이렇게 하여 다른 사람들까지도 자기와 똑같은 생각을 가진 자로 교육하여, 그를 자기 대신 국가를 지키는 사람으로 대체함으로써 마침내는 행복자의 섬을 향해 떠나 거기서 살게 되는 걸세.

국가는 그들을 위해 공적인 기념비를 만들어 희생물을 바치나, 만일 피티아의 신탁의 동의가 있다면 그들을 다이몬으로서 제사 지내며, 그렇지 않다면 신들의 은혜를 입은 신성한 자로서 받들게 되지."

"그야말로 훌륭한 통치자의 모습으로, 오오 소크라테스 님이여, 선생님은 조각가처럼 이 사나이를 멋지게 만들어 놓으셨군요."

"아닐세. 통치자는 남자로만 한정된 게 아니고 여자도 있다네, 글라우콘. 내가 지금까지 말한 것을 남자에게 국한시켜 여자는 아니었다고 절대로 생각하지 말게나. 여자들 가운데에도 태어날 때부터 충분한 적격자가 나와 준다면 같은 이야길세."

"아니, 그게 마땅합니다. 우리가 이미 설명했듯이 남자도 여자도 모든 일을 공통으로 해나가야 한다면 말입니다."

"그럼 어떤가, 자네들이 동의해 줄까? 우리가 국가와 정체에 대해 말한 것은 고작 희망에 지나지 않는 게 아니고, 힘은 들지만 어떤 방법으로든 가능하다는 점. 그리고 그 방법은 이미 이야기한 방법 말고 다른 것은 아니라는 점을. 즉 만일 참다운 철학자로서 그게 한 사람이든 두 사람이든, 한 나라의 권력자가 되어 현재 귀중하게 다루어지고 있는 것들을 노예적인 것과 무가치한 것으로 경멸하고, 정직한 것과 정직에 기초한 명예를 가장 커다란 가치가 있는 것으로 보며, 정의보다 더한 강제력은 없고 정의야말로 가장 큰 것으로 봄으로써 사실상 이에 봉사하고 이를 성대하게 만들기 위해 노력하며, 이런 방침으로 자기 국가를 철저하게 재편성할 수밖에 없다는 점을 말일세."

"그건 어떻게 하는 것입니까?"

"국내의 열 살 넘은 아이들을 모두 시골로 내려보내는 거지. 그래서 그 아이들을 자기들 손으로 현재 그들 부모들에게 물려받은 습성으로부터 벗어나게 하여 우리가 앞서 자세히 설명했듯이 그들 자신의 수법과 법률로써 이들을 양육했으면 하는 거라네. 그렇게만 한다면 우리가 주장한 것 같은 국가와 체제의 건설도 매우 빠르고 쉽게 달성될 테고, 점차 번성하여 국가를 구성하고 있는 민족을 위해서도 매우 많은 이익이 될 걸세. 안 그런가?"

"물론 그럴 것입니다. 그리고 만일 그와 같은 국가가 생긴다면, 어떻게 해서 생기느냐를 소크라테스 님, 선생님은 잘 설명해 주셨다고 저는 생각합니다."

"그렇다면 이것으로써 국가를 이야기하는 것도, 또 국가에 알맞은 인간을 이야기하는 것도 우리로서는 충분히 다한 셈이 되겠지. 왜냐하면 이에 알맞은 인간이 되려면 어떠해야 한다는 것도 명백해졌다고 생각하기 때문일세."

"그건 명백합니다." 글라우콘은 말했다. "그리고 선생님이 문제 삼고 있던 것은 이것으로 해결되었다고 저는 봅니다."

# 제8권

1

"좋아, 글라우콘. 그럼, 우리는 이런 점에서는 동의한 셈이군. 즉 국가가 훌륭하게 통치되기 위해서는 아내와 자식도 공유되어야 한다는 것, 전시나 평시를 막론하고 일체의 일과 교육도 남녀 사이에 차별이 있어서는 안 된다는 것, 그리고 지식을 사랑함(철학)에 있어서나 전쟁을 치르는 상황에서나 가장 뛰어난 자에게 통치되는 점을 말일세."

"동의했습니다." 그는 말했다.

"그리고 우리는 이러한 점도 서로 인정했었지. 통치자를 앉히면 그 통치자들에게 병사들과 함께 앞서 말했던 것 같은 곳에, 즉 누구도 사유물을 가질 수 없는, 누구에게나 공유되는 주택에 살게 한다는 점도. 또 그러한 주택 말고 그들에게 허용된 재산은 어떤 것이어야 한다는 점에도, 자네는 기억하고 있겠지만 우리는 서로 동의한 바 있지 않았나?"

"네, 기억하고 있고말고요. 우리는 이렇게 생각했었습니다. 그들 가운데 누구 한 사람이든 오늘날 세상 사람들이 소유하고 있는 것들을 소유해서는 안 된다. 그들은 다만 공동사회의 수호자로서 전쟁에 대비해 훈련되어야 하므로, 해마다 다른 국민으로부터 수호에 필요한 일상의 식량을 보수로 받아서 자기 자신과 국가 및 국민의 뒤를 돌봐 주지 않으면 안 된다고 말입니다."

"자네 말이 맞네." 나는 말했다. "자, 그러면 그 점은 이제 마무리가 된 것으로 치고, 우리는 다시 한번 처음으로 되돌아가기 위해 생각해 보기로 하세. 도대체 어디서부터 이야기가 빗나가 여기까지 와버렸는지를 말일세."

"그것은 간단합니다. 왜냐하면 선생님은 그때도 꼭 지금처럼 국가는 이미 완성된 것으로 말씀을 해오셨으니까요. 즉 그때도 그런 국가에 알맞은 사람이야말로 좋은 사람으로 보신다고 말씀하셨으니까요. 사실 지금 와서 생각해 보면 그보다 더 아름다운 국가나 사람의 모습도 말씀하실 수 있었을 텐데요…… 그건 그렇다 치고…… 만일 그러한 국가가 올바르다면 그 밖의 국가는 올바른 길에서 벗어난 것이라고 말씀하셨습니다. 그리고 그 밖의 국가 정체를 논할 만한 가치가 있는 것이 네 종류가 있다. 거기에도 저마다 결함이 있고 각기 알맞은 사람의 모습이 있어 이런 것은 봐둘 만한 가치가 있다고 말씀하셨던 것도 저는 기억합니다. 그러고 보면 그 목적은 그런 사람들을 모두 잘 관찰해서 가장 좋은 사람과 가장 나쁜 사람이 어떤지 의견을 확인한 다음에, 그들 가운데 누가 가장 행복하고 불행한지를 고찰할 수 있기 때문이었습니다.

그래서 제가, 그 네 가지 정체란 어떤 것이냐고 여쭤보려 했던 참인데, 마침 그때 폴레마르코스와 아데이만토스가 옆에서 말참견을 한 것입니다. 그런 까닭에 선생님도 그들의 말을 받아 여기까지 이르게 되었습니다."

"자네의 기억은 정말 정확하군."

"이제, 씨름꾼이 샅바를 다시 잡고 씨름을 시작하듯, 한 번 더 같은 것을 재현해 주십시오. 그리고 똑같은 것을 다시 한번 여쭤보겠으니, 그때 선생님이 말씀하시고자 했던 것을 이야기해 주십시오."

"할 수만 있다면 그렇게 해보세." 나는 대답했다.

"저로서는 사실……." 그는 말했다. "선생님이 말씀하시는 네 가지 정체가 무엇인지 듣고 싶습니다."

"그거야 간단하지. 내가 말하려는 정체란 일반적인 이름이니까. 하나는 세상에 평판이 자자한 것으로 자네들이 말하는 이른바 '크레타식 또는 스파르타식의 정체'이네. 다음은 평판에 있어서나 차례에 있어서 두 번째인 '과두제(寡頭制)'일세. 이것은 많은 결함을 지닌 정체이지. 그리고 이와는 반대이며 또한 그 뒤를 이어 생겨나는 '민주제(民主制)'가 있네. 그리고 다음이 그 악명 높은 이상의 정체를 허물어 버리는 참주제(僭主制)인데 이것이 네 번째 것이며, 국가의 가장 골칫거리이지. 자네는 이 밖에도 다른 형태의 정체를, 즉 뚜렷하게 꼽을 만한 것을 말할 수 있겠는가? 물론 이를테면 세습의 왕권제라든가, 돈으로 사고 파는 왕제[1] 따위의 정체가 있지만 그것들은 위에서 말한 정체의 중간적인 것이

---

[1] '세습의 왕권제'는 예를 들어 테살리아나 테베 등에서, '돈으로 사고파는 왕제'는 카르타고 등에서 볼 수 있다.

지. 그런 것이라면 그리스인이나 이방인들 사이에서도 같은 것을 볼 수 있다네."
"정말이지, 기묘한 정체 얘기를 들었군요." 글라우콘은 말했다.

2

"그런데 여보게." 나는 말했다. "인간의 성격에도 정체의 형태와 같은 것이 있다는 걸 알고 있나? 자네는 혹시 정체란 떡갈나무나 바위 같은 데서 생겨나는 것이라고 생각하지 않나? 아니면 천칭을 기울게 하는 무게처럼 다른 것을 자기 쪽으로 끌어당기는 식으로, 그들 나라에 살고 있는 사람들의 성격이 바탕이 되어 이루어진다고 생각하나?"
"물론, 인간의 성격 말고 다른 데서 생겨난다고는 생각지 않습니다."
"그렇다면 다섯 종류의 국가 형태가 있다면 개개인의 영혼 형태도 다섯 가지가 있다고 할 수 있겠지?"
"물론 그렇습니다."
"그런데 우리는 '착한 사람'과 '올바른 사람'이라고 단정해도 될 만한 우리의 이상국가 아리스토크라티아(가장 뛰어난 사람이 지배하는 제도)에 알맞은 사람들을 이미 상세히 말한 바 있네."
"네, 이미 말한 바 있습니다."
"그렇다면 우리는 다음에 그보다 뒤떨어진 사람들을 조사해야 되겠군. 즉 스파르타적인 정체에 대응하는, 승리를 사랑하고 명예를 사랑하는 사람, 그리고 과두제, 민주제, 참주제에 대응하는 사람들을 말일세. 그들을 조사하는 이유는, 가장 부정한 사람의 모습을 살펴본 뒤에 그것을 가장 올바른 사람과 대치시킴으로써 우리의 고찰을 완성하기 위해서라네. 순수한 정의 또는 부정을 소유하고 있는 사람의 행복과 불행이 어떠한지, 다시 말해 후자인 부정에 대한 전자인 정의의 관계는 어떠한지 하는 고찰 말일세. 이것을 알면 우리는 트라시마코스설에 따라 부정을 추구하느냐, 아니면 지금 우리가 벌이고 있는 논증에 따라 정의를 추구하느냐를 결정지을 수도 있게 되네."
"반드시 그렇게 해서 조사해야겠죠."
"그리고 보니 우리는 개개인의 여러 성격을 살피기에 앞서 정체에 대한 고찰부터 시작한 바 있는데—물론 이것은 그렇게 하는 편이 더 명확하다고 생각했기 때문이지만—이번에도 마찬가지로 먼저 '명예를 사랑하는 정체'를 살펴보아야만 하네. 명예를 사랑하는 정체라고 말하는 것은 대체로 이렇다 할 이름이 없기 때문일세. 굳이 이름을 붙인다면 데모크라티아(명예 우선 정치)라든가, 데마르키아(명예 지상주의)라고나 불러야 하겠지.

그러한 정체와 비교해 가면서 그에 대응하는 사람을 살펴 나가야겠네. 다음으로 과두제 국가와 과두제적인 사람, 민주제와 민주제적인 사람을 순서대로 살펴봐야 하겠네. 그리고 네 번째로 참주의 통치를 받고 있는 국가를 살펴본 다음에, 참주제적인 영혼으로 시선을 돌리면서 우리는 우리에게 주어진 문제에 충실한 재판관이 되도록 노력해야 하네."

"그렇게 한다면 관찰과 판정은 틀림없이 사리에 맞는 것이 되겠죠." 글라우콘이 말했다.

### 3

"자, 그러면……." 나는 시작했다. "어떤 방법으로 데마르키아가, 가장 우수한 자가 통치하는 정체에서 생겨나는가 하는 점을 말해 보세나. 그 이유는 간단명료한 것이 아닐까? 즉 모든 정체의 변화는 통치권을 소유하고 있는 자로부터 생기는 것이며, 그 사람 안에서 내란이 일어났을 때 생기는 것이지. 그와 반대로 통치자 자신의 내부에 자기 조화가 유지되는 한은, 예컨대 통치자가 아주 소수일지라도 변혁이 있을 수 없을 것 같은데……."

"틀림없이 그렇습니다."

"글라우콘, 그렇다면 도대체 우리 국가는 어떠한 방식으로 변혁을 가져오게 되는 걸까? 또는 보조자들과 통치자들이 서로 간에, 또는 저마다 자기 안에서 반란을 일으키게 되는 것은 어째서일까?

아니 그보다도 상관없다면 호메로스를 본받아 우리가 무사 여신들에게 기도를 해볼까? '도대체 어떻게 해서 처음에 내란이 일어났나요? 그것을 말해 주십시오' 하고 말일세. 그리고 이렇게 주장해 볼까? 무사 여신들은 사실은 우리를 어린애 취급하고 농담을 하며 놀리면서 자못 진지한 체하고, 비극조의 장엄한 말투로 이야기하고 있는 것이라고 말일세."

"어떻게 말입니까?"

"대강 이런 식으로 말이네. '너희들의 말대로 조직된 국가는 좀처럼 변혁이 생기지는 않는다. 하지만 생겨난 모든 것에는 멸망이 있게 마련이니까 그와 같은 조직을 갖는다 해도 영원히 계속되는 것은 아니다. 결국 해체되고 말 것이며, 그 해체되는 과정은 다음과 같다.

대지에서 싹트는 식물뿐 아니라, 지상에 사는 동물에게도 영혼과 신체의 풍요와 불모의 주기가 생긴다. 각자의 주전(周轉)은 각자의 원주를 완결할 때마다 나타난다. 수명이 짧은 것은 짧은 궤도로, 긴 것은 긴 궤도의 원을 도는 것이다. 그런데 너희들 인간 종족의 풍요와 불모의 이치는 너희들이 지도자로서 교육시킨 자들에게 어느 정도의 지혜가 갖추어져 있다 할지라도, 그들 지도자들은 지각과 결부된 계산으로 그것을 정확하게 알아맞힐 수는 없을 것이다. 오히려 그것은 그들의 시야에서 벗어나 때도 아닌데 아이를 낳게 된다.

신과 연관성을 갖고 태어난 것(우주를 이루고 있는 여러 천체[2])에는 완전수[3]로 둘러싸인 주기가 있다. 또 인간적인 것으로 태어난 것에도 어떤 최초의 수로 싸인 주기가 있다. 그 수란 같음(동일)과 감소를 가져오는 수(3, 4, 5)[4]의 세제곱한 수를 더한 것으로($3^3+4^3+5^3=216$) 세 방향으로의 퍼짐(길이·너비·깊이)과 네 개의 경계점을 가지며 우주에 존재하는 모든 것을 서로 버림이나 약분이 통할 수 있는 것으로 하고 있다.[5]

---

2) 천체는 신적인 생동체이므로 신이며, 조물주가 혼돈 속에서 질서 있게 바로잡은 것이므로 '태어났다' 말하고 있다.
3) '완전수'란 그 약수의 총합이 그 전체와 같은 것. 예를 들어 6=1+2+3이라든가, 28=1+2+4+7+14 등을 뜻하거나, 또는 피타고라스학파에서는 이러한 뜻과는 관계없이 각각의 수를 '완전한 수'라 하고, 특히 '10'을 '완전수'로 하기도 하나, 플라톤이 뜻하는 것은 거기에는 없는 모양이다. 오히려 항성, 토성, 목성, 화성, 수성, 금성, 태양, 달의 여덟 천체가 지구 주전(周轉)에 필요한 기간을 뜻하고 있는 것처럼 보인다.
4) 피타고라스학파에서 생성을 낳는 삼각형의 세 변으로 생각되던 수. 이것의 원문은 플라톤의 모든 저작 중에서도 가장 이해하기 어렵고 의문에 싸인 곳이며, 예부터 많은 사람이 그 수수께끼를 풀기 위해 고심해 왔다. 번역문 속에 괄호로 묶어 보충된 수와 그림도 제임스 애덤의 해석에 따른 하나의 추측안이며 원문 해석을 위해 역자가 보충한 데 지나지 않는다.
5) '세 개의 퍼짐'과 '네 개의 경계점'은 그림을 참조. 또 피타고라스학파에 따르면 태생에 필요한 기간은 6일, 8일, 9일, 12일 동안의 조화적인 단계에서 생각하고, 이것의 총합 35는 '조화수'라 한다. 그렇게 되면 216=35×6+6이 되므로 그것은 조화수의 6배에 6을 더한 것이 된다. 그런데 6은 또 '남성 수'의 바탕 수 3과 '여성 수'의 바탕 수 2를 곱한 것으로의 '결혼수'이므로 216 속에

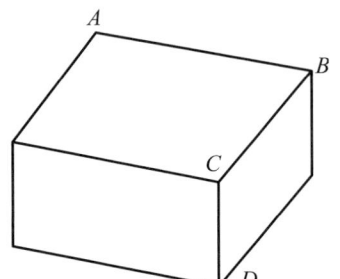

'세 방향으로의 퍼짐'이란 A → B, B → C, C → D이며, '네 개의 경계점'이란 A, B, C, D이다.

그리고 그들 기본수의 3, 4가 5와 결합한 다음(3×4×5=60) 세 번 곱하면(60× 60×60×60=12,960,000) 두 가지 조화를 가져온다. 그 조화의 하나는 등수를 제곱한 것(3600×3600=12,960,000), 즉 백(100)의 어느 배수(倍數)(100×36)를 한 변으로 하는 것이며,[6] 또 하나는 한 방향(평행하는 방향)에 있어서는 같은 변을 가지면서, 가로로 긴 변을 갖는 긴 네모이고, 그 변은 각각 5의 유리수적인 대각선 수[7의 제곱을 백배한 것][7]($7^2$×100=4900)]에서 100을 뺀 것(4900−100=4800)이다. 달리 말하면 5의 무리수적인 대각선 수 $\sqrt{50}$의 제곱을 백배한 것[$(\sqrt{50})^2$×100=5000]에서 200이 모자란 것(5000−200=4800)이라고 할 수도 있으리라. 이에 대해 다른 한 변은 3의 세제곱수를 백배한 것($3^3$×100=2700)이다.

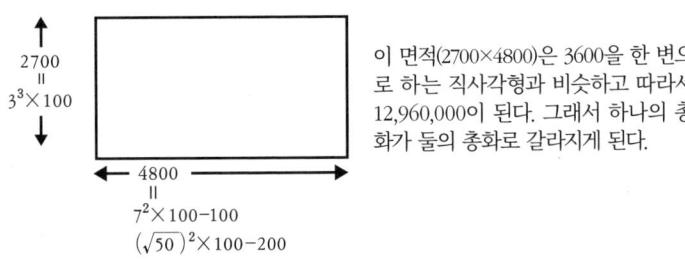

이 면적(2700×4800)은 3600을 한 변으로 하는 직사각형과 비슷하고 따라서 12,960,000이 된다. 그래서 하나의 총화가 둘의 총화로 갈라지게 된다.

이들 수의 총체가 대지를 측정하는 수(기하학적 수)이다. 즉 보다 뛰어난 탄생

---

는 탄생하는 것에 관한 모든 조화가 포함되게 되어, 버림도 약분도 가능하게 된다는 뜻이 아닌가 한다.
6) 3600을 한 변으로 하는 정방형.
7) 직사각형은 그림을 참조. 또 5의 실제 대각선 수는 50이나 이것은 무리수. 따라서 이에 가장 가까운 유리수적인 대각선 수는 49=$7^2$이 된다.

과 보다 열등한 탄생을 통치하는 것이다. 그러므로 너희들의 수호자가 이러한 탄생 법칙에 무지한 탓으로 때에 맞지 않게 신부와 신랑을 만나게 해준다면, 소질이 뛰어난 아이나 행운을 타고나는 아이가 태어나지 않을 것이다. 그리고 선임자들이 뒤떨어진 아이들 중에서 그나마 뛰어난 자를 수호직에 앉힌다 해도 그 선발된 자는 원래 그 자리에 적당치 않은 자이므로, 아버지를 대신해 권력의 자리에 앉게 되면 수호자임에도 가장 먼저 우리 무사 여신을 멸시하기 시작할 것이다.

즉 문예와 음악을 소홀히 하고, 나아가 체육을 필요한 것으로조차 생각지 않아, 결과적으로 너희들 젊은이는 문예와 음악을 이해할 수 없게 되리라. 그리고 그러한 젊은이 속에서 뽑히는 지배자들은 헤시오도스가 말하는, 동시에 너희들의 일이기도 한, 금·은·동·철의 종족에 대해서는 그를 시험하고 식별할 만한 감식력 등을 그다지 몸에 지니지 않았다는 사실을 나타내게 될 것이다. 그리하여 철과 은이, 또 동과 금이 한데 섞여 같지도 조화롭지도 못한 불균형이 생겨나게 되리라. 그런 것들이 생겨날 때마다, 생겨나는 곳마다 전쟁과 적의가 일게 마련이다. 내란이란 것은 어디서 생겨나든 간에 늘 이상과 같은 혈통에 속해 있다고 하지 않으면 안 된다'고."

"정말 무사 여신들은……." 글라우콘은 말했다. "올바른 대답을 했다고 우리는 말해야겠습니다."

"아무렴, 적어도 무사 여신이니까."

"그럼 무사 여신들은 그 말에 이어 뭐라고 말씀하셨나요?"

나는 계속했다.

"'내란이 생기면 두 쌍의 종족이 각각 정체를 끌어당긴다. 즉 철·동의 종족은 돈벌이라든가 토지 가옥의 소유 쪽으로 끌어당기는 데 반해 금·은의 종족은 본래 가난하지 않고 본성에 있어 영혼이 부유한 종족이므로, 정체와 덕을 옛날식 구조 쪽으로 이끌게 된다. 이리하여 두 종족은 서로 강제성을 띠고 대항하는 동안에 마침내 조정이 성립되어 토지와 가옥을 나누어 갖게 되는 것이 보통이다. 그리고 전에는 자유로운 벗으로서 또 그들의 양육자로서 수호해 오던 자들을, 이번에는 그들의 노예로 만들어 농노나 종으로 소유하고 그들 자신이 전쟁이나 노예들을 감시하는 데 신경을 쓰게 되는 법이다'라고 했지."

"저도 그렇게 생각합니다. 변혁은 그러한 곳에서 생기는 것이라고."
"그런데……." 나는 말했다. "이러한 정체 데마르키아는 아리스토크라티아와 과두제 사이에 있는 어떤 중간적인 것이 아닐까?"
"정말 그렇습니다."

4

"변혁은 이상과 같은 과정을 밟아 생긴다고 생각되나 변혁된 다음에는 어떤 식으로 다스려지는 걸까? 아니 그건 보나 마나 이렇게 될 것이네. 본래 그것은 앞선 정체 아리스토크라티아와 과두제 중간에 있는 셈이니까 어느 부분에서는 앞 정체를 모방하고, 다른 부분에서는 과두제를 모방하나, 또 다른 부분에선 자기 자신에 고유한 점을 갖는 것이 되겠네."
"그렇게 됩니다." 글라우콘은 말했다.
"그렇게 하면 그 정체는 통치자들을 존경한다는 점, 국가의 수호 계급이 농업이나 수공업이나 그 밖의 돈벌이로부터 멀어져 있다는 점, 또 공동 식사 제도가 생겨 체육이나 전쟁에 관한 경기에 배려를 베풀어 준다는 점 등 그러한 모든 점에 있어 앞의 정체를 본뜨게 되는 게 아닐까?"
"옳은 말씀입니다."
"그러나 한편 그 정체는 지혜로운 자들을 이미 단순한 사람들로서가 아니라 오히려 복잡한 사람으로 만들었으므로 그러한 지혜로운 자들을 통치자의 자리에 앉히는 것을 두려워한다는 점, 반대로 혈기 왕성하고 훨씬 단순한 사람들, 즉 평화보다도 전쟁을 좋아하는 소질을 가진 사람들에게 오히려 호의를 보낸다는 점, 그리고 전쟁에 관한 계책이나 연구를 존중하고 늘 전투로써 나날을 보낸다는 점 등, 허다한 점에 있어 독자적인 것을 정체가 지니게 되는 게 아닐까?"
"그렇습니다."
"또 그러한 정체에 대응하는 사람이란 마치 과두제 안에 있는 사람처럼, 돈에 대한 욕망이 강하리라 생각되네. 남몰래 금은을 몹시 존중하고 있는 셈이지. 어쨌든 저장소나 개인 소유의 보물 창고가 있어, 그곳에 금은을 숨겨 둘 수도 있고 또 남의 눈에 띄지 않는 새 둥지 같은 울타리가 있는 보금자리를 지니고 있어, 그곳에서 여자들이나 좋아하는 자들을 위해 낭비하고 많은 금은을 쓸 수도 있기 때문일세."

"정말 그렇습니다."

"따라서 또 그들은 돈을 아끼는 구두쇠이기도 하겠지. 어찌 됐든 돈은 존중하면서도 그것을 공공연히 소유하는 일은 허락되지 않기 때문이야. 그러나 욕망에 못 이겨 남의 돈을 쓰기 좋아하는 자가 되기도 할 테지. 또 아이가 아버지의 눈을 피하듯, 법률의 눈을 피하여 몰래 쾌락을 즐길 걸세. 그렇게 되는 까닭은 그들이 이해한 교육을 받은 것이 아니라, 강제로 받았기 때문이네. 즉 그들은 논증과 철학에 결부된 참다운 문예와 음악을 무시하고 문예와 음악보다도 체육을 중시해 왔기 때문에 그러한 이해할 수 없는 강제적인 교육을 받게 된 것이지."

"좋은 것과 나쁜 것이 섞여 있는 정체를 정말 훌륭히 말씀하셨습니다."

"사실 섞여 있지 않은가?" 나는 말했다. "그러나 그 정체 속에는 기개 있는 부분이 우세하기 때문에, 아주 뚜렷한 특색이 딱 한 가지 있네. 즉 승리와 명예를 사랑하는 마음이라네."

"정말 그렇습니다."

"그렇다면 그 정체(데마르키아)는 대강 위와 같은 과정을 밟아 생긴 것이고, 위에서 말한 바와 같은 성질을 지닌 것이라 할 수 있겠지. 적어도 그 모습을 말로 상세히 다듬지는 않았지만 대략적인 윤곽만은 그려 본 셈이네. 상세히 다듬지 않았다는 것도, 가장 올바른 사람과 가장 부정한 사람의 모습을 보기 위해서라면 윤곽만으로도 충분하며, 게다가 정체의 모든 면과 성격의 모든 면을 하나도 남기지 않고 상세히 그린다면 한없이 길어져 도저히 끝낼 수 없는 일이 되기 때문이네."

"그건 당연한 말씀입니다." 글라우콘은 동의했다.

5

"그렇다면 이 정체에 알맞은 사람이란 대체 어떠한 사람인가? 어떻게 해서 생겼으며, 또 어떠한 성질의 사람이겠는가?"[8]

---

[8] 이상에서는 최우수자 지배제(아리스토크라티아)에서 명예 지배제로의 전락을 말한 것이며, 여기서부터는 명예 지배제에 대응한 인간을 말하게 된다.

"제 생각에는…….." 아데이만토스가 말했다. "그 사람은 적어도 승리를 사랑하는 점에 있어서는 이곳에 있는 글라우콘과 아주 비슷할 겁니다."

"그렇겠지." 나는 말했다. "적어도 그 점에 있어서는 그럴지도 모르지. 그러나 다음과 같은 점에서는 글라우콘과 같은 성질은 아니라고 생각되네."

"어떤 점입니까?"

"그 사람이 어느 정도 완고하고, 문예와 음악을 사랑한다고 해도, 그 일과는 약간 인연이 먼, 남의 얘기를 듣는 것은 좋아하나 결코 웅변가는 아닌, 그런 사람임에 틀림없을 걸세. 또 그러한 사람은 노예들에게는 가혹하리라 생각되네. 그것도 충분히 교육을 받은 사람처럼 노예들을 경멸하지 못하기 때문이네.[9] 하지만 자유인에게는 온화한 태도를 보일 걸세. 그리고 통치자에게는 아주 순종적이고, 통치를 사랑하고 명예를 사랑하기 마련이지. 그렇지만 변론의 재주라든가, 그와 비슷한 것을 이유로 하여 지배의 자격을 요구하는 게 아니라, 전쟁 및 그와 관계된 실적을 이유로 들 걸세. 어쨌든 체육을 좋아하고 사냥을 좋아하니까."

"사실 그러한 점이 그 정체의 성격이니까요."

"또 그러한 사람은 젊을 때는 돈을 경멸할지 모르나, 나이를 먹어 감에 따라 점점 돈을 사랑하게 되는 게 아닐까? 왜냐하면 그는 원래 돈을 사랑하는 성질을 이어받았으며, 더구나 덕이 뛰어난 수호자로부터 멀어졌기에 덕에 있어서도 순수하지는 못하기 때문이지."

"그 덕의 수호자란 뭡니까?"

"문예와 음악의 심정과 결부된 지성(로고스)을 말하는 것일세. 그것만이 내부에 생겼을 때, 그것을 소유하는 사람들 속에서 덕의 수호자로 평생을 살아가는 것이네."

"훌륭한 말씀입니다."

"적어도 데마르키아의 국가에 어울리는 데마르키아적인 젊은이란 바로 그러한 사람을 말하는 거네."

"그렇습니다."

---

9) 경멸하고 있지 않으므로, 우월을 나타내기 위해 가혹해진다는 심리.

"그리고 그러한 젊은이는 대부분 다음과 같은 방식으로 태어나지. 흔히 있는 일이지만 그런 젊은이는 유력한 아버지가 있네. 단지 그의 아버지는 잘 통치되지 않는 나라에 살고 있기 때문에[10] 명예직·관리직·소송 같은 그런 귀찮은 관계를 모두 피하고 번거로움을 싫어하며 권리를 도외시하는 그런 아버지이지······."

"그 아들이 어떠한 길을 통해서 데마르키아적인 사람이 되는 걸까요?"

"그것은 이러하네. 먼저 그가 다음과 같은 어머니의 말을 듣고 있을 때라네. 즉 자기 남편이 감투도 못 쓴 일을 불평하고, 그 때문에 다른 여자들 사이에서 낯을 들지 못한다고 말할 때라네. 또한 자기 남편이 돈벌이에도 그다지 열심이 아니며, 법정이나 공적인 집회에서도 장로를 무시하는 등 일체 무관심주의로 있는 것을 보게 된다네. 그리고 남편이 자기 자신의 일에는 마음을 쓰고 있지만 아내는 별로 사랑해 주지도 않고, 그렇다고 경멸하지도 않는 그런 기분을 가지고 있다는 것을 느끼고 있네. 이런 것들이 모두 이유가 되어 불평을 늘어놓게 되고, 너의 아버지는 남자답지 못한 사람이라든가, 너무도 야무진 데가 없다든가, 그 밖에 여자들이 흔히 입에 담는 모든 불평을 늘어놓는 그러한 어머니를 말하는 것인데, 그 말에 귀를 기울이거나 하는 때이지······."[11]

"정말 여자들이란······." 아데이만토스는 말했다. "여자들이야말로 가당치도 않은 온갖 말을 늘어놓더군요."

"게다가 자네도 알고 있겠지만, 그런 자들의 하인에 이르기까지, 그것도 특히 주인을 생각해 주는 것처럼 보이는 자들이 그와 비슷한 일을 아들에게 몰래 들려주지. 그리고 누군가가 아버지에게서 돈을 빌려 간 채 갚지도 않았다든가, 어떤 이가 부정한 일을 저지르고 있는 것을 알면서도 아버지가 고소하지 않는 것을 보거나 하면, 어른이 되거든 복수를 해야 된다든가, 아버지보다도 남자다

---

10) '데마르키아'가 가장 뛰어난 정체인 '아리스토크라티아' 뒤에 오는 것이라면 데마르키아적인 사람이 훌륭하게 통치되지 않는 나라에 태어난다는 것은 좀 불합리하게 생각될는지 모르지만, 여기서는 그런 나라의 순서에는 그다지 신경을 쓰지 않고 좀 더 일반적으로 평상시 볼 수 있는 현상에서 말한 것 같다. 스파르타화한 아테네의 젊은이가 플라톤의 생각 속에 있었던 게 아닌가 하는 추정도 있다.

11) 소크라테스와 아내 크산티페와의 관계 등도 플라톤의 그러한 관찰에 하나의 자료를 준 게 아닌가 하고 추측하는 사람도 있다.

운 사람이 되어야 한다는 등 아들들을 부추기는 거야. 또 아들들은 밖에 나가도 그와 비슷한 일을 보거나 듣거나 하지. 즉 나라 안에서 자기 자신의 일만 하고 있는 사람은 바보 취급을 당하고, 상대도 해주지 않지만, 남의 일에 손을 대는 사람은 존경도 받고 칭찬도 듣고 있는 것을 보게 되네.

그렇게 되면 그 젊은이는 한편으로는 그러한 모든 것을 보고 듣고 하며 또 한편으로는 아버지의 말을 듣기도 하고, 아버지의 생활 방법을 보고 다른 사람의 생활과 비교하는 등, 가까이서 직접 보게 되므로 그 양쪽에서 끌어당겨지지.[12] 다시 말해 아버지는 아들의 영혼 속 사유적(思惟的) 부분을 양육하며, 한편 다른 사람들은 욕망의 부분과 기개적(氣槪的) 부분을 양육하러 드는 거야. 그렇게 되면 본래 그는 소질에서는 뒤떨어진 사람은 아닌데, 다른 사람들과 좋지 않은 교제를 통해 양쪽에서 끌어당기는 바람에 그 중간에 주저앉게 되는 셈이지. 그리고 자기 자신 속에 있는 통치 원리를 정신의 중간 부분, 즉 승리를 사랑하는 기개적 부분에 자리를 내어주고 오만하고 명예를 좋아하는 사나이가 되네."

"그러한 사람의 태생에 대한 말씀은 정말 훌륭하다고 봅니다."

"그럼, 이것으로 우리는 두 번째 정체와 두 번째 인간을 손에 넣게 된 셈이지."

"네, 그렇습니다." 아데이만토스가 대답했다.

6

"그럼, 이번에는 아이스킬로스는 아니지만, 다른 나라에 할당된 사나이의 이야기를 하도록 하지. 그렇지만 처음에 정한 전제에 따라 국가 쪽을 먼저 말하겠네."[13]

"그렇게 하시죠." 아데이만토스는 말했다.

"그런데 내 생각으로는 앞서 말한 정체 다음에 오는 것은 '과두제'라고 생각하네."

"선생님이 말씀하시는 과두제란 어떤 구조로 된 것인가요?"

"재산의 평가에 따라 통치자가 선출되는 정체, 즉 부자가 통치하고 가난한

---

12) 양쪽에서 끌어당긴다고 하는 것은 영혼 내부에서 내란이 일어나는 것을 뜻한다.
13) 여기서부터는 '명예 통치제'에서 '과두제'가 생기는 방법을 말하게 된다.

자들에게는 통치권을 부여하지 않는 정체지."

"알겠습니다."

"그럼, 어떻게 해서 데마르키아로부터 과두제로의 변화가 시작되는지, 앞으로는 그것을 말해야 되겠군."[14]

"네."

"그런데 말일세, 그 변혁 방법은 맹인이라도 알 수 있는 거라네."

"어떻게 변화한다는 겁니까?" 아데이만토스가 물었다.

"그들 각자가 가지고 있는 보물 창고에 돈이 가득 차게 되어 그러한 정체를 멸망시키는 것이지. 왜냐하면 첫째로 그들은 자신들을 위해 돈 쓰는 길을 찾아내어 법률을 편리하게 고쳐 그쪽으로 끌어가기 때문이네. 그들도 그들의 아내도 법률을 지키지 않으면서 말이야."

"그런 것 같군요."

"다음으로 생각하는 바지만, 사람들은 상대방이 하는 것을 보고 경쟁을 하게 되므로, 그들의 대부분을 그와 같은 사람으로 만들어 버렸다고 보네."

"그런 것 같습니다."

"그렇게 되면, 그다음은 오로지 재산을 모으는 길로 매진하기 때문에 돈벌이를 값어치 있는 일이라고 생각하면 생각할수록 덕을 값어치 없는 것으로 생각하게 된다네. 덕과 돈의 차이는 이런 게 아닐까 싶네. 즉 각각이 천칭의 두 접시 위에 놓이면 언제나 한쪽이 기울게 마련인 것처럼 말일세."

"물론 그렇습니다."

"따라서 그 국가 안에서는 돈과 부자가 존중되는 정도에 따라, 덕과 착한 사람들이 존중을 받지 못하는 정도도 높아지거나 낮아지는 셈이지."

"분명히 그렇습니다."

"그리고 사람들은 존중받는 일에는 열중하지만 존중받지 못하는 일에는 신경을 쓰지 않는 게 상례라네."

"그렇습니다."

---

14) 플라톤의 생각 속에 있었던 역사적 사실로서는 플라톤 시대에 같은 변혁을 경험한 스파르타의 정체가 있었던 게 아닌가 한다. 또한 솔론 시대의 정체 또는 기원전 410~40년간 아테네에서 정체의 변화가 있었던 게 아닌가 하고 추정하는 사람도 있다.

"이리하여 승리와 명예를 사랑하는 사람을 대신해 마침내 돈벌이와 돈을 사랑하는 사람이 생겨난 셈이네. 그래서 그들은 부자를 칭찬하여 통치자 자리에 앉히게 되나, 가난한 사람을 존중하는 일은 없네."
"정말 그렇습니다."
"그런 상태가 되면 그들은 법률을 제정하게 되네. 과두적인 정체의 기준이 되는 금액과 과두제의 강약 정도에 따라 돈의 많고 적음을 정하고, 정해진 액수에 미달된 재산을 소유하고 있는 사람은 통치권에 참여할 수 없다고 선언한단 말일세. 그리고 그 법률 내용을 무력행사에 의한 폭력으로 완수하거나 또는 그것을 행사하기 전에 위협을 하거나 하여 그런 정체를 수립해 버리는 거지. 안 그런가?"
"틀림없이 그렇습니다."
"그럼, 그 정체는 대략 이상과 같이 성립하는 것으로 해두세."
"네." 아데이만토스는 말했다.
"그러나 그 정체의 성격은 어떤 것입니까? 그리고 그 정체가 지니고 있다는 결함이란 무엇입니까?"[15]

### 7

"첫째, 결함은 그 정체를 다른 것과 구별짓는 바로 그 점에 있네. 글쎄, 생각해 보게나. 만일 사람이 배의 키잡이를 지정함에 있어, 재산액을 기준으로 하여, 예컨대 어떤 사람이 돈 많은 사람보다 훨씬 항해술에 숙달되었다 하더라도 가난한 사람에게는 키잡이를 시키지 않는 상황을 말일세."
"보나 마나 그들의 항해는 비참해지겠죠!"
"항해하는 일에 국한된 문제가 아니라, 다른 어떤 일을 통치할 때에도 사정은 비슷한 게 아닐까?"
"비슷하다고 봅니다. 적어도 저로서는."
"국가는 예외로 하고선가? 아니면 국가도 그렇다는 말인가?"
"그 점은 더욱 그렇다고 봅니다. 국가의 통치는 가장 곤란하고 가장 중대한

---

15) 이하에 있어서는 '과두제'의 성격이, 특히 그 결점이 다루어진다.

일이니만큼 말입니다."

"그렇다면 바로 지금 말하고 있는 점이 과두제가 지닌 참으로 커다란 하나의 결함이라 할 수 있겠지?"

"그런 것 같습니다."

"그럼 어떤가? 다음과 같은 점은 그보다 작은 결함일까?"

"어떤 점인데요?"

"그런 국가는 아무래도 하나일 수는 없고 반드시 두 개의 나라로 갈라진다는 것일세. 가난한 사람들의 나라와 부자들의 나라로 말이네. 어찌 됐든 그들은 같은 곳에 살면서 늘 서로 음모를 꾸미고 있으니까."

"제우스에게 맹세코, 그것은 아까보다 작은 결함이 아닙니다."

"그러나 또 다음과 같은 일도 탐탁스럽지는 않네. 즉 그들은 틀림없이 전쟁을 할 수 없게 된다는 점이네. 왜냐하면 무장한 군중을 부려 먹자면 적보다도 그 군중을 두려워하게 되기 때문이네. 그렇다고 해서 군중을 동원하지 않는다면 그야말로 문자 그대로 '소수를 통치하는 자'로서 전투에 임해야 하니까 말일세. 아울러 그들은 또 돈을 사랑하는 자이기 때문에 전쟁 비용을 지불하려고 하지 않는 거네."

"정말 탐탁지 못한 일이군요."

"그럼 이건 어떤가? 우리가 앞서도 비난한 일이지만, 그런 정체에서는 같은 인간이 동시에 농사를 짓기도 하고, 돈벌이를 하기도 하고, 또 전쟁에도 참여한다는 식으로, 한꺼번에 많은 일을 바쁘게 하기 마련인데, 자네 생각에는 이것을 올바른 상태라 할 수 있겠나?"

"아무리 봐도 그렇게는 할 수 없다고 생각합니다."

"그럼 잘 보란 말일세. 이상과 같은 결함 가운데 다음에 말하는 가장 큰 결함은 특히 이 정체가 처음으로 갖는 것인가를."

"어떤 것을 말입니까?"

"다음과 같은 사정이 가능하다는 것일세. 즉 자기 자신의 소유물을 다 팔아버려서 다른 사람이 그것을 손에 넣게 되었으며, 판 사람은 그 뒤 국가의 어떤 구성원이 되지도 않고, 예를 들어 상인이나 직공도 안 되고, 기병이나 보병도 안 된 채, 그저 가난한 백성으로 불리며 나라 안에서 산다는 그런 사정을 말일세."

"그렇고말고요."

"그럼, 그렇게 해서 망한 사람이 옛날에 유복한 자로서 돈을 쓰고 있었을 때, 그 사람은 지금 말한 것 같은 구성원으로서 국가에 도움을 주고 있었을까? 아니면 통치 계급에 속해 있다고 생각되기는 했어도 사실은 국가를 통치하는 자에 속하는 것도 아니고, 국가의 봉사자도 아닌 자기 손안의 재산을 소비하는 자에 불과했던 게 아닐까?"

"그렇습니다. 그렇게 생각되기는 했으나, 사실 단순한 소비자였던 셈입니다."

"그럼, 그를 이렇게 부르면 어떨까? 꿀벌 집에 게으름뱅이 수벌이 태어나서 벌집의 골칫거리가 되듯, 그러한 자들도 국가의 골칫거리로서 이른바 수벌처럼 태어나는 것이라고 말이야."16)

"정말 그렇습니다, 소크라테스 님!"

"아데이만토스, 하느님은 날개 있는 수벌은 모두 침(針)이 없는 것으로 만드셨는데, 발로 걷는 게으름뱅이 수벌 가운데 어떤 놈은 침이 없는 것으로 만들고, 어떤 놈은 무서운 침을 가진 것으로 만드신 게 아닐까? 그리고 침이 없는 놈은 늙어서는 거지가 되지만, 침이 있는 놈은 악인이 되는 게 아닐까?"

"옳은 말씀입니다."

"그러면 틀림없이 자네가 어떤 나라에서 거지를 보게 된다면 그 나라의 어딘가에 도둑놈과 소매치기와 깡패 등등의 나쁜 짓을 하는 자들이 숨어 있는 걸세."

"틀림없이 그렇습니다."

"그런데 어떤가? 자네는 과두제의 나라에 거지가 있는 것을 보지 않았나?"

"통치 계급에 있는 자 말고는 거의 다 거지입니다." 그는 대답했다.17)

"그럼, 이렇게 생각하면 안 될까? 즉 그러한 나라에는 침을 가진 악인들도 많이 있다고 말일세. 그야 그런 자들은 통치자들이 힘으로써 조심스럽게 억누르고 있기는 하지만."

"물론 우리는 그렇게 생각하기로 하지요."

---

16) 이 벌집과 벌집 하나하나의 방의 비유가, 국가와 국가 안에 있는 집들에 인용되고 있다.
17) 플라톤은 솔론 입법 직전의 아테네 국가의 상태를 생각했는지도 모른다고 추정된다.

"그렇다면 그러한 작자들이, 정말로 그런 나라에 생겨나는 것은 교육의 부족과 졸렬한 양육 방법과 정체 때문이라고 주장해야 하지 않을까?"

"물론이죠."

"그렇다면 과두제의 국가란 이상에서 말한 성격의 것이며, 그리고 위에서 말한 것만큼의, 아니 그보다 더 나쁜 점을 지니고 있는 나라라고 할 수 있겠지?"

"아마 그렇겠죠." 아데이만토스는 말했다.

"그렇다면……." 나는 말했다. "세상 사람들이 과두제라 부르고, 재산의 액수를 기준으로 하여 통치자를 결정하는 그러한 정체도 우리는 일단 마무리된 것으로 해두세. 그리고 다음으로 이 정체와 비슷한 인간을 고찰해 보기로 하세. 그러한 사람이 어떻게 성장하며, 그 결과 어떤 인간이 되는가 하는 점을 말일세."

"그렇게 하죠."

8

"그런데 아까 말한 데마르키아적인 사람으로부터, 과두제적인 인간으로의 변화는 특히 다음과 같은 방법으로 일어나겠지?"[18]

"어떤 방법으로요?"

"다음과 같은 때에 말일세. 즉 데마르키아적인 사람에게 아들이 있다면 그 아들은 처음에는 아버지를 존경하고 아버지의 뒤를 따르려 하나, 배가 암초에 부딪치듯 아버지가 갑자기 국가와 충돌하여 자기 재산은 물론 그 자신마저도 물에 떠내려 보내는 모습을 보게 될 것이네. 예컨대 장군직이라든가, 그 밖에 세력 있는 요직에 있던 아버지가 그다음에는 중상모략하는 고발자 때문에 법정에 끌려 나가 사형을 당하든가, 추방을 당하든가, 시민권을 박탈당하든가, 또는 전 재산을 몰수당하는 그런 일이 있어서 말이네."

"있을 법한 얘기입니다." 아데이만토스는 말했다.

"어쨌든 벗이여, 그러한 일을 보고 겪고 또 재산을 잃었을 때, 생각건대 그 아들은 공포에 쫓기어 갑자기 명예심이라든가 기개 부분을 자신의 영혼 속 왕

---

[18] 여기서부터는 '명예 통치제적인 사람'에서 '과두제적인 사람'으로의 변화가 다루어진다.

좌에서 마구 내쫓아 버릴 걸세. 그리고 가난 때문에 마음까지도 비열해진 그는 돈벌이 쪽으로 방향을 바꿔서 인색하게 굴며 조금씩 아껴 뼈를 깎는 노력으로 돈을 긁어모으는 것이니. 이러한 사람은 그렇게 되면 돈을 사랑하는 욕망 부분을 지금까지의 왕좌에 앉혀 놓고, 관이나 목걸이를 걸어 주고 단검도 채워 주며, 자기 자신 속에서 페르시아 대왕으로 삼고 있는 것이라 생각되지 않나?"

"그렇게 생각됩니다."

"한편 그는 생각건대, 사유적 부분과 기개 부분을 그러한 대왕의 통치 아래 꿇어 엎드리게 하여 노예로 삼는 걸세. 그리고 사유적 부분에는 어떻게 하면 더 적은 돈에서 더 많은 돈이 생기는가 하는 일 말고는 아무것도 계산하거나 고찰하거나 하는 일을 허락지 않으며, 기개적 부분에서는 돈과 돈을 가진 자 말고는 무엇 하나 칭찬하거나 존경하거나 하는 일도 허락하지 않네. 그리고 자부심을 갖거나 돈을 소유하는 일이거나 그 일에 무언가 도움이 되는 일 말고는 의지하지 못하도록 하는 것이네."

"그 사정이 아니고서 명예를 사랑하는 젊은이로부터 돈을 사랑하는 젊은이로의 변화가 그렇게 급속히 진행되지 않을 테니까요." 아데이만토스가 말했다.

"그러니까 그런 젊은이가 과두제적인 사람이겠군?"

"왜냐하면 그의 변화는, 과두제가 그곳에서 변화하여 생긴 정체와 거기에 알맞은 사람으로부터 이루어졌으니까요."

"그럼 그가 과두제와 닮은 사람인가를 살펴보기로 하세."

"조사해 봅시다."[19]

9

"첫째로 그는 돈을 아주 소중히 여긴다는 점에서 과두제와 닮은 게 아닐까?"

"물론입니다."

"또한 구두쇠에다 부지런하다는 점도 비슷하지? 자기 마음속 욕망 중에서 꼭 필요한 욕망만은 채워 주지만, 그 밖의 일에는 돈 쓰는 걸 허락하지 않고,

---

[19] 여기서부터는 '과두제적인 사람'의 성격이 다루어진다.

그 밖의 욕망은 필요 없는 것으로 억제해 버리는 점에서 그는 과두제와 비슷하네."

"딱 들어맞습니다."

"아무튼 그는······." 나는 말했다. "하는 짓이 더럽고, 어떻게 해서든 여분의 재산을 만들어 보물 창고를 세울 그런 남자야. 그리고 세상은 어김없이 그런 남자를 존경하지. 이러한 남자란 그 과두제와 비슷한 게 아닐까?"

"적어도 제 생각으로는 그런 것 같습니다." 그는 말했다. "왜냐하면 그 국가든, 그러한 남자든 각별히 돈을 존중할 테니까요."

"그렇게 된 것도 생각해 보면 그가 교육에 뜻을 두지 않았기 때문이지."

"그렇게 생각합니다. 그렇지 않다면 맹인을 합창대 지휘자로 세워 그를 가장 존경하는 일은 없었을 테니까요."

"자네, 말 잘했네. 그럼, 다음 일을 생각해 보게나. 수벌과 같은 욕망이 또, 그 어떤 것은 거지의 성질인 것, 어떤 것은 나쁜 일을 하는 것인데, 교육이 없는 탓으로 그의 내부에 생겨나는 것이라고 말하면 안 될까? 특히 그러한 욕망은 오로지 그의 습관인 주의력으로 무리하게 억눌려 있기는 하겠지만."

"그건, 그렇게 말해야 되겠지요."

"그럼, 자네는 알고 있나? 어느 쪽으로 눈을 돌려야만 그자들의 나쁜 일을 확실히 볼 수 있는가를······."

"어디로 말입니까?"

"이를테면 그들이 고아의 후견인 노릇을 하며 부정을 저지를 수 있는 큰 자유가 손에 들어왔을 때, 그 고아의 후견인이라는 점에 눈을 돌려 보는 거네."

"말씀대로입니다."

"그렇게 되면 위에서 말한 것으로 미루어 보아 다음과 같은 사실이 명백해지네. 즉 이런 사람은 올바르다고 인정되며 좋은 평판을 얻고 있는 거래일 때에는 어떤 유덕을 가장한 자기 억제력으로 내재해 있는 신통치 않은 욕망들을 억누르고는 있네. 그러나 그것은 그렇게 하고 있는 것이 보다 좋은 일이라고 그들의 욕망을 설득해서도 아니고, 이치(논증)로써 잠자코 있게 만든 것도 아니며, 오히려 언제나 재산을 걱정하는 데서 오는 강제와 공포심 때문인 것일세."

"정말 그렇습니다."

"그리고 제우스에게 맹세코, 만일 그들이 다른 사람의 재산을 써야 할 필요가 있을 때는 언제나 그 수벌과 같은 욕망이 그들 대부분에게 내재되어 있다는 점을 자네는 알게 될 걸세."

"정말 그렇습니다."

"바로 그런 점에서 이런 사람은 일반 사람들보다는 단정하게 보이기는 하겠지. 그렇지만 일치 조화된 영혼이 지니는 진짜 덕은 그에게서 도망쳐서 영원히 어딘가 먼 곳으로 사라져 버린 것 같네."

"저도 그렇게 생각합니다."

"또 그 구두쇠는 무슨 승리나 뛰어난 명예를 국가 안에서 개인적으로 다뤄야 하는 처지가 될 때는 참으로 보잘것없는 겁쟁이라네. 즉 그는 명성이라든가 명성과 관련된 경기에 돈 쓰기를 좋아하지 않고, 만에 하나라도 소비적 욕망을 불러일으켜 승리를 사랑하는 싸움의 벗이 되게 하지는 않을까 하는 두려움에서, 자기 자신의 돈은 아주 조금만 써서 미약한 힘으로 싸우게 되므로, 대부분의 경우 지게 되지만 그래도 돈만은 축내지 않는다는 거지."

"정말입니다."

"그러면 우리는 더 이상 의문을 갖게 될까?" 나는 말했다. "구두쇠이고 돈을 좋아하는 사람이 과두제적인 국가에 잘 어울리며 대응하고 있다는 일에 말이네."

"절대로 의문을 갖지 않습니다." 아데이만토스는 말했다.

## 10

"그럼, 다음으로는 아무래도 민주제를 살펴봐야 되겠군. 이것은 어떻게 생겨나는가, 그리고 생긴 뒤에는 대부분 어떤 성질을 지니고 있는가 하는 일 말일세. 왜냐하면 이다음에는 그 정체에 알맞은 사람의 유형을 알아본 다음, 그를 다른 유형의 사람과 비교하여 판정을 내릴 수 있게 하기 위해서라네."

"그렇게 하면……." 아데이만토스는 말했다. "우리 자신의 방침으로 되돌아가는 일 없이 앞으로 나아갈 수 있으니까요."

"그런데 과두제에서 민주제로의 변화는 대부분 다음과 같은 방법으로 이루어지는 게 아닐까? 즉 자기 눈앞에 놓여 있는 좋은 것, 최고의 부자가 되어야겠다는 한없는 욕망에 쫓기어 생겨나는 방법으로 말이야."

"어떻게 해서 말입니까?"

"생각건대 과두제적인 나라에서는 통치자가 통치자 자리에 앉게 되는 것은 재산이 많기 때문이므로, 그들은 젊은이들 가운데 방탕자가 나오더라도 그들에게 재산을 낭비하거나 탕진하지 말라고 금지하려 들지 않는다네. 왜냐하면 그런 젊은이들의 것을 사들이거나 담보로 돈을 빌려주거나 하여 자기들이 더 부자가 되고 더 존경을 받아야겠다는 속셈이 있기 때문이야."

"틀림없이 그럴 것입니다."

"그렇다면 다음과 같은 일은 국가에 있어서도 명백한 일이 아닐까? 즉 이처럼 부를 존중하는 일과 국민 사이에 충분한 절제가 유지되는 일은 양립할 수 없으며, 아무래도 어느 한쪽이 소홀히 다루어지게 마련이란 것 말일세."

"명백한 일입니다."

"그런데 과두제에서는 지배자들이 그러한 방탕자들의 행위를 모르는 체하고 그대로 방치해 두기 때문에 태생이 좋은 자들을 가난뱅이로 만들고 마는 일까지 가끔 있다네."

"정말 그렇습니다."

"그렇게 되면 생각건대 가난한 사람들 가운데 어떤 자는 빚을 지고 어떤 자는 공민권을 박탈당하고 또 어떤 자는 이 두 가지를 다 겪었으며, 자신의 재산을 잃지 않은 다른 자에 대한 증오와 음모를 품고 침(針)과 무기를 몸에 지닌 채 도사리고 앉아 있는 셈이네. 혁명을 꿈꾸며 말일세."

"그렇습니다."

"한편 돈벌이를 하고 있는 통치자들은 여전히 웅크리고 앉아서 가난한 자들은 보고도 못 본 체하고, 그 밖에 온순한 자들에게는 그때마다 돈의 침을 놓아 멍청이로 만들고 만다네. 그리하여 마치 한 어버이로부터 몇 배나 되는 아이가 태어나듯, 몇 배나 되는 이자를 긁어모아, 나라 안에 게으른 수벌과 거지의 수를 불려 가는 거라네."

"정말이지, 자꾸 불어 가겠죠."

"더구나 그들은 그런 악이 불타기 시작할 때 이를 끄려고도 하지 않는다네. 소유물을 마음대로 처분하는 일을 금지한다든가, 또는 법률로 그러한 남용을 배제하거나 해서 말일세."

"어떤 법률로 말입니까?"

"그것은 앞서 말한(소유물을 마음대로 처분하는 일을 금한다) 일에 버금가는 좋은 법률로 국민이 덕에 유의하도록 하는 일이네. 어떤 법률이 명하는 바에 따라 자유의지에 의한 상업의 대부분은 스스로의 위험을 각오하고 계약하게끔[20] 한다면, 그 나라에서는 파렴치한 방법으로 돈벌이를 하는 일도 줄어들 것이며, 조금 전에 말했던 것 같은 악이 생겨나는 일도 적어질 테니 말이네."

"틀림없이 그렇게 되겠죠."

"그런데 실제로 통치자들은 위에서 말한 모든 이유 때문에 피통치자들을 나라 안에서 그런 파렴치한 상태로 만들어 버린 것이라네. 그리고 한편 자기 자신과 친척들을, 예를 들어 그 젊은이들을 사치스럽게 살게 하고 몸과 마음을 아끼게 하여 쾌락과 고통에 견디지 못하는 약골로 만들어 버린 거라네."

"아니, 정말 그렇게 해버린 것 같습니다."

"또한 자기 자신도 돈벌이가 아닌 일에는 신경을 쓰지 않고, 덕에서도 가난뱅이와 별다를 바 없이 마음을 쓰지 않는 게 아닐까?"

"확실히 마음을 쓰지 않습니다."

"그런데 통치자와 피통치자들이 이상과 같은 상태에 놓여 있을 때 길을 걷거나, 연극을 보거나, 출정을 하거나, 또는 같은 배를 탔거나 싸움터에 나가거나 하여 서로 함께 행동하는 일이 있다고 하세. 그리고 한참 위험한 고비에 서로 관찰해 가면서 가난한 사람도 유복한 자로부터 경멸당하는 일은 절대 없다고 하세. 뿐만 아니라 마르고 햇볕에 탄 가난한 사람과 호강스럽게 자라 살이 뚱뚱하게 찐 유복한 자가 싸움터에 나란히 섰을 때, 오히려 유복한 자가 숨만 헐떡이는 쓸모없는 사람이라는 것을 보게 되었다고 하세. 여보게, 이럴 때 가난한 사람이 생각하는 일은 이렇지 않을까? 즉 실은 자기들이 천하고 나약하기 때문에 그런 작자들이 부를 지니고 있는 것이라고 말이네. 그리고 가난한 사람들끼리 모일 때는 '그 작자들은 이제 우리 손안에 있는 거나 마찬가지야. 그들은 아무짝에도 쓸모가 없으니까' 하는 식으로 말을 퍼뜨릴 거라고 생각하지

---

[20] 좋은 일에 쓸 수 없는 상대와 나라가 지정하지 않은 방법으로 계약하고 부정의 해를 입었다 해도 그것은 자기 스스로가 초래한 위험이라는 뜻이다.

않나?"

"물론 잘 알고 있습니다. 그들이 그렇게 하리라는 것은."

"그렇게 되면 병들기 쉬운 몸이 외부로부터 약간의 자극을 받으면 쉽사리 병에 걸리거나 또 때로는 외부의 자극이 없더라도 자기가 자신에게 내란을 일으키듯, 그와 같은 상태에 놓여 있는 국가도 사소한 계기로, 즉 일부분은 과두제로부터 다른 부분은 민주제로부터 외부 동맹군을 끌어들여 병들게 해서 우리끼리 싸우는 게 아닐까? 그리고 때로는 외부 자극이 없어도 내란을 일으키는 게 아닐까?"

"정말 그렇습니다."

"여기서 생각하건대, 민주제는 다음과 같은 상황에서 생기는 법이네. 곧 가난한 사람들이 승리를 거두어 부자들의 일부를 죽이고 일부는 추방해서 남은 자에게 시민권과 통치권을 평등하게 나누어 줄 때, 또 그 나라의 관리직이 대부분 제비뽑기로 정해지는 때에 말일세."

"분명히 그렇습니다." 아데이만토스는 말했다. "민주제 수립은 바로 그것입니다. 그게 무력의 힘으로 성립된 것이든, 공포로 한쪽이 후퇴한 결과 성립된 것이든 간에 말입니다."

## 11

"그렇다면 도대체……." 나는 말을 이었다. "그런 사람들은 어떤 형태의 생활을 하고 있는 것일까, 그리고 그런 정체는 어떤 것일까 하는 점을 조사하는 일은 그런 정체에 알맞은 사람이 분명히 민주적인 모습을 하고 있기 때문이란 말이야."

"분명히 그렇습니다." 아데이만토스는 동의했다.

"첫째로 그런 사람들은 자유로울뿐더러 그 국가는 행동의 자유와 언론의 자유가 주어져 있으므로 누구나 자기가 하고 싶은 일을 할 수 있게 되는 게 아닐까?"[21]

---

21) 여기서부터 다루어진 민주제의 묘사는 그 무렵 아테네 국가를 전하는 것으로 보여진다. 아리스토텔레스는 나아가 민주제의 '자유'로서 통치자·피통치자 교제의 자유와 마음 내키는 대로 사는 자유의 두 가지를 말하고 있다.

"그렇게 생각합니다."

"그러나 그런 일을 할 수 있다면 분명히 그 나라에 있어서는 사람들이 마음 내키는 대로 자기 나름의 생활을 갖출 수 있겠지?"

"분명히 그렇습니다."

"그럼, 그러한 정체에 있어서는 다양한 인간들이 가장 많이 생겨나겠군?"

"그렇습니다."

"아마 그 정체는 여러 정체 중에서도 가장 아름다운 것 같네. 온갖 색깔의 무늬가 든 화려한 옷처럼 어울려 있으므로 가장 아름답게 보일 걸세. 그리고 아이들이나 여자들이 다채로운 것을 보았을 때처럼, 그 정체를 가장 아름다운 것이라고 판정하는 사람들도 많아질 걸세."

"물론입니다."

"바로 그 나라가……." 나는 말했다. "정체를 찾는 데 있어서 적당한 곳이네."

"어째서 그럴까요?"

"그 까닭은 이렇다네. 그 정체는 자유이기 때문에 온갖 종류의 것이 있네. 그래서 지금 우리가 하고 있듯이 국가를 세우려는 자는 마치 정체의 큰 시장에라도 가듯이 민주제적인 나라로 가서 자기 마음에 드는 것을 골라낸 다음, 거기에 따라 건설해야 되겠지."

"아마 우리는 표본에 곤란을 겪는 일은 없을 테니까요."

"또 이 나라에서는 비록 자네가 통치할 만한 충분한 능력이 있다손 치더라도 꼭 통치해야 한다는 강제성은 조금도 없네. 반대로 자네가 통치당하는 일을 바라지 않는다면 꼭 통치를 받아야 한다는 강제성도 없지. 또 다른 사람들이 싸우고 있다 해서 꼭 싸워야 한다는 법도 없으며, 다른 사람들이 평화스럽게 살고 있다 해도 자네가 평화를 바라지 않는다면 억지로 평화롭게 살아야 한다는 법도 없네. 또 어떤 법률이 자네에게 통치하거나 재판하는 일을 금한다 해도, 만일 자네 자신에게 그런 의향이 있다면 통치를 하건 재판을 하건 일체 상관없네. 이러한 생활 방법은 어찌 됐든 당장에는 달콤하고 기분 좋은 일이 아닐까?"

"당장에야 그렇겠죠."

"그럼 어떨까? 유죄선고를 받은 사람들의 태연한 태도는 상당히 멋있지 않을까? 아니 참, 자네는 이런 걸 본 일이 있지 않은가? 그 정체에서는 사람들이 사형이나 추방의 표결을 받았을 때에도 여전히 그곳에 머문 채, 여러 사람 앞을 서성이며, 다른 사람의 시선을 의식하지 않고, 주위 사람의 이목도 거리낌 없이, 마치 저세상에서 돌아온 망령처럼 이리저리 방황하고 있는 것을 말이네."

"흔히 그런 사람을 봅니다."

"또 그 정체의 관대함, 절대로 사소한 일에 얽매이지 않고 우리가 국가를 세웠을 때, 엄숙하게 말했던 일들을 경멸하고 있는 것은 그야말로 멋있는 일이 아니겠나? 우리가 말했던 일은 이러했지. 즉 누구든 특별히 뛰어난 소질을 가지고 있지 않는 한, 만일 그가 어렸을 때부터 줄곧 훌륭한 일 속에서 놀며 훌륭한 일 모두를 행하지 않고서는 결코 뛰어난 인물이 될 수 없다고 했지. 그 정체는 그러한 모든 일을 대범한 태도로 짓밟고 사람들이 어떤 일을 하다 정계로 나와 정치를 하든 전혀 문제 삼지도 않으며, 다만 대중에게 호의를 가지고 있다고 말만 하면 그것으로 그 사람을 존경하게 되니 말일세."

"정말 그렇습니다." 그는 말했다. "품위 있는 정체입니다."

"이리하여……." 나는 말했다. "민주제는 이상과 같은 점을, 또 그와 비슷한 다른 점을 지니고 있는 것일세. 그리고 쾌적한 데다 무정부적이고 색조도 다채로우며, 능력이 같은 사람이거나 같지 않은 사람이거나 똑같이 하나의 평등을 나누어 주는 정체라네."

"틀림없이 선생님이 말씀하시는 것은 누구에게나 잘 알려진 일입니다." 아데이만토스는 말했다.

## 12

나는 이어서 말했다. "그렇다면 그 정체에 대응하는 개인은 어떤 성격인가를 생각해 보게나. 아니 그보다도 우리는 정체를 살펴보았을 때처럼 먼저 그 사람은 어떻게 생겨나는가를 알아봐야 되겠지?"[22]

"네."

---

22) 여기서부터 '민주제적인 사람'이 '과두제적인 사람'에게서 생겨나는 과정 및 그 민주적 젊은이의 성격이 나오는데, 먼저 그 과정을 말하는 준비로서 욕망에 관한 고찰이 회화적으로 이루어진다.

"그것은 다음과 같이 생겨나는 게 아닐까? 생각건대 구두쇠에다 과두제적인 사람에게는 틀림없이 그러한 아버지의 습성 속에서 양육된 아들이 있을 것 같네."

"물론입니다."

"그렇다면 그 아들도 자기 자신 속의, 소비적이며 돈벌이에 도움이 되지 않는 욕망을 무리하게 억제하고 있을 걸세. 그런 욕망은 불필요한 것이라고 하면서."

"분명히 그렇습니다."

"그럼 우리는 전망이 흐린 얘기는 하지 않도록 먼저 '필요한 욕망'과 그렇지 않은 것을 규정해 두기로 하세."

"바라는 바입니다."

"이렇지 않을까? 먼저 우리가 뿌리칠 수 없는 욕망이야말로 필요한 것이라고 불러도 좋지 않을까? 그리고 충족되면 우리에게 도움이 되는 욕망도 말이야. 왜냐하면 그 두 종류를 추구하는 것은 우리의 본성으로 보아 필연적인 일(필요한 일)이니까. 안 그런가?"

"그렇습니다."

"그렇다면 그들 욕망에 있어서는 문자 그대로 필요한 것이라는 말을 쓰는 게 옳다네."

"옳은 일입니다."

"그럼 어떤가? 사람이 젊을 때 훈련만 해두면 제거할 수 있는 것, 더구나 그것이 내부에 도사리고 있으면서도 전혀 좋은 작용을 하지 않을뿐더러, 오히려 반대 현상을 빚기까지 하는 그러한 욕망은 일체 필요치 않은 것이라고 주장한다면 우리의 말은 올바른 게 아닐까?"

"틀림없이 올바른 말입니다."

"그럼 우리는 그런 욕망의 본보기를 하나하나 골라내어 보세나. 그런 욕망을 유형적으로 파악할 수 있도록."

"그래야 되겠죠."

"건강을 유지하기 위한 범위 내에서의 식사에 대한 욕망, 즉 빵과 요리된 음식 그 자체에 대한 욕망은 필요한 욕망이 아닐까?"

"필요한 것이라고 봅니다."

"아마, 빵에 대한 욕망은 두 가지 점에 있어, 즉 유용하다는 점과 살아가는 일을 지속시킬 수 있다는 점에 있어 필요한 것이지."

"그렇습니다."

"한편 요리된 음식에 대한 욕망은 전체를 양호하게 유지하기 위해 무언가 도움이 될 때에 한해서만 필요한 것이네."

"정말 그렇습니다."

"그러나 위에서 든 범위를 넘어서 그와는 다른 종류의 욕망은 어떤가? 그것은 젊을 때부터 타이르고 가르침으로써 제거할 수 있는 것이며, 또 몸에도 해롭고 정신에도 사려와 절제를 위해서는 해로운, 그런 욕망은 어떨까? 필요치 않은 것이라고 불러도 상관없겠지?"

"물론입니다."

"그럼, 그 욕망을 소비적이라 하고, 앞서의 욕망을 여러 활동에 유용하므로 생산적이라고 불러도 되지 않을까?"

"옳은 말씀입니다."

"성적 욕망이나 그 밖의 욕망에 있어서도 우리는 마찬가지로 그렇게 말하게 되겠지?"

"그렇게 됩니다."

"그렇다면 앞서 우리가 수벌이라고 이름 붙였던 자는, 이러한 쾌락이나 욕망이 가득 차 필요치 않은 욕망에 지배된 자를 말한 셈이지. 이에 비해 필요한 욕망에 지배된 자를 보고는 구두쇠에다 과두제적인 사람이라고 불렀던 셈이야."

"물론 그렇습니다."

## 13

"그럼 되돌아가서……." 나는 말했다. "과두제적인 사람에게서 민주제적인 사람이 생겨나는 모습을 말하기로 하세나. 대부분 다음과 같은 방법으로 생겨나는 것 같네."

"어떤 방법으로 말입니까?"

"젊은이가, 조금 전에 말했듯이 교육을 무시한 인색한 방법으로 양육된 다음, 수벌의 꿀맛을 알게 되고, 빛깔이나 상태가 풍요한 온갖 쾌락을 몸에 지닐 수 있는 격렬하고 무서운 생동체와 교제하게 되었을 때, 아마 젊은이 자신 속에 있는 과두제에서 민주제로의 변화가 싹트는 것이라고 자네는 그렇게 생각하는 게 좋을 걸세."

"정말 당연한 말씀입니다."

"그러면 국가가 변화하는 것은 외부로부터의 동맹군이 국가 측에 있는 또 한쪽의 부분을, 특히 비슷한 동맹군이 비슷한 부분을 도와주는 때이지만, 그와 마찬가지로 젊은이가 변화하는 것도 외부의 욕망 속에서 내부와, 동족과 비슷한 종류가 다른 편의 젊은이에게 있는 그 욕망의 종류를 도와줄 때일세."

"정말 그렇습니다."

"그리고 생각건대 만일 외부 지원군에 대항하여 어떤 원군, 즉 아버지한테서 오는 원군이건, 나무라거나 비난하거나 하는 점에서 오는 것이건 어쨌든 그러한 원군이 젊은이 내부에 있는 과두제적인 요소를 도울 경우, 그때 상반되는 당파 사이의 내란이, 즉 그 내부에서 자기 자신에게 반발하는 싸움이 생기는 것이네."

"물론 그렇습니다."

"그리고 때로는 민주제가 과두제에 장소를 양보하고 물러나며, 어떤 조심성이 젊은이의 영혼 속에 생겨남에 따라 욕망 가운데 어떤 것은 멸망하고 어떤 것은 추방되어 영혼의 질서가 또다시 회복되지."

"때로는 그렇게 됩니다."

"그러나 추방된 욕망과 동족인 다른 욕망이 훈육에 관한 아버지의 이해 부족으로 남몰래 양육되어 다시 수가 많아지고 강력해지기 쉽다네."

"분명히 그렇게 되기 쉽겠군요."

"그렇게 되면 그 욕망들은 젊은이를 다시 전과 같은 교제로 끌어들여 남몰래 함께 어울리며, 젊은이에게 수많은 욕망이 생겨나게 하네."

"정말 그렇습니다."

"그리고 마침내는 젊은이의 영혼의 성채를 점령하게 되지. 거기에는 학식이라든가 아름다운 일이라든가 또는 참된 말 같은 게 없이 텅 비어 있다는 것을 알아차리고 말일세. 왜냐하면 그것들은 신의 사랑을 받는 사람들의 영혼 속에 있는 가장 뛰어난 감시자이며 보호자이기 때문이지."

"정말 뛰어난 것입니다."

"그러니까 그런 학식이나 참된 말 대신에 거짓과 잘난 체하는 말과, 적당한 짐작이 달려 나와 이런 젊은이의 영혼을 점령하는 것이라네."

"정말 그렇습니다. 그렇게 되면 그것들은 다시금 하는 일 없이 놀고먹는 게으른 자들에게로 되돌아가 공공연하게 살 곳을 정하고, 만일 젊은이의 영혼 속 인색한 부분에 가족들로부터 어떤 원군이 도착했다 해도 그 잘난 체하는 말들이 들어 있는 성의 문을 닫고 원군이 들어올 수 없게 하며 공직에 없는 노인의 말을 결코 받아들이지도 않고 오히려 스스로 싸워서 이를 정복하지 뭔가. 또 두려워하는 마음을 어리석음이라 부르고 불명예스럽게도 추방자로서 밖으로 밀어내고, 절제를 남자답지 못하다 부르고 진흙을 칠해 쫓아내며, 분수를 지킬 줄 아는 일이나 질서 있는 지출은 촌스럽고 자유인답지 못하다 하여 많은 무익한 욕망과 협력하면서 국경 밖으로 쫓아내는 게 아닌가?"

"틀림없이 그렇습니다."

"그리하여 그 잘난 체하는 말들은 그들의 볼모가 되어 대규모의 비밀스런 의례를 끝낸 젊은이의 영혼 속에서, 두려움과 질서와 절제 같은 것들을 다 몰아내고, 그 영혼을 텅 비게 한 다음 곧바로 거만·무정부·낭비·파렴치에 관을 씌워 많은 합창대를 이끌고 요란스럽게 데리고 돌아오는 거야. 찬가를 부르며, 그리고 거만을 좋은 신분, 무정부를 자유, 낭비를 대범함, 파렴치를 남자다움이라 그럴듯한 이름을 붙여 주며 말이야. 아마 이렇게 해서 젊었을 때 필요한 쾌락으로 양육된 젊은이가 변하여 필요치 않은 무익한 쾌락을 자유롭게 하고 해방하게 되는 게 아닐까?"

"분명히 그렇습니다."

"그리고 이런 젊은이는, 그 뒤로는 필요한 쾌락에나 필요치 않은 쾌락에나 똑같이 돈과 수고와 여가를 소비하며 살아가는 거네. 그러나 만일 그가 운이 좋아서 도가 지나치게 열광하는 일이 없다면, 오히려 어느 정도 나이도 먹고 큰 소동이 지나간 다음에라도 추방된 것 가운데 일부분을 받아들여 침입자들에게 완전히 자기 자신을 맡기지 않는다면, 그는 갖가지 쾌락에 평등한 비중을 두고 살아가는 거네. 가끔 쾌락이 생겨나면 그때마다 마치 추첨된 자에게 자기 통치권을 맡기듯이 번갈아 가며 쾌락이 만족될 때까지 자기 자신의 통치권을 맡기고, 차별 없이 평등하게 키워 나가는 걸세."

"정말 그렇습니다."

"그리고 옳고 그름을 가릴 줄 아는 도리에 있어서는……." 나는 말했다. "참된 것은 받아들이지 않고, 초소에서도 들여보내지 않는다네. 예컨대 누군가가 어떤 쾌락은 아름답고 좋은 욕망에서 나오지만 어떤 쾌락은 나쁜 욕망에서 나오므로, 앞의 것은 한껏 존중해야 하지만 뒤의 것은 벌을 주고 복종시켜야 한다고 말하는 일이 있더라도 말이네. 오히려 그럴 때에 그는 고개를 내저으며 거부하고 쾌락은 모두를 똑같이 평등하게 존중해야 한다고 말하는 거지."

"틀림없이 그는 그런 상태가 되고, 그처럼 행동할 테니까요."

"그렇게 되면 그는 가끔 일어나는 욕망을 기쁘게 맞이하며 살아가는 걸세. 즉 어떤 때는 술에 취해 피리 소리를 즐기는가 하면 다음에는 물만 마시고 몸을 지치게 하며 때로는 체조도 한다네. 그러나 또 어떤 때는 게으름을 피워 온갖 일을 내버려 두기도 하고, 때로는 철학으로 시간을 보내는 것 같은 모습도 볼 수 있는 법이지. 하지만 정치에 참여하는 일도 가끔 있어, 자리에서 일어나 생각나는 대로 말을 하기도 하고 행동하기도 하네. 또 때로는 군인들이 부러워질 때면 그쪽으로 가고, 상인들이 부러워지면 이번에는 그쪽으로 마음이 쏠리게 된다네. 그리고 그의 생활 태도에는 거의 질서라는 게 없으며, 자신을 강요하는 일도 없지. 오히려 그런 생활을 기분 좋고 자유롭고 행복한 생활이라 부르며, 평생을 그런 식으로 살아가는 것일세."

"정말 선생님은 법의 평등을 받드는 사람을 정확하게 묘사하셨습니다."[23]

"그리고 생각건대 그런 사람은 여러 모습을 하고 있으며, 더없이 많은 성격을 품고 있네. 또 그 민주적인 나라와 마찬가지로 아름답고 다채로운 빛깔을 지닌 사람이지. 수많은 남녀는 생활 방식 때문에 그를 부러워하는 일도 있을 걸세. 왜냐하면 그는 자기 안에 모든 정체와 성격의 풍요한 본보기를 지니고 있기 때문이지."

"그 사람은 분명히 그렇게 보이니까요."

---

[23] 이상의 묘사에 있어서는 《향연》에 나오는 알키비아데스가 플라톤의 머릿속에 있었던 것으로 추측된다.

"그렇다면 어떨까? 우리는 이러한 사람을 민주제 옆에 두어도 좋지 않을까? 민주제적인 사람이라 불러도 될 테니 말일세."

"그렇게 하죠." 아데이만토스는 말했다.

14

"자, 그러면……." 나는 말했다. "가장 아름다운 정체와 가장 아름다운 사람, 곧 참주제와 참주가 무엇인지 살펴볼 일만이 남아 있군."

"그렇습니다."

"자, 그럼 참주제는 어떤 모습으로 나타날까? 어찌 됐든 그것이 민주제로부터 변화된다는 점은 분명하네."[24]

"정말입니다."

"그런데 과두제로부터 민주제가, 또 민주제로부터 참주제가 생기는 방법은 어느 의미로 보면 같은 게 아닐까?"

"어떤 방법으로 말입니까?"

"과두제적인 사람이 좋은 것으로 자기 앞에 놓아둔 것, 그리고 그로써 과두제가 생기게 된 것, 그것은 부(富)였네. 안 그런가?"

"그렇습니다."

"그런데 그 부를 탐내고 돈벌이를 위해 부가 아닌 것을 경멸했기 때문에 과두제가 멸망한 것일세."

"그렇지요."

"그리고 민주제가 좋은 것으로 정해 놓은 것, 그리고 그것에 대한 탐욕이 또 민주제를 해체하게 되는 게 아닐까?"

"그렇다면 민주제는 무엇을 좋은 것이라고 정해 놓았다는 말씀입니까?"

"자유이네." 나는 말했다. "아마 자네도 들었을 걸세. 민주화된 나라에서는 이 자유야말로 가장 좋은 소유물로 되었다는 것, 그렇기 때문에 또 자유인으

---

[24] 여기서부터 정체의 변화는 하나의 정체가 선으로 여기는 것, 예컨대 과두제라면 부, 민주제라면 자유에 대한 탐욕과 그 밖의 것에 대한 무시가 원인이라는 일반 원칙을 말한 다음, 민주제가 선으로 여기는 자유의 지나친 모습, 즉 무정부주의의 모습을 자세히 기술한다. 이 무정부주의가 민주제에서 참주제가 생기는 출발점이 된다.

로 태어난 사람은 누구나 이 나라만이 살 만한 곳이라고 하는 것을 말일세."

"사실 그런 말을 이따금 듣게 됩니다."

"내가 조금 전에 말하려던 것인데 이 자유에 대한 탐욕, 자유가 아닌 다른 것에 대한 무관심이 이 정체를 변하게 하여 참주제를 요구하게끔 하는 게 아닐까?"

"어떻게 해서 말입니까?"

"생각건대 자유를 갈망하던 민주제적인 나라가 수호자로서 가끔 마음에 없는 중매인을 만나 필요 이상으로 순수한 자유의 술에 취했을 때, 그 통치자들이 그다지 온순치 못하고 자유를 충분히 부여해 주지 않으면, 그 나라 사람들은 그들 통치자들을 아무것도 모르는 놈, 과두제적인 놈이라 비난하며 박해할 거네."

"분명히 그들은 그렇게 행동할 것입니다."

"한편 그들 통치자들에게 복종하는 자들을 '노예 같은 놈, 아무짝에도 못 쓸 놈' 하고 비난은 하지만, 피지배자와 같이 행동하는 통치자와 통치자와 같이 행동하는 피지배자들을 개인적으로나 공적으로나 칭찬하고 존경한다네. 이러한 나라에서는 당연히 자유가 구석구석까지 미치게 마련이 아닐까?"

"물론 그렇게 되고말고요."

"여보게, 그렇게 되면 당연히 무정부 상태가 개개인의 집에까지 침투하고, 마침내는 동물들에게까지 파고들어 가고 만다네."

"우리는 어떤 뜻으로 이런 이야기를 하는 것입니까?"

"이를테면 다음과 같은 것을 뜻하는 거지. 아버지는 아이를 닮은 자가 되고 아들들을 무서워하는 것이 습관이 되네. 한편 아들은 아버지를 닮은 자가 되고 또 자기가 자유로워지기 위해서라면 부모에게 부끄러움이나 두려움을 품지 않는 버릇이 생기네. 또 외국에서 온 거류민은 시민과 똑같은 권한을 갖게 되며, 시민은 외국인 거주자와 동등해지는 것이 습관이 되네. 거류민이 아닌 이 방인까지 같은 것이 된다네."

"그렇게 되겠군요."

"그런 일 말고도 다음과 같은 자잘한 일도 생기네. 즉 이런 상태로는 교사는 학생이 두려워 비위를 맞추고 학생은 교사를 경멸한다네. 그 밖의 관계자들도 마찬가지지. 그리고 일반적으로 말해 젊은이들은 말에 있어서나 행동에 있어서나 연장자를 흉내 내며 반항하고, 노인들은 젊은이들에게 영합하여 그들을 모방하고, 쾌활함과 기지로 몸을 돋보이게 하는 거네. 자기들이 재미없다든가 폭군 같다는 말을 듣지 않기 위해서 말이네."

"정말입니다."

"그리고 벗이여, 이런 국가에 생기는 자유의 양은 다음과 같을 때에 극도에 달하는 것일세. 즉 남녀를 불문하고 팔려 온 노예가, 사들인 쪽인 주인과 같은 정도의 자유를 가질 때이네. 깜빡 잊을 뻔했네만 남자에 대한 여자의, 또는 여자에 대한 남자의 관계에 있어 어느 정도의 평등과 자유가 생기는가에 따라서 말이네."

"아이스킬로스의 말마따나 입술에 감도는 말은 무엇이든지 말해 버린다는 격이 아니겠습니까?"

"그건 그렇군. 나도 그런 기분으로 말하겠네. 먼저 인간에게 사육되고 있는 동물의 양상을 보더라도, 그것이 다른 국가에 비하여 이 나라에서는 얼마나 자유로운가 하는 점은 경험 없는 자로서는 믿지 못하리라고 보네. 왜냐하면 개들은 그야말로 속담처럼 여주인과 똑같기 때문이야.[25] 말이나 당나귀도 그처럼 아주 자유롭게 뽐내며 쏘다니고, 길에서 만나는 사람이 길을 비켜야지 그렇지 않으면 만날 때마다 이것들에게 부딪쳐 버리는 형편이라네. 그리고 그 밖의 모든 것이 이렇게 자유로 가득 차 있는 걸세."

"선생님이 말씀하시는 것은 저도 가끔 보는 일입니다. 실제로 제가 시골에 갈 때면 자주 겪는 일이니까요."

나는 계속 말했다. "그런데 이런 모든 일이 한데 모이면 다음과 같다는 걸 자네는 알고 있는가? 즉 시민들의 영혼이 점점 연약해지므로, 예컨대 무슨 일이든 예속의 기색이 보이면 그 영혼은 화가 나서 참지 못하게 된다네. 그것도 아마 자네는 알고 있겠지만, 결국 그들은 누구든 절대로 그들의 주인이 되지 않기를 바라고, 성문법이건 불문율이건 그것을 조금도 존중하지 않기 때문일세."

"그 일은 저도 잘 알고 있습니다." 아데이만토스는 말했다.

---

[25] '하녀는 여주인을 닮는다'라는 뜻을 가진 '개는 여주인을 닮는다'라는 속담을 그대로 쓰고 있다.

15

"여보게, 그렇게 되면 내가 생각하는 바로는 이것이야말로 참주제가 생겨나는 근원으로 참으로 아름답고 자랑스러운 출발점인 걸세."

"틀림없이 자랑스러운 출발점입니다. 그러나 그다음은 어떻게 되는 겁니까?"[26]

"과두제 안에서 생겨 과두제를 멸망시킨 것과 같은 병이 이 민주제적인 나라에 있어서도—자유방임 때문에 보다 커지고 보다 강해져서—민주제를 노예화하는 것이네. 실제로 또 무엇이든 너무 지나치게 한다는 것은 계절 식물이나 신체에 있어서 오히려 반대 방향으로 큰 변화를 가져오는 것처럼 정체는 특히 그러하다네."

"그도 그렇겠군요."

"어쩌면 지나친 자유는 개인과 국가를 불문하고 지나친 예속이 아닌 다른 것으로는 변화하지 않는 것 같더군."

"틀림없이 그렇겠죠."

"그렇다면 참주제란 민주제 이외의 정체에서 나타나는 건 아닌 듯해. 생각건대 극도의 자유에서 가장 크고 심한 예속이 나타나는 모양이네."

"틀림없이 이치에 맞는 말입니다."

"그러나 자네가 물은 것은 그런 일이 아니겠지? 오히려 과두제에서나 민주제에서나 같은 것으로 발생하면서 그 정체를 예속하는 것은 어떤 병인가 하는, 그런 것이겠지?"

"그렇습니다."

"그런데 내가 말했던 것(같은 병)이란 그 종족, 즉 게으르고 사치스러운 자들을 말하는 것이네. 그중에서도 가장 용감한 쪽이 지휘하고 그다지 용감하지 않은 쪽이 뒤를 따르게 마련이네만, 우리는 그러한 인간들을 수벌로서, 침을 가진 것과 침을 갖지 않은 것이라고 비교해 왔네."

"참으로 올바른 비교입니다."

"그런데 이 두 종족은 어떠한 정체 속에 생겨도 소동을 일으킨다네. 마치 신

---

[26] 여기서부터는 과두제나 민주제를 망하게 하는 공통 원인으로 거듭 수벌을 내세운다. 특히 참주제의 묘사는 디오니시우스 1세 시대에서 취해진 것이 많다고 추정된다.

체 면으로 보면 점액과 담즙이 그러하듯이 말일세. 그러므로 국가의 뛰어난 의사나 입법가와 마찬가지로 멀리서 경계하고 지키고 있어야만 하네. 무엇보다도 그 두 종족이 내부에 발생하지 않도록 말일세. 혹시 발생했다면 될 수 있는 대로 빨리 뿌리째로 잘라 버려야 하네."

"제우스에게 맹세코 반드시 그렇게 해야 할 것입니다."

"그럼 우리가 바라는 점을 좀 더 확실히 알 수 있도록 이렇게 생각해 보세."

"어떻게요?"

"우리는 논리상으로 민주제적인 나라를 세 개의 구성 부분으로 나누어 보세. 실제로도 그렇게 되어 있으니까. 먼저 그 한 부분은 아까 말한 것 같은 종족이고, 그것은 과두제에 못지않게 이 민주제적인 나라에 있어서도 자유방임의 원인이 되는 한 부분이네."

"그렇습니다."

"그러나 그 종족은 과두제적인 나라보다도 이런 나라에서 훨씬 심하다네."

"어째서 그럴까요?"

"과두제적인 나라에서 그 종족은 존경받지 못하고, 오히려 통치의 여러 지위로부터 밀려나므로 훈련을 받지도 않고 강력해지지도 않네. 하지만 민주제에서는 주로 그 종족이 국가의 선두에 서는 지도자라네.[27] 약간의 예외는 있지만. 그리고 그 종족 중에서 가장 격렬한 자가 연설을 하거나 실무를 보기도 하고, 나머지 자들은 연단을 둘러싸고 왕왕대며 다른 의견을 말하는 자를 용서치 않는 거네. 그 결과, 그러한 정체에서 약간의 예외는 있다 하더라도 모든 일이 다 그러한 종족에 의하여 통치되는 걸세."

"정말 그렇습니다."

"그리고 또 하나, 다음과 같은 종족이 늘 대중 속에서 나타나 구별되네."

"어떤 종족이 말입니까?"

"누구나가 다 돈벌이에 나섰을 때, 대부분 그 가운데 가장 절도 있는 자가 가장 부자가 되지."

"물론이겠죠."

---

[27] 민중을 부추기는 선동가를 말한다.

"생각건대 그곳은 수벌로서는 가장 꿀이 많은 곳이며, 또 그곳에서 꿀을 따는 것이 가장 쉽겠지."

"물론입니다. 조금밖에 없는 데서 어떻게 꿀을 딸 수 있겠습니까?"

"그래서 그런 부자들을 수벌의 풀밭이라 부른다네."

"아마 그럴 것입니다." 아데이만토스는 말했다.

### 16

"그러나 민중은 세 번째 종족이 될 걸세. 그들은 스스로 일하고 생활하며, 정치에 간섭하는 일도 좋아하지 않고, 소유하는 재산도 그다지 많지 못한 사람들이네. 그리고 민주제에서는 이 종족이 일단 모이면 가장 많고 가장 유력한 것이 되지."[28]

"그렇습니다." 그는 말했다. "하지만 그 종족은 꿀의 분배에 참여하는 일이 아닌 이상 자주 모임을 가지려 하지 않습니다."

"그러니까……." 나는 말했다. "민중이 분배에 참여하는 것은 늘 지도자들이 부자로부터 재산을 빼앗아 민중에게 나누어 주고도 대부분은 자기가 가질 수 있어야 한다는 범위 내에서이지만 말이네."

"네, 틀림없이 민중은 그런 방법으로 분배를 합니다."

"재산을 빼앗기는 사람들은 민중에게 호소하거나 그들이 할 수 있는 온갖 방법으로 행동하면서 몸을 지켜야 할 걸세."

"물론 그렇게 해야 되겠죠."

"그렇게 되면 결국 그들은 다른 사람들로부터 비난을 받게 되지. 즉 그들은 혁명을 바라지 않더라도 민중을 상대로 음모하는 바가 있기 마련이거든. 과두제적인 놈들이라는 비난을 말이네."

"정말 그렇습니다."

"결국 그들은 민중이 그들 자신에게 부정을 저지르려는 것을 보면, 그것도

---

[28] 이하에 있어서는 '민주제'에서 '참주제'의 발생이 다른 면에서 다루어진다. 즉 민주제 속에서 '수벌'과 '부자 계급'과 '민중'의 세 부분이 생겨나 수벌에게 조정되어 민중과 부자 계급 사이에 말다툼이 생기고, 이윽고 민중 속에서 세워진 지도자가 오히려 참주로 성장해 가는 과정을 말하고 있다.

민중 자신의 의지로써가 아니고 무지한 탓으로, 중상하는 자들에게 속아서 그러는 것이지만, 그렇게 되면 이미 그들도 좋든 싫든 간에 정말로 글자 그대로의 '과두제적인 사람'이 되는 거라네. 그것도 자진해서 그렇게 되는 것이 아니라, 그 수벌이 그들에게 침을 놓아서 악을 낳게 한 것이니까."

"정말 그렇습니다."

"그렇게 되면 고발이나 재판으로 서로를 상대로 옥신각신 법정 다툼이 생기게 마련이네."

"사실 그렇습니다."

"그러나 민중은 늘 하는 식으로, 특별히 어떤 한 사람을 자기 앞에 내세워서 그자를 돌보아 크게 성장케 하는 게 아닐까?"

"그렇습니다. 그게 흔한 일입니다."

"그렇게 된다면 틀림없이 참주가 나타날 때는 지도자라는 뿌리에서 싹이 트는 것이지 다른 데서 싹트는 것은 아니네."

"분명히 그렇습니다."

"그럼, 지도자에서 참주로 변화하는 출발점은 무엇일까? 아니 분명히 다음과 같은 경우가 그럴 테지. 즉 지도자가 아르카디아에 있는 리카이온 제우스(제우스를 말함)의 신전에 관련된 전설의 내용과 같은 일을 하기 시작했을 때에 말이네."

"어떤 전설입니까?"

"이런 전설이네. 인간 이외의 산 제물의 내장 속에 섞여 있던 인간의 내장 한 조각을 맛본 자는 반드시 이리가 된다는 얘기라네. 자네는 이 얘기를 들은 적이 없었나?"

"아뇨, 들은 적이 있습니다."

"그렇다면 민중의 앞에 서는 자도 그 얘기처럼, 민중이 매우 온순하다는 사실을 알고 동포의 피를 흘리게 하는 일에서 손을 떼기는커녕, 오히려 흔히 있는 일로 죄를 뒤집어씌워 법정으로 끌어내 그를 죽인다면, 또 더럽혀진 혀와 입으로 종족이 흘린 피를 맛보고, 또한 추방하고 살해하고 대차 관계의 무효라든가 토지의 재분배를 비치면서 협박하는 따위의 짓을 한다면, 그런 자는 반드시 적의 손에 죽거나 아니면 참주가 되어 이리로 변신하거나 둘 중 하나의 운명을 택하지 않을 수 없겠지."

"지극히 옳은 말씀입니다."

"이런 자가 재산을 가진 사람에게 싸움을 걸어올 자라 할 수 있네."

"그렇습니다. 바로 그런 자입니다."

"그렇다면 그가 일단 추방되었다가 적의 반대를 물리치고 되돌아올 때에는 스스로를 참주로 내세우는 게 아닐까?"

"분명히 그렇습니다."

"그러나 만일 적들이 그를 추방할 수도 없으며, 국가로 하여금 그와 불화하게 함으로써 사형시키는 방식을 취할 수도 없을 때에는 그들은 폭력으로 그를 암살하고자 할 것이네."

"그렇습니다. 흔히 그렇게 되기 쉽습니다."

"이런 상황이 되면, 이런 단계에까지 와버린 자들은 누구나가 잘 알려진 참주적인 요구를 연구하게 되네. 즉 몸을 지켜 줄 몇 사람을 민중에게 요구하는 것이네. 민중을 지키는 자가 안전할 수 있도록."

"그렇습니다. 정말."

"그렇다면 민중은 수호자를 붙여 주지. 왜냐하면 그들은 그를 걱정해 주면서도 자기 몸에 관해서는 태연하게 안심을 하고 있기 때문일세."

"그렇습니다."

"그렇게 되면 이 사태를 돈을 갖고 있는 자가, 그것도 돈을 가짐과 동시에 민중을 싫어한다는 비난까지 받고 있는 자가 본다면, 그때 그자는 크로이소스에게 주어진 신탁의 말대로

    자갈이 많은 헤르모스의 강변을 따라
    그는 달아나
    멈추지 않으며
    겁쟁이임을 부끄러워하지도 않는다[29]

---

[29] 자기 나라의 운명을 사제 피티아에게 묻는 크로이소스에게 신이 내린 신탁.

는 식이 되네."

"부끄러워하지 않겠죠. 두 번이나 부끄러워할 수는 없을 테니까요."

"그러나 생각건대……." 나는 말했다. "만일 붙잡히기만 하면 그는 죽음의 손으로 넘겨질 것이네."

"물론입니다."

"하지만 그 지도자 자신은 분명히 '큰 몸을 길게 눕히거나' 하지는 않는다네. 오히려 수많은 적대자들을 쓰러뜨리고 국가라는 이름의 전차 위에 서 있는 것일세. 지도자로서가 아니라 완전히 참주가 되어서 말이네."

"그렇게 안 될 수는 없겠죠." 아데이만토스는 말했다.

### 17

"그러면 이제 우리는 그러한 인간과 그러한 인간이 태어나는 국가의 행운을 자세히 이야기하기로 하세."

"네." 그는 말했다. "그렇게 하죠."

"그런데 그는 처음 며칠 동안은 만나는 사람 누구에게나 미소를 짓고 상냥하게 인사를 하며 자기가 참주라는 것을 부인하고 사적으로나 공적으로나 많은 일을 약속하며 빛에서 해방시켜 주기도 하고, 토지를 민중이나 자기 측근들에게 나누어 주기도 하여 누구에게나 자비심 많고 착한 사람인 체하지 않을까?"

"당연히 그런 척하겠죠."

"그러나 생각건대 국외로 추방당한 적들과도 어떤 자와는 화해를 하고, 어떤 자는 멸망케 하지만 적들에게서 위험이 없어지면 안 되니까 그는 전쟁을 끊임없이 일으키는 거지. 민중이 지도자를 필요로 하도록 말이야."

"틀림없이 그럴 것입니다."

"게다가 그가 싸움을 일으키는 목적에는 다음과 같은 이유도 있지 않을까? 즉 민중이 전쟁 때문에 비싼 세금을 납부하여 가난해지면 나날의 생계에 쫓기어 반란을 꾀하는 일도 적어지리라는 그것 때문에도 말일세."

"분명히 그렇겠습니다."

"또 생각건대 전쟁을 일으키는 목적은, 자유로운 생각을 가지고 있는 몇몇 사람들에 대해서 민중이 그에게 통치권을 맡기지 않을까 하는 의심을 품을 때, 핑계를 붙여서 그들을 적의 손안으로 넘겨줘 없애 버리기 위함이 아닐까? 이런 모든 것 때문에 참주는 늘 전쟁을 일으켜야 하는 게 아닐까?"

"그렇게 해야 되겠죠."

"그렇게 되면 그는 점점 더 시민들로부터 미움을 사게 되겠지?"

"물론입니다."

"그리고 그를 참주로 내세울 때 협력하여 이제는 권력을 쥐고 있는 사람들 가운데 남자다운 자가 있다면 당연히 이런 사태를 나무라고 충고하여 서로 간에 솔직한 말을 하는 수가 있지 않을까?"

"틀림없이 그렇겠죠."

"그래서 참주는 계속 통치하고자 한다면 이런 자들조차도 모두 서서히 제거하지 않으면 안 되는 것이네. 적이건 동료건 가리지 않고 조금이라도 도움이 될 만한 자는 한 사람도 남지 않을 때까지."

"분명히 그렇게 하지 않으면 안 되겠지요."

"그리하여 그는 누가 용감하고 누가 도량이 크며, 누가 사려 깊고 누가 부유한가를 예리한 눈으로 보고 있어야만 하네. 그리고 그는 이런 모든 사람들을 상대로, 좋아하든 좋아하지 않든 간에 적이 되어 음모를 꾸미게 되는 셈이지. 국가를 깨끗이 해놓을 때까지는 말이네."

"정말 완벽한 정화입니다." 그는 말했다.

"그렇지." 나는 말했다. "의사가 몸을 정화하는 것과는 정반대이지. 왜냐하면 의사는 최악의 것을 제거하고 최선의 것을 남겨 놓지만, 그는 그와 정반대 일을 하는 거니까."

"그렇습니다. 그가 통치를 계속할 작정이라면 아무래도 그렇게 해야겠군요."

### 18

"그렇다면 그는……" 나는 말했다. "참으로 다행스럽게도 필연적인 운명 속에 묶여 있는 셈이네. 그 운명은 보잘것없는 많은 자들과 함께, 더구나 그들에게서 미움을 받으며 사느냐, 아니면 그렇게 살지 말아야 하느냐 가운데 어느 하나를 그에게 명령하니 말일세."

"그런 운명에 묶여 있습니다." 아데이만토스는 말했다.

"그러면 그는 그런 행위로 시민들의 미움을 사면 살수록 점점 더 충실한 호위병을 많이 필요로 하게 되는 게 아닐까?"[30]

"물론입니다."

"그럼, 그 충실한 자들이란 누구인가? 그리고 그는 그들을 어디서 불러들이는 것일까?"

"그가 보수를 내놓기만 한다면 많은 자들이 저절로 날아오겠죠."[31]

"또 자네가 말하려는 것은 그 수벌 얘기군? 외국에서 온 갖가지 모양을 한 어떤 수벌을 말하는 거지."

"그렇습니다. 선생님은 제 생각을 제대로 맞히셨습니다."

"그럼 어떨까? 그는 그의 나라에서는 다음과 같이 했으면 하는 게 아닐까? 결국……"

"어떻게 말입니까?"

"시민들로부터 노예들을 다 빼앗아서, 그들을 자유민으로 해방시킨 다음, 자기 자신의 호위병으로 삼았으면 하고 말일세."

"아마, 그렇게 원하겠죠. 또한 그러한 자들이라면 틀림없이 그에게 충실할 테니까요."

"그렇게 되면 자네가 말하는 참주들은 정말로 행복한 자들일세. 예컨대 그가 옛 친구들은 멸망시켜 버리고, 그러한 호위병을 친구나 믿을 수 있는 자로 보고 사귄다고 한다면 말일세."

"그러나 그가 사귀고 있는 것은 실제로 그러한 자들입니다."

"그렇게 되면 새로운 시민으로 대우받게 된 자들은 그를 칭찬하고 또 그와 교제를 하나, 마음이 있는 자는 그를 싫어하고 피하겠지?"

"물론 피하겠죠."

"일반적으로 비극은 지혜 있는 교훈으로 가득 차 있다고 보는데, 에우리피데

---

30) 이하 참주가 민중을 배신하고, 그로 말미암아 민중을 경계해야만 하게 되었으며, 그 결과 보수를 바라고 모여든 호위병을 믿지 않을 수 없게 된 상태를 '참주의 행복'이라고 비꼬는 말로 나타낸다.
31) 수벌을 연상해 날아온다고 한 것이다.

스가 그 방면에서 거장이라 꼽히고 있는 것도 당연한 얘기일세."[32]

"어째서 그렇습니까?"

"왜냐하면 현명하게 생각되는 다음과 같은 말을 했기 때문이지. '참주는 현자와의 교제로 현자가 된다'라고 말일세. 그가 말하는 현자란 분명히 참주가 교제하고 있는 자들을 뜻하는 거지."[33]

"더구나 참주를 신과 같은 자라고까지 칭찬하고 있습니다. 또 그 에우리피데스나 다른 시인들도 여러 가지로 찬사를 퍼붓고 있습니다."

"그렇기 때문에 우리나 우리와 가까운 정체를 갖고 있는 사람들이 그들 비극 시인들을 그 참주제 찬미자의 이유를 들어 정체 속에 받아들이려고 하지 않는다는 것은 그들도 인정할 수밖에 없을 걸세. 어쨌든 현자니까 말이야."

"저도 그렇게 생각합니다. 그들 가운데 적어도 현명한 마음을 가진 자라면 그것을 인정해 주리라고요."

"그러나 생각건대 그들 비극 시인들은 다른 나라들을 돌아다니면서 군중을 모아 놓고 아름답고 설득력이 풍부한 커다란 목소리를 지닌 배우를 고용해서 나라의 정체를 참주제와 민주제 쪽으로 끌어당길 걸세."

"물론 그렇게 하겠죠."

"그리고 그 시인들은 그 업적 때문에 보수를 받고 존경을 받기도 하는 거지. 그것도 당연한 일이지만 특별히 참주로부터, 두 번째로는 민주제로부터 말이네. 하지만 그들이 정체의 비탈길을 향해 보다 높이 올라가면 올라갈수록 그들의 명성은 퇴색해 가네. 마치 숨이 차서 앞으로 나아가지 못하게 되는 것처럼."

### 19

"그런데 이야기가 옆길로 샜군. 다시 한번 우리는 그 참주의 군대로, 아름답고 크고 다채로워 한 번도 같은 모습을 되풀이하지 않는 군대 얘기로 말을 돌려 그것이 어디서 양육되는가, 그 점을 말하세."[34]

---

32) 물론 비꼬는 말이다.
33) 인용은 '참주는 현자에게 지혜를 배운다'라는 뜻인 모양인데, 그것의 비꼬는 말로 해석하고 있다. 즉 현자라는 말을, 참주를 둘러싼 아첨꾼으로 보고 있다.
34) 즉 참주가 자기 자신과 자기를 둘러싸고 있는 사람들을 부양하기 위해서 도저히 그럴 수가

"그것은······." 아데이만토스는 말했다. "분명히, 만일 나라 안에 성전에 쓸 재산이라도 있다면, 그것이 남아 있는 동안은 그것을 쓸 테고 또 패자들의 재산도 쓰겠죠. 그렇게 해서 시민이 내야 하는 세액을 훨씬 적게 줄일 겁니다."

"하지만 그런 재산이 다 없어졌을 때는 어떻게 될까?"

"물론 부모의 재산으로 참주 자신도 그리고 술친구와 남녀 아첨꾼들까지도 양육하게 되겠죠."

"알았네. 자네가 부모의 재산이라 한 것은 참주를 낳은 민중의 재산으로 참주 자신과 그의 친구들까지도 양육하게 된다는 그런 말이겠지?"

"참주에게 있어서는 그렇게 될 수밖에 없겠죠."

"그럼, 다음 상황이라면 자네의 의견은 어떤가?" 나는 물었다. "만일 민중이 화를 내고 다음과 같이 말했을 때는 말일세. 즉 크게 자란 아들(참주)이 아버지(민중)의 부양을 받는 것은 좋지 않은 일이다. 반대로 아들이 아버지를 부양해야 도리이다. 또 자기가 참주라는 아들을 낳고 키운 것도 그 목적은 그가 크게 자랐을 때 자진해 노예에게 예속되는 상태가 되어 다른 하잘것없는 작자들과 함께 살게 하기 위해서는 아니었다. 오히려 그를 지도자로 내세움으로써 나라의 부자들이나 이른바 상류 계급으로부터 해방되게 해달라고 하기 위해서였다. 그러므로 이제야말로 자기는 아들과 그 친구들에게 나라에서 나가 버리라고 명령한다. 민중이 이처럼 말한다면 자네는 어떻게 하겠나?"

"제우스에게 맹세코 말합니다만." 그는 말했다. "그때가 되어서야 민중은 의식을 새로이 하겠죠. 자기가 어떤 신분으로 어떤 동물을 낳았으며, 어떻게 귀여워하며 키웠는가를. 그리고 약한 몸이면서도 보다 강한 자들을 추방하려 하고 있다는 사실을 알게 될 것입니다."

"그건 어떤 의미인가?" 나는 말했다. "참주는 감히 그 아버지에게 폭력을 휘두르기도 하고, 또 만일 아버지가 그의 명령을 따르지 않을 때는 두들겨 패기도 한다는 말인가?"

"그렇습니다." 그는 말했다. "게다가 무기를 먼저 빼앗아 놓은 다음에 말입니

---

없음에도 불구하고 자기를 낳아 준 민중으로부터 착취하기에 이르고, 이윽고 민중은 참주의 노예가 되어 비로소 참주를 키웠다고 하는 커다란 잘못을 인식하게 된다는 사연이 순차적으로 이야기된다.

다."

"자네는 참주를 아버지를 죽이는 놈이고, 또 잔학한 부양자라고 하는군그래. 또 어쩌면 그것이 일반에서 알고 있는 참주라는 것인 모양이군. 그리고 그것은 마치 민중은 자유인에게 예속되는 '연기를 피하려고' 하다가, 노예를 주인으로 하는 '불 속에 떨어져 버리고' 만 격이군. 그 풍족하고 무질서한 자유라는 의상 대신에 노예들의 예속이 된다고 하는 가장 괴롭고 가장 어려운 예속의 의상으로 탈바꿈하면서 말이야."

"그것이 바로 일의 필연적 순서입니다."

"그런데 어떨까?" 내가 말했다. "참주제가 민주제로부터 어떤 식으로 변화해 오는가, 그리고 그것은 생긴 뒤 어떤 성질의 것이 되어 있는가 하는 점은 이미 충분히 이야기했다고 주장할 때, 우리의 그 이야기는 마땅하고 지당하다고 결론을 내릴 수 있지 않겠는가?"

"그렇지요. 그야 물론 우리는 충분히 이야기를 했습니다." 아데이만토스는 말했다.

# 제9권

## 1

"마지막으로 남은 것은 참주제적인 인간 그 자체를 연구하는 일이네. 그가 민주제적인 인간으로부터 현재와 같은 인간으로 어떻게 옮겨 가는지 알아보세. 또 그의 생활이 행복한지 비참한지도 살펴보세."

"그렇습니다." 아데이만토스가 말했다. "확실히 참주제적인 사람이 아직 남아 있습니다."

"그런데 자네는 알겠지. 내가 미처 말하지 못했고 또 알고 싶다고 바라는 것이 무엇인지를?"

"어떤 것입니까?"

"우리들 본성의 분류나 욕망의 수는 아직 충분히 식별하지 않았다고 생각해. 그 점이 불충분한 상태로 남아 있는 한, 우리들이 탐구하는 대상은 계속 불명확하게 남게 되는 거네."[1]

"그러나 아직 늦지는 않습니다."

"좋아, 내가 뚜렷하게 하고자 하는 것은 이것이네. 필요 없는 쾌락이나 욕망의 어떤 것은 비합법적이고 또 난폭하다고 나는 생각해. 아마도 우리들은 그것들과 함께 태어나겠지만, 그것들은 어떤 사람들에게는 그것들이 모두 없어질 때까지 또는 소수의 약한 것만 남겨질 때까지 법이나 이성의 화합이나 혹은 더 좋은 욕망으로써 훈련되어지기도 하지. 그러나 어떤 사람들은 그것들의 수나 힘을 그대로 유지하기도 하거든."

---

[1] 민주제적인 사람 및 참주는 모두 다 욕망의 종류의 관점에서 그 각각의 본질을 뚜렷이 할 수가 있기 때문이다. 참주를 만드는 욕망은 불필요하고 부자연스러운 욕망이다. 또한 '말할 것을 빠뜨렸다'는 것은 제8권 12장의 논의에 연결되는 것을 의미한다. 여기서부터는 각 사람에게 갖추어진 무법한 욕망의 존재를 이야기한다.

"선생님이 말씀하시는 욕망이란 어떤 것입니까?"

"혼의 다른 부분, 즉 우리들의 이성적이고 우아한 부분이 잠자고 있고 통제가 늦추어져 있을 때, 눈을 뜨는 욕망을 말하는 것이네. 또 술이나 음식물로 배가 차 있을 때 우리들의 동물적인 매우 거센 본성이 스스로를 눈뜨게 하여 그것의 날개를 갖고 그것이 만족할 수 있는 것을 확보하기 위해 노력할 때, 눈을 뜨는 그런 욕망이지. 자네도 알다시피 그런 때는 모든 관념과 수치심으로부터 완전히 해방되어 어떤 나쁜 일도 망설이지 않는 상태란 말이야. 예를 든다면 이것은 상상이네만, 그 어머니와 관계하는 것을 시도하거나 주저하지 않고, 그 밖의 인간·신·동물 등 어떠한 것과도 관계할 것을 아무런 망설임 없이 머릿속에 그리지. 또 살인도, 그리고 금지된 음식물을 먹는 것도 주저 없이 시도할 것이란 말일세. 요컨대 한마디로, 그가 손대지 않을 것은 하나도 없다고 할 형편이지."

"정말 옳습니다, 그 말씀은."

"이에 반해서 생각하면 다음과 같은 때는, 즉 스스로의 건강과 사려를 가지고 한편으로는 자기 자신의 사유적 부분을 일깨워 각성하고 이것을 칭찬하는 데에 아름다운 말이나 성찰을 여러 가지로 많이 하며, 또 자기 자신을 확실히 깨닫고 난 뒤에 잠자러 가며, 또 한편으로는 욕망을 일으키는 부분은 잠재우고, 기쁨이나 슬픔으로 최선의 부분을 번거롭게 하지 않도록 하지. 도리어 반대로 최선의 부분을 자유롭게 하고 그 부분이 순수하게 자기 혼자의 모습이 되어 고찰할 수 있도록, 또 그리하여 과거·현재·미래의 구별 없이 보지 못한 것을 동경하고 느낄 수 있도록 한다는 그런 배려를 가지며, 또 욕망을 일으키는 부분을 결핍의 상태에 놓지도 않을뿐더러 만족의 상태에 놓지도 않는 채 잠자고, 이와 같이 또 의지의 부분에서도 그것을 온건하게 한 다음에 잠자며, 또 자기가 누군가에게 화를 낸 나머지 격정에 휩싸인 채 잠들어 버리는 것과 같은 짓은 하지 않고, 도리어 이상의 두 부분을 달래면서, 반대로 제3의 부분 ─그동안에 생각해 본다고 하는 이성을 태어나면서부터 갖추고 있다는─을 활동케 한 다음에 휴식하는 때에는 자네도 알다시피 사람들이 갖는 여러 잠자는 방법 중에서도 가장 진리에 강하게 밀착하는 것이 아니겠나? 이 경우에는 꿈에 보는 환영에서 부자연스런 모습을 보이는 일도 최소한도로 줄어들게 될 걸세."

"정말 그런 것 같습니다."

"아니, 그러고 보니 쓸데없는 소리를 했구먼, 어쨌든 우리들이 확실히 인식하고자 바라는 것은 다음과 같은 점이야. 즉 사람은 누구나 무섭고 조잡한 불법적인 욕망을 그 내부에 갖추고 있다고 하는 점이지. 더욱이 우리들 가운데에서 절도를 지킬 줄 안다고 하는 사람들의 내부에도 그것이 갖추어져 있다는 점이네. 그리고 이러한 점은 아마도 꿈의 경우를 두고 말하면 뚜렷할 것이네. 자, 그러면 이 나의 주장이 타당한 것인가 어떤가, 또 자네가 이것에 동의를 하는지 어떤지 생각해 봐주게."

"틀림없이 동의합니다."

2

"그럼 여기서 민주제적인 사람을 우리들은 어떤 성질의 것으로 이야기했었는지 떠올려 주게. 자네도 기억하는 것처럼, 그가 민주제적인 인간으로 자란 것은 다만 돈벌이하는 데만 소용되는 욕망만을 중시하고 여분의 즐거움이나 몸치장을 목적으로 하는 불필요한 욕망은 거들떠보지도 않는 인색한 아버지의 손으로 어렸을 때부터 성장해 온 까닭이었네. 그렇지 않은가?"[2]

"그렇습니다."

"또 만일 그가 닳고 닳은 기호(嗜好)로, 또 지금 말한 것과 같은 그러한 욕망으로 가득 차 있는 사람들과 접촉하게 되면 그는 아버지의 인색한 행위를 혐오하게 되기 때문에, 온갖 방탕을 일삼는 그런 무리 속으로 스스로 뛰어들게 되네. 그러나 그는 자신을 타락하게 하는 사람들보다는 좋은 출신 성분을 가지고 있기 때문에, 아버지와 그 사람들과의 중간에서 양쪽으로부터 영향을 받아 양쪽의 행동 방식의 중간에 몸을 위치하게 되겠지. 그리고 양쪽의 행동 방식을 자기에게 적절하도록 받아들이게 되고, 자유롭지 않은 것은 아니지만 그렇다고 법률에서 벗어나지도 않는 생활을 하게 되겠지. 그런 때에는 결국, 과두

---

2) 여기서부터는 '무법한 욕망'의 가장 큰 것으로서의 애욕이, 온갖 욕망이 해방되어 있는 민주제적인 사람에게 유혹자에 의해서 주입되어 그 애욕이 참주제적인 사람을 만들어 내는 것이라고 이야기된다. 애욕은 참주라는 사고가 일관되어 있다.

제적인 사람으로부터 민주적인 사람이 되어 있다고 하겠지."

"그렇습니다. 그것이 민주제적인 사람에 대한 우리들의 의견이었고, 또 현재의 의견이기도 합니다."

"그럼 이번에는 이렇게 상정해 보세." 나는 말했다. "이 민주제적인 사람이 늙어서 그의 사고방식으로 키워진 젊은 아들이 있다고 말이야."

"알겠습니다."

"자, 그런 경우에 그 아들에게도 자신의 경우에 일어났던 것과 같은 일이 일어난다고 생각해 보게. 즉 그 아들은 한편으로는 그를 유도하는 사람들에 의해서 '완전한 자유'라고 일컬어지는 극단적인 무법의 상태로 이끌려 가게 되고, 또 한편으로 그의 아버지나 근친들은 '중간적인 욕망'을 원조하게 되겠지만 유도자들은 그에 반대되는 원조를 하겠지. 이렇게 되면, 그 아들을 유도하는 무서운 솜씨의 마법사라든가 참주 제조자들은 젊은이를 붙들어 놓기에 가장 확실한 방법이라고 보고는 하나의 애욕을 그들에게 심어 줄 공작을 하게 될 것이네. 태만한 자로서 손안의 재물을 살포하는 욕망자들의 지도자로서 말이야. 날개가 있는 큰 수벌을 가져다 안길 연구를 하게 된단 말이야. 그런 사람들의 애욕이 무슨 수벌 이외의 것이라고 자네는 생각하는가?"

"아닙니다. 절대로 수벌 이외의 것이라고는 생각하지 않습니다."

"그렇다면, 다른 욕망들이 향기와 향료 약, 꽃다발과 술 등 그 밖의 여러 가지 주변에서 볼 수 있는 쾌락으로 배를 불리고 애욕의 주위를 윙윙거리며 날아다니네. 그 애욕을 극한점에까지 성장시켜서 키우지. 그렇게 해서 채워지지 않는 욕망의 침을 수벌 속에 심는 것이네. 과연 그렇게 했을 때, 영혼이라고 하는(이 애욕이라고 하는) 지도자는 광기에 사로잡혀 미쳐 날뛰고, 그리고 만일 자신 속에 이롭다고 보이거나 또는 아직 창피를 아는 마음을 잃어버리지 아니한 욕망을 보면, 그것을 죽여서 자신의 밖으로 밀어내는 것이네. 그 결과, 그 지도자는 절제와 같은 것은 조금도 남김없이 말끔하게 영혼으로부터 없애고, 오직 외부로부터 들어온 광기로 영혼을 가득 채우는 것이지."

"참, 선생님은 기가 막히도록 적절하게 참주제적인 사람의 탄생을 설명하시는군요."

"옛날부터 애욕을 참주라고 여기는 것은 이런 까닭에서가 아니겠는가?"

"아마도 그럴 것입니다."

"그렇다면 또 술에 취한 남자도 하나의 참주적인 사고방식을 가지고 있는 것이 아닐까?"

"틀림없이 그렇습니다."

"게다가 광기에 사로잡혀 정신 착란에 빠진 사람은 인간뿐만 아니라 신까지도 지배하려고 획책하며 또 지배할 수 있다고 꿈꾸곤 하지."

"그렇군요."

"그렇다면 이 사람아, 엄밀히 말해서 참주제적인 인간이 되는 것은 그가 태어나면서든, 생활의 관습이든, 혹은 그 둘 모두에 따라서든, 음주 상습자·연애 상습자·광란 상습자가 되었을 때이네."

"옳습니다. 정말 그렇습니다."

### 3

"어떠한 참주제적인 사람도 그 탄생은 거의 이상과 같네. 그럼 그의 생활 방식은 어떨까?"

"모든 일을 농담으로 돌리는 사람의 말 같습니다만."[3] 아데이만토스가 말했다. "그것을 저에게 말씀해 주실 분은 선생님밖에 없습니다."[4]

"그럼 내가 말해 주지. 생각건대, 많은 경우 그들에게 일어나는 것은 축제·소동·주연·연회·기생과의 놀아남, 그 외 그것과 비슷한 온갖 것이네. 이유는 그들의 내부에는 애욕이라는 것이 참주처럼 도사리고 있어 영혼의 모든 것을 좌우하고 있기 때문이지."

"마땅한 말씀입니다."

"그렇게 되면 수많은 무서운 욕망이 밤낮을 가리지 않고 많은 것을 요구하면서 애욕이 참주의 옆에 움터 오를 것이 아니겠는가?"

"확실히 많은 욕망이 움터 오를 것입니다."

---

3) '농담으로 일을 돌리는 사람'이란 자기가 모르는 것을 그것을 아는 사람으로부터 질문을 받았을 때, 농담으로 '그것을 내게 말해 주는 것은 당신일 것입니다'라고 말하는 것을 가리킨다.
4) 이하에 있어서는 애욕에 조종되는 참주제가 무법 상태로 일관하는 생활 방식이 사적·공적 양면에서 이야기된다.

"그렇게 되면, 수입이 있다고 하더라도 곧 소비되고 말 것이네."

"그렇게 되지 않을 수 없겠지요."

"그러면 그다음에 오는 것은 빚과 재산의 탕진이겠지?"

"그렇습니다."

"마침내 모든 재물이 탕진되었을 때는 격한 욕망의 커다란 부화(孵化)가 소리 높여 짖어댈 걸세. 그러면 그 사람들은 마땅히 욕망들의 침에 의해서 다른 욕망의 모두를, 이른바 호위와도 같은 것으로 따르게 하고 애욕 자신의 침에 의해서 부추김을 당해 미쳐 날뛰게 되겠지. 그리하여 끝내는 남의 재물을 탐내게 되어 기만하든가 폭력에 호소하든가 하면서 약탈할 수 있는 상대를 찾게 되는 것이 아니겠는가?"

"정말 그렇게 되겠군요."

"그렇게 되면 마땅히 그는 온갖 것을 약탈하든가, 아니면 엄청난 고통이나 괴로움에 시달리는 결과가 될 것임에 틀림없네."

"그렇지요. 그렇게 될 것입니다." 그가 말했다. "그러나 만일 부모가 그에게 그 권리를 허락하지 않게 되면 먼저 부모로부터 훔치든가 부모를 속이려고 할 것이 아닌가?"

"틀림없이 그렇게 하겠지요."

"그러나 그것조차 할 수 없게 되면 그다음은 강제로 빼앗든가, 폭력으로 나오든가 하겠지?"

"그렇게 되리라고 생각합니다."

"만일 늙은 부모가 거기에 저항해서 싸우게 되는 경우에는 어떻게 될까? 그는 참주적인 행동을 않고 조심할까 아니면 근신의 태도로 나올까?"

"적어도 저는……." 그는 말했다. "그런 사나이의 부모의 신상에 대해서 도저히 안심할 수가 없습니다."

"그렇단 말이야, 아데이만토스. 하늘에 맹세코 자네는 이렇게 말할 것이네. 즉 그런 사나이는 아주 최근에 친해진 결정적인 혈연관계도 없는 여자 친구들을 위해서, 옛날부터 결정적인 친분과 혈연으로 결합되어 있는 어머니를 치거나, 그 여자 친구들의 지배 아래로 예속한단 말이야. 또는 아무런 혈연관계도 없는 최근에 친하게 된 한창 젊은 친구를 위해서 혈연관계에 있으며 이미 젊음을 잃고 늙어 버린 아버지를, 친한 사람들 속에서도 가장 오랜 친분을 가진 그 아버지를 내치거나 또는 젊은 사람 아래 예속시킨단 말이야. 만일 그들 여자 친구나 젊은이들을 부모와 한집에 끌어들이는 경우에 말이야."

"하늘에 맹세코 그러리라 생각합니다."

"이러니, 얼마나 불행할까? 참주적 기질의 아들을 낳는다는 것은……."

"그럴 것 같군요."

"그런데 어떨까? 부모의 재산이 이미 이런 사나이의 요구를 채우지 못하게 되고, 또 그의 내부에는 여러 쾌락의 무리가 모여들어서 울부짖기 시작하면, 그는 남의 집 담벽을 뛰어넘거나, 밤길을 가는 사람의 의복 같은 것에 손을 댈 게 아닌가? 그리고 다음으로는 어느 신전을 약탈하든가 해서 깨끗이 마셔 버리고 말 것이 아닌가? 그리고 그런 모든 경우에 최근 예속에서 해방된 욕망이 애욕의 호위와 같은 존재가 되어, 에로스와 힘을 합쳐 어렸을 때부터 마음에 품고 있던 아름다움과 추함의 의견을, 게다가 정당하다고 일반적으로 평가되는 의견을 정복하게 되는 것이네. 그것들, 즉 최근에 해방된 욕망이야말로 과거 그가 아직 법률과 아버지 슬하에 있으면서 자신의 내부에 민주제를 간직하고 있었을 때는 꿈속에서만 해방되어 있던 것이었지만, 그가 애욕의 참주제 지배를 받게 되면, 그는 이제까지 꿈속에서만 조금 그런 상태가 되었던 것이 이번에는 눈을 뜨고 밤낮을 가리지 않고 24시간 내내, 어떠한 무서운 살인으로부터도 또 어떤 음식물이나 행위로부터도 몸을 피하는 것 같은 일은 하지 않을 것이네. 도리어 그의 내부에 폭군에게 합당한 완전한 무정부 상태, 불법 상태를 만들어 놓고 살고 있는 애욕의 신은, 남이 뭐라고 하든 자기만이 독재자이기 때문에, 이른바 애욕을 군주로 하는 국가 그 자체와도 같이 인간을 온갖 모든 대담한 행동으로 이끌고 가는 것이네. 그리고 그렇게 하는 것을 통해서 애욕은 자기 자신까지도, 또 자기 주위의 소란스러운 것들까지도 기르게 되는 것이지. 그것들을 둘러싼 사람들의 일부분이란 외부의 좋지 못한 교제를 통해서 안으로 스며 들어온 것으로, 그 일부는 다른 것과 같이 자기 자신의 생활 방식에 의해서 내부에서 벗어나 자유롭게 된 것이네. 이것이 곧 여느 때 남자들의 생활이 아니었던가?"

"그렇습니다. 그것이 남자들의 생활입니다."

"그리고 만일 나라 안에 이런 남자들의 수가 적고 대부분의 사람들이 모두 깊은 사려를 가지고 있다고 한다면, 이런 남자들은 국외에 나가서 다른 폭군의 호위무사가 되거나 또 만일 어디서 싸움이라도 일어난다면 보수를 목적으로 용병이 되는 것이네. 그러나 만일 그런 남자들이 평화로운 시대에 태어났을 경우에는 그 나라 안에 머물면서 여러 사소한 나쁜 짓을 하게 되는 것이네."

"그 나쁜 짓이란 어떤 것일까요?"

"예를 들면 날치기, 들치기, 신전의 물건 훔치기와 같은 절도와 강도짓, 인신매매 같은 짓이지. 또 만일 그들에게 말솜씨가 있다면 밀고자가 되어 돈을 받거나, 위증을 하거나, 뇌물을 받을 것이네."

"그렇군요. 그건 모두 사소한 나쁜 짓들이군요. 그런데 만일 그들의 수가 적다면 어떻게 될까요?"

"본래 작은 일이라는 것은 큰일과 비교해서 하는 말이지. 지금 그 경우에서도 그들의 나쁜 짓 모든 것을 다 합하더라도, 참주와 비교한다면 나라의 비참한 불행을 가져오는 점에서는, 속담은 아니지만, '너무 가까이 있어 눈에 뜨이지 않는다' 할 수 있겠지. 그 이유는 이런 남자들이라든가 그 밖의 추종자의 수가 국내에서도 많아져서 자기들이 다수라는 것을 느꼈을 때, 그들은 민중의 무지를 틈타 참주를 탄생시키는 것이란 말이야. 즉 그들 가운데서도 스스로가 자신 속에서, 바꿔 말하면 그 영혼 속에 가장 크고 가장 강한 참주(애욕의 의미)를 가지고 있는 자를 골라낸단 말이야."

"그런 자를 참주로 하는 것도 마땅하군요. 가장 참주다운 인간이니까요."

"그런데 만일 시민들이 자진해서 따른다면 그런 사나이는 말썽을 부리지는 않지. 그러나 국가가 그에게 권리를 위임하지 않을 때는 마치 그가 아버지나 어머니를 징계했듯이 새로운 이들을 끌어들여서 이번엔 조국을 가능한 데까지 징계를 하는 것이네. 그리고 옛날부터 친숙히 지내 온 크레타인의 말을 빌리자면, 이른바 모국을 새로운 한패들의 권한 속으로 예속시키고 유지하여 양육하려고 할 것이네. 그들이 또 그렇게 하는 것은 그것이 자기들의 욕망을 끝내는 결과를 가져오기 때문인 모양일세."

"그렇습니다."

"또 이들 사나이들이 공직에 앉기 전에는, 즉 통치의 자리에 앉기 전에는 다음과 같은 모습을 하고 있지 않을까? 먼저 그들이 누구와 교제를 하더라도 자기에게 아첨을 하고 어떤 봉사라도 해줄 사람과 교제를 하게 되지. 또 그들이 누군가에게 무엇을 요구하는 경우에는 그들 자신이 허리를 굽히고 마치 자기가 상대편의 아랫사람이나 되는 듯이 굽신거리며 아첨을 하지만 일단 자기가 목표하는 것이 이루어지면 전혀 딴사람처럼 냉정하게 돌아서 버리지. 그렇게 생각하지 않는가?"

"옳습니다. 그렇겠어요."

"그러니까 그런 사나이들은 평생을 두고 어떤 사람과도 결코 우정을 맺는 일이 없지. 도리어 언제나 누군가의 주인이 되거나 아니면 또 다른 누군가에게 예속되는 그 어느 쪽이야. 그래서 진정한 자유나 우정 같은 것은 평생 맛볼 수 없단 말이야."

"옳은 말씀입니다."

"그렇게 되면 이런 사나이들은 믿을 수 없는 사람이라고 불러도 마땅한 것이 아닐까?"

"마땅하고말고요."

"또, 극단적으로 부정한 사람이라고 불러도 무방할 것이네. 적어도 정의가 어떤 것인지 우리들이 앞에서 서로 동의했던 것이 정당하다면 말이네."

"원래 우리들의 동의는 정당했습니다."

"그러나 그런 사나이를 한마디로 해서 가장 나쁜 인간이라고 해두세. 생각건대 이전에는 꿈속에서만 그렇게 된다고 말했는데 깨어 있을 때도 그렇게 되는 그런 인물이란 말이야."

"정녕 그렇습니다."

"그러니까 나면서부터 가장 많은 참주적인 면을 가지고 있으면서 독재자의 지위에 앉는 자는 누구라도 그런 인물이 되는 것이네. 그리고 참주로서 지내는 기간이 길면 길수록 더욱더 그런 인물이 되는 것이지."

"마땅한 말씀입니다." 이번에는 글라우콘이 이야기를 받아서 말했다.

4

"그렇게 되면……." 나는 말했다. "누구든 명백히 사악한 사람이라고 말할 수 있는 사람은 동시에 명백히 가장 비참한 자로 판명되지 않을까? 그래서 가장 오랫동안 참주였던 자는 또한 가장 오랫동안 비참한 자가 아니었을까? 많은 사람들에게는 또 저마다 다른 의견도 있겠지만."[5]

"마땅합니다." 글라우콘이 말했다. "그렇게 되지 않을 수 없습니다."

"그런데 또 어떤가? 참주제적인 사람은 참주 제도가 행하여지고 있는 나라에, 민주제적인 사람은 민주 제도가 행하여지는 나라에, 또 나머지 사람은 기타의 나라에 유사성이 있다는 점에서 제각기 대응하는 것이 아닐까?"

"물론 그렇습니다."

"그렇다면 덕과 행복이라는 점에서도, 나라가 나라에 대한 관계를, 사람은 사람에게 갖는 게 아닐까?"

"물론입니다."

"그럼, 참주가 다스리는 나라는 처음에 우리들이 말한 군주제를 가진 나라에 대해서 덕이라는 점에서는 어떤 관계에 있을까?"

"그건 완전히 다를 것입니다. 한쪽 나라는 가장 훌륭한 것입니다만, 다른 한쪽은 최악의 것이니까요."

"한쪽 나라와 다른 한쪽이 각각 군주제와 참주제의 어느 쪽을 뜻하고 있는지 그것은 묻지 않겠네. 그것은 너무나 잘 아는 사실이니까. 그런데 말이지, 행복이나 불행의 관점에서 볼 때도 자네의 판정은 덕과 마찬가지일까, 아니면 다를까? 또 우리는 참주 한 사람만 보거나 참주의 주위에 있는 소수의 사람들만 보고 오해하는 실수는 하지 않도록 하세. 하기야 원래는 직접 가서 국가 전체를 하나하나 관찰해야 하기 때문에 우리들은 국가의 모든 분야에 파고들어서 바라보고, 그러고 나서 생각을 뚜렷이 해보도록 하세."

"그건 지당한 요청이십니다. 그러나 참주제적인 나라보다 비참한 나라는 없을 것이고 군주제적인 나라보다 행복한 나라가 없다는 것은 누가 봐도 명백할 겁니다."

"인간도, 다음과 같은 것을 인간에 대한 판정자가 갖추어야 한다고 요구하면

---

5) 여기서부터 덕과 행복의 면에서 국가 대 국가의 관계는, 그것에 대응하는 인간 대 인간의 경우에 그대로 적용된다는 것을 이야기한 후에, 참주의 행·불행의 판정자로서 어떤 사람이 적당한가라는 문제가 이야기된다.

서, 국가의 경우와 같은 것을 요청한다면, 정당하다고 할 수 있겠지? 즉 그 판정자는 마음속으로 인간의 성격에 들어가서 알아낼 수 있는 자란 말이야. 어린애처럼 바깥에서 바라다보면서 참주들이 다른 사회의 사람들에게 가장하고 있는 표면적인 화려함에 현혹되는 일이 없이 도리어 충분히 꿰뚫어 볼 수 있는 자 말이네.

그리고 그러한 판정 능력을 가지고, 또한 참주와 같은 장소에서 생활하면서 집안에서 그 참주가 여러 행동을 할 때, 근친자들에게 취하는 참주의 태도에 직접 그리고 자주 접해 온 자―왜냐하면 근친자들 사이에 있었으므로, 참주의 거짓으로 꾸민 겉모습과 벗은 모습을 더욱 잘 볼 수 있기 때문에―와, 그리고 또 공적인 큰일에 있어서 참주의 태도를 익숙히 보아 온 자가 바로 그런 자이지만……

그래서 이 판정자는 이런 모든 것을 보고 난 뒤, 행과 불행에 관한 참주와 타인들과의 관계 여하를 보고하도록 우리들이 요구한다면 그 요구는 어떨까?"6)

"그 요구도 또한 매우 정당할 겁니다." 글라우콘은 말했다.

### 5

"자, 그러면 다음과 같이 고찰해 주게." 나는 말했다. "국가와 인간과의 유사성을 상기하면서 둘을 번갈아 세부적으로 살펴보고 양자의 상태를 그대로 이야기해 주게."7)

"어떤 상태를 말입니까?"

"먼저 국가를 말하면, 참주제적인 나라를 자네는 자유로운 국가라고 하겠는가, 노예적인 국가라고 하겠는가?"

"그런 질문이라면 최상급의 노예적 국가라고 하겠습니다."

---

6) 이상의 요구를 플라톤의 참주 디오니시우스 1세 밑에서의 경험과 결합시키는 해석도 있다.
7) 여기서부터는 영혼과 국가와의 유사성을 언제나 전제로 하면서, 참주제적인 국가의 불행과 참주제적인 사람의 불행을 고찰한다. 그리고 참주제적인 사람은 언제나 욕망에 사로잡힌 채, 자기가 진정으로 행하고 싶다고 생각하는 것을 사실은 가장 행하기 힘든 인간이고, 그 점이 가장 노예적인 부자유 속에서 살고 있다고 하는 그 불행을 명백히 증명해 주고 있다.

"그러나 그런 나라 안에서도 자네는 주인과 자유인을 모두 볼 수 있단 말이야."

"그것은 그렇습니다." 그는 말했다.

"그러나 그것은 매우 소수입니다. 도리어 그 나라에서는 거의 전체가, 더욱이 가장 탁월한 상층이 불명예롭고 또한 비참하게도 노예 상태에 있는 것입니다."

"그렇게 말하면……." 나는 말했다. "만일 인간과 국가가 서로 비슷하다면 그 참주제적인 사람 속에도 또한 참주제적인 나라의 경우와 같은 질서의 형체가 있는 것이 아닐까? 그리고 그 인간의 혼은 노예와 같은 부자유한 것들로 가득하고, 그 혼의 본래 가장 뛰어난 부분이 노예 상태에 있고, 한편 지극히 적은 그리고 가장 사악하고 그릇된 부분이 주인이 되어 있는 것이 아닐까?"[8]

"그건 마땅히 그렇게 되어 있습니다."

"그럼 어떨까? 그런 혼을 자네는 노예적인 혼이라고 주장할 것인가, 아니면 자유로운 혼이라고 주장할 것인가?"

"적어도 저는 노예적인 혼이라고 말할 것입니다."

"또한 노예적인 참주제 국가는 그 의지하는 바를 행하는 것이 가장 적은 것이 아니겠는가?"

"옳습니다."

"그렇다면 참주적인 혼도 또한 무엇이든 그 의지의 대상을 행하는 바가 매우 적다고 할 수 있을 것이네. 그러나 이것은 그 혼 전체의 이야기네.[9] 도리어 그 혼은 끊임없이 격한 욕망의 가시에 무리하게 찔리어 아픔과 회한으로 가득 찼을 것이네."

"가득 차 있는 것은 아닐 겁니다."

"그런데 참주제적인 나라는 부유하든가, 가난하든가 그 어느 한쪽이어야 하

---

[8] 참주들이 가지고 있는 그릇된 행위를 지극히 적절하게 표현하고 있는 것은, 바로 앞에서 국가에 대해서 이야기된 '매우 소수만이 자유다'라고 하는 말과 대비시키기 위해서다. 관점을 달리하면 사실은 참주들이 가지고 있는 그릇된 행위의 부분, 즉 주인이 되고 있는 부분이 도리어 그 대부분일 것이다.

[9] 이 조건은 필요하다. 왜냐하면 참주적인 영혼 속에 있는 그릇된 부분만을 취한다면 하고자 하는 대로 행하는 것이 되기 때문이다. 그러나 사실은 그것 때문에 영혼의 전부는 그렇게 뜻하는 바를 행하지 못하게 되어 있다고 말하는 것이다.

지 않겠는가?"

"가난할 수밖에 없을 겁니다."

"그러면 참주제적인 영혼도 또한 마땅히 늘 가난하고 탐욕스러울 것임에 틀림없네."

"틀림없습니다."

"그럼 어떨까? 그렇다면 그러한 나라도 인간도 마땅히 공포로 가득 차 있는 게 아닐까?"

"그야 그렇지 않을 수 없겠지요."

"또 슬픔이나 탄식, 설움이나 괴로움은 어딘가 다른 나라에서의 경우가 이 나라에서보다도 더 많이 발견될 수 있다고 자네는 생각하는가?"

"아니요, 결코 그렇게 생각하지는 않습니다."

"또 인간은, 이상과 같은 비통한 것들이 욕망이나 애욕으로써 제정신을 잃어버린 자, 즉 참주제적인 인간에 있어서보다도 다른 사람에게 있어서의 경우가 더욱 많이 있다고 자네는 생각하는가?"

"어떻게 그렇게 생각할 수 있겠습니까?"

"그러면 자네는 그것들이나 그것들에 준하는 모든 것에 시선을 향한 뒤, 그 나라가 국가 가운데서 가장 비참한 나라라고 판정했다고 생각하는 모양인데……."

"그것이 정당한 것이 아니겠습니까?"

"정당하고말고. 그러나 이번에는 참주제적인 사람을 말한다면 이상과 같은 점에 주목하고 자네는 뭐라고 할 것인가?"

"다른 여러 인간에 비해서 훨씬 불행합니다."

"자네가 그렇게 말하는 것은 조금 틀린 것 같은데?"

"어째서 그렇습니까?"

"생각건대, 그 사나이는 그처럼 비참할 리가 없기 때문이네."

"그럼, 만일 그 사나이가 아니라고 한다면 도대체 누가 가장 비참한 것일까요?"

"아마도 다음과 같은 사나이는 그 사나이보다 한결 더 비참할 것으로 자네는 생각할 거야."

"그건 어떤 사람일까요?"

"이런 사람이지. 참주적인 점을 가지고 있으면서도 평생을 개인적인 생활은 보내지 못하고 불행하게도 어떠한 우연으로 참주가 된 결과를 입은 자이지."

"이미 말씀하신 것으로 판단컨대 선생님은 진실을 말하고 계신다고 생각됩니다."

"좋아, 그러나 농담이라도 그런 문제를, 무엇이라고 생각합니다라는 식으로 말해서는 안 되네. 도리어 그 두 사람(참주적 기질로 개인으로서 일생을 보낸 자와 공인으로서 일생을 보낸 자, 즉 참주가 된 자)을 지성의 파악에 의해서 충분히 검토하지 않으면 안 되네. 뭐라고 하든 그 고찰은 가장 중요한 것이지. 왜냐하면 착한 삶과 악한 삶에 대한 것이기 때문이야."

"전적으로 그렇습니다."

"그럼 내가 그럴듯한 일리 있는 이야기를 하고 있는가 어떤가를 생각해 봐 주게. 그 문제에 대한 고찰은 다음과 같은 점에서 숙고해 보아야 한다고 나는 생각되는데……."

"어떤 점부터 생각해야 합니까?"

"나라 안에서 많은 노예를 가진 부유한 한 개인으로부터 생각하여야 하네. 왜냐하면 그러한 사람은 많은 노예를 지배하는 점에서 참주와 비슷한 일면을 가지고 있기 때문이지. 참주가 지배하는 수와는 많이 차이가 나기는 하지만……."

"그야 많이 차이가 나지요."

"그런데 그들은 자네도 알고 있듯이 편안하게 생활하고 있으면서 노예들에게 공포 같은 것을 느끼고 있지는 않겠지?"

"그렇고말고요. 두려워할 게 뭐가 있겠어요?"

"하긴 없어. 그렇지만 그 원인이 무엇인지 자네는 알겠는가?"

"네, 알고 있습니다. 국가 전체가 개개인을 보호하기 때문이겠지요."

"자네가 말하는 것은 옳아. 그러나 이렇게 되면 어떻게 될까? 만일 어떤 신이 50명이나 그 이상의 노예를 가지고 있는 부유한 사나이를 아내와 자식들과 함께 황야로, 즉 그야말로 자유인의 누구 한 사람도 보호할 가능성이 없는 황야로 갖다 놓을 경우, 그는 자기 자신과 그의 가족들이 노예에게 잡혀 죽지나 않을까 얼마나 두려워하고 얼마나 무서움에 사로잡힐 거라고 자네는 생각하는가?"

"말할 수 없는 두려움에 사로잡힐 것이라고 생각합니다."

"그렇게 된다면 그는 당장 몇 사람의 노예에게 아첨하고 많은 것을 준다고 약속하고 그럴 필요가 없는데도 자유의 몸으로 해주지 않으면 안 되는 결과를 불러오게 될 것이 아닌가. 그리고 쓸데없이 그가 노예들의 추종자가 되어버리는 것이 아닐까?"

"필연적으로 그렇게 되지 않을 수가 없습니다. 그렇지 않으면 죽는 수밖에 없을 테니까요."

"그럼, 이렇게 되면 어떨까? 만일 신이 그자의 주위에 다른 많은 사람들을 이웃으로서 살게 하는 경우는, 게다가 그 이웃이란 사람들은 어떤 자가 다른 어떤 자의 주인이 되기를 주장한다면, 어디서든 그런 자를 발견하기만 하면 극형으로써 벌한다고 하는 그런 종류의 이웃을 살게 한다고 하면 어떻게 될까?"

"그야말로 한결 더 한심스러운 상태에 놓이게 되겠지요. 왜냐하면 주위에 온통 적들이 둘러싸고 감시하고 있을 테니까요."

"그렇게 생각할 때 참주라는 것도 그와 비슷한 감옥에 갇혀 있다고 할 수 있지 않겠나? 그는 태어날 때부터 우리들이 이미 이야기한 것과 같은 성질의 사람처럼, 온갖 종류의 공포나 애욕으로 가득 차 있다고 한다면 말이야. 그리고 그는 호기심이 강한 영혼을 가지고 있으면서도 그 나라에서는 자기만이 아무 데도 여행할 수 없을뿐더러, 자기 외의 자유로운 사람들이 보고 싶어 하는 것을 볼 수가 없는 것이지. 게다가 만일 누군가가 국외로 여행을 해서 뭔가 좋은 것을 보기라도 하면 그런 시민들을 부러워하면서 말이야."

"네, 꼭 그럴 것입니다."

글라우콘은 이렇게 말했다.

6

"그렇다면, 자신이 가지고 있는 정체(政體)를 좋지 않은 상태로 만들고 있는 사람, 즉 자네가 이제 막 가장 불행한 자라고 판정한 그 참주적인 인물이 개인으로서의 생활을 하지 않고 어떤 운명에 지배되어 참주의 지위에 앉아 자기 자신도 지배할 수 없는 그가 타인을 지배하려고 한다면, 그런 인간은 개인으로서 일생을 보내는 경우에 비해서 이상과 같은 불행을 덤으로 더하게 될 것이 아니겠는가? 그것은 말하자면, 스스로를 지배할 수 없는 불구의 몸이면서도 세상을 숨어 사는 개인으로 살지 않고, 강제되어 다른 사람과 경쟁하면서 싸우는 생애를 보내는 것과 같은 것이지."

"선생님이 말씀하시는 것은 정말 꼭 들어맞는 진실입니다."

"친애하는 글라우콘, 그런 참주의 상태는 정말 불쌍한 것이 아니겠는가? 그리고 참주라고 하는 자는 자네가 가장 괴로운 생활을 한다고 판정한 자보다도 더욱 괴로운 생활을 할 것이 아닌가?"[10]

"그렇습니다."

"그렇게 되면 진짜 참주는, 이를테면 그렇게 생각하지 않는 사람이 있다고 하더라도, 영혼을 전체적으로 고찰하는 방법을 터득한 자의 안목으로 본다면, 실은 최대의 아첨, 최대의 예속을 행하는 명실상부한 진짜 노예이고 가장 사악한 자들을 추종하는 사람인 것이네. 그리고 욕망을 채우는 일은 절대로 없고, 도리어 많은 경우는 다시없는 결핍을 느끼고 실정은 명백히 초라한 것이지. 또 평생을 통해서 공포에 가득 차 있기 때문에, 돌발적인 충동이나 고통으로 가득 차 있는 것이지. 적어도 그가 지배하는 나라의 상태와 비슷하다고 한다면 말이야. 그리고 또 사실상 비슷하단 말이야. 안 그런가?"

"네, 매우 닮았습니다."

"따라서 이상 말한 것에 덧붙여서 우리가 앞서 말한 것을 그 사나이의 경우에 적용해 보기로 하세. 즉 그는 마땅히 질투가 많아지고 신의를 저버리고, 부정하고 친구도 없고 경건하지 못하여, 극단적인 악의 방법으로 양육되는 자가 되고, 게다가 통치권을 가지면서부터는 전보다 한결 더 심한 상태가 되지. 그리고 그 모든 것 때문에 먼저 그 자신부터가 다시없는 불행한 몸이 되지만, 다음에는 가까이에 있는 자들까지도 불행한 사람으로 만들어 버린단 말이야."

"누구든 도리를 깨닫고 있는 자라면, 선생님의 말씀에 반대하고 나서지는 못할 것입니다."

---

10) 이상에서 잘 서술되어 있는 참주의 고독에 대한 묘사는 디오니시우스 1세 아래서 겪은 플라톤의 실제적 경험에 의한 것이라고 보는 견해도 있다.

"자, 그러면 이 정도에서 마치 연극의 마지막 판정자가[11] 의견을 나타내는 것처럼 자네도 또, 군주제·명예 통치제·과두제·민주제·참주제 등, 합해서 다섯 사람이 있는 가운데서 자네 의견으로는 행복하다는 면에서 볼 때 누가 첫째이고 누가 둘째인가를, 또 그 밖의 자들도 순서를 판정해 보도록 하게."

"그 판정은 쉽습니다. 저는 그들을 합창대로 보고 무대에 등장한 순서대로 판정합니다. 덕과 악덕, 행복과 불행과의 관념으로 보아서 말입니다."

"자, 그러면 우리들은 판정의 전달자를 고용할 것인가, 아니면 나 자신이 다음과 같이 판정을 포고할 것인가? 즉 아리스톤의 아들이 이렇게 판정했네. 가장 선하고 가장 옳은 사람이 가장 행복한 사람이다. 또한 이런 사람들이란 가장 군주제적이고 스스로에 대해서도 군주로서 임하는 것이다. 이에 대해서 가장 악하고 가장 부정한 사람이 가장 불행한 자이다. 또한 가장 참주제적이고 스스로에 대해서나 국가에 대해서도 무슨 일에나 참주로서 임하는 사람은 누구든 간에 이러한 사람이라고 단정해도 좋다."

"아무쪼록 그렇게 판정해 주십시오."

"그런데 어떤가, 나는 이렇게 덧붙여서 포고하려고 생각하는데. 즉 이제까지 말한 행복과 불행은 그들이 그러한 성질의 사람이라고 하는 점이 예를 들어 인간들이라든가, 신들이라든가, 이런 모든 것들에게 알려져 있건 그렇지 않건, 그것은 상관없다고 말이야."

"좋습니다. 그런 말도 함께 포고해 주십시오." 글라우콘은 말했다.

7

"좋아." 나는 말을 이었다. "이상 말한 것은 우리들의 증명이네. 이에 대해서 다음의 두 가지 증명을 보아 주게. 그것이 자네에게 좋다고 생각되는지 어떤지를 말일세."

"어떤 증명입니까?"

"국가가 세 부분으로 나누어져 있는 것처럼, 한 사람 한 사람의 정신도 또 세 부분으로 나누어져 있는 이상, 우리들의 논의는 다른 증명까지도 받아들일

---

11) 여기서부터 참주제적 성격의 사람이 공직에 들어가면, 개인으로서 생활하는 것보다 훨씬 불행하다고 이야기된 다음, 다섯 형태의 사람에 대해서 그 행복과 불행의 판정이 내려진다.

수 있다고 생각하네."

"그 증명이란 어떤 것입니까?"

"다음과 같은 증명이야. 정신의 부분이 셋 있으니, 쾌락 또한 세 종류가 있다고 생각해. 하나하나의 부분에 저마다 고유의 쾌락이 하나씩이라는 식으로 말이야. 이와 같이 욕망도 지배력도 세 종류가 있다고 생각해."[12]

"어떤 의미의 말씀인지 설명해 주십시오."

"우리들의 주장은 이런 것이네. 하나의 부분은 사람들이 그것을 써서 배우는 부분이었고, 또 하나의 부분은 사람의 의욕을 돋우는 부분이었지. 이것과는 반대로 제3의 부분은 너무나 많은 형태를 가지고 있기에 이 부분을 고유한 하나의 명칭으로 부를 수는 없네. 도리어 이 부분이 그 자신 속에 가지고 있는 최대 최강의 그 자체 속에 우리들은 어떤 이름을 붙이는 것이지. 즉 그것을 욕망적이라고 부른 것은 음식이라든가 애욕, 기타의 그것에 뒤따르는 욕망이 격렬하기 때문이었고, 또 그것을 물욕적이라고 부르는 것은 그런 욕망이 채워지는 것은 금전에 따른 것이 가장 많기 때문이네."

"그 주장도 정당하다고 생각합니다."

"그렇다면, 그 제3의 부분의 쾌락이나 사랑을, 이익을 목적으로 한 것이라면, 그 부분은 하나의 특색 위에 완전하게 안착시킬 수가 있다고 생각하네. 그렇게 하면 영혼의 그 부분을 말할 경우에는 언제나 우리들은 서로가 이야기하는 가운데서는 의미가 명료하게 된다는 것이네. 또 그 부분을 물욕적이라든가 이익 선호적이라고 부른다면 그것은 올바르게 부르는 것이 되겠지."

"저도 그렇게 생각합니다."

"그렇다면 어떻게 될까? 용기에 치우친 부분은 언제나 그 전체가, 우세와 승리, 명성 등을 차지하는 것을 목표로, 거기에 돌진하는 것이라고 우리들은 주장할 수 있을 게 아닌가?"

---

12) 제5장에서 6장까지의 증명은 영혼과 국가가 서로 다르다는 것을 전제로 이루어진 것에 비해, 제7장에서 8장까지의 증명은 영혼의 세 부분(지식을 사랑하는 부분, 명예를 사랑하는 부분, 욕망 특히 금전을 사랑하는 부분)에 의거해서 행하여지는 증명이다. 먼저 제7장에 있어서는 국가의 세 부분에 대응해서 영혼에는 세 부분이 있다는 것, 그리고 그 세 부분의 명칭 및 그 세 부분에 따라서 인간의 종류도 세 가지가 있다고 하는 것이 이야기된다.

"옳습니다."

"그렇다면 그 부분을, 승리를 사랑하는 것이라든가, 명예를 사랑하는 것이라고 부른다면 물론 그것은 마땅한 것이라고 할 수 있지 않겠나?"

"아주 옳은 말씀입니다."

"또 우리들이 무엇을 배우는 데 쓰는 부분은 모든 사람에게 명백한 것처럼 늘 진리가 어떻게 존재하고 있느냐 하는 데 관점이 주어지고 있고, 그것들 세 부분 중에서 이 부분이 금전이나 명성에 관심을 보이는 일이 가장 적네."

"네, 그렇군요."

"그럼 그 부분을 학문을 하는 것이라든가, 지혜를 사랑한 것이라고 부르면 타당한 명칭으로 부르고 있다고 할 수 있지 않겠나?"

"물론입니다."

"그런데 또 어떤 사람들의 혼의 경우는 이 애지적(愛知的) 부분이 지배하고는 있지만, 다른 사람들의 혼에서는 다른 두 부분의 어느 쪽이 그때그때의 경우에 따라 지배한다고 할 수 있지 않겠나?"

"그렇습니다."

"이런 까닭으로 인간의 근본적인 분류는 세 가지가 있네. 즉 지혜를 사랑하는 자, 승리를 사랑하는 자, 이익을 사랑하는 자라고 말할 수 있지."

"옳습니다."

"그렇다면, 또 쾌락에도 이상의 세 종류의 저마다에 하나씩 속하는 세 종류가 있는 셈이지."

"정말 그렇습니다."

"그런데 자네도 알리라고 생각하지만, 만일 자네가 그것을 세 종류의 인간에게 저마다 번갈아서 그것들 세 종류의 생활 가운데서 어느 것이 가장 즐거운가를 물어볼 마음이 생긴다면, 그들은 제각기 자기 자신의 생활을 가장 칭찬하게 되겠지? 먼저 돈벌이를 목적으로 하는 자라면 이익을 얻는 것에 비하여 명예를 얻는 쾌락이라든가 공부를 한다는 쾌락은, 만일 그것들의 어느 것이 돈이 생기는 것이라면 몰라도, 그렇지 않으면 아무 소용이 없는 것이라고 주장할 것이네."

"그렇습니다."

"그럼 명예를 사랑하는 자는 어떨까? 그는 금전에서 얻을 수 있는 쾌락을 저속한 것이라고 생각하지는 않을는지? 마찬가지로 배우는 것에서 얻을 수 있는 쾌락을, 배우는 것이 명예를 가져오는 것이 아닌 한, 연기와 같은 것, 즉 무의미한 것이라고 생각하지는 않을지?"

"그럴 것입니다."

"이에 반해서 지혜를 사랑하는 자는 진리가 어떻게 존재하는지를 아는 쾌락이라든가, 배우는 과정에서 늘 그러한 지(知)의 즐거움에 몸을 두고 있는 쾌락[13]에 비해, 그들이 다른 쾌락을 어떤 식으로 보고 있다고 생각해야 할 것인가? 다른 쾌락은 지혜를 사랑하는 쾌락에서 멀리 동떨어져 있다고 여기는 것이 아닐지? 그리고 그러한 다른 쾌락이 어쩔 수 없는 것이 아닌 한, 어느 하나라도 구하려 하지는 않을 것이라는 뜻에서, 그것들의 쾌락을 글자 그대로 어쩔 수 없는 것이라고 부르는 것은 아닐까?"

"그런 점은 확실히 확인해 두지 않으면 안 되겠군요." 글라우콘은 말했다.

### 8

"그럼……." 나는 말했다. "이상으로, 여러 인간들이 저마다 가지는 쾌락이라든가, 그 삶 자체가 문제시되는 때, 단순히 보다 아름다운 생활 방식, 보다 추한 생활 방식, 보다 훌륭한 생활 방식뿐 아니라, 보다 즐거운 생활 방식, 보다 고통이 없는 생활 방식에 관한 것도 문제가 된 경우, 그것을 쾌락 가운데 어느 것이 가장 진실을 말하고 있는지를, 우리들은 도대체 어떻게 해야 알 수가 있을 것인가?"[14]

"적어도 저로서는, 도저히 대답할 수가 없습니다." 글라우콘이 말했다.

"그럼 다음과 같이 생각해 보도록 하게. 훌륭하다는 판단을 받는 것은 무엇에 따른 것일까? 그것은 경험과 사려와 합리적인 말에 의해서 이루어져야 할

---

13) 지금까지의 논의로서는 쾌락이라든가 욕망이라는 것은 대개의 경우 악덕으로서의 부정적 의미를 가지고 있지만, 이하의 논의는 이것을 당장 부정하지는 않고 서로의 차이에 착안한다.
14) 여기서부터는 제7장에서 이야기된 세 종류의 사람 가운데서 어느 인간이 주장하는 쾌락이 가장 쾌적한가 하는 관점에서 세 가지의 삶의 평가가 내려진다. 또 지혜를 사랑하는 삶의 쾌락이 어째서 제1위이고, 그자의 판정이 어째서 권위를 가지는 것인가 하는 이유가 이야기된다.

것이 아니겠는가? 아니, 그것들보다 더 뛰어난 기준을 가질 수 있을 것인가?"

"글쎄요."

"그럼 좀 연구해 보세. 그런 세 종류의 인간들 중에서 우리들이 이야기한 쾌락의 모든 것에 대해 누가 가장 풍부한 경험을 하고 있을까? 이익을 사랑하는 자가, 진리란 본래 도대체 어떠한 것인가 하는 것을 배우는 것에 따라서 지의 쾌락을 경험하는 양이 지혜를 사랑하는 자가 이익을 얻는 것의 쾌락을 경험하는 양보다 많다고 자네는 생각하는가? 아니면……."

"두 사람 사이에는 꽤 많은 차이가 있겠군요. 왜냐하면 지혜를 사랑하는 자는 마땅히 다른 두 개의 쾌락을 어릴 때부터 맛볼 것임에 틀림없으니까요. 그러나 한편 이익을 사랑하는 자는 모든 것이 본래 어떠한 것인가를 배웠다 해도 꼭 배우는 쾌락의 달콤함을 맛본다고는 할 수 없기 때문에, 꼭 그 쾌락의 경험자가 된다고 할 수는 없습니다. 아니, 그보다도 예를 들어 그가 배운다는 것에 어느 정도의 열의를 기울인다고 해도 그것을 맛보고 경험자가 되는 것은 쉬운 일이 아닙니다."

"그렇게 되면 지혜를 사랑하는 자는 이익을 사랑하는 자보다, 그 양쪽의 쾌락에 대해 경험 면에서 훨씬 뛰어나다고 할 수가 있네."

"네, 훨씬 뛰어나다고 할 것입니다."

"그럼 지혜를 사랑하는 자는 명예를 사랑하는 자에 비해서 어떨까? 지혜를 사랑하는 자가 명예를 얻는 것에서 누릴 수 있는 쾌락을 모르는 정도는, 명예를 사랑하는 자가 생각하는 것에서 얻는 쾌락을 모르는 정도보다도 클 것인가?"

"아니, 명예라고 하는 것은……." 그는 말했다. "사람들이 제각기 목적을 위해 노력해 오던 것을 이룩하기만 하면 누구에게나 따르게 마련입니다. 즉 부유한 사람도 용기가 있는 사람도, 지혜가 있는 사람도 모두 일반 사람들로부터 명예를 받게 될 테니까요. 따라서 명예를 받게 되는 것에서 느낄 수 있는 쾌락이 어떤 것인가 하는 것은 모두가 경험하고 있는 것입니다. 그러나 참된 실재의 관념으로 이것이 어떤 쾌락을 가질 것인가는 지혜를 사랑하는 자 말고는 아무도 맛볼 수가 없는 것입니다."

"그렇게 본다면 경험 면에서는 이 지혜를 사랑하는 자가 그 사람들 중에서는 가장 훌륭한 판단을 내리게 되겠군."

"물론 그렇게 됩니다."

"그런데 또한 그것을 가지고 썼는데도 무엇인지 판정되지 않은, 그 도구라는 것은 이익을 사랑하는 자가 가지는 도구도 아니며, 명예를 사랑하는 자가 가지는 도구도 아니고, 지혜를 사랑하는 자의 도구란 말이야."

"그것은 어떤 것이겠습니까?"

"비판은 합리적인 말로 하지 않으면 안 된다고, 우리들은 이야기를 했었지?"

"네."

"합리적인 말이란, 다름 아닌 지혜를 사랑하는 자의 도구이네."

"그렇고말고요."

"그런데 예를 들어 부(富)나 이익에 의해서 비판되는 것이 가장 우수한 방법으로 비판되었다고 한다면, 당연히 이익을 사랑하는 사람이 칭찬했거나 비난한 것들이 가장 진실한 것이었다는 결론이 나오네."

"물론입니다."

"그러나 만일 명예와 승리와 용기를 기준으로 해서 비판되어야 한다고 가정하면, 명예를 사랑하는 자나 용기를 사랑하는 자가 칭찬하든가 비난하는 것이 가장 진실한 것이 될 게 아니겠는가?"

"명백히 그렇습니다."

"그런데 경험과 사려와 합리적인 말을 기준으로 해서 비판되어야 한다면 어떨까?"

"그건 마땅히 지혜를 사랑하는 자와 이치를 사랑하는 자가 칭찬하는 것이 가장 진실하다고 말해야 할 것입니다."

"그렇다면 쾌락의 세 종류 가운데 경험과 사려와 합리적인 말을 써서 우리들이 배우는 바의 부분, 즉 영혼의 부분이 가지는 쾌락이야말로 가장 쾌적한 것이 될 것이고, 또 우리들 가운데서도 그 부분이 지배적인 자의 생활이야말로 가장 쾌적하다고 결론을 내릴 수 있게 되겠지?"

"그렇지 않을 수가 없습니다." 글라우콘은 말했다.

"왜냐하면 사려가 있는 자가 자기 자신의 삶을 구가하는 것은 권위 있는 찬미자의 자격을 가지고 하는 것이니까요."

"그럼, 그 판정자(사려와 지혜를 사랑하는 자)는 어떤 삶이 가지는 어떠한 쾌락을 두 번째의 것이라고 주장할까?"

"그건 명백히 명예를 사랑하는 자인 전사(戰士)의 쾌락이라고 주장할 것입니다. 그 이유는 돈벌이를 목적으로 하는 자의 쾌락보다는 그 쾌락의 편이 사려와 지혜를 사랑하는 자에게 훨씬 더 가까우니까요."

"그럼, 아무래도 그 판정자는 이익을 사랑하는 자의 쾌락이 최후의 것이라고 주장하는 것 같은데?"

"그렇습니다. 바로 그것입니다."

9

"그럼 이상 두 가지 점에서 옳은 사람은 옳지 않은 사람을 거듭 두 번씩이나 때려눕힌 셈이 되네.[15] 그래서 올림피아 경기 방식으로 말한다면 세 번째지만,[16] 구세주인 올림피아의 제우스에게 기원하면서,[17] 다음과 같은 일을 생각해 주게. 이것은 내가 어느 식자로부터[18] 직접 들은 것인데, 사려 있는 자의 분별 외의 쾌락은 어떤 자의 쾌락이라도 완벽히 참된 것이 아니고 순수한 것도 아니라네. 오히려 음영법(陰影法)으로 그려진 거짓의 것이란 말이네. 그러나 그건 그것대로 두 번씩이나 승리를 했다고 해도, 이 세 번째가 만일 진다면 최대의 치명적인 좌절이 된다고 생각하네."

"크게 치명적인 것이 되겠지요. 그러나 선생님이 말씀하시는 것은 어떤 것을

---

[15] 두 번이라고 하는 것은 영혼과 국가의 상이성의 관점에서 행하여진 증명과, 영혼의 세 구분의 각도에서 행하여진 증명을 의미한다. 이것에 대해서 세 번째의 증명은 형이상학적인, 즉 참된 실재와 진리와의 관계라는 관점에서 행하여진다.

[16] 올림피아 경기의 방식에 따라서 세 번째라고 하는 것은 여러 가지로 생각되고 있지만 레슬링의 경우와 같이 세 번째로 던져졌을 때가 결정적 승부가 된다고 하는 의미로 측정되고 있다.

[17] 연회를 연 경우 술을 바치는 것은 가장 먼저 올림피아의 제우스에게, 두 번째로는 영웅들에게, 세 번째는 구세주 제우스에게 바치는 것이 풍속이 되어 있다. 올림피아 경기의 경우는 구세주 제우스는 그대로 올림피아의 제우스가 되는 셈이기 때문에 연회석에서의 순서에서는 첫 번째가 되는 올림피아의 제우스를 세 번째의 구세주 제우스와 나란히 놓은 것이라고 추정된다.

[18] 어떤 식자라는 것은 여러 가지 설이 있지만 일설로는 피타고라스학파의 사람을 지칭한다고도 한다.

뜻하는 것입니까?"

"다음과 같이 하면 알 것이네." 나는 말했다. "즉 자네가 대답해 주는 형식으로 함께 탐구해 주기만 한다면."

"그럼 물어 주십시오." 그는 말했다.[19]

"그럼, 대답하도록 하게. 고통은 쾌락의 반대라고 우리들은 주장하는 거지?"

"네, 그렇게 주장합니다."

"또 즐거움도 괴로움도 없는 것과 같은 상태도 있다고 주장하지 않는가?"

"네, 확실히 그런 상태도 있다고 주장합니다."

"그런 상태는 즐거움과 괴로움의 중간 위치, 즉 두 개를 정지(靜止), 영혼의 정지 상태로 있는 것이라고 주장하는 것이 아닌지? 자네는 그것이 그와 같다고 생각하지 않는가?"

"네, 그와 같다고 생각합니다."

"자네는 기억에 없을지 모르지만, 환자가 앓을 때 뭐라고 하는지 아는가?"

"뭐라고 하는가요?"

"건강한 것 이상으로 유쾌한 것은 없는데도, 병이 나기까지는 건강이 가장 기분 좋은 것이라는 걸 미처 느끼지 못하고 있었다는 이야기 같은 거 말이네."

"네, 생각이 납니다."

"또 극단의 고통에 사로잡혀 있는 자가 고통이 멎는 것 이상으로 좋은 것은 없다고 이야기하는 것을 자네는 듣지 못했는가?"

"네, 들었습니다."

"또 나아가서는 그와 비슷한, 또 다른 상태에 사람들이 놓여 있는 것을 자네는 알고 있으리라고 생각하네. 즉 괴로울 때는 괴로워하지 않는 것, 고통이 조용하게 진정되는 것을 가장 기분 좋은 것이라고 말하면서 찬미하기는 하지만, 즐긴다는 것은 이것을 찬미하지는 않는다는 상태라는 말이네."

"그렇다는 것도, 그런 때는 정말 그 고통이 가라앉아 있는 정지라는 것이 어

---

19) 여기서부터는 쾌락의 휴지(休止)로서의 고통이라든가, 고통의 휴지로서의 쾌락은 순수한 쾌락·고통이 아니라는 점, 그것은 또 다만 그렇게 보이는 데 지나지 않는다는 것, 그리고 신체를 매개로 해서 영혼에 미치는 쾌락, 고통의 대부분은 그런 종류에 속하고 있다는 것 등이 이야기된 후에, 진정으로 순수한 쾌락·고통을 꺼내기 위한 논의가 전개된다.

쩌면 기분 좋은 것, 바람직한 것이 되기 때문이겠지요." 그는 말했다.

"그렇게 되면……." 내가 말했다. "즐거움을 중지할 때 그 쾌락의 정지는 고통이 되겠지?"

"아마 그렇게 될 것입니다."

"그렇게 되면 조금 전에 우리가 양자의 중간에 있다고 말한 상태, 즉 정지는 때로는 그 어느 쪽이 될 것이네. 즉 고통도 되고 쾌락도 된다고 할 수 있지 않겠나?"

"그렇게 생각됩니다."

"그러나 그 어느 쪽도 아닌 것이 그 어느 쪽으로도 될 수 있다는 것이 도대체 가능할까?"

"가능하다고 생각되지 않습니다."

"게다가 또한 쾌락이라든가 고통은 영혼 속에 생기는 것인 이상, 그 어느 쪽도 하나의 운동이라 할 수 있겠지?"

"그렇습니다."

"그런데 괴로움도 없고, 즐거움도 없는 상태는 정지의 상태로, 그 중간에 있다고 하는 것이 이제 막 명백해진 것이 아닌가?"

"네, 뚜렷해졌습니다."

"그렇다고 하면 괴로움이 없다는 것은 쾌적한 것이고, 즐거움이 없다는 것은 고통의 상태에 있는 것이라고 생각하는 것은 과연 옳다고 할 수 있을까?"[20]

"결코 옳다고 할 수는 없습니다."

"그렇다면 정지라는 상태는 실은 유쾌하다든가 고통이라는 것이 아닌 셈이지. 도리어 고통과 비교했을 때의 유쾌, 유쾌한 것에 비교했을 때의 고통으로 보이는 것이네. 그리고 그렇게 보이는 모습은 어느 것 하나도 쾌락의 참된 모습에 비한다면 순수하고 옳은 것이 못 되는, 오히려 하나의 기만이라고 할 수 있지 않겠나?"

---

20) 삼단 논법이 쓰이고 있다. 즉 ①쾌(快)와 고(苦)는 일종의 운동이다. 따라서 ②쾌의 중지, 고의 중지는 둘 다 양자로부터의 정지다. 그러면, ③그 중간 상태가 정지인 이상, 그것은 전제 ①에서 당연히 쾌도 아니고, 고도 아닌 것이 된다. 그러므로 그 중간 상태가 고의 편에서는 쾌, 쾌의 편에서는 고라고 불리고 있다고 한다면, 그것은 정당한 호칭이라고 할 수가 없다.

제9권 457

"적어도 토론에서 얻은 결론의 의미에서 본다면 그렇게 될 것 같습니다."
"자, 그러면……." 나는 말했다. "고통에 의존하지 않는 쾌락을 보게. 그러면 자네는 벌써 쾌락은 본래 고통의 휴지(休止), 고통은 본래 쾌락의 휴지라고는, 만에 하나라도 생각하지 않게 되리라고 생각하는데?"
"어떤 경우를 보라고 하시는 겁니까? 또 어떤 쾌락을 뜻하는지요?"
"다른 많은 쾌락이 있는 것으로 알지만, 그중에서도 냄새의 쾌락을 생각해 보는 것이 좋겠네. 그 이유는 냄새의 쾌락은 미리 고통을 느끼고 있지 않은 사람에게 즉시 대항할 수 없는 강력한 힘을 가지고 생기는 것이니까. 그리고 그것은 가라앉아 버리면 조금도 고통을 남기지 않는 것이니까 말이야."
"그렇습니다."
"그러니까 우리들은 고통으로부터의 해방이 순수한 쾌락이라고도, 쾌락으로부터의 해방이 순수한 고통이라고도 생각하지 않는 것이 좋지 않겠나?"
"네, 그렇게 생각하지 않도록 하겠습니다."
"그런데 적어도 몸을 통해서 영혼에 이르는 쾌락이라고 일컬어지는 것은 거의가 하나의 고통, 게다가 가장 극단적인 것이 이상의 종류에 속하고 있는 고통으로부터의 해방이란 말이야."
"그렇습니다."
"또 그런 쾌(快)나 고(苦)가 생기기에 앞서서 그것들을 예상하는 것에서 생기는 예상의 쾌락이나, 예상의 고통도 마찬가지로 같은 쾌나 고통으로부터의 해방이라고 하는 모양을 하는 것은 아닐는지……."
"같은 모습을 하고 있습니다."

### 10

"그런데, 자네는 알고 있는지 모르겠군." 나는 말했다.
"그것이 어떤 성질의 것인가, 또 무엇과 비슷한 것인가를."[21]

---

21) 여기서부터는 자연계를 상·중·하로 비유해서 사실상 위와 아래를 모르는 자가 '하→중'의 운동을 상에의 운동이라고 생각하는 것처럼, '참의 존재'라든가 그것을 대상으로 한 사려가 없는 자는 중과 하의 사이를 방황하면서, 그 영역에서 볼 수 있는 고통과 서로 섞인 쾌락, 즉 참된 쾌락의 비슷한 모습에도 욕망에 부대끼면서 생활하고 있다고 이야기할 수가 있다.

"무엇과 비슷할까요?"

"자네는 생각해 본 적이 있었나? 자연 속에는 상·하·중이라고 할 만한 것이 있다는 것을."

"있고말고요."

"그럼 자네는 다음과 같이 생각할 수 있을까? 누군가가 아래서 한가운데로 옮겨질 경우, 그는 위로 옮겨지고 있다고 생각하지 않고, 무슨 다른 생각을 할 것이라고. 또 그가 한가운데 멎어 있으면서 그가 옮겨지기 이전의 지점인 아래를 내려다볼 경우, 만일 그가 사실상의 위를 쳐다본 일이 없었다면 자기가 지금 있는 곳은 위가 아니라 어딘가 또 다른 곳이라고 생각할 것이 아니겠는가?"

"아닙니다. 위로 옮겨졌다든가, 위에 있다든가 하는 생각과 다른 사고를 그가 하리라고는 저는 절대로 생각할 수 없습니다."

"그러면 만일 그가 반대로 옮겨지는 경우, 그는 아래로 옮겨지고 있다고 생각할 것이고, 또 그것이 실제로 옳다고 생각하겠지?"

"물론입니다."

"그가 그런 식으로 모든 것을 생각해 버린다고 하는 것도 그 이유는 그가 사실 위인 것, 한가운데인 것, 아래인 것을 경험하고 있지 않기 때문이 아닌가?"

"명백히 그렇습니다."

"그래서 다음과 같은 경우, 자네는 놀라겠나? 즉 진실한 모습에 경험이 없는 사람들은 다른 많은 것에도 정상이 아닌 생각을 품게 마련이지만, 또 쾌락·고통, 그 중간 상태에 대해서도 주로 다음과 같은 심리 상태가 되는 경우, 자네는 놀라게 될까? 즉 그들이 고통을 향해서 옮겨질 경우에는 사실과 같이 옳게 생각하고 사실로 괴로워하게 되지만, 고통으로부터 중간 상태로 옮겨지게 되는 경우는 그들은 충족되는 상태, 즉 쾌락에 가까이 가고 있다고 강하게 믿네. 마치 백(白)에 경험이 없기 때문에 흑(黑)에 비해서 회색을 관찰하면서 그것을 백이라고 잘못 보는 것과 같이, 쾌락의 경험이 없기 때문에 고통과 비교해서 고통을 벗어난 상태, 즉 중간 상태를 바라다보면서도 그것을 쾌락이라고 잘못 생각하는 것과 같은 그런 경우를 말하는 것인데 어떻게 생각하나?"

"제우스 신에게 맹세코 저는 이상하게 생각하지 않겠습니다. 오히려 그렇지 않을 경우를 이상하게 생각할 것입니다."

"자, 그러면 다음과 같이 생각해 보도록 하게. 굶주림·목마름과 같은 상태는 신체에서 하나의 결핍 상태를 말하는 것이 아니겠는가?"

"물론 그렇습니다."

"또 무지라든가 무사려(無思慮)는 영혼의 상태에 대한 공백이 아니겠는가?"

"그 말씀도 옳습니다."

"그렇다면 전자에서는 영양을 취하는 자가, 후자에서는 이지(理智)의 분별을 가지고 있는 자가 만족하는 상태가 될 게 아닌가?"

"그렇고말고요."

"그런데 존재성이 보다 낮은 것에 따른 충족이 보다 진실성을 가지게 되는 것일까?"

"그거야 명백히 보다 높은 것에 의한 충족이 더 진실성을 가지겠지요."

"그래서 음식물 요리나 그 밖에 모든 영양의 종류와, 올바른 의견과 지식과 분별과 온갖 종류의 덕에 관계되는 것, 이 두 종류를 놓고 볼 때 과연 어느 쪽이 보다 많은 순수한 존재성이 있다고 자네는 생각하는가? 아니 다음과 같이 생각해 보게. 늘 같은 생각을 하고 있는 것, 죽지 않은 것, 참된 것과 밀접한 관계를 가지고, 그 자체가 그런 성질의 것이고 또 그런 성질 속에 생기는 그러한 것과, 한편으로는 절대로 같은 모습을 하고 있지 않고 죽어 없어질 것에 밀접한 관계를 가지고, 그 자체도 그런 성질의 것이고 또 그런 성질 속에 생기는 그러한 것들 가운데 어느 쪽이 보다 많은 존재성을 가진다고 자네는 생각하는가?"

"언제나 같은 생각을 하는 것과 밀접한 관계를 가지고 있는 쪽이 훨씬 우세하다고 생각합니다."

"그렇다면 늘 같은 모습을 띠지 않는 존재성은 지식의 존재성보다 많은 존재성에 결합된다고 생각하는가?"

"아닙니다. 결코."

"그럼, 어떤 것일까? 보다 많은 진리에 관여가 될까?"

"진리 면에서도 그렇지는 않습니다."

"그런데 진리에 관여되는 것이 보다 적다면 존재성에 관여되는 것도 보다 적을 게 아니겠는가?"

"마땅히 그렇습니다."

"그렇게 하면 일반적으로 보아서 신체에 관계되는 종류의 것은, 반대로 영혼에 관계되는 종류의 것보다는 진리와 존재성에 관여되는 것이 훨씬 적지 않겠는가?"

"그렇습니다."

"또 신체도 영혼에 비해서 볼 때, 그와 같은 관계에 있다고는 생각하지 않는가?"

"그렇게 생각합니다."

"또 한층 높은 차원의 존재성을 가지는 것에 따라서 충족되고, 그 자체가 한층 차원이 높은 존재성을 가지는 것은, 한층 낮은 차원의 존재성에 의해서 채워지고 그 자체가 한층 낮은 차원의 존재성을 가지는 것보다도 실제에선 훨씬 많이 채워지게 되지 않겠는가?"

"물론 그렇습니다."

"그렇다면 본질상 마땅한 것으로써 채워지는 것이 쾌적한 것인 이상, 보다 많이 타당한 방법으로 보다 많이 존재성을 가지는 것에 의해서 채워지는 편이, 진실이 쾌락에 의해서 보다 많이 완전하게, 보다 진실한 방식으로 즐거움을 만들어 주는 것이 될 것이네. 이에 비해서 보다 적은 존재성을 나누어 가지는 것은 그 채워지는 방식에 의해서도 훨씬 진실함이나 확실성이 부족하고, 그 나누어 가지는 쾌락도 한층 믿을 수 없고 한층 진실성이 결핍된 쾌락이 되어 버리고 말겠지?"

"마땅한 말씀입니다."

"따라서 사려나 덕의 경험을 쌓지는 않고, 축제 소동 같은 것에만 시간을 보내고 있는 사람들은 생각건대 아래로 옮겨지던가, 한가운데로 되돌아가기도 하면서 한평생을 방황하는 것이네. 그리고 그 한가운데를 넘어서 참된 위로는 일찍이 한 번도 눈을 돌려 본 적도, 또 옮겨져 본 적도 없고, 또 진정으로 존재하는 것으로써 가득 차본 적도, 그리고 확실하고 또한 순수한 쾌락을 맛본 적도 없는 것이네.

도리어 가축처럼, 언제나 아래로만 눈을 향하고, 대지와 식탁에 머리를 향하고 있으면서, 배를 채우고 교미를 하고 몸만을 양육하는 것이네. 그리고 그런 음식물의 종류를 다른 데서 보다 많이 가지는 것을 목표로 서로가 쇠로 된 뿔이나 발굽으로 차거나 찌르거나 하면서 탐욕에만 사로잡혀 서로 죽이곤 하는 것이지.

　탐욕에 사로잡히는 것도, 또 그들이 채우려고 하는 것도 자기 안에 정말 존재하고 있는 부분에서 그러는 것이 아니고, 충족시키려는 것이 실재하는 것도 아니고, 가득 채우려고 사용하는 그것이 참된 존재도 아니기 때문이네."

　"정말 훌륭하십니다, 소크라테스 님." 그는 말했다. "선생님은 신의 뜻을 전달하는 방식으로 대다수의 사람들의 삶을 그리고 계십니다."

　"그래서 그들이 즐겨하고 있는 짓은 마땅히 고통과 혼합된 쾌락이라는 것이 되지. 즉 진정한 쾌락에 가까운 모습으로 음영법에 의해서 그려져 서로의 위치 덕분으로 색조를 얻고 있는 것이네. 그 결과 어느 쪽도 격한 것으로 보이고, 마음에 없는 자들에게 사납고 난폭한 애욕을 심어서 경쟁의 표적이 되게 하는 그런 쾌락인 것이네.

　스테시코로스[22]의 말을 빌려 표현한다면, 마치 '헬레네의 모조상이 트로이아 사람들에 의해서, 진실을 모르기 때문에 경쟁의 목표가 됐던 것'처럼 말이야."

　"정말." 글라우콘이 말했다. "그들이 즐겨하는 짓은 그런 것임에 틀림없습니다."

### 11

　"이렇게 볼 때, 어떨까? 의지의 부분에 대해서도, 이상과 비슷한 또 다른 사태가 생기는 것이 아닐까? 즉 만일 명예를 사랑하기 때문에 질투심에 사로잡히거나 또는 승리를 사랑하기 때문에 폭력을 휘두르는. 또는 기분이 나빠서 분노에 사로잡혀서 사유적 부분이나 지성의 도움을 빌지 않고, 명예·승리·분노의 만족을 추구하면서 그 의지의 부분을 관철하려고 한다면 말이야."

　"마땅히." 글라우콘이 말했다. "그 부분에 대해서도 또 이상과 비슷한 사태

---

[22] 기원전 7세기~6세기경의 시인. 진짜 헬레네는 아이깁토스(이집트)에 남고, 그 비슷한 조상만이 트로이아에 옮겨지게 됐다는 이야기.

가 생길 것임에 틀림없습니다."

"그럼, 어떨까?" 나는 말했다. "우리들은 마음 놓고 다음과 같이 이야기할 수 있을 것이 아닌가.[23] 즉 이익을 사랑하는 부분도, 승리를 사랑하는 부분도 마찬가지인데, 무릇 욕망이라고 일컬어지는 한, 만일 그것이 지성과 합리적인 정신에 따라서 함께 쾌락을 추구하여 사려 있는 부분이 지시하는 것만을 포착한다면, 그것들이 진실한 것을 포착할 수 있는 범위 내에서의 가장 진실한 쾌락을 포착할 수가 있을 것이네. 왜냐하면 그것들의 욕망은 진실을 따르기 때문이지. 또 스스로가 본래부터 자기에게 맞는 쾌락을 붙들게 될 것이네. 왜냐하면 적어도 그것 하나하나에 가장 좋은 것이야말로 가장 합당한 것이 될 테니까 말이야."

"그러면요. 그것이 가장 합당한 것이 되겠지요."

"따라서 또 만일 영혼의 전체가 지혜를 사랑하는 부분에 따르고, 각각의 부분 사이에서 내란을 일으키고 있지 않은 경우에는, 그 결과로서 마땅히 그 저마다의 부분은 모든 점에서 제각각의 일을 행하며 따라서 정당한 상태에 있네. 그중에서도 쾌락의 면으로 볼 때 각각의 고유하며 가장 뛰어난, 가능한 한의 진실한 것을 누릴 수가 있게 되는 것이지."

"옳습니다. 그와 같이 될 것입니다."

"따라서 또 반대로 지혜를 사랑하는 부분 이외의 어느 부분이 우세하게 되는 때에는, 그 각각의 부분은 결과적으로 자신에게서 고유한 쾌락을 발견할 수가 없게 되는 동시에 다른 부분에도 강제로 그 각각에게 합당하지 않은, 따라서 또 진실하지 못한 쾌락을 추구하게 하는 것이 되네."

"그렇게 되겠군요." 그가 말했다.

"그렇다면 지혜를 사랑하는 부분과 합리적인 정신으로부터 가장 떨어져 있는 부분이 가장 많이 그런 것을 해치우고 있는 것이 아닐까?"

---

23) 제10장에서 영혼의 욕망적 부분이 팽창되어 있을 때, 그 사람은 진짜 쾌락에서부터 멀어져 있다고 이야기되는 것처럼, 의지의 부분이 부풀어 오를 때도 마찬가지라는 것. 그리고 그리하여 영혼 속에 내란이 일어날 때는 어느 부분도 진실의 쾌락을 맛볼 수 없다고 한 뒤 참주제적인 사람은 참된 위인 합리적인 정신에서 가장 멀어지고, 따라서 가장 내란을 불러일으키는 것으로써 그의 불행은 최대의 것이 된다는 것을 수의 설명을 섞어서 이야기한다.

"정말 그렇습니다."

"그런데 법과 질서에서 가장 먼 위치에 있는 것이야말로 합리적인 정신에서 가장 많이 떨어져 있는 것이 아닌가?"

"명백히 그렇습니다."

"그런데 애욕적·참주적인 욕망이 법과 질서에서 가장 많이 떨어져 있다고 하는 것은 뚜렷한 것이 아니겠는가?"

"옳습니다."

"또 군주제적이어서 절도가 있는 욕망은 반대로 가장 가깝다고 할 수 있지 않겠나?"

"그렇습니다."

"이렇게 생각할 때 참주는 진실한 본래의 쾌락에서 가장 멀어지고 있지만, 한편 군주는 가장 가깝다고 할 수 있을 것이네."

"그렇게 되지 않을 수가 없을 것입니다."

"그런데 참주가 군주보다 어느 정도 고통스럽게 사는지 자네는 알 수 있는가?"

"선생님이 이야기해 주신다면……."

"쾌락에는 세 종류가 있는데, 그 하나는 명실상부한 쾌락이고 다른 둘은 본래의 것으로부터 벗어난 거짓 쾌락이지만, 참주는 법과 합리적인 정신으로부터 멀리 떨어지면서 그 거짓 쾌락의 저편으로 뛰어넘어 가서 어떤 하나의 노예적인 창을 든 호위병적 쾌락과 섞이는 셈이네. 그리고 얼마만큼 그가 군주보다 뒤떨어져 있는지를 말하는 것은 아마도 다음과 같은 방식에 따르지 않는 한, 쉽지가 않아."

"어떤 방식인가요?"

"참주는 과두제적인 사람으로부터 동떨어진 세 번째의 사람이네. 그 이유는 양자의 한가운데는 민주적인 사람이 있으니까 말이지."

"그렇지요."

"그렇다면 쾌락도 그 진실성이라는 점에서 보면, 과두제적인 사람으로부터 세 번째에 해당하는 모습과 삶을 같이하고 있는 셈이 되지. 만일 전에 이야기한 것이 진실이었다고 한다면 말이야."

"그렇습니다."

"그런데 그 과두제적인 사람은 또 군주적인 사람에게서 세 번째로 동떨어져 있네. 만일 우수자 지배제적인 사람과 군주제적인 사람을 같다고 여긴다면 말이야."

"그렇습니다. 세 번째였습니다."

"그렇게 되면 참주가 진실의 쾌락에서 멀어져 있는 것은 숫자로 표시하면 세 배가 되네."

"그렇게 생각됩니다."

"그렇게 한다고 생각하면 참주적인 쾌락의 비슷한 모습이라는 것은 길이의 수를 가지고 한다면 평면의 수(3×3=9)가 되네."

"그렇게 되겠군요."

"그래서 그것을 제곱하고 곱하면(9×9×9=729), 참주가 떨어져 있는 거리가 명백해지지."[24]

"명백해지는군요. 적어도 계산할 수 있는 사람에게는."

"그렇게 되면 설령 누군가가 견해를 반대로 해서 참주에게서 떨어져 있는 군주 편이 쾌락의 진실성이라는 점에서 볼 때, 어느 정도 참주로부터 멀리 떨어져 있는가를 이야기하려 한다면, 그 곱셈을 끝까지 해보면 다음과 같은 것을 발견하게 될 것이네. 즉 군주는 729배만큼 즐겁게 살고, 다른 참주는 그것과 같은 비율만큼 괴로운 생활을 하고 있다는 사실을 말이야."

"쾌락과 고통이라는 점에서 본, 옳은 사람과 부정한 사람과의 차이에서, 이것은 굉장히 긴 계산의 흐름을 가져오게 된 것이로군요."

"그러나 사실 그 수는 진실한 수로 인간의 삶에 알맞은 수란 말이야. 예를 들어 낮·밤·달·해는 인간의 삶에 알맞은 것이라고 한다면 말이지."[25]

---

24) 참주가 군주로부터 쾌락의 진실성이라는 점에서, 동떨어져 있는 거리를 산출하는 데에 세제곱, 즉 입방체 수를 가지고 하고 있는 이유는 명백하지는 않지만, 아마도 1년 주야의 수로 되고 있는 수를 산출할 필요에서가 아니었을까, 그 떨어져 가는 거리가 차츰 증대하면서 멀어지는 것을 보이기 위해서가 아닐까 하는 추측이 있다.

25) 낮·밤·달·해와 729라는 수의 관계는 확실치 않지만, 피타고라스학파의 필롤라오스의 사고에서 나온 것이라고도 상상된다. 그러나 말하고자 하는 것은, 군주의 삶은 참주의 그것보다 그 생애의 주야를 통해서 더욱 행복하다고 말하고 있다.

"그야 물론 낮·밤·달·해는 인간의 삶에 적합한 것일 겁니다."

"그렇게 보면, 만일 착하고 옳은 사람이 악하고 부정한 사람에게, 쾌락의 점에서 그 정도까지의 승리를 얻고 있다고 한다면, 생의 뛰어남 및 아름다운 덕의 점에서는 그야말로 계산할 수 없을 만큼 큰 승리를 차지하게 될 것이 아니겠는가?"

"제우스 신에게 맹세코, 틀림없이 헤아릴 수 없을 정도로 많습니다." 글라우콘은 말했다.

### 12

"좋아." 나는 말했다. "토론의 핵심까지 이르렀으니, 처음에 이야기한 것을[26] 한 번 더 논의의 대상으로 하도록 하세. 우리들의 이야기가 여기까지 온 것도 실은 처음에 이야기된 것 때문이니까 말이야. 생각건대 거기서 이야기된 것은 이런 것이었지. 즉 완벽하게 부정하면서도 평판으로써는 옳다고 생각되는 자에게 있어서는, 부정을 행하기가 유리하다고 말이야. 우리는 그렇게 이야기하지 않았던가?"

"확실히 그렇게 말씀하셨습니다."

"그럼 여기서 우리는 그렇게 말하는 사람과 이야기해 보도록 하세. 이미 우리는 부정을 행하는 것과 정의를 행하는 것이 제각기 가지고 있는 움직임에 대해서는 서로 동의를 했으니까 말이야."

"그럼 어떤 방식으로 이야기를 나눌까요?"

"영혼을 모사(模寫)한 모습을 말로 형성하면서 이야기하도록 하세. 그렇게 해서 아까와 같은 이야기를 하는 사람이 자기가 이야기하던 것이 어떤 것인가를 알 수 있도록 말이야."

"도대체 어떤 비슷한 모습을 만드는 것인가요?"

"이를테면 다음과 같은 것이지. 즉 이야기 속에 나오는 태고의 생물인 키마이라·스킬라·케르베로스[27] 기타 그와 같은 많은 것들, 즉 여러 생물의 모습을

---

26) 이하는 본편 전체를 일관하는 최초의 문제, 즉 트라시마코스설에 하나의 해답이 주어진다.
27) 키마이라는 머리는 사자, 몸통은 양, 꼬리는 뱀 또는 용 모양의 괴물. 스킬라는 여자의 얼굴과 가슴을 가지고 옆구리에 여섯 개의 개 머리와 열두 개의 다리를 가진 괴물. 케르베로스는 세

함께 갖추고 태어났으면서도 하나의 생물이 되어 있는 그런 것들을 말하는 거야."

"틀림없이 그런 것들이 이야기 속에 나옵니다."

"그럼 여러 종류의 머리를 가진 동물의 모습을 하나 만들어 보도록 하세. 그 머리 부분에는 길들여져서 말을 잘 듣는 머리나, 야성의 광포한 머리가 여럿 있으며 또 그것들의 모든 것을 변화시키는 능력도 자기 자신의 내부에서 갖추고 있는 그런 동물을 말이야."

"그런 일은 꽤 솜씨가 좋은 장인이 아니면 할 수가 없겠군요. 그러나 말은 밀랍보다도 더 빚기가 쉬울 테니까, 그런 동물이 만들어진 것으로 해둡시다."

"다음으론 그것과 별도로 사자의 모습을 하나, 그리고 사람의 모습을 하나 만들어 보도록 하세. 앞의 사자는 아주 엄청나게 큰 놈[28]으로, 두 번째의 인간은 그다음으로 크게 말이야."

"그런 것들은 먼저 것들보다도 쉽습니다. 자, 다 만들었습니다."

"그럼 다음으로 그것들 셋을 하나로 결합해 주게. 그것들이 어떤 방식으로든 태어나면서부터 하나로 결합되어 있는 것처럼 말이야."

"네, 결합했습니다."

"그럼 훨씬 크게 하나의 인간 형상을 만들어서 둘러싸도록 해보게. 그렇게 해서 그것들의 내부를 볼 수가 없고 다만 바깥쪽을 싸고 있는 껍질만을 보고 있는 자의 눈에는 하나의 생물, 즉 인간처럼 보이도록 말이야."

"네, 둘러싸게 했습니다."

"그럼, 인간이 부정을 행한다는 것은 유리하고 정의를 행한다는 것은 이익이 안 된다고 말하는 사람에게 우리들은 다음과 같이 말하는 것이 어떨까? 즉 당신은 요컨대 이런 것을 주장하는 데 불과하다. 사자라든가 사자의 주위에 있는 온갖 종류의 동물에게는 좋은 음식물을 주어 강하게 해주지만, 인간들 편은 굶주리게 해서 약하게 만들고, 때문에 인간은 동물들이 그를 어디로 끌

---

개의 개 머리와 용의 꼬리와 또 등에는 여러 가지 뱀의 많은 머리를 가지고 있는 괴물이라고 일컬어지고 있다.

28) 이 부분은 욕망적인 부분에 해당된다. 욕망적인 부분은 영혼 가운데서도 가장 큰 부분이기 때문이다.

고 가든 그곳으로 끌려가는 결과가 되는 것이다. 또 동물이라든가 인간이 다른 것에 길들여져 친숙하게 지내도록 하지 않고 오히려 그들끼리 서로 물어뜯거나 싸우는 대로 내버려 두는 것이 그 인간을 이롭게 하는 것이라고 주장하는 데에 지나지 않은 것이다. 이렇게 말일세."

"정말 그것이야말로 부정을 행하는 것을 칭찬하는 사람이 말하는 바라고 해도 좋겠지요."

"이와 반대로 정의가 이익을 가져온다고 말하는 사람이 주장하는 것은 다음과 같은 것이 아닐까? 즉 내재적 인간이 눈에 보이는 인간의 가장 강하고 완전한 지배자가 되어, 마치 농부가 재배 식물은 경작하고 야생 식물이 자라는 것은 방해하는 것처럼, 머리가 여럿인 동물을 보살펴 줄 수 있도록 사자의 무리를 자기편으로 끌어들이고, 또 저들끼리, 그리고 그 자신과도 친구로 만들어서, 그들 생물의 모든 것에 공통의 배려를 하면서 모든 것을 올바로 성장시킬 수 있도록, 사람들은 행동과 말을 통해서 도와주어야 한다고 말이야."

"그렇습니다. 정의를 찬미하는 사람은 틀림없이 그런 말을 합니다."

"그렇다면 모든 면으로 보아, 정의를 찬미하는 사람은 진실을 말한다고 할 수 있고, 부정을 찬미하는 사람은 거짓말을 하고 있다고 할 수 있을 것이네. 왜냐하면 쾌락의 면에서 살펴봐도, 또 명성이나 이익의 면에서 살펴봐도, 정의를 찬미하는 사람은 진실을 알고 있는데도, 정의를 비난하는 사람은 비난하면서도 무엇 하나 똑똑한 것을 이야기하는 것은 없고, 게다가 그 비난하는 점이 무엇인지도 모르면서 비난하는 셈이니까."

"알면서 비난한다고는 도저히 생각할 수 없습니다."

"그래서 우리들은 정의를 비난하는 사람이라 해도 자진해서 잘못을 저지르고 있는 것은 아니니까 그에게 다음과 같이 물으면서 조용하게 설득해 보는 것이 어떨까?

'친애하는 친구여, 아름답다든가 추하다고 일반적으로 세상에서 생각하는 것은, 거의 다음과 같은 이유로 그렇게 보는 게 아닐까? 즉 인간의 본성이 가지고 있는 동물적 부분을 인간적인 부분 밑에, 아니 마침내 신적인 부분 아래 복종시키는 것은 아름다운 일이지만, 온화한 부분을 거친 부분 아래 예속시키는 것은 추하다는 이유에서 말이야.' 그러면 그는 이에 동의할 것인가, 아니면 안할 것인가?"

"동의할 것입니다, 만일 그가 저의 충고에 따른다면."

"그렇게 되면……." 나는 말했다. "이상의 생각으로 미루어 부정한 방법으로 돈을 받으면서, 그것이 이익이 되고 있다는 식으로 생각하는 자가 있을까? 적어도 돈을 받기 때문에 동시에 자기 자신의 가장 뛰어난 부분을 가장 뒤떨어진 부분에 예속하는 결과가 생긴다고 한다면 말이야. 아니 그보다도 예를 들어 돈을 받기 위해서, 아들이나 딸을 노예로, 게다가 야만적이고 비열한 남자들의 노예로 한다고 하면, 만일 큰돈을 받는다고 해도 아무런 이익이 안 될 것이네. 그럼에도 자기 자신의 가장 신적인 부분을, 가장 더러운 부분 아래 예속시키면서도 한심스럽다고 느끼지 않는다면, 그런 자를 불쌍한 자라고 말하지 않을 수 있겠는가? 그런 자는 또 제 남편의 목숨을 조건으로 해서 목걸이를 받은 에리필레보다도 훨씬 무서운 파멸을 조건으로 하면서 돈을 받고 있다고 말할 수 있지 않은가?"

"그야말로 매우 두려운 파멸을 전제하고 있습니다." 글라우콘이 말했다. "그 부정의 찬미자를 대신해서 제가 그렇다고 대답하겠습니다."

### 13

"또 방자한 짓이 예부터 비난을 받고 있는 것도, 거의 비슷한 이유에 따른 것이 아닐까?"[29] 즉 방자한 것이란 내재된 무서운 것, 즉 크고 여러 가지 모습의 생물이 한도를 넘어서 해방된다는 이유에 따른 것이 아니겠는가?"

"명백히 그렇습니다." 그는 말했다.

"또 완고함이 비난되는 것은 사자에 비할 만한 부분이라든가, 뱀에 비할 수 있는 부분이 조화를 깨고 성장하거나 힘을 드러내는 경우가 아닐까?"

"그렇습니다."

---

29) 제12장에서 이야기한 껍질의 비유를 전제로 하면서 정의와 부정의 문제를, 영혼의 내적 조화와 질서를 유지하는 것인지, 아니면 교란하는 것인지를, 순수하게 내면적인 문제로 바꾸어 놓는 것에 의해서 생각하고, 그리고 쾌락이나 명예의 취급보다 늘 영혼의 내적 질서를 간직한다는 그 근본 목적에 참가시키는 것으로써 영혼의 질서의 건설이 그대로 이상국가 건설과 다름이 없다고 이야기된다.

"사치나 연약함이 비난받는 것은 오히려 그 같은 부분이 이완되기 때문이네. 사치나 연약함은 그 부분에 겁을 심어 넣는 것과도 같은 경우가 아닐까?"

"정말 그렇습니다."

"추종이나 자유 독립의 정신을 잃어버린 사람이 비난의 대상이 되는 것은, 의지의 부분을 비속한 야수의 지배 아래 굴복시키고, 그 야수가 가지는 금전에의 탐욕 때문에 의지의 부분을 짓밟고, 의지의 부분을 젊을 때부터 길들여서 사자가 되지 않고 원숭이가 되게 한 경우가 아닐까?"

"그렇습니다."

"또 수공 기술이 비난을 받는 것은 어째서라고 생각하는가? 아마 우리들은 이렇게 주장해도 될 거야. 즉 그 이유는 별것이 아니야. 사람의 가장 뛰어난 부분에 속하는 것은 나면서부터 약한 상태로 만들어져 있기 때문에, 자기 자신의 내부에 있는 여러 가지의 생물을 지배할 수가 없게 되고, 도리어 그것들의 기분에 맞추어서 아첨하는 것을 배우게 되었기 때문에, 이런 경우에 비난을 받는다고 할 수 있는 것이지."

"그렇게 생각됩니다."

"그런 사람이 가장 뛰어난 사람에 의해서 지배되도록 하려면 그는 가장 뛰어난 사람의, 즉 자신 속에 신적인 지배자를 가지고 있는 사람의 노예가 되어야 한다고 우리들은 주장해야 하지 않을까? 그러나 이 경우는 저 트라시마코스가 생각한 것처럼, 종속된 노예가 받는 괴로움을 몸소 받아야만 한다고는 생각하지 않네. 오히려 모든 피조물은 신의 통제 아래 놓이는 것이 더 좋은 일이기 때문이지. 또 그 경우 신적이고 사려 있는 부분이 스스로 자신 속에서 나온다면 가장 좋은 셈이지만, 만일 그러지 않는다면 밖으로부터라도 강제되어져야 하네. 우리들 모두가 같은 것에 따라서 지배된다면, 가능한 한 비슷한 것이 되고 친숙한 것이 되겠지."

"그렇습니다. 그것이 정당합니다."

"법률도 또한 이상과 같은 것을 바라고 있다는 점을 뚜렷이 하고 있네. 왜냐하면 법은 국가의 모든 사람의 편이니까.

또 아이들에 대한 지배가 의미하는 바도 그런 점에 있는 것이지. 즉 우리들은 어린이들 가운데, 이른바 국가에서 그렇게 하는 것처럼, 형체를 수립해 줄 때까지는 그들을 자유롭게 해주지 않는 것이네. 그리고 그들의 가장 뛰어난 부분을 우리들의 자신 속에 있는 뛰어난 부분으로써 배려하고, 우리들과 같은 지배자를 우리들 대신에 어린이들 속에 수립해 줄 때까지는 자유롭게 내버려 두지 않는 것이네. 그것을 세웠을 때, 비로소 우리들은 그들을 해방시켜 주는 것이지. 어린이들을 지배할 것을 바라는 것은 그런 점에 있네."

"그것은 이미 명백한 사실입니다."

"그럼 글라우콘, 부정을 행한다는 것, 방자한 것, 혹은 어떤 추한 일을 하는 것이 유리하다고 하는 것은, 도대체 어떤 방식으로, 또 어떤 안목으로 보아서 그렇다고 우리들은 주장할 수가 있겠는가? 왜냐하면 사람은 그런 행위로 더욱 사악한 자가 되는 것이니까 말이야. 예를 들어 보다 많은 돈이라든가 또 다른 권력을 소유하는 것이 된다고 해도 말이야."

"어떠한 방식으로도 주장될 수는 없는 것입니다."

"또 부정을 범하면서도 발각되지 않고 제재도 받지 않고 있다는 것이 유리하다고는, 도대체 어떻게 주장할 수가 있을 것인가? 오히려 사정은 이렇지 않을까? 부정을 행하면서도 발각되지 않는 쪽은 그만큼 한결 더 사악하게 되지만, 한편 발각되어 징계를 받은 자의 경우에는 그자의 야수적 부분이 잠자게 되고 부드럽게 되어서, 포악하지 않은 부분이 자유롭게 해방이 된다고. 그리고 영혼 전체는 절제와 정의를 사려와 함께 손안에 넣고 가장 우수한 본래의 모습으로 되돌아가서, 강함과 아름다움과 건강을 함께 수중에 넣은 신체보다도 더 가치가 있는 상태가 될 것이 아닌가? 적어도 영혼이 신체보다 가치가 있는 한에서는 말이네."

"정말 그렇습니다."

"그러므로 적어도 제정신을 똑똑히 지닌 사람이라면, 스스로의 일체의 노력을 이것(영혼을 보다 좋게 하는 것)에 집중하여 사는 게 아닐까? 먼저 그의 영혼을 그런 것으로 만들어 내는 학문은 존중하지만, 다른 학문은 경시하면서."

"틀림없이 그렇게 할 것입니다."

"다음으로 몸의 상태나 양육을 이치에서 벗어난 야수적인 쾌락에 내맡기고, 거기에 눈을 향하고 살지는 않을 것이네. 아니 그보다도 더욱, 건강에만 조심하면서 살지는 않을 것이네. 또 강하고 건강하게, 그리고 또 아름답게 되려면 어떻게 해야 될 것인가만을 고려하면서 살지도 않을 것이네. 적어도 강함·건강함·아름다움과 동시에 사려가 갖추어질 가능성이 있는 것이 아니라면 말이야. 오히려 그는 항상 신체 면에서의 조화를, 영혼의 내부에서의 협화를 이루게 하기 위해서는 어떻게 해야 좋을 것인가, 늘 이 점을 고려하면서 살 것이네."

"완전히 그렇습니다. 적어도 그가 정말 음악과 문예를 공부한 사람이라면……."

"또 재화의 소유에서의 질서와 조화를 유지함도, 그는 몸의 경우와 같은 고려를 가지고 하는 것이 아닐까? 그리고 세상의 대중이 행복이라고 여기고 있는 것에 현혹되어 산처럼 쌓인 재산을, 한없는 재앙을 몸에 받으면서까지도 늘리는 일은 하지 않을 것이 아니겠는가?"

"하지 않으리라고 생각합니다."

"도리어 그는 스스로의 속에 있는 정체에 시선을 향하고, 스스로의 정체 속에 있는 것을 재산의 많음 때문에 조금이라도 교란되는 일이 없도록 감시하면서, 그 힘에 응해서 재산을 늘리든가 소비하든가 할 것이네."

"틀림없이 그렇게 할 것입니다."

"또한 명예도 재산이나 신체와 같은 방향으로 시선을 돌려서, 자기 자신을 한결 뛰어난 자로 만들어 준다고 생각되는 명예라면, 자진해서 이것의 혜택을 받기도 할 것이지만, 영혼의 현상을 파괴한다고 보이는 명예라면, 사적으로나 공적으로도 이것을 피해서 갈 것이네."

"그러면……." 글라우콘이 말했다. "가상적으로라도 그런 점에 신경을 쓰고 있다고 한다면, 그는 정치적인 문제에 참여하는 의욕 같은 것은 가지지 못하게 될 것입니다."

"아니지." 나는 말했다. "적어도 자기 자신이 만든 국가에서는 그야말로 크게 의욕을 가질 것이네. 그러나 현재의 조국으로서는 신이 주는 우연의 기회라도 생기지 않는 한, 아마도 그런 의욕은 가지지 않을 것이네."[30]

"알겠습니다. 선생님은 우리들이 이제 막 자세하게 그리면서 건설해 온 국가를 말씀하고 계십니다. 즉 이야기 위에 세운 국가를 말입니다. 그러나 우리들

---

30) 참된 정치가는 때론 정치에서 몸을 뺀다고 하는 부정적 태도를 읽을 수가 있다. 또 정치에의 참가를 금지한 소크라테스에 있어서의 다이몬의 소리를 생각해 보는 것도 좋을 것이다.

이 세운 그 국가는 지상의 어디에도 존재하고 있다고는 생각하지 않으니까요."

"그러나 아마도 천상에 있는 이상적인 전형으로서 그것을 보고자 원하고, 그것을 보면서 스스로의 속에 국가를 세우고자 하는 자에 있어서는,[31] 이상적인 원형으로서 헌납될 수 있는 것이네. 하지만 그것이 실제로 어디에 존재하고 있느냐, 또는 과연 앞으로 존재할 수 있는가 하는 것은, 어쨌든 대수로운 문제는 아니네. 왜냐하면 그가 행해도 좋다고 하는 것은 다만 그 이상적인 국가에 관한 것만으로서, 그 밖의 어떤 국가의 경우도 아니니까 말이야."

"아마 그럴 것입니다." 글라우콘은 말했다.

---

31) 천상에 있다는 말을 둘러싸고 여러 가지 해석이 있지만, 천상에 있는 이상국가란 영혼 속에 세워지는 국가의 이데아인 것 같다.

# 제10권

1

"확실히 나는 국가 제도의 여러 면에서 우리들은 더할 나위 없이 바른 방법으로 나라를 건설해 왔다고 생각하지만, 앞서도 말한 도시에 대해서의 결정을 생각해 볼 때, 특히 그러했다고 말하고 싶네."

"도시의 어떤 점을 말씀하시는 것인지요?" 글라우콘은 물었다.

"도시 속에서 모방적인 것은 결코 허용해서는 안 된다는 것일세. 영혼의 세 부분을 저마다 별도로 구분한 결과, 오늘에야말로 모방적인 시를 절대로 허용해서는 안 된다는 것이 더욱 뚜렷해졌다고 생각하네."

"어째서 그렇습니까?"

"여기에서만 하는 이야기네만, 자네들이야 물론 비극 시인이며 그 밖의 모방가들에게 내 말을 일러바치지 않을 테니까…… 시작(詩作)에서의 모방은 청중의 분별력을 해치는 것이네. 이를테면 청중 쪽에서 그 해독제로서, 모방이란 어떤 것인지 그에 대한 지식을 지니고 있지 않는 한 말일세."

"좀 더 자세히 설명해 주십시오." 그는 요구했다.

"그렇다면 설명해 주지." 나는 말을 이었다. "사실은 어렸을 때부터 나에게 스며들어 있는 호메로스를 향한 하나의 애정과 존경의 마음이 뒤섞여, 이야기하는 것을 방해하지만 말일세. 하지만 실제로 호메로스야말로 저 훌륭한 비극 작가들 모두의 최초의 교사이자 지도자가 아닌가? 그렇지만 진리보다도 특정한 인간이 존중되는 일이 있어서는 안 되므로, 오늘 말한 바와 같이 나의 생각을 말하기로 하겠네."

"그렇고말고요."

"그럼, 들어 보게. 아니, 그보다도 대답을 해주어야겠네."

"말씀해 보십시오."

"모방이란 무엇인지, 자네는 나에게 말할 수 있겠나? 사실은 나 자신도 모방이 의도하는 바가 무엇인지 잘 모르고 있으니까 말일세."

"그러면 저는 알고 있으리라 생각하고 하시는 말씀인가요?"

"그렇지." 나는 말했다. "그렇다고 이상할 것은 없네. 때로는 무딘 사람이 예민한 사람보다 먼저 발견하는 수도 있으니까."

"그야 그럴 수도 있겠지요." 글라우콘은 말했다. "그러나 선생님 앞에서는, 예를 들어 무엇이 제 눈에 보인다 해도 감히 입을 벌릴 용기가 나지 않습니다. 그러니 선생님이 말씀해 주십시오."

"그렇다면 여느 때와 마찬가지 방법으로 탐구해 나가세. 즉 우리들은 하나의 이름을 많은 사물에 사용할 때, 그렇게 불리는 많은 사물의 집단에다 무언가 하나의 형상(이데아)을 주고 있네. 내 말의 뜻을 알아듣겠나?"

"네, 알겠습니다."

"그렇다면 일상생활에서 아무거나 예를 들어 보기로 하세. 이를테면 세상에는 침대와 책상이 있는데, 그 수가 아주 많지 않은가?"

"그렇습니다."

"그러나 그와 같은 많은 것에 대한 이데아는 오직 둘밖에 없네. 침대라는 이데아와 책상이라는 이데아 말일세."

"네, 그렇습니다."

"그리고 이러한 이데아에 따라, 어떤 목공은 침대를 만들고 어떤 목공은 책상을 만들어 우리에게 제공하네. 이것은 다른 어떤 사물에 있어서나 모두 마찬가지일세. 왜냐하면 어떤 직공도 이데아 그 자체를 만들어 낼 수는 없으니 말일세. 어떻게 그런 일을 할 수가 있겠나?"

"옳은 말씀입니다."

"그런데 다음과 같은 직공이 있다면, 자네는 그를 무엇이라고 부르겠나?"

"어떤 직공 말입니까?"

"모든 직공들이 만드는 것을 모두 다 만들어 내는 직공 말이네."

"손재주가 놀랍도록 뛰어난 인물이군요."

"그러나 감탄하기에는 아직 이르네. 왜냐하면 이 직공은 모든 가구를 만들 수 있을 뿐만 아니라, 땅에서 자라는 모든 식물과, 자기 자신을 포함한 모든 동물과, 게다가 땅과 하늘과 신들을, 그리고 하늘에 있는 모든 것과, 지하의 명부에 있는 모든 것을 만들어 낸다네."

"무척 놀라운 현자로군요."

"자네는 믿어지지 않는 모양이네그려." 나는 말했다. "말해 주게, 자네는 그런 것이 전혀 존재할 수 없다고 생각하는가, 아니면 어떤 의미에서는 이러한 모든 것을 만드는 제작자가 있을 수 있지만, 다른 의미에서는 있을 수 없다고 생각하는가? 자네는 어떤 방법만 사용하면, 적어도 자네 자신이 이런 모든 것을 만들어 낼 수 있다는 데에 생각이 미치지 못하는가?"

"그 방법이란 무엇입니까?" 글라우콘은 물었다.

"그리 어려울 것 없네." 나는 대답했다. "여러 쉬운 방법이 있지만, 자네가 만약 거울을 손에 쥐고 이리저리 모든 방향으로 돌려 본다면, 그것이 가장 빠른 방법이지. 자네는 곧 태양과 하늘, 대지와 자기 자신을 만들어 낼 수 있을 걸세. 그리고 동물도, 식물도, 그 밖의 지금 말한 모든 것을 만들어 낼 수 있을 걸세."

"물론 상(像)을 만드는 일이라면 할 수 있겠지요." 글라우콘은 말했다. "그러나 그건 정말로 존재하는 것을 만든 게 아닙니다."

"그렇지, 바로 맞았네. 그러면 화가 또한 그런 부류의 제작자 가운데 한 사람이라고 나는 생각하는데, 자네 생각엔 어떤가?"

"확실히 그렇습니다."

"그러나 아마도 자네는, 화가가 만드는 것은 진짜가 아니라고 주장할 테지. 하지만 적어도 어떤 의미에서는, 화가도 침대를 만드는 셈이네. 그렇지 않은가?"

"네, 그 또한 영상을 만들어 내니까요." 글라우콘은 말했다.

2

"그런데 침대를 만드는 직공은 어떠한가? 앞서 우리는 이렇게 말했었지. 그는 우리가 침대라고 말하는 그 자체의 이데아를 만드는 게 아니라, 어떤 개체로서의 침대를 만드는 것이라고."

"네, 그렇게 말했습니다."

"따라서 만약 그가 침대 그 자체로서의 이데아를 만들 수 있다면, 그는 정말로 존재하는 것을 만드는 게 아니라 어떤 존재하는 것과 비슷하긴 하나 정말로 존재하고 있지는 않은 것을 만들고 있는 게 될 걸세. 그러므로 누군가가, 침대를 만드는 직공이나 그 밖의 직공들이 만든 물건이 실제로 존재하는 것이라고 주장한다면 그것은 진실을 말하는 게 아니네."

"네, 그렇습니다. 적어도 철학자의 눈으로 본다면 그렇게 말할 수 있겠지요."

"그렇다면, 그들의 작품이 진짜 존재에 비교하면 어딘지 막연한 것이라 할지라도, 우리는 조금도 이상하게 생각할 것이 없네."

"그렇습니다."

"그럼 이와 같은 사람들의 예로 보아 이 모방자가 대체 무엇인지, 그 본성을 탐구해 나가도 좋을까?"

"네, 선생님 좋으실 대로 하십시오."

"여기에 세 종류의 침대가 있네. 하나는 진실의 세계에 존재하는 것으로 그것은 신이 만든 것이라고 할 수 있네. 왜냐하면 어느 누구도 만든 자가 없기 때문일세."

"그렇습니다. 어느 누구도 그걸 만들었다고 할 수 없습니다."

"그리고 또 하나는 목수가 만든 침대이네."

"다음 것은요?"

"다른 하나는 화가가 만든 것일세. 그렇지 않겠나?"

"그렇다고 할 수 있습니다."

"그러니까 화가와 목수와 신, 이 세 사람이 관리인으로서 침대의 세 종류를 저마다 담당하는 셈이네."

"네, 그 세 사람이 관리자일 것입니다."

"그런데 신께서는 진실의 세계에[1] 한 개밖에는 침대를 만드는 것을 원치 않았는지, 아니면 한 개 이상 만들 수 없는 어떤 필연성이 있었는지, 아무튼 침대 그 자체인 것은 하나만 만드셨네. 그리고 그와 같은 침대는 두 개 또는 더 많

---

[1] 이데아의 세계를 가리킨다.

이 신에 의해 생산된 일이 없었으며, 앞으로도 그런 일은 없을 것이네."

"왜 그렇습니까?" 그는 물었다.

"그 까닭은 이러하네." 나는 대답했다. "즉 이를테면 신이 두 개를 만들었다 해도, 역시 하나밖에 없는 침대의 이데아가 다시 나타나, 두 개라고 말한 침대는 그 형상을 공유하게 될 것이니 말일세. 즉 하나뿐인 그것이 침대 그 자체인 것이며, 앞서의 두 개는 그렇지 않다는 이야기가 될 걸세."[2]

"옳은 말씀입니다."

"신은 이러한 사실을 알고 있었으므로, 낱낱의 침대를 만드는 직공이 되지 않고, 진실로 존재하는 침대의 참다운 제작자가 되기를 희망하여, 진실의 세계에 오직 한 개만의 침대를 만들어 놓은 것일세."

"그런 것 같습니다."

"따라서 우리는 신을 본성의 제작자라고 부르기로 하세. 자네 생각에는 어떤가?"

"그것이 올바른 호칭일 것입니다." 그는 말했다. "침대뿐만 아니라 그 밖의 모든 것도, 신의 제작은 본연적으로 행해지고 있으니까요."

"그럼, 직공 쪽은 어떨까. 침대의 인위적 제작자라고 부르면 되지 않을까?"

"네, 그렇습니다."

"화가도 또한 침대의 제작자라고 부를 수 있을까?"

"아닙니다. 절대로."

"그러면 자네는, 화가를 침대의 무엇이라고 말할 텐가?"

"화가는 다른 사람이 만든 것을 본뜨는 사람이라고 보는 게 옳은 것입니다."

"좋네." 나는 말했다. "자네는 진실의 세계(자연)에서 두 단계 떨어진 생산물의 제작자를 모방자라고 부르는군."

"그렇습니다."

"그렇다면, 이와 같은 점은 비극 작가에게도 해당될 걸세. 그러므로 그도 다른 모방자와 마찬가지로 진실의 세계에서 세 곱절이나 멀리 떨어져 있는 거네. 그렇지 않은가?"

---

[2] 이것은 이데아론을 논박하기 위해 사용된, 이를테면 '제3의 인간'의 논지와 같은 것이다. 《파르메니데스》 132, 아리스토텔레스 《형이상학》 990, 17 참조.

"그렇게 생각됩니다."

"이것으로 우리는 모방자에 대하여 합의를 본 셈이네. 그런데 화가는 어떤가? 화가가 본뜨려고 시도하는 것은 진실의 세계에 존재하는 것인가, 아니면 직공의 제작물인가?"

"직공의 제작물 쪽이라고 생각합니다."

"그러면 그 직공의 제작물을 있는 그대로 모방하는지, 아니면 보이는 그대로를 본뜨는지, 좀 더 뚜렷이 밝혀야 하지 않겠는가?"

"무슨 말씀인지 잘 모르겠습니다."

"그것은 이런 말일세. 침대는 사람이 옆에서 볼 때, 정면에서 볼 때, 또는 어떤 방향에서 볼 때 제각기 다른 모습으로 보이네. 그러나 침대 자체에 어떤 변화가 있는 것은 아닐세. 침대는 조금도 바뀌지 않지만 단지 겉보기가 달라질 뿐이지. 이건 다른 것의 경우에도 마찬가지이네."

"그렇습니다." 그는 말했다. "다르게 보일 따름이지 실제로는 조금도 달라져 있지 않습니다."

"그렇다면 이 점을 생각해 보게. 회화의 기술은 하나하나의 대상에 대하여, 다음의 어느 것을 목표로 해서 형성되어 있는가? 존재하는 것을 실제로 있는 그대로 본뜨는 일인가, 아니면 겉으로 보이는 것을 모방하는 일인가? 바꾸어 말하면, 진짜 실물의 모방인가, 아니면 영상의 모방인가?"

"영상의 모방입니다."

"그렇다면 모방의 기술은 진실에서 멀리 떨어져 있는 것이 되는 셈이네. 그리고 이 기술이 무엇이든 만들어 낼 수 있는 것은, 각 대상의 조그만 부분, 즉 표면의 영상에 접촉할 뿐이기 때문일세. 예컨대 화가는 우리들에게, 구두장이나 목수나 그 밖의 어떤 직공의 모습이라도 그려 보일 수 있는 것이네. 그러나 그는 그들의 기술에 대해서는 알지 못하지. 하지만 그가 능숙한 화가라면 얼마든지 아이들이나 어리석은 사람을 속일 수 있을 것일세. 그는 다만 멀리서 그것을 내보이기만 하면 되니까. 그러면 그들은 그가 그린 목수의 그림을 진짜 목수인 줄로 생각할 걸세."

"네, 물론 그 정도의 일은 할 수 있을 겁니다."

"하지만 벗이여, 내 생각으로는 이런 경우에 다음 점을 잘 생각해 보지 않으면 안 될 것이네. 이를테면 만약 누군가가 '내가 만난 사람은 모든 기술에 대해 잘 알고 있으며, 또한 그 밖의 사람이 알고 있는 일이라면 무엇이든지 정확히 알고 있다' 말한다면 우리는 그 사람에게 이렇게 대답해 줘야 하네. '당신은 어리숙해서 사기꾼이나 모방자에게 속아 넘어가, 그를 만능의 지자(知者)라고 믿어 버린 것이다. 그것은 당신이 지식과 무지나 겉보기만의 모방을 분별할 능력을 갖고 있지 못하기 때문이다'라고 말이네."

"참으로 옳은 말씀입니다."

### 3

"그럼 이와 마찬가지로……." 나는 말했다. "비극 작가와 그 거장인 호메로스를 검토해 보지 않으면 안 되네. 왜냐하면 어떤 사람들이 이런 말을 하고 있기 때문일세. 즉 '비극 작가는 모든 기술뿐만 아니라, 덕과 악에 관계되는 인간의 모든 일과 신들의 일을 잘 알고 있다. 왜냐하면 뛰어난 시인은 그가 시로 지으려는 일을 훌륭하게 시로 써내려면 마땅히 그 일을 잘 알고 있어야 하기 때문이다. 만약 그렇지 않다면 시를 지을 수가 없을 것이다'라고 말일세.

그러므로 우리들은 잘 검토해 보아야만 하네. 사람들이 시인이라는 모방자에게 속아 넘어가, 그들은 작품을 보고서 그것이 진실의 세계에서 세 번째로 멀리 떨어진 것이며, 또한 진실의 세계를 모르더라도 쉽게 제작할 수 있다는 것을 알고 있는지 모르는지에 대해서. 그들이 만드는 것은 실제의 것이 아닌 영상이니까 말이네. 그렇지 않으면 저 사람들의 말에도 타당성이 있어, 뛰어난 시인은 많은 사람들이 훌륭한 시라고 평가하는 그 시를 정말로 잘 알고 있는지 어떤지를 말이네."

"물론입니다. 그것을 잘 살펴보지 않으면 안 됩니다."

"그런데 만약 어떤 사람이 실물과 그것을 모방한 영상 두 가지를 다 만들 수가 있다면, 그는 진정으로 영상의 제작 쪽에 몰두할 수 있을까? 이것밖에 더 높은 것은 없다는 듯이 모방만을 생활의 목적으로 삼으라고 생각하느냐 말일세."

"그렇게 생각지 않습니다."

"만약 그가 정말로 실물 지식을 가지고 있다면, 모방하기보다는 오히려 실물을 제작하는 일에 훨씬 열중하게 될 것일세. 그리고 훌륭한 작품을 자신의 기념으로서 후세에 많이 남기려고 시도하며, 칭찬하는 사람이 되기보다는 칭찬받는 사람이 되고 싶다고 생각할 것이네."

"그렇습니다." 그는 말했다. "그러는 편이 명예와 이득을 훨씬 더 많이 얻을 수 있을 것입니다."

"그러면 그 밖의 다른 점은 호메로스에게든, 어떤 시인에게든 해명을 요구하지 않기로 하세. 즉 시인들이 의술을 노래하고 있다고 해서, 그들이 단지 의술의 모방자가 아니라 그들 가운데 정말로 의사가 있었다든가, 또는 아스클레피오스[3]처럼 사람의 병을 고쳤다는 이야기가 있다든가, 또는 의술을 전해 준 자손을 남겼다든가 하는 것은 묻지 않기로 하세. 또한 다른 기술 등도 묻지 않기로 하고 내버려 두세.

그러나 호메로스가 이야기하는 가장 위대하고 또 가장 중요한 일, 즉 전쟁이며 통치의 기술이며 국가의 정치 및 인간의 교육 등을 그에게 이렇게 물어볼 권리가 있네.

'친애하는 호메로스여, 만약 당신이 인간의 덕을 논하는 한, 진리에서 두 단계 떨어진 사람, 즉 우리들이 모방자로 규정한 영상의 제작자가 아니라면, 그리고 공적인 생활이나 사적인 생활에서 인간을 더욱 착하게 하고 보다 악하게 만드는 것이 무엇인지를 판단할 수 있다면, 우리에게 말해 주시오. 리쿠르고스[4] 덕택으로 스파르타가 번영하고, 또한 다른 많은 사람들의 덕택으로 크고 작은 많은 나라가 번영한 것처럼, 당신 덕택에 보다 나은 정치를 얻은 나라가 있다면 대체 어느 나라입니까? 그리고 그 나라가 당신을 좋은 입법자이며, 나라의 은인이었다고 인정하고 있습니까? 이탈리아와 시칠리아는 카론다스[5]를 그런 사람으로 인정하고, 또한 우리들은 솔론을 그렇게 인정하고 있소. 당신을 그런 사람이라고 인정해 줄 나라는 어느 나라입니까?' 묻는다면 호메로스는 뭐라

---

[3] 아폴론의 피를 이은 반신으로서, 의학의 원조 또는 의학의 신으로 받들어져 왔다.
[4] 스파르타 전설상의 입법가. 기원전 7세기 이전에 스파르타의 군국주의 체제를 확립한 사람으로 알려져 있다.
[5] 기원전 6세기 무렵 시칠리아섬 카타나 사람. 이탈리아와 시칠리아섬 칼키데케인 식민지 입법가로 알려져 있다.

고 대답하겠나?"

"대답할 수 없을 것이라고 생각합니다." 글라우콘은 대답했다. "호메로스의 찬미자들도 그런 것은 말하고 있지 않습니다."

"그러면 전쟁은 어떤가? 호메로스 시대의 전쟁에서 그의 지휘나 조언 덕택으로 승리를 거둔 예가 있다고 전해지고 있는가?"

"아니, 전혀 없습니다."

"그럼 재기 있는 실용가의 일에 속하는 분야라면, 밀레투스의 탈레스[6]나 스키타이의 아나카르시스[7] 경우와 같이, 그가 기술이나 그 밖의 실제로 쓰일 수 있는 훌륭한 발명을 한 일이 있다고 전해지고 있는가?"

"그런 것도 전혀 전해지지 않습니다."

"그러면 공적으로 이렇다 할 아무것도 못 했다 하더라도 사적으로 어떤 사람들의 교육상의 지도자가 되어, 그 사람들이 사제의 교분을 통해 그를 존경하고 후세 사람들에게 호메로스풍(風)이라고 부를 수 있는 어떠한 생활 방식을 전했다는 이야기가 있는가? 마치 피타고라스[8]가 제자들에게 많은 사모를 받고, 그 후계자들이 오늘도 피타고라스풍의 생활 방식이라는 독자적인 생활을 행하며, 세상 사람들 사이에서 높이 평가되는 것처럼 말일세."

"그런 이야기도 또한 전혀 없습니다." 그는 말했다. "하긴 소크라테스 님, 만일 호메로스에 대하여 전해지는 말들이 사실이라면, 호메로스의 제자 크레오필로스[9]와의 사이 같은 사제 관계는 그의 '육(肉)의 종족'이라는 우스운 이름보다도 더욱 우스꽝스러운 것입니다. 아무튼 호메로스는 생존했을 때에도 이 제자로부터 몹시 업신여김을 받았다고 하니까요."

---

6) 기원전 7세기 무렵 사람. 이오니아 밀레투스의 정치가, 실업가이며, 또한 기하학, 천문학에도 정통하여 만물의 근원을 물이라고 주장해서 그리스 자연철학의 원조가 되었다. 이른바 7현인의 한 사람으로 일컬어진다.
7) 기원전 7세기 무렵 사람. 닻과 녹로를 발명했다고 알려진다.
8) 기원전 6세기 첫 무렵 사람. 이오니아의 사모스에서 태어나 뒤에 이탈리아의 크로톤에 이주하여 일종의 교단을 조직, 후세에 큰 영향을 끼쳤다. 피타고라스의 가르침에 의하면 만물의 근원은 수이며 또한 혼은 학문에 의해 정화된다고 했으므로 수학이나 기하학의 연구는 동시에 종교적 실천이기도 했다.
9) 호메로스의 양자. 크레오필로스라는 이름은 육(肉)의 종족이라는 의미.

4

"음, 모두 그렇게들 말하더군." 나는 대답했다. "그러나 글라우콘, 자네는 어찌 생각하나? 만약 호메로스가 교육에 있어 모방자가 아닌 참된 지식의 소유자여서, 인간을 교육하여 보다 착한 인간으로 만들어 낼 수 있었다면, 그는 마땅히 많은 제자를 두고 그들의 존경과 사모를 받았을 게 아닌가?

압데라의 프로타고라스[10]나 케오스의 프로디코스, 또는 그 밖의 참으로 여러 종류의 사람들까지도, 그들과 같은 시대의 사람들로부터 그 가르침을 받지 않으면, 자기 집안은 물론 나라도 다스릴 수 없을 것이라는 생각을 갖게 할 만한 능력이 있었네. 그리고 이 지혜 덕택에 그들은 무척 사랑받고, 제자들이 그를 어깨에 떠받들고 다닐 지경이었지.

그런데도 호메로스 시대의 사람들은, 호메로스나 헤시오도스가 많은 사람들을 감화시켜 한층 훌륭한 사람으로 만들 수가 있었는데도, 그들이 시를 지으며 이리저리 떠돌아다니는 대로 내버려 두고, 황금보다 소중히 여겨 억지로라도 자기 집에 머무르게 하는 일이 없었으며, 또한 집에 머물러 달라는 청을 들어주지 않을 때에는 자기 쪽에서 어디든지 그들이 가는 곳을 쫓아가 충분한 가르침을 받을 때까지는 결코 스승의 곁을 떠나지 않겠다고 한 일이 없지 않은가?"

"참으로 선생님이 말씀하시는 그대로입니다." 글라우콘이 말했다.

"그렇다면 호메로스를 비롯한 모든 시인들은 덕에 관해서도, 또 그들이 시로써 노래하는 그 밖의 일도, 그 영상을 만드는 모방자이지 진실을 파헤치고 있지는 못하다고 규정짓는 게 어떻겠나? 우리가 앞에서 다 말한 것처럼, 화가는 자기가 직접 구두 만드는 기술을 알고 있지는 못하지만, 빛깔과 모양만으로 사물을 분별하는 사람들에게는 그럴듯하게 보이는 구두를 그려 내고 있으니까."

"분명히 그렇습니다."

"이와 마찬가지로 시인도 본뜨는 것 말고는 아무것도 모르면서, 언어라는 물감으로 제각기의 시에 채색을 한다고 해도 무방할 걸세. 그리고 그와 같이 아

---

[10] 기원전 5세기 사람. 소피스트의 제일인자로 '인간은 만물의 척도다'라는 말로 유명하다.

무것도 모르면서 단지 언어만으로써 사물을 보는 무리에게는, 구두장이의 기술이든 군대의 통솔이든 또는 그 밖의 다른 무엇이든 누가 운율과 박자와 음계를 붙여서 그럴듯하게 이야기하기만 하면, 그것만으로는 아주 훌륭한 글처럼 여겨지는 것이네. 원래 음악적으로 이야기한다는 자체가 큰 매력을 지니고 있는 게 아닌가?

실제로 시인의 언어에서 음악적인 색채를 벗겨 버리고 언어를 있는 그대로 이야기했을 때, 어떻게 느껴지는지는 자네도 알고 있으리라 생각하네. 그런 경우를 직접 체험한 일이 자네는 있을 테니까."

"네, 그렇습니다."

"그것은 마치 젊음을 내세우기는 하지만 그다지 아름답지 못한 젊은이의 용모와 비슷하네. 그 얼굴은 꽃다운 시절이 지나면 사람들의 눈에 본색이 드러나게 마련이네."

"네, 아주 비슷합니다."

"그러면 이 점을 유의해 주게. 우리의 주장에 따르면, 영상의 제작자 즉 모방자는 참다운 존재는 아무것도 모르고 겉모습만 알고 있을 뿐이었네. 그렇지 않은가?"

"그렇습니다."

"그러나 그것은 아직 문제의 절반을 이야기한 데 불과하니, 이대로 두지 말고 끝까지 충분히 검토해 보세."

"어서 말씀해 주십시오."

"화가는 말의 고삐와 재갈을 그려 낼 수 있겠지?"

"그렇습니다."

"그리고 무두장이와 대장장이는 그것을 실지로 만들어 내겠지?"

"그렇습니다."

"그러면 화가는 고삐와 재갈이 무엇인지 알고 있는 것일까? 아니면 그것을 만들어 낸 무두장이와 대장장이도 실은 잘 알지 못하며, 다만 그것을 쓰는 사람인 기수(騎手)만이 알고 있는 것일까?"

"기수만이 알고 있을 것입니다."

"그렇다면 우리는 모든 것을 이처럼 이야기할 수 있을 것일세."

"어째서 그렇습니까?"

"어떠한 것에나 이 세 가지 기술, 즉 사용하는 기술과 제작하는 기술과 모방하는 기술이 있지 않겠나?"

"그렇습니다."

"그럼, 가구든 동물이든 인간의 행위든, 그 저마다의 우수성이나 정당함은 그 작용에 관련해 판단하는 것이 아니겠나? 그러므로 그것들은 인간 또는 자연으로써 만들어졌다고 말일세."

"네, 그렇습니다."

"그렇다면 필연적으로 어떤 물건이든 그 사용자가 가장 경험이 많은 사람이며, 또한 그는 제작자에게 성능에 대하여 좋고 나쁜 점을 말할 수 있네. 이를테면 피리는 피리장이가 피리 만드는 직공에게 어떤 피리가 쓸모 있으며, 어떤 피리를 만들어야 한다는 것을 지시하여 주문하고, 직공은 그의 지시에 따라 일을 하게 될 것일세."

"물론 그렇습니다."

"따라서 한쪽에서는 좋은 피리와 나쁜 피리를 실제로 잘 알고 지시하며, 다른 한쪽에서는 그 지시에 따라 피리를 만드는 게 아닌가?"

"그렇습니다."

"그러므로 제작자는 같은 도구의 좋고 나쁨에 대하여 잘 알고 있는 사람과 가까이 지내면서 그 가르침을 들음으로써, 제작품에 대한 올바른 견해를 갖게 될 것일세. 그러므로 사용자가 실제로 그 지식을 아는 셈이 되네."

"그렇습니다."

"그렇다면 모방자는 그가 모방하는 것이 아름답고 바른지 또는 나쁜지에 대해, 사물을 자기 자신이 직접 사용함으로써 지식을 가지게 되는 것일까, 아니면 사용자와 접촉하여 어떻게 모방할 것인가를 지시받음으로써 올바른 견해를 갖게 되는 것일까?"

"그 어느 쪽도 아닙니다."

"그러면 모방자는 그가 모방하는 것에 그 좋고 나쁨을 알지 못하여, 올바른 견해도 지니고 있지 않은 것이 되네."

"그럴 것 같습니다."

"그렇다면 시에서의 모방자인 경우, 시인은 자기가 창작하는 시에 대해 무엇을 알고 있겠는가?"

"아무것도 알지 못합니다."

"그러나 그래도 그는 모방하는 일을 그만두지 않을 걸세. 어떤 점이 좋고 어떤 점이 나쁜지도 모르면서 말이네. 따라서 아무것도 모르는 많은 사람들에게 아름답게 보이기만 하는 것, 그런 것을 모방할 걸세."

"네. 그 밖에 달리 무엇을 모방할 수 있겠습니까?"

"그렇다면, 모방자가 그 모방하는 것에 대하여 아무런 지식도 갖고 있지 않다는 것에, 우리는 의견의 일치를 본 셈이네. 모방은 하나의 유희에 지나지 않으며 진실한 게 못 된다는 것과, 시인은 긴 시를 쓰거나 짧은 시를 쓰거나 육각운(六脚韻)의 시를 쓰거나 간에 모두 모방자 가운데서도 최고 모방자라고 말일세."

"정말 그렇습니다."

## 5

"제우스 신에게 맹세코, 모방이란 진리로부터 두 단계나 떨어진 것과 관련된 것이라고 앞서 말했었지?" 나는 말했다.

"그렇습니다."

"그러면 모방자는 어떤 부분에 작용하여 인간에게 이바지하는 것일까?"

"무엇을 말씀하시는 것인지요?"

"그럼, 들어 보게. 같은 크기의 물건이라도 가까이서 보면 크게 보이지만, 멀리서 보면 작은 것으로 보이네."

"그렇습니다."

"또한 같은 물건이라도 물속에 있는가, 물 밖에 있는가에 따라서, 구부러져 보이기도 하고 똑바로 보이기도 하네. 그리고 빛깔 때문에 눈에 착각이 일어나 오목하게 보이기도 하고 볼록하게 보이기도 하네. 그리하여 우리에게는 여러 혼란이 일어나네. 이것은 곧 우리의 감각이 비약함을 나타내는 것으로써, 그 때문에 우리는 빛과 그림자에 기만되고, 온갖 교묘한 외형에 속아 넘어가게 마련일세. 그리하여 이런 속임수 말이 요술처럼 우리를 움직이는 것이라네."

"옳은 말씀입니다."

"그러므로 잰다든가 센다든가 저울에 단다든가 하는 일이 그와 같은 착각에서 우리를 구해 내기 위한 가장 훌륭한 수단으로서 발명된 게 아니겠나? 그 결과로 겉보기에 더 크거나 더 작거나 더 많고 더 무거워 보이는 대신에, 계산과 측정과 계량이 우리를 지배하게 되는 것일세."

"그렇습니다."

"그리고 그러한 작업은 틀림없이 정신 속의 이지적인 부분이 감당하는 일일 것이네."

"확실히 그렇습니다."

"하지만 이 이지적인 부분이 측정의 결과로써, 어떤 것이 다른 것보다 크다든가 작다든가 또는 서로 같다든가 하는 것을 명백히 밝힐 경우에, 그 같은 것이 같은 때에 겉으로 보기에는 반대로 보이는 일이 이따금 있네."

"그렇습니다."

"그런데 우리는 앞에서 같은 상태에 대하여 동시에 상반되는 의견을 갖는 일은 불가능하다고 주장하지 않았던가?"

"네, 그렇습니다. 그리고 그 주장은 옳은 것이었습니다."

"그렇다면 척도에 반대되는 판단을 내리는 정신 작용은 척도에 일치하는 판단을 내리는 정신 작용과 같은 것이 아니라고 보아야 하지 않겠나?"

"네, 동일한 부분은 아닙니다."

"그런데 척도와 계산을 신뢰하는 부분은 영혼의 가장 우월한 영역이 아니겠나?"

"물론 그렇습니다."

"따라서 여기에 반대되는 영혼은 우리들 내부에 있는 가장 뒤떨어진 부분의 하나라고 할 수 있을 걸세."

"네, 그렇습니다."

"이것이야말로 내가 전부터 동의를 얻고 싶었던 것일세. 즉 일반적으로 회화를 비롯한 모든 모방술은 진리에서 멀리 떠나서 작품을 제작하고, 또 우리 인간의 사려에서도 멀리 떠난 면과 접촉하여, 건전하지도 않고 진리도 아닌 일을 위해 노력하고 있다고 말할 때부터 말이네."

"옳은 말씀입니다."

"그러니까 모방술은 그 자신이 열등한 것으로서 열등한 것과 사귀어 더욱 뒤떨어진 것을 낳게 되네."

"그렇습니다."

"그렇다면 이러한 일은……." 나는 말했다. "시각에 관계되는 모방술만 말할 수 있는 것일까? 아니면 우리들이 시라고 부르는 청각에 관계되는 모방술도 말할 수 있는 것일까?"

"아마 시에 대해서도 같은 말을 할 수 있으리라고 생각됩니다."

"그러나 우리는 대화에서 얻은 추리로 미루어 보아 아마도 그럴 것이라고 생각하는 데 그치지 말고, 시의 모방술이 관련된 정신의 영역까지 더욱 추구하여 그것이 열등한 영역인지 우월한 영역인지 살펴보기로 하세."

"네, 마땅히 그렇게 해야 할 것입니다."

"그러면 그 문제를 이렇게 다루어 보세. 즉 시인은 인간의 강요된 행위나 또는 자발적인 행위를 모방하네. 이를테면 그 행복과 불행, 기쁨과 괴로움을 모방하는 것이지. 그 밖에 달리 또 본뜰 것이 있는가?"

"그 밖엔 더 없습니다."

"그런데 이와 같은 여러 가지 경우에 인간은 언제나 올바른 판단을 내릴 수 있을까? 이를테면 시각의 경우 인간의 견해에 혼란과 모순이 있었던 것처럼 여기에도 생활상의 투쟁과 모순이 있지 않겠나? 그런데 나의 기억으로는, 적어도 그 점은 새삼스레 동의할 필요가 없을 것이네. 왜냐하면 우리는 이미 앞의 논의에서 그런 모든 것에 충분히 동의하여, 우리들의 영혼은 동시에 일어나는 헤아릴 수 없이 많은 대립으로 가득 차 있다고 인정했으니까."

"그렇습니다. 그리고 그 동의는 옳은 것이었습니다."

"확실히 옳은 것이었지." 나는 말했다. "그러나 그때 말해 두었던 것을 이번에는 상세히 논해야겠다고 생각하네."

"그것은 어떤 일인데요?"

"그때, 우리들은 이렇게 말했었다고 생각하네. 훌륭한 사람은 자식을 잃는다든가 또는 그 밖에 몹시 소중히 여기던 것을 잃는다든가 하는 불운이 닥쳤을 때, 다른 사람보다 훨씬 쉽게 그것을 잘 견디어 낸다고 말일세."

"분명히 그렇게 말씀하셨습니다."
"그러면 이제 다음과 같은 점을 고찰해 보게. 그는 조금도 괴로움을 느끼지 않는 것인지, 아니면 괴로움을 느끼지만 그것을 억눌러 절도를 지키는 것인지?"
"괴로움을 억눌러 절도를 지키는 것이겠지요."
"그럼, 그는 다음과 같은 점을 어떻게 생각하는지 나에게 말해 주게. 즉 그는 친구들이 보고 있을 때와 없을 때의 어느 경우에 더 강하게 슬픔과 싸우고 저항할 것인가?"
"사람들이 보고 있을 때에 훨씬 더 잘 견디어 내리라고 생각합니다."
"그러나 만약 홀로 있게 되면, 남들이 차마 들을 수 없는 말이나 행동을 거리낌 없이 하게 되지 않을까?"
"아마도 그렇겠지요."

## 6

"그러면 그에게 저항을 명하는 것은 이성과 법률이며, 다른 한편 슬픔으로 몰아넣는 것은 감정이 아니겠나?"
"그렇습니다."
"그렇다면 그는 같은 것에 대하여 동시에 상반된 방향으로 이끌려 가므로 그에게는 서로 다른 두 개의 부분이 내재한다고 할 수 있겠지?"
"그렇습니다."
"그러면 그 하나는 법률이 이끄는 대로 법에 따를 것이 아니겠나?"
"어째서 그럴까요?"
"아마도 법은 이렇게 말할 것이네.
'불행이 닥쳤을 때는 될 수 있는 한 태연하게 마음의 동요를 일으키지 않도록 하라. 왜냐하면 그러한 불행이 좋은 일인지 나쁜 일인지 분명히 알 수 없고, 또한 괴로워해도 아무런 이득이 없을뿐더러, 원래 인간 세상에는 크게 집착할 만한 가치가 있는 것이 없으며, 부질없는 슬픔은 우리들이 가장 필요한 일을 하는 데 방해가 되기 때문이다'라고."
"무슨 일에 방해가 된다는 말씀입니까?"

"일어난 불행에 대하여 침착하게 생각하는 일, 이를테면 주사위를 던졌을 때처럼 나타난 결과에 따라 이성이 가장 좋은 방법이라고 지시하는 대로 일을 처리하는, 이러한 것의 방해가 되는 거지.

우리들은 돌에 채여 넘어졌다고 해서, 어린아이처럼 다친 데를 움켜잡고 울고불고 소리치는 일에 시간을 낭비해서는 안 되네. 그보다는 일상생활에서 정신을 훈련하여 될 수 있는 대로 다친 곳을 치료하여 회복하는 데 빨리 손을 쓰도록 해야 하네."

"확실히 그것이 불행에 대처하는 가장 올바른 길이겠지요."

"우리 정신의 가장 훌륭한 부분은 이와 같은 이성의 지시에 기꺼이 따를 걸세."

"물론입니다."

"그런데 정신의 또 다른 영역은 우리를 고뇌의 추억과 슬픔으로 이끌어 가는데, 이 영역은 불합리하고 무익하며 또한 비겁하기 이를 데 없다고 보네."

"그렇습니다."

"그렇다면 이 마음의 동요를 가누지 못하는 부분이 모방에 대해 여러 재료를 제공하는 게 아니겠나? 이와 반대로 이성적인 면은 늘 평정을 유지하고 있으므로 그리 쉽사리 모방되는 것이 아니네. 특히 연회나 극장에 모이는 여러 사람들의 경우에서는 말이네. 왜냐하면 이때에 모방되는 것은 전혀 동떨어진 것이 되기 쉽기 때문이지."

"정말 그렇습니다."

"그러므로 분명히 모방자인 시인은 많은 사람들 사이에서 좋은 평판을 받는 것이 그의 목적이라면, 틀림없이 정신의 훌륭한 부분으로 향하는 일은 없을 것이며, 또한 그의 지혜도 마찬가지이네. 오히려 그는 마음의 동요를 가누지 못하여 갖가지로 변화하는 기질로 기울어지기 쉽네. 그러는 편이 모방하는 데 적합하니까."

"분명히 그렇습니다."

"그렇다면 우리는 그를 화가와 같은 계열에 속한다고 할 수 있을 걸세. 그것은 그도 진리에 보다 열등한 것을 만드는 점에서 화가와 비슷하며, 또한 정신의 열등한 부분과 사귀고, 뛰어나고 훌륭한 부분과는 사귀지 않는 점에서도 화가와 똑같기 때문이네.

 그러므로 우리들이 만약 훌륭하게 국가를 다스리기를 바란다면, 그들을 받아들여서는 안 된다고 생각하네. 왜냐하면 그들은 정신의 뒤떨어진 부분을 불러일으켜 그것을 보다 강하게 만들고, 이지적 부분을 소멸해 버리기 때문이네. 마치 국가에서 국민들이 무뢰한을 통치자로 내세워서 그에게 정치를 맡겨, 보다 훌륭한 사람들을 소멸하게 하는 경우와 같이 말일세. 이와 마찬가지로 모방자인 시인도 사물을 구별하지 못하여, 어떤 때는 크게도 생각하고 어떤 때는 작게도 생각하는 정신의 불합리한 작용 속에 빠져 있네. 그리하여 진리에서 멀리 떨어진 영상을 만들어 냄으로써, 개개인의 영혼 속에 나쁜 국가 제도를 만들어 넣을 것이네."

 "네, 정말 그렇습니다."

## 7

 "하지만 우리는 아직 시에 대한 가장 중대한 모순은 지적하지 않았네. 그것은 시가 아주 극소수의 사람을 제외하고는 훌륭한 사람들에게도 해를 입힐 만한 힘을 지니고 있으므로, 이는 참으로 두려운 일이라고 여겨지네."

 "만약 시가 정말로 그렇다면, 그것은 무척 두려운 일입니다."

 "내가 말하는 것을 잘 듣고 생각해 보게. 호메로스나 그 밖의 비극 시인이, 어떤 영웅이 비탄에 빠져서 긴 대사를 줄곧 외는 모습이라든가 또는 가슴을 치며 불행을 노래하는 모습을 모방할 때, 자네도 알다시피 우리들 가운데 가장 훌륭한 사람들까지도 그것을 들으면, 감미로움을 느끼고 자신을 잊고 동정하며 시가 인도하는 대로 이끌려 들어갈 것이네. 그리고 사람들은 가장 그러한 기분으로 만드는 시인을 훌륭한 시인이라고 열심히 칭찬들 하지."

 "저도 잘 압니다."

 "그런데 우리들은 자기에게 걱정거리가 생기면, 이번에는 반대로 참을성 있게 견디어 태연하게 그 슬픔을 감당해 나가는 것을 자랑스럽게 생각하네. 이것이 남성적인 태도이며, 우리가 앞서 말한 시를 들을 때와 같은 그런 태도는 여성적인 것일세."

 "저도 그렇게 생각합니다."

"그렇다면 자기가 그와 같은 일을 하는 것은 부끄럽게 여기면서 남이 하는 것은 칭찬한다면, 그것이 옳은 태도라고 할 수 있겠나?"

"제우스 신에게 맹세코." 그는 말했다. "논리에 맞지 않는 일입니다."

"그렇지. 만약 자네가 다음과 같이 고찰해 본다면 사태는 더욱 뚜렷해질 걸세."

"어떻게 말입니까?"

"만약 자네가 이런 점을 생각해 본다면 말일세. 즉 우리들이 불행을 당했을 경우, 겉으로는 억지로 억누르지만 실제로는 마음껏 울며 슬픔에 잠기고 싶다고 갈망하는 부분에 대해서. 왜냐하면 영혼의 이 부분은 본래 그런 욕망을 지니고 있으니까 말일세. 그 부분이야말로 시인들에 의해 만족을 부여받으며 즐길 수 있는 부분인 것이네.

한편 우리들 본성에서 가장 훌륭한 영역은 이성과 습관으로써 충분히 잘 교육되지 않았으므로 마음껏 울고 싶어 하는 이 부분에 대하여 감시를 소홀히 해버리네. 왜냐하면 자기가 바라보는 것은 남의 불행이기 때문이지. 그리고 스스로는 훌륭한 인간이라고 자부하는 어떤 자가 마음의 갈피를 못 잡고 비탄에 잠겨 있다 하더라도, 그를 칭찬하거나 측은히 여기는 것은 자기 자신에게 부끄러운 일이 아니라 오히려 이득, 즉 즐거움을 얻을 수 있으므로 바람직하게 생각하네. 그리하여 시를 경멸함으로 해서 그 즐거움을 빼앗기지 않으려 하지. 매우 적은 사람들만이 타인에 대한 태도가 반드시 자기에게 영향을 준다는 생각을 가지고 있네. 사실 남의 불행을 목격할 때에 일어나는 슬픔의 감정은, 자기 자신이 불행을 당한 때에 억제하기 어렵게 만드는 걸세."

"옳은 말씀입니다."

"이와 같은 말을 만담에도 이야기할 수 있을 걸세. 자기 입으로 말하기에는 부끄러운 이야기도 희극 무대에 선 남의 입을 통해 들을 때에는 몹시 재미있거든. 그러면서도 그들의 어리석음을 조금도 나무라지 않네. 이것은 비극의 경우와 마찬가지 현상이 아니겠나? 원래 인간의 본성에는 익살스러운 면이 있지만, 그것을 체면상 이성으로 억제하는 걸세. 그런데 만담을 들으면 이 감정의 사슬이 풀리게 되어, 어느새 자기 생활에 있어서 자신이 희극 배우가 되는 데까지 끌려가는 것이라네."

"과연 그렇겠습니다."

"그리고 애욕이나 분노, 또한 우리들이 자신의 모든 행위에 수반된다고 말하는 영혼의 모든 욕망이며 고통이며 쾌락에 대해서도 시의 모방은 우리들에게 영향을 미치는 것이 아닐까?

그러한 충동들은 시들어 버리게 해야 하는데도 시는 그것에 물을 주어 기르고 있으며, 우리들이 불행하고 비참하게 되지 않고 행복하고 착하게 되기 위해서는, 우리들이 그러한 충동을 지배해야 하는데도 시는 반대로 그것들을 우리들의 통치자로 삼는단 말일세."

"그것은 부인할 수 없는 사실입니다."

"그렇다면 글라우콘." 나는 말했다. "만약 자네가 호메로스의 찬미자를 만나서 그들로부터 '호메로스야말로 그리스의 교사이므로, 인생의 모든 일에 관계된 처세며 교훈을 그의 말을 들추어 채택하여 배워야 하며, 이 시인을 따라 자신의 모든 생활을 처리하며 살아가야 한다'라는 주장을 듣게 되었다고 하세.

이런 경우, 자네는 그 사람들도 최선의 삶의 방도를 찾는 것으로 여기고, 그들을 벗으로 받아들여야 하며, 또한 호메로스가 가장 시인다운 시인이며 누구보다 뛰어난 비극 작가라는 데에도 동의해야만 하네.

그러나 국가 안에 받아들여도 좋은 것은 오직 신을 찬미하고 훌륭한 인물을 찬양하는 노래뿐이라는 것을 알아야 하네.

만일 자네가 무사에게 아첨하기 위해 만든 서사시나 서정시를 받아들인다면, 사람들은 그것을 최고로 생각하고 이성과 법률 대신 쾌락과 고통이 자네의 나라를 지배하게 될 것이네."

"옳은 말씀입니다."

8

나는 말을 계속했다. "이제까지 우리가 이야기해 온 것이 시에 대한 우리의 규정이라면, 전에 우리가 국가에서 시를 추방한 것은 마땅한 일이었네. 왜냐하면 이성이 우리들로 하여금 그렇게 하도록 시켰기 때문이야. 하지만 우리는 완고하고 무례한 자라는 비난을 받지 않기 위해, 옛날부터 철학과 시의 관계가 좋지 않았다는 것을 시에게 말해 주기로 하세.

즉 시 쪽에서도 철학을 나쁘게 이야기했다는 말로서, 저 '주인에게 짖어대며 소란을 피우는 개'라든가, '바보들의 잡담 사이에 끼어든 위인'이라든가, 또한 '지나치게 영리한 두뇌의 무리'라든가, '섬세한 논리를 가지고 끝내 자신이 가난하다는 것을 사색하는 무리'라든가,[11] 그 밖의 수많은 예가 옛날부터 철학과 시의 대립을 나타내고 있네.

그러나 우리는 이렇게 말해 두기로 하세. '만약 쾌락을 목적으로 하는 모방의 자매인 시가 훌륭하게 통치되고 있는 국가 안에도 존재해야 할 명분만 입증된다면, 우리는 기꺼이 시를 받아들일 것이다. 그 까닭은 우리들 자신 또한 시의 매력에 이끌리는 것을 자각하기 때문이다. 그러나 현재 진리라고 믿어지는 것을 배반한다면, 그것은 신을 모함하는 것이다'라고. 어떤가, 자네도 시의 매력을 느끼지? 특히 호메로스의 시를 볼 때 말일세."

"그렇습니다. 몹시 매력을 느낍니다."

"그러므로 다음과 같은 조건부로 시의 추방을 철회해도 무방하지 않겠나? 즉 서정적인 내용이나 운율을 사용한 형식이든 그 밖의 어떤 시라도 자신의 귀추에 대한 변명을 하게 하여 말일세."

"네, 그렇습니다."

"그리고 우리들은, 시인은 아니지만 시의 애호가인 사람들에게도 운율이 없는 보통의 말로 시를 변호할 기회를 주어, 시는 단지 즐거운 것일 뿐만 아니라 국가와 인생에 이로운 것임을 주장하는 일을 허용할 것일세. 또한 우리들도 호의를 가지고 그들의 변명을 들어주어야 하지. 만약에 시가 참으로 즐거우며, 유익한 것이 밝혀진다면 우리들에게 있어서도 분명히 이득이 될 터이니 말일세."

"틀림없이 얻는 바가 많을 것입니다."

"그러나 만약 유감스럽게도 그 사실이 밝혀지지 않을 때는 아무리 매혹을 느끼더라도 시를 버리지 않을 수 없네. 마치 사랑하는 사람들이 그 사랑이 무익하다고 생각될 때에는 아무리 괴롭더라도 서로 만나지 않는 것처럼 말이네. 적당한 국가 제도로써 양육된 덕택으로 우리들의 마음속에는 이미 매혹적

---

11) 출전 불명. 모두 서정시의 한 구절인 것으로 생각된다. 그리고 개란 지식을 사랑하는 자를 가리키며, 위인이나 이름난 철학자들을 지적하는 것이다.

인 시를 연모하는 마음이 생겨나 버렸네. 그러므로 우리들은 시에 호의를 가지고, 그것이 가장 좋은 것이며 또한 가장 참다운 것이라는 점이 잘 밝혀질 수 있기를 진심으로 바라는 바이네.

그러나 시가 자신의 변명에 성공하도록 확실한 증거를 내세울 수 없는 한, 우리들은 시의 읊조림을 들을 때마다 이제까지 토론해 온 이 의논을 자신을 향해 되풀이하며, 그것을 시의 매력에 대항하는 주문(呪文)으로 써서 대중이 품고 있는 어린아이 같은 사랑에 다시는 빠지지 않도록 조심할 것일세. 우리들은 스스로의 마음에 이렇게 들려주어야 하네. 즉 저러한 종류의 시를 진실한 것으로 착각하여 사랑해서는 안 되며, 오히려 시를 좋아하는 사람은 자기 안에 위험이 미치는 것을 염려하여 우리가 시를 이야기해 온 것을 다시금 명심하고 시를 경계해야 한다고 말이네."

"네, 선생님 말씀에 동의합니다."

"친애하는 글라우콘이여." 나는 말했다. "왜냐하면 여기에서 다루어지는 것은 중대한 문제이기 때문이네. 여느 사람들이 생각하는 것보다도 훨씬 중대한 일인 것이네. 즉 인간이 선량하게 되느냐 사악하게 되느냐 하는 다툼인 것일세. 그러므로 우리들은 명예나 금전, 권력 또는 시에 대해서도, 우리들을 유혹하여 정의나 그 밖의 덕을 소홀하게 하는 것을 절대로 허용해서는 안 되는 것이네."

"저는 이제까지 선생님이 말씀하신 의견에 모두 동의합니다." 그는 말했다. "아마 다른 사람들도 모두 동의할 것입니다."

9

"그렇지만……" 나는 말했다. "우리들은 또한 덕의 최대의 보수, 덕에 대해서 약속된 가장 큰 포상을 말하고 있지 않네."[12]

---

[12] 제10권에 들어와서 문예의 본질과 그 교육상의 효과를 논해 왔지만, 여기서 화제를 바꾸어 정의의 보답으로 옮겨간다. 제2권의 첫머리에 있어서 대행 인물 글라우콘과 아데이만토스가 요구한 것은, 결과로써 생기는 평판과 그 밖의 보답을 모두 배제하고, 정의가 순수하게 그 자체만으로 어떠한 성격과 내적인 효과를 갖는가를 나타내는 것. 그리고 그와 같은 것으로서의 정의를 부정과 비교하는 일이었다. 이 요구는 제9권의 끝까지 해답된 것으로 볼 수 있다. 완전한 정의는 그 자체로서 완전한 행복을 뜻하고 완전한 부정은 완전한 불행을 의미하는

"그것은 또한 어떻게 측정할 수 없을 만큼 큰 것이 되는군요. 만약에 또 지금까지 이야기한 것보다도 더욱 큰 보수와 포상이 있다고 하면요." 글라우콘은 말했다.

"하지만 이 얼마 안 되는 시간 동안에 큰일이 생겨날 것인가? 왜냐하면 한 사람의 생애 전체라는 것은, 영겁의 시간에 비한다면 아주 미미한 것에 지나지 않으니 말일세."

"오히려 무(無)에 가깝다고 말하는 편이 나을 것 같습니다."

"그렇다면 어떨까? 적어도 불사(不死)의 것이라면, 그런 짧은 시간에 대해 진지한 관심을 가지겠다고 자네는 생각하는가? 영겁의 시간을 위해서야말로 그 진지한 관심을 기울여야 할 일이 아니겠는가?"

"그렇게 생각합니다. 그러나 어찌하여 특히 그러한 말씀을 하시는 겁니까?"

"우리들의 혼은 불사의 것으로서, 결코 소멸해 버리지 않는다는 것을 자네는 알아차리고 있지 않은가?"

이렇게 내가 말하자 글라우콘은 놀라서 나의 얼굴을 빤히 쳐다보고 말했다.

"아닙니다. 제우스 신에게 맹세코! 선생님은 그것이 그렇다고 확신할 수 있습니까?"

"마땅히 할 수 있어야만 될 것이네." 나는 대답했다.

"자네로서도 마찬가지라고 나는 생각하네. 특별히 어려운 것이 아니기 때문에."

"저에게는 대단히 어려운 일입니다. 그러나 선생님이 어렵지 않다고 말씀하신다면 그 일의 설명을 기꺼이 들려주십시오."

"그러면 들어 주게."

"어서 말씀하십시오."[13]

---

것이 나타난 것이다. 이리하여 지금은 이제까지 제외되어 있었던 정의에 결과적으로 야기되는 보수를 논하게 된다.
13) 이하에 있어서 영혼불사의 증명은 《파이돈》 전편에 걸쳐서 전개된 영혼불사의 증명을 보충하는 것. 영혼은 영혼인 동시에 생명 원리이기도 한 것을 염두에 두지 않으면 안 된다. 또한 죽음이라는 말은 첫째 신체의 죽음, 둘째 영혼의 죽음, 셋째 신체와 영혼의 결합체의 죽음의 세 가지 의미를 가질 수 있지만 플라톤은 이것을 일일이 구별하여 규정하고 있지 않으므로 주의해야 한다.

나는 다음과 같이 시작했다.

"자네는 어떤 것을 두고 좋다든가 나쁘다고 하겠지?"

"네."

"그것들에 대해서 자네가 생각하는 것이 과연 나와 똑같을까?"

"그렇게 말씀하시면?"

"소멸하게 하고 손해 보게 하는 것은 모두 나쁜 것이며, 보전하고 이익 되는 것은 좋다는 것……."

"틀림없이……."

"그러면 어떨까? 각각의 것에는 저마다에 고유한 나쁜 것과 좋은 것이 있다는 것을 인정하겠지? 이를테면 눈에서는 안질, 몸 전체에서는 병, 식물에서는 곰팡이, 목재에서는 썩음, 동이나 철에서는 녹스는 것이 그러하며, 이리하여 내가 말하는 것처럼 거의 모든 것에 각각의 것과 밀접하게 연결된 악과 병이 있는 게 아닐까?"

"틀림없이 그렇습니다."

"그러한 해악 속의 어느 것인가가 어떤 것을 습격할 때, 그것은 그것에 둘러싸여 있는 것의 성질을 나쁘게 만들고 마침내는 전면적으로 해체해 멸망시키는 것이 아닐까?"

"물론입니다."

"그렇다면 각각의 것은 그것과 밀접하게 연결된 고유의 해악으로써 멸하는 것이며, 그러나 만약 그것에 의해서 멸하지 않는다면, 이미 다른 어떤 것으로도 그것을 멸하게 할 수 없다는 것이 되네. 왜냐하면 선한 것은 아무것도 멸할 수가 없을 것이며, 나아가서는 선하지도 악하지도 않은 것도 마찬가지이므로……."

"그것은 물론, 그렇지요."

"따라서 어떤 것에 고유의 악이 있어 그 자체의 성질을 악화하긴 하지만, 그 자체를 소멸하여 해체하는 일은 결코 할 수 없다는 것을 알면, 우리들은 본성상 그와 같은 고유의 악만 갖는 것에는 원래 멸망이라는 것이 없다는 것을 금방 알 수 있지 않을까?"

"확실히 그렇습니다." 글라우콘은 대답했다.

그래서 나는 말했다.

"그러면 어떨까? 혼에는 그것을 악화할 만한 것이 무엇인가 있는 게 아닐까?"

"많이 있습니다. 우리들이 지금 막 보아 온 모든 것, 부정·방종·비겁·무지 등이 그것입니다."

"그러면 그중의 어느 것이 과연 혼을 해체해 멸망시킬 것인가? 단 오해가 없도록 주의하지 않으면 안 되는 것은, 이를테면 부정하고 무지한 인간이 죄를 범하고 붙잡힌 경우, 그가 혼의 악적 요소인 부정에 의해서 몸을 망쳤다는 식으로 우리들은 생각해서는 안 된다는 것일세.

오히려 다음과 같이 생각해 주었으면 하네. 이를테면 병이라는 신체의 악은 신체를 쇠약하게 하여 멸하게 하고, 전혀 몸이 아닌 것 같은 상태에까지 이르게 하네. 마찬가지로 앞서 우리들이 예로 든 모든 것은 저마다 고유의 해악이 눌어붙어서 내부에 기생하고 그것을 멸하기 위해서, 그것으로써 이미 존재하지 않는 상태에까지 이르는 것이라고. 그렇지 않은가?"

"그렇습니다."

"자, 그러면 혼에 대해서도 이와 마찬가지 방법으로 생각해 주게. 혼의 내부에 부정이나 그 밖의 악이 있을 때, 그것들은 내부에 눌어붙어 기생함으로써 혼을 손상하고 쇠퇴시켜 마침내는 몸에서 떨어뜨려 죽음에 이르게 한다는 데까지 갈 것인가?"

"아니요, 결코 그런 일은 없습니다."

"그러니 그 자신에게 있는 고유의 악으로써 멸할 일이 없는데, 다른 사람의 악에 의해서 멸하게 되는 일은 결코 없을 것이네."

"틀림없이 이치에 어긋나는 이야기입니다."

"이 점은 다음의 것에 주의를 기울여 준다면 뚜렷해질 것일세, 글라우콘. 즉 이것이 신체의 경우라 하더라도 신체가 식물의 해악에 따라서, 즉 오래됐든 부패했든 그 밖의 무엇에 의하든, 아무튼 식물 자신에게 만족하는 해악으로써 멸하는 것으로 보아야 한다고는 우리들은 생각지 않네. 다만 그러한 식물 자체의 해악이 신체 내에, 신체에 있어서의 해악을 만들어 낼 때에 한해 신체는 그러한 식물 때문에, 직접적으로는 병이라는 자기 자신에게 고유한 악에 의해서 멸해 버린다고 말할 수 있을 것일세. 그렇지만 식물과 신체와는 원래 별개의 것인 이상, 신체가 식물에 속하는 해악에 따라서 멸한다고, 즉 신체가 자신과는 인연이 없는 다른 것의 악에 따라서, 그 악이 신체 자신에게 본래 소속된 악을 만들어 내지도 않는데 멸한다는 것은 결코 있을 수 없다고 우리들은 주장할 것이네."

"그것은 대단히 옳은 말씀입니다."

### 10

나는 계속했다.

"같은 이유에 따라서 신체의 악이 혼 속의 악을 만들어 내는 것이 아니라면, 우리들은 혼이 자기의 고유의 악이 아닌, 자기와는 인연이 없는 악에 따라서 소멸된다는 것을 결코 인정하지 않을 것이네. 그것은 어떤 한 가지가 그것과는 별개의 것에 속하는 악으로써 소멸되는 것에 불과하기 때문에."

"말씀하시는 것은 틀림없이 이치에 맞습니다."

"그렇다면 우리들로서는 이것을 반박하여 우리들의 논의가 잘못되어 있음을 나타내는지, 아니면 이것들이 반박을 허락지 않는 진리로서 머무르는 한은, 고열이든 그 밖의 병이든 살육이든, 더욱이 온몸을 얼마만큼 잘게 토막 내더라도 모든 그러한 것은 혼이 멸하기 위한 효력을 얼마간이라도 주는 것은 아니라고 주장하지 않으면 안 되네. 그러한 신체의 아픔 때문에 혼 자신이 보다 부정한, 보다 불경건한 혼이 되는 것을 증명할 때까지는 말이네. 어떤 것 속에 다른 것의 악이 생긴다 치더라도 그것에 고유의 악이 생기는 것이 아니면, 혼이든 다른 무엇이든 그 때문에 멸한다고 말하는 사람이 있더라도, 우리들은 그 주장을 승인하지 않도록 하세."

"그러나 선생님이 방금 말씀하신 것, 즉 죽어 가는 사람들의 혼이 그 죽음 때문에 보다 부정하게 되리라는 것을 증명할 사람은 아무도 없을 것입니다."

"그러나 누군가가 감히 우리의 논거에 대항해 와서, 흔히 불사(不死)하다는 것을 인정하지 않을 수 없게 되는 것을 어떻게 해서든 벗어나기 위해, 죽어 가는 사람은 실제에 있어서 사악해지고 부정해진다고 논한다면, 우리들로서는 이렇게 주장할 것일세. 만약 그것이 정말이라면 부정이란 그 소유자에게 있어서 글자 그대로 죽음에 이르는 병인 것이 되며, 그것은 본성에 의해 그 소유자를 죽이는 것이 되므로, 부정을 자신의 것으로 하는 사람들은 직접 그 부정 때문에 죽어 갈 것이다. 부정을 가장 많이 받아들이는 사람들은 빨리 죽고, 적게 받아들이는 사람들은 천천히 죽을 것이다. 결코 우리들이 눈으로 보는 것처럼 부정한 사람들은 타인이 가하는 형벌로써 죽는 것이 아니라고 말일세."

"참으로 제우스 신에게 맹세코, 만약에 부정이 그것을 받아들이는 사람에게 직접 죽음을 초래케 한다면, 부정은 그다지 두렵지 않은 것이 되겠지요. 아무튼 그것 덕분에 여러 화근으로부터 해방되는 것이 되니까요. 그러나 실제로 판별하는 것은 전혀 반대의 것이 아닐까요? 즉 부정은 오히려 가능한 한 타인을 죽이는 것이며, 부정의 소유자에게는 대단히 생기를 주는 것, 그것도 단순히 생기가 아니고 끊임없는 활력을 주는 것이라고 생각합니다. 그만큼 부정은 어쩐지 당사자에게 죽음을 가져오는 것으로부터 아주 먼 곳에 살고 있는 것 같군요."

"자네 말대로네." 나는 대답했다. "그렇다고 해도, 그 자신의 고유한 병적 상태, 고유의 해악이 혼을 죽음에 이르게 멸할 수 없게 된다면, 다른 것을 파멸시킬 임무를 가진 해악이 혼이든 무엇이든 자신의 임무를 부여받은 그 당사자 이외의 것을 멸한다는 것은 도저히 있을 수 없기 때문일세."

"틀림없이 그것은 도저히 생각할 수 없는 일입니다."

"이리하여 어떠한 해악에 의해서도, 즉 자기 고유의 해악에 따라서도 다른 것의 해악에 따라서도 멸하는 일이 없다고 하면, 분명히 그것은 언제나 있는 것이 아니면 안 되네."

"그렇지 않으면 안 됩니다."

## 11

나는 계속 말했다.

"그러면 이 점은 확립된 것으로 치세. 그렇다면, 존재하는 것은 늘 같은 혼이 된다는 것을 자네는 알아차릴 것일세. 왜냐하면 어떠한 혼도 멸하지 않는다고 하면 혼의 수가 적어지는 일도 없을 것이며, 또 보다 많아지는 일도 없을 테니까. 무릇 불사한 것은 무엇인가가 그 수를 증가한다면, 자네도 알다시피 가사적(可死的)인 것이 바뀌어 새로이 불사한 것이 되는 일에 기댈 수밖에 없을 것이며, 그러면 마지막에는 모두가 불사한 것뿐이 되어 버릴 테니 말일세."

"말씀하시는 대로입니다."

"그러면 우리들로서는 그렇게 생각하지 않도록 하세. 이유가 닿지 않을 테니까. 또 한편 혼이 가장 진실한 본성에 있어서 많은 복잡한, 서로 닮지 않고 서로 다른 성격으로 충만해 있는 것이라고도 생각하지 않도록 하세."

"그렇게 말씀하시면?"

"많은 것이 모여서 합성되어 있는 것, 더욱이 그 합성 방법이 완전하지 않은 것은 영원히 존속하기는 어려운 것이네. 앞서 우리들에게는 혼이 그와 같은 것으로 생각되었지만."

"확실히 그런 것이 영원히 존속하리라고는 생각되지 않는군요."

"그래서 혼이 불사한다는 것은 이제 막 언급한 논거에 따라서도, 다른 몇 가지의 논거에 따라서도 도저히 인정치 않을 수 없을 것일세. 그러나 한편 혼이 사실은 어떠한 성격의 것인가 하는 것을 알기 위해서는 우리들은 앞서 한 것처럼 그것이 육체와의 연결이나 그 밖의 갖가지 화근 때문에 몽땅 상처 난 모습을 보아서는 안 되는 것이네. 아니 오히려 그러한 갖가지 악에서 정화되었을 때에, 혼이 어떠한 본성을 나타내는가를 사유의 힘으로써 충분히 응시하지 않으면 안 되네. 그렇게 하면 그것은 훨씬 아름다운 것임을 발견할 것이며, 또한 정의와 부정, 그 밖에 우리들이 오늘 논한 모든 것을 더욱 뚜렷하게 정할 수가 있을 것이네.

그런데 우리들은 혼이 그 현상에 있어서 어떠한 성격의 것으로 보이는지에 대해서는 확실히 진실한 것을 말했지만, 사실 우리들이 관찰한 그 모습은 이를테면 해신(海神) 글라우코스와도 비할 만한 상태에 있었던 것이네. 사람들은 글라우코스를 보아도 그의 참다운 모습을 분별하는 것은 그리 쉽지 않을 것이네. 그 몸은 본래부터 어떤 부분이 물결 때문에 찢어지고 마멸되고 볼품도 없이 손상되어 버렸을뿐더러, 조가비라든가 해초라든가 바위 등이 눌어붙어서 몸의 일부가 되어 버렸기 때문에 본래의 모습과 비교한다면 오히려 어떤 동물과도 비슷하게 되어 버린 것이네. 우리들이 보고 있는 혼 또한 무수한 악 때문에 마치 이와 같은 모양이 되었다고 말하지 않으면 안 되네.

그러나 글라우콘, 우리들은 다시 다른 데로 눈을 돌려야만 하는 것일세."
"어떤 곳으로요?"
"철학이라고 하는 혼에 갖추어진 지(知)에의 희구에, 혼이 신적(神的)이고 불사이고 영원한 존재인 스스로의 본성에 촉구되어, 무엇을 파악하고 어떠한 교분을 동경하는지를 우리들은 주시하지 않으면 안 되네. 그리고 혼이 모든 것을 바쳐서 그와 같은 존재를 추구하고, 다름 아닌 그 충동의 힘에 따라서 지금 가라앉고 있는 바다 밑에서 끌어올려져, 바위나 조가비 등의 부착물을 두들겨 떼어 낸다면, 그때 혼은 어떠한 것이 될 것인가를 잘 보아야만 하네. 그러한 부착물은 사람들이 행복한 향연이라고 부르는 것 덕택에, 혼이 흙을 즐겨 양식으로 하기 때문에, 흙이나 바위로 된 많은 거친 덩어리가 되어서 현재 혼의 주변에 붙어 있는 것일세.
이와 같이 혼이 본래의 모습으로 돌아갔을 때, 비로소 사람은 혼의 참다운 본성을 알 수 있을 것이네. 많은 종류의 것이 모여서 되어 있는 것인지, 단일한 것인지, 아니면 어떠한 성격과 모습을 갖는 것인지를 알 것이네. 그러나 이제 우리들은 혼이 인간 생활에 있어서 받아들이는 갖가지 모양과 형상에 대해서 내 딴에는 꽤 충분히 이야기한 셈일세."
"말씀하신 대로입니다." 그는 대답했다.

## 12

나는 계속 말을 이었다.
"자, 여기서 우리들은 갖가지 문제를 논의를 통해 정리한 셈이지만, 특히 자네들이 투덜대던 헤시오도스라든가, 호메로스와 달라서 우리들은 정의의 보수나 평판을 칭찬하지는 않았네. 우리들이 발견한 것은 정의는 그 자체로서 영혼에서 최선의 것이라는 것, 그리고 기게스의 반지를 가지고 있든 있지 않든, 더욱이 그와 같은 반지에 덧붙여 하데스의 갑옷[14]을 갖고 있든 있지 않든, 영혼은 반드시 옳은 것을 마음먹지 않으면 안 된다는 것이었네. 그렇지 않은가?"
"정말 말씀하시는 그대로입니다." 글라우콘은 대답했다.

---

14) 쓰면 모습이 보이지 않게 되는 철모. 호메로스 《일리아드》 제5권 844 이하 참조.

그래서 나는 말했다.

"그러면 글라우콘, 이제라면 이미 지금까지 논해 온 사실에 덧붙여 정의와 기타의 덕이 본래 가져야 할 보수를 인정해 준다 치더라도 아무런 군소리도 있을 수 없겠지? 정의의 덕은 영혼을 인간들로부터도, 신들로부터도 사람이 아직 살아 있는 동안에도, 죽은 후에도 얼마만큼의 보수로 가져올 것인가를 이야기하더라도?"

"네, 말씀하시는 그대로입니다."

"그렇다면 한 가지, 앞서 의논 속에서 자네들이 내게서 빌려 간 것을 돌려줄 생각은 없는가?"

"대체 어떤 것 말씀입니까?"

"앞서 나는 자네들에게 한 걸음 양보하여, 바른 사람이 부정한 사람이라고 생각되게 하고 부정한 사람이 바른 사람이라고 생각되게 하는 것을 허락했지. 그것은 다름 아니라 자네들이 이를테면 정(正)이나 부정이 신들과 인간의 눈을 피하는 것은 사실상 불가능하다고 치더라도, 의논을 위해서 그것을 인정하지 않으면 안 되었네. 그렇지 않으면 정의 그 자체를 부정 그 자체와 비교하여 판정할 수가 없다고 나에게 요청했기 때문인 것이야. 기억하지 못하겠나?"

"기억하지 못한다면 괘씸한 이야기겠지요."

"그러면 그 판정도 이미 끝난 지금, 나는 이번에는 정의를 위해 그 점의 반환을 요구하네. 그것이 신들로부터도, 인간들로부터도 실제로 받고 있는 평판 그대로 우리들도 또한 정의를 인정해야 한다고. 그렇게 하면 정의는 옳다고 생각되는 것부터 획득하여, 정의의 소유자에게 수여하는 포상도 또한 확보하게 될 것이네. 정의가 그 자체의 존재를 통하여 여러 좋은 것을 나누어 준다는 것, 정의를 정말 자기 것으로 하는 사람들을 절대로 배반하지 않는다는 것은 이미 밝혀졌으니 말이야."

"그와 같이 요구하시는 것은 정당한 일입니다."

"그러면 그와 같은 나의 반환 요구에 응해서 자네들이 먼저 인정해야 할 일은 올바른 사람도, 부정한 사람도 각각 어떤 인간일지라도 신의 눈을 벗어날 수는 없다는 것이네."

"네, 인정합니다."

"그런데 신의 눈을 벗어날 수 없다면 한편은 신에게 사랑받는 인간이며 다른 한편은 신에게 미움받는 인간이라는 것이 될 것이네. 이것은 우리들이 처음부터 인정하고 있던 결론과도 일치하네."

"그렇습니다."

"그리고 신에게 사랑받는 인간에게는 무릇 신들로부터 비롯하는 모든 착한 일이 가능한 한 완전하게 일어난다는 것에 우리들은 동의하지 않을 것인가? 그 사람이 전생의 과오 때문에 피할 수 없는 어떤 불행을 처음부터 짊어지고 있지 않는 한 말이지."

"틀림없이 그렇습니다."

"따라서 올바른 인간에 대해서는 이를테면 그 사람이 가난한 환경 속에 있든, 병중에 있든, 기타 불행으로 생각되고 있는 어떤 상태 속에 있든, 그 사람에게 있어서 이러한 일들은 그가 살아 있는 동안이든 죽은 뒤든, 마지막에는 무엇인가 좋은 것으로 바뀔 것이라고 생각하지 않으면 안 되지. 왜냐하면 자진해서 올바른 사람이 되려고 열심히 마음먹는 사람, 덕을 행함으로 해서 인간에게 가능한 한 신과 비슷하려고 마음먹는 사람이 적어도 신으로부터 소외될 리는 없을 것이므로……."

"틀림없이 그와 같은 인간이라면 신으로부터 소외되지는 않으리라고 생각합니다."

"그리고 부정한 인간은 마치 그것과 정반대의 일을 생각하지 않으면 안 되는 것이 아닐까?"

"참으로 그렇습니다."

"그러면 신들로부터는 무릇 이상과 같은 일이 올바른 사람에의 포상으로 주어질 것이네."

"적어도 저는 그렇게 생각합니다." 글라우콘은 대답했다.

"그럼 인간 쪽에서는 어떨까?" 나는 말했다. "지금이야말로 진실을 말해야 한다고 할 것 같으면 사정은 다음과 같지 않을까? 즉 완력이나 쓰는 부정한 사람들이란 가는 길은 잘 달리지만 돌아오는 길은 그렇지 못한 주자와 마찬가지가 아닐까? 그들은 처음에는 재빨리 뛰어나가지만 마지막에는 영광을 차지하는 일이 없이 어깨를 축 늘어뜨리고 도망쳐 모든 사람의 웃음거리가 되지.

참다운 주자만이 결승점에 이르렀을 때, 상을 얻고 영광을 차지하는 것이지. 올바른 사람들도 일의 과정은 많은 경우 이것과 같은 것이 아닐까? 하나하나의 행위나 사람과의 접촉, 또한 인생 전체에 있어서 그들은 최후에 이르러 호평을 받고 인간들로부터의 포상을 차지하게 되는 것이 아닐까?"

"틀림없이 그렇습니다."

"그렇다면 자네는 자네 자신이 앞서 부정한 사람들에 대해서 말했던 것을 그대로, 여기서 올바른 사람들에 대해서 이야기하는 것을 용서해 주겠지? 즉 내가 말하려는 것은 이러한 것이네. 올바른 사람들은 나이가 들어서부터 희망한다면 자기 나라에서 통치의 임무에 임하여 어디에서든지 좋은 데서 아내를 얻고, 누구든지 좋은 사람과 아이들을 결혼시킬 수가 있지. 더욱이 그 밖에 자네가 부정한 사람들에 대해서 말한 모든 것을 고스란히 나는 지금 이 사람들에 대해서 말하는 것이네.

한편 또 부정한 사람들에 대해서도 말하겠네. 그들의 대부분은 만일 젊었을 때에는 그 정체를 알아차리지 못하고 있더라도 경주로의 마지막까지 왔을 때 붙잡혀서 웃음거리가 되고, 나이가 들어서는 이웃 사람들이나 같은 시민들로부터 비참한 상태로 창피를 당하고 채찍질당하고 더욱이 자네가 교묘하게 참혹한 이야기라고 말한 온갖 형벌을 받게 된다네. 아무쪼록 그런 모든 것을 부정한 사람들은 받게 된다고 내가 자네의 이야기를 되풀이하는 것을 들어 준 셈 쳐주게. 그러나 어떨까, 다시 한번 말하지만 내가 이렇게 하는 것을 용서해 주겠나?"

"네, 기꺼이…… 선생님이 말씀하시는 것은 정당한 것이니까요."

### 13

나는 다시 계속했다.

"그렇다면 앞서 이야기한 것처럼 정의가 그 자체만으로 제공하는 갖가지 좋은 것과는 별도로, 올바른 사람이 신들과 인간으로부터 포상이나 보수나 선물로써 살아생전에 받는 것은 주로 이상과 같은 것이 되는 셈이지."

"네, 그것은 대단히 훌륭한, 더욱이 확실한 것입니다."

"그런데 그것들은 올바른 사람과 부정한 사람 각각을 그 죽은 뒤에 있어서 기다리고 있는 것과 비교한다면 수에서나 크기에서나 아무것도 아닌 것이네. 그것이 어떠한 것인가를 이제야 우리들은 묻지 않으면 안 되네. 올바른 사람과 부정한 사람이 저마다 들어야 할 것을 듣고 아주 완전하게 받아들이기 위해서."

"제발 말해 주십시오. 제가 이보다 더 기꺼이 듣는 경우는 그다지 많지 않으니까요."

나는 그 이야기를 다음과 같이 시작했네.[15]

"내가 이제부터 말하려는 것은 알키노스의 이야기[16]는 아니야. 이것은 한 사람의 용감한 전사의 이야기야. 팜필로스족의 핏줄을 받은 아르메니오스의 아들, 에르의 이야기지.

그 옛날 에르는 전쟁에서 최후를 마쳤네. 전사자들의 시체는 함께 운반되었고 열흘 뒤 다른 시체는 이미 부패해 있었으나 에르의 시체만은 썩지 않고 있었어. 그래서 그는 집까지 옮겨져 죽은 지 12일 만에 막 장사 지내려고 들판의 불붙은 장작더미 위에 뉘였을 때, 놀랍게도 에르는 되살아났어. 그리고 되살아나면서부터 그는 저세상에서 본 온갖 일을 이야기했던 것이네.

그가 이야기한 것은 다음과 같았네. 그의 혼은 육체를 떠난 뒤 다른 많은 혼과 더불어 길을 떠나서 마침내 어떤 영묘하고도 불가사의한 곳에 도착했네. 그곳에는 대지에 두 개의 구멍이 가지런히 입을 벌리고 있었고, 위쪽에도 이와 마주 보고 하늘에 두 개의 구멍이 뚫려 있었다네.

이들 하늘의 구멍과 땅의 구멍 사이에 재판관들이 앉아 있었네. 그들은 그곳에 오는 사람들을 차례로 재판하여 판결을 내린 뒤, 올바른 사람은 그 판결의 내용을 나타내는 표지를 앞에 달게 하고 우측의 하늘을 통해서 위로 향하는 길을 가도록 명하고, 부정한 사람들은 이것 또한 이제까지 범한 모든 일을

---

15) 죽음 뒤의 혼의 운명을 말한 이야기는 《파이돈》《고르기아스》《파이드로스》가 있지만 그중에서도 유명한 《에르의 이야기》가 여기서부터 나온다. 오르페우스교, 피타고라스학파에 공통하는 사상이 들어 있는 것으로 보인다. '에르(Er)'라는 이름은 동방 히브리 계통의 것이다.

16) 호메로스 《오디세이아》에 있어서 오디세우스가 파이아케스인(人)의 왕 알키노스에게 이야기해 준 것으로서, 제9권에서 제12권까지에 쓰여 있다. '알키노스의 이야기'는 긴 이야기를 의미하는 말로 바뀌었다. 또한, 이 '알키노스'와 다음에 나오는 '알키모스(용감한)'란 말은 어조에 맞춘 익살이다.

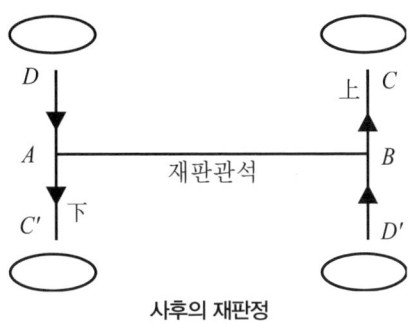

**사후의 재판정**

나타내는 표지를 뒤에 달게 하고 좌측 아래로 향하는 길을 가도록 명하고 있었네.

　에르 자신이 거기에 가자 그들은, 너는 죽은 뒤의 세계를 인간들에게 보고하는 사람이 되어야 하므로 여기서 행해지는 모든 것을 남김없이 잘 보고 들으라고 말했네.

　그래서 그는 한편에서 혼들이 판결을 받고 나서 하늘의 구멍과 땅의 구멍을 통해 그곳을 떠나가는 것을 보았네. 다른 두 개의 구멍, 즉 땅의 구멍 쪽에서는 지저분하고 먼지 묻은 혼들이 땅 밑에서 올라왔으며, 하늘의 구멍 쪽에서는 다른 혼들이 깨끗한 모습으로 하늘에서 내려오고 있었네.

　이리하여 차례로 도착한 혼들은 긴 여로에서 겨우 돌아온 듯한 모습으로 즐거운 듯 목장에 가서 마치 제전에 사람이 모일 때처럼 그곳에 머물렀네. 아는 사람끼리는 서로 인사를 나누고 땅에서 온 혼은 다른 혼들에게 천상의 일을 묻고, 하늘에서 온 혼은 다른 혼들이 겪은 것을 묻고 있었네. 이리하여 여러 이야기가 오가는 사이 땅에서 나온 혼들은 지하의 여로가 1000년이나 이어지는 동안, 자기들이 정말 끔찍한 일을 얼마나 많이 받아야 했고 보아야 했는지를 떠올리고는 슬픈 눈물을 흘리고 있었으며, 한편 하늘에서 온 혼들은 그곳에서 보고 들은 갖가지 즐거운 행복과 말할 수 없이 아름다운 일들을 이야기했네.

　이곳에서 들은 숱한 사실들을 그대로 이야기하는 것은 글라우콘, 긴 시간이 걸릴 것이네. 그러나 에르가 말한 바에 따르면 그 요점은 다음과 같네.

　즉 저마다가 일찍이 누군가에게 얼마만큼의 부정을 했는지, 얼마만큼의 사람들에게 나쁜 일을 했는지에 따라서 혼은 그 모든 죄업 때문에 차례로 벌을 받는데, 그 형벌의 집행은 각각의 죄에 대해 열 번 되풀이되어 행해지네. 즉 인간의 일생을 100년으로 치고 그 100년 동안에 걸친 벌의 집행을 열 번 되풀이하는 셈인데 이것은 각자가 저지른 죄의 10배 분량을 변상하기 위해서지. 예를 들어 국가나 군대를 배반함으로써 많은 사람들의 죽음을 가져오고 노예의 상태에 빠뜨린다든지 기타 어떤 나쁜 일에 가담한 자가 있으면, 모두 그와 같은 일에 대해서 저마다의 죄의 10배 분량의 고통을 받게 된다네. 한편 또한 몇 가지의 선행을 한 일이 있는 사람, 올바르고 경건한 인간이 된 자가 있으면 같은 비율로 그것에 해당하는 보상을 받게 되지.

이와는 별도로 태어나자마자 죽은 자들이나 잠시 동안밖에 살지 못한 자에 대해서도 에르는 말했는데, 그것은 여기에서 다루지 않기로 하세. 그러나 여러 신과 낳아 준 어버이들에 대한 불경과 경건함에 대해서 또한 스스로 손을 댄 살인은, 그들은 이상에서 말한 것보다 더 큰 응보가 있다는 것을 이야기했네.

즉 에르의 말에 따르면 어떤 자가 '아르디아이오스 대왕은 어디 있는가?' 묻고 있는 참인데, 마침 대답해 주는 사람이 거기 있었다네. 이 아르디아이오스라는 사람은 오늘부터 꼭 1000년 전 팜필리아의 어떤 나라의 주인이었던 자로서 늙은 아버지와 형을 죽이고 그 밖에도 숱하게 불경스러운 짓을 저지른 사나이라고 하네. 에르의 이야기로는 그때 아르디아이오스의 일을 질문받은 자의 대답은 이러했다네. '그는 여기에 아직 돌아와 있지 않다. 그리고 영원히 돌아오지 않을 것이다……'라고.

14

'우리들은' 하고, 그자는 일의 자초지종을 설명하기 시작했네. '수없이 무서운 광경을 보았는데 이제부터 이야기하는 것은 그중의 하나다. 우리들은 믿지 않을 수 없는 고통을 모두 받고 난 다음에 땅속의 구멍으로부터 빠져나오려고 출구 가까이까지 왔다. 그때 갑자기 우리들은 그 아르디아이오스가 다른 자들과 함께 있는 것을 보았다. 그들은 거의 모두가 참주들이었는데, 일반인으로서 큰 죄를 지은 자들도 몇 사람 끼여 있었다. 그들은 이제야 겨우 위로 빠져나갈 때가 왔다고 생각하는 모양이었다. 그러나 출구는 죄를 다 갚을 수 없을 만큼 극악한 자나, 아직 충분히 벌을 다 받지 않은 자가 위로 나가려고 할 때도 포효 소리를 지르는데, 이때도 포효했다.

그러자, 거기에는 무시무시한 사나이들이 불과 같은 무서운 형상을 하고 대기하고 있었는데, 그 포효 소리의 의미를 알아차리고 그들을 양쪽에서 솔개가 낚아채 가지고 사라졌다. 그러나 아르디아이오스와 그 밖의 몇 사람에 대해서는 특별히 사지와 머리를 묶어 쓰러뜨려서 가죽을 벗기고는 길을 따라서 밖으로 질질 끌고 나갔다. 가시밭 위에서 양털을 벗기듯이 그 몸뚱이를 갈기갈기 찢으면서. 이렇게 해서, 그곳을 지나가는 모든 자에게 어떤 까닭으로 그들이 이런 참혹한 형벌을 받고 있는지를, 그리고 또, 그들은 이제부터 타르타로스[17]로 내던져지기 위해서 끌려가고 있다는 것을 알려 주는 것이었다.'

이렇게, 그 사나이가 말하는 바는 자기들은 온갖 공포를 죽도록 당했지만 뭐니 뭐니 해도 가장 무서웠던 것은 저마다가 구멍에서 위로 올라가려고 할 때, 그 포효 소리가 울리지 않을까 하는 것이었다고 하네.

그래서 한 사람씩 위로 올라가는 순간에 구멍의 출구가 침묵하고 있어 주는 것보다 더한 기쁨이 없었다고 했네.

에르는 재판과 형벌은 이상과 같으며, 은혜도 또한 이와 걸맞은 것이었음을 이야기했네.

그런데 목장에 모인 혼들의 무리는 7일이 지나고, 8일째에는 거기서 일어나, 길을 떠나지 않으면 안 되었었네. 길을 떠난 뒤 나흘 만에 그들은 어느 고장에 도착했는데, 거기에서는 위로부터 하늘과 땅과의 전체를 꿰뚫고 뻗어 있는 기둥처럼 한 줄기 곧은 빛이 보였네.[18] 그 빛은 꼭 무지개와 같았는데, 무지개보다는 더 밝고 빛났으며 더 깨끗하고 맑았네.

거기에서 다시 하룻길을 나아가서 그들은 그 빛이 있는 곳에 이르렀네. 그리고 그 빛의 한가운데에 서서, 멀리 천공에서 빛의 밧줄의 양 끝이 늘어져 내려

---

17) 땅 밑 세계 깊은 곳에 있다는 끝없는 나락, 악인이 벌을 받은 장소. 《파이돈》《고르기아스》를 참조.
18) 우주의 축을 상징한다. 여기서부터 플라톤은, 우주의 구조, 일월성신의 천구의 주기적 운행이 어떠한가를 이 이야기 속에서 상징적인 수법으로 표현했다. 혼들은 제각기의 생애 선택에 선행해서 인간의 삶의 방식과 분리할 수 있도록 결부되어서 이것을 규제하고 있는 우주 만유의 질서와 조화를 계시받게 되는 것이다.

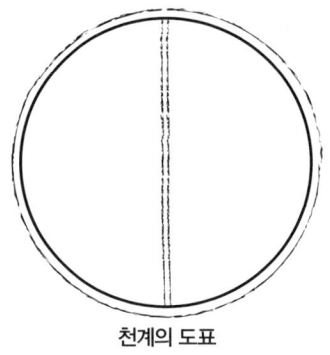
천계의 도표

온 것을 보았네. 즉 이 빛은 천공을 묶은 끈이었네.

그것은 마치 군선(軍船)의 선체를 붙들어 매는 노끈처럼, 회전하는 천구의 전체를 붙들어 매고 있었네.[19]

그 끝으로부터는 아난케(필연) 여신의 물레가 뻗어 있는 것이 보였네. 그것에 따라서 모든 천구가 돌아가도록 되어 있었네. 그 물레의 굴대와 갈고리는 다이아몬드로 되어 있었고, 회전 속도를 일정하게 하는 커다란 바퀴는 강철과 그 밖의 재료가 혼합되어 만들어져 있었네.

이 큰 바퀴는 형상은 오늘 표현한 것과 비슷하지만 구조는 에르가 말한 바에 따르면, 다음과 같이 되었다고 생각할 수 있는 것이네.

즉 하나의 커다란 바퀴가 그 안쪽은 완전히 비어 공허한 속에 그것보다는 작은 또 다른 바퀴가 꼭 맞게 끼워져 있는데, 그것은 마치 작은 술잔이 큰 술잔 속에 꼭 끼어들어 있는 것처럼 보이네. 그리고 이런 모양으로 그 속에 제3의 바퀴, 제4의 바퀴가 끼워져 있고, 거기에 또, 바퀴 네 개가 차례로 끼워져 있었네.

즉 그 바퀴는 모두 여덟 개 있었는데, 위에서 내려다보면 그 언저리가 여러 개의 원을 보이고 있으면서, 굴대를 중심으로 전체가 또 하나의 큰 바퀴인 것처럼, 그 연속된 표면을 이루고 있었네. 그 굴대는 여덟 번째의 바퀴 한가운데를 꿰뚫었지.

이것들 큰 바퀴는 가장 바깥쪽 원형 테두리가[20] 가장 폭이 넓었고, 바깥쪽

---

19) 우주의 축에 따라서 중심을 꿰뚫는 빛은 또한 우주의 주위(원주)의 바깥쪽을 돌아서, 선체 보강을 위해 바깥쪽에서 붙들어 매는 노끈처럼, 천구 전체를 붙들어 맨다. 이 빛의 원주는 아마 은하에 의해서 시사된 것이라고 생각된다.

20) 이것들 바퀴 원형의 선은 해·달 기타의 혹성 및 항성의 각각을 태우고 지구의 중심에 서로 다른 속도로 회전 운동을 행하는 천구의 테두리로 보인다. 그리고 그것들의 테두리 폭의 넓이는 천체(별)의 궤도와 궤도와의 사이의 거리를 표시하는 것이라고 해석된다. 천체(별)의 이름은 별표와 같다.

으로부터 여섯 번째의 바퀴 테두리가 두 번째로 폭이 넓었으며, 그다음으로 폭이 넓은 것은 네 번째의 바퀴 테두리이고, 다음은 여덟 번째의 바퀴고, 다음은 일곱 번째, 그다음은 다섯 번째, 다음이 세 번째, 그리고 두 번째의 순서로 되어 있었네.

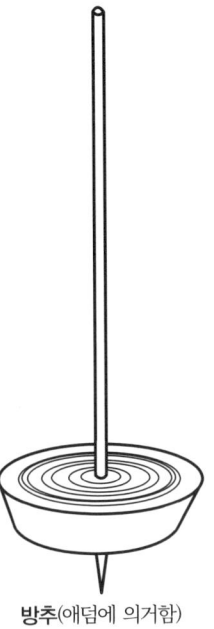

**방추**(애덤에 의거함)

가장 큰 바퀴의 테두리는 보석을 박은 듯이 찬란하게 빛나고, 바깥쪽에서 일곱 번째 바퀴의 테두리는 그 빛이 가장 밝았으며, 여덟 번째 바퀴의 테두리는 일곱 번째의 빛에 비쳐서 색채를 받고 있었고, 두 번째와 다섯 번째의 빛은 서로 비슷한 색채를 발하고 있었는데, 먼저 말한 두 개의 빛보다는 조금 노란빛이 더했고, 세 번째의 것은 가장 흰빛을 많이 띠고 있었고, 네 번째의 것은 약간 붉은색을 띠고 있고, 여섯 번째의 것은 흰빛이 두 번째 것과 같았다네.

물레의 전체는 같은 방향으로 돌면서 원리 운동을 하고 있었는데, 회전하는 그 전체 속에서 안쪽의 일곱 개의 원은 전체와는 반대쪽으로 천천히 회전하고 있었네. 이 일곱 개 가운데서는 바깥쪽에서 여덟 번째의 원이 빠른 속도로 움직이고, 일곱 번째 여섯 번째 다섯 번째의 원이 그보다 조금 느린 속도로 서로가 함께 움직였네. 네 번째의 원은 그들에게 보인 바로는 역행하는 원의 운동을 하면서 세 번째로 빨리 움직이고, 세 번째 원은 네 번째로 빠르고, 두 번째 원은 다섯 번째로 빨리 움직이네.

물레는 아난케 여신의 무릎 안에서 회전하고 있지. 그 하나하나의 원 위에는 세이렌[21]이 한 사람씩 타고 있었는데, 원과 함께 빙빙 돌면서 일정한 고음의 목소리로 한 사람씩 소리를 내고 있었네. 이런 소리는 모두 여덟이 있었는데, 그 소리는 서로 조화되어 단일한 음계를 구성했다네.

그 밖에 세 여신이 일정한 간격을 두고, 제각기 왕좌에 앉아 있었네. 즉 아난케 여신의 딸 모에라이(운명의 여신들)로서 흰옷을 입고, 머리에는 화관을 쓰

---

[21] 본래는 그 노랫소리로 듣는 자의 마음을 매혹시키는 요녀들. 여기서는 별표에 이름을 든 그것들의 별을 가리킨다.

| 외측에서의 순서와 이름 | 광폭의 순 | 속도의 순 |
|---|---|---|
| 1 항성 천구의 겉 | 1 | — |
| 2 토성 천구의 겉 | 8 | 5 |
| 3 목성 천구의 겉 | 7 | 4 |
| 4 화성 천구의 겉 | 3 | 3 |
| 5 수성 천구의 겉 | 6 | 2 |
| 6 금성 천구의 겉 | 2 | 2 |
| 7 태양 천구의 겉 | 5 | 2 |
| 8 달 천구의 겉 | 4 | 1 |

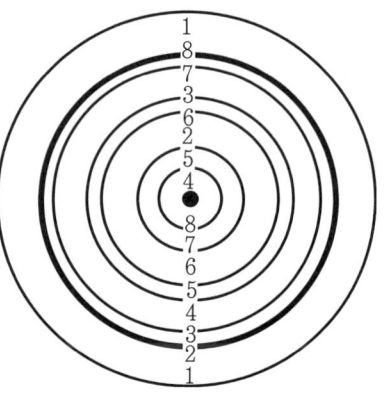

고 있었네. 그 이름은 라케시스·클로트·아트로포스 등이지. 세이렌들의 음악에 맞추어서, 라케시스는 지나간 일을, 클로트는 현재의 일을, 아트로포스는 미래의 일을 노래로 부르고 있었네. 그리고 클로트는 때때로 물레의 바깥쪽 수레에 오른손을 대서 그 회전을 빠르게 하고 있었고, 아트로포스도 같은 동작으로 안쪽의 수레에 왼손을 대서 그 회전을 빠르게 하고 있었네. 라케시스는 두 손을 번갈아 가면서 수레 하나하나의 회전을 빠르게 하고 있었네.

### 15

영혼들이 거기에 도착하자 그들은 곧장 라케시스가 있는 곳으로 가도록 명령을 받았네.[22] 거기에는 신의 뜻을 전달하는 신관(神官)이 한 사람 있었는데, 먼저 그들을 가지런히 줄세우고, 라케시스의 무릎에서 제비뽑기를 하는 많은 패와 여러 일생을 적은 책들을 받아 가지고, 높은 단 위에 올라가서 다음과 같이 말했네.

'이것은 여신 아난케의 따님인 소녀신 라케시스의 말씀이다. 부질없는 목숨의 혼들이여, 여기 이제 죽어야 할 인간이 죽음으로 마치게 되는 또 다른 주기

---

22) 여기서부터, 다시 태어나는 생애의 선택에 대한 이야기가 시작된다. 각각의 혼은 제비뽑기에 따라서, 정해진 차례에 따라서 주어진 생애의 여러 종류의 표본 속에서 자기의 생을 선택한다. 제비뽑기는 운명에 의해서 결정되고, 선택은 자유 의지에 따른 것이기 때문에, 인간의 생애는 필연과 자유, 두 가지에 의해서 규정된다고 할 수 있다.

가 시작된다.

 운명을 이끌고 갈 신령이 그대들의 제비를 뽑는 것이 아니다. 그대들 스스로가 자신의 신령을 선택하는 것이다.[23]

 첫 번째 제비를 뽑은 자가 첫 번째의 생애를 선택한다. 선택한 그 생애에, 그는 이제부터 필연의 힘에 의해 붙들리어 그로부터 떠날 수가 없으리라.

 덕은 이러한 것에도 지배되지 아니한다. 그것을 받들든가 대수롭게 여기지 않든가에 따라서, 사람들은 제각기 덕을 보다 많이, 또는 적게 자기의 것으로 할 수 있을 것이다.

 책임은 선택하는 자에게 있다. 신에게는 아무런 책임이 없다.'[24]

 신관은 이렇게 말하더니 줄서 있는 모든 사람에게 제비 패를 던졌다. 그들은 저마다 자기 앞에 떨어진 제비를 집어 들었는데, 에르만은 제외되었네. 그에게는 그것이 허락되지 않았던 것이야. 제비를 주워 든 자는 제각기 자기가 몇 번째의 패를 잡았는가를 알았네.

 그러고 나서 신관은 다시 한번 여러 가지 일생의 표본을 적은 책을 그들 앞에 놓았는데, 그 수는 거기에 있었던 자의 수보다 훨씬 많았지.

 온갖 종류의 일생의 표본이 거기 있었어. 모든 동물의 생애가 거기 있었고, 인간의 생애도 가지가지의 표본이 갖추어져 있었네. 이를테면 거기에는 참주의 생애도 있었지. 그것은 일생 동안 계속되는 것도 있었고, 도중에 망하는 것도 있었으며, 가난과 추방으로 끝나는 것도 있었고, 거지가 되어 끝나는 것도 있었네. 유명한 사람의 생애도 있었는데, 그 가운데 어떤 것은 모습과 풍채 면에서, 용모의 아름다운 면에서, 또는 강력한 면에서, 경기의 솜씨가 좋은 면에서의 유명한 사람들의 생애였고, 어떤 것은 가문과 선조의 공적으로 유명해진 사람들의 생애였네. 또 그 반대가 되는 사람들의 생애도 있었고…… 이런 식으로 여자들의 생애에도 여러 가지가 많이 있었네.

---

23) 사람들에게는 제각기 운명을 지배하고 이끄는 다이몬이 붙어 있다는 사고에 대해서는 《파이돈》을 참조하라. 여기서 플라톤은 일반적인 통념을 부정하고, 운명이란 주어지는 것이 아니라 도리어 각자가 자신의 노력 여하로 선택하는 것이라고 강조한다.
24) '책임은 선택하는 자에게 있다. 신에게는 아무런 책임이 없다'고 한 이 말은, 뒤에 그리스 사상가들에게 여러 번 인용되었다.

그러나 혼 그 자체의 성격을 특별히 규정한 표본은 없었네. 이것은 혼이 저마다 선택한 생애에 따라서 저절로, 필연적으로 제각기 다른 성격이 결정되기 때문이었네. 하지만 이상하게 예를 든 것 말고 여러 조건이 서로 혼합되어 있었는데, 부와 가난의 혼합, 또는 병과 건강의 혼합이 그것이었네. 또 이 부와 가난, 건강과 병의 중간 상태에 있는 것도 있었네.

아무튼 이 순간이야말로, 친애하는 글라우콘이여, 인간에게 있어서의 모든 위험이 걸려 있는 것이고, 그리고 정녕 이것으로 말미암아서 우리들 한 사람 한 사람은, 다른 것을 배우는 걸 뒤로 미루고, 다만 이것만을 자진해서 탐구하기도 하고, 남에게 배우기도 해야만 하는 것이네. 만일 그로 말미암아 능력과 지식을 가르쳐 주는 사람을 발견하고 배울 수만 있다면 말이야. 그렇게 함으로써 우리들은 착한 삶과 악한 삶을 식별하고, 자기 힘이 미치는 범위에서 늘 어떠한 경우에도, 보다 착한 쪽의 삶을 선택할 수 있어야만 하네. 지금 여러 가지 생애의 표본으로서 이야기한 모든 조건이 서로 결부되는 경우에도, 혹은 단독으로 개별적인 것이라고 하더라도, 착한 삶에 대해서 어떤 관계를 가지느냐 하는 것을 고려하면서, 아름다움이 가난이라든가 부와 함께 될 때, 또 어떤 혼의 소유자와 함께 있을 때, 얼마나 착한 것, 나쁜 것을 만들어 내는가를 알지 않으면 안 되네.

집안의 좋고 나쁨, 개인으로서 신분과 공적인 지위에 있는 신분, 몸의 강함과 약함, 사물 판단의 능숙과 부족, 그리고 그것과 종류를 같이 하는 흔히 선천적 또는 후천적인 여러 특성이 서로 결부할 때, 무엇을 만들어 내야 하는가를 알지 않으면 안 되네. 그렇게 하면 그 사람은 모든 것을 종합하고 고려한 다음에, 완전히 혼의 성격에 집중해서, 혼이 보다 부정한 방향으로 이끌고 가는 생애를 보다 좋은 생애라고 불러서, 보다 좋은 생애와 보다 나쁜 생애를 선택할 수가 있게 될 것이네. 그리고 다른 것에는 전혀 곁눈질을 하지 않게 될 것이네. 왜냐하면 우리가 이미 보고 결정을 내린 것처럼, 그러한 선택이야말로 살아 있는 자에게는 죽은 뒤에라도 가장 뛰어난 선택임에 틀림이 없을 테니까.

이리하여 인간은 다이아몬드처럼 견고하게 이런 생각을 품고, 하데스의 나라(저승)로 가지 않으면 안 되네. 그래야만 저승에서도 부나 부와 같은 종류의 해악에 현혹됨이 없이, 독재 군주의 생활이라든가, 그 밖의 비슷한 때에 떨어져서 용서받기 어려운 많은 나쁜 짓을 행하든가, 또는 자기 자신이 보다 큰 해악을 받는 일이 없을 테니까. 그리고 가능한 한 현재의 생애에 있어서도 그런 외적 조건에 대해서는 언제나 중용의 생활을 선택하고 어느 쪽으로든 정도를 넘친 생활을 피하는 것을 알기 위해서…… 왜냐하면 인간은 그렇게 해야만 가장 행복해지는 것이기 때문일세.

### 16

사실은 또, 저승으로부터의 보고자(에르)가 전한 바에 따르면, 아까의 그 신관은 그때 다음과 같이 말했다고도 하네.

'맨 나중에 선택하러 오는 자도, 정신 차려서 잘 선택하기만 한다면, 참되게 노력하면서 사는 한, 만족할 수 있는 결코 나쁘지 않은 생애를 보낼 수 있다. 따라서 맨 처음에 선택하는 자도 섣불리 선택해서는 안 되고, 맨 나중에 선택하는 자도 실망해서는 안 된다.'

에르의 말에 따르면, 신관이 이렇게 말을 하자, 맨 처음 제비를 뽑은 자는 곧장 앞으로 나아가서 최대의 독재 군주의 생애를 선택했네. 그는 그것을 선택함에 있어 경박함과 욕심 때문에 모든 경우를 자신에게 충분히 적용해서 생각하지를 않았던 것이네. 거기에는 자기 자식들의 고기를 먹는 것과 그 밖의 여러 재앙이 운명으로서 포함되었다는 것을 그는 미처 몰랐던 것이네.

그러나 한참 시간을 들여서 자세히 조사해 보고 난 뒤에, 그는 가슴을 치면서 자기의 경솔한 선택을 후회했네. 그때 그는 신관이 미리 한 말을 지키지 않았던 것이야. 그는 불행의 책임을 자기 자신에게 돌리지 않고 운명을 탓하고 다이몬을 탓하고, 자신을 제외한 다른 모든 것에 책임을 돌렸던 것이네.

이 사람은 천상 쪽의 여행을 마치고 온 사람들 가운데 하나였네. 그는 전생에서 질서가 잘 유지된 국가 체제에서 살았기 때문에, 참다운 지(知)를 추구하는(철학을 공부하는) 일은 하지 않았지만, 습관적인 힘에 따라서 덕을 몸에 익히고 살았던 사람이었네. 거의 이 사람과 같은 실수를 한 자들은 주로 천상의 여행에서 돌아온 사람들이었네. 그들은 고뇌에 의해서 배운 것이 없었기 때문이었어. 이것과는 반대로 땅속의 여행을 거쳐서 온 많은 사람들은, 자신들도 엄청난 고통을 겪었을뿐더러 다른 사람들이 고통을 겪는 것도 직접 눈으로 보고 왔기 때문에 경솔하게 행동하지는 않았어.

이런 사정과 제비뽑기의 운수가 작용해서, 많은 혼들은 좋은 생애와 나쁜 생애가 바뀌어 가는 결과를 가져왔던 것이네. 그러나 만일 사람이 이 세상에 태어날 때마다, 언제나 성심성의껏 지(知)를 사랑하고 추구하며, 생의 선택을 위한 제비뽑기의 차례가 맨 나중이 아니라면, 아마도 이러한 저세상으로부터의 보고로 미루어 생각하건대 그 사람은 다만 이 세상에서 행복해질 뿐만 아니라 또한 이 세상에서 저세상으로 가게 됐을 때도, 또다시 이 세상에 돌아올 때도, 땅속의 험한 여행이 아니라 순탄하고 편한 천상에의 여행을 계속하게 될 것이네.

그러므로 에르가 이야기한 바에 따르면, 어떻게 해서 그들 혼의 저마다가 자신의 생애를 선택했느냐는 것은 보아 둘 만한 가치가 있는 광경이었네. 그것은 어쩌면 불쌍하다고 생각할 수도 있고 웃음이 나온다고 할 수도 있으며, 또는 너무 어이가 없어서 놀랄 만한 구경거리이기도 했다네. 아무튼 그 선택은 많은 경우 전생의 습관으로써 좌우된 것이었기 때문이지.

그는, 일찍이 오르페우스[25]의 혼이 백조의 생애를 선택하는 것을 보았네. 오르페우스의 혼은 여자들에게 잡혀 죽었기 때문에 여성 무리를 미워하고, 너무나 여성을 미워했기 때문에 다시는 여자의 배 속에서 잉태되어 태어나고 싶지 않았던 것이네.

또 그는 보았네. 타미리스[26]의 혼이 꾀꼬리의 생애를 선택한 것을. 그리고 또 백조가 인간으로 다시 태어나기 위해서 인간의 생애를 선택하는가 하면, 그 밖의 음악적인 동물도 같은 식으로 하는 것을 보았네.

스무 번째의 제비를 뽑은 혼은 사자의 생애를 선택했네. 이것은 일찍이 텔라몬의 자식이었던 아이아스[27]의 혼이었는데, 갑옷으로 말미암은 패소 판결을

---

25) 그는 전설에 따르면, 디오니소스 신을 시중하는 이른바 광란의 여인들(마이나데스)에 의해서 찢기어 살해됐다.
26) 전설상의 가수. 무사의 여신들에게 경연을 제기했다가 시력과 노래의 재능을 빼앗겼다.
27) 살라미스 사람으로 트로이아 전쟁 무렵 그리스 군대에서 가장 용감했던 무장. 아킬레우스가 죽은 뒤, 그의 무기와 투구를 둘러싸고, 오디세우스와 다투었는데 판결에 져서 자살했다. 호메로스 《오디세이아》 제9권과 소포클레스 《아이아스》를 참조.

잊을 수가 없어서 인간으로 태어나기를 바라지 않았던 것이네. 그다음의 차례를 뽑은 혼은 아가멤논의 혼이었네. 이 혼도 자기가 받은 재난 때문에 인간을 기피하고 독수리의 생애를 선택했네.

중간쯤의 제비를 뽑은 사람으로 아탈란테[28]의 혼이 있었는데, 남자 경기자에게 주어지는 커다란 영예를 보고 그것이 탐나서 그것을 택했네. 계속해서 파노페우스의 아들인 에페이오스[29]가 기술에 뛰어난 여자의 생애를 선택하는 광경을 에르는 보았네. 또 마지막 순번에 해방된 배우 테르시테스[30]의 혼이 원숭이로 모습을 바꾸는 것도 보았네.

마침 그때, 오디세우스의 혼이 그들 가운데서 가장 마지막의 제비를 뽑았기 때문에 다음의 생애를 선택하려고 앞으로 나아갔는데, 전쟁에서의 온갖 고생이 몸에 배서 이제는 명예를 추구할 야심도 없었기 때문에 오랫동안 망설이다가 성가신 일이 없는 한 개인의 평범한 생애를 찾았네. 그리하여 간신히 그런 생애가, 다른 혼들이 거들떠보지도 않아 한쪽 구석에 내버려져 있는 것을 발견하고, 만일 그가 맨 처음의 제비를 뽑았다고 해도 자기는 그것을 선택했을 것이라고 말하면서 기꺼이 선택했네.

이렇게 그 밖의 동물들도, 동물로부터 사람이 되는 것도 있고, 동물로부터 다른 동물이 되는 것도 있었네. 그때 부정한 동물은 흉악한 야수가 되기도 하고, 바른 동물은 순한 가축이 되는 것도 있었는데, 거기서는 온갖 배합이 이루어졌네.

아무튼 이렇게 모든 혼들이 다음 생애의 선택을 끝내자, 모두 제비를 뽑은 순번으로 정렬해서 라케시스가 있는 곳으로 갔네. 이 여신은 이제부터의 생애를 지켜보면서 선택한 운명을 이루어 주기 위해, 앞서 그들이 각기 선택한 신령을 그들에게 붙여 주었네.

신령은 먼저 여신 클로트가 있는 곳으로 혼을 데리고 가서, 물레 아래서 저

---

[28] 스코이네우스의 딸. 걸음이 빠른 여자. 그녀에게 구혼하는 자는 경주하자는 도전을 받았고, 경주에 지면 살해되었다.
[29] 트로이아 공략의 한 방책으로 쓰인 목마를 만들어 낸 사람.
[30] 《일리아드》 제2권에 등장하는 신분이 낮고 교양이 없으며 추하게 생긴 사람으로, 지휘관에게 행패를 부린 사나이.

마다의 혼이 제비를 뽑아 선택한 운명을 이 여신 앞에서 다시 확인하게 했네. 그리고 이 클로트의 손을 잡아 본 뒤, 이번에는 아트로포스가 길쌈을 하는 곳으로 데리고 가서, 운명의 실을 돌이킬 수 없는 확고한 것으로 굳혔네.

거기서 혼은 뒤도 돌아보지 않고, 여신 아난케의 왕좌 아래로 갔네. 그리고 그곳을 지나갔는데 다른 혼들이 모두 거기를 지나자, 그들은 모두 한 무리가 되어 여행을 떠났네. 망각의 들로 가는 거지. 숨이 막힐 것 같은 무서운 뙤약볕 아래의 행군이었네. 이 들판에는 나무 한 그루, 풀 한 포기도 없었다네.

저녁때가 되어서야 혼들은 망각의 강기슭에 도착하여 야영을 하게 되었네. 이 강의 물은 어떤 그릇으로도 뜰 수가 없었네. 모든 혼들은 이 강물을 정해진 양만큼 마시지 않으면 안 되었는데, 자신들의 지성으로 자제할 줄 모르는 자들은 정해진 양보다 많이 마셨네. 그들은 하나같이 그 물을 마시자마자 모든 것을 잊어버리고 말았지.

그리고 그들이 모두 잠들고 한밤중이 되자 벼락 치는 소리가 나고 대지가 흔들렸네. 그러자 그들은 갑자기 마치 유성이 흐르는 것처럼, 이리저리 새로운 탄생을 위해서 하늘 높이 날아가 버렸네.

에르는 강물을 마시지 말라는 명령을 받았기 때문에 그대로 자고 있었는데, 자기가 어떤 경로로 자신의 신체를 찾아 돌아왔는지 알 수가 없었네. 한참 자다가 눈을 떠보니 새벽녘에 화장을 위해서 쌓아 올린 장작더미 위에 자신이 누워 있는 것을 발견했다고 하네.

글라우콘, 이리해서 그의 혼은 구원을 받았지 멸망하지는 않았다네. 만일 우리들이 이야기를 믿는다면 그것은 또 우리들을 구원하는 결과가 될 것이네. 그래서 우리들은 '망각의 강'을 아무런 사고 없이 건너고 혼을 더럽히지 않아도 될 것이네. 그러나 또 우리들이 내가 하는 말에 따라서 혼은 죽어 없어지는 것이 아니고, 온갖 악과 선도 견디어 낼 수 있는 것임을 믿는다면, 우리들은 언제나 향상의 길을 벗어나지 않고, 어떤 일에서도 정의와 사려의 생활을 성실히 이행하게 될 것이네.

또 그렇게 하는 것으로써 이 세상에 머무르는 동안만이라도, 또 경기의 승리자가 온갖 선물을 받아 가면서 돌아다니는 것처럼, 우리들이 정의의 포상을 받을 때가 오고 나서도, 우리들은 스스로나 신들과도 가까운 친구가 될 수 있을 것이네. 그리고 이 세상에서도, 우리들이 이야기한 1000년의 여행에서도, 우리들은 행복할 수 있을 것이네."

Symposion
향연

# 향연

**아폴로도로스**  자네들이 묻는 것에 나도 예비지식이 전혀 없다고는 생각지 않네. 그건 이런 일이 있었기 때문일세. 요즘의 일인데 마침 나는 팔레론[1]에 있는 우리 집에서 시내로 나가기 위해 언덕길을 올라가는 중이었네. 그런데 뒤에서 아는 친구 하나가 멀리서 나를 알아보고는, 그는 대뜸 농담 섞어 나를 부르지 않겠는가.

"여보게 팔레론 사람, 아폴로도로스. 잠깐만 나 좀 보세."

그래서 나는 걸음을 멈추고 기다렸네. 그랬더니 그는 이렇게 말하더군.

"사실은 아까부터 자네를 찾았다네. 그 아가톤의 집에서 있었던 모임이 어땠는지 자세한 이야기를 자네한테서 들어 볼까 하고 말이네. 그건 소크라테스도 알키비아데스도, 그 밖에도 사람들이 몇 명 참가한 모임인데, 그때 그들이 나눈 사랑 이야기가 어떤 것이었는지, 나는 그걸 듣고 싶은 걸세. 실은 필립포스의 아들 포이닉스한테서 들은 것을 나한테 이야기해 준 사람이 있었네. 그 사람 말로는 자네도 그걸 안다고 하더군. 그런데 결국 그 사람은 조금도 분명하게 말해 주지를 못했단 말이야. 그러니 자네가 자세히 이야기 좀 해주어야겠네. 자네야말로 친구의 말을 전하기에 가장 알맞은 사람이 아니겠나. 그런데 그 전에 미리 알고 싶은 게 있어. 자네가 직접 그 모임에 참석했었나, 아니면 참석하지 않았었나?"

그래서 나는 말해 주었지.

"그러고 보니 자네는 그 사람에게서 분명한 이야기를 조금도 듣지 못한 것 같군. 자네가 묻는 모임이 바로 얼마 전에 있었던 일이라 나도 그 모임에 참석했을 거라고 자네가 생각한다면."

---

1) 아테네의 서남방 약 4킬로미터 지역에 있는 옛 항구.

"물론 나는 그렇게 알고 있네."

그가 말했네. 그래서 나는 또 말했지.

"무얼 근거로 하여 그러는가, 글라우콘? 자네는 아가톤이 이곳에서 없어진 지가 꽤 오래되었고, 그리고 내가 소크라테스와 사귀며 날마다 그의 언행을 배워 깨닫고자 전심전력한 지 아직 3년도 채 되지 않았다는 것을 모르는가? 사실 소크라테스를 알기 이전에 나는 공연히 사방을 쏘다니면서 그래도 제구실하는 사람이기나 한 것처럼 우쭐거렸는데, 실상은 그 누구보다도 비참한 인간이었지. 지금의 자네 못지않게 말이네. 자네는 지(知)를 사랑하고 구할 바에야 차라리 아무거나 다른 걸 하는 게 좋다고 생각하는 친구이니 말일세."

그러자 글라우콘은 말했네.

"독설은 그만두게. 그만두고 자, 아까 그 모임이 언제 있었는지나 말해 주게."

그래서 나는 그 말에 대답하여 주었지.

"그건 내가 아직 어렸을 적 일일세. 즉 아가톤이 첫 비극 작품으로 우승을 했을 때의 일인데, 그가 가무단과 함께 제물을 바쳐 우승을 축하한 다음 날의 일이네."

"그렇다면 매우 오래된 일 아닌가." 글라우콘은 말했네. "그건 그렇고, 대체 누가 그것을 자네한테 말해 주던가? 소크라테스였나?"

"천만에, 포이닉스에게 그 말을 해준 바로 그 장본인이야. 아리스토데모스라는 위인인데, 키다테나이온에 사는 사람으로서 키가 작달막하고 늘 맨발로 다니는 사람이지. 그 사람이 모임에 참석했던 걸세. 내가 볼 때 그 사람은 그때에는 으뜸가는 소크라테스 찬미자였으니까 말일세. ……뭐 이런 연유이지만, 그래도 그 사람한테서 들은 말 가운데 몇 가지를 소크라테스에게 알아보니까 소크라테스도 그 이야기가 틀림없다고 인정하더군."

"그렇다면 자, 이야기를 들려주게." 글라우콘은 말했네. "시내로 나가는 이 길은 걸으면서 이야기하기엔 꼭 알맞으니까."

그래서 우리는 걸어가면서 그 일의 자초지종을 이야기했던 것일세. 그러니까 처음에도 말했듯이 나는 그 일에 조금의 예비지식이 있단 말일세. 만일 자네들도 그 이야기를 들어야겠다면 말하는 것이 좋겠지. 그리고 나로서도 다른 때도 마찬가지지만 이야기가 지혜에 대한 사랑—철학 이야기가 되고 보면,

나 자신이 이야기를 하든, 또는 듣게 되든 아무튼 철학 이야기라면 각별히 마음이 즐거우니까 말일세. 그런 이야기가 무슨 이익이 된다고 생각하는 것은 고사하고라도 말일세. 그렇지만 그것과는 다른 이야기, 특히 자네들이 주고받는 돈 많은 실업가들의 이야기라면 나 자신도 비참한 생각이 들뿐더러 자네들 역시 불쌍한 생각이 든단 말일세. 아무튼 자네들은 하찮은 일밖에 아무것도 하지 않으면서도, 큰일이나 하고 있는 것처럼 망상들을 하고 있으니 말일세. 그렇지만 자네들은 오히려 나를 불쌍한 사람이라고 생각하겠지. 그렇게 생각하는 자네들에게 잘못은 없을 걸세. 그러나 자네들을 동정하는 나는 그냥 단순하게 동정만 하는 것이 아니야. 그러한 자네들의 본성을 훤히 꿰뚫어 보고 있는 걸세.

**친구** 자네는 여전하구먼, 아폴로도로스. 자네는 언제나 자네 자신이나 남의 비난만 하고 있어. 내가 보기에는 자넨 소크라테스만 빼놓고는 자네를 비롯해서 그야말로 깡그리 모든 사람을 불행한 사람으로 알고 있는 것 같으니 말이네. 그러나저러나 점잖은 사람이라는 별명을 자넨 도대체 어디서 얻었는지 난 도무지 영문을 모르겠어. 아무튼 자넨 언제든지 입버릇이 그 모양이라 소크라테스만 빼고는 자네 자신에게나 누구에게나 그런 거친 태도를 취하니까 말이야.

**아폴로도로스** 그렇다면 여보게, 뭐 이것도 말하나 마나겠지. 내가 나나 다른 친구들을 그런 식으로 생각하고 있으니까, 결국 내 머리가 돌았다, 이 말이구먼.

**친구** 아폴로도로스, 지금 그런 것으로 말다툼한다는 일은 반갑지 않네. 아까 자네한테 부탁한 대로 쓸데없는 소리 떠들 것 없이 그 이야기의 내용이 어떤 것이었는지 그거나 말해 주게.

**아폴로도로스** 그렇다면⋯⋯ 그 이야기의 내용이란 대강 이런 것이었다네. 아니, 그보다도 그 친구(아리스토데모스)가 이야기한 대로 처음부터 이야기해 보기로 하지.

아리스토데모스가 한 이야기란 이런 거라네.

목욕을 하고 샌들을 신은 소크라테스—이런 모습인 경우는 좀처럼 없는 분이지만—나는 그런 모습을 한 그를 우연히 만났네. 그래서 소크라테스에게 물었네.

"이렇게 말끔하게 차리시고 어딜 가십니까?"

그러자 소크라테스가 다음과 같이 말했다네.

"아가톤의 집에 저녁 먹으러 가네. 실은 어제 우승 축하식에 갔다가 어찌나 사람이 많던지 질겁을 하고 도중에 빠져나와 버렸는데, 그때 오늘 저녁 자리에 참석하겠다고 약속했지. 그래서 이렇게 치장을 한 거라네. 아름다운 사람한테 가려면 아름답게 꾸미고 가야 하니까. 그건 그렇고, 자네는 어떤가, 불청객으로 그 연회에 가볼 생각은 없나?"

"무엇이든지 말씀대로 하지요."

나는 이렇게 대답했네.

"그럼 같이 가세. 그러면 우리 그 속담의 내용을 바꿔서 '아가톤의 잔치에는 선량한 사람들(아가톤)이 자진해서 가느니라'라는 식으로 그 속담의 뜻을 쓸모없이 만들어 버릴 수 없으니 말일세. 이건 우리들과는 달리 호메로스도 그 속담의 뜻을 쓸모없이 만들었을 뿐 아니라 다시 거기다가 불손한 것까지 가했으니까 말일세. 결국 그는 아가멤논[2]을 '뛰어난 무장'으로, 메넬라오스[3]를 '유약한 투창병(投槍兵)'으로 만들어 놓고서 아가멤논이 희생을 바쳐 연회를 베풀었을 때 그 자리에 불청객으로서 메넬라오스를 참석시켰으니 말이야. 뒤떨어진 자가 그보다 훌륭한 자의 잔치에 손님이 된 셈이 아닌가."

"하지만 아마 나도 소크라테스 당신이 말씀하신 대로가 아니라 호메로스의 시에 있듯이 보잘것없는 사람이 현자의 연회에 불청객으로 참석한 꼴이 되지나 않을까요. 그러니 나를 데리고 가시려거든 핑계 댈 말을 마련해 주십시오. 나로서는 나 자신을 불청객이라고 인정할 생각은 없으니까, 당신이 청해서 왔다고 말하겠습니다."

내가 대답했네. 그러나 그는 다음과 같이 말했지.

"둘이서 길을 걸어가면서 어떻게 해야 좋을지를 의논하세. 어쨌든 가보세."

대강 이런 말을 주고받은 끝에 우리는 걷기 시작했다네. 그런데 소크라테스

---

[2] 트로이아 원정군의 총대장.
[3] 아가멤논의 동생, 스파르타 왕. 헬레나의 남편.

는 길을 가다가 도중에 자기 생각에 잠기는 바람에 나보다 처져서 뒤에서 걸어오고 있었네. 그래서 내가 기다리고 있었더니 먼저 가라고 하더군. 그러다가 내가 아가톤의 집에 이르렀는데 마침 문이 열려 있더군. 그런데 좀 우스운 꼴을 보았네. 나를 하인 하나가 맞아들이면서 다른 손님들이 모여 있는[4] 곳으로 안내해 주었는데, 보니까 그들은 막 식사를 하려던 참이었네. 그래도 아가톤은 나를 보자마자 이내

"아이고, 아리스토데모스 아닌가, 마침 잘 왔네. 저녁이나 같이 하세. 무슨 다른 볼일로 왔거든 그것은 다음으로 미루세. 실은 자네를 초청하려고 어제도 찾아다녔지만, 만나지를 못하고 말았네. 그건 그렇고 왜 소크라테스하고 같이 오지 않았나?"

라고 묻더군. 그래서 나는 뒤를 돌아보았지만, 그때까지도 소크라테스의 모습이 보이지를 않았네. 그래서 나는 말했지.

"사실 난 소크라테스와 같이 왔다네. 소크라테스가 여기 오자고 청해서 온 걸세."

"정말 자네 잘 와주었네." 아가톤은 말했네. "그건 그렇고 그분은 어디 계실까?"

"방금 내 뒤를 따라오셨는데. 어디 계신지 나도 모르겠는걸."

"얘들아!" 아가톤은 자기 하인을 불러서 이르더군. "어서 가서 소크라테스를 찾아서 모셔 오너라! 그리고 아리스토데모스, 자네는 에릭시마코스 옆에 가서 앉도록 하게."

(아리스토데모스는 계속 말했다.)

그래서 내가 앉을 수 있도록 담당 하인이 내 발을 닦아 주었네. 그때 다른 하인 하나가 와서 알렸네.

"저 소크라테스 님이 이웃집 문간으로 들어가셔서는 제가 불러도 나오시질 않습니다."

---

4) 당시의 그리스인은 침대의자에 누워서 음식을 먹는 습관이 있었다.

"거 이상한데." 아가톤이 말했네.

"어쨌든 다시 가서 들어오시라고 말씀드려라. 그리고 가시지 못하도록 꼭 모셔 와야 한다."

그래서 나는 말했지.

"아니야. 내버려 둬. 그분은 그냥 내버려 두게. 그것이 그분의 버릇인걸. 이따금 아무 데나 들어가서 서 계시는 수가 있어. 이제 곧 오시겠지. 나는 그렇게 알고 있어. 그러니 방해하지 말고 그대로 두게."

그러자 아가톤이 대답했네.

"자네가 그렇게 생각한다면 그렇게 하지." 그러고는 하인들에게 지시했어.

"얘들아, 그러면 소크라테스는 내버려 두고 우리는 식사를 하도록 해다오. 너희들을 감독하는 사람이 없을 때에도 난 감독 같은 걸 해본 적이 없으니까 말이다. 그러니 오늘은 어디 너희들이 나나 다른 손님들을 초대한 셈 치고 잘 대접해서 칭찬을 받도록 해봐라."

그리고 우리는 식사를 시작했는데 그래도 소크라테스는 오지 않았어. 그래서 아가톤이 가서 소크라테스를 모셔 오라고 몇 번이나 이르려 하였지만 나는 그러지 못하게 했네. 그런데 소크라테스는 평소와는 달리 별로 오래 걸리지 않고 왔던 걸세. 식사가 반쯤 끝났을 때 말이네. 그래서 아가톤이—마침 맨 끝자리에 혼자 누워 있었는데—말했네.

"이쪽으로 오십시오, 소크라테스. 내 옆으로 오십시오. 그래서 당신에게 붙어 앉아 옆집 문간에서 당신 속에 떠오른 지혜를 나도 좀 같이 누리도록 해주십시오. 보나 마나 당신께서 그것을 발견해서 지금 지니고 계시다는 건 뻔한 사실이니까요. 그렇지 않고서야 그 자리를 떠나실 리 만무하니 말입니다."

그래서 소크라테스는 자리에 앉아 이렇게 말했네.

"아가톤, 만일 지혜라는 것이 그런 성질의 것이라면 얼마나 좋겠나. 결국 우리 몸이 서로 닿기만 해도, 지혜로 가득 차 있는 편에서 비어 있는 쪽으로 그 지혜가 흘러 들어가는 것이라면 말일세. 마치 털실을 타고 가득 찬 쪽에서 비어 있는 쪽으로 흘러드는 잔 속의 물처럼 말이네. 지혜라는 것이 과연 그런 것이라면 내가 자네 옆에 자리 잡은 것을 매우 귀하게 생각하겠네. 자네한테서 나오는 훌륭한 지혜로 내가 가득 채워질 것 같으니 말일세. 내 지혜라 해봤자 보잘것없고 거기다가 꿈처럼 믿을 수 없는 것이지만 자네 것은 미래의 진보를 풍부하게 내포하고 있는 빛나는 것이니 말이야. 아무튼 그것은 젊은 자네로부터 이미 그토록 찬연히 빛나서 그저께도 3만이 넘는 관중들 앞에서 밝혀지지 않았는가.”

"소크라테스, 당신은 언제나 사람이 안중에 없는 태도로 놀리시는군요." 아가톤이 말했네. "이것에 관해서는—즉 이제 그 지혜의 문제입니다만—나와 당신과 둘이서 누구 말이 옳은지 나중에 판가름하십시다. 디오니소스[5]를 심판자로 해서 말입니다. 하지만 지금은 우선 식사나 하시죠."

이런 일이 있은 뒤에 소크라테스는 식사를 했는데, 다들 식사를 끝내자 모두들 헌주(獻酒)를 하고 신에 대한 찬송가를 불렀으며 그 밖에 관습적인 의식을 치른 다음 술을 마시게 되었네. 그때 파우사니아스가 대강 이런 말을 했네.

"자, 자네들, 어떻게 하면 술을 가장 편하게 마실 수 있을까? 솔직히 말해서 난 어제 마신 술 때문에 아주 괴로워 죽겠어. 그래서 좀 쉬었으면 하네. 자네들도 대개는 그렇겠지. 어제 참석들을 했을 테니 말이야. 그러니 어떻게 마시는 것이 가장 편하겠는지 자네들 좀 생각해 주게."

그러자 아리스토파네스가 말했네.

"거참 좋은 말을 했네, 파우사니아스. 어떻게 해서든지 편하게 마실 수 있도록 준비를 한다는 건 좋은 생각이야. 나 자신도 어제 술에 젖었던 사람이니까."

그러자 그 말을 듣고 아쿠메노스의 아들인 에릭시마코스가 말하더군.

"자네들 말은 다 옳은 말일세. 한데 자네들 중의 또 한 사람에게서 의견을 듣고 싶네. 아가톤, 술 마실 기운은 있나?"

"말도 말게. 나도 더 마실 기운은 없네."

"이거 참, 우리로서는 다행한 일인데." 에릭시마코스는 말을 이었네. "자네 같은 술꾼이 술을 더 못 마시겠다고 하니 말이네. 아리스토데모스나 파이드로스나, 다들 술에는 약하니까. 하지만 소크라테스는 달라. 이분은 마셔도 그만, 안 마셔도 그만이니까 어느 쪽으로 정하든지 만족하실 거야. 그러니 내가 볼 때 이 자리에 있는 자네들은 마시고 싶어 애쓰는 사람이 하나도 없는 것 같으

---

[5] 술의 신. 또한 음악, 연극 등 예술의 신이기도 하다. 로마 신화에서는 바쿠스.

니, 내가 취기가 어떤 것인지를 바른대로 말해도 아마 싫증을 내지는 않겠지. 사실 난 내가 하고 있는 의학으로 이걸 알았는데, 지나치게 취한다는 건 사람에게 좋지 않은 걸세. 그래서 될 수만 있다면 나 자신도 지나치게 마시려고 생각도 안 하지만 남에게 그것을 권하고 싶지도 않아. 더군다나 상대가 숙취로 머리가 무거울 때는 두말할 것도 없고."

이 말을 가로막아 미리누스에서 온 파이드로스가 이렇게 말했네.

"그렇고말고, 난 자네 말에는 언제나 복종하고 있어. 특히 자네가 말하는 의학 이야기라면 뭐든지 말일세. 그렇지만 지금은 여기 있는 그 누구라도 잘 생각해 본다면 역시 그럴 것일세."

이 말을 듣고 모두들 동의를 하여, 오늘의 모임을 취하도록 마셔 버리는 것으로 하지 말고, 마음 내키는 대로 마시고 싶은 사람은 마신다는 식으로 하자는 데에 의견이 일치하게 되었네.

"그러면……." 에릭시마코스가 말했네.

"우리가 모두들 억지로 권하지 않고, 제가끔 마시고 싶은 대로 마시기로 정했으니, 내가 한 가지 제의를 하겠네. 방금 들어온 피리 부는 여자는 내보내서 자기 혼자 불게 하든가, 그래도 원한다면 안에 있는 여자에게나 들려주게 하고, 오늘의 이 모임은 서로 이야기나 하면서 보내자는 것일세. 그럼 어떤 이야기를 하느냐가 문제인데, 자네들이 허락한다면 그건 내가 제안해 보겠네."

그러자 모두 그게 좋겠으니 그 사람더러 제의하라고 그러더군. 그래서 에릭시마코스가 말을 했네.

"이 이야기를 시작하겠는데 나는 에우리피데스의 《멜라니페》[6]가 말한 대사를 흉내 내기로 하겠네. 결국 지금부터 하려는 이야기는 내 것이 아니고 여기 있는 파이드로스의 것일세. 이 친구는 나를 만날 적마다 화를 내면서 이렇게 말한다네. '이럴 수가 있나, 에릭시마코스. 시인들은 다른 신들을 위해서는 찬가나 송가를 짓고 있으면서, 에로스에 대해서는 그렇게나 오래되고 그토록 위대한 신인데도 아직껏 한 사람도 찬미가를 지은 이가 없으니 말이야. 지금까

---

[6] 3대 비극 시인의 한 사람. 《멜라니페》는 그의 작품의 하나.

지 그토록 수많은 시인이 배출되었는데도 말이야. 그뿐인가. 유능한 소피스트들을 생각해 보게. 그들은 헤라클레스[7] 따위에 대해서는 산문으로 찬사를 쓰고 있어. 이를테면 일류인 프로디코스같이 말이네. 하지만 이건 그다지 놀랄 것도 못 되네. 나는 언젠가 어떤 현자의 책을 본 적이 있는데, 놀랍게도 그 안에서 나는 소금에 유용성이 있다고 해서 어처구니없을 만큼 찬사를 바치고 있는 것을 보았네. 그 밖에도 그런 종류의 것이 수없이 많이 찬미되고 있는 것을 볼 수 있을 걸세. 사실 이런 보잘것없는 것들에 대해서는 크게 힘을 쏟으면서도, 에로스 신에 대해서는 누구 하나 오늘날까지 적당한 찬미가 하나 바친 사람이 없으니 말이야. 그렇게도 위대한 신이 이렇게까지 무시되어 왔단 말일세'라고. 파이드로스의 말은 지당하다고 생각하네. 그래서 나는 이 사람에게 내 힘을 이용해 기쁘게 해주고 싶을 뿐만 아니라, 이 신을 찬미하는 것은 이 자리에 모인 우리들에게도 합당한 일이라고 생각하네. 또한 자네들도 찬성한다면 우리는 이야기를 주고받으면서 충분히 즐거운 시간을 보낼 수 있을 걸세. 즉 내 생각으로는 우리가 한 사람씩 왼쪽으로부터 오른쪽으로 돌아가면서, 될 수 있는 대로 아름답게 에로스를 찬미를 할 것, 특히 파이드로스는 맨 첫 자리를 차지하고 있기도 하지만 뭐니 뭐니 해도 이 이야기를 낳게 한 아버지이기도 하니까 우선 먼저 시작해 주어야겠네."

"에릭시마코스, 아무도 자네한테 반대투표할 사람은 없을 걸세." 소크라테스가 말했네. "왜 그런가 하면, 사랑에 관한 것 외에는 아무것도 모른다고 주장하는 내가 그것을 거절할 리는 물론 없을 테고, 아가톤도 파우사니아스도 그렇겠지만 더욱이 아리스토파네스—즉 디오니소스와 아프로디테[8]의 일에 주야로 전념하고 있는 그라면 더 말할 것도 없을 것이고, 여기 있는 그 밖의 사람 중에서도 아무도 반대할 사람은 없을 테니 말일세. 하기야 아랫자리에 앉아 있는 우리로서는 지금의 결정이 불공평하다 할 수 있겠지만, 뭐 그래도 괜찮네. 먼저 얘기하는 사람들이 아름답고 충분하게 이야기해 준다면, 우리는 그것으로 만족하겠네. 자, 그러면 신들의 가호 아래 파이드로스부터 에로스 찬사를 들려주게."

---

7) 대표적인 전설상의 영웅.
8) 미와 사랑의 여신. 로마 신화에서는 베누스.

그래서 다른 사람들도 모두 그 말에 찬성하여 소크라테스가 말한 대로 그에게 부탁했네.

**아폴로도로스**  그런데, 한 사람 한 사람이 한 이야기를 아리스토데모스도 다 기억하고 있지는 않았지만, 나 역시 그가 해준 이야기를 고스란히 다 기억하고 있지는 않네. 그러나 무엇보다도 기억해 두어야겠다고 생각한 사항이나 이야기들을 그 사람들이 한 대로 지금부터 차례차례 전하겠네.

그래서 (하고 아리스토데모스는 말을 이었네) 지금도 말했지만 먼저 파이드로스가 대강 다음과 같이 이야기를 해나갔네.

"에로스는 위대한 신이며, 사람들 사이에서나 여러 신들 사이에서나 찬탄할 만한 신입니다. 그 까닭은 많은 점에서 말할 수 있는 일이지만, 특히 그 출생에 대해서 그렇다고 말할 수 있습니다. 왜냐하면 이 신이 신들 중에서도 가장 오래된 신이라는 것은 그분의 영예가 되는 일이기 때문입니다. 특히 이 에로스가 매우 오래된 신이라는 증거로는 이 신에게는 부모가 없고, 또 산문가나 시인들 중에서 그것을 기록한 사람도 없다는 것입니다. 뿐만 아니라 헤시오도스[9]의 말에 따르면 이러합니다. 태초에 카오스가 생기고

> 그런 다음에
> 영원히 만물을 자리 잡게 하는 넓은 가슴의 가이아(대지)와
> 그리고 에로스가 생겼느니라.

이 헤시오도스와 함께 아쿠실라오스[10]도 역시 같은 의견으로, 카오스 다음에 이 두 분의 신, 즉 가이아와 에로스가 생겼다고 말하고 있습니다. 또한 파르메니데스[11]도 천지 생성에 대해 이렇게 언급했습니다.

> 모든 신들 중에서 에로스는 제일 먼저 만들어졌느니라.

---

9) 기원전 8세기 무렵의 서사시인. 《노동과 나날》, 《신통기》의 작자.
10) 기원전 6세기경 그리스의 신화학자.
11) 엘레아학파(존재의 유일하고 영원불변함을 주장)의 대표적 철학자.

이런 까닭에, 에로스가 가장 오래된 신들 중의 하나라는 것은 여러 면에서 인정되고 있는 바입니다. 그리고 가장 오랜 신이기 때문에 우리들에게 가장 좋은 일들의 근원이 되고 있기도 합니다. 왜냐하면, 나로서는 소년에게 좋은 것이라면 뭐니 뭐니 해도 어릴 적부터 훌륭한 사람이 자기를 사랑해 주는 것보다 더 좋은 것을 들 수 없을 뿐 아니라, 또 소년을 사랑하고 있는 사람에게는 그 소년보다 더 좋은 것을 들 수도 없기 때문입니다. 결국 훌륭하게 살고자 하는 사람들에게 그 일생의 지도적 원리가 되는 것, 그것을 우리에게 훌륭하게 심어 줄 수 있는 점에서는, 가문이나 명예와 부귀도 사랑에 비교하면 문제가 되지 않습니다.

그렇다면 그 원리란 무엇이겠습니까? 그것은 추한 것은 부끄러워하고, 아름다운 것이라면 공명(功名)을 다투는 마음 바로 그것입니다. 왜냐하면 이것이 없이는 국가도 개인도 아름다운 위업을 이루지 못하기 때문입니다. 따라서 나는 이렇게 주장합니다. 즉 사랑을 하고 있는 사람은, 자기가 무슨 부끄러운 짓을 하고 있다든가 또는 남에게서 욕을 보고 있으면서도 용기가 없어 그대로 당하고 있는 것이 드러났을 때, 그 목격자가 아버지나 자기 친구나 또는 그 밖의 누구보다, 자기가 사랑하고 있는 소년에게 들킨 것만큼 괴롭게 느끼지는 않을 것입니다. 또한 사랑을 받고 있는 사람 쪽도 그와 똑같은 상태에 있다는 것을 우리는 늘 보고 있습니다. 즉 그런 사람들은 자기가 무슨 부끄러운 짓을 하다가 들켰을 때, 자기를 사랑하는 사람에 대해서는 특별히 부끄럽게 생각하는 법입니다.

그래서 가령 서로 사랑을 주고받는 어른과 소년으로 이루어진 국가나 군대가 있다고 칩시다. 이런 경우 그들이 모두 비천한 것을 멀리하고 서로 명예를 위해 다툰다고 한다면 그들이 자기네 국가를 다스리는 데 있어서 이보다 더 훌륭한 방법은 없을 것입니다. 또 서로 힘을 합해서 싸울 때도 비록 적은 군대를 가지고도 수많은 군대에 대항하여 능히 이겨 낼 수 있을 것입니다.

왜냐하면 사랑을 하고 있을 때는 자기가 전투 부서를 포기하거나 무기를 버리는 것을 사랑하는 소년에게 들킨다는 것은 정말이지 다른 누구에게 들키는 것보다도 견디기 어려운 일이기 때문입니다. 이보다는 차라리 몇 번이라도 죽기를 바랄 것입니다. 그러니 사랑하는 소년을 버리거나 위급한 때에 소년을 구해 주지 않거나 한다는 것은 제아무리 비열한 사람이라 할지라도, 에로스 스스로가 용기의 영험한 기운을 불어넣은 사람이라면 용감하게 타고난 사람과 다름없는 사람이 되지 못할 만큼 비열한 사람은 하나도 없는 법입니다. 그리고 이것이야말로, 호메로스가 읊은 것입니다만, 어떤 영웅들의 가슴속에 '용기를 불어넣어 주었다'는 것은, 에로스의 선물로서 사랑을 하고 있는 사람들에게 주는 것입니다.

그리고 또 남을 위해서 죽는 순사(殉死)인데, 이것은 오직 사랑을 하고 있는 자만이 할 수 있는 각오이며, 남자만 그런 것이 아니라 여자 또한 그러합니다. 이 점에 관해서는 펠리아스의 딸인 알케스티스가 그리스 사람들에게 충분한 증거를 보여 주고 있습니다. 즉 남편의 부모가 살아 있었지만, 오직 그녀만이 남편을 위해서 죽으려고 결심했던 것입니다. 사랑하는 까닭에 남편에 대한 그녀의 애정은 부모보다 훨씬 강했으며, 그 결과 부모는 아들에게 남이나 다름없고 명목뿐인 동족에 지나지 않는다는 것이 폭로된 것입니다. 그녀가 이러한 행위를 이루었을 때의 그 훌륭한 태도는 인간에게만이 아니라 신들의 눈에도 비쳤습니다.

원래 죽은 자의 영혼을 저승으로부터 돌려보내 주는 일은 많은 아름다운 행위를 한 수많은 사람들 중에서도 실로 얼마 안 되는 사람들에게만 신들이 선물로 베풀었던 것인데, 그럼에도 불구하고 신들은 그녀의 행위를 찬양하여 그 영혼을 돌려보내 준 것입니다. 이처럼 신들도 사랑으로 인하여 생겨난 열성과 용기의 덕을 더없이 존중하는 것입니다. 그러나 오이아그로스의 아들인 오르페우스에 대해서는, 그가 찾아간 아내의 환영만을 보였을 뿐, 아내 자신은 돌려주지 않고 그를 저승에서 헛되이 돌아가게 했습니다.

그것은 그가 하프를 타며 노래 부르는 유약한 사람인지라 알케스티스처럼 감연히 사랑을 위해서 죽지를 못하고 산 채로 저승에 들어가려고 꾀를 부린 것이 신들의 눈에 보였기 때문입니다. 그렇기 때문에 신들은 그에게 벌을 주어 부녀자들 손에 의해 그 목숨을 잃게 만들었던 것입니다. 그러나 테티스의 아들인 아킬레우스[12]에 대해서는 그와 반대로 영예를 주어 행복한 사람들이 사

---

12) 트로이아 원정군의 첫째가는 용장. 그리스 사람에게 가장 사랑받은 영웅. 《변명》 참조.

는 섬으로 보낸 것입니다. 그것은 그가 어머니로부터 '만약 헥토르[13]를 죽이면 너도 죽게 될 것이다. 하지만 그를 죽이지 않으면 고향으로 돌아가서 천수를 누리게 될 것이다'라는 말을 들어 잘 알고 있었으면서도, 자기를 사랑해 주는 파트로클로스[14]를 도와서 복수를 하고 난 다음에 그를 위해서 죽을 뿐 아니라 더욱이 그의 뒤를 따라서 죽기로 하였기 때문입니다. 그래서 신들도 더없이 감탄하여 사랑해 주는 자를 그토록 소중히 여긴 그의 마음을 특별히 찬양하였던 것입니다. 그런데 아이스킬로스[15]는 이 아킬레우스가 파트로클로스를 사랑한 것처럼 말하고 있지만 그것은 당치도 않은 소리입니다. 아킬레우스는 파트로클로스보다도 잘생겼을 뿐만 아니라 모든 용사들보다도 훌륭하고 아직 수염도 나지 않은 젊은이였습니다. 따라서 호메로스도 말하였듯이 훨씬 나이가 아래였던 것입니다. 어쨌든 간에 사랑에서 유래하는 위와 같은 덕을 확실히 신들은 더없이 귀중하게 여기기는 합니다만 사랑을 주는 사람이 사랑하는 사람을 대할 때보다도 오히려 사랑을 받는 사람이 사랑을 주는 사람에게 애정을 보일 때에 훨씬 더 감탄을 하고 기리며 우대를 해주는 것입니다. 왜냐하면 사랑을 주는 사람은 신들린 상태에 있으므로 사랑을 받는 사람보다도 신과 가까운 사람이기 때문입니다. 그런 까닭에 신들은 아킬레우스에게 알케스티스보다 더 큰 영예를 주어서 그를 행복한 사람의 섬에 살게 한 것입니다.

실로 이상과 같은 까닭으로 해서, 나는 에로스가 신들 중에서도 제일 오래되었고 제일 존귀하며, 또한 산 사람 죽은 사람 구별 없이 모든 사람들에게 덕과 행복을 나누어 주는 가장 큰 힘을 가지고 있는 분이라고 주장하는 바입니다."

**아폴로도로스**  파이드로스는 대략 이상과 같은 이야기를 했다고 하네.
그 뒤에도 몇 사람의 이야기가 있었다고는 하는데 아리스토데모스는 그것을 잘 기억하고 있지 않았네. 그래서 그들의 이야기는 제쳐 놓고 그는 파우사니아스가 한 이야기를 했네.

---

13) 트로이아 군대의 첫째가는 용장.
14) 트로이아 원정군의 무장. 아킬레우스의 가장 친한 친구.
15) 3대 비극 작가의 한 사람.

파우사니아스의 이야기란 이런 것이었다고 하네.

"파이드로스, 이렇게 무조건 에로스를 찬미해야 한다는 규칙이라면 우리의 이야기 과제가 썩 좋은 것이라고는 생각되지 않네. 왜냐하면, 에로스가 가령 한 종류뿐이라면야 그것도 괜찮겠지만, 사실은 한 종류만이 아니니까 곤란하단 말이야. 그래서 한 종류만이 아니라면 어떤 에로스를 찬미해야 할 것인지, 그걸 미리 정하는 것이 더욱 옳은 일이라고 생각하네. 그래서 나는 이 점을 정정하고 먼저 어떤 에로스를 찬미해야 할는지를 밝히고 난 다음에 그 신에게 알맞은 찬미를 해보겠네.

누구나 다 알다시피, 아프로디테는 반드시 에로스와 더불어 있는 것이네. 따라서 이 여신이 한 종류라면 에로스도 한 종류겠지만, 사실은 두 종류가 있으니까, 에로스 또한 필연적으로 두 종류일세. 아프로디테가 두 종류라는 것은 말할 것도 없는 일이네. 생각건대 한쪽의 아프로디테는 나이가 위이고 어머니 없는 우라노스[16]의 딸로서 우리가 우라니아라고도 부르고 있는 것이고, 또 다른 하나는 나이가 아래이고 제우스와 디오네[17]와의 사이에서 태어난 딸로서 우리는 이 여신을 판데모스[18]라고 부르고 있네. 이런 까닭에 필연적으로 에로스 또한, 한편의 아프로디테에게 협력하는 쪽을 판데모스, 다른 쪽을 우라니오스라고 부르는 것이 옳은 호칭일 것일세.

모든 신을 찬미해야 한다는 것은 다시 말할 것 없지만, 어쨌든 이 두 분의 에로스 신에게 각각 어떤 것이 갖추어져 있는지 밝혀 보아야 할 필요가 있는 것일세. 그래서 하는 말인데 행위란 모두 이런 것일세. 즉 다른 것과 관계없이 홀로 행하여질 때는 그 행위 자체는 아름다운 것도 추한 것도 아닐세. 예를 들어 우리가 지금 하고 있는, 술을 마신다든가 노래를 부른다든가 이야기를 한다든가 하는 것은, 어느 것이고 그것만으로는 아름답다고 말할 수 없지. 하지만 그런 행동을 할 때의 방식에 따라서 비로소 그 성격도 정해지는 것일세. 즉

---

16) '하늘'이라는 뜻. 크로노스의 아버지. '우라니오스', '우라니아'는 우라노스의 형용사형으로서 전자는 그 남성형이고 후자는 여성형.
17) 주신(主神) 제우스의 연인. 티탄 신족에 속하는 여신.
18) '누구에게나 적합한' '저속한'이라는 뜻.

아름답고 바르게 행동할 때는 아름답지만 바르지 못할 때는 추한 것일세. 그러므로 사랑하는 일이나 에로스도 그와 마찬가지여서 모두가 다 아름다운 것도 찬미할 만한 것도 아니며, 우리로 하여금 아름다운 사랑을 하도록 하는 훌륭한 에로스만이 우리의 찬미를 받을 만한 것일세.

여러분, 그런데 판데모스 아프로디테에 속하는 에로스는 참으로 저속해서 그가 하는 일은 닥치는 대로 아무렇게나 이루어지고 있습니다. 이것은 사람들 중에서도 시시한 사람들이 하는 사랑(에로스)입니다. 그런데 이런 사람들은 첫째로 소년을 사랑함과 동시에 그 못지않게 여자를 사랑합니다. 둘째로 그들은 사랑하는 상대방의 영혼보다도 오히려 육체를 사랑합니다. 셋째로는 될 수 있는 대로 생각이 모자라는 미련한 사람을 사랑하는데, 그것은 그들이 다만 목적의 달성만을 보고, 그 방식이 훌륭한지 어떤지는 생각지 않기 때문입니다. 이래서 그들은 좋건 나쁘건 구별 없이 닥치는 대로 모든 일을 하게 되는 것입니다. 그것도 다 이 에로스의 근원인 아프로디테가, 다른 아프로디테보다 훨씬 더 나이가 젊고 그 태생에서도 남성과 여성의 피를 받고 있기 때문입니다.

그런데 우라니아 아프로디테에 속하는 에로스는, 첫째로 오직 남성의 피만 받고 있으므로 여성과는 관계가 없습니다. 그런 까닭에 소년에 대한 사랑(에로스)도 그런 종류의 에로스입니다. 둘째로, 이쪽의 아프로디테가 나이가 위이므로 음욕에 흐르는 일이 없습니다. 그런 만큼 이 에로스에게서 사랑의 힘을 얻는 사람은 남성에게 마음이 끌리는데 그것은 그들이 본질적으로 굳센 사람과 이지적인 사람을 좋아하기 때문입니다. 그리고 '소년에의 사랑(파이데라스티아)'도, 순수하게 오직 이 사랑에 따라서만 움직이는 사람을 식별해 낼 수 있을 것입니다. 왜냐하면 그런 사람들이 사랑을 하는 것은 나이 어린 소년을 상대로 하는 것이 아니라, 그 소년들이 이성을 갖기 시작할 시기―그것은 대개 수염이 날 무렵입니다만―그 시기이기 때문입니다.

생각건대, 이 시기에 사랑하기 시작한 사람들은 한평생을 통해서 그 사랑하는 사람으로부터 떠나는 일이 없고, 언제까지나 그와 함께 생활할 각오는 있을망정 나이 어려 철없는 틈을 타서 얻은 애인을 속이거나 다른 사람에게 버리고 달아나 버림으로써 소년을 농락하는 짓은 하지 않을 사람이기 때문입니다. 그리고 또 확실치도 않은 일에 많은 노력을 소비하지 않도록 '원칙적으로 나이 어린 소년을 사랑하지 말도록' 하는 법률이 있어도 좋을 것입니다. 왜냐하면 소년들의 앞날은 심신 양면에서 과연 좋은 것이 될는지 나쁜 것이 될는지 아직 확실치 않기 때문입니다. 그런데 훌륭한 사람들은 자기를 위해서 스스로 이러한 법률을 정하지만 이것은 저속한 사랑을 하는 사람들에게도 규제되어야 할 것입니다.

우리는 지금 그들이 신분이 자유로운 부인을 사랑하지 못하도록 될 수 있는 대로 억압을 하고 있는데, 그와 마찬가지로 지금 말한 것도 해야 할 것입니다. 왜냐하면 이 사람들은 실로 사랑에 대한 비난을 낳은 장본인들이기 때문입니다. 그 때문에 연인이 상대방의 마음을 받아들이는 일은 욕된 일이라는 식으로 감히 말하는 사람까지 나오는 형편입니다. 이 사람들이 이렇게 말하는 것은 물론 그런 자들을 두고 하는 말입니다. 그것은 그들이 졸렬하고 옳지 못한 짓을 보고 있기 때문입니다. 또한 무엇이든지 절도(節度)를 지켜 합법적으로 하기만 한다면 결코 비난받는 일은 없는 것으로 생각되기 때문입니다.

그리고 또 에로스에 관한 관습도 아테네 이외의 나라에서는 무조건으로 규정되어 있기 때문에 알기 쉬우나 이곳의 것은 복잡합니다. 엘리스[19]나 라케다이몬,[20] 보이오티아[21]나 그 밖에 말이 서툰 사람들이 사는 곳에서는 사랑을 주는 사람에게 몸을 맡기는 것은 아름다운 일이라는 식으로 무조건 정해 놓았기 때문에 늙은이 젊은이를 막론하고 아무도 그것을 추하다고 말하는 사람은 없을 것입니다. 생각건대 이것은 그들이 언변이 없기 때문에 젊은이들을 변설로 설득하는 번거로움을 피하기 위해서일 것입니다. 그런데 이오니아의 여러 지방이나 그 밖에 그리스 사람이 페르시아 사람의 지배를 받고 있는 여러 곳에서는 지금 말한 행위가 추한 것으로 규정되어 있습니다. 즉 그 사랑이라든가 애지(愛知 : 철학)라든가 체육 애호 같은 것, 페르시아 사람 사이에서는 참주 제도 때문에 추한 것으로 생각되고 있는 것입니다. 지배를 받고 있는 백성

---

19) 펠로폰네소스반도의 서북쪽 지방. 고대 올림픽 경기의 발상지.
20) 수도는 스파르타. 펠로폰네소스반도의 타이예토스산맥의 기슭과 에우로타스강 골짜기에 있었다.
21) 그리스 중앙부. 아티카의 서북부에 접한다.

들 가운데 의기양양한 기백이 생긴다는 것은 굳은 우정이나 사귐과 마찬가지로 지배자 측에 이로운 일이 되지 못하며, 더구나 이런 일은 특히 에로스가 사람들의 마음에 가장 잘 심어 주기 때문입니다. 이 땅의 독재자들도 이것을 배워 알고 있는 것입니다. 현재 아리스토게이톤의 사랑과 그에 답하는 하르모디오스의 애정이 견고한 것이 되었을 때, 그 두 애정은 참주들의 지배를 붕괴시켰던 것입니다. 이렇게 해서 사랑을 주는 사람에게 몸을 맡기는 것이 욕된 일이라고 규정하고 있는 곳에서는 실은 규칙을 만든 사람의 부덕에 의해서 즉 지배자 측의 탐욕과 지배받는 사람들의 나약에 의하여 그렇게 된 것이며, 한편 그것이 아름답다고 무조건 규정되어 있는 곳에서는 당사자들의 정신적 나태에 의한 것입니다. 그런데 이곳에서는 그 규정 방법이 지금 말한 경우와는 달리 훨씬 교묘해서 이미 말한 바와 같이 이해하기는 어려운 것입니다.

사실 사람은 다음과 같은 것을 생각해 봄이 좋을 것입니다. 우리 도시에서는 사랑을 숨어서 하기보다는 떳떳하게 하는 것이 좋다고 하며, 또 비록 다른 사람보다 얼굴이 못생겼다 하더라도 가장 고귀하고 가장 훌륭한 사람을 사랑하는 것이 바람직하다고들 합니다. 그리고 또 사랑을 하는 사람에게 모든 사람들이 보내는 성원은 놀라운 것인데, 이런 경우 사람들은 그가 무슨 추한 짓을 하고 있다고는 생각지 않으므로 그가 사랑을 쟁취하면 훌륭하게 보고, 그렇지 못하면 오히려 추하다는 식으로 보는 것입니다. 그리고 사랑을 쟁취하려는 시도에 대해서, 사랑을 하고 있는 사람이라면 어처구니없는 짓을 해도 칭찬받는다는 것이 세상의 관습상 허용되어 있는 것입니다. 만약 무슨 일이든지 사랑 이외의 일을 추구하여 그것을 이루려고 어처구니없는 짓을 한다면, 그 보답으로써 더없이 심한 비난[22]을 받게 될 것입니다.―예를 들어서 누구에게서 재산을 얻고 싶다든지, 무슨 지배권이나 그 밖에 권세를 차지하고 싶은 속셈에서 남에게 부탁을 할 경우 애걸복걸하며 맹세를 하거나 밤이면 문 앞에서 밤을 새며 어떤 노예도 마다할 예속에도 복종할 것을 사양하지 않는다는 식으로, 마치 사랑을 하는 사람이 상대 소년에게 하는 것과 같은 짓을 해보십시

---

22) 철학(φιλοσοφίας)이라고 되어 있다.

오. 그의 친구도 적도 이런 짓은 못 하게 할 것입니다. 즉 적은 아첨과 노예근성을 욕할 것이고 친구는 그에게 충고를 하여 그의 행위를 스스로 부끄러워하도록 만들 것이기 때문입니다. 그런데 사랑을 하고 있는 사람은 그런 짓을 해도, 세상 사람들은 호의를 베풀 뿐만 아니라 마치 훌륭한 일이라도 하고 있는 것처럼 비난은커녕 관습상 그것을 인정해 주고 있는 것입니다. 그러나 가장 어처구니없는 일은 '맹세를 해놓고도 그것을 어겼을 때 신들에게 용서받는 것은—적어도 세상 사람들은 대부분 이렇게들 말하고 있습니다만—오직 사랑을 하고 있는 사람뿐'이라는 것입니다. 즉 사람들의 말에 의하면 사랑의 맹세란 존재치 않기 때문입니다. 이런 까닭에 신들도 사람들도 이곳의 관습이 보여 주는 바에 의하면 사랑을 하고 있는 자에게는 전면적인 자유를 허용하고 있는 셈입니다. 그래서 지금까지의 관점에서 볼 때, 이 나라에는 사랑을 하는 일도, 사랑을 주는 사람에게 다정하게 대하는 것도, 다 같이 아름다운 일로 간주되고 있다고 생각하는 사람이 있을지도 모릅니다. 그러나 소년의 아버지들은 남의 연인이 되어 있는 자기 자식에게 감시할 하인을 딸려서 상대 남자와 말을 주고받지 못하게 하도록 일러둡니다. 또 그 아이 또래나 친구들도 금지된 일을 저지르는 것을 보면 그 아이를 비난합니다. 그리고 또 손윗사람들도 이 비난자들에게 그릇된 말을 하고 있다고 가르쳐 주지도 않고 그들을 나무라지도 않습니다. 이와 같은 반대의 면을 본다면, 사랑에 대해 앞서 말한 것이 이곳에서는 가장 욕된 일로 간주되고 있다고 생각하는 사람도 있을는지 모릅니다.

그러나 사실은 이렇다고 생각합니다. 결국 이 일(자기에게 사랑을 주고 있는 사람의 마음을 받아들이는 것)은 단순하지가 않으며, 이미 말한 바와 같이 도대체 그 자체만으로 아름답다든가 추하다는 것은 없고, 아름답게 행위하면 아름답고, 추하게 행위하면 추한 것입니다. 그런데 추하게 행위한다는 것은 훌륭하지 못한 사람의 사랑을 좋지 못한 방법으로 받아들이는 일이고, 아름답게 행위한다는 것은 유능한 사람의 사랑을 아름다운 방법으로 받아들이는 일입니다. 그리고 훌륭하지 못한 사람이란, 저속한 사랑을 품은 사람, 즉 영혼보다도 오히려 육체를 사랑하는 사람을 말합니다. 그리고 사실 그런 사랑은 그 대상이 영속성이 없는 것이기 때문에 그 자신 또한 영속성이 부족합니다. 즉 육체를 사랑하는 사람은 사랑의 목표였던 육체의 꽃이 시들기가 무섭게 수많은 말이나 약속을 짓밟고 '떠나가 버리고' 맙니다. 그와 반대로 상대방의 인품—그것이 훌륭한 때의 말입니다만—그 자체를 사랑하는 자는, 영속적인 것과 융합하는 것이므로 일생을 통하여 변함이 없습니다. 따라서 우리 나라의 관습은 이들 사랑하는 사람들을 완벽하게 음미하려는 것이므로, 그중 어떤 사람들의 생각은 받아들이더라도 다른 사람들로부터는 피하도록 그 연인들에게 요구하고 있는 것입니다. 실로 이런 까닭에 우리들의 관습은, 사랑하는 사람들에게는 연인의 뒤를 쫓게끔 권하고, 한편 그 연인들에게는 그들로부터 달아날 것을 권하는 것이므로, 그렇게 함으로써 당사자들을 서로 겨루게 하여 사랑을 주는 사람이 대체 지금 말한 어느 종류의 인간에 속하는가, 또 그 연인 쪽은 어떤가 하는 것을 음미하는 것입니다. 이런 까닭에 지금 말한 것이 원인이 되어서 우선 첫째로 '연인이 너무 빨리 상대방 수중에 빠지는 것은 부끄러운 일'이라는 식으로 규정되어 있습니다. 그것은 일반적으로 일의 훌륭한 시금석으로 인정되고 있는 시간이 지나 보아야 알기 때문입니다. 다음으로, 돈이나 정치력에 좌우되어 상대방 수중에 빠지는 것도 욕된 일로 간주되고 있습니다. 그것은 천대를 받고 기가 죽어서 의연한 태도를 가질 수 없었던 결과이거나, 또는 돈이나 정치적인 성공 면에서 상대방이 잘해 주기 때문에 거기에 혹해서 그것을 멸시하지 않았던 결과라도 마찬가지입니다. 좌우간 이러한 것으로부터는 본래 고귀한 애정이 생기지 않는다는 사실은 제쳐 두고라도, 그런 애정들은 모두 견고하지도 않고 영속되지도 않기 때문입니다. 그러므로 만일 사랑을 받고 있는 소년이 아름다운 방법으로 상대방의 뜻을 받아들이려고 한다면, 우리들의 관습에 남아 있는 길은 꼭 한 가지뿐입니다. 현재 우리들의 관습은 다음과 같이 되어 있습니다. 즉 아까 한 말 가운데 사랑을 주는 사람들에게는 자진해서 상대 소년에게 어떠한 예속을 할지라도 그것이 아첨이 되지 않고 또 비난받을 행위도 되지 않았는데, 그것과 꼭 마찬가지로 사랑을 받고 있는 소년에게도 그것과는 다른 자발적이면서도 비난의 대상이 되지 않는 예속이 남아 있습니다. 그리고 그것은 덕을 중심으로 하는 것입니다.

결국 아시다시피 우리들 사이에서는, 무슨 지혜에 있어서나 또는 그 밖에 덕의 부분에 있어서나, 자기가 어떤 사람의 힘으로 좀 더 훌륭한 사람이 될 수 있을 것이라 생각하고 그 사람에게 봉사하려 할 경우는, 이 자발적인 예속 역시 굴욕도 아첨도 아니라고 규정되어 있는 것입니다. 따라서 사랑을 받는 소년이 상대방의 뜻을 받아들이는 것이 아름다운 일이라는 결과가 되어야 한다면, 이 두 가지 관습, 즉 소년에의 사랑(파이데라스티아)에 관한 것과 애지(愛知), 그 밖의 모든 덕에 관한 것을 합쳐서 하나로 하여야 합니다. 그 까닭은 다음과 같습니다. 사랑을 주는 자와 그 연인인 소년이 자신만의 관습을 가지고 같이 산다고 합시다. 그 관습은, 사랑을 주는 자 쪽은 자기의 뜻을 받아들여 주는 소년에게 어떤 봉사를 해도 정당한 행동이 될 수 있는 것이고, 한편 연인인 소년 쪽은 자기를 슬기롭고 훌륭한 사람으로 만들어 주는 사람을 위해서는 어떤 행위를 하더라도 역시 모두가 정당한 것이 되리라는 내용입니다. 더구나 사랑을 주는 자는 예지나 그 밖의 덕으로 소년에게 기여할 수 있는 자이고, 소년은 인간 형성의 교양이나 다른 어떤 지혜에 있어서도 얻는 바가 있기를 바라고 있다고 합시다. 이런 경우 이 두 가지 관습은 하나로 합쳐지고, 오직 여기서만은 사랑을 받는 소년이 상대방의 뜻을 받아들이더라도 아름다운 행위가 되므로 이런 경우에는 비록 속아도 결코 부끄러운 일이 아닙니다. 그러나 이 밖의 경우는 속았든 속지 않았든, 항상 본인에게는 치욕이 되는 것입니다. 즉 자기에게 사랑을 주는 자를 부자로 알고 재물 때문에 그 사람에게 호의를 보였다가 그 사람이 가난하다는 것이 드러나 속은 것이 되어 돈 한 푼 얻지 못했을 경우는, 설령 속지 않을 경우에도 마찬가지로 부끄러운 일입니다. 왜냐하면 이런 사람은 돈 때문이라면 사람을 가리지 않고 어떤 봉사라도 한다는 식으로 자신의 본성을 보여 준 것인데, 이런 태도는 훌륭한 것이 아니기 때문입니다. 그와 마찬가지로 자신을 사랑하고 있는 사람을 훌륭한 인물인 줄 알고 그 사람에게 호의를 보이고, 그 사람에 대한 사랑에 의하여 자기가 좀 더 훌륭한 사람이 되려고 마음먹었으나, 나중에 그 사람이 하찮은 사람이며 덕이 없는 사람이라는 것을 알고 속은 결과가 되었다 하더라도 그렇게 속은 것은 역시 아름답다고 말할 수 있습니다. 왜냐하면, 이 사람은 덕을 위해서라면, 즉 좀 더 훌륭한 사람이 되기 위해서라면 어떤 일이라도 기꺼이 따른다는 자신의 본질을 보여 주고 있는 것이라고 생각되기 때문입니다. 그리고 이것은 앞서 말한 것과는 반대로 모든 것 중에서도 가장 아름다운 것입니다. 그런 까닭에 덕을 위해서 상대방의 사랑을 받아들인다는 것은 모든 점으로 보아 정말로 아름다운 일인 것입니다.

이것이 저 하늘의 천성을 가진 여신, 우라니아 아프로디테에 속하는 사랑(에로스)으로서, 그 자체가 하늘의 것(우라니오스)이므로 국가에나 개인에게나 매우 가치가 있는 것입니다. 왜냐하면 이 에로스는 사랑을 주는 사람에게는 덕을 위하여 참되게 자기 자신을 돌보지 않으면 안 되도록 하고 있기 때문입니다. 그런데 그렇지 않은 사랑(에로스)은 모두 이것과는 다른 또 하나의 여신, 즉 저 속한 여신(판데모스 아프로디테)에 속하는 것입니다.

파이드로스, 지금 이야기한 것이 에로스에 대하여, 말하자면 즉흥으로 내가 협찬하는 말일세."

**아폴로도로스**  파우사니아스가 파우사메노스하자(말을 끝내고 입을 다물자)—이런 말투를 나는 소피스트들한테서 배웠네—(아리스토데모스가 말하기를) 이번에는 아리스토파네스가 말할 차례였는데 과식을 해서 그랬는지 딸꾹질이 나서 말을 할 수가 없었네. 그래서 그는—그의 옆자리에 있던—의사인 에릭시마코스에게 말을 건넸네.

"에릭시마코스, 자네가 내 딸꾹질을 멎게 해주든가 아니면 딸꾹질이 멎을 때까지 나 대신 이야기를 해주든가 해야겠네."

그 말에 에릭시마코스가 대답했네.

"좋지, 내 두 가지 다 해줌세. 내가 자네 대신 이야기를 할 터이니 딸꾹질이 멎거든 내 차례 때 자네가 하게. 그러니 내가 이야기를 하고 있는 동안 좀 길게 숨을 멈추고 있어 보게. 그래 가지고 멎으면 다행이고 그래도 멎지 않거든 물로 양치질을 해보게. 그래도 멎지 않거든 뭔가를 가지고 콧구멍 속을 건드려 보게. 그것을 한두 번 거듭하면 세상없는 딸꾹질도 그칠 걸세."

그러나 아리스토파네스는 이렇게 대답했다네.

"자, 꾸물대지 말고 어서 이야기를 시작하게. 난 자네가 시키는 대로 할 테니까."

그래서 에릭시마코스가 이야기를 시작했네.

"이것은 하기 싫어도 해야 할 일로 생각됩니다만…… 하기야 파우사니아스가 지금 한 말의 시작은 그야말로 훌륭하였습니다. 그러나 끝을 충분히 맺지 못했으니까 하는 수 없이 내가 그 말의 결론을 지을 필요가 있다고 생각합니다.

에로스에는 두 종류가 있다고 한 그의 분석은 옳다고 생각합니다. 그러나 그것은 단순히 사람들의 영혼 속에 자리를 차지하고 미소년만 지향하는 것이 아니라 그 밖에도 많은 것을 지향하는 것이어서 영혼 이외의 여러 가지 것 속에도 있는 것이니까 모든 동물의 육체나 땅에서 자라는 식물 안에도, 그러니까 말하자면 존재하는 모든 것 속에 있는 것입니다. 그런데 이 점은—내가 파악한 것을 바꿔 말하자면, 이 신은 위대하고 놀라운 신이어서 인간 세계의 일이나 신의 세계의 일을 막론하고 만물에 두루 존재하고 있다는 것을—내가 전문으로 하고 있는 의학 덕분이라고 믿습니다. 그래서 먼저 의학을 빌려서 이야기를 시작할까 합니다. 이것은 또한 이 학문을 숭상하자는 의도에서이기도 합니다. 사실 육체는 그 본질에 있어서 앞서 말한 두 종류의 에로스를 가지고 있습니다. 즉 누구나가 인정하고 있듯이 몸의 건강한 부분과 병든 부분은 서로 다른 것이므로 구하는 대상이 서로 다른 것입니다. 그래서 건강한 부분에 발동하는 욕구(에로스)와 병적인 부분에 발동하는 에로스는 각각 다른 것입니다. 따라서 사람들 중에서도 훌륭한 사람의 사랑(에로스)을 받아들이는 것은 아름답지만, 방종한 사람의 사랑을 받아들이는 것은 욕된 일이라고 파우사니아스는 말했습니다. 육체 자체에서도 역시 각 신체의 건강하고 우량한 부분이 갖는 욕구, 즉 사랑을 만족시켜 주는 일은 아름다운 일이며 또 마땅히 그렇게 해야 할 일로서 이것이 의학적이라고 이름 붙인 바로 그 이유입니다. 이와 반대로 나쁜 요소나 병적 요소를 기쁘게 하는 것은 부끄러운 일이며, 적어도 명의(名醫)가 되기를 바라는 사람이라면 그것이 갖는 욕구(사랑)을 만족시켜선 안 됩니다.

즉 의학이란 요컨대 충족과 결핍을 구하는 신체적인 연애(욕구) 현상을 다루는 학문이기 때문입니다. 그리고 그런 현상 속에서 아름다운 사랑(욕구)과 추한 사랑(욕구)을 진단 판별하는 사람, 그 사람이야말로 가장 의학에 뛰어난 자입니다. 또한 한쪽의 사랑(욕구)을 내부에 가지고 있지는 않으나 그것이 필요한 사람에게는 변화를 일으켜 그 사랑(욕구)을 심어 준다든가, 반대로 지금 있는 것을 배제한다든가, 이런 것을 할 줄 아는 사람은 그야말로 용한 임상(臨牀)의

사라 하겠습니다. 말할 것도 없이 '임상의(臨床醫)'란, 체내에서 가장 사이가 좋지 않은 것을 서로 친하게 하고 서로 사랑하게 만들 줄 아는 사람이어야 하기 때문입니다. 그런데 가장 사이가 좋지 않은 것이라면, 가장 상반되는 것, 즉 뜨거운 것과 찬 것, 단 것과 쓴 것, 젖은 것과 마른 것 등 대개 이런 종류의 것이 그러합니다. 그리고 이러한 것들에게 사랑(욕구)과 화합을 심는 지식을 획득함으로써 우리들의 조상인 아스클레피오스는 우리가 전공하는 의학을 만들어낸 것인데, 이 사실은 여기 있는 시인들도 말하고 있고 나 역시 그것을 믿습니다. 따라서 의학은 지금 내가 주장하듯이 그 전반에 걸쳐서 문제의 신(에로스)에 의해 관장되는 것이어서 체육에도 농경에도 마찬가지로 적용되는 것입니다.

그런데 음악에서도 사정이 같다는 것은, 조금이라도 주의해 본 사람이면 누구나 알 수 있는 것입니다. 아마 이것을 헤라클레이토스[23]도 말하고 싶었던 모양입니다만, 그는 적절한 말로 표현할 수가 없어서 이렇게밖에 말할 수가 없었던 것 같습니다. '하나라는 것은 마치 활과 리라(하프와 비슷한 작은 현악기)의 조화처럼 내부에서 분열하고 서로 싸우면서도 그것 자체끼리 일치 통합하고 있는 것이다'라고. 그러나 조화가 현재 분열하고 싸우고 있다든가, 아니면 분열하고 싸우는 것으로부터 만들어졌다는 주장은 매우 이치에 어긋나는 것입니다. 오히려 그는 아마 이런 뜻으로 말하고 싶었을 것입니다. 즉 조화라는 것은 처음에는 고음과 저음이 서로 분열하고 싸우고 있었으나 그것이 나중에 음악의 기술로 말미암아 조화되었을 때 생긴 것이라고. 왜냐하면 고음과 저음이 여전히 분열하고 싸우고 있는데도 거기서 조화가 생길 리는 만무하기 때문입니다. 조화라는 것은 협화음을 말하는 것이며, 협화음은 일종의 협조입니다. 그런데 협조는 서로 분열하고 싸우는 상태에 있는 동안에는 만들어질 수가 없습니다.

이상 말한 것은 마치 음률이 빠른 것과 느린 것에서, 즉 처음에는 서로 다르다가 나중에는 어울리게 되는 것과 마찬가지입니다. 이 모든 것에 협화(協和)를 생기게 하는 것이 앞서의 경우에는 의학이었으나 이 경우에는 서로 사랑과 조합을 일으키는 음악입니다. 그리하여 음악도 조화와 음률에 관계되는 사랑의

---

23) 이오니아의 철학자(《테아이테토스》 참조).

원리에 대한 지식입니다. 그런데 조화나 음률의 조직에서 사랑의 원리를 인식하기는 어렵지 않습니다. 또 여기에는 결코 두 종류의 사랑(에로스)은 없습니다. 그런데 사람들에게 조화와 음률을 활용해야 할 경우에는 이른바 그것들을 창작할 경우든(이것을 사람들은 작곡이라 부르고 있지만) 또는 남이 만들어 놓은 선율과 운율을 올바르게 사용할 경우든(이것은 음악 교육이라고 불립니다) '인식'이 어렵기 때문에 음악에 능숙한 명수가 필요한 것입니다. 결국 앞서 말한 것으로 되돌아간 셈입니다. 즉 절도 있는 사람들에 대해서, 특히 자기에게 그 절제가 결여되어 있다면 그들을 본받기 위해서 그들의 뜻을 받아들여 그 사랑을 소중하게 지켜야만 된다는 것입니다. 그리고 이것이, 저 아름다운 하늘 위의 에로스, 즉 무사 우라니아에 속하는 에로스입니다. 그런데 무사 폴림니아[24]에 속하는 쪽의 에로스는 저속한 것이므로 이것을 누구에게든지 적용할 경우는, 조심해서 그 쾌락의 과실은 딸지언정 그 방종은 절대 따르지 않도록 해야 합니다. 마치 우리들의 전문적인 요리술(料理術)을 발휘하여 여러 가지 욕망을 능숙하게 사용해서, 그 결과 병들지 않고 쾌락의 과실을 딸 수 있도록 하는 것과 마찬가지입니다. 그런 까닭에 음악에 있어서나 의학에 있어서나, 그 밖에 인간세계나 신의 세계를 막론하고 모든 것에 있어서 될 수 있는 한, 두 가지의 에로스를 감시해야 합니다. 왜냐하면 이 두 가지 에로스는 모든 것 안에 있기 때문입니다.

또한 계절의 구성도 이 두 가지 에로스로 충만되어 있기 때문에, 내가 조금 전에 말한 뜨거운 것과 찬 것, 마른 것과 젖은 것이 그 상호 관계에 있어서 절도 있는 사랑(욕구)을 손에 넣고 조화와 온건한 혼합을 획득한다면, 그것들은 인류에게나 그 밖의 동물이나 식물에게도 풍년과 건강을 갖다주므로 조금도 해를 가하지 않습니다. 그런데 방자한 악덕을 지닌 에로스 쪽이 1년의 계절 중에서 우세해지면 많은 것을 멸망시키고 해를 가하게 됩니다. 왜냐하면 이런 것으로부터 페스트나 그 밖의 여러 가지 많은 병이 짐승이나 식물에게 생기기 쉽기 때문입니다. 사실 서리나 우박이나 또는 곰팡이가 생기게 하는 이슬도

---

24) 예술의 여신. 모두 9명인데 그중 우라니아는 '천문(天文)의 여신'이고, 폴림니아는 '신화와 무언극의 여신'이다.

지금 말한 연애 현상에 있어서의 상호 간의 탐욕과 혼란에서 생기는 것입니다. 그리고 이러한 연애 현상을 별의 운행과 1년의 계절에 관해서 취급하는 학문이 천문학이라 불리고 있는 것입니다.

그리고 또 모든 제사 및 점복술(占卜術)의 통제하에 행하여지는 여러 행사—이상의 의식은 신들과 인간 사이의 상호 교통입니다만—에 관계가 되는 것은 에로스의 보호와 치료에 관한 것 이외의 아무것도 아닙니다. 왜냐하면, 대개 불경건이 생기기 쉬운 점도 있는 에로스의 뜻을 받아들이지 않고 모든 행위에 있어서 이 에로스를 존중하고 숭배하지 않고 도리어 그 부모—그들이 살아 있든 죽은 뒤든—나 신들과의 관계에서, 다른 쪽 에로스를 존중하고 숭배하는 경우에 있기 때문입니다. 실로 이상과 같은 점에 대해서 사랑하는 사람들을 살피고 치료하는 일이 점복술에 주어진 일입니다. 그러므로 또 점복술사(占卜術師)란, 인간의 연애 현상 중에서 신법과 경건에 관계되는 모든 것을 인식하고 그것에 의하여 신들과 인간 사이의 우애를 만들어 내는 공인(工人)이라는 것이 됩니다.

일괄해서 말하자면 어느 에로스나 많은 위대한 힘을, 아니 오히려 전능한 힘을 모두 가지고 있지만, 그중에서도 조심성과 정의를 가지고 우리와 신의 사이에 좋은 일을 실현해 나가는 에로스, 이 에로스야말로 최대의 힘의 소유자여서 모든 행복을 우리들에게 마련해 주고, 우리들 서로에게뿐만 아니라 우리들보다 위대한 신들과도 사귀게 하여 서로 친구가 될 수 있도록 만들어 주는 것입니다. ……그런데 나 역시 에로스를 찬양하고 있는 지금도 많은 말을 빠뜨리고 있을 것입니다. 그렇다고 해서 의식적으로 그런 것은 아닙니다.

그러나 어쨌든 내가 빠뜨린 말이 있다면 그것을 보충하는 것은 아리스토파네스, 자네 일일세. 아니면 무슨 다른 방법으로 이 신을 찬미하려거든 찬미하게. 아무튼 자네 딸꾹질은 벌써 멎었으니까."

그래서 아리스토파네스가 그 뒤를 받아서 이렇게 말했네.
"응, 확실히 멎었어. 자네가 시킨 재채기를 하기 전까지는 멎지 않았었는데, 그래서 난 이상하게 생각하고 있는 중이야. 자네가 말하는 몸속의 절도 있는 부분이 어째서 재채기 같은 그런 요란스럽고 간지러운 것을 바라고 있나 하고 말일세. 아무튼 재채기를 하자마자 당장에 멎었으니까 말이야."

그러자 에릭시마코스가 끼어들었네.

"아리스토파네스, 자네는 똑똑한 사람인데 왜 그러나. 자네가 지금 뭘 하고 있는지 생각해 보게. 자넨 내 이야기에 대해 농담을 해서 여지없이 나를 자네 이야기의 감시자로 만들고 있네. 원래 자넨 조용히 이야기할 수도 있는 것을 무슨 우스운 말이나 하지 않을까 하고 난 그걸 감시해야 하겠으니 말이네."

이에 아리스토파네스는 웃으면서 말했지.

"에릭시마코스, 옳은 말일세. 지금 한 말은 하지 않은 걸로 해주게. 제발 나를 감시하는 것만은 그만두어 주게. 내가 지금 말하려는 일로 두려워하는 것은, 우스운 말을 하지나 않을까 하는 염려는 결코 아니고—우스운 말이라면 그것은 오히려 성공일 뿐 아니라 우리들 예술의 장점이기도 할 테니까 말이네—웃음거리가 될 말을 내가 하지나 않을까 하는 것이니까."

그러자 에릭시마코스가 말했네.

"여보게 아리스토파네스, 자넨 사람을 놀려 놓고 묘하게 달아날 작정이로구먼. 그보다도 나중에 납득이 갈 수 있도록 조심해서 말하기나 하게. 말은 이렇게 하지만, 하기야 내가 생각하기에 따라서는 아마 용서해 줄 수도 있겠네."

그래서 아리스토파네스는 다음과 같은 말을 했네.

"에릭시마코스, 사실 나는 자네가 파우사니아스가 한 것과는 전혀 다른 방법으로 이야기하려고 생각하고 있네. 그것은 내가 볼 때 세상 사람들이 전혀 사랑의 힘을 모르고 있는 것 같아서 그러네. 만약 알고 있다면 반드시 이 에로스를 위해서 가장 웅장한 신전과 제단을 세우고 가장 훌륭한 제물을 바쳤을 것일세. 그런데 이런 일이 지금 하나도 행해지고 있지 않단 말이야. 이런 일은 다른 어느 것보다도 꼭 해야 할 일이 아니겠나. 사실 에로스는 신들 중에서도 사람에게 가장 호의를 보여 주고 있는 친구거든. 그것은 에로스가 인류에 대한 구원자이며 인류의 최대 행복이 그 치료 여하에 달려 있는 그런 상처를 고치는 의사이기 때문일세.

그래서 나는 이제부터 에로스의 위력을 여러분에게 설명할까 합니다. 그러니 여러분은 내 말을 듣고 나서 다른 사람들에게도 가르쳐 주기 바랍니다. 먼저 여러분은 인간 본성과 그 본성이 만난 사건을 배워야 합니다.

옛날 인간 본래의 모습은 오늘날 볼 수 있는 것이 아니라 그것과는 다른 것이었습니다. 첫째로 사람의 종류는 세 가지였습니다. 그것은 오늘날 남자, 여자 두 종류인 것과는 달리 제3의 것이 더 있었습니다. 이 제3의 것은 남녀 양성이 합쳐진 것으로서 그 이름은 지금도 남아 있지만 그 자체는 이미 없어지고 말았습니다. 즉 그때는 남녀(안드로기노스)라는 것이 하나의 좋은 모습을 이루고 있어서 모양으로 보나 이름으로 보나 남자와 여자의 두 성이 합쳐진 것이었는데 지금은 다만 그 이름이 욕하는 말로 남아 있을 뿐입니다. 이 세 번째 종류의 사람의 모습은 전체적으로 구형(球形)인데, 몸 둘레를 등과 옆구리가 둘러싸고 있었습니다. 그리고 팔도 다리도 넷씩이고 또 둥근 목 위에는 똑같은 얼굴이 둘 있습니다. 또한 서로 뒤통수를 붙이고 있는 얼굴에는 단 하나의 머리, 거기에 귀가 넷, 음부가 둘, 그 밖의 것은 다 그에 따라서 상상할 수 있는 바와 같습니다. 그리고 길을 가는데도 오늘날과 같이 꼿꼿이 선 자세로 자신이 가고 싶은 방향으로 갔는데, 급해서 뛰고 싶을 때는 공중회전을 하는 무용수들과 같이, 그야말로 수레바퀴처럼 다리를 회전시키면서 여덟 개의 손발로 버티고 빙글빙글 급속도로 회전하면서 전진했던 것입니다. 그런데 인간의 종류가 세 가지이고 이런 성질이었던 까닭은, 원래 남성은 태양의 자손이고 여성은 대지의 자손이며 양성을 다 가지고 있는 것(남녀)은 원래 달이 태양과 땅의 두 가지를 나누어 가지고 있기 때문에 달의 자손이었다는 것에 의하는 것입니다. 또 그들 자신의 모습도 조상을 닮았기 때문에 둥글었던 것입니다. 그래서 그들은 놀라운 힘과 기운을 가지고 있었고, 그 기품도 매우 도도하였던 것입니다. 그리고 그들은 신들에게 싸움을 걸기까지 이르렀던 것입니다. 호메로스가 에피알테스와 오토스[25]에 대해 말하고 있는 것, 즉 신들을 공격하려고 하늘로 등반을 도모했다는 것은, 실은 그들을 말하고 있는 것입니다.

그래서 제우스를 비롯한 다른 신들은 어떻게 해야 좋을지를 의논하였으나 어쩔 도리도 없었습니다. 아무튼 죽일 수도 없는 노릇이고, 일찍이 거인족(기간

---

25) 형제인 거인족. 포세이돈의 아들.

테스)에게 하였듯이 인간의 종족을 번갯불로 때려 없앨 수도 없었으며—그렇게 되면 사람이 신에게 바치는 숭배와 공경도 신전도 없어지고 말 테니 말입니다—그렇다고 그들의 방약무인한 태도를 묵인해 둘 수도 없었던 것입니다. 제우스가 겨우 생각해 낸 끝에 말하기를 '내게 한 가지 생각이 떠올랐다. 즉 어떻게 하면 인간들을 존속시키면서도 지금보다 약해져서 그 사나운 성질을 부리지 못하도록 할 수 있느냐를 말이다. 그것은 그들을 한 사람씩 둘로 가를 작정이다. 그렇게 하면 지금보다 약해지기도 하고 동시에 또 수효가 늘어나니까 지금보다 더 우리에게 유익한 것이 되기도 할 것이다. 또 그들은 두 다리로 서서 걷게 될 것이다. 그러나 그래도 무엄하고 버릇없이 군다면 나도 한 번 더 그들을 갈라 버릴 작정이다. 그렇게 되면 그들은 그 뒤로부터는 다리 하나로 깡충깡충 뛰면서 걷게 될 것이다.'

이렇게 말하고 제우스는 인간들을 둘로 가르기 시작했습니다. 마치 마가목 열매를 갈라서 저장하려는 사람들이나 삶은 계란을 머리카락으로 자르는 사람들이 하는 것처럼. 그리고 가르는 족족 아폴론[26]에게 명령하여 그 얼굴과 반(半)이 된 목을 잘린 자리 쪽으로 돌리게 하였습니다. 즉 그는 사람이 자기의 잘린 자리를 보고 더 온순해지기를 바랐던 것입니다. 그리고 아폴론에게 그 상처를 고쳐 주라고 명령하였습니다. 그는 사람의 얼굴을 돌려 배의 살가죽을 여기저기서 끌어당겨 마치 주머니의 끈이라도 졸라매듯이, 배의 한가운데에 구멍 하나를 만들고 거기를 졸라맸습니다. 이것이 지금 배꼽이라고 불리는 것입니다. 그리고 다른 주름살도 대강 만들었고 제화공이 골에 끼워서 가죽의 주름을 펼 적에 쓰는 것 같은 어떤 연장을 가지고 가슴을 만들었습니다. 그러나 약간의 주름살은—그것은 배와 배꼽 주위에 있는 주름살인데—이 일을 기억하도록 남겨 놓은 것입니다.

그래서 본래의 모습이 둘로 갈렸기 때문에 모두들 제가끔 자기의 반쪽을 찾아 한 몸이 되려고 했습니다. 그리고 떨어진 그들은 다시 일심동체가 되려는 욕망에 불타서 서로 껴안고 달라붙어서 조금도 일할 생각이 없었기 때문에 마침내 굶주림과 게으름으로 인해 죽어 갔습니다. 또 그들의 어느 반쪽이 죽고,

---

[26] 예언·의료·궁술·음악·시의 신이자 빛의 신. 제우스의 아들.

다른 쪽이 살아남은 경우에는 언제나 그 살아남은 또 다른 반쪽을 찾아서 이 것을 껴안았습니다. 그 만난 상대가 지난날 완전했을 때의 여성(여자)의 반신(半身)이건—이것이 오늘날 우리가 여성이라 부르고 있는 것이지만—또는 남성의 반신이건 그런 것은 아랑곳하지 않고 이렇게 해서 그들은 멸망해 간 것입니다. 그래서 제우스는 이것을 가엾게 여기고 다른 수단을 생각해 내어 그들의 음부를 안으로 옮겨 놓았습니다. 그때까지는 그들도 그것을 곁에 가지고 있어서 서로 상대편의 몸속에 잉태시키거나 낳거나 하지를 못하고 매미처럼 땅속에다가 그렇게 하고 있었던 것입니다. 그리하여 제우스는 인간들의 음부를 지금처럼 안으로 옮겨 놓음으로써 서로가 상대방 몸속에서, 즉 남성에 의하여 여성의 몸속에 생식을 하게 하였던 것입니다. 이 경우 제우스가 노린 것이 무엇인가 하면, 그들이 교접할 적에, 만일 남성이 여성을 만났다면 그 사람들은 아이를 낳아서 인간의 종족이 늘어날 것이고, 또 가령 남성끼리 만났다 하더라도 어쨌든 서로 합쳐진 데서 오는 충족감은 생길 테니까 그들은 그것을 중간 휴식으로 삼고 자기의 활동으로 향하거나 그 밖의 살림살이에 신경을 쓰게 된다는 데에 있었습니다. 이런 연유로 해서 옛적부터 서로의 사랑(에로스)은 사람들 속에 뿌리박혀 있게 되어서, 그것은 사람을 옛적의 본연의 모습으로 결합하는 신이며, 두 개의 반신(半身)을 한 몸으로 만들어 인간 본래의 모습으로 고치려는 신입니다.

따라서 우리는 넙치처럼 하나가 둘로 나누어진 것이기 때문에 하나하나가 사람의 부절(符節)에 지나지 않습니다. 그래서 모든 사람이 자기의 부절을 찾는 것입니다. 따라서 남자들 중에도 그 옛날 안드로기노스(남녀)라고 불리던 양성(兩性)을 가진 자의 반쪽은 모두 여자를 좋아하며 간부(姦夫)는 대개 이 종족에서 나온 것인데, 여자라도 남자를 좋아하는 창부(娼婦)들은 이 족속에서 생긴 것입니다. 그런데 여자 중에서도 여자의 반은 결코 남자에게는 마음이 끌리지 않고 오히려 여자에게 더욱 마음을 기울입니다. 동성애를 하는 여자들은 이 족속에서 나오는 것입니다. 그리고 본래 남성의 반쪽이었던 남성은 남성적인 것을 추구하며, 그 몸이 원래 남성의 한 조각이기 때문에 어렸을 적에는 어른이 된 남자를 사랑하여 그 사람과 함께 자고 껴안기를 좋아합니다. 그리고 그런 자들은 천성이 가장 남자다운 사람이므로 청소년 중에서도 가장 우수한 사람입니다. 세상에서는 그들을 부끄러움을 모르는 자들이라고 말하지만, 그것은 당치 않은 말입니다. 왜냐하면 그 소년들이 그런 짓을 하는 것은 부끄러움을 몰라서가 아니라 대담함과 용기와 남자다움이 있기 때문입니다. 즉 그들은 자기와 똑같은 것을 좋아하기 때문입니다. 그 뚜렷한 증거로서, 어른이 되어 한 남자로서 정치 생활에 참가하는 것은 오직 그들뿐이라는 것입니다. 그런데 장년이 되면 그들은 소년을 사랑합니다. 결혼이나 자식을 갖는 일에는 나면서부터 아무 관심도 없고, 오히려 인습에 따라서 그렇게 할 따름입니다. 결혼하지 않고 그들끼리 인생을 살 수 있으면 그것으로 그들은 만족합니다. 그래서 사실 어느 점에서 보나 이런 사람들은 소년을 사랑하는 사람이 되고, 자기에게 사랑을 주는 남성을 사랑하는 소년이 됩니다. 그것은 그들이 자기와 비슷한 것을 언제나 좋아하기 때문입니다.

사실 바로 자기의 반쪽을 만났을 때는 소년을 사랑하는 자건 그 밖의 누구건 그때는 누구나 모두 우정과 친근감과 연정(戀情)으로 말할 수 없는 감동을 받고 서로가 잠시도 떨어지고 싶은 마음이 없어지는 것입니다. 그리고 일생을 통해서 변함없이 함께 사는 사람들이 이런 부류인데, 오직 그들은 도대체 서로 무엇을 얻기 위함인지조차 말할 줄도 모릅니다. 왜냐하면 아무도 그것을 색욕의 교접이라고는 생각지 않을 것이니까요. 즉 어떤 사람과 사귀는 것을 그토록 좋아하며 열성적으로 부딪치는 것이 지금 말한 색욕 때문이라고 생각하는 자도 절대 없을 것입니다. 그런 게 아니라 쌍방의 마음이 원하는 것은 분명 다른 무엇일 것입니다. 다만 마음은 말로써 표현할 수가 없으니까 자기가 바라는 것을 추측해서 수수께끼 비슷하게 말하는 것입니다. 그래서 이 두 사람이 함께 누워 있는 곳에 헤파이토스[27]가 예의 여러 연장을 가지고 와서 이렇게 물었다고 칩시다.

'인간들아, 너희들은 대체 서로 무엇을 얻으려고 하느냐?'

그리고 대답하지 못하는 것을 보고 다시 이렇게 물었다고 칩시다.

'너희들이 줄곧 바라는 것은 이런 것이냐? 될 수 있는 데까지 한 몸이 되어

---

[27] 불과 대장간의 신. 로마 신화의 불카누스.

밤낮으로 떨어지지 않고 살고 싶다는 것이냐? 정말 그것이 너희들 소원이라면, 나는 기꺼이 너희들을 녹여서 한 몸으로 붙여 주마. 그렇게 되면 너희들은 두 사람이 한 사람이 되어, 살아 있는 동안 마치 한 사람처럼 같이 살고, 또 죽으면 저승에서도 둘이 아니라 한 사람으로서 죽어서까지도 함께 살 수 있을 것이다. 어떠냐, 이것이 너희들이 바라는 것이냐? 또 그렇게만 되면 너희들은 만족하겠느냐?'

그때 이 말을 듣고 아무도 그것을 싫다고 하거나, 무슨 다른 소원을 말하는 사람이 없으리라는 것은 소크라테스가 확실히 알고 있는 바입니다. 오히려 모두가 수긍하며 전부터 자기네가 바라고 있던 바로 그것을, 즉 사랑하는 사람과 다시 만나서 함께 융합되어 둘이 하나가 되고 싶다는 소원을 들어준 것이라는 느낌을 가질 것입니다. 왜냐하면 우리의 태곳적 모습이 그러하였고, 우리가 그때 온전한 존재였다는 점이 그 원인이 되기 때문입니다. 따라서 완전한 것에 대한 이 욕망과 추구에 사랑(에로스)이라는 이름이 붙여져 있는 것입니다.

결국 앞서 말한 것처럼 전에는 우리가 갈라지지 않고 한 몸을 이루고 있었는데, 지금은 그 부정한 행위 때문에 마치 아르카디아[28] 사람들이 라케다이몬 사람들로 말미암아 갈라져 살게 된 것 같은 꼴을 우리는 신들로부터 받게 되어 뿔뿔이 헤어지게 되고 만 것입니다. 그래서 만약 우리가 신들에 대하여 절도를 잃는다면 또다시 잘리어서, 묘석에 새겨진 측면상 같은 꼴, 말하자면 콧등을 따라 두 쪽으로 쪼개져 주사위 같은 꼴이 되어 돌아다니게 될 우려가 있는 것입니다. 그런 까닭에 오히려 한편의 운명(재분할)으로부터는 벗어나고 다른 한편의 운명(재통일)을 손에 넣기 위해서 우리는 모두 모든 사람에게 신들을 공경하도록 권고하지 않으면 안 됩니다. 그것은 에로스가 우리들에게 지도자이자 통솔자이기 때문입니다. 이 신에 대해서는 어느 누구도 거역해서는 안 됩니다. 거역한다는 것은 신들에게 미움받고 있는 사람들이 하는 것입니다. 왜 거역을 해서는 안 되는가 하면, 이 신과 친구가 되어서 사이좋게 지내면 우리는 본래 자신의 분신이었던 애인을 발견할 수도 있을 것이고, 또 만날 수도 있을 것이기 때문입니다.

---

28) 펠로폰네소스반도의 중앙 산지 라케다이몬(스파르타)의 북부에 접한다.

그러나 그 일에 성공하는 사람은 요즘 사람들 가운데는 극히 적은 수에 지나지 않습니다. 그런데 에릭시마코스가 내 말을 농담으로 듣고, 내가 파우사니아스와 아가톤에 대한 것을 말하고 있는 것도 해석하지 말았으면 좋겠습니다. 물론 이 사람도 지금 말한 극소수의 사람들 속에 들어가 있을 것이고, 두 사람 다 원래 본원적인 남성일 테니까 말입니다. 그러나 실상 나로서는 남녀를 막론하고 모든 사람에 관하여 말하고 있는 것이니까, 지금 말하였듯이, 즉 우리가 사랑을 성취하고 제가끔 자기 애인을 얻어 옛적의 본연의 모습으로 돌아간다면 우리들 인간 종족은 행복해질 것이라는 말을 하고 있는 것입니다. 그런데 이 본연의 모습으로 돌아가는 것이 가장 귀한 일이라면 지금 있는 것 중에서 그것에 가장 가까운 것이 필연적으로 또 가장 귀한 것이 될 것입니다. 그리고 그것은 자기의 뜻에 맞는 소질의 애인을 얻는 일입니다. 그러니까, 이것의 원인을 이루는 신을 찬양하는 사람이라면 당연히 에로스도 찬양해야 할 것입니다. 이 신은 현재에는 우리를 혈연으로 이끌어 주는 최대의 이익을 베풀어 주는 신이며, 또 장래에는 우리가 신들에게 경건한 태도를 보일 경우, 우리를 인간 본연의 옛 모습으로 돌려주고 고쳐 주어서 지극히 행복한 사람으로 만들어 줄 것이라는 최대의 희망을 우리에게 부여해 주기 때문입니다.

이것이 에릭시마코스, 자네 말과는 좀 다르지만 에로스에 관한 나의 이야기일세. 아까도 자네한테 부탁했지만 제발 내 말을 놀리지는 말게. 아직도 남아 있는 사람들이 각각 무슨 말을 할 것인지―남아 있는 사람이라야 아가톤과 소크라테스뿐이지만, 이 두 사람이 무슨 말을 할 것인지 그걸 듣기 위해서라도 말일세."

"좋지, 자네 말대로 하겠네." 에릭시마코스가 말했어. "정말 지금 이야기는 아주 재미있게 들었네. 사실 소크라테스와 아가톤이 사랑에 관한 일에는 능통하다는 것을 만일 내가 몰랐던들, 지금 이토록 여러 이야기들이 나온 뒤여서 이분들이 할 이야기가 없지나 않을까 하고 몹시 걱정을 했을 걸세. 그렇지만 마음은 놓고 있게."

그러자 소크라테스가 말했네.

"그건 에릭시마코스, 자네가 지금 벌이고 있는 경연을 훌륭하게 끝마쳤기 때문일세. 그러나 만일 자네가 지금의 내 입장에 놓여 있다면, 물론 아가톤도 이야기를 잘할 테니까, 지금의 나처럼 몹시 걱정이 돼서 어쩔 줄 몰라 매우 당황할 것일세."

이에 아가톤이 끼어들었네.

"소크라테스, 당신은 나에게 요술을 거실 모양이로군요. 여러분들이 내가 이야기를 잘할 것이라고 크게 기대하게 해놓고 나에게 낭패를 안기려고요."

"그렇지만 아가톤." 소크라테스가 말했네. "자네 작품을 상연하려고 자네가 배우를 거느리고 무대에 올라갔을 때 그렇게 많은 관중들 앞에서도 조금도 흥분하지 않았던 자네의 용기와 담대함을 내 눈으로 보았네. 그러한 자네가 지금 몇 사람 안 되는 우리를 앞에 놓고 당황할 것이라고 내가 생각했다면, 그야말로 난 건망증에 걸렸다고 말해야 할 걸세."

"무슨 말씀을 하시는 겁니까, 소크라테스?" 아가톤이 말했네. "당신은 설마 이런 식으로 생각하고 계시는 것은 아니겠지요. 본래 분별 있는 사람에게는 무식한 대중보다도 안목 있는 소수의 사람이 더욱 두렵다는 것을 모를 만큼 내 머리가 무대 일로 꽉 차 있다는 식으로 말입니다."

"아가톤, 만일 자네에 대해 내가 그런 무례한 생각을 가지고 있다면……." 소크라테스가 말을 받았네. "그건 정말 미안한 일일세. 그러나 나는 분명하게 알고 있네. 만일 자네가 자네 눈에 현명한 사람으로 보이는 사람을 만난다면 자네는 대중들보다 그 사람들을 더 고려할 것임을 말일세. 그러나 우리들은 설마 자네가 두려워할 그런 사람은 아닐 거야. 우리도 그 극장에서 구경꾼의 일원이 되어 있었으니까. 그렇지만 우리와는 달리 현명한 사람들을 자네가 만났다고 치세. 그때 만일 자네가 무슨 부끄러운 짓이라도 했다고 느낀다면, 자네는 아마 그들에 대해 부끄럽게 느낄 거야. 안 그런가?"

"옳은 말씀입니다."

아가톤이 대답했네.

"그러나 대중들 앞이라고 보면, 자네는 무슨 부끄러운 짓을 했다고 생각하더라도 그들에 대해 부끄럽게 생각지는 않겠지?"

그러나 파이드로스가 가로채어 다음과 같이 말했지.

"여보게 아가톤, 자네가 소크라테스에게 계속 대답하고 있으면, 여기서 우리가 하고 있는 일 따위는 어떻게 되든지 소크라테스에게는 아무 문제도 안 되네. 이분으로서는 단지 말 상대, 그것도 특히 잘생긴 말 상대만 있으면 그만인 거야. 하기야 나도 소크라테스의 대화를 듣는 것을 좋아하기는 하네. 그러나 지금은 에로스에게 바치는 찬미에 관해서 각자의 연설을 들어야겠네. 그러니까 둘이 먼저 이 신에 대해서 할 일을 마친 다음에 대화로 들어가는 게 좋겠네."

"옳은 말일세, 파이드로스." 아가톤이 말했네. "내가 소크라테스와 이야기할 기회는 앞으로도 얼마든지 있을 테니까."

곧 아가톤이 이어 말했네.

"먼저 나는 내가 어떻게 이야기할 것인가를 설명하고, 다음에 실제 이야기로 들어갈까 합니다. 내가 보건대 지금까지 이야기한 분들은 모두 그 신을 찬미한 것이 아니라 그 신으로부터 사람에게 주어지는 수많은 혜택으로 인해서 그것을 받은 사람들의 행복을 칭송하는 것 같습니다. 그런데, 그 신이 어떠한 신이기 때문에 그런 혜택을 베풀었느냐에 관해서는 아무도 말하지 않았습니다. 그러나 모든 것에 관한 찬미의 유일하고 올바른 방법이란, 그것에 대해서 문제가 되는 대상이 어떠한 성질의 것이기 때문에 무엇의 원인이 되고 있느냐는 것을 상세히 말하는 것입니다. 그러므로 우리도 에로스를 찬미함에 있어서 우선 첫째로는 에로스 자신이 어떠한 신인가에 대해서, 다음으로 그 수많은 혜택에 관해서 찬미하는 것이 올바른 태도일 것입니다.

그래서 나는 이렇게 주장합니다. 본래 신은 모두 복된 것이지만 그중에서도 에로스는—이렇게 말해도 신들의 투기를 초래하지 않는 신의 율법에 적합한 일이라면—가장 복된 신입니다. 가장 아름답고 가장 고귀하니까요. 그런데 이 신이 가장 아름답다는 것은 다음과 같은 성질을 가졌기 때문입니다. 첫째로 파이드로스. 그 신은 신들 중에서도 가장 젊은 신입니다. 특히 이 주장에 대한 유력한 증거를 이 신 자신이 제공해 주고 있습니다. 즉 늙음으로부터 재빨리 달아나는 것이 그것입니다. 걸음이 빠른 늙음으로부터 말입니다. 아무튼 늙음은 필요 이상으로 빨리 우리를 찾아오니까요. 에로스는 이 늙음이라는 것을 원래 싫어하기 때문에 그것과 멀리 떨어져 좀처럼 다가가려고 하지를 않습니다. 그러나 젊은이들과는 항상 사귀고 그들과 함께 있습니다. 즉 같은 것끼리 가까이한다는 옛말은 옳다고 생각됩니다. 나는 이 점에서는 파이드로스와 의견이 같지만, 에로스가 크로노스[29]나 이아페토스[30]보다 오래된 신이라는 의견에는 동의할 수 없습니다. 오히려 나는 이 신이 신들 중에서 가장 젊고, 또 영원히 젊을 것이라고 말하겠습니다. 그리고 헤시오도스나 파르메니데스가 말하고 있는 신들에 관한 옛일도 이 두 사람이 한 말이 진실일지라도, 그것은 아난케[31]로 말미암아서 생긴 일이지 에로스 때문은 아닙니다. 왜냐하면, 만일 에로스가 신들 사이에 있었다면, 서로 간에 거세를 하거나 포박을 하거나 그 밖에 숱한 폭행도 일어나지 않았을 것이기 때문입니다. 오히려 에로스가 신들을 지배하고 난 뒤의 오늘날처럼 우애와 평화가 생겼을 것입니다.

이런 까닭으로 이 신은 나이가 젊습니다. 젊은 데다가 이 신은 우아한 몸매를 하고 있습니다. 다만 이 신의 우아함을 표현함에 있어서 호메로스 같은 시인이 있었을 뿐인 것입니다. 그것은 호메로스가, 아테[32] 여신의 우아함을—그 여신의 다리가 우아하다는 것을—다음과 같이 노래하고 있기 때문입니다.

> 진정 이 여신의 다리는 우아하며, 땅을 밟지 아니하고 사람의 머리 위를 걷느니라.

아무튼 아테 여신이 굳은 것을 밟지 않고 부드러운 것 위를 걷는다고 표현한 것은, 이 여신의 우아함을 밝히는 데 참으로 적절한 증거를 사용했다고 생각됩니다. 그래서 나도 에로스가 우아하다는 것에 대하여 이것과 같은 증거를 사용할까 합니다. 즉 이 신은 땅도 밟지 않고, 또 결코 부드럽다고는 할 수 없는 머리 위도 밟지 않고, 무릇 이 세상에 있는 것 중에서도 가장 부드러운 것 속을 걷고, 거기에서 사는 것입니다. 왜냐하면 이 신은 신이나 사람의 마음씨라든가 영혼 속에 살 집을 짓는데, 그렇다고 덮어놓고 아무 영혼 속에나 짓는

---

[29] 티탄(Titan)족 우라노스의 아들. 제우스의 아버지.
[30] 티탄족. 아틀라스, 프로메테우스의 아버지.
[31] '필연' '운명'의 신격화된 여신.
[32] '재앙' '파멸' '미망(迷妄)'의 여신.

것이 아니며, 그 만나는 상대가 완고한 마음씨를 가진 영혼이라면 그냥 지나가 버리고 부드러운 마음씨의 영혼이라면 거기서 살기 때문입니다. 그래서 이 신은 항상 가장 부드러운 것 중에서도 가장 부드러운 것에 다리나 몸의 모든 부분으로 접촉하고 있기 때문에 필연적으로 우아한 것입니다. 따라서 이 신은 제일 나이가 젊고 우아한 데다가 몸매도 날씬합니다. 만일 이 신의 몸이 뚱뚱하다면 몸을 마음대로 구부릴 수도 없고, 남모르게 살그머니 어떤 영혼 속에 드나들 수도 없을 것이기 때문입니다. 균형 잡힌 날씬한 모습에 대해서는 이 신의 맵시가 우아하다는 것이 유력한 증거가 되고 있습니다. 특히 이 우아함은 누구나 다 인정하듯이 에로스의 뚜렷한 특징입니다. 어쨌든 맵시의 추악함과 에로스와의 사이에는 서로 간에 항상 전쟁 상태가 존재하고 있기 때문입니다. 그리고 살빛의 아름다움인데, 이것에 대해서는 이 신이 꽃밭에서 살고 있다는 것이 그것을 증명하고 있습니다. 즉 꽃이 없는 곳이나 꽃이 시들어 버린 곳에는, 그것이 육체건 영혼이건, 혹은 다른 어떤 것이건 그 속에 에로스는 들어앉지 않습니다. 그러나 꽃이 피고 향기로운 곳이 있으면 거기에 들어앉기도 하고 머물기도 하는 것입니다.

이 신의 아름다움에 관해서는 지금 말한 것만으로도 충분하겠지만, 그래도 못다 한 말이 많습니다. 그러나 이제 에로스의 미덕에 관해 말씀드려야겠습니다. 가장 중요한 점으로서, 에로스는 신과의 관계나 사람과의 관계에서 나쁜 일을 가한 일도 없고, 또 나쁜 일을 당한 일도 없다는 것입니다. 왜냐하면 그 자신이 남한테서 뭔가를 당할 때 폭력으로 당하지 않으니까—폭력은 에로스에게 관계되는 것이 아니기 때문에—또 에로스가 뭔가를 할 때도 폭력을 사용하지 않습니다. 왜냐하면 모두들 에로스에 대해서는 자진해서 봉사하기 때문입니다. 또한 당사자들이 서로 자진해서 인정하는 일은 '국가의 왕인 국법'이 주장하듯이 정의에 합당한 일인 것입니다.

이 신은 또 정의의 덕 외에도 절제의 덕을 더없이 풍부하게 갖추고 있습니다. 왜냐하면, 세상에서 인정하는 바에 의하면 절제란 쾌락이나 욕망을 이겨내는 일인데, 어떠한 쾌락도 그 힘에 있어서 에로스를 능가하는 것은 없기 때문입니다. 그런데 에로스보다 약하다면 그것들은 에로스에게 지배될 것입니다. 그래서 에로스는 쾌락이나 욕망을 지배하기 때문에 특별히 절제심이 강한 것입니다.

 그리고 용기에 관해서인데, 에로스에 대해서는 아레스[33]도 당할 수 없습니다. 왜냐하면 아레스가 에로스를 잡는 것이 아니라 에로스가—전하는 바에 의하면 아프로디테를 향한 아레스의 사랑인데—아레스를 잡기 때문입니다. 강하다는 점에서는 잡는 자 쪽이 잡히는 자보다 우세합니다. 그래서 에로스는 남달리 뛰어난 용감한 자에게 이기는 것이니까 만인에서 가장 용감한 자가 될 것입니다.

 이 신의 정의와 절제와 용기의 덕에 대해서 말했습니다만, 지혜의 덕에 대해서는 아직 말을 못 했습니다. 그래서 될 수 있는 대로 빠뜨리는 말이 없도록 해보겠습니다. 먼저, 에릭시마코스가 자신의 기술에 대해서 한 것처럼 나도 내 자신의 기술에 대해 경의를 표하기 위해서 하는 말인데, 이 신은 듣는 사람까지도 시인으로 만들 만큼 뛰어난 시인인 것입니다. 어쨌든 '비록 전에는 예술에 인연이 없었던 사람이라도' 에로스가 손만 대면 누구든지 시인이 되니까요. 이것은 에로스가 대체로 모든 예술적 창작(포이에시스)에 있어서 족히 훌륭한 시인이라는 증거가 될 수 있다고 생각합니다. 왜냐하면 스스로 가지고 있지도 않고 알지도 못하는 것을 남에게 주거나 가르칠 수는 없기 때문입니다. 그리고 또 모든 생물의 창조(포이에시스)인데, 이것이 에로스의 지혜이며, 이 지혜로 말미암아 모든 생물이 나고 자란다는 것에 대해 누가 반대하겠습니까. 또 모든 기술적인 일을 보더라도, 이 신을 스승으로 삼는 사람은 장래에 손꼽힐 만큼 빛나는 사람이 되지만, 에로스가 손대지 않은 사람은 어둠 속으로 묻히고 만다는 사실을 우리가 알고 있지 않습니까. 궁술이나 의술이나 점복술을 아폴론이 발견한 것은 욕구나 사랑(에로스)에 끌렸기 때문입니다. 따라서 이 신도 에로스의 제자가 된 것입니다. 나아가 무사 여신들은 예술의, 헤파이스토스는 대장장이의, 아테나[34]는 베 짜기의, 그리고 제우스는 '신들과 사람을 통치하는' 기술에서 에로스의 제자인 것입니다.

 그런 만큼 신들의 세계에도 에로스가 들어옴으로써 비로소 질서가 잡히게 된 것입니다. 이것이 아름다움에 대한 사랑이라는 것은 두말할 필요도 없습니

---

33) 전쟁과 파괴를 주관하는 신. 로마 신화의 마르스.
34) 지혜의 여신. 제우스의 딸. 그 신앙은 특히 아테네시(市)와 관계가 깊다.

다. 사랑은 추한 것 속에 자리 잡지 않기 때문입니다. 그러나 그 전에는 처음에도 말씀드린 바와 같이 신들 사이에도 전설에 의하면 무서운 일이 많이 일어났는데 그것은 아난케가 지배하고 있었기 때문입니다. 그런데 에로스가 나타난 다음부터는 신들에게도 사람에게도 아름다움에 대한 사랑이 생겨 모든 좋은 일이 생기게 된 것입니다.

그래서 에로스는 먼저 그 자신이 가장 아름답고 가장 훌륭한 자이기 때문에 남에게도 자기와 같은 성질을 주는 자라고 나는 생각합니다. 그에 대해서 시의 형식으로 한번 말해 보고 싶은 생각이 듭니다만, 이 신은

　　사람들에게는 평화를, 바다에는 고요함을, 바람을 위해서는 휴식을, 또 슬픔에게는 잠을

만들어 내는 자입니다. 이 신은 사람들을 모이게 하여 지금 여기서도 하고 있는 것 같은 모임을 갖게 하고, 잔치나 춤이나 제사에서 안내자가 되어서 우리에게서 서먹서먹한 마음을 몰아내고 다정한 마음으로 채워 줍니다. 그것은 온화를 초래하고 거침을 추방하는 자, 호의는 아낌없이 베푸나 악의는 주지 않는 자, 온유하며 인자하여 현자에게 있어서는 감상할 만한 것이요, 신들에게 있어서는 찬탄할 만한 것, 얻지 못한 자에게는 선망의 대상이며, 충분히 얻은 자에게는 귀중한 보배. 아름다움, 섬세, 우아, 동경, 소망의 아버지. 착한 자를 돌보며 악한 자를 돌보지 않는 자. 고난과 공포와 간절한 소원과 언론에서는 가장 훌륭한 키잡이요, 전우요, 옹호자이자 구제자, 모든 신들과 사람들의 장식, 이상적인 길잡이. 사람들은 이 신에게 훌륭한 찬가를 바치며 그의 뒤를 따라야 합니다. 이 신이 모든 신들과 사람의 마음을 매료하며 부르는 노랫소리에 맞추어서.

파이드로스, 내가 지금까지 한 말을 이 신에게 바치는 나의 찬사로 인정해 주게. 농담도 없지는 않았지만 힘 자라는 데까지는 성실하게 했네."

아가톤이 말을 끝내자, 이 젊은 시인은 자기에게도 그 신에게도 적절하게 말했기 때문에 만장의 갈채를 받았다네. 그러자 소크라테스가 에릭시마코스를

보고 말했지.

"어떤가, 아쿠메노스의 아들이여, 아까 내가 걱정한 것은 부질없는 일이었나. 오히려 그것은 예언자처럼 말한 것이 아니었던가. 아까 나는 '아가톤은 썩 훌륭한 말을 할 것이니 내가 난처해질 것'이라고 말했거든……."

"한편의 것은……." 에릭시마코스가 대답했네. "즉 아가톤이 말을 썩 잘할 것이라는 말씀은 예언이 된 것 같습니다만, 당신이 난처해질 것이라는 말씀에 대해서는 난 그렇게 생각지 않는데요."

"자네 멋대로 생각하는군. 에릭시마코스, 그렇게 아름답고 다채로운 이야기 끝에 이어서 말을 해야 한다면 나 아닌 다른 누구라도 어떻게 난처해지지 않을 수가 있겠나. 처음 부분은 반드시 다 똑같이 경탄할 것이라고는 생각할 수 없지만, 끝맺는 데 이르러서는 누구든지 그 아름다운 어구(語句)를 듣고서 깊은 감동을 느끼지 않을 수 없을 걸세. 나로서는 그렇게 아름답게 말하는 것을 흉내조차 낼 수 없겠다고 생각하니, 부끄러워서 달아나고 싶을 지경이었어. 달아날 길만 찾아낼 수 있었다면 말이야. 왜냐하면 아가톤의 말이 나에게 고르기아스[35]를 생각나게 하여, 그 덕분에 나는 호메로스의 시에 나오는 사람과 똑같은 경우를 당했기 때문이야. 아가톤이 그 이야기에서 희대의 웅변가 고르기아스의 머리를 내 속에다 던져서 나를 말 못하는 돌로 만들어 버리지나 않을까 걱정했네. 그래서 나는 내가 얼마나 우스운 짓을 했는가 생각이 났어. 차례가 오면 자네들과 함께 에로스를 찬미하겠다고 약속도 하고, 또 대체 그것을 어떻게 찬미하면 좋을지 조금도 모르면서 사랑에 관해서 능통하다고 주장하기까지 했으니 말일세. 사실 나는 어리석게도 사람은 무엇을 찬미하든지 무엇보다도 앞서는 조건으로서, 이에 대하여 참된 말을 해야 하고, 그다음엔 그러한 참다운 것 중에서 가장 아름다운 것을 골라내서 될 수 있는 대로 조리 있게 이야기해야 한다고 믿고 있었단 말이야. 그래서 나는 훌륭히 이야기할 수 있으리라고 아주 자신만만하였던 것일세. 그것은 내가 에로스의 참다운 성질을 알고 있다고 믿었기 때문이야. 그렇지만 참다운 것을 말하는 것은 분명히 사물을 아름답게 찬미하는 방식은 아닌 것 같아. 그것이 사실 그런지 어떤지

---

[35] 괴물 고르곤의 머리는 보는 이를 돌로 변하게 만들었다고 한다. 여기서는 고르곤과 고르기아스와의 발음상의 유사점을 이용한 것이다. 고르기아스는 대표적인 소피스트, 변론가.

는 아랑곳없이 오히려 다만 그것에 대해 될 수 있는 대로 크고, 될 수 있는 대로 아름다운 성질을 갖다 붙이는 것이 적절한 방법인 것 같았단 말이야. 그렇게 하는 것이 잘못이라 해도 조금도 문제가 아냐. 사실 우리가 각각 에로스를 실제로 찬미하려는 것이 아니고, 다만 처음부터 찬미하는 듯이 보이자는 것으로 작정하고 있었다고 생각하네. 생각건대 그렇기 때문에 자네들은 온갖 말을 동원해서 그것을 에로스에게 바치며, 에로스는 이런 신이기 때문에 이처럼 많은 것의 원인을 이루고 있다고 주장하고 있는 걸세. 즉 이 신을 될 수 있는 대로 훌륭한 신으로 보이게 하자는 의도에서인데, 이것도 사실을 모르는 사람들의 말이라는 것은 말할 나위도 없네―물론 사실을 모르는 사람에 대해서지, 설마 사실을 아는 사람에 대해서는 아닐 테니까―그렇게 되면 찬미에 대한 이야기는 아름답고 화려하게도 되는 것일세. 그러나 유감스럽게도 나는 이 찬미의 방법을 알지도 못하면서 차례가 오면 나도 찬미하겠다고 자네들에게 동의를 했거든. 그러니 '혀'는 약속을 했지만 '마음'은 약속하지 않은 셈이니까 이제 그 말은 취소하기로 하겠네. 지금 말한 것 같은 방법으로 나는 찬미하지 않을 테니까 말일세. 첫째, 나로서는 그렇게 하지도 못할 걸세. 그러나 진실에 대해서라면, 자네들이 희망한다면 이야기해도 좋겠지. 하지만 그것도 내 방식대로 하는 것이지 자네들의 이야기와 무슨 경쟁이라도 해서 웃음거리가 되겠다는 것은 아닐세. 그러니까 파이드로스, 한번 생각해 보게. 이런 이야기도 필요하겠는가 어떤가를. 쓰는 말이나 어구의 배열은 생기는 대로 하겠지만, 그래도 들을 필요가 있겠는지 없겠는지를 말일세."

이렇게 소크라테스가 말했네. 그러자 파이드로스도 다른 사람들도 소크라테스 자신이 적당하다고 믿는 대로 이야기해 달라고 부탁을 했네.

"그러면 파이드로스." 소크라테스는 말했네. "두세 가지 점을 아가톤에게 질문할 것을 허락해 주게. 그와 합의를 본 다음에 이야기를 하고 싶으니까."

"좋습니다. 어서 물어보십시오."

파이드로스는 대답했네. 이런 일이 있은 뒤, 소크라테스는 대강 다음과 같이 이야기하기 시작했네.

"정말이지 아가톤 군, 자네는 아주 훌륭하게 그 이야기를 시작했어. 먼저 에로스가 어떤 신인가를 밝히고, 그 뒤에 신의 작용에 이르러야 한다고 한 말이네만, 이 말머리에는 나도 매우 탄복했네. 그러니까 에로스의 다른 점은 자네가 당당하고 훌륭하게 설명을 했으니 다음도 말해 주지 않겠나? 에로스는 '어떤 것에 대한 사랑(에로스)'이라는 식의 성질의 것인지 아니면 대상이 없는 것인지. 단, 내가 묻는 것은 어떤 어머니에 대한 사랑인가, 아니면 아버지에 대한 사랑인가 하는 것은 아닐세. 왜냐하면 그런 질문은 우스운 것이니까. '에로스가 어머니에의 사랑인가, 아니면 아버지에 대한 사랑인가' 하는 건 말이야. 그런 게 아니라 지금 듣고 있는 '아버지'라면, '아버지' 그 자체에 대해서 대체 아버지란 그 어떤 자의 아버지인가 하고 내가 물을 경우와 같은 것일세. 만일 훌륭하게 대답하려면 자네는 틀림없이 '아버지란 다름 아닌 아들이나 딸의 아버지입니다'라고 나한테 말할 걸세. 그렇지 않은가?"

"물론 그렇습니다."

아가톤이 대답했네.

"그러면 어머니의 경우도 그와 마찬가지가 아니겠는가?"

이 말에도 그는 동의했네.

"그러면……." 소크라테스는 말을 이었어. "좀 더 대답해 주게. 내가 말하고자 하는 바를 자네가 좀 더 이해해 주기 바라니까. 가령 내가 이렇게 물었다고 치세. '그럼 어떤가. 형제는—본질적인 의미에서의 형제를 말하는 것인데—그것은 그 어떤 자의 형제인가, 아닌가' 하고 말이야."

그 어떤 자의 형제라고 아가톤은 말했네.

"그러면 형제나 자매라는 뜻이겠지?"

이 말에도 그는 동의를 했네.

"그러면 에로스에 대해서도 그와 같이 대답해 보게. 에로스는, 사랑은 사랑이지만 아무것에 대한 사랑(에로스)도 아닌 것인가, 아니면 그 어떤 자에 대한 사랑인가?"

"그야 물론 그 어떤 자에 대한 사랑이지요."

"그러면……." 소크라테스는 말했네.

"이 점을 마음속에 잘 간직해 두게. 그리고 그것이 무엇에 대한 사랑인지도 잊지 말게. 그러나 이것만은 지금 말해 주게. 그 어떤 자에 대한 사랑인 에로스는 그 사랑의 대상이 되기를 욕구하는가, 아니면 욕구하지 않는가?"

"물론 욕구합니다."

"에로스가 욕구하고 사모하는 것은 대상을 가지고 있을 때의 일인가, 아니면 가지고 있지 못할 때의 일인가?"

"아마, 가지고 있지 못할 때의 일이겠지요."

"그럼 잠시 생각해 보게." 소크라테스는 말했네.

"아마 그럴 것이다가 아니라 필연적인지 어떤지를. 즉 욕구하는 것은 자기에게 없는 것을 욕구하는가, 또는 없지 않은 경우에는 욕구하지 않는가? 내가 보기에는 아가톤, 그것은 두말할 것 없이 필연적이라고 생각되네. 하지만 자네 생각은 어떤가?"

"저도 그렇게 생각합니다."

아가톤이 대답했네.

"좋아, 그러면 큰 사람이 더 커지고 싶다든가 강한데도 더 강해지고 싶어 하는 사람이 과연 있을까?"

"그러면 지금까지 인정되어 온 것으로 보아서 있을 수 있습니까?"

"사실 그런 사람은 새삼스럽게 그렇게 될 필요가 없겠지. 지금 그러하니까."

"옳습니다."

"그런데 강한데도 강하고 싶다든가."

소크라테스는 말했네.

"걸음이 빠른데도 걸음이 빨라지고 싶다든가, 건강한데도 건강해지고 싶다든가 할 경우―이렇게 말하는 것은, 이런 성질이나 그 밖의 모든 성질에 대하여 다음과 같이 생각하는 사람이 있겠기에 하는 말이네. 즉 그런 성질을 가진 사람들일수록 자기가 지닌 것을 더욱더 욕구하는 법이라는 식으로 말일세. 그래서 우리는 이런 잘못에 빠지는 일이 없도록 하기 위해서 내가 이런 말을 해 두는 걸세. 아가톤, 자네도 생각해 보면 알겠지만, 그들은 바라건 바라지 않건 간에 필연적으로 그들이 지녀야 할 모든 것을 현재, 바로 지금 지니고 있어야만 하는 걸세. 그런데도 여전히 그걸 욕구할 사람이 도대체 어디에 있겠는가. 그럼에도 불구하고 건강한데도 더 건강하고 싶다든가, 부자이면서도 더 부자가 되고 싶다든가, 지금 가지고 있는 바로 그것을 욕구한다든가 하는 사람이 있다면, 그 사람에게 우리는 이렇게 말할 거야. '여보게, 자네가 재물이나 건강이나 힘을 가지고 있으면서도 여전히 그것을 갖고 싶어 하는 것은 장래에 대한 일일세. 적어도 지금은 자네가 바라든 안 바라든 간에 그런 것들을 가지고 있으니 말이야. 그러니까 자네가 지금 갖고 있는 것을 욕구한다 할 경우 그것은 지금 가지고 있는 것을 장래에도 가지고 싶다는 뜻인지, 아니면 딴 뜻인지 한번 생각해 보게'라고 말이야. 그러면 그는 동의하지 않을까?"

이 말에 아가톤은 찬성을 했네. 그래서 소크라테스가 말했네.

"그렇다면 그것은, 아직도 그의 손에 없고 그의 것이 되지도 않는 사항을 욕구하는 일과 같은 여러 가지 것들이 장차에도 무사히 그의 것으로서 존재하기를 욕구하는 것이 아니겠는가?"

"그렇습니다."

"따라서 우리가 지금 인용하고 있는 사람이나 그 밖의 누구건 간에 욕구하는 사람이라면 자기 수중에 없는 것이나 현재 없는 것을 욕구하는 것이니까 자기가 가지고 있지 않은 것, 자기 자신이 그렇지 않은 것, 자기에게 없는 것, 뭐 이런 것들이 욕구와 사랑의 대상을 이루고 있다는 것이 아니겠는가?"

"그렇습니다."

아가톤이 대답했네.

"그렇다면 지금까지 말한 것을 한번 요약해 보세." 소크라테스는 말했네.

"에로스는 첫째로는 그 어떤 것에 대해서이고, 둘째로는 자기에게 없는 것에 대해서라는 것이 아니겠는가?"

"그렇습니다." 아가톤이 대답했네.

"그러면, 자네가 아까 한 이야기 속에서 에로스를 무엇에 대한 것이라고 말했는지, 한번 기억해 주게. 자네가 바란다면 내가 자네의 그 기억을 일깨워 줄 수도 있네. 자네는 대강 이렇게 말했다고 생각되네. 신들 사이에서는 아름다운 것에 대한 사랑(에로스)이 근거가 되어서 여러 가지 일이 정돈되고 질서가 잡혔다. 이런 경우 아름다운 것에 대한 사랑이란, 추한 것에 대해서는 사랑(에로스)이 존재할 수 없으니까—대강 이런 식으로 말하지 않았던가?"

"그렇게 말했습니다."

아가톤이 대답했네.

"그런데 자네의 그 말은 아주 적절한 말이었네." 소크라테스가 말했어. "그리고 그것이 사실이라면, 에로스는 아름다움에 대한 사랑은 아니겠지?"

아가톤은 그 말에 동의했네.

"그렇다면, 사랑은 자기에게 없고 자기가 가지고 있지 않은 것을 사랑한다는 것에 우리 의견이 일치한 셈이지?"

"그렇습니다."

"그렇다면 에로스는 아름다움이 없으니까 아름다움을 가지고 있지 않은 셈이 아닌가?"

"필연적으로."

아가톤은 말했네.

"그렇다면 어떻게 되는 건가. 아름다움이 없고 그것을 전혀 가지고 있지 않은 것을 자네는 아름답다고 부른단 말인가?"

"천만에요."

"만일 사실이 그렇다면, 그래도 역시 자네는 에로스가 아름답다는 것을 인정하겠는가?"

여기서 아가톤은 이렇게 말했네.

"소크라테스, 내가 아까 그렇게 말한 것은 무슨 말인지 나도 몰랐던 것 같습니다."

"그래도 어쨌든 자네 이야기는 아주 훌륭했네. 아가톤, 그렇지만 몇 가지만 더 말해 주게. 착한 것은 또한 아름답기도 하다고 자네는 생각하는가?"

"나는 그렇게 생각합니다."

"그러면 만일 에로스가 아름다움을 가지고 있지 못한데 착한 것이 아름다운 것이라고 한다면, 에로스는 또 착한 것을 가지고 있지 않다는 것이 되지 않겠는가?"

"소크라테스, 나로서는 당신을 반박할 도리가 없군요. 당신 말씀이 옳다고 해두십시다."

"친애하는 아가톤, 반박하지 못하는 것은 진리에 대해서일세. 소크라테스가 상대라면 조금도 어려운 일이 아니니까 말이네."

소크라테스가 대답했네.

"이제 이쯤에서 자네를 놓아주기로 하고, 그 대신에 이번에는 지난날 만티네이아에서 온 디오티마라는 여자에게서 내가 들은 에로스에 관한 이야기를 말하기로 하지. 그 여자는 이 일뿐만이 아니라 다른 여러 가지 일에도 능통한데, 예전에 아테네 사람들이 전염병을 예방하려고 제사를 거행하였을 때, 그 여자는 그들을 위해서 전염병이 닥쳐오는 것을 10년이나 늦추었다는 말도 있었네. 그리고 나에게 사랑을 가르쳐 준 것도 바로 그 여자였다네. 그래서 그 여자가 말해 준 것을 다시 한번 차근차근 자네들한테 되풀이해 보겠네. 지금까지 나와 아가톤 사이에서 동의된 사항을 출발점으로 하여 내 단독으로, 내 힘을 최대한으로 발휘하면서…… 말할 것도 없이 아가톤, 자네가 이야기했던 그런 방법으로, 먼저 에로스가 어떤 신이며 어떤 성질을 가졌나를 말하고, 그다음에 그의 작용을 말해야겠지. 그것을 하기에 제일 쉬운 방법은, 그 외국 여자가 전에 질문하면서 나에게 설명해 준 것처럼 하는 것이라고 생각하네.

사실 나도 그때 그 여자에게, 지금 아가톤이 나에게 대답한 것과 대강 비슷한 말을 했었네. 에로스는 위대한 신이며 또한 아름다운 것을 향하는 신이라고. 그랬더니 그 여자는 내가 아가톤에게 사용한 것과 똑같은 그 논리를 가지고 나를 반박하는 거야.

'당신 의견에 따르면 에로스는 아름다운 것도 착한 것도 아닙니다.'

그래서 나는 말했지.

'무슨 말씀입니까, 디오티마. 그러면 에로스는 추하고 하찮은 것이란 말씀입니까?'

그러자 그녀는 물었네.

'왜 그런 말씀을 하세요? 그렇다면 선생님은 아름답지 않은 것은 반드시 추한 것이라고만 생각하시나요?'

'그렇습니다. 물론 그렇게 생각합니다.'

'그리고 똑똑하지 못한 경우도 선생님은 그 사람을 무지하다고 생각하시는 겁니까? 아니면 선생님은 지(知)와 무지(無知)의 중간이 무엇인지를 모르고 계시나요?'

'그것은 무엇입니까?'

'당신은 모르십니까? 설명할 줄 모르면서 올바른 의견을 가지고 있다는 것은…….' 그녀는 말했네. '그것은 지식을 가지고 있는 것이 아니며—왜냐하면 설명을 할 수 없는 것이 어떻게 지식이 될 수 있겠습니까—그렇다고 무지한 것도 아닙니다. 사실을 파악하고 있는 자가 무지할 까닭이 없으니까요. 분명 올바른 의견이라는 것은 지금 말씀드린 것, 즉 지와 무지와의 중간에 있는 것이에요.'

'거참 옳은 말씀입니다.'

나는 대답했네.

'그러면 아름답지 않은 것은 반드시 추하다든가, 선하지 못한 것도 역시 악하다든가라는 식으로 생각해서는 안 되지요. 선생님은 에로스가 선하지도 않고 아름답지도 않다는 것을 스스로 인정하셨지만, 그렇다고 해서 이 신(神)이 추하고 악한 자라고 생각하셔도 안 됩니다. 그 신은 오히려 둘 사이의 중간적인 것이라고 생각하셔야 해요.'

'그래도…….' 내가 말했네. '에로스가 위대한 신이라는 것은 누구나 인정하는 사실입니다.'

'그것은 그 신을 모르는 사람들을 말씀하시는 건가요. 그렇지 않으면 그 신에 대해서 알고 있는 사람도 포함해서 말씀하시는 건가요?'

'물론 모두 다 포함해서 말하는 것입니다.'

그랬더니 그녀는 웃으면서 말하더군.

'소크라테스, 에로스를 신이 아니라고까지 말하는 사람도 있는데, 어떻게 그것을 위대한 신이라고 인정할 수가 있겠어요?'

'그 사람들이 대체 누구란 말입니까?'

나는 물었네.

'한 분은 당신이고 또 한 사람은 나입니다.'

그녀는 대답하더군.

그래서 나는 말했지.

'그건 무슨 뜻입니까?'

그러자 그녀는 말했네.

'그야 알기 쉬운 거지요. 자, 한번 말씀해 보세요. 신은 모두 행복하고 아름다운 거라고 당신은 주장하시겠지요? 그렇지 않으면 신들 중에는 아름답지도

행복하지도 않은 것이 있다고 주장할 만한 용기라도 있습니까?'

'천만에요. 제우스에게 맹세코 내게는 그럴 용기가 없습니다.'

'그런데 선한 것과 아름다운 것을 가지고 있을 경우, 그 사람을 행복하다고 당신은 말씀하시는 게 아닙니까?'

'물론 그렇습니다.'

'그렇지만 당신은 인정하지 않았나요? 에로스는 선한 것이나 아름다운 것을 가지고 있지 못한 만큼, 바로 그 없는 것을 갖기 바라고 있는 것이라고.'

'분명히 그렇게 인정했습니다.'

'그러면 아름다운 것도 선한 것도 아주 없는 자가 어떻게 신(神)일 수 있겠습니까?'

'절대로 그럴 수는 없지요. 적어도 그렇다고 생각됩니다.'

'그렇다면 당신 역시 에로스를 신으로 보지 않는다는 것을 이제 아셨겠지요.'

'그러면 대체 에로스는 무엇입니까?' 나는 물었네. '그것은 죽는 것입니까?'

'당치도 않은 말씀을.'

'그럼 무엇입니까?'

'아까도 말씀드렸지만, 죽는 것과 죽지 않는 것의 중간에 있는 것입니다.'

'디오티마, 대체 그것이 무엇입니까?'

'위대한 신령(다이몬)입니다. 소크라테스, 신령은 모든 신과 죽는 것과의 중간에 있기 때문이지요.'

그래서 나는 말했네.

'어떤 힘을 가진 것입니까?'

'신들에게는 사람에게서 나온 것을, 또 사람들에게는 신들에게서 나온 것을 전달하여 보내 줍니다. 즉 사람에게서는 기원(祈願)과 희생을, 신들에게서는 그 명령과 희생에 대한 보수를, 그리고 이 양자의 중간에서 그 사이를 채워 주며 세상의 만유(萬有)가 하나의 결합체인 것처럼 만들고 있는 자입니다. 또한 모든 점복술에 있어서도, 나아가서는 희생, 제사, 부적, 모든 예언과 요술에 종사하는 성직자의 기술에 있어서도 이들 일의 모든 진행은 이 신령을 통해서 이루어지는 것입니다. 신은 인간과 직접 사귀는 일이 없으므로, 신들에게 있어서

인간과의 교제와 대화란—상대 인간이 깨어 있을 때건 잠을 자고 있을 때건
—모두 이 신령을 통해서 이루어지는 것입니다. 그리고 방금 말씀드린 것 같은
상황에서의 지자(智者)는 신령적인(다이몬과 같은) 사람이지만, 그와는 다른 어
떤 일에 있어서의 지자는, 그것이 기술에 관한 것이라 할지라도, 혹은 수공(手
工)에 관한 일이라 할지라도 모두 세속적인 사람입니다. 참으로 이런 신령은 수
도 많고 종류도 많습니다. 그리고 그중의 하나로서 에로스도 있는 것입니다.'

'그런데 그 아버지는 누굽니까?' 나는 물었네. '그리고 어머니는?'

'이야기를 하자면 꽤 길어지겠습니다만 그대로 말씀드리기로 하죠.'

그녀는 대답하더군.

'아프로디테가 태어났을 때 신들은 축하연을 베풀었는데 그중에는 다른 신
들과 함께 메티스[36]의 아들 포로스[37]도 참석했습니다. 그때 많은 음식이 나왔
는데 신들이 그것을 거의 다 먹어 갈 무렵 페니아[38]가 음식을 얻어먹으려고 문
앞에 와 서 있었습니다. 그런데 포로스는 신주(넥타르)에 취해서—그때는 아직
포도주가 없었으니까—제우스의 뜰에 들어가서 잠이 들어 버렸습니다. 그러
자 페니아는 자기가 궁하니까, 포로스의 아이를 낳아야겠다는 술책을 생각하
고 그의 곁에 누워서 에로스를 배었던 것입니다. 이래서 에로스는 아프로디테
를 따르고 섬기는 자가 되었습니다. 즉 이 여신의 생일잔치 때 태어났고 또 나
면서부터 아름다운 것을 사랑한 데다가 아프로디테 자체가 아름다운 신이기
때문입니다. 그런데 에로스는 포로스와 페니아 사이의 아들이기 때문에 다음
과 같은 운명을 가지게 되었습니다. 첫째, 그는 언제나 가난하며 흔히 생각하
듯이 날씬하고 아름다운 것과는 아주 멀어서 오히려 못생기고 더럽고 맨발에
게다가 집도 없었습니다. 언제나 잠자리도 없이 땅 위에 눕고, 남의 집 문간이
나 길바닥을 잠자리로 삼고 있습니다. 그것은 그가 어머니의 성질을 받아 언제
나 궁핍과 함께 살고 있기 때문입니다.

그러나 한편으로는 아버지도 닮아 언제나 아름다운 것과 선한 것에 뜻을
가지고 있고, 용감하며, 담대하며, 굳세고 무서운 사냥꾼이고, 언제나 무슨 간

---

36) '교지(巧知)' '재치'의 신격화.

37) '술책' '방책'의 신격화.

38) '빈궁' '곤궁'의 신격화.

계를 쓰고, 게다가 또 심하게 분별을 구하고 동시에 결코 술책에 궁한 일이 없고 한평생 지혜를 추구하며, 또 뛰어난 마술사이자 요술사요 소피스트입니다. 또 본성이 죽지 않는 것도 죽는 것도 아니어서 술책에 성공하면 하루 동안에 생명의 꽃을 피워 사는가 하면 죽기도 합니다. 그러나 아버지에게서 받은 성질로 하여 다시 살아납니다. 하지만 그가 얻은 것은 언제나 없어지고 맙니다. 이래서 에로스는 곤궁한 일도 없지만 부유해지는 일도 없습니다. 그리고 지(知)와 무지(無知)에 대해서도 그 중간에 있는 자입니다. 그건 이렇기 때문입니다. 신들은 지를 사랑하는 일도 없고, 지자(智者)가 되고자 열망하는 일도 없습니다. 그들은 이미 지자이니까요. 그러나 한편 무지몽매한 사람은 지를 사랑하지 않으며 지자가 되기를 바라지도 않습니다. 이 점이 바로 무지가 곤란한 까닭입니다. 자기가 이상적인 사람도 아니고 사려 분별이 있는 사람도 아닌데, 자기 눈에는 더할 나위 없는 사람으로 비치는 점이 말입니다. 어쨌든 자기에게 부족한 데가 있다고 느끼지 않는 자는 그 부족하게 느끼지 않는 것을 욕구할 까닭이 없습니다.'

'그렇다면 디오티마.' 나는 말했네. '대체 어떤 사람이 지(知)를 사랑하는 사람입니까? 지식이 있는 사람도 그렇지 않다고 한다면.'

그러자 그녀는 대답했네. '그건 어린애라도 알 만한 일이 아닙니까? 방금 말씀드린 양자의 중간에 있는 자입니다. 그리고 에로스 역시 그중의 하나입니다. 그 까닭은 말할 것도 없이 이렇습니다. 지(知)는 가장 아름다운 것 중의 하나이며, 게다가 에로스는 아름다운 것에 대한 사랑입니다. 따라서 에로스는 필연적으로 지를 사랑하는 자이며, 지를 사랑하는 자이기 때문에 필연적으로 지식이 있는 자와 무지한 자의 중간에 있는 자입니다. 그리고 에로스의 경우, 그 출생이 또한 이제 말씀드린 것의 원인이 되고 있지요. 즉 그 아버지는 지혜가 있고 술책에 뛰어난 자이지만, 어머니는 지혜가 없고 곤궁한 자이기 때문입니다. 친애하는 소크라테스, 지금 대강 말씀드린 것이 이 신령의 본질입니다. 이것이 당신이 생각하신 에로스의 모습입니다만, 그렇다고 해서 당신이 주장하신 것이 놀라운 것은 아닙니다. 당신 말씀으로 미루어 볼 때, 당신은 사랑받는 대상 쪽을 에로스라 생각지는 않으신 것 같습니다. 생각건대 이 때문에 당신 눈에는 에로스가 아주 아름다운 것으로 보였겠지요. 사실 사랑받을 가치가 있는 것은 참으로 아름답고 섬세하고 완전해서 선망에 해당하는 행복을 누린 자이지만, 사랑을 주는 자 쪽은 그것과는 다른, 내가 말씀드린 것 같은 성질의 소유자이니까요.'

그래서 나는 말했네.

'과연 그렇겠군요. 만티네이아의 선생님, 좌우간 당신 말씀은 훌륭합니다. 그럼 에로스는 사람에게 어떠한 도움이 되는 것입니까?'

'바로 그 점입니다, 소크라테스.' 그녀는 대답했네. '지금부터 당신에게 가르쳐 드리려는 것입니다. 그런데 에로스는 지금 말씀드린 바와 같은 것이고, 지금 말씀드린 그런 태생입니다만, 또 당신 말씀처럼 아름다운 것에 관계되는 것이기도 하고요. 그러나 우리들에게 이렇게 질문하는 자가 있다고 가정합시다. '소크라테스와 디오티마여, 에로스가 아름다운 것에 관계되는 까닭은 무엇입니까?' 그러나 이렇게 말하는 것이 더 분명하지요. '아름다운 것을 사랑하는 자는 지금 사랑을 하고 있는 것인데, 그는 무엇을 요구합니까'라고 말입니다.'

그래서 나는 대답했네.

'그것(아름다운 것)이 자기 것이 되기를 바라겠지요.'

'그러나 그 대답에 대해서는······.' 그녀는 말했네. '다음과 같은 질문이 다시 일어나게 됩니다. '그 아름다운 것을 얻으면 그 사람은 대체 어떻게 되는가'라는 질문이 말입니다.'

'그 질문에 나로서는 당신에게 대답할 수 없습니다.'

나는 대답했네.

'그러면 선(善)한 것을 얻으면 사람은 대체 어떻게 됩니까?'

'그거라면 아까보다 쉽게 대답할 수 있겠습니다.' 나는 대답했네. '행복하게 된다는 것이지요?'

그러자 그녀는 말했네.

'사실 행복한 사람들이란 선한 것을 소유함으로써 행복해지는 것이지요. 그리고 '행복해지기를 바라는 것은 무엇 때문인가'에 더 물을 필요도 없습니다. 이 대답이면 그만인 것 같습니다.'

'그렇습니다.'

나는 대답했네.

'그런데 이 희망과 사랑은 만인에게 공통된 것이므로, 모든 사람들이 선한 것을 차지하기를 항상 원한다고 생각하십니까, 어떻습니까?'

'당신 말씀이 맞습니다. 그것은 만인에게 공통된 것입니다.'

그녀의 말에 나는 이렇게 대답했네.

'그러면 대체 어째서 그럴까요, 소크라테스?' 그녀는 물었네. '적어도 모든 사람이 그 똑같은 것을, 더구나 항상 사랑하며 구하고 있다고 한다면 어째서 우리는 모든 사람이 사랑을 하고 있다고 말하지 않고 '사랑을 하는 사람도 있으나 사랑을 하지 않는 사람도 있다'고 말하는 것일까요?'

'나도 그건 이상하게 생각합니다.'

나는 말했네.

'그러나 이상하게 생각하실 것 없습니다. 그것은 말하자면 이렇습니다.' 그녀는 말했네. '우리는 사랑(에로스) 중에서 어떤 한 가지를 끌어내어 그것에다가 전체적인 이름을 붙여서 사랑(에로스)이라고 부르고, 그 밖의 여러 가지 사랑에 대해서는 다른 이름을 쓰고 있으니까요.'

'이를테면 어떻게……'

나는 물었네.

'예를 들면 이렇습니다. 아시다시피 창작(포이에시스)이란 넓은 의미의 말입니다. 말할 것까지도 없이, 없는 것으로부터 있는 것으로 옮아가는 원인이 되는 것은 어떤 것에 있어서나 통틀어 창작(創作)이라 부릅니다. 따라서 그 기술에 속하는 일은 창작이고 그것에 종사하는 사람은 창작가(創作家)인 것입니다.'

'옳은 말씀입니다.'

'하지만, 그럼에도 불구하고……' 그녀는 말을 이었네. '아시다시피 그 사람들은 창작가라고 불리지 않고 다른 이름을 가지고 있습니다. 그리고 창작 전체 가운데서 일부분이, 즉 음악과 운율에 관한 부분이 구분되어서 이것이 전체적인 이름으로 불리고 있습니다. 즉 이것만이 창작이라고 불리고, 창작 전체 가운데서 이 부분에 종사하는 사람만이 본래의 뜻에서 창작가라 불리고 있는 것입니다.'

'과연 그렇습니다.'

나는 대답했네.

'그런데 이것은 사랑(에로스)의 경우에도 마찬가지입니다. 대체로 말하자면, 사랑은 모두 그 선한 것과 행복에 대한 것의 욕망입니다. 즉 모든 사람들에게 있어서 '가장 강력하고도 교지(巧知)에 능한 사랑'이라는 것이 되는 셈이지요. 그러나 수많은 다른 방면에서 그 사랑으로 향하는 사람들은 돈을 버는 일이건 혹은 지혜를 사랑하는 일이건, 그런 사람들은 사랑을 하고 있다고도, 사랑을 하는 사람이라고도 불리지 않습니다. 그렇지만 사랑 중에서도 어떤 한 가지 종류의 길을 걸으며 열중하는 사람들은 전체적인 명칭, 즉 사랑을 하고 있는 사람이라는 명칭을 갖게 됩니다.'

'그 말씀이 옳은 것 같습니다.'

나는 대답했네.

'그런데 자기의 반쪽을 구하고 있는 사람들을 두고 사랑을 하고 있는 사람들이라는 주장도 있습니다. 그렇지만 소크라테스여, 나의 의견에 따르면 적어도 그것이 어떤 의미에서 심한 것이 아니라면 반신도 전체도 아닌 것입니다. 사실 사람들은 자기 몸의 일부분이 나쁘다고 생각되면 손이든 발이든 스스로 잘라 버릴 마음을 먹으니까요. 즉 내가 생각할 때 각자 자기 것에는 고마움을 느끼지 않기 때문입니다. 하기는 선한 것만 자기에게 소속되는 것, 자기 것이라고 부르고 나쁜 것은 자기와 인연이 없는 것이라 부른다면 이야기는 다릅니다만, 즉 사람들이 사랑을 하는 대상은 선한 것밖에 아무것도 없기 때문입니다. 안 그렇습니까?'

'정말, 제우스에게 맹세코 그렇습니다.'

나는 대답했네.

'그러면, 소크라테스.' 그녀는 물었네. '과연 그와 같이 단적으로 사람들은 선한 것을 사랑한다고 말할 수 있겠습니까?'

'그렇습니다.'

나는 대답했네.

'그러면 어떨까요. 거기다가 이렇게 덧붙여야 하지 않을까요?' 그녀는 말했네. '사람들은 그 위에 더 선한 것을, 자기 것이 되기를 욕구한다는 것을.'

'덧붙여야 되겠지요.'

'그러면 또 그것이 단순히 자기 것일 뿐만 아니라 영원히 자기 것이 되기를

원한다는 것도?'

'그것도 덧붙여야겠지요.'

'총괄해서 말하자면…….' 그녀는 말을 이었네. '사랑(에로스)이란 선한 것을 영원히 갖기를 바라는 것이라고 하겠습니다.'

'아주 옳은 말씀입니다.'

나는 대답했네.

'그러면, 사랑이 항상 그런 것일 경우.' 그녀는 말했네. '그것을 어떤 방법으로, 또 어떤 행위에 있어서 추구하면 그 사람의 열의와 노력은 사랑이라고 불릴 수 있을까요? 그 활동이란 정녕 무엇이겠습니까? 대답하실 수 있어요?'

'그것을 대답할 수 있다면야.' 나는 말했네. '디오티마, 당신의 지혜에 대해 찬탄도 하지 않았을 것이고, 그것을 배우려고 당신한테 이렇게 오지도 않았을 것입니다.'

'그렇다면 말씀드리죠.' 디오티마는 말했네. '즉 그것은 육체적으로나 정신적으로나 아름다운 것 속에서 출산(出産)하는 일입니다.'

'무슨 말씀인지. 그것을 알려면 점복술이 필요할 것 같군요. 도무지 알아듣지 못하겠습니다.'

곧장 나는 대답했네.

'그럼 좀 더 똑똑히 말씀드리죠.' 디오티마는 말했네.

'소크라테스, 모든 사람은 육체적으로나 정신적으로 임신을 하고 있습니다. 그리고 일정한 나이가 되면 우리의 본성(本性)은 낳기를 열망합니다. 그런데 낳는 일은 추한 것 속에서는 되지 않으니까 아름다운 것 속이어야 합니다. 그것은 남녀의 결합이 생산(生産)이기 때문입니다. 그리고 이 행위는 신적인 것이며, 그것은 죽는 것인 생물 속에 죽지 않는 것으로서 있는 것입니다. 이 임신과 출산이라는 것은 말이죠. 그런데 이것들은 조화되지 않는 것 속에서 이루어진다는 것은 불가능한 일입니다. 추한 것은 신적인 모든 것에 조화되지 않지만 아름다운 것은 조화됩니다. 그래서 칼로네[39]가 출산에서는 운명의 여신(모에라이)

---

39) 아름다움을 신격화한 것. 여신.

이자 조산(助產)의 신(에일레이티아)인 것입니다. 그렇기 때문에 잉태하고 있는 자가 아름다운 자에게 접근하면, 그는 기쁘고 기분이 좋아 심신이 편안해져서 분만을 합니다. 그렇지만 추한 자일 경우는 얼굴을 찌푸리고 괴로워하고, 몸을 비켜 물러서며 출산을 하지 않고 고생스레 태아를 가지고만 있습니다. 바로 이런 이유로 해서 임신을 해서 배가 부른 사람에게서는 아름다운 것에 대한 연모는 굉장한 것입니다. 즉 아름다운 것이 심한 고통에 시달리는 자를 그 고통으로부터 해방시켜 주기 때문입니다.' 그녀는 말을 계속했네. '소크라테스, 사랑이란 것은 당신이 생각하시듯이 단순히 아름다운 것을 지향하는 것만은 아닙니다.'

'그렇다면 대체 무엇입니까?'

'아름다운 것 속에서 출산을 지향하는 것입니다.'

'그렇다면 그런 걸로 해두지요.'

나는 말했네.

'틀림없이 그렇습니다.'

디오티마는 대답했네.

'그럼 대체 어째서 출산을 지향하는 것일까요?'

'그것은 이 세상에 있는 죽는 자로서는 출산이 영생불멸의 것이기 때문입니다. 게다가 선한 것과 함께 죽지 않는 것을 욕구한다는 것은 지금까지 인정된 것으로 보더라도 필연적인 사실입니다. 적어도 사랑이 지향하는 것이 선한 것을 영원토록 자기 것으로서 차지하는 일이라면, 이상 말씀드린 것처럼 사랑은 또한 필연적으로 죽지 않는 것을 지향하는 것이기도 합니다.'

디오티마는 사랑에 대해 이야기를 할 적마다 지금 말한 것을 모두 나에게 가르쳐 주었는데, 어느 날 또 물었네. '소크라테스, 당신은 무엇이 이 사랑과 욕망의 원인이라고 생각하십니까? 아니면 모르고 계시는 겁니까? 동물이 출산을 바랄 때는 네발짐승이건 날짐승이건 모두가 얼마나 굉장한 상태가 된다는 것을요. 그 동물들은 모두 처음에는 교합을 하는 일에, 다음에는 태어난 것을 키우는 일에, 그다음은 병들어서 사랑을 하고 있는 상태가 되는 것입니다. 그리고 새끼들을 위해서는 그들이 비록 가장 약한 존재라 할지라도 가장 강한 존재와 싸우며, 또한 그것 때문에 목숨을 버리는 일까지도 마다하지 않습니다.

그리고 새끼를 키우기 위해서라면 자기는 굶주림의 괴로움도 참고 그 밖에 무슨 일이라도 해냅니다. 이런 모든 일들을 당신은 모르셨습니까? 물론 사람의 경우라면…….' 그녀는 말을 계속했네. '충분히 고려한 다음에 그런 행동으로 나간다고 생각하는 자도 있겠지요. 그렇지만 동물의 경우에 지금 말씀드린 것 같은 사랑의 상태가 되는 것은 무엇이 원인일까요? 말씀해 주실 수 있어요?'

그래서 나는 또 대답했네.

'모르겠습니다.'

그랬더니 디오티마가 말했네.

'그렇다면 그것도 모르시면서 사랑에 대한 대가가 되겠다고 생각하셨나요?'

'그렇기 때문에 디오티마, 아까도 말씀드렸듯이 당신한테 온 것이 아닙니까. 내게는 선생이 필요하다는 것을 알았으니까요. 그러니 부디 이것과 그 밖에 사랑에 관한 모든 것의 원인을 가르쳐 주십시오.'

그러자 디오티마는 대답했네.

'사랑은 그 본성에 있어서 우리가 종종 인정해 온 것을 지향하는 것임을 만일 당신이 믿으신다면 별로 놀라실 것은 없습니다. 짐승의 경우도 앞서의 사람의 경우와 같기 때문에, 죽는 자의 본성은 될 수 있는 데까지 영원하고 죽지 않기를 바라는 것이니까요. 그러나 그것은 이 출생이라는 방법에 의해서만 가능합니다. 왜냐하면 그것은 낡은 것 대신 새로운 것을 항상 남겨 두고 가기 때문입니다. 이것은 또 사람이 어떤 생물도 그것이 하나하나의 생물로서 살고, 또 같은 것으로서 살아간다고 말하는 것과 마찬가지입니다. 이를테면 사람이 어려서부터 늙기까지 같은 사람이라고 말하는 것과 다름없는 것입니다. 사실 그는 자기 안에는 잠시도 같은 것을 가지고 있는 일은 없지만, 그래도 역시 언제나 같은 이름으로 불리고 있습니다.

그리고 또 한편 그는 머리털도 살도 뼈도 피도, 요컨대 육체의 전체에 걸쳐서 끊임없이 새로워지는 동시에 낡은 것은 잃어 갑니다. 또한 이것은 비단 육체에서만이 아니라 영혼에서도 마찬가지입니다. 성격, 인품, 의견, 욕망, 쾌락, 고통, 공포, 이런 점들은 어느 것이고 결코 한 사람 한 사람에게 같은 것이 갖추어져 있는 것이 아니라, 한편에서는 생기고 다른 편에서는 없어집니다. 그런데 이것보다도 훨씬 더 기이한 것은 지식의 경우입니다. 지식 중의 어떤 것은 생기고 다른 것은 없어지듯이, 우리들은 지식에 있어서도 결코 언제나 같은 사람이 아닐 뿐만 아니라, 또한 어떤 하나의 지식도 같은 것이 아닙니다. 즉 복습이라는 말을 우리가 쓰고 있다는 것은 우리의 지식이 없어진다는 것을 의미합니다. 왜냐하면 잊는다는 것은 사실 지식을 잃는다는 것인데, 복습은 사라져 가는 기억 대신에 새로운 기억을 다시 심어 놓음으로써 그 지식을 보존하고, 그 결과 그것이 먼저 것과 같은 지식인 듯한 느낌을 주는 것이기 때문입니다. 실로 이런 방법에 의하여 모든 죽는 것은 보전되는 것입니다. 즉 신적인 것처럼 완전히 같은 것으로서 영원히 존재하는 방식이 아니라, 낡아서 사라져 가는 것이 지난날의 자기와 같은 새로운 것을 남겨 두고 간다는 방식입니다.

　소크라테스, 이런 연구에 의하여 죽는 자는 육체든 그 밖의 무엇이든 불사(不死)를 얻게 되는 것입니다. 그렇지만 죽지 않는 것은 다른 방법에 의하는 것입니다. 그러니까, 모든 생물이 자기에게서 태어난 것을 소중히 여긴다 해도 이상할 것은 아무것도 없습니다. 왜냐하면 모든 생물이 이 열의와 사랑으로써 따르고 있는 것은 바로 불사이니까요.'

　그런데 나는 이 말을 듣고 깜짝 놀라서 말했네.
　'오, 비길 데 없이 현명한 디오티마여, 정말 그런 것이로군요.'
　그러나 디오티마는 마치 학문이 깊은 소피스트처럼 '소크라테스, 절대로 이것은 틀림이 없습니다!'라고 말했네. '그것은 이렇기 때문입니다. 당신이 또한 인간의 명예심에 대해 눈을 돌려 보고자 하셨을 경우, 만일 내가 드린 말씀을 고려하지 않고 다음의 사실을 돌아보신다면, 정말이지 사람의 명예심이라는 것이 무언지 영문을 몰라서 깜짝 놀라실 것입니다. 즉 인간은 유명한 사람이 되어서 불멸의 명성을 영원히 수립하는 일을 동경하는 연정 때문에 얼마나 놀랄 만한 심리 상태가 되는가 하는 것, 또한 그것을 위해서는 자기 자신을 위해서보다 더한층 거리낌 없이 모든 위험을 무릅쓰고 돈을 쓰며 어떠한 노고에도 복종하며, 나아가서는 그것을 위해서라면 목숨까지도 버린다는 것을 아시면 말입니다. 그것의 증거로는⋯⋯.' 디오티마는 말을 계속했네.

　'현재 우리들 가슴속에 살아 있는 '덕에 관한 불멸의 추억'이라는 것이 만약 자기 것이 되리라고 생각지 않았더라면 알케스티스가 아드메토스 때문에 죽거나, 아킬레우스가 파트로클레스를 따라 죽거나 혹은 당신네 나라의 코드로스[40] 왕이 아들들의 왕국 때문에, 더욱이 그렇게 스스로 목숨을 버리거나 할 수 있었다고 생각하십니까? 절대로 못할 일입니다. 생각건대, 사실은 불멸의 덕과 지금 말씀드린 것 같은 빛나는 평판 때문에 사람은 모두 어떤 일이라도 하는 것입니다. 특히 훌륭한 인물일수록 더욱 그러합니다. 그것은 그들이 불사(不死)를 욕구하기 때문입니다.

그런데 육체에 있어서 잉태하고 있는 사람들은 오히려 여자에게 향하며 그리고 이런 방식으로 그들은 사랑을 하고 있는 사람이 되는 것입니다. 즉 자식을 낳음으로써 불사의 추억과 행복을, 그들이 생각하는 바로는 '미래와 영원에 걸쳐서 손에 넣는다'는 방식입니다. 그러나 영혼에 있어서 잉태하고 있는 사람들은—이렇게 말씀드리는 것은 육체보다도 영혼 속에 잉태되고 낳기에 적합한 것을 좀 더 많이 잉태하고 있는 사람들이 분명히 있기 때문입니다—대체 무엇이 거기에 적합한 것일까요? 지혜와 그 밖의 모든 덕이 그것입니다. 그리고 이런 것들을 산출하는 사람들로서는 모든 시인과 장인(匠人)들 중에서도 발명가라고 불리는 사람들이 있습니다. 그러나 그 지혜 중에서도 두드러지게 가장 크고 아름다운 것은 나라와 집안을 다스리는 일에 관한 지혜입니다. 그리고 그것에는 절제와 정의라는 이름이 붙어 있습니다. 그런데 이야기를 돌려서, 지금 말씀드린 지혜라든가 그 외 모든 덕이라든가를 누군가가 어려서부터 영혼의 면에서 잉태해 와 가지고 그것이 나이가 차서 자꾸 출산 분만하고 싶어 할 경우, 생각건대 이런 사람들도 돌아다니면서 출산의 자리가 될 만한 아름다운 것을 찾을 것입니다. 왜냐하면 추한 것 속에서 낳는 일은 결코 없을 테니까요. 따라서 그런 자는 잉태하고 있기 때문에 추한 육체보다는 아름다운 육체를 기뻐하는 것이고, 그러므로 아름답고 고귀하고 태생이 좋은 영혼을 만나면, 그 심신 양면의 아름다움을 아울러 가진 것을 말할 수 없이 반기는 것입니다.

그리고 그자에 대해서는 덕에 대한 이야기라든가, 훌륭한 사람은 어떠한 일에 관계를 해야 하는가, 또 어떠한 행위를 해야 할 것인가에 대해서 거리낌 없

---

40) 그리스 신화에서, 아테네의 마지막 왕.

이 열변을 토하여 그를 교육시키려 할 것입니다. 생각건대 이런 자는 아름다운 자에게 접촉하고 그자와 교접할 때, 전부터 잉태하고 있던 것을 출산하므로 곁에 있거나 떨어져 있거나 그를 잊지 않고 그와 함께 태어난 것을 키웁니다.

그러므로 이런 사람들은 서로에 대하여 친자식으로 인한 유대보다도 훨씬 더 위대한 유대와 착실한 애정을 가지게 됩니다. 그것은 더욱 아름답고 더욱 죽지 않는 자식을 공유하고 있기 때문입니다. 그리고 사람은 누구나 인간의 자식을 갖기보다는 이런 자식을 갖기를 바랄 것입니다. 그리고 호메로스나 헤시오도스나 그 밖의 훌륭한 시인들을 보고 그와 같은 자식을 그들의 후손으로서 남기고 있는 데 대해 그들을 부럽게 여길 것입니다. 그 자식이란, 바로 죽지 않는 명성과 추억에 해당하는 것이므로 그 시인들에게 부여하고 있는 것입니다. 또 바라신다면 리쿠르고스[41]에 대한 말씀입니다만, 그가 그와 같은 자식을 라케다이몬의, 말하자면 그리스 전체의 구제자로서 라케다이몬의 땅에 남긴 것을 부럽게 생각할 것입니다. 그리고 솔론 또한 법률을 만들었기 때문에 당신네 나라에서 존경의 대상이 되고 있고, 그 밖에 그리스에서나 그리스 이외의 고장에서나 도처에서 여러 사람들이 제각기 많은 위엄을 이룩하여 많은 덕을 산출하였습니다. 그리고 이런 사람들에게는 이와 같은 자식으로 말미암아 이미 많은 신전이 세워졌지만, 인간으로서의 자식으로 말미암아 그렇게 된 사람은 아직 한 사람도 없습니다.'

디오티마는 말을 이어 나갔네. '지금까지와 같은 사랑의 길이라면, 소크라테스, 당신도 아마 그 깊은 신비를 아실 수 있겠지요. 그러나 궁극적인 최고의 깊은 신비, 그것은 만일 사람이 올바르게 뒤따라간다면 정말 지금까지 말씀드린 것의 궁극적 목적이 되는 것입니다만—이 깊은 신비를 과연 당신이 아실 수 있을는지 모르겠습니다. 그렇지만 어쨌든 지금부터 그것을 말씀드리겠습니다. 그리고 나로서도 절대로 열의가 모자라는 일이 없도록 하겠습니다. 그러니까 당신도 될 수 있는 데까지 저를 따라오시도록 힘쓰세요.

그런데 목적을 향해서 바른길을 걷고자 하는 사람은 젊어서부터 아름다운

---

41) 라케다이몬(스파르타)의 유명한 입법자.

육체를 구하기 시작해야 합니다. 그것도 지도자가 올바르게 이끌어 준다면 우선 첫째로 한 육체를 구하고 거기서 아름다운 언론을 산출해야 합니다. 그러나 이것에서, 어떤 육체건 그것이 가지고 있는 아름다움은 다른 육체에서의 아름다움과 형제 관계에 있다는 것, 또한 그 모습에서의 아름다움을 추구해야 할 경우 모든 육체에 있는 아름다움을 유일하고 동일한 것이라고 생각하지 않는다면 그것은 매우 어리석은 일이라는 것, 이런 것들을 그는 이해하지 않으면 안 됩니다. 이런 것을 반성한 이상에는 그 사랑을 모든 아름다운 육체에까지 넓혀야 하고, 어떤 한 사람에 대한 지나치게 뜨거운 정열을 오히려 천한 것, 보잘것없는 것이라고 생각하여 이 정열이 가라앉도록 해야 합니다. 그다음에는 영혼 속에 있는 아름다움을 육체 속의 아름다움보다 귀한 것으로 보고 그 때문에 누군가가 영혼 속의 아름다움이 훌륭하다면 비록 육체적으로 아름다운 맛이 좀 적더라도 그를 사랑하기에 만족하고, 그를 위해 염려하며, 젊은이들을 좀 더 선하게 만들 하나의 언론을 산출하거나 찾게 되어야 합니다.

이것은 즉 앞서 말한 사람이 여기서도 또 인간의 행위나 법률 속에 있는 아름다운 것을 보고 그것이 모두 동류임을 파악하게끔 강요되어야 하기 때문입니다. 이것은 바로 육체에 대한 아름다움을 사소한 것으로 보게 하자는 의도에서 나온 것입니다. 그런데 인간의 행위 다음에는 모든 지식으로 그를 이끌어 가야 합니다. 그 목적하는 바는 이번에도 또 그가 모든 지식의 아름다움을 파악하여, 바야흐로 광대해진 아름다움을 보고 마치 노예처럼, 한 아이의 아름다움이라든가, 한 어른의 아름다움이라든가, 또는 한 행위의 아름다움이라는 식으로 한 가지 것에 속한 아름다움만 소중히 여겨 그것에 예속되어 엉뚱한 소리를 하는 어리석은 사람으로 만들지 말자는 데에 있습니다. 오히려 그가 아름다움의 넓은 바다를 향하여 그것을 감상하고, 아낌없이 지혜를 구하면서 아름답고 장대한 언론이나 사상을 수없이 산출하고, 마침내는 거기서 힘을 부여받고 생장해서 다음과 같은 아름다움을 대상으로 하는 어떤 유일한 지식을 얻도록 하자는 것입니다. 그런데 내 이야기를 될 수 있는 대로 주의해서 잘 들어 주셔야겠습니다.' 그녀는 계속 말했네.

'여러 가지 아름다움을 순서에 따라 올바르게 보면서, 사랑의 길에 대하여 여기까지 이끌려 온 사람은 이제 그 목표를 향해 나아갈 때 갑자기 하나의 놀라운 성질을 가진 아름다움을 보게 될 것입니다. 그것은 소크라테스, 실로 지금까지 해온 모든 노력의 목적이 되고 있는 바로 그것입니다. 그것은 첫째로, 영원히 존재하며 생성도 소멸도 하지 않고 증대도 감소도 하지 않는 것입니다. 다음에는 어떤 면에서는 아름다우나 다른 면에서는 추하다는 것도 아니고, 어떤 때는 아름다우나 다른 때는 추하다는 것도, 어떤 관계에서는 아름다우나 다른 관계에서는 추하다는 것도 아니며, 어떤 사람들에게는 아름다우나 다른 사람들에게는 추하다는 식으로, 어떤 곳에서는 아름다우나 다른 곳에서는 추하다는 것도 아닙니다. 그리고 또 아름다움은 그 사람에게 어떤 하나의 얼굴로서도 또 손으로서도 그 밖에 몸이 가지고 있는 어떠한 것으로서도 나타나지 않을 것이고, 어떤 말이나 지식으로서 나타나지도 않을 것이며, 또 어떤 다른 것 속에, 이를 테면 동물이라든가 땅이라든가 하늘이라든가 그 밖에 다른 어떤 것 속에 있는 것으로서도 나타나지 않을 것입니다. 오히려 그것 자체, 그것 자체만으로 그것 자체와 더불어 단일한 형상을 갖는 것으로서 영원히 있는 것입니다.

그런데 그것 이외의 아름다운 것은 대개 다음과 같은 방식으로 그 아름다움을 나누어 가지고 있습니다. 즉 이들 다른 아름다운 것들이 생성하고 소멸해도 그 아름다움은 결코 커지거나 작아지거나 하지 않고 어떤 영향도 받지 않는다는 방식입니다. 따라서 어떤 사람이 자기의 올바른 소년애(少年愛) 덕분에 이 지상의 모든 아름다움으로부터 올라가서 저 아름다움을 보기 시작할 때는 그 사람은 대체로 궁극의 것에 이른 셈이겠지요. 왜냐하면 참으로 그것이 제 힘으로 가든 남에게 인도되어 가든 사랑의 길을 올바르게 가는 방식이기 때문입니다. 즉 지상의 모든 아름다운 것으로부터 출발해서 쉴 새 없이 저 아름다운 것을 목적으로 하여 올라가는 것인데 그런 경우 마치 계단을 사용하듯이 하나의 아름다운 육체로부터 두 개의 아름다운 육체로, 두 개의 아름다운 육체로부터 모든 아름다운 육체로, 그리고 아름다운 육체로부터 아름다운 수많은 인간의 행위로, 인간의 행위로부터 온갖 아름다운 학문으로, 온갖 학문으로부터 바로 그 아름다움 자체를 대상으로 하는 학문에 이르는 것입니다. 말하자면 여기서 그는 드디어 아름다움 그 자체를 바로 알게 되는 것입니다.' 만티네이아에서 온 여자는 말했네.

'친애하는 소크라테스, 적어도 인생의 어디서냐 하면, 바로 여기서야말로 그 생활이 인간들에게 사는 보람이 되는 것입니다. 왜냐하면 그 사람은 아름다움 그 자체를 보고 있기 때문입니다. 한 번만이라도 그것을 본다면 당신은 그것을 금이나 호화스러운 옥이나 또는 아름다운 소년이나 청년에 비할 바가 아니라고 생각하실 겁니다. 지금의 당신은 그런 청소년을 보시면 열중하실 것이고, 또 당신이나 다른 사람들이나, 만일 자기나 사랑하는 소년을 보면서 줄곧 그 사람과 함께 있다면, 될 수만 있다면 먹지도 마시지도 않고 오직 그를 보며 그와 함께 있기를 마다하지 않을 것입니다만. 그러면 대체…….' 디오티마는 말을 계속했네.

'이런 경우는 어떻게 된다고 우리는 생각할까요? 만일 누군가가 아름다움 그 자체를 순수하고 티 없는 모습으로 보고 그것을 사람의 살이나 색깔이나 그 밖에 수많은 죽어 없어지는 하찮은 것투성이의 모습에서가 아니라 도리어 그 신적인 아름다움 자체를 단일한 형상을 갖는 자의 모습으로 본다는 일이 일어날 경우에는요. 사람이 그 아름다움에 눈을 돌려 사용해야 할 본래의 기관(器官)을 가지고 그 아름다움을 보고 그것과 함께 있을 때, 도대체 당신은 그 생활이 보잘것없는 것이라고 생각하십니까, 아니면 생각해 보시지도 않은 것입니까? 그 사람이 그 아름다움을 보는 데 필요한 기관을 가지고 그것을 보고 있을 때, 오직 여기서만 그 자신이 포착하고 있는 것이 덕(德)의 환상이 아니라 참된 덕이기 때문에 그가 낳은 것은 덕의 환상이 아니라 참된 덕이라는 것을요. 그리고 참된 덕을 낳고 그것을 키우기 때문에 그 사람은 신에게 사랑받는 사람이 되어, 또 적어도 사람들 중에서 누군가가 죽지 않을 수 있다면 바로 그 사람이야말로 죽지 않는 사람이 될 수 있다는 것을요. 이런 것에 대해선 생각해 보시지 않습니까?'

이런 이야기를 파이드로스, 그리고 다른 여러분, 디오티마가 해주었네. 그리고 나는 그것이 옳다고 생각했네. 옳은 일이라고 생각했으므로 다른 사람들에게도 설명을 해서 이 보배를 얻기 위한 인간성의 조력자로서 사람은 에로스보다 더 좋은 조력자를 쉽게 얻을 수 없으리라는 것을 설득하려 하고 있는 것일세. 그런 만큼 나는 사람이라면 누구나 에로스를 존중해야 한다고 주장하네. 그리고 나 자신도 사랑의 길을 소중히 여기고 크게 그 수업에 매진하여 그것을 다른 사람들에게도 권고하며, 지금이나 앞으로 영원히 내 힘닿는 데까지 에로스의 힘과 용기를 찬미할 걸세.

지금까지의 이야기가 파이드로스, 자네가 바란다면 에로스에 대한 찬미로서 이야기한 거라고 생각해 주게. 그러나 그러기 싫거든 자네 좋을 대로 자네가 부르고 싶은 이름으로 부르게."

소크라테스가 이야기를 끝내자 다른 사람들은 칭찬을 했으나 아리스토파네스만은 무엇인지 말을 하려고 했네. 그것은 소크라테스가 그 의견을 이야기했을 때 그에 대한 언급을 했기 때문일세. 그런데 갑자기 문 두드리는 소리가 들리더니 마치 주정뱅이들이 대드는 것 같은 요란한 소리가 났네. 거기다가 피리 부는 여자의 소리도 들렸어. 그래서 집주인 아가톤은 하인들에게 지시했네.

"얘들아, 어서 나가 봐. 그리고 만약 아는 분이거든 모셔 오고 그렇지 않거든 우리는 이제 술을 끝내고 잔다고 말해라."

그러자 얼마 안 되어서 뜰에서 알키비아데스의 목소리가 들려왔네. 그 사람은 몹시 취해서 큰 소리로 아가톤은 어디 있느냐고 묻고, 아가톤 있는 데로 데려다 달라고 말하였네. 그러자 그 피리 부는 여자와 그의 하인들 몇 사람이 그를 부축하여 손님 자리로 데려왔네. 그는 담쟁이 잎과 제비꽃으로 촘촘히 엮은 화관(花冠)을 쓰고 거기다가 리본을 잔뜩 단 모습으로 방문 앞에 서서 이렇게 말했다네.

"안녕들한가. 이 취한 주정뱅이를 한몫 끼워 주려나? 그렇지 않으면 이 화관을 아가톤에게 씌워 주어 내가 여기 온 목적만 이르고 물러갈까?" 그는 말했네. "어제는 올 수가 없었네. 그래서 지금 이렇게 머리에다 많은 리본을 달고 온 걸세. 이걸 내 머리에서 벗겨서 재치와 용모가 제일가는 사람의 머리에다 씌워 주려고 말이야. 자네들은 내가 취했다고 비웃으려는 건가? 그렇지만 자네들이 암만 비웃어도 난 잘 알고 있어. 내가 하는 말이 옳은 말이라는 것을. 그건 어쨌든 간에 자, 어서 대답해 주게. 그런 조건으로 들어가도 좋은지 어떤지를 말이야. 자네들은 같이 마시겠나, 안 마시겠나?"

그러자 모두들 환성을 올리며 그 사람더러 들어와서 눕기를 권했네. 그래서 아가톤이 그를 불러들였네. 그는 하인들에게 부축되어 들어오자마자 아가톤에게 씌워 주려고 리본을 풀어 화관을 벗어 들고 있었기 때문에, 그 바람에 소크라테스를 보지 못하고 아가톤 옆에 소크라테스와의 사이에 끼여 앉았네. 그것은 소크라테스가 아가톤의 모습을 보려고 뒤로 조금 물러났기 때문일세. 알키비아데스는 아가톤 옆에 앉아서 그에게 인사를 하고 그의 머리에다 리본을 매어 주었네. 그러자 아가톤이 하인들에게 이렇게 이르더군.

"얘들아, 알키비아데스의 신을 벗겨 드려라. 이 세번째 침대의자에 함께 눕게 할 터이니."

"좋아." 알키비아데스는 말했네. "그런데 누구야, 세 번째 사람이란?"

이렇게 말하면서 돌아보다가 소크라테스를 보자 그는 껑충 뛰어 소리쳤어.

"아이고, 헤라클레스[42]여, 이게 어떻게 된 일입니까? 여기 계시는 것은 소크라테스가 아닙니까. 또 이런 데서 나를 기다리고 계셨군요. 결코 계실 것 같지 않다고 생각되는 곳에 언제나 갑자기 나타나시는 것이 지금 처음은 아닙니다만. 그런데 지금 여기는 또 왜 와 계십니까? 게다가 하필 이 자리엔 왜 앉아 계십니까? 아리스토파네스나 그 밖의 익살꾼이나 익살을 부리고 싶어 하는 사람 옆에 가려고 하시지는 않고, 여기 있는 사람 중에서도 제일 잘생긴 사람 옆에 자리를 잡으시다니 꾀를 참 잘 내셨습니다."

그러자 소크라테스가 말했네.

"아가톤, 자네 내 편 좀 들어 주게. 이 사람에 대한 사랑에는 나도 어지간히 머리를 앓고 있어. 사실 내가 이 사람을 처음 사랑하기 시작한 다음부터는 다른 어떤 아름다운 사람에게 조금이라도 눈을 돌리거나 그와 말하는 것조차 허락되지 않네. 그런 짓을 한다면 이 사람은 질투와 시기를 한 나머지 어처구니없는 짓을 하며 나를 욕할 뿐만 아니라 주먹이라도 휘두를 지경일세. 그리고 지금도 그런 짓을 하지 않을지 좀 살펴봐 주게. 아니 그보다도 우리를 화해시켜 주게. 그렇지 않으면 만일 이 사람이 난폭한 짓이라도 할 때 나를 좀 편들어 주게. 나는 이 친구의 광기 어린 애정에는 정말 겁이 난단 말이야."

"아뇨." 알키비아데스는 말했네. "나는 당신과 화해할 수 없습니다. 그렇지만 지금 하신 말씀에 대한 복수는 다른 날 두고 봅시다. 아가톤, 지금 그 리본을

---

42) 깜짝 놀라 어쩔 줄 몰라서 헤라클레스의 이름을 부르며 도움을 청하는 심정으로 부르는 것.

좀 돌려주지 않겠나. 이분의 놀라운 머리에도 좀 감아 드리고 싶어서 그러는 거라네. 그리고 자네 머리에는 리본을 감아 주면서, 말의 영역에서는 자네처럼 그저께뿐만 아니라 언제든지 모든 사람에게 이기고 있는 이분의 머리에 그 리본을 감아 드리지 않았다 해서, 이분한테서 책망을 듣고 싶지 않으니까 말이야."

이렇게 말하면서 알키비아데스는 몇 오라기의 리본을 받아서 소크라테스의 머리에다 감아 주고 나서 누웠네.

눕고 나서 알키비아데스는 이렇게 말했네.

"자, 시작하세. 보아하니 자네들은 조금도 취한 것 같지 않구먼. 이건 절대로 용납할 수 없는 일이네. 자네들도 마셔야 해. 다 같이 그렇게 약속했으니까. 그래서 자네들이 어지간히 취기가 돌 때까지 이 나를 술잔치의 좌장(座長)으로 천거하기로 하세. 자, 아가톤, 큰 잔이 있으면 가져오도록 하게. 아냐, 그럴 것 없네. 그보다도 얘, 너 저기 술 식히는 사발을 가져오너라."

그는 보통 술잔보다 8배 이상이나 들어가는 큰 그릇을 찾아내어 그 집 하인에게 일렀네. 그는 거기다가 철철 넘도록 술을 붓게 하고 맨 먼저 자기가 들이켠 다음에 소크라테스에게 따라 드리라고 이렇게 말했네.

"사실 소크라테스만은 내가 아무리 잔재주를 부려도 소용이 없어. 이분은 권하는 대로 얼마든지 마시고, 그러고도 절대로 취하는 일이 없으니 말이야."

그리하여 하인이 술을 따르니까 소크라테스는 그것을 마셨네. 그러자 에릭시마코스가 말했어.

"그런데 알키비아데스, 도대체 어떻게 하자는 건가. 우리는 이렇게 잔을 손에 들기만 하고, 이야기하는 것도 아니고 노래를 하는 것도 아니고, 그냥 목마른 사람처럼 마시기만 하자는 건가?"

이에 알키비아데스가 말했지.

"오, 에릭시마코스. 비할 데 없이 사려 깊고 훌륭한 신사를 아버지로 모신 훌륭한 친구여, 안녕한가?"

"응, 자네도 안녕한가." 에릭시마코스가 대답했네. "그런데 대체 어쩌자는 건가?"

그러자 알키비아데스가 말했지.

"자네 분부라면 뭐든지 하겠네. 우리는 자네 말에 복종해야 할 테니까. '의사 한 사람이 많은 사람에게 필적(匹敵)하느니라'고 하지 않나. 그러니 자네 좋을 대로 지시하게."

"그럼 들어 보게." 에릭시마코스가 말했네. "우리는 자네가 들어오기 전에 이런 것을 정했었네. 하나하나 차례대로 오른쪽으로 돌아가며 에로스에 관해 될 수 있는 대로 아름다운 이야기를 하여 이 신을 찬미하자고 말일세. 그런데 여기 있는 우리는 벌써 이야기를 다 끝마쳤어. 그런데 자네는 아직 이야기를 하지 않았고, 술도 이미 실컷 마셨으니 이제 자네가 이야기를 해야겠어. 자네가 끝나면 무엇이고 자네가 원하는 제목을 소크라테스에게 주어서 말하도록 지명하고, 소크라테스 역시 그것이 끝나면 오른쪽 사람에게 지명하고 또 다른 사람에게 넘겨서 다 그렇게 하도록 해주게."

"에릭시마코스." 알키비아데스가 말했네. "그거참 좋은 생각이야. 그런데 취한 사람의 이야기를 취하지 않은 사람의 이야기와 비교한다는 것은 아무래도 공평치 못하다고 생각되네. 자네는 소크라테스가 방금 말한 것을 단 한 마디라도 믿고 있나? 그렇지 않으면, 사실은 모두 그분이 말한 것과는 반대라는 것을 알고 있나? 사실, 만일 내가 이분 앞에서 누군가를 칭찬한다면—그것이 신이건 또는 이분 이외의 다른 사람이건—이분은 나에게 손을 대지 않고는 못 배길 걸세."

"여보게, 그만두지 못하겠나."

소크라테스가 말했네.

"포세이돈에게 맹세코." 알키비아데스는 대꾸했네. "지금 한 말에 대해 절대 항의는 하지 마십시오. 나는 당신 앞에서는 아무도 칭찬하지 않을 테니까요."

"좋아, 좋도록 하게. 소크라테스를 칭찬하게."

에릭시마코스가 끼어들었네.

"그게 무슨 뜻인가?" 알키비아데스는 물었네. "에릭시마코스, 좋도록 하라니 자네들 앞에서 이분에게 덤벼들어 복수를 하란 말인가?"

"여보게." 소크라테스는 말했네. "도대체 어쩔 셈인가. 나를 칭찬이라도 해서 놀림감으로 삼으려는 건가? 어쩔 작정인가?"

"사실을 말하려는 것입니다. 그런데 그것을 허락해 주시겠습니까?"

"물론이지. 사실을 말한다면야." 소크라테스는 대답했네 "허락하다 뿐인가, 부탁이라도 하겠네."

"그러면 곧 시작하지요." 알키비아데스는 말했네. "그런데 이렇게 해주십시오. 만일 내가 무슨 잘못된 말을 하거든 내 이야기를 가로막고 그것을 거짓말이라고 말씀하세요. 일부러 거짓말을 하자는 것은 아니니까요. 물론 순서가 맞지 않게 생각나는 대로 주워섬기더라도 이상하게 생각지는 마세요. 이런 취한 상태로는 당신의 괴벽을 순서대로 드러내기란 결코 쉬운 일이 아니니까요."

그리하여 알키비아데스는 긴 이야기를 시작했네.
"여러분, 나는 소크라테스를 칭송하는 데 다음과 같은 방식으로 해볼까 합니다. 즉 비유에 의한 방법입니다만, 이분 자신은 아마 놀림감으로 삼기 위한 것이라고 생각하실 것입니다. 그러나 이 비유는 진실을 위한 것이지 비웃기 위한 것은 아닙니다. 내가 볼 때 이분은 조각가의 상점에 놓여 있는 저 실레노스[43]상(像)과 많이 닮았습니다. 그 상은 가로나 세로로 부는 피리를 손에 쥔 모습으로 조각가가 세공한 것인데, 그것을 양쪽으로 열면 내부에 신들의 상이 나타나게끔 만들어진 것입니다. 그리고 또 나는 주장합니다. 이분은 사티로스[44]의 마르시아스와 닮았다고요. 그런데 적어도 모습에 있어서 당신이 그것들과 닮았다는 것은, 소크라테스 당신도 아마 반대하시지는 못할 것입니다. 그런데 다른 점에서도 닮았다는 것을 곧 말씀드리지요—당신은 사람을 우롱하는 분입니다. 그렇지 않습니까? 만일 당신이 이 말을 인정하지 않으신다면 증인을 세울까 해서 이러는 겁니다. 그래 당신은 피리장이가 아니란 말씀이죠? 천만에요. 그 마르시아스보다 훨씬 더 능숙한 피리장이로, 즉 마르시아스는 악기를 써서 입에서 나오는 힘으로 사람들을 매혹시켰고, 오늘날도 역시 그의 곡을 부는 자는 다 그렇습니다.

---

43) 언제나 디오니소스를 따라다니며, 그의 양아버지라고도 일컬어진다. 또 말의 귀와 꼬리와 발굽을 가진 모습으로 여겨진다.
44) 디오니소스의 종들로 두 개의 뿔이 달렸고 염소의 하반신을 가졌다. '마르시아스'는 그중의 한 사람.

내가 볼 때 올림포스[45]가 분 곡은 마르시아스가 지은 것이니까, 마르시아스가 가르쳐 준 것이 되기 때문입니다. 따라서 그의 곡만을 부는 자가 능숙한 피리장이건, 서툰 여자 피리장이건 항상 듣는 이를 황홀케 하고, 또 그 자체가 신적이기 때문에 신과 신비를 구하는 자들이 누군가를 밝혀 줍니다. 당신이 그와 다른 점은 그와 똑같은 일을 하는데 다만 악기 없이 산문으로 한다는 점뿐입니다. 어쨌든 우리로서는 어떤 사람이 당신과는 다른 이야기를 하는 것을 듣는 경우, 그것이 제아무리 뛰어난 웅변가라 할지라도, 말하자면 누구 하나 아무렇게도 느끼지 않는다고 해도 좋을 것입니다. 그런데 당신이 직접 말씀하시는 것을 듣는 경우라든가 또는 당신이 하신 말씀을 다른 사람이 하는 것을 듣는 경우, 그 말하는 이가 아무리 서툴더라도, 우리는 여자고 남자고 소년이고 모두 빠져들어서 마음을 빼앗기고 마니까요. 여러분, 정말이지 나는 여러분에게 내가 아주 취한 것처럼 생각되지만 않는다면, 나 자신이 이분 앞에서 어떤 감동을 받았는지, 또 지금도 그 감동을 받고 있는지, 기어코 여러분에게 말씀드릴 것입니다.

……사실 이분의 말씀을 들을 때마다 내 심장은 신비를 경축하는 코리반테스[46]의 그것보다도 심하게 뛰고 눈물이 납니다. 내가 보기에는 다른 수많은 사람들도 역시 그렇습니다. 그런데 페리클레스나 그 밖에 뛰어난 웅변가의 이야기를 들었을 때는 과연 말을 잘한다고는 생각했지만 지금 말한 것 같은 감동은 조금도 받지 못했습니다. 마음이 뒤흔들릴 일도, 마치 자기가 노예의 처지에 놓인 것같이 생각되어 화가 난 일도 없었습니다. 그와는 반대로 여기 계신 이 마르시아스(소크라테스)는 지금의 나 같은 꼴로 산다는 것은 삶의 가치가 없다고 생각될 만큼 여러 번 느끼게 해주었습니다.

……이런 것들을 소크라테스, 당신은 정말이 아니라고 말씀하실 수는 없겠지요. 나는 잘 알고 있습니다. 지금이라도 만일 내가 이분 말에 귀를 기울이기만 하면 여지없이 끌려가고 말리라는 것을. 왜냐하면 이분은 내가 아직도 결점이 많은 사람이면서 아테네의 국사(國事)를 간섭하고 있다고 여지없이 나 자

---

45) 전설상의 피리의 명인. 시리아 사람이라고 한다.
46) '코리바스'의 복수형. 프리기아의 땅의 여신. 키벨레의 신관이자 사도. 그 소란하고 열광적인 예배는 유명하다.

신을 인정하고 계시니까요. 그래서 나는 마치 세이렌[47] 신들로부터 떠나가듯이 억지로 귀를 막고 달아나는 것입니다. 이대로 이분 곁에 붙어 앉아서 늙어 가다가는 큰일 나니까요. 또 나는 이분에 대해서만은, 아마 아무도 나에게 기대하지 않는 것 같은 마음을, 즉 남에 대하여 부끄러움을 갖게 됩니다.

　나는 이분 앞에서만은 부끄러움을 느낄 줄 압니다. 곧, 나는 이분이 명령하는 것을 할 필요가 없다고 반박을 못 하면서, 그러면서도 이분 옆을 떠나자마자 대중들에 의해서 주어지는 명예에 져버린다는 것을 나는 자각하고 있기 때문입니다. 그래서 이분에게는 달아나는 체하지만 이분을 만나기만 하면 앞서 이분에게 강요되어서 인정했던 일을 부끄럽게 생각하는 것입니다. 그래서 이분이 차라리 이 세상에 없었으면 하는 생각조차 들 때가 많습니다. 그러나 반대로 만일 그것이 사실이 된다면 내가 훨씬 더 슬퍼하리라는 것을 잘 알고 있습니다. 그래서 이분을 어떻게 다루어야 할는지 나로서는 모를 일입니다.

　그런데 이 사티로스의 피리 소리로 말미암아 나나 그 밖에 많은 사람들이 이런 경우를 당했던 것입니다. 그러나 이분이 다른 점에서도 얼마나 내가 비유한 모습과 닮았는지, 또 이분이 가지고 있는 힘이 얼마나 놀라운 것인지 한번 들어 보십시오. 정말이지 여러분 중에 이분을 제대로 알고 있는 사람은 한 사람도 없기 때문에 이런 말을 하는 것입니다. 내가 그것을 밝혀 보겠습니다. 기왕에 시작한 일이니까요. 여러분도 알다시피 소크라테스는 아름다운 사람들과 사랑에 빠지기가 쉽고, 언제나 그들 일에 열중하고 있습니다. 게다가 또 그는 모든 일에 무지해서 아무것도 모르고 있습니다.

　이것이야말로 외형적인 면에서 실레노스다운 것이 아니겠습니까? 그래요, 확실히 그렇습니다. 왜냐하면 그것을 이분은 마치 조각된 실레노스처럼 거죽에만 걸치고 있기 때문입니다. 그러나 한번 이것을 열면, 그 안은 사려 분별로 얼마나 가득 차 있는지, 이 자리의 여러분은 과연 상상할 수 있겠습니까? 여러분, 잘 들으십시오. 이분에게는 누군가가 아름답다든가, 또는 부자라든가, 또는 그 밖에 대중들로부터 존중되는 무슨 영예를 가지고 있다든가 하는 것은

---

47) 그 노래 소리로써 듣는 이의 마음을 매혹시키는 요녀들. 복수형은 세이레네스.

전혀 문제가 되지 않고 그 누구도 생각해 보지 않을 만큼 경멸하고 있는 것입니다.

그리고 그런 것들을 아무 가치도 없는 것으로 알고, 또 우리를 없는 거나 다름없는 하찮은 존재로 알고 계십니다―감히 이렇게 확언합니다. 그리고 한평생을 아무것도 모르는 체하고 언제나 세상 사람을 희롱하면서 보내고 있습니다.

그러나 그가 한번 엄숙하게 되어 그 속을 환히 열었을 때, 그 안에 들어 있는 상을 본 사람이 과연 있을는지 모릅니다. 하지만 지난날 나는 그것을 보았습니다. 그리고 나에게는 그것이 매우 신성하고 금빛 찬란한, 또 한없이 아름답고 놀라운 것으로 보였습니다. 그 결과 나는 소크라테스가 명령하는 것이라면 무엇이건 실행하지 않고는 못 견디게 되었습니다. 그런데 나는 이분이 진심으로 나의 청춘의 아름다움에 반했다고 보였기 때문에 나에게는 그것이 뜻밖의 혜택이며 놀라운 행운이었다고 생각했습니다.

소크라테스의 뜻에 따르기만 하면 그가 아는 것은 무엇이고 들을 수 있겠다고 생각했기 때문입니다. 사실 나는 나의 청춘의 아름다움에 큰 자신을 가지고 있었습니다. 그래서 이런 것을 생각한 끝에, 보통 때는 하인이 따르지 않고서 혼자 이분과 함께 있는 일이 없었는데 그때는 하인을 돌려보내고 나서 나 혼자서 이분과 함께 있었습니다. 여러분에게는 사실을 그대로 말해야 하겠습니다. 잘 들어 주십시오. 그리고 만일 내가 거짓말을 하거든, 소크라테스, 내가 거짓말을 한다고 곧 가르쳐 주십시오. 그래서 나는 여러분, 이분과 단둘이 만났던 것입니다. 그래서 나는 이분이 사랑을 주는 사람, 곧 그가 사랑하는 사람과 마주 앉았을 때 이야기하듯이 나와 말할 것이라고 생각하고 기뻐했습니다. 그러나 그런 일은 좀처럼 일어나지 않고 다른 때와 마찬가지로 나와 이야기하며 함께 하루를 지내고서는 돌아가는 것이었습니다. 그 뒤에도 나는 이번에는 무슨 효과가 있겠지 하고, 같이 체조를 하자고 권유하여 둘이서 체조를 하기도 했습니다. 이렇게 하여 아무도 없는 곳에서 나와 함께 씨름을 한 적도 몇 번 있었습니다.

하지만 더 말할 필요도 없습니다. 사실 나는 거기서 아무것도 얻지 못했으니까요. 이렇게 해서는 도저히 성과가 있을 것 같지 않아서 나는 이런 생각을 하게 되었습니다. '이분에게는 마구 돌진하지 않으면 안 된다. 그리고 뭐니 뭐니 해도 이미 시작한 일이니 그만두어서도 안 되며, 일이 이렇게 된 바에는 그것이 무엇인지를 인식하지 않으면 안 된다'고. 그래서 나는 사랑을 주는 자가 그의 연인을 유혹할 때와 똑같이, 이분을 식사에 초대했습니다.

이것도 당장에는 응하려 하지 않으셨지만 그래도 결국 승낙하게 되었습니다. 물론 처음 왔을 때는 나도 부끄러워서 돌려보내기도 했습니다. 그러나 다음에는 유혹할 수단을 한 가지 꾸며 가지고서 식사가 끝난 다음, 나는 밤중까지 쉬지 않고 이분과 이야기를 계속했습니다. 그런데 이분이 돌아가려고 하였을 때 나는 늦은 것을 핑계로 억지로 붙들었습니다. 그래서 이분은 내 옆의, 이분이 식사 때 사용했던 침대의자에서 쉬었습니다. 그리고 그 방에는 우리들 두 사람 밖에는 아무도 자고 있지 않았습니다.

……그런데 사실 여기까지라면 이 이야기를 누구 앞에서 하든지 아무 상관도 없을 것입니다.

그러나 그다음에 일어난 일은, 만일 다음과 같은 사정이 아니었더라도 여러분들은 내 입을 통해 그 말을 듣지는 못했을 것입니다. 첫째로 옛말에도 있듯이 술이라는 것이—아직도 그런지 어떤지는 고사하고라도—'바른말을 하는 것'이 아니라면, 둘째로 한번 소크라테스를 칭찬하기 시작한 이상 이분의 고상한 행위를 모르는 체하는 것은 옳지 않다고 내게 생각되지 않았다면 말입니다. 게다가 나도 독사에 물린 사람과 같은 상태에 빠져 있는 것입니다. 즉 사람들은 말하기를 이런 변을 당한 사람은 그것이 어떠하였는지를 직접 물려 본 사람한테밖에는 말을 하지 않으려고 한답니다. 그것은 너무 아파서 무슨 짓을 하든지 무슨 말을 하든지, 물려 본 사람만이 그것을 이해도 하고 동정도 해줄 것이라고 흔히 생각하고 있기 때문입니다. 그런데 나는 그보다도 더욱 쓰라린 고통을 주는 자에게 물렸습니다. 게다가 제일 아픈 곳을 물렸던 것입니다. 그것도 마음인지, 영혼인지, 또는 어떤 이름으로 불러야 하는지 모를 그 지혜에 관한 이야기로 거기를 얻어맞고 물렸기 때문입니다. 그 이야기라는 것은, 젊고 소질이 범상치 않은 영혼을 잡기만 하면 독사보다도 지독하게 물어뜯고 놓지 않으며, 또 이것에게는 무슨 일 무슨 말이든지 시키는 힘을 가지고 있다는 것입니다. 또한 지금 내 앞에는 파이드로스, 아가톤, 에릭시마코스, 파우사니아스, 아리스토데모스, 아리스토파네스, 또 그 밖에도 여러분이 계십니다.

　소크라테스 그 자신은 새삼스럽게 들을 필요도 없지만, 사실 여러분은 모두 철학적(지혜를 사랑하는) 광기를 함께 가지고 있습니다. 따라서 여러분이 다 함께 들어 주시기 바랍니다. 여러분은 확실히 그때 내가 한 일이나 이제 이야기할 것이나 다 알아주시리라고 생각하기 때문입니다.

　그러나 너희들 하인들은, 그 밖에 또 속된 무리들이나 무식한 자들은 다 큼직한 문짝으로 귀를 막고 있거라.

　그런데 여러분, 등불도 꺼지고 하인들도 물러갔기에 나는 이분에게 멀리 돌려서 말하지 않고 마음먹은 것을 솔직히 털어놓고 말해야겠다고 생각했습니다. 그래서 나는 이분을 흔들면서 물어보았습니다.

　'소크라테스, 주무십니까?'

　'아니, 아직.'

　이분은 대답했습니다.

　'내가 무슨 생각을 하고 있는지 아세요?'

　'그게 무언데?'

　이분은 물었습니다.

　'내가 볼 때 당신은······.' 나는 대답했습니다. '나를 사랑할 자격이 있는 유일한 분입니다. 그런데 당신은 그것을 나에게 말하기를 주저하고 계시는 것 같아요. 그렇지만 내 마음은 이렇습니다. 내가 당신의 뜻을 받아들이지 않는다는 것은, 다른 경우, 가령 당신이 내 재산이라든가 내 친구를 필요로 하실 경우와 마찬가지로, 그것은 매우 어리석은 일이라고 생각합니다. 즉 나에게는 될 수 있는 한 훌륭한 사람이 되는 것보다 더 중요한 일은 없으니까요. 그리고 이 점에서는 당신만큼 나에게 유능한 후원자가 될 수 있는 사람은 없다고 믿습니다. 그래서 내가 만약 이런 사람의 뜻에 따르려고 하지 않았다면, 따랐을 경우 무식한 대중에게 부끄럽게 느끼기보다 훨씬 더 사려 깊은 사람들에게 부끄러움을 느낄 것입니다.'

　이 말을 듣고 이분은 몹시 비꼬는 투로, 이분 특유의 언제나 똑같은 그 투로 말했습니다.

'친애하는 알키비아데스, 내가 정말 자네가 말한 바와 같은 사람이라면, 그리고 내 속에 자네를 훌륭하게 할 만한 무슨 힘이라도 있다면, 자네는 과연 현명한 인물이라 하겠네. 그러면 자네는 꼭, 자네 모습의 아름다움과 비교도 안 될 만큼 훌륭한, 기막힌 아름다움을 나에게서 볼 것일세. 만약 자네가 그런 것을 보고서 나와 함께 나누어 갖자고, 그 아름다움을 나와 서로 바꾸자고 한다면, 자네는 나에게서 적지 않은 이익을 얻으려는 생각을 가지고 있는 것일세. 그뿐 아니라 자네는 겉보기의 아름다움 대신에 참다운 아름다움을 얻고자 하는 자, 따라서 사실 자네는 '구리로 금을' 바꾸고자 꾀하는 자일세. 그러나 영리한 친구여, 좀 더 잘 생각해 보게. 내가 너무도 보잘것없는 사람이라는 것을 자네가 몰라서야 되겠나. 사실 육안의 시력이 약해지기 시작할 때가 되면, 정신의 시력이 날카로워지기 시작하는 법이야. 그러나 자네는 거기까지는 아직 멀었네.'

이 말을 듣고 나는 대답했습니다.

'나로서 말씀드리려던 것은 이것뿐입니다. 거기에는 내가 생각한 대로 말씀드리지 않은 것은 하나도 없습니다. 그래서 이번에는 당신 자신이 그러하듯이 당신이나 나를 위해서 어떻게 하면 제일 좋은지를 생각해 주세요.'

'딴은, 자네 아주 좋은 소리를 하는군. 그러면 이제부터는 서로 그것을 잘 생각해 보세. 그리고 이 일이건 다른 일이건 우리 두 사람에게 가장 좋게 생각되는 대로 하세.'

이렇게 말씀하셨습니다.

나는 이런 말을 주고받아, 말하자면 화살을 쏘았기 때문에 이분은 이미 상처를 입은 줄만 알았습니다. 그래서 나는 일어나서 이분에게 더 이상 말할 틈을 주지 않고 내 외투—그땐 아직 겨울이었으니까요—를 덮어 드리고 나 자신도 이분의 해진 외투 속으로 들어가서 같이 누워, 참으로 신과 같이 놀라운 이분을 두 팔로 꼭 껴안고 그날 밤을 지냈습니다. 이것도 소크라테스, 당신은 거짓말이라고 할 수는 없겠지요. 그러나 모처럼 나는 그만큼 애를 써보았지만 이분은 그처럼 훌륭한 힘을 보여 주어 내 청춘의 아름다움을 업신여기고 비웃으며 무례한 태도를 보였습니다. 특히 그 청춘의 아름다움을 나는 상당한 것이라고 믿었단 말입니다. 재판관 여러분—이렇게 말하는 것은, 여러분이 소크라테스의 교만한 태도를 판결하는 재판관이니까 하는 말입니다—잘 들어 주십시오. 신들에게 맹세코, 여신들에게도 맹세코 말하지만, 나는 소크라테스와 하룻밤을 같이 지냈지만 아버지나 형과 같이 잤을 때와 조금도 다름없이 아침에 일어났던 것입니다.

이런 일이 있은 뒤, 내 심경이 어떠하였으리라고 여러분은 생각하십니까? 사실 나는 한편으로는 욕을 보았다고 느끼면서도 다른 한편으로는 역시 이분의 자질과 사려와 용기에 탄복하지 않을 수 없었던 것입니다. 언제 만나리라고 기대도 못 했던 분을 그처럼 예지도, 참을성도 풍부히 가지고 있는 분을 만났기 때문입니다. 그래서 사실 나로서는 이분에게 화도 낼 수 없고 그만 사귈 수도 없고 그렇다고 이분을 끌어당길 만한 재주도 또한 없었습니다. 왜냐하면 이분에게 금전이란 칼을 보는 아이아스[48]보다 훨씬 더 온몸이 불사신인 것을 나는 잘 알고 또 내가 이분을 포로로 삼을 수 있다고 기대한 단 한 가지 수단을 가지고서도 역시 놓치고 말았기 때문입니다. 그래서 나는 어찌할 바를 몰랐습니다. 그리고 다른 누구한테서도, 그 누구도 받아 본 적이 없었을 정도의 예속을 나는 이분에게서 받고 돌아다녔습니다.

실은 이런 일은 다 전에 있었던 일이고, 그 뒤 우리들은 함께 포티다이아[49]의 싸움에 종군하였는데 거기서 우리는 전우로서 한자리에서 밥을 함께 먹게 되었습니다. 그래서 우선 첫째로 고생을 견뎌 내는 힘으로는 나만이 아니라 전 군대 중에서, 그를 따를 사람이 없었습니다. 싸움터에서는 흔히 있는 일이지만 포위되어서 식량 없이 지낼 수밖에 없었던 때에도 참을성 많기로는 이분을 당할 사람이 없었던 것입니다. 그러나 또 반대로 좋은 음식이 생겼을 때에도 정말 그것을 즐겁게 먹을 수 있었던 사람은 이분뿐이었습니다. 어떤 음식이나 다 그렇지만, 특히 술 마시는 일에서는 조금도 마시고 싶지 않아도 억지로 권하면 언제든지 누구보다도 세었습니다. 게다가 무엇보다도 놀라운 일은 아직 소크라테스가 취한 것을 본 사람이 없다는 것입니다. 그 증거는 당장에라

---

48) 트로이아 원정군의 용장.
49) 에게해 북쪽 기슭에 있는 도시. 여기서 말하고 있는 이곳에서의 싸움은 기원전 433~432년의 것. 《변명》 참조.

도 볼 수 있으리라고 생각합니다.

　그리고 또 겨울의 추위를 이겨 낸다는 점인데—이것은 그곳 추위가 대단한 것이어서 하는 말입니다만—이분은 그 밖에도 놀라운 일을 많이 했습니다만 특히 몹시 추운 겨울날, 다른 사람들은 모두 밖에 절대 나가지 않거나 혹 나간다 해도 옷을 아주 두껍게 입고 구두를 신고, 그야말로 다리는 펠트나 양털로 싸맬 만큼 추운 날이었지만 이때도 그는 언제나 입고 있는 외투를 입고 나가서 맨발로 얼음 속을, 구두를 신은 다른 사람보다도 더 아무렇지도 않게 걸어다녔던 것입니다. 그러나 병사들은 이분이 자기네를 업신여기고 그러는 줄 알고 백안시하는 것이었습니다.

　이 이야기는 이 정도로 해두기로 하겠지만, 어느 때건 그 싸움터에서 이 용사가 무엇을 하고 또 무엇을 어떻게 견뎌 냈는가 하는 것도 들을 만한 값어치가 있다고 생각합니다.

　그 이야기란 이런 것입니다. 이분은 사색에 잠겨 이른 아침부터 한자리에 선 채로 무엇인가를 생각하고 있었습니다. 그러나 도무지 해결되지 않아서 계속 거기를 떠나지 않고 생각을 짜냈습니다. 그렇게 하는 동안에 벌써 오전이 되니까 병사들도 이상하게 여기면서 소크라테스가 이른 아침부터 무엇인가 생각하고 선 채로 움직이지도 않는다고 수군거렸습니다. 결국 저녁때가 되자 이오니아 출신 군인 몇 사람이—마침 여름이었기에—침상을 가지고 나가 시원한 곳에서 잘 겸, 이분이 과연 밤새도록 거기 서 있을 건가 어떤가를 지켜보기까지 했었지요. 그런데 날이 밝아서 해가 뜰 때까지 그대로 서 있었습니다. 그리고 태양을 향해 기도를 드리고서는 그곳을 떠났습니다.

　또 원하신다면 전투 중에 있었던 일을 이야기해 드리겠습니다. 이렇게라도 해서 이분에게 그때의 빚을 갚아 드리는 게 온당할 것입니다. 내가 사령관으로부터 훈장을 받은 그 전투에서 나를 구해 준 사람은 이분밖에 없었습니다. 이분은 부상당한 나를 버리지 않았을 뿐만 아니라 자신과 나의 무기를 동시에 구해 주었습니다.

　그래도 사령관이 내가 명문 출신이라는 것을 고려해서 나에게 훈장을 주려고 했을 때 사령관보다도 당신 자신이 더, 그것을 받을 사람은 당신이 아니라 나라고 열렬히 주장하셨던 것입니다.

그뿐만 아니라 여러분, 우리 군대가 델리온[50]으로부터 철수했을 때의 소크라테스도 과연 볼만했었습니다. 그 당시 나는 말을 탔지만 소크라테스는 중무장을 하고 도보로 종군하였습니다. 그때 아군들은 이미 완전히 무너져서 이분은 라케스[51]와 함께 퇴각하였습니다. 그러한 이분을 나는 우연히 만났던 것인데 나는 곧 이분들에게 기운을 내라고 외치고 나는 당신들을 버리지는 않겠다고 말했습니다. 나 자신은 말을 타고 있어서 두려움을 느낄 경우가 적었기 때문에 여기서는 포티다이아에서보다도 더 잘 소크라테스를 관찰할 수 있었습니다. 우선 첫째로, 태연자약한 점에서 이분이 라케스보다 얼마나 훌륭한가를 보았습니다. 다음에는, 적어도 내가 본 바로는 아리스토파네스, 정말 자네 말마따나, 이분은 거기서도 아테네에 있을 때와 조금도 다름없이 '가슴을 펴고 태연히 사방을 돌아보며' 침착하게 적과 아군 사이를 헤쳐 나갔습니다. 그래서 조금이라도 이분에게 손을 대는 사람이 있으면, 그가 매우 힘차게 막아 내리라는 것을 누구에게나, 꽤 먼 곳에서도 한눈에 알 수 있었습니다. 그래서 역시 또 이분도, 그 전우도 전선(戰線)에서 무사히 벗어났습니다. 왜냐하면 싸움터에서는 그러한 태도를 갖는 사람에게는 거의 덤벼드는 사람이 없고 오히려 꽁무니를 빼고 달아나는 사람을 추적하는 법이기 때문입니다.

소크라테스에게는 아직 이 밖에도 수많은 일을, 그것도 경탄할 만한 일을 칭찬할 것입니다. 물론 다른 여러 가지 활동에서는 아마 이분 아닌 다른 사람에게도 똑같은 말을 할 수 있겠지요. 그렇지만 옛날 사람이나 지금 사람이나 아무도 이분을 닮은 사람이 없다는 것, 이것 한 가지만은 실로 경탄할 만한 일이라 하겠습니다. 즉 아킬레우스가 어떤 사람인가는, 브라시다스[52]나 그 밖의 사람들과 비교해서 생각할 수 있고, 또 페리클레스가 어떤 사람인가는 네스토르나 안테노르[53] 같은 사람과―이 밖에도 많은 사람이 있습니다만―비교할 수 있습니다. 그리고 그 밖의 사람들도 다들 마찬가지로 생각할 수 있습니

---

50) 보이오티아 동쪽 끝의 한 작은 마을. 이곳에서의 싸움은 기원전 424년.《변명》,《라케스》참조.
51) 아테네의 무장.
52) 스파르타의 뛰어난 무장이자 정치가. 소크라테스도 출정한 기원전 422년 암피폴리스 싸움에서 전사하였다.
53) 사려 깊은 웅변가인 트로이아 사람.

다. 그러나 인물에서나 말에서나 오직 이분만큼 뛰어난 사람은 적어도 고금의 사람을 통해서 비슷한 사람조차 찾아낼 수 없습니다. 그래서 결국 내가 앞서 이야기한 대로 이분을, 이분의 인물과 말을 사람과 비교하지 말고 실레노스나 사티로스에 비교할 수밖에 없다는 것입니다.

실은 이것을 처음에는 빠뜨렸지만, 이분이 말씀하시는 것 또한 저 양쪽으로 문이 열리는 실레노스들과 더할 나위 없이 닮았습니다. 사실 소크라테스의 이야기를 듣고자 하는 사람에게는 처음에는 그것이 매우 우습게 들릴 것입니다. 말하자면 이런 말투를 겉에 걸치고 있는 것입니다. 사람을 우롱하는 사티로스의 털가죽 같은 것을 말이지요. 왜냐하면 이분이 이야기하는 것이라고는 늘 짐 싣는 당나귀나 대장장이나, 제화공이나 무두질꾼에 대한 것뿐이니까 경험 없고 우둔한 사람은 다 이분의 이야기를 비웃지 않을 수 없습니다. 그러나 그것이 열리는 것을 보고 그 속으로 밀고 들어가는 사람은, 우선 첫째로 세상에 있는 말 중에서 오직 이분의 말만이 그 속에 지성을 품고 있음을 알게 될 것입니다. 다음에는, 그것이 다시없이 숭고한 말이며, 덕의 신상(神像)을 그 안에 가장 많이 가지고 있고, 또 이상적인 사람이 되고자 하는 사람이 목표로 삼아야 할 매우 많은 것을, 아니 오히려 온갖 것을 품고 있다는 것을 알게 될 것입니다.

이상이, 여러분, 내가 소크라테스를 칭송하는 점입니다. 그와 동시에 이분에 대한 비난도 섞어 가면서 이분이 나에게 어떤 욕을 보였는지도 이야기했습니다. 그러나 사실은 이분에게서 이런 일을 당한 것은 나만이 아닙니다. 글라우콘의 아들인 카르미데스[54]나, 디오클레스의 아들인 에우티데모스[55]나 그 밖에 많은 사람들도 다 마찬가지입니다. 소크라테스는 마치 사랑을 주는 사람 같은 얼굴을 하면서도, 사실은 사랑을 주지 않는 사람이라기보다는 오히려 스스로 사랑을 받는 사람이 되어 이런 자들을 속이는 것입니다.

그래서 아가톤, 나는 자네한테 주의를 주겠는데, 이분에게 속지 않도록 조심하게. 차라리 우리가 겪은 이런 일을 통해 배워 주의할 일일세. 속담처럼 소 잃고 외양간 고치는 격이랑 되지 않도록 하게."

---

54) 이른바 '30인의 혁명 위원'(《변명》 참조)의 한 사람. 플라톤의 외삼촌. 소크라테스의 제자.
55) 같은 이름의 소피스트와는 다른 사람.

이런 이야기를 알키비아데스가 하고 나자, 그의 숨김없는 말투에 모두들 왁자지껄 웃음을 터뜨렸네. 그가 여전히 소크라테스에게 연연해 있는 것같이 생각되었기 때문일세.

그래서 소크라테스가 말했네.

"자네는 조금도 취한 것 같지 않은걸, 알키비아데스. 그렇지 않고서야 어떻게 자네가 지금까지 해온 말 전체의 목적이 되고 있는 것을 그렇게도 교묘히 숨겨 가면서, 마치 말 나온 김에 하는 것 같은 투로 그걸 이야기 끝에다가 붙였겠는가. 자네 태도로 볼 때는 나와 아가톤 사이를 갈라놓겠다는 그 목적—자네 생각에 의하면, 나는 자네만 사랑하고 다른 누구도 사랑을 받아서는 안 된다는 것이니까—때문에 자네가 모든 걸 말한 것은 아니라는 투네만, 자네는 들키고 말았네. 그리고 그 사티로스적인, 또 실레노스적이기도 한 자네의 연극은 정체를 드러냈어. 자, 사랑하는 아가톤, 이 사람에게 이것이 잘 진전되도록 도와줘서는 안 되네. 그리고 아무도 나와 자네 사이를 갈라놓지 못하도록 마음의 준비를 단단히 하고 있게."

그러자 아가톤이 말했네.

"소크라테스, 정말 당신 말씀이 맞습니다. 저 사람이 우리 두 사람 사이에 자리 잡은 것도 역시 우리들을 떼어 놓으려는 의도의 증거가 됩니다. 그러나 결코 그렇게는 할 수 없으니 내가 차라리 당신 곁에 눕기로 하겠습니다."

"옳지, 옳지. 그게 좋겠어. 자, 이리 와서 내 옆자리에 앉게."

소크라테스가 대답했네.

"오, 제우스 신이여, 내가 이분 때문에 또다시 욕을 당해야 하다니." 알키비아데스가 말했네. "이분은 언제든지 나를 이겨야만 한다고 생각한단 말이야. 그러나 어처구니없는 소크라테스여, 다른 것은 안 된다 하더라도 하다못해 우리들 두 사람 사이에라도 아가톤을 앉혀 주십시오."

"그건 안 되네." 소크라테스가 대답했네. "왜냐하면 아까 자네가 나를 칭찬했으니, 이번에는 내가 오른편에 있는 사람을 칭찬할 차례이기 때문일세. 그런데 만약 자네 다음 자리에 아가톤이 눕게 되면 사실은 나한테서 칭찬을 받아야 할 차례인데, 그가 도로 나를 칭찬해야 되지 않겠는가. 그러니 훌륭한 알키비아데스여, 내 말대로 해주게. 그리고 나한테서 이 젊은이가 칭찬받는 것을

향연 599

질투하지는 말게. 나는 이 사람을 칭찬하고 싶어 견딜 수가 없으니까."

그러자 아가톤이 말했네.

"야아, 알키비아데스. 이제 나는 이 자리에 참고 있을 수가 없어. 무엇보다도 소크라테스에게 칭찬을 받기 위해서라면야 어떻게 자리를 바꾸지 않겠나."

"또 여전하구먼." 알키비아데스가 말했네.

"소크라테스가 있을 때는 아무도 아름다운 사람을 상대할 수가 없단 말이야. 지금도 이분이 이 사람이 자기 옆자리에 앉아야 한다는 그럴듯한 핑계를 얼마나 묘하게 생각해 냈는지 보란 말이야."

**아폴로도로스** 그래서 아가톤은 소크라테스의 옆으로 자리를 옮기려고 일어섰네. 그러자 바로 그때 난데없이 한 떼의 주정꾼들이 문간으로 밀려왔네. 방금 누군가 나간 사람이 있어 문이 열려 있었기 때문에 그들은 곧장 이 친구들이 술 마시고 있는 자리로 들어오고 말았네. 그 바람에 집 안은 온통 떠들썩해지고 무질서한 가운데서 덮어놓고 억지로 술을 마셔야 했네. 아리스토데모스의 말로는 그래서 에릭시마코스와 파이드로스, 그 밖의 몇 사람은 가고 말았다네. 그런데 아리스토데모스 자신은 졸려서, 그때는 밤이 깊은 때라서 그만 잠이 들고 말았네. 그러다 새벽녘에 닭이 울 때에야 눈을 떴다네. 그래 일어나 보니 다른 사람들은 아직 자고 있는 사람도 있었고 이미 집으로 돌아간 사람도 있었는데, 아가톤과 아리스토파네스와 소크라테스만은 자지 않고, 큰 잔을 차례로 오른쪽으로 돌려 가며 술을 마시고 있었다네. 소크라테스는 그들과 무엇인가 이야기를 하고 있던 참이었다네. 아리스토데모스는 그 이야기를 다른 여러 가지 점에서는 기억하고 있지 않지만—그건 처음부터 그 이야기에 참견도 하지 않았고 또 졸음이 와서 잤기 때문일세—요점은, 같은 사람이 희극도 비극도 지을 수 있다는 것이고, 또 참으로 예술적인 비극 작가는 동시에 희극 작가이기도 하다는 것을 그들로 하여금 인정하게끔 강요하고 있었다는 거라네. 그래 그걸 강요당하면서도 졸음이 와서 그들은 신통하게 따라가지 못한 채 잠이 들기 시작했는데 먼저 아리스토파네스가 잠들고, 이미 해가 돋았을 무렵에 아가톤이 잠들었네. 그래서 소크라테스는 그들을 재워 놓고야 일어나 나갔네. 그리고 언제나처럼 리케이온[56]으로 가서 목욕을 하고, 남은 하루를 거기서 보냈다네. 그렇게 소일을 하고 나서 저녁때가 되어서야 집으로 돌아가 쉬었다는 것일세.

---

56) 아테네의 북동쪽 교외에 있는 체육장(김나지움)인데 소크라테스가 즐겨 가던 곳이다. 뒤에 아리스토텔레스가 이곳에 학원(學園)을 열었다.

# 소크라테스 평전

# 소크라테스의 생애

## 영원한 철인

### 소크라테스의 죽음

**사형 장면**

기원전 399년, 아테네의 감옥에서는 소크라테스의 사형이 집행되고 있었다.

소크라테스에게는 뒤에 남게 될 아내와 세 명의 자녀가 있었다. 하지만 자신의 마지막 장면을 가족에게 보이고 싶지 않았던 그는 어렵게 찾아온 가족에게 집으로 돌아가라고 한다.

마침내 독약을 든 교도관이 왔다. 소크라테스는 그에게 말했다. "아, 고맙네. 이제 내가 어떻게 하면 되는지 가르쳐 주게." 가루로 된 독약은 고요히 잔의 바닥에 가라앉아 있었다.

이미 죽은 목숨을 무턱대고 좀 더 유지하려 하는 것은 속이 텅 빈 잔을 들고 아쉬워하는 것과 같다는 소크라테스 말에, 크리톤을 비롯한 제자들은 어찌할 바를 몰라 그저 눈물을 흘리며 몸부림쳤다.

"죽을 때는 조용히 해야 한다고 들었다."

이에 소크라테스는 그렇게 말하는 것이었다. 이 거인의 마지막 순간에 제자들이 할 수 있었던 일이라고는 그의 죽음을 지켜보는 것뿐이었다.

철학사상 가장 고귀한 인물 중 하나로 손꼽히는 소크라테스는 그 사려 깊음과 정의로움에 대해서 견줄 사람이 없는 철인임에 틀림없다. 이러한 성격은 그가 사형을 맞이했을 때에도 유감없이 드러나, 그의 태도는 필설로 다할 수 없이 당당하였다.

"나는 아스클레피오스에게 수탉 한 마리를 빚졌다네. 그것을 잊지 말고 갚아

주게."
 이것이 소크라테스가 마지막으로 남긴 말이었다. 아스클레피오스란 의학의 신이다. 따라서 사람들은 이 유언을 두고 소크라테스가 살아생전에 이 신에게 소원을 빌면서 제물로서 수탉을 약속한 것이거나, 영혼이 육체와 질병의 속박으로부터 해방되는 죽음을 맞으며 그것을 기념하여 제물을 바치려 한 것이라고 생각하고 있다. 소크라테스는 사형에 의해 목숨을 빼앗기면서도 죽음을 이승에서 저승으로 거주지를 이전하는 것처럼 생각하고, 숨을 멈추고 마지막 한 방울도 남기지 않고 독배를 마셨다.
 그 뒤 소크라테스는 독이 퍼지는 것이 느껴질 때까지 천천히 제자들 곁을 걸어 다녔으나, 얼마 안 있어 다리가 무거워져 몸을 눕혔다. 친구 크리톤은 소크라테스의 유언을 마침내 이해하고 반드시 그렇게 하겠다고 대답했지만, 이미 그는 아무 대답이 없었다. 소크라테스의 눈은 어느새 살아 있는 사람과는 다른 빛을 띠고 있었던 것이다.
 소크라테스는 이렇게 아무런 저항이나 두려움 없이 교도관이 가르쳐 준 대로 죽음을 수행했다. 그리고 이로써 인류 역사상 가장 위대한 철인 소크라테스의 생애가 끝난 것이다. 이것은 2월, 혹은 3월의 일이다. 이때 그의 나이는 70세였다.

### 죽음 전의 순간

 소크라테스가 마신 독약은 '독미나리'의 씨앗을 갈아서 만든 것이었다. 그에게는 그것을 마시기 전까지 얼마간의 시간이 주어져 있었다. 사형 집행 시각은 해가 진 뒤라고 법률로 정해져 있었기 때문이다.
 아직 해가 지평선 아래로 완전히 가라앉지 않은 상태였다. 태양은 아직도 아테네 북동쪽에 있는 히메토스산 기슭에 걸려 있었던 것이다. 게다가 사형 집행 명령이 떨어진 뒤 한참 지나서야 독약을 마신 사람도 많다는 것을 크리톤은 알고 있었다. 그래서 그는 소크라테스에게 실컷 먹고 마시고, 좋아하는 사람과 함께 잠을 잘 것을 권했다. 보통 사람이라면 크리톤의 말대로 했을지도 모른다. 그러나 소크라테스는 그 말을 그저 웃어 넘겼다. 그는 말했다.
 "그렇게 하면 좋겠다고 생각하지만, 나 자신은 그렇게는 하지 않을 것이네. 그것도 그럴 만한 까닭이 있다네."

소크라테스는 자신이 시간을 늦춰 독배를 마신다면 세상 사람들에게 웃음거리가 될 뿐, 아무런 이득도 없다고 확신하고 있었다. 그에게 중요한 것은 단순한 삶의 연장이 아니라 순간순간 어떻게 사느냐였던 것이다.

이러한 그의 자세에 사형 집행 소식을 전하러 온 교도관도 존경과 예의를 표했다. 그는 11명의 집행위원들 밑에 있는 하인이었는데, 그들은 추첨으로 임명을 받아 감옥 죄수들의 감독이나 사형, 재판소로 접수되는 고소인의 제소 등을 관장하는 일을 하는 사람들이었다. 그는 눈물을 흘리며 이렇게 말했다.

"소크라테스, 저는 당신만큼은 적어도 다른 사람들이 했던 행동을 하지 않으리라 생각합니다. 그들은 제가 윗사람들의 명령에 따라 독약을 마셔야만 한다고 말하면, 저에게 화를 내며 욕을 하더군요. 그러나 저는 당신이 이곳 감옥에서, 더구나 지금까지 이곳에 들어왔던 사람들 중에서 가장 남자답고 평온하며, 또 고귀했음을 알고 있습니다. 그러므로 지금도 비난받을 사람들은 다른 사람들이지 제가 아니라는 것을 잘 알고 있으리라 생각합니다. 부디 운명을 마음 편히, 가능한 한 가볍게 받아들이도록 노력해 주십시오."

이제 뒤따라 독배를 든 사형 집행인이 들어서자, 소크라테스는 이 말대로 하려 한다. 제자들은 다시는 볼 수 없을 스승의 마지막을 불행하다고 생각했을 것이다. 그들의 마음속에는 미처 못다 한 말도 많았으리라. 소크라테스의 죽음이 다가오자 제자들은 아버지를 잃고 어떻게 살아가야 할지 몰라 막막한 고아가 된 것처럼 느꼈다. 그러나 소크라테스는 이것을 불행이라고 생각하지 않고, 오히려 저승에서 죽은 사람들을 만날 수 있다며 기뻐하는 모습마저 보인다. 그러고는 몸을 씻기 위해 목욕탕으로 가서, 그곳에서 장남 람프로클레스와 아직 어린 차남 소프로니코스, 막내 메넥세노스와 이야기를 나누었다. 이윽고 소크라테스는 아이들에게 물러가도록 명령하고, 제자들에게로 돌아왔다. 일몰은 시시각각 다가오고 있었다. 해가 지면 소크라테스는 독배를 마셔야만 했다. 제자들에게는 소크라테스의 사후가 여간 걱정되는 것이 아니었다.

### 죽음에 대한 관념

소크라테스는 자기가 죽은 뒤 그 시신을 어떻게 매장할 것인가에 대해서는 크게 신경을 쓰지 않았다. 그는 자신의 매장에 대해 그저 태연히 다음처럼 말할 뿐이었다. "크리톤, 기운을 차리고 내 육신을 묻어 주게나. 그것도 자네가 원하는 방식으로, 관습이라고 생각되는 바에 따라서 해주게나."

하지만 크리톤은 생명의 불꽃이 꺼진 소크라테스의 시신이 여전히 친구로 생각될 것 같아 견딜 수가 없었다. 그래서 그는 소크라테스를 어떻게 묻어야 좋을지 몰라 결단을 내리지 못하고 있었다. 그러나 소크라테스는 독약을 마시고 나면, 이미 자신은 이 세상에서 존재하지 않으니 죽은 몸에는 큰 의미가 없다고 생각했다. 그는 이승을 떠나면 복된 자들이 사는 행복한 곳으로 간다고 굳게 믿고 있었던 것이다. 소크라테스는 친구 크리톤을 비롯하여 자신의 제자들도 그렇게 생각해 주기를 바랐다. 그렇게 하면 그들은 위안을 얻을 것이고, 또 자신의 시신이 불태워지거나 땅에 묻히는 것을 본다 해도 억울한 일을 당했다며 화를 내지 않으리라.

운명이 부를 때에는 누구나 그 부름을 좇아 떠나지 않으면 안 된다. 제아무리 잘난 사람이라도 죽음을 피할 수는 없는 것이다. 지금은 운명이 소크라테스의 이름을 불렀다. 이에 소크라테스는 70년을 산 육체에 종말을 고할 때가 왔다며 망설이지 않았다. 그러나 제자들은 이제 영영 스승에게서 가르침을 받을 기회를 잃게 될 것이었다. 크리톤은 소크라테스의 죽음 뒤에 그의 자식들에게 무엇을 해주어야 하느냐고 물었다. 그러자 소크라테스는 이렇게 대답했다.

"평소 말하던 것 이외에 특별히 새로운 것은 없네. 자네들은 자네들 자신의 일에 유념하여 주게. 무엇이든 가장 좋은 순간에 해야 한다네. 지금 우리의 의견이 일치하지 않아도 좋으이. 단지 내가 이제 와서 자신의 안위에 신경을 쓰면서 지금까지 말해 오던 바에 따라 살고자 하지 않는다면, 지금 이런저런 주장에 강하게 동의한다 한들 별 이득이 없을 걸세."

그러나 미리 계획을 세워 교도관까지 매수해 두었던 크리톤은 이 마지막 순간에 소크라테스에게 아테네 감옥으로부터의 탈옥을 권유한다.

### 도망을 권유하다

만약 소크라테스가 결심하기만 했다면 감옥으로부터 도망칠 수도 있었을 것이다. 그러나 그에게는 그런 바람과 의지가 전혀 없었다.

크리톤은 소크라테스와 거의 비슷한 나이로, 소크라테스와는 죽마고우 사이였다. 그는 철학적 소질보다는 오히려 실제적 재간을 갖춘 인물이었으므로, 그런 그가 소크라테스의 도망을 진지하게 고려한 것은 지극히 자연스런 일일 것이다.

크리톤이 감옥으로 소크라테스를 찾아간 것은 그가 독약을 마시기 하루 전이었다. 그때는 날이 새기 직전이어서 소크라테스는 깊이 잠들어 있었다. 크리톤이 이런 시각에 찾아올 수 있었던 것은 그가 감옥의 교도관을 잘 알고 있어서, 그에게 두둑하게 사례금을 안겨 주었기 때문이었다. 크리톤은 소크라테스를 깨우지 않고 잠자코 곁에 앉아 있었다. 꽤 긴 시간 동안이었다. 이것은 친구가 가능한 한 편안한 시간을 갖기를 바라는 그의 배려였다. 크리톤은 잠든 소크라테스를 보며 그가 매우 낙천적이라고 생각했다. 이러한 불운을 태연하고 평온하게 견디고 있는 것을 보면, 그가 평생 어떤 상황에서든 낙천적이었을 것이라고 생각하지 않을 수 없었다.

소크라테스는 자신의 나이를 생각하며, 다가오는 마지막 순간에도 전혀 허둥대지 않는다. 그는 안절부절못하거나 발악을 하는 것은 바보짓이라고 생각했다. 많은 사람들은 제 나이에 알맞은 행동을 하지 못하고, 운명 앞에서 약한 모습을 보이며 자신의 감정을 노골적으로 드러낸다. 하지만 이들과는 달리 소크라테스는 극한 상황에서 품위를 지켰을 뿐만 아니라, 깊은 신념에 불타고 있었던 것이다.

비로소 잠에서 깬 소크라테스는 크리톤이 너무나 이른 시각에 자신을 찾아온 것에 의아해했다. 사실 크리톤은 긴박하고도 슬픈 소식에 가만히 있을 수가 없었던 것이었다. 그것은 소크라테스가 죽어야 한다는 소식을 들었기 때문이었다. 이는 소크라테스의 친구이자 제자의 한 사람인 크리톤에게는 가장 견디기 힘든 소식이었다. 소크라테스의 사형이 집행되도록 할 배가 오늘 델로스에서 돌아온다. 만약 이것이 사실이라면 소크라테스의 남은 목숨은 이제 하루밖에 없다. 내일은 소크라테스의 일생 최후의 날이 된다. 이런 생각에 크리톤은 한시라도 빨리 소크라테스를 만나지 않으면 안 되었다.

그렇다면 델로스로부터 귀항하는 배와 소크라테스의 사형이 무슨 관계가 있었던 것일까? 아테네 사람들은 해마다 델로스섬으로 배를 보내 아폴론 신에게 제물을 바치고 있었다. 이것은 그리스 신화에 등장하는 아테네의 영웅 테세우스가 크레타 왕국에서 미노타우로스를 처치하고 무사히 돌아온 것에 대해 감사를 표하기 위해서이다. 그 옛날 테세우스가 소년 소녀들과 함께 크레타섬의 제물로 끌려갈 때, 자신이 살아나면 해마다 아폴론에게 델로스섬에서 제사를 지내겠다고 맹세했다는 것이다.

이런 기원으로 아테네인들은 매년 델로스섬으로 배를 보냈는데, 그들은 이 성스러운 배가 귀항하기 전까지는 절대로 사형 집행을 하지 않았다. 한번 떠난 배는 폭풍우에 붙들리거나 하여 오랜 시일이 지나서야 돌아올 때도 있었다. 그리고 소크라테스의 재판 하루 뒤에 떠났던 그해의 배도 도착이 늦어지고 있었는데, 출항한 지 30일이 지나자 귀항 소식이 들려온 것이다. 크리톤은 그 배가 오늘 돌아올지도 모른다는 정보를 입수했다.

그러나 소크라테스는 그 사실을 모르는 채 어떤 꿈을 꾸었다. 크리톤이 오늘 배가 들어올 것 같다고 말했지만, 소크라테스는 그에게 꿈 이야기를 시작했다. 꿈속에서 수려하고 단아한 여인이 나타나 "소크라테스여, 당신은 사흘째 되는 날 행복이 넘치는 프티아에 닿을 것입니다"라고 말했다는 것이었다. 프티아는 호메로스의 《일리아스》 제9편, 363행에 나오는 대로 아킬레우스의 고향이다. 소크라테스가 꿈속에서 이 말을 들은 것은 아마도 그가 피안의 고향을 찾고자 했기 때문일 것이다.

소크라테스는 그 꿈을 근거로 그 배가 그다음 날까지는 도착하지 못할 것이라고 추측했다. 꿈속에서 말한 '사흘째'는 그 당일이 아닌 이튿날이었기 때문이다. 하지만 어찌 됐건 소크라테스는 귀항 다음 날 죽게 되어 있었다. 그러므로 크리톤으로서는 어떻게든 소크라테스를 빼내고 싶었다. 그것이 친구 크리톤의 본심이었다.

"사랑하는 나의 친구 소크라테스여, 지금이라도 상관없으니 내 말을 듣고 이곳을 도망쳐 주게나. 왜냐하면 자네가 죽으면 그건 나에겐 큰 불행이기 때문이네. 그뿐만이 아닐세. 난 이제 결코 다시는 발견할 수 없는 친구를 잃게 되네. 게다가 자네나 나를 모르는 많은 사람들은 내가 돈을 쓸 마음만 먹었으면 자네를 구할 수가 있었을 텐데, 그것을 게을리했다고 말할 걸세. 친구보다 재물을 소중히 여겼다는 말을 듣는다면 그보다 더한 불명예가 어디 있겠나? 우리는 도망칠 것을 극구 권유했지만 자네가 단연코 이곳을 떠나려 하지 않았다고 말해도, 많은 사람들은 그것을 믿지 않을 것이네."

하지만 이러한 크리톤의 탈주 권유에도 소크라테스의 신념은 흔들리지 않았다. 오히려 더욱 굳어지기만 할 따름이었다.

**탈주하지 않은 이유**

보통 식견이 두드러진 사람은 사실을 왜곡하여 전달하는 일은 하지 않는다. 소크라테스도 그런 사람들 가운데 하나였고, 그것은 그의 신념이기도 했다.

그러나 많은 사람들은 의지가 박약하고 타인들의 의견에 쉽게 흔들리기 때문에, 그러한 신념을 품거나 지키는 일이 불가능하다. 소크라테스는 이러한 인간의 약점을 잘 알고 있었다. 그래서 더욱더 자신의 생각을 지켜 내고자 노력했을 것이다. 그러므로 소크라테스보다 더 위대한 철학을 가졌거나 그 이상으로 실천력이 뛰어난 철인이 있어서 그가 나섰다면 모를까, 보통 사람들은 누구도 그를 설득할 수 없었다.

그런데도 크리톤은 소크라테스를 빼내기 위해 있는 힘껏 노력했다.

"소크라테스여, 대중의 의견을 무시할 수 없다는 것은 자네도 잘 알 것일세. 이번 사건은 그에 대한 확고한 증거라네. 대중은 단 한 번이라도 그들의 비방을 받은 사람이 있다면, 그가 누구라도 최악의 피해를 가할 수 있다네."

그렇지만 소크라테스는 이에 대해 오히려 대중이 최대의 피해를 가할 수 있는 입장에 있는 것이 바람직하며, 그것이 최대의 행복과 이익을 초래한다고 말했다. 그러나 그는 실제적으로 그들에게는 사람을 현명하게 할 능력도 어리석게 할 능력도 없고, 그들이 하는 일의 대부분은 우연의 결과라고 덧붙였다.

크리톤에게는 이것을 부정할 힘이 없었다. 그래서 과연 그렇다고 인정을 하면서도 질문을 계속했다.

"소크라테스, 자네는 나나 다른 친구들의 신상을 걱정해선 안 되네. '내가 여기서 도망치면 곁에서 도와주었다는 이유로 친구들이 고소자들로부터 공격을 당할 우려가 있다. 그리하여 그들은 전 재산, 또는 적어도 거액의 돈을 잃거나, 나아가서는 그 밖의 벌까지 받지 않으면 안 된다.' 만약 자네가 이런 걱정을 하고 있다면 제발 그만두게나. 자네를 구하기 위해서 필요하다면 그 정도가 아니라 더한 위험을 무릅쓰는 것도 우리가 당연히 해야 할 일일세. 그러니 우리의 말을 듣고 부디 도망가 주게나."

소크라테스도 크리톤이 말한 걱정을 하고 있었다. 그러나 그것뿐만이 아니었다. 그의 머릿속에는 더 많은 것들이 있었던 것이다. 소크라테스의 배려는 모든 것에 두루 미치고 있었지만, 그중에서도 그가 가장 깊이 생각했던 것은 '마음의 소리'에 따르는 일이었다. 그것은 최선으로 여겨지는 삶의 방식에 따르고자 하는 마음의 요구에 충실한 자세였다.

그래도 친구 크리톤은 여전히 소크라테스의 생명을 구하고 싶었다. 그는 그런 심정을 속일 수가 없었다.

"소크라테스, 자네를 구해 내 여기서 데리고 나가려는 사람들이 바라는 대가는 전혀 없네. 그리고 고소인들은 값싼 사람들일세. 그들을 만족시키기 위해서는 큰돈도 필요 없다네. 그리고 자네를 위해서라면 내 재산을 어떻게 쓰든 상관없고, 또 그렇게 할 만큼 돈도 충분히 있다고 생각하네. 자네가 내 걱정을 하여 내가 재산을 써서는 안 된다고 생각한다면, 여기에 와 있는 외국 친구들 중에서도 기꺼이 자기 돈을 쓸 사람들이 있다네. 테베의 심미아스 등은 그 목적을 위해 충분한 액수를 갖고 왔어. 케베스나 그 밖의 많은 사람들도 그럴 용의가 있고. 그러니 소크라테스, 그런 걱정 때문에 탈옥을 단념해서는 안 되네. 또한 이곳을 떠나 갈 곳이 없으리란 생각도 하지 말게. 왜냐하면 자네를 환영할 곳은 얼마든지 있기 때문이네. 테살리아에는 나의 친구가 있네. 만약 자네가 그곳으로 간다면, 그들은 자네를 매우 존경하니까 안전하게 보호해 줄 것이야. 거기에는 자네를 불쾌하게 할 자가 한 명도 없을 걸세.

그리고 소크라테스, 한 가지 더 있네. 자네가 하려는 일은 나로선 옳다는 생각이 들지 않네. 자네는 스스로를 구할 수 있는데도 자진해서 자기 몸을 희생하려고 하네. 그것은 자네를 고발한 자들의 술책에 빠져드는 것과 같으이. 그들은 자네를 망가뜨리려 하고 있어. 지금 그 실현을 위해 안달을 하고 있는데, 자네가 스스로 그 일을 도와서는 안 돼. 게다가 이건 자네의 아들들을 배반하는 일일세. 자네는 그들을 기르고 가르쳐야 하건만, 지금 죽음을 택하여 그들을 버리려 하지 않는가. 그렇게 하면 자넨 그들의 운명을 우연에 내맡기는 것이 되네. 분명 그들은 고아의 운명에 맞부딪치게 될 것일세. 사람은 자식을 낳았으면 그 부양과 교육에 수반하는 곤란을 참고 견뎌야 하는 법이네. 그러나 자네 가장 편한 길을 택하려는 것처럼 보이는군. 덕을 갖추고 용감한 사람이 택하는 길을 가야 하지 않겠는가. 자넨 평생을 덕의 함양에 바치겠다고 공언했지. 그러니 더욱 그래야만 하네. 자네에 관한 이 사건의 경위를 두고도 사람들은 우리가 겁 많고 마음 약하다고 할지 모르네. 만약 우리가 좀 더 용기를 냈다면 이 사건은 법정에 나가지도 않고 끝이 났을 것이네. 자네 재판의 경과 자체, 그리고 사건 전체의 어리석음을 보여 주는 이 결말, 사람들은 이 모든 것을 우리의 태만함과 비겁함의 결과라고 비난할 것일세. '소크라테스는 스스로를 구하려 하지 않았고, 그 친구들도 그를 구해 내려 하지 않았지. 그건 그를 둘러싼 자들이 의지가 될 만한 사람들이 아니었기 때문이야.' 사람들은 이렇게 말할 것이네. 그러니 소크라테스, 깊이 생각 좀 해주게나. 자네도 우리도 지금 얼마나 불행하고 믿을 수 없는 결과에 부딪쳤는가. 아니, 이렇게 생각하고 있을 짬이 없네. 결심이 서 있어야만 하네. 더구나 방법은 한 가지밖에 없네. 오늘 밤 안으로 모든 일을 결행하지 않으면 안 되기 때문일세. 잠깐이라도 망설이고 있으면 불가능해지네. 실패로 끝나고 말지. 그러니 소크라테스, 제발 내 말에 따르고 그것과 다른 행동을 하지 말아 주게나."

소크라테스는 크리톤의 이 우정 어린 열의를 크게 존중했다. 그러나 그는 자신의 본심을 바꾸지 않았다. 이 말이 어느 정도 올바른 길에 부합했더라면 그는 이 제안을 받아들였을 것이다. 하지만 그렇지 않았기 때문에 소크라테스는 친구의 간청을 순순히 들어줄 수 없었다. 올바른 길이 아닌 선택 앞에서 소크라테스의 마음은 무거워지는 것이었다. 그의 '내부의 목소리'는 도망치는 것을 옳다고 하지 않았다. 그것은 지금이 처음 있는 일도 아니었다. 그는 항상 최선이라고 생각되는 내심의 목소리만을 좇아왔다. 그것은 어떤 운명과 맞닥뜨려도 변경할 수 없는 소크라테스의 신조였다. 그리고 그는 이 신조를 외경심에 가까운 마음으로 존중하고 있었다.

"나는 예전에 옳다고 여기던 원칙을 여전히 존중하고 있네. 현재 이것 이상의 것을 발견할 수 없는 한, 내가 자네 말에 따를 가능성은 없다고 생각해 주게나. 대중의 폭력이 투옥이나 재산 몰수나 사형으로 위협하면서 지금보다 더 혹독한 수단에 호소하더라도 이 원칙에는 변화가 없네."

소크라테스는 이렇게 말하여 결코 도망갈 의사가 없음을 밝혔다. 이로써 소크라테스는 스스로 아테네의 감옥에서 탈주할 기회를 영원히 버린다. 이제 그가 독배를 마시고 죽음을 맞아야 한다는 것은 절대적으로 확실해졌다. 이 위대한 인류의 스승은 이제 이곳 지상을 떠나 모든 사람의 마음속에서 살아가게 된 것이다.

**임종의 시간**

마침내 델로스섬으로 떠났던 배가 돌아왔다. 그것은 사형 판결로부터 30일 뒤의 일이었다. 소크라테스는 배가 도착한 다음 날 죽기로 되어 있었다.

소크라테스가 갇혀 있던 감옥은 아테네의 재판소 부근에 있었다. 크리톤을 비롯한 파이돈과 그 밖의 사람들은 소크라테스의 투옥 이후 날마다 이곳을 드나들고 있었다. 그 친구와 제자들은 그를 보기 위해 이른 아침부터 모여서 감옥 문이 열리기를 기다리곤 했다. 그들은 문이 열리기 전까지는 서로 이야기를 나누었고, 안으로 들어간 뒤에는 소크라테스를 중심으로 대화를 하면서 지내 왔다. 그날 저녁 그들이 감옥에서 나오자 배가 도착한 소식은 이제 소문이 아닌 사실이 되어 있었다. 그래서 그들은 다음 날 모두 가능한 한 일찍 모이기로 약속했다. 스승의 임종에 함께하기 위해서이다.

마침내 올 것이 온 것이었고, 소크라테스는 이미 저세상으로 갈 마음의 준비를 완전히 끝내고 있었다. 그러나 그 주변 사람들의 마음은 여전히 미련으로부터 완전히 벗어나지 못한 상태였다. 그것은 단순한 미련이 아니라, 한 위대한 철인이 무고한 죄명을 쓰고 죽음으로 내몰리게 된 것을 목도한 인간의 양심이 느끼는 저항이었다. 그러나 억울한 최후를 맞이해야 하는 당사자가 차분함을 유지하며 오히려 상대를 위로했다. 바로 이러한 점 때문에 소크라테스의 죽음은 영원을 향한 동화를 자연스럽게 완성시키는 요소로 평가되는 것이다. 그 임종의 정경이 어떠했느냐에 따라 소크라테스가 영원한 철인이 되느냐 마느냐의 여부가 달라질 수도 있었으니 말이다.

그날 아침이 왔다. 소크라테스의 제자, 친구, 그 밖의 많은 사람들이 감옥으로 모여들었다. 크리톤, 파이돈, 아폴로도로스, 크리토불로스, 헤르모게네스, 에피게네스, 아이스키네스, 안티스테네스, 크테시포스, 메넥세노스, 심미아스,

케베스, 파이돈데스, 에우클레이데스, 테르프시온 등이었다. 이때 소크라테스의 위대한 제자 플라톤은 병 때문에 올 수가 없었던 것 같다.

이미 앞에서 말했듯이 크리톤은 아테네의 알로페케 출신으로 소크라테스와는 어린 시절부터 절친한 친구였고, 잘생긴 것을 크게 자랑으로 여긴 크리토불로스의 아버지이다. 이 외에 그날 소크라테스의 마지막 순간을 지켜보았던 사람들을 살펴보자. 파이돈은 엘리스 출신이었다. 그는 기원전 401년 무렵 아테네의 동맹국 스파르타가 고향 도시의 외곽을 약탈했을 때 포로가 되어 아테네로 끌려와 노예가 되었으나, 소크라테스의 눈에 들어 그 신분에서 해방되었다고 한다. 그는 플라톤의 명저 《파이돈》의 주인공인데, 그 무렵 장발의 청년이었던 것으로 보인다.

아폴로도로스는 이후 소크라테스학파의 작은 일파인 키니코스파(안티스테네스가 세운 학파)에 몸담게 되는 사람으로서, '광인'이라는 별명을 가지고 있었다. 그는 플라톤의 대화편 《향연》의 대화 상대이다.

헤르모게네스는 부유한 칼리아스의 형제로서, 그 시절 소피스트를 위해 많은 돈을 썼다. 《소크라테스의 추억》을 쓴 크세노폰은 이 사람에게서 소크라테스의 언행에 대해 듣고 그 저서의 자료로 썼다.

에피게네스는 몸이 빈약하여서, 소크라테스가 늘 그에게 좀 더 신체를 단련하라고 말했다는 사람이다.

아이스키네스는 소크라테스학파의 아이스키네스로 불려, 동명이인의 웅변가와 구별되고 있다. 그는 소크라테스가 죽은 뒤에 극도로 방황하였다. 이후 플라톤의 알선으로 시라쿠사의 디오니시우스 2세의 궁정에서 일하게 되어, 그 이후 상당한 지위에 오르기도 했다. 그는 소크라테스를 등장시키는 대화편의 저작가로서도 높이 평가되고 있다.

크테시포스는 아테네의 파이아니아 출신으로, 천성이 선량한 사람이다. 그는 어린 나이에도 오만한 구석이라곤 조금도 없는 성격이었다고 한다.

메넥세노스는 크테시포스의 사촌형제로서 플라톤의 《메넥세노스》의 모델이 되었다.

심미아스와 케베스는 《파이돈》에서 소크라테스의 주된 대화 상대로 등장하는 인물들이다. 당시 테베는 이탈리아에서 쫓겨난 피타고라스학파의 피란처가 되어 있었는데, 이들은 둘 다 테베에 있을 때 피타고라스학파 필로라우스의 제자였다. 플라톤의 대화편 《크리톤》에 나오는 것처럼 이들은 소크라테스를 아테네의 감옥에서 탈출시키려고 거금을 준비하기도 했다. 크세노폰은 이 두 사람을 소크라테스의 직속 제자로 분류하고 있다.

에우클레이데스는 엘레아학파, 즉 파르메니데스의 학설을 신봉했던 메가라학파의 우두머리이다. 그는 테르프시온과도 교류가 있었는데, 플라톤은 소크라테스가 죽은 뒤 정치적인 이유로 한동안 이 두 사람의 집에 몸을 의탁하였다.

이윽고 감옥의 문지기가 이들이 모여 있는 곳으로 왔다. 그는 자기가 들여보내 줄 때까지 소크라테스에게 가서는 안 된다며 기다려 달라고 하였다. 그는 말했다. "지금 11명의 집행위원들로부터 그의 사형을 집행하라는 명령이 떨어져서 그의 쇠사슬을 풀고 있습니다."

그리고 얼마 안 있어 그는 들어와도 좋다며 문을 열어 주었다. 다들 안으로 들어갔다. 소크라테스는 막 쇠사슬에서 풀려나 앉아 있었고, 그 곁에는 아이들을 안고 있는 아내 크산티페가 함께 있었다.

크산티페는 사람들을 보자마자 "소크라테스, 당신이 친구들과 이야기를 나누는 것도 이제 이것이 마지막이로군요!"라고 외치며 울음을 터뜨렸다.

이것이 역사에 길이길이 악처의 전형으로 남아 있는 크산티페가 소크라테스에게 한 마지막 말이었다고 한다. 이것은 남편과 그 제자들 간의 관계와 그들의 대화를 깊이 이해한 데서 나오는 애정과 근심으로 가득한 말이다. 사실 이러한 마지막 말과 다른 여러 정황들로 인해 악처설은 어디까지가 진실인지 매우 의심스러운 이야기이다. 어쨌든 아내가 울기 시작하자 소크라테스는 크리톤 쪽을 보면서 말했다. "여보게 크리톤, 누굴 시켜서 이 사람을 집으로 데려다주라고 해주게." 이것은 그의 깊고도 철인다운 배려였다.

그래서 크리톤의 하인 두셋이 울부짖는 크산티페를 데리고 물러났다. 소크라테스는 침대 위에 똑바로 앉아서 그의 구부린 다리를 손으로 어루만지면서 해가 질 때까지 의연하게 이야기를 계속했다.

파이돈은 의아스럽게도 죽음을 앞둔 스승의 곁에 있는데도 그가 애처롭다는 마음이 전혀 들지 않았다. 안됐다는 마음도 생기지 않았다. 스승은 행복한 듯 보였기 때문이다. 그렇다고 해서 철학 이야기를 할 때 느끼던 평소의 즐거움이 있었던 것은 아니다. 그의 마음은 즐겁기도 하고 슬프기도 한 듯한 기묘한 느낌이 지배하고 있었다. 다른 사람들도 그런 기분을 느낀 탓인지, 개중에는 아폴로도로스처럼 웃다가 울다가 하는 사람도 있었다.

어쨌든 소크라테스가 마지막을 맞는 장면이 비극의 구렁텅이로 떨어지는 느낌을 주지 않았던 것은 아마도, 그에게 육신은 죽어도 영혼은 죽지 않는다는 확신이 있었기 때문이리라. 즉 소크라테스는 영혼이 영원히 사는 사후의 세계(하데스)를 믿고 있었던 것이다.

**소크라테스의 사후 세계**
소크라테스는 생각을 완전히 맑고 깨끗하게 가라앉히고 죽음을 맞이할 준비를 하고 있었다. 어떤 의미에서 죽음은 그에게 훌륭한 신들과 지금은 사라진 사람들에게로 갈 수 있는 '희망으로 가득 찬 문으로 나가는 일'이었던 것이다.

소크라테스의 사고와 행동은 평범한 사람의 영역을 한참 초월해 있었는데, 그에게는 그렇게 할 수 있는 그 나름의 이유가 있었다. 말하자면 그는 내세를 믿고 있었던 것이다. 사람들 각자에게는 평생을 통해 마음을 쏟고 소원하는 일이 한 가지씩 있는데, 소크라테스의 경우에 그것은 바로 사후 세계였다. 하지만 그것은 죽음을 통해, 또는 죽은 뒤에야 획득될 수 있다. 다시 말해, 영혼이 육신으로부터 이탈된 뒤에야 마침내 얻을 수 있는 것이다.

소크라테스는 영혼이 사는 곳이 있다고 믿었다. 그는 그것을 주장하지는 않았지만, 영혼은 죽지 않는다고 믿었고 그에 대한 구체적인 생각도 가지고 있었다.

소크라테스는 죽은 사람은 먼저 각자의 다이몬(신령)에게 이끌려 간다고 생각했다. 그다음 아름답고 깨끗하게 살아왔는지 그렇지 않은지 판결을 받는다. 선한 것도 악한 것도 아닌 생활을 해왔다고 생각되는 사람은 아케론강을 향해 여행을 떠나, 배를 타고 아르케시아스 호수로 가게 된다. 그곳에서 그는 지금까지 저지른 부정이 있으면 그 벌을 받은 뒤에 풀려나고, 선하게 살았으면 그 가치에 상응하는 상을 받는다. 하지만 신성 모독을 일삼은 자나 극악무도한 살인자와 같이 너무나 큰 잘못을 저지른 사람들은 그런 기회를 갖지 못한다. 즉 바로잡을 수 없는 죄를 범한 자들은 타르타로스에 던져져 그곳에서 다시는 나오지 못하게 되는 것이다. 그러나 이 중에서 화를 참지 못하여 부모에게 폭력을 휘둘렀거나, 또는 그런 식으로 살해를 하고 난 뒤 회개를 하여 구원의 여지가 있는 사람들은, 타르타로스에 던져진 다음 그곳에서 1년 동안 있으면 물결에 실려 다시 밖으로 나올 수 있다. 매우 깨끗한 생활을 한 사람들은 마치 감옥에서 해방되듯 이 지상의 장소에서 풀려나 저세상의 터에서 산다. 그러나 이들 가운데서 지혜를 사랑함으로써 충분히 깨끗해진 자는 그 뒤로는 더한층 아름다운 곳, 즉 별들 속으로 가서 완전히 육신 없이 살아가는 것이다.

우리가 볼 때는 환상과 같이 기묘한 이 하데스가 정말로 존재하고 그곳에서의 생활이 현세에서의 삶 여부에 따라 결정된다면, 우리는 소크라테스의 말처럼 확실히 이승에서의 삶에 극도로 주의하지 않으면 안 될 것이다.

어쨌든 소크라테스에게는 사후의 세계, 즉 영혼이 사는 곳에 대한 믿음이 있었다. 그는 그곳이 있기 때문에 영혼이 홀로 여행할 수 있으며, 그곳에는 훌륭한 신들과 뛰어난 사람들의 영혼이 살고 있다고 생각했다. 소크라테스는 자신의 영혼은 육신을 떠나 자유로워져 그 하데스로 가서 영원히 살게 될 것이라고 굳게 믿었다. 이러한 그의 이론이 맞느냐 아니냐 하는 점과는 별개로, 소크라테스는 자신의 사상에 대한 믿음과 그것을 지키는 의연한 자세를 보여 준 것으로 이미 이 세상에서도 위대한 철인으로서 영원히 살 수 있는 자격을 얻었다고 보아야 한다.

## 소크라테스의 시대

### 소크라테스 탄생 전후의 아테네

**초점**
인류의 위대한 모범이 되는 인물이 살았던 시대는 어떤 것이었을까?
"나의 저술에는 전설적인 요소가 빠져 있기 때문에 이것을 읽고 재미있다고 생각하는 사람은 별로 없을지 모른다. 그러나 과거에 일어났고, 또 인간성으로

인하여 그와 비슷한 과정을 거쳐 미래에도 일어날 사건들에 대해 그 진상을 또 렷이 보고자 하는 사람들이 내 기록의 유용성을 인정해 준다면 그것으로 족하다."

이것은 유명한 그리스의 역사가 투키디데스가 남긴 말인데, 소크라테스가 살았던 시대를 묘사하려면 아마도 우리에게는 이러한 각오가 필요할 것이다. 소크라테스는 자신의 사상은 물론 자신의 시대에 관한 단 한 권의 책도 써서 남기지 않았고, 이에 따라 우리가 그것에 대해 알아보는 방법은 아테네의 발달사를 기록해 놓은 문서나 자료를 들여다보는 것밖에 없기 때문이다.

**아테네와 아테네인들**

아테네는 그리스 아티카 지방의 중앙에 자리하고 있다. 그리스인들의 조상이 그곳으로 이주한 것은 기원전 2000년경인데, 그들은 앞서 그곳에서 살고 있던 토착민들을 몰아냈거나 정복한 것으로 추측되기도 한다. 이 아티카 지방은 토양이 척박했으나, 그것은 오히려 그들에게 일종의 행운을 가져다주었다. 그러한 환경은 그다지 탐낼만 한 것이 못 되었기 때문에 오랜 옛날부터 아티카에는 별로 전쟁이 없었던 것이다. 그래서 그곳에서는 예로부터 동일 종족의 사람들이 붙박여 살아올 수 있었다.

기원전 1200년을 전후하여 동지중해 전역에 걸쳐 민족 이동과 전쟁이 일어났고, 이때 많은 도시와 문명이 파괴되었으나 아테네는 잔존할 수 있었다. 이때부터 그리스 본토로 급격히 침략해 오는 도리스인(도리아인. 거주지는 펠로폰네소스반도를 중심으로 크레타섬, 로도스섬, 키레네, 소아시아 남서안까지)에게 쫓긴 그리스인들이 아티카로 들어오기 시작한다. 그리고 이들의 숫자는 기원전 8세기부터 급증하여 아티카는 점차 난민 인구의 증가에 의한 변화를 맞게 되었다. 자국의 전쟁이나 내란을 피해 아테네인의 보호를 바라고 망명해 온 왕후·귀족의 수는 많았다. 이들 망명자들은 시민의 대열에 참가하였고, 아테네 사회가 종래부터 안고 있던 귀족과 평민 간의 계층적 갈등은 심화되었다. 사람들은 이러한 시기를 전후하여 폴리스의 형태가 갖추어졌을 것으로 보고 있다. '폴리스'의 뜻은 국가, 국토, 국민, 주도(主都), 성새, 도시로서, 촌락 집주(集住)의 도시 공동체를 말한다. 아테네는 그리스에서 가장 빨리 발달한 폴리스 중 하나였다.

소크라테스가 태어나기 이전의 아테네에는 진실을 구명하기 위해 힘쓰고, 근거가 없는 정보에는 쉽사리 귀를 기울이지 않는 풍조가 있었다. 아테네인들은 '최소의 오류는 최대의 복으로 바뀐다'라는 말을 믿었으며, 자신에게 필적하는 자를 침범하지 않는 것이야말로 눈앞의 이익에 눈이 멀어 위험한 침략을 하는 것보다 훨씬 착실한 세력 유지의 길이라는 생각도 하고 있었다.

그런 한편으로 아테네인들은 활력이 넘치기로 유명했다. 그러한 그들의 에너지는 '귀족의 꿈은 움직이지 않는 것이고, 민중의 꿈은 움직이는 것에 있다'는 말에도 잘 나타나 있다. 코린토스의 사절이 아테네인을 다음과 같이 평했던 것도 이 때문이리라.

"아테네인은 개신(改新)주의자이다. 그들은 빠르게 정책을 세우며, 그것을 반드시 실행해 결실을 본다. 그들은 그것이 자신들의 능력을 능가하더라도 단호히 행하고, 양식을 거스르더라도 위험을 무릅쓰며, 사지에 떨어져도 스스로를 의지하여 기개가 왕성하다. 더구나 폴리스를 위해서라면 자신의 목숨을 깃털처럼 가볍게 여기고, 자신의 최고 지성을 발휘한다. 어떤 일을 꾀하여 실패하더라도 머리를 짜내 손실을 보전한다. 그래서 아테네인들이 다 함께 정한 일을 즉각 실행하고자 의도하기만 하면, 순식간에 희망과 현실이 일치될 수 있다."

인간은 정의를 설파하고자 하는 의도를 품기도 하지만, 자기 앞에 힘으로 획득할 수 있는 이익이 보일 때에는 대개 옳고 그름의 분별에 구애되지 않는다. 투키디데스는 그의 책 《역사》에서 이러한 인간의 본성에 따르면서도, 자기가 쥐고 있는 권력을 억누르고 도덕성에 의해 남을 지배할 수 있는 인간이야말로 진정 칭찬할 가치가 있다고 말하고 있다.

페르시아 전쟁이 끝날 무렵 아테네인들이 보여 준 특징은 바로 이런 것이었다. 소크라테스는 이러한 아테네인의 한 사람으로서 기원전 469년에 태어났다. 이것은 인류 최초의 철학자 탈레스가 활약한 기원전 585년으로부터 115년의 세월이 흐른 뒤이다.

페르시아군이 아테네인의 영토에서 물러나 승리는 아테네의 것이 되었지만, 그들은 축배의 술에 취해 있을 여유가 없었다. 아테네인들은 이제 전쟁 동안 국외로 피란시켜 놓았던 어린이와 여자들, 또는 재산 등을 다시 고국으로 맞아들여야 했다. 폴리스의 부흥과 성벽의 재구축 준비도 하지 않으면 안 되었다.

도시 주위의 성벽은 파괴되어 희미한 그림자만 남아 있는 형편이었다. 가옥도 거의 부서진 상태였고, 페르시아 세력의 주요 인물들이 머물렀던 집들만 온전할 뿐이었다. 이러한 전쟁의 상흔으로부터 아테네의 집과 성벽이 완전히 복구된 것은 기원전 457년, 소크라테스의 나이 13세 무렵이었다.

**페리클레스 시대와 소크라테스**

갓 태어난 소크라테스가 이러한 고국의 현실을 알 턱이 없었다. 그러나 그의 핏속에도 역시 아테네인의 기질이 흐르고 있었다. 아테네는 곧 페리클레스의 황금시대를 맞게 되었고, 소크라테스는 그 시대 속에서 자라났던 것이다. 페리클레스는 대략 기원전 495년에 태어났다. 소크라테스보다 약 25세가 많았던 페리클레스는 소크라테스의 소년기에는 이미 성년에 이르러 있었다. 그리고 몇 년 뒤 소크라테스가 20세쯤이 되었을 때 펠로폰네소스 동맹과 아테네 사이에 5년 동안의 평화조약이 체결되었다.

당시 페리클레스는 이미 정치가들 중에서 견줄 바 없는 영향력과 힘을 지닌 지위에 있었다. 그는 아테네의 정책 주도권자로서 한 점의 타협도 용납지 않고 전쟁 지지의 방향으로 아테네의 여론을 몰아갔다. 페리클레스는 이 시기의 아테네에서는 단연 일인자로 여겨졌고, 웅변과 실행 두 측면에서도 타의 추종을 불허했다. 그가 정치가로서 갖추고 있었던 지성과 자부심은 거의 모든 아테네인들의 인정을 받았다고 해야 할 것이다. 그것은 그의 다음 연설을 보아도 분명히 알 수 있다.

"아테네인 여러분, 내가 말하고자 하는 바는 항상 변함이 없습니다. 그것은 펠로폰네소스 동맹국들과는 어떤 타협도 해서는 안 된다는 것입니다. 대세가 전쟁 개시의 지지로 기울 때 우리들의 마음은 하나의 감정에 지배되지만, 전쟁이 일단 시작되고 나면 각기 다른 감정에 의해 움직입니다. 그리하여 사태의 추이와 함께 선과 악의 판단도 달라진다는 것을 나는 잘 알고 있습니다. 그렇기 때문에 지금 나로선, 지금까지와 동일한 견해를 여러분에게 다시 내놓아야 한다고 생각합니다. 여러분 가운데 나의 의견에 동의하는 사람들의 의무는, 우리가 함께 도모하고 함께 결의한 정책을 끝까지 끌고 나가는 것입니다. 이것은 우리가 실패하는 일이 있더라도 마찬가지입니다. 그렇지 않으면 만약 우리가 승리를 거두더라도 그것을 우리 지혜의 결집으로 자랑할 수가 없는 것입니다. 왜냐하면 사건의 추이나 전쟁의 승패는 항상 지성으로는 가늠하기 어려운 혼미의 과정을 겪으며, 적어도 인간의 사고만큼이나 믿을 수 없기 때문입니다. 우리가 지성으로는 도저히 예측할 수 없는 사태에 맞닥뜨리면 이것을 모두 운명의 탓으로 돌리는 것도 바로 그 때문입니다."

이러한 페리클레스와 소크라테스가 어떤 관계에 있었는지는 분명히 알려져 있지 않다. 그러나 소크라테스가 그 성장 과정을 거치며 페리클레스의 지성과 실천력을 배우지 않았다고는 말할 수 없으리라. 가령 이것이 우리의 상상의 범위를 넘지 않는다 해도, 한 시대를 주도했던 인물의 그림자를 좇아서 그 시대 청년들의 정신 형성이 이루어진다는 사실을 도외시할 수는 없을 것이다.

### 소크라테스의 반사경

전인미답의 길을 걸었던 사람의 젊은 날의 색채는 진한 자취를 남긴다. 그런데 그러한 인물로서 소크라테스와 직접 연관은 없지만, 그에게 하나의 반사경이 되었을 인물이 있다. 그 사람은 소크라테스가 20세 무렵에 독약을 마시고 자살했다고 전해지는 테미스토클레스이다.

테미스토클레스는 기원전 528년에서 기원전 462년 사이에 활동했던 아테네의 대정치가로서, 기원전 480년에 살라미스 해전에선 페르시아의 왕 크세르크세스의 대군을 무찔렀다고 한다. 그는 타고난 독창력을 보기 드문 착실함과 함께 발휘하였는데, 이 점에서는 그를 따를 자가 없었다. 그의 통찰력도 단순한 학식이라든가 경험에 의해 축적된 것과는 달리 매우 독창적이었다. 그는 절박한 순간이 닥쳤을 때에도 최고의 결단을 내릴 수가 있었고, 미래의 문제에 대해서도 끝없이 먼 곳까지 내다보는 능력이 있었던 것이다. 그 예측은 뛰어나고 견줄 데 없었고, 또 경험한 일에 대해서는 어떤 것이든 완전한 설명이 가능했다. 즉 테미스토클레스는 천부적 명민함과 준민한 습득력을 갖추고 있었고, 어떤 상황이 닥쳐도 그에 필요한 대책을 세워 대처해 나가는 보기 드문 능력의 소유자였다. 이것은 크세노폰의 《소크라테스의 추억》 중 에우티데모스가 소크라테스에게 하는 말로도 알 수 있다.

"테미스토클레스가 저토록 모든 시민들에게 큰 추앙을 받는 것은 어떤 학자의 가르침을 받아서입니까, 아니면 저렇게 타고났기 때문입니까? 국가에 큰 인물이 필요할 때, 모든 사람의 기대가 자연히 테미스토클레스에게로 쏟아지지 않았습니까."

그러나 테미스토클레스는 정적들의 모함으로 모반죄를 뒤집어쓰고 죽음을 맞게 된다. 그리고 그토록 현란한 명성을 구가하던 장군도 모반의 죄명을 쓴 이상 고국 땅에 매장될 수 없었다. 결국 그의 시신은 친구들, 혹은 친척들이 아테네인의 눈에 띄지 않도록 아티카 땅 어딘가에 묻었다고 한다.

소크라테스와의 대화가 기록된 저술들에는 많은 주제가 언급되어 있지만, 소크라테스가 그 가운데 "테미스토클레스가 어떻게 하여 시민들의 사랑을 받게 되었습니까?"라는 물음에 대답한 것은 《소크라테스의 추억》에만 있을 뿐이다. 그러므로 우리는 소크라테스가 자신의 청년기에 이 인물의 식견과 최후를 어떻게 받아들였는지 알 도리가 없다. 그러나 뛰어나고 존경스러운 한 인물이 모사꾼들의 계략에 의해 죽음을 택하게 되는 상황은 훗날 소크라테스에게 다가올 운명을 비춰 주는 거울이었던 것이다.

## 소크라테스 성년기의 아테네

### 펠로폰네소스 개전 전야

아테네 흥망의 역사와 소크라테스 개인사가 서로 밀접하고 직접적인 연관이 있었는지는 알 수 없다. 그가 30세 무렵 어디서 무엇을 했는지도 명확하게 밝혀져 있지 않다. 어찌 되었든 당시 아테네는 페리클레스의 지휘 아래 강대한 힘을 지니고 그리스의 열강으로 군림하고 있었다.

페리클레스는 확고한 방책을 가지고 있었기 때문에 전쟁의 승리를 확신하고 있었다. 그는 전쟁 중에는 지배권의 확대를 노려서는 안 되며, 자신을 위험에 노출시키거나, 그 위험을 증대시킬 만한 길을 택해서도 안 된다고 생각했다. 또한 두려워해야 하는 것은 적의 작전이 아니라 자기 자신이 저지를지도 모르는 오산이라는 것이 전쟁에 대한 그의 생각이었다. 페리클레스는 이런 각오를 새롭게 하고, 협상을 하러 온 라케다이몬(스파르타) 사절에게 다음의 회답을 주자고 제안했다.

(1) 라케다이몬인이 아테네 시민이나 여러 동맹국의 시민에 대한 외국인 퇴거령을 철폐한다면, 메가라 시민에게 아고라 및 여러 항구의 이용을 허가하겠다.

(2) 화약(和約)이 성립하면, 자치권을 지닌 나라로서 우리 동맹에 참가한 나라들의 자치권을 반환할 수도 있다.

(3) 규약에 따른 합법적 결의에 따를 용의가 있다. 전쟁을 일으킬 의지는 없지만 만약 침략을 받는다면 즉각 대응하겠다.

아테네인은 이러한 페리클레스의 제안이 최상의 것이라고 판단하여 그것을 가결한다. 라케다이몬에서 온 사절은 이 회신을 지니고 돌아갔고, 그 뒤로 다시는 아테네를 방문하지 않았다.

### 소크라테스 중년기의 아테네

아테네의 낮과 밤은 끊임없는 전쟁으로 날이 새고 졌다. 이것은 기원전 431년 봄부터 428년에 걸친 일로서, 이때 소크라테스의 나이는 39세에서 42세 정도였다.

라케다이몬인의 동맹 국가들은 펠로폰네소스반도에 있는 나라들 모두와 반도 바깥에 위치한 메가라, 보이오티아, 로크리스, 포키스, 암프라키아, 레우카스(레프카다), 아낙토리온 등이었다.

이에 반해 아테네인의 델로스 동맹은 키오스인, 레스보스인, 플라타이아인, 메세니아인, 아카르나니아인, 케르키라인, 자킨토스인으로 구성되어 있었고, 여기에 카리아의 도시들, 도리스의 식민지, 이오니아 도시들, 헬레스폰토스 지역의 도시들, 그리고 트라키아 지방의 도시들, 펠로폰네소스에서 크레타를 잇는 동쪽 바다 위의 섬들까지 포함되어 있었다.

전쟁에 돌입하여 라케다이몬의 왕 아르키다모스는 각 도시의 지휘관 앞에서 다음과 같은 사항을 훈시했다.

"우리의 공격 목표인 폴리스 아테네는 모든 것을 완벽하게 준비하고 있다고 자랑하고 있다. 따라서 그들은 아티카의 나무를 쓰러뜨리고, 그들의 집을 태워 없애는 우리의 군병을 보면 덤벼들 것이 틀림없다. 사람은 자기에게 닥친, 평소와는 다른 광경을 목격하면 분노에 휩싸이기 마련이기 때문이다. 그러니 그들은 이해득실을 조금도 고려하지 않고 단지 격정에만 휩쓸려 전쟁의 소용돌이 속으로 몸을 던질 것이다. 아테네인들은 자기의 땅을 황폐하게 만드는 것을 앞에서 바라보기보다는, 자기가 공격하여 적지를 파괴하여 남을 지배하는 자라고 스스로 자부하는 자들이다."

한편 페리클레스는 불패의 신념을 가지고 동포들에게 그 이유를 설명한 뒤에, 필요한 것들을 교외 전원의 거주지에서 성내로 옮기고 가축과 짐을 끄는 동물 등은 근해의 섬들로 옮기게 했다. 그러나 아테네인은 전원생활에 익숙했기 때문에, 이러한 집단 이주 생활을 매우 견디기 힘들어했다. 예로부터 땅에 대한 애착은 아테네인의 본성이 되어 있었기 때문이다. 페르시아 전쟁 뒤 간신히 다시 일어서고 있던 사람들에게 이것은 또 하나의 타격이었다. 오래된 신들에게 올리던 제사도 그만두고 자신의 집을 버리고 생활 전체를 바꿔야 하는 상황으로 인해 그들은 각자의 폴리스를 저버리는 것에 버금가는 비애와 분노를 느끼고 있었다.

아테네 성안에 집이 있거나, 친구나 친척 집이 있어 그들에게 신세를 질 수 있는 사람은 별로 없었다. 이에 따라 많은 사람들은 도시의 공터나 신성한 구역, 또는 영웅신의 성지에 살 곳을 마련해야 했다. 그러나 아크로폴리스라든가 아고라(시장)의 동남쪽 구석이었던 엘레우시니온 등은 그 신성성으로 인해 출입이 엄중하게 금지되고 있었다. 한편 아크로폴리스의 북서쪽에 위치한 어느 절벽 밑에는 펠라르기콘이라는 땅이 있었다. 그곳은 '펠라르기콘은 황무지가 될 것'이라는 델포이의 예언을 받았기 때문에, 거기에 사는 사람들은 저주를 받는다고 여겨졌다. 그러나 현실은 그러한 신의 저주에 대한 두려움마저도 뛰어넘을 만큼 절박하여, 그곳에서 거처를 마련하는 사람들도 생겨났다. 일부 난민 중에는 성벽의 탑이나 화살 창고 속에서 지내는 사람까지 있었다. 이에 폴리스 아테네는 이러한 집단 이주를 받아들일 여유가 없음을 통감하고, 나중에는 그 영토를 확장하게 되었다. 아테네인은 이렇게 내부적인 준비를 갖추어 갔다. 그리고 외부의 적에 대해서는 동맹국들로부터 군세를 모으고, 펠로폰네소스 연안을 공격하기 위한 군선 100척을 마련하여 전쟁을 시작하기 위한 단계를 밟고 있었다.

이리하여 전쟁이 시작되자 펠로폰네소스 동맹군은 아티카에 침입하여 폴리스 아테네에 60스타디온(약 10.6킬로미터)의 거리 앞으로 닥쳐왔다. 이 과정에서 아테네의 시민들은 자기 밭과 마을이 파괴되는 광경을 목격하지 않으면 안 되었다. 그것은 젊은이들에게는 겪어 보지 못한 고통이었고, 노인들에게는 페르시아 전쟁 뒤에 다시 온 재난이어서 그 동요는 격심했다. 그러나 페리클레스는 출격을 허락하지 않았다. 흥분으로 인한 혼란에 빠진 시민들이 저지를지도 모르는 치명적인 과실을 방지하기 위해서였다. 그래서 그는 더욱 엄격하고 단단하게 수비를 하고, 시민들의 상태를 평상심으로 되돌리기 위해 노력했다. 페리클레스의 명장다운 모습은 이에 그치지 않았다. 전몰자의 장례식에서 유족들을 위로하고 폴리스의 단결력을 높이기 위해 발표한 조사(弔詞)는 그의 우수성을 유감없이 보여 준다.

### 민주정치

페리클레스는 조사를 낭독하는 자로 뽑혔을 때 대략 60세였다. 이때 소크라테스는 아마도 35세쯤 되었을 것이다. 페리클레스는 먼저 선조들에게 감사하고, 아울러 오늘날의 영광을 구축한 아버지들에게 찬사를 바쳤다. 나아가 아테네인들이 어떠한 이상을 추구하고 어떤 정치와 인간을 이상으로 삼아, 그날의 위대한 폴리스를 건설했는지 언급했다. 그러한 말은 플라톤의 대화편 《크리톤》의 끝부분에서 소크라테스가 언급한 자유와 규율과 동일한 정신에서 나온 것이다. 페리클레스가 생각했던 민주정치는 다음과 같은 내용이었다.

"우리의 정치체제는 다른 나라의 제도를 그대로 따르는 것이 아니다. 우리의 제도는 타인의 꿈을 좇는 것이 아니라, 우리의 모범을 그들이 배우게 하는 것이다. 바로 이것이 우리의 민주정치인 것이다. 이것은 소수의 독점을 없애고 다수의 공평을 지키는 것을 이상으로 삼는다.

우리 나라에서는 개인 간에 분쟁이 생기면 법률이 정하는 바에 따라 모든 사람에게 평등한 발언이 인정된다. 그러나 뛰어난 재능이 세상에 알려진 개인에게는 무차별적인 평등의 이치를 적용하는 것이 아니라, 세상 사람들이 인정하는 그 사람의 능력에 맞는 높은 공직을 부여한다. 폴리스에 도움이 되는 사람이라면, 비록 가난한 사람이라고 할지라도 이 원칙에서 제외시키지 않는다. 우리는 자기 의사를 어디까지나 자유롭게 공표하는 방법을 갖고 있다. 시기하고 의심하는 눈을 두려워하지 않으며, 자유로운 생활을 받아들여 자기의 것으로 하고 있다.

비록 이웃 사람이 혼자만의 즐거움을 추구하더라도 이에 화를 낸다거나, 그에게 실제적인 피해는 없더라도 불쾌감을 초래하는 냉랭한 눈길을 주지 않는다. 우리는 서로의 삶에 있어서 서로를 제압하거나 응징하거나 하지 않는 것이다. 그러나 사안이 공공과 관련될 때 법에 어긋나는 처사를 범했다면, 그것은 깊이 부끄러워해야 한다. 우리 아테네인들은 정치를 담당하는 자를 따르고, 법을 존중하고, 침해당한 자를 구하는 규율을 세우고, 수치심을 아는 깨끗한 마음을 만인에게 일깨우는 '불문율'을 깊이 존중하기를 잊지 않는다."

이와 같이 아테네의 민주정치는 자유의 이념에 바탕하고 있었으며, 그 자유는 무질서를 초래하는 방종과는 다른 것이었다. 그것은 법에 의해 주어진 원칙 위에서만 성립하였으므로, 자유를 원한다면 그들은 법을 지키지 않으면 안 되었던 것이다. 그러나 아테네의 민주주의는 주로 귀족과 부유층의 정치로 운영되었다. 그러므로 아테네의 민주정치제는 일반인들이 정치의 담당자를 선출했다는 데 특색이 있고, 누구든지 정권을 담당할 수 있는 것은 아니었다는 데 그 한계가 있었다. 그러므로 여기서 페리클레스가 말하는 아테네의 데모크라티아는 법 앞에서 시민의 평등과 능력주의가 인정됨을 의미하는 것이기 때문에 오늘날 민주주의의 주권재민 사상과는 차이가 있다.

소크라테스는 이런 시대를 살았고, 플라톤은 패전과 정치적 혼란의 시대에서 성장했다. 그러나 이런 시대적 배경의 차이에도 불구하고 두 사람의 시각은 대체로 일치한다. 플라톤은 자신의 스승 소크라테스의 정신 형성기에 페리클레스를 중심으로 하는 아테네 사회의 원대한 이상이 영향을 끼쳤다고는 믿지 않았던 것 같다. 스승의 말로를 지켜보았던 그에게는 페리클레스의 시대가 대중 선동가가 암약하는 시기로 옮아간 것도 당연한 일로 느껴졌는지도 모른다.

소크라테스에게도 플라톤과 같은 생각이 없었다고는 할 수 없다. 그러나 친구들과 제자들의 탈옥 권유에 응하지 않았던 그에게는, 페리클레스적 데모크라시 이념을 인정하는 태도가 아주 조금이나마 있지 않았을까 하는 생각이다. 소크라테스가 에우티데모스에게 "자네는 지금 민중에 의해 통치되는 국가의 우두머리에 서려고 준비하고 있으므로, 데모크라티아(민주정체)가 무엇인지를 알고 있네"라고 한 것을 보아도 이러한 점을 추측해 볼 수 있을 것이다.

소크라테스는 《크리톤》에서 아테네의 국법이 자신에게 이렇게 말하고 있다고 했다.

"그렇다면 소크라테스, 생각해 보게나. 자네가 지금 기도하고 있는 것이 우리에게 옳지 않은 일이라는 우리의 주장은 과연 사실이 아니란 말인가? 우리는 자네의 부모가 자네를 낳아 기르고 가르칠 수 있게 했고, 자네와 다른 모든 시민들에게 당연히 주어야 할 재산을 나눠 주었네. 그뿐만 아니라 사람들이 제 몫을 하는 시민이 되어 국가의 실상과 법률이라고 하는 것을 관찰했을 때, 만일 우리에게 자신의 의사와 맞지 않는 점이 있으면, 그때는 전 재산을 챙겨 들고 어디든지 원하는 곳으로 가도 된다고 선언했네. 만약에 시민들 가운데 누구든지 우리 또는 이 나라가 마음에 들지 않는 자가 있어 식민지로 가거나, 또는 외국으로 이주하기를 원한다면, 재산을 정리하여 어디든지 원하는 곳으로 옮기는 것을 우리 법률은 아무도 방해하거나 금하지 않는단 말일세.

그러나 우리가 재판을 어떻게 하며, 또 그 밖의 국정을 어떻게 처리하는지를 목격하면서도 여전히 이곳에 머무르는 것은 우리가 명령하는 모든 것에 따를 것임을 행동으로 약속한 것이라고 주장하는 바이네. 따라서 그러고도 우리에게 승복하지 않는 자에 대해서 우리는 삼중의 부정을 행하는 자라고 주장한다네. 첫째, 그는 삶을 부여한 우리에게 승복하지 않음으로써 자신의 어버이에게 불복한 것이며, 둘째로 양육자에 따르지 않은 것이고, 세 번째로 우리에게 따를 것을 약속했으면서 따르지 않은 것이기 때문이네. 그렇다고 해서 우리에게 뭔가 잘못된 행동이 있을 때, 그가 설득에 의해 이것을 고치려 한 것도 아니네. 그러므로 우리는 억지로 강요하는 것은 아니며, 우리에게 잘못을 깨닫게 하거나, 또는 우리의 명령을 따르거나 둘 중 하나를 택하라는 것이네."

이것이 소크라테스가 아테네를 떠나지 않는 이유 중 하나였다. 그런데 이러한 말은 법률의 입장에 관한 이해가 전제되어야 할 수 있는 것이다. 그런 의미에서 그가 페리클레스와는 다른 영혼불멸의 시각을 갖고 있기는 했지만, 아테네의 민주정치를 정면으로 부정했던 것은 아니라고 할 수 있다.

소크라테스는 오히려 조국을 사랑하였고, 그 사랑은 단순하고 감정적인 것이 아니라 아테네가 자랑하는 자유와 평등의 이념에 대한 애착이었던 것이다.

비록 그 이념이 제대로 실현되지 못하여 자신의 목숨을 보호해야 할 법률이 오히려 그것을 요구하는 상황에서도, 그는 끝까지 평소에 주장하던 논리를 접지 않았다. 이렇게 원칙을 지키고 자신의 신념을 포기하지 않았던 그의 태도는 누구보다 더 '합법적'이고 '민주적'인 인간의 모습을 보여 주고 있는 것이다.

### 소크라테스의 사상 탄생의 배경

**아테네 사회의 특징**

한 사회의 문화나 사상은 하루아침에 생겨나지 않는다. 그것은 그 땅의 풍토와 그곳에서 사는 사람들의 정신적 배경이 오랜 세월 역사 속에서 융합되어 형성되는 것이다. 한 민족이나 공동체의 정신적인 배경이 되는 것으로는 여러 가지가 있겠지만, 소크라테스 시대를 살펴보았을 때 눈에 띄는 것은 단연 페리클레스의 정신이라고 할 수 있을 것이다.

그것은 페리클레스의 유명한 조사에 잘 나타나 있다. 그는 거기서 아테네 사람들은 권리를 침해당한 자를 구하는 법률과 염치를 일깨우는 '불문율'에 유념하며 살아가고 있다고 역설하였다. 특히 그 불문율이란 문자 속에 있는 것이 아니라, 사람의 마음과 행위 속에 있는 것이다. 아테네의 시민들은 이러한 정신을 존중하기를 잊지 않는 폴리스에서만 고난을 극복하고 평안함을 얻을 수 있다. 사계를 통해 경기와 제전을 벌여도, 아무리 아름다운 집에 살아도 날마다 인간을 인간답게 하는 '불문율'을 잊어서는 안 되는 것이다. 아테네에는 이와 같은 고결한 정신 풍토가 형성되어 있었다.

아테네인들은 어떤 사람에게나 폴리스를 개방하고, 결코 먼 나라 사람을 내쫓지 않는다. 또 학문이든 견문이든 지식을 거부하지 않으며, 그것을 적에게 보이면 손해가 난다는 생각도 갖지 않는다. 힘은 전쟁을 부추기는 도구나 허욕이 아니라, 뭔가를 하고자 하는 인간의 의욕에 다름 아니다. 아무리 어릴 적부터 혹독한 훈련을 하고 용기를 기르려 해도, 자유로운 기풍이 없으면 그 목적은 달성되지 않는다. 즉 가혹한 훈련보다는 자유로운 기풍에 의해, 또 규율의 강요에 의하지 않는 용기의 기질에 의해 목숨을 거는 위기도 긍정할 수 있는 것이다. 이것은 매우 큰 장점이었다. 왜냐하면 이에 의해 그들은 최후의 시련에 견디기 위해 어릴 적부터 고투에 익숙해질 필요가 없었기 때문이다. 이렇게 기원전 5세기의 폴리스 아테네에는 '자유의 기질'을 존중하는 풍조와 정신이 널리 퍼져 있었다.

### 자유인

아테네인에게 힘이란 지혜와 지식과 의욕이었다. 이것들은 아레테(덕, 탁월성)로 이어졌는데, 이 아레테는 자유의 모태이기도 하다. 그들은 이것이 있어야 자유인이 될 수 있다고 믿었다.

자유는 소박한 아름다움에 대한 사랑으로 통하며, 나아가 지혜에 대한 사랑으로 옮아간다. 그래서 아테네인은 부를 중요시했지만, 무턱대고 부를 자랑하지는 않았다. 그들은 가난을 인정하지만 부끄러워하지는 않았으며, 오히려 그것을 극복하는 노력을 게을리하는 것을 부끄러워했다. 또 자신의 집안일과 마찬가지로 나랏일에도 깊이 마음을 썼고, 자기의 생업에 열심히 종사했다. 이러한 풍조로 인해 아테네에서는, 공사를 막론하고 어떤 활동에도 관여하지 않는 자는 한가로움을 즐기는 사람이 아닌 쓸모없는 사람이라고 생각했다. 그들은 인간은 이치와 논리를 생각하고 그것을 행동으로 옮길 때 가장 과감하게 활동할 수 있다고 보았다. 또 무지할 때 만용을 휘두르는 자는 이치와 논리에 맞닥뜨리면 용기를 잃지만, 진정으로 용감한 자는 참된 두려움과 기쁨을 알기 때문에 그 이치를 세워 어떠한 위험 앞에서도 위축되지 않는다고 생각했다.

나아가 당시 아테네의 보편적인 믿음은 이러한 것이었다. "덕이란 남에게서 받는 것이 아니다. 물론 때로는 그런 경우도 있지만, 보통은 남에게 베푸는 것이고 벗을 얻게 해주는 것이다. 그것을 베푸는 자는 상대로부터 감사함을 받으며, 그런 관계에서 정이 생겨나기 때문에 돈독한 우정이 만들어진다. 덕의 베풂을 받은 사람은 적극적인 자세로 은인에게 고마움을 표시해야 한다. 단지 남의 눈을 의식하여 부채를 갖는 기분으로 그 관계를 청산하려 해서는 안 되는 것이다. 이런 마음으로 이해득실의 계산에 구애되지 않고, 결과를 두려워하지 않고 남을 돕는다. 이것이 자유인이다. 따라서 자유로운 사람은 덕의 신념을 지닌 사람인 것이다."

### 폴리스의 자긍심

"폴리스 전체는 그리스인이 추구해야 할 이상의 표상입니다. 또한 폴리스는 시민 각자가 인생의 폭넓은 활동을 할 수 있고, 자유인의 품위를 지니며 자기 지성의 원숙을 다질 수 있게 하는 곳입니다.

이것은 사실을 바탕으로 한 진실입니다. 폴리스의 힘은 지금까지 유감없이 발휘되어 왔기 때문입니다. 열강 중에서 우리 폴리스 아테네만이 유일하게 시련에 부딪쳐 명성을 능가하는 성과를 거두었습니다. 아테네인들은 자신들에게 패배를 안겨 준 적에게조차 경건한 두려움을 가질망정 원한을 품지 않으며, 아테네를 따르는 속국은 우리의 덕을 인정하고 비난하지 않습니다. 아테네인은 오늘날의 세계에서뿐만 아니라 먼 미래 세계에서도 모든 사람들에게 존경을 받을 것입니다."

이렇게 페리클레스의 말은 아테네에 대한 자부심으로 가득 차 있다. 페리클레스가 자랑하는 폴리스는 '폴리스가 존재하고 개인이 존재하는 것이지, 개인이 존재하고 폴리스가 존재하는 것이 아니다'라는 명쾌한 논리에 입각하고 있었다. 이것은 어쩌면 기원전 5세기라는 시대가 생각한 사회와 인간 존재의 관념이 갖는 한계라고 볼 수도 있을 것이다. 그러나 전쟁이 언제 시작될지 모르는 상황이고, 이 연설이 전몰자의 영혼을 위로하기 위한 것이었음을 생각하면, 이러한 페리클레스의 발언들은 당연한 것이었다. 그리고 그 발언 속에서도 지성과 덕과 학문을 위한 배려가 맥을 이루고 있다는 점은 주목할 가치가 있다. 더구나 페리클레스는 호메로스를 의식하고 그에게 칭찬의 시를 기대한다는 점을 내비치기도 한다. 그는 역시 그 찬란한 문화가 꽃핀 토양에서 성장한 인물이었던 것이다. 그러나 시에 대한 그의 인식은 다소 명장에 어울리지 않는 면이 있었다. 페리클레스는 시인은 언어의 기교로 귀를 빼앗고, 진실의 빛 아래 허상을 표현한다고 생각했기 때문이다. 그는 그 위령의 자리에서 호메로스의 도움을 받지 않아도 되는 이유로 이러한 자신의 견해를 언급하기도 한다.

"우리 아테네인들은 용맹함으로 모든 바다와 모든 육지에 길을 내고, 지상의 구석구석에 이르기까지 우리의 슬픔과 기쁨이 영원히 새겨진 기념비를 남기고 있습니다. 아테네의 장병들은 폴리스를 위해 전쟁터에서 그 의무를 다하고 삶을 마감했습니다. 여기에 잠든 사람들과 그들과 행동을 함께했던 사람들의 용감성과 덕은 참된 아름다움에 가까운 것입니다. 이들은 빛나는 선으로 악을 없애고, 자신의 죽음이라는 손실을 공공에 이익이 되는 일로써 갚고 있습니다. 또한 이들은 위험의 한가운데에서 자기 이름을 비겁함의 비난으로부터 지켰습니다. 그리고 죽음이 닥쳤을 때도, 그들은 두려움 없이 생사의 기로를 하찮은 우연으로 여긴다는 자긍심 높은 각오를 했던 것입니다."

이와 같이 페리클레스의 연설에서도 알 수 있듯이 아테네인들은 죽어야 할 때를 알고 있었던 것이다.

**죽어야 할 때**

인간은 반드시 언젠가 죽지 않으면 안 된다. 하지만 그 분명한 사실, 당연한 이치를 어떻게든 피하려 하는 것이 인지상정이다. 그것은 아마도 우리 인간이 죽음의 의미와 죽어야 할 시간을 모르기 때문일 것이다.

소크라테스의 나이가 40세 전후가 되었을 무렵 아테네의 사생관은 그 시대적 배경과 깊이 연관되어 있었다. 계속 이어지는 페리클레스의 연설은 당시 아테네 시민들이 삶과 죽음에 대해 어떤 생각을 가지고 있었는지 보여 주는 좋은 자료가 될 것이다.

"우리는 자유가 없는 곳에서는 행복이 없고, 용기가 없는 곳에서는 자유가 없다는 것을 알아야 하며, 또 필요하다면 전쟁의 위험도 무릅쓰지 않으면 안 됩니다. 진정으로 바라는 행복조차 없는 자는 목숨을 가벼이 여기면서까지 싸울 이유도 없을 것입니다. 인간은 운명의 역전을 두려워하지만, 역전에 의해 자신의 행복이 크게 흔들릴 것이라는 두려움을 지니는 경우에만 생명의 위험을 잊을 수 있습니다. ……행복을 모르는 자는 불행을 겪어도 그것이 쓰라린 것인지 모릅니다. 평소 행복을 느끼던 자만이 불행도 아는 것입니다. 하지만 비애가 닥친다면 인간은 그것을 이기고 극복하지 않으면 안 됩니다. 그러므로 앞으로 자식을 낳을 수 있는 경우에는 미래의 자식에게 희망을 갖도록 합시다. ……요컨대 자기 자식의 생명을 바칠 각오 없이는 정치의 장에서 대등함과 정의를 주장할 수 없습니다. 나이가 든 시민들은 지나간 행복했던 인생을 돌아보고 앞으로 남은 슬픔도 얼마 안 된다고 생각하며, 앞서간 자식들의 영광으로 슬픔을 누그러뜨려야 합니다. 속담에도 '오직 명성을 안타까워하는 마음만이 늙는 것을 모른다'라고 했습니다. 또한 은퇴를 앞둔 사람은 자기 욕심에 급급하는 사리사욕의 어리석음을 범해서는 안 되며, 오히려 사람들의 경애를 모으는 사람이 되어야 하는 것입니다."

이리하여 아테네인은 죽은 사람을 애도하고, 죽음에 맞서야 할 때와 또 그것을 받아들여야 할 때를 확인했다. 그리고 국가에서는 전몰자 유자녀의 양육비를 성년의 날까지 국비에 의해 치르도록 했다. 그것은 시련을 견딘 용사들과 그 자녀들에게 주어진 특전이었다. 그리고 이러한 페리클레스의 연설이 큰 호응을 얻을 수 있었던 것은 당시 아테네가 더할 수 없이 높은 명예를 덕에 부여하였으며, 그에 의해 나라에 덕이 쌓이고 국정도 번영한다고 믿었기 때문인 것이다.

### 페리클레스의 죽음과 소크라테스

#### 기이한 병의 발생

전쟁이 시작되고 펠로폰네소스 동맹의 총지휘자 아르키다모스가 각국 총병력의 3분의 2를 이끌고 아티카로 침입하자, 아테네에서는 며칠 지나지 않아 전염병이 발생했다.

의사들은 그 실체를 파악하지 못하여 그 자신들도 죽음의 위험에 노출되는 상황이었다. 모든 인술을 동원했지만 근본적인 퇴치는 불가능했다. 그래서 병에 걸린 사람들이 여러 신전을 전전하며 탄원을 올리고 예언과 신력에 의지했다. 그러나 병은 나을 기미를 보이지 않았고, 이에 그들은 이내 예언과 신력을 내다 버렸다.

일설에 따르면 전염병은 나일강 상류에 있는 에티오피아 지역에서 발생하여 이집트에서 리비아 일대로 퍼진 것인데, 이것은 이에 그치지 않고 페르시아 영토의 대부분까지도 침범했었다고 한다. 이렇게 정체를 알 수 없는 병이 퍼지자 폴리스에서는 전에 없던 무질서가 만연하기 시작했다. 사람들은 그때까지 남의 눈을 의식하고 삼가던 행위를 공공연하게 하였고, 그렇게 하고서도 부끄러움을 몰랐다. 전염병이 창궐하여 부자도 순식간에 죽었고, 또 죽은 사람의 물건을 빼앗은 자가 어제와는 딴판으로 부자 노릇을 하는 등, 급격한 성쇠와 변화가 일상이 된 상황에서 도덕을 따지는 일이 무색해진 것이다.

아테네는 안으로는 사람들의 죽음에 맞닥뜨리고, 밖으로는 경작지가 망가지는 것을 목격하는 이중의 극한 상황 속에서 허덕이고 있었다. 인간은 자신이 겪는 곤경이 극에 달하면 미신에 기대기 마련이다. 사실 신력도 예언도 통하지 않을 형편이었지만, 그런데도 사람들은 '도리스인과의 전쟁이 일어날 때, 전염병도 함께 찾아올 것이다'라는 예언이 있었던 것을 기억해 내고, 그 병이 전쟁 때문에 창궐하게 됐다고 생각하기도 했다.

전염병은 소강상태와 재발을 반복하며 2년에 걸쳐 마음껏 맹위를 떨쳤다. 그리하여 아테네 사람들은 전쟁이 가져오는 우연하고 강렬한 힘과 더불어 이 병의 파괴력을 마음속 깊이 새기지 않을 수 없었다.

**페리클레스를 향한 비난**

누구든 영원히 영광의 자리에 앉아 있지는 못한다. 해마다 늘어나는 나이에 따른 쇠함을 겪으며 가늠할 수 없는 현실의 딜레마와 씨름하면서, 스스로 이성의 한계에 직면하지 않을 수 없기 때문이다.

펠로폰네소스 동맹군에 의해 아티카의 경작지는 남김없이 망가졌다. 그들이 그곳에 40일 동안 주둔하고 있었던 것이다. 기원전 430년 7월 말, 페리클레스는 포티다이아로 병사들을 보냈다. 이때 소크라테스도 처음으로 전쟁터에 나가게 된다. 하지만 페리클레스의 동료지휘관 하그논은 4000명의 중장병력 가운데 1050명을 병으로 잃고 아테네로 물러서는 형편이었다. 이리하여 전쟁과 그로 인한 경작지의 황폐화, 그리고 전염병에 맞닥뜨리자 아테네인들은 전쟁을 주장한 페리클레스에게 비난의 화살을 쏟아붓기 시작했다. 그들은 현재의 궁지가 페리클레스의 책임이라고 생각하기 시작한 것이다. 아테네에서는 라케다이몬인과의 화평을 바라는 여론이 형성되어, 실제로 라케다이몬에 사자를 보내기도 했다. 그러나 거기에서 원하던 결과도 얻지 못하고 위기를 해결할 방법도 보이지 않자, 페리클레스를 향한 비난은 높아져만 갔다. 그래서 그는 시민의 사기를 다시 높이고, 그 불만을 가라앉히기 위해 민회를 소집하고 그 연단에 섰다.

### 페리클레스의 마지막 연설

페리클레스는 자신의 이해득실을 따지지 않고 다음과 같은 명연설을 남겼다. "여러분은 현재의 어려운 상황에 기진맥진하여 나를 탓하고 있습니다. 하지만 그럴 만한 정당한 이유가 있는지 없는지에 관해 여러분의 기억을 더듬어 보고 여러분의 잘못을 따지기 바랍니다. 나는 감히 말합니다. 폴리스 전체의 안전은 개인에게도 이익이 되는 바가 있으며, 그러한 긍정적 측면은 전체를 희생하여 얻어지는 개인의 행복보다 크다고 말입니다. 왜냐하면 자기 혼자만의 복된 운명을 자랑해 봤자 자기의 조국이 망하고 나면 개인의 행복이고 뭐고 다 잃게 되기 때문입니다. 내가 불운해도 나라의 운명이 번창하면 마침내 나도 살아날 기회를 맞이합니다. 폴리스는 개개의 시민의 희생을 감내할 수가 있지만, 개인이 폴리스를 희생시킬 수는 없는 것입니다. 이런 사태에 즈음해서 우리 시민들이 해야 할 일은 힘을 합쳐 폴리스를 지키는 것뿐입니다.

……나는 폴리스를 사랑하고, 금전의 유혹에 넘어가지 않는다는 점에서도 누구에게도 지지 않습니다. 사람이 판단력을 갖추고 있어도 그것을 적절하게 표현하지 못하면, 그에게는 논리가 없는 것과 같습니다. 또 비록 판단력과 논리를 모두 겸비하고 있어도, 폴리스의 명분에 어긋나는 것을 공적인 이익이라고 주장해서는 안 됩니다. 이렇게 사람이 행해야 할 도의를 생각해 보아도, 뇌물을 받는 버릇이 있는 자는 단지 그것 때문에 나라 전체까지 망하게 할 우려가 있는 것입니다.

……애당초 평화와 행복의 길을 선택할 수 있는 입장에 있었다면, 전쟁을 하는 것만큼 어리석은 짓은 없었을 것입니다. 그러나 이내 남의 나라에 굴복하여 그들에게 예속되느냐, 위험을 무릅쓰더라도 승리를 얻을 것이냐 하는 것을 두고 이 둘 중 하나를 선택해야만 할 때, 위험을 피하는 자는 이것에 맞서는 자보다 못합니다. 나는 늘 이러한 생각을 관철해 왔으며, 지금에 와 이것을 바꿀 생각은 없습니다. 그러나 여러분은 어떻습니까? 여러분은 전쟁의 불똥이 미치기 전에는 나의 주장에 따랐지만, 전쟁으로 상처를 입자 후회하기 시작했습니다. 그리고 자기 의지의 나약함에 휘둘려 나의 논거마저도 의심하기 시작했습니다. 왜냐하면 지금 전쟁의 고뇌는 개개인의 뼛속까지 느껴지지만, 전쟁의 성과는 아직 여러분 전체의 눈에 보이는 곳까지 와 있지 않기 때문입니다. 생각지

도 않던 돌발 사태와 예상을 뛰어넘는 변고 등은 인심을 황폐하게 합니다. 특히 지금 우리 아테네의 경우에는 전염병이 가장 큰 원인이 되어 있습니다. 하지만 여러분은 위대한 폴리스의 주민으로서 이 폴리스에 부끄럽지 않은 기질을 길러 왔습니다.

……여러분, 진정한 힘이야말로 진정한 부입니다. 진정한 힘의 광대함에 비하면 지상의 부는 돈으로 살 수 있는 것, 이를테면 작은 과수원 하나에 불과합니다. 이것을 잃었다고 해서 괴로워할 것은 없습니다. 그 진정한 힘을 확보하고, 최후의 승리를 얻는 날까지 우리의 자유를 지킬 수만 있다면 잃은 것은 아무 힘도 들이지 않고 되찾을 수가 있는 것입니다.

여러분의 아버지는 우리 아테네를 남에게 받은 것이 아니라, 자기의 힘으로 이루어 냈습니다. 그뿐만 아니라 어느 한구석 모자람이 없이 지켜 내어 우리에게 오늘날의 아테네를 남겼습니다. 우리는 빼앗으려다 패배하는 것보다, 지키려다가 빼앗기는 것이 훨씬 견디기 힘든 굴욕임을 잊지 말아야 합니다.

……그러므로 여러분은 여러분 전체의 긍지이자 기쁨인 패권자 아테네의 영예를 지키지 않으면 안 됩니다. 여러분에게는 전쟁의 중압에서 벗어나든지 패권자의 영광을 버리든지 둘 중 하나를 선택하는 길밖에 없습니다. ……여러분의 의무는 지금 이 어려운 위기를 참고 견디면 이것이 역사에 남는 영광이 된다는 선견지명을 갖고, 용맹심을 다시 새롭게 하여 현재와 미래를 쟁취해 내는 것입니다."

이리하여 아테네인은 다시 한번 페리클레스의 지시에 따랐던 것이다. 그러나 페리클레스의 생명은 그로부터 오래가지 않았다.

**페리클레스의 죽음**

페리클레스가 아무리 뛰어난 인물이라 하더라도, 그 역시 인간인 이상 죽음을 이길 수는 없었다. 그는 펠로폰네소스 전쟁이 시작된 후, 2년 6개월을 살고 기원전 429년 11월, 66세로 생애를 마감한다. 당시 소크라테스는 41세였다.

《영웅전》의 저자 플루타르코스에 따르면 페리클레스의 사망 원인은 전염병에 의한 몸의 쇠약이었다. 그가 정치 활동을 하면서 아테네 최고 지도자로서의 지위를 누린 기간은 10여 년이었다. 그는 보수적인 정책을 펴면서 발군의 지도력을 발휘했고, 이에 따라 재직하는 동안 그의 신변은 물론 아테네의 정세도 안정적이었다.

　페리클레스의 정책 중 첫 번째로 꼽을 수 있는 것은 민주정치이다. 그는 식견과 설득력, 국민 전체에 대한 성의, 폴리스에 대한 사랑, 금전에 관한 결백성을 지니고 있었다. 이것들은 민주정치가가 필수적으로 지녀야만 할 조건이다. 당시 이 조건을 두루 구비하고 있었던 인물은 페리클레스 외에 찾아보기 힘들 것이다.

　하지만 페리클레스가 죽은 뒤 아테네는 급속하게 쇠퇴한다. 그러한 조짐은 그가 살아 있을 때부터 이미 나타나고 있었다. 그 원인은 군소 정치가들이 페리클레스의 주장에 어긋나는 행동을 하기 시작한 데에 있었다. 예를 들면 연설가로 알려진 데모스테네스, 또는 클레온이나 알키비아데스가 각자의 세력을 넓히려 했던 것이다. 그리하여 이들은 대로를 벗어나 작은 길을 달렸다. 말하자면, 이들은 작은 목적은 알아도 큰 목적을 추구할 줄은 몰랐던 것이다. 세상을 살다 보면 분명히 사소한 일들이 가져오는 결과를 무시할 수 없다는 것을 알게 된다. 이러한 점에서 생각할 때 정치가는 작은 일들을 도외시해서는 안 된다. 그러나 정치가의 진정한 생명은 역시 대국을 내다보는 혜안에 있다. 그러므로 유능한 정치가가 되기 위해서는 선견지명에 의한 계획을 세우지 않으면 안 되며, 나아가 올바른 길에 선 정치력이 있어야 하는 것이다. 하지만 페리클레스 이후로는 이러한 자격을 갖추고 있는 정치가들을 찾아보기 어려웠다.

　당시의 희극 시인들은 페리클레스를 묘사할 때 '올림포스의' 또는 '제우스 같은' 등의 단어를 사용하거나, 그 변설의 교묘함을 '그리스에서 제일가는 큰 혀'라고 부르며 풍자하기도 했다. 그러나 이것은 그의 능력에 대한 증거와 경의의 표현인 것이다.

　그가 세상을 떠난 뒤 아테네는 펠로폰네소스 세력에 패배한다. 개별 전투에서 승리를 거두었다는 기록이 있기는 하지만, 그들은 그 후로 과거의 영광을 되찾지 못했다. 오늘날까지도 아테네가 페리클레스의 황금시대만큼 번영한 적은 없다. 하지만 힘과 부에 의한 영광이 사라진 대신, 새로운 영광이 찾아왔다. 아테네의 예술, 학문, 사상, 철학이 발전하여, 인류 전체에 공헌할 수 있는 높은 수준의 문화를 이루어 낸 것이다.

그러한 변화에 가장 큰 기여를 한 대표자들은 물론 소크라테스, 플라톤, 아리스토텔레스이다. 잘 알려진 바와 같이 이 세 명의 거인은 아테네의 문화적 황금시대를 구축함으로써, 페리클레스 이후 아테네의 추락을 구제한 인물들이다. 이렇게 아테네는 페리클레스의 황금기와 전쟁의 고난이라는 귀중한 체험을 하였다. 그리고 이 체험과 폴리스적 현실, 또 이오니아 이래의 철학적 전통을 배경으로 위대한 철학자 소크라테스가 이 세상에 등장하게 된 것이다.

## 소크라테스의 활동

### 소크라테스의 전반기 생애

**탄생**

소크라테스의 출생에 대해서는 정확한 기록이 남아 있지 않다. 그러한 이유는 당시의 아테네에서는 출생에 대한 공식적 기록을 남기고 있지 않았기 때문이다. 그러나 그가 태어난 해에 대해 많은 사람들은 대체로 일치된 의견을 보이고 있다.

소크라테스는 기원전 469년, 아테네의 알로페케구(區)에서 태어났다. 이 '구(데모스)'라는 명칭은 아테네 민주정치의 기초를 구축한 클레이스테네스의 개혁 이후 생긴 것인데, 이로 인해 그때까지 '아무개의 아들 아무개'로 표현되던 사람의 이름이 '무슨 구의 아무개'로 바뀌게 되었다. 어쨌든 소크라테스는 페르시아 전쟁 말기에 태어난 것이 된다.

투키디데스는 《역사》에서 페르시아 전쟁은 두 번의 해전과 두 번의 육지전으로 승패가 갈렸다고 했는데, 그것은 살라미스와 미칼레 해전, 그리고 테르모필레와 플라타이아 전투를 말한다. 그 플라타이아 전투에서 그리스의 창 부대는 우세한 페르시아 활 부대를 압도했다. 그러니까 소크라테스는 이 결정적인 승리로부터 9년 뒤에 태어난 것이 된다.

소크라테스가 탄생한 해가 기원전 469년이라고 추정하는 근거는 플라톤의 저술에 있다. 그에 따르면 소크라테스가 아테네의 감옥에서 사형을 당한 것은 그가 70세 때이며, 그것이 기원전 399년이라고 한다. 따라서 그로부터 거슬러서 계산해 보면 그의 탄생 연도는 469년이 되는 것이다. 그리고 소크라테스의 재판과 사형에 관한 기록에 적혀 있는 날짜도 기원전 399년 봄이므로 이 연도는 거의 틀림이 없는 것으로 보인다.

### 부모

소크라테스의 부모에 대한 이야기 역시 절대적으로 확실한 것은 아니다. 그러나 일반적인 견해로서 전해지는 말에 따르면, 부모의 이름은 소프로니코스와 파이나레테이다.

아버지 소프로니코스는 아테네의 알로페케구에 사는 석공이었다. 그는 그 지역의 유력한 가문이었던 아리스티데스 집안과의 친분으로 이웃들로부터 존경을 받았던 것 같다. 그의 직업을 석공으로 추정하는 것은, 소크라테스가 농담조로 자신은 다이달로스의 자손이라고 말한 데 기인한다. 다이달로스는 그리스 신화에 나오는 인물로 건축과 공예의 달인이며, 조각가의 시조이다. 이 때문에 후세 사람들은 소프로니코스가 조각이나 석조 공예의 기술을 가진 사람이었을 것이라고 생각하고 있다.

어머니 파이나레테는 산파였던 것으로 전해지는데, 솜씨가 매우 좋았다고 한다. 그러나 그녀가 직업적 조산사였는지는 확실하지 않다. 그녀는 파트로클레스라는 남자와의 사이에서 낳은 아들을 데리고 소프로니코스와 결혼했다. 이것은 모두 플라톤의 말에 따른 것이므로, 신빙성이 있다고 볼 수 있다.

### 가계와 교육

이렇게 소크라테스의 아버지와 어머니는 모두 직업이 있었으므로, 그의 집안 살림이 궁핍했다고 할 수는 없을 것이다. A.E. 테일러는 자신의 책 《소크라테스》에서, 어머니 파이나레테는 그 이름으로 좋은 집안 태생이었을 것이라고 추측할 수 있다고 말하기도 했다. 이러한 점들로 보건대, 소크라테스가 태어나던 무렵의 그의 집안은 어느 정도의 재산과 신분이 있었을 것으로 생각된다.

플라톤의 《크리톤》에 따르면, 소크라테스의 부모는 자식 교육에 대해서 열정적이었다. 소프로니코스는 아들에게 체육과 음악을 비롯한 당시의 기초적 교육은 다 받게 했다. 만약 이것이 사실이라면, 소크라테스는 음악뿐만 아니라 음악을 동반한 시, 나아가 문학과 그 밖의 지적, 예술적 교양을 모두 습득한 것이 된다. 음악(무시케)은 음악의 신 무사이(뮤즈)가 관장하는 여러 기예 전체를 대표하는 것이므로, 음악을 배웠다는 것은 그 범주에 속하는 다른 교양을 모두 익혔다는 말이기 때문이다. 이것은 소크라테스의 가계가 어느 정도 여유로웠으며, 적어도 원하는 대로 자식의 공부를 시킬 수 있을 만큼은 넉넉했음을 말해 준다.

소크라테스는 몇 번의 전투에도 참가하였는데, 기원전 424년 델리온 전투에서는 호플리스테스(중장보병)로서 종군했다고 전해진다. 당시 참전하는 시민은 자비로 장비를 구입해야 했는데, 이렇게 장비를 갖춘 보병으로 참전했던 것을 보면 그에게는 그만큼의 여유가 있었던 것이 분명하다. 그러므로 이 전투가 일어난 것이 소크라테스가 46세 때의 일이고, 그때는 그가 가계를 돌보지 않아 집안 형편이 어려웠을 때와는 달라졌다 해도, 그의 살림살이가 빈궁하지 않았다는 것은 확실한 사실로 보인다.

**청소년기**

지금까지 이야기한 바와 같이, 소크라테스가 무학이었다고 하는 일부 전승은 잘못된 것이다. 그러나 사실 그가 누구로부터 가르침을 받았는지에 대한 확실한 기록은 없다.

소크라테스의 스승으로 가장 분명하게 인정받고 있는 것은 바로 5세기라는 위대한 시대일 것이다. 그는 그 시대의 빛 속에서 성장하였다. 그때는 위대한 시인과 작가들, 그리고 훌륭한 정치가가 활동하고 있었다. 그 시대 일류의 시인들인 소포클레스와 에우리피데스는 그보다 약 10년 연상일 뿐이었고, 유명한 비극 작가 아이스킬로스도 소크라테스가 14세 때 세상을 떠났다. 그리고 소크라테스의 청소년기는 아테네에 전무후무한 황금기를 가져올 페리클레스의 장년기이기도 했다.

그 시기에 페리클레스는 아이스킬로스의 애국 연극 《페르시아인》 상연 비용을 대고 있었다. 연극무대가 활성화된 때였으니, 소년 소크라테스도 그때 《아가멤논》 등과 같은 연극을 보았는지도 모른다. 사실 원하기만 했다면, 그는 그리스 3대 비극 시인의 작품들과도 만날 수 있었을 것이다. 그뿐만이 아니다. 소년 소크라테스의 눈앞에는 우리가 오늘날 폐허의 형태로밖에는 보지 못하는 파르테논 신전과 페이디아스의 조각품들, 그리고 페리클레스 시대의 대건축 등이 완전한 모습으로 존재했던 것이다.

이렇게 소크라테스는 감각이 예민하고 탐구심이 활발한 청소년기에 고도의 문화적 혜택을 누릴 수 있었다. 인생의 방향을 잡게 되는 시기에 이러한 작품들을 접하는 것은 일생의 자양분이 된다. 호메로스의 시가 《고대에의 정열》을 쓴 슐리만에게 미친 영향을 보아도 이것은 충분히 상상할 수 있는 일이다.

A.E. 테일러의 말에 의하면 다음과 같다. "해양제국 아테네의 시초인 델로스 동맹은 소크라테스가 태어나기 10년쯤 전에 이미 성립해 있었다. 이 동맹은 소아시아 및 에게해의 여러 섬들이 페르시아의 공격에 대비하기 위해 조직한 것이다. 아테네는 선출에 의해 그 맹주의 자리를 차지했다. 페르시아에 대항하려면 강력한 함대를 조직할 필요가 있었다. 그래서 동맹에 가입하려는 도시들은 함선과 선원을 제공해야 했는데, 강대한 나라는 그대로 이행하였지만 나머지는 이를 헌금으로 대신하기도 했다. 델로스 동맹이라는 이름은 그 기금이 델로스섬의 아폴론 신전에 보관되어 있었던 데서 유래한다. 아테네에서는 기원전 461년부터 페리클레스의 민주정치의 기초가 형성되기 시작했는데, 이때 소크라테스는 이미 자기 주위에서 일어나는 일에 주의를 기울일 수 있을 만한 나이가 되어 있었다."

당시 8세의 소년 소크라테스는, 말하자면 격동기를 겪으며 성장한 것이다. 그러나 그의 불굴의 신념과 덕을 추구하는 자세는 이미 이 시대부터 자라나고 있었을 것이다. 그것은 격류의 시대에 의해 요구된 것일 수도 있고, 그것을 견디려 하는 그의 의지에서 생겨난 것일 수도 있다. 소년 소크라테스는 인간, 그 위대함과 강인함의 정체에 결정적 방향을 부여할 수 있는 것은 자기 자신밖에 없다는 사명감으로 온 마음을 굳게 다잡았는지도 모른다. 그리고 이렇게 생각하면, 그의 소년 시절은 이미 그의 만년과 직결되어 있는 것이다.

**청년기**

사람의 일생은 종종 청년기에 이미 만년을 암시하는 특징을 보인다. 이에 따라 많은 사람들이 소크라테스가 애초부터 철인으로서 천재적 소질을 보였을 것이라고 생각하기도 하지만, 그의 청년기에 그러한 자질이 현저하게 나타났음을 보여 주는 구체적인 기록 역시 거의 찾아볼 수 없다. 다만, 그가 아낙사고라스의 누스(nūs)설과 결별한 시기는 이 무렵이었던 것으로 보인다.

일설에 따르면 소크라테스는 처음엔 아버지의 직업을 이어받아 석공 일을 했다고 하는데, 그것이 몇 살 무렵이었는지는 전혀 알려져 있지 않다. 여행가로 유명한 파우사니아스가 기원후 2세기에 쓴 책 《그리스 안내기》에는 그때까지 아크로폴리스의 입구에 '미의 여신상'이 서 있었다는 기록이 나온다. 일부 사람들은 이 조각상이 소크라테스의 작품이라고 믿기도 했지만, 이러한 생각은 역사가들로부터 큰 관심을 끌지 못했다. 만약 이 주장이 진실이었다면, 이것은 소크라테스가 그 인생의 전반기를 어떻게 보냈는지 보여 주는 좋은 증거가 되었을 것이다. 하지만 현재로선 청년기의 소크라테스를 설명해 줄 기록이나 증거는 거의 없는 상황이다.

유명한 인물들은 보통 많은 일화를 남기고 있고, 그중 상당수는 실제로 있었던 일로 확인되기도 한다. 소크라테스에 관해서도 몇 가지 이야기가 있어서, 그가 고리대금업자였다는 말이 나오기도 했다. 하지만 당대의 희극 작가로서, 소크라테스를 풍자한 《구름》을 쓴 아리스토파네스조차도 그런 말은 하고 있지 않다. 이 외의 다른 일화나 이야기들도 신빙성이 있다고 할 만한 것은 별로 없으므로, 청년기의 소크라테스는 역시 수수께끼에 싸여 있다고 하겠다.

소크라테스의 청년기에 관해서는 그 시기에 으레 겪게 마련인 애정과 연애 문제, 이른바 이성 문제에 관한 기록 역시 하나도 존재하지 않는다. 70세에 어린 자식을 보았던 소크라테스가 성애에 무관심했다든가, 오로지 플라토닉한 사랑만을 추구했다고 생각할 수는 없을 것이다. 그가 보기 드문 절제가로 알려져 있는 것은 사실이지만, 그 질풍노도의 시기에 단순한 몽상만 했다고 믿기는 어렵기 때문이다. 소크라테스가 영혼의 독립, 영혼의 불멸을 믿어 의심치 않았던 것과, 청년기에 젊음의 욕구를 억제하며 순결을 지키는 생활을 하는 것은 별개의 문제인 것이다. 하지만 오늘날의 우리로서는 이에 대해 자세히 알아볼 방법이 없다. 다만 그 또한 그때부터 오직 천상과 지하의 일만 생각하고, 지상의 인생사에 전혀 무관심하지는 않았을 것이라고 추측만 할 수 있을 뿐이다.

**소크라테스의 사랑**

소크라테스의 사랑은 다분히 성격적이었던 것으로 짐작된다. 그는 아름다운 사람에게 깊이 빠져드는 성향이 있었으며, 또 그러한 매료의 시간을 즐거이 향유했다고 전해진다. 다음은 플라톤의 《향연》에 나오는 알키비아데스의 말이다.

"여러분도 알다시피 소크라테스는 아름다운 사람들과 사랑에 빠지기 쉽고, 언제나 그들 일에 열중하고 있습니다. 게다가 또 그는 모든 일에 무지해서 아무것도 모르고 있습니다. ……나에게는 그것이(그가 환히 열어 보인 진심) 매우 신성하고 금빛 찬란한, 또 한없이 아름답고 놀라운 것으로 보였습니다. 그 결과 나는 소크라테스가 명령하는 것이라면 무엇이건 실행하지 않고는 못 견디게 되었습니다."

알키비아데스는 소크라테스가 자신의 아름다움에 빠져 있다고 생각했기 때문에, 스스로가 놀랄 만큼 운이 좋다고 생각했다. 그는 자신이 소크라테스의 뜻에 따른다면, 소크라테스가 알고 있는 지식을 무엇이든 들을 수 있다고 믿었던 것이다. 알키비아데스는 소크라테스와 단둘이 남겨졌을 때, 그가 이내 사랑에 빠진 자가 자신의 어린 연인에게 하듯이 말을 걸 것이라고 믿고 혼자 기뻐했다. 그러나 그런 일은 한 번도 일어나지 않았다. 그러자 알키비아데스는 소크라테스에게 함께 운동 경기를 하자며 아무도 없는 곳으로 유인하여, 씨름이나 체조를 하기도 한다. 하지만 그는 역시 아무것도 얻지 못했다.

이에 알키비아데스는 좀 더 저돌적으로 행동하지 않으면 안 된다고 생각하게 된다. 이왕 시작한 유혹이니 끝까지 매진하여 소크라테스의 정체를 알아내 보려고 마음먹은 것이다. 그래서 그는 사랑을 바라고 매달리는 애인처럼 함께 식사를 하자고 유혹한다. 소크라테스는 곧바로 받아들이지 않았지만, 시간이 지나 그의 청을 들어주었다. 하지만 그는 식사가 끝나자 곧바로 물러나 버렸다. 창피한 마음이 든 알키비아데스는 그를 가게 놔두었다. 그러나 두 번째로 저녁 식사를 하게 되었을 때 그는 계교를 부려 밤이 이슥할 때까지 이야기를 나누고, 시간이 늦은 것을 핑계 삼아 소크라테스를 억지로 붙잡는다.

그날 밤 알키비아데스는 '독사에 물린 것과 같은 고통'을 맛보았다. 그것은 그와 같은 경험이 없는 사람에게는 이야기할 마음조차 생기지 않는 고통이었다. 독사에게 물려 보지 않은 사람은 그 독이 얼마나 몸과 마음을 괴롭게 하는지 알지 못하기 때문이다. 그런데 알키비아데스는 그 독사에게 제일 아픈 곳, 즉 심장을 물리게 되었다. 더구나 그의 가슴을 문 것은 평범한 독사가 아니었다. 그는 그보다 더 아프게 무는 뱀, 바로 소크라테스의 지혜의 논리에 물렸던 것이다. 그것은 일단 젊고 바탕이 있는 영혼을 휘감으면, 독사보다도 더 맹렬히 달라붙어서 어떤 것이든 말하거나 행동하게 하는 것이었다.

이윽고 불이 꺼지고 하인들이 물러가자 알키비아데스는 소크라테스에게 말한다.

"내가 볼 때 당신은 나를 사랑할 자격이 있는 유일한 분입니다. 그런데 당신은 그것을 나에게 말하기를 주저하고 계신 것 같아요. 그렇지만 내 마음은 이렇습니다. 내가 당신 뜻을 받아들이지 않는다는 것은…… 매우 어리석은 일이라고 생각합니다. 즉 나에게는 될 수 있는 한 훌륭한 사람이 되는 것보다 중요한 일은 없으니까요. 그리고 이 점에서는 당신만큼 나에게 유능한 후원자가 될 수 있는 사람은 없다고 믿습니다."

소크라테스가 대답했다.

"친애하는 알키비아데스, 내가 정말 자네가 말한 바와 같은 사람이라면, 그리고 내 속에 자네를 훌륭하게 할 만한 무슨 힘이라도 있다면, 자네는 과연 현명한 인물이라 하겠네. 그러면 자네는 꼭, 자네 모습의 아름다움과 비교도 안 될 만큼 훌륭한, 기막힌 아름다움을 나에게서 볼 것일세. 만약 자네가 그런 것을 보고서 나와 함께 나누어 갖자고, 그 아름다움을 나와 서로 바꾸자고 한다면, 자네는 나에게서 적지 않은 이익을 얻으려는 생각을 가지고 있는 것일세. 그뿐 아니라 자네는 겉보기의 아름다움 대신에 참다운 아름다움을 얻고자 하는 자, 따라서 사실 자네는 '구리로 금을' 바꾸고자 꾀하는 자일세. 그러나 영리한 친구여, 좀 더 잘 생각해 보게. 내가 너무도 보잘것없는 사람이라는 것을 자네가 몰라서야 되겠나. 사실 육안의 시력이 약해지기 시작할 때가 되면, 정신의 시력이 날카로워지기 시작하는 법이야. 그러나 자네는 거기까지는 아직 멀었네."

이에 알키비아데스는 말한다.

"나로서는 말씀드리려던 것은 이것뿐입니다…… 이번에는 당신 자신이 그러하듯이 당신이나 나를 위해서 어떻게 하면 제일 좋은지를 생각해 주세요."

그러자 소크라테스는 다음과 같이 대답했다.

"딴은, 자네 아주 좋은 소리를 하는군. 그러면 이제부터는 서로 그것을 잘 생각해 보세. 그리고 이 일이건 다른 일이건 우리 두 사람에게 가장 좋게 생각되는 대로 하세."

이런 말을 주고받고 나니, 알키비아데스는 마치 자신이 활시위를 당겨 소크라테스에게 상처를 입힌 것같이 생각되어 입을 다물었다. 그리고 겨울이었으므로 소크라테스에게 자신의 외투를 덮어 주고, 자신은 그의 낡은 외투 속으로 기어들었다. 그리고 그는 소크라테스를 두 팔로 감고 밤새 잠을 잤다.

그러나 소크라테스는 매우 영적이고 놀랄 만한 인물이었다. 알키비아데스는 그다음 날 아침에 대해 다음과 같이 말했던 것이다.

"모처럼 나는 그만큼 애를 써보았지만 이분은 그처럼 훌륭한 힘을 보여 주어 내 청춘의 아름다움을 업신여기고 비웃으며 무례한 태도를 보였습니다. 특히 그 청춘의 아름다움을 나는 상당한 것이라고 믿었단 말입니다…… 나는 소크라테스와 하룻밤을 같이 지냈지만 아버지나 형과 같이 잤을 때와 조금도 다름없이 아침에 일어났던 것입니다."

이러한 일화는 소크라테스의 사랑이 어떠했는지 알 수 있는 단서가 된다. 당시 아테네에서는 스승과 제자, 성인과 어린 소년과의 사랑이 가장 고귀한 사랑으로 여겨졌으며, 그러한 풍조를 따르던 것은 소크라테스 역시 예외가 아니었던 것이다. 이것을 두고 한편에선 '소크라테스적 에로스'라고 하기도 한다.

어찌 되었건 플라톤의 《향연》의 서술에 따르면, 그 뒤 기원전 432년에 소크라테스와 알키비아데스는 함께 포티다이아의 전쟁터로 출정을 하기도 하였다. 한편 처음 그들이 만났을 때 소크라테스는 이미 37세의 장년이었고, 알키비아데스는 소크라테스보다 17세쯤 어렸다. 이들의 관계는 그 후로도 10년 동안 이어졌으나, 알키비아데스의 결혼으로 끝이 났다고 한다.

### 소크라테스의 회심

#### 얼굴 생김새와 차림새

'소크라테스'라는 이름에는 '건강한 힘'이라는 의미가 담겨 있다. 그런 이름 때문은 아니겠지만 소크라테스는 신체적으로 매우 건강하였고, 정신적으로도 보통 이상의 힘을 지니고 있었다. 이것은 그가 타고난 소질이었는데, 후천적인 훈련 덕분에 더욱 강화되었던 것으로 보인다.

앞서 이야기했듯이, 펠로폰네소스 동맹군의 공격과 함께 찾아온 역병이 창궐했을 때에도 소크라테스는 멀쩡했다. 그가 70세가 되어서 손자 같은 어린 아들을 두고 있었다는 것도 강한 체력을 증명하는 일례이다.

그는 항상 남들에게 절제의 중요성을 설파하였고, 자신의 말을 실천에 옮겼다. 절제의 미덕을 안 덕분인지 소크라테스는 바라는 것이 매우 적었고, 이에 따라 삶 자체도 무척 단순했다. 먹을거리는 굶주림을 면할 정도만 있으면 불평을 하지 않았다. 그는 오히려 그런 식습관이 원만하게 먹는 방법이라고 말했다. 음식을 두고 맛이 없다며 까다롭게 굴거나 하는 일도 좀처럼 없었다.

옷도 여름이고 겨울이고 한 벌밖에 없었다. 그것도 물론 근사한 옷이 아니었고, 더구나 신발은 아예 없이 지냈다. 그는 체력도 좋고 정신력도 강했기 때문인지 추운 겨울 전쟁터에서도 태연히 맨발로 얼음 위를 걸어 다녔다고 한다. 그는 말 그대로 '날 때부터 구두장이를 울리는 사람'이었다. 이 정도로 별난 모습을 하고 있었으니 만약 소크라테스가 아고라 안을 걷고 있으면, 누구나 금방 그가 누구인지 알아보았을 정도였다.

그런데 소크라테스의 얼굴 생김새는 특이함으로 따지자면 그 차림새를 능가했다. 좋게 말해도 그는 매우 드물게 생긴 얼굴이었고, 사실대로 말하자면 추남이었던 것이다. 그 생김새의 기이함을 대표하는 것은 그 얼굴 한가운데 자리한 거대한 들창코였다. 그의 콧구멍은 엄청나게 컸고, 양 미간은 넓었으며, 두 눈은 이상하게 빛이 났다. 말하자면, 소크라테스는 못생기고 기괴한 외모를 하고 있었던 것이다. 게다가 걸음걸이마저 오리 같았다고 한다. 알키비아데스는 그런 그의 얼굴 생김새를 술의 신 디오니소스의 시종 실레노스와 비슷하다고 말하기까지 했다. 그 정도로 그는 사람들의 불쾌감을 유발하여 그들을 멀리 쫓아 버리고도 남을 용모였다.

그러나 사람들은 오히려 소크라테스를 더 좋아했다. 그들은 단 한 번이라도 그와 이야기를 나누면 그의 친근함과 명석함에 자리를 뜨지 못하였다. 그리고 그들은 이내 소크라테스의 내면적 매력에 붙들리곤 했다. 세상 이야기를 할 때에도 여지없이 그 지식의 깊이와 넓이가 드러났고, 화법에 있어서도 그 유도의 교묘함은 발군이었다. 더구나 그의 성격은 자신의 외모를 스스로 농담처럼 이야기할 정도로 유쾌했고, 그 인격은 매우 고귀하였다.

강골이었던 데다 자신을 다스릴 줄 알았기 때문에 소크라테스는 아무리 술을 마셔도 자세가 흐트러지는 법이 없었다. 그가 취한 적이 있었다면 오히려 우리를 즐겁게 해줄 더 많은 에피소드가 남게 되었을지도 모르는 일이다. 하지만 보기 드문 거인답게 그는 취중의 언동에 대한 기록은 하나도 남기지 않고 있다. 이렇게 그의 얼굴 생김새나 차림새는 그의 훌륭함과 함께 입에 오르내릴 정도로 특색 있는 것이었지만, 그러한 특이성이 그의 평가를 높일망정 부정적으로 작용하지는 않는다. 그리고 그 이유는 아마도 소크라테스의 가장 큰 특징, 즉 인격 때문일 것이다.

### 풍모에 대한 평가

흔히 우리는 사람이 40세가 되면 자기 얼굴에 책임을 져야 한다고 말한다. 이것은 나이 든 사람의 얼굴은 그의 내면을 반영한다는 의미로서, 마음이 추하면 얼굴 또한 못생겨진다는 것을 뜻하는 말이다. 그렇다면 소크라테스의 용모는 어떻게 평가해야 하는 것일까?

그리스인의 조각을 보면, 그들이 내면과 외면의 관계를 매우 중시한다는 것을 알 수 있다. 그것은 말할 필요도 없이 하르모니아(조화)의 정신에서 기인하는 것이다. 그들은 아름다운 영혼은 아름다운 육체에 깃든다고 생각했던 사람들이다. 건전한 정신을 가지려면 건강한 육체를 가져야 한다는 것이다. 하지만 소크라테스는 못생겼었다. 그러면 그의 정신이 추악하다고 생각해야 한단 말인가?

이와 같은 점에서 그리스인들이 소크라테스를 유독 기이하게 생각했던 것은 자연스러운 일이었다. 그들은 소크라테스가 미남이 아님에도 불구하고 아름다운 영혼을 가지고 있다는 것을 알고 있었던 것이다. 그들의 생각에, 아름다운 영혼이란 아름다운 육체와 결합해 있지 않으면 안 되는 것이었다. 하지만 소크라테스는 그러한 그리스인들의 믿음을 정면으로 부정하는 살아 있는 증거였다. 니체의 말대로 표현하자면, 소크라테스는 '최초의 못생긴 그리스인'이었고, '못생긴 것은 그 자체로서 하나의 반항'이었던 것이다. 그런 의미에서 소크라테스는 최초의 현대인, 즉 데카당이었다고도 할 수 있겠다.

소크라테스에 대한 니체의 해석은 날카로워서, 생김새의 평가 하나로 수천 년 전의 그리스인을 통해 현대를 들여다보게 한다. 소크라테스의 반항, 즉 그의 못난 얼굴은 단순한 조화의 아름다움을 부정하는 것이었다. 그리고 그는 자신의 의지로써 그 추함을 긍정했다. 여기에서 우리는 소크라테스의 현대성을 읽게 되는 것이다. 이것은 키르케고르의 《아이러니의 개념》 등을 보아도 자명한 사실일 것이다.

따라서 "선한 사람도 때로는 비천하고 때로는 귀하다"는 어느 이름 모를 그리스 시인의 말과 같은 평가는 소크라테스의 풍모에 대한 설명이 될 수 없다. 또한 소크라테스는 최소한의 물질만을 필요로 하는 생활을 하며 모든 쾌락으로부터 몸을 거두고 살았기 때문에, 추한 외모가 마음의 아름다움을 침식하지는 않았다고 해석하는 것도 독단적 평가에 불과할 것이다. 그러므로 소크라테스의 외모는, 외면적 추함이 영혼의 추함을 만드는 것이 아니라는 증거가 되어 주는 것이라는 평가를 듣는 편이 가장 자연스러우리라.

**신기한 징표**

사람들에게는 각자 그들의 성격 전체를 상징하는 버릇 또는 경향이 있는데, 그것은 보통 그들의 이름이 주는 인상 이상의 울림을 전달하기 마련이다. 소크라테스에게도 그러한 버릇이 있었다. 그는 어릴 적부터 그 정체가 무엇인지 알 수 없는 '신비스런 목소리'를 들었던 것이다. 그것은 소크라테스의 '신기한 징표'가 되어, 그의 인생 전체를 통해 그를 따라다니게 된다. 그것은 단순히 그의 이미지에 관한 것이 아니라 그의 본질과 연관된 것이었다.

그 '목소리'는 그의 어린 시절 갑자기 그에게 들려오기 시작했다고 한다. 그것은 실로 명쾌하게 구명할 수 없는 불가사의였는데, 후세에 이르러 소크라테스의 '다이몬'이라든가, '수호의 정령'으로 불리게 되었다. 또 플라톤은 그것을 '다이모니온 세마이온(신기한 징표)'이라든가 '다이모니온(신기한 것)'이라고 부르기도 했다.

소크라테스는 이 다이모니온에 붙들리면 일종의 망아(忘我) 상태가 되었다. 그때의 그는 마치 황홀경에 든 것과 같은 모습이었는데, 그동안 무슨 생각을 하거나 어떤 탐구를 하는 것은 아니었다. 다이모니온은 생각에 빠지는 것이라기보다 오히려 신비로운 체험을 하는 것에 가까웠다. 즉 그것은 일종의 명상 상태였던 것이다. 소크라테스는 종종 장소를 가리지 않고 이 다이모니온을 체험했으며, 그런 때에는 누가 그에게 어떤 말이나 행동을 해도 전혀 통하지 않았다. 하지만 이것은 소크라테스 주위 사람들 대부분에게 이미 잘 알려져 있던 일이었으므로, 일단 그가 망아지경에 들어서면 모두 그를 그냥 내버려 두었다. 이 다이몬의 목소리는 어떤 때는 짧게, 또 어떤 때는 길게 그를 덮쳤다. 그래서 언젠가는 포티다이아의 진중에서 한자리에 앉아 밤낮을 꼬박 지새기도 했다고 한다.

그때 소크라테스는 대체 무엇을 체험하고 있었을까? 이것은 우리가 조사할 수 없는 것은 물론이고, 당시 그의 곁에 있었던 사람들조차 알 수 없었던 것이다. 그는 '신의 목소리'라도 듣고 있었던 것일까? 그래서 '신탁'이라도 받고 있었던 것인가? 아니, 신탁을 얻고자 했다면 신전으로 갔을 것이다. 하지만 그때 분명 그의 마음속에는 무엇인가가 일어나고 있었다. 소크라테스는 그 몰아의 시간 동안 초자연적인 음성이라고 해도 좋을 어떤 경고를 들었던 것이다. 그리고 마음속에서 발신된 그러한 경고를 무시하는 경우에는 그에게 좋지 않은 결과가 일어났다. 그 소리는 그렇게 그의 신변에 위험이 닥칠 때나 그가 나쁜 일에 다가가려 할 때마다 그에게 주의를 주고 그를 제지했다. 그래서 소크라테스는 다이몬의 속삭임을 중시하고, 마음으로부터 그에 따르려 했던 것이다.

그 음성이 관여하는 일은 소크라테스 한 사람의 신변에만 한정된 것이 아니라, 때로 그의 친구들의 행위에까지 이르렀다. 그것은 옳고 그름에 대한 지도나 평가와는 관계가 없어서, 어떤 경우에나 윤리적 행위에 관한 지시는 아니었다. A.E. 테일러에 따르면, 요컨대 이 다이모니온은 '흉사'에 대한 일종의 '꺼림칙한 후각'이었던 것이다. 소크라테스가 이 목소리에 충실할 때에는 결과가 '흉하게' 나오는 경우가 없었다. 그의 이러한 '다이모니온의 깨우침'은 세간에 알려져 '새로운 신의 도입'이라는 이름이 붙여졌다. 그리고 이것은 나중에 그가 고소를 당하는 한 원인이 되었다.

## 다이모니온

소크라테스는 이 다이모니온으로 인해 일상적으로 '환시(幻視)'와 '망아'라는 특별한 경험을 했던 것으로 알려져 있다. 이것은 미신과는 차이가 있으며, 오히려 신비주의적 경향이 강한 체험이다. 이 다이모니온은 소크라테스의 현자로서의 삶, 그리고 그것을 뒷받침하는 합리성, 나아가 위대한 철인의 비범성과 이어져 있다. 일화를 보면, 이 체험을 할 때에 그는 장소를 가리지 않고 언제든지 깊은 생각에 빠졌던 것을 알 수 있다. 아가톤의 향연에 초대받아 갈 때에도 소크라테스는 혼자만의 사색에 몰두하게 되어 결국 함께 가던 이들을 먼저 보냈는데, 그때도 다이모니온이 그의 발걸음을 잡은 것이다. 이렇게 이것이 닥쳐오면 그는 남의 집 현관 앞에도 서고, 길가에도 서서 불러도 꿈쩍도 하지 않았다. 그것이 그의 버릇이었다.

그런데 이 다이모니온의 순간이 올 때면, 보통 소크라테스에게 매우 빼어난 생각이 떠오르곤 했다. 그래서 혼자 뒤에 남았던 소크라테스가 아가톤의 집으로 갔을 때, 아가톤은 소크라테스의 마음속에서 떠올랐을 것이 틀림없는 소폰(빼어난 생각)을 함께 나눌 수 있으리라고 기대한다. 하지만 이러한 소망을 말하는 아가톤에게 소크라테스는 다음과 같이 대답한다.

"만약 지혜라고 하는 것이 물잔 속의 물과 같은 것이라면 그리할 수 있겠지. 물이 가득 찬 잔으로부터 털실을 따라 비어 있는 잔으로 흘러 들어가듯이, 지혜가 서로 접촉하고 있는 두 사람 가운데서 충만한 쪽으로부터 비어 있는 쪽으로 흘러가는 것이라면 말이야."

소크라테스가 이 다이모니온의 목소리를 어떤 방법으로 들었건 간에, 그것은 신에 대해 그가 가지고 있던 절대적인 신뢰의 표현일 것이다. 사실 그것이 신의 목소리였든 아니었든 간에, 그것은 그에게 절대의 울림을 지니는 것이었다. 소크라테스는 신들이 인간을 내려다보고 있다고 믿었는데, 그의 믿음은 다른 많은 사람들의 믿음과는 다소 차이가 있는 것이었다. 대부분의 사람들은 신들은 어떤 것은 모르고, 또 어떤 것은 알고 있다고 생각했다. 그러나 소크라테스는 신들은 인간의 말과 행동, 또 말로는 하지 않는 마음속의 생각까지도 모두 알며, 모든 곳에 있기 때문에 모든 인간의 일에 대한 깨우침을 줄 수 있다고 믿었다.

그래서 헤르모게네스가 "소크라테스, 아테네에선 재판관이 잘못된 판결을 하여 아무 죄도 없는 사람을 죽이고, 죄가 있는 사람을 석방하는 것을 보지 않았습니까?"라고 물었을 때, 소크라테스는 "그건 그렇네, 헤르모게네스. 그래서 나도 재판관들에게 대답할 변명을 생각해 보려 했지만, 어느새 '신령'이 이것에 반대하더군"이라고 대답한 것이다. 이때의 신령이 바로 다이모니온이다. 소크라테스는 그 목소리의 지시를 순수하게 지키려 했다. 이 다이몬의 목소리가 어떤 식으로 소크라테스에게 도달했는지는 확실하지 않지만, 이것이 단순한 환상이나 영감은 아니었던 것 같다.

소크라테스는 평소 친한 사람들에게는 다음과 같이 권했다.

"무슨 일이 있어도 해야만 하는 일은 스스로 가장 좋다고 생각하는 방법으로 행하도록 하고, 결과가 어떻게 될지 모르는 것에 대해서는 신전으로 사람을 보내서 그 일을 해도 되는지 신탁을 구하는 것이 좋다."

이것은 그가 가지고 있었던 신에 대한 공경심을 보여 주는 말이다. 그는 목수, 대장장이, 농부 등이 하는 일들과 수학의 계산법, 경영, 군대의 통솔 등의 기술은 모두 인간이 배울 수 있는 것이라고 생각했다. 다시 말해 인간사의 대부분은 인간이 지식으로써 알 수 있고, 또 지식이 될 수 있는 것이라고 생각한 것이다. 그러나 소크라테스는 그것들 속으로 더 깊이 들어가야 알 수 있는 내부에 깃든 정수는 신들만 알고 있기 때문에, 인간으로서는 쉽게 알 수가 없다고 믿었다.

다이모니온에 대한 신뢰는 이렇게 신을 공경하는 마음과, 신을 전지자로 보는 일종의 신앙에 뿌리박고 있다. 환시라든가 망아의 지경에서 울려오는 목소리는 분명 소크라테스에게 불가사의한 신의 음성으로 느껴졌을 것이다. 또 그것을 받아들이기 위해서도 그는 그러한 믿음을 가질 수밖에 없었으리라. 그렇게 자신의 마음에서 에고(ego)가 가지는 생각과 주장을 지웠을 때, 그는 이미 인간 소크라테스를 넘어서 어떤 진실과 하나가 되었던 것인지도 모른다. 소크라테스의 영혼을 움직이는 것은 다름 아닌 진실, 그 하나였다. 그리스어 '다이모니온'은 '다이몬의 작용' 또는 '작용하는 것'을 의미하므로, 이것이야말로 신적인 작용이라고 할 수 있다. 이 다이모니온은 소크라테스의 전 생애를 통해 계속되었다. 확실히 소크라테스에게는 종교적 소질이 있었던 것이다.

**종교적 신비가**

종교는 인생의 의미나 진실을 추구하는 철학과 같이 인류와 계속해서 함께 할 것이다. 왜냐하면 모든 사람이 종교를 갖고 있는 것은 아니지만, 사후 세계를 생각하지 않는 사람은 한 사람도 없기 때문이다. 사람은 죽음에 대비하여, 혹은 죽음에 맞닥뜨려, 자신의 시신을 화장하라든가, 그 뼈를 가루로 만들어 바다에 뿌려 달라든가, 땅에 매장을 하라든가, 관에 꽃 장식을 해달라든가 등등 각자의 믿음이나 취향대로 여러 가지 요구를 한다. 이러한 것들은 모두 곧 죽음과 맞닥트릴 자신과 그 뒤에 남겨질 자들을 위한 심리적 위안이나 몽상에 지나지 않을지도 모른다. 하지만 이것은 인간의 종교적 성향을 나타내는 것이기도 하다. 왜냐하면 이러한 요구는 인간이 스스로의 힘으로는 도저히 어떻게 할 수 없는 불가항력을 맞아들이는 자세와, 그 경험 이후의 세계와 관련되어 있기 때문이다.

소크라테스 역시 이 죽음이라는 의식을 소홀히 하지 않는다. 하지만 그는 보통 사람들과는 조금 다른 방법으로 그것을 받아들이고 있다. 그는 죽음 앞에서도 전혀 슬픈 기색을 보이지 않았으며, 자신의 시신 처리도 그저 관례에 따른 것이면 족하다 하였다. 이것은 그가 죽음을 절대와 영혼으로 이어지는 한 과정으로 보았기 때문이다. 이러한 자세는 그의 신비성을 드러내고, 그의 위대함을 나타내는 또 하나의 특색일 것이다.

소크라테스는 영혼의 불사와 내세의 중요성을 굳게 믿고 있었다. 천국과 지옥에 대한 관념, 그 공상적 신화는 확실히 종교적인 것이었다. 이러한 믿음을 주축으로 하는 종교는 당시 그리스에 진작부터 존재하고 있었는데, 그중 하나가 오르페우스교이다. 이에 대해서는 플라톤의 대화편에 등장하는 소크라테스가 자주 예로 인용하고 있기도 하다.

오르페우스교에서는 인간은 신성을 품고 있다고 설파했다. 그들은 인간이 속세에서 타락해 있지만, 어떤 정화를 통해서 죄와 죽음으로부터 해방될 수 있다고 믿었던 것이다. 그러므로 오르페우스교의 입장에서는, 삶은 죽음이고 육체는 영혼의 무덤(소마 세마)이다. 그들은 인간의 영혼은 죽지 않으며, 완전히 깨끗해질 때까지 인간의 육체 또는 동물의 몸 안에 머무르면서 생사의 고리를 순환하지 않으면 안 된다고 생각했다. 또한 오르페우스의 교의는 신인합일에 관하여 호메로스적 신학과 뚜렷한 대조를 이루고 있다. 전통적인 올림포스의 종교에서는, 신은 죽지 않지만 인간은 죽음을 피할 수 없는 존재이다. 그래서 그 신앙을 가진 사람들은 신과 인간 사이가 단절되어 있다고 보았으며, 가장 지혜로운 일은 신이 되게 해달라고 기원하는 것이라고 생각했다. 그러나 오르페우스교는 인간의 신성을 가르쳤고, 더구나 인간은 신이 될 수 있다고 하였다.

소크라테스는 이러한 오르페우스교에 대해 잘 알고 있었으므로, 그가 이 영향을 받았을 것이라고 추측해 볼 수도 있을 것이다. 또한 남이탈리아로부터 전파된 피타고라스학파도 그에게 영향을 주었을 것으로 생각된다. 피타고라스학파는 오르페우스교의 윤회 사상을 이어받았던 종파인데, 이들은 종교와 과학을 최초로 연관시킨 것으로 알려져 있다. 이렇게 소크라테스는 사회적, 국가적으로는 페리클레스의 정신과 그 시대를, 또 종교적으로는 피타고라스학파와 오르페우스교적 세계를 배경으로 하여 그의 사상과 내면이 형성되었던 것이다.

### 풍토

우리는 타고난 천성을 제외하면, 모든 면에서 환경과 자신 이외의 것으로부터 자극과 영향을 받으며 살아간다. 이것은 소크라테스도 예외는 아니었다.

그가 태어난 기원전 5세기는 이오니아의 밀레투스에서 철학과 과학이 발달하기 시작한 지 1세기 남짓 지난 시기였고, 아테네는 이때 그리스에서 지식의 메카로 자리 잡고 있었다. 그리하여 그리스에서 학문적 열의를 가진 자는 저마다 페리클레스의 황금시대를 구가하는 아테네를 동경했다. 그뿐만 아니라, 아테네는 문화, 정치와 상업에서도 다른 그리스 도시들에 비해 월등히 선진적인 면모를 띠고 지중해 열강의 위치를 차지하고 있었다. 이러한 아테네의 부강은 아마도 그리스 전체에 영향을 미쳤을 것이다. 수학의 천재 피타고라스도 아테네의 지배하에 있던 사모스섬 출신이었고, 그가 이오니아 지방에서 남이탈리아로 자신의 학문적 이치를 전파한 것도 이 시기였다. 동북의 문화가 마침내 서쪽 땅에 뿌리를 내리기 시작한 것이다.

하늘은 하나이지 둘이 아니기 때문에, 이오니아 지방의 별은 아테네의 하늘에서도 빛났다. 하지만 그것을 보는 각도와 고찰법은 다를 수밖에 없었고, 그러한 차이는 자연스럽게 천문학, 의학, 생물학에도 미치게 되었다. 그리스에서는 기원전 5, 6세기부터 아르케, 즉 만물의 발단 또는 그 발단이 되는 근원에 대한 고찰이 시작되었다. 그리하여 철학자들은 그 나름대로의 이론을 전개하였는데, 이러한 것들은 모두 경험에 의한 것이기보다는 머릿속의 이성에 의한 생각들이었다. 어찌 되었든 소크라테스의 청년기에는 이오니아 지방의 학자들이 내세우던 일원론에 맞서 이탈리아학파의 이원론, 다원론도 생겨나게 된다. 탈레스가 만물의 근원을 물이라고 주장했었다면, 엠페도클레스는 모든 것은 흙, 물, 불, 공기로 되어 있다는 식의 이론을 전개하게 되었던 것이다. 그리고 그런 사색은 상승기류처럼 발전하여 '모순'에 대한 개념까지도 터득하기에 이르렀다. 파르메니데스의 주장을 지지하고 운동과 다원론을 반박하기 위해 그의 제자 제논이 '자기모순'의 논법을 선보인 것이다.

그런데 학문계에서는 그때까지 그들의 주요 연구 대상이었던 자연으로부터 점차 등을 돌리는 조짐이 보이기 시작한다. 특히 트라키아 압데라 출신의 프로타고라스는 인간의 세계로 방향 전환을 꾀하여, 인간은 만물의 척도라는 주장을 내세웠다. 그는 여러 차례 아테네를 방문하여 페리클레스와 친분을 쌓기도 했다고 전해진다.

이미 시대는 새로운 사회적 원리의 수립을 기다리고 있었다. 급격한 변화 속에서는 정치도, 도덕도 전통이나 관습에만 기댈 수 없었기 때문에, 아테네는 새롭고 명확한 기준을 필요로 하고 있었던 이러한 때에 지성은 현실적 목적을 위해 쓰이지 않으면 안 된다고 강조하는 소피스트들이 나타났다. 그리고 그들은 곧 돈을 받고 지식을 가르치는 인간 교육자로서 활동하게 되었다. 그들은 선과 악에 대해, 또 덕과 사려에 대해 각자의 논리를 펴며, 개인의 일과 국가의 일 등을 원만히 처리하려면 어떤 지식이 필요한가를 가르쳤다. 인간을 항상 따라다니는 권력과 공명에 대한 야심을 채우려면, 이에 필요한 정확한 지식의 해설자가 필요한 법이다. 소피스트들은 이러한 인간의 욕구에 편승한 지식의 '교사들'이었다고 할 수 있으리라.

이 시기의 철학자 중 누스(정신)의 발견자인 아낙사고라스는 소피스트는 아니었지만 페리클레스를 가르쳤다고 한다. 그는 소크라테스의 사상 형성에도 크고 많은 영향을 끼쳤다. 하지만 그 역시 페리클레스의 정적이 자신을 향해

겨냥한 '불경죄'의 화살을 피하기 위해 어쩔 수 없이 아테네를 떠났다.

소크라테스 시대의 지적 풍토는 이와 같았다. 그는 그야말로 최고급 정신문화와 지적 배경을 누릴 수 있었던 것이다. 그가 어린 시절부터 이렇게 자유로운 사상의 흐름과 거기서 싹튼 인간주의적 토양에 익숙해 있었음은 쉽게 상상할 수 있는 일이다.

### 자연 연구

인간을 둘러싼 자연은 시대를 막론하고 우리의 경이감과 지적 호기심을 자극해 왔다. 인간에게 헤아릴 수 없는 은혜를 주기도 하고, 무서운 재앙을 내리기도 하는 자연은 언제나 인간이 탐구해야 할 주제였던 것이다. 이것은 젊은 소크라테스에게도 마찬가지여서, 그는 자연을 연구할 가치가 있는 대상이라고 생각했다.

소크라테스는 만물의 생성이나 소멸에 대해서, 그 원인을 철저하게 문제 삼아야 한다고 생각했다. 다음은 플라톤의 《파이돈》에 나오는 내용으로, 그가 자연 연구를 하면서 고심과 찬탄을 더불어 하고 있는 모습을 보여 준다.

"젊을 때에 나는 세상 사람들이 히스토리아(자연과학)라고 부르는, 그 지혜를 탐구하는 일에 놀랄 만큼 열성적이었다. 왜냐하면 개개의 것들이 어떻게 생겨나고, 왜 소멸하며, 왜 존재하는지 그 원인을 아는 것은 나에게 멋진 일로 여겨졌기 때문이다. 그래서 여러 번 생각한 끝에 맨 먼저 다음과 같은 것을 검토했다. 즉 일부 사람들이 말했던 것처럼 어떤 것이 뜨거워지거나 차가워질 때, 혹은 부패할 때에 생물이 생겨나는 것일까? 내가 사고하는 것은 혈액에 의한 것인가, 공기에 의한 것인가, 그것도 아니면 불에 의한 것인가? 아니 이것들 가운데에는 내 사고를 가능하게 하는 어떤 것이 없을지도 모른다. 그렇다면 뇌수가 듣거나 보거나 냄새를 맡거나 하는 감각을 지니는 것일까? 그리고 이 감각들로부터 기억과 판단이 생겨나고, 또 그 기억과 판단이 정지하면 그것에 의해 지식이 탄생하는 것일까? 나아가 이들의 생성이나 천지에 관한 성상을 고찰해 보고, 결국 나는 이런 결론을 내리게 되었다. 즉 이런 고찰은 내 타고난 천성에 맞지 않아서, 나는 이것에 조금도 도움이 되지 않는다는 것이다. 이제부터 나는 이에 대한 충분한 근거를 말하고자 한다.

나는 나 자신뿐만 아니라 다른 사람들까지도 잘 알고 있던 일들에 대해서도 눈이 멀어 갈팡질팡할 정도로 그 일부 사람들의 의견에 심취했다. 그래서 예전에는 매우 자명한 일이었던 사실, 이를테면 인간이 성장하는 이유나 그 밖의 많은 것에 관한 것조차도 알 수가 없게 되어 버렸던 것이다. 옛날에는 사람이 성장하는 것은 음식물에 의해 살에는 살이, 뼈에는 뼈가 더해지고 몸의 다른 곳에도 이러한 일이 일어나기 때문이라고 생각했다. 그래서 체중이 적은 사람은 체중이 늘어나고 키가 작은 사람은 키가 커지는 것이다. 나는 이러한 것을 합리적인 추론이라고 여겼다.

그리고 다른 문제에서도 나는 큰 것과 작은 것의 의미를 안다고 여겼다. 그래서 키가 큰 사람이 작은 사람과 나란히 있으면, 이를테면 '저 사람은 옆의 사람보다 머리 하나의 길이만큼 크다'라고 판단할 수 있었다. 또 나아가 10은 8보다 2가 많으며, 11큐빗은 1큐빗보다 많은 것이 확실하다고 생각했다.

그러나 나는 지금 이것 중 어느 것에 대해서도 그 원인을 알고 있다고 말하기 어렵다. 왜냐하면 1에 1을 더하면 원래의 1이 2가 된다고 생각되지도 않고, 또 한쪽이 다른 쪽에 덧붙여져 2가 된다고도 도저히 생각할 수가 없기 때문이다. 각각이 서로 떨어져 있을 때에는 1이었던 것이 서로 접근하면, 즉 서로 가까이 놓이게 되면 각자에게 2가 되는 원인이 된다니 신기하기 짝이 없는 것이다. 또 1을 나누면 왜 그 분리가 2가 되는지도 이해할 수가 없다. 왜냐하면 이번에는 앞의 경우와 반대의 원인이 2가 되는 원인이 되기 때문이다. 즉 앞의 경우는 서로 다가와 한데 뭉치고, 또 한쪽이 다른 쪽과 더해지면 2가 되었는데, 이제는 한쪽이 다른 쪽으로부터 분리되면 2가 되는 것이다. 또한 나는 1이나 그 외의 어떤 것이 생겨나고 존재하고 소멸하는 이유도 안다고 자신할 수 없게 되었다. 약간 혼란스럽기는 하지만 나는 내 나름대로 새로운 방법을 생각하고 있기 때문에 다른 방법을 채택할 수는 없는 것이다."

### 아낙사고라스와의 만남

사람은 누구나 인생을 살아가면서 몇 번의 전환기를 맞이하기 마련이다. 그것은 소크라테스의 경우에도 마찬가지여서, 그도 어느 날 그러한 갈림길 앞에 서게 되었다. 그도 다른 많은 그리스인들처럼 자연 연구에 관심을 가지고 있었다. 그러나 그에 대한 탐구는 하면 할수록 더욱 미궁에 빠지는 기분이 들었다. 그리고 그러던 중 소크라테스는 아낙사고라스가 썼다고 하는 책을 만났던 것이다.

아낙사고라스는 아테네에서 활동하던 이오니아 출신의 철학자였다. 그는 누스(정신)가 만물의 원인이며 만물의 질서를 세우는 것이라고 주장하고 있었다. 이러한 내용을 읽은 소크라테스는 근원적인 '원인'을 깨닫게 되었다고 기뻐했다. 그는 '정신이 만물의 원인이다'라는 생각을 받아들였던 것이다. 아낙사고라스의 책에서 설명하고 있는 누스는 다음과 같은 것이었다.

누스는 만물의 질서를 세우는 것으로서, 세상의 체계를 만들고 개별적인 것들이 가장 바람직하게 존재하도록 그 장소를 정한다. 그래서 인간이 만물 개개의 것들이 어떻게 생겨나고, 소멸하고, 존재하는지 그 원인을 발견하고자 한다면 그것들 각각이 존재하거나, 다른 것으로부터 작용을 받거나, 혹은 다른 것에게 작용을 가할 때 무엇이 그것들에게 가장 좋은 상태인지 알아보아야 한다.

그런데 이 누스는 만물의 근원이므로, 이러한 설명은 물질뿐만 아니라 사람에게도 적용시킬 수 있을 것이었다. 그렇게 생각할 때 인간은 인간 자신에 관해서나, 또 다른 것에 관해서나 가장 뛰어나고 좋은 것 등을 고찰해야 하는 것이다. 그리고 이러한 고찰을 하는 사람은 반드시 악에 대해 알아야만 한다. 왜냐하면 좋은 것에 관해 알려면 그것과 동등한 위치에서 대립하는 것에 대한 지식이 있어야 하기 때문이다. 소크라테스는 아낙사고라스의 책을 읽으며 이러한 생각에 이르렀는데, 이것은 나중에 그가 자신만의 세계에 도달하게 되는 계기가 되었다. 아무튼 이런 생각으로 그는 세상에 존재하는 것들에 관해 납득이 갈 만한 원인을 가르쳐 줄 사람으로서 아낙사고라스를 발견했다며 내심 크게 기뻐했다.

소크라테스는 아낙사고라스로부터 대지가 편평한지 둥근지를 배우고, 그 원인과 필연을 상세히 듣게 되고, 그러한 원인에 대한 해명을 들을 수 있을 것이라고 생각했다. 그는 대지가 우주의 한가운데에 있다고 한다면, 그 최선의 이유에 대한 자세한 설명을 듣게 될 것이라고 기대한 것이다. 그리고 그는 만약 아낙사고라스가 자신에게 이것을 명쾌하게 말해 준다면, 다른 종류의 원인은 더 이상 찾지 않으리라고 결심한다. 소크라테스는 나아가 태양이나 달, 그리고 그 밖의 별들에 관해서, 또 그것들 상호 간의 속도나 회전과 그 외의 모든 성질에 관해서도 알 수 있기를 바랐다. 그는 그것들 각자가 어떻게 작용하고, 또 서로 간에 어떻게 작용을 거는 것이 가장 좋은가 역시 듣게 되기를 원했다. 소크라테스는 정신이 이러한 것들의 질서를 세우는 것인 이상, 그것들이 현재 있는 상태 그대로가 최선이라고 하는 것 외에는 그에 대한 다른 설명이 있을 수 없을 것이라고 생각했던 것이다. 그래서 그는 아낙사고라스가 각각의 원인을 할당하고 그것들 각각에게 가장 좋은 것은 모두가 공통되며, 또한 모두에게 공통인 것이 가장 선한 것이라고 자세히 설명할 것이라고 믿었다. 그래서 소크라테스는 아낙사고라스의 책에 깊이 매료되어 가장 좋은 것과 가장 악한 것들에 대해 가능한 한 빨리 알기 위해 서둘러 그것을 읽었던 것이다.

**아낙사고라스와의 결별**

뭔가에 대한 믿음을 갖는다는 것은 사소한 일이 아니다. 그 믿음은 세상을 보는 시각에 영향을 끼치며, 또 어떤 경우에는 자신의 내면에서 잠자고 있던 것을 되살려 내기도 하기 때문이다. 소크라테스는 아낙사고라스의 누스(정신)를 알게 된 것에 기뻐하며 그것을 믿었다. 하지만 점차 그것이 자신의 기대에 어긋나며, 예상과는 다른 것임을 알게 되었다. 그리고 이러한 의식은 소크라테스의 내부에 있던 잠재적 독자성을 깨우기 시작한다. 이렇게 하여 소크라테스와 아낙사고라스는 결별하게 되었다. 플라톤의 대화편 《파이돈》을 보면 소크라테스가 다음과 같이 말하는 부분이 나온다.

"나는 희망에 부풀어 아낙사고라스의 책을 읽어 나갔다. 그러나 앞으로 나아감에 따라, 이 사람이 사물에 질서를 세우는 원리나 정신은 전혀 규명하지 않고, 공기나 에테르, 물, 또는 그 밖의 많은 분명치 않은 것들을 원인으로 삼고 있다는 것을 알았다.

그래서 그의 주장은 나에게 다음과 같은 말과 같다고 생각되었다. '소크라테스가 행하는 모든 것은 정신에 의한 것이지만, 그의 특정한 행동, 이를테면 그가 여기에 앉아 있는 원인은 그의 육체가 뼈와 근육으로 이루어져 있기 때문이다. 소크라테스의 뼈들은 단단하게 서로 연결되어 있고 그 주위는 살과 탄력이 있는 근육으로 싸여 있으며, 이 근육은 펴거나 오므리거나 할 수 있어서 그에 의해 신체의 관절들을 굽힐 수가 있게 된다. 그래서 그가 여기서 다리를 굽히고 앉아 있을 수 있는 것이다.' ……하지만 사실 (내가 여기 앉아 있는) 참된 원인은 아테네 사람들이 나를 유죄라고 생각했고, 나는 여기에 남아서 그 판결에 따르는 것이 더 올바르다고 생각한 데 있다.

……어쨌든 이런 것을 원인이라고 하는 것은 전혀 무의미한 일이다. 물론 사람이 뼈나 근육이나 그 밖의 것을 지니지 않으면 원하는 것도 행할 수 없는 것은 사실이다. 하지만 나의 행동들이 내가 이런 신체 부분을 가졌기 때문에 가능하고, 정신이 최선의 것을 선택해서 작용하기 때문에 생기는 것이 아니라고 말한다면 그것은 매우 경솔하고 안이한 주장인 것이다."

이렇게 소크라테스는 아낙사고라스 이론의 미비함과 그 주장의 허점을 발견하고 실망하게 되었다. 그는 이로써 많은 사람들이 진정한 원인과 혼자서는 진정한 원인이 될 수 없는 부수적 원인을 구별하지 못한다는 것을 알고 놀라워했다. 그는 그들이 마치 어둠 속을 손 더듬어 다니듯이, 어떤 현상의 조건에 지나지 않는 것에 원인이라는 적당치 않은 명칭을 쓰고 있다고 생각했다.

그는 이어 "나는 이러한 원인이 대체 무엇인지 가르쳐 줄 사람이 있다면 누구의 제자라도 기꺼이 될 것이다"라고 말한다. 소크라테스가 아낙사고라스와 결별한 것은 이런 이유 때문이었다. 그 이후부터 그는 자연 연구에서 로고스(언어)와 사상의 길로 탐구의 방향을 전환한다. 그리고 이 방향 전환은 훗날 플라톤 철학의 혈맥이 되는 변증법적, 혹은 문답법적인 이데아 연구의 기원이라고 할 수 있을 것이다.

**고민**

사람에게는 스스로도 알 수 없지만, 남에게서도 배울 수 없는 문제가 있다. 이러한 문제를 고민하게 되는 것이 바로 숙명적인 고뇌의 시기이다. 그것은 사람에 따라 길게 지속되기도 하고 짧은 기간으로 끝나기도 한다. 소크라테스에게도 이러한 때가 있었다. 그것은 아마도 그가 30대에서 40대에 서 있을 때였을 것이다. 아니 어쩌면 그에게는 20대부터 그런 고민이 시작되었는지도 모른다. 그는 어렵사리 아낙사고라스의 정신원인설에 접하게 된 뒤 기대를 가지고 그것을 믿었으나 오래지 않아 실망만을 맛보았다. 그렇게 진정한 스승을 찾을 수 없었던 그는 말 그대로 암중모색을 하지 않으면 안 되었다. 그래서 소크라테스는 자기 자신을 스승으로 삼을 수밖에 없었다. 당시 그는 스스로를 산파술에 맡기지 않으면 안 되는 진통의 순간에 직면해 있었던 것이다.

소크라테스는 참된 원인과 부수적 조건의 혼동을 허용할 수가 없었다. 그래서 자연의 생성 원인, 그 질서의 원리를 찾고자 했다. 그러나 자연 연구를 하는 데에는 어려움이 많았다. 태양을 관찰하려 해도, 무언가를 매개로 하여 그 빛이나 그림자를 연구하지 않고 그것을 직접 봄으로써 그 근원을 규명하려 했다가는 눈이 멀게 될 것이었다. 일식 중의 태양을 관찰하고 연구하는 사람들은 그런 일을 겪는 경우도 있었다. 소크라테스는 아낙사고라스의 책과 이론을 연구하던 때를 돌이켜 보고, 뭔가 새로운 방법을 모색해야 할 필요성을 느꼈다. 그것은 어쩌면 만물의 근원과 원리를 직관하려 하다가 영혼이 눈멀게 되는 경우는 아니었을까? 그러한 방법은 자연 속에서 사물을 육안으로 파악하려 하거나, 직접 감각하려 하다가 육체의 눈이 머는 것과 같은 것일지도 몰랐다.

새로운 방법의 추구, 여기에 생각이 미치자 소크라테스는 이제 로고스(언어)로 피난하여, 그것을 매개로 사물의 진리를 연구해야겠다고 결심한다. 그러나 그러한 연구가 로고스를 통해 단순히 실체의 그림자를 관찰하는 데 그쳐서는 안 될 것이었다. 그래서 그는 자신이 가장 견고하다고 판단한 로고스를 가정하기로 한다. 그리고 그다음에 그 밖의 모든 '존재하는 것'의 원인이 되며 이 로고스와 일치되는 것, 그것을 진실한 것으로 생각하자는 원칙을 정하게 되었다.

### 회심

우리는 자신의 사명을 스스로 발견할 수 없을 때 그것을 스승이나 친구를 통해 발견하거나, 또는 생각지도 않던 곳에서 자각하게 된다. 소크라테스는 아낙사고라스와의 만남과 이별을 통해 자신의 길을 진리의 탐구로 결정하게 되었다. 그는 이때 인간으로서 또 인류의 한 사람으로서 자신이 부여받은 소명을 깨닫기 위한 회심의 순간에 서 있었다. 그런 그에게 주어진 일생일대의 사명을 자각케 한 것은 델포이의 아폴론 신전에서 나온 신탁이었다.

물론 소크라테스의 일생에서 회심의 순간이 찾아온 것이 단 한 번만은 아니었을 것이다. 하지만 그중에서도 그의 생애에서 가장 중요한 깨달음으로 꼽을 수 있는 것은 다음의 세 가지이다. 첫 번째는 특히 빼놓을 수 없는 사건으로서, 그가 자연 연구에서 인간 연구로 방향을 전환하는 계기가 된 자각이다. 그는 이 자각 이후 로고스에 의한 진실의 탐구를 자신의 진로로 결정함으로써 비로소 자신의 길을 찾았다. 두 번째 자각은 전 인류를 대표하여 그가 인간의 사명감을 느끼게 된 것이다. 그리고 세 번째 자각은, 소크라테스의 인생에 지침이 된 영혼불멸에 대한 자각이다. 그는 그것에 의해 고소에서 사형에 이르는 과정 내내 사후 세계에 대한 믿음을 보여 주며 자신의 고귀함을 잃지 않았다.

소크라테스에게는 지금까지 어떤 철학자도 주장하지 않았거니와 생각하지도 않았던 지혜가 있었다. 그것은 단순한 지식이 아니라, 자기 자신을 자각하는 지혜였다. 즉 그는 자기 자신은 아무것도 알지 못한다는 사실을 깨닫고 인지하고 있었던 것이다. 단지 스스로가 아무것도 모른다는 것을 알고 있다는 것이 그 큰 차이를 만들었다. 이것이 바로 그의 이름을 불후하게 만든 '무지의 지', 다시 말해 '무지의 자각'이다.

소크라테스가 그것을 자각하게 된 것은 아폴론 신전의 신탁 때문이었다. 그의 친구 카이레폰이 그에게 "소크라테스보다 지혜로운 자는 아무도 없다"는 신탁이 있었음을 전해 주었던 것이다. 하지만 그것을 듣고 소크라테스는 경악의 소용돌이에 휩쓸린다. 그는 그 신탁으로 인해 자신이 어지간한 통찰로는 풀 수 없는 수수께끼 속으로 던져진 것만 같았다. 그는 왜 그런 신탁이 나왔는지 알 수가 없었다. 그래서 아폴론의 신탁이 자신을 소포스(현자)라고 한 까닭을 생각하기 시작했다. 즉 그 자신이 진심으로 납득할 수 있는 이유를 알아내고자 한 것이다. 소크라테스는 그 비밀을 풀기 위해 밤낮을 가리지 않고 깊이 생각했고, 남에게 묻기도 했다. 그렇게 혼신의 노력을 기울인 끝에, 그는 단지 자신이 아는 것은 '스스로가 아는 것이 없다는 사실'에 불과하다는 것을 알게 된다. 이리하여 소크라테스는 점차 자신의 진면목을 보이기 시작한다. 사실 진리는 단순한 것이며, 문제는 그것에 도달하는 과정이다. 이리하여 단순 명쾌한 진리와 그것을 뒷받침하는 사실을 지속적으로 추구하는 그의 힘이 드러나게 되는 것이다.

### 신탁

델포이로부터 소크라테스에게 전해진 이 신탁은 아폴론에 의해 계시된 인류의 영원한 '복음'이었다. 앞서도 말했듯이 카이레폰은 소크라테스의 친구였는데, 그는 무엇을 시작하든지 그것에 열중하는 성격을 갖고 있었다. 그는 깡마르고 창백한 얼굴을 하고 있었기 때문에, 박쥐라든가 어둠의 아들이라든가 하는 별명으로 불렸다. 이러한 점으로 인해 그는 당대의 희극 작가들, 예를 들어 아리스토파네스 등의 웃음거리가 되기도 하였다. 그런데 그가 델포이의 신전에 가서 신탁을 받아 왔던 것이다.

카이레폰은 아폴론 신전의 무녀에게 소크라테스보다 더 지혜로운 자가 있는지를 물었다. 그랬더니 그녀는 "그보다 더한 지혜가 있는 자는 아무도 없다"고 대답하였던 것이다. 이 말을 들은 카이레폰은 아테네로 돌아와 소크라테스에게 그대로 전했다.

소크라테스는 이에 다음과 같이 생각할 수밖에 없었다. '대체 신은 무슨 말을 하려는 것일까? 그가 뭔가 수수께끼를 내고 있는 것은 아닐까? 나는 내가 지혜로운 자가 아니라는 사실을 잘 알고 있다. 그럼에도 불구하고 신은 내가 가장 큰 지혜를 가진 자라고 한다. 신은 거짓말을 할 리가 없다. 신은 거짓말을 하는 일 따위는 하지 않는다. 그래, 그렇다면 이제부터 오랫동안 신이 무슨 말을 하려고 한 것인지 곰곰이 생각해 보는 수밖에 없겠다.'

이렇게 여러모로 고심한 끝에 소크라테스는 마침내 신의 증언을 시험하는 다음과 같은 방법을 생각해 냈다. 즉 세간에 지혜롭기로 이름난 사람들에게 찾아가 그들의 지혜를 확인하는 것이었다. 소크라테스는 만약 그들이 자신보다 더 현명하다는 것을 보인다면, 그 신탁이 잘못되었다는 사실을 입증할 수 있으리라 생각했다. 그렇게 하면 그 부담스럽고 불가사의한 수수께끼에서도 자연히 벗어나게 될 것이었다. 그래서 그는 이름을 떨치고 있던 아테네 안팎의 정치인, 변론가, 그리고 시인 등의 인물을 찾아다니며, 그들을 상대로 문답을 거듭하였다. 소크라테스 자신의 표현을 따르자면, 그것은 실로 '헤라클레스의 노역'과도 같은 것이었다.

그런데 세심하게 관찰해 가는 동안 소크라테스는 한 가지 몰랐던 것을 알게 되었다. 즉 가장 현명한 인물이라는 높은 평을 들으며 스스로도 그런 평판이 진실이라고 믿고 있는 많은 사람들이, 실제로는 가장 어리석은 자들이라는 사실을 알게 되었던 것이다. 이에 비해 하찮게 여겨지고 있던 자들은 오히려 훌륭하고 지혜로웠다. 그래도 소크라테스는 훌륭한 인사로 꼽히는 자들을 방문하여 계속 대화를 나누어 보았다. 하지만 역시 결과는 시종일관 달라지지 않았다. 이에 소크라테스는 혼자 깊이 생각해 보고 다음과 같은 결론을 내렸다. '나는 스스로가 다른 사람들보다 더 지혜롭다고 생각하지 않는다. 하지만 다른 이들은 스스로가 타인들보다 더 현명한 줄 알고 있다. 하지만 결국 그 사람이나 나 자신이나 무엇이 선한 것이고, 또 무엇이 아름다운 것인지에 대해서 아무것도 모르는 것은 마찬가지이다. 차이가 있다면, 그 사람은 자신이 아무것도 모른다는 사실을 모르지만, 나 자신은 그러한 사실을 알고 있다는 것이다. 즉 아주 작은 그 차이로 지혜의 있고 없음이 결정되는 것이다.'

그래서 소크라테스는, 자기 자신은 지혜로움을 자신하고 있지만 실제로는 그렇지 못한 자들에게 그들의 무지를 깨닫게 해주려고 노력했다. 하지만 그 결과 그는 그런 사람들과 세간으로부터 미움을 받게 되었다. 역시 신의 증언은 부정할 수 없는 진실이었던 것이다.

### 명성

소크라테스는 그 뒤로도 끊임없이 지혜로운 자를 찾기 위한 노력을 계속했다. 그 탓에 그는 세상 사람들로부터 불평을 듣기도 하고 시기를 받게 되었다. 가장 현명한 자라는 신탁이 내려졌던 데다가 명망 높은 사람들의 무지를 증명하고 다니기까지 했으니, 어쩌면 그것은 당연한 일이었다. 그러니 그는 자연히 유명해질 수밖에 없었다. 그러나 그 일은 그의 명성을 드높여 준 동시에, 훗날 그를 법정의 피고석에 앉히는 결과를 가져오게 된다.

이것은 운명의 아이러니처럼 느껴지지만, 사실은 아이러니라고 할 것도 운명이라고 단정할 것도 없다. 이것은 단지 소크라테스 시대의 현실이 필연적으로 가져올 수밖에 없었던 결말인 것이다. 현실은 언제나 냉정한 결말을 짓게 마련이다. 그리고 신앙을 가진 사람이든 아니든, 우리는 이 소크라테스의 행보에서 신탁의 방향 지시에 따른 위인의 일생을 보게 된다. 플라톤의 대화편 《소크라테스의 변명》은 지혜와 지혜로운 자를 추구하는 소크라테스의 인생극을 생생하게 보여 준다. 여기에는 냉정하게 인간의 모습 그대로를 직시하는 소크라테스의 시각이 드러나는데, 이것에는 역시 주목하지 않을 수 없다. 그는 세상에는 현명하지 못한 자들이 무수하다고 생각했다. 그런 사람들은 명성을 동경하는 사람을 비롯하여, 금전에 집착하는 자, 진실을 두려움 없이 짓밟는 자 등등으로, 헤아리면 그 숫자에는 끝이 없다. 소크라테스의 생각에 이러한 어리석음에 대한 무지의 자각은 생애 최대의 회심이었다.

일설로 전해 오는 바와 같이 델포이 신탁의 내용은 "소포클레스는 현명하고, 에우리피데스는 더욱 현명하다. 그러나 소크라테스는 만인 가운데 가장 현명하다"라는 것이었다고 한다. 그리고 소크라테스는 이 신탁을 정당성을 증명하기라도 하듯, 인간의 깨우침을 위해 '무지'와 '무지의 지(知)'를 맞물리게 하는 혜안을 발휘하였다. 이것은 누구나 인간으로서 당연히 자각해야 하는 사실일 뿐만 아니라, 누구도 잊어서는 안 되는 자기 자신에 대한 의무이다. 소크라테스에게는 사람들에게 이러한 점을 일깨워야 하는 사명이 주어진 것이다. 그에 의해 부수적으로 따라 온 명성은 그가 의도한 바가 아니었고 오히려 성가신 것이었다. 그러나 소크라테스는 그로 인한 번거로움 따위는 상관하지 않고 가슴속에 끊임없이 타오르는 횃불로 자신의 이성과 지(知)에 대한 사랑을 밝혔다.

그러한 신념과 의지가 소크라테스의 행동을 뒷받침해 주었다. 그는 계속하여 현명하다고 이름난 인사들을 찾아다녔다. 비극 시인들에게도 갔고, 디오니소스 신의 축제 때 부르는 열광적인 합창곡이나 군무의 노래, 이른바 디티람보스를 만드는 사람들에게도 가보았다. 이뿐만 아니라, 손재주에 능한 장인들에게도 찾아갔다. 이 사람들은 확실히 소크라테스가 알지 못하는 것을 알고 있었다. 그러나 그들 역시 앞서의 사람들과 똑같은 잘못을 거듭하고 있었다. 음악가나 시인, 장인들 할 것 없이 그들은 모두 자신들이 제 분야의 기술적인 면에서 가장 능숙하기 때문에, 그것 이외의 중요한 일들에 대해서도 최고로 지혜롭다고 생각하고 있었던 것이다.

소크라테스가 이러한 활동을 하는 동안, 젊고 시간적 여유가 있는 집안의 자제들 사이에서 그에 관한 관심이 일어나게 되었다. 그래서 그들은 스스로 소크라테스에게 가서 세상 사람들을 살펴 내는 그의 논담을 방청하기 시작했다. 그들 중 일부는 점차 그의 흉내를 내면서 그와 같이 다른 사람을 살피는 일을 하기도 했다. 그런 과정을 통해 그들은 세상에는 뭔가 굉장히 지혜롭고 현명한 것 같지만 사실은 아는 것이 별로 없는 사람들이나, 실은 아는 것이 아예 아무것도 없는 자들이 터무니없이 많다는 것을 발견한 것이다.

신탁 전에도 소크라테스는 이미 세간에 알려진 편이었으나, 이런 일까지 더해지자 그의 이름은 아테네뿐만 아니라 그리스 전역에 알려졌다. 이로써 그는 진리를 추구하고자 하는 이들 사이에서 인생의 사표(師表)로 모실 만한 지자(知者)로서 통하게 된 것이다. 하지만 이러한 유명세는, 역시 '공중과 지하의 일을 조사하고, 빈약한 이론을 강력하게 한다'든지, '신들을 인정하지 않는다'든지 하는 중상을 당하는 원인이 되기도 했다. 소크라테스는 '자기 자신의 영혼을 돌봄'으로써 깊이 '자기 자신을 아는 것'이야말로 모든 인간의 사명임을 자각하였다. 그가 나이 40세 무렵에 경험한 이 회심은, 소크라테스의 전반기 생애에 정점을 찍으며 그 마무리를 이루어 냈던 것이다.

## 소크라테스의 후반생

### 결의

아무렇게나 시간을 보내고, 날을 보내고, 해를 거듭하는 것이 인간이 사는 길은 아니다. 소크라테스의 생애를 알게 될수록, 우리는 인생을 어떻게 사는 것이 진정한 삶을 사는 것인지 점차 깊이 깨닫게 된다. 어쩌면 그는 언제든지 죽을 수 있도록 끊임없이 준비를 하고 있었는지도 모른다. 소크라테스는 생과 사의 의미를 잘 알고 있었기 때문에, 지상에서 선하고 신념에 맞는 시간을 보내려고 하였다. 그리고 그것은 언제 죽게 되더라도 후회하지 않을 결의 아래 살아가는 삶을 의미한다.

이런 인생을 보내려면 자기 인생의 임무를 자각하지 않으면 안 된다. 소크라테스가 띠고 있던 인생의 사명은, 플라톤의 《소크라테스의 변명》에서 그가 직접 말하고 있는 바와 같이, 지혜를 사랑하는 사람으로서 사는 것이었다. 이러한 삶은 지혜를 사랑하고 탐구하면서 자기와 타인을 자세히 살피고 확인하는 것에 다름 아니다. 이러한 삶의 방식은 죽음이나 그 밖의 위험을 두려워하는 사람은 지켜 낼 수 없는 것이다. 만약 그런 사람이 이 길을 택한다면, 자기 신변에 어떤 불안이 닥칠 때마다 자신의 신념을 저버릴 것이 분명하기 때문이다. 그리고 그렇게 한다면 그때 그의 인생은 그야말로 기괴하기 짝이 없는 소극(笑劇)이 될 것이다.

하지만 소크라테스에게는 자기 자신의 안위보다 더 중요한 것이 있었다. 그래서 그는 법정에 불려 나가서도, 또 감옥에 갇혀서도 흔들리지 않을 수 있었던 것이다. 그는 델포이의 신탁을 짓밟을 수가 없었다. 그렇게 하는 것은 신에 대한 배반과 부정이 되기도 한다. 또 자신이 평소에 설파한 말을 생각하면, 죽음을 두려워하는 것은 지자가 아니면서 지자인 체하는 것과 별반 다를 바 없는 짓이었다. 이러한 이유로 소크라테스는 마치 인류의 사명을 위해 살아가겠다는 굳은 결의라도 한 듯이, 아테네의 감옥으로 향하게 될 길을 꿋꿋이 걷게 되는 것이다.

### 출정

아테네는 한시도 고요할 틈이 없이 또다시 전쟁의 풍운에 휩싸였다. 그리고 소크라테스는 그러한 소용돌이의 한가운데서 살아가지 않으면 안 되었다. 그리스에서 전쟁은 잠깐의 평화를 사이에 두면서 계속되고 있었다.

소크라테스는 전 생애에 걸쳐 세 차례나 전쟁에 참가했다. 그는 조국 아테네를 위해 용감하게 나서 혹독한 시간을 인내했던 것이다. 하지만 소크라테스는 그것을 당연하게 생각했을 것이다. 폴리스가 있고 나서 개인이 있는 것이며, 개인이 있고 난 뒤에 폴리스가 있는 것이 아니었기 때문이다. 이것이 당시 아테네 사람들이 지니고 있던 '폴리스적 윤리관'이었다.

소크라테스는 기원전 432년에서 429년 사이에 있었던 포티다이아 전투에 참가했다. 그때 그는 38세 무렵이었다. 또 그는 이 이후 기원전 424년의 델리온 전투, 기원전 422년의 암피폴리스 전투에도 나갔다. 소크라테스는 용감하고 침착한 모범적인 병사였다. 하지만 전투라는 것이 결국 자기 자신과 자신의 공동체를 위해 적이 된 타인들을 죽여야 하는 일인 이상, 위대한 철인인 그가 이런 살육에 성실히 임했다는 사실은 다소 아이러니하게 느껴진다. 소크라테스가 이에 대해 어떤 특별한 말을 남기지 않은 것을 보면, 전쟁의 살육이 정당화되는 인류의 비극은 참으로 오래 지속되고 있다는 생각을 할 수밖에 없는 것이다.

어찌 됐든 소크라테스는 포티다이아 전투에서 부상당한 알키비아데스를 도왔다. 그는 앞에서도 언급했듯이, 소크라테스의 제자이자 에로스의 대상이기도 했던 인물이다. 또 크세노폰이 쓴 《소크라테스의 추억》을 보면, 델리온 전투에 참가했다가 말에서 떨어진 크세노폰도 소크라테스의 용감한 행동 덕분에 목숨을 건졌다. 전쟁터에서의 그는 여느 아테네 병사와 다름없이 위기에서 조국을 구할 일념으로 불타고 있었다. 전쟁은 애국적 전사를 낳게 마련이며, 소크라테스 역시 그 한 사람이었다. 그러나 그는 당연히 해야 할 일을 했을 뿐이라고 생각하여, 결코 자기의 공적을 자랑하는 일은 없었다고 한다.

### 결혼

소크라테스는 중년에 이르러 결혼한 것으로 추정되고 있지만, 그때 그의 나이가 분명히 몇 살이었는지는 알 수 없다. 하지만 그가 사형을 당하게 되었을 때 그의 장남 람프로클레스가 17세 내지 18세였고, 차남과 막내는 어린아이들이었다. 이를 보아 그가 크산티페와 결혼한 것을 50세 전후로 보는 시각도 있다.

플라톤의 《파이돈》에 따르면, 소크라테스의 아내 크산티페는 애정이 깊은 여성이다. 크세노폰의 《소크라테스의 추억》에서도 그녀가 악처였다는 말이 나오지는 않는다. 그러므로 알렉산드리아의 학자들이 전하는 대로, 크산티페가 입이 거칠고 성품이 사나운 여자인지는 분명하게 알 수 없는 것이다. 또 소크라테스가 그 이전에 한 번 결혼을 했었다든가, 중혼을 했다든가 하는 이야기를 전하는 사람도 있는데, 우리로서는 플라톤과 크세노폰의 말을 믿는 편이 옳을 것 같다.

크세노폰의 《소크라테스의 추억》에는 소크라테스와 장남 람프로클레스의 대화가 나온다. 이것은 아들이 어머니에게 화를 내고 있는 것을 보고, 그가 아들에게 여러 가지를 깨우쳐 주고 있는 장면이다. 크산티페에게 화가 나 있는 람프로클레스가 말했다.

"하지만 저렇게 지독한 성품에는 아무도 참을 수 없습니다!"

이에 소크라테스가 대답했다.

"너는 야수의 잔혹성과 어머니의 잔혹성 가운데 어느 쪽이 더 견디기 어렵다고 생각하느냐?"

"저는 어머니라고 생각합니다."

"그렇다면 지금까지 어머니가 너를 물어뜯거나 발로 차거나 한 적이 있느냐? 야수에게는 그런 일을 당하는 사람이 아주 많다만."

"그런 적은 없습니다만, 어머니는 온 세상을 다 준다고 해도 듣고 싶지 않을 만한 말을 하십니다."

"그러나 너는 아주 어릴 적부터 해서는 안 될 말을 하거나, 말썽을 피우거나 하여 밤낮으로 어머니를 성가시게 했다. 또 네 몸이 아플 때면 어머니가 얼마나 걱정을 했는지 아느냐?"

"하지만 저는 지금껏 어머니가 부끄러워할 만한 말이나 행동은 단 한 가지도 한 적이 없습니다."

"그렇다면 너는 어머니의 말을 들을 때의 네가, 극중 배우들이 서로에게서 심한 말을 들을 때보다 더 괴롭다고 생각하느냐?"

"배우는 상대가 자신을 벌하기 위해 나무라고 있다고도, 또 해를 입힐 목적으로 호통을 친다고도 생각하지 않기 때문에 쉽게 참을 수가 있다고 생각합니다."

"하지만 너는 어머니가 하는 말이 어떤 나쁜 마음으로 의도된 것이 아닐뿐더러, 어머니는 네가 다른 누구보다도 잘되기를 바란다는 것을 잘 알고 있지 않느냐? 그런데도 어머니에게 화를 내다니, 너는 어머니가 너에게 악의를 가지고 있다고 생각하는 것이냐?"

"그렇지는 않습니다."

이에 소크라테스는 덧붙여 말했다.

"네 어머닌 너에게 호의를 갖고 있고, 네가 아프면 빨리 나으라고 성심껏 보살피고, 네가 무엇 한 가지라도 불편하지 않도록 애쓰고 있다. 게다가 너에게 많은 좋은 일이 있으라고 신께 기도하고 기원까지 한다. 그런데도 너는 어머니가 냉혹하다고 하는 것이냐? 네가 이런 어머니를 참을 수 없다고 한다면, 나는 네가 선한 일을 참지 못하는 것이라고 생각할 수밖에 없다. 너는 어머니 외에 달리 잘 섬겨야 한다고 생각하는 사람이라도 있는 것이냐? 말해 보거라. 그렇지 않다면 너는 어떤 사람도 기쁘게 해주지 않을 작정을 하고, 장군이든 그 밖의 다른 지배자든 간에 아무도 따르지 않고, 누구의 말도 듣지 않겠다고 결심을 한 것이냐?"

"물론 그렇지는 않습니다."

"그렇다면 너는 다른 사람이 불을 필요로 할 때 불을 피워 주거나, 선한 일의 협력자가 되어 주고, 또 주위 사람이 불행을 겪고 실패했을 때는 가까이서 호의가 담긴 도움과 호감을 주고 싶으냐?"

"그렇습니다."

"그러면 육로나 바닷길로 여행을 하다가 스친 사람들이나 다른 일로 마주친 사람들이, 친구가 되든 적이 되든 너에게는 전혀 상관이 없느냐? 아니면 이 사람들의 호의를 받는 것도 중요하다고 생각하느냐?"

"중요하다고 생각합니다."

"너는 그런 것들은 중요하다고 생각하고 있으면서, 정작 너를 무엇보다도 사랑하는 어머니를 소중히 여길 필요가 없다고 생각하는 것이냐? 너는 모르느냐? 국가만 해도 다른 배은망덕은 문제로 삼지 않고 벌도 주지 않는다. 비록 은혜를 입고 그것을 갚지 않는 자가 있어도 너그럽게 봐주는 것이다. 하지만 부모를 소중히 여기지 않는 자가 있으면, 그에게 벌을 가하고 그를 물리쳐 높은 사람이 되는 것을 허락하지 않는다. 즉 사람들은 이런 인간은 나라를 위해 기원하는 희생을 행할 때에도 신의 뜻에 따르지 않을 것이고, 또 다른 일들을 할 때에도 훌륭하다거나 올바르게 수행하지 않을 것이라고 생각하는 것이다. 그래서 국가는 신원을 조회할 때, 실제로 세상을 떠난 부모의 묘소를 찾고 제사하지 않는 자가 있으면 철저히 조사하는 것이다. 그러므로 아들아, 네가 조금이라도 부모를 소홀히 여겼다면, 신들에게 용서를 구하지 않으면 안 된다. 신들이 네가 은혜를 모르는 사람이라고 생각하고, 너를 보살피기를 꺼리게 되면 곤란하지 않겠느냐. 그리고 또 세상 사람들도 조심하지 않으면 안 된다. 네가 부모의 은혜도 모르는 인간이라고 생각하게 되면, 그들은 너에게 잘 대해줘 봤자 네가 고마운 마음도 갖지 않을 거라고 생각할 것이다. 그래서 그들이 네가 부모를 소홀히 하는 것을 알고 너를 경멸하면, 너는 결국 친구도 없는 외톨이가 되지 않는다는 보장이 없는 것이다."

### 부자 관계

소크라테스는 이렇게 람프로클레스를 일깨웠다. 이것은 소크라테스의 부정(父情)이 드러나는 대목으로, 부자간의 가르침이 이루어지는 흐뭇한 정경을 보여 주고 있다. 그는 계속하여 다음과 같이 말하며 아들의 어머니에 대한 감정을 누그러뜨리려 했다.

"설마 너는 인간이 정욕 때문에 자식을 낳는다고 생각하지는 않을 것이다. 정욕을 만족시키는 방법은 사방에 널려 있으며, 그를 위한 집도 얼마든지 있다. 우리는 어떤 여인이 가장 훌륭한 자식을 낳을지를 고려하여 결혼을 하고 자식을 만든다. 이것은 누구에게나 자명한 사실이다. 남자는 자기와 협력하여 자식을 생산할 상대를 부양한다. 그리고 미래에 태어날 자식을 위해 평생 이익이 되리라고 생각되는 모든 준비를 한다. 가능한 한 최대한의 준비를 하는 것이다. 여자는 자식을 임신하여 그 무거운 짐의 고통을 인내하고, 생명의 위험을 무릅쓴다. 그리고 자기 몸 안의 영양을 자식과 나누고, 또 온갖 고생을 하면서도 마지막까지 감내하다가 마침내 자식을 세상에 내놓는다. 이제 출산을 하고 나서는, 아무런 대가도 없는데 아이를 기르고 돌본다.

갓난아기는 누가 자기를 보살펴 주는지에 대해 아무것도 모른다. 자기가 원하는 것을 알릴 재주도 없다. 어머니는 자식에게 도움이 되는 것과 자식이 좋아하는 것을 스스로 생각하여 그에게 공급해 주려고 애를 쓴다. 그렇게 오랜 세월을 밤낮없이 몸을 아끼지 않고 돌보고 기르지만, 어떤 답례 같은 것은 생각하지도 않는다.

하지만 부모는 그저 자식을 기르는 것만으론 충분하지 않다. 그들은 자식이 배울 수 있을 때가 되면, 자기들이 알고 있는 것과 인생에 도움이 되는 것을 가르친다. 그리고 자기들보다 다른 사람이 그런 교습에 있어 더 뛰어나다고 판단되면, 돈을 들여서라도 자식이 그 사람에게서 교육을 받을 수 있도록 한다. 이렇게 부모란 자기 자식이 최대한 훌륭해지도록 모든 노력을 기울이는 것이다."

### 알키비아데스

기원전 413년, 소크라테스의 나이 57세 때 스파르타가 아테네 국경의 성채 데켈레이아를 점령하는 일이 발생했다. 이로써 아테네는 또다시 전면적인 전쟁 상황을 맞게 되었다. '니키아스의 평화 협정'부터 이 시기에 이르는 세월은 소크라테스에게 일생 최대의 위기가 된다.

그 무렵, 소크라테스의 제자 알키비아데스는 자신이 국가적 총아로서 모든 사람들의 마음을 사로잡고 있다는 사실에 기대어, 아테네에 시라쿠사 정복을 제안하고 그 계획을 추진한다. 그리고 그는 기원전 415년에 아테네 함대의 총사령관이 되었다. 이에 관해 플라톤은 술에 취해 우쭐해하는 그의 태도를 묘사하는 글을 남기기도 했다. 그러나 얼마 안 있어 알키비아데스는 고발을 당하는 처지가 된다.

알키비아데스는 엘레우시스 비교(祕敎)의 신을 모독하는 행위를 했다는 의혹을 받고 있었다. 그러한 때에 아테네에서는 여러 공공장소에 놓여 있던 '헤르마(먼 길을 떠나는 사람들의 수호신으로 여겨지던 헤르메스 신의 조각상)'가 파괴되는 일이 일어났다. 그러자 평소 알키비아데스가 누리는 사랑과 성공을 질투하던 무리들이 그 두 가지 신성 모독 사건을 빌미로 그를 고소했던 것이다. 그에 따라 시라쿠사에 사령관으로 가 있던 알키비아데스는 즉각적인 소환 명령을 받게 되었다. 하지만 상황이 자신에게 매우 불리하게 돌아가고 있음을 간파했던 그는 귀국하는 도중에 스파르타로 도망친다. 궐석재판 결과, 그의 예상대로 극형이 내려졌다.

스파르타로 망명을 한 알키비아데스는 자신을 궁지로 몰아넣었던 조국 아테네에 칼을 겨누는 반역자가 되었다. 그는 스파르타인들에게 아티카 국경의 데켈레이아에 성채를 쌓고, 시라쿠사를 원조하라는 조언을 하였다. 이것은 아테네에 심각한 피해를 끼치는 행위였고, 이러한 그의 행위로 인해 소크라테스는 제자의 죄에 대해 책임을 져야 한다는 비난을 받지 않으면 안 되었다.

이후 스파르타에서 페르시아로 갔던 알키비아데스는 이런저런 일들 끝에, 기원전 407년 조국에 대한 충성을 맹세하고 사람들의 환영을 받으며 아테네로 귀환했다. 그러나 그는 정적들의 선동으로 인하여 그리 오래 조국에 머무르지 못하고, 그해에 또다시 국외로 도망쳤다가 결국 암살되고 말았다.

**태도**

이 무렵 아테네 함대는 아르기누사이에서 스파르타군에게 대승을 거두었다.

그러나 그 승리에는 25척의 함선과 4000명의 희생이라는 그늘이 있었다. 그런데 아테네인들 사이에서는 그 희생이 지휘관들의 태만 때문에 빚어진, 막을 수 있는 손실이라는 여론이 형성되었다. 그러한 민심은 결국 그 전투의 지휘관들을 법정에 세웠고, 그들은 500인 평의회에서 선출된 50명의 위원에 의해 재판을 받게 되었다. 기원전 406년 가을 추첨에 의해 평의회 의원으로 있던 소크라테스는 그 평결에 참가하였다. 플라톤의 《소크라테스의 변명》을 보면, 소크라테스가 이에 대해 다음과 같이 말하는 장면이 나온다.

"나는 여태까지 이 나라에서 달리 공직에 있었던 적은 없지만 평의원이 된 적은 있소. 그리고 마침 우리 부족이 평의원의 집행부를 맡았을 때 여러분은 그 해전에서 표류자를 구출하지 않았다는 이유로 10인 군사 위원회를 일괄해서 재판에 회부하기로 의결했었소. 그런데 그것은 나중에 여러분 모두가 인정했듯이 위법적인 조치였소. 그러나 집행부 위원 중에서 나 홀로 반대하여 그 어떤 위법도 하지 않게 하기 위해 반대투표를 했었소. 그래서 의원들이 나를 고발하여 체포시키려 했고, 여러분도 그렇게 하라고 아우성을 쳤지만 그 가운데서도 나는 구속이나 사형이 무서워서 옳지 않은 의결을 하는 여러분과 한패가 되느니 차라리 법과 정의의 편을 들어 모든 위협을 무릅써야겠다고 생각했던 것이오.

그리고 이것은 아직 국가가 민주 제도 아래 있을 때의 일이오. 과두정치를 하게 되더니 이번에는 또 30인 혁명 위원회가 나를 다른 네 사람과 함께 자기들의 본부가 있는 톨로스로 불러내어 살라미스 사람 레온을 사형에 처해야 하므로 살라미스로 가서 그를 데리고 오라고 명령했소. 위원회는 이와 비슷한 명령을 많은 사람들에게 내리고 있었는데, 그것은 되도록 많은 사람들을 자기들의 범죄에 연루시키려는 꿍꿍이속에서 나온 것이었소.

그러나 그때 나는 말로써가 아니라 행동으로 다시 한번 보여 주었소. 즉 나는 죽음은 조금도―너무 함부로 하는 말투가 아니라면―마음에 걸리지 않지만 부정과 불의는 결코 저지르지 않는다는 것, 그러기 위해서 몹시 조심하고 있다는 것을 보여 준 것이었소. 말하자면 그때의 지배자들은 그토록 강했지만 나를 위협해서 부정에 끌어들이지는 못했던 것이오. 그러나 톨로스에서 명령을 받은 다른 네 사람은 살라미스에 가서 레온을 데리고 왔고 나는 집으로 돌아가 버렸소. 그래서 정권이 곧 무너지지 않았더라면, 아마 나는 그 일로 해서 살해되었을 것이오. 이 일에 대해서도 여러분에게 증언할 사람은 많소.

여러분은 만일 내가 공적인 일에 종사하여 훌륭한 사람다운 행동을 하면서 정의를 편들고, 아울러 마땅한 일이지만 이것을 가장 소중히 여겼다고 한다면, 내가 이 나이까지 살아남을 수 있었으리라고 생각하시오? 그것은 도저히 있을 수 없는 일이오. 아테네 시민 여러분! 그것은 전 세계의 어느 누구도 있을 수 없는 일일 것이오. 그러나 나는 평생을 통해서…… 정의에 어긋나는 일은 여태껏 무슨 일이고 그 누구에게도 동조한 적이 없으며, 나를 중상하는 사람들이 내 제자인 척 말하고 있는 자들 중의 누구에게도 동조한 적이 없소."

### 30인 참주 시대

이와 같이 소크라테스는 언제 어느 곳에서 죽음을 무릅쓰지 않으면 안 될 사태가 일어나더라도 그에 대응할 수 있는 용기와 방법이 있었다. 그는 죽음을 맞이하느냐 정의와 선을 버리느냐를 선택해야 하는 상황에서, 단연코 죽음을 택하려는 태도를 보인 것이다.

소크라테스는 언제나 인간의 일과 도덕을 주제로 삼고, 살아가는 데 있어서 최선의 방식이란 무엇인가를 생각했다. '신을 공경한다는 것은 무엇인가, 불경은 무엇인가, 아름다움이란 무엇인가, 추함이란 무엇인가, 정의란 무엇인가, 사려란 무엇인가, 광기란 무엇인가, 용감성은 무엇인가, 겁이 많고 마음이 약한 것은 무엇인가, 국가란 무엇인가, 위정자란 무엇인가, 정부란 무엇인가, 통치자란 무엇인가.' 그는 이러한 것들을 고민했고, 그 끝에 자신이 최선이라 생각하여 내린 결론을 행동으로 옮겼던 것이다.

이렇게 사색하고 진리와 지혜를 추구하는 생활을 했기 때문에 소크라테스는 정의에 어긋나는 일에 대해서는 민중의 비위를 맞추지 않았다. 물론 권력자의 위협도 통하지 않아서, 그것에 겁을 먹거나 굴복하는 일도 없었다.

기원전 404년, 아테네는 스파르타에 무조건 항복을 하였고, 스파르타의 장군 리산드로스는 30인 참주를 내세워 아테네에서 독재체제가 펼쳐지게 하였다. 하지만 이때에도 소크라테스의 태도에는 아무런 변화도 일어나지 않았다. 당시는 무턱대고 사람을 죽이고, 남의 재산을 빼앗는 등의 일이 공공연히 자행되는 혼란스러운 시기였음에도 불구하고, 그는 흔들림 없이 자신의 태도와 신념을 지켰던 것이다. 하지만 이 시기의 소크라테스에게는 '반역자를 양성하는 자'라는 오명이 씌워지고 있었는데, 그러한 이름으로 그를 비난하는 사람들 중에는 그의 지인들마저 섞여 있었다. 그들은 바로 크리티아스와 카르미데스이다. 크리티아스는 플라톤 어머니의 사촌으로 30인 참주 중에서 가장 과격한 사람이었고, 카르미데스는 플라톤 어머니의 형제였다. 이러한 일이 생긴 것이 기원전 403년이었으니, 이때 소크라테스와 플라톤은 각각 67세와 25세였다.

크리티아스는 에우티데모스(소크라테스의 열성적 제자 중 하나. 플라톤의 《에우티데모스》에 등장하는 소피스트와는 다른 사람이다)를 사랑하여, 그를 유혹하고 이용하려 하였다. 이에 소크라테스는 다음과 같이 말하며 그것을 제지했다.

"아무리 특별하고 훌륭한 애인에게라도 마치 거지가 구걸을 하듯이 애원하고 간원하는 것은, 더구나 선하지 않은 것을 청하는 것은 자유인에게 걸맞지 않은 행동이며, 군자의 도리가 아니다."

그러나 크리티아스는 좀처럼 말을 듣지 않고 자신의 목적을 이루려고 하였다. 그래서 소크라테스는 에우티데모스도 섞여 있는 많은 사람들 앞에서 이렇게 말했다. "아무래도 크리티아스는 돼지의 성질을 가지고 있는 것 같다. 마치 돼지가 돌에 몸을 비비듯이 자기 몸을 에우티데모스에게 비벼대고 싶어 하니까 말이다."

그 말을 들은 크리티아스는 소크라테스를 증오하게 되었다. 앙심을 품은 그는 30인 참주가 되었을 때, 법률에 '언어의 기술을 가르치는 것을 금하는' 조항을 넣기도 한다. 이것은 소크라테스가 청년들과 담화하는 것을 금지한 것과 같았다.

소크라테스는 30인 참주들이 많은 무고한 시민들을 사형시키고, 불법행위를 부추기는 것을 보았다. 이에 침묵하고 있을 수 없었던 그는 평소의 독설과 유머로 공격을 개시한다.

### 대화

소크라테스는 30인 참주들의 악행을 두고 이렇게 말했다.

"소 치는 목동이 소 떼의 수를 줄이고 자기 소들이 말라 가는데도 자기가 서툰 목동임을 인정하지 않는다면, 그것은 기묘한 일일 것이다. 그런데 만약 국가의 지도자가 된 자가 시민의 수를 줄어들게 하고 국가 도덕의 질을 저하시켜 놓고도 그걸 부끄럽게 생각지 않고 자신이 형편없는 지도자라고 생각하지도 않는다면, 그것은 더욱더 기묘한 일일 것이다."

이 말은 30인 참주들의 귀에도 들어갔고, 곧 그 일원이었던 크리티아스와 카리클레스는 소크라테스를 소환하였다. 그들은 법조문을 내세워 소크라테스가 젊은이와 대화하는 것을 금지한다고 통보했다.

이에 소크라테스는 일단 그들에게 그 명령에 대해 이해가 가지 않는 것이 있으면 질문을 해도 좋으냐고 물었다. 그들이 허락하자 소크라테스는 뛰어난 언변과 논리로 추궁을 시작했다.

"나는 언제나 국법에는 따르고자 하므로, 몰라서 무심코 법을 위반하고 싶지 않소. 그래서 지금 당신들에게 분명히 확인을 해두고 싶소. 당신들이 언어의 기술을 가르치는 것을 금한다고 했는데, 그 기술이 진실한 토론을 말하는 것이오, 아니면 옳지 못한 토론을 말하는 것이오? 만약 당신들이 진실한 토론을 의미하고 있다면 나는 이제 진실을 말하는 법을 가르칠 수 없을 것이고, 그것이 아니라 옳지 못한 토론을 의미하고 있다면 앞으로 옳지 못한 토론을 하지 않도록 하면 되기에 묻는 것이오."

그러자 카리클레스는 화를 내며 말했다.

"소크라테스, 당신이 우리가 하는 말을 이해하지 못한다면 좀 더 알기 쉽게 말해 주겠소. 이제부터 당신은 청년들과 일절 대화를 하지 마시오."

그 말에 다시 소크라테스가 말했다.

"그럼 내가 명령받은 것을 제대로 지킬 수 있도록 몇 살까지를 청년이라고 하는지 그 한계를 정해 주시오."

카리클레스가 대답했다.

"아직 지혜가 여물지 않았기 때문에 500인 평의회의 의원이 되는 것이 허락되지 않는 나이를 말하는 것이오. 즉 당신은 30세 이하의 자와는 말을 나누어서는 안 되오."

"물건을 사야 할 때는 어떻게 하면 되오? 만약 상인이 30세 이하라면 가격을 물어서는 안 되는 것이오?"

"그런 것이라면 괜찮소. 소크라테스, 당신은 이미 잘 알 만한 것까지도 자꾸 묻는 버릇이 있는 것 같소. 그런 것은 묻지 마시오."

"그렇다면 젊은 사람이 나에게 뭔가를 물어보고, 그리고 내가 그것을 알고 있다고 해도 대답을 해서는 안 되겠군. 예를 들면, '카리클레스의 집은 어디입니까? 크리티아스는 어디에 있습니까?' 등등과 같은 것 말이오."

"그런 것은 상관없다니까."

카리클레스가 이렇게 말하는데, 크리티아스가 참견을 했다.

"그러나 소크라테스, 잘 기억해 두시오. 이제 신기료장수에 대해서도, 목수에 대해서도, 또 대장장이에 대해서도 말을 하지 말란 말이오. 당신이 이들에 대한 얘기를 너무 많이 해서, 이들이 망가질 대로 망가졌으니까."

"이 사람들에 대한 얘기에서 나오는 정의나 신념, 그 밖의 것들도 안 된다는 것이오?"

"그렇소. 그뿐 아니라 소 치는 목동 얘기도 해서는 안 되오. 만약 그만두지 않으면 당신 스스로 소의 마릿수를 줄이게 될지도 모르니까."

소크라테스는 이 말로 모든 것을 분명하게 알 수 있었다. 그가 목동에 빗대 그들을 비판한 것을 알게 된 그들이 앙심을 품고 자신의 활동에 제재를 가할 마음을 먹게 된 것이었다.

### 고소

당시의 아테네는 소크라테스의 참뜻이 올바로 이해되거나, 또 나아가서는 행동으로 실천되거나 할 수 없는 곳이었다. 이미 그는 청년과의 대화를 금지당한 적이 있었다. 기원전 403년, 30인 참주들의 독재체제는 8개월여 만에 막을 내리게 된다. 그리하여 아테네에서는 일단 민주제가 부활하였지만, 그것으로 아테네가 소크라테스의 위대성이 인정될 정도의 인간적 국가가 된 것은 아니었다. 오히려 그 영광의 땅은 이제 소크라테스의 목숨조차 보장되지 않는 곳으로 변해 가는 정세에 있었다. 만약 그 도시의 찬란했던 영광이 남아 있다고 한다면, 소크라테스를 이해하고 지지하는 사람들의 마음속에만 존재할 뿐이었다. 그러한 현실 속에서 기원전 399년, 소크라테스는 결국 멜레토스, 아니토스, 리콘의 세 명에 의해 고소를 당하기에 이른다.

3인의 고발자가 작성한 고소장 중에는 아래와 같은 내용이 나와 있다.

"피토스 구민 여러분, 멜레토스의 아들 멜레토스는 선서 아래 알로페케 구민, 소프로니코스의 아들 소크라테스를 다음의 건에 대하여 고발합니다. 소크라테스는 국가에서 인정하는 신들을 숭배하지 않고, 새로운 다이모니아(신, 종교행위)를 도입하고, 또 청년을 부패하게 하는 죄를 저질렀습니다. 이에 고발자는 사형을 요구하는 바입니다."

이것이 그들의 이유였다. 그들은 소크라테스의 말과 행동이 위험하다고 판단하여, 이러한 조치를 취한 것이다. 결국 이 사건은 소크라테스의 모든 말과 행동, 그리고 신념이 원인이 된 것이라고 할 수 있었다. 어쩌면 그 역시 그 혼탁한 시대에 지혜와 진리의 추구를 계속하는 것은 죽음으로 이르는 길과 같음을 알고 있었는지도 모른다.

### 의문

소크라테스는 우리에게 인간의 일생의 위대성은 그가 어떤 죽음을 맞느냐로 결정된다는 것을 몸으로 보여 주고 있다. 그러나 그 어떤 위협에도 당당히 맞서며 자신의 마음에서 사명감을 내려놓지 않았던 소크라테스는 자신이 고발을 당한 것을 당연하게만 생각했던 것은 아니었다. 인간은 누구나 살면서 의문을 품게 되는 순간이 있다. 단 한 번의 의구심을 갖는 일 없이 사는 사람은 아무도 없을 것이다. 더구나 소크라테스는 칠십 평생을 살았으니, 그에게도 자신의 삶을 되돌아볼 때 나름의 의문이 있었다. 이러한 의문이 소크라테스 혼자만의 것으로 머무르지 않고 인간의 의문이 될 수 있었다면, 사람들은 인류의 사표가 되는 진실을 배울 수 있었으리라.

소크라테스는 항상 자신의 말에 진실을 담으려 노력했고, 또 진실이 담겨 있다고 믿었다. 그는 기교나 변설을 부리는 법이 없었다. 가정에서 가족과 대화를 할 때에도, 제자들과 토론을 할 때에도, 또 광장에 있을 때에도 그것은 한결같았다. 그는 올바른 방법으로 진실을 말하는 것을 생명으로 여겼다. 하지만 왜인지 그는 허위를 말하여 사람들을 현혹시킨다는 혐의를 받고 있었던 것이다.

이런 주장을 하거나 실제로 이것을 믿고 있던 반(反)소크라테스의 무리는, 오랜 시간 동안 많은 사람들에게 그에 관한 비방을 일삼았고 그에게 허구의 죄를 뒤집어씌우려 하고 있었다. 그들은 "여기에 소크라테스라는 현자가 있다. 그는 천체의 현상에 자신의 생각을 집중하고, 지하의 모든 사상을 탐구한다. 그는 약론을 강변하며 악한 일도 선한 일로 만든다"라는 말을 떠들어댔다. 그리하여 세간에 이러한 소문은 이미 파다하게 퍼져 있던 터였다. 물론 소크라테스는 그렇게 말하는 사람들을 경계하고, 그러한 소문을 두려워했다. 당시에는 소문에서 언급하는 그런 탐구는 무신론자들이나 하는 것이라고 여겨졌기 때문이다.

소크라테스는 이러한 비방을 진실로 믿는 사람들이 많다는 것에 놀랐다. 그런 자들 중에는 희극 작가 아리스토파네스도 있었는데, 그는 기원전 423년에 발표한 자신의 희극 《구름》에서 소크라테스를 풍자하기도 하였다.

그 연극에 따르면 소크라테스는 프론티스테리온, 이른바 '사색의 방'을 주재하며, 그곳에서 많은 제자들에게 문법과 운율학, 그리고 강변술을 가르치고 있었다. 또 천문학과 기상학, 자연 현상 등을 경험에 의하지 않고 머릿속의 이성만으로 생각하는 방법뿐만 아니라, 모기와 벼룩의 생리학까지 교습한다. 아리스토파네스는 소크라테스가 옛 신들을 버리고 그 자리에 에테르라든가 공기, 구름을 놓았다고 생각했다. 즉 그는 소크라테스를, 비를 내리게 하고 벼락을 내리는 것은 제우스가 아니라 구름이라고 주장하는 우스꽝스럽고 위험한 소피스트로 치부하였던 것이다. 그래서 그는 자신의 연극을 소크라테스의 교수 내용에 불만을 품은 학부모들이 '사색의 방'에 불을 지르게 하는 것으로 결말짓고 있다. 사회 일각의 시각이 이러한 정도였으니, 소크라테스는 이미 젊을 적부터 기묘한 지식인으로 취급받고 있었다는 것은 말할 필요도 없을 것이다.

플라톤의 《소크라테스의 변명》에 따르면, 그는 자신을 고발한 사람들은 두 종류라고 생각했다. 그 하나는 직접 고발자인 아니토스와 같은 사람들이고, 다른 하나는 앞서 말한 것과 같이 아주 오래전부터 소크라테스 자신에게 반감을 가지고 있었던 무리이다.

사실 소크라테스를 고소한 무리가 그를 향해 가진 감정은 꽤 뿌리가 깊은 것이었다. 소크라테스는 상대가 누구든 가리지 않고 질문을 하였다. 상대방이 정치가건, 예술가건, 장인이건, 시장의 상인이건 그는 자신의 방법으로 그들의 무지를 보이게 했던 것이다. 소크라테스의 대화는 문답과 그것의 음미로 진행되었고, 그 뒤에는 언제나 상대의 '무지의 지'에 대한 고백이 따를 수밖에 없었다. 그러한 대화는 처음에는 지자라고 자인하는 사람을 위주로 이루어졌지만, 나중에는 장소를 가리지 않고 시도되었다. 델포이의 신탁에 대한 반대 증거를 찾으려고 시작된 일은 점차 그것을 뒷받침하는 증명이 되고 있었고, 그때마다 어떤 사람은 반감을, 또 어떤 사람은 스스로에 대한 수치심을 갖게 되었다. 세상에는 자신의 무지를 자각하여 깨달음을 얻는 사람들보다는 자신의 무지가 폭로되어 분노하는 사람들이 더 많았던 것이다. 이렇게 하여 금전에 대한 욕망과 함께 항상 인간의 마음속에 단단히 들러붙어 있는 명예욕과 자존심은 사람들로 하여금 소크라테스를 증오하게 만들거나, 그렇지 않다면 적어도 귀찮은 존재로 여기게 하였다.

소크라테스는 또 사람들로부터 지혜를 파는 소피스트라는 오해를 받기도 했다. 물론 그는 남을 교육할 능력이 있는 사람이 다른 이들에게 가르침을 주고 그 대가를 받는 것은 괜찮다고 생각했다. 소피스트들 중 레온티노이 사람 고르기아스, 케오스 사람 프로디코스, 엘리스 사람 히피아스 등은 특히 세간에 이름이 널리 알려져 있었다. 이 세 사람은 모두 자기가 좋아하는 폴리스로 가서, 그곳의 청년들을 교육했다. 그들은 사람들을 설득하고 논쟁에서 이기는 방법을 알고 있었고, 자신에게서 배움을 구하는 자들에게 그 기술을 전수해 주고 대가를 받았다. 소크라테스의 말대로 표현하자면 그들에게는 '그곳의 어떤 시민과도 교제할 수 있는 청년들이 그런 교제를 버리고 보수를 치르면서까지 자신들에게 오게 하고, 또 그것을 감사하게 만드는 기술'이 있었던 것이다. 하지만 소크라테스는 그런 소피스트들과는 전혀 달랐다. 그는 우선 조국을 위한 전쟁에 참가하기 위해 아테네를 세 차례 떠났던 것을 제외하면 단 한 번도 다른 폴리스로 나간 적이 없었고, 무엇보다 단 한 번도 자신의 가르침에 대한 사례를 요구한 적이 없었다.

그러나 이러한 차이는 이미 소크라테스에게 사람들의 눈을 흐리는 소피스트라는 낙인을 찍은 그들에게 전혀 문제가 되지 않았다. 이러한 상황 속에서 아니토스, 멜레토스, 리콘의 세 사람은 소크라테스를 고발하기에 이르렀던 것이다.

### 3인의 고발자

소크라테스는 자신에 대한 증오와 비방은 자신의 말과 행동의 진실성에 대한 일종의 반증이라고 생각했다. 그런 의미에서 자신이 고발을 당한 것은 그의 일생이 용기와 신념에 따라 정의와 덕을 지향하는 것이었음을 밝혀 주는 사건이기도 했다.

소크라테스를 고발한 3인 중 멜레토스는 시인들을, 아니토스는 기술자들과 정치가들을, 리콘은 연설가들을 대변하고 있었다. 그들은 각각의 입장에서 소크라테스를 중상하여 고발한 것이다. 명성도 재능도 그다지 뛰어나지 않았던 멜레토스는 자존심에 상처를 입은 시인의 대표자였다. 리콘 역시 이 사건 외에는 사람들에게 별로 이름이 오르내릴 일이 없었던 정치가이자 연설가에 불과했다. 하지만 아니토스는 부유한 상인으로서, 그 부에 의해 명망을 얻을 수 있었던 피혁업자였다. 그는 과거 소크라테스에게서 그의 재능 있는 아들을 학문적 수업에 나서게 하지 않고 왜 피혁업에 종사하게 했느냐는 비난을 들은 적이 있었다.

《소크라테스와 인간의 양심》의 저자 M. 소바주는 이 아니토스에 대해 다음과 같은 설명을 하고 있다.

"그 시대로부터 23세기가 지나, 지금 우리는 알려진 것이 별로 없는 아니토스라는 인물에 대해 새로운 해석을 내리고 있다. 고발자들 중 얼치기 시인 멜레토스와 변론가 리콘은 단역에 불과하고, 주요 고발자는 아니토스이다. 하지만 그가 고소를 할 때 어떤 비열한 동기를 갖고 있었다 하더라도 사실 큰 해는 없었을 것이다. 그가 멜레토스와 리콘의 지지를 돈으로 샀다 하더라도, 그가 가지고 있던 나름의 선의를 완전하게 부정할 수는 없다. 아니토스는 자신이 소크라테스에게 개인적으로 품은 감정은 아무것도 없다고 배심원들에게 단언하기도 하였다. 이런 사람은 보통 철학자들을 중요시하거나 각별한 혐오감을 갖는 경우가 없다. 아니토스는 성공한 사업가로서 유력하고, 경건하고, 선량한 애국자였다. 그는 아테네 사회에서 자기가 수행해야 할 역할과 책임을 분명히 의식하고 있었다. 즉 아니토스는 사회가 자신을 필요로 하며 시민들이 자기에게 크게 지지를 보내고 있다는 자부심으로, 자신이 그 일로 인해 역사에 남게 될 것이라고 암묵적인 확신을 했던 것이다. 아니토스는 특정 계층의 대표자가 아닌 사회적 구조의 대표자이므로, 이런 사람은 어느 시대에나 있기 마련이다. 아리스토파네스에게는 심술궂은 저의가 있었다. 하지만 이 성실한 아니토스에게 그러한 것은 없었다. 그는 다만 당시 아테네의 정신 발전의 더딤과 좁은 도량을 구체적인 형태로 보여 준 인물일 뿐인 것이다."

### 법정

이 세 사람의 고소에 의해 소크라테스는 아테네 법정에 피고소인으로 서게 되었다. 그에게는 아무런 죄가 없었으나, 고발을 당한 이상 재판을 받을 수밖에 없었던 것이다. 그런데 아이러니하게도 이 부당한 재판은 소크라테스에게 영원성을 부여하는 계기가 되었다. 그가 이 재판의 판결에 대응하며 보여 준 자세야말로 그의 이름이 우리의 마음속에, 또 역사 속에 영원히 남게 된 결정적 원인으로 작용하고 있기 때문이다. 이것은 고소인 세 명 중, 아니 당시 그리스인들 중 어느 한 사람도 생각지 못한 일일 것이다.

고소장은 당시의 아르콘(집정관)에 의해 심리의 과정을 거친다. 하지만 아르콘은 단지 고소장이 법에 합당한지 아닌지를 조사하고 소송 당사자를 심문하는 등의 예비 절차를 맡아 할 따름이고, 사실심리와 증거 조사를 하는 것은 배심원들이었다. 그리고 재판관으로서 판결을 내리는 것 또한 그들이었다. 아테네에서는 30세 이상이 된 남자들 중에서, 국가에 채무가 없는 사람들은 누구든지 배심원이 될 것을 희망할 수 있었다. 그리하여 매년 추첨으로 6000명이 1년 임기로 선발되었고, 예비 인원 1000명을 제외한 숫자가 500명 단위로 각각의 법원에 배치되었다.

아테네 법정의 재판에서 가장 중요한 것은 원고와 피고의 변론이었다. 그것이 어떠냐에 따라 재판관의 심증이 좌우되었을 뿐만 아니라, 투표에 의한 평결이 달라졌기 때문이다. 소크라테스의 재판에서도 역시 고발자와 피고소자의 양 당사자가 각각의 변론을 하고 서로 간에 질문과 답변을 주고받았다. 그리고 그 과정이 끝난 뒤 무기명 투표에 의해 유무죄의 여부를 결정하였다. 법정이 내리는 형벌에는 사형, 명예형, 재산형의 세 종류가 있었는데, 때로는 추방을 당하는 경우도 있었다. 그런데 소크라테스의 고발자들이 요구한 형벌은 그중 가장 무거운 사형이었던 것이다.

### 소크라테스의 변명

소크라테스는 자기 변론을 하며 자신의 진가를 유감없이 발휘한다. 그것은 단순한 변론이 아니라, 그의 전 생애의 결백을 증명하는 기회였다. 재판정에서 그는 오래도록 자신을 따라다니던 의혹의 그림자를 물리치는 연설을 하였다. 그의 변론은 진정한 자신의 모습을 세상에 알리는 내용이었고, 양식이 있는 사람에게는 '양심'의 말로서 가슴속에 남을 이야기였다.

"아테네 시민들이여, 나를 고발한 사람들의 말을 듣고 여러분이 어떤 기분을 느꼈는지 나는 모르오. 하기야 그 사람들의 말을 듣는 나 자신도 하마터면 내가 누구인지 잊어버릴 만큼, 그것은 그럴듯했소.

그러나 그 사람들은 진실에 대해서는 거의 한마디도 하지 않고 있소. 그리고 그 사람들이 한 많은 거짓말 가운데서, 특히 내가 놀란 일이 하나 있소. 그것은 마치 내가 말을 잘하는 웅변가나 되는 듯이, 나한테 속지 않도록 여러분에게 조심해야 한다고 말한 일이오. 그러나 여러분이 보다시피 어떻게 보아도 내가 대단한 웅변가로 보이지 않는다는 사실로 말미암아 그 사람들은 나의 반박을 받을 것이 틀림없으니, 이거야말로 그 사람들의 가장 파렴치한 점이라고 생각할 수 있지 않겠소?

……그러면 중상자들이 무슨 말로 비방을 하고 있었는지 밝혀야 하겠소. 먼저 그 사람들을 고발자로 보고 그 사람들이 선서한 구술서를 읽어 보겠소. '소크라테스는 범죄인이다. 그는 하늘 위와 땅 밑의 일을 탐구하고 비리를 강변하는 등 부질없는 행동을 하며 아울러 그 같은 것을 남에게도 가르치고 있다.' 이런 것인 듯하오. 이것은 또한 여러분이 직접 아리스토파네스의 희극《구름》속에서 보고 있는 것이오."

하지만 소크라테스의 고발자들은 자기 자신의 무지와 거짓됨을 책망하는 대신 계속하여 '소크라테스는 괘씸하기 짝이 없는 사람이다. 그는 청년을 부패시키는 죄를 저지른다'는 입장을 견지한다. 사실 소크라테스에 대한 이러한 비난은 전부터 많은 시민들 역시 마음속에 품고 있었던 것이다. 이미 말한 바와 같이 사람들로 하여금 스스로의 무지와 그로 인한 수치를 알게 하면 할수록, 그에게 반감을 가지는 무리는 더욱더 많아지고 있었기 때문이다.

그런 사람들은 소크라테스의 논변에 추궁을 당하여 자신의 무지가 드러난 것에 앙심을 품고, 그가 아테네의 청년들을 타락시킨다고 강변하거나 그가 무신론자라느니 하는 말을 날조하였다. 하지만 소크라테스는 자신의 일을 신에 대한 봉사라고 생각하고 있었으니, 그가 소장의 내용을 듣고 '사실무근'이라든가 '뜻밖'이라는 등의 반응을 보인 것이 너무나 당연한 일이었다.

그래서 소크라테스는 자신이 청년들을 현혹하고, 새로운 신령을 도입했다는 주장에 대해 정정당당히 변론을 편다. 그는 배심원들에게 고발자 멜레토스야말로 진짜 죄인이라고 강변한다. 그는 엄숙한 사안을 농담거리로 삼아 경망스레 소송 사건에 뛰어들었고, 법정에서는 특별히 관심도 없으면서 진지한 모습을 가장하고 있는 것이다. 소크라테스는 이것을 증명하기 위해서 그를 앞으로 불러낸다.

배심원들 앞에 선 멜레토스는 소크라테스의 자세한 질문에 대답하다가, 청년을 선도하는 것은 소크라테스를 제외한 모든 아테네인이라는 요지의 답변을 하게 된다. 그러자 소크라테스가 말한다.

"나는 당신에게서 대단한 불행을 인정받은 셈이다. 그렇다면 이야기해 다오. 당신은 말(馬)에 대해서도 그렇게 생각하는가? 모든 사람들이 말을 좋게 만들고 있는데, 누구 한 사람만이 그것을 나쁘게 만들고 있는가? 아니면, 오히려 그 반대로 말을 좋게 만들 수 있는 사람은 어느 한 사람뿐이거나 또는 아주 소수가 있을 뿐이고, 대부분의 인간들은 말과 함께 있거나 말을 다루거나 하면 오히려 나쁘게 만드는 것이 아닐까?

어떤가, 멜레토스! 말 외에 다른 모든 동물에 대해서도 마찬가지가 아닐까? 당신이나 아니토스가 반대하건 찬성하건 이것은 아주 뚜렷한 일이네."

소크라테스는 다시 그에게 질문을 시작하여, 선량한 이웃과 악한 이웃에 관한 이야기를 한다. 그러자 멜레토스는 사람은 누구나 선량한 이웃과 살고 싶어 한다고 하면서, 그것은 악한 이웃이 있으면 자신도 나쁜 영향을 받게 되기 때문이라고 한다. 이러한 말에 소크라테스가 말했다.

"그렇다면 대체 어떻게 되는 것인가? 멜레토스! 나는 벌써 이 나이가 되었고, 당신은 아직 그 나이라서 그렇게도 큰 지혜의 거리가 생겼단 말인가? 나쁜 사람은 언제나 자기의 가장 가까이에 있는 사람에게 나쁜 짓을 하고, 좋은 사람은 좋은 일을 한다는 것을 당신은 말하지 않았는가? 내가 함께 있는 사람을 나쁘게 만들면 반대로 그 사람한테서 나쁜 일을 당할 위험이 있는데도 알고 일부러 그런다면 그것은 이만저만한 무지가 아닌 셈이다. 그리고 그 결과, 그와 같이 엄청난 악을 내가 스스로 만들어 내려 하고 있다는 것이 당신의 주장인데 그런 일이 있을까?

나는 당신의 말을 믿을 수가 없다. 멜레토스! 또 이 세상의 누구도 믿지 않을 것이다. 아무튼 나는 실제로 남에게 나쁜 영향을 미치지 않았고, 또는 나쁜 영향을 미치고 있더라도 그것은 내가 고의로 하는 것이 아니다. 그러므로 당신은 적어도 이 두 가지 점에서 거짓말을 하는 셈이다."

이제 소크라테스는 자신의 신성 모독에 관한 고발을 논박하기 시작한다. 이에 멜레토스는 처음에는 소크라테스가 국가에서 인정하지 않는 새로운 신령을 믿기 때문에 불경하다고 하다가, 나중에는 그가 헬리오스를 돌이라고 하고 달의 신을 흙이라고 하기 때문에 아예 무신론자라고 한다. 그러자 소크라테스는 그것은 아낙사고라스의 이론이었으며, 그것을 가르치는 강의는 흔하기 때문에 자신이 청년들에게 그것을 소개했다고 하는 것은 어불성설이라고 공격한다. 그래도 멜레토스가 소크라테스는 철저한 무신론자라고 계속 억지를 부리자, 소크라테스는 처음 멜레토스가 언급한 '신령'의 경우를 들어 그의 주장이 내포하고 있는 모순을 밝혀낸다. 신령의 작용을 믿는 사람이 신령을 믿지 않을 수는 없으며, 신령은 신의 사자 또는 아들이므로 그가 무신론자라는 것은 거짓이 되는 것이다. 소크라테스는 이렇게 고발자들의 주장의 허위를 밝혀낸 뒤, 배심원과 방청객들을 향해 다음과 같이 말한다.

"앞에서도 말했듯이, 나는 많은 사람들로부터 온갖 미움을 받고 있소. 그리고 여러분, 그것은 사실이오. 만일 내가 죄를 덮어쓴다면 그때 나를 유죄로 만드는 것은 멜레토스나 아니토스가 아니라 방금 말한 많은 사람들의 중상과 질투가 원인이 될 것이오. 바로 그것이 많은 훌륭한 사람들을 유죄로 만든 것이고 앞으로도 유죄로 만들게 되리라고 생각하오. 그것이 나한테서 끝나는 일은 아마 결코 없을 것이오.

……아테네 시민 여러분! 만일 내가 여러분이 선출한 장관의 명령으로, 포티다이아에서나, 암피폴리스에서나, 델리온에서 내가 배치된 장소에 다른 사람과 마찬가지로 버티고 서서 죽음의 위험을 무릅썼는데, 지금 신의 명령에 따라서

—나는 그렇게 믿고 또 풀이했소만—나 자신이나 다른 사람이나 누구나 잘 살펴서 지혜를 사랑하며 살아가야 하는데도 죽음을 무서워하거나 무언가를 두려워하거나 명령받은 자리를 포기한다면, 그야말로 무서운 잘못을 저지르는 일이 될 것이오.

……아니토스는 여러분들에게 만일 내가 이 재판에서 무죄가 된다면 그때는 여러분의 자식들이 소크라테스의 가르침을 일과로 삼게 되어 모두가 완전히 나빠지게 될 것이라면서, 일단 나를 이 자리에 불러낸 이상 사형에 처하지 않고 내버려 둘 수는 없으며 만일 그렇게 하지 않는다면 처음부터 이런 자리에 불러내지 말았어야 한다고 주장했소. 그런데 만일 지금 여러분이 아니토스의 말을 듣지 않고 나를 석방한다면, 다시 말해서 아니토스의 말을 인용하여 나한테 '소크라테스! 오늘 우리는 아니토스의 말을 따르지 않고 그대를 석방한다. 그러나 여기에는 조건이 있다. 즉 이제까지 해온 탐구 생활은 앞으로 하지 말 것. 지혜를 사랑하고 구하는 일도 하지 말 것. 만일 그대가 여전히 그런 짓을 하다가 붙잡히면 그때는 죽을 것이다.' 말한다면, 즉 나를 이와 같은 조건으로 놓아주더라도 나는 여러분에게 말할 것이오.

'아테네 시민 여러분! 나는 여러분을 경애하오. 그러나 여러분에게 복종하느니 차라리 신에게 복종하겠소. 그리고 나는 내 숨이 붙어 있는 한 내가 할 수 있을 때까지는 결코 지혜를 사랑하고 구하는 일을 그만두지는 않을 것이오. 나는 여러분 가운데 언제 누구를 만나더라도 충고하고 내 소신을 밝히기를 그만두지 않을 것이오. 그리고 그때의 내 말은 평소의 내 말과 변함이 없을 것이오. 세상에 밝은 사람이여! 당신은 지혜와 무력에 있어서 가장 명성이 높고 위대한 나라 아테네 사람이면서 오로지 많은 돈을 손에 넣는 데만 혈안이 되어 있으니 부끄럽지 않소? 명성과 지위에 대해서는 신경을 쓰면서 사려나 진리는 마음에도 두지 않고, 정신을 훌륭하게 만드는 데는 신경도 쓰지 않을뿐더러 걱정도 하지 않는다는 것이 부끄럽지도 않소?' 이렇게 말할 것이오.

……자, 아테네 시민 여러분! 지금까지의 것을 잘 생각해 보고, 아니토스의 말을 따르든지 말든지 하시오. 그리고 나를 석방하든지 말든지 하시오. 나는 설령 몇 번을 죽는 한이 있더라도 그 밖의 것은 할 수 없소.

……그러나 여러분, 만일 여러분이 나를 사형에 처한다면—나는 지금부터 말

하는 이런 인간이기에, 그것은 나의 손해라기보다 오히려 여러분의 손해가 더 클 것이오. 그것은 멜레토스나 아니토스가 결코 나에게 손해를 입힐 수 없기 때문이오. 그 사람들은 그렇게 할 수가 없는 사람들이오. 그 까닭은 훌륭한 인간이 훌륭하지 못한 인간에게 해를 입는다는 것은 있을 수 없는 일이라고 생각되기 때문이오.

물론 사형에 처하거나, 추방하거나, 공민권을 박탈할 수는 있을 것이오. 그리고 이런 일들을 어쩌면 다른 사람들뿐 아니라 이 사람도 아주 크게 나쁜 일이라고 생각하겠지만, 나는 그렇게 생각하지 않소. 오히려 이 사람이 지금 하고 있는 일, 말하자면 사람을 올바르지 못한 방법으로 죽이려 하는 것이 훨씬 큰 악이라고 생각하는 바이오. 그러니, 아테네 시민 여러분! 지금의 이 변명도 내가 나 자신을 위해서 하는 것은 결코 아니며 오히려 여러분을 위한 것이오."

### 판결

소크라테스는 이렇게 자기 변론을 함으로써 자신이 단죄받을 만한 말이나 행동을 한 일이 없음을 유감없이 증명하였지만, 배심원들은 끝내 그에게 사형을 내리고 만다. 판결의 투표는 500명의 배심원, 즉 재판관들에 의해 이루어졌다. 결과는 유죄 280, 무죄 220으로 소크라테스에게 유죄를 선고하고 있었다.

소크라테스는 두 번째 변론을 하였다. 30명의 표만 더 얻었더라면 그는 배심원 반수의 확보로 무죄가 되었을 것이다. 그래서 소크라테스는 아니토스와 리콘이 아니었더라면 멜레토스는 무고한 소송의 대가로 벌금을 물 정도의 득표를 했을 것이라고 말한다. 또한 반농담조로 자기는 유죄 판결을 받기보다는 오히려 프리타네이온(영빈관)에서 대접을 받아야 할 것이라고 주장한다.

멜레토스는 소크라테스에게 사형을 구형해야 한다고 했다. 소크라테스는 피고소자로서 자신의 형벌을 제안할 수 있었다. 그는 투옥의 벌을 받아 11인 집정관의 종노릇을 하면서 목숨을 연장하거나, 돈이 없음에도 벌금형의 판결을 달라고 하거나, 그렇지 않으면 추방형을 제의하여 국외로 떠돌아다녀야 했다.

그의 말대로 사람들은 그가 아테네를 떠나 침묵하며 조용한 삶을 살기를 바랐는지도 모른다. 그러나 그것은 신의 명령을 어기는 것이다. 소크라테스의 생각에 인간에게 가장 선한 일은 덕과 그 밖의 일에 관하여 날마다 담론하고 문답하면서, 자신과 타인을 음미하는 활동이었다. 그에게는 영혼의 탐구와 지혜를 추구하지 않는 삶은 인간의 삶이 아니었던 것이다.

결국 소크라테스는 자신은 재산이 많은 편은 아니라는 점을 들어 은 1므나의 벌금을 제의했다. 그러나 플라톤, 크리톤, 크리토불로스, 아폴로도로스의 제자들은 사형에 대신한 벌금으로는 그 금액이 너무 적다는 것을 염려하여 제시액을 은 30므나로 올려서 자신들이 보증을 섰고, 소크라테스도 그것을 받아들였다.

이어 제2차 투표가 이루어졌다. 하지만 표차는 처음보다 더욱 벌어져 360대 140이 되었다. 1차 투표에서 소크라테스에게 무죄의 표를 주었던 배심원들 중 80명이 돌아선 것이다. 그리하여 마침내 소크라테스는 사형을 선고받게 되었다.

### 최후의 변명

소크라테스에게 허용된 시간은 이제 얼마 남지 않았다. 하지만 일흔의 나이에 죽음이 주어졌다고, 갑작스럽게 준비해야 할 일은 아무것도 없었다. 그는 평생을 언제 죽어도 상관없을 만큼 후회 없이 살아왔기 때문이다.

오히려 그는 아테네 동포들과 자신의 재판에 참여한 배심원들, 그리고 방청객들에게 하고 싶은 말이 있었다. 그가 죽음을 코앞에 두고 한 생각은, 또 남기고 싶었던 말은 무엇이었을까?

"아테네 시민 여러분! 사실 많지 않은 재판 시간 때문에 여러분은 욕을 듣고 비난받을 것이오. 이 나라를 나쁘게 말하려고 하는 인간들로부터 여러분은 지혜 있는 자 소크라테스를 죽였다고 해서 비난받을 것이오. ……다만 나의 죽음을 표결한 사람들에게 말하는 것이오. 그리고 한 가지 더 이런 말을 그 사람들에게 하고 싶구려. 아테네 시민 여러분! 여러분은 아마 내가 패소한 것은 할 말이 없었기 때문이라고 생각할 것이오. ……내가 패소한 것은 같은 부족이기는 하지만 말이 부족해서가 아니라 후안(厚顔)과 무치(無恥)가 부족했기 때문이오. 말하자면 여러분이 가장 듣고 싶어 하는 말을 나는 이야기할 기분이 나지 않았기 때문이오.

……죽음을 면하는 방법은 얼마든지 있소. 아니, 어려운 일은 그런 것이 아닐 것이오. 여러분! 죽음을 면하는 일이 아닐 것이오. 오히려 천함을 면하는 일이

한결 어렵소. ……그래서 오늘 나는 여러분이 지워 주는 죽음의 형벌을 지고 이 자리를 떠나려 하고 있지만 이 사람들은 진실이 지워 주는 흉악과 부정의 형을 짊어지고 여기서 나가는 것이오. ……여러분은 나의 죽음을 결정했지만, 내가 죽은 뒤 머지않아 여러분에게 징벌이 내릴 것이오. 그것은 여러분이 나를 사형에 처한 것보다, 제우스에게 맹세코 훨씬 쓰라린 형벌이 될 것이오. ……만일 여러분이 사람을 죽임으로써 '여러분의 삶이 옳지 않다!'고 남이 비난하는 것을 막으려 한다면, 그것은 훌륭한 생각이 아니기 때문이오. ……남을 억누르기보다는 오히려 자기 자신이 착한 사람이 되도록 힘쓰는 편이 훨씬 훌륭하고 쉬운 방법이오. 그러면 이상이 내게 사형의 투표를 한 여러분에 대한 내 예언이며 이로써 이제 작별하기로 하겠소.

그러나 내게 무죄의 투표를 해준 여러분과는 오늘 여기서 일어난 일을 가지고 잠시 이야기를 나누고 싶구려. ……이제까지 다른 경우에는 이야기를 하고 있으면 그야말로 시도 때도 없이 (내게 언제나 나타나는 신이) 내 말을 도중에서 가로막곤 했던 것이오. 그런데 이번에는 이 사건에 관한 한, 행동에서나 말에서나 끝내 반대를 하지 않더란 말이오. ……무엇보다도 내 몸에 일어난 것이 확실한 증거요.

……나는 내게 유죄 투표를 한 사람들이나 나를 고발한 사람들에 대해서 그다지 화를 낼 생각은 없소. ……내가 그 사람들에게 바라는 것은 다만 이것뿐이오. 여러분! 내 아들들이 성인이 되거든, 내가 여러분을 괴롭힌 것과 똑같이 그 애들을 괴롭혀서 분풀이를 해주시오. 만일 그 애들이 자기 자신을 훌륭하게 만드는 것보다도 금전이나 그 밖의 일에 먼저 뜻을 두거나 또는 너무나 보잘것없는데 벌써 무엇이나 된 줄로 착각하거든, 너희가 유의할 일엔 유의하지 않고 하찮은 인간들인 주제에 제법 무언가 상당한 인물이나 된 것처럼 생각하고 있다고, 내가 여러분에게 했듯이 그 애들을 나무라 주시오. 만일 여러분이 그렇게 해준다면, 나 자신도 아들도 여러분에게서 올바른 대우를 받은 것이 될 것이오.

그러나 이제 끝을 맺어야겠소. 시간이 되었구려. 이제 가야 하오. 나는 죽기 위해서, 여러분은 살기 위해서. 그러나 우리 앞길에 기다리고 있는 것은 어느 쪽이 더 좋은지 아무도 모르오. 신이 아니고서는."

### 결과

이 마지막 변명을 한 뒤에 소크라테스는 이미 서두에서 말한 것처럼 약 1개월 동안 감옥 안에서 살고 있었다. 그는 가족과 친구, 제자들과의 대화로 자신의 마지막 시간을 보냈다. 그는 두려워하거나 흐트러진 모습을 보이지 않았고, 기분이 깊이 가라앉는 일도 없었다. 또한 그는 친구와 제자들이 끊임없이 탈옥을 권유해도 고집스레 응하지 않았다. 그것은 아마도 그에게 자신의 결백에 대한 확신과 인생행로에 대한 자부심, 그리고 영혼불사에 대한 믿음이 있었기 때문일 것이다.

소크라테스는 죽는 순간까지 아무도 흉내 낼 수 없는 말과 행동을 보여 주었다. 그것은 교묘한 말재간이나 꾸며 낸 행동이 아니었다. 그의 언동은 그를 지켜보는 사람의 마음속으로 스며들어, 그 속으로 깊이 파고드는 것이었다. 그의 곁에서 그것을 듣고 본 사람들은 특별한 노력을 하거나 경험을 겪지 않아도 그저 그의 진실함에 대한 믿음을 갖게 되었을 것이다.

기원전 399년, 소크라테스는 아테네의 감옥에서 예정대로 죽음을 맞았다. 그리고 그의 죽음은 그 동시대인과의 결별인 동시에 인류 전체와의 해후가 되었다. 그렇게 죽음을 맞은 날부터 소크라테스는 '역사의 눈'이 되었던 것이다. '역사의 눈'이란 시대를 막론하여 인간의 비판자이자 거울이 되며, 인류에게 하나의 목표로 작용하는 존재이다. 다시 말해, 그는 그 이후 역사상에 등장한 위대한 인간과 사상의 한 전형이 되었던 것이다.

우리는 이제 '소크라테스의 사상'을 말하지 않으면 안 되지만, 그보다 먼저 그 사상의 형성과 떼어 놓을 수 없는 '소피스트'를 살펴보도록 하겠다.


## 소크라테스와 소피스트

### 배경

그리스에서는 기원전 6세기에 철학이 싹트기 시작하였다. 처음 철학자들은 자연을 관찰과 사색의 대상으로 삼았으나, 그로부터 1세기가 지나 소크라테스의 시대에 이르자, 그 대상은 점차 바뀌게 되었다. 그리고 그러한 변화에서 매개의 역할을 했다고 여겨지는 것이 소피스트의 활동이다.

소피스트는 '지자(知者)'라는 의미이지만, 그들은 '지혜를 파는 사람', '변론가', '궤변가' 등등의 가지각색의 명칭으로도 불린다. 하지만 이 정도의 명칭은 그나마 괜찮은 편이고, 이보다 더한 '악명'도 많았다. 이렇게 별칭이 많았다는 것은 그만큼 그들의 활동이 왕성했다는 사실에 대한 암시이기도 하다. 그러나 그들은 정확히 말해 전문적인 학자가 아니라, 학문이나 지식의 '해설가'였다. 그런데 그들이 한 것은 그냥 해설이 아니라 '유용한 해설'이었기 때문에, 그들 중에는 유명세를 누리는 사람도 많았다. 이러한 소피스트들의 활동은 그리스 철학사에서 무시 못 할 위치를 차지하고 있는데, 그 중요성을 한마디로 나타내 주는 것이 압데라 사람, 프로타고라스의 '만물의 척도는 인간이다'일 것이다.

탈레스가 그리스 식민지인 이오니아 지방의 밀레투스에 최초로 철학의 빛을 드리운 이후부터 소피스트가 등장하기 전까지, 철학은 자연 연구를 중심으로 전개되었다. 철학은 인간을 에워싼 경이로운 환경, 즉 자연에 관한 합리적 고찰을 주요 과제로 삼았고, 그 관심을 인간으로 돌리는 경우가 없었다. 당시의 철학자들은 인간의 대화와 내면의 응시가 갖는 의미에 대해 생각해 본 적이 없었고, 질문과 토론이 인간의 마음을 변화시킨다는 것 또한 아직 알지 못했다. 그래서 그들은 그저 아무 말도 없는 자연과의 대화를 통해서만 자신들의 의문을 해소하고자 했다. 자기가 지닌 여러 가지 놀라움과 의심에 대한 대답을 자연에서 찾으려 하여, 탈레스처럼 '만물의 근원은 물이다' 식의 결론을 내고 있었던 것이다.

이 고대의 그리스인들이 이렇게 우주와 자연을 탐구하고, 그 원리와 이치를 해명하려 했던 것이 순수한 지적 호기심 때문만은 아니라. 그들은, 그러한 원칙과 논리를 세움으로써 마음의 혼돈과 어지러움을 잠재워 가라앉힐 수 있다는 점을 알게 모르게 깨닫고 있었던 것이다. 그들은 그러한 마음의 논리를 자연을 매개로 얻고 있었다. 그것은 마치 자연으로부터 온 빛에 인간의 마음을 비추어 보는 것과 같았다. 말하자면 자연의 로고스(도리, 이치)가 인간의 로고스를 대신하고 있었던 것이다.

그러나 기원전 5세기가 되면서 등장한 소피스트들은 인간에 관심을 가지기 시작했다. 그들은 자연의 로고스에 인간을 비춰 보는 단계에서 한 걸음 더 나아갔던 것이다. 사실 자연 연구의 방법을 인간의 관찰에 응용하지 못할 것도 없었다. 시대적으로는 그렇게 할 수 있는 배경도 이미 갖추어져 있었고, 그들은 그것을 이용할 수 있는 지혜를 갖고 있었다. 이제 전(前) 세대의 철학자들이 자연과 대화할 때 썼던 무기를 인간 연구를 위한 도구로 전환하는 '기술'이 구비된 시대가 되었던 것이다. 말하자면, 소피스트들은 필연적인 전환의 시점에 서 있었다.

인간은 자연에 자신을 투영하여 자연의 모습을 알 수 있는 것이다. 즉 아날로기아(개념의 유비)의 기술이 없으면, 인간은 자연의 상(像)을 파악하지 못한다. 자연 연구를 하려면 자연물 간의 비교뿐만 아니라, 그 차이의 근원에 대한 파악도 필요하다. 이러한 필요성에서 아날로기아의 발전이 이루어졌고, 그 결과로 자연뿐만 아니라 인간에 대한 이해도 증가하였다. 그리고 소크라테스와 소피스트들은 바로 이 무렵에 위치하게 되었던 것이다.

소피스트들은 인간에 대한 탐구를 진행하며, 인간의 아날로기아에 그들의 특별한 테크네(기술)를 발휘하기 시작했다. 그것은 다름 아닌 로곤 테크네(언어의 기술)인데, 아마도 말하는 법을 연구한 것은 소피스트가 처음일 것이다. 이전에 이루어졌던 자연에 대한 탐구에는 그러한 테크네가 필요하지 않았다. 이 탐구의 '합리성'은 '자연의 도리'에 일치해야 하는 것이지, '언어의 도리'와 조화를 이뤄야 하는 것은 아니었기 때문이다. 그러나 이렇게 인간에게 직접적인 회답을 하지 않는 자연을 연구할 때와는 달리, 인간을 탐구의 대상으로 삼는 경우에는 즉각적이고 직접적인 반응을 얻을 수 있었다. 그것은 거기에 테크네가 파고들 여지가 있음을 의미했고, 이리하여 소피스트들은 인간 연구에 '언어의 기술'을 사용하기 시작했던 것이다. 그들의 탐구는 바로 이 점에서 이전 세대의 철학과 구별된다. 그들이 행한 연구가 과연 인간 연구라고 할 수 있는가는 엄밀한 고찰이 요구되는 문제이지만, 그들이 인간을 관심의 대상으로 삼았다는 것은 분명한 사실이다. 그리고 그러한 소피스트들의 관심이 그 시대적 배경으로부터 비롯된 것이라는 점에서, 그들도 다분히 시대의 아들이라는 색채를 띠고 있는 것이다.

**활동 무대**

소피스트들이 활동했던 시기는 기원전 500년 무렵부터 그 이후 40년 동안이다. 어떤 사람들이 소피스트로 활동했으며, 또 그들이 한 일이 무엇인가를 분명히 말하기는 매우 어렵다.

그러나 소피스트들 중 특히 소크라테스와 연관이 있었던 사람들의 실존 여부와 그 경향은 대부분 기록으로 남아 있다. 구체적으로 살펴보면 프로타고라스, 고르기아스, 프로디코스, 히피아스, 에우에노스 등과 같은 사람들이 그 예이다. 이들은 플라톤의 《소크라테스의 변명》에 나오는 소크라테스의 증언을 통해 그 실재가 인정되고 있으며, 그 사고법도 어느 정도 드러나 있다. 나아가 플라톤은 이들 중 특정 인물을 등장시킨 《프로타고라스》와 《고르기아스》 등의 대화편을 쓰기도 하였고, 그 작품들에는 소크라테스와 그들과의 수많은 문답이 상세하게 서술되어 있다.

이러한 사람들은 한 장소에서 정주하지 않고 이곳저곳을 돌아다니며 강의를 했다. 이들은 사람들에게 덕과 변론에 관해 가르쳤을 뿐만 아니라, 레토릭(변론술)과 에리스티케(문답경기)에 관한 수업까지도 했다고 한다. 그들의 가르침은 대가를 내야 하는 것이었는데, 바로 이 점 때문에 그들에게 '지식을 매물로 만든 자'라는 악명이 생겼는지도 모른다. 꽤 이름이 높았던 소피스트였던 프로타고라스도 물론 수업료를 받기는 했지만, 그가 돈을 받는 방식이나 액수는 적당한 것이었다고 한다. 그러나 고르기아스 등과 같이 상당한 금액을 요구하는 사람도 많았던 모양이다.

이러한 이유로 인해 소피스트들에게 가르침을 받는 것은 부유한 집의 자제들이었다. 이때는 펠로폰네소스 전쟁이 시작되기 전으로, 민주정치가 한창 꽃피어 있을 때였다. 그리고 이것은 비록 태생이 좋지 않아도 지식과 변론의 재주에 의해 페리클레스 같은 인물이 될 수 있다는 것을 의미했다. 그래서 이 시기에는 청년들의 지식욕과 영달의 욕구가 왕성하게 분출되었을 것이다. 그리고 그러한 풍조를 직접적으로 조장했다고까지는 할 수 없지만, 소피스트들이 그러한 분위기에 편승했던 것은 사실이다.

**특색**

플라톤의 《프로타고라스》는 '덕에 관한 문제'를 중심 주제로 삼고 있는데, 그 전반에 걸쳐 소피스트의 특색을 상당히 명확하게 전하고 있다.

우리에게도 그 이름이 알려져 있는 프로타고라스는 뛰어난 소피스트로서, 다른 사람도 뛰어난 사람으로 교육할 수 있었다고 한다. 그가 터득한 교수의 기술은 설득과 변론술에 관한 것이었다. 프로타고라스는 다른 소피스트들에게는 결여되어 있었던 이러한 기술들을 구비하고, 공공연히 스스로를 선전했다. 그는 자신이 소피스트라고 선언하였고, 나아가 교육을 하고 덕을 가르칠 수가 있다고 말했다. 이 프로타고라스는 그러한 가르침에 대한 대가를 요구한 최초의 인물이었던 것이다.

아테네의 한 청년으로서, 유망한 인물이 되고자 했던 히포크라테스는 이런 프로타고라스에게서 지식을 배우기를 열망했다. 그는 그러한 일념으로 소크라테스에게 프로타고라스에게 데려가 달라고 부탁한다. 그러한 청에 소크라테스는 그 사람에게 돈을 지불하고 나면, 그가 너도 지자(知者)이게 해줄 것이라고 말한다. 어쨌든 간에 소피스트란 '현명한 일들을 알고 있는 사람'이자 '언어의 기술에 대한 지식을 갖고 있는 사람'이었고, 그들의 임무는 사람들에게 지식을 전수하는 일이었다. 기원전 433년 무렵, 프로타고라스는 이미 고령이었지만, 당시 모든 사람들은 그를 로고스의 일인자로 부르고 있었다.

하지만 소크라테스는 히포크라테스에게 "소피스트란 영혼의 양식이 되는 것을 상품화하여 도매, 또는 소매로 파는 자인 듯하다"라고 말한다. 소크라테스는 소피스트들의 성격을 간파하고, 그들을 좋지 않은 시선으로 보고 있었던 것이다. 프로타고라스를 찾아가며 이런 말을 한 것을 보면, 그가 프로타고라스를 완전히 소피스트로 취급했다는 것을 알 수 있다.

소크라테스는 프로타고라스의 집에 찾아가 그와 그 외의 다른 소피스트들(프로타고라스의 집에 함께 있던 엘리스의 히피아스, 키오스섬의 프로디코스 등)을 논파하고 설복시켰다. 소크라테스는 그때 이미 소피스트 이상의 뭔가를 지니고 있었다. 이에 프로타고라스도 소크라테스의 지혜에 탄복하고 존경을 나타냈다고 한다. 당대 일류의 소피스트였던 그는 그만큼의 안목이 있었던 것이다.

프로타고라스는 스스로 이렇게 말했다. "나는 어느 나라든 찾아가서 그곳의 가장 우수한 청년들을 설득하여, 지역과 나이를 막론한 다른 교제를 그만두게 하고 나를 따르게 하겠다. 그리고 나와 함께하면 가장 뛰어난 인간이 될 수 있다고 믿게 만들겠다. 그러나 이런 일을 하는 사람은 시기를 초래할 뿐만 아니라, 적대감을 부추기고, 음모를 당하기도 하므로 깊이 주의하지 않으면 안 된다." 이에 대해 소크라테스는 무엇에 관해 뛰어난 인간이 되고, 어떤 방향을 향해 진보하는가를 문제 삼는다. 그러자 프로타고라스는 가정을 다스리고, 국가나 공공의 일에 관해서 유력한 사람이 되며, 또 그것들을 논하고 행함에 있어 유능한 사람이 되는 것이라고 대답한다. 그것은 곧 청년들에게 국가나 공공을 위한 기술을 함양시키고, 그들을 사회 발전에 이바지할 수 있는 인간으로 만든다는 이야기였다. 그리고 결국 여기서 '도덕의 문제'가 떠오르게 되었다.

### 로곤 테크네(언어의 기술)

그러나 소피스트들이 덕의 본질을 문제로 삼았거나, 그것을 추구하고 가르쳤던 것은 아니었다. 그들이 가르친 것은 교묘한 화술과 논쟁의 방법, 즉 레토릭이라든가 에리스티케였던 것이다.

그들은 어떤 동일한 사실에 대한 이야기를 할 때에도 길게 말하거나 짧게 말할 수 있었고, 그 이야기를 듣고 상대가 어떤 생각을 하게 하거나 하지 못하게 할 수도 있었다. 그들은 전제나 가정의 논리를 사용하거나 현란한 말솜씨를 구사하여, 한 가지 사실을 어떤 사람에게는 이러하고 또 다른 사람에게는 저러하게 만들 수 있었던 것이다. 하지만 그러한 언변으로부터 나오는 결과가 어떤 것인지는 날카로운 마음과 눈을 지니고 있으면 금세 알 수 있다. 그리고 그러한 말의 기술에서 비롯되는 최악의 폐해는 그것이 덕에 관한 진실까지도 왜곡할 수 있다는 것이었다. 그러한 논리에서 누구나 '그렇다'고 인정할 수 있는 보편적인 진리, 즉 객관성이 보장될 리가 없었다. 소크라테스는 일찌감치 소피스트들이 가져올 수 있는 이러한 피해를 꿰뚫어 보고 있었다. 그는 진실을 망각하고 테크네(재주)에 일찍 눈을 뜨면, 철학의 정신을 알기 전에 모사꾼으로 추락한다는 것을 누구보다도 잘 알고 있었던 것이다.

소크라테스는 프로타고라스와 덕에 관한 논쟁을 벌인 적이 있었다. 프로타고라스는 덕은 절제, 용기, 경건, 정의로 구성되어 있다고 했다. 그러면서 덕이라는 것은 전문적인 지식과는 다르며, 지혜를 추구하는 소피스트들에 의해 교육될 수 있다고 주장한다. 이에 소크라테스는 덕을 교육할 수 있다는 사실에는 동의하면서도, 그것이 지식과 관련이 없다는 주장에는 반론을 폈다. 그는 덕의 구성 요소에 대해 알지 못한다면 덕을 추구할 수도 없다고 본 것이다. 어떤 확실한 지식 없이 추구하는 덕은 각 개인에 따라 달라질 수 있는 것이고, 그런 가지각색의 덕은 결국 어떤 잘못된 생각이나 오류에 이를 수 있었다. 그렇다면 같은 맥락으로 '자신의 분수를 지켜라', 또는 '너 자신을 알라'라는 말의 진실도 각 사람이 각각 제멋대로 생각하여 결정지을 수 있게 된다. 그러므로 프로타고라스가 '지혜롭지 않은 자도 용감할 수는 있다'라는 주장을 한 데 대해, 소크라테스는 '지혜롭지 않은 자의 용감함은 용기가 아닌 만용이다'라는 논리를 전개한다. 즉 그는 어떤 것을 추구하기 위해서는 그 자체에 관한 앎이 전제되어야 한다고 생각했던 것이다.

이러한 점을 보면 소피스트가 지식을 획득하는 방법, 즉 지혜의 기술을 가르쳤는지는 몰라도 '앎'이나 지혜 그 자체를 추구하거나 가르치지는 않았다는 것을 알 수 있다. 다시 말해, 그들이 절대적인 진리를 탐구했다고 생각하기는 매우 어려운 일인 것이다. 이것은 소크라테스와 소피스트들 사이에 존재하는 커다란 차이이다. 또 소피스트들은 직접 강의를 하는 방식으로 자신이 아는 바를 전달하였지만, 소크라테스는 '가르치는 일'은 하지 않았던 것으로 생각된다. 즉 그는 상대방이나 제자들이 스스로 자각에 이르게 하였을 뿐이지 지식 자체를 가르친 것은 아니다. 이때 그가 사용하던 화법이 디아렉티케(변증술)나 '산파술'인데, 이것들은 '언어의 기술'에 속하지만 소피스트의 테크네인 레토릭이나 에리스티케와는 구분된다.

### 그 시대의 철학

소피스트들은 당시 아테네에 사상과 행동의 장을 제공해 주었다고 할 수 있다. 소피스트라는 말이 '지혜를 잘 활용하는 사람', '지혜의 유용한 활용을 돕는 사람'이라는 어원을 가지고 있었던 만큼, 그들이 전혀 지혜와 무관했던 것은 아니다. 소크라테스조차 그들에게서 어느 정도의 지혜와 현명함을 보았을 것이다. 하지만 그는 그러한 다소간의 유용함보다는 그들의 가르침에 잠재하는

'두려운 결과'에 더 주목할 수밖에 없었다. 그리고 무엇보다 그는 지혜와 덕의 근원과 본질을 알고자 하기에 계속 소피스트들의 가르침에 기댈 수는 없었을 것이다. 그리하여 소크라테스는 탐구의 내용 면에서, 또 방법 면에서 소피스트들과 결별하지 않으면 안 되었다.

이 시대에는 엠페도클레스, 아낙사고라스, 레우키포스, 데모크리토스 같은 훌륭한 자연철학자들이 등장하기도 했다. 이 사람들은 이오니아 자연철학파에 속하는 학자들로서 소피스트들과는 계통이 다르다. 이들은 자연 현상과 그 원인 등을 연구하며 궁극적으로 우주와 세계의 근원을 찾으려 했고, 소피스트들에게는 우주나 자연보다도 인간이 문제였다. 소피스트들은 이미 말한 바와 같이 자연 연구의 결과에서 비롯되던 학문적 필연을 포착하여, 시대의 요구에 예민하게 반응하던 사람들이었다. 그들은 어떤 원리나 이치보다는 실생활에 도움이 되는 지식의 중요성과 변론의 유용함을 간파했고, 그것들을 가르치고 돈을 받았다. 그들은 그것은 가르치는 사람에게나 배우는 사람에게나 이익이라고 생각했다.

하지만 남을 가르치는 것도, 또 변론에 능한 사람이 되는 것도 단지 남 앞에 서서 목소리만 높인다고 되는 일은 아니다. 사실 소피스트들은 선대와 동시대 자연철학자들의 땀과 노력, 즉 자연철학의 연구 결과를 어느 정도 인정하고 있었다. 그것은 자연에 고정되었던 시각을 인간으로 향했던 학문적 동기와, 그들의 논거와 논증의 바탕에도 반영되어 있다고 할 것이다. 하지만 그들은 논리를 구성하는 언어적 표현의 형식 면에서 이전과는 완전히 다른 방식을 선택했다. 이오니아 자연철학의 표현 형식은 '촌언(寸言)'이었다. 자연철학자들이 우주와 자연을 연구하는 데 '대화'나 '문답' 또는 '변론'을 사용할 수는 없었기 때문이다. 하지만 촌언은 살아 움직이는 말이 아니며 그것에는 흐름이 없다. 즉 그것은 행동하는 인간을 파악하고 설명하기에는 불편하고 불리한 형태인 것이다. 그래서 관심의 대상이 자연에서 인간으로 변화함에 따라, 그러한 탐구에 더욱 적당한 언어가 발견되었다. 즉 소피스트들이 언어의 기술을 개발한 것이다.

소크라테스 역시 젊었을 때 자연철학에 관심을 가져 아낙사고라스의 이론을 탐구한 적도 있었다. 하지만 그는 그것이 기대와는 달리 자신이 찾고 있던 해답을 주지 못하자 자연 연구로부터 몸을 빼냈다. 그렇다고 해서 소크라테스가 소피스트들이 중요시하던 그 '생활의 지혜'로 향한 것은 아니다. 그는 사실 잘사는 것에도, 또 국가나 사회 속에서 두각을 나타내고 높은 지위에 오르는 것에도 관심이 없었다. 소피스트들의 관심사와 소크라테스의 주제는 서로 배치되는 것이라고 할 수 있을 정도였다. 그래서 그 이후부터 소크라테스는 이데아라든가 영혼의 불멸 등에 관해 고찰하기 시작하여, 오로지 인간 연구를 통한 '보편'의 발견을 추구하게 되었다.

소크라테스가 이 길에 들어선 데에는 '델포이의 신탁'이라고 하는 계기가 있었다. 하지만 역시 소크라테스에게는 인간 음미의 사명감을 자각하게 하는 신 이외의 현실이 있었을 것이다. 급변하던 아테네의 상황과 소피스트들이 지자를 대표하는 풍조 속에서 소크라테스의 등장은 어쩌면 필연적인 것이었는지도 모른다. 이런 배경에서 소크라테스는 소피스트들과도, 또 자연철학자들과도 다른 자신만의 철학을 탄생시키게 된다. 그는 전통적 학문에 변화를 가져오며, 인간과 인간을 에워싼 국가가 나아가야 할 방향을 제시하는 새로운 철학을 전개하기 시작한 것이다.

## 소크라테스의 제자들

### 유일한 제자

소크라테스를 정신적 스승으로 여기는 사람은 수없이 많다고 할 수 있다. 일단 철학에 뜻을 품은 사람은 그의 사상을 통해 세례를 받았을 것이고, 그 밖에도 많은 사람들이 그의 '변명'에서 회심의 동기를 얻었을 것이다. 이렇게 그는 시대와 장소를 초월하여 영존하고 있다. 영혼은 불멸한다는 자기 자신의 믿음처럼, 그는 확실히 어떤 정신적인 존재로서 아직도 우리 가운데 살아 있는 것이다.

이러한 소크라테스는 말하는 철인이라기보다는 오히려 행동으로 가르치는 스승의 표상이다. 그는 아무것도 강제하는 것이 없었으며, 가르치지 않고 가르쳤다. 그래서 그와 접촉한 사람 중에는 자신을 되돌아보는 기회를 얻고 깨달음을 얻는 순간을 경험한 이들도 많았다. 하지만 지금까지 그를 초월할 수 있었던 사람은 몇 명이나 있었을까? 어쩌면 한 사람도 없었는지도 모른다. 제자란 스승을 좇고 그를 넘어서야 한다. 스승 이상이 되는 것이야말로 제자의 진정한 의무인 것이다. 그런 의미에서는 누구도 자신이 진정한 소크라테스의 제자라고 자칭할 수는 없을 것이다. 단 한 사람, 바로 플라톤을 제외하면 말이다.

**플라톤**

만약 플라톤이 없었다면 소크라테스는 역사가 아닌 이야깃거리로만 남았을지도 모른다. 단 한 권의 책도 남기지 않았던 소크라테스는 오늘날 플라톤에 의해 그 위대성을 획득하고 있다.

애초 정치를 지망하던 플라톤의 진로를 바꾼 것은, 이미 잘 알려져 있는 바와 같이 소크라테스의 죽음이었다. 당시 28세이던 플라톤은 그 사건으로 정계 진출의 뜻을 접고, 자신이 가지고 있던 시인의 재능을 활용하여 스승에 관한 책을 쓰기 시작하였다. 이렇게 하여 그는 지금 우리에게 소크라테스라는 인물과 그 정신을 전하는 유일한 통로가 되어 주고 있다. 이런 점을 보면 소크라테스가 있어야 플라톤도 있는 것이고, 플라톤이 있어야 소크라테스도 있는 것이라고 할 수 있을 것이다.

플라톤은 대화편 속에서 자신의 예술적 재능을 유감없이 발휘하여 소크라테스를 표현하고 있다. 만약 플라톤과 소크라테스의 해후가 없었다면, 오늘날 우리는 소크라테스라는 위대한 철인의 가르침을 접할 수 없었을 것이다. 소크라테스가 독배를 마신 그 시각, 플라톤이 그 감옥 안에 없었던 것을 굳이 문제 삼을 필요는 없다. 소크라테스의 4대 복음서라고 하는 《소크라테스의 변명》과 《파이돈》, 《향연》과 《크리톤》을 읽으면, 그것만으로도 플라톤이 그의 스승과 어떤 관계에 있었는지 명백하게 알 수 있기 때문이다.

만약 소크라테스가 천수를 누리며 직접 저술 활동을 했다면 플라톤의 서술이나 두 사람의 관계가 달라졌을지 모른다고 상상하는 것도 무의미한 일이리라. 사실 지금까지 우리에게 알려진 소크라테스의 모습은 대부분 플라톤의 진술에 의존한 것이다. 따라서 과연 그것이 진짜 소크라테스인가 아니면 소크라테스의 입을 빌려 말하는 플라톤인가를 놓고, 우리는 이른바 '소크라테스 문제'에 부딪히기도 한다. 하지만 우리가 기원전 아테네에서만 확인할 수 있는 그

'진실'을 알아낼 방법은 없다.

일반적으로 플라톤의 초기 철학은 모두 소크라테스의 유산이라고 평가되고 있다. 또 피타고라스의 수론에서 큰 영감을 얻은 그의 중기와 만년의 사상에서도, 그가 여전히 소크라테스의 영향을 받고 있음이 드러난다. 플라톤의 완전한 이상주의는 소크라테스의 영향에 따른 것이며, 이데아론을 정점으로 하는 장대한 철학 체계와 방법적 근간을 이루는 변증법도 스승에게서 받은 선물일 것이다.

이렇게 하여 플라톤은 서구 정신사의 첫 번째 아성, 즉 '이데아의 왕국'을 구축하였다. 자신의 이론을 실현시키고자 했던 만년의 정치 활동이 좌절로 끝났고, 또 그 이데아에 대한 니체의 비판이나 하이데거의 엄격한 고찰이 있었다 하더라도, 그가 확보하고 있는 철학사상의 위치에는 조금도 흔들림이 없다. 그래서 그는 다원성과 상대성이 지배하는 오늘을 사는 우리에게도 여전히 이데알리스무스(이상주의)의 전형을 계시하며 질문을 던지고 있는 것이다.

### 소(小)소크라테스학파

소크라테스의 임종의 순간에는 많은 사람들이 함께했는데, 그중에는 플라톤의 《파이돈》에도, 크세노폰의 《소크라테스의 추억》에도 등장하는 안티스테네스라는 인물이 있다.

이 안티스테네스는 크세노폰이 소크라테스에 관한 저술 《소크라테스의 추억》을 쓰는 데 많은 도움을 주었다고 한다. 이 책에는 소크라테스가 친구라는 주제와 관련하여 음식과 술, 성욕, 수면, 게으름을 조절할 수 있는 사람을 친구로 선택해야 한다고 말하는 부분이 나온다. 또 거기에는 그가 친구의 가치에 관해 안티스테네스와 대화를 주고받는 장면이 나오기도 한다.

"안티스테네스, 노예에게 가치가 있는 것처럼 친구에게도 제각기 가치가 있는 것일까?"

"그렇게 생각합니다. 그중에는 아무리 많은 돈이 든다 해도, 전 재산을 써서라도 서로의 관계를 유지하고 싶은 사람이 있으니까요."

"만약 그렇다면 자신은 얼마나 가치 있는 친구인지 스스로를 깊이 음미하고, 가능한 한 높은 가치를 지니도록 노력하지 않으면 안 되네. 또한 친구가 나를 배신하는 일이 없도록 노력하는 것도 중요하지."

이 책에는 소크라테스가 "안티스테네스는 결코 내 곁을 떠나지 못할 것"이라고 말하는 부분이 나온다. 이것으로 보아, 이 인물이 소크라테스의 직계 제자였던 것은 거의 틀림없는 사실로 보인다. 그는 소크라테스의 가르침 가운데서 극기를 강조하는 면을 계승하여 스승의 사후에 키니코스학파를 세운다.

소크라테스의 제자 중 학파의 시조가 된 다른 인물이 있는데, 이는 북아프리카 키레네 출신의 아리스티포스이다. 그는 소크라테스에게 감화되어 아테네로 이주하였다가, 스승이 죽은 후 고향으로 돌아가 키레네학파를 설립했다. 그는 인생의 목적은 개개의 쾌락이며 행복은 어제와 오늘과 내일의 쾌락을 합한 것이라는 주장을 펴서, 키니코스학파와 대치되는 입장에 섰다. 아리스티포스는 '덕이 곧 행복'이라는 소크라테스의 가르침에서 쾌락론을 도입하여, 행위의 목적을 쾌감을 얻는 것이라고 규정했다. 이들 중 테오도로스 등은 마음의 만족이 참된 행복 또는 쾌락이라고 하기도 하였으나, 그들 철학의 기본적 사상은 육체적 쾌락을 정신적 쾌락의 우위에 두는 것이었다.

메가라학파는 소크라테스의 사후에 그의 가르침을 좇아 새로이 생겨난 또 다른 일파로서, 메가라 출신의 에우클레이데스를 그 시조로 한다. 이들은 '덕은 곧 앎'이라고 한 소크라테스의 가르침을 중시하여 주지주의를 내세웠다. 에우클레이데스는 '존재의 철학자'로 불리는 파르메니데스의 철학에도 정통하고 있어서, 스승이 남긴 도덕적 가르침과 엘레아학파의 일원론을 결합하였다. 이 학파는 지와 덕의 성취에 최고의 가치를 두었으며, 덕의 보편성을 주장하였다. 문답법에 의한 토론을 전개하였던 이들은 논쟁파, 변론파 등의 별칭으로도 불리며 명제와 변증법적 논리를 발전시켰고, 윤리학적 면에서는 이후 스토아학파에 영향을 끼치기도 한다.

이렇게 소크라테스가 죽은 뒤 그의 제자들은 각각의 신념대로 새로운 철학의 일가를 설립하였으나, 그들 가운데 그 누구도 스승의 가르침을 완전히 계승하거나 넘어서지 못했다. 이렇게 이들 학파는 스승의 사상 중 그 일부만을 강조하였으므로 소크라테스 철학의 분파와 같이 여겨져, 보통 다 같이 소(小)소크라테스학파라고 일컬어지고 있다.

# 소크라테스의 사상

## 아폴론의 사도

**사상의 싹**

일반적으로 사상은 논리적 체계를 갖춘 생각을 의미하는데, 그것은 생활 속에서 생겨나 인간의 활동과 사물을 보는 시각을 지배한다. 이러한 사상은 사고 작용의 결과로 생겨난 의식 내용을 포함하며, 따라서 언제나 변화의 가능성을 내포하고 있다.

그러나 이런 것이 사상의 의미라면, 대체 그 원천은 무엇인가? 소크라테스는 바로 이 점부터 짚기 시작했다. 그는 인간의 내부에서 생성된 것이 아닌, 어딘가 다른 곳에서 오는 사상의 근원이 있다고 생각했던 것이다. 소크라테스는 밖으로부터 와서 자신 안에서 사고를 형성한 씨앗이 있음을 알고 있었다.

소크라테스의 경우에 그 씨앗은 바로 '사명(使命)'이었다. 그는 아폴론의 신탁을 듣고, 자신이 심부름꾼으로서 어떤 임무를 수행해야 한다는 것을 깨닫게 되었던 것이다. 그는 그것이 직접 진리를 추구하여, 진리로 향한 길을 다른 이들에게도 제시하는 것이라고 생각했다. 그러나 그러한 소명은 죽어야 하는 운명과 연결되어 있는 '사명(死命)'의 임무였다. 즉 소크라테스에게 '철학'은 그를 필연적으로 죽느냐 사느냐의 갈림길로 인도하는 사명(死命)의 천직이었던 것이다.

하지만 소크라테스는 그러한 자신의 운명을 용기 있게 감내하였고, 그 정신은 오늘날까지도 만인의 가슴속에서 살아 움직이고 있다. 따라서 그의 철학은 단지 마음속에서만 존재하거나 막연히 추상적이거나 논리 체계에 불과한 것이 아니라, 행동하는 사상인 것이다. 그러면 '아폴론'의 사도로서 소크라테스가 수

행한 이 사명의 철학은 어떤 것이었는지, 플라톤과 크세노폰의 증언을 단서로 살펴보도록 하겠다.

### 사상의 구체화

소크라테스가 자신의 신념과 목숨을 맞바꾸지 않았다면, 그의 철학은 영속성을 부여받지 못했을 것이다. 이렇게 신탁으로 시작된 사명의 의식은 그의 사상이 이 세상에서 저세상으로, 또 그리스에서 전 세계로 파급되도록 하였다.

그런데 사상 형성의 출발점은 그 동기에 있지만, 동기라는 것은 원래 '계기'에 지나지 않음을 잊어서는 안 된다. 이 계기는 다음 과정으로 진행되어야만 어떤 성과를 이루어 내는 것이다. 사실 그는 "소크라테스 이상의 현자는 없다"고 하는 신탁을 듣고도, 그것을 그냥 넘길 수도 있었다. 또한 델포이 신전에 쓰여 있어 당시 이미 많은 사람들에게 알려져 있던 '너 자신을 알라'도 그저 단순한 잠언이라 생각하고 지나칠 수 있었던 것이다. 그러나 소크라테스는 두 문장을 통해 한 단계 높은 깨달음의 세계로 나아가, 스스로의 행동으로 그 세계를 현실화했다.

소크라테스의 건강한 체질과, 사명감을 지속하는 끈기, 그리고 무엇보다도 철학의 본질에 대한 각성이야말로 그의 사상이 태어나 불멸할 수 있었던 요인이라고 할 수 있을 것이다. 또한 '다이몬'의 음성을 듣는 그의 특이한 신경도 그가 철인으로서의 삶을 형성하는 데 큰 역할을 했음에 틀림없다. 이렇게 하여 소크라테스의 사상은 영원과 동화되는 방향으로 전개되었다. 말하자면 그는 '참된 길'에 이르고, '완전한 도덕'을 지니려고 노력하였고, 이것이 바로 그를 새로운 철학자로서 기록되게 했던 것이다.

소크라테스는 권력 앞에서, 또 시대적 분위기 앞에서 자신의 사상을 고수하는 것은 상당한 위험을 내포하는 일이라는 사실을 알고 있었다. 그럼에도 불구하고 자신의 철학에 따라 행동하였으니, 그는 과감하게 죽음의 운명을 마주하고자 결심했던 것이리라. 이것은 어떤 시대를 사는 누구라도 쉽게 할 수 있는 행동이 아니다. 그리고 바로 이러한 점 때문에 소크라테스 사상이 범인(凡人)의 한계와 시대의 제약을 초월하는 것이다.

### 신이 보낸 등에

펠로폰네소스 전쟁이라는 혼란스러운 상황에 마주한 아테네는 날마다 변화하는 격동의 시대를 보내고 있었고, 이에 소크라테스도, 또 다른 많은 사람들도 정신적으로 의지할 곳을 찾고 있었다.

이 시기의 철학은 자연철학과 소피스트의 인간학으로 나뉘어 형성되어 있었는데, 소크라테스는 그중 어느 것에서도 만족할 수 없었음이 분명하다. 이러한 점은 그가 자연에서 인간으로 자신의 관심을 전환한 뒤, 소피스트에게 도전한 것을 보아도 알 수 있다. 당시 아테네는 전쟁의 지속으로 인한 피폐함, 정치가의 부패, 시민들의 도덕적 타락 등의 문제를 겪고 있었는데, 소크라테스는 이런 문제의 심각성을 통감하지 않을 수 없었을 것이다.

그런데 종교적 전통과 신에 대한 신뢰가 깊은 아테네에, 그 수호신 아폴론으로부터 신탁이 내려졌다. 그리고 그 내용은 이미 앞서 말했듯이, "소크라테스보다 더 현명한 자는 없다"였다. 그것을 들은 소크라테스는 엄청난 충격을 받는다. 그는 신탁이 절대적인 신의 말임에도 좀처럼 그것을 이해할 수 없었던 것이다. 그래서 소크라테스는 자기 음미와 지자 발견을 위한 편력을 시작하여 스스로에 대해 알고자 한다. 그런데 그러기 위해서는 타인과의 문답을 거쳐, 자신의 내면과 타자의 내면을 들춰내야만 했다. 그는 혼자만의 생각과 논리 안에만 머문다면 결국 자가당착에 빠진다는 것을 잘 알고 있었다. 그래서 소크라테스는 스스로를 알기 위해 타인이라는 거울에 자신을 비춰 보는 방법을 택했던 것이다. 그것은 대화를 하고, 문답을 하고, 엘렌코스(논박)를 하는 과정을 통해 이루어졌다.

마침내 그러한 과정을 통해 소크라테스는 어떤 확신을 얻게 된다. 그것은 바로 자신이 일종의 등에와도 같은 존재라는 것이었다. 등에는 마소나 사람의 피를 빨아 먹고 사는 벌레이다. 그런데 이 성가신 해충이 달라붙어 피를 빨면 우리는 잠에서 깨어나게 된다. 이와 같이 소크라테스는 아테네와 아테네인들을 따끔한 각성의 침으로 찔러, 그들이 무지의 잠에서 깨어나도록 하는 역할을 하였던 것이다. 그는 자신의 국가와 동포가 수면을 탐하는 것을 경계하고 참된 인간으로 바로 서도록 경고를 해주었다. 그래서 소크라테스는 법정에서 자신을 위한 변론을 하며, 자신은 아테네를 위해 '신이 보낸 등에'라고 말했던 것이다.

하지만 아테네 사람들은 자신들을 번거롭게 하던 등에를 죽일 것을 결정한다. 그래도 그들은 그 등에의 목숨을 빼앗을 수 있었지만, 그 안에 자리한 철인의 정신은 없앨 수 없었다. 그렇기 때문에 그의 유산이 지금 우리의 손에까지 전해진 것이다. 플라톤의 《메논》에는, 메논이 소크라테스를 향해 다음과 같은 말을 한 것으로 나오고 있다.

"……좀 익살스럽게 말해도 괜찮다면, 당신은 외면이라든지 그 밖의 다른 면에서도 바다에 사는 납작한 전기가오리 같습니다. 그것은 자기 가까이 있는 것이나 자기에게 조금 닿기라도 한 것은 모두 마비시켜 버리지요. 당신은 지금 저를 그와 똑같이 만들었습니다. 실제로 제 입과 정신이 마비되어서 도대체 어떤 대답을 해야 좋을지 모르겠습니다. 사실 전 많은 이들에게 훌륭함에 대해 여러 번 연설을 했고, 그것도 썩 좋은 연설이었다고 생각합니다. 그런데 지금은 대체 훌륭함이 뭔지 말할 수가 없습니다."

이처럼 소크라테스에게 한 번 붙들린 사람들은, 그의 인도로 결국 자신의 무지와 맞닥뜨릴 수밖에 없었다. 소크라테스는 어떤 박해와 신변의 위험에도 아폴론의 사도로서 자신의 역할을 다했다. 그리고 이렇게 등에처럼 이리저리 날아다니며, 마침내 '무지의 지'라는 독자적이고 '새로운 철학'의 길을 발견해 냈던 것이다.


## 무지의 지(知)

### '너 자신을 알라'

소크라테스를 '인식의 산파'로 만든 것은 바로 이 한마디의 말이었다. 그는 진정한 현자의 발견을 위해 사람들을 찾아다니다가 문답과 엘렌코스를 통해 이 경구가 의미하는 바를 알게 되었다. 즉 그는 '나는 아는 것이 없다'라는 것을 알고, '너 자신을 알라'는 가르침을 말 그대로 실현하게 되었던 것이다. 스스로를 아는 것은 타자를 아는 것과 같고 타자를 안다 함은 자신을 아는 것과 같으니, 이 깨달음은 이제 그가 누구에게나 설명할 수 있는 에피스테메(지식)의 단계로 진입했다는 것을 의미했다.

이렇게 이 말이 영혼을 관통한 이후, 소크라테스는 진리의 길을 걸으며 다른 사람들에게도 그 길의 존재에 대한 주의를 환기시켰다. 그는 사람들에게 로고스에 눈을 뜰 것을 촉구했다. 로고스란 사물과 세상의 보편적인 법칙이자 인간이 따라야 할 준칙으로서, 말하자면 모든 사람에게 통하는 일종의 '정신'이다. 이러한 로고스에 대한 각성은 언어에 의한 일정 논리를 밟음으로써, 이성과 분별의 능력을 지니게 된 이후에야 가능한 것이다.

그런데 이를 위해서는 먼저 소크라테스 자신이 그랬던 것처럼 다른 사람들도 자기 스스로를 알아야 했다. 자기 자신을 안다는 것은 자기 개성을 자각하거나 성격을 파악하는 것이 아니라, 모든 사람들이 납득할 수 있는 '인간' 그 자체를 아는 일인 것이다. 그래서 소크라테스는 자신이 그곳으로 진입하는 데 통로가 되어 주었던 '문답'이라는 음미의 방법을 중시하였으며, 타인을 안내하고자 할 때에도 역시 그 방법을 따랐다. 그리고 이렇게 산파술로써 '보편'을 추구하고 '귀납'을 거쳐 '정의(定義)'에 도달하는 과정에서, 소크라테스는 모든 인간에게 공통되는 '인간' 그 자체라는 이데아의 현신을 얻을 수 있었다.

### 무지의 지

우리가 무언가를 배우는 일은 자신이 무엇을 알고 있는지, 또 무엇을 모르고 있는지 자각하는 데서 시작된다. 그러므로 '모른다는 것을 알고 있다'는 것은 중요하다. 소크라테스는 자신의 무지를 알고 있었지만, 다른 사람들은 그렇지 못했다. 소크라테스와 대화를 나누었던 지자나 현자들은 자신들이 세간의 평가대로 지혜롭고 현명하다는 것을 의심하지 않았다. 그들은 스스로가 모든 것을 다 알고 있다고 생각했던 것이다.

그러나 소크라테스는 이름난 현자들을 찾아가 대화를 청하여 나누며 그들의 무지를 드러내게 했다. 그는 쉴 새 없이 질문을 쏟아부으면서 상대를 파악하였다. 그러면서 문제로 삼은 대상을 끝까지 추구하는 방법으로 그들이 결국 '무지의 지'와 맞부딪치게 했다. 자타가 공인한 그 지자나 현자들이 자부하던 '앎'은 어떤 사물이나 세상의 전체를 있는 그대로, 모두 파악하고 있는 것이 아니었다. 사실 그런 일은 여간해선 불가능하다. 그렇기 때문에 자기가 뭐든지 알고 있다고 믿었던 그들은 소크라테스의 추궁에 끝내 스스로의 무지를 침묵으로 나타내지 않을 수 없었던 것이다.

소크라테스는 인간이 자신의 무지를 깨닫게 하는 데 이보다 더 좋은 방법은 없다고 생각했다. 하지만 사람들은 그런 순간을 겪고 나서 그 경험만으로 그에게 반감을 갖는 일이 많았다. 그것은 자신의 무지를 더욱더 드러내는 '무치(無恥)'의 행동이었다. 사람이 아무것도 모르면서 뭐든지 알고 있다고 굳게 믿는 것은 어리석음의 소치이다. 그러므로 '모른다'는 사실조차 모르는 것은 부끄러운 일이며, 이런 상황에서 '안다'고 자랑까지 한다면 그것은 곧 후안무치한 행동과도 같다. 하지만 이러한 수치는 자신이 무언가를 모른다는 것을 자각하고 인정함으로써 곧 벗어날 수 있다.

아폴론이 내린 신탁의 참뜻을 알고 난 후, 소크라테스는 이렇게 사람들이 스스로의 무지를 깨닫도록 도왔다. 그리고 이 일은 소크라테스의 사명이 되고 신념이 되어 그의 일생을 통해 계속된다. 이 '무지의 지'는 소크라테스 철학의 출발점이자 토대가 되었던 것이다.

**아이러니**

소크라테스는 "아테네 시민들이여, 나는 아는 것이 없습니다"라고 말했지만, 아마 당시에도 이 말을 믿은 사람은 별로 없을 것이다. 만약 정말 그가 아무것도 아는 것이 없었다면, 소피스트들과 같은 강적들을 상대하는 일은 불가능했다. 소피스트들은 그가 의도하는 '무지의 지'에 저항하고자 할 수도 있고, 그렇지 않더라도 자신의 레토릭에 대한 믿음으로 정말 진실을 보지 못할 수도 있었기 때문이다. 사실 대화를 통해 상대방이 자신의 무지를 스스로 깨닫게 만드는 데에는 단순한 논쟁술 이상의 능력이 필요하다. 그리고 만약 그것도 일종의 테크네(기술)라고 부를 수 있다면, 소크라테스가 사용한 테크네는 '아이러니'라고 할 수 있다.

소크라테스가 종종 자신이 의도하고 있는 바와는 얼핏 반대되는 말을 하는 것으로 보이는 것은, 그가 무지의 일깨움이라는 순수한 동기와 목적을 위해 이 아이러니의 표현 방법을 사용하였기 때문이다. 그리스어로 에이로네이아라고 하는 아이러니는 풍자이자 빈정거림으로서, 시치미 떼기나 반어법으로 볼 수 있다. 상대에게 끝없이 질문을 하는 소크라테스의 문답법의 바탕에는 아이러니가 깔려 있다. 그는 처음부터 자신의 질문에 대한 답을 알고 있으면서도, 무지를 가장하고 상대방에게 대답을 요구했다. 물론 그가 모든 질문의 해답을 파악하고 있지는 못했을 수도 있다. 하지만 그는 적어도 개별을 끝까지 추구하면 보편에 이른다는 근원적이고 가장 중요한 사실을 알고 있었다. 또 항상 상대가 막다른 벽에 몰리게 되는 것도 그의 예상과 계획에 따른 상황이었다. 그래서 소크라테스가 구사한 아이러니의 화법은 마치 언사의 예리함으로 상대를 찌르는 것과 같았다.

그런데 그러한 일격에 반응하는 방식은 사람마다 달랐다. 거기서 깜짝 놀라며 막연하고 모호한 의식의 상태에서 깨어나는 자가 있는가 하면, 그 고통에만 집중하여 소크라테스에게 앙심을 품는 자도 있었다. 아이러니를 사용할 때 화자 자신은 조금도 심적인 상처나 아픔을 겪지 않지만, 말을 듣는 상대방은 충격과 통증을 느끼게 된다. 바로 이런 점 때문에 소크라테스의 활동은 전기가오리나 등에로 표현될 만한 것이었고, 그는 많은 사람들의 미움을 사게 되었다. 하지만 상대가 깨달음을 얻어 한 단계 높은 로고스의 세계로 입문하기를 바라는 그의 선의가 결국 모욕으로 받아들여졌다는 것 자체도 일종의 아이러니라고 할 수 있다.

소크라테스는 고발을 당해 서게 된 법정에서 생애 최대의 아이러니를 보여 준다. 유죄 판결 이후 진행된 두 번째 변론에서 그는 자신의 형량으로 프리타네이온에서의 향응을 제안하며, 자신이 사형될 경우 아테네가 후회할 것이라는 말을 한 것이다. 이것은 많은 사람들이 의심하는 대로 사형을 받기 위한 '변론'이었다. 그는 이렇게 죽음으로써 당시의 불합리한 정세와 시대적 오류를 풍자하고자 했던 것이다. 그리고 그는 결국 탈옥하지 않고 죽음을 맞아 자기 철학에 대한 신념을 보여 주었고, 아테네인들을 비롯한 인류 전체에게 줄 수 있는 가장 큰 가르침을 남겼다. 이러한 점에서 보면 아이러니는 다소 날카롭고 강렬한 방법이긴 하지만, '무지의 지'를 설파하고자 했던 소크라테스에게는 필수적이고 유용한 수단이었다고 말할 수 있다.

# 산파술과 이데아

## 저술이 없는 이유

소크라테스는 생전에 단 한 권의 책도 쓰지 않았는데, 그 이유에 대해서는 정확히 알려진 바가 없다. 그러나 여기에 관해서는 크세노폰은 물론이고, 한마디 할 법한 플라톤도 별다른 이야기를 하고 있지 않다. 그러므로 이 이유에 대해서 우리는 단지 상상만을 할 수 있을 뿐이다. 소크라테스는 넘치는 에너지와 창조력을 지니고 있었고, 그 사상과 신념의 지속력과 견고함에 있어서도 보기 드문 사람이었다. 그런 사람이 한 번도 저술을 쓴 적이 없다는 것은 다소 이상하게 여겨지는 일이다. 그는 왜 단 한 권의 저작도 남기지 않은 것일까?

플라톤의 저술 《파이드로스》를 보면, 문자가 등장한 소식을 듣고 소크라테스가 우려를 나타내는 장면이 나온다. 그는 문자의 사용으로 인간이 이익을 얻기보다는 오히려 문제를 겪게 될 것이라고 내다보았던 것이다. 그는 이렇게 말하고 있다.

"문자는 기억을 다시 불러일으키겠지만, 더 이상 암기할 필요를 없애기 때문에 망각을 가져올 것이다. 또 문자는 진리가 아니라 진리의 유사품을 주고 사람들은 진실성 없는 외형적 지혜만을 갖게 될 것이다."

소크라테스는, 기록이 기억을 대체하게 됨으로써 사람들이 자기 머릿속이 아닌 외부에 존재하는 기호에 자신의 기억력을 의존하게 될 것을 염려했다. 그는 문자의 등장으로 직접 배울 때라야 얻을 수 있는 현명한 스승과의 대화와 그 시간에 대한 기억이 사라지게 될 수 있다고 생각한 것이다. 이제 사람들은 자신이 배우게 된 내용을 문자라는 형태로 정리하여 남겨 둘 수 있게 되었다. 하지만 이러한 점 때문에 그들은 새로운 가르침을 얻어도 바로 그 현장에서 음미하고 새기려 하기보다는, 그것을 적어 둔 다음 필요할 때마다 확인하려는 습관을 들이게 될 수 있었다. 그러면 자연히 가르침은 교훈이 아닌 정보가 되고, 사람들은 통찰력을 키울 기회가 없어지며, 서로 간의 교류를 줄이게 될 것이었다. 그리고 그렇게 되면 결국 교훈은 체득되는 것이 아닌 책 속에 든 지식이 되는 것이다.

사람들이 배움에 있어 다소간이라도 적극성과 진지함을 잃게 되고 게을러

질 것이 뻔했다. 왜냐하면 그 시간 이후에는 다시 되풀이될 수 없던 가르침이 이제 문자로 '기록'될 수 있기 때문이었다. 또 화자가 말을 할 때에는 그가 자신의 말과 함께 같은 시간과 공간에 존재하므로, 자기 말에 더욱 동시적이고 적극적인 책임성을 띠게 된다. 하지만 그가 문자를 사용하면 그 문자라는 것은 자신과 동존하는 것이 아니므로, 아무래도 자신의 전심을 다해 진지한 태도를 보이지 않을 수도 있었다.

소크라테스가 마지막으로 염려한 것은 생각이 말로 표현될 때에만 가능한 생동감과 생명력이 사라질 수도 있다는 점이었다. 그는 말이란 살아 있을 때, 즉 입에서 이야기로 나올 때 생생하게 생각을 전할 수 있으며, 문자로 기록되어서는 오해를 불러올 수도 있다고 생각했다. 즉 구어적 대화는 목표로 삼은 상대에게만 전달되는 데 비해서 문자는 화자가 의도하지 않은 대상들에게까지 전해지며, 그럴 경우에는 그 올바른 음미가 어렵다는 것이었다.

이렇게 아테네에는 새로운 '미디어'로서 문자가 등장하였지만, 그에 대해 소크라테스는 환영을 하기보다는 우려와 성찰을 표명했다. 그는 그 커다랗고 혁신적인 변화가 가져올 이점보다는 그에 수반될 수 있는 폐해를 더욱 크게 본 것이다. 평생을 대화와 문답을 통해 자신의 생각을 전파했던 그는 문자보다는 말의 힘을 믿었으며, 사상은 문자에 포박될 때보다는 화자의 입에서 직접 나올 때 더 큰 효과를 지닌다고 생각하였던 것 같다. 그리고 이것이 그의 확고한 입장이었다면, 그가 책을 쓰지 않았던 것은 어쩌면 당연한 일인 것이다.

### 가르침의 방법

소크라테스는 장소와 시간을 가리지 않고 평생 동안 사람들에게 가르침을 주었지만, 그는 자신이 남들을 가르친다고 생각하지는 않았다. 그의 목적은 언제나 명확하게 상대방의 '자각'에 있었다. 그러므로 그의 사상에 교육의 이상이 있다고 한다면, 그것을 대변하는 것은 바로 산파술일 것이다.

그리스어로 마이에우티케라고 하는 산파술은 소크라테스의 독자적인 방법으로서, 무지의 지를 산출하는 필수적인 수단으로 사용되었다. 그는 문답을 거듭하여 상대방으로 하여금 그 스스로 무지를 자각하게 하고, 또 그 자신을 알도록 하였던 것이다. 이러한 자각과 앎이야말로 아레테(덕, 우수성)나 프로네시스(사려) 등을 추구할 수 있는 진정한 출발점이었다. 이러한 산파술의 결과로 나오는 것은 바로 자신을 향상시키고자 하는 의지였기 때문이다.

이렇게 소크라테스는 제자로 하여금 자진하여 이 '의지'를 품도록 하는 역할을 했다. 왜냐하면 한 차원 더 높은 세계, 즉 로고스를 향한 의지로 이어지는 '무지의 지'를 분만하는 것은 제자 자신이 할 수 있는 일이지, 교사가 대신해 줄 수 있는 일이 아니었기 때문이다. 말하자면 소크라테스는 자신의 경험과 기술을 이용하여 산모의 순산을 유도하는 산파의 역할만을 한 것이다. 따라서 그는 경우에 따라 알맞은 도움을 주려 하였지만, 그것을 받아들일지 말지를 결정하는 것은 전적으로 제자의 몫이었다.

산파술은 단순한 체험의 축적을 넘어선 깊은 경험에 근거한 기술이었다. 소크라테스는 직접 육체로부터 영혼을 분만하는 과정을 겪었던 것이다. 그는 그때 몇 차례에 걸쳐 의문이 지속되고 그로 인한 사유와 고뇌가 이어지며, 그 뒤 어떤 새로운 지평으로 사고가 확장되는 경험을 하였을 것이다. 그리고 마음속에서 일어난 그 수많은 질문과 대답 뒤에 자신의 의문이 마음의 절제와 정의, 자유, 진리로 대체되는 것을 느꼈을 것이다. 그런데 이러한 결과를 유지하기 위해서는 가능한 한 육체의 쾌락으로부터 멀어져 영혼을 돌보지 않으면 안 된다. 요컨대 영혼의 자립을 추구해야 하는 것이다. 이런 경험을 하고 난 뒤 소크라테스는 지식을 사랑하는 정신을 자각케 하고, 또 그러한 자각에 의해 '언제 어떻게 되더라도 진실을 추구하려는 신념'을 형성하게 하는 기술로서 질문을 이용하게 되었다.

소크라테스는 인간의 영혼은 이 세상에서 기억을 쌓는 것이 아니라, 그 출생 이전부터 기억을 가지고 있는 것이라고 보았다. 우리의 영혼은 한때 이데아에서 살고 있었으나, 지상으로 떨어지면서 그 기억을 망각하게 되었다는 것이다. 그런데 이것은 어떤 도움에 의해 그 기억이 되살려질 수 있음을 의미한다. 이것이 바로 그가 주장하는 상기설이다. 소크라테스는 이렇게 교육이란 이미 존재했었지만 지금은 잊어버린 영혼의 기억을 상기시키는 것이라고 생각했다. 그리고 그런 도움이 되고자 그는 산파를 자처하여, 약과 기술로서 질문과 아이러니를 제시하였던 것이다. 그의 상기설이 서양철학사에서 차지하고 있는 위치를 무시할 수는 없지만, 그에 대한 생각은 개인의 신념이나 선택에 따라 달라질 것이다. 하지만 교육이 남의 머릿속으로 지식을 주입하는 기술이 아니라는 것만은 분명하다는 점에서, 소크라테스의 산파술은 교육의 이상(理想)으로서 지금도 그 독창성을 잃지 않고 있는 것이다.

### 그림자

그림자라는 것은 사물과 빛이 있을 때 생기는 그늘이다. 다시 말해, 어떤 물체가 태양빛을 가리면 그 뒤에 그늘이 생기는데 바로 이것이 그림자인 것이다. 이것은 물체의 실재를 전제로 존재하는 실체가 드리우는 음영일 뿐이다. 그래서 사람들이 어떤 것을 생각할 때 그 사물 자체를 떠올리지 그 그림자를 떠올리지는 않는다.

그런데 우리가 눈앞에서 보고 있는 것은 그 사물의 '형태', 또는 그 자체의 '영상'이다. 그것은 우리가 떠올렸던 사물 자체가 아니라, 그 사물로 보이고 생각되는 대상인 것이다. 그래서 사람들은 나무라는 것과 사람이라는 것을 보지, 진짜 나무와 사람을 보지 못한다. 우리가 보는 '나무라는 것'과 '사람이라는 것'은 우리가 과거에 이데아의 나무와 사람을 보았을 때 마음속에 저장해 놓았던 기억에 부합하는 이미지인 것이다. 그래서 우리가 그림자를 보고 있을 때에도, 그것은 그림자 자체가 아니라 우리가 그림자라고 생각하고 있는 것에 불과하다.

소크라테스는 이러한 생각에서 사물과 그 그림자를 규정하기에 이른다. 그는 우리가 보고 있는 가시계의 사물들은 모두 진짜 사물 자체가 아니라, 그 그림자일 뿐이라는 이론을 세웠던 것이다. 다시 말해, 그에게 자연물은 모두 이데아 세계의 그림자에 불과했다. 그런데 빛이 없다면 사물 자체는커녕 사물의 그림자도 보이지 않게 된다. 소크라테스는 이러한 점은 이데아의 세계에서도 마찬가지라고 보았다. 그래서 그는 그것을 비추어 줄 빛으로서, 미의 이데아 혹은 선의 이데아를 생각해 낸 것이다.

### 허상

자연물을 문제 삼을 때에는 빛과 사물과 그림자를 이야기할 수 있지만, 인간을 주제로 삼으면 행동을 무시할 수 없으므로 거짓과 진실을 이야기해야 할 것이다. 그런데 거짓과 진실이 서로 대립되어 존재하려면, 그 가운데에 기준이 되는 뭔가가 있어 그것을 판단하는 역할을 해야 한다. 소크라테스는 프로타고라스가 한 것과 같이 즉각 그것을 인간으로 규정하지는 않았다. 그 역시 인간이 존재해야 진실과 거짓이 있다는 것은 알고 있었지만, 그는 그곳에 인간이 지향해야 하는 바를 세웠던 것이다.

소크라테스는 이렇게 선을 삶의 중심에 두었지만, 대부분의 사람들은 찰나의 행복을 추구하여 사실 아무래도 상관없는 일에 목숨을 건다. 그들은 먹는 것, 잠자는 것, 쾌적한 생활을 하는 것 등의 허상에 인생의 의미를 부여한다. 그리고 또 거기에 매달린 대가가 얼마나 덧없는 것인지 알지 못한다. 코앞의 자잘한 일에 얽매여서 진정으로 변치 않는 가치가 있다는 사실조차 보지 못하는 것이다.

그러한 인간은 걸핏하면 허상을 실제라고 생각하여, 영속하는 선을 알지 못하고 찰나에 빛나는 허상을 좇는다. 그렇기 때문에 스스로 좋아서 악을 저지르려고 하지는 않아도, 실제로는 그것을 행하고 마는 것이다. 또 같은 이유로, 선을 추구하고자 했으나 악을 저지르게 되기도 한다. 허상은 헛되고 공허하다. 하지만 앞서도 말했듯이 대부분의 인간은 자신이 추구하는 것이 허상임을 알지 못한다. 더구나 이 허상은 이득과 명성을 수반하여 인간에게 다가올 때가 많아, 우리는 그것을 무심결에 받아들게 된다.

하지만 소크라테스는 '선'의 기준을 확고히 하여, 이러한 허상을 단단히 경계하였다. 그는 인간의 진실과 거짓의 가운데에는 선의 기준이 있다는 것을 알고, 겉보기에 화려한 허상의 유혹에 넘어가지 않았던 것이다. 세상사에서는 '앎'이 꼭 행복으로 이어지는 것은 아니며, 무지가 항상 불행으로 필연하는 것도 아니라고 할 수 있다. 하지만 무지(無知)의 행복과 지(知)의 불행 중 어느 쪽을 선택하는가에 따라, 인간 개개인의 의식과 그 삶의 의미가 제각각 달라진다는 것은 틀림없는 진리인 것이다.

### 진리

이와 같은 '그림자'나 '허상'은 인간의 눈에 비칠 때에 어떤 양상을 지닌다. 그러나 그것은 끊임없이 움직이고 흔들리다가 마침내는 소멸하는 불꽃과 같은 것으로 '현상'에 다름 아니다.

　인간은 파토스(정념 혹은 충동. 로고스의 대립 개념)적인 경향이 강하기 때문에 현상에 약하다. 보이는 것을 그대로 받아들이지 말라고 해도 별 소용이 없어, 인간이 무언가를 마음으로 보는 일은 여간해선 불가능하다. 마음으로 보는 것은 어떤 사물 자체의 본질을 파악하여, 그것의 보이지 않는 '형태'를 보는 방법이다. 그런데 이를 위해서는 로고스를 갖추고 있지 않으면 안 된다.

　그러나 이러한 로고스는 깨달음 뒤에 정신을 순수하게 유지하며 훈련하지 않으면 습득되지 않는다. 플라톤의 《파이돈》에는 소크라테스가 감옥에서 제자들과 마지막 순간을 보내며 영혼의 불멸성에 대한 확신을 피력하는 장면이 나온다. 여기에서 그는 삶을 죽음을 위한 준비로 삼고 있는 듯 보이는데, 이것은 아마도 그가 영혼의 홀로서기를 한시라도 앞당길 수 있도록 끊임없는 로고스의 수련을 하고 있었기 때문일 것이다.

　'현상'과 '진리'는 그림자와 그 실체에 비유할 수 있다. 사람들은 보통 현상과 그림자만을 보고 그것들을 실체로 생각하며 평생을 살아가지만, 소크라테스는 그들 사이의 차이를 볼 수 있었다. 그는 로고스의 길을 감으로써 그것들을 구분해 내는 눈을 갖게 되었던 것이다. 그는 분명히 가변적이고 한시적인 현상에 대하여, 인간 개인이 살아 있을 때에도 죽은 뒤에도 계속해서 존재하는 무언가가 있다고 확신했다. 그리고 그것이 바로 다름 아닌 '진실'이고, '진리'라고 믿었던 것이다.

### 이데아

　무언가가 언제나 참되게 영존한다는 것은 그것이 변화에서 벗어나 있음을 의미한다. 변화란 어떤 상태에서 다른 상태로 바뀌는 것이므로, 무언가가 그 가운데서 영원불변하여 존재하는 것은 불가능하기 때문이다. 그러나 세상의 누구도 한 치의 의심도 갖지 않고 바뀌는 것과 바뀌지 않는 것이 있다는 것을 확신할 수 없으며, 바뀌지 않는 것이 바뀌는 것을 현상하고 있다고 단정할 수도 없을 것이다. 이는 소크라테스의 경우에도 마찬가지여서, 그에게 영원의 존재와 영혼의 모습은 항상 의문이었다. 하지만 그는 점차 영혼을 '영원불변하며 존재하는 것'으로 생각하게 되어, 확고한 믿음을 가지게 된다.

그러한 신념은 그가 언제 어떤 경우에도 지식을 사랑하고 찾기를 멈추지 않는 태도를 가지는 굳건한 토대가 되었다. 그는 아폴론의 사도로서 자신의 사명을 자각한 이후, 아니 어쩌면 그 전부터 '지식을 사랑하는 자'로서 살아가는 것을 멈추지 않았다. 소크라테스는 시대의 위협이나 동포들의 모함에도 '철인'이기를 그만두려 하지 않았던 것이다. 철학과 그 대상의 문제는 그것에 종사하는 사람의 정신적 순결에 달려 있다. 그 순수성 여부가 그 사람의 위대함을 결정지을 뿐만 아니라 그 삶의 위대함까지도 결정한다는 점을 생각하면, 소크라테스는 그야말로 숭고한 철인의 전형을 보여 주고 있는 것이다.

소크라테스는 영원불변한 존재를 크게 둘로 나누어 생각하였다. 그 하나는 불멸의 영혼과 관련하여 철학을 추구하는 정신이다. 이것으로 그는 우리에게 이상(理想)은 항상 추구되어야 하는 것이라는 가르침을 남겨 준 것이다. 그리고 다른 하나는 마음으로만 볼 수 있는 이데아의 세계이다. 이것은 언제나 불변하고 동일하여 아무런 변화도 보이지 않는 본질로 이루어진 세계인 것이다. 이 이데아의 관념은 소크라테스의 수제자 플라톤에 이르러 더욱 정교화되어 하나의 체계를 갖추게 된다. 따라서 오늘날 많은 사람들이 이것은 플라톤의 사상이라고 생각하고 있다. 그러나 그 사상의 체계가 플라톤의 공적으로 돌려져야 하는 것일지라도, 그 관념의 원류는 소크라테스였던 것으로 보인다. 인간의 역사상 처음으로 말로 표현된 모든 것의 근거를 추구하는 로고스의 방법을 도입한 것은 다름 아닌 소크라테스였다. 그는 모든 판단을 할 때에 이 로고스를 동원하였는데, 이것이 만물의 본원을 지배하는 것에 대한 질문으로 발전하면서 이데아의 관념에 이르게 된 것으로 여겨지기 때문이다.

## 소크라테스의 유산

### 그리스 철학의 여명

기원전 399년, 소크라테스의 죽음이 있었다. 그 이후 그리스 철학은 앞에서 설명하였던 것과 같이 다방면으로 변모하게 된다. 또한 그 철학적 변화의 영향은 단지 학문 분야에만 한정되지 않고, 그리스 사회 전체의 근저로 흘러 들어

간다. 그러한 흐름이 아직까지 서양철학사 전체에 이어지고 있음을 생각하면, 위대한 사람의 삶은 그의 사후에 점점 더 그 진가를 발휘한다는 말이 나올 법도 하다.

물론 소크라테스에 관한 비판적 시각이 전혀 없는 것은 아니다. 니체는 소크라테스의 덕행론과 이성에 의한 삶의 접근에 의문을 제기하였고, 로고스에 관한 사고를 몰락의 첫걸음으로 보기도 했다. 하이데거 또한 이러한 입장에 섰다. 하지만 비록 니체가 지성주의의 해체를 시도하며 소크라테스와 플라톤의 낙관주의를 비판하기는 했어도, 소크라테스의 업적을 완전히 무위로 만들지는 못한다. 소크라테스는 인간의 지성 능력에 대한 믿음에 근거한 로고스의 확신을 가지고 있었고, 이것은 그 뒤 데카르트와 칸트, 라이프니츠와 같은 사상가들에게까지 영향을 주었기 때문이다. 오히려 문제가 되는 것은 이와 같은 보기 드문 인물들이 살아 있을 때 그 진가를 발견하고 활용하지 못하는 인간의 어리석음이다. 우리는 역사적으로 늘 그러한 우매한 짓을 되풀이하여 지금까지 많은 사상가들과 과학자들을 비극으로 내몰았던 것이다.

플라톤은 그러한 어리석음을 보인 동시대인의 실수를 만회하려 했던 철학자였다고 할 수 있다. 그는 평생의 저술 작업을 통해 스승에 대한 세상의 몰이해를 타파하기 위해 노력했다. 이러한 노력은 결실을 맺어 후세에 이르러서는 서양철학사를 '소크라테스 이전'과 '소크라테스 이후'로 나누어 보는 시각이 생겨났고, 그의 저작에 의해 그리스 철학의 흐름뿐만 아니라 서양철학의 방향이 결정되었다. 이런 점을 보면 소크라테스의 첫 번째 유산은 플라톤을 탄생시킨 것이라고 할 수 있다. 그리고 마침내 그것은 아리스토텔레스 철학의 탄생으로 이어지는 것이다. 아리스토텔레스가 이오니아학파의 자연철학적 전통에 속해 있기는 하지만 그가 플라톤의 제자였고 그의 사상의 출발점이 스승의 이데아론에 대한 비판이었다는 점에서, 소크라테스가 그의 등장에 미친 영향이 부정될 수는 없을 것이다. 플라톤 또한 후기 저작에서는 스승의 가르침이 아닌 자신의 사상을 기록하였던 것으로 알려져 있지만, 그가 소크라테스의 철학으로부터 일찍감치 결별했던 것은 아니다. 이렇게 소크라테스의 삶과 사상은 플라톤과 아리스토텔레스에게 길이 되어 주었고, 이에 따라 서양철학의 본원으로 평가받는 이 세 거목은 하나의 선 위에 서게 되는 것이다.

소크라테스가 남긴 또 다른 유산을 꼽자면, 그가 방향을 제시했다는 점일 것이다. 그는 자연철학자와 소피스트들만이 존재하던 그 시대에, 평생의 탐구와 자기 사명의 실행으로써 인간의 지성과 도덕에 대한 철학의 존재를 소개했다. 이 영향은 소크라테스의 사후 그리스 철학에서 결빙과 해빙의 현상으로 나타난다. 결빙의 현상이란 소크라테스의 사상 중, 특히 이데아의 개념이 그 이후의 철학을 형이상학적 흐름으로 응집되게 한 것이다.

또 소크라테스 사후 그리스 철학은 소(小)소크라테스학파의 등장에 이어 스토아학파와 에피쿠로스학파의 활동기를 맞게 되는데, 이것이 바로 해빙의 현상이다. 이들은 각자의 관점으로 소크라테스의 사상을 계승하고 소화하여, 다양한 도덕관과 윤리관 등을 전개하였다. 이들은 플라톤이나 아리스토텔레스처럼 어떤 웅대한 체계를 세우거나 사상의 완성도를 보여 주지는 못했으나, 그 이후의 철학이 여러 가지 관점과 가능성을 확보하는 데 도움을 주었다. 서양철학이 오늘날과 같이 견고하고 두꺼운 지반 위에 서게 된 것도, 이렇게 고대 그리스에서 다채로운 방향 전개와 내용의 풍부화가 선행되었기 때문일 것이다.

**도덕의 아버지**

소크라테스는 사상과 행동의 인간이었다. 그는 서재 속의 철학이 아니라, 생활 속에서 살아 움직이는 철학을 보여 주었다. 그는 사람들에게 몸소 자기 사상의 윤리와 도덕을 실천해 보였고, 이로써 오늘날까지 이상적인 철인의 영원한 귀감이 되고 있다.

자신의 철학을 행동으로 표현하여야 할 때에는 어느 시대에 속한 인간이든지 고민을 하지 않을 수 없을 것이다. 그리고 분명 아무나 소크라테스처럼 행동할 수는 없을 것이다. 당시 소크라테스에게는 아테네라는 폴리스의 상황이 제약으로 가해져 있었지만, 그는 확고한 결의로 인간이라는 더 큰 굴레의 규정을 따랐다. 그가 그렇게 할 수 있었던 근거는, 말할 것도 없이 로고스에 의한 공통적 광장의 발견이었다. 만약 소크라테스의 행동이 로고스를 수반하지 않은 단순한 선택이었더라면, 그는 아마 시대적 제약도 폴리스의 성곽도 초월할 수 없었을 것이다. 그는 자신이 발견한 로고스와 이데아에 대한 신념으로 '폴리스적 인간의 윤리학'을 뛰어넘을 수 있었다. '국가가 있고 개인이 존재하는 것이지, 개인 이후 국가가 존재하는 것은 아니다'라는 것이 당시의 보편적 윤리관이었지만, 소크라테스에게는 국가와 개인을 합쳐서 하나로 만드는 영원한 세계로 이어진 아레테(덕)의 도덕이 있었던 것이다.

소크라테스는 인간의 굴레는 신념과 행동의 일치, 지와 행의 합일을 추구할 것을 규제하고 있다고 판단하고, 그에 따르는 삶을 살고자 했다. 그는 평생 자신의 이상, 즉 테오리아(관상, 관조)와 프락시스(실천)와 포이에시스(제작)의 결합을 추구하였고, 결국에는 그것이 국법과 충돌할 때 그 이상을 선택했다. 소크라테스의 인생은 우리에게, '삶을, 죽음을 위한 준비 과정으로 생각하여, 언제 죽더라도 후회 없이 사는 방법'을 보여 준다. 어쩌면 이것은 이 '도덕의 아버지'가 후대의 사람들에게 남기는 영원한 패러독스일 것이다.

### 인간에게 보내는 경종

소크라테스는 여느 인간과 마찬가지로 행복을 추구했다. 그러나 그는 자신의 행복을 지키기 위해 죽음을 받아들이지 않을 수 없었다. 보통 사람들은 행복의 전제를 자기 생명의 유지로 생각하지만, 그는 생사를 초월하는 행복을 알고 있었던 것이다. 소크라테스에게 행복은 자신의 신념과 도덕을 지키는 것이었고, 따라서 그것은 삶이 끝난 뒤에도 계속되는 것이었다.

우리는 우리의 '행복'을 위해 무엇을 내어줄 준비가 되어 있는가? 죽음과 무엇을 맞바꿀 것인가? 여기에 대해 확실한 대답을 할 수 있는 사람은 많지 않을 것이다. 누구나 생명이 유지되는 상태에 있는 것만으로 '삶을 산다'고 할 수 있는가에 대해 한 번쯤은 고민을 해보았을 것이다. 이러한 고민들은 역시 우리가 삶을 중요시하고 있기 때문에 비롯되는 것이다.

이처럼 우리 모두가 '삶'을 중요시한다면, 어떻게 살아야 하는가도 문제가 되어야 한다. 하지만 보통 우리는 삶의 목표를 행복의 획득에 두고 거기에만 몰두하며, 또 그 조건으로 물질의 넉넉함을 규정한다. 그래서 오늘날 우리에게 신념이나 도덕, 그리고 이상은 책을 펴볼 때에만 한 번씩 떠올려 보는 단어에 불과한 개념이 되었다. 우리 현대인은 물질의 풍요와 일신과 가족의 안정, 그리고 생명이 유지되는 상태에 대한 집착에 온 마음을 쏟으며 살아가고 있는 것이다.

소크라테스가 이 세상에 존재하기 전에도, 또 그 후에도 인간은 이렇게 각자의 욕망에 충실한 삶을 살아왔다. 23세기 전의 그가 어떤 바람을 가지고 있었든지 간에, 지금 우리는 그러한 자기 욕망의 추구가 설사 도덕이나 윤리적 가치에 다소 배치된다 하더라도 그것을 합리화할 수많은 근거를 찾는 일까지도 가능한 시대에 살고 있다. 우리는 통합된 사회의 합의나 전통적 규준 못지않게 개인의 의사와 욕구도 중요시하는 이른바 다원화된 시대에 살고 있는 것이다. 하지만 이러한 시대에 살고 있다고 해서 인간이 그 옛날보다 진정 더 '행복'하다고 말할 수 있을까?

사실 모두가 철학자가 될 수 있는 것은 아니며, 모두가 소크라테스와 같은 삶을 살 수도 없다. 하지만 그 역시도 우리 모두에게 자신과 같은 선택을 하라고 요구할 생각은 없었을 것이다. 그는 그저 끊임없이 지식을 사랑하며 지식을 구하고, 정신의 향상과 도덕적 삶을 목표로 하는 삶을 살았을 뿐이다. 그리고 우리에게 그것을 보여 주었을 뿐인 것이다. 그가 우리에게 원하는 것이 있었다면 우리가 그의 삶을 알게 됨으로써 우리 자신들보다 크고, 우리의 생사를 초월하는 가치가 있음을 깨닫는 것이었으리라. 그가 묻지 않더라도 우리는 막연하게나마 이것을 알고 있었다. 그래서 소크라테스가 시공을 초월해 그 오랜 시간이 지나도록 우리 마음속에 살아 있었던 것이다. 그러므로 이제 생각해 보자. 우리는 지금 과연 언제 죽어도 후회 없는 삶을 살고 있는 것인가?

플라톤의 생애와 사상

# 플라톤의 생애

## 소크라테스와의 만남

**만남**

플라톤은 소크라테스를 만나지 않았더라면, 그의 인생이 전혀 달라졌을 것이다. 그만큼 소크라테스와의 만남은 플라톤의 인생을 크게 바꾸어 놓았다.

소크라테스는 누구나 아는 불세출의 철인으로 인류의 의지를 대표하는 거인이다. 인간은 누구나 자신의 행복을 찾고 구하는데, 그 과정에서 각각 다양한 소망을 갖게 된다. 어떤 사람들은 가능하다면 자신이 용감하기를 바란다. 또 자기 스스로가 정의로운 사람이었으면 하는 바람을 가진 사람이 있는가 하면, 누구보다도 뛰어난 정신의 소유자가 되기를 원하는 사람도 있다. 또 다른 이들은 많은 덕과 지식을 갖추고 그것들을 자유자재로 활용할 수 있기를 바라기도 한다. 그런데 소크라테스는 이러한 사람들의 바람들을 홀로 실천해 냈다고 할 수 있는 인물이었다. 말하자면 그는 인간의 잠재의지를 대변, 아니 대행했던 것이다. 가난했던 탓에 풍요롭고 합리적인 생활은 하지 못했지만, 그는 그런 생활을 하면서도 지혜를 사랑하고 구하는 일에 열심이었다. 이러한 점에서 그는 곧잘 무엇보다 먼저 물질적 풍요에 첫 번째 가치를 두는 현대인과는 많이 다르다고 하겠다. 그가 가난했던 것은 물질적 풍요보다는 지적인 쾌락을 원했기 때문이었고, 따라서 그는 가난에 대한 원망 같은 감정으로부터 자유로울 수 있었다. 그는 언제 어떠한 순간에도 지혜를 추구해야 한다는 신념을 버리지 않았으니 진리에서 얻는 진정한 기쁨을 알고 있었다고 하겠다. 소크라테스는 감각적이고 육체적인 쾌락의 '덧없음'을 통감하고 있었기 때문에 아무리 퍼 올려도 마르지 않는 샘과 같은 지혜를 사랑하고 즐기는 기쁨을 일생토록 어떤 일이 있어도 버린 적이 없었던 것이다. 소크라테스는 그 지혜를 활용하는 '사용의 지(知)'를 갖추고 있었고, 그리고 바로 그 때문에 기원전 399년에 아테네의 감옥에서 인생을 마감해야 했다. 그는 이렇게 목숨을 잃는 한이 있어도 신념과 사상을 버리지 않았다. 이것은 그가 '사명(死命)의 사상'을 내세우고 오로지 그에 가치를 두고 살았기 때문이었다. 이렇게 인류의 의지는 이미 고대 아테네에서 꽃피고 있었고, 그 현장의 중심에 있던 것이 바로 소크라테스였다. 플라톤은 이러한 소크라테스를 만났던 것이다. 그것은 '만남'이라는 말 이외에 어떤 것과도 어울리지 않을 것이다. 당시 플라톤은 20세였다고 하는데, 어쩌면 그보다 더 어렸을지도 모른다. 보기 드문 예술적 재능과 창조적 정신이 넘치던 젊은 날의 플라톤과 인류를 대표하는 철인과의 만남은 참으로 대단한 것이었다.

플라톤의 젊은 영혼은 매우 날카롭고 유연했다. 그런 그는 소크라테스의 전 인격을 똑바로 주시할 수 있었을 것이다. 이미 유명했던 소크라테스는 60세가 넘은 상태였고, 플라톤은 20세 전후의 청년이었다. 이 두 사람 사이에 오간 정신의 불꽃은 먼 훗날의 철학사에까지 그 영향력을 미치게 되는 플라토니즘의 성립을 의미하는 것이었다고 할 수 있다. 인물은 인물을 알아보는 법이니 어쩌면 소크라테스는 그때 플라톤의 앞날을 읽었는지도 모른다. 이리하여 플라톤은 소크라테스와 만난 그 순간부터 그의 제자가 되었고, 그 사제의 인연은 그러한 다른 예를 찾아볼 수 없는 전형으로 승화하였다. 플라톤은 소크라테스에게서 가르침을 받았던 8년 동안 그의 만년을 직접 보고 들었다. 그는 지상 최고의 스승에게서 가장 충실한 지도를 받았던 것이다. 이런 의미에서 그는 행운아이다. 플라톤 스스로도 소크라테스의 시대에 태어난 것을 하나의 축복으로 여겼다고 전해진다. 아마도 플라톤과 같은 제자와 한 시대를 공유할 수 있었다는 것은 소크라테스에게도 축복이었을 것이다. 우리가 지금 소크라테스를 만날 수 있는 것은 플라톤이 남긴 대화편이 있기 때문이다. 물론 소크라테스는 자신에 대한 진실을 이토록 정확히 꿰뚫는 기록을 단 한 사람의 제자가 남기리라고는 상상도 하지 않았을 것이다.

### 진정한 탄생

사람이 출생한 것만 가지고는 아직 진정으로 탄생했다고 할 수 없다. 17세기 프랑스의 철학자 파스칼은 인간은 스스로를 자각하고, 고뇌 속에서 인생의 의미를 배우고, 또 어떻게 살 것인지를 결의할 때 진정으로 탄생하는 것이라는 말을 한 바 있다. 플라톤은 처음에는 정치에 뜻을 두고 정치가가 되고자 했으나 스승 소크라테스가 사형을 당하고 나자 철학으로 전향하게 되었다. 청년 플라톤이 철학가 플라톤으로 성장하게 된 결정적 동기를 부여한 것은 소크라테스였던 것이다. 그런 의미에서 위대한 소크라테스의 죽음은 당시의 그리스 철학에 경종을 울리는 동시에, 그것이 새로운 전기의 여명을 맞게 되었음을 알린 사건이라고도 할 수 있겠다.

**플라톤**(기원전 427?~347?)

　소크라테스 시대에 이르러 그리스 철학은 '새로운 철학'이 되려 하고 있었다. 그때까지의 '자연철학'이 '인간학'으로 방향을 돌리고 있었던 것이다. 그러나 그 시대 인간학의 살아 있는 실천자인 소크라테스는 부정되고 말았다. 그것은 철학의 위기이자 아테네 사람의 위기였다. 아니, 인간의 위기라고 해도 좋은 것이었다. 소크라테스의 사형은 그리스 철학과 인류사상사 전체에 큰 손실이 될 수 있는 사태였기에, 플라톤만 한 인물이 그러한 점을 간과할 리가 없다. 그는 자신이 평생 소크라테스의 유산을 거두지 않으면 안 된다는 것을 알았다. 그렇게 하지 않으면 그 가치가 영원히 소실되어 버릴지도 모르는 일이다. 청년 플라톤은 이러한 점들을 예술적으로 직관했을 것이다. 정치에 뜻을 두고 설령 정치가가 되었다 하더라도 철학에 의해서 할 수 있는 일 이상을 성취할 수는 없었을 것이다. 철학이 아니면 하지 못할 일이 있는 것이다. 플라톤 자신이 철학자가 되어 소크라테스의 가르침을 이어 나가는 것이야말로 스승의 뜻을 잇는 일이었지만, 실제적으로 그것은 소크라테스의 명령이 아니었고 그 유언은 더더욱 아니었다. 그러나 만약 그것이 스승이 강요한 유언이었다 하더라도 플라톤에게 그것은 영광된 일이었으리라. 그러므로 그는 기꺼이 소크라테스의 명령과 유언을 실현하고자 했을 것이다.

철학은 형식이 아니며 현상에만 연연하는 것도 아니다. 즉 그것은 이데아(이념)의 문제이다. 그리고 그것의 근거는 더욱 중요하다. 따라서 플라톤에게는 그의 예술적 직관을 채운 것을 로고스(언어)화하는 것이 중차대한 문제였다. 소크라테스가 말하고자 한 것은 무엇인가? 그가 목숨과 맞바꾼 것은 과연 무엇인가? 소크라테스는 무엇을 실현하고자 했던가? 청년 플라톤은 소크라테스는 살해당한 것인지, 아니면 자살한 것인지를 두고 고민하며 갈등하였으리라. 이렇게 가늠되지 않는 모순의 소용돌이가 자신의 주변을 에워싸는 것을 보며, 플라톤은 우선 자기가 할 수 있는 일이 무엇인지를 생각했을 것이다.

플라톤은 자신이 쓴 대화편 《파이돈》에서 밝힌 바에 따르면, 그는 병 때문에 스승의 마지막 순간에 그의 곁에 있지 못했다고 한다. 그러나 깊이 생각해 보면 만사를 제치고라도 스승의 마지막을 지키는 것이 제자의 도리이다. 어지간한 중병에 걸린 것이 아니라면 당연히 그 도리를 다해야 하는 것이다. 그러나 어느 누구도 당시 플라톤이 심하게 앓았다는 이야기를 전하고 있지는 않다. 그렇다면 플라톤은 그때 온갖 노력을 기울여도 끝내 스승의 목숨을 구하지 못하는 현실에 부딪쳐 번뇌하고 있었는지도 모른다. 그때까지 자신이 이어 온 스승과의 인연을 돌아보고 어째서 그와 같은 대(大)철인이 그런 죽음을 당해야만 하는 것인가 등등의 생각과 앞으로 어떻게 해야 할지에 대한 고민을 하면서 말이다.

하지만 설령 그가 정말 그랬다고 하더라도 그러한 내면의 흐름을 자기의 저서에서 밝히기는 힘든 법이다. 특히 플라톤은 편지를 제외한 모든 작품을 통틀어 자신의 이름을 단 세 차례밖에 사용하지 않은 인물이다. 이런 그가 자신의 속마음을 이러쿵저러쿵 털어놓을 리 만무한 것이다. 이 문제가 어찌 되었든 간에 플라톤과 소크라테스와의 만남과 이별은 한마디로 말할 수 없는 그 무엇을 지녔었다. 그렇게 스승과 제자로서 만난 철인과 철학자는 운명을 암시하는 갈림길에서 이별하게 된 것이다. 이로 인해 소크라테스는 플라톤에 의해 자신의 사상과 철학이 기록으로 남게 되었고, 플라톤은 소크라테스에 의해 운명이 붙들리게 된 것이다.

플라톤은 소크라테스에 의해 진정한 그로 다시 태어날 수 있었다. 플라톤은 자신이 위대해지고 유명해지는 것, 또 자신만이 성장하는 일 따위에 신경 쓰지 않았다. 야심과 허영에 붙잡혀 있으면 소크라테스와의 만남과 그의 모든 가르침을 무위로 만들게 된다. 그러므로 철학으로 마음을 돌린 그가 가장 큰 비중을 두고 맨 먼저 매달린 일은 뭐니 뭐니 해도 소크라테스와의 인연으로 속속 일어났던 그의 내면적 변화에 대해서 기록하는 것이었다.

**소크라테스**(기원전 469?~399)

더구나 그것은 소크라테스와의 관계에서만 일어날 수 있는 일이었다. 플라톤은 스승은 죽었으나 그가 자신의 내부에선 맹렬한 기세로 끊임없이 되살아나는 것을 느낄 수 있었다. 그는 그것을 어떻게든 하지 않으면 안 되었던 것이다.

### 당면 과제

소크라테스는 언어를 진정한 의미에서 사용할 줄 알았던 언어의 명인이었다. 명인이란 단순히 그 방면의 기술자를 일컫는 말이 아니다. 소크라테스도 언어의 기술자는 아니었다. 언어는 살아 있는 것이어서 그 생명을 살리려면 우선 화자의 정신이 완성되어 있어야 하는데, 소크라테스는 그러한 조건에 부합하는 인물이었던 것이다. 그에 의해 사용된 언어는 진실한 매체가 되었다. 그리스어로 이성을 뜻하는 로고스는 언어라는 의미를 가지고 있기도 하다. 소크라테스는 이성을 로고스로 정확하게 전환할 수 있었고, 이에 따라 자연히 학문의 방법도 자각하고 있었던 것이다. 또한 그는 철학의 방법도 명확하게 알고 있었다. 이런 스승을 보면서 플라톤이 제일 먼저 주목한 것은 표현의 변혁이었을 것이다. 소크라테스 이전에는 산문이 없었다. 호메로스의 위대한 문학으로 널리 알려진 《일리아드》도 서사시이다. 소크라테스 이전에는 이런 문학뿐만 아니라 철학도 찬가이자 단편에 지나지 않았다. 대화를 그대로 문장으로 나타내는 형식은 플라톤 이후에 나타난 것이다. 그것은 어떤 점에서는 플라톤의 독창이기는 하지만, 이미 소크라테스라는 살아 있는 모델이 있었기 때문에 가능했던 것이다. 그러한 원형이 그때까지 문자로 정착되지 않았을 따름인 것이다.

　소크라테스가 말한 것을 그대로 그리스어로 옮겨 놓으면 그것만으로도 소크라테스의 일면을 진실하게 밝힐 수 있는 일이었다. 물론 그것은 쉬운 일이 아니었지만, 플라톤은 소크라테스의 생전 모습 그대로를 후세에 전하고 싶다는 생각으로 고민했다. 그리고 고심 끝에 표현의 변화를 시도하기로 한다. 소크라테스는 가르치지 않고 가르쳤다. 즉 문답법으로 상대를 자각케 하는, 지금까지 없었던 기술을 창조했던 것이다. 플라톤은 그런 소크라테스를 재현하려 했다. 소크라테스가 사형된 지 2, 3년이 흘렀을 때 약 30세가 된 플라톤은 이렇게 성실하게 소크라테스를 그려 내는 것으로서 자신의 과제를 수행해 가고 있었다. 가능한 한 자신을 드러내지 않으면서 겸손히 소크라테스를 그려 내기 위해 그는 어느 것 하나 글로 남기지 않은 스승을 우선 글자 속에서 되살리는 수밖에 없었다. 이 점에 관한 한 플라톤의 예술적·시적인 재능은 커다란 힘이 되었다. 더구나 그는 아테네의 귀족 출신이었다. 명문가의 혈통은 그리스어를 유려하게 다루는 데에도 능숙했다. 그의 문장은 재미와 웃음으로 독자에게 아첨하지 않는 가운데, 아이러니라는 고도의 화술로 되살리는 것이었다. 그의 날카로운 통찰력 또한 대화편에 등장하는 소크라테스를 통해 잘 나타나 있다. 이리하여 아테네는 소크라테스와 플라톤의 지적 개화에 의해 빈번한 장기간의 전쟁으로 사회적, 문화적으로 몰락의 길에 접어들었다는 오명을 씻을 수 있었다. 자칫 절명할 뻔했던 아테네 철인의 사상이 그 제자를 통해 다시 살아나 해가 지지 않는 지평선처럼 빛나기 시작하였던 것이다.

　소크라테스가 한 말, 행동, 생각 그 모든 것은 당시 상식의 범주 안에 머무르는 평이한 것이 아니었다. 특히 플라톤이 보기에 소크라테스의 만년은, 아니 그의 일생은 경이와 탄복으로 가득 찬 것이었다. 그래서 그는 그것들을 하나하나 자기 마음에 비추면서 되돌아보고, 그로부터 소크라테스의 정확한 모습을 캐내어 그 형태를 규정하려 하였다. 조각가가 모델을 본형으로 삼아 다듬어지지 않은 소재로 작품을 만들어 내듯이 플라톤은 소크라테스라는 완전한 원형을 자신의 저술을 통해 구현하려고 하였다. 그런데 그의 이 원형은 언어라는 재료를 통해 표현되면서 데포르메(변형)를 거치지 않을 수 없었다. 그러나 플라톤은 이러한 의식적 변형에는 어떤 거짓이나 작위를 허용해서는 안 된다고 생각했다. 설령 자신의 마음과 현실 속에 어느 정도 허구의 방황이 있었다 하더라도 완성된 작품 속에 그런 것이 있어서는 안 되는 것이다. 이렇게 플라톤은 스승을 가감 없이 진실한 모습으로 살려 내고자 했다. 그리고 바로 이러한 노력으로 그가 철학을 하고자 하는 자신을 지탱할 수가 있었던 것이리라.

### 마음속의 소크라테스

오랜 전쟁과 그로 인한 혼란으로 아테네에서는 분에 넘치는 인간의 욕망이 나날이 그 정도를 더해 가고, 또 그것을 채우기 위해 무엇이든 하려는 사나운 사람들이 늘고 있었다. 이러한 사회적 분위기 속에서도 소크라테스는 사람들에게 삶과 진리를 묻는 질문을 던짐으로써, 그들이 자신에 대해 성찰하도록 해주었다. 또 그는 세상의 더러움, 선악 등 그 모든 것을 알고 있었지만 늘 자신은 무지하다고 하여 타인들에게 생각할 기회와 여지를 주는 대화법을 사용하였다. 다시 말해 그는 미래지향적인 인물이었으며, 그런 만큼 시류의 저항에도 꿋꿋하게 버티고 서 있었던 사람이다. 플라톤의 마음속에서는 이러한 초인의 생전 모습이 수도 없이 다시 나타났기 때문에, 그를 묘사할 때 초점을 맞추기 위해서는 계속 각도를 바꾸지 않으면 안 되었다. 또한 플라톤에게 있어서 소크라테스는 자기 형성과 '새로운 철학'을 세우기 위한 모태이기도 했다.

플라톤은 아마 어릴 적부터 부모와 형제로부터 소크라테스에 대해 들으면서 자라났을 것이다. 이것은 소크라테스가 세간에 널리 알려져 있었다는 점 외에도, 그를 곤경으로 몰고 간 사람들 중에는 그의 외삼촌이 있었다는 점으로 추측해 볼 수 있다. 이러한 혈연적 배경을 생각하면 애초에 정치에 마음을 두고 있었던 플라톤은 보통 사람처럼 야심을 품고 있었는지도 모를 일이다. 하지만 그의 내부에 간직하고 있었을지도 모를 그러한 욕망은 소크라테스의 가

**델포이 신전**
델포이 신전의 신탁은 일반적으로 사물의 본성을 다룰 수 있는 지혜의 본질적인 원천으로 여겨졌다.

르침이 발하는 감동적인 빛에 의해 조금씩 바뀌어 갔고, 그는 마침내 정치를 포기하기에 이른다. 누군가 똑바로 쳐다볼 수 없는 그 눈부신 빛의 길을 더듬어 간다면 광원에 도달하여 소크라테스라는 불세출의 인간의 적나라한 모습과 마주칠 수 있을 것이다. 그것은 야성의 것이 아니라, 그가 끊임없이 지식을 사랑하고 구하는 과정에서 시련을 거쳐 형성된 인간의 모습일 것이다. 그것은 많은 사람에게 내재하는 것이지만 자각되지 않은 탓에 대부분 잠든 채로 있는 에트바스(etwas : 어떤 것)의 표현인 것이다. 플라톤은 그 에트바스를 마음의 실을 당겨 가면서 확실히 표현해 내지 않으면 안 되었다. 그리고 그는 그 일이 소크라테스를 언어 속에 다시 등장시켜 살아생전처럼 대화를 하게 함으로써 가능할지도 모른다고 생각했다. 자꾸만 저술이 막히는 이유는 자신이 가진 소크라테스에 대한 기억을 더듬으면서 그를 문자로 표현하려 하기 때문이므로, 단순히 스승을 묘사하는 것이 아니라 그 자신으로 하여금 말하게 하면 되겠다는 데 생각이 미친 것이다. 플라톤은 마음속에서 아무리 거듭, 또 거듭하여 스승의 모습을 추구해 봤자 구체화할 단서가 얻어지지 않는다는 것을 알았다. 그래서 그는 지우려 해도 지워지지 않고, 끊임없이 그의 가슴속을 짓누르기까지 하는 것이 무엇이며, 또 어떻게 하면 그것을 붙잡을 수 있을지 알려고 애썼

**존경받는 고대인**
로마의 한 마을에서 소크라테스의 벽화가 그려진 기원후 1세기의 무덤. 소크라테스는 로마제국의 지성계에서 문화적 영웅이 되었다.

다. 그래서 그 방법으로 '대화편'을 만들고자 결심했는지도 모른다. 플라톤의 마음속에 자리한 소크라테스는 현실의 소크라테스가 그러했던 것처럼, 그려도 다 그려 내지 못할 깊이의 진리와 진실의 세계로 플라톤을 몰아갈 뿐이었다. 그것은 필연적인 일이긴 했지만, 거기에는 '끝'이라는 것이 없을 터였다. 이런 것을 깨닫게 되면서 플라톤은 본격적으로 철학자의 길을 걷기 시작했다.

소크라테스 같은 철인을 글자로 기록하고 재현해 내는 일은 그것을 행하는 사람이 위대하면 위대할수록 그 성과는 배가 된다. 내용 또한 중층적이 되어 깊이를 더하기도 한다. 즉 그 작업의 성과는 소크라테스 더하기 플라톤이 되는 것이다.

소크라테스가 설파한 것 가운데는 찾고 구해도 얻어지지 않는 것이 있다. 그것에 접근하는 유일한 방법은 그것을 구하려는 노력을 계속하는 것뿐이며,

플라톤의 생애

더구나 우리는 그것을 제대로 파악하고 있다는 실감과 보장도 할 수 없다. 그것을 구하는 유력한 단서는 수학이지만, 그렇다고 해서 수학처럼 정확한 답을 얻을 수 있는 것은 아니다. 즉 그것은 그 추구 자체를 구하는 것인 듯한 일면을 갖고 있다. 그것은 뭔가 있을 것 같다, 아니 있어야만 한다고 믿고 더듬어 가며 범위를 좁혀 나가지만 끝내 찾아낼 수 없는 것이다. 하지만 우리는 그 탐구 자체 그것 이외엔 어떤 것에서도 얻지 못하는 말할 수 없는 쾌감을 얻게 된다. 철학은 이렇게 단순한 쾌락이 아닌 특유의 독소를 내포하고 있다. 즉 철학에는 한번 맛보고 나면 다시는 그만두지 못하는 아편과 같은 묘미가 있는 것이다. 소크라테스는 바로 이 더할 나위 없는 쾌락을 알고 있었다.

플라톤은 소크라테스를 추구하고 묘사하는 과정에서 그것을 체험하고, 그것에 이름을 부여한다. 제일 먼저 그는 그것이 이데아(이상)적인 속성을 가지고 있다고 생각했다. 결코 손에 잡히지 않으면서도 사람들로 하여금 그것을 추구하지 않고는 견딜 수 없게 하는 것이 있다면 그것은 영원한 것임에 틀림없으며 또 그래야만 한다. 즉 이상(理想)과 같은 것이 아니면 안 되는 것이다. 이상이란 말 그대로 도저히 얻을 수 없는 것, 현실이 될 수 없는 것이다. 이러한 이상에는 개별적인 것과 보편적인 것이 있다. 개개의 이상은 보편적인 이상에서 얻어지지만, 그것들을 하나씩 합친다고 해서 보편적 이상 그 자체가 되는 것은 아니다. 개별적 이상을 넘어서 보편적 이상을 추구하는 과정을 행하는 사람은 상식의 영역을 벗어나 고도의 인간으로 성장하게 된다. 우리는 이러한 이데아를 구하는 작업을 전문적인 일로 삼는 사람을 철인, 또는 철학자라고 부른다. 그리고 플라톤은 소크라테스와의 관계를 지속하기 위해 그러한 철학자가 되어야 했던 것이다.

### 철학자

이데아는 추구하는 것이지 구해서 얻어지는 것이 아니다. 바로 이러한 사실에 이데아와 현실 간의 분열과 결합의 극이 존재한다. 소크라테스는 실생활 속에서 철학의 실천을 통하여 그러한 이데아와의 접점을 추구한 철인이었다. 플라톤의 탐구는 처음엔 이런 스승 소크라테스를 매개로 하여 이루어진다. 앞에서도 말했듯이 그는 스승이 살아 있을 때에는 그의 가르침을 길잡이 삼았고, 스승이 죽고 난 뒤에는 그 가르침을 기록하는 저술 작업을 계획하였던 것이다. 하지만 그는 스스로 이데아를 구하는 방법을 세움으로써 그것의 존재 방식을 명확히 기술하지 않으면 안 되었다. 본인 스스로가 어떤 철학적 체계를 세워야만 소크라테스를 써서 남길 수 있었기 때문이다. 이리하여 플라톤은 철인이라기보다는 철학자가 된다. 이것은 플라톤의 사명이자 소크라테스와의 만남이 지워 준 의무였다.

플라톤은 자신의 저술로써 소크라테스의 재판 과정과 사형 장면을 생생하게 살려 냈다. 그런데 소크라테스는 죽음을 맞으면서 이전의 철학사에서는 찾아볼 수 없었던 문제를 던져 주었다. 즉 그는 현실에서 이데아로의 발돋움이 가능한가 하는 질문을 남긴 것이다. 왜냐하면 소크라테스의 죽음은 이데아와의 동화라고도 생각할 수 있는 것이었기 때문이다. 이데아는 알기 쉽게 말하면 인간 이상의 표현으로 현실 속에서는 온전히 구현될 수 없는 것이다. 그래서 이데아계와 현실계와의 사이에는 아무래도 괴리가 존재한다. 인간은 그 골을 메우지 못하고 단지 계속해서 구하는 작업을 하다가, 문득 어느 때 그 골이 메워졌는가 싶은 직관을 얻을 따름인 것이다. 그러나 소크라테스는 죽음으로써 그 골을 메웠다. 이것은 자연사로는 불가능하며, 자살로도 가능하다는 보장은 없는 일이다. 즉 소크라테스는 보통의 흔하디흔한 수단으로는 도저히 불가능한 일을 태연히 해낸 것이다. 현실과 이데아를 결합하는 이 일이 어째서 소크라테스에게는 가능했던 것일까? 이것은 소크라테스라는 인간을 아무리 파고들어도 좀처럼 우리가 알아내기 힘든 점이다. 하지만 플라톤은 적어도 이 철학적인 문제를 질문하는 올바른 방법을 알고 있었다. 그는 '왜 그만이 할 수 있었는가'가 아닌 '어떻게 그가 할 수 있었는가'를 물었던 것이다. 소크라테스는 '죽음'이라는 행동으로 자신의 의지를 말했다. 그 '죽음의 체험'은 '산 자'로서는 알지 못하는 무엇이다. 플라톤은 그의 책 《파이돈》에서 소크라테스가 자신에게 강제된 죽음을 행하는 그 상황을 가공의 이야기라고도 할 수 있는 뮈토스, 즉 신화를 사용해 전개하고 있다.

《파이돈》에는 소크라테스의 죽음이라는 사건의 전모와 그가 사형을 당할 때의 모습이 자세히 나와 있다. 그러나 우리는 죽음의 의미는 알아도 영영 '죽음 그 자체'는 알지 못한다. 왜냐하면 에피쿠로스가 말한 것처럼 죽었을 때는 이미 우리의 감각이 사라지고 없기 때문이다. 즉 죽음은 죽은 자도 지각하지 못하기 때문에 살아 있는 자로선 더더욱 알 수 없는 것이다. 우리 인간들 중에는, 살아 있기 때문에 죽음이 문제가 되고 죽고 나면 괴로워할 것도 없다고 여기는 사람들이 있다. 그렇지만 소크라테스는 죽음을 이해했을 뿐만 아니라 사후의 세계, 즉 하데스가 있다고 생각했고, 그에 대한 상세한 전망도 가지고 있었다. 플라톤은 이에 대해 서술하며 신화라든가 우화를 예로 내놓고 있는데, 이것은 고심의 흔적이 아니라 뿌리 깊은 그리스적 정서의 반영이므로 특별한 의미를 부여할 필요는 없다. 그렇더라도 플라톤은 소크라테스에 의해 '영원'을 배우고, 그것으로부터 '소멸'을 알게 되었다. 그랬기 때문에 그는 '불멸'과 '현상'의 두 세계를 로고스화하지 않을 수 없었다. 철학자는 죽음을 해명해야 할 소명을 가지고 있다. 그런데 그 소명을 수행하면 반드시 옮겨 가는 변화 속에 있는 것과 항상 일정하여 변화하지 않는 것과 맞부딪치지 않을 수가 없다. 플라톤 역시 이 과정을 거쳤고 그리하여 항상 일정하여 불변하는, 늘 존재하는 것으로서의 이데아를 찾고 구하게 된 것이다. 그는 말 그대로 '진리의 나그네'가 될 결심을 한다. 이것은 그가 소크라테스를 만나지 않았더라면 발생하지 않았을지도 모를 일이다.

　소크라테스는 이 세상에서 무엇이 가치 있는 일인지 아닌지를 잘 분별하고 있었다. 무엇을 결심하고 무엇을 포기해야 하는지를 알고 있었으며, 아무래도 좋은 것과 그렇지 않은 것을 구별할 수 있었다. 돈벌이가 되는 일이나 남에게 잘 보이려고 아등바등하는 일에만 신경을 쓰고, 정신을 가능한 한 탁월하게 하는 일을 게을리하면 그만큼 마음의 즐거움과 살아 있는 기쁨으로부터 버림을 받게 되는 것이다. 우리 인간은 자신의 모든 지적 능력, 모든 육체적인 능력을 기울여 해야만 할 일을 갖고 있기 때문이다. 인간에게는 분명 지긋지긋해하면서도 먹고살기 위해 어쩔 수 없이 하는 것이 아니라, 자진하여 아낌없이 에너지를 쏟아부을 일이 있다. 플라톤은 소크라테스에게서 이 신성한 일에 대해 끊임없는 봉사 정신을 가지도록 배웠다. 그런데 사람들이 서로 죽고 죽이는 전쟁을 하는 비참한 현실 속에서 정신을 지속하기 위해서는 소중하고 보람 있고 또 존엄한 일을 찾지 않으면 안 된다. 그의 '이상국가' 역시 우리 인간이 보다 인간적으로 살기 위해 실행해야 할 근본적인 과제에 입각하여, 지상에서 자유롭고 평화로운 피안의 국가를 만들어 내고자 한 것이었다. 이러한 이상국가의 그 구조와 원리는 철학에서만 구할 수가 있는 것이다. 그리하여 플라톤은 소크라테스를 충실하게 기술하는 가운데 선과 미를 두루 갖춘 국가에 대한 구상을 하기 시작한다. 물론 소크라테스는 스승으로서 플라톤이 국가관을 세우는 데 그 실마리를 제공했겠지만, 그에게 체계적인 국가관이 명백하게 있었는지는 단언할 수 없다. 플라톤의 《국가》를 보아도, 거기에 나온 사상이 소크라테스의 것이라고 결정지을 단서는 없다고 할 수 있다. 이것은 여기에 소크라테스와 플라톤의 만남과 결별의 문제가 얽혀 있어서, 어디까지가 소크라테스의 사상이고 어디부터가 플라톤의 철학인지 분명하지 않기 때문이다. 잘 알려져 있다시피 소크라테스는 아무것도 써서 남기지 않았고, 또 우리가 말하는 소크라테스의 모습은 대부분 플라톤에 의한 것이기 때문에, 이에 대해서는 확실한 점보다는 의문점이 더 많은 것이다. 그러면 이러한 플라톤은 어떠한 시대에 어떠한 생애를 살았으며, 어떠한 철학과 사상을 수립했던 것일까?

## 플라톤이 태어난 시대
―전쟁과 퇴폐―

### 격랑

시대와 그 안에서 살아가는 인간은 좋든 싫든 어쩔 수 없이 세월의 흐름과 그 과정 속에 놓여 있다. 그리고 변화의 추이는 시대를 대변하며 거기에는 반드시 인간의 갖가지 사건들이 얽혀 있는 것이다. 사건은 우연히 일어나지 않는다. 사건은 언제나 발단이 있고 전개가 있고, 또 여러 가지 변수가 작용했기 때문에 일어난 것이다. 그것을 고려한다면 어떤 사건이나 일의 결과에 대한 판단을 할 때 오직 한 가지 사실만을 원인으로 지목할 수는 없으리라. 그럼에도 플라톤의 출생 시기가 그 인물의 형성에 큰 원인이라는 것은 분명한 사실일 것이다.

플라톤은 당시로서는 최대 사건의 소용돌이 속에서 태어났다. 기원전 5세기, 427년이라고 하면 펠로폰네소스 전쟁이 한창일 때였던 것이다. 아테네는 거친 파도에 이리저리 내몰리는 조각배처럼 흔들리고 있었다. 기원전 431년에 시작된 이 전쟁은 이미 4, 5년이 지났는데도, 해결될 기미는 전혀 보이지 않았고 상황은 더욱 악화되기만 할 따름이었다. 플라톤은 이 격랑 속에서 태어나 격랑과 함께 성장한다. 이 펠로폰네소스 전쟁은 약 27년 동안 계속되어, 플라톤이 23세 무렵인 기원전 404년까지 그치질 않았던 것이다. 그에게 있어 이 전쟁은 인생의 전반기, 특히 소년기에서 청년기에 걸쳐 존재한 커다란 시련이었음이 틀림없다.

어린아이였을 때에는 전쟁의 참모습을 알 리가 없었겠지만 6, 7세쯤 되었을 때, 플라톤은 부모나 형제의 말과 행동을 통해 뭔가를 느꼈을 것이다. 사람들은 흔히 천재의 상징은 옛 기억의 회상에 있다고들 한다. 이런 점을 생각해 보면 플라톤의 예민한 정신 또한 무수한 사건 가운데서 장래의 시금석이 될 것을 하나씩 주워 올렸을 것이라고 추측할 수 있다. 사실 그에 관한 자세한 이야기는 우리에게 전해지지 않는다. 그러나 우리는 천재들의 감수성과 시대가 인간의 성장기에 미치는 영향을 감안하여 대전쟁의 흔적이라고 할 수 있는 원인 불명의 전염병이 아테네에 퍼졌을 때, 그 일을 듣고 귀를 곤두세웠을 그를 상상해 볼 수 있다. 또 플라톤은 아테네의 동맹국 미틸레네의 사절이 기원전 428년 올림피아 축제 뒤의 회의석상에서 라케다이몬(스파르타)인에게 한 발언도 들었을 것이다. 그 발언 속에는 어린 그가 미래의 철학자를 준비할 수 있도록 하는 내용이 있었기 때문이다. 특히 정의와 성의에 대한 미틸레네인의 생각은 주목할 만한 것이었다. 전쟁으로 날이 새고 지는 상황에서 그런 우정과 그를 위한 정책으로 가득 찬 주장을 펼친 것은 어쩌면 당연한 일이었으리라. 미틸레네인들은 개인이나 국가 모두 성의를 인정하고 여러 가지 문제에 있어서 서로 통하는 태도를 견지해야 한다고 주장했다. 당시 미틸레네와 아테네는 동맹 관계에 있었지만, 그들 사이의 우정과 자유는 작은 신뢰로 지탱될 수 없었다. 그들은 페르시아의 위협 앞에서 아테네와 손을 잡았다. 하지만 그 이후 상황이 바뀌어 아테네와 불편한 사이가 되자 스파르타에 접근하려 했던 것이다. 그리고 그런 배경이 미틸레네 사절의 발언에 열의가 담겨 있었던 이유였다.

미틸레네와 아테네를 묶는 정신은 이미 사라지고 없었다. 하지만 전쟁이 시작되자 그들은 도리어 자세를 바꿔 평화를 원한다고 알렸다. 사람들은 보통

**아테네 학당** 바티칸에 있는 라파엘로가 그린 엄숙한 프레스코화. 1508~1511년까지 4년에 걸쳐 완성되었는데, 고대 그리스의 유명한 사상가들을 보여 주고 있다.

우정과 호의에 의해 신뢰를 굳힌다. 그러나 두 나라가 나누는 것은 서로에 대한 굳은 의심과 공포심이었고, 그들을 한데 묶는 것은 서로 간에 가하는 위협이었다. 마침내 미틸레네는 자위책에 만전을 기하기 위해 스파르타와의 동맹을 구하고 나선 것이다. 이것이 라케다이몬에 의해 받아들여져 아테네는 유력한 동지를 잃게 되었다. 이렇게 플라톤이 태어난 무렵의 그리스는 아테네와 스파르타 중심의 양대 세력으로 나뉘어 끊임없이 계속되는 전쟁의 격랑 속에 있었다.

### 함몰

플라톤이 갓 태어났을 무렵 아테네에서는 미틸레네의 성년 남자 모두를 사형에 처하고, 어린이와 부녀자들을 노예로 삼자는 결의가 이루어진다. 물론 이와 같이 복수심에서 이루어진 결의는 실행되지 않았다. 그러나 과거 아테네의 자랑거리였던 지장(智將) 페리클레스의 영광은 이미 사라진 상태였고, 아테네는 몰락의 조짐을 보이고 있었다. 이것을 극명하게 나타내 주는 것이 중상모략을 무기로 정계에 나선 과격한 선동가 클레온의 발언인데, 그를 지지하는 민중 또한 경솔한 것은 말할 것도 없었다.

전쟁은 길게 끌면 끌수록 여러 가지 나쁜 결과를 초래하는 법이다. 이상이 사라지고 가치는 전도되며 지적인 정신은 상실되어 간다. 쓸데없는 힘과 힘이 부딪치기 때문만이 아니라, 공포 앞에서 존귀한 생명이 사라져 가기 때문이다. 클레온은 아테네 민중 앞에서 이렇게 말한다.

"나는 수도 없이 여러 번 무슨 일이 있을 때마다 민주주의는 타인을 지배할 수 없다고 단언해 왔다. 하지만 이번 미틸레네인에 대한 처분처럼 민주주의의 무능함을 보여 주는 것은 없다. 우리는 평소 안일했고, 타인의 간계에 속았던 기억이 없기 때문에 이 동맹국 사람에 대해서도 같은 태도를 취하려 했다. 그리하여 그들의 감언이설에 속아 실책을 범했다. 그러고 나서도 우리는 그들이 불쌍하다 하여 용서해 주었다. 그것뿐이라면 좋겠지만, 우리는 그렇게 하는 것이 우리 스스로에게 위험을 초래한다는 것을 조금도 알아채지 못하기까지 했다. 또한 아무리 관대하게 행동해도 동맹자들이 조금도 고마워하지 않는다는 것도 모른다. 그러나 무엇보다 우리에게 가장 큰 위협이 되는 일은 일단 결의

한 태도를 바꾸는 것이다. 강국을 이루려면 어떤 적도 만들지 않는 선법(善法)보다는 권위가 흔들리지 않는 악법 쪽을 선택하는 것이 좋다. 느리더라도 분별이 확실한 편이 법을 두려워하는 것보다 국가에 더 크게 공헌한다. 대체로 시민으로서는 단순한 두뇌의 소유자들이 약삭빠른 사람들보다 낫다. 이런 것들을 소홀히 하는 것은 위험하다. 왜냐하면 약삭빠른 자들은 법률보다 요령 있게 행동하려 하거니와, 중요한 문제에선 자기의 판단을 말한다 하더라도 무시당할 것을 아는지 쓸데없을 때 연설을 하여 사람들을 말로써 속이려 하기 때문이다. 그래서 약삭빠른 지혜가 있는 사람들이 나라를 망하게 만든 예는 매우 많다. 이에 반해 국론을 올바른 길로 이끄는 것은 자기의 이해력 따윈 대단하지 않다고 생각하는 사람이다. 그는 법률을 자기의 재주로 이해하려고 하지 않고 멋진 웅변을 들어도 말꼬리를 잡는 데 능숙하지가 못하다. 그러나 이런 사람들은 경쟁심만 강한 사람들보다는 공평한 입장에서 판단할 수 있다. 이렇기 때문에 우리처럼 연단에 서는 자는 특이한 논리나 이치도 경쟁하는 데 정신을 팔아서는 안 된다. 즉 대중 여러분의 의향에 어긋나는 연설을 해서는 안 되는 것이다."

클레온이 이 연설을 했을 무렵, 소크라테스는 45세쯤이었고 플라톤은 2, 3세에 불과했다. 만약 소크라테스가 이 말을 들었다면 페리클레스의 말과 비교하여 한탄을 했으리라. 역사가 투키디데스의 말을 빌릴 것도 없이 클레온의 생각은 근시안적이다. 나라를 살찌우고 강한 군대를 가지려면 권력을 절대화하지 않으면 안 되는데, 그것은 자유나 지성과는 어울리지 않는다는 것이 그의 주장이었다. 이에 반해 페리클레스의 생각은 인간의 존엄성에 뿌리내리고 있는 것이었다. 거기에는 법의 정신이 살아 있다. 그러나 클레온에게는 아테네 사람의 피에 흐르고 있는 자유사상이 희박하며, 그는 오히려 스파르타적이라고 할 수 있다. 그는 연민, 궤변, 관용은 지배권의 이익을 저해하는 세 가지 적이라고 보았다. 그의 설명은 이랬다. 연민이란 정을 정으로 되갚는 자들 사이에서 통하는 것이다. 그러므로 걸핏하면 적이 되려 하는 상대에게 걸맞지 않다. 궤변을 잘하는 정치가들은 혀끝이 교묘하여 자기의 재능을 팔고, 사리사욕을 탐한다. 따라서 사소한 사건을 붙들고 궤변 재주의 우열을 경쟁하기 때문에 폴리스(국가)에 화를 초래할지도 모른다. 관용이란 앞으로 자기편이 될 자, 오래도록 친구로 남아 있을 것 같은 자에 대해서만 보여야 하는 태도이다.

이러한 클레온의 말에도 일리는 있지만, 그의 주장은 지배적 정치가 이론이 되기에는 문제가 있는 것이다. 인간에 대한 용서도 필요 없고 이기기 위해서는 수단을 가리지 않아도 된다는, 인간성을 무시한 그런 정치는 오래가지 않는다. 펠로폰네소스 전쟁의 와중이라고는 하지만 아테네에는 페리클레스가 있었다. 클레온이 페리클레스만큼 주목을 받지 않았던 것은 당연한 일이다. 만약 클레온과 같은 정치가가 득세를 하여 아테네를 지배했다면, 우리가 알고 있는 아테네는 일찌감치 역사에서 사라졌을지도 모른다. 그러나 다행히도 그런 일은 일어나지 않았고 아테네는 소크라테스, 플라톤, 아리스토텔레스라는 대철인들을 배출함으로써 한때 클레온과 같은 주장을 하는 자가 있었다는 오명을 벗을 수 있었다. 이들이야말로 인류 역사에 빛을 던지고, 사람들이 지적인 에너지에 결핍되었을 때 언제든지 돌아갈 정신의 고향과도 같은 존재들인 것이다. 한편 정치 면에서도 클레온과 그의 주장을 날카롭게 제지한 사람이 있었는데, 그는 우리에게 잘 알려지지 않은 디오도토스라는 사람이었다.

**부침**

사람의 일생에 행복과 불행이 있는 것처럼 한 나라의 역사에도 흥망성쇠가 있다. 그것을 초래하는 원인이 무엇인지에 대해서는 많은 얘기들이 있지만 완전한 해답은 아직 알지 못한다. 기원전 5세기 후반의 끝에 이르렀을 무렵, 소크라테스는 그의 진가를 속속 드러내고 있었고 플라톤은 그 위대한 일생을 위한 준비를 하고 있었다. 그러나 그즈음 그리스 전체는 생사의 기로에 서서 사람도 시대도 혼란의 정점으로 치닫고 있었다.

이 시기에 플라톤은 어디서 무엇을 하고 있었는지는 거의 알려져 있지 않지만, 그가 아테네의 어딘가에서 유아기를 보내고 있었던 것은 확실하다. 이때 아테네인들은 미틸레네인들에 대한 처리를 둘러싸고 클레온의 강경론과 디오도토스의 온건론으로 나뉘어 논쟁을 벌이고 있었다. 디오도토스는 강렬한 지성과 냉정한 판단의 소유자로서 선동과 중상을 일삼는 정치에 반대하는 인물이었다. 그는 민중에게 아첨하지 않았으며 무엇을 결의하느냐보다, 어떻게 결의하는가를 중시하였다. 그렇게 데모크라티아(민주정치)를 기본선으로 지키려 했

**수학에서 법률에 이르는 합리적 질서** 플라톤은 오늘날에 이르기까지 예술 작품에 등장하는 일이 많다. 로마 수도원에 있는 이 16세기 프레스코 벽화에는 플라톤, 수학자 피타고라스, 아테네의 개혁가이며 입법가인 솔론(Solon)이 함께 있다.

던 그의 주장은 자연히 자유롭고 공정한 언론을 대변하는 것이었다. 다음에 나오는 그의 말은 이 점을 잘 나타내 준다.

"우리에게는 올바른 판단을 방해하는 두 가지 커다란 적이 있다. 그 하나는 성급함이요, 두 번째는 노여움이다. 성급함은 사려 없음에 빠지기 쉽고, 노여움은 무교양으로 달리게 된다. 따라서 둘 다 편협한 판단을 초래한다. 우리는 이론을 행동의 선도자로 삼는 일을 너무 완고하게 지키려 해서는 안 된다. 만일 그것의 강요에 연연한다면 암우(暗愚)나 편견으로 인한 비난을 면치 못할 것이기 때문이다. 암우는 불투명한 미래를 언어 이외의 방법으로 설명할 수 있다고 생각하도록 한다. 편견은 볼썽사납고 이상한 이야기와 해서는 안 될 일을 자기의 변론술을 동원하여 하라고 구슬린다. 또 그 자신의 주장에 대한 반론자를 능력이 부족한 사람이라고 여겨 갖은 중상을 다 쓰며 그를 위협하고, 반론에 귀를 기울이는 자까지 위협할 수 있다고 생각하게 만드는 것이다."

아테네인들은 당시 전쟁으로 인해 정신적으로 지치고 황폐해진 상태에 있었다. 하지만 그렇다 하더라도 정상적인 사람이라면 클레온과 디오도토스 중에서 어느 쪽이 정당한지 위의 짧은 말로도 쉽게 판단할 수 있을 것이다. 미틸레네인의 처형 결의는 이 논쟁으로 인해 중지되었다고도 할 수 있다. 이때 디오도토스가 사실을 똑바로 보고 항상 데모크라티아의 본질에 서서 행동하는 아테네 문화의 소중함을 자신의 민족에게 다시 일깨워 주었음이 분명하다. 그리고 그 논쟁에 참여한 사람들 중에는 플라톤의 아버지 아리스톤이나 그 일족의 누군가가 참여했을지도 모른다. 그리하여 그들이 이 이야기를 한창 성장 과정에 있는 플라톤에게 들려주었을지도 모르는 것이다.

디오도토스의 말에는 진실이 담겨 있었다. 그는 미틸레네인들을 사형시키는 것으로 일이 마무리될 것이라는 어리석은 생각은 하지 않았다. 오히려 그들은 사형시키기만 하면 된다고 굳게 믿어 그런 잘못된 믿음을 행동으로 옮기는 것을 엄격하게 경계하고 있었다. 그는 사람이 잘못을 깨달았을 때에는 언제나 회개의 여지가 남겨져 있어야 한다고 생각했다. 특히 재판관이 아닌 정치가는 상대가 비록 적대자라도 자신이 저지른 잘못을 반성할 다소의 여지를 남겨 주어야 하는 것이다. 이러한 디오도토스의 의견이 많은 아테네인의 인정을 받아, 레스보스섬 미틸레네인의 처리 문제는 아테네로 호송된 사람들(일설에 따르면 1000명)을 처형하는 것으로 일단락되었다. 이것으로 알 수 있다시피 펠로폰네소스 전쟁 중의 그리스 사람들은 투키디데스의 말처럼 '공격해 오는 적을 맞이하여 쳐부수는 자에게는 죄가 없다'는 관습을 따랐던 것이다.

### 비극

전쟁에는 말로는 형언할 수 없는 처참함이 뒤따르기 마련이다. 하지만 이러한 전쟁을 위해서도 몇몇 이론이 개발되어 이용되기도 한다. 사람을 죽이는 데에는 어떤 논리도 가져다 붙일 수 없는 것이지만, 그런 이상적인 생각만을 내세울 수는 없는 것이 현실이며 그때에도 역시 사정은 마찬가지였다. 이러한 현상은 플라톤이 청년기에 이를 때까지 끊임없이 계속된다. 아니, 사실 전쟁은 오늘날에도 벌어지고 있다. 인간들이 스스로 일으키고 한탄하는 불행이며 비극이라고밖에는 할 수 없는 이 현상의 심판자는 누구인가? 역사가일까? 철학자? 비극 작가? 희극 작가? 아니면 신일까?

그리스의 극작가 소포클레스가 비극 《안티고네》를 상연한 것은 기원전 442년이다. 거기에는 인간에 대한 통렬한 비판이 담겨 있다. 인간과 문명과 윤리에 대한 뛰어난 통찰이 이 작품의 바탕을 이루고 있는 것이다. 이 《안티고네》의 메시지 가운데 하나는 한마디로, 인간의 문명이 아무리 발전해도 잘못된 윤리적 판단을 막을 방법은 없다는 것이다. 소포클레스의 본심은 분명 인간의 의지에 대한 찬양을 하고 싶었던 것이겠지만, 그렇게 하려 하면 할수록 비참한 현실에 대한 생각이 그의 머릿속에서 떠나지 않았을 것이다. 그리고 결과적으로 '인간 찬가'에 대한 항의의 내용을 담게 된 이러한 《안티고네》가 아테네에 등장한 지 채 20년도 되지 않아, 인간의 윤리성에 대한 믿음을 배반하는 비극이 그리스 각지에서 현실로 나타났다.

어디서 누가 누구를 어떻게 죽였으며 또 어떻게 죽임을 당하였는가? 이 시기 아테네에서는 이러한 질문들에 대한 자세한 기술을 할 필요가 없을 정도로 살인이 당연시되었다. 케르키라의 내란 때에는 적대파를 닥치는 대로 잡아서 살해하고, 심지어는 헤라 신전에서조차도 사람을 죽였다. 케르키라인은 적이라고 판단되는 사람은 그 자리에서 즉각 살해하고, 반역이라는 죄명을 씌웠다. 이런 상황에서 나뭇가지에 목을 매거나 칼로 스스로 찌르거나 제각각 가능한 방법으로 자살하는 자들도 속출하였고, 개인적 증오가 원인이 된 온갖 형태의 살인도 횡행했다. 그리하여 아버지에게 아들이 살해당하고, 원한 관계에 있는 자를 디오니소스 신전 벽에 가두어 죽이는 등 상상을 초월하는 극단적 살인이 뒤를 이었다. 이때 그들은 궤멸의 위기에서 몸을 떨 겨를조차 없었으리라.

인간은 무릇 일관된 덕을 분간하고 그에 따라야 하며, 용감함과 덕에 대한 감사의 마음에 흔들림이 있어서는 안 된다. 이것은 그 순간만의 이익을 추구하는 사람들에게도 해당되는 것이므로 장기적인 이익을 바라는 사람에게는 반드시 필요한 마음가짐이다. 그러나 당시 아테네에서는 이러한 시대를 초월한 도덕의 가르침도 공허한 말에 불과했다. 그리스에서는 일어나서는 안 될 일이 연일 발생했다. 플라톤이 일찍이 이러한 인간과 그 도덕이라는 것에 대해 간파하고 있었던 스승으로부터 가르침을 받게 되는 것도 아직 한참 후에 일어날 일이었다. 따라서 훌륭한 철학자가 내는 경고의 목소리 하나 없이 비인간적 행태는 계속되어 많은 목숨들이 사라졌다. 그렇다면 인간은 충동적인 힘에 조종당한다고밖에는 할 수 없는 것인가? 법률도 형법도 도덕도, 모든 것이 땅에 떨어지면 인간은 동식물과 다를 것이 없지 않은가? 대체 아테네가 이렇게 된 원인은 어디에 있는가? 당시 아테네인들은 시대 속에서 사는 사람만이 느낄 수 있는 뭔가 특별한 영향 아래 있었음이 분명하다. 그러나 투키디데스가 "인간의 성정이 달라지지 않는 한, 각 사건의 조건에 따라 그 나름의 차이는 있을지언정 이러한 사건은 미래의 역사에서도 반복될 것이다"라고 말한 것처럼 인간은 상황에 따라 야수가 될 잠재성을 지니고 있는지도 모른다. 인간은 눈앞의 위험에 사로잡히게 되면 자신이 무엇을 해야 할지 모르고 동물적 본능을 드러내는 것이다. 어찌 되었든 인간이 환경에 막대한 영향을 받는 것이 분명하다는 점을 생각하면, 감히 말하건대 소크라테스나 플라톤도 이러한 시대에 살았기 때문에 그 윤리관 《국가》를 구상할 수 있었는지도 모르는 일이다. 그 혼란 속에서도 그들이 보통의 다른 인간들과는 달리 한 단계 높은 것, 즉 진리와 이상을 찾으려 했던 것은 사실이다. 하지만 적어도 그 인간 형성과 이 시대가 무관하다고 할 수는 없으리라. 그러므로 플라톤이라는 인간이 형성된 배경을 알기 위해서는, 그가 살았던 시대와 그 시대성을 더욱 확실하게 해두지 않으면 안 된다.

### 요인

인간은 착한 일을 하고 바보 소리를 들을지언정 나쁜 짓을 하고 영리하다는 평을 듣고 싶어 하지는 않는다. 그러나 플라톤의 어린 시절은 두 번째 평가를 듣는 것이 더 낫다고 생각하는 인심이 보편적인 시대였다. 나쁜 짓을 하고도 영리하다는 말을 듣고, 또 그러기를 바라는 그러한 세상이었던 것이다. 사람들은 착한 사람임을 부끄러워하고 도리어 악인이 되려 했으며, 스스로가 악인인 것을 자랑했다.

이런 현상은 물욕과 명예욕 때문에 나타나는 것이다. 그리고 이런 욕망은 권력욕과 연결된다. 이제 사람들은 이러한 욕망을 추구하는 데 맹목적이 되고 그들 속에는 파벌심이 얽히기 시작한다. 그들의 행동 규범은 옳고 그름의 판단이 아니며 국가의 이해득실도 아니다. 그래서 복수와 잔학함과 술책과 항쟁이 자행되는 것이다. 더구나 사람들은 이것들에 의해 얻어지는 쾌감까지 바라게 된다. 그래서 반대파를 괴롭히고 탄압하며 당장 그렇게 함으로써 쾌감을 얻을 수 있을 때까지 그치지 않는다. 그 어느 쪽에도 속하지 않고 중용을 지키려 하는 시민은 양쪽으로부터 협력하지 않는다고 닦달을 당하여 자신의 신념을 지킬 수가 없다. 하지만 보신술(保身術)과 그에 의한 태도도 역시 질투의 대상이 된다. 이렇게 이 시기의 그리스에서는 그야말로 모든 시민층의 구석구석까지 악이 스며들어 인간성은 궤멸된 것이었다.

펠로폰네소스 전쟁은 각지에 내란을 일으키게 했고, 그때마다 도덕적 퇴폐가 역병처럼 그리스 전역으로 퍼져 나갔다. 그리스 세계에는 세상에 존재하는 온갖 악의 표본이 생겨났다. 솔직함, 인격, 고결함, 덕과 같은 가치는 모조리 자취를 감추고 말았다. 이리하여 이 시기의 인간이 자신의 짧은 생애에 분명히 존재한다고 느낄 수 있는 것은 죽음밖에 없었다. 즉 사람들은 악의 홍수 속에서 대부분 죽음을 코앞에 두고 있었던 것이다. 그런데도 역시 살아남은 사람들은 존재하였는데, 그들은 교묘하게 남을 속이고 중상하는 일에 서툰 사람들이었다. 얄궂은 운명은 어느 시대에나 있으니, 이것 역시 그런 경우라 하겠다. 이런 사람은 자신의 부족함을 인지하고 상대의 교묘함 또한 알고 있었기 때문에 조심성이 많았다. 그리고 그 때문에 이들은 상대가 자신을 앞질러 배신하는 것은 아닐까 싶어 행동적이기도 했다. 이들은 상대가 교만에 빠져 자신을 발아래 두었다고 확신하며 바보 취급하는 사이에, 적의 허를 찔러 도리어 그를 파멸시켰다.

이 시기 그리스 전역에 나타난 타락과 몰락의 현상은 생각이 있는 자라면 차마 눈뜨고 보고 있을 수 없어 차라리 외면할 만한 것들이었다. 그들의 마음에는 수치심과 양심이 있기 때문에 고개를 들고 그것을 바라볼 수 없는 것이다. 이것은 단순히 자의적 추측이 아닌 인간의 마음에 대한 해명이다. 이미 그리스에서는 오래전부터 철학이 발생하여 종교로부터 벗어나 원인으로 사물을 해명하고 있었다. 그들은 마음속에 흐르는 지적인 습관으로 자신을 둘러싼 세상을 분석하려 했던 것이다. 하지만 그것은 자연 연구에는 적합하지만 인간 연구에 맞다고 할 수는 없는 것이었다. 사람은 비참한 일을 경험하면 어떤 심적 변화나 동요를 느끼게 마련이다. 그 체험으로 인한 감정을 그냥 놔두지 못하는 것이 인지상정인 것이다. 남을 욕하거나 칭찬을 하는 것도 그러한 감정이 반영된 예이다. 그러므로 인간성의 궤멸을 겪었다면 그 요인을 찾아내고, 다시는 그 일이 반복되지 않도록 하려는 사람이 나올 수밖에 없다. 그리고 그 사람들이 바로 소크라테스와 플라톤이었다고 할 수 있다. 그들은 인간의 비명을 그냥 듣고 있지만은 못했던 것이다. 이러한 의미에서 소크라테스와 플라톤은 시대의 유산이라고 할 수 있을지도 모른다. 인간은 궤멸된 것을 그대로 두지 않는다. 파괴된 것이 있다면 그것이 유형의 것이든 무형의 것이든 복원하거나, 재건하고야 만다. 인간은 자연으로부터 또 동물로부터도 수난을 당해 왔지만 완전하게 정복된 적은 없었다. 이러한 재건이 인간 재건의 형태를 취해 윤리적인 가치의 발견으로 향한 것이 단지 소크라테스와 플라톤의 위대성 덕분만은 아니다. 즉 그것이 가능했던 것은 이오니아의 탈레스 이후의 그리스 자연철학과 소피스트들의 활동으로 두껍게 가꾸어진 사상적 토양에 시대적 교훈이 더해졌기 때문인 것이다.

### 평화

이 전쟁에 의한 퇴폐와 인간성 궤멸의 시대에도 평화를 바라는 마음이 없었던 것은 아니다. 기원전 404년, 플라톤이 23세 정도의 청년이 될 때까지 몇 번인가 화목의 조짐이 나타난 적이 있었다. 어떻게 하면 평화로워질까, 그러려면 어떤 조건이 필요한가, 그리고 그것을 실현하려면 어떠한 지식이 있어야 할까? 그리스의 사람들은 이러한 질문의 해답을 찾기 위해 노력하였는데, 그들의 노력에는 경청할 가치가 있는 것이 있다. 이 시대에 활약했던 희극 작가 아리스토파네스의 《평화》와 기타의 작품들에서도 이에 관한 이야기를 찾아볼 수 있다.

한편 이 시대는 플라톤의 성장기였다. 그는 주변의 상황을 보고 자신의 앞날에 대해 생각하면 할수록 정치에 대한 자신의 관심이 높아지는 것을 느꼈다. 그리고 이러한 상태는 소크라테스의 죽음을 맞이할 때까지 계속된다. 그가 차례로 대화편을 쓰게 된 가장 큰 동기는 자신의 스승 소크라테스의 보전이지만, 그 형식과 내용은 이 시대의 갖가지 사건과 깊은 관련이 있다. 예를 들면 평화를 향한 길을 놓고 아테네인과 스파르타인 사이에 일문일답 형식으로 오간 대화가 있었는데, 그것이 후에 소크라테스와의 대화를 쓸 때 원천이 되었을 가능성이 있는 것이다. 이렇게 펠로폰네소스 전쟁이 끝날 때까지의 시대는 플라톤에게 있어서 다채롭고 생생한 교훈이 되었다.

아테네인에게는 어느 한 가지라도 불가능한 일이 없었다. 그렇게 뭐든 가능할 것 같던 그들의 평화가 실현되지 못한 것은 이상한 일이었지만, 사실 거기에는 여러 가지 일들이 얽혀 있었다. 그것은 그렇게 간단한 문제가 아니었던 것이다. 그러나 아티카의 농민뿐만 아니라 그야말로 많은 그리스인이 평화를 바라고 있었다. 아리스토파네스의 《구름》에는 주인공 농부(스프레프시아데스)의 이런 대사가 나온다. "목욕탕에 들어가서 느긋하게 이야기를 나누고 싶다. 너무나 오랫동안 그렇게 하지 못했다." 또한 《평화》에서는 "그때 평화가 저절로 찾아왔건만 왜, 어째서 받아들이지 않았던가?"라고 묻는다. 이러한 질문에 희극의 주인공 트리가이오스는 "실수였네. 부디 용서하기 바라네"라고 답하며 그리스인들의 마음을 대변하고 있다.

아테네에서 이 《평화》가 상연된 것은 플라톤의 나이 6, 7세 무렵인 기원전 421년인데, 이해가 바로 라케다이몬과 아테네 사이에 평화 교섭의 분위기가 높아져 평화조약과 동맹조약이 맺어졌던 때이다. 전쟁이 시작된 지 정확히 10년만이었다. 그때 아테네에서는 비극 작가 에우리피데스의 《탄원하는 여인들》도 상연되고 있었는데, 평화가 찾아온 것을 열광적으로 받아들인 많은 아테네인들이 《평화》를 관람했던 것이다. 여기에 이르기까지는 아테네와 라케다이몬 사이의 특별한 의견 교환이 있었다. 아래 라케다이몬인의 말을 보면 그들이 사태를 직시하고 아테네인에게 머리를 숙이고 있는 것을 알 수 있다.

"안전한 해결은 보복을 덧입히는 것이 아니다. 전쟁에서 이긴 쪽이 상대의 수족을 가혹한 맹세로 옮아매서는 안 된다. 이긴 자가 패배한 자에게 불평등을 승복케 해서는 안 되는 것이다. 승자가 되고 싶다면, 관용과 도덕적 승리에 의해 상대를 굴복케 해야 하는 것이다. 그럴 수 있는 자가 상대의 두려움을 누그러뜨릴 중용의 마음가짐으로 무기를 거둘 때 진정한 평화의 약속이 성립한다고 생각한다. 왜냐하면 이 경우에는 패자라 하더라도 평화를 강요당한 것은 아니므로 보복을 바랄 까닭이 없으며, 거꾸로 덕으로써 따르지 않으면 안 될 도덕적 구속을 알고 염치를 갖고 자발적으로 화약을 지키려 할 것이기 때문이다.

지금이야말로 전쟁을 그만두어야 할 때이며, 그럴 수 있는 다시없는 기회이다. 화해해야 하지 않겠는가? 평화를 선택하여 다른 그리스인 사이에서도 전쟁의 화(禍)와 피해를 없애도록 노력해야 하지 않겠는가? 이 전쟁은 어느 쪽이 시작했다고 할 것도 없이 전투 상태에 돌입하여 오늘에 이르고 있다. 지금 평화를 회복하면 여러 나라는 일제히 여러분에게 감사를 바칠 것이다. 그러면 그 평화는 여러분이 강요한 것이 아니라 우리가 바라는 은혜가 베풀어진 것이 된다."

이 밖에도 많은 우여곡절 끝에 그리스는 간신히 평화를 얻게 되었지만, 그것은 '임시 평화'여서 어느새 진흙탕 싸움으로 돌입하고 만다. 그로부터 10여 년 동안 그리스인에게는 편안히 잠들 수 있는 날이 하루도 없었다. 그만큼 그들의 전쟁은 길고 처참한 것이었다. 이러한 전쟁은 플라톤처럼 뛰어난 인재가 그 위대한 철학을 이룰 수 있는 수많은 소재를 제공하였고 그 정신을 키우는 배경이 되어 주기도 했다. 하지만 그렇다고 하더라도 그리스인들은 너무나도 큰 대가를 지불했다고 보아야 한다.

플라톤은 소크라테스에게서 많은 가르침을 받았고, 그에 의해 자신의 철학적 사고의 폭도 넓힐 수 있었다. 하지만 그는 소크라테스가 죽을 때까지 정치에 대한 관심과 야망을 버리지 않았다. 이런 점을 생각하면 28세가 될 때까지 플라톤은 몇몇 정치가를 배출한 그의 가계와 시대적 상황에서 더 큰 영향을 받았다고 할 수 있을 것이다. 이렇게 말하는 것이 성급한 판단이라 해도 적어

**아리스토파네스**(기원전 445?~385?)
아리스토파네스는 고대 그리스의 가장 위대한 희극 작가였다. 아리스토파네스의 연극 중에는 소크라테스를 풍자한 작품이 있었다. 이는 소크라테스가 얼마나 대중들에게 잘 알려져 있는가를 알려 준다.

**네 명의 위대한 철학자들**
이 중세의 이탈리아어로 된 원고는 르네상스 시대에 존경받았던 철학자 네 사람을 보여 준다. 왼쪽 상단에는 아리스토텔레스, 오른쪽 상단에는 플라톤, 왼쪽 하단에는 소크라테스, 오른쪽 하단에는 세네카가 있다.

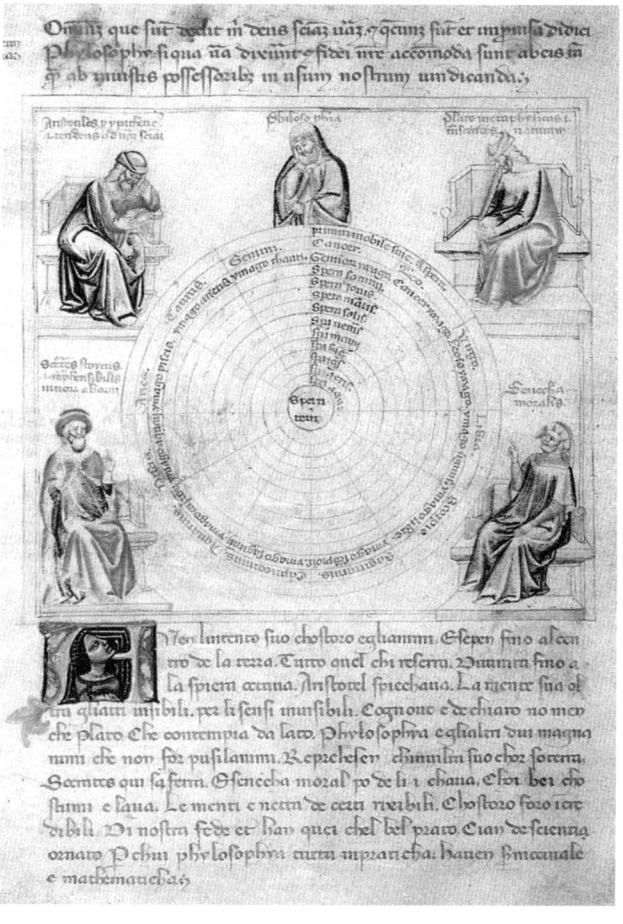

도 이 대단한 시대가 한창 젊음의 고뇌를 겪고 있던 플라톤에게 가한 시련은 크고 깊었다. 인간은 무엇이며, 인간은 어떠해야 하는가? 나아가 변화를 그치지 않는 현상인 이 현실보다도 항상 존재하여 사라지지 않는 것은 무엇인가? 이런 문제들은 고민하는 사람이 젊을수록 그 영혼 속에 깊이 파고들어 쉽사리 사라지지 않는 법이다. 이 시대의 극악함은 아테네인 사이에 파고들어 소크라테스 같은 인물마저도 죽게 만들 정도로 그 뿌리가 깊었다. 플라톤은 그것을 보고 그 시대로부터 얻은 바를 정치로 펼쳐 보이는 것은 불가능하다고 판단하여 철학으로 구현하려고 결심했는지도 모른다. 그래서 만년에 이르러 다시 정치를 향한 정열을 불태울 때까지 그는 이상적인 정치 모습에 대한 연구와 철학에 전념했던 것이다. 그것이 플라톤에게 주어진 이 시대의 제약이었는지도 모른다.

기원전 5세기 말에 펠로폰네소스 전쟁은 끝났다. 그러나 그로부터 몇 년 지나지 않아 플라톤은 그의 인생에 있어서 가장 큰 시련과 맞닥뜨린다. 그것은 소크라테스의 사형이다. 그때 플라톤은 이 시대의 모습이 어떠한 것인지를 확실하고도 결정적으로 알게 된다. 그것은 한마디로 전쟁과 퇴폐의 얼굴을 하고 있었다. 플라톤의 유년기, 소년기, 청년기는 이 시대와의 대결에 바쳐졌다고도 할 수 있다. 그 대결을 통해 그의 속에서 자라난 자질이 그의 다채로운 미래를 준비했던 것이다. 플라톤은 그 자양분을 통해 성장하여 변하기 쉬운 것에 쉽게 현혹되고 마는 정신을 인식하게 된다. 그리고 그것을 초월하는 이상국가의 건설과 그 국가를 위한 철학, 특히 이데아론을 주체로 하는 형이상학을 구상하기 시작했던 것이다.

### 소크라테스의 사형

#### 스승

소크라테스의 운명은 유럽 정신의 역사에서 뿌리와도 같은 주제의 하나이다. 아니, 유럽인뿐만 아니라 생각이 있는 모든 사람이 언제나 부딪치는 문제이다. 왜냐하면 소크라테스는 늘 '먹기 위해 사는 것이 아니라 살기 위해 먹는다'거나 '단지 사는 것이 아니라 착하게 사는 것이 중요하다'고 말했기 때문이다. 물론 이러한 삶의 근원적인 문제와 그 속에서 지켜야 할 윤리·도덕의 문제에 대한 명제 말고도 그에 관해서는 많은 이야기가 전해지고 있다. 그러나 그의 일생을 통해 일어난 사건 가운데 뭐니 뭐니 해도 인류 전체가 주목하지 않을 수 없는 것은 그의 사형이다.

소크라테스는 한 사상의 체계를 세운 철학자가 아니라 단지 '인생의 마땅한 모습'을 가르친 한 철인에 불과할지도 모른다. 그러나 무엇보다도 그는 행동하는 사람이었으므로 강렬한 인상을 주는 인간의 전형이라고 하겠다. 그는 로고스(언어)와 프락시스(행동)가 완전하다고 할 정도로 일치한 사람이었다. 언제 어

**소크라테스의 죽음** 소크라테스가 독미나리즙을 마시기 직전 그의 마지막 목적지인 하늘을 가리키고 있다.

떠한 경우에도 돈이나 지위 또는 자기 신변의 안전을 위해 신념을 판 적이 없었다. 그런 의미에서도 그는 우리의 교사이며, 말하자면 스승과 다름없는 것이다. 일설에 따르면 플라톤은 8년에서 10년 동안 소크라테스의 영향 아래 있었다고 한다. 그 영향이 어떠한 것이었는지는 플라톤의 생애와 저서를 보면 쉽게 알 수 있다. 그는 소크라테스에서 출발하여 소크라테스로 끝났다고 해도 될 정도로 스승의 가르침과 그 자신의 사상을 일체화하였다. 소크라테스의 말과 행동 속에 플라톤이 추구하고 전개했던 모든 문제의 싹이 있었다고 해도 과언이 아닌 것이다. 플라톤은 소크라테스에게서 가르침을 받은 사람들 중 가장 뛰어난 제자였고, 소크라테스는 플라톤에게 가르침을 준 모든 사람들 중에서 최고의 스승이었다. 따라서 기원전 399년 소크라테스가 아테네의 감옥에서 사형을 당했을 때, 가장 놀라고 가장 깊은 충격을 받은 것은 플라톤이었음에 분명하다. 그리고 어쩌면 소크라테스가 사형당했던 그 순간부터 우리 모두는 소크라테스의 운명을 짊어진 것이리라.

## 사형

사람은 누구나 죽음을 준비해 가며 살지 않으면 안 된다. 즉 우리는 언제 죽어도 후회가 없도록 살아야 하는 것이다. 이러한 점이 소크라테스의 사형이 의미하는 바일 것이며, 또 우리에게 그의 운명을 짊어지게 하는 바인 것이다. 이러한 의미와 운명은 플라톤에게 무게감 있게 느껴지는 것이었다. 플라톤의 일생에 있어서 소크라테스와의 만남은 결정적인 것이었고, 그 이후 그는 언제나 스승의 말씀을 좇았다. 그랬던 만큼 소크라테스와의 사별은 플라톤을, 당장 무엇을 해야 하는가 하는 절실한 문제로 내몰았다. 그리하여 그는 전부터 염원하던 대로 정치가가 될지, 아니면 계속 철학을 해야 할지 결정을 내려야 했다.

기원전 404년, 길게 끌던 펠로폰네소스 전쟁이 드디어 그 끝을 보게 되었다. 이 전쟁은 악몽의 연속이라고 해도 부족할 정도로 인간이 지닌 모든 악이 현실화된 참화였다. 아테네는 스파르타에게 패했다. 그뿐만이 아니라 그로부터 5년이 지난 뒤에는 소크라테스라는 훌륭한 인물을 사형수로 만들어 죽여 버린 것이다. 플라톤은 이 세상에 다시없는 스승을 동포의 손에 빼앗기고 말았다. 그것은 실로 가늠할 수 없는 손실이었다. 플라톤은 그때의 실상을 자세하게, 그것도 감동적으로 《소크라테스의 변명》《크리톤》《파이돈》에 묘사한다. 아마도 그러한 작업을 하던 플라톤의 마음속에선 스승을 잃었다는 사실과 그의 추억으로 인한 감정의 파도가 높고도 세차게 일렁였을 것이다. 이것은 플라톤의 자서전이라고도 할 수 있는 《제7의 편지》에 잘 드러나 있다.

소크라테스는 사형을 당하기 전까지 신변에 온갖 박해가 닥칠지도 모르는 위험한 행동을 감행하고 있었다. 플라톤은 그러한 자세한 상황을 그의 눈과 마음으로 포착하고 있었고, 따라서 그에 대해 깊이 생각지 않을 수 없었다. 그러는 사이 아테네의 일부 패자(覇者)들은 소크라테스에게 가장 걸맞지 않은 죄명을 씌우고 그것을 명분으로 그를 법정에 세운다. 그리고 나서는 그를 불경한 자라고 고발하고, 게다가 사형에 찬성하기까지 한다. 플라톤은 그러한 경위를 '아득해지는 마음'으로 목격해야만 했다. 그는 그러한 국가의 만행을 보고 그것을 개선하기 위한 방법을 모색한다. 그러나 곧 그 방법을 찾는다 해도 현실에서는 실행할 수 없다는 것을 알게 된다. 이리하여 플라톤의 마음에는 절절하게 회심의 순간이 새겨지게 되었다. 무력에 의한 전쟁에서 이긴 쪽은 사람들을 추방하거나 죽인다. 그리고 그것은 마치 악으로써 악에 보복하는 것과 같아, 적들 간에 통하는 방법은 오로지 복수밖에 없는 상황이 이어진다. 이 태도를 고치지 않는 한 재앙과 악은 그치지 않는다. 그러므로 이긴 쪽은 먼저 자신을 억누르고 패배자를 탄압하거나 오로지 자기들의 쾌락을 위한 일만을 하는 악습의 고리를 끊어야 하는 것이다. 플라톤은 이러한 공동적이고 더구나 보편적인 법

⟨죽어 가는 소크라테스⟩ 마르크 안토콜스키. 1875. 상트페테르부르크 러시아박물관

률을 만들고 지켜야 한다고 생각하게 되었다. 그러한 법률을 진심에서 지키려 하지 않는 한 국내의 분열과 대항은 그치지 않을 것이었기 때문이다.

그와 같이 소크라테스의 사형은 플라톤에게 여러 가지 동기를 부여하는 계기가 되었다. 플라톤이 만년에 전개하는 《법률》의 첫걸음을 뗀 것도 바로 그 사건이 일어났을 때라고 할 수 있다. 또 이 대철인의 죽음은 그의 제자가 《국가》를 쓰고 그 '이상국'을 지상에서 실현하고자 한 배경이 되었고, 무엇보다 그의 '철학으로의 회심'의 원인이 되었던 것이다.

## 회심

플라톤은 《제7의 편지》에서 철학적 자질이 있어서 그 길을 선택하는 사람은 다음처럼 믿게 된다고 말했다. "나는 멋진 길을 열었다. 앞으로는 이 길에 나 자신을 바치지 않으면 안 된다. 이것을 제외한 삶은 살 가치가 없는 삶이다." 어쩌면 그가 철학으로 마음을 돌리는 결심을 했을 때 스스로 이와 같은 것을 느꼈던 것인지도 모른다. 그 뒤의 플라톤은 이 길에 전력을 기울였다. 그리하여

길잡이의 손을 빌리지 않고 스스로를 이끌게 되기까지, 또는 그 궁극에 도달할 때까지 그 노력을 결코 게을리하지 않았다.

플라톤만큼 소크라테스를 멋지게 되살려 낸 철학자는 아마 없을 것이다. 이것은 단순히 그가 소크라테스의 제자였기 때문만은 아니다. 우리는 소크라테스가 스스로 제자를 거느릴 만한 철인은 아니었다는 것이 정설이라는 사실을 고려해야 한다. 그러므로 이러한 일은 플라톤의 천재적인 철학적 소질과 소크라테스의 죽음과, 그 원인을 받아들이는 시적이고 예술적인 직관이 있었기에 가능한 일이었다고 할 수 있다. 그는 동시대의 어느 누구도 흉내 낼 수 없는 소크라테스를 받아들이는 모습을 보여 주고 있다. 플라톤은 다음과 같이 말하기도 하였다.

"진정한 의미의 철학의 관점에서 보아야만 국가 내지 사회적인 정의도, 또 개인적인 정의도 모두 분간할 수가 있다. 그러므로 철학자가 실로 진정한 의미의 정치를 하거나, 아니면 여러 국가의 패권자의 위치에 있는 사람들이 신이 부여하는 어떤 적당한 배합에 의해 진정한 의미의 철학을 해야 한다. 즉 그 둘 가운데 하나가 실현되기 전까지는 인간은 화(禍)와 악으로부터 벗어나지 못할 것이다."

이것은 플라톤이 구상하는 이상국가의 기본적인 구도이다. 철학자가 정치를 하든지, 정치가가 철학자가 되지 않는 이상 인류는 구원받지 못하리라는 것이다. 이 생각은 소크라테스의 사형을 정점으로 하여 플라톤에게 확립된 것이 분명하다. 그가 "과거 젊은 날의 나는 많은 다른 청년들과 거의 같은 마음으로 움직였고, 역시 성년이 되면 곧 국가를 위한 공적 생활에 종사하리라고 생각했었다"고 밝히고 있듯이, 청년 플라톤은 반드시 정치가가 되려 했던 것이다. 그러나 플라톤은 그의 스승을 '나의 친애하는 늙은 소크라테스'라고 부르고, 그를 '동시대인 가운데서 가장 올바른 사람'이라며 존경했다. 그리고 그랬던 만큼 그는 소크라테스의 죽음을 계기로 철학으로 돌아서서, 그 철학을 이상국가의 밑바탕으로 삼게 된다. 플라톤의 친척이나 지인 중에는 숙부 카르미데스라든가 사촌 크리티아스 같은 아테네의 30인 참주에 속하는 정치인들이 있었다. 그들은 플라톤에게 정치에 참가할 것을 권유하였다. 청년 플라톤은 처음에 이들이 부정한 생활 형태를 올바른 방향으로 이끌어 가리라고 기대했다.

그러나 얼마 안 있어 30인 정치는 붕괴한다. 그 무렵 플라톤에게는 아직 정치에 대한 희망이나 의욕이 있었다. 하지만 스승 소크라테스의 사형이라는 비극을 체험하면서 그의 생각은 달라졌다. 그 사건의 흐름을 생각하고, 법률과 습속 등의 실상을 고찰하기에 이르러 정치에 종사하는 일의 어려움을 통감했던 것이다. 왜냐하면 우호적인 사람들, 믿을 수 있는 동지라는 것이 없으면 정치는 불가능한 것이기 때문이다. 플라톤에게는 법도 풍속도 퇴폐라는 길을 걷고 있으며, 또 그것이 놀랄 만한 기세를 보이고 있다고밖에는 생각되지 않았다. 그래서 그는 국가 개선을 위한 구상을 권하기는 해도 그것의 실천적 활동에 대해서는 그 기회를 살피기로 한 것이다. 그리하여 그는 먼저 철학의 길을 걷게 되었고, 정치에 참여하는 일은 후일을 기약하게 되었다.

### 출발

플라톤은 자신의 인생을 위한 행로를 결정하였는데, 그것은 바로 철학을 하는 것이었다. 그 결정은 당분간을 위한 것도 아니었고, 단기간에 내려진 것도 아니었다. 그렇게 마음을 먹기까지 오랜 정신적 편력과 가혹한 현실과 대결해야 했던 것이다. 그런데 되풀이해 말하지만, 이러한 선택을 위한 과정에 결정적인 종지부를 찍은 것이 바로 소크라테스의 사형이었다. 즉 스승의 죽음을 정점으로 플라톤은 자신의 인생길의 노선을 완전히 틀어 버린 것이다.

어느 시대에서나 그렇듯이 기원전 4세기경, 특히 390년대에도 철학에 발을 들인다는 것은 찬란한 무대에서 내려오는 것을 의미했다. 그것은 적어도 사치스럽고 화려한 것에 대한 단절을 공표하는 일과 같았던 것이다. 이에 비해 정치가 쪽은 훨씬 화려한 생활을 하게 된다. 명예에 있어서나 생활 보장에 있어서도, 또 사람들의 관심과 주목의 대상이 된다는 점에서도 그렇다. 이런 세속적인 가치를 누리는 데 있어서 정치가는 철학자보다 몇 배 나은 직업인 것이다. 플라톤은 정치계 입문을 위한 최단 거리를 알고 있었고, 정치적 재능도 부족하지 않았다. 그럼에도 불구하고 그는 종교계에 들어서는 것과 같은 철학을 위한 선택을 한 것이다. 이것은 굳이 현실적으로 가장 혹독한 삶을 택하는 것을 의미하기도 했지만 자기 내부의 여러 가능성을 스스로 죽이는 일은 아니었다. 때로는 자신의 잠재적 가능성들 가운데서 최대의 것을 자각하여 그것을 실현하는 것이며 또 다른 가능성을 키우는 일이 되기도 하기 때문이다. 철학을 모르고 철학적 정신도 없이 정치를 한다면, 그것은 제2의 소크라테스를 죽일지도 모르는 일이었다. 그러므로 정치가가 되고자 한다면 먼저 철학을 하지 않으면 안 된다. 따라서 중요한 것은 인생을 원만하게 살아가는 수단을 갖추는 것이 아니라 더욱 본질적인 것이 있음을 알고 그것을 추구해야 하는 것이다. 인생을 어떻게 보내든 그것은 각 개인의 자유이고, 직업에도 귀천은 없지만 무엇을 하든 철학이 바탕이 되지 않으면 안 된다. 이제 플라톤은 그것을 전문적인 일로 삼음으로써 최선의 삶을 살고자 한다. 그는 나아가 소크라테스를 되살려 완전하게 묘사하고, 후세에 남기고 전하는 것을 자신의 사명으로서 자각했다. 따라서 플라톤이 철학을 한다는 것은 자신의 가능성을 다방면으로 살리는 일인 동시에, 이제 죽고 없는 소크라테스를 떠올려 문자로 재현하는 일이기도 했다. 스승의 모습을 되살리는 작업은 그로 하여금 자신만의 범위 밖으로 나와 훨씬 고차원적이고 광범위한 세계로 헤엄쳐 나갈 수 있도록 해줄 것이다. 그 과정과 결과로 인해 어떠한 변화가 생겨날지는 알지 못했지만, 플라톤은 어쨌든 철학으로의 항해를 시작하지 않으면 안 되었다. 그가 당장 현실적으로 무엇을 해야 그 출발이 될 것인가?

## 플라톤의 전반기 생애
### 고뇌와 편력의 시대

### 전망

소크라테스와 죽음으로 이별한 플라톤은 자기 힘으로 모든 것을 해나가지 않으면 안 되었다. 그러나 다행히 그에게는 그렇게 할 힘이 있었고, 또 그가 무엇을 할지도 이미 정해져 있었다. 그가 가야 할 길은 철학으로 향한 것이었다. 하지만 아테네의 정세는 그가 조용히 사색을 계속할 수 있을 만한 형편이 되지 못했다. 플라톤은 이때 소크라테스의 무리 가운데 한 명이라는 이유로 신변에 위험을 느끼고 있었다고 한다. 이로 인해 플라톤의 고뇌와 편력의 시대가 시작된다.

플라톤의 일생에 걸쳐 종종 이루어진 여행은 이러한 상황이 반영된 것이기도 하다. 그것은 유랑이나 구경이 아니었고, 갖가지 벽에 부딪칠 때마다 그것을 극복할 길을 찾기 위해 그가 스스로에게 부여한 시련이라고 할 수 있는 것이었다. 무슨 일이 일어나도 그것을 진심으로 받아들이지 않는 사람은 자신 이외의 어떤 것으로부터도 무엇인가를 얻을 수 없으리라. 플라톤은 소크라테스의 제자라는 자신의 위치를 의식하여 어쩔 수 없이 뭔가를 하는 것이 아

**아리스토텔레스**(기원전 384~322)

니었다. 오히려 그의 내부에서는 우리의 육체가 뭔가에 부딪쳤을 때 반응하는 감각이 항상 작동하고 있었다. 그뿐 아니라 그에게는 그 원인을 밝히고 의미를 언어화할 의욕도 있었다. 따라서 플라톤이 철학을 한다는 것은 그 감각을 통해 진실로 존재하는 것을 찾고 구하는 것을 의미했다. 그런 작업을 위해서는 신변에 일어나는 모든 일에 대하여 예민하게 반응하지 않으면 안 된다. 그리고 그 반응은 행동에 동기를 부여하고, 이윽고 사색을 요구한다. 플라톤의 이러한 반응이 어떤 때는 여행이 되고, 사색이 되고, 글쓰기가 되고, 강의가 되었던 것이 아닐까?

이리하여 플라톤의 편력은 메가라 여행을 그 첫걸음으로 현실화된다. 그러나 그의 행적에 대한 확실한 기록은 아무것도 없기 때문에, 이것은 얼마 되지 않는 자료를 단서로 우리의 상상과 추측이 엮어 낸 재구성일 뿐이다. 우리에게 플라톤에 대한 정보를 제공하는 유일한 자료는 그의 저서이다. 그리고 그것은 쉽게 손에 넣을 수 있다. 그러므로 우리의 역량에 따라 언제든지 파악할 수 있는 것은 그의 생애가 아닌 사상이다. 그러나 플라톤 같은 철학자에 대해서는 여러 사람들이 많은 이야기들을 전해 주기 마련이다. 이제 그런 것들을 근거로

하여 그의 탄생에서 성장기 이후, 그리고 메가라 여행까지를 더듬어 보기로 한다.

### 출생

"아테네 땅은 가장 달콤한 꿀과 함께 가장 격렬한 독미나리를 낳는다. 사람들은 그 도시가 가장 덕성이 훌륭한 사람들과 함께 사악하기 짝이 없는 사람을 배출한다고 말하는데, 그것은 진실인 것 같다."

플루타르코스는 이렇게 말한다. 덕이 훌륭한 사람이란 소크라테스와 같은 사람을 가리키고, 사악한 사람이란 그를 죽인 사람을 가리키는 것이리라. 어찌되었든 아테네는 소크라테스라는 걸출한 철인을 생산한 데 그치지 않고, 더 나아가 그의 가르침을 바탕으로 그 철학의 체계를 이룬 뛰어난 철학자 플라톤을 낳는다. 그렇게 그는 이 아테네에서 순수한 아테네인으로서 태어났다.

아테네의 명문 귀족 출신이었던 플라톤은 기원전 427년 5월 무렵 태어나, 기원전 347년 80세를 일기로 사망했다. 그는 아버지 아리스톤과 어머니 페릭티오네 사이에서 셋째 아들로 태어났던 것으로 보인다. 그들 부부에게는 플라톤 외에 아데이만토스와 글라우콘이라는 두 아들과 포토네라는 딸이 있었다고 한다.

플라톤의 어머니 페릭티오네는 유명한 입법가이자 7현인의 한 사람인 솔론을 형제로 둔 드로피데스의 손녀라고 하는 설이 있다. 하지만 플라톤의 저서 《티마이오스》에 따르면 드로피데스는 솔론의 친척이거나 친한 친구라고 하므로 이것은 사실이 아닌 것 같다. 또 페릭티오네에게는 형제 카르미데스, 사촌 크리티아스가 있었다. 크리티아스는 기원전 404년 아테네 30인 참주의 한 사람이다. 카르미데스 역시 그와 같은 패로서 플라톤의 대화편 《카르미데스》의 주인공이기도 하다.

플라톤의 아버지 아리스톤도 명문가 출신이었다. 그의 가계의 기원은 아테네의 마지막 왕 코드로스의 시대로 거슬러 올라간다고 한다. 코드로스는 해신 포세이돈의 혈통이라는 가문 설화를 가진 왕이었다. 아리스톤은 플라톤이 어릴 때에 일찍 죽었다고 하는데 확실한 것은 알 수 없다. 남편과 사별한 페릭티오네는 시동생 피릴람페스와 재혼하여 그 사이에서 안티폰이라는 자식을 낳았다고 한다. 이 사람은 플라톤의 《파르메니데스》에 나오는 그와 아버지가 다른 형제이다. 이 작품이 쓰인 것은 기원전 366년으로 이때 플라톤은 61세 무렵이었다고 하며, 당시 페릭티오네는 아직 살아 있었다고 전해진다.

**교육**

플라톤은 명문가 출신답게 어릴 적부터 읽기, 쓰기, 셈하기 등의 교육을 받았다고 한다. 이 무렵의 교육은 읽기, 쓰기, 셈하기, 음악, 체조가 대부분의 비중을 차지했다. 그래서 소년 시절의 플라톤도 그 과목들을 배웠던 것이다. 그는 경기(競技) 역시 단련했다. 꼭 그래서라고는 할 수 없겠지만 아무튼 그의 체격은 훌륭했다. 그는 그림 공부도 했으며 서정시나 비극을 썼다고도 전해진다.

이 밖에 그의 어린 시절에 대한 사항, 예를 들면 수학적 재능은 어떠했는지, 또 읽기와 쓰기는 어느 정도였는지 등은 거의 알려져 있지 않다. 그러나 그의 30세 무렵부터의 활동으로 상상하건대, 그는 어렸을 때부터 영특하고 민첩하였음이 분명하다. 그에게 시인의 소질이 없었더라면 그의 저술을 통해 알려진 그 아름다운 글들도 태어날 수 없었을 것이고, 철학은 시이자 음악이라는 발상도 나오지 않았을 것이다. 더구나 그림은 모방이라는 그의 예술론의 기본 원리가 하루아침에 만들어지는 구상은 아닌 것이다.

플라톤이 정치에 관해 교육이라고 할 수 있는 지도를 받았는지 그렇지 않은지는 별개의 문제라 하더라도, 그가 어릴 때부터 많은 것들을 배운 것은 틀림없다. 특히 페리클레스의 정치적 견해는 자주 접할 수 있는 것이었기 때문에 어린 플라톤은 그를 통해 뭔가를 깊이 느꼈을 것이다. 그 무렵의 인간 활동의 최고 형태는 정치가가 되어 국정에 종사하는 것이었다. 또한 플라톤의 일족에게는 정치가가 많았고, 더욱이 그는 펠로폰네소스 전쟁이 한창인 상황 속에 있었다. 테오리아(관상)를 중심으로 하는 철학을 하기보다 정치에의 정열이 전성기를 누리던 시대였던 것이다. 이러한 시대적 특성과 플라톤이 자란 환경을 볼 때, 그가 처음에는 정치에 뜻을 두었던 것은 너무나 자연스러운 일이었다. 그러나 플라톤은 그가 받은 교육을 소화 흡수하는 것만으론 아무것도 되지 않는 그런 가혹한 현실 속에 놓여 있었다.

## 20세 전후

사람의 일생을 직선과 곡선에 비유해 보면 20세 전후는 확실히 직선이다. 그 시기에는 대부분의 사람들이 사실을 예민하게 받아들이고, 그것에서 얻은 감정과 사고에 순수하게 따라가려 하기 때문이다. 그러나 직선은 단조롭고 저돌적이기 때문에 무언가와의 격돌을 피할 수 없다. 이렇게 직선은 때로 문제를 일으키기도 하지만 사람의 일생은 완만한 곡선을 그리기 전에 반드시 직선의 시기를 거치게 되어 있다. 그런 의미에서 직선의 시기에 속하는 20세 전후는 한 사람의 일생을 결정하는 일종의 바로미터이다. 그러므로 누군가의 생애를 묘사하려는 사람은 그 대상이 직선의 시기를 어떻게 보냈는지 살펴보아야 한다.

플라톤은 18세였던 기원전 409년부터 404년까지 5년 동안 군 복무를 했다고 전해진다. 이 무렵은 펠로폰네소스 전쟁이 그 종말에 이르렀을 때였다. 확실한 증거는 없지만 그는 기병으로 복무한 것으로 알려져 있다. 아테네에서는 18세가 되면 2년 동안 군대 생활을 하게 되어 있고, 더구나 당시는 전쟁 중이었기 때문에 플라톤도 당연히 병역을 치렀을 것이라고 생각할 수 있다. 그러나 플라톤에게 이런 일들보다 더욱 결정적이고 중요한 일들이 일어난다. 우연이었는지 아니면 그의 의지에 의한 것이었는지 확실하지는 않지만, 어쨌든 그의 청춘에 획기적인 사건들이 발생한 것이다. 그것은 그가 철학에 관심을 갖고 공부를 하기 시작한 일과 소크라테스와 직접적으로 만나게 된 일이다.

아리스토텔레스는 그의 《형이상학》에서 "플라톤은 어릴 때에 크라틸로스를 만나 헤라클레이토스적인 가르침에 익숙해져 있었다"고 말하고 있다. 확실히 플라톤은 《크라틸로스》라는 대화편을 남기고 있다. 헤라클레이토스는 기원전 6세기 말에서 5세기 전반에 활약했던 밀레투스 북방 에페소스 출신으로, 만물은 끊임없이 흐르며 그 근원은 불이라고 주장한 철학자였다. 만약 크라틸로스가 자신의 스승인 헤라클레이토스의 이러한 주장을 그대로 인정하였고 플라톤과 친했던 것이 사실이라면, 플라톤 철학은 이미 이때 어느 정도 그 기본적 구성이 갖추어져 있었다고 할 수 있다. 왜냐하면 아리스토텔레스가 전하는 바에 의하면, 플라톤은 '모든 감각적 사물은 끊임없이 흐르고 있으므로 이러한 것들에 대한 진정한 인식은 있을 수 없다'는 헤라클레이토스의 견해를 일

**플라톤과 아리스토텔레스, 철학의 두 세계** 왼쪽의 플라톤은 추상적 형이상학에 관한 저작인 《티마이오스》를 손에 들고 더 높은 차원의 무엇인가를 가리키고 있다. 아리스토텔레스는 《윤리학》을 손에 든 채 무엇을 하든 우리는 땅에 발을 붙이고 있어야 한다는 생각을 몸짓으로 표현한다. 이 대립하는 두 경향은 철학사 전체에 걸쳐 갈등 관계를 유지해 왔다.

관적으로 고수했기 때문이다.

굳이 언급하지 않아도 아리스토텔레스가 플라톤의 제자라는 것은 누구나 알고 있는 사실이다. 그가 플라톤으로부터 가르침을 받은 것은 18세 때부터였으며, 그 뒤 그 사제지간의 인연은 20년이라는 오랜 세월 동안 계속되었다. 그러므로 아리스토텔레스가 자기 스승의 사상, 그것도 그 철학의 핵심적인 내용을 왜곡하였을 것이라고 생각하기는 어렵다. 물론 플라톤 철학의 중핵은 '이데아론'이고, 아리스토텔레스는 '실체론'을 그 사상의 근간으로 삼았다. 이렇게 아리스토텔레스는 자신의 스승과 대조적인 철학을 수립했지만, 그렇다고 해서 그가 스승의 사상을 곡해하지는 않았을 것이다. 그렇다면 플라톤 철학의 출발점은 그가 철학으로 마음을 돌리게 된 계기인 소크라테스의 사형 이전이라는 얘기가 된다.

이렇게 철학의 세계에 들어서 있던 플라톤에게 소크라테스를 직접 만나게 되는 사건이 발생하였다. 이 일이 일어난 것이 플라톤의 나이 18세 때라고 전하는 사람들도 있지만, 디오게네스 라에르티오스의 《고대 그리스 철학자의 생활과 의견 및 저작 목록》에 따르면 20세 때라고 한다. 어느 쪽이 정확한지는 가늠하기 어렵지만 많은 사람들이 디오게네스를 따르고 있다. 여하튼 기원전 407년, 56세 무렵의 소크라테스와 20세의 플라톤이 만나 이야기를 나누게 된 것이다. 앞서도 말했듯이 이때는 이미 플라톤이 헤라클레이토스를 통해 철학에 접한 뒤였다고 한다. 그는 비극 경연에 참가하려고 아테네의 디오니소스 극장으로 갔다가 그 앞에서 소크라테스를 만나게 되었다. 현재 우리로서는 소크라테스가 무슨 말을 했는지 알 수 없다. 하지만 소크라테스와 대화를 나눈 뒤에 출품하기 위해 갖고 있던 자신의 시를 불태워 버린 것으로 보아, 플라톤이 소크라테스의 말을 듣고 무언가 절절히 통감했음에 틀림없다고 추측할 수 있다. 그런 전격적 충격을 받고 그는 소크라테스에게 외쳤다. "플라톤은 이제 당신이 필요합니다!" 이것의 사실 여부는 논외로 하더라도, 이 광경은 충분히 위대한 스승의 표상 소크라테스와 지상 최고의 철학자가 될 가능성을 지닌 플라톤의 첫 만남이라고 할 만한 것이리라. 그때부터 플라톤은 28세가 될 때까지 소크라테스로부터 가르침을 받았다. 그는 그 8년이라는 시간 동안 언제나 소크라테스의 수제자였으며, 스승이 살았을 때에도 세상을 떠난 뒤에도 한결같이 애정과 존경심을 바쳤다.

소크라테스에게서 배운 것이 무엇인지는 그가 남긴 수많은 대화편이 아낌없이 우리에게 말해 주고 있다. 그는 스승의 인간 됨됨이와 윤리적·정치적인 태도를 보고 배우고, 또 '사명(死命)의 사상'과 삶과 진리의 교훈에 대한 가르침을 받았던 것이다. 그래서 이 역사상 전례 없는 사제 결합의 관계는 소크라테스의 사형까지, 아니 정신적인 의미에서 본다면 그 이후까지도 계속되었다.

### 플라톤의 사랑

그렇다면 소크라테스와 플라톤의 관계는 어떤 성질의 것이었을까? 과연 그것이 단지 인간적·사상적인 가르침을 주고받는 스승과 제자의 경계를 넘지 않는 것이었을까? 그 시대의 풍습에서는 흔한 일이었듯이 소크라테스에게는 동성애적인 경향이 있었다. 플라톤은 당시의 남자 성인과 소년들 사이에 있었던 동성애 풍습에 대해《향연》에서 이상한 분위기를 자아낼 정도로 자세히 묘사하고 있기도 하다.

〈소크라테스의 가르침〉 호세 아파리시오. 1811. 고야박물관. 카스트르(프랑스 남부)

그러나 가정과 자식이 있었던 소크라테스가 동성을 사랑했다고 한다면 사랑의 문제는 어느 시대에나 복잡다단한 것이라고 하지 않을 수 없다. 더구나 플라톤은 그 사랑을 받고 나아가 다른 동성을 사랑했다고 하기 때문이다. 이것이 사실이라면 플라톤과 소크라테스의 사이에는 사상과는 다른 별개의 요소가 작용했을 것이라는 추측도 가능하게 된다. 그러나 이러한 이야기는 플라톤의 대화편에 의해 알려진 것이므로, 이것이 플라톤이 생각했던 진정한 사랑이었는지도 모른다.

소크라테스의 사랑이 신비로웠다면, 플라톤의 사랑은 우아하고 아름다운 것이었다. 그래서 플라톤의 사랑은 더욱 고상해 보이며 특별한 양상을 띤다.

확실히 오늘날 우리가 순수하고 정신적인 관계 속에서 구현되는 이상적인 사랑을 플라토닉 러브라고 부르는 데는 그 이유가 있는 것이다.

플라톤은 스승으로부터 사랑을 받는 동시에 천문학을 공부하던 아스테르라는 소년을 사랑했다고 한다. 그는 그 외에도 몇몇의 아름다운 소년과 청년들을 사랑하여 그들에 관한 글을 남겼다. 플라톤의 저서 중 하나인 《파이드로스》의 주인공 파이드로스도 그의 연인이었던 것으로 알려져 있다. 또 나중에는 시칠리아의 디온을 연모하여 "오, 내 마음을 사랑으로 미치게 만든 디온이여!"라고 말했으며, 또 아가톤을 생각하며 "입맞춤을 할 때 내 마음은 입술 위에 있었다"는 시를 남기기도 했다.

앞에서 우리는 인생의 시기를 직선과 곡선에 비교해 보았는데, 연애는 그러한 선들이 얽히고설킨 것에 비유할 수 있겠다. 육체적인 정염은 굽거나 꺾인 데 없이 곧게 뻗는 직선을 그린다. 이에 반해 정신적인 욕구에 충실한 경우 마음은 곡선이다. 사랑은 이것들이 서로 번갈아 가며 심포니(교향곡)를 연주하는 것이다. 그러나 플라톤의 사랑은 단순한 육체와 정신의 합주가 아닌 것 같다. 이른바 남녀 간에 존재하는 애욕과는 다른 감정인 것이다. 남녀의 연애도 육체적인 직접적 관계와 정신적인 간접적 관계라는 두 측면을 갖는다. 그리고 그들의 애정은 서로 접근했을 때의 감정과 떨어졌을 때의 감정이 얽혀서 지속된다. 하지만 그 애정이 그 과정에서 차츰 상승하여 이상적인 사랑, 말하자면 순수한 차원에 이르는 경우는 드물 것이다. 반복되는 일상과 노화로 인해 사람은 생기를 잃고 쇠약해지고, 그에 따라 사랑도 메말라 간신히 유지되는 관계가 되기 때문이다. 그러나 플라톤의 사랑은 그러한 상투적인 도식에서 벗어난 경향을 그린다. 다음에 나오는 말에서 알 수 있듯이 그의 사랑은 욕망, 정념, 이성의 단계를 거쳐 순수한 차원에 이르는 것이다. 어쩌면 여기에 '플라토닉'의 연원이 있는지도 모른다.

"몸을 접촉하면서 다가감에 따라 일어나는 저 사랑의 정념. 그것은 욕망으로 시작되었는지도 모른다. 하지만 사랑하고 사랑받는 사이에서 교류하는 이 아름다운 흐름은 마침내 두 영혼을 가득 채운다. 무엇이 채워지고 채운 것일까? 어쩌면 둘 다 알 수 없으리라. 아니 알려고 할 필요도 없다. 그렇게 하려던 순간이 없었기 때문은 아니다. 만약 두 사람이 헤어진다면 금세 뭔지 모를 그것을 끊임없이 바라게 될 것이다. 마음에 비친 사랑의 그림자를 찾고, 그것에 응답하려 하는 것일까? 그들은 다시 욕망과 히메로스(정념)의 포로가 된다. 입을 맞추고, 나란히 눕고, 몸을 맡겨 상대를 기쁘게 해주려는 마음이 된다. 하지만 삼감과 이성이 그러한 욕구에 저항한다. 그래서 이 마음이 두 사람을 질서 잡힌 삶의 방식으로 이끌고 지식을 사랑하고 구하는 삶으로 향하게 한다면, 그때야말로 행복한 하르모니아(조화)가 충만하게 된다. 이때 그들은 영혼 속의 악한 부분을 내쫓고 선한 힘을 키우려 하며, 자기가 자기의 지배자가 되어 정돈되고 훌륭하고 아름다운 인간이 되어 있기 때문이다."

이와 같이 플라톤의 사랑은 정신적인 것이며 또 육체적인 것이라고도 할 수 있다. 그러나 그가 말하는 사랑은 우리가 보통 생각하는 연애와는 다르다. 그것은 단순히 그가 동성을 사랑했기 때문이 아니라, 그 밑바탕에 철학을 포함하고 있기 때문이다. 그의 설명에 따르면, 서로 사랑하는 두 사람 사이에서 작용하는 서로에 대한 갈망과 정념은 차츰 투명해진다. 그래서 그들은 자신들의 욕망이 점차 맑은 형태가 되기를 바라게 된다. 이제 그들이 추구하는 것은 서로서로가 아닌 지적으로 사랑하고 바라지 않으면 얻을 수 없는 대상인 것이다. 그리고 이때에야 순수의 의미를 찾을 수 있다. 하지만 사랑이 처음부터 이렇게 상승된 단계에서 시작될 수 있는 것은 아니며, 따라서 그것은 앞서 말한 과정을 거쳐야 한다. 바로 이 점에 눈을 돌린 것에 플라톤의 독자성이 있는 것이다.

플라톤은 평생 독신이었다. 그는 결혼을 하여 아내를 맞는 일에 대해 한마디도 하지 않았고, 여기에 대해서는 전해지는 말도 없다. 그렇다고 해서 그가 동성애주의자였다고 단정할 수는 없다. 청년 시절에는 플라톤에게도 많은 청년들처럼 격정적인 면이 있었을 것이다. 동성을 향한 사랑에 대해서도, 또 이성에 대한 사랑에 대해서도 넘치는 감정의 샘이 있었을 것이다. '직선'은 청년의 특권이다. 그러나 플라톤은 그것을 초월하려고 노력하여, 30세 전후부터 시작할 그 초인적인 활동을 마음에 그리고 준비하기를 잊지 않았던 것이다.

## 30세 전후

기원전 401년, 26세의 플라톤은 아직 정치가가 되려는 꿈을 가지고 있었다.

하지만 앞서 말한 대로 2년 후 소크라테스가 사형당하는 사건이 일어나게 되고, 이것은 그가 그 희망과 정열을 깨끗이 접도록 만든다. 28세의 플라톤은 그렇게 철학으로 마음을 돌렸다. 여기에는 정치가에 대한 불신, 아울러 정치를 할 인재의 부족, 혼자서는 정치를 해나갈 수 없는 현실 등의 배경이 있었다. 그러나 철학의 길로 들어서기로 한 그의 결심이 정치에의 단념을 의미하는 것은 아니었다. 여기에서 우리는 플라톤이 그 전반기 생애의 정점에서 예사롭지 않은 고심을 겪었음을 알 수 있다.

플라톤은 예술적인 방면에 천부적인 재능을 지니고 있던 인물로서 넘치는 정열을 말로 표현할 줄 아는 달인이었다. 그랬던 만큼 그는 문학과 시가 인간과 그 시대를 적나라하게 그려 내기에 적합하다는 것을 알고 있었다. 플라톤은 모든 이들이 이 세상에 펼쳐진 현실과 추이를 만들어 내는 것이 무엇인지 정체를 파악하지 않으면 안 된다고 생각했다. 그런데 그것을 파악하려면 철학의 방법이 적합하다. 그리고 먼저 철학을 함으로써 소크라테스를 모든 사람에게 전하고 남기는 것도 스승의 유산을 잇는 중요한 일이다. 플라톤은 헤라클레이토스의 사상에서 '이 세상의 모든 것은 마침내 사라진다. 하지만 그런 현상이 일어나도록 만드는 것은 언제까지나 사라지지 않는다'는 것을 배운 터였다. 철학을 통해 현실을 파악하고 그 근원적 원인을 찾는 일은 이러한 생각에 모순되는 것이 아니었다. 그뿐만 아니라 그 과정을 통해 철학을 하는 사람이 정치를 하거나 정치를 하는 사람이 철학을 하지 않는 한, 이상국가는 만들어지지 않는다는 생각이 어떻게 해서 생겨났는지 그 원천으로도 다가갈 수도 있을 것이었다. 이렇게 철학에 발을 들여놓았을 때 플라톤은 단순히 그가 가진 최대의 가능성을 실현하겠다는 생각만 했던 것이 아니라, 그것과 다른 여러 가지 가능성들과의 연결을 자세히 음미해 보았을 것이다. 그리고 결심을 굳힌 뒤 30세 전후부터 앞서 말한 자신의 계획을 실현하기 위해 전력을 기울인 것이다. 소크라테스가 사형된 뒤 계속된 여행이 자신에게도 밀어닥친 위험을 피하기 위해서였다고 해석된다 하더라도, 그가 메가라에서 이집트, 시칠리아로 계속 여행을 다닌 것에는 그 계획을 실천하려는 의도도 있었던 것이 아닐까?

## 편력

메가라는 아테네에서 서쪽으로 그리 멀지 않은 곳에 있다. 소크라테스가 사형된 뒤, 플라톤은 두세 명의 친구와 함께 이 지역으로 피신했다고 전해진다. 소크라테스의 제자로서 아테네의 민주파 지도자들의 위협을 받자 신변의 안전을 지키기 위해 아테네를 떠났던 것이다. 이렇게 하여 28세 때부터 플라톤의 여행 편력은 시작된다.

메가라에서 플라톤은 소크라테스의 또 다른 제자인 에우클레이데스의 집에서 지냈다. 그는 소크라테스가 죽을 때 그 곁을 지켰으며, 그 이후 스승의 사상과 파르메니데스의 학설을 결부하여 메가라학파를 세운 인물이다. 파르메니데스는 기원전 500년쯤 활동했던 철학자로 '있는 것은 있고, 없는 것은 없다'는 주장을 폈으며 논리학의 시조라고도 한다. 에우클레이데스는 이 '있는 것'을 '항상 있어야만 하는 것', 즉 일자(一者)로 이해하고, 소크라테스가 항상 바라던 올바름 역시 '항상 있지 않으면 안 되는 것', 즉 선이라는 '개념'으로 파악했다. 그리고 거기서 에우클레이데스는 '선'과 '일자'를 동일한 것으로 보기에 이른다. 이것이 '메가라학파'의 유래이다.

**에우클레이데스**(기원전 450?~380?) 그리스 철학자. 소크라테스의 제자. 스승이 사형당하자 메가라로 돌아가 플라톤 등 다른 제자들을 보호했다.

플라톤이 여기에 얼마나 머물렀는지는 알 수 없다. 3년쯤 된다는 설도 있지만, 자세한 것은 분명치 않다. 거기서 그는 아프리카 대륙의 유일한 그리스 식민지 키레네로 건너가 수학자 테오도로스를 찾아간다. 그는 거기에서 키레네학파의 아리스티포스도 만났다고 전해진다. 아리스티포스는 역시 소크라테스의 제자인데, 그는 소크라테스가 구했던 선을 '기분 좋게 느껴지는 것과 그렇지 않은 것'을 구분하여 정하려 했다. 그는 '기분 좋은 것'이 구하기에 합당한 '선'이라고 주장하며, 그것이 가져다주는 '쾌감' 또는 헤도네(쾌락) 역시 선이라고 하였다. 그래서 키레네학파의 주장은 헤도니즘(쾌락주의)이라고 불렸다.

플라톤이 이 키레네에서 얼마 동안 머물렀는지도 불명확하다. 어쨌든 그는 거기서 남이탈리아로 가서 피타고라스학파의 필롤라오스와 에우리토스를 방문했다고 한다. 그런데 그 전에 아테네로 돌아갔다는 설도 있으므로 어느 것이 사실인지는 분명치 않다. 디오게네스 라에르티오스의 《고대 그리스 철학자의 생활과 의견 및 저작 목록》 제3권에 따르면 플라톤은 이탈리아에서 다시 이집트로 간 것으로 되어 있다. 그렇다면 전반기의 저술은 언제 어디서 이루어진 것일까 하는 의문이 생긴다. 이 의문에 그 작업이 이루어진 시기는 플라톤이 25, 26세 무렵이라고 답하는 사람들도 있다. 그러나 다른 의견으로는 소크라테스가 죽은 뒤부터 기원전 388년, 즉 그가 39세가 될 때까지의 기간이라고 하기도 한다. 그러므로 만약 이 후자의 주장이 사실이라면 플라톤은 기원전 399년 이후인 11년 동안 대화편의 집필과 여행을 하며 보낸 것이 된다.

### 시칠리아로의 여행

기원전 387년, 플라톤은 40세가 되었을 때 이미 15편 정도의 저술을 집필한 상태였다. 이 시기 그는 시칠리아의 시라쿠사를 방문한 적이 있었다. 그런데 이 때 플라톤이 기원전 389년 또는 388년에 피타고라스학파를 찾아갔었다는 설이 사실이라고 한다면, 그는 남이탈리아의 타라스에서 시칠리아로 건너간 것이 된다. 플라톤과 피타고라스학파와의 인연은 매우 깊다. 피타고라스는 기원전 6세기 전반에 사모스섬에서 태어난 천재 수학자이다. 그는 종교가로서 남이탈리아의 크로톤으로 옮겨 그곳에서 종교적 교단을 일으키기도 했다. 남이탈리아의 타라스에는 이 파에 속한 아르키타스가 있었다. 아르키타스는 기원전 4세기 전반에 활약한 기하학자이자 천문학자이다. 플라톤은 수학적 지식에 해박했고, 또 그것을 잘 활용할 줄 알았으며 평생 수학을 사랑했다. 어쩌면 플라톤은 이 피타고라스학파의 아르키타스와 테오도로스 등에게서 수학을 배웠는지도 모른다. 그리고 정말 그랬다면, 플라톤의 수학 교습이 이루어진 시기

중 하나가 바로 이 무렵이었을 것이다. 그런데 이때 플라톤에게는 피타고라스학파의 수학적 지식뿐만 아니라 영혼불멸 신앙까지 함께 전달되었던 것 같다. 물론 영혼불멸에 대해서는 그도 이미 소크라테스에게서 가르침을 받은 바 있었다. 하지만 종교와 수학의 어떤 연관성은 피타고라스학파의 독특한 교설이었음을 잊지 말아야 한다. 이때 플라톤은 이미 아카데메이아 창설을 결심한 상태였고, 그에 따라 사전 조사를 할 필요가 있었기 때문에 피타고라스학파를 방문하였다고도 한다.

**피타고라스**(기원전 580?~500?) 로마 카피톨리니박물관

아무튼 시라쿠사에서 그 지방의 참주 디오니시우스 1세의 초대를 받은 플라톤은 평생 잊지 못할 디온과 만난다. 디온은 디오니시우스의 조카로서 당시 20세였다. 그는 그때부터 플라톤의 제자가 되어 평생 그와 교류하였는데, 이 디온을 둘러싸고 플라톤의 인생에는 갖가지 파란이 일어나게 된다. 어쨌든 디온은 플라톤의 가르침을 받은 뒤로 쾌락보다 덕을 사랑하는 삶을 살기 위해 노력했다. 그리고 플라톤에 따르면 디온은 대단히 날카롭고 명석한 인물이었다고 한다.

이미 노인이었던 디오니시우스 1세는 누구의 신뢰도 받지 못하는 독재자로 평가받는 사람이었다. 그렇게 타고난 것은 아니었던 듯하지만, 어쨌든 그는 이 무렵 모든 것을 의심하며 그로 인한 공포로 괴로워하고 있었다. 머리칼을 자를 때에도 칼을 쓰지 못하게 해서 그의 이발사는 탄불을 사용해 왕의 머리칼을 그을려야 했다. 형제는 물론 아들도 옷은 입은 채로는 자기 방에 들어오지

플라톤의 생애 767

못하게 했다. 그렇게 누구나 윗옷을 벗어 알몸 심사를 받은 뒤에 다른 옷으로 갈아입게 할 정도로 그의 상태는 심각했다. 그런데도 젊은 디온은 이 독재자를 플라톤과 만나게 하려고 했다. 늙은 디오니시우스도 플라톤의 고견을 들으면 자기가 받은 감명을 느끼게 될 것이라고 기대했기 때문이다.

그리하여 디오니시우스와 플라톤, 두 사람이 만나 이야기를 나누게 되었다. 그런데 이 자리에서 플라톤은 독재자는 보통 사람보다 용기가 없다는 말을 하며 나아가 "정의로운 마음을 지닌 사람들의 삶은 행복하지만, 부정한 사람들의 삶은 불행합니다"고 하였다. 디오니시우스는 자기가 비난당한다는 느낌을 받았는지 플라톤의 말을 듣지 않고 "무슨 생각으로 시칠리아에 왔느냐?"고 물었다. 이에 플라톤은 훌륭한 인물을 찾으러 왔다고 대답했다. 그러자 참주는 이미 찾지 않았느냐고 다시 물었다. 이에 플라톤은 "그런 사람은 아마도 발견하지 못할 것 같습니다"라고 응대하였다. 이런 상황을 보고 있던 디온은 플라톤에게 그리스로 돌아갈 것을 권했고, 플라톤은 그의 말에 따랐다. 하지만 이 대화 이후 플라톤은 스파르타인 배에 실려 노예로 팔려 가는 신세가 되었다. 플라톤의 말에 모욕감을 느낀 디오니시우스가 "이자를 죽이고 싶다. 죽이지 못하면 노예로라도 팔고 싶다"며 그를 폴리스라는 스파르타인에게 넘긴 것이다. 그러면서 디오니시우스는 "올바른 사람이므로 노예가 되어도 행복할 것이다"라고 말했다고 한다. 하지만 플루타르코스에 의하면 플라톤은 그 이후 키레네의 안니케리스라는 사람의 도움을 받아 다시 자유의 몸이 될 수 있었다고 한다.

이렇게 그 생애의 전반기를 마무리하며 플라톤의 제1차 시칠리아 여행은 끝이 났다. 이것은 정확히 80 평생의 한가운데에 위치한 사건이었다. 이러한 사건이 사실인지 아닌지 정확히 알 수 없는 기이한 일화에 지나지 않는다 하더라도, 그 뒤에도 계속 유지된 디온과의 관계는 그의 중기에서 만년에 걸친 활동에 많은 영향을 주었을 것이다. 이제 아테네로 돌아온 플라톤은 그 인생 중기의 활동을 시작하고, 전인미답의 철학을 세우게 된다.

## 플라톤의 활동
—아카데메이아 창립에 의한 강의와 철학의 심화—

### 독창

플라톤은 이미 30세 전후부터 활발한 활동을 시작하고 있었는데, 그것은 다른 누구도 흉내 낼 수 없을 만한 방향을 암시하는 것이었다. 소크라테스에게는 많은 숭배자와 제자들이 있어서 제각기 사상을 형성해 나갔지만, 플라톤처럼 《소크라테스의 변명》과 같은 저서를 남긴 사람은 한 명도 없다. 이 작품은 그의 또 다른 저서 《파이돈》과 나란히 불후의 명저로 꼽히고 있다. 이 두 저서에 의해 단순한 전설 속의 인물로 끝났을지도 모르는 소크라테스가 완전하게 실재한 철인이 된 것이다. 또한 이 저작들로 인해 플라톤의 이름은 확실하게 철학사의 한 대목을 장식하게 되었다.

플라톤은 저술 작업을 함에 있어서 '대화'와 '산문'의 표현에 성공했다. 이미 그리스 문학에는 호메로스의 장편이 있기는 했지만 그의 《일리아드》도 시와 다름이 없다. 또 헤시오도스의 《노동과 나날》도 일종의 에피그램(epigram)이었다. 그리스의 대표적 3대 비극 작가인 아이스킬로스, 소포클레스, 에우리피데스 등도 모두 시인들이었다. 물론 이 사람들이 그리스 문화에 공헌한 바를 간과해서는 안 된다. 그러나 '산문'은 플라톤의 독창이라고 해도 과언이 아니다. 보통 일상의 '대화'가 문자로 기록되어 그 자체의 색채와 향을 지닌 글이 될 수 있다는 것은 쉽게 할 수 있는 생각이 아닌 것이다. 플라톤의 위대성은 이 점에서 문학사와 관련해 평가되기도 한다. 나아가 지금은 다소 그 빛이 바랬다 하더라도, 그의 철학 체계를 지탱하고 있는 이데알리스무스(이상주의)는 끊임없이 뭔가를 추구하는 우리가 여전히 해답의 한 원형으로 발견하는 사상인 것이다.

또한 플라톤은 '새로운 철학'을 우리 앞에 내놓기도 했다. 그 예로 들 수 있는 것 중 하나가 인간의 죽음에 대한 '관념'이다. 플라톤에 따르면 인간의 영혼은 불멸하는 것이다. 그것은 죽는다는 것이 사실이 되어 우리가 과연 그렇다고 수긍케 하기 때문만은 아니다. 어떤 일정의 방법을 채용하면 그것을 채용한 사람도 그렇게 생각하지 않을 수 없는 점의 발견인 것이다. 이 발견은 당시로서는 획기적인 것이었다. 소크라테스가 그 선구자이기는 하였으나 그것을 우리에게 알게 해준 것은 다름 아닌 플라톤이다.

아름다운 것, 선한 것, 올바른 것, 확실한 것, 이러한 모든 것들 그 자체는 발상만으로는 얻어지지 않으며, 단순한 직관으로 얻어질 수 있는 것도 아니다. 어떤 사고의 줄거리를 거치지 않으면 그 '어떤 것 자체'와는 만나지 못하는 것이다. 바로 이 때문에 진실이라든가 정말로 존재하는 것, 즉 실재하는 것을 파악하기 어려운 것이다. 플라톤은 이를 위해, 그의 말대로 하자면 끊임없이 '이데아'를 탐구해 나갔다.

그뿐만 아니다. 플라톤은 아테네에 아카데메이아를 세워 오늘날의 대학에 필적하는 학교를 설립한다. 그는 그곳을 중심으로 젊은이들의 교육에 힘쓰며, 강의와 저술 활동에 그의 독창성을 유감없이 발휘하였다. 바로 이 아카데메이아로부터 플라톤의 60세까지의 중기 활동이 시작되는 것이다.

**아카데메이아의 창립**

기원전 387년 무렵, 시칠리아에서 고향 아테네로 돌아온 플라톤은 곧 아테네의 교외에 오늘날 대학의 전신이라고도 할 수 있는 아카데메이아를 세웠다. 이 학교는 그 이후의 유럽 정신사의 원류가 되었는데, 철학자들의 비오스 티오레티코스, 즉 '관상적 생활'의 전통도 여기에서 시작된 것이라고 볼 수 있다.

플라톤은 이 아카데메이아에서 철학을 가르쳤다. 그 입구에는 '기하학을 모르는 사람은 여기에 들어오지 말라'는 문구가 걸려 있었다. 이것은 그가 철학은 수학의 소양을 필요로 한다고 생각했기 때문일 것이다. 자세한 것은 밝혀져 있지 않지만, 플라톤은 학생들에게서 수업료를 받지 않았던 것으로 보인다. 그래서 학교의 운영은 기부나 그에 상당하는 물품의 기증으로 이루어진 것으로 추측되고 있다.

아카데메이아는 정확히 아테네 근교에 있던 숲에 있었다. 플라톤은 영웅 아카데모스의 이름을 딴 그 숲에 있는 체육장 부지를 매입하여 학교를 창설한 것이다. 이것이 '플라톤이 철학을 설파한 아테네 교외의 정원'이자 오늘날 아카데미의 기원인 아카데메이아의 시작이다. 그런데 아카데메이아에서는 아폴론 신과 무사이(지적 활동의 여신들)에게 제사를 올리는 종교적인 공동 활동이

**플라톤이 창립한 아카데메이아** 스승의 가르침을 무조건 외우는 일보다는, 학생들이 스스로 생각하고 토의하며 필요하다면 이의 제기까지 장려하였다. 이 교육 방법에 의해 학생들의 이해는 빠르게 깊어졌으며, 지식은 비판을 통해 성장하는 것이라는 사고방식이 널리 퍼졌다.

이루어지기도 했다. 그 때문에 사람들은 플라톤이 이 학원을 만들기에 즈음하여 남이탈리아의 피타고라스 교단을 방문하고, 그들의 체제에서 힌트를 얻은 것이 분명하다고 보고 있다. 확실히 플라톤 이전에 학교가 없었던 것은 아니다. 메가라에는 앞서 말한 에우클레이데스의 학교가 있었고, 아테네에도 이소크라테스의 학교가 있었다. 《그리스 철학》을 쓴 존 버넷에 따르면 이소크라테스는 수사술에 뛰어난 휴머니스트였고, 그의 문체는 플라톤에게 상당한 영향을 주었다고 한다. 그러나 이소크라테스의 휴머니즘은 르네상스 이후의 것과는 다르며, 플라톤도 그 내용에 특별한 감응을 보이지는 않았다. 또 언어를 효과적으로 사용하여 사물을 적절하고 아름답게 표현하는 플라톤의 능력 역시 대상에 대한 본질적인 파악이 뒷받침되어 발휘된 것이지, 이소크라테스의 수사술이나 문체에서 영향을 받아 생긴 것은 아니다. 그뿐만 아니라 아카데메이아와 그 밖의 학교 사이에는 근본적인 차이가 있었다. 즉 설립 정신과 주재한 사람의 위대성, 그리고 가르치는 방법과 내용이 달랐던 것이다. 플라톤은 소크라테스를 '완전한 거울'로 삼아 학생들을 가르쳤으며, 아카데메이아 '창립'의 역점도 거기에 두고 있었다.

### 완전한 거울

아카데메이아는 기원전 387년부터 기원후 529년까지 이어졌다. 그 900년이라는 시간 동안 그곳은 플라톤의 정신 플라토니즘이 살아 숨 쉬던 본원이었다. 유스티니아누스 황제의 명령으로 학교를 폐쇄할 수는 있었으나 플라톤에게서 흘러나온 철학을 말살하지는 못했다. 그것은 아마도 그 전통을 이어받은 사람들이 절대로 간과해서는 안 되는 무언가가 그의 사상 속에 있었기 때문일 것이다. 그렇다면 플라톤이 이 시대에 이룬 사상적 성취는 무엇이었을까?

소크라테스는 가르침을 행함에 있어서 어떤 특정 사물이나 사상을 두고 이것이 정답이라고 단정하는 법이 없었던 스승이다. 그럼에도 불구하고 그의 가장 뛰어난 제자는 스승을 자신의 거울로 삼았으며, 훗날 학교를 세워 많은 영재를 가르치게 되었다. 이것이 바로 가르치지 않고 가르치는 것의 위대함일지도 모른다. 소크라테스는 등에에 비유될 정도로 이리저리 다니면서 사람들의 자각을 불러일으키는 질문을 던졌다. 그는 '대화의 비법'으로 사람들을 매료시켜 굳이 설득을 할 필요 없이 시인, 극작가, 정치가, 상인 등 온갖 사람을 개심의 '경계'로 몰아갔던 것이다.

플라톤은 이렇게 많은 사람들에게 깨달음을 주었으나 자신은 오히려 죽임을 당한 스승을 생각지 않을 수 없었다. 그리고 그렇게 하면 할수록 국가와 정치가 그의 몸과 마음을 옥죄는 것을 느꼈다. 국가 운영의 핵심이 되는 정치는 소크라테스와 같은 진실한 사도를 무리하게 죄명을 씌워 살해할 수 있을 정도로 위력을 가진 것이고, 그런 만큼 무시할 수 없이 중요한 것이다. 이러한 생

**아테네 아카데미**(학술원)  플라톤이 기원전 385년 아테네 영웅신 아카데모스 신역에 세운 아카데메이아에서 유래한다. 앞에 플라톤(왼쪽)과 소크라테스(오른쪽) 대리석상이 있다.

각에 플라톤은 정치를 훌륭하게 수행하여 이상국가를 만들 인재를 내야 한다고 생각했다. 자신은 정치가의 길을 단념했지만, 교육을 통해 정치 현실의 개선과 이상으로의 접근에 이바지할 수 있다고 판단한 것이다. 당시 도시국가의 국가 도덕은 '나라가 있어야 사람도 있으며, 사람 뒤에 나라가 있는 것이 아니다'라는 말로 대변되는 것이었다. 그런데 정치가는 그 나라를 훌륭하게 만들 수 있다. 플라톤이 평생 정치에 대한 관심을 버릴 수 없었던 것도 바로 이 때문이었다. 국가는 철인을 필요로 하는데, 단순히 그 안에 철인이 있으면 되는 것이 아니다. 소크라테스가 그에 대한 좋은 본을 보이고 있다. 철인이 왕이 되지 않으면 백성은 구원되지 않는다. 따라서 철인왕의 실현이 국가의 이상이다. 다시 말해 적어도 정치가가 철학을 하든지 철학자가 정치가가 되지 않으면, 이상국가는 실현되지 않을 뿐만 아니라 인류가 진정한 구원을 받는 일도 없을 것이다.

이러한 이상국가의 기본 원리는 플라톤이 시칠리아 여행에 나설 때 이미 그의 마음속에서 틀이 잡혀 있었을 것이다. 그리고 거기서 디오니시우스 1세의 독재와 그 실정을 보고 들은 뒤 그는 자기 원리의 정당성을 확인했을 것이다.

그는 곧 그 이상국가를 실현할 수 있는 사람을 만들기 위해 강단에 선다. 가르침의 매개체로서 그는 스승처럼 '언어'를 사용한 것이다. 언어는 살아 있다. 소크라테스에 의해 그것은 이미 실증된 사항이다. 자신이 생각하는 바를 말할 때에 언어는 풍부한 박진감과 진실한 맛을 부여한다. 이렇게 말을 통해 배우고 가르치면, 청자는 이해되지 않는 것이 있을 때에 질문을 할 수 있고 스승은 그에 대한 답을 줄 수 있다. 그들은 함께 생각하고, 함께 이야기를 나눌 수도 있는 것이다. 플라톤은 이런 방법으로 소크라테스의 유산을 이어 나간다. 그는 평생 스승의 거울에 자신의 사상과 도덕을 비추어 보았으니, 어쩌면 인간의 모델은 소크라테스에게 있다고 생각했는지도 모른다. 그렇게 그는 스승의 가르침을 바탕으로 자신의 국가 모델을 구상한다. 그리고 그것을 강의함으로써 미래의 정치가를 길러 내어 이상국가의 구도를 치밀하게 하고자 했던 것이다. 이상국가는 그 말이 나타내는 바와 같이 그의 피안이었다. 그리하여 플라톤이 이 철인왕을 주체로 하는 폴리스(국가)에 대한 강의를 하게 된다. 또 이에 그치지 않고 50세에서 60세에 걸친 10년이라는 세월을 바쳐 《국가》라는 대작을 저술한다. 이 책이 쓰인 시기가 그 이전인 40대일지도 모른다는 설이 있기도 하다. 하지만 그렇더라도 그 아카데메이아에서 이 대작이 완성되었던 것은 분명한 사실이다.

### 학문의 전당

학문이 단지 뭔가를 배우고 익히는 것이라고 한다면 결국 얼마나 많은 지식을 습득하느냐가 주요 관심사가 될 것이다. 플라톤은 진정한 지식을 독사(억견)와 구별하여 에피스테메라고 불렀다. 그런데 플라톤은 학문은 단순한 지식의 축적 이상이라고 생각했다. 이렇게 그가 학문에 대해 강렬한 정열과 깊은 이해를 갖고 있었기 때문에 아카데메이아는 단순히 지식을 얻는 장소가 아닌 지식을 통한 인간 형성의 장(場)이 될 수 있었다. 이 점도 아카데메이아가 앞서 말한 에우클레이데스의 학교나 이소크라테스의 학교와 구별되는 이유이다.

철학 역시 단순한 지식의 종합이 아니지만 그것은 지식을 필요로 한다. 이때의 필요는 생활 속에서 사용될 때와는 의미가 다르다. 우리가 생존을 위해 식품을 필요로 하는 것과 철학을 하기 위해 지식을 필요로 하는 것이 같은 일이라고는 할 수 없다. 그것들은 서로 다른 성격을 가진 활동이며, 그 속에서 느끼는 필요 또한 서로 다른 요구인 것이다. 그럼에도 불구하고 '필요'라는 말은 이 양쪽의 활동에서 모두 사용되는데, 그것은 필요라는 말 자체가 '그것이 없으면 뭔가가 성립되지 않는 것'을 의미하기 때문이다. 다른 학문과 마찬가지로 철학도 지식이 없으면 그 전달이 불가능해진다. 자신이 무언가를 깨달아도 동시에 그 원인을 알고 있지 않으면 다른 사람에게 그것을 완전하게 전달할 수 없는 것이다. 철학에서 얻게 되는 것은 '아, 과연 그러하다'는 깨달음의 마음이다. 그런데 이런 의식의 상태는 왜 생각이 그것에 이르게 되는지 스스로 이해하고 설명하는 것으로만 전할 수 있으며, 상대방 앞에서 꺼내 보이거나 재현할 수 없다. 이 때문에 철학에도 지식이 필요한 것이다. 지식은 전달과 반복이 가능하기 때문이다. 이렇게 지식은 철학 체계의 성립과 이해에 반드시 필요하다. 하지만 그것은 어디까지나 갖고 다니거나 반복할 수 없는 것에 도달하는 수단에 지나지 않는다. 철학은 '아, 그러하다'고 깨닫는 완전하고 뛰어난 마음의 단계로 향하는 것이며 지식 자체가 아니다. 즉 지식은 단지 철학으로 가는 통로인 것이다.

이런 지식의 역할 때문에 플라톤은 독사(doxa)를 경계하고 에피스테메를 중시했다. 철학을 위한 참된 인식을 위해서는 독사를 넘어서지 않으면 안 된다고 강조한 것이다. 철학은 반복하거나 갖고 다닐 수도 없는 것이지만, 그것에 메테케인(공유, 분유)에 의해 더할 나위 없는 아름다움과 하나가 된다. 아름다움과 일체화하여 그 상태에 머무르는 것은 아름다움 그 자체가 되는 것이다. 이것은 예를 들어 말하면, 자신이 매우 아름답다고 느낀 꽃과 일체가 되는 것과도 같다. 이와 같이 플라톤의 철학은 오직 하나밖에 없는, 그것도 영원히 존재하는 '아름다움 그 자체' 즉 '아름다움의 이데아'에게로 향했던 것이다.

플라톤은 아카데메이아에서 자신의 이러한 사상을 가르쳤고, 그 스스로도 그것을 위한 연구를 게을리하지 않았다. 그의 교수법은 가르치기보다 게네시스(기원, 탄생, 계보)에 더 중점을 둔 것이었다. 이렇게 하여 아카데메이아는 학습의 장이라기보다 학문의 전당이 되었다. 학문이 '과학과 철학 등의 일반적 총칭'이라는 의미를 갖게 된 것은 어쩌면 아카데메이아가 그 기본이 될 것이다. 플라톤은 철학이 학문이라는 이름에 걸맞은 정확성을 지닐 수 있도록 하기 위해 수학을 중시하고 그것을 철학의 기초로 삼았다. 그는 또 여러 가지 과학에 눈을 돌리고 그에 대한 관심으로 연구를 하였을 뿐만 아니라, 그것들을 하나로 묶는 천재적인 종합 능력을 보여 주었던 것이다.

### 종합의 천재

1 더하기 1은 2라는 것을 의심하는 사람은 없다. 그리고 이렇게 더 이상 의심할 수 없는 것을 학문의 근거로 삼는 것은 당연한 일일 것이다. 그러나 당연한 일이라고 해서 누구나 할 수 있는 것은 아니다.

인간은 종종 이것저것 다 욕심을 내 중심을 잃고 이도저도 다 잃곤 한다. 그러나 종합 능력이 있는 사람은 자신의 중심을 잡고 저것이 무엇이고, 이것과의 관계는 어떠하며, 왜 그와 같은 생각을 했는지를 자각한다. 뉴턴이나 갈릴레이 발상도 그 시작으로 더듬어 올라가면 평범한 현상이나 사물에 이르게 된다. 이렇게 단순하고 흔한 결정적인 열쇠들을 내버려 두고 우리가 모든 일들을 복잡하게 보는 것은 우리의 두뇌가 치밀하기 때문이 아니다. 그것은 우리가 아무래도 상관없는 일에 정신을 빼앗기고 있어서, 이리저리 먼 길을 우회하기 때문인 것이다. 우리는 아무래도 그때그때의 심리나 기분에 연연한다. 그래서 보아야 할 것을 보지 못하고 지나친다. 이런 인간의 심리나 복잡하게 얽혀 있는 일들을 단순화하고, 나아가 그것을 정돈된 전체로 파악하는 능력이 종합의 재능이다.

플라톤의 중기 저서 가운데 하나인 《테아이테토스》는 그의 지식론이라고 할 수 있는 책이다. 거기에는 에우클레이데스, 테오도로스, 나아가 중심인물인 테아이테토스가 등장하여 수학에 관한 논의를 나눈다. 이 책은 수와 도형의 관계, 3, 5의 문제 등에 대해 이야기할 뿐만 아니라 '무리수론'까지 거론하고 있어서, 무리수에 관한 한 유럽의 수학 역사상 최고의 문헌으로 꼽힌다. 그런데 여기에서 플라톤은 '이데아'와 수와의 연관성을 밝히고 있다. 이미 이 시기에 수학과 사상의 종합을 시도하여, '이데아'를 '1'이라는 숫자로 설명하려 한《국가》와 그 밖의 저서에 대한 구상이 담겨 있는 것이다.

기원전 4세기, 아테네는 그리스 학문의 중심지가 되었다. 그리고 특히 플라톤의 아카데메이아는 그리스 각지에 그 이름이 알려진 유명한 학교가 되었다. 창립자 플라톤의 여러 학문 분야에 대한 관심과 재능이 그 학풍에 영향을 끼쳐, 아케데미아의 학생들 사이에서 최고의 지적 분위기를 접할 수 있는 곳으로 정평을 얻었기 때문이었다. 그리하여 당대 일류의 수학자 에우독소스는 그 일파를 이끌고 아카데메이아에 입학하기도 하였다. 또 이곳에서 수학하면 당시로서는 가장 진보된 이론과 논리를 교육받은 정치가가 될 수도 있었다. 그리고 실제로도 그와 같은 인물들을 배출해 냈다. 그러나 아카데메이아가 길러낸 큰 인물들 중에서 한 사람을 꼽으라면 뭐니 뭐니 해도 아리스토텔레스를 들지 않을 수 없다. 그는 기원전 384년 그리스 북쪽의 스타게이로스에서 태어나, 기원전 322년에 세상을 떠난 인물로 최고의 철학자이자 만능학자였다. 아리스토텔레스는 플라톤이 60세 내지 61세이던 무렵 아카데메이아에 입학한 것으로 알려져 있다. 이렇게 그리스가 아리스토텔레스라는 또 하나의 위대한 철학자를 얻게 된 것도 당시 젊은이들의 다양한 학문적 욕구를 충족시켜 준 아카데메이아가 있었기 때문이었다. 플라톤은 60대에 접어들어 잠시 시칠리아 정치에 참여했던 시기를 제외하면 아카데메이아에서 강의와 연구를 멈춘 적이 없었다. 그리고 그의 그러한 활동은 당대뿐만 아니라 후세에까지 큰 영향을 미치게 된다.

### 만년의 플라톤
―이상국가에의 정열과 저술―

### 독신

플라톤은 보통 학자들과는 조금 다른 만년을 보냈다. 사람은 누구든 60세가 넘으면 커다란 사명을 다한 듯한 기분을 느끼게 되는데, 이것은 대부분의 학자도 예외는 아니다. 그래서 이때에 이르면 사람들은 많은 경우 일직선으로 죽음으로 기울어지고, 그렇지 않으면 육체의 쇠약을 절감하며 대단치 못했던 자신에 대한 참담한 생각에 빠지게 된다. 보통 나이가 들면 사람들은 따뜻한 햇볕과 신선한 공기, 향기 좋은 차(茶) 등의 안락함을 탐하게 되고, 진정한 동심으로 돌아가는 길과는 갈수록 멀어진다. 하지만 플라톤의 만년은 그렇지 않았다. 그가 칸트처럼 정확하기 이를 데 없는 꼼꼼함을 지녔었다고는 전해지지 않는다. 그러나 인격자였다는 점과 평생 독신이었다는 것은 그와 비슷하다. 그는 왜 평생을 혼자 지냈던 것일까? 그 자신은 물론이고 그의 인생을 기록한 사람들도 그 정확한 이유에 대해서는 아무런 언급을 하지 않았다. 다만 앞으로 전개되는 그의 만년을 보고 결혼을 할 틈도 없었거니와 또 그럴 필요도 없었다는 성급한 추정을 해볼 수도 있다. 나이가 들어서도 여전히 정열적이고 신선한 감각을 갖고 있었던 그가 아내를 얻지 않았던 것은 이미 때를 놓쳤기 때문은 아닌 것이다.

보통 만년이라고 하면 '일생이 끝나는 시기', 즉 '죽음이 가까운 시기'를 말한다. 지금 우리는 기원전 367년부터의 플라톤의 삶을 그리려 하는데, 그가 60세 무렵이던 이 시기는 그에게 죽음이 가까이 왔던 때도, 종말도 아니다. 그가 죽기까지는 아직 20년의 세월이 남아 있는 것이다. 그는 앞으로 대단한 활동을 하고 남은 인생을 극적으로 살아갈 능력과 에너지를 지니고 있었다. 그가 젊은 시절 동성을 사랑했다 하여 여성을 사랑하지 않은 것도 아니었다. 그는 사랑에 대해 깊이 생각하여 에로스를 주제로 한 걸작을 남기고 있다. 이러한 점으로 미루어 보아 그가 독신으로 살았던 것에 어떤 특별한 사정이나 이유가 있는 것 같지는 않다. 어쩌면 플라톤은 우리의 사고방식과는 너무나 달라서 우리가 가늠하지 못할 신념이 있었는지도 모르는 일이다. '플라토닉 러브'도 그의 그런 신념에서 비롯된 것이리라. 그가 처음부터 육욕을 가볍게 보고 업신여겼던 것은 아닐지라도 그의 철학이 점차 그렇게 하게 했을 것이다. 신념과 행동이 이어지지 않는 철학은 거짓이며, 공허한 말에 불과하다. 하지만 그는 이와 같은 비난에서 자유로울 수 있었다. 플라톤은 말과 행위의 일체화를 몸소 보여 주었던 것이다. 그는 목숨을 걸고 지식의 사랑과 추구를 행했으며 그로써 더없는 '기쁨'을 얻었고, 이상국가 실현을 위한 기회도 놓치지 않으려 노력했다.

플라톤이 60세가 되었으므로 이제 독신의 이유를 물어도 괜찮으리라고 생각할 수 있겠지만, 그는 그 비밀을 밝히지 않았다. 앞서도 말한 바 있듯이, 추측건대 적어도 그 진정한 이유의 하나가 그의 철학 속에 있었던 것이리라. 플라톤은 귀찮은 것을 지독히 싫어하여 사랑처럼 힘든 일을 피하려 했다는 등의 얘기가 전해지는 것도 아니고, 오히려 그는 단정한 편이었다고 한다. 그렇다고 소크라테스가 사형되었을 때 그의 아내 크산티페가 슬픔에 싸여 눈물을 흘렸다는 얘기를 듣고 똑같은 비극의 발생을 막기 위해 독신을 결심했던 것도 아니다. 도리어 플라톤에게는 보통의 사람들이 사랑을 위해 불태우는 열정을 능가할 만한 정열이 있었다. 그런데 그러한 그의 정열이 향했던 방향은 사랑이 아닌 정치가로서 활동하기 위한 노력이었던 것이다.

### 정열

플라톤에게는 60세가 넘어서도 여전히 청년 시절에 품었던 꿈을 실현하려는 의욕이 있었다. 30여 년 동안 동일한 대상에 대한 어떤 노력을 게을리하지 않았다는 것은 그의 집념이 대단했다는 증거일 것이다. 그가 보여 준 정치에 대한 지속적 관심에 우리는 실로 경탄하지 않을 수 없다. 그는 아카데메이아에서 《국가》를 쓰고, 정치의 근본 원리를 터득하고, 그것들을 실현할 정치가를 길러 왔다. 그러나 이제 60세인 그가 몸소 그 정치에 나서 철인왕의 실현을 도모하려 했던 것이다. 그것은 이른바 야심이 아닌 이상의 실현을 위한 노력이었다.

40세 때 시칠리아에서의 정치 참여 시도가 불발로 끝나기는 했지만, 그 이후에도 플라톤은 60세가 될 때까지 줄곧 정치에 대한 정열을 버리지 않았다. 그것은 그에게 어울리지 않는 큰 꿈도 아니었고 사사로운 욕망이나 부정한 의도에서 비롯된 것도 아니었다. 또 그가 시칠리아에서 철인왕의 실현에 실패했다 해서 그의 생각을 이상주의적 환상으로만 폄하해서는 안 된다. 많은 역사적 변혁이 이상주의적 발상의 시도가 현실과의 접점을 찾아가는 데서 이루어졌다는 점을 생각하면, 그런 평가절하는 결과론에만 치중한 얘기인 것이다.

두 번째 시칠리아행은 디오니시우스 2세의 요청, 아니 좀 더 정확히 디온의 절실한 간청에 의한 것이었다. 그때 디온이 왕의 자리에 있었다면 틀림없이 위급 존망의 상황을 돌파하고 현실을 타개할 계획과 실행력을 보여 주었을 사람, 즉 그 기대에 부응했을 철학자로 플라톤을 떠올릴 수밖에 없었던 것이다. 앞서도 말했듯이 20년 전부터 디온은 이미 플라톤의 가르침을 받아들이고 있었다. 이런 점에서 이 일은 옛날에 이곳저곳에 뿌린 씨앗 중 하나가 결실을 맺은 것이라고 생각할 수도 있을 것이다. 하지만 이것은 오히려 20년 전 디온과 정치적 의견을 나눈 플라톤이 그때부터 이미 훗날 더욱 멋진 구상과 실천력을 보여 줄 그의 자질을 간파하고, 그를 씨앗으로서 선택했다고 봐야 할 것이다. 이제 디온의 제안대로 시칠리아로 간다면 자신의 정치적 이상을 실현시킬 수 있을지도 몰랐다. 이것은 이렇게 평생을 기다려 온 기회였지만 플라톤에게 망설임이 전혀 없었던 것은 아니다. 그는 왜 이 일생일대의 기회 앞에서 망설였던 것일까?

### 요청

시칠리아의 디오니시우스 2세는 당시 30세였는데, 교양 부족으로 인해 성격이 편협하고 비뚤어져 있었다. 그것을 본 디온은 그의 스승으로 일류 철학자를 초빙해야겠다고 생각했다. 일단 그는 왕다운 덕을 갖추기 위해 그에 부합하도록 성격을 다듬을 필요가 있었던 것이다. 디온은 여기서 더 나아가 디오니시우스 2세가 모든 존재 중 가장 신성하고 가장 훌륭한 모범, 즉 이데아를 추구하게 되기를 바랐다. 만약 그렇게 된다면 억눌린 분위기에 빠져 있던 백성들에게 사려와 정의의 마음으로 아버지와도 같은 은혜를 베풀 수 있을 것이었다. 디온은 자신의 조카뻘 되는 왕이 독재자에서 진정한 지도자가 되어 시칠리아의 사람들에게 행복을 가져다주기를 원했던 것이다. 디온은 그의 교육을 맡아 줄 적임자로서 플라톤을 선택했다. 그는 최고의 스승으로서 디온이 생각해 낼 수 있는 유일한 사람이었고, 실제로 일류의 철학자였던 것이다.

하지만 플라톤에게는 여전히 일말의 망설임이 있었다. 그것은 그가 젊은 사람의 기분은 변덕스러워 변하기 쉽다는 것을 알고 있었기 때문이다. 디오니시우스 2세가 지금 당장은 자신의 아저씨 디온의 바람대로 덕의 가르침을 좇아 비뚤어진 자신의 인성을 바로잡을 마음을 먹고 있다 하더라도, 언제 그의 생각이 변할지는 사실 알 수 없는 일이었다. 또 디오니시우스는 디온의 기대만큼 철학에 전념할 준비가 되어 있지 않았을 수도 있다. 그러면 플라톤은 다시 한번 현실의 벽만을 실감하고 소득 없이 귀향해야 하는 것이다. 그가 디온의 제안에 흔쾌히 답하지 못한 것은 바로 이런 이유 때문이었다.

디온은 강력한 지배는 병력이나 군선의 보유 숫자로 암시하는 공포라든가 폭력에서 비롯되는 것이 아니라 호의, 열심, 덕, 정의에 의해 생겨나는 은혜라고 생각하고 있었다. 그러므로 통치자는 비록 번쩍이는 옷을 입고 화려한 생활을 하고 있더라도, 태도와 말에 위엄이 없고 그 지위에 걸맞은 정신을 갖추고 있지 않으면 아무런 존경도 받지 못하고 볼썽사나운 꼴이 되고 마는 것이다. 플라톤의 제자답게 훌륭한 사람이 되어 있던 디온은 자주 왕에게 이러한 점을 아뢰었다. 디오니시우스 2세도 그런 디온의 말을 들어 플라톤의 지도를 받을 생각을 하고 있었고, 그래서 플라톤에게 몇 통이나 서신을 보내 자신의 뜻을 전했다. 게다가 이탈리아의 피타고라스학파에서도 플라톤에게 요청의 편지를 보냈다. 그들은 모두 플라톤의 도착을 기다리는 참이었다.

이러한 요청에 플라톤은 디온이 선량하고 아름다운 생활을 바라고 있음을 분명하게 느낄 수 있었다. 그리고 과거 디온이 그토록 노력하던 모습이 떠올랐다. 만약 디온의 소망대로 된다면 살인이나 죽음, 악을 수반하지 않고도 국가 운영체제와 이념의 근본적 변화를 이룰 수 있을 것이고, 그에 따라 행복하고 진정한 삶이 온 나라에 퍼져 나갈 것이었다. 이런 생각을 하면서도 선뜻 결정을 내리지 못하고 있던 차에 플라톤은 다시 디온에게서 전갈을 받는다. 디온은 재차 사자를 보내 요청했다. "어떤 일이 있어도 가능한 한 조속히 와주기 바랍니다. 신의 허락으로 잡은 이 절호의 기회를 어찌 놓치겠습니까? 철학자인 동시에 대국가의 주재자인 인물을 탄생시키고자 하는 우리의 대망을 완전히 실현할 수 있는 때가 있다고 한다면, 바로 지금이 그때일 것입니다."

플라톤은 이제 확신을 가지게 되었다. 법률이라든가 국가의 제도에 대한 자신의 신념을 실현하려면 역시 가지 않을 수 없었다. 비록 디오니시우스 2세의 젊음과 의지의 미약함이 그를 변덕스럽게 만들게 되더라도, 중후한 영혼의 디온이 분명 그에게 도움이 되어 주리라. 지금이 바로 이상국가를 건설하도록 시도해야 할 때이다. 시칠리아행은 단 한 사람을 설득하는 것으로 바라는 것 모두를 이룩할 수 있는 기회였던 것이다!

### 부임

플라톤은 미래를 향한 기대를 안고 용기를 발휘하여 조국 아테네를 뒤로한다. 그는 비범한 결의에 차 있었다. 인간으로서 할 수 있는 최선을 다하자. 도리에 따르고, 공정을 보이자. 아카데메이아에서 이루어 낸 모든 업적과 성과도 일단 지금은 잊도록 하자. 그리고 일단은 나의 이론에 부합하지 않고 나에게 순수하게 보이지도 않는 참주정치, 그 아래로 부임하자.

이런 생각을 하고 있었으니 플라톤이 시칠리아로 떠났던 것은 사람들의 이목 때문이 아니었다. 군중들은 잘못이 없는 사람도 입에 올려 비난과 비판을 하는 속성이 있으며, 그러한 사실은 플라톤도 잘 알고 있는 바였다. 그래서 만약 플라톤이 끝까지 디온의 청을 거절했다면 사람들이 이렇게도 말할 수 있는 것이었다. "플라톤은 말뿐인 사람이다. 어떠한 현실에 나서서 부딪치려 하지 않는다. 그는 디온에게서 융숭한 대우를 받고 그 인격과 식견을 잘 파악하고 있으면서도, 큰 위기에 빠져 있는 옛 제자의 요청을 거부하여 그의 우정을 감히 배반하려 한다." 정말 이때 디온의 간청은 다음과 같이 간절한 것이었다. "플라톤이여, 내가 필요로 하는 것은 당신의 언설과 설득입니다. 적을 막기 위한 보병이나 기병이 필요하다는 것이 아닙니다. 젊은 사람들을 선하고 올바른 일로 마음을 돌리게 하는 당신의 힘이 필요한 것입니다. 당신은 어떤 경우에도 그들에게 우애와 우정을 깨우쳐 줄 능력을 그 누구보다 월등히 지니고 있으니까요." 플라톤은 이렇게 거듭된 디온의 요청과 자신의 이상향을 현실 정치에서 구현하고자 하는 희망으로 결국 시칠리아행을 결심했으니, 결과적으로 위와 같은 사람들의 억측도 물리친 셈이었다.

기원전 367년, 플라톤은 아테네에서 시칠리아로 왔다. 그는 도착과 함께 놀랄 만한 환영을 받는다. 그곳에서도 그를 아는 사람들이 그에게 아낌없는 호의와 존경을 보내고 있었기 때문이다. 디오니시우스 2세는 그를 위해 왕가의 마차까지 보내며 자신의 통치기에 위대한 행운이 찾아왔다고 말했다. 플라톤은 훌륭한 식탁에 초대되었고, 왕을 둘러싼 사람들은 그에게 정중한 태도를 보였다. 왕 자신도 온화한 모습을 보이며 예를 갖춰 플라톤을 대하였다. 플라톤은 이것을 보고 왕의 인성을 바꾸고 정치를 개혁할 수 있지 않을까 하는 희망을 가졌다. 대철학자와 직접 대면했다는 사실에 고무되어 궁전에 몸담고 있던 대부분의 사람들도 철학 논의에 열심이었다. 기하학을 하는 사람도 많아졌다. 도형을 그리기 위해 궁전 바닥에 깔아 놓은 모래에서는 쉴 새 없이 먼지가 피어올랐다. 이를 보는 플라톤의 마음은 정말로 이루 말할 수 없이 흡족했을 것이다. 그러나 그런 정겨운 모습은 며칠도 계속되지 않았다.

디오니시우스의 주변은 곧 당파 싸움으로 시끄러워졌다. 왕, 디온, 플라톤의 결속을 질시하는 사람이 생겨 났던 것이다. 그런 사람들은 먼저 디온의 초청으로 온 플라톤 때문에 그러한 상황이 초래되었다며 디온을 없애려 했다. 그를 위해 그들은 왕에게 있는 일 없는 일 등을 일러바치며 디온을 모함했다. 플라톤은 되도록 그를 감싸려 했으나, 시칠리아 궁전의 정치 구도 내에서 그의 영향력은 그리 큰 것이 아니었다. 넉 달이 지났다. 마침내 디오니시우스 2세는 디온을 추방형에 처하고 말았다. '참주 자리를 빼앗으려 한다'는 것이 그에게 내려진 죄목이었다. 그리고 플라톤은 이에 대처할 새

**스페우시포스**(기원전 395?~339) 그리스 철학자. 플라톤의 제자이자 조카. 뒤에 아카데메이아를 이끌었다.

도 없이 곧 아크로폴리스(여기서는 성안)에 갇히게 되었다. 우리는 이때 플라톤의 심경이 어떠했을지 쉽게 상상할 수 있을 것이다.

그러나 디오니시우스가 플라톤을 철저하게 미워했던 것은 아니다. 그는 나름대로 바라는 바가 있었기 때문에 오히려 플라톤이 더 오래 그곳에 머물러 주기를 바랐다. 그는 플라톤이 그를 디온보다 더 칭찬하고, 디온보다 더 친한 친구로 생각하게 되기를 원했다. 만약 그렇게 된다면 자신의 독점적 고문으로서 그를 옆에 둘 생각이었던 것이다. 플라톤에게도 디오니시우스에 대한 호감이 있었기 때문에 그와 친구가 되려는 의지는 있었다. 그래서 플라톤은 어떻게든 디오니시우스가 철학적 삶을 바라게 될지도 모른다는 애초의 희망을 버리지 않고 온갖 노력을 기울였다.

그러는 사이에 기원전 366년 가을이 되자, 시칠리아와 남이탈리아의 루카니아 및 카르타고 사이에 전쟁이 벌어졌다. 플라톤은 끝내 체류 1년 만에 헛되이

플라톤의 생애 783

아테네로 물러나게 되었다. 이때 고향에서 추방당한 상태에 있었던 디온은 자기 철학 연구의 심화를 위해 아테네로 와서 아카데메이아를 드나들고 있었다.

### 좌절

시칠리아를 떠나 아테네로 돌아온 플라톤의 심정은 참담했을 것이다. 그러나 귀향길에 오르던 그와 디오니시우스 사이에는 '다시 평화로워졌을 때'에 대한 약속이 있었다. 시칠리아의 상황이 안정기에 접어들면 플라톤과 추방되어 있는 디온을 다시 불러들인다는 것이 그 내용이었다. 플라톤도 그것을 조건으로 다시 돌아가겠다는 약속을 했다.

시칠리아에 다시 평화가 찾아왔다. 디오니시우스는 플라톤에게 사자를 보냈다. 그러나 디온에 대한 추방 명령을 철회하는 것은 1년 뒤로 미루었다. 그런데도 디온은 플라톤에게 부디 시칠리아로 가달라고 부탁한다. 디오니시우스가 최근에 다시 철학에 대단한 정열을 보이고 있다는 것이 주된 이유였다. 하지만 플라톤도 이번엔 안전대책을 강구하지 않을 수 없었다. 그래서 그는 자신은 노인이며, 더구나 현재 취하고 있는 조치는 전에 한 약속과 다르다고 말하며 일단 두 번째 초청을 거절한다.

플라톤은 확실히 "나의 임무는 진실을 말하는 데 있다"고 잘라 말할 만큼 자신의 본분에 대한 파악과 확신이 선 철학자였다. 하지만 인간적인 면모를 갖추고 있었던 그는 자기가 가지 않으면 디오니시우스의 소질이나 능력을 경시하고 모욕했다는 인상을 주게 될지도 모른다는 생각에 고민한다. 그러는 사이에 또다시 용의주도한 편지가 온다. 디오니시우스는 "만약 당신이 시칠리아에 와준다면 디온 문제는 반드시 당신의 뜻대로 하겠소. 그러나 우리의 요청을 들어주지 않을 경우에는 디온의 일신상에 매우 불미스런 일이 생길 것이오"라고 말한 것이다. 또 피타고라스학파의 대표적 철학자이자 수학자, 정치가인 아르키타스를 비롯한 타라스 사람들도 디오니시우스의 철학에 대한 열정을 칭송하고, 플라톤과 그 사이에 다시 싹튼 우정은 정치 면에서 커다란 의의를 지닌다고 평가하는 편지를 보내왔다. 플라톤은 타라스 지기들의 기대와 디온의 요청을 배신해서는 안 된다는 생각에 또다시 괴로워했다. 그리하여 다음과 같은 생각에 미치게 되었다. 젊은 사람들에게는 무언가에 대한 동경을 갖게 될 계기가 필요하다. 학문적인 소질이 있는 사람이라면 더욱 그러하다. 내가 이야기를 하면 그것을 들은 사람이 보다 나은 삶을 동경하게 될지도 모른다. 그러므로 디오니시우스가 철학에의 정열을 다시 불태우고 있다면, 나에게는 그 진의 여부를 확인할 책임이 있다. 만약 철학을 하고자 하는 그의 마음이 진실한 것이라면 내가 시칠리아로 가지 않는 것이 중대한 실수가 된다. 이렇게 플라톤은 가야만 하는 필연성을 스스로 발견하였다.

기원전 361년, 마침내 세 번째 시칠리아행을 결단한 플라톤은 두세 명의 제자를 데리고 그 계획을 실행한다. 이것이 그가 66세 때의 일이다. 이때 수행한 제자 중에는 훗날 아카데메이아의 후계자가 된 그의 조카 스페우시포스도 있었다. 플라톤을 다시 본 디오니시우스의 기쁨은 엄청났다. 다시 한번 궁정의 모든 사람들이 온갖 정성을 들이며 플라톤을 맞이했다. 더구나 디오니시우스는 플라톤에게 그 누구에게도 허락지 않았던 신임을 부여하고 거액의 돈까지 주려 했다. 그러나 플라톤은 이를 사양하였다. 디오니시우스는 욕심을 내는 사람들에게는 허락지 않았던 것들을 플라톤에게는 주려고 한 것이다.

이러한 대접을 받는 플라톤의 기분도 나쁘지 않았다. 하지만 그는 무엇보다 디오니시우스의 철학에 대한 정열이 진실한 것인지 확인하고 싶어 했다. 플라톤 정도의 철학자가 되면 그런 것을 알아보는 방법은 이미 충분히 터득하고 있는 것이다. 진정으로 철학을 하고자 하는 사람은 참된 철학과 만났을 때 '이것이야말로 삶을 걸어 볼 만한 길이다. 전력을 다해 이 길을 걷지 않으면 안 된다. 이 길로 뛰어드는 이외의 삶에는 가치가 없다'라고 믿게 된다고 한다. 그러나 플라톤이 알아본 결과 디오니시우스는 그런 열의를 가진 것은 아니었다. 오히려 그는 플라톤의 말을 쉽다고 생각하는 것처럼 보였다. 더구나 디오니시우스는 철학은 자신의 능력으로는 도달할 수 없는 대단한 일이며, 자신은 결코 지혜와 덕에 신경을 쓰면서 살아갈 수 없는 인간이라고 말하는 것 같았다. 이제 플라톤은 더 이상 시칠리아에 머물 이유가 없었다. 단지 마음에 걸리는 것은 디온과 그의 재산 문제였다. 플라톤의 세 번째 시칠리아 방문은 오로지 그가 아끼는 제자 디온 때문인 듯한 인상을 주고 있는 것이 사실이다. 하지만 디오니시우스는 디온에 관한 문제를 플라톤의 의견에 따르겠다고 직접 약속해 놓고도 그의 추방을 해제하기는커녕 재산까지 몰수해 버린다. 디온이 왕위를 노린다는 생각을 버리지 못한 그는 그것에 그치지 않고 그의 아내까지 빼앗아 다른 남자와 결혼을 시키는 짓까지 하였다. 이에 플라톤은 더 이상 주저할 필요 없이 시칠리아를 떠났다. 그리고 이로써 플라톤의 이상국가 실현의 꿈도 완전히 좌절되었다.

물론 플라톤은 시칠리아에 가면서 자신이 《국가》에서 기술한 내용을 그대로 다 실현할 수 있으리라고 생각하지는 않았을 것이다. 그러나 자신이 그린 이상향에 최대한 근접하는 국가를 만들어 보겠다는 희망은 있었으리라. 기원전 360년 여름, 플라톤은 실망한 채 아테네로 돌아왔다. 그때 떠나는 플라톤에게 디오니시우스가 "당신은 분명 철학자들에게 나에 대해 심하게 말할 것이오"라고 말하자, 그는 "아닙니다. 당신의 이야기를 할 정도로 아카데메이아의 논제거리가 모자라지는 않습니다"라고 대답했다고 한다. 플라톤은 그 뒤로 결코 다시는 시칠리아에 가지 않았다.

### 정혼(精魂)

플라톤은 다시 아카데메이아의 철학자가 되었다. 시칠리아의 일에서 완전히 손을 떼고 다시 강단에 섰을 때는 이미 그의 나이 67세였다. 플라톤은 새로이 학원에서의 강의와 저술에 전념한다. 그는 나이를 먹는 것이나 실패의 역사에 의기소침해하지 않았다. 디온은 그 뒤에도 몇 가지 도움말을 구하는 부탁을 해왔다.

그 무렵 이미 아리스토텔레스는 아카데메이아에 입학해 있었다. 플라톤은 아마도 시칠리아에서 돌아오자마자 이 신예를 주목했을 것이다. 그는 플라톤에게 가장 깊은 존경을 바쳤고, 그를 진심으로 사모하고 신뢰해 마지않았다. 이와 같이 그리스 철학을 대표하는 세 명의 거두, 즉 소크라테스, 플라톤, 아리스토텔레스는 이런 사제지간의 인연을 맺고 있었던 것이다.

의사의 아들이었던 아리스토텔레스는 대단한 독서가로, 아카데메이아의 서고에서 발견한 플라톤의 《파이돈》을 읽고 깊은 영향을 받았다고 한다. 그의 '테오리아(관상)' 정신은 플라톤에게서 그대로 물려받은 것이라고도 할 수 있다. 관상이란 보통 '자기의 심정에 대해 참된 자세를 취하려고 마음을 가라앉히고 생각에 깊이 잠기는 것'이다. 그러나 아리스토텔레스의 테오리아는 어떠

한 것의 지배나 영향
도 받지 않고 무엇에
의해서도 움직이지 않
는, 그 자체만으로 존
재하는 것에서 '참된
자세'를 발견하는 것이
다. 그래서 테오리아의
정신에서는 보는 것과

**시라쿠사의 디온이 새겨진 은화**

보임을 당하는 것이 하나가 되어 활동 자체가 되고, 만약 그것을 되돌아보면 다시없는 기쁨으로 생각된다. 이 테오리아는 말하자면 플라톤의 이성과 이데아의 결합이 아리스토텔레스적으로 변형된 것으로, 우리의 영혼과 이데아가 관계된 차원에서 이루어진다고 할 수 있겠다. 소크라테스의 영혼불사, 플라톤의 이데아라는 '존재들'과 우리들 사이에 성립하는 인식의 세계가 자리하고 있는 곳도 바로 그곳이다.

그러나 플라톤과 아리스토텔레스의 이론은 서로 다른 근거를 토대로 한 것이었다. 그들은 사물을 보는 방식이 달랐고, 그에 따라서 사고방식을 지탱하는 것 역시 서로 달랐던 것이다. 플라톤은 수학을 뜨겁게 사랑한 반면, 아리스토텔레스는 생물학을 좋아했다. 아리스토텔레스는 스승 플라톤보다 현실적이었다. 플라톤은 아테네인이었고, 아리스토텔레스는 그리스 북쪽의 스타게이로스 사람이었다. '배움'은 '모든 사람에게 공통되는 것', '누가 생각해도 그러한 것'을 지향한다. 그래서 그 목적은 하나이지만 그것으로 향하는 방식, 즉 그것을 파악하는 방식은 서로 다를 수 있다. 그 여러 가지 이유 가운데 하나로는 각 사상가들의 생애가 서로 다른 것도 꼽을 수 있을 것이다. 하지만 소크라테스, 플라톤, 아리스토텔레스 등 세 사람 모두 철학에 전념했다는 점에서 그들이 정혼(精魂)을 쏟은 대상은 일치한다. 어찌 됐든 당시 아리스토텔레스는 매우 뛰어난 재능을 가지고 있기는 했지만, 아직은 플라톤의 가르침을 받고 있는 상황이었다.

기원전 357년 무렵, 70세의 플라톤은 시라쿠사에서 디온이 혁명에 성공했다는 소식을 듣는다. 폭력을 좋아하지 않아서 어디까지나 정신에 의한 현실의 개조, 다시 말해 '이상국가론'을 주체로 하는 윤리적 변혁을 강조했던 플라톤도 이 소식을 듣고 진심으로 기뻐했다고 한다. 하지만 그로부터 채 몇 년도 지나지 않아 플라톤은 디온이 암살당했다는 소식을 접하게 된다. 기원전 353년, 플라톤이 74세 때이다. 플라톤과 디온의 나이 차이가 20세 정도였으므로 디온은 아직 54세쯤이었다. 이 가혹한 현실을 극복하기 위해, 또 결국에는 이룰 수 없었던 자신의 이상적 국가상을 더욱 구체화하여 남기기 위해 그는 《법률》이나 《정치가》를 구상하게 되었을 것이다. 하지만 그가 만년에 집필을 시작했던 이 《법률》은 미완의 대작으로 남았다.

플라톤의 삶은 6년이 남아 있는 상태였다. 그는 자신의 죽음을 예견하여 자서전을 남기려 했던 것일까? 기원전 352년, 75세의 플라톤은 정혼을 담아 또 다른 저술에 착수한다. 그 서문에는 "나와 디온의 유족 그리고 동제 여러분의 행복을 빈다"고 쓰여 있다. 이것이 유명한 《제7의 편지》이고, 플라톤의 자서전이라 불리는 것이다. 여기에는 그의 철학적 신조와 이상국가 건설에 대한 정열, 그리고 그의 인간성이 남김없이 드러나 있다. 언제나 자신에 대해 잘 말하지 않는 플라톤으로선 매우 드문 일이다. 그리고 그의 남은 시간이 다 되었던 것인지 이 책의 집필 이후 곧 죽음이 닥친다. 그러나 어떤 일에든 모든 정혼을 쏟아붓던 성실한 철학자 플라톤이었지만, 자기 스승 소크라테스와는 달리 죽음에 몰두하는 일은 없었던 것 같다.

### 고요한 죽음

자신의 스승 소크라테스와는 대조적으로 플라톤은 조용한 죽음을 맞았다. 우리가 플라톤의 최후에 대해서 그다지 많은 이야기를 하지 않는 것은 비단 우리에게 남겨진 자료가 없기 때문만은 아니다. 플라톤은 80세까지 살았고, 이것은 당시 평균수명으로 볼 때 장수에 속한다. 이렇게 결코 짧지 않은 인생을 살면서 그는 만년에도 여전히 왕성하게 활동하며 《국가》 《법률》 등의 명저를 저술해서 그 이름의 영광을 마음껏 누렸다. 그러나 그는 자기 스승의 죽음처럼 후세 사람들에게 많은 의미를 시사하는 죽음을 맞지는 않았다. 그는 살아생전 내내 '철학자'로 빛나고 있었고, 그 업적은 크나큰 별과 같았다. 그것만으로 그는 언제든 죽음을 맞더라도 후회 없는 삶을 살았다고 평가될 것이었다. 따라서 그토록 위대한 철학자였던 그가 어느 날 그 명성에 어울리지 않는 평범하고 '고요한 죽음'을 맞더라도 그의 삶은 여전히 위대하게 마무리되는 셈이었고, 또 사실이 그러했다.

우리는 소크라테스의 사형 직후 플라톤이 메가라로 피신한 것을 생각할 때 그가 어떻게 그렇게 간단히 도망만 칠 수 있었는지 궁금해한다. 소크라테스에게서 큰 영향을 받았고 그토록 스승을 존경했던 플라톤이라면 위험을 피하기보다는 그것에 맞서야 하는 것이 아니었을까? 스승을 죽인 무뢰배를 그대로 두고 도망치지는 말았어야 했다는 생각이 드는 것이 사실이다. 하지만 그러기에 플라톤은 너무나 젊었다. 소크라테스조차 하지 못한 일을 어떻게 20대의 플라톤이 할 수 있었으랴! 그리고 소크라테스의 죽음이 아무리 정의의 눈으로 볼 때 부당한 것이었다 하더라도, 형식적으로는 투표에 의한 판결이므로 어떤 방법을 써보려 해도 이미 합법적인 수단을 강구할 수는 없었다. 그러므로 이러한 상황에서 자기 스승의 사형과 같은 부조리한 일이 다시 일어나지 않도록 힘쓰지 않고 제 몸의 안전을 위해 도피하였다고 비난한다면, 젊은 플라톤에게 그것은 너무 가혹한 처사일 것이다. 다만 여기서 말하고 싶은 것은 플라톤이 맞이한 '고요한 죽음'이 이미 청년 플라톤의 선택 속에 포함되어 있던 일은 아닐까 하는 것이다. 즉 '철인의 죽음'과 '철학자의 죽음'은 그들의 젊은 날부터 그 각각의 삶 속에 자리하고 있던 선택된 운명이 아니었을까?

플라톤의 일생은 철학자의 모범이며, 소크라테스의 생애는 철인의 모범이다. 그리고 이 철학자와 철인의 색채는 이채와 광채로 구분될 수 있으리라. 플라톤의 경우 그 삶은 죽음에 관계없이 광채를 발한다. 하지만 이에 비해 소크라테스의 경우는 죽음에 의해 더욱 위대해지고 이채를 뿜는다. 즉 소크라테스에게는 극적인 죽음이 '필요'했고, 플라톤은 고요한 죽음으로 '충분'했던 것이다. 자연 또는 생명이 부여한 죽음과, 사회나 국가가 부여한 죽음은 다르다. 소크라테스의 죽음은 인간에 의해 주어진 것이었고, 말하자면 그는 억지로 죽음을 당한 것이다. 그럼에도 불구하고 그는 그것에 순응했다. 그러므로 어쩌면 소크라테스의 경우는 강요된 죽음이 주어졌다기보다는 필요한 죽음이 찾아온 것이라고 할 수 있을지도 모른다. 하지만 특별한 죽음을 필요로 하지 않았던 플라톤의 죽음은 그저 닥쳐온 것이었다.

기원전 347년, 플라톤의 생명은 이 세상에서 사라졌다. 플라톤은 글을 쓰면서 죽었다고 하는데 일설에는 결혼식장에서 죽었다고도 한다. 철학 연구에 지나치게 몰두하여 너무 오랜 세월 영혼을 혹사한 탓에 병이 든 것이 이유였다. 그는 트라키아인의 음악을 들으면서 신 같은 인격에 어울리는 고요한 잠과 같은 죽음을 맞이했다고 전해지고 있다. 하지만 그의 죽음은 우리에게 그의 삶만큼이나 불명확한 것이다. 따라서 플라톤이 죽음을 맞이할 때의 광경이 어떠했는지에 대해 우리가 확실한 것은 알 수 없다고 보아야 한다. 그가 생전에 기품 있던 모습이었던 것을 생각하면 백조처럼 아름답고 고요하게 죽어 갔을 것이라는 상상도 하게 된다. 하지만 앞에서도 말했듯이 그 죽음의 모습이 어떠했건 간에 플라톤의 삶은 죽음에 의해 평가가 달라지는 경우는 아닐 것이다. 그리고 그러한 80년 생애의 발자취는 모두 그가 저술한 다채로운 대화편에 남겨져 있다.


## 플라톤의 저서
―다채롭고 거시적인 작품들―

### 동기
　책은 그것을 쓴 사람의 성격과 사상을 단적으로 드러낸다. 그러므로 누군가를 아는 가장 좋은 방법은 그 사람이 남긴 글이나 책을 단서로 하여 그에 대한 정보를 얻는 것이리라. 그러나 이때에는 그 사람이 단순화될 수 있다는 점에 주의해야 한다. 또 다른 방법은 사람들이 전하는 이야기를 찾아보는 것이다. 하지만 위대한 사람의 사후에는 차츰 그 삶에 관한 전설 같은 일화들이 생겨나기 마련이므로, 이 방법을 사용할 때 역시 주의를 기울여야 한다. 그런데 플라톤에 대해서는 진실 여부를 가려내야 하는 일화나 이야기가 의외로 적은 편이다. 그러한 주요 이유 중 하나는 많은 그의 저서가 완전하게 현존하여 다채로운 빛을 발하고 있기 때문이 아닐까?
　확실히 플라톤은 자기 자신에 대해 말한 것이 별로 없는 사람이었다. 이것은 그의 삼가는 성격에서 비롯된 결과인지도 모른다. 어찌 되었든 그런 만큼 그가 우리에게 드러낸 자신은 빙산의 일각에 불과하고, 따라서 저술가로서 알려진 그 이면의 모습은 저 물 밑에 감춰져 있는 것이다. 그렇다고 해서 플라톤에 관해 사람들이 하는 이야기에서 힌트를 얻을 수도 없는데, 그것은 그런 말들이 모두 사실이라고는 할 수는 없고, 또 별로 전해지는 것도 없기 때문이다. 즉 플라톤의 저서는 그에 대한 전승을 한참 웃돌아 사람들의 입을 다물게 하는 것이다. 그만큼 그가 쓴 것은 찬연하게 빛을 발한다. 만약 우리가 그를 아는 최대의 근거를 그의 저서에 둘 수 있다고 가정한다면 우리는 쉽사리 그에게 다가갈 수가 있다. 그러나 이것은 어디까지나 가정에 불과하고, 사실 그의 모든 저서가 우리의 눈앞에 있다고 해서 그를 완전하게 파악할 수 있는 것은 아니다. 이렇게 저서를 통해 저자를 알려고 하는 방법은 그에게 접근하여 그를 파악할 수 있는 한 가지 가능성에 지나지 않는다. 왜냐하면 여기에는 누군가의 문장이 말하는 것이 그 사람의 사상인가, 그 사람인가 하는 문제가 있기 때문이다. 더군다나 그의 저서는 깊이와 철학의 세계만을 담고 있다.

 그런데 플라톤은 《제7의 편지》에서 실로 중요한 발언을 하고 있다. 그것은 해석과 이해의 방식에 따라서 그의 철학과 생애를 결정짓는다고 볼 수도 있는 것이다. 철학은 진실을 추구하며 '진리의 탐구'를 해나가는 것이다. 지금은 그러한 '진실'이라든가 '진리'가 마음에서 마음으로 전해지는 것이 아니라 입에서 입으로 떠벌려져서 그 그림자만이 희미하게 남아 있는 것이 사실이다. 그러나 기원전 4세기 플라톤의 시대는 엄연한 빛으로 가득 차 있었다. 플라톤 철학의 중심은 한마디로 이데아론이라고 하는데, 이 이데아는 단순한 것이 아니며 쉽게 파악할 수 있는 것도 아니다. 그리고 철학은 비록 완전하게 파악할 수는 없더라도, 이것을 끊임없이 탐구하는 일이다. 하지만 플라톤은 《제7의 편지》에서 자신은 철학에 대한 글은 쓰지 않으며 어쩌면 앞으로도 쓰지 않을 것이라고 말한 것이다.

 그렇다면 플라톤 독자들은 철학=이데아의 탐구=철학자의 과제라는 등식이 의심스러워지기 시작한다. 플라톤은 이데아에 대해 말했다. 그가 이데아라는 말을 직접 쓴 곳은 생각보다 적지만, 그의 책에 등장하는 '진정한 실재'는 이데아에 다름 아닌 것이다. 만약 그가 자신의 말대로 철학에 대해 조금도 언급하지 않았다면 플라톤을 철학자라고 부를 수는 없을 것이다. 그렇다고 '철학에 대해선 쓰지 않는다……'라고 쓰여 있는 것을 근거로, 《제7의 편지》까지 플라톤의 진정한 저술인지 의심스럽다는 결론을 내릴 수도 없다. 그렇다면 그는 대체 어떤 동기로 그 전의 작품들과 같은 저서를 쓴 것일까? 그것들은 철학이 아니었을까?

그가 남긴 각각의 대화편에는, 예를 들면 '지식에 관하여'처럼 저마다 부제가 붙어 있다. 그것들은 후세 사람들이 나름대로 명명한 일종의 헤드라인과 같은 것이다. 그런데 그것들을 보면 그가 결코 떠오르는 대로 말을 늘어놓은 것은 아니라는 생각을 하게 된다. 플라톤이 각 책을 저술할 때 주제와 내용을 신중히 음미했다는 것이 부제들을 통해서도 드러나는 것이다. 그리고 플라톤에게는 집중적이고 지속적으로 완전히 마음을 점령하는 것이 있었다. 그것은 바로 소크라테스이다. 그래서 그의 책들이 '소크라테스적 대화편'이라고 불리고, 그 내용과 동기와 붓놀림은 그야말로 소크라테스와 일체화되어 있다. 《소크라테스의 변명》《크리톤》《파이돈》이 모두 그렇다. 여기에 《향연》을 더해 이 네 작품을 소크라테스의 4대 복음서라고 부를 정도이다. 그것들을 읽으면 플라톤은 그 나름대로 소크라테스의 전체 모습을 파악하고 있음을, 그래서 스승의 생각을 후세에 전하고자 하고 있음을 알 수 있다. 결국 플라톤이 책을 집필한 가장 큰 동기는 역시 스승 소크라테스였던 것이다.

### 그림자

자신의 의도대로 글을 쓰기 위해 플라톤은 독특한 생각이 필요했다. 그래서 그가 글을 쓰는 자세는 근본적으로 정해져 있었다. 즉 그의 저서는 그 주제와 내용은 매우 다양했지만 항상 두 가지 구상을 견지했다. 그 첫 번째가 자신이 쓰는 글은 어떤 것이나 진실의 그림자라는 생각을 견지한다는 것이었다. 두 번째는 스승 소크라테스를 견줄 데 없이 정확히 기술하여, 그 뛰어난 철인의 생애와 사상을 후세 사람에게 전하겠다는 결의였다.

플라톤은 젊을 때부터 글쓰기를 좋아했고, 또 실제로 글을 잘 쓰기도 했다. 그가 가지고 있던 천재적인 극작가의 자질은 《프로타고라스》에서 유감없이 발휘된 것으로 인정되고 있다. 플라톤은 예술적 재능도 풍부했고 시인의 감각도 뛰어났다. 따라서 이것만으로도 소크라테스를 묘사할 능력은 있었다. 그런데

**《향연》의 한 장면** 영원히 지속될 대화의 밤을 보내기 위해 정치가 알키비아데스가 시인 아가톤의 집에 도착한다.

철학에 대해서는 쓰지 않겠다고 밝혔듯이, 플라톤은 그의 저서들에서 소크라테스라는 인물 또는 철학 이외의 여러 학문에 대한 생각을 서술하고 있다.

그래서 만년의 《법률》 등을 제외한 대부분의 저서에는 소크라테스가 중심인물로 등장하여 '소크라테스적 대화편'으로 불리기도 한다. 그런데 그가 저작 작업을 하면서 늘 다졌던 생각대로 그의 글이 어떤 그림자에 지나지 않는다고 한다면, 그것은 문자화된 소크라테스의 그림자일 것이다. 플라톤은 살아생전 소크라테스의 모습 그대로를 서술하기 위해 '대화'의 형식을 선택한 것이다. 소크라테스의 그림자는 우리에게는 '영상(映像)'으로 받아들여질 정도로 생생하게 묘사되어 있다. 그래서 플라톤이 쓴 어떤 글을 읽어도 그가 단순히 소크라테스의 그림자를 좇고 있다고 생각하기보다는 소크라테스를 글로써 부활시켰다고 느끼게 되는 것이다.

그러나 그의 저술이 오로지 스승을 되살려 내 그 가르침을 보전하려는 내용만으로 집필된 것은 아닐 것이다. 그동안 플라톤 자신이 철학한 것도 있고, 아카데메이아에서 강의한 것도 있었다. 그러므로 그의 저서에는 '소크라테스를 묘사한다는 것', '철학을 한다는 것', '글을 쓴다는 것', '강의한다는 것', '훌륭히 산다는 것' 등등의 내용들이 얽혀 있다. 그리고 그중에서 우리가 가장 주의해야 할 것은 소크라테스의 문제, 그리고 강의와 저서의 관계인 것이다.

《제7의 편지》에서 말한 '철학에 대해서는 쓰지 않는다……'는 것이 단순히 디온의 유족에게만 한 말이 아니라 플라톤의 참된 고백이라고 해보자. 그리고 그가 집필 시에 따랐던 일관된 구상대로 그가 쓴 것은 비록 진실에 대해서였다 하더라도 소크라테스의 그림자일 뿐이라고 생각해 보자. 그렇다면 플라톤은 진실 자체를 어떤 형태와 방법으로 추구하고 표현하려 했던 것일까? 거기에 문자가 사용되지 않았다면 분명 강의에서의 언어가 쓰였을 것이다. 그리고 만약 그렇다면 플라톤의 강의는 '쓰이지 않은 철학'이라고 해야 한다.

이렇게 본다면 그의 철학은 '쓰인 것'과 '쓰이지 않은 것'으로 나눌 수 있을지도 모른다. 그리고 글자로 표현된 것은 어디까지나 철학의 방법이므로 철학 그 자체가 아니라 철학의 그림자이다. '변증법'도, 정의, 명사, 지식도 그러하다. 지식의 대상이자 진정한 실재, 즉 철학 그 자체는 '쓰이지 않은 것'이다. 그것은 강의를 통해 설명된 것이었다. 어디까지나 그가 살아 있는 말로 제자들에게 말을 할 때에만 진실의 차원이 보였다. 따라서 저서는 어떤 것에 대한 결론도 내지 않고, '……할 것이다'라는 추정 형식을 띠고 있다. 이와 같이 상정한다면 플라톤은 분명 '글로 쓰인 것은 각각의 진실에 대한 그림자'라고 생각했던 것으로 보인다. 그러나 그것들은 어디까지나 우리의 추측이다. 그런데 이것을 문제로 담고 있는 저서들은 그 내용에 관해서는 일단 논외로 하더라도, 당연히 각각 집필된 시기가 있었다.

## 시기

플라톤의 저서에는 얽힌 문제들이 많다. 그 저작 연대도 추정에 불과하고 완전한 성립 순서가 밝혀져 있는 것도 아니다. 그래서 후세 사람들은 그의 일생을 대강 초기, 중기, 후기로 나누고, 그가 남긴 저서들이 쓰였을 각각의 적당한 시기를 추정하여 끼워 맞추고 있다. 학자들 중에는 초기와 중기 사이에 과도기를 두고 있는 사람들도 있지만, 보통 초기는 소크라테스의 사형 전후부터 40세 무렵까지, 중기는 아카데메이아 설립에서 60세 무렵까지, 후기는 두 번째 시칠리아 여행에서 80세의 죽음까지로 나누고 있다.

만약 이 세 시기에 속하는 대화편들이 무엇인지를 완전하게 알 수 있다면, 사상의 발전사적인 추적이 가능해지고 그의 철학 체계는 좀 더 정교하게 구성될 수 있을 것이다. 그러나 현 단계에서 그런 일들은 불가능하다. 그렇기 때문에 여러 설이 분분한 가운데 이데아론만이 그의 중심 철학으로 받아들여지고 있는 것이다. 중기 작품으로 추정되는 대작 《국가》에 이르면 확실히 그의 모든 사상이 꽃핀 것으로 보인다. 하지만 플라톤에게는 '처음부터 다시 한번'이라는 정열과 결의가 있었고, 그는 이런 정신으로 끈질기게 각각의 진리를 공략하려 했다. 그리고 그러한 시도는 소크라테스를 중심으로 하는 실존 인물들을 통해 이루어졌다. 플라톤이 남긴 각 시기별 대화편의 특색을 한마디로 단정하기는 어렵다. 이를테면 《파이돈》처럼 소크라테스의 죽음에 대한 묘사가 극명하고 소크라테스의 생사관이 뛰어나게 묘사된 작품도 초기에 쓰인 것은 아니라고 여겨지고 있다. 이 《파이돈》은 소크라테스의 사형 뒤 얼마 안 있어 완성된 것으로 느껴지는 영혼불멸론을 설명하고 있지만, 실제로는 중기 작품으로 알려져 있다. 그러므로 같은 시기의 작품이라고 해서 그것들을 몇 가지의 단순화된 특징으로 묘사할 수는 없다.

집필 시기와 성립 순서는 사상의 추적에 있어서 빠져서는 안 될 문제이다. 이러한 연대를 플라톤의 사상과 평행시켜 생각하고자 한다면, 파울 프리들랜더처럼 초기를 네 개의 그룹으로 세분하고 그 내용에 따라 작품을 배열하는 것도 한 가지 방법일 것이다. 그러나 그것을 지나치게 고집하면 중기의 작품이 《향연》과 《파이돈》 《국가》의 세 작품으로 고정되고 만다. 이에 P. 프리들랜더는 후기를 두 그룹으로 나누고 여기에 변증법과 신화, 법률 등을 언급한 작품을 포함시켜 《테아이테토스》 《파르메니데스》를 후기 저작으로 분류하였다. 따라서 이 방식에 따르면 내용상으로는 적당히 분류할 수 있지만, 집필 시기를 소홀히 하게 된다. 이렇게 저술의 시기와 사상의 연관성은 그리 간단히 규정할 수 있는 사항이 아닌 것이다.

플라톤 사상의 생성과 형성 문제는 저술 시기와 강의가 관련되어 있기 때문에 가볍게 생각할 수 없는 부분이다. 그리고 사실 그의 모든 저술을 '소크라테스의 기록'이라고 보는 데에도 무리가 있다. 플라톤의 영혼에는 소크라테스가 뿌려 놓은 씨앗이 있었고, 그것이 싹트고 자랐던 것은 분명하다. 하지만 그것이 어디까지의 내용을 규정하며, 또 어느 범위까지의 깊이를 점유하는지는 의문으로 남는다. 과연 《국가》의 내용 전체가 소크라테스의 것일까? 플라톤의 저서는 강의 초안을 정리한 것이 아닌 만큼, 언제 어디서 쓴 것인지 단정하는 것은 매우 어려운 문제이다. 따라서 그러한 의문과 문제를 해결하는 것도 그만큼 어려운 일인 것이다.

### 저술

지금으로부터 2400여 년 전에 쓰인 플라톤의 현존 저서에도 진작(眞作)과 위작(僞作)의 문제가 있다. 그의 저서는 36편이 전해지고 있는데 그 가운데 몇 편은 위작이라고 하며, 30편 전후 또는 28편만이 진작이라고 한다. 이들 작품 외에도 비문이라든가 서사시, 30여 편의 단편 등이 남아 있다. 그리고 그의 전체 작품 가운데 《소크라테스의 변명》과 《편지들》을 제외한 모든 것이 대화 형식으로 쓰여 있다. 그 문체는 산문의 형식을 하고 있지만, 작품은 일종의 극이라고 봐도 무방하다.

여기서는 플라톤의 연구가 P. 프리들랜더의 분류법에 따라 그 성립 시기와 주제별로 나누어 플라톤의 저작을 나열해 보도록 한다.

P. 프리들랜더는 초기를 A·B·C·D의 네 그룹으로 나누고, A군에 진실, 우애, 선미의 시대라는 제목을 붙였다. 그리고 이에 해당하는 작품들로 그는 다음 7편을 들었다(편의상 전 저작에 일련의 번호를 매겨 두기로 한다).

1 《프로타고라스》(소피스트)
2 《라케스》(용기에 관하여)
3 《트라시마코스》
4 《카르미데스》(절제에 관하여)
5 《에우티프론》(경건에 관하여)
6 《리시스》(우정에 관하여)
7 《대히피아스》(미에 관하여)

초기 B군의 제목은 철학자, 소피스트, 시인이며, 여기에 속하는 작품으로는 다음 4편이 있다.

8 《히파르코스》

9 《이온》(일리아드에 관하여)

10 《소히피아스》(거짓에 관하여)

11 《테아게스》

P. 프리들랜더는 초기 C군에는 '자기 현실과 철학적 변장'이라는 제목을 붙이고 다음 5편을 들었다.

12 《소크라테스의 변명》

13 《크리톤》

14 《에우티데모스》(논쟁가)

15 《크라틸로스》(명사의 정확함에 관하여)

16 《메넥세노스》(추도 연설)

초기 D군에 속하는 작품으로는, 로고스의 확립이라 할 수 있는 다음 3편이다.

17 《알키비아데스》(인간의 본성)

18 《고르기아스》(변증술에 관하여)

19 《메논》(덕에 관하여)

중기 작품으로 다음 3편을 들 수 있다.

20 《향연》(미에 관하여)

21 《파이돈》(영혼불멸론)

22 《국가》

앞서 말한 것과 같이 후기도 A, B 두 개의 그룹으로 나누었고, A군에는 변증술이라는 제목을 붙여 6편의 작품을 포함시켰다.

23 《테아이테토스》(지식에 관하여)

24 《파르메니데스》(이데아에 관하여)

25 《파이드로스》(연애에 관하여)

26 《소피스테스》(사물에 관하여)

27 《정치가》

28 《필레보스》(쾌락에 관하여)

신화와 법률이라고 명명된 후기 B군에 속하는 작품은 3편이 있다.

29 《티마이오스》(자연에 관하여)
30 《크리티아스》(아틀란티스 이야기)
31 《법률》

이들 저작 중에서 《히파르코스》《테아게스》《알키비아데스》는 위작이라고 의심된 적이 있다. 만약 그렇다면 플라톤이 남긴 저서는 총 26편이 된다. 그러나 현재 위작의 의심을 받고 있는 작품들에 관한 학자들의 의견도 서로 엇갈리고 있는 형편이다. 그리고 이 26권의 책 외에도 13편의 《편지들》과 《클레이토폰》, 또 《법률》 후편인 《에피노미스》 등이 있다는 점을 고려해야 하므로, 그의 작품이 몇 편이 될 것인지는 여기서 간단히 말할 수 없다. 다만 지금 이런 상황에서 우리가 생각할 수 있는 것은 우리에게 남겨진 플라톤의 작품 모두를 진작으로 취급해도 그 사상의 가치는 바뀌지 않는다는 점일 것이다.

### 영혼의 의사

플라톤의 저서는 양과 질이 모두 뛰어나다. 그의 묘비에는 '인간의 영혼을 문자로 치료했다' 또는 '플라톤은 죽지 않는 영혼의 의사이다'라고 적혀 있었다고 한다. 그는 그러한 평가에 걸맞게 읽는 이의 마음을 치유하는 문자의 금자탑을 세웠다.

그의 저서에 표현된 문장은 자유로운 문체의 재생력으로 가득 차 있다. 이뿐만 아니라 거기에는 '지(知)'와 '정(情)'이 혼연일체가 되어 나타나, 이 세계에 대한 그의 천재성이 약동하고 있음을 보여 준다. 바로 이러한 점이 그의 작품이 갖는 매력의 근원이기도 하다.

더구나 작품에 묘사된 공간적 배경은 기원전 5세기 후반의 아테네, 개인의 집, 경기장 등이고, 대화편에 등장하는 인물은 그중에 옛날 사람들이 섞여 있긴 하지만 모두 실존 인물들이다. 그 인물들은 각자 자신들의 특징을 드러내고 있으며, 대화도 아름다운 말의 응답과 위트와 아이러니로 차 있다. 그러므로 아리스토텔레스가 《시학》에서 플라톤의 문장을 '시'라고 한 것은 어쩌면 자연스러운 일이었던 것이다.

플라톤의 저술 활동은 그가 25, 26세 무렵일 때 시작되어 죽기 직전까지 계속되었다. 소크라테스의 영향을 크게 받아 스승의 사후에도 플라톤의 마음속에서 쉽게 지워지지 않던 용기, 절제, 경건, 정의 등과 같은 가치들은 덕을 주제로 한 작품으로 나타났다. 생전의 소크라테스가 언어로 표현될 때, 플라톤의 지, 정, 의는 한 덩어리가 되어 분출되었다. 이것이 바로 그의 예술적 조형력이라고 해도 좋을 것이다. 그의 글은 때로 완전한 패러디의 형식을 띠기도 하고, 화려하고 소박한 문체가 되기도 한다. 그런 것을 보면 플라톤은 모든 문체의 구사가 가능했던 것이 아닐까 하는 생각이 들기도 한다.

또 그는 뛰어난 사색의 능력과 철학적인 깊이를 갖추고 인물, 사상(事象) 등의 여러 가지 문제를 탐구하고 표현한다. 그의 변론술과 논쟁술도 점차 발전하였다. 그것들은 단순한 기술로서 연구된 것이 아니라, 탐구와 현실의 틀 안에서 유용하게 쓰인 이론들이었다. 그것들이 만약 다만 기술에 불과하다면 《고르기아스》에서 보여 주었듯이, 논지 전개나 결론의 근거도 필요 없이 오직 언어만이 문제가 된다.

이러한 독창적인 발자취는 플라톤이라는 인간과 그의 철학을 더욱 깊은 경지로 이끌었다. 이것은 곧 소크라테스의 플라톤은 역시 플라톤의 소크라테스가 되기도 한다는 이야기이다. 일례로 아남네시스, 즉 '상기설'은 영혼불멸론으로 이어지므로 소크라테스의 설이었다고 할 수 있지만, 그것의 이해와 설명을 위해 기하학적 가정법을 도입한 것은 플라톤의 능력이다. 나아가 《메논》이 덕의 교육에 대한 가능성으로 평가받은 것도 플라톤의 표현력과 독자성에 힘입은 바 크다.

이제 아남네시스는 마침내 이데아라는 존재와 연결되었다. 플라톤이 《메논》에서 영혼의 불사를 모든 것에서 벗어나고서도 존재할 수 있는 이데아와 관련지어 설명한 것이다. 플라톤의 저작에서 나타나는 특징은 플라톤 안에서 일어나는 변화라고 할 수 있다. 그리고 거기서 변화하는 것은 소크라테스가 아니라 플라톤 자신이다. 즉 플라톤의 영혼이 성장하는 변화를 일으킨다.

전 10권의 대작 《국가》는 그의 대표작이다. 거기에서 플라톤은 에로스와 로고스가 합체된 상승적 변증법을 전개하고 있다. 그에 앞선 《향연》에서는 그런 전개를 찾아볼 수 없었는데, 바로 이러한 것이 플라톤의 성장을 의미한다고 하겠다. 이데아는 육체의 아름다움에서 영혼의 아름다움에 이르는 다양한 미 그 자체, 또는 선 그 자체로 생각될 수 있다. 또한 이러한 이데아는 진실을 추구하며 관상하는 테오리아의 극에 있다고 여겨진다.

《향연》이나 《국가》를 읽고 이러한 사상을 이해하고, 또 그렇게 생각하고 믿는 사람에게 플라톤은 영혼의 의사가 되어 줄 것이다. 그가 남긴 불멸의 저술은 독자들의 멍했던 머릿속이 맑아지게 하고, 오래 지속되는 청량감과 활력까지도 주는 것이다.

### 학문의 완성

아리스토텔레스는 '존재는 여러 가지로 표현될 수 있다'고 했다. 플라톤은 그 여러 가지 것이 어떻게 각각의 특정한 형태로 존재할 수 있으며, 또 그렇게 되는 유일한 근원은 무엇인지를 탐구하였다. 왜냐하면 모든 학문은 그 유일한 것을 둘러싸고 직물처럼 짜여지면서 완성을 지향하기 때문이다.

존재와 학문은 씨실과 날실처럼 서로 엮이면서 완성을 시도한다. 이때 존재는 플라톤 자신을 포함하는 것이 아니면 안 된다. 하지만 그는 존재 자체와의 관계 속에서 그 자신일 수가 있다. 진정한 존재의 발견이 어느 정도의 수준으로 이루어졌느냐에 따라 인간이라는 존재도 그 완성의 정도가 심화되기 때문이다. 인간은 변화하다가 마침내는 죽는다. 그래도 불변하는 것을 탐구하고 추구하는 농도에 따라 그 과정이 완성을 향한 길로 만들어질 수 있는 것이다. 플라톤에게 그 농도란 학문의 형성도와 호응하는 것이었다. 그래서 플라톤은 끊임없는 전진에 의한 인간의 변용을 부끄러워하지 않는 탐구심을 발휘하였고, 그 결과는 학문의 완성이라는 현실이 되어 나타난다.

플라톤은 존재에 대해 탐구한 《소피스테스》를 썼는가 하면, 정치에 대한 이야기를 하는 《정치가》도 썼다. 이 두 편에서는 분할법이 반복되고 있다. 또 책의 내용들은 주제를 지탱할 뿐만 아니라 주제와 화합하며 그 정당성까지 제공하고 있다. 그 뒤 분할법은 목표로 하는 것을 발견하는 한 가지의 방법이 되었다.

만년에 플라톤은 가장 관심을 덜 기울였고 실제로도 가장 적은 연구 시간을 투자했던 자연에 관한 책 《티마이오스》를 쓴다. 이것은 플라톤이 저술한 유일한 자연철학 서적이다. 이 대화편에서 그는 자신의 우주론을 체계적으로 전개해 보이고 있다. 또 《필레보스》는 '쾌'와 '불쾌'에 관하여 언급하고 있으며,

이것은 현대적으로 말하여 '쾌락론'이라고 할 수 있을 것이다.

70세를 지나 이제 80이 다 되어 가는데도 플라톤의 열정과 필력은 전혀 쇠퇴할 줄 몰랐다. 이것을 잘 보여 주는 책이 바로 《법률》이다.

《법률》에서는 철인왕을 중심으로 하는 '이상국가'가 '법치국가'로 바뀌는 모습을 보여 준다. 여기서는 플라톤이 철인정치를 단념한 것처럼 보인다. 또 부녀자의 공유가 폐지되고, 사유재산이 인정되는 사회를 그리는 것으로 당시의 현실에 한 걸음 접근하는 자세를 보여 주고 있다. 그러나 플라톤의 이상주의에 대한 태도는 일관되게 변함이 없었다. 그는 철학 연구에 있어서도 철저를 기하여 학술을 논하는 '밤의 회의'의 참가자에게는 그 자격으로서 변증법, 천문학, 수학의 습득을 요구할 정도였다. 철학자란 황혼이 되어서야 날아오르는 미네르바의 부엉이라고 하지만, 플라톤은 철학하는 자는 그 이상을 행해야 한다고 여긴 것 같다. 그는 한밤중의 사색에 '새벽녘의 회의'를 철학자의 사명으로 생각하고, 그것을 실천하려 했다. 즉 그는 여명이 밝아 올 때 지혜의 눈을 뜨고 세상을 볼 수 있는 철학자가 되기를 바랐던 것이다.

# 플라톤의 사상

## 진리의 나그네
―영원의 발견과 그에 대한 대응―

### 이데알리스무스의 성립

모든 것에는 종말이 있는 것일까? 우리는 늘 초목은 시들고 생물에게는 끝이 있음을 보고 있다. 그러나 밤하늘의 별은 반짝이기를 그치지 않는다. 어제의 태양은 오늘도 여전히 저 하늘 위에 떠오른다. 하지만 이것들도 다만 우리에게 그렇게 생각되고, 그렇게 보이는 것에 불과한 것인지도 모른다. 인간은 죽고, 모든 것은 끊임없이 변화하기 때문이다. 우리들의 눈에 보이는 모든 것은 시시각각 변화하며 다른 형태 또는 성질로 옮아가고 있는 것이다. 플라톤은 그러한 모든 것들을 감각적 사물이라고 불렀다. 그리고 이 사물들이 그에게 끊임없이 '추구하는 자세'를 새롭게 하는 동기를 부여해 주었던 것이리라.

무언가를 추구하는 일에는 끝이 없다. 그럼에도 불구하고 그 일을 계속하는 것은 왜일까? 우리의 욕망이 무한하기 때문일까? 죽음이 있는 한 그러한 추구에도 한계가 있지만, 가령 우리의 삶이 무한하다고 해보자. 그렇다면 우리는 그 추구를 완료할 수 있을까? 그렇지는 않을 것이다. 우리는 뭔가 원하는 것을 채우는 순간 저항에 부딪치고, 그 자극은 또 다른 욕망을 낳는다. 그러므로 우리는 욕망하고 추구하고 만족에 이르면 그때에는 그다음 것을 추구하게 되며, 이러한 과정은 무한히 되풀이될 것이다. 하지만 이것은 무의미한 반복에 불과하다. 플라톤은 이런 반복을 바라지는 않았을 것이다.

플라톤의 '추구하는 자세'는 그를 둘러싼 세계와는 상관없이 그의 마음속에서 성립된 것으로 보인다. 물론 그가 그런 자세를 갖게 된 데는 계기와 동기가 있을 것이다. 그렇다면 그러한 것들은 그를 둘러싼 환경, 즉 플라톤의 내면 이외의 것인가? 그의 외부적 환경으로서 그에게 가장 큰 영향을 끼쳤을 것으로는 역시 소크라테스의 죽음, 당시의 사회 상황 등을 생각해 볼 수 있다. 그러나 소크라테스에게는 다른 제자도 있었고, 그 시기 아테네 사회에는 다른 많은 청년들이 있었다. 이러한 점을 생각하면 플라톤의 출현 가능성은 다른 누군가가 실현할 수도 있었다고 해야 한다. 왜냐하면 외적 조건은 그 시대와 그 장소에 사는 사람에게 어느 정도까지는 공통적으로 주어지는 것이기 때문이다. 플라톤의 개성이 두드러졌던 것과 그에게는 특히 '여가'와 생활의 '여유'가 있었다는 것을 감안해야 한다고 말하는 사람들도 있다. 그러나 여가와 여유가 있는 사람이 플라톤뿐만은 아니었을 것이고, 천재와 독창성 등과 같은 축복 또한 그에게만 주어진 특권은 아니었을 것이다. 그러므로 그 계기와 동기가 외부 자극에 의해 발생했다 하더라도, 그것이 어떤 결실을 맺은 것은 플라톤의 고유한 자질이 그에 관여했기 때문이라고 볼 수 있다.

소크라테스가 언제 어느 때나 추구하기를 그치지 않았던 것은 '지식을 사랑하고 구하기' 위해서였다. 다시 말해 소크라테스의 끊임없는 추구는 필로소피아, 즉 지혜를 사랑하는 것에 그 기원이 있었다. 그가 철학하기를 멈추지 않은 것도 그 때문이었다. 이것은 지식의 존재를 인정함으로써 시작할 수 있으며, 지식을 탐구하는 데에는 끝이 없음을 의미한다. 왜 지식의 추구는 끝이 없는 것일까? 소크라테스에게 있어 지식은 덕과 결부된 것이었다. 하지만 곧장 '덕은 지식이다'라는 명제가 성립하는 것은 아니고, 오히려 덕과 떼어 놓을 수 없는 관계를 가진 것은 인간 형성이다. 그러므로 덕이 무엇인지 안다고 누구나 덕이 있는 사람이 되는 것은 아니다. 무지함보다는 앎이 분명 덕에 가까울 것이다. 하지만 덕은 그 사람이 인간으로서 완성된 정도에 따라 형성된다. 그런데 인간이 완성되는 일은 있을 수 없다. 완성은 신에게만 주어진 일종의 비유인 것이다.

그렇다면 추구에는 한계가 있게 된다. 우리는 추구하는 대상과 주체에게 어떤 '한계'가 있음을 인정하지 않을 수 없는 것이다. '지식을 사랑하고 추구한다'고 해도 추구하는 주체는 죽는다. 지식은 덕과 결부되고, 덕은 인격 형성과 떼어 놓을 수 없으며, 더구나 인격 완성은 있을 수 없다. '그럼에도 불구하고' 우리는 그에 대한 추구를 포기할 수 없는 것이다.

모든 것에는 종말이 있고 따라서 그것들은 변화 속에 있으므로, 종말도 없고 변화하지 않는 것은 없다. 그러한 것이 있다고 생각하는 것은 각 개인의 자유지만 그들이 제시할 수 있는 근거에는 제한이 있다. 그런데 이 제한, 한도, 한계라는 것은 과연 추구하는 쪽에 부여되는 것일까, 아니면 추구되는 대상에 주어지는 것일까? 만약 그 양쪽에 다 주어지는 것이라고 한다면, 대상이 되는 모든 것에는 그 종말이 한계일 것이고, 추구하는 자에게는 능력이나 생명의 유한성이 그 한계가 될 것이다. 그러나 그것들은 현상의 한계에 불과하며, 그 한계의 규준을 나타내는 것은 아니다. 즉 이것은 '인간은 죽는다. 모든 것은 종말이라는 변화를 갖는다'라는 명제에 불과하다는 얘기이다.

여기서 중요한 것은 '규준'과 그 근거인데, 우리 중 아무도 세상의 종말을 본 사람은 없다. 우리가 본 종말은 각 개체의 것이고, 언어적인 것이다. 전체 세계의 종말은 어느 한 사람도 경험한 사람이 없다. 분명히 인간은 종말로서 죽음을 맞지만, 그렇게 삶을 마치는 사람들이 있더라도 늘 다른 생명이 태어나 인류가 존속하게 되므로 그것은 인간 전체의 죽음이 아니라 한 개인의 죽음에 불과하다. 또 꽃과 나무가 시들고 말라도 1년이라는 시간이 지나면 다시 그 종의 다른 꽃나무들이 자라나는 것을 볼 수 있다. 그런데 한번 시들어 죽은 꽃이 다시 필 수 없듯이 한번 죽음을 맞은 사람은 다시 부활할 수 없다. 그런 의미에서 모든 개체는 소중하게 여겨지지 않으면 안 된다. 그러나 한계나 종말의 규준이나 근거 때문에 그래야 한다는 것은 아니다. 그것들은 일시적 약속에 지나지 않고, 편의상 쓰이는 것들이기 때문에 개혁의 운명을 면치 못한다. 그렇다면 어떤 것 하나도 그런 것이 아니라고 할 수는 없지 않을까?

하지만 철학이 분명하게 이렇다고 단정할 수 있는 대상을 추구하는 것은 아니다. 무언가에 대한 정확한 결론을 산출하고 그에 대한 확신을 갖는 것을 목적으로 한다면, 그것은 철학이 아니라 수학일 것이다. 수학도 궁극적으로는 정서에 거점을 두는 것이라고 볼 수도 있을 것이고 수나 정리에도 변경이 있을 수 있다. 그러나 수학은 분명하고 기계적인 원리를 바탕으로 하며, 그 정리의 변경이 이루어지더라도 안정의 토대가 깨지고 흔들리는 것은 아니다. 이에 비해 약속이나 습관, 도덕은 아슬아슬한 순간에는 변화하고 파괴되기 쉬운 것처럼 보인다. 그리고 도덕이 인간 습속의 변화 속에서 맥을 이어 올 수 있었던 것은 바로 이 변화하고 파괴되기 쉽다는 성질 때문이다. 이렇게 수학과 윤리학은 그

'존재 방식'이 다른 것이다. 그러므로 플라톤이 수학을 만학의 근원으로 보았던 것과, 철학이 만학의 근원이라는 것과는 그 의미가 다르다. 철학이 '한계'를 추구하는 학문이라면 수학과 같은 지붕 아래 살게 될 것이고, 수학은 명쾌한 판명을 위한 철학의 방법이 되어 줄 것이다. 확실히 철학을 추구하는 일은 추구하는 사람의 자세와 관련되어 있다. 하지만 이것은 어디까지나 관련이 있다는 것이며 추구하는 대상이 추구자의 기호나 목적에 따라 무한하다는 얘기는 아니다.

역시 '이것이다'라고 정의 내릴 수는 없는 것일까? 플라톤은 어떻게 이렇게 정확히 규정하기도 힘든 대상을 꺾이지 않는 추구의 정신으로 좇을 수 있었던 것일까? 그가 그러한 자세를 유지할 수 있었던 것은 무엇 때문이며, 또 어떠한 의미가 있는 것인가? 소크라테스에게는 확실한 동기가 있었다. 그는 카이레폰으로부터 아폴론 신이 "아테네에서 소크라테스만큼 지혜로운 자는 없다"는 신탁을 내렸다는 소리를 듣고 언제 어떤 상황에서도 지(知)를 추구해야 한다는 사명감을 느끼게 되었다. 그래서 소크라테스는 스스로 황폐한 아테네와 인간성 궤멸의 위기를 맞은 아테네인을 구원하는 메신저가 되기로 했던 것이다. 이런 그의 자각은 '무지의 지'를 깨닫는 가장 큰 동기였다. 하지만 이것도 플라톤이 쓴 《소크라테스의 변명》에 나오는 내용이므로, 그의 내면이 투영된 것이라고 볼 수도 있을 것이다. 그렇지 않다면 그가 그 스승에게 의탁하여 이러한 것을 확인했는지도 모른다.

어찌 되었든 플라톤이 선택한 이데아의 길은 가혹했다. 소크라테스의 죽음과 27년에 걸친 펠로폰네소스 전쟁은 젊은 플라톤에게 커다란 시련이었다. 플라톤은 많은 사람의 내면의 진실이 무엇을 추구하는지 너무 잘 알았을 것이다. 주위 상황이 처참할수록 '평화롭고 선하고 아름다운 삶'이라는 이상을 추구하는 일은 더욱 절실한 문제가 되었고, 그에 따라 이상국가의 실현 또한 기다려졌으리라. 테미스토클레스, 페리클레스가 존재했던 아테네였으니 많은 사람들이 이런 것들을 생각하고 희망하기도 했을 것이다. 하지만 그중 대부분은 현실과의 싸움에서 패배하여 그런 희망을 포기하고 말았다. 그러나 플라톤의 경우는 평생을 '추구하는 자세'로 일관하였다. 소크라테스의 영향이 아무리 위대했더라도 80년 동안의 에너지가 되지는 않았으리라.

그러므로 역시 플라톤에게는 그 나름의 추구하는 자세를 지속시키는 원동력이 있었던 것이다. 그것은 문제가 얼마든지 있다는 사실이었을까? 추구하는 대상이 무한하기 때문이었을까? 연구해야 할 문제가 얼마든지 있고, 추구하는 대상이 끝없이 있다면 누구나 추구하는 자세를 무너뜨리지 않을까? 아니, 문제가 무엇인가가 그 문제이다. 추구되는 것이 발견되지 않는 한, 우리가 추구하는 대상은 없는 것과 다름없다. 그리고 보고 듣는 것을 신기하게 여기는 것은 단순한 호기심에 불과하다. 하지만 플라톤은 이 모든 의심과 회의를 넘어서는 '추구를 지속케 하는 것이 있다는 관념'을 발견한 것이다. '철학이란 끊임없는 질문'이라는 것을 그는 깨달았던 것일까?

**성격과 사상**

모든 것에는 끝이 있다. 그런데 우리가 이렇게 말할 수 있는 것은 제한이 없고, 어느 정도 추구해도 완전하게 포착되지 않는 것이 있기 때문일지도 모른다. 세상에는 분명 시작도 없고 끝도 없는 것이 있고, 그것을 시작이라든가 끝이라고 하는 것은 아닐까? 그것은 일정불변하지만 그것을 추구하는 우리 사람에게는 한계가 있다. 그에 따라 그것을 추구한 사람은 죽고 없어지겠지만, 그렇다고 하더라도 그것을 추구하는 방법은 사라지지 않는다. 바로 이것이 사상의 생명이며, 이런 의미에서 그 사상은 방법이다. 그러나 그것은 대상이 있고 난 뒤의 방법일 것이다. 그 대상은 다름 아닌 '존재'의 세계이다. 따라서 플라톤에게 '존재란 무엇인가?'는 일생의 과제가 되었다.

플라톤은 《소피스테스》에서 "존재의 본질은 비존재의 본질과 마찬가지로 이해하기 어려운 것이다"라고 말하고 있다. 그 존재는 이데아나 에이도스(형상)라고 불리기도 하고, 때로는 피시스(실재)라고 일컬어지기도 한다.《파르메니데스》에서는 "에이도스를 나눠 갖는 것은 모든 사유로 성립되어 있다. 고로 그 모든 것은 사유한다……"는 말이 나온다. 그러나 플라톤에 따르면 파르메니데스의 이 발언에 소크라테스는 이렇게 말하고 있다. "형상이란 것은 말하자면 파라데이그마(원형)로서 피시스(실재) 속에 정재하고 있으며, 이 피시스야말로 가장 선한 것이라고 나는 생각합니다. 다른 것은 이 형상을 모사하고 있는 것이며, 그것에 유사한 것입니다. 그러므로 형상을 나눠 갖는 다른 모든 것은 그 형상의 모사와 다름없습니다."

플라톤이 말하는 존재를 이해하는 것은 확실히 어려운 일이다. 그것은 비존재(me-on)의 반대가 아니다. 지금 이야기하는 '있다'와 '없다'는, 가령 지금 눈앞에 '있었던' 것이 재가 되어 '없어졌다'고 말할 때 사용되는 그런 단순한 개념이 아니다. 이것은 존재의 본질에 대한 언급인 것이다. 이에 대해 분명하게 알기 위해서는 우리는 먼저 존재라는 말의 정의와 본질이라는 말의 정의를 파악해야 한다. 그리스어를 예로 들자면, '온(on)'의 정의를 알고 '피시스'의 여러 의미를 짚어야 하는 것이다. 나아가 지금 말한 바와 같이 형상이라든가 모사, 나눠 갖기, 원형 등 플라톤 철학에 있어서 중요한 개념에 대한 정의를 내리지 않으면 안 된다. 이러한 문제들은 플라톤도 그 많은 저서를 통해 탐구에 탐구를 거듭한 것들이다. 그러므로 이것들이 그리 간단치 않은 것은 당연한 일일 것이다.

말의 의미를 인지하는 것이라면 누구나 할 수 있으리라. 하지만 개념은 단순한 언어의 의미가 아니며 관념 또한 마찬가지이다. 따라서 우리는 형상의 언어적 의미가 아니라 그 관념을, 그 개념을 파악하지 않으면 안 된다. 그 관념 또는 개념의 파악은 플라톤을 이해하는 데 하나의 열쇠가 되어 줄 것이다.

형상을 나눠 갖는다는 것의 의미는 무엇일까? 그리스어로 분유(分有)는 메테케인이라고 한다. 형상은 '형태'나 '존재하는 모습'으로서 형식에 가까운 것이다. 형식은 내용에 대해 그것이 형성되고 있는 겉모습을 일컫는다. 그것들이 형상의 의미이다. 그리고 분유는 하나의 사물을 나눠서 소유하는 것이다. 형상을 분유한다는 것의 의미를 이제 이해할 수 있을 것이다. 의미를 아는 것은 사유하는 것, 정의하는 것과는 근본적으로 다르다. 대상의 분별은 분별하는 사람에게 이미 그 능력이 있다는 것이 전제되어 있을 때 가능한 것이다. 그 능력은 플라톤에게는 어떠한 것이었을까? 그의 평소의 삶 속에 나타나 있는 것은 아닐까? 그에게 있어 성격과 사상의 관계라고 할 수 있는 것이 있지 않을까?

플라톤의 철학은 '형상의 철학' 또는 '이데아의 철학'이라고 한다. 그것은 분명 '형이상학적 색채'를 띤 독특한 사상이라 할 수 있을 것이다. J.E. 레이븐에 따르면 '플라톤의 철학은 형이상학 이상의 것을 포함하는 것'이다. 그것이 대화의 형식으로 쓰여 있기 때문에 의외로 부드러운 느낌을 주기는 하는데, 그것의 밑바탕에는 광대무변한 사색의 발자취가 깔려 있다. 그리고 보이지 않게 감돌고 있는 그 발자취에는 노력, 겸손한 태도, 반어, 풍자, 현명, 명민 등이 담겨 있는 것이다.

플라톤은 회고록을 남길 것이냐는 질문을 받았을 때 다음과 같이 대답했다고 한다. "우선 이름을 올리는 것이 필요하다." 그는 이렇게 똑똑하고 명민한 사람이었다. 그런데 이름을 올린다는 말의 의미는 무엇인가? 플라톤이 그런 질문을 하는 사람에게만 통용되는 의미의 언어를 사용함으로써 자신의 내면을 드러낸 것이라고 볼 수도 있을 것이다. 하지만 그렇다고 그가 남보다 더 명예욕에 휩싸여 있었다고는 말할 수 없다. 왜냐하면 이 세상에 어떤 종류의 허영심도 전혀 갖지 않은 사람은 없을 것이기 때문이다. 요컨대 우리는 회고록과 이름이 주는 뉘앙스에 주의하지 않으면 안 된다. 플라톤은 세상에 이름이 알려지면 이미 많은 회고록을 남긴 것이 된다고 생각한 것이다. 책은 아무리 많이 써도 읽히지 않으면 소용이 없다. 하지만 저자의 이름이 알려지면 그것이 읽힐 것이고, 그러면 회고록 같은 것은 쓰지 않아도 된다. 회고록이란 자기를 위해 쓰는 것이라고 볼 수 있다. 이 점을 생각할 때 플라톤이 자신을 주제로 글을 썼다면 개인사를 추억하는 회고록보다는 사색의 종합을 기록한 자성록을 썼을 것이다.

플라톤은 《법률》에서 "사람은 잠자고 있을 때는 어떤 도움도 되지 않는다"고 말하고 있다. 그가 얼마나 노력하는 사람이었고, 또 얼마나 촌각을 아꼈는지 잘 보여 주는 대목이다. '도움이 안 된다'는 표현에서, 우리는 그가 냉철하고 공리적인 사람이었을 것이라는 느낌을 받게 된다. 그런 만큼 플라톤은 잠을 과하게 자는 것을 '쾌'로 여기지 않았던 것 같다. 그는 아예 잠이 없는 축에 드는 것은 아니었지만, 잠을 잘 때에는 가능한 한 빨리 깨워 달라고 부탁하는 습관이 있었다고 하기 때문이다.

또 언젠가 플라톤은 자기 대신 하인을 때려 달라는 부탁을 한 적이 있다고 한다. 그가 그런 부탁을 한 이유는 자기 자신이 화가 나 있었기 때문이다. 화가 난 순간의 반성이 드러나는 이 태도에서 우리는 웬만한 일로는 화를 잘 내지 않는 온순한 기질을 떠올리게 되어, 그가 왜 화가 났는지 궁금할 정도이다. 그는 실제로 성질이 급한 편은 아니었고 유순한 편이었다고 한다. 그런데 어떤 역사적 인물에 대한 이야기를 쓰려고 마음먹은 사람은 이미 그에 대한 존경과 애정을 갖고 있으므로 미화를 망설이지 않는 경우가 많다. 그러므로 플라톤에 관한 그 이야기를 전하는 디오게네스 라에르티오스도 마찬가지일 가능성이 있다. 어찌 되었든 그에 의하면 플라톤은 하인에게 "만약 내가 화가 나지 않았더라면 너는 매를 맞았을 것이다"라고 말했다. 화가 나지 않았다면 오히려 매질을 했을 것이라는 말이 재미있지만, 가만히 생각해 보면 이것은 말로 하는 매였을 것이다.

그렇지 않다면 그리스인들은 우리 일상의 관례와 습관을 훨씬 뛰어넘어 있었을까? 아니, 그랬다기보다는 플라톤의 성격이 항상 로고스적으로 철저하게 훈련되어 있었던 것이리라. 그래서 그는 인간을 과격하게 만드는

디오게네스 라에르티오스(?~?) 3세기 고대 그리스 전기작가. 17세기 판화. 고대 그리스 철학사 연구의 가장 중요한 원천이다.

노여움이 자신을 압도했을 때 즉각적으로 행동하는 것을 피했던 것이다. 진정한 역설을 아는 사람은 그의 말을 금방 이해할 수 있었을 것이다. 플라톤은 이렇게 대범하고 포용력 있는 인물이었다. 그가 보여 준 끈기 있는 탐구력을 보면 의지 또한 강했을 것으로 생각된다. 플라톤이 관념을 연구할 수 있었던 것은 그가 지식의 대상에 대한 통찰력뿐 아니라 그를 위한 마음가짐을 갖추었기 때문이었다. 그렇게 늘 일상적으로 마음의 준비를 하고 있었기 때문에 진리의 나그네가 될 수 있었던 것이다. 그리고 플라톤은 그 진리를 위한 여행을 준비하며, 자신의 철학 연구의 방향을 잡아 가게 된다.

**연구 방향**

사람이 일단 심상을 날카롭게 다듬고 나면 그것은 쉽게 무뎌지지 않는다. 더구나 사상에 대한 심상이 그러한 예리한 정련을 경험하면, 그것은 언제나 다시 타오를 수 있는 자세로 마음속에서 살기 마련이다. 플라톤도 그 심상이 날카로워지는 계기를 맞게 되는데, 그것은 말할 것도 없이 소크라테스의 죽음과 펠

로폰네소스 전쟁이라는 비참한 현실이었다. 그것들은 아테네에 인간성 궤멸의 위기를 초래하며 플라톤을 뒤흔들었다. 플라톤은 이러한 일들을 겪으며 청년기에 크라틸로스를 통해 들었던 헤라클레이토스의 만물유전설을 생각하게 되었고, 그 과정에서 부동의 존재를 감지했던 것이다. 그는 어릴 적부터 아테네의 명정치가 페리클레스의 인간 됨됨이와 그의 정치력에 대해 듣고 자랐을 가능성이 높다. 그의 일족의 권유와 가족 환경은 이러한 점과 더불어 그의 내부에서 정치에 대한 정열이 싹트는 데 깊은 영향을 주었을 것이다.

그런데 이 모든 것들이 소크라테스의 사형을 계기로 폭발하여 플라톤의 내면에 존재하고 있던 다양한 경향과 욕구를 한 점으로 응결시켰다. 그는 철학의 길을 걸으며 소크라테스를 성실하게 기록하는 것을 평생의 업으로 선택한 것이다. 그의 철학과 저서의 주제로 펼쳐지는 것은 아레테(덕, 우수성, 탁월성)의 문제 등이었다. 그리고 거기에서는 덕을 중심으로 그리스의 4대 덕, 즉 용기, 절제, 지혜, 정의가 추구되었다. 그로써 아무 저서나 기록을 남기지 않아 묻힐 뻔했던 소크라테스의 면면이 상세히 드러나게 된다. 이렇게 해서 플라톤은 소크라테스가 중심이 된 다채로운 대화편들을 저술해 간다.

플라톤의 책에는 소크라테스가 역점을 두었던 영혼과 그 불사의 문제가 인간의 본성, 영혼과 육체, 또 영혼의 여러 가지 상태와 관련하여 서술되어 있다. 이렇게 심오한 주제를 예술적인 문체로 깊고 넓게 표현해 낸 플라톤은 실로 철학적 협주의 지휘자라 할 수 있을 것이다. 당대 혹은 그 이전에 실존했던 여러 인물들이 등장하여 다양한 의견을 내놓고 논의를 하면, 소크라테스가 신선하고 깊이 있는 시각으로 정리를 한다. 플라톤 자신은 좀체 얼굴을 보이지 않지만, 소크라테스는 플라톤 자신이며, 그 자신이 소크라테스인 것이다. 다시 말해 플라톤의 저서에는 전면에 드러난 스승과 보이지 않는 제자가 혼연일체가 되어 덕과 지혜의 연주를 지휘하고 있다.

거기에서 덕의 문제는 당연히 선한 삶의 문제로 이어진다. 플라톤 이전과 그 동시대를 살았던 다양한 그리스인들이 논지를 끊임없이 입증해 보여 준다. 그들은 항상 실제적인 예를 구체적으로 보여 주므로 설득력도 더한다. 플라톤은 이렇게 배경을 설정하고 소크라테스를 무대 중심에 앉혀 그 만인의 잠재력이라고 할 다방면의 가능성을 언어와 실천으로 예시하도록 하고 있다. 선한 삶의 실존자가 지도하는 것이므로 우리는 조금도 조심하거나 경계할 필요가 없다. 《파이돈》에 나오는 소크라테스의 죽음의 광경은 비극의 무대를 떠올리게 하지만, 우리는 그것이 실재했던 일이었음을 알고 있기에 영속적인 카타르시스를 느낀다. 우리가 선과 악의 갈림길에 섰을 때, 소크라테스의 얼굴이 문득 떠오르는 것은 《소크라테스의 변명》에 대해 들은 바가 있거나 그것을 읽어 알고 있기 때문일 것이다.

**헤라클레이토스**(기원전 540?~480?) 헨드릭 테르브루그헨. 1628.

덕은 또 지혜의 문제와도 결부되어 있다. 지혜가 사용되는 일도 없이 아무렇게나 선인(善人)이 속출할 수는 없는 것이다. 그리고 이런 선인의 형성이, 덕이란 무엇이며 그것이 어떤 상태인지 알지 못한 채 우연히 태어나는 사람을 통해 이루어질 수는 없다. 여기에서 영혼의 문제는 덕에서 지혜, 상기설을 거쳐 영혼불사설을 입증한다. 플라톤은 여기서 철학적 문제의 증명을 위해 기하학적 도형을 인용하는 새롭고 독특한 방법을 시도하고 있다. 이러한 구상의 전개를 가능하게 하는 요체는 이데아이다. 그런 의미에서 확실히 플라톤 철학은 '이데아설'인 것이다.

이데아는 형상으로서 질료와는 다르다. 질료는 현상계에 있어서 생성과 소멸을 면치 못한다. 이에 비해 이데아는 보통 초월계에 있고 생성도 소멸도 하지 않으며, 현상계로부터 떨어져 존재하는 것으로 받아들여지고 있다. 그러므로 플라톤은 이데아를 현상을 설명하는 수단으로 쓰고 있다고 보는 사람들도 있다. 즉 이데아를 추구하는 것이 아니라 그것을 전제로 해놓고, 그것으로 현상을 설명한다는 것이다. 확실히 그렇게 절대적 존재를 전제하고 나면 일단 여러가지 난해한 문제들이 해결된다. 그러나 그것은 일시적인 해결에 불과하다. 그리고 플라톤이 정말 이데아를 현상을 설명하는 도구로 삼았다면, '추구하는 자세'나 그에 쓰이는 문답법과 변증법은 사상의 장식에 지나지 않는 것이 되고 만다. 그러므로 이러한 견해는 쉽게 긍정할 수 없으며, 앞으로 더욱 논의되어야 할 문제이다.

이데아는 역시 지식의 대상이다. 그것도 플라톤이 생각했던 가장 크고 높은 대상이었다. 그렇지 않다면 그가 《국가》의 '동굴의 비유'에 그만한 정열을 기울이지는 않았을 것이다. 그 비유는 이데아에 관한 설명 중 압권으로 평가받고 있다. 그것은 플라톤에게 이데아는 단순한 설명의 도구가 아니라 추구할 것으로서, 미와 선의 극이라고 생각되었음을 보여 준다. 이데아로 향한 길을 가려면 그 언어, 정의, 영상, 지식의 계단을 오르지 않으면 안 된다. 그러나 설령 그 길을 순조롭게 거쳤다 하더라도 완전하게 그 성(城)에 들어갈 수는 없으며, 물론 그 자체를 완전하게 파악할 수도 없다. 이데아는 우리말로 이상주의 혹은 관념론으로 해석되는 이데알리스무스의 최극단인 것이다.

이데알리스무스는 플라토니즘의 이름 아래 중세 유럽 사상의 천년 역사의 밑바탕이 되었다. 그것은 그리스도교의 교의와 상반되는 것이 아니었기 때문에 기독교가 지배했던 시대에도 건재할 수 있었다. 그러나 데모크리토스의 원자론에서 출발하여 그리스 철학의 큰 축을 이루고 있었던 마테리알리스무스(물질을 근본적 실재로 보는 유물주의)는, 중세 천년의 역사 동안 잠들어 있다가 근대의 각성에 이르러서야 다시 깨어나게 된다.

이데아는 플라톤에 의해 성립되었다. 이것은 그에게 존재를 증명하는 것이었는데, 이를 긍정하려면 비존재를 부정하지 않을 수 없었다. 그러므로 그는 끝내 허무주의자가 될 수 없는 철학자였다. 그 성격 때문에 그는 현실의 폴리스를, 폴리테이아(국가, 이상국)로 완성하고자 하는 정열을 잊지 못한다. 그리하여 그는 청년기의 꿈을 다시 한번 현실에서 구현하려 한다. 먼저 이상국가의 뼈대를 만들자. 그리고 때가 오면 그것을 실현하자. 그리하여 플라톤은 원시공산주의라고도 불리는 그 기발한 공동사회의 구상을 하는 것이다. 플루타르코스가 쓴 《디온전(傳)》에는 이와 관련하여 "자유의 기초는 평등이고, 예속의 기초는 무산의 빈곤이다"라는 말이 나오기도 한다. 이 책은 플라톤이 이상국가의 구상을 이미 마치고, 디온의 요청에 응답하여 시칠리아로 건너가게 되는 상황을 자세히 전하고 있다.

앞서 이미 말한 것과 같이 그가 시칠리아에서 시도했던 이상국가의 실현은 좌절로 끝났다. 그러나 그가 남긴 그 국가론은 영원할 것이다. 철인왕이라는 이상을 실현하려는 플라톤의 의욕은 그 사상에 교육론을 더한《법률》을 쓰는 발판을 만들고 다른 수많은 대화편 제작의 동기가 되었으며, 또 아카데메이아의 강의에 독자성을 증가시키기도 하였다. 이제 플라톤의《국가》《테아이테토스》《필레보스》등의 내용을 간단히 살펴볼 것인데, 이 중《국가》는 그의 장대한 사색의 발자취의 선구가 된 작품이라고 볼 수 있다.

플라톤의 탐구 방향은 이것이 전부가 아니지만, 다만 지금 언급한 것만으로도 그가 진리의 나그네가 될 자격이 이미 충분하다는 것을 알 수 있다. 우리는 앞으로 서툴게나마 그의 발자취를 더듬어 갈 것이다. 자 이제 지금까지 다뤄 온 그의 다양한 상정과 제안을 기억하고, 또 '철학은 끊임없는 질문'이라는 점을 염두에 두며 그가 갔던 길을 따라가 보기로 한다.


## 이상국가에서의 인간의 조건
―순진무구한 지식애의 추구―

### 서곡-덕

플라톤의 첫 번째 관심은 어째서 인간은 스스로 자신에게 주어진 도덕적 의무에 따라 행동해야만 하는가 하는 것이었다.

악은 얼마든지
선택할 수 있다.
악으로 가는 길은 평탄하고
그것은 또 바로 가까이에 펼쳐져 있다.
그러나 신들은 덕 앞에는
땀을 놓아 두었다.

(헤시오도스《노동과 나날》)

가치 있는 일이란 돈을 많이 모으는 일이 아니라 훌륭하고 빈틈없는 행동을 하는 것이다.

정의가 지혜이고 덕이다. 그것은 가치가 있고, 또한 무지한 부정의보다 강력하기도 하다.

영혼이 올바른 사람은 선하게 살고, 부정한 사람은 악하게 산다. 올바른 사람은 행복하며 부정한 사람은 불행하다. 올바른 사람은 단순하고 고귀한 인물이다. 올바른 사람은 선하다고 여겨지는 사람이 아니라 선하기를 희망하는 사람이다. (아이스킬로스)

선을 위한 계획은 마음속 깊이 갈아 놓은 밭이랑에서 수확을 거두면서 그 이랑으로부터 싹을 낸다.

부정의(不正義)는 인간의 영혼이 그 안에 지니고 있는 모든 악 가운데 최대의 것이다. 이에 비해 정의는 영혼에 내재하는 최대의 선이다. 이러한 점은 아직 아무도, 시에 있어서나 세상 이야기에 있어서나 말로써 충분히 논한 사람이 없었다. (플라톤의《국가》의 한 주제)

선한 사람은 지혜와 용감과 절제, 정의를 지닌 자이다(플라톤은 선인의 자격으로서 그리스인의 4대 덕목을 꼽았다).

용기는 일종의 유지이다. 즉 그것은 두려운 것으로 인식되는 것에 대한 자신의 의견을 법률이나 교육을 통해, 있는 그대로 표현하는 것이다. 따라서 용기 있는 사람은 고통 속에 있어도, 쾌락 속에 있어도, 욕망 속에 있어도, 또 공포 한가운데에 있더라도 자신의 의견을 내팽개치지 않는다. 그러므로 용기와 정의의 실행이라는 것은 줄곧 변함없이 두려워해야 하는 것과 그렇지 않은 것에 관한 올바른 법적 의견을 갖는 일이다. 그렇게 하기 위해서는 천의 조직 한 올 한 올에 염료가 물드는 것처럼 법률이 자신의 마음 깊이 스며들도록 해야 한다. 일단 이 일이 완료되고 나면 아무리 그 효과가 강한 세제, 예를 들면 쾌락, 고통, 공포, 욕망 등이라고 할지라도 그 염료를 벗겨 내지 못한다.

절제는 일종의 질서이며 또 쾌락이나 욕망의 정복이다. 이것은 말하자면 자기 자신에 대한 승리인 것이다. 이때의 승리는 영혼 속에 있는 선천적으로 더 뛰어난 부분이 그보다 더 열등한 부분을 정복하는 것이며, 이 반대는 자기에게 패배하는 것이다. 그러므로 절제란 타고난 훌륭한 것과 뒤떨어진 것 중 그 어느 쪽이 국가나 개인을 지배해야 하는가에 관한 문제에 관계된 덕목인 것이다. 개인의 용기와 지혜는 공히 국가의 지혜와 용기를 가능하게 했다.

여기에 대비되는 부정의는 내란이라든가 쓸데없는 참견인데, 이것은 영혼이 지배자가 되고 싶어서 일으킨 모반이다. 이러한 악에는 탈선, 부정, 방종, 비겁, 우매함 등이 있다고 할 수 있다. 이것들을 교정하여 정의로 만들려면 영혼 속에 있는 욕구와 소망과 사고와 가치 등을 본성과 일치시켜, 그것들이 서로 지배하고 지배당하도록 조직해야 한다. 그러므로 비유적으로 말해 건

정의란 무엇인가

강해지고자 하는 경우에는, 육체를 조직하는 것들을 순환계의 흐름이나 장기들 간의 메커니즘과 일치시켜 서로서로 지배하고 지배당하도록 해야 한다는 것이다. 병이 인체 내부의 기관들이 본성에 어긋나게 활동하는 데서 비롯되는 것과 같이, 부정의도 영혼 속에 내재한 것들이 본성에 어긋나게 지배되는 데서 비롯된다.

따라서 덕은 일종의 영혼의 건강, 미, 건재이다. 그리고 악덕은 영혼의 병, 추함, 허약이라 할 수 있다. 아름다운 행위는 인간을 덕의 획득으로, 추한 행위는 그를 악덕의 획득으로 이끌게 될 것이다.

### 음악과 교육

교육이란 많은 시간이 지나야 발견되는 것이며, 또한 뛰어난 교육이 발견되

기는 쉽지 않다. 그런데 신체를 위해 발견된 적절한 교육이 체조라면 영혼을 위해 발견된 교육은 음악일 것이다.

"음악적 수련이야말로 다른 어떤 수련보다도 가치 있는 걸세. 리듬과 하모니가 정신의 내부로 파고들어 우아함을 심어 주기 때문이지. 그것은 올바른 교육을 받은 사람의 정신을 더욱 우아하게 만들고, 교육을 잘못 받은 사람의 정신까지 우아하게 할 수 있네. 그리하여 내부적 존재의 참다운 교육을 받은 인간은 자연이나 기술 가운데의 잘못을 쉽사리 발견할 수 있으며, 참다운 취미로서 선을 칭송하며 즐길 수 있고, 이것을 정신 속에 포함해서 기품이 높아질 뿐만 아니라 선량하게 된다네. 그리하여 아직 어려서 판단력이 없는 그런 무렵에도 악을 미워하고 꾸짖는 데 정확할 것일세."

음악은 언어와 하모니와 리듬, 세 가지로 이루어져 있다. 언어는 훌륭한 인성을 양성할 수 있는 것이어야 한다. 하모니와 리듬은 이 언어 내용에 일치되어 그것을 효과적으로 인간의 영혼에 전달할 수 있어야 한다. 즉 하모니와 리듬은 언어에 따라와야 하며, 그 역은 성립하지 않는 것이다. 하모니에 리디아, 이오니아, 도리아, 프리기아의 네 가지 음조가 있다. 이 중 전자의 두 종류는 비탄이나 나태를 나타내고, 후자의 두 종류는 사려 깊고 절도 있는 것이다.

하모니의 뒤를 따라오는 것은 리듬에 관한 것이다. 리듬은 복잡하지 않고 단순할수록 좋다. 이것으로 빈틈이 없고 용감한 사람의 삶을 표현하여 인성 함양에 도움을 줄 수도 있다. 이때도 역시 이를 표현하는 언어에 리듬의 시각과 절을 맞춘다. 이에 적당한 행진용 리듬을 에노플리오스라 하고, 그 가운데 단장(短長)격을 이암보스, 장단(長短)격을 트로카이오스라 한다.

음악에도 선한 리듬을 갖는 것과 악한 리듬을 갖는 것이 있다. 선한 리듬은 훌륭하고 좋은 방향으로 향하지만 악한 리듬은 그 반대 방향으로 가려 한다. 따라서 언어 사용, 하모니, 그리고 리듬의 선함과 고귀함은 모두 사람의 선함과 고귀함을 수반하게 된다. 그리하여 음악에 혼합된 이성, 오로지 그것이 덕의 구세주로서 평생 선한 사람 속에서 살게 되는 것이다.

교육은 '전향의 기술'이다. 그러므로 만약 영혼 속에 지식이 없으면, 마치 보이지 않는 눈에 볼거리를 제공해 주는 것처럼 아무 소용이 없는 것이다. 교육으로 사람들의 눈에 시각 자체를 주입하는 것이 아니다. 교육이란 어떻게 하면 쉽게, 또 효과적으로 그 기관의 방향을 바꾸게 할 것인가 하는 전향의 기술인 것이다. 즉 시각을 올바른 방향으로 향하고 있지 않고, 보아야 할 곳을 보지 않는 자에게 그렇게 하도록 수단을 만들어 주는 기술이다.

## 결혼과 육아

가장 뛰어난 남자들은 가장 훌륭한 여자들과 될 수 있는 한 많이 관계를 맺는다. 그러나 가장 뒤떨어진 남자들은 가장 뒤떨어진 여자들과 되도록 적게 관계를 맺지 않으면 안 된다. 그리고 훌륭한 사람들에게서 태어난 자식들은 양육하되, 뒤떨어진 사람들에게서 태어난 아이들은 길러서는 안 되는 것이다.

몇 쌍의 남녀를 결혼시켜야 할지는 지배자의 판단에 맡긴다. 지배자는 전쟁, 병 등을 고려하여 인구를 가능한 한 동일하게 유지해야 하는데, 그것은 나라가 크지도 작지도 않게 하기 위해서이다. 그러려면 교묘한 추첨이 행해져야 한다. 그래야 결혼할 때 뒤떨어진 사람들이 그런 불만을 지배자에게 돌리지 않고 우연하게 그렇게 되었다고 여기게 되기 때문이다.

젊은이 가운데 전쟁이나 그 밖의 일에서 뛰어난 활동을 한 자에게는 특권과 상품을 수여하도록 한다. 특히 그들에게는 부인들과 동침할 수 있는 허가를 다른 자보다 많이 주는 것이 좋다. 적당한 구실이 있을 때 이러한 사람들의 종자로부터 더 많은 자손들이 태어나게 하기 위해서이다. 이렇게 자질이 뛰어난 사람들에게서 아이들이 태어나면 담당 공무원이 그들을 거두어서 육아원으로 데려간다. 그리고 보모들에게 맡긴다. 그러나 열등한 사람들의 자식, 그 밖의 사람들에게서 태어난 불구자들은 비밀리에 처리한다. 이것은 수호자들의 혈통을 순수하게 유지하기 위한 것이다.

아이들에게 젖을 먹일 시간이 되면 어머니들을 육아원으로 오게 하는데, 이때에는 자기 자식을 알아채지 못하도록 해야 한다.

어린애는 혈기 왕성한 자에게서 태어나지 않으면 안 된다. 인간은 여자는 20세, 남자는 30세가 신체적으로 가장 활동적이다. 국가를 위해 자식을 생산하기에 적당한 나이는 여자의 경우 20세부터 시작하여 40세까지이고, 남자는 가장 이른 전성기를 지난 뒤부터 55세까지이다.

그러나 남녀 모두 이 생산 연령을 넘기고 나면 그들이 좋아하는 자와 자유롭게 관계 맺는 것을 허용한다. 다만 남자들은 누이, 어머니, 손녀, 할머니와 관계를 맺어서는 안 되며, 여자들은 아들, 아버지, 손자, 할아버지와 관계해서는 안 된다. 만약 이런 근친 사이에서 태아가 생기면 하나라도 빛을 보지 못하도록 해야 한다. 그리고 이러한 관계로 잉태된 아이가 태어나는 것을 막지 못했다면 그 아이를 키우지 않도록 다짐하고 처치하도록 노력한다. 이상을 모두 충고한 다음에 남녀 모두 관계를 맺을 것을 허락한다.

그러나 일부일처제의 의무에서 자유로운 정사가 허용되고 때론 장려되기까지 한 환경에서 아이들이 출생하였으니 그 혈연관계를 어떻게 분간할 것인가? 그것은 결코 쉬운 일이 아니다. 하지만 누군가가 동침을 한 날부터 세어서 10개월째, 11개월째에 태어나는 남자아이 모두를 아들, 그리고 여자아이 모두를 딸이라 부르는 방법이 있다. 이런 식으로 하면 한 세대가 지나 손자와 할아버지나 할머니 또한 생겨나게 된다. 그리고 아이들은 자신과 같은 기간에 태어난 자를 형제나 자매라 부른다. 이렇게 하면 근친일 가능성이 있는 자들이 관계를 맺는 경우는 없을 것이다. 그러나 어찌하여 형제와 자매가 동침하게 되는 경우가 생기더라도, 피티아의 신탁이 그것을 선하다고 한다면 법률에 따라 그 관계도 허락될 것이다.

이상국가에서의 남녀 결합에 대해 플라톤이 갖고 있던 생각은 이상과 같다. 하지만 이러한 자손 증식 방법은 우리에게는 기이하게 생각될 뿐만이 아니라 그대로 인정될 수는 없는 것이다. 따라서 어떤 사람은 이러한 방식을 전면적으로 부정할 것이다. 이 방식은 적자생존과 우생학적 생식의 원칙을 국가를 위해 적용하고, 성을 어느 측면에서는 대담하게 인정하는 반면 어떤 측면에서는 부정하려 하는 양면성도 보여 준다. 아무튼 이 후손 생산의 방법이 개인 중심의 것이 아니라는 것만은 확실하다. 플라톤은 이 제도에서 사용할 추첨의 방식을 정하기 위해 여러 가지 고심을 하고 제비뽑기를 생각해 내기도 하였다. 그러나 그의 이론에 의한 결혼과 육아는 다만 그의 국가론의 일부로서 참고하거나 일고할 소재에 지나지 않는다. 다만 이것이 기발함과 대담함에 있어서 흥미 있는 초안이란 것은 부정하기 어려울 것이다.

입법자는 남자들을 뽑아낸 것처럼 본성과 자질 평가에 근거하여 여자들도 선별한다. 그렇게 하여 선택된 남녀들이 거주나 식사를 공동으로 하게 한다. 이

때 그들은 어느 한 사람도 개인적인 것을 갖지 않는다. 즉 같은 곳에서 지내면서 잠자리도 함께하는 것이다. 그들은 타고난 본성에 이끌려 관계를 맺게 되지만 서로 까닭도 없이 무질서하게 관계하지 않아야 한다. 또 다른 생활에 관해서도 역시 방종해서는 안 된다. 만약 그 모든 생활 중 어떤 것이라도 어지럽게 행한다면 경건한 것이 아니므로, 지배자들은 그들이 질서 있는 생활을 유지할 수 있도록 해야 한다. 그것이 결혼을 가능한 한 신성하게 하는 것이며, 그러한 행동으로써 그 결혼이 의미를 갖게 되기 때문이다.

### 인간

인간 유형은 국가체제 유형의 숫자에 따라 그 수가 달라진다. 즉 국가체제의 유형이 다섯 가지라고 한다면, 개인 영혼의 종류도 다섯 가지가 있는 것이다.

인간의 인식 능력에는 네 가지 유형의 단계가 있다. 그 첫 번째는 예지이며 이것은 인간의 지적 능력 중 최고의 부분이다. 두 번째 부분은 오성(悟性)이다. 세 번째는 신념이고 마지막 네 번째는 상상이다. 이들 각각의 단계에서 이루어지는 사고의 수준과 그 판단 결과의 참됨은 각각 다르다. 그리고 그에 따라 인간이 인식하는 이데아의 원리에 관한 참됨의 정도도 각각 달라진다고 할 수 있다. 여기서 우리가 굳이 다섯 번째 정신 능력을 든다면 이데아 자체와 동일해지는 것, 말하자면 이데아와 포개지는 것이다.

한편 철인통치체제가 타락하면 그에 따라 단계적으로 다양한 정치체제를 좇는 인간 유형이 나타나게 된다. 즉 스파르타적 국가체제를 추구하는 자, 과두제적인 자, 민주제를 따르는 자, 그리고 참주제적 정치체제를 지지하는 자 등이 출현하게 되는 것이다. 그런데 이들 체제 중 특히 과두제를 택하고 있는 국가에서는 걸식이 이루어지는 경우가 많다. 어떤 나라에서 걸식이 눈에 뜨인다면 그 나라의 어딘가에는 도둑과 소매치기가 있으며, 또 신전을 어지럽히는 자가 있다고 보아야 한다. 그들은 악을 직업으로 하는 자들인데, 과두정치체제에서는 기득권자들 외 대부분의 가난한 시민들이 그러한 행위를 하게 된다.

또한 인간의 삶에는 세 가지 종류가 있다. 첫 번째가 지혜를 사랑하는 애지자의 삶이다. 두 번째는 활동적인 사람의 삶이며, 세 번째는 육체를 사랑하는 애육자의 삶이다. 이러한 삶의 유형에 따라 그들이 추구하는 쾌락의 종류도 각각 달라진다. 첫 번째 삶이 추구하는 쾌락은 인간이 배우는 데서 얻어진다. 그리고 두 번째 삶의 쾌락은 현실적 문제를 처리하는 데서 얻어진다. 마지막으로 욕구에 충실한 세 번째 삶을 위한 쾌락이 얻어질 수 있는 방법은 매우 많다. 즉 식욕, 성욕 등의 다양한 욕망의 만족으로써 쾌락이 획득될 수 있는 것이다. 이 욕망은 금전에 의해 가장 많이 채워진다.

플라톤의 인간관의 밑바탕에는 이런 물음이 깔려 있다. "어떤 것이 더 즐겁고 고통이 없는 삶의 방식일까?" 플라톤은 각 인간 삶의 유형을 경험과 사려와 로고스(논증)로 뒷받침하여 설명한다. 그리하여 이것들은 인간관 비판의 기준, 즉 알기 쉽게 말하면 인간을 보는 눈이 되고 있는 것이다. 그리고 첫 번째 삶의 쾌락은 그 밖의 삶들에서 얻는 쾌락보다 한층 높은 수준에 있다. 애지자는 어릴 적부터 이미 앎을 추구하는 데서 오는 이익과 영예의 쾌락을 맛보기 시작하여 그것들이 어떤 것인지 알고 있다. 그러나 이 유형에 속하지 않는 사람들은 진정한 실재가 어떤 것인지를 배워도, 역시 처음에 자신들이 좇던 그 감미롭고 강한 자극의 쾌락을 다시 찾기 때문에 애지에 의한 기쁨의 경험자가 될 수 없다. 그리고 비록 그들이 그렇게 되고자 노력하여도 그것은 쉽게 이루어지지 않는다.

애지자는 존경을 받음으로써 생겨나는 쾌락에도 경험이 있다. 하지만 목표로 하는 바를 완성하는 데서 오는 영예의 쾌락은 모든 사람들에게 주어지는 것이다. 그래서 부자나 용감한 자는 많은 사람에게서 존경을 받는다. 그러므로 그런 의미에서라면 대부분의 사람이 영예에 의한 쾌락의 경험자이다. 그러나 '실재하는 것', '진정한 것', '진실' 등의 테오리아가 지니고 있는 그 쾌락은 애지자 이외의 다른 사람은 맛볼 수가 없는 것이다.

인간의 본성이 쾌락을 추구하는 것이라 하더라도 인간에게는 사려가 없으면 안 된다. 사려를 갖추지 못하면 인간의 쾌락은 완전하고 실제적인 것이라 하더라도 순수한 것은 아니다. 즉 그것은 차라리 일종의 원근법에 의한 그림 같은 것, 즉 실존이 윤색된 재현일 뿐인 것이다.

### 학문

그렇다면 어떻게 하면 인간이 애지자에 가까워질 수 있을까? 먼저 우리는 영혼의 방향을 어두운 밤과 같은 낮으로부터 진정한 낮으로 향하게 해야 한다. 이 진정한 낮이란 궁극적인 존재, 즉 '진정한 실재'로 오르는 길이며, 이것이야말로 참된 애지의 여정인 것이다. 그리고 학문 가운데는 이에 도움이 되는 것이 있다.

학문에는 현재 생성하고 있는 것이나 항상 변화하는 것이 있는가 하면, 우리의 영혼을 진정한 실재로 이끄는 것이 있다. 우선 군인이 반드시 갖춰야 할 학문인 체조와 음악은 어떠한가? 체조는 신체의 성장과 쇠퇴를 관리하여 생성과 소멸에 종사하지만, 그것은 애지자가 추구할 학문은 아니다. 음악 역시 마찬가지이다. 음악의 하모니는 지식이 아니라 마음의 조화가 가져다주는 선을 부여하고, 리듬은 거동의 선함을 부여한다. 또 가사는 그것이 지어낸 이야기든 진실한 이야기든, 하모니와 리듬과 비슷한 효과를 띤다. 그러나 이것 역시 애지의 학문은 아니다.

그렇다면 수와 계산의 학문은 어떠한가? 그것은 인간이 최초로 배우는 것이며 기술과 사고, 또 지식에도 소용된다. 우리는 이 학문을 배움으로써 1과 2와 3을 구별한다. 그런데 우리는 이 학문으로부터 현실적으로 응용 가능한 기술이나 이론만을 취하려 하고 있는 것은 아닐까? 숫자의 개념이 전쟁의 기술에 적용된 것은 이미 잘 알려진 사례이다. 그리스 군대의 지장 팔라메데스는 트로이아를 공략할 때 최초로 수를 발견한 뒤, 그 즉시 군단 편제를 조직하고 함선과 그 밖의 것을 세었다고 하지 않는가. 그러나 수의 학문이 갖는 그 본성은 무엇보다 인간을 사유로 이끌어 가는 것이다. 사실 수학은 존재에게 이끌어 갈 수 있는 학문 중 하나이다. 다시 말해 수에 관계하는 것은 인간을 진리로 이끌어 간다. 어째서일까?

수학은 구하는 학문에 속한다. 우리가 장사를 위해서가 아니라 지식을 위해서 그것을 연구한다면, 그것은 우리가 구하고자 하는 것으로 우리 인간을 인도해 줄 것이다. 그런 탐구는 영혼을 더욱 위로 이끌고, 수 자체에 관한 대화를 강제한다. 즉 볼 수 있거나 만질 수 있는 물체와 관련된 실용적 수에 대해 논하는 것이 아니라, 순수한 수 자체에 대해 연구하도록 하는 것이다. 이때에는 오직 사고하는 것만이 가능하고 다른 방법으로는 다룰 수 없는 수에 관한 논의만이 이루어진다. 그리고 이러한 탐구에서 영혼은 진리 자체를 위해 사유의 기능을 사용한다. 바로 이러한 것이 진정한 학문이다. 이 학문은 특별한 이익을 주지 않지만, 모든 점에서 우리의 이성을 향상시키고 예리하게 한다. 따라서 이 학문은 모든 학문 가운데서 가장 어렵다. 하지만 우리는 이 학문을 등한시해서는 안 되며, 특히 본성이 뛰어난 자들은 이 학문을 교육받는 것이 좋다.

다음은 기하학을 살펴보자. 이 학문은 우리에게 선의 이데아를 한층 쉽게 보이게 하는 것과 관계가 있다. 선의 이데아는 어떻게 해서든 영혼에 보여야만 하는 존재의 세계이다. 다시 말해 선의 이데아의 세계에는 모든 존재 중 가장 행복한 존재가 살고 있는데, 기하학이 그와 관계가 있는 것이다. 이 학문은 '두 변 위의 정사각형'이라든가 '일직선상에 직사각형을 만들어라'라든가, '사각이게 한다' 등의 용어를 쓰고 있는데, 이것은 우스꽝스럽고 궁여지책으로 만들어 낸 듯이 들리기도 한다. 그러나 이것은 모두 지식을 위해 연구되는 학문이다. 더구나 '때로 존재하고 때로는 존재하지 않는 것'이 아니라, '항상 존재하는 것'에 대한 지식 추구의 방법인 것이다. 기하학을 잘못하여 아래로 향하고 있는 영혼이 방향을 바꾸도록 하여 그것을 진리로 이끌기 때문에 애지적인 마음을 만들어 낸다. 더구나 이 학문에는 부산물이 있다. 사람들은 기하학을 했느냐 하지 않았느냐에 따라 다른 여러 학문을 받아들이는 데 엄청난 차이를 겪는 것이다. 따라서 기하학은 수학에 이어 청년이 반드시 해야 하는 두 번째의 학문인 것이다.

세 번째는 천문학이다. 청년은 이 학문에 민감한데, 그것은 일, 월, 년의 지식이 농경이나 항해에 필요하기 때문만은 아니다. 그것은 천문학이 어떤 경우 맹목적이 되거나 완전히 삭막해지기도 하는 우리 인간의 영혼을 정화하고 되살릴 수 있기 때문인 것이다. 영혼, 특히 이성이 구제되는 것은 육신의 눈 1만 개가 구제되는 것보다 더 가치 있는 일이다. 왜냐하면 진리를 볼 수 있는 것은 육신의 눈이 아니라 영혼 속의 이성이기 때문이다.

많은 사람들이 천문학의 다른 측면이 주는 이익에 마음을 빼앗기기도 한다. 우리도 사실 여기서 기하학 다음에 입체를 들어야 했다. 즉 평면, 입체, 2차원, 3차원을 이야기한 다음에 천체로 나아가는 것이 순서였으므로 엄밀히 말하면 천문학은 네 번째의 학문이었다. 따라서 '이상국가'가 입체기하학을 인정하고 추구한다면, 그것은 그 나라의 세 번째 학문이 될 것이다.

궁극적인 존재와 눈에 보이지 않는 것과 관계하는 학문은 여전히 영혼의 상승을 돕는다. 지각하는 것만을 배우고자 하는 한, 영혼은 궁극적 존재를 볼 수 없을 것이다. 그러나 별에 대응하는 '진리의 장식'은 지각적인 것이 아니며, 이성이나 오성에 의해서만 포착되는 것이다. 이것은 데미우르고스, 즉 창조자에 의해 구성되어 있으며, 별에 대응하는 것인 동시에 그 대응하는 것을 움직이는 것이다. 그 진리의 장식은 별이나 천체의 궤도 속에서 그것들과 관련하면서 움직이고 있다. 참인 수와 참인 도형 속을 운동하고 있는 그 모습은 빠르고, 또 느리다. 학문은 이 '진리의 장식'으로 다가가고, 그다음 선의 이데아로 나아가야 한다. 그것이 애지이고, 선과 미의 심화이다. 따라서 천문학은 아직 학문의 서곡 단계에 불과하다. 학문의 본곡(本曲)은 '변증가'로 불리는 사람이 전문으로 삼는 분야로, 인간의 논리가 연주하는 것이다.

그러한 연주는 사유 세계의 것이며, 그 사유의 모방물이다. 변증술을 사용하여 사유하는 능력은 대화에 의해 진행된다. 각각 실재하는 바의 것, 즉 각각의 존재 자체를 향해 나아가는 것이다. 그리고 결국은 '선 자체'에 닿으려 하며, '선이라는 존재 자체'를 파악하게 될 때까지 계속 나아간다. 이와 같이 하여 인간의 논리는 사유의 극단에 도달하게 되는데, 선 자체를 향한 이 행진이 '대화술' 내지 '변증술'인 것이다. 이 테크네, 즉 기술은 영혼 속에 있는 가장 뛰어난 것이, 존재하는 것 가운데 가장 뛰어난 것을 관찰하도록 이끄는 힘을 지니고 있다. 변증술을 제외한 다른 기술은 모두 인간의 욕망이나 억측과 관계되어 있는 것이다. 기하학의 기술도 가설을 쓰고 원래나 결론을 말하지만, 그것들이 어떻게 하여 그렇게 되는지에 대한 설명, 말하자면 '수학기초론'이 자각되어 있지 않다. 그러므로 전제와 결론이 일치 화합하는 지식의 확립은 기하학의 영역에서는 불가능하다.

### 이상국가의 구조

국가 건설에 있어 최대의 선은 무엇일까? 또한 최대의 악은 무엇일까? 그것들은 입법가가 법률을 제정하기에 즈음하여 반드시 염두에 두어야 할 점이다.

이때에는 어떤 하나의 계급이 각별히 행복해지는 것이 아니라, 나라 전체가 가능한 만큼 행복해지는 것에 초점을 두어야 한다. 이것이 실현되기 위해서는 국가가 신적이고 사려 깊은 영혼에 의해 지배되어야 할 것이다. 그편이 모든 사람들에게 더욱 선한 결과를 가져올 수 있다.

이를 가능하게 하는 지배자가 바로 철학자이다. 국가를 다스리는 권좌에 오른 철학자, 즉 철인왕이 이상국가의 지배자로 가장 적합한 인물인 것이다. 이때의 호칭은 지배자보다는 통치자라고 하는 편이 자연스럽겠다. 철학을 하는 애지자는 자칫 쓸데없는 사람으로 보이기 쉽다. 비유 또는 아이러니로 들릴지 모르지만 그들이 나라의 지배자가 되지 않는 한, 나라는 재앙을 면키 어려운 것이다.

"철학자들이 각국의 왕이 되지 않는 한, 또는 오늘날 왕이라고 불리고, 통치자라고 불리는 사람들이 진실로, 또는 충실히 철학을 갈고닦지 않는 한, 즉 정치적 권력과 철학적 정신이 한 몸이 되도록 많은 사람들의 소질이 현재와 같이 이 두 가지 방향으로 따로따로 나아가는 것을 강제적으로라도 금지하지 않는 한, 친애하는 글라우콘이여, 그 나라에는 불행이 그칠 날이 없을 것이고 또 인류에게도 마찬가지라고 나는 생각하네. 우리들이 지지해 온 국가 제도에서도 이러한 것들이 성취되지 않는 한, 최대한도로 그것이 이루어져 밝은 햇빛을 볼 수 있을 날은 결코 없을 걸세."

당시로선 이러한 발언은 상당한 각오가 필요했다. 따라서 《국가》에서는 위의 논증 다음에는 이러한 말이 나온다. "어마어마한 말씀, 어마어마한 소신을 공표하시는군요! 그런 말씀을 하신 이상 각오하셔야 합니다. 이제 곧 선생님을 향해 지독한 사람들이, 더구나 아주 벅차고도 무시 못 할 친구들이, 그야말로 웃통을 벗어젖히고 알몸으로, 닥치는 대로 무기를 들고 혼찌검을 내줘야겠다는 무서운 기세로 몰려올 것입니다. 그 친구들에게 선생님의 사상이 옳다는 것을 언변으로 증명하여 공격을 면하지 않으면 선생님은 그야말로 놀림감이 되어 그들로부터 큰 봉변을 당하고 말 것입니다." 하지만 그런 사람들이야말로 철학자가 지배하지 않으면 안 된다. 어떤 사람들은 날 때부터 철학에 종사하고, 나라의 지도자가 되는 일에 걸맞은 사람이 있다. 그러나 그렇지 않은 사람도 있으므로, 그 사람들은 자신들을 이끌어 줄 지도자를 따르는 것이 적합하다.

이렇게 철학자나 철인왕이 이상국의 통치를 맡는다고 한다면, 그는 어떠한 정책과 구상을 갖고 국무에 임할 것인가? 그것은 이미 앞에서 말한 덕이 있는 사람의 양성과 교육, 또 결혼과 육아를 통한 인간적인 국민의 형성, 그리고 애지에 근접하는 학문 추구의 장려 등으로 구체화될 수 있을 것이다. 이때에는 한 나라의 최대의 선은 쾌락과 고통의 공유에 있음을 염두에 두고 입안해야 한다. 국가의 체제는 한번 올바르게 출발하면 순조롭게 성장해 간다. 도움이 되는 양육과 교육이 유지되는 것이다. 사람들에게 좋은 본성을 심고, 또 그러한 본성이 교육으로 고양되면, 그 국가의 국민들이 전보다 좋은 소질을 갖게 된다. 특히 아이를 낳고 나서 처음 양육을 시작할 때부터 좋은 교육을 하면, 이미 여러 번 말한 것처럼 그들의 인성 속으로 정의가 자연스레 파고들게 된다. 국가의 건설에 시종일관 관여해야 하는 일은 정의이기 때문에 이것은 중요한 사항이다.

　이상국가의 국민들은 모두 국가가 유지되도록 하는 일 가운데 자기의 본성과 가장 적합한 일을 한 가지씩 맡아 해야만 한다. 그리고 자기 일의 결과와 결실을 모두에게 공통된 것으로서 제공하지 않으면 안 된다. 이렇게 하여 한 명의 농부가 네 명에게 곡물을 공급한다. 그러기 위해서는 자신의 수확물을 혼자서 소개할 때보다 네 배 더 많은 시간과 노력을 소비해야 할 것이다. 사람들은 저마다 그 본성이 다르기 때문에 혼자서 많은 기술을 습득하려 하기보다는 하나의 기술을 펼치는 것이 바람직하다.

　한 국가에서 이상과 같은 일이 실현되기 위해서는 적어도 네 명 이상의 시민을 필요로 한다. 그렇지 않으면 각 분야에 필요한 공급이 이루어질 수 없다. 농부는 괭이나 쟁기를 만들지 못하고, 목수도 자기의 도구를 만들지 못할 것이다. 베 짜는 사람도 그렇고, 구두장이도 마찬가지이다. 그러므로 여러 분야의 많은 기술자들이 공동으로 나라를 이끌어 가는 것이다. 그리고 한 나라에서 모든 것을 처리할 수는 없으므로, 다른 나라와의 물품 교환을 위해 잉여생산물을 비축해 두지 않으면 안 된다.

　한편 나라 안에서 만들어진 것의 배분은 어떻게 해야 할까? 그것은 시장과 교환에 의해 이루어질 수 있으며, 따라서 통화가 필요하다. 이것은 모든 사람들이 각자 교환·매매에 나서지 않아도 되도록 해주기 때문에, 특히 신체가 허약하거나 일을 하는 데 도움이 되지 않는 사람들에게 가장 적당한 방법이다. 그러나 이러한 공동체에서도 역시 상인은 생겨날 것이다. 그런데 그 나라에 사는 사람들은 저마다 다른 것을 필요로 하기 때문에 어쩌면 불가피한 분배나 소유를 둘러싼 문제가 생길 수도 있다. 그리하여 자연히 정직하지 않은 말을 하거나 진짜가 아닌 것을 진짜라고 속이는 사람도 생기게 될 것이다. 이런 사람의 영혼의 무지는 어릴 적부터 '악한 목장'에서 길러진 것인지도 모른다. 그렇다면 이 나라의 정의는 어떻게 세울 것인가? 역시 아름답고 고귀한 자의 본성이 선한 천성에 의해 이어져 나갈 수 있도록, 고귀한 성품을 양성해 줄 수 있는 전문가를 키워야 하는 것이다.

젊은이들은 건강한 땅에서 사는 것이 좋다. 만약 그곳에서 살면 여러 이익을 얻게 될 것이다. 건강한 땅에서는 여러 곳에서 유익한 미풍이 불어온다. 그 바람은 그들의 심미안을 깨워 주기 위해 눈과 귀를 때릴 것이다. 그래서 그들이 어릴 적부터 알게 모르게 아름다운 로고스와 비슷한 사람이 되도록 하고, 그들 사이에는 우정과 공감이 자라나게 할 것이다. 이때에도 우리는 역시 개인이나 국가 모두 '선한 목장'의 기술자를 필요로 한다.

물론 그런 사람, 즉 인간을 다듬어 내는 '기술자'들에게도 악하게 굴거나 빈둥거릴 자격이 주어지는 것은 아니다. 애지자들이 우연한 능력과 필연의 능력 등 모든 능력을 갖췄다 해도, 그가 나라를 통치하게 되었을 때 나라가 그의 말에 따르지 않는 이상, 또는 권력자의 위치와 왕의 자리에 있는 사람들이 어떤 신의 숨결 같은 것을 느껴 진정한 애지에 대한 진정한 사랑으로 온몸을 물들이지 않는 이상, 나라도 그 정치체제도 결코 완전한 것이 되지 않는다.

### 철인왕

이상국가의 통치자는 철학자의 조건을 모두 충족시키고 있어야 한다. 철학자란 지식을 사랑하는 자이며, 왕의 자격은 지식을 사랑하는 자에게 있는 것이다. 따라서 그 나라의 존속은 철인왕의 출현에 달려 있다.

애지자란 누구인가? 진실을 알고 그것을 깨우치려 하고, 그 진리의 추구를 사랑하는 사람이다. 그것이 진정한 애지자이다. 그러므로 애지자는 철학자이기도 하다. 그렇다면 그는 지혜의 욕구자라는 얘기이므로, 애관자(愛觀者), 애기자(愛技者), 실행자 등과는 차이가 있다. 이 사람들은 아름다운 목소리와 색채, 형상 등으로 만들어진 것을 환영한다. 그러나 그들의 마음은 미 자체의 본성을 보지 못하고, 따라서 환영하지도 못한다. 이들은 아름다운 사물은 믿지만, 아름다움 그 자체는 믿지 않는 것이다. 이러한 사람들은 진정으로 학문을 사랑하는 자라고 할 수는 없을 것이다. 음식에 기호가 뚜렷하여 까다롭게 구는 사람이 있다면, 그는 배가 고파서 먹을거리를 원하는 것이 아니다. 먹는 것 자체를 좋아하는 사람과 몇 개의 음식만 좋아하는 사람과는 다른 것이다.

그와 같이 지혜를 사랑하는 사람과, 지혜에 대해 그 밖의 의견이나 기호를 가진 사람과도 다르다. 진실을 본다는 것, 그 자체를 사랑한다는 것은 외형으로만 분별할 수 없기 때문에 쉽지가 않다. 만약 완전한 애지자가 되고자 한다면 용기, 커다란 도량, 학문에 대한 사랑, 기억력 등을 지니지 않으면 안 된다. 애지적 본성이 있는지 없는지는 이것들을 합창할 수 있는가 그렇지 않은가로도 알 수 있다. 애지자가 왕이 되려면, 그는 단순히 오케스트라의 한 파트가 되어서는 안 된다. 그는 그 오케스트라 전체를 지휘할 수 있는 자리에 위치해야 한다. 그것이 불가능하다면 국가라는 인간 집단의 연주 또한 불가능하기 때문이다.

그러므로 애지자는 항상 애학적이어야 한다. 선천적으로 진정한 존재를 얻으려고 노력하는 자세를 갖추고 있는 사람이어야 하는 것이다. 그는 개별적으로 궁극적인 존재를 알았다고 해서 각각의 진실에 구애되고, 그것에 안주하지 않는다. 그는 항상 그런 개개의 진실의 종합에 노력하지 않으면 안 된다. 그래서 그는 항상 하나하나의 존재와 진실을 넘어서서 전진한다. 또 될 수 있는 대로 영혼을 존재의 본성에 닿게 한다. 이미 말한 것처럼 영혼에도 몇 개의 부분이 있기 때문에, 각각 진정한 것의 본성에 따라 그에 대응하는 영혼의 부분에 닿게 한다. 만약 닿지 않으면 꾸준히 그렇게 될 때까지 노력해야 한다. 그렇게 하여 진정한 실재에 접촉하여 그 존재와 섞여서 로고스 또는 누스와 알레테이아, 즉 이성과 진실을 낳아야 하는 것이다. 그리고 이성과 진실을 확실히 구분하고 판단하여 진실하게 살고, 그것을 기준으로 성장하면 진통이 멎게 된다. 그러나 그 전까지는 무슨 일이 있어도 고통이 멎지 않는 것이다. 이것이 애지자의 첫째 조건이다.

여기서 문제는 '존재' 또는 '진정한 실재'가 되며, 이것은 '이데아'에 다름 아니다. 그 이데아에도 각각의 이데아가 있는데 여기서는 철인왕, 애지자가 주제이다. 진정한 실재란 '항상 똑같은 상태로 존재하는 것'이다. 한편 여러 가지로 변하고 옮아가면서 존재 사이를 헤매는 자는 애지자가 아니다. 그러한 자는 영혼 속에 명확한 전형을 지니고 있지 않기 때문이다. 애지자는 화가처럼 가장 진실한 것에 착안하고, 그것과의 연관성을 항상 유지하면서 그것을 정확히 관찰한다. 즉 역사의 정체, 사회의 실체를 보아야 하는 것이다. 그렇지 않으면 그는 아름다움, 올바름, 선에 대한 이 세상의 규정을 정할 수 없을 뿐 아니라, 또한 이미 정해져 있는 것을 지키고 유지하지도 못할 것이다. 이러한 일들은 물론 철인왕이 할 수 있어야 하는 것들이다.

이미 밝힌 것처럼 애지자의 본성에는 커다란 도량과 시간 전체, 그리고 존재 전체에의 테오리아가 있다. 이런 사람은 인간을 소중히 여기고 인간답게 대하는 정신은 가지고 있지만, 인간의 삶이 대단하다고는 여기지 않는다. 즉 삶에 대해 특별한 집착이 없고 따라서 죽는 것도 두려워하지 않는 것이다. 그는 올곧다. 금전에 악착스레 매달리지 않으므로 돈벌이에 연연하지도 않는다. 따라서 마음을 값싸게 파는 일도, 또 떠벌리는 일도 없다. 또한 겁쟁이가 아니므로 부정한 자가 될 리도 없는 것이다.

나아가 애지자의 본성은 무엇을 배우는 속도가 빠르다. 뭔가를 할 때에도 괴로워하는 법이 없으며, 기억력이 좋기 때문에 무언가를 망각하는 일도 드물다. 그의 영혼은 절도로 가득 차 있고, 진실을 절도의 동족으로 생각한다. 그 자신의 본성이 이와 같기 때문에 존재 각각의 이데아에게 이끌리고, 그 개별적 이데아를 총체적으로 파악하려 한다. 이러한 본성을 두루 갖춘 사람에게 국가를 맡기는 일에 반대하는 사람은 아마 없으리라. 이 본성을 갖춘 자에게 바람직한 교육이 실행된다면, 그 사람은 성장하여 반드시 모든 덕의 완전에 도달할 것이 틀림없다.

### 결론

최선의 사람이 가장 행복하고, 최악의 사람이 가장 불행할까? 이것에 대한 플라톤의 답은 이미 말한 것처럼 분명하다. 그는 이상국가 건설의 서곡에서부터 최대의 선과 최대 악에 대한 인식을 전제하고 있었다. 그런데 선과 악이 무엇이며 또 어떤 상태인지 알려져 있지 않은 한, 우리는 악을 초월하고 정복하여 선에 관여할 수 없다.

　플라톤은 순수했다. 그러나 그가 그렇게 될 수 있었던 것은 현실에 대한 낙관론을 가지고 있었기 때문이 아니다. 그것은 파토스, 즉 정념을 정복하고 오로지 이성에 의한 이데아의 길로 오르려 했던 그의 애지적 의욕에 의한 것이다. 그에게 있어서 로고스는 단순한 언어나 미명(美名)이 아니었다. 어떤 일이든 그 올바름의 뒷받침으로 삼고 있던 것은 그 일에 대한 논리로 증명되는 이해와 일치였다.

　플라톤은 모든 일의 원동력은 실제로는 '자명한 이치'이지만, 우리 현실 속에서는 그것이 그대로 나타나기 힘들다는 것을 잘 알고 있었다. 오히려 세상이 그 이치대로 되지 않기 때문에 그의 이상은 지속되었는지도 모른다. 이미 우리 인간의 마음은 저 고대부터 하나의 사물을 하나로 보았다가 둘로 보았다가 하는 애매한 움직임을 취하고 있었다. 이에 플라톤은 그것을 확실히 하여 영혼을 안정시키려 한다. 그도 대립이 지향의 계기임을 인정하고, 끊임없이 가설을 뛰어넘고 있다. 그러나 그렇다고 해서 현실이 부정으로 가득 차도 괜찮다는 것은 아니다. 여기서 대립은 이 선한 현실을 지향하는 매체로 쓰이는 것이다. 우리는 이 이율배반과 기묘성을 명확히 하고, 끊임없이 뛰어넘지 않으면 안 된다. 이 괴물은 꼬리에 꼬리를 물고 때로는 의식의 전면에서 솟아올라 우리 인간의 가련한 모습, 비참한 실체는 무엇인지 생각에 잠기게 한다.

　플라톤 시대의 그리스에는 아테네식 외에 크레타, 스파르타식의 국가체제가 있었다. 그에 따르면 그 체제들은 많은 사람에게서 칭송을 받았다. 또 다른 정치체제로는 과두제와 민주제, 참주제가 있었다. 그는 과두제는 엄청난 악을 저지르고, 민주제는 이와 반대이며, 참주제는 고상하여 어떤 정치체제보다 뛰어나지만, 그것들은 가장 지독한 병이라고 보고 있다. 또 이외에도 왕위의 부자상속제가 있었지만, 플라톤은 그 어떤 국가제도에도 만족할 수 없었다. 그래서 그가 이상국에 대한 구상과 그 실현을 시도한 것이라고도 할 수 있다. 그러나 그의 시도는 앞서 설명했듯이 좌절로 끝났고, 그 구도를 그린 저서 10권이 그 연구와 노력의 산물로서 우리에게 남겨진 것이다. 그중에는 지금까지 말한 것 이외에도 '이데아론'과 '동굴의 비유' 등 더욱 주목할 만한 내용들이 있다.

　이상국가에서는 영혼과 현실 사이의 하모니를 추구하는 데 꼭 필요한 애지자 정신이 인간의 조건이 된다. 또한 그곳에서 인간은 각각 자기의 본성에 맞는 일을 한 가지씩 해야 한다. 그런 국가에는 필요할 리 없는, 타인이 필요로 하는 것을 탐하고 차지하려는 데서 악이나 부정의가 생겨나는 것이다. 그러므로 애지의 정신에는 아무리 마음을 쏟아도 지나치지 않다. 그렇지 않으면 설령 철인왕에 의한 이상국가가 실현되어도 그러한 욕망을 극복하지 못할 것이다. 자기 앞의 현실을 조금이라도 이상국가에 가깝게 만들려면 각자가 지금까지 말한 모든 것을 몸으로 실행하는 수밖에 없다. 이와 같이 플라톤의 이상국이 그리고 있는 곳은 철인왕의 지휘 아래, '조화의 심포니'를 연주하는 오케스트라의 모습과도 같은 것이었다.

## 학문의 형성과 그 연구 방법의 성립
―변증법의 세계―

### 로고스와 독사, 디아이레시스

모든 것은 그것 자체가 될 수 없다. 만약 가능하다 해도, 이제 그때에는 그 진정한 본질이 지켜졌는지 확인할 방법이 없는 것이다. 인간은 인간이고, 별은 별이다. 인간과 별 사이에는 그것을 바라보는 인간으로부터의 일방적 관계만이 존재한다. 우리 인간은 고대부터 별에 의지해 여행을 하거나, 기상 관측을 하거나, 운을 점치는 등의 다양한 행위를 해왔다. 그러나 별은 그런 인간의 일을 아무것도 모르고, 또 알려고 하지도 않는다.

만약 고대인, 또는 누군가가 별에 관해 이야기하지 않았다면 우리 인간은 별이 밤길에 의지가 된다는 것을 각자가 스스로 경험할 때까지 몰랐을 것이다. 경험은 '말할 것'을 강요하고, 말로 나온 경험은 기술이 되어 활용된다. 그러나 인간은 경험을 겪기만 할 뿐, 기술 그 자체가 될 수는 없다. 그리고 한번 경험한 것을 재생해 보이는 것은 먼저 겪은 그 일의 모방에 지나지 않는다. 이러한 불가능이 있다는 것은 실로 엄청난 일이다. 인간은 별이 될 수는 없지만 별에 관해 이야기할 수는 있다. 이런 '가능'과 '불가능'의 문제는 '경험'을 토대로 한 것이지만, 또한 '마음속으로부터 일치할 수 있느냐'의 여부에도 달려 있다. 불가능한 것은, 우리가 '별 그 자체'가 되는 것이다. '말하는 것'은 어떤 의미에서 무한히 가능하지만, 거론된 것 그 자체가 될 수는 없다. 즉 '불가능하다'는 얘기는 '사실에 의한 뒷받침이 없다'는 것이다. 그러나 우리는 무언가를 볼 수 있고, 자유롭게 본 것을 말할 수 있다. 이렇게 '말하는 것'은 무한한 영역을 확보하고 있고, 경험은 유한히 뒷받침되어 있다. 그리고 말로 재현된 경험에서 파생한 이 '기술'은 두루 쓰이기 때문에, 그때마다 개선과 변화의 갈림길에 서게 된다.

플라톤이 볼 때 로고스는 논증, 토론, 이성, 언어 등을 의미하는 것이었다. 또 '수를 세는 것'이기도 했고, '말하는 것'도 로고스였다. 이것은 기술과 연결되고, 또 그것에 필적한다. 왜냐하면 경험을 말하는 것은 기술을 말하는 것이기도 하기 때문이다. 그것들은 사실로 뒷받침되어 있기 때문에 빛이 되어 마음을 비추고, 그것을 들은 많은 사람들의 마음을 공감으로 이끈다. 그러나 로고스가 완전한 것은 아니다. 만약 완전하다면 여기서 거론되는 일도 없을 것이다. 로고스는 과거에 있었고 지금도 있고 앞으로도 있을 '사항'과 '사물'을 포함하는데, 이것이 어디까지나 현재에 국한되어 있는 것이다. 로고스가 이렇게 현재성에 의해 제한된다면 그것은 무한하다고는 할 수 없다. 그리고 기술이 언젠가는 달라지는 것처럼, 로고스도 그 내용의 변경을 피할 수 없을 것이다. 이것은 그 무엇도 완전하게 그 자체가 될 수가 없다는 얘기일 뿐만 아니라, 로고스에 로고스를 덧붙여 아무리 추구해 나가도 포착되지 않는 것이 있다는 얘기가 아닐까?

확실히 플라톤은 그러한 개념을 생각하고 있었는데, 그것이 바로 이데아이다. 그리고 이 이데아에는 '1'의 이데아, '2'의 이데아, '돌'의 이데아처럼 개개의 이데아가 있어야 한다. 그렇지 않으면 디아이레시스(분할)의 문제는 일어나지 않을 것이다. 그래서 로고스는 일단 종점을 갖는다. 어떤 것은 집이고, 어떤 것은 인간이면, 그들은 로고스로 확실하게 나타낼 수 있다는 얘기이다. 그런데 존재한다는 것은 알지만, 말로 확실하게 표현할 수가 없는 것이 있다. 그것은 오직 하나밖에 없는 이데아로서, 미의 이데아 또는 선의 이데아라 불리는 것이다. 그것이 있기 때문에 모든 것이 존재하는 것이다. 그것은 '존재하는 모든 것'의 근원이자 원인이다.

플라톤의 철학에는 그 '있다'는 것의 탐구와 파악에 대한 방법의 세계가 성립해 있다. 누군가의 목적지와 별이 떠 있는 밤길이 통하는 것은, 그 사람과 길과 목적지 위에 별이 빛나고 있었기 때문이다. 그 별은 잡으려 한다고 손에 잡히는 것은 아닐지라도, 그 경우에는 없으면 안 되었던 것이다. 이와 같이 플라톤 철학의 세계는 이데아를 정점으로 성립해 있다. 그리고 그 근저에는 인간을 포함한 모든 것들을 분명히 밝히는 로고스가 있는 것이다.

따라서 로고스는 그 방법의 요체이며, 기준이다. 이것은 개개의 이데아를 포착하기 위해 어떤 대상을 나눌 수 있을 때까지 나누고, 더 이상 나눌 수 없는 것에 이르렀음을 나타내는 유일한 표준인 것이다. 그러나 이 로고스는 디아이레시스에 의해 그 생명이 보증되어 있다. 로고스는 독사(억견)를 순화한다. 예를 들면 '1'은 많이 있지만, 이 '1'은 하나밖에 없다. 이러한 이상, 그 1은 하나의 숫자 '1'인 동시에 '많이 있는 숫자'인 것이다. 즉 그 '1'은 한정된 1이고, 많은 '1'은 무한정의 1이다. 로고스는 '1'과 '많음'의 양쪽에서 작용한다. 이렇게 1이 한 개의 숫자이자 많이 존재하는 숫자임을 알게 하는 것이 로고스이자 로고스의 작용이다.

여기서는 1과 많음, 한정과 무한정의 대립이 원리를 이룬다. 하나의 돌은 그 자체로서는 하나도 아니고 많은 것도 아니며, 그저 단순한 물체에 지나지 않는다. 그것을 보는 시각이 더해져 '이 돌'로 한정되고, '이것은 돌이다'라고 판단되지 않으면, 돌은 '존재한다'라고 할 수 없는 것이다. 돌이 '존재하게' 되어도, 그것은 정말로 돌인가? 돌이라고 생각하는 한 독사에 불과하다. 아직 그것은 추측에 기반한 사고의 단계에 머물러 있기 때문이다. 먼저 진정으로 돌이라고 생각하고 어째서 돌인지를 설명하지 않으면, 돌의 존재는 우리에게 진정한 지식이 되지 않는다. 그런데 이때 돌을 돌로 설명하면 우리는 결코 그 돌의 존재에 닿지 못한다. 돌을 설명하면서 '그것은 둥근 돌이다'라고 한다면, 상대는 자신이 본 수많은 다른 둥근 돌을 떠올릴 것이다. '그 돌은 딱딱하다'고 해도 마찬가지이다. 돌 말고도 딱딱한 것은 많기 때문이다. 그러한 판단들은 모두 독사이다. 그리고 독사에 독사를 덧입히는 것으로는 무언가를 검증할 수 없다. 그냥 '이러하다', '저러하다'는 까닭도 없는 설명으로 진정한 로고스가 더해지는 것은 아니기 때문이다. 따라서 방법이 있어야 한다. 즉 별이라는 것을 이야기하려면 별이 무엇인지를 말해야 하는 것이다. 그것이 별의 로고스이다. 그 로고스는 이제 어떤 '절차'를 거치지 않으면 안 된다. 그리고 그 절차가 바로 독사를 진정한 지식으로 나아가게 하는 디아이레시스이다. 이렇게 플라톤은 이데아로 가는 절차와 방법으로 '디아이레시스'를 제안하고 있는 것이다.

**디아이레시스**

디아이레시스란 분할이다. 존재하는 것을 분명하게 하기 위해 그에 대립하는 것을 들다 보면 어느 순간 '불가분체(아토몬 혹은 에이도스)'에 도달하게 된다. 이것을 방법론적으로 활용했을 때 '분할법'이란 것이 가능하다.

'존재하는 것'은 에이도스(형상)를 가리킨다. 에이도스는 어떤 존재 그 자체의 고유한 성질을 말한다. 돌에는 돌의 에이도스가 있고, 집에는 집의, 별에는 별의 에이도스가 있는 것이다. 별이나 집은 눈에 보이는 것들이다. 하지만 보이지 않게 되기도 하고, 원래부터 보이지 않을 때도 있다. 즉 보이는 것은 시계에서 멀어질 운명에 있다. 그러나 우리는 눈에는 보이지 않지만 별이 있다는 것을 알고 있다. 전에 보였던 적이 있어서일지도 모른다. 또 우리는 집을 실제로 보고 있지 않을 때에도, 집이란 것이 어떤 것인지를 알고 있다. 왜일까? 그것은 우리가 집의 에이도스를 알고 있기 때문이다. 즉 우리는 집의 '형상'을 알고 있는 것이다. 그런데 그것은 보이지 않는다. 보이지 않는 것을 어떻게 파악할 수 있을까? 이때 디아이레시스의 방법이 사용될 수 있다. 그것은 개개의 에이도스를 인식하는 방법이기도 하기 때문이다.

그러나 디아이레시스는 되는대로 나누면 되는 단순한 것이 아니다. 만약 그렇다고 한다면 그에 의한 '영혼의 순화'는 불가능해질 것이다. 따라서 그것은 로고스에 의해 행해지지 않으면 안 된다. 플라톤의 디아이레시스는 소피스테스(학자)와 필로소포스(애지자)가 사용하는 방법이었다. 그런데 학자가 반드시 애지자는 아니다. 그래서 플라톤은 이들 중 특히 애지자가 디아이레시스를 사용할 때, 영혼의 순화가 가능하다고 생각했다. 그 이유는 변증술과 관련이 있다. 이상국가론에서 철학자의 생명으로 다루어졌던 변증술은 플라톤 철학의 방법적 핵심이었다. 그런데 디아이레시스는 그 변증술을 포함하는 방법 중 하나인 것이다. 학자가 애지자가 될 수 있는지 없는지는, 변증술의 방법과 그 정신을 익히고 디아이레시스를 하느냐 그렇지 않느냐에 달려 있다고 할 수 있다. 이것은《정치가》《소피스테스》《파르메니데스》《필레보스》같은 대화편에도 잘 나타나 있다. 아까도 말했지만 분할법은 문답법과 나란히 변증술의 밑바탕이고, 그 자체이다. 그리고 이 변증술은 분할법을 포괄하고, 그로써 그 정신도 더 높은 수준에 있다. 학자는 분할법을 쓸 수가 있어도, 변증술과 그 정신에 철저하지 않으면 진정한 애지자라고 할 수 없다. 학자와 애지자의 차이는 거기에 있다. 그리고 그에 의해 철학과 정치학 혹은 그 밖의 학문과의 차이도 생겨나는 것이다. 말할 필요도 없이 모든 학문은 그 연구 방법이 성립됨으로써 탄생한다. 플라톤은 이로써 각 학문으로 향하는 방향을 분명히 제시한 것이다.

여기서 다루고 있는 이 분할법은 독사를 순화하여 로고스로 높이는 방법이기도 하다. 독사의 단계에 있을 때 사람들은 각자 자신의 생각만을 믿고 자기만 옳다고 여긴다. 하지만 그 독선적인 의견이 로고스로 높아졌을 때, 그것은 비로소 많은 사람의 마음을 공통적으로 채울 수 있는 진정한 지식이 된다. 이러한 독사는 신념과 상상으로 나뉜다. 신념은 경험계로 이어지고 상상은 영상계로 이어져 있는데, 플라톤에 따르면 그것들은 모두 변화하는 세계이며 볼 수 있는 세계이다. 이렇게 보이는 세계는 나타났다가 사라지고, 사라졌다가 나타나는 현상계이다. 그 세계는 항상 변화하기 때문에 실제로 포착되지 않는다. 말하자면 이것은 독사의 세계인 것이다. 따라서 독사는 '언제나 진정한 실재인 것'을 파악하지 않으면 안 된다. 그것이 독사에 관한 로고스인 것이다.

## 순수존재와 현상의 세계
—선의 이데아와 그것에 관여하는 것—

### 지식

지식은 그저 어딘가에 존재하는 사실이 아니라, 이미 그 구체적 사실로부터 자유로운 차원으로 높아져 있는 것이다. 이것은 일단 획득되면 생각하거나 말하거나 행동할 때 매우 강력한 무기가 된다. 이러한 지식은 정신과 같이 육체 내에서 특별한 장소를 갖지 않는다. 그리고 플라톤은 이것을 에피스테메라고 불렀다.

이 지식에 대해 논한 대표적인 저서로는 《테아이테토스》가 있지만, 여기서 이 대화편을 해설하지는 않기로 한다. 플라톤은 어디까지나 이것을 선의 이데아로 가기 위한 하나의 단계로 다루고 있다. 그런데 이 에피스테메에 도달하려면 세 가지 단계를 지나야 한다. 그것은 명사(名詞)와 정의, 그리고 영상(影像)이다. 우리 눈에 보이는 것에는 산, 강, 바다, 책상과 같이 저마다 이름이 있다. 그러나 영혼, 마음, 또는 공기처럼 우리에게 보이지 않는 것에도 이름이 있는데, 그것들에게는 제각각 다른 것과 구별되는 본성이 있다. 그것은 각각의 피시스(본질)이자 우시아(실체)이며, 플라톤의 말로 하자면 에이도스(형상)이다.

그런데 만약 그것들이 명사와 동사, 주어와 술어로 확실하게 단정된 형태로 표현될 수 있다면, 우리는 어떠한 대상에 대한 정의를 얻을 수 있는 것이다. 그 정의는 실체나 형상을 말할 것이 분명하다. 예를 들어 우리가 산의 정의와 마음의 정의를 알면, 마음이 눈에 보이지 않는다 하더라도 그것이 산과 어떻게 다른지 관념적으로 파악할 수 있을 것이다. 그러므로 어떤 대상의 정의는 그 자체의 그림자와 본체 중, 말하자면 본체를 일컬음에 틀림없다. 그 본체, 즉 형상은 누가 보아도 '아, 그렇다' 하고 고개를 끄덕일 수 있는 관념이다. 다시 말해 그것은 누가 생각하고 누가 들어도 '확실히 그러하다'고 긍정되는 이데아인 것이다. 만약 그렇다면 그것이야말로 진짜 지식이라고 할 수 있지 않겠는가? 지식은 존재하는 것에 관한 관념이다. 그것은 그림자처럼 있다가도 사라지거나 하는 것이 아니다. 그런데 그림자라는 이름이 있는 한, 그것도 그 그림자와 본체를 갖고 있을 것이다. 그러므로 그림자의 이데아 또한 존재한다는 얘기가 된다. 만약 그렇지 않다면 다른 대상의 경우에도 그 그림자와 본체의 구별이 불가능해질 것이다. 만약 그림자의 이데아가 존재하지 않는다면 '그림자란 이런 것이고, 본체란 이러한 것이기 때문에 그것들이 어째서 서로 다른 것이다'라는 설명을 할 수가 없게 되기 때문이다.

플라톤은 《파르메니데스》에서 '있지 않은 것', 즉 '없는 것'에는 이름도 정의도 지식도 의견도 없다고 했는데, 그것도 아마 이 때문이리라. 그런데 '있지 않은 것'은 '있다'의 반대 개념은 아니다. 그렇다면 그것이 '없다'의 동의어인가 하면 단순히 그렇지도 않다. 이것은 비존재의 세계임에는 틀림이 없지만, 무엇을 의미하는지 또 어떤 것을 가리키는지 확실하지 않은 것이다. 그런데 이 외에도 플라톤에게는 또 다른 문제가 있었다. 지식에 도달한 다음, 거기서 더 나아가 '선의 이데아'에 대한 지식에는 어떻게 관여할 것인가 하는 과제가 남아 있었던 것이다.

《법률》은 플라톤 생전의 마지막 작품이다. 우리는 여기서 존재가 일종의 순화로 볼 수 있는 작용을 거쳐 '이름'과 '정의'와 '실재'의 세 점으로 좁혀져 있음을 볼 수 있다. 그러나 그것으로 존재에 관한 문제가 다 해결된 것은 아니었다. 《제7의 편지》에는 이런 말이 나온다. "선의 이데아에 관한 지식에 완전하게 관여하는 것은 도저히 불가능할 것이다." 이것으로도 플라톤조차 여전히 그 문제를 풀기 위해 고심하고 있었다는 것을 알 수 있다. 하지만 이 경우의 선의 이데아에 관한 지식은 '대상으로서의 진정한 실재'이다. 《테아이테토스》로 얻어진 지식은 '진정한 독사에 로고스가 더해진 것'이었다. 그러나 그것도 플라톤의 최종 결론은 아니다. 그것은 지식에 대해 일단 내린 정의로서 하나의 개념이다. 그런데 이렇게 잠정적인 정의이고, 일개 개념에 지나지 않는 것이 '선의 이데아에 관한 지식'이 되면 정의를 내리는 것은 아포리아(난관)에 빠진다. 왜냐하면 '선의 이데아에 대한 지식'은 순수존재의 세계라서 보거나 만지거나 느낄 수 있는 현실 세계와는 완전히 다른 것이기 때문이다.

### 존재

'진정한 실재'란 무엇일까? 그것은 있다가 없다가 하는 것이 아닌 것만은 분명하다. 그런데 이때 우리가 어떻게 이 점이 분명하다는 것을 알 수 있을까? 바로 이것이 존재에 관한 문제이다.

진정한 실재는 실제로 어떤 상태를 하고 있는 것일까? 이때 우리는 그 상태를 확인할 수 있다 하더라도, 진정한 실재 그 자체를 볼 수는 없을 것이다. 그것은 정태(情態)와도 다른 것이리라. 우선 '존재'라는 명사는 그리스어의 '온'에 해당한다. 그것은 때로는 존재자(to on)라고도 표현되며, 독일어의 sein, 영어의 being과 같은 개념으로 사용되는 것이다. 그 '온'은 지금까지 많은 철학자, 또는 그에 관심을 가진 여러 사람들을 무척 괴롭혀 왔다. 그래서 그 고뇌의 변천사는 철학사이자 그 과제이기도 하다. 그들의 고민들 중에는 분명 핵심적인 것이 있었고, 그것이 여전히 현대 철학자들을 괴롭히고 있는 것이다.

그런데 이 '존재'가 무엇인지를 알면 다른 여러 고뇌나 의심이 한순간에 사라지는 것일까? 플라톤의 《필레보스》를 펼치면, 우리의 관심거리인 쾌락이나 고통이 이 존재와의 관계 아래 논술되어 있는 것이 보인다. 또 《파르메니데스》에서는 '선'이나 '미'와 존재의 관련까지도 추구하고 있다. 나아가 《국가》에서 플라톤은 선의 이데아, 미의 이데아가 최대이자 최고이며 영원의 존재라고 한다. 존재에 관한 플라톤의 사고는 순수하고, 더구나 형이상학적이다. 그의 사상에서 '진정한 실재'를 떼어 낼 수는 없는 것이다. 그의 존재에 관한 사고방식, 또는 존재의 피라미드의 정점을 형성하고 있는 것이 바로 그것이기 때문이다.

플라톤이 말하는 존재는 '선의 이데아'의 정점에 많은 이데아를 첨가시키고 있다. 그러므로 '존재'는 우선 '이데아'라고 생각해도 무방하다. 이 이데아에 해당하는 다른 말을 사용할 수도 있다. 이를테면 투 헨(to hen), 에이도스, 투 온, 우시아 등도 같은 의미를 내포하고 있는 것이다. 투 헨(일자)은 플로티노스가 사용했을 때와 그 개념이 비슷하지만 또 완전히 같지는 않다. 그것은 책상의 이데아라든지 나무의 이데아 등과는 다르며, 이데아 중에서도 최고의 것 즉 선의 이데아에 가까운 차원을 가리킨다. 그것은 그 자신이 실재함으로써 나무라든가 책상 등의 각 사물에 대응하는 이데아가 존재할 수 있도록 해주는 순수의 존재이다.

하나의 책상은 불타고 나면 재가 된다. 그러나 그것 말고 다른 책상이라든가 '책상이라고 하는 것'은 없어지지 않는다. 그것은 그 각 책상들이 '일자(一者)'를 분유하고, 그 일자와 관련되어 있기 때문이다. 에이도스(형상)는 우리 눈에 보이지 않지만, 보이는 각각의 것들의 본질임에 분명한 것이다. 플라톤은 '이데아는 알 수 있지만 볼 수 없는 것'이라고 말했는데, 에이도스도 그러하다. 예를 들면, '1'을 글씨로 쓰면 그것이 보이지만 지우고 나면 보이지 않는다. 그러나 1의 본질이 없어진 것은 아니다. 우리는 1은 2와 다르다는 것을 안다. '삼각형'을 그렸다가 지우고 나면 그것은 사라져 볼 수 없어진다. 하지만 우리는 여전히 '삼각형의 내각의 합이 2직각'임을 알고, 그것을 설명할 수 있다. 그것을 가능하게 하는 것이 삼각형의 관념이고 형상이다. 따라서 형상은 힐레(질료)와는 다르다. 질료는 가시적인 소재이고, 쓰거나 지우거나 태우거나 하면 없어져 버리는 메온(비존재)의 세계이기 때문이다.

그런데 이 존재자나 실체는 나중에 플라톤보다 오히려 아리스토텔레스 철학의 중요한 개념이 되었다.

아리스토텔레스는 '존재는 다양하게 표현할 수 있다'는 데서 그 사고를 시작한다. 그래서 그는 자신의 《형이상학》에서 플라톤의 이데아론을 비판하고 있다. 확실히 이데아는 눈앞에 있는 현실적인 것은 아니다. 그것에 내재하거나 그것에서 유리되어 있거나 어찌 됐든 '이것 자체'는 아닌 것이다. 그러나 '이 꽃'이 있다, 혹은 꽃이 있다라고 말할 수 있는 것은 이데아가 있기 때문이다. 플라톤은 《파르메니데스》에서 "이데아는 이데아끼리 관계를 가지며, 우리는 우리의 상호 관계를 가질 따름이다"라고 말한다. 그는 이데아의 세계와 우리의 세계를 별개로 보고 있는 것이다. 거기에 그렇게 단절이 있기 때문에 이데아 세계는 우리의 현상계와 '떨어져 존재하는' 것처럼 생각된다. 이데아가 문제가 되는 것은 이런 상황에서 우리가 그 단절을 초월하려고 노력하기 때문인 것이다. 아니면 이미 말한 '분유'라든가 '관여'라는 것에 의해 우리와 이데아가 연관되어 있는 것일까? 즉 선의 이데아와 관련되어 각각의 이데아가 이데아일 수 있는 것처럼, 우리와 이데아도 서로 '관여하는 것' 또는 '관련되는 것'에 의해 연결되어 있는 것이 아닐까?

그러나 우리는 '단절'이라든가 '떨어져 존재하는 것'을 어떻게 아는 것일까? '안다'는 것은 그것들의 '의미'를 이해할 수 있다는 것일까? 대체 '무엇'을 '안다'는 것일까? 만약 우리가 그 '의미'를 안다고 치면, 그것은 어떤 것일까? '안다'는 것은 '마음의 작용'이다. 거기에는 그 대상을 그것으로서 '알게 하는 것'이 있다. 그것이 의미이고, '무엇'에 해당하는 것일까? 그것들의 의미는 '단절'이라든가 '떨어져 존재한다'는 사상(事象)이 있어야만 존재하는 것일지도 모른다. 의미가 관념이고, 그것이 이데아인지도 모르는 것이다. 만약 그렇다면 이데아는 어딘가에 존재한다고 할 수 있는 것이 아니다. 그런 식으로 '이데아'가 '존재'가 되면, 이제 존재도 존재하지 않는 것이 된다. 그러나 '이데아'라는 말을 사용하여 생각하면 여러 가지를 이해하고 구별할 수 있다. 그렇기 때문에 이데아가 있고, 그것을 존재라고 말하는 것일지도 모른다. '이데아는 아무리 사용해도, 또 생각해도 어떤 경우에도 사라지지 않는 것'이므로, '실재하는 것'이 아니라 '실재인 것'이라고 해야 더 정확한 것인지도 모른다. 이데아는 말하는 것, 생각하는 것, 아는 것 등을 모두 집중시키고 발생하게 만드는 근원이 아닐까?

### 이데아

'항상 존재한다'는 점에서 이데아는 훌륭하다. "가장 훌륭한 것은 거의 다른 것에 의해 변화되거나 움직여지지 않는다." 따라서 '뛰어난 것'이 언제나 '아름다운 것' 또는 '선한 것'에 국한되는 것만은 아니다. '올바름'이든 '올바르지 않음'이든 '그 자체'가 있다는 것은 마찬가지인 것이다. 이데아는 앞서도 말했듯이 각각의 것 그 자체, 즉 각각의 '진실'을 가리키기 때문이다.

각각의 '진실'은 무수하게 있는 것이 아니다. '1'의 진실은 하나밖에 없다. '부정(不正)'만 해도 부정 그 자체는 하나뿐이다. 그러나 그것들이 일단 어떤 행동이라든가 물체와 연결되면 마치 그 자체도 많이 있는 것처럼 보인다. 하지만 이데아는 《국가》에서 나오는 것처럼 '우리가 인지할 수는 있지만 볼 수는 없는 것'이다. 우리가 진실을 알기 어려운 것은 바로 이 점 때문이다. 예를 들자면, 우리는 이것저것 아름다운 것들을 보면 그것들이 모두 각각 그 자체를 갖는 것이라고 생각하게 되는 것이다. 그래서 겉보기에 아름다우면 쉽게 그것이 미의 전부라고 믿게 된다.

그러나 미의 이데아는 말로 표현하자면 '미 그 자체'이다. 그것은 미 자체에 항상, 똑같이, 동일한 방식으로 머물러 있어야 한다. 그렇지만 '많은 아름다운 것들' 중에는 추하게 표현되는 것이 있고, '많은 올바른 것들' 중에는 부정한 것으로 나타나는 것이 있다. 그러므로 아름다워지거나 올바르게 되거나 하는 것에도 두 개의 원인이 있다고 하겠다. 즉 부차적 원인과 원인 자체가 있는 것이다. 플라톤은 그것들을 《정치가》에서 '생성의 부차적 원인과 원인 그 자체'라고 일컬었다. 이데아는 원인 그 자체이다. 만약 이데아를 '일자(一者)'라고 할 수 있다면, 《파르메니데스》에서 말한 것처럼 "일자가 존재하지 않으면 모든 것은 존재하지 않는다"고도 할 수 있다. 나무가 없으면 그 그림자는 존재하지 않는다. 그러나 태양이 없으면 우리는 나무도 그림자도 볼 수 없다. '일자'는 이 태양에 비유할 수 있으리라.

그러므로 우리는 이데아를 3단계로 생각할 수 있다. 태양이 하나밖에 없는 것처럼, 유일하고 절대적으로 완전하고 영원한 이데아는 오직 하나밖에 없다. 그것이 바로 플라톤이 말하는 '선의 이데아'라고 할 수 있다. 세상의 각 사물, 예를 들어 나무와 꽃은 제각각의 이데아를 갖고 있으며, 그렇기 때문에 그것들

플라톤의 사상

은 서로 구별된다. 이처럼 각각의 것에는 '각각의 것 그 자체'로서의 이데아가 있다. 이름을 가지고 있는 개념과 사물들에 상응하여, 그것들과 같은 수의 이데아들이 존재하는 것이다. 그리고 그것들은 각각 자기만의 그림자들을 수반한다. 즉 선의 이데아와 이런 각각의 이데아의 관계는 마치 태양과 그 아래에서 존재하는 각 사물과의 관계와도 같은 것이다.

거기서 많은 사람은 이데아와 비슷해 보이는 것, 즉 그림자에 구애된다. 꽃을 보고 꽃 자체를, 삼각형을 보고 그 삼각형 자체를 인식하는 것은 확실히 어렵다. 그리고 "꽃이란 무엇입니까?"와 비슷해 보이는 "삼각형이란 무엇입니까?" 등의 질문에 즉각 그것들을 정의할 수 있는 사람도 드물다. 많은 사람은 진실과 그림자 사이에서 우왕좌왕하게 마련이기 때문이다. 하지만 행복에 대해 알고자 하면 행복을 인식해야 한다. 그것을 자신의 짐작과 생각으로 파악해서는 안 된다는 얘기이다. 앞서 말한 경우도 역시 추측에 기반한 생각으로 아름다운 것만을 보고 마는 상황이다. 단지 아름다운 목소리나 색깔에 구애되어 미 자체를 놓치고 있는 것이다. 또 사람들은 올바른 것들을 이것저것 보지만, 올바름 그 자체를 인식하지는 못한다. 항상 이런 일이 반복되어 우리는 존재 자체를 파악하지 못하고 지나치는 것이다.

그러나 이러한 각각의 것 그 자체는 개별적 이데아이기 때문에, 유일하고 영원한 이데아 자체는 아니다. 하나하나의 이데아는 이데아 자체로서의 '선의 이데아'를 '분유'하고, 거기에 '관여'하고 있는 동안에만 '이데아'일 수가 있는 것이다.

### 선의 이데아

선의 이데아란 인식되는 것에 진리를 공급하고, 사물을 확실하게 구분한다. 그래서 이것은 판단하는 사람에게 그 능력을 나눠 줄 수 있는 것이다. 인식되는 것이란 하나하나의 이데아를 말하고, 인식하는 것이란 개개의 이데아를 탐구하고 파악하는 이성을 가리킨다. 그러므로 선의 이데아는 진리와 지식의 근원인 것이다.

선의 이데아는 개개의 이데아가 정말로 존재한다고 보증해 주는 존재이다. 그것은 개개의 이데아가 '선의 이데아'와 관계를 맺고 있다는 의미이다. 그것들

**플라톤의 〈동굴의 비유〉** 얀 산레담. 1604.

은 그 '선의 이데아'에 '관여'하고, 그것을 '분유'하는 동안에만 진정한 존재인 것이다. 따라서 이데아에 대한 로고스가 바로 지식이라 할 수 있으며, 그것도 다시 '선의 이데아'로 모아진다. 그리하여 '선의 이데아'는 개개의 이데아와 영혼과의 연관성에서 유일하고 영원한 것을 증명할 수 있는 존재라고 할 수 있다. 그러나 그 '선의 이데아'는 궁극적인 지식이며, 그것에 완전하게 관여하는 것은 도저히 불가능하다.

우리가 선의 이데아를 완전히 파악할 수는 없다 하더라도, 인식이 가능한 세계에서는 그것이 최후의 것이다. 그것은 여간해선 보이지 않고, 알 수도 없는 것이다. 그러나 만약 우리가 그것을 보게 된다면 또 알게 된다면, 그것이 모든 올바른 것과 모든 아름다운 것의 원인임을 깨달으리라. 따라서 그것은 가시적인 세계의 빛과 빛의 중심이 되는 것을 낳는다. 그리고 사고가 가능한 세계에서는 그것 자체가 중심이 되어 진실과 이성을 공급한다.

사려 깊고, 더구나 올바르고 아름답게 행동하려고 하는 사람은 '선의 이데아'를 보지 않으면 안 된다. 선의 이데아는 최대의 학문이다. 이것에 올바른 것과

플라톤의 사상 841

그 밖의 것을 합쳐서 사용함으로써, 우리는 그것을 유용하고 이로운 것으로 만들 수 있다. 플라톤이 말하고자 하는 것은 바로 이와 같은 것이다.

이미 명백해졌듯이 선의 이데아는 어딘가에 있다고 말할 수 있는 그런 것이 아니다. 말하자면 그것은 '지식의 지식'이며 '이상의 이상'이자 '순수사유'와 '순수이상'이라고 할 수 있는 것이다. 그것은 또 '순수관념'이라고도 생각될 수 있을 것이다.

### 현실

현실은 망설임이나 변화가 무쌍하고, 그때 그 장소에서 볼 수 있었던 것이 언제까지나 그대로의 모습을 유지하는 것이 아니다. 플라톤은 이러한 현상들을 통해 알려진 바를 현실로 받아들이지 않으면 인간은 항상 많은 환영 속을 헤매야 할 것이라는 현실관을 가지고 있었다. 지금 세계의 현실은 각 개인의 본질적 진가를 묻기라도 하듯 과거에 없던 냉혹한 표정으로 닥쳐오고 있다. 그것은 플라톤으로 하여금 이상국가를 구상하게 하고, 그 실현에 모든 정열과 예지를 기울이게 했던 비참한 아테네의 상황과 비교할 수 있는 것인지도 모른다. 그러므로 이러할 때 세상 사람들은 모두 하나가 되어 전 인류를 위한 국가를 건설하기 위해 노력해야 한다. 설령 그것이 영원히 불가능한 일이라고 하더라도, 노력조차 하지 않는다면 점차 이 땅 위의 모든 생명이 전멸의 위기에 노출될지도 모르는 일이다.

플라톤은 현실을 피하려고 하지는 않았다. 그것은 이상국가 실현을 위한 그의 의욕과 행동 그리고 계획에 나타나 있다. 그러나 그는 너무나 이상적이었다. 그 철학도 이상주의와 관념론의 전형이다. 그의 생각은 상당히 고상하다. 사람들은 늘 현실이 냉혹하다고 하면서도 그런 현실을 만드는 데 일조하며 그 안에서 살아간다. 스스로 자신의 내면과 현실로부터 그 모순을 제거하고 분리하려고 노력하지 않는 한, 항상 주어진 현실에 안주할 수밖에 없는 것이다. 나아가 생각하는 것의 대부분이 현실의 투영이라 하더라도 보여진 것보다 알려진 것을 현실로 하지 않는 한, 인간은 많은 환영에 얽매이게 될 것이다. 플라톤은 《국가》에 나오는 그 유명한 '동굴의 비유'에서 그림자밖에 몰랐던 인간이 그 본체를 알고 행복을 느끼게 되는 과정을 멋지게 묘사하였다. 지하 동굴의 깊은 벽을 향해 선 채 뒤를 볼 수 없도록 묶인 사람은, 자신의 뒤에서 조명을 받으며 움직이는 꼭두각시 인형의 그림자밖에 보지 못한다. 그러면서도 그는 그 그림자를 진짜라고 굳게 믿는다. 그러나 묶여 있던 밧줄이 풀려 인형과 그것을 조종하던 사람 그리고 불꽃을 보면, 마침내 진정한 빛인 태양을 알게 된다. 그것은 플라톤의 설명대로 우리의 본성이 교육을 받은 경우와 받지 않은 경우에 관한 비유인 것이다.

그 비유를 더욱 진전시키면, 현실이 크고 작은 수많은 죄수를 만들어 내고 있는 것을 볼 수 있다. 죄수는 사로잡힌 처지가 되어 마침내 과거를 돌아보고, 진정으로 미래를 생각한다. 만약 그가 악을 저질렀다면 그 악행의 결단으로 그가 행한 죄에 대한 재판을 할 수도 있으리라. 하지만 플라톤이 말하는 것은 재판이 불가능한 죄수의 경우이다. 즉 '악을 저지르지 않은 죄수'의 경우인 것이다. 그를 만들어 낸 것은 현실일까, 아니면 그 죄수 자신일까? 죄수가 '갇힌 사람'을 의미하는 한, 그 사람을 타인이나 사회가 '가두고 있는' 상황이어야 한다. 그렇다면 이 기묘한 메커니즘은 대체 무엇이란 말인가?

플라톤은 맹목과 모순으로 인한 이러한 혼란을 교육에 의해 극복할 수 있다고 보았다. 그는 그림자와 진실을 구별함으로써 빛으로 가는 길을 찾을 수 있다고 생각한 것이다. 그러나 현대의 죄수는 그 정체를 알 수 없고 그를 위한 길도 없다. 돈, 명예, 쾌락, 교통지옥, 원자폭탄, 전쟁 등에 사로잡혀 있기 때문일까? 이에 대한 대책으로서 그것들에 대한 단념을 제시하는 것은 현실성이 없어 보인다. 그렇다고 해서 철저하게 구애되고, 사로잡히는 것이 길이라는 말은 더더욱 할 수 없으리라.

인간은 악을 범하고 그로써 스스로 자신의 행동에 사로잡히는 처지가 되었을 때, 비로소 진정한 시간과 만난다. 그것은 어떤 결정적인 내용을 지니고 닥쳐오며 무언가, 예를 들면 생명의 끝과 같은 것을 보여 주는 것이다. 이 시간의 반성은 법률이 시킨 것일까? 아니면 죄의식이 시킨 것일까? 어떤 쪽이든 이런 상황에서는 항상 자신에게 주어진 시간이 과거냐, 미래냐의 문제가 있다. 그리고 우리에게 중요한 것은 악을 저지르지 않고 그런 시간과 만나는 것이다. 죄수가 되고 나면 이미 시간이 있든 없든 마찬가지일 것이다.

플라톤은 만년에 《법률》을 쓰고 자연철학을 추구한 《티마이오스》를 정리하였다. 그는 거기서 현실과 시간을 문제로 삼고 있다. 그에게는 항상 '시간'이 있었던 것이다. 그리고 그에게 있었던 시간은 '여가'가 아니라 '미래'였던 것이다. 지금 우리에게는 과연 시간이, 진정한 '미래'가 있는 것일까?

# 소크라테스 연보

B.C. 470~469년   아테네 알로페케구에서 태어나다. 아버지 소프로니코스는 석공 또는 조각가. 어머니 파이나레테는 산파였다고 전해진다. 살라미스 해전에서 아테네가 페르시아군을 물리친 뒤 10년이 지났다.

461년(8세)   이오니아의 도시 클라조메나이 출신 철학자 아낙사고라스, 아테네에 살다.

460년(9세)   역사가 투키디데스 태어나다.

456년(13세)   그리스 3대 비극 시인 중 하나 아이스킬로스 사망.

452년(17세)   소크라테스, 아르켈라오스의 가르침을 받다. 그로 인해 12년 또는 15년 동안 교제하다.

450년(19세)   아낙사고라스, 아테네를 떠나다. 파르메니데스는 65세쯤, 엘레아의 제논은 40세에 가깝다.

449년(20세)   소크라테스, 자연철학의 연구에 관심을 가지다. 지적 호기심도 왕성.

445년(24세)   소크라테스가 아르켈라오스의 정식 제자가 되었다고 전해진다. 희극 시인 아리스토파네스 태어나다.

441~440년(28~29세)   사모스섬으로 원정. 거기서 아르켈라오스를 만났다는 말이 있는데 분명하지 않다.

432~429년(37~40세)   소크라테스, 북부 발칸의 도시 포티다이아 전투에 참가해 이름을 알리다.

429~428년(40~41세)   소크라테스, 포티다이아 전선에서 돌아와, 자연 연구에서 인간 연구로 바꿔 아고라(광장)나 길거리, 공원, 운동장 등에서 문답 시작. 카이레폰의 델포이 신탁, 무지의 지 인식 전개와 그 심화를 철저히 하다. 페리클레스 사망.

427년(42세)   플라톤, 아테네에서 태어나다. 변론술의 명수 고르기아스, 시칠리아섬 레온티노이의 사절 대표로 처음으로 아테네 방문.

425년(44세)   역사가 헤르도토스 사망.

424~423년(45~46세)   보이오티아 지방 동쪽 끝의 요충지 델리온 전투에 소크라테스는 중무장병으로 참가. 침착하고 냉정하게 전투에 임하다.

423년(46세)   소크라테스를 소피스트로 우스꽝스럽게 표현한 아리스토파네스의 《구름》 아테네에서 상연.

422년(47세)   소크라테스는 북부 발칸의 중요 도시 암피폴리스 전투에 종군했다고 추정된다

421년(48세)   니키아스 평화.

419년(50세)   아내 크산티페와 결혼했으리라 추정된다.

416년(53세)   프로타고라스 재판. 아가톤, 아테네 비극 경연에서 우승.

407년(62세)   플라톤(20세), 처음으로 소크라테스와 만나다. 또는 그 이전부터 알고 있었을지도 모른다. 소피스트의 고르기아스, 히피아스, 프로디코스 등이 활약하다.

406~405년(63~64세)   소크라테스, 프리타네이온(정무심의회) 집행위원이 되다. 아르기누사이 사건에서 오직 혼자 마지막까지 반대. 그리스 3대 비극 시인 에우리피데스, 소포클레스 사망.

404년(65세)   소크라테스, 독재정부(30인 참주)에 소환되어 다른 네 사람과 함께 살라미스의 레온을 체포하라는 명령을 받지만 부정한 명령이라 무시하며 혼자 집으로 돌아가다.

400년(69세)   역사가 투키디데스 사망 추정.

399년(70세)   민주파 당수 아니토스, 변론가 리콘, 시인 멜레토스 세 사람이 아테네 법정에 소크라테스를 고소하다. 500명의 배심원에게 둘러싸여 무죄를 변명하지만 두 번의 판결로 사형 확정. 같은 해 2월이나 3월 독약을 마시고 사망. 플라톤(28세) 이를 계기로 진정한 철학으로 마음을 돌리고 떠돌이 여행을 시작.

# 플라톤 연보

| | |
|---|---|
| B.C. 427년 | 5월 또는 여름 아테네에서 순수한 아테네인으로 태어나다. 집안은 명문 귀족. 아버지의 이름은 아리스톤, 어머니는 페릭티오네. 펠레폰네소스 전쟁 발발 4년 뒤, 그 동맹군 제3차 아티카 침공의 이듬해이다. 소피스트 고르기아스, 시칠리아섬 레온티노이의 사절 대표로 처음으로 아테네 방문. |
| 425년(2세) | 클레온 연설. 투키디데스, 클레온의 사상은 근시안적이라 비판. 역사가 헤로도토스 사망. 아리스토파네스 《아카르나이의 사람들》 상연. |
| 424년(3세) | 소크라테스, 델리온 전투에 중무장병으로 참가. 투키디데스 추방. 에우리피데스 《헤카베》 상연 추정. |
| 423년(4세) | 아리스토파네스 《구름》 아테네에서 상연. |
| 422년(5세) | 소크라테스, 암피폴리스 전투에 종군 추정. 아리스토파네스 《벌》 상연. |
| 421년(6세) | 니키아스 평화. 아리스토파네스 《평화》를 아테네에서 상연. 에우리피데스 《탄원하는 여인들》 상연. |
| 420년(7세) | 알키비아데스, 니키아스와 논쟁. |
| 419년(8세) | 알키비아데스, 펠로폰네소스 내륙으로 진군. |
| 418년(9세) | 라케스 살해당하다. 에우리피데스 《이온》 상연 추정. |
| 416년(11세) | 프로타고라스 재판. 아가톤, 아테네 비극 경연에서 우승. |
| 414년(13세) | 아리스토파네스 《새》 상연. |
| 413년(14세) | 니키아스, 데모스테네스 사망. 에우리피데스 《엘렉트라》 상연. |
| 411년(16세) | 폴레마르코스와 리시아스 투리이(Thurii)에서 귀환. |
| 409~404년(18~23세) | 플라톤 군복무 추정되며 기병으로 활약한 것으로 보인 |

|  |  |
|---|---|
|  | 다. 아리스토텔레스 《형이상학》에 따르면 철학 공부를 시작한 것으로 추정된다. 디온 태어나다. |
| 408년(19세) | 헤르모크라테스, 시라쿠사로 가다. 에우리피데스 《오레스테스》 상연. |
| 407년(20세) | 56세 무렵의 소크라테스와 만난다(추정). 그 뒤 8년 동안 제자가 되다. |
| 406년(21세) | 에우리피데스, 소포클레스 사망. |
| 404년(23세) | 살라미스인 레온 체포 사건은 플라톤의 마음에 어두운 그림자와 엄청난 분노를 남기다. |
| 403년(24세) | 크리티아스, 카르미데스 사망. |
| 399년(28세) | 소크라테스, 라케스가 아테네를 통치할 때 사형되자, 플라톤은 떠돌이 생활을 시작. 메가라 여행을 떠나다. |
| 397년(30세) | 소크라테스를 주인공으로 한 대화편 집필을 시작한 것으로 추정. |
| 396년(31세) | 이집트 여행 추정. 키레네의 테오도로스와 만남 추정. 떠돌아다닌 경로는 불명. |
| 395~387년(32~40세) | 폴리크라테스, 소크라테스 반론의 작은 책자를 만든 것으로 추정. |
| 394년(33세) | 코린토스에 출병한 것으로 추정. |
| 387년(40세) | 첫 시칠리아 여행. 남이탈리아도 방문(추정). 귀국 뒤 아테네 근교에 아카데메이아를 세우다. 그리고 그곳을 주거로 삼다. |
| 385년(42세) | 《향연》 집필(추정). 아리스토텔레스, 그리스 북부 스타게이로스에서 태어나다. |
| 384년(43세) | 《파이돈》 집필. |
| 383년(44세) | 《국가》 제1권을 쓰다. |
| 375년(52세) | 《파이드로스》를 쓰다. |
| 369년(58세) | 《테아이테토스》의 주인공 테아이테토스, 스파르타 전선, 에파미논다스의 패전으로 부상 뒤 사망, 또는 병사. |
| 367년(60세) | 디온의 초대로 두 번째 시칠리아 여행. 《테아이테토스》 집필(추정). 아리스토텔레스 아카데메이아에 입학. |

366년(61세)   시칠리아 여행에서 귀국. 《파르메니데스》를 쓰다.
361~360년(66~67세)   세 번째로 시칠리아 여행. 디오니시우스 2세의 부탁. 스페우시포스(플라톤의 조카)와 함께 가다.
360년(67세)   세 번째 시칠리아 여행에서 귀국. 아카데메이아에 자리 잡다.
358년(69세)   《소피스테스》를 쓰다.
357년(70세)   《폴리티코스》를 쓰다.
355년(72세)   《티마이오스》를 쓰다.
352년(75세)   《제7의 편지》를 쓰다.
351년(76세)   《제8의 편지》를 쓴 것으로 추정.
347년(80세)   플라톤 사망. 실상은 불명. 한 주장에 따르면 글을 쓰다 세상을 떠났다고 한다. 스페우시포스, 아카데메이아 교장이 되다.

### 왕학수

대구사범학교 심상과 졸업하고, 일본 조치(上智)대학교 대학원 교육철학과를 졸업하였다. 고려대학교 교육학과 교수를 지냈다. 지은책 《교육학 강의》《교육학 개요》 등이 있고, 옮긴책 헤센의 《인생의 의의》, 마리탱의 《교육철학》, 페스탈로치의 《세계교육명저총서 제1집》 등이 있다.

---

세계사상전집001
Platon
APOLOGIA SOCRATOUS/POLITEIA/SYMPOSION
## 소크라테스의 변명/국가/향연
플라톤/왕학수 옮김

**동서문화창업60주년특별출판**

1판 1쇄 발행/2016. 6. 9
1판 2쇄 발행/2024. 11. 20
발행인 고윤주
발행처 동서문화사
창업 1956. 12. 12. 등록 16-3799
서울 중구 마른내로 144(쌍림동)
☎ 546-0331~2 Fax. 545-0331
www.dongsuhbook.com

\*

이 책의 출판권은 동서문화사가 소유합니다.
의장권 제호권 편집권은 저작권법에 의해 보호를 받는 출판물이므로
무단전재와 무단복제를 금합니다.
사업자등록번호 211-87-75330

ISBN 978-89-497-1409-7  04080
ISBN 978-89-497-1408-0  (세트)